PAULO HENRIQUE DOS SANTOS LUCON
Professor Associado da Faculdade de Direito do Largo de São Francisco – USP. Livre-Docente, Doutor e Mestre em Direito Processual Civil pela mesma Instituição na qual também se graduou. Presidente do Instituto Brasileiro de Direito Processual – IBDP. Vice-Presidente do Instituto Ibero-Americano de Direito Processual. Membro da Associação Internacional de Direito Processual. Membro da Comissão de Ética da Presidência da República (2018-2021). Advogado.

JULIANA CORDEIRO DE FARIA
Professora Associada da Faculdade de Direito da UFMG. Doutora e Mestre em Direito pela Faculdade de Direito da UFMG. Advogada.

ESTER CAMILA GOMES NORATO REZENDE
Professora Adjunta de Direito Civil da Faculdade de Direito da UFMG. Advogada. Doutora e Mestre em Direito pela UFMG.

EDGARD AUDOMAR MARX NETO
Professor Adjunto da Faculdade de Direito da UFMG. Doutor e Mestre em Direito pela Faculdade de Direito da UFMG.

PROCESSO CIVIL CONTEMPORÂNEO

Homenagem aos 80 anos do professor
HUMBERTO THEODORO JÚNIOR

O GEN | Grupo Editorial Nacional – maior plataforma editorial brasileira no segmento científico, técnico e profissional – publica conteúdos nas áreas de concursos, ciências jurídicas, humanas, exatas, da saúde e sociais aplicadas, além de prover serviços direcionados à educação continuada.

As editoras que integram o GEN, das mais respeitadas no mercado editorial, construíram catálogos inigualáveis, com obras decisivas para a formação acadêmica e o aperfeiçoamento de várias gerações de profissionais e estudantes, tendo se tornado sinônimo de qualidade e seriedade.

A missão do GEN e dos núcleos de conteúdo que o compõem é prover a melhor informação científica e distribuí-la de maneira flexível e conveniente, a preços justos, gerando benefícios e servindo a autores, docentes, livreiros, funcionários, colaboradores e acionistas.

Nosso comportamento ético incondicional e nossa responsabilidade social e ambiental são reforçados pela natureza educacional de nossa atividade e dão sustentabilidade ao crescimento contínuo e à rentabilidade do grupo.

ORGANIZADORES
PAULO HENRIQUE DOS **SANTOS LUCON**
JULIANA CORDEIRO **DE FARIA**
EDGARD AUDOMAR **MARX NETO**
ESTER CAMILA GOMES **NORATO REZENDE**

PROCESSO CIVIL CONTEMPORÂNEO

Homenagem aos 80 anos do professor
HUMBERTO THEODORO JÚNIOR

- A EDITORA FORENSE se responsabiliza pelos vícios do produto no que concerne à sua edição (impressão e apresentação a fim de possibilitar ao consumidor bem manuseá-lo e lê-lo). Nem a editora nem o autor assumem qualquer responsabilidade por eventuais danos ou perdas a pessoa ou bens, decorrentes do uso da presente obra.
  Todos os direitos reservados. Nos termos da Lei que resguarda os direitos autorais, é proibida a reprodução total ou parcial de qualquer forma ou por qualquer meio, eletrônico ou mecânico, inclusive através de processos xerográficos, fotocópia e gravação, sem permissão por escrito do autor e do editor.

  Impresso no Brasil – *Printed in Brazil*

- Direitos exclusivos para o Brasil na língua portuguesa
  Copyright © 2018 by
  EDITORA FORENSE LTDA.
  Uma editora integrante do GEN | Grupo Editorial Nacional
  Travessa do Ouvidor, 11 – Térreo e 6º andar – 20040-040 – Rio de Janeiro – RJ
  Tel.: (21) 3543-0770 – Fax: (21) 3543-0896
  faleconosco@grupogen.com.br | www.grupogen.com.br

- O titular cuja obra seja fraudulentamente reproduzida, divulgada ou de qualquer forma utilizada poderá requerer a apreensão dos exemplares reproduzidos ou a suspensão da divulgação, sem prejuízo da indenização cabível (art. 102 da Lei n. 9.610, de 19.02.1998). Quem vender, expuser à venda, ocultar, adquirir, distribuir, tiver em depósito ou utilizar obra ou fonograma reproduzidos com fraude, com a finalidade de vender, obter ganho, vantagem, proveito, lucro direto ou indireto, para si ou para outrem, será solidariamente responsável com o contrafator, nos termos dos artigos precedentes, respondendo como contrafatores o importador e o distribuidor em caso de reprodução no exterior (art. 104 da Lei n. 9.610/98).

- Capa: Fabricio Vale dos Santos

- Fechamento desta edição: 19.07.2018

- **CIP – BRASIL. CATALOGAÇÃO NA FONTE.**
  SINDICATO NACIONAL DOS EDITORES DE LIVROS, RJ.

  P956

  Motta, Carlos Alberto

  Processo civil contemporâneo: homenagem aos 80 anos do professor Humberto Theodoro Júnior / organização Edgard Audomar Marx Neto ... [et al.]. – Rio de Janeiro: Forense, 2018.

  Inclui bibliografia
  ISBN 978-85-309-8198-3

  1. Direito processual - Brasil. 2. Processo civil - Brasil. I. Marx Neto, Edgard Audomar.

  18-51165   CDU: 347.91/.95(81)

  Meri Gleice Rodrigues de Souza - Bibliotecária CRB-7/6439

PREFÁCIO

A obra que ora vem à lume contém os estudos mais recentes sobre o processo civil e homenageia os 80 anos de um dos mais importantes juristas brasileiros, o Professor Humberto Theodoro Júnior.

Lançado na XII Jornada Brasileira de Direito Processual, realizada em Belo Horizonte nos dias 22 a 24 de agosto de 2018, pelo Instituto Brasileiro de Direito Processual, o presente volume presta uma singela homenagem ao homem e jurista Humberto Theodoro Júnior.

Sua vasta obra científica, que tem sempre como fio condutor o direito processual civil, mas que passa por muitas áreas do conhecimento jurídico, mostra um jurista atento, sempre fiel ao seu tempo e com preocupações que transcendem o direito e caminham para civilidade – tão em falta nos dias de hoje – no melhor percurso para a correta resolução dos conflitos que naturalmente surgem na sociedade.

Em um tempo em que, cada vez mais, se exige do jurista e do profissional do direito acuidade no trato dos conflitos, o Professor Humberto Theodoro Júnior é uma voz de primeira grandeza, digno das maiores homenagens.

Os ensaios que compõem esta obra demonstram as mais amplas vertentes do direito processual por estudiosos consagrados e seguem as colunas estruturais do pensamento do jurisconsulto homenageado, um dos mais ilustres associados do Instituto Brasileiro de Direito Processual e que agora recebe esse justo e humilde tributo.

Paulo Henrique dos Santos Lucon
Presidente do Instituto Brasileiro de Direito Processual
www.direitoprocessual.org.br

SOBRE OS AUTORES

Adriana Mandim Theodoro de Mello – Mestre em direito pela Universidade Federal de Minas Gerais – UFMG. Ex-Procuradora do Estado de Minas Gerais. Pós-Graduada em Direito da Economia e da Empresa pela Fundação Getulio Vargas. Advogada.

Alexandre Quintino Santiago – Desembargador do Tribunal de Justiça de Minas Gerais. Pós-Graduado em Direito Processual pela FADIPA/ESA. Professor de Direito Processual Civil da Faculdade Novos Horizontes.

Alexandre Rodrigues de Sousa – Mestrando em Direito na Universidade Federal de Minas Gerais (UFMG). Advogado.

Antonio do Passo Cabral – Professor Adjunto de Direito Processual Civil da Universidade do Estado do Rio de Janeiro (UERJ). Livre-Docente pela Universidade de São Paulo (USP). Doutor em Direito Processual pela UERJ, em cooperação com a Universidade de Munique, Alemanha (*Ludwig-Maximilians-Universität*). Mestre em Direito Público pela UERJ. Pós-doutorado na Universidade de Paris I (*Panthéon-Sorbonne*). Professor Visitante nas Universidades de Passau (2015) e Kiel (2016 e 2017), Alemanha. Membro da Associação Internacional de Direito Processual, do Instituto Ibero-americano de Direito Processual, do Instituto Brasileiro de Direito Processual, da Associação de Juristas Brasil-Alemanha (*Deutsch-Brasilianische Juristenvereinigung*) e da *Wissenschaftliche Vereinigung für Internationales Verfahrensrecht*. Procurador da República no Rio de Janeiro.

Arruda Alvim – Advogado. Doutor e Livre-Docente. Professor Titular da Pós-graduação *stricto sensu* (Mestrado e Doutorado) da Pontifícia Universidade Católica de São Paulo.

Bernardo Ribeiro Câmara – Advogado. Mestre em Processo. Especialista em Direito de Empresa. Sócio do Escritório Freire, Câmara & Ribeiro de Oliveira Advogados. Diretor do Instituto dos Advogados de Minas Gerais. Professor universitário de graduação (NEWTON) e pós-graduação (IBMEC, Escola Superior da Advocacia e IEC/MG). Conselheiro Seccional da OAB/MG e Membro do Órgão Especial da OAB/MG.

Bruno Giannetti Viana – Mestrando em Direito Empresarial e Graduado em Direito pela Faculdade de Direito Milton Campos. Advogado. Membro do GEDEMP – Grupo de Estudos em Direito Empresarial da Universidade Federal de Minas Gerais e do Programa CAMARB Jovem da Câmara de Mediação e Arbitragem Empresarial – Brasil.

Camila Campos Baumgratz Delgado – Graduada em Direito pela Universidade Federal de Minas Gerais. Pós-graduada em Direito Tributário pelas Faculdades Milton Campos. Advogada.

Carolina Paim Silva – Advogada. Graduada em Direito pela Universidade Federal de Minas Gerais.

Carolina Uzeda – Mestre em Direito Processual Civil pela Pontifícia Universidade Católica de São Paulo. Especialista em Direito Processual Civil pela Pontifícia Universidade Católica do Rio de Janeiro. Membro efetivo do Instituto Brasileiro de Direito Processual e do Instituto Carioca de Processo Civil.

Daniel Amorim Assumpção – Neves Mestre e doutor em direito processual pela Faculdade de Direito da Universidade de São Paulo (USP); Professor titular do programa de mestrado e doutorado da FADISP; Professor convidado pelo Prof. Antonio Carlos Marcato, no programa de mestrado e doutorado em direito processual na Faculdade de Direito da Universidade de São Paulo (USP). Advogado em São Paulo e em Natal.

Daniel Mitidiero – Professor-Associado de Direito Processual Civil dos Cursos de Graduação, Mestrado e Doutorado da Faculdade de Direito da UFRGS. Pós-Doutorado em Direito pela *Università degli Studi di Pavia*, Itália. Doutor em Direito pela UFRGS. Advogado.

Délio Mota de Oliveira Júnior – Doutorando e Mestre em Direito Processual Civil pela Universidade Federal de Minas Gerais – UFMG. Bacharel em Direito pela Universidade Federal de Minas Gerais – UFMG. Diretor Executivo do Instituto de Direito Processual – IDPro. Professor universitário. Advogado.

Dierle Nunes – Doutor em Direito Processual (PUCMinas/Università degli Studi di Roma "La Sapienza"). Mestre em direito processual (PUCMinas). Professor permanente do PPGD da PUCMinas. Professor adjunto na PUCMinas e na UFMG. Secretário Adjunto do IBDP. Membro do IAPL, IPDP e ABDPC. Membro da comissão de juristas do Novo CPC na Câmara dos Deputados. Advogado.

Edgard Audomar Marx Neto – Professor Adjunto da Faculdade de Direito da UFMG. Doutor e Mestre em Direito pela Faculdade de Direito da UFMG.

Edilson Vitorelli – Doutor em Direito pela Universidade Federal do Paraná, mestre pela Universidade Federal de Minas Gerais. *Visiting scholar na Stanford Law School e visiting researcher na Harvard Law School*. Procurador da República. Professor na Universidade Presbiteriana Mackenzie.

Eduardo Talamini – Livre-docente em direito processual (USP). Professor de processo civil e arbitragem (UFPR). Sócio de Justen, Pereira, Oliveira e Talamini.

Eduardo Tomasevicius Filho – Bacharel em Direito, Mestre em História Social, Doutor e Livre-docente em Direito Civil pela Universidade de São Paulo – USP. Professor-Associado do Departamento de Direito Civil da Faculdade de Direito da Universidade de São Paulo – USP

Érico Andrade – Professor Adjunto de Processo Civil da Graduação e Pós-graduação da UFMG. Doutor em Direito Processual Civil pela UFMG/ Università degli Studi di Milano. Mestre em Direito Administrativo pela UFMG. Membro do IBDP. Advogado.

Ester Camila Gomes Norato Rezende – Professora Adjunta de Direito Civil da Faculdade de Direito da UFMG. Advogada. Doutora e Mestre em Direito pela UFMG.

Fernanda Theodoro Gomes – Bacharel em Direito pela Faculdade de Direito Milton Campos. Pós-graduada em Direito Individual, Coletivo e Processual do Trabalho pela Associação dos Magistrados da Justiça do Trabalho em Mato Grosso. Pós-graduada em Gestão de Negócios pelo Ibmec.

Fernando Gonzaga Jayme – Advogado, Mestre e Doutor pela UFMG. Professor-Associado de Direito Processual Civil e Diretor da Faculdade de Direito da UFMG. Membro do CONEDH – Conselho Estadual de Defesa dos Direitos Humanos. Associado ao Instituto dos Advogados de Minas Gerais. Membro do Conselho Técnico-Científico do Parque Tecnológico BHTEC. Conselheiro Seccional da OAB/MG.

Fredie Didier Jr. – Professor-associado da Faculdade de Direito da Universidade Federal da Bahia (graduação, mestrado e doutorado). Coordenador do curso de graduação da Faculdade Baiana de Direito, Professor visitante da Pontifícia Universidad Católica del Perú, Membro da Associação Internacional de Direito Processual (IAPL), do Instituto Ibero-americano de Direito Processual, do Instituto Brasileiro de Direito Processual, da Associação Norte e Nordeste de Professores de Processo e da Associação Brasileira de Direito Processual. Mestre (UFBA), Doutor (PUC/SP), Livre-docente (USP) e Pós-doutorado (Universidade de Lisboa). Advogado e consultor jurídico.

Giovanni Bonato – Doutor em Direito Processual Civil pela Universidade "La Sapienza" de Roma (Itália). Professor na Universidade de Paris Ouest Nanterre La Défense (França). Ex-Professor Visitante na Faculdade de Direito da Universidade de São Paulo. Professor Visitante na Universidade Federal do Maranhão, Programa de Pós-Graduação em Direito e Instituições do Sistema de Justiça. Advogado e consultor jurídico.

Gláucio Maciel Gonçalves – Professor adjunto de Processo Civil da Universidade Federal de Minas Gerais (UFMG). Doutor e Mestre em Direito pela UFMG. Fez estudos de pós-doutorado na Albert-Ludwigs-Universität, em Freiburg, Alemanha (2015-2016). Juiz federal em Belo Horizonte.

Guilherme Costa Leroy – Mestre em Direito Processual Civil pela Universidade Federal de Minas Gerais (UFMG). Diretor Científico do IDPro – Instituto de Direito Processual. Professor de Direito Processual Civil. Advogado.

Heitor Vitor Mendonça Sica – Professor-associado de Direito Processual Civil da Faculdade de Direito da Universidade de São Paulo. Livre-docente, Doutor e Mestre em Direito Processual Civil pela mesma instituição. Vice-Diretor de Ensino do Instituto Brasileiro de Direito Processual. Advogado.

Hermes Zaneti Jr. – Professor de Direito Processual Civil na graduação e no mestrado da Universidade Federal do Espírito Santo (UFES). Membro da ABRAMPA, MPCON, IAPL, IIDP e IBDP. Doutor em Direito Processual pela Universidade Federal do Rio Grande do Sul. Doutor em Teoria e Filosofia do Direito pela Università degli Studi di Roma Tre/IT. Pós-Doutorado pela Università degli Studi di Torino/IT. Promotor de Justiça no Estado do Espírito Santo (MPES).

Igor de Oliveira Mansur – Advogado associado do Escritório Freire, Câmara & Ribeiro de Oliveira Advogados. Graduado em Direito pelo Centro Universitário Newton Paiva e ex-bolsista de projeto de iniciação científica do Cento Universitário Newton Paiva. Pós--graduando (PUC-Minas).

Isis Ribeiro Pinto – Pós-graduanda em Direito Empresarial pela FGV – Fundação Getulio Vargas. Advogada.

Jason Soares de Albergaria Neto – Doutor em direito comercial pela Faculdade de Direito da Universidade Federal de Minas Gerais, Professor Titular da Faculdade de Direito Milton Campos. Advogado e Procurador do Estado de Minas Gerais.

João Alberto de Almeida – Doutor em Direito Constitucional pela FDUFMG. Mestre em Direito Civil pela FDUFMG. Professor-Associado II da FDUFMG. Membro do Instituto de Direito Processual – IDPro. Juiz do Trabalho Aposentado do TRT da 3ª Região. Advogado.

José Marcos Rodrigues Vieira – Professor Titular de Direito Processual Civil da FDUFMG. Desembargador do Tribunal de Justiça de MG.

José Roberto dos Santos Bedaque – Professor Titular de Direito Processual da Faculdade de Direito da USP. Desembargador Aposentado do TJSP. Advogado

José Rogério Cruz e Tucci – Professor Titular de Direito Processual Civil da Faculdade de Direito da USP.

Juliana Cordeiro de Faria – Professora-associada da Faculdade de Direito da UFMG. Doutora e Mestre em Direito pela Faculdade de Direito da UFMG. Advogada.

Leonardo Greco – Professor Titular aposentado de Direito Processual Civil da Faculdade Nacional de Direito da Universidade Federal do Rio de Janeiro.

Lúcio Delfino – Pós-doutor em Direito (UNISINOS). Doutor em Direito Processual Civil (PUC-SP). Membro da Associação Brasileira de Direito Processual (ABDPro). Membro do Instituto dos Advogados Brasileiros (IAB). Membro do Instituto dos Advogados de Minas Gerais (IAMG). Diretor da *Revista Brasileira de Direito Processual* (RBDPro). Advogado.

Luiz Guilherme Marinoni – Professor Titular da Universidade Federal do Paraná. Conselheiro do Instituto Brasileiro de Direito Processual. Diretor do Instituto Ibero-americano de Direito Processual. Conselheiro da International Association of Procedural Law.

Luiza Gonzaga Drumond Cenachi – Graduada pela Faculdade de Direito da UFMG. Mestranda em Direito Processual Civil na Faculdade de Direito da USP. Advogada.

Marcelo Andrade Féres – Professor Adjunto da Faculdade de Direito da UFMG. Doutor e Mestre em Direito pela Faculdade de Direito da UFMG. Procurador Federal.

Marcelo de Oliveira Milagres – Professor Adjunto de Direito Civil na UFMG. Mestre e Doutor em Direito pela UFMG. Promotor de Justiça no Estado de Minas Gerais.

Marcelo Veiga Franco – Doutorando e Mestre em Direito Processual Civil pela Universidade Federal de Minas Gerais (UFMG). *Visiting Scholar* na Universidade de Wisconsin/EUA. Diretor Científico do Instituto de Direito Processual (IDPro). Procurador do Município de Belo Horizonte/MG. Advogado.

Maurício Ferreira Cunha – Juiz de Direito (TJMG). Mestre (PUC/Campinas) e Doutor (PUC/Minas) em Direito Processual. Professor dos cursos de graduação e pós-graduação (PUC/Minas). Professor do CERS (Complexo de Ensino Renato Saraiva). Membro do IBDP (Instituto Brasileiro de Direito Processual). Membro do CEAPRO (Centro de Estudos Avançados de Processo). Membro da ABDPRO (Associação Brasileira de Direito Processual). Membro da Comissão Acadêmica do FONAMEC. Membro do IBDP.

Neman Mancilha Murad – Bacharel em Direito pela Universidade Federal de Minas Gerais – UFMG. Advogado.

Paulo Cezar Pinheiro Carneiro – Professor Titular de Teoria Geral do Processo da Faculdade de Direito da Universidade do Estado do Rio de Janeiro.

Paulo Henrique dos Santos Lucon – Professor-associado da Faculdade de Direito do Largo de São Francisco – USP. Livre-Docente, Doutor e Mestre em Direito Processual Civil pela mesma Instituição na qual também se graduou. Presidente do Instituto Brasileiro de Direito Processual – IBDP (www.direitoprocessual.org.br). Vice-Presidente do Instituto Ibero-Americano de Direito Processual. Membro da Associação Internacional de Direito Processual. Membro da Comissão de Ética da Presidência da República (2018-2021). Advogado (www.lucon.adv.br)

Renata C. Vieira Maia – Doutora em Direito Processual Civil pela Universidade Federal de Minas Gerais – UFMG. Mestra em Direito Empresarial pela Faculdade Milton Campos. Conselheira-Geral do IDPro – Instituto de Direito Processual. Coordenadora do Projeto de Extensão Câmara de Mediação da Faculdade de Direito da UFMG e Professora adjunta de Direito Processual Civil da UFMG – Universidade Federal de Minas Gerais.

Ricardo de Carvalho Aprigliano – Advogado. Bacharel, Mestre e Doutor em Direito Processual pela Faculdade de Direito da Universidade de São Paulo. Secretário-Geral do Instituto Brasileiro de Direito Processual. Conselheiro da Associação dos Advogados de São Paulo.

Rodrigo Mazzei – Pós-doutorado pela UFES, Doutor pela FADISP e Mestre pela PUC-SP. Professor da graduação e do mestrado da UFES. Advogado.

Ronaldo Vasconcelos – Professor Doutor da Faculdade de Direito da Universidade Presbiteriana Mackenzie. Mestre e Doutor em Direito Processual pela Universidade de São Paulo – USP. Membro do Instituto Brasileiro de Direito Processual – IBDP e do Instituto Ibero-americano de Derecho Procesal – IIDP.

Samuel Meira Brasil Jr. – Mestre e Doutor em Direito pela USP. Mestre em Inteligência Artificial pela UFES. Professor da FDV Faculdade de Direito de Vitória. Desembargador do TJES.

Sérgio Luíz Kukina – Ministro do STJ.

Suzana Santi Cremasco – Doutoranda em Direito pela Universidade de Coimbra em processo de cotutela com a Universidade de São Paulo. Mestre em Direito Processual Civil e Graduada em Direito pela Universidade Federal de Minas Gerais. Professora de Arbitragem e de Direito Processual Civil da Faculdade de Direito Milton Campos É Advogada, Secretária Adjunta do IBDP – Instituto Brasileiro de Direito Processual para Minas Gerais, Diretora Científica do IDPro – Instituto de Direito Processual, Membro do Conselho de Deliberativo e Vice-Presidente de Comunicação da CAMARB – Câmara de Mediação e Arbitragem Empresarial-Brasil. É, ainda, Membro do CBAr – Comitê Brasileiro de Arbitragem, do CEAPRO – Centro de Estudos Avançados em Processo e colunista permanente de *Processualistas*.

Tatiana Rocha Robortella – Assessora Judiciária do Tribunal de Justiça de Minas Gerais. Pós-Graduada em Direito Público pela Universidade Candido Mendes.

Teresa Arruda Alvim – Livre-docente, doutora e mestre em Direito pela PUC-SP. Professora nos cursos de graduação, especialização, mestrado e doutorado da mesma instituição. Professora Visitante na Universidade de Cambridge – Inglaterra. Professora Visitante na Universidade de Lisboa. Diretora de Relações Internacionais do IBDP. Membro Honorário da Associação italiana fra gli studiosi del processo civile, do Instituto Paranaense de Direito

Processual. Membro do Instituto Ibero-americano de Direito Processual, da International Association of Procedural Law, do Instituto Panamericano de Derecho Procesal, do Instituto Português de Processo Civil, da Academia Paranaense de Letras Jurídicas, do IAPPR e do IASP, da AASP, do IBDFAM e da ABDConst. Membro do Conselho Consultivo da Câmara de Arbitragem e Mediação da Federação das Indústrias do Estado do Paraná – CAMFIEP. Membro do Conselho Consultivo da RT (Editora Revista dos Tribunais). Coordenadora da *Revista de Processo – RePro*, publicação mensal da Editora Revista dos Tribunais. Advogada.

Tereza Cristina Sorice Baracho Thibau – Doutora e Mestre em Direito pela UFMG. Professora-Associada de Direito e Processo Civil e Coletivo na FDUFMG. Membro do IDPro (Instituto de Direito Processual). Bacharel em Pedagogia pela PUC-Minas.

Thaís Costa Teixeira Viana – Doutoranda e Mestre em Direito pela UFMG. Pesquisadora do Programa Universitário de Apoio às Relações de Trabalho e à Administração da Justiça (PRUNART-UFMG). Advogada.

Thiago Carlos de Souza Brito – Doutor em Direito Processual Civil pela FDUFMG. Mestre em Direito Processual Civil pela FDUFMG. Membro do Instituto Brasileiro de Direito Processual – IBDP. Membro fundador do Instituto de Direito Processual – IDPro. Professor da FADERGS e FTEC. Advogado.

Thiago Pinto Coelho Leone – Advogado. Bacharel em Direito pela Universidade Federal de Minas Gerais.

Tiago Figueiredo Gonçalves – Doutor e Mestre pela PUC/SP. Professor da graduação e do mestrado da UFES. Professor do UNESC. Advogado.

Trícia Navarro Xavier Cabral – Pós-Doutoranda em Direito Processual pela USP. Doutora em Direito Processual pela UERJ. Mestre em Direito Processual pela UFES. Juíza Estadual no Espírito Santo.

Werther Botelho Spagnol – Professor Doutor de Direito Financeiro e Tributário da Faculdade de Direito da UFMG.

SUMÁRIO

TEORIA GERAL DO PROCESSO

1 **MODIFICAÇÃO E EXTINÇÃO DAS CONVENÇÕES PROCESSUAIS** – *Antonio do Passo Cabral* 3
   1. Introdução à modificação das convenções processuais: premissas necessárias 4
   2. Modificação das convenções processuais pelas próprias partes. As cláusulas de adaptação 5
      2.1. Cláusulas de indexação e cláusulas de salvaguarda 7
      2.2. A adaptação do acordo por iniciativa unilateral da parte 8
      2.3. Cláusulas de prorrogação da duração do acordo ou de substituição de termo. Possibilidade de prorrogação automática em caso de omissão 8
      2.4. Cláusulas de renegociação. Cláusulas de *hardship* 9
   3. Modificação do acordo processual pelo juiz 11
      3.1. Dever de renegociar e o interesse de agir no pedido revisional 11
      3.2. Preferência normativa pela revisão do acordo em relação à sua extinção 12
      3.3. Desequilíbrio superveniente do acordo processual 13
         3.3.1. Cláusula *rebus sic stantibus*, teoria da imprevisão e sua aplicabilidade aos negócios jurídicos processuais 14
         3.3.2. O princípio do equilíbrio contratual e a revisão das convenções processuais 17
   4. Extinção dos acordos processuais 18
      4.1. Fatos extintivos e cessação involuntária da relação convencional 19
      4.2. Extinção do acordo processual por ato voluntário. Resolução, resilição, rescisão, revogação, distrato: falta de uniformidade conceitual 19

	4.2.1.	Resolução e resilição	19
		4.2.1.1. Revogação e distrato	22
		4.2.1.2. Preclusão da possibilidade de revogação ou distrato: preclusões temporais e lógicas. Dificuldade interpretativa nas omissões	23
	4.2.4.	Rescisão convencional e sua diferença para a invalidade	26
	4.2.5.	Invalidade dos acordos processuais	27
		4.2.5.1. Exigências formais para a invalidação das convenções processuais	28
		4.2.5.1.1. *In dubio pro libertate* e ônus argumentativo	28
		4.2.5.1.2. Instrumentalidade das formas	28
		4.2.5.1.3. Conversão e fungibilidade ..	29
		4.2.5.1.4. Contraditório prévio e fundamentação	32
5.	Conclusão		32

2 CONTRADITÓRIO EFETIVO – *Daniel Amorim Assumpção Neves* 33

1.	O princípio do contraditório e o CPC de 2015		33
2.	Poder de influência		34
	2.1.	Direito de influenciar a formação do convencimento do Juízo	34
	2.2.	Direito de reagir em tempo hábil	35
	2.3.	Direito das partes de terem seus argumentos considerados pelo juiz	36
3.	Vedação à decisão surpresa		38
	3.1.	Introdução	38
	3.2.	Fundamento fático	40
	3.3.	Fundamento jurídico	41
	3.4.	Fundamento legal	43
4.	Relativização do contraditório		45
	4.1.	Introdução	45
	4.2.	Contraditório diferido	45
	4.3.	Dispensa na hipótese de ser o contraditório inútil	47
5.	Conclusões		49

| 3 | A JUSTIÇA CIVIL NO BRASIL ENTRE A CONSTITUIÇÃO DE 1988 E O CÓDIGO REFORMADO – *Daniel Mitidiero* .... | 50 |

4	DO DEVER JUDICIAL DE ANÁLISE DE TODOS OS ARGUMENTOS (TESES) SUSCITADOS NO PROCESSO, A APRECIAÇÃO DA PROVA E A *ACCOUNTABILITY* – *Dierle Nunes e Lúcio Delfino*	64
1. Introdução...	65
2. O que é isto – o *solipsismo judicial*?	66
3. A máxima *iura novit curia* e o atentado ao devido processo constitucional	67
4. O contraditório substancial e o repensar do direito processual civil	70
5. O *iura novit curia* em tempos de Novo CPC................................	71
6. Do dever judicial de análise de todas as teses suscitadas pelos litigantes	72
7. A questão da apreciação das provas, sistemas e *accountability*	78
7.1. Do princípio da relevância ou pertinência probatória (da proibição da antecipação do resultado da prova)	80
8. Considerações finais	81

5	A BOA-FÉ NO NOVO CÓDIGO DE PROCESSO CIVIL – *Eduardo Tomasevicius Filho*	84
Introdução	84
1. O conteúdo do princípio da boa-fé...	87
2. O princípio da boa-fé em ambos os Códigos de Processo Civil	89
3. O que mudou no Novo Código de Processo Civil?	92
3.1. Exigência de novos comportamentos	92
3.2. Dever de coerência	94
3.3. Dever de informação	96
3.4. Dever de cooperação	98
Considerações finais	100

6	A EFETIVIDADE DO CONTRADITÓRIO E A ATUAÇÃO JUDICIAL: O NOVO ART. 10 DO CPC/2015 – *Érico Andrade*	102
1. Introdução...	102
2. O contraditório e os temas levantados de ofício pelo juiz na França e na Itália	107
3. O novo art. 10 do CPC/2015: âmbito de aplicação e as consequências da sua violação	124
4. Conclusão...	140

7	O PRINCÍPIO DA COOPERAÇÃO E O CÓDIGO DE PROCESSO CIVIL: COOPERAÇÃO PARA O PROCESSO – *Hermes Zaneti Jr.*.............................	142
	1. Introdução...	142
	2. O princípio da cooperação e o conflito processual como uma doença: a história do princípio no Brasil..	143
	3. A cooperação para o processo: obrigações processuais para as partes e para o juiz decorrentes do princípio da cooperação.........	147
	4. Tendências contemporâneas para o dever legal de cooperação......	149
	5. Conclusões..	153

8	TEMPO, DURAÇÃO RAZOÁVEL E CELERIDADE DO PROCESSO: ENSAIO SOBRE OS MITOS E O TEMPO NECESSÁRIO PARA O JULGAMENTO – *João Alberto de Almeida* e *Thiago Carlos de Souza Brito*.................	154
	Introdução..	154
	1. Percepções do tempo quantitativo e qualitativo: *cronos* e *kairos*....	155
	2. O tempo no direito processual civil: duração razoável do processo e celeridade...	157
	3. Alguns mitos sobre o tempo no processo....................................	159
	Conclusão..	162

9	INSTRUMENTALISMO E GARANTISMO: VISÕES OPOSTAS DO FENÔMENO PROCESSUAL? – *José Roberto dos Santos Bedaque*.............................	163
	1. A ideia de instrumentalidade do processo...................................	163
	2. A instrumentalidade do processo segundo Cândido Rangel Dinamarco...	164
	3. Críticas à visão instrumentalista. A doutrina e a instrumentalidade do processo...	168
	4. Instrumentalidade do processo: não li e não gostei......................	172
	5. O instrumentalismo e a doutrina processual brasileira.................	175
	6. Instrumentalismo não se opõe a garantismo...............................	176
	7. Concepções unitária e dualista do direito...................................	181
	8. A instrumentalidade e o devido processo constitucional.............	183
	9. Instrumentalidade, formalismo, efetividade e ativismo judicial.....	185
	10. Considerações finais...	191

10	AS GARANTIAS CONSTITUCIONAIS DO PROCESSO CIVIL NO ANIVERSÁRIO DOS 30 ANOS DA CONSTITUIÇÃO FEDERAL – *José Rogério Cruz e Tucci*...	192

11	Negócio processual e o compromisso de ajustamento de conduta pelo Ministério Público – *Marcelo de Oliveira Milagres*	201
	1. Introdução..	201
	2. Negócio jurídico e autonomia da vontade.................................	202
	3. Acordos processuais..	205
	3.1. Em busca de uma definição...	205
	3.2. Tipicidade ou atipicidade do negócio processual............	206
	3.3. Limites e controle...	207
	3.4. Momento de realização..	208
	4. Compromisso de ajustamento de conduta................................	208
	5. Negócio processual e compromisso de ajustamento de conduta pelo Ministério Público..	210
	6. Conclusão...	214
12	A ética e os personagens do processo – *Paulo Cezar Pinheiro Carneiro*	215
13	A identidade física do juiz como princípio consectário do processo cooperativo – *Renata C. Vieira Maia*	222
	1. Introdução..	222
	2. O princípio da identidade física do juiz....................................	223
	2.1. Breve escorço histórico da identidade física do juiz nos CPCs de 1939, 1973 e 2015...	228
	3. Da identidade física no processo cooperativo do qual se exige contraditório como poder de influência e não surpresa..............	232
	4. Conclusão...	237
14	Processo como Método Argumentativo Estatal de Solução Justa das Controvérsias – *Samuel Meira Brasil Jr.*......................	239
	1. Introdução..	239
	2. O alvorecer da ciência processual...	240
	3. Processo como relação jurídica processual................................	242
	4. Processo como procedimento em contraditório.......................	244
	5. Processo como método *argumentativo* de solução das controvérsias..	246
	6. A necessidade da pretensão de correção na prestação jurisdicional...	249
	7. Conclusões...	251
	8. Referências...	252

15 DOS NEGÓCIOS JURÍDICOS PROCESSUAIS ENVOLVENDO A COISA JULGADA: LIMITES AO AUTORREGRAMENTO DA VONTADE DAS PARTES – *Thiago Pinto Coelho Leone* 253
   1. Introdução 253
   2. O princípio do autorregramento da vontade 254
   3. A coisa julgada 256
   4. As convenções processuais envolvendo a coisa julgada 257
       4.1. Do negócio jurídico sobre os efeitos da decisão judicial transitada em julgado 258
       4.2. Negócios jurídicos sobre a *exceptio rei iudicatae* 259
       4.3. Negócios jurídicos processuais sobre a renúncia ao direito à rescisão do julgado 262
       4.4. Negócio jurídico para afastar a coisa julgada 264
   5. Conclusões 267

16 O ARTIGO 52, PARÁGRAFO ÚNICO, DO CPC E SUA APLICAÇÃO EM MATÉRIA TRIBUTÁRIA – *Werther Botelho Spagnol* 269
   1. Contextualização 269
   2. Definição, no ordenamento jurídico, da competência para o processamento de causas envolvendo o interesse de Entes Federados ... 275
   3. A constitucionalidade da opção contida no parágrafo único do art. 52 do CPC. Ajuizamento da demanda contra Estados Federados no foro de domicílio do autor 278
   4. Conclusão 284

PROCESSO DE CONHECIMENTO

17 TUTELA AUTOSSATISFATIVA E ESTABILIZAÇÃO DA TUTELA ANTECIPADA – *Ester Camila Gomes Norato Rezende* 287
   1. Introdução 287
   2. Tutela autossatisfativa como espécie de tutela de urgência 288
       2.1. Sistematização das tutelas de urgência conforme o critério do risco: tutela cautelar, tutela antecipada e tutela autossatisfativa 288
       2.2. Características da tutela autossatisfativa 292
       2.3. Aplicação da tutela autossatisfativa no direito brasileiro e sua adequação constitucional 298
   3. Breves considerações sobre a estabilização da tutela antecipada 302

		4.	A não confusão entre tutela autossatisfativa e a estabilização da tutela antecipada................	305
		5.	Conclusão....................	307

18	TUTELA SUMÁRIA NO CÓDIGO DE PROCESSO CIVIL: APONTAMENTOS ACERCA DA ESTABILIZAÇÃO DA TUTELA ANTECIPADA – *Fernando Gonzaga Jayme e Alexandre Rodrigues de Sousa*	309
	1.	Introdução: da tutela antecipada à sua estabilização..................	309
	2.	Estabilização da tutela antecipada no CPC/2015: breve síntese do procedimento...............	312
	3.	Apontamentos críticos à estabilização da tutela antecipada no novo CPC.............	316
		3.1. Incoerência no procedimento: aditamento da inicial prévio à eventual interposição de recurso................	316
		3.2. A estabilização e os direitos indisponíveis..............	318
		3.3. Processos contra a Fazenda Pública................	319
		3.4. A tutela antecipatória estabilizada e a formação de coisa julgada................	322
	4.	Conclusões..............	325

19	A DISTRIBUIÇÃO LEGAL, JURISDICIONAL E CONVENCIONAL DO ÔNUS DA PROVA NO NOVO CÓDIGO DE PROCESSO CIVIL BRASILEIRO – *Fredie Didier Jr.*	326
	1.	Introdução................	326
	2.	Conceito de ônus da prova. Dimensões (funções) objetiva e subjetiva................	327
	3.	Ônus da prova como regra de julgamento e de aplicação subsidiária	330
	4.	Distribuição legal do ônus da prova................	331
		4.1 Generalidades................	331
		4.2. A "inversão *ope legis*" do ônus da prova................	333
		4.3. Prova diabólica. Prova duplamente diabólica................	334
		4.4. Ônus da prova de fato negativo................	336
	5.	Distribuição convencional do ônus da prova................	338
	6.	Distribuição do ônus da prova feita pelo juiz................	341
		6.1. Generalidades................	341
		6.2. Pressupostos formais gerais................	342
		6.2.1. Decisão motivada................	342

6.2.2.	Momento da redistribuição	343
6.2.3.	Proibição de a redistribuição implicar prova diabólica reversa	344
6.3.	A regra geral de distribuição do ônus da prova feita pelo juiz	345
6.4.	A inversão do ônus da prova feita pelo juiz em causas de consumo	347

20 CONSIDERAÇÕES SOBRE COISA JULGADA: LIMITES OBJETIVOS E EFICÁCIA PRECLUSIVA – *Giovanni Bonato* 349

1. Introdução 349
2. Os limites objetivos da coisa julgada e as questões prejudiciais no CPC de 1973 352
3. Os limites objetivos da coisa julgada e as questões prejudiciais no direito italiano 354
4. A extensão da coisa julgada às questões prejudiciais no NCPC brasileiro 358
5. A eficácia preclusiva da coisa julgada 359
6. Coisa julgada e situações jurídicas não pedidas 364
7. Conclusões 365

21 AS NOVAS MODALIDADES DE PRODUÇÃO ANTECIPADA DA PROVA DO CÓDIGO DE PROCESSO CIVIL DE 2015: O *DISCOVERY* "À BRASILEIRA" – *Gláucio Maciel Gonçalves e Marcelo Veiga Franco* 367

1. Introdução 367
2. O exemplo do sistema processual dos EUA: a importância da fase pré-processual para prevenir a judicialização desnecessária de conflitos e estimular o emprego de meios adequados de solução de disputas 368
   2.1. O *discovery* como a mais importante técnica pré-processual 372
3. A produção antecipada da prova no Código de Processo Civil de 2015: as novas modalidades como uma técnica adequada de prevenção e solução de conflitos 375
4. Considerações finais 379

22 APLICAÇÃO DA REMESSA NECESSÁRIA EM DECISÃO DE MÉRITO REALIZADA EM DECISÕES INTERLOCUTÓRIAS – *Jason Soares de Albergaria Neto e Isis Ribeiro Pinto* 381

1. Introdução 381

2.	Origem e evolução legislativa	382
3.	Do objetivo da remessa necessária	384
4.	Hipóteses de cabimento da remessa necessária	386
5.	Das hipóteses, além das sentenças	388
6.	Novos conceitos de sentença e decisão interlocutória no NCPC	388
	6.1. Evolução do conceito de sentença no ordenamento jurídico pátrio	388
	6.2. O conceito de sentença no CPC/2015	390
	6.3. Decisão interlocutória no CPC/2015	391
7.	Conclusão	393

23 **SUBSTITUIÇÃO PROCESSUAL, LITISCONSÓRCIO FACULTATIVO UNITÁRIO E COISA JULGADA NO SISTEMA DO CPC DE 2015** – *José Marcos Rodrigues Vieira* 394

24 **SANEAMENTO DO PROCESSO, ESTABILIDADE E COISA JULGADA** – *Leonardo Greco* 402

1.	Modelos rígidos e flexíveis de procedimento em 1º grau	403
2.	O despacho saneador em Portugal e no Brasil	403
3.	Preclusões rígidas desagradam tanto ao publicismo quanto ao privatismo	406
4.	Necessidade de flexibilidade e divergências doutrinárias	408
5.	Decisão de saneamento	415
6.	A estabilização da decisão de saneamento no Código de 2015	416
7.	Questões processuais pendentes	421
8.	Questões de fato e questões de direito	424
9.	Decisão sobre as provas a serem produzidas	427
10.	Distribuição do ônus da prova	430
11.	Pedido de esclarecimentos ou ajustes	431
12.	Acordos sobre matérias da decisão de saneamento	433
13.	Audiência de saneamento	438
14.	Rol de testemunhas	439
15.	Calendarização da prova pericial e atos de impulso	441
16.	Tutela da urgência e da evidência	442
17.	Decisões de mérito e coisa julgada	443
18.	Deficiências do saneador, nulidade, rescisória e erros materiais	444
19.	Considerações finais	445

25	**A DIFICULDADE EM VER QUE A COISA JULGADA PODE SER INVOCADA POR TERCEIROS** – *Luiz Guilherme Marinoni*	446
	1. Delimitação do problema	446
	2. A influência da ideia de coisa julgada enquanto tutela de um bem	447
	3. A regra de que a coisa julgada é restrita às partes e a consequente perspectiva de enfoque dos terceiros	447
	4. A percepção de que o interesse na coisa julgada não é apenas da parte e a superação da regra da mutualidade no *common law*	450
	5. Os diferentes modos de ver a relação entre a coisa julgada e os terceiros no *civil law* e no *common law*	453
	6. Reconstrução do conceito de coisa julgada: a possível invocação pelo terceiro contra o vencido	456
26	**O (LIVRE) CONVENCIMENTO MOTIVADO E O INDISSOCIÁVEL DIREITO FUNDAMENTAL À PROVA – BASE PARA A LEGITIMIDADE DOS PROVIMENTOS** – *Maurício Ferreira Cunha*	466
	1. Introdução	466
	2. Cognição e (livre) convencimento motivado	468
	3. O processo a partir do Estado Democrático de Direito: necessária vinculação como decorrência da leitura do texto constitucional ...	474
	4. A argumentação discursiva pelo contraditório (evolução do conceito de processo) e o direito fundamental à prova	477
	5. Legitimidade dos provimentos e fundamentação racional	480
	5.1. Adequabilidade ao ordenamento pátrio e formato de construção do provimento	482
	5.2. A colaboração na atividade instrutória: processo cooperativo como premissa básica	484
	5.3. O texto positivamente constitucionalizado (princípios) alicerçando a racionalidade do provimento (legalidade estrita)	487
	6. Conclusão	488

PROCEDIMENTOS ESPECIAIS E PROCESSO COLETIVO

27	**O REGIME DE COMPETÊNCIA NAS AÇÕES COLETIVAS E O CONTROLE JUDICIAL DA COMPETÊNCIA ADEQUADA NO DIREITO BRASILEIRO** – *Adriana Mandim Theodoro de Mello e Neman Mancilha Murad*	493
	Breve homenagem	494

1.	Introdução...	494
2.	As normas de atribuição de competência no processo coletivo brasileiro...	495
	2.1. O microssistema de processo coletivo: o papel da Lei de Ação Civil Pública e do CDC no regramento da tutela coletiva de direitos...	495
	2.2. A regra geral: competência absoluta do foro do local do dano...	497
	2.3. A competência para os conflitos de caráter regional e nacional: art. 93, II, do CDC..	499
3.	Impactos negativos do modelo de foros concorrentes para a definição de competência das ações coletivas.............................	501
	3.1. *Forum Shopping*: o exercício abusivo do direito de escolha de foro pelo autor coletivo	501
	3.2. A pulverização de demandas em diversos foros potencialmente competentes	502
	3.3. A solução trazida pelo *microssistema*: modificações de competência territorial absoluta e reunião dos processos no juízo prevento..	503
4.	O controle judicial da competência adequada como instrumento para equacionar as consequências negativas do modelo de foros concorrentes...	506
	4.1. O *forum non conveniens*: primeiras reflexões sobre o controle da competência adequada na doutrina nacional.........	506
	4.2. A aplicação do *forum non conveniens* no processo coletivo: o princípio da competência adequada............................	508
5.	Considerações finais...	510

28 A DISSOLUÇÃO PARCIAL DE SOCIEDADE NO CÓDIGO DE PROCESSO CIVIL DE 2015: PRETENSÕES VEICULÁVEIS, SOCIEDADES ALCANÇADAS E LEGITIMIDADE – *Rodrigo Mazzei e Tiago Figueiredo Gonçalves*..... 511

1.	Introdução...	511
2.	Dissolução total e dissolução parcial de sociedade e procedimentos para o exercício das respectivas pretensões........................	512
3.	Das sociedades sujeitas à dissolução parcial............................	514
	3.1. Dissolução parcial de sociedade anônima de capital fechado pela quebra da "affectio societatis".................................	515
	3.2. Dissolução parcial de sociedade anônima de capital fechado por não poder preencher o seu fim.................................	516

4.	Pretensões cumuláveis na ação de dissolução parcial	516
5.	Legitimidade ativa	517
5.1.	Legitimidade ativa do espólio em caso de morte do sócio	518
5.2.	Legitimidade ativa do(s) sucessor(es) em caso de morte do sócio	518
5.3.	Legitimidade ativa da sociedade em caso de morte do sócio	519
5.4.	Legitimidade ativa do sócio retirante	520
5.4.1.	Exercício prévio do direito de retirada	521
5.4.2.	Não alteração contratual consensual	522
5.5.	Legitimidade ativa da sociedade no caso de exclusão do sócio	522
5.6.	Legitimidade ativa do sócio excluído	523
5.7.	Legitimidade ativa do cônjuge ou companheiro do sócio cujo casamento união estável ou convivência terminou	523
6.	Legitimidade passiva	526

29 O Modelo de Tutela Coletiva Processual Brasileiro e o desafio da inclusão social – *Tereza Cristina Sorice Baracho Thibau e Thaís Costa Teixeira Viana* 528

1.	Introdução	528
2.	O modelo contemporâneo de democracia constitucional e seus discursos contramajoritários: o desafio da inclusão social	529
2.1.	Inclusão social e cidadania no Estado Democrático de Direito Brasileiro	536
3.	A consolidação do modelo jusprocessual de inclusão social e o sistema integrado de tutela aos direitos coletivos	538
3.1.	Os direitos coletivos em sentido *lato* e a proteção às minorias	542
4.	Os institutos do processo coletivo brasileiro na promoção da cidadania e da inclusão social	547
5.	Conclusão	552

EXECUÇÃO E CUMPRIMENTO DE SENTENÇA

30 Fraude à Execução Fiscal: análise dos precedentes do Superior Tribunal de Justiça e distinção da situação das alienações sucessivas – *Camila Campos Baumgratz Delgado* 557

1.	A regulamentação da fraude no ordenamento jurídico brasileiro. A fraude à execução fiscal – previsão legal e alterações legislativas..	557
2.	Análise crítica do acórdão de julgamento do Recurso Especial 1.141.990 pelo Superior Tribunal de Justiça: entendimento anterior da mesma Corte e precedentes mencionados no acórdão.......	559
3.	A inaplicabilidade do entendimento do Recurso Especial 1.141.990 para os casos de alienações sucessivas de bens.............	564

31 O USO DE DEPÓSITOS JUDICIAIS PELO PODER PÚBLICO: A INCONSTITUCIONALIDADE DA EMENDA CONSTITUCIONAL Nº 94 DE 2016 – *Carolina Paim Silva* 569

1.	Introdução...	569
2.	A Ação Direta de Inconstitucionalidade nº 5.679/DF...................	572
3.	Análise crítica das questões levantadas na ADI nº 5.679/DF.........	575
	3.1. Argumentos pela inconstitucionalidade da Emenda Constitucional nº 94..	575
	3.2. Argumentos pela constitucionalidade da Emenda Constitucional nº 94..	580
4.	Conclusão..	584

32 PODER GERAL DE ADOÇÃO DE MEDIDAS COERCITIVAS E SUB-ROGATÓRIAS NAS DIFERENTES ESPÉCIES DE EXECUÇÃO – *Eduardo Talamini* 585

1.	Introdução...	586
2.	Tutela dos deveres de fazer e não fazer (execução fundada em "título judicial")...	587
	2.1. Eficácia mandamental dos provimentos fundados no art. 497...	587
	2.2. A regra específica autorizadora de medidas atípicas...........	588
	2.3. Medidas sub-rogatórias e medidas coercitivas atípicas........	588
	2.4. Parâmetros para a definição das medidas atípicas.............	588
	2.5. Os limites da prisão civil...	590
	2.6. Medidas sub-rogatórias atípicas......................................	590
	2.7. A coexistência de mecanismos sub-rogatórios e coercitivos...	593
3.	Execução de obrigação de fazer ou não fazer fundada em título extrajudicial	594
	3.1. Inexistência de provimento mandamental	594

	3.2.	Disciplina própria para a multa coercitiva....................	595
	3.3.	Medidas sub-rogatórias	595
	3.4.	Não cabimento de medidas coercitivas atípicas...................	595
	3.5.	Medidas atípicas na hipótese de concessão de tutela urgente na execução...	596
4.	Tutela para entrega de coisa...		596
	4.1.	Irrelevância do art. 139, IV	596
	4.2.	O caráter subsidiário da incidência da multa e das medidas atípicas	597
	4.3.	Medidas sub-rogatórias atípicas – A medida atípica de intervenção judicial...	597
	4.4.	A eficácia mandamental e o emprego de meios coercitivos: limites...	599
	4.5.	A aplicação de multa e medidas sub-rogatórias e coercitivas atípicas na execução para a entrega de coisa fundada no título extrajudicial...	600
5.	Execução por quantia certa (título judicial e extrajudicial)............		601
	5.1.	A divergência doutrinária	602
	5.2.	Os fundamentos para a diversidade de modelos de tutela ..	604
	5.3.	Devedor sem patrimônio para responder pela dívida..........	604
	5.4.	Devedor com dinheiro em espécie suficiente para responder pela dívida	605
	5.5.	Devedor solvente, mas sem liquidez...................................	605
6.	Medidas coercitivas típicas na execução por quantia certa............		605
7.	Os juros (coerção pecuniária periódica) – O paradoxo da multa ..		606
8.	As modalidades expropriatórias executivas – Suficiência dos meios sub-rogatórios		606
	8.1.	O campo de incidência das medidas atípicas: dever de colaboração e não obstrução da justiça; preservação patrimonial..	607
	8.2.	Ordem do juiz e medidas atípicas..	608
	8.3.	Tutela antecipada urgente na execução...............................	609
	8.4.	Execução de alimentos	609
	8.5.	Breve nota comparativa	609
9.	Para não dizer que não falei das medidas indutivas........................		612
10.	Conclusão...		614

33 **Breve histórico legislativo e doutrinário da dicotomia cognição-execução no sistema processual brasileiro – autonomia ou sincretismo?** – *Heitor Vitor Mendonça Sica* 617

1. Introdução 617
2. Premissas teóricas acerca da execução civil 618
3. Dicotomia cognição-execução no direito romano e medieval e seu legado para os sistemas processuais contemporâneos 623
4. Recíproca autonomia entre cognição e execução no sistema jurídico brasileiro: estruturação dogmática e legislativa 628
5. (Segue) Paulatina desconstrução dogmática e pretoriana 634
6. (Segue) Paulatina desconstrução legislativa 643
7. Impactos da desconstrução legislativa da recíproca autonomia (breve síntese crítica) 650
8. Iniciativa ou impulso para a execução de título judicial produzido perante a jurisdição estatal civil brasileira 654
9. Superação dos demais fundamentos pela autonomia do processo de execução de título judicial produzido pela jurisdição estatal civil brasileira 664
10. Conclusão 667

PROCESSOS NOS TRIBUNAIS E DOS MEIOS DE IMPUGNAÇÃO DAS DECISÕES JUDICIAIS

34 **O incidente de resolução de demandas repetitivas como instrumento de consolidação dos precedentes no Código de Processo Civil de 2015** – *Alexandre Quintino Santiago e Tatiana Rocha Robortella* 671

1. Introdução 671
2. Aspectos gerais 672
3. Natureza jurídica 677
4. Requisitos 678
5. Legitimidade 680
6. Competência para processamento e julgamento 680
   6.1. Regimento Interno do TJMG 680
   6.2. IRDR sobre matéria de competência dos Juizados Especiais Cíveis e da Fazenda Pública 682
7. Procedimento 684
8. Aplicação da tese jurídica 685
9. Recursos cabíveis 687
10. Conclusão 687

35 **Os desafios da apelação no Código de Processo Civil de 2015** – *Arruda Alvim* 689
   Introdução 689
   1. O julgamento das causas maduras em sede de apelação 690
   2. Sobre o cabimento da apelação contra as decisões interlocutórias que resolvem múltiplas questões 696
   3. A apelação contra as decisões interlocutórias e o recurso subordinado do vencedor 700
   Considerações finais 701

36 **Precedentes vinculantes no CPC/2015 como instrumento de efetivação de um processo estrutural** – *Bernardo Ribeiro Câmara e Igor de Oliveira Mansur* 703
   1. Introdução 703
   2. Diferenciação entre precedente (pelo CPC/15), jurisprudência e súmula 705
   3. Considerações iniciais sobre a estrutura normativa do sistema de precedentes no CPC/15 708
      3.1. Artigo 926 do CPC/15 – uma norma principiológica 709
         3.1.1. Dever de estabilidade 710
         3.1.2. Dever de integridade 710
         3.1.3. Dever de coerência 711
      3.2. Artigo 927 do CPC/15 – da existência de precedentes vinculantes 713
   4. Vantagens para adoção de um sistema de precedentes vinculantes 715
      4.1. Segurança jurídica 715
      4.2. Isonomia 716
      4.3. Duração razoável do processo 717
   5. Decisões estruturantes 718
      5.1. Conceito 718
      5.2. Exemplo do potencial uso do precedente vinculante como instrumento capaz de criar decisões estruturais 720
   6. Conclusão 721

37 **Recurso do vencedor no IRDR: Homenagem a Humberto Theodoro Júnior** – *Carolina Uzeda* 723
   1. Introdução 723

	2. O recurso do vencedor no IRDR. Com a palavra: Humberto Theodoro Júnior	724
	3. O recurso do vencedor no IRDR	726
	4. Cabimento de Recurso Especial para formação de precedente de abrangência nacional	727
	5. Conclusão	729
38	**TEORIA BRASILEIRA DOS PRECEDENTES JUDICIAIS E O ARGUMENTO NOVO, NÃO CONSIDERADO NA FORMAÇÃO DA TESE JURÍDICA** – *Délio Mota de Oliveira Júnior*	730
	1. Introdução	730
	2. A distinção (*distinguishing*) e a superação (*overruling*): uma análise interpretativa	733
	2.1. A técnica da distinção (*distinguishing*)	733
	2.2. A técnica da superação (*overruling*)	735
	3. A formação dos precedentes judiciais	738
	4. Análise acerca da não aplicação da tese jurídica em razão de argumento novo, não abordado na fundamentação do precedente judicial	743
	5. Conclusão	745
39	**A PRÁTICA DO SISTEMA DE PRECEDENTES JUDICIAIS OBRIGATÓRIOS: ENTRE FANTASMAS E POTENCIAIS** – *Edilson Vitorelli*	746
	1. Proposta	746
	2. O que é um precedente?	747
	3. Uma não revolução: o sistema de precedentes judiciais obrigatórios não é novo	748
	4. O Brasil precisa de um sistema de precedentes?	749
	5. O sistema de precedentes mudará a Justiça brasileira?	750
	6. O sistema de precedentes e o direito comparado: dois mitos	753
	7. Em quais ocasiões o sistema de precedentes do CPC poderá funcionar bem?	755
	8. Em quais situações o sistema de precedentes do CPC poderá funcionar mal?	758
	8.1. Casos com variantes fáticas complexas	758
	8.2. Precedentes à brasileira	760
	8.3. O processo coletivo	762
	9. Considerações finais	765

40	**PERSPECTIVAS DOS HONORÁRIOS ADVOCATÍCIOS RECURSAIS PELA JURISPRUDÊNCIA DO STF E STJ** – *Guilherme Costa Leroy*	767
	1. A sistemática dos honorários advocatícios recursais	767
	2. Panorama jurisprudencial do STF e STJ	771
	2.1. Função dos honorários advocatícios recursais: remuneração e/ou punição?	776
	2.2. Honorários advocatícios recursais frente ao direito intertemporal	780
	3. Considerações finais...	782
41	**O AGRAVO DE INSTRUMENTO EM PERSPECTIVA: REFLEXÕES EM TORNO DA NATUREZA DO ROL DO ART. 1.015 DO CPC** – *Juliana Cordeiro de Faria, Edgard Audomar Marx Neto e Marcelo Andrade Féres*..................	784
	1. Introdução: dois anos de vigência do CPC/2015 e as polêmicas em torno do agravo de instrumento	784
	2. Breve panorama da história evolutiva do agravo de instrumento e os modelos de recorribilidade das interlocutórias	786
	3. Decisão interlocutória e sua (ir)recorribilidade imediata e em separado: a ruptura do sistema de preclusão no CPC/2015	790
	4. Nova sistemática de recorribilidade e o resgate de uma anacrônica solução: o mandado de segurança contra decisões interlocutórias não incluídas no rol do art. 1.015	792
	5. A tentativa de se combater o anacronismo: possíveis soluções?.....	793
	5.1. A natureza do rol: exemplificativo ou taxativo?	793
	5.2. Taxatividade e interpretação extensiva: um paradoxo?........	795
	6. Conclusão: resistir à tentação é preciso..	800
42	**AÇÃO RESCISÓRIA NO CÓDIGO DE PROCESSO CIVIL DE 2015** – *Paulo Henrique Dos Santos Lucon*	802
	1. Introdução..	802
	2. Prevaricação, concussão ou corrupção do juiz	803
	3. Juiz impedido ou absolutamente incompetente..............................	804
	4. Dolo da parte vencedora e colusão entre as partes........................	805
	5. Ofensa à coisa julgada	806
	6. Violação à norma jurídica..	806
	7. Prova falsa	809
	8. Prova nova e documento novo	810
	9. Erro de fato...	810
	10. Prazo decadencial...	811
	11. Encerramento	813

43	**O Superior Tribunal de Justiça e a interpretação de dispositivos do Código de Processo Civil** – *Ricardo de Carvalho Aprigliano*.....................	814
	1. Homenagem ao professor Humberto Theodoro Júnior...............	814
	2. Introdução...	815
	3. Função constitucional do Superior Tribunal de Justiça..............	816
	4. Feriado local e a tempestividade do recurso especial. Exigência no ato da interposição e a possibilidade de sua comprovação posterior...	818
	5. A ampliação do rol de hipóteses do artigo 1.015. Em particular, o Agravo de Instrumento sobre decisões que versem sobre competência...	822
	6. O papel do Superior Tribunal de Justiça na formulação dos precedentes no direito brasileiro..	827
	7. Conclusões...	829
44	**Panorama contemporâneo da recorribilidade de decisões interlocutórias** – *Ronaldo Vasconcelos*...	830
	1. Introdução...	830
	2. O Código de Processo Civil de 2015..	831
	3. Desdobramentos do novo sistema processual...........................	832
	3.1. Aparente colisão entre os binômios rapidez-probabilidade X segurança-certeza..	833
	3.2. Presunção de acerto das determinações *a quo* e o *case management*..	835
	4. Ainda a aparente colisão dos binômios rapidez-probabilidade X segurança-certeza: impossibilidade da atribuição de efeito suspensivo ao agravo interposto contra decisão parcial de mérito......	838
	5. Conclusões...	844
45	**Temas Comuns e soluções diversas no STJ e no STF** – *Sérgio Luíz Kukina*..	846
	1. Introdução...	846
	2. Da aparição do STJ e de sua convivência com o STF.................	847
	3. Perspectivas frente ao CPC/2015..	848
	4. Arranjos possíveis para a superação do *imbroglio*....................	850
	5. Conclusão..	852

46	A LEI 13.655/2018, A MUDANÇA DA JURISPRUDÊNCIA E NORMAS DE DIREITO INTERTEMPORAL – *Teresa Arruda Alvim*	853
	1. Palavras ao homenageado	853
	2. A necessidade de que situações idênticas sejam decididas da mesma forma – A Súmula 343	853
	3. Sobre a necessidade de preservação de certas situações	858
	4. Alteração da jurisprudência	859
	5. Preservação de outros valores	860
	6. Princípio da confiança	861
	7. Lei 13.655/2018 (alterações na LINDB)	863

MÉTODOS ALTERNATIVOS DE SOLUÇÕES DE CONFLITOS

47	A VIOLAÇÃO AO CONTRADITÓRIO EFETIVO E A CONSEQUENTE NULIDADE DA SENTENÇA ARBITRAL – *Fernanda Theodoro Gomes*	869
	1. O procedimento arbitral no Brasil e a sua natureza jurisdicional ..	869
	2. O contraditório no procedimento arbitral	870
	3. O ônus da prova no procedimento arbitral	874
	4. A sentença arbitral e as hipóteses de nulidade	876
48	UMA QUESTÃO POLÊMICA: O ÁRBITRO É OBRIGADO A OBSERVAR OS PRECEDENTES JUDICIAIS? – *Luiza Gonzaga Drumond Cenachi*	879
	1. Introdução	879
	2. Uma premissa necessária: arbitragem é jurisdição e se insere no modelo constitucional de processo	880
	3. Correntes	884
	3.1. Fundamentos contrários à vinculação do árbitro aos precedentes judiciais	884
	3.2. Fundamentos favoráveis à vinculação do árbitro aos precedentes judiciais	886
	4. Notas conclusivas	890
49	ASPECTOS CONTEMPORÂNEOS DA EXECUÇÃO DE SENTENÇA ARBITRAL: UMA ANÁLISE EM TORNO DA CERTEZA, LIQUIDEZ E EXIGIBILIDADE DO TÍTULO – *Suzana Santi Cremasco e Bruno Giannetti Viana*	893
	1. Considerações iniciais	893

		2.	Certeza, liquidez e exigibilidade da sentença arbitral	896
		2.1.	O prazo para propor ação declaratória de nulidade da sentença arbitral	897
		2.2.	A liquidação da sentença arbitral	901
		2.3.	A eficácia executiva da sentença arbitral contrária a precedente judicial	903
	3.	Conclusões		907

50. Presente e futuro da mediação: desafios e perspectivas para os próximos 10 anos – *Trícia Navarro Xavier Cabral* 909

1. Introdução 909
2. A evolução legislativa da mediação 910
3. Justiça Multiportas 913
4. Aspectos relevantes da Lei de Mediação 915
5. A mediação no Código de Processo Civil 917
6. Desafios e perspectivas da mediação no Brasil 918

TEORIA GERAL DO PROCESSO

1

MODIFICAÇÃO E EXTINÇÃO DAS CONVENÇÕES PROCESSUAIS

Antonio do Passo Cabral

Sumário: 1. Introdução à modificação das convenções processuais: premissas necessárias. 2. Modificação das convenções processuais pelas próprias partes. As cláusulas de adaptação. 2.1. Cláusulas de indexação e cláusulas de salvaguarda. 2.2. A adaptação do acordo por iniciativa unilateral da parte. 2.3. Cláusulas de prorrogação da duração do acordo ou de substituição de termo. Possibilidade de prorrogação automática em caso de omissão. 2.4. Cláusulas de renegociação. Cláusulas de *hardship*. 3. Modificação do acordo processual pelo juiz. 3.1. Dever de renegociar e o interesse de agir no pedido revisional. 3.2. Preferência normativa pela revisão do acordo em relação à sua extinção. 3.3. Desequilíbrio superveniente do acordo processual. 3.3.1. Cláusula *rebus sic stantibus*, teoria da imprevisão e sua aplicabilidade aos negócios jurídicos processuais. 3.3.2. O princípio do equilíbrio contratual e a revisão das convenções processuais. 4. Extinção dos acordos processuais. 4.1. Fatos extintivos e cessação involuntária da relação convencional. 4.2. Extinção do acordo processual por ato voluntário. Resolução, resilição, rescisão, revogação, distrato; falta de uniformidade conceitual. 4.2.1. Resolução e resilição. 4.2.1.1. Revogação e distrato. 4.2.1.2. Preclusão da possibilidade de revogação ou distrato: preclusões temporais e lógicas. Dificuldade interpretativa nas omissões. 4.2.4. Rescisão convencional e sua diferença para a invalidade. 4.2.5. Invalidade dos acordos processuais. 4.2.5.1. Exigências formais para a invalidação das convenções processuais. 4.2.5.1.1. *In dubio pro libertate* e ônus argumentativo. 4.2.5.1.2. Instrumentalidade das formas. 4.2.5.1.3. Conversão e fungibilidade. 4.2.5.1.4. Contraditório prévio e fundamentação. 5. Conclusão.

1. INTRODUÇÃO À MODIFICAÇÃO DAS CONVENÇÕES PROCESSUAIS: PREMISSAS NECESSÁRIAS

Nos trabalhos a respeito dos negócios jurídicos processuais, pelo menos nestes primeiros anos da vigência do art. 190 do CPC/2015, tem sido frequente que se teorize a respeito da formação dos acordos processuais, em especial a respeito de sua admissibilidade e seus requisitos de validade. Tem sido mais raro o tratamento do tema da modificação e extinção dos negócios jurídicos processuais.[1]

Falemos, de início, da modificação das convenções processuais, para posteriormente tratarmos de sua extinção.

Qualquer sistema jurídico possui um dinamismo temporal porque se projeta entre passado, presente e futuro. Com o passar do tempo, e o surgimento de novos fatos, o Direito busca mecanismos para lidar com as interferências recíprocas entre a incidência passada e a incidência futura da norma: o futuro em constante mudança deve ser confrontado com o conteúdo dos atos jurídicos pretéritos.[2]

No mesmo sentido, ao longo da vida, e com o transcurso do tráfego jurídico, fatos posteriores podem impactar a negociação; além disso, novos dados sobre circunstâncias anteriores vão sendo obtidos pelas partes e de alguma maneira devem ser acomodados no sistema. Pelo dinamismo e velocidade em que estes novos elementos surgem no mundo contemporâneo, surge um dilema para o Estado de Direito em termos de segurança jurídica: há que se garantir a permanência de conteúdos estáveis dos atos jurídicos já praticados, mas assegurar também alguma maleabilidade para sua modificação diante de circunstâncias supervenientes. A *adaptabilidade* passa a ser uma das características do Direito.[3]

Nesse contexto, o papel do Estado mudou, passando-se a exigir dele a característica da *flexibilidade*, não só para admitir a alteração dos atos jurídicos, mas sobretudo em desenvolver um poder de reação à necessidade de mudança.[4] Por este motivo, em outro estudo mais aprofundado, defendemos a adoção, no processo, da perspectiva da segurança como

---

[1] Sobre o tema, CABRAL, Antonio do Passo. *Convenções processuais*. Salvador: Jus Podivm, 2ª ed., 2018, capítulo 6.

[2] ÁVILA, Humberto. *Segurança jurídica no direito tributário: entre permanência, mudança e realização*. Tese apresentada à Faculdade de Direito da USP para concurso de ingresso como Professor Titular de Direito Tributário, mimeografado, 2010, p. 42 (existe versão comercial, publicada em 2011 sob o título: *Segurança jurídica: entre permanência, mudança e realização no direito tributário*. São Paulo: Malheiros, 2011); FERRAZ JR., Tércio Sampaio. Coisa julgada em matéria tributária e as alterações sofridas pela legislação da contribuição social sobre o lucro (Lei nº 7.689/88). *Revista Dialética de Direito Tributário*, nº 125, fev. 2006, p. 73-74.

[3] ÁVILA, Humberto. *Segurança jurídica no direito tributário*. Op. cit., p.67-68.

[4] SCHMIDT-ASSMANN, Ebehard. Flexibilität und Innovationsoffenheit als Entwicklungsperspektiven des Verwaltungsrechts. in SCHMIDT-ASSMANN, Ebehard; HOFFMANN-RIEM, Wolfgang (Orgs.). *Innovation und Flexibilität des Verwaltungshandelns*. Baden-Baden: Nomos, 1994, p.408-409, 414.

continuidade jurídica, um paradigma que garante segurança sem impedir a modificação de atos jurídicos processuais estáveis.[5]

Pois bem, deve-se lembrar que os acordos processuais criam um vínculo jurídico entre os sujeitos que assume uma certa duração no tempo.[6] E pode ser que as exigências do tráfego exijam mudança na pactuação anterior.

Nesse cenário, a modificação dos acordos processuais deve levar em conta que, em sendo atos jurídicos perfeitos, as convenções devem tender à permanência, nos limites estabelecidos pela autonomia da vontade. Os acordos celebrados são estáveis, e o sistema pressupõe sua continuidade nos termos em que praticados.

Não obstante essa estabilidade ter uma perspectiva garantística de respeito à autonomia, as convenções processuais são alteráveis, e sua modificabilidade, ao invés de representar qualquer motivo de insegurança, é algo natural ao sistema. De um lado, porque, por serem instrumentos negociais, voltados a atender à conveniência das partes que os celebram, os acordos processuais em tese devem poder ser alterados, tanto para que se extingam e cessem por completo sua eficácia, quanto para que seus efeitos sejam adaptados. Além disso, essa adaptação deve ser vista como algo positivo no sistema jurídico porque reequilibra a negociação se, com o passar do tempo, as condições dos convenentes ou o objeto do acordo tenham-se alterado. Caberá modificar a avença para evitar desigualdade (art. 190, parágrafo único, do CPC) ou desequilíbrio.

Por outro lado, partindo-se do paradigma da segurança jurídica como continuidade, a adaptabilidade garante a preservação do vínculo convencional, sem eliminar sua modificabilidade, tornando o acordo processual "evolutivo" por amoldar-se sem ruptura à dinâmica do tráfego negocial.[7]

Essas são as premissas básicas para se compreender as formas de modificação do acordo processual, que pode se dar por atos praticados pelas próprias partes ou por decisão judicial.

2. MODIFICAÇÃO DAS CONVENÇÕES PROCESSUAIS PELAS PRÓPRIAS PARTES. AS CLÁUSULAS DE ADAPTAÇÃO

Em princípio, nada dispondo o acordo, as partes são sempre livres para renovar, prorrogar ou adaptar as cláusulas convencionais. Aplica-se a máxima *in dubio pro libertate*.[8]

---

[5] CABRAL, Antonio do Passo. *Coisa julgada e preclusões dinâmicas.* Salvador: Jus Podivm, 2ª ed., 2014, p. 313 ss. Na literatura do direito público, Cf. LEISNER, Anna. *Kontinuität als Verfassungsprinzip: unter besonderer Berücksichtigung des Steuerrechts.* Tübingen: Mohr Siebeck, 2002, p.4-5, 15, 376; Schulze-Fielitz, Helmuth. *Kernelemente des Rechtsstaatsprinzips,* in DREIER, Horst (Ed.). *Grundgesetz Kommentar.* Tübingen: Mohr Siebeck, vol.II, 1998, p.184.

[6] BETTI, Emilio. *Istituzioni di Diritto Romano.* vol.I, Padova: CEDAM, 2ª ed., 1947, p. 97.

[7] NITSCHKE, Guilherme Carneiro Monteiro. Revisão, resolução, reindexação, renegociação: o juiz e o desequilíbrio superveniente de contratos de duração. Revista Trimestral de Direito Civil, vol. 50, 2012, p. 152-153.

[8] Sobre o ponto, confira-se CABRAL, Antonio do Passo. *Convenções processuais. Op. cit.*, p. 161 ss., 288 ss.

Várias espécies de convenções já preveem, no acordo inicial, disposições sobre sua adaptação futura. São as chamadas "cláusulas de adaptação", pelas quais a convenção, por assim dizer, "organiza sua própria revisão".[9]

Em geral, esse tipo de cláusula de adaptação é mais afeta aos acordos de médio e longo prazo, ou àqueles destinados a regrar conflitos que, caso venham a ser judicializados, tendam a uma tramitação mais alongada. É um tipo de cláusula útil em acordos prévios ao processo, porque o contexto da negociação, se comparado com aquele do litígio, pode vir a alterar-se sensivelmente.

Não obstante, cláusulas de adaptação do acordo processual podem revelar-se fruto de dificuldades na negociação ou de um alto custo de transação na celebração da convenção original. De fato, por vezes as partes optam por redigir os contratos (e acordos processuais) de maneira mais aberta ou incompleta, facilitando sua celebração. Nestes casos, embora se reduza o custo de transação, é possível que, no futuro, a abertura semântica das normas convencionais gere problemas de implementação no momento da execução da avença. As cláusulas de adaptação compensam essa vagueza, deixando os acordos mais adaptáveis à mudança de circunstâncias.[10] São, portanto, instrumentos para a preservação e continuidade das convenções.[11]

Nesse cenário, ao dispor sobre uma cláusula de adaptação ou de revisão, a parte deve cuidar para que sua redação não seja nem muito aberta ou vaga, a ponto de violar a segurança jurídica, nem muito fechada ou detalhada para não impedir a incidência sobre situações não previstas,[12] o que eliminaria sua razão de ser, que é justamente permitir maior adaptabilidade ao acordo.

Dentre as cláusulas de modificação dos acordos processuais, sem nenhuma pretensão de exaustividade, podemos elencar as cláusulas de adaptação automática ou de indexação, cláusulas de revisão (de preço ou valor, aplicáveis a convenções sobre custos do processo, por exemplo), cláusulas de salvaguarda, de renegociação de boa-fé etc.[13]

---

[9] SCHREIBER, Anderson. *O princípio do equilíbrio contratual*. Tese de Titularidade em Direito Civil. Universidade do Estado do Rio de Janeiro, 2017, p. 423 ss.

[10] Para os contratos em geral, em lições aplicáveis aos acordos processuais, confira-se SCHREIBER, Anderson. *O princípio do equilíbrio contratual*. Op. cit., p. 81 ss; RODRIGUES, Gabriela Wallau; GIANNAKOS, Demétrio Beck da Silva. A cláusula de *hardship* como forma de mitigação da assimetria de informação nos contratos internacionais. Revista Electrónica de Direito, n.2, jun., 2017, p.11.

[11] NITSCHKE, Guilherme Carneiro Monteiro. Revisão, resolução, reindexação, renegociação: o juiz e o desequilíbrio superveniente de contratos de duração. Revista Trimestral de Direito Civil, vol.50, 2012, p.141.

[12] MAGAR, Fabrice. Ingénierie juridique: pratique des clauses de rencontre et renégociation, *in* Recueil Dalloz, nº 30, set, 2010, p.1962.

[13] LEQUETTE, Yves. De l'efficacité des clauses de hardship. in Liber Amicorum Christian Larroumet. Paris: Economica, 2010, p.267; MAGAR, Fabrice. Ingénierie juridique: pratique des clauses de rencontre et renégociation, *Op. cit.*, p.1960. Fala-se ainda nas cláusulas de "recondução", que consistiriam em sua renovação, vale dizer, na substituição da convenção original por um novo

Essas cláusulas são muito diferentes entre si, algumas possuem inclusive funções distintas; ora remetem a um procedimento de renegociação entre as partes, e portanto dependem de sua iniciativa; ora estabelecem parâmetros ou critérios determinados previamente, e que deverão ser utilizados para a modificação de seu conteúdo; ou ainda delegam a um terceiro a definição de condições ou parâmetros de alteração.[14] E existem também convenções compostas por duas ou mais delas (p.ex., prevendo cláusula de renegociação e, em caso de impasse, a remessa da decisão a um terceiro). Vejamos algumas dessas espécies.

2.1. Cláusulas de indexação e cláusulas de salvaguarda

As *cláusulas de indexação* permitem a atualização automática da convenção a partir de certos parâmetros pré-fixados.[15] É o que ocorre, p.ex., com gatilhos para atualizar a remuneração de profissionais escolhidos pelas partes (perito, mediador, avaliador, depositário), especialmente em cenários de inflação descontrolada, com a potencial perda do poder aquisitivo em razão de depreciação da moeda.[16]

Outro exemplo de cláusula de adaptação é a chamada *cláusula de salvaguarda*, que permite suspender a execução do acordo se se alterarem significativamente as condições em que se pactuou. Há que analisar precisamente, neste caso, se a vontade das partes, numa perspectiva *ex ante*, pretendia que suas preferências originárias fossem suplantadas no momento da execução do acordo.[17]

As cláusulas de salvaguarda devem prever os pressupostos de sua incidência e as medidas que podem ser adotadas para suspender a execução da convenção. Essas cláusulas normalmente disciplinam um procedimento que deve ser observado em caso de sua aplicação (*e.g.* necessidade de notificar ou interpelar a contraparte, prazo para resposta). Observe-se, portanto, que a adaptação do acordo não será imediata nem automática, diferenciando as cláusulas de salvaguarda das indexações convencionais porque, enquanto nestas, a participação dos convenentes é irrelevante, enquanto naquelas é imprescindível.

---

acordo. Trata-se, portanto, de uma segunda convenção, uma novação, e por este motivo não as trataremos como possibilidade de modificação de um acordo ainda vigente.

[14] AGUIAR, Ruy Rosado de. in TEIXEIRA, Sálvio de Figueiredo (coord.). *Comentários ao Novo Código Civil*. Rio de Janeiro: Forense, vol. VI, tomo II, 2011, p.940.

[15] MAGAR, Fabrice. Ingénierie juridique: pratique des clauses de rencontre et renégociation, Op. cit., p.1961 e nota n.9.

[16] Ao estudar mecanismos autocompositivos, a literatura chama a atenção para que, muitas vezes, em negociações processuais, é comum a tomada de posições extremas para posteriormente, aos poucos, flexibilizar, ceder e atingir uma posição intermédia que era aquela que a parte esperava atingir e que efetivamente considera razoável. Trata-se da chamada *negotiation dance*. As cláusulas de indexação poupam tempo e dinheiro, pois as partes estipulam critérios para a fixação de preço, evitando posteriormente desperdício de energia e tempo deliberando a respeito. Cf. ISAACS, Joshua. A new way to avoid courtroom: the ethical implications surrounding collaborative law. *Georgetown Journal of Legal Ethics*, n.18, 2005, p.836; ENGEL, Martin. *Collaborative Law: Mediation ohne Mediator*. Tübingen: Mohr Siebeck, 2010, p.49.

[17] HAY, Bruce L. Procedural justice: *ex ante* v. *ex post*. *UCLA Law Review*, vol.44, 1997, p.1811-1812.

2.2. A adaptação do acordo por iniciativa unilateral da parte

Qualquer que seja o parâmetro de adaptação, seja ele pré-fixado ou não, deve-se lembrar também que é possível que a convenção preveja a adaptação da avença deflagrada por uma das partes. Isto é, o consentimento originário dispõe sobre uma modificação *unilateral* do acordo no futuro.

Nestes casos, deve-se atentar para que existam parâmetros mínimos de adaptação da convenção, para que não se verifique uma total discricionariedade, que pode levar à invalidade da convenção por imprecisão ou indeterminação do objeto,[18] e também para que estas cláusulas não representem a submissão integral de uma parte à vontade da outra, o que revelaria uma condição potestativa pura.[19]

2.3. Cláusulas de prorrogação da duração do acordo ou de substituição de termo. Possibilidade de prorrogação automática em caso de omissão

A duração do acordo processual pode ser determinada ou indeterminada. Se o acordo for a prazo fixo, e for do interesse das partes prosseguir na relação negocial, a possibilidade de prolongamento do vínculo afigura-se um instrumento útil para atuação da vontade negocial. Inexiste insegurança porque, assim como ocorreu por ocasião da pactuação originária, a prorrogação também deve resultar de consentimento entre os acordantes.

Por vezes, essa modificação limita-se a prorrogar o prazo de vigência do acordo, *prolongando* o vínculo.[20] As partes podem dispor corretivamente para prolongar o tempo de duração da convenção, deliberando a prorrogação do prazo ou a substituição do termo. A cláusula de prorrogação pode ser periódica (p.ex., de ano em ano), o que não significa tratar-se de acordo "perpétuo".[21]

A prorrogação convencionada tem por efeito manter todas as disposições do acordo original, sem qualquer influência de eventuais alterações legislativas ocorridas entre a pactuação original e a data da prorrogação. Na convenção para prorrogação, acorda-se somente sobre a duração da avença. Por isso, este tipo de acordo difere frontalmente das cláusulas de renovação.[22]

---

[18] CABRAL, Antonio do Passo. *Convenções processuais. Op. cit.*, p.335 ss.
[19] CABRAL, Antonio do Passo. *Convenções processuais. Op. cit.*, p.320.
[20] Essa é, inclusive, a diferença maior da modificação do acordo para a sua extinção, pois esta extermina a relação jurídica. Pelo mesmo motivo, a modificação do acordo difere da "novação", porque esta também extingue a convenção anterior. Cf. SÉVELY-FOURNIÉ, Catherine. *Essai sur l'acte juridique extinctif en droit privé: contribution à l'étude de l'acte juridique.* Paris: Dalloz, 2010, p.121 ss, 135-136, 141-142.
[21] MOUSSERON, Jean-Marc. *Technique contractuelle.* Levallois: Lefebre, 4ª ed., 2010, p.234.
[22] PONTES DE MIRANDA, Francisco Cavalcanti. *Tratado de Direito Privado.* Rio de Janeiro: Borsói, t.XL, 1962, p.315 ss; *Idem, Tratado de Direito Privado.* Rio de Janeiro: Borsói, t.XLI, 1962, p.3, 15, 18.

Nos acordos a termo, aqueles celebrados com prazo fixo, a prorrogação não é automática, dependendo de um acordo de vontade posterior, sendo certo que qualquer das partes pode se opor ao prolongamento da avença.[23] De fato, o mesmo espaço de liberdade que fundamenta a possibilidade de prorrogação protege a liberdade das partes em não prosseguir na relação convencional após o término do seu prazo de vigência. E a recusa de uma das partes em renovar um acordo após o seu termo não precisa ser justificada, salvo se esta exigência constar expressamente da convenção primitiva.[24]

Por outro lado, a convenção pode prever também uma prorrogação *automática* pelo advento do termo. É o que ocorre quando as partes já antecipam que o silêncio ou omissão levará à prorrogação "por igual período" ou "por prazo indeterminado".[25] Nestas hipóteses, a prorrogação independe de acordo expresso celebrado após o termo. Convém, neste tipo de avença, que as partes deliberem sobre o procedimento para que possam fazer cessar suas obrigações e os demais efeitos do acordo (p. ex., notificação da contraparte, prazos etc.).

2.4. Cláusulas de renegociação. Cláusulas de *hardship*

Cláusulas de renegociação são convenções que exigem a *reabertura das discussões* para modificar certas disposições do acordo anterior.[26] A ideia é buscar uma nova solução consensual para o problema do desequilíbrio convencional, com o escopo de preservar o negócio jurídico,[27] evitando que o conflito seja judicializado.

As cláusulas de renegociação não equivalem às cláusulas de adaptação automática do acordo porque as convenções de que aqui tratamos trazem como consequência uma *obrigação de fazer* (e uma obrigação *de meio*) consistente na *obrigação de renegociar de boa-fé*.[28] Se, ao final do procedimento de renegociação, não se chegar a um consenso, não há inadimplemento se as partes se empenharam e cooperaram para renegociar.

---

[23] Menciona-se ainda uma espécie de prorrogação atribuída à vontade de apenas uma das partes, denominada de "semiautomática", na qual bastaria a notificação da contraparte. Na prática, haveria necessidade de dispor também sobre a forma de comunicação à contraparte da intenção de não continuar com o contrato. MOUSSERON, Jean-Marc. *Technique contractuelle. Op. cit.*, p.237.

[24] MOUSSERON, Jean-Marc. *Technique contractuelle. Op. cit.*, p.235-237.

[25] Mesmo nesse caso, a prorrogação pode não ocorrer se o acordo for suspenso por qualquer razão. Cf. MOUSSERON, Jean-Marc. *Technique contractuelle. Op. cit.*, p.235.

[26] MAGAR, Fabrice. Ingénierie juridique: pratique des clauses de rencontre et renégociation, *Op. cit.*, p.1959; JARROSSON, Charles. Les clauses de renegociation, de conciliation et de mediation. *in Les Principales clauses des contrats conclus entre professionnels*. Aix-en Provence: Presses Universitaires d'Aix-Marseille, 1990, p.142 ss.

[27] NITSCHKE, Guilherme Carneiro Monteiro. Revisão, resolução, reindexação, renegociação: o juiz e o desequilíbrio superveniente de contratos de duração. *Op.cit.*, p.136.

[28] Devem as partes engajar-se efetivamente em discussões para tentar acordar a adaptação. Cf. JARROSSON, Charles. Les clauses de renegociation, de conciliation et de mediation, *Op. cit.*, p.149-151. No direito privado, SCHREIBER, Anderson. *O princípio do equilíbrio contratual. Op. cit.*, p.374.

As cláusulas de renegociação também não se confundem com o distrato (*mutuus dissensus* ou *contrarius consensus*) porque se entende que o liame originário que une as partes continua durante o período de tramitação do procedimento de renegociação.[29]

É comum que o controle da boa-fé no cumprimento dessas cláusulas de renegociação se dê pela interpretação de uma expressão conhecida na prática negocial, inserida com frequência nos contratos. Trata-se da obrigação de empreender os "melhores esforços" (*best efforts*) para renegociar, o que compreende atitudes cooperativas de flexibilidade, boa vontade, prestação das informações adequadas, dentre outras.[30]

Espécie conhecida de convenção para renegociação é a cláusula de *hardship* (em tradução literal, "dificuldade"), comum no tráfego das relações comerciais internacionais, que é uma disposição pela qual qualquer dos acordantes pode notificar a contraparte para que renegociem extrajudicialmente quando se verificarem adversidades (que não configuram caso fortuito ou força maior) que tornem a execução da avença excessivamente onerosa.[31]

A obrigação de renegociar surgirá quando sobrevier uma excessiva desvantagem de uma das partes na avença em função de fatos que não eram conhecidos por ela, ou que não poderiam ter sido considerados quando da celebração do acordo original, ou ainda fatos que estão fora de sua esfera de controle ou que decorram de um risco que não assumiu.[32] As cláusulas de *hardship* pretendem adaptar e reequilibrar o acordo, falando a favor de sua continuidade.[33]

No que respeita à sua forma, os acordos de renegociação devem conter uma precisa definição do objeto da repactuação. Podem-se estabelecer pressupostos para a renegociação, *e.g.*, um termo (advento de um ato ou uma fase do processo), ou o surgimento de um elemento novo (como uma prova *noviter reperta*, i.e., descoberta posteriormente).[34] Os acordos podem prever ainda a duração mínima e máxima do período de renegociação. Se

---

[29] JARROSSON, Charles. Les clauses de renegociation, de conciliation et de mediation, *Op. cit.*, p.143; LAGARDE, Xavier. Esquisse d´un régime juridique des clauses de conciliation. *Revue des contrats*, 2003, p.190-191; DIAS, Jorge de Figueiredo. *Acordos sobre a sentença em processo penal: o "fim" do Estado de Direito ou um novo "princípio"?* Coimbra: Coimbra Ed., 2011, p.31.

[30] NITSCHKE, Guilherme Carneiro Monteiro. Revisão, resolução, reindexação, renegociação: o juiz e o desequilíbrio superveniente de contratos de duração. *Op. cit.*, p.154-155.

[31] MARTINS-COSTA, Judith. A cláusula de *hardship* e a obrigação de renegociar nos contratos de longa duração. Revista de Arbitragem e Mediação, ano 7, vol.25, abr-jun, 2010, p.26.

[32] No art. 6.2.2 dos Princípios dos Contratos Comerciais Internacionais elaborado pela Unidroit, menciona-se a configuração do suporte fático para a incidência de uma cláusula como esta, elencando as possíveis dificuldades que podem levar à aplicação da cláusula de *hardship*. Encontra-se disponível a versão elaborada em 2016 no website da Unidroit: http://www.unidroit.org/english/principles/contracts/principles2016/principles2016-e.pdf, acessado em 31.08.2017.

[33] RODRIGUES, Gabriela Wallau; GIANNAKOS, Demétrio Beck da Silva. A cláusula de *hardship* como forma de mitigação da assimetria de informação nos contratos internacionais. *Op. cit.*, p.5-6.

[34] CABRAL, Antonio do Passo. *Coisa julgada e preclusões dinâmicas. Op. cit.*, p.553 ss. Usando este exemplo para defender a possibilidade de revisão e resolução de acordos de financiamento processual, ABRAMS, David S.; CHEN, Daniel L. A market for justice: a first empirical look at third party litigation funding. *University of Pennsylvania Journal of Business Law*, vol.15, 2013, p.1088-1089.

forem celebrados na pendência do processo judicial, podem ser acompanhados da previsão de suspensão do processo.[35]

Questão importante e controversa a respeito das cláusulas de renegociação é o surgimento de uma situação urgente, que exija tutela jurisdicional, durante o período de renegociação. Nestes casos, deve-se permitir que a parte acesse o Judiciário para a obtenção da tutela provisória de urgência.[36]

3. MODIFICAÇÃO DO ACORDO PROCESSUAL PELO JUIZ

Como vimos anteriormente, a alteração do negócio jurídico pode se dar por iniciativa das partes, no exercício da sua autonomia, mas pode também ser operada pelo juiz: a parte que se sentir prejudicada pode solicitar a revisão *judicial* do acordo.

Neste caso, a modificação dos acordos processuais se coloca entre segurança, estabilidade e autonomia da vontade, de um lado, e justiça contratual, de outro. Ao magistrado caberá sopesar se o desequilíbrio convencional existe, e se as circunstâncias que o geraram justificam que a modificação seja operada *ope judicis*.

Como se vê, trata-se de uma grande atenuação da autonomia da vontade e da vinculatividade dos negócios jurídicos às partes que os pactuaram (*pacta sunt servanda*). Porém, a revisão judicial dos negócios jurídicos tem encontrado respaldo na legislação e na jurisprudência.[37]

3.1. Dever de renegociar e o interesse de agir no pedido revisional

Diante de um desequilíbrio no negócio jurídico, alguns autores têm reconhecido, no ordenamento brasileiro, a existência de um *dever legal de renegociação*, mesmo na ausência de cláusulas prévias de adaptação do acordo ou que imponham convencionalmente a renegociação.

---

[35] No direito privado, é comum que se suspenda a execução do contrato. Cf. MAGAR, Fabrice. Ingénierie juridique: pratique des clauses de rencontre et renégociation, *Op. cit.*, p. 1963. No direito processual, a suspensão do processo seria providência mais adequada.

[36] Sobre o acesso ao juiz dos *référés* franceses, em causas urgentes, Cf. CADIET, Loïc. Liberté des conventions et clauses relatives au règlement des litiges. *Petites Affiches*, nº 86, maio, 2000, p. 33.

[37] No direito privado, Schreiber invoca os artigos 422, 455, 620 e 770, todos do Código Civil, que importam em redimensionamento das prestações por ordem do juiz mesmo sem concordância das partes. Cf. SCHREIBER, Anderson. *O princípio do equilíbrio contratual. Op. cit.*, p. 155-167, 176, 331-332. Veja-se ainda o teor do § 2º do art. 157 do Código Civil, previsto para a lesão, e que dispõe que "não se decretará a anulação do negócio, se for oferecido suplemento suficiente, ou se a parte favorecida concordar com a redução do proveito". A parte a quem beneficia a lesão, ao invés de postular a invalidação da avença, tem a alternativa de "oferecer suplemento suficiente". Neste caso, a parte beneficiada faz uma "oferta de reequilíbrio"; a parte lesada deve concordar com a redução do proveito que obteria, e caberá ao juiz controlar a "suficiência" do suplemento apresentado. MARTINS-COSTA, Judith. A revisão dos contratos no Código Civil brasileiro. *Roma e America – Diritto Romano Comune*, n. 16, 2003, p. 154.

O dever de renegociação corresponderia a um dos "deveres anexos" da boa-fé objetiva,[38] impondo às partes que tentem extrajudicialmente chegar a uma revisão consensual do acordo.

O dever de renegociar não significa que as partes necessariamente devam reequilibrar a avença: o sucesso ou não da renegociação não é objeto do dever; tampouco significa que uma parte deva se submeter às novas cláusulas convencionais propostas pela contraparte que afirma estar sofrendo excessiva onerosidade. O dever de renegociar obriga apenas a envolver-se em um procedimento de renegociação. Para tanto, o convenente deve informar a contraparte imediatamente que sobrevier circunstância que produza desequilíbrio negocial; e se engajar, de boa-fé, na renegociação, considerando com seriedade as propostas da contraparte e fornecendo todas as informações necessárias para sua precisa avaliação. Como métrica do empenho das partes em renegociar, a doutrina tem defendido que as propostas devem ser pormenorizadas (aquelas formuladas genericamente e sem detalhamento sugeririam ausência de seriedade) e não podem ser apresentadas no formato "pegar ou largar".[39]

Pensamos que o dever de renegociar, desenvolvido no direito dos contratos, deve ser aplicado também para os negócios jurídicos processuais. A lógica defendida no direito privado encontra guarida nas normas do sistema processual vigente, especialmente no marco do processo cooperativo (art. 6º do CPC/2015) e nos cânones de boa-fé processual (art. 5º do CPC/2015). Assim, diante de uma situação superveniente que gere desequilíbrio negocial, a parte deve informar a contraparte prontamente e participar do procedimento de renegociação, empenhando-se para uma solução consensual.

Caso descumprido o dever de renegociar, surge uma pretensão indenizatória em favor da contraparte. Ao lado da tutela ressarcitória, outra forma de sancionar o descumprimento do dever de renegociação deve ser exigir do autor, ao postular em juízo a revisão do negócio jurídico, a demonstração de que tentou renegociar de boa-fé fora do Judiciário.[40] A ausência de renegociação extrajudicial levaria à falta de interesse de agir (interesse-necessidade), e a uma extinção da demanda revisional sem julgamento de mérito.

3.2. Preferência normativa pela revisão do acordo em relação à sua extinção

Na literatura tradicional do direito privado, é comum a assertiva de que o ordenamento brasileiro atribui às partes um direito à resolução dos contratos bilaterais.[41] Havia, inclusive, uma tendência doutrinária e jurisprudencial de sustentar teses que privilegiavam o resultado da extinção do vínculo negocial, certamente influenciadas pela interpretação da doutrina italiana de dispositivos do *Codice civile* que inspiraram a redação dos arts. 478 e 479 do CC brasileiro.

Contudo, a doutrina civilista mais contemporânea, forte na função social dos negócios jurídicos e na excepcionalidade das invalidações, e inspirada nas reformas do direito

---

[38] SCHREIBER, Anderson. *O princípio do equilíbrio contratual*. Op. cit., p.393 ss.
[39] SCHREIBER, Anderson. *O princípio do equilíbrio contratual*. Op. cit., p.399-401.
[40] SCHREIBER, Anderson. *O princípio do equilíbrio contratual*. Op. cit., p.411-412.
[41] ASSIS, Araken de. *Resolução do contrato por inadimplemento*. São Paulo: RT, 3ª ed., 1999, p.48.

das obrigações na Alemanha, tem defendido que se pode extrair do sistema brasileiro uma diretriz normativa no sentido de *evitar a extinção do vínculo convencional*.[42]

Essa prioridade normativa favorece a revisão do acordo, fazendo com que sua extinção (por resolução, rescisão, invalidade etc.), deva ser sempre excepcional, compreendida como *ultima ratio*.[43] A adaptação do negócio jurídico passa a ser vista não como uma ofensa à autonomia da vontade, mas como um instrumento de *preservação* do negócio jurídico e *continuidade* do vínculo.[44]

A mesma conclusão pode ser trazida para o campo dos negócios jurídicos processuais, em especial tendo em vista já termos sustentado, para os atos jurídicos processuais em geral (o que inclui, por óbvio, os negócios jurídicos processuais), um princípio de validez apriorística que impede, *prima facie*, que se lhes invalide ou negue aplicação.[45]

Vejamos então quais são as razões para que o juiz opere alguma modificação do acordo.

3.3. Desequilíbrio superveniente do acordo processual

Quando celebram um acordo, as partes têm em vista uma programação que busca antecipar as consequências e o impacto futuro que aquela avença pode ter na sua esfera jurídica. Não obstante este cálculo no momento da celebração, circunstâncias supervenientes não vislumbradas pelas partes podem de alguma maneira frustrar aquela prognose inicial, e então o ordenamento jurídico deve ser previdente de algum mecanismo, na inexistência de cláusulas de adaptação, que solucione o difícil problema de como repartir entre os conveventes o risco dos eventos imprevisíveis.[46]

---

[42] NITSCHKE, Guilherme Carneiro Monteiro. Revisão, resolução, reindexação, renegociação: o juiz e o desequilíbrio superveniente de contratos de duração. *Op. cit.*, p.139-141.

[43] SCHREIBER, Anderson. *O princípio do equilíbrio contratual. Op. cit.*, p.336 ss, 350; NITSCHKE, Guilherme Carneiro Monteiro. Revisão, resolução, reindexação, renegociação: o juiz e o desequilíbrio superveniente de contratos de duração. *Op. cit.*, p 144, 156. Lembre-se que, nas III Jornadas de Direito Civil, organizadas pelo Conselho da Justiça Federal a fim de editar enunciados interpretativos sobre o Código Civil, aprovou-se o enunciado nº176: "Em atenção ao princípio da conservação dos negócios jurídicos, o art.478 do Código Civil de 2002 deverá conduzir, sempre que possível, à revisão judicial dos contratos e não à resolução contratual".

[44] NITSCHKE, Guilherme Carneiro Monteiro. Revisão, resolução, reindexação, renegociação: o juiz e o desequilíbrio superveniente de contratos de duração. *Op. cit.*, p.141-142. Na literatura do direito civil, Schreiber invoca os artigos 183 e 184 do Código Civil para conservação dos negócios e prevenção de invalidades. SCHREIBER, Anderson. *O princípio do equilíbrio contratual. Op. cit.*, p.166-167, 344-345.

[45] Sobre o princípio de validade *prima facie* dos atos jurídicos processuais, CABRAL, Antonio do Passo. *Nulidades no processo moderno*. Rio de Janeiro: Forense, 2ª ed., 2010, p.185 ss.

[46] ROPPO, Enzo. *O contrato*. Trad. Ana Coimbra e M. Januário C. Gomes. Coimbra: Almedina, 1988, p. 253 ss.

Nesse contexto, discussão palpitante é a possibilidade de modificação do acordo em razão de circunstâncias supervenientes.[47] Embora o tema remonte ao problema mais geral do desequilíbrio negocial, alguns institutos específicos atraem a nossa atenção: a cláusula *rebus sic stantibus* e a teoria da imprevisão.

3.3.1. Cláusula rebus sic stantibus, *teoria da imprevisão e sua aplicabilidade aos negócios jurídicos processuais*

Entende-se por "cláusula *rebus sic stantibus*" a condição implícita ou tácita em virtude da qual, em certos tipos de convenção, o vínculo deva ser considerado subordinado à permanência do estado de fato existente ao tempo da celebração, de tal sorte que, modificando-se o complexo fático subjacente, a força obrigatória do negócio jurídico não deva ser mantida, justificando-se a intervenção judicial para rever o acordo.[48]

Mas a expressão "cláusula *rebus sic stantibus*" é utilizada em dois sentidos diversos. O primeiro e mais amplo engloba os atos jurídicos que têm sua eficácia subordinada a que os fatos permaneçam como estavam no momento em que manifestada a vontade. Em um segundo sentido mais restrito, exige-se a ocorrência de um fato superveniente *imprevisível* para as partes, e que tenha desequilibrado a relação convencional, reclamando o restabelecimento do sinalagma.[49] A aplicação da cláusula *rebus sic stantibus* aproxima-se, então, da chamada "teoria da imprevisão".

---

[47] CASTRO, Guilherme Couto de. *Direito Civil: Lições*. Rio de Janeiro: Impetus, 5ª ed., 2012, p. 140-142.

[48] KÖBLER, Ralf. *Die "clausula rebus sic stantibus" als allgemeiner Rechtsgrundsatz*. Tübingen: Mohr Siebeck, 1991, p.1-5; SCHREIBER, Anderson. *O princípio do equilíbrio contratual. Op. cit.*, p.181 ss; PONTES DE MIRANDA, Francisco Cavalcanti. *Tratado de Direito Privado*. Rio de Janeiro: Borsói, t.XXV, 1959, p.216 ss. A cláusula tinha raiz no brocardo *contractus qui habent tractum successivum et dependentiam de futuro rebus sic stantibus intelliguntur*, e embora hoje em dia, há algum tempo, a cláusula *rebus sic stantibus* povoe as legislações civis pelo mundo, em muitos países veio a desenvolver-se apenas tardiamente. No direito inglês, p.ex., somente no século XIX admitiu-se a existência de uma cláusula tácita ou condição implícita para fazer face à imprevisão, os chamados *implied terms* ou *implied conditions*. Mas foi durante a primeira guerra mundial que se aplicou a teoria da *frustation of adventure*, em razão da qual, no caso de retardamento de execução contratual proveniente do estado de beligerância, poderiam as partes ficar dispensadas da execução ulterior do contrato. Cf.KÖBLER, Ralf. *Die "clausula rebus sic stantibus" als allgemeiner Rechtsgrundsatz. Op. cit.*, p.23-25.

[49] Não é nossa intenção adentrar nas muitas formulações que procuraram justificar a cláusula *rebus sic stantibus*. Cabe aqui uma breve referência. As principais teses a este respeito foram a "teoria da pressuposição", de Windscheid, e a "teoria da base do negócio jurídico", de Oertmann. Windscheid formulou a sua teoria da pressuposição procurando resolver o problema da discrepância entre vontade e mudança fática, entre negócio e execução do contrato. Partia da ideia de que, em todos os negócios jurídicos de execução diferida ou continuada há, por parte de quem assume a obrigação, o pressuposto tácito de que permaneçam constantes as condições gerais do mercado, ou ao menos que não sofram oscilações anormais. Sobrevindo mudanças extraordinárias, que tornem excessivamente gravosas as obrigações assumidas, o contrato se resolve, já que subentendida, em

A teoria da imprevisão, prevista no art. 478 do Código Civil, leva à possibilidade de revisão ou extinção do acordo quando a ocorrência de eventos imprevisíveis e extraordinários fizer com que a situação de uma das partes fique exageradamente onerosa.[50] Trata-se de uma cláusula (que se compreende implicitamente contida em qualquer acordo) que pode implicar a resolução da convenção quando sobrevier uma modificação imprevisível e extraordinária das condições de pactuação, com o efeito de gerar um excessivo prejuízo a um dos convenentes.

Parte da doutrina civilista contemporânea, baseada nos princípios da solidariedade e da boa-fé,[51] prega que, diante do advento de circunstâncias extraordinárias que modifiquem as bases do acordo, a análise não se deve focar na vontade ou na onerosidade excessiva, mas na *imprevisão*: se as circunstâncias se alteraram de maneira razoavelmente imprevisível e por razões não imputáveis às partes, caberia a revisão ou extinção do acordo.[52]

Pois bem, pensamos que a cláusula *rebus sic stantibus* e a teoria da imprevisão também são aplicáveis aos negócios jurídicos processuais. Em especial nas situações jurídicas

---

todo negócio jurídico de caráter patrimonial, uma cláusula *rebus sic stantibus*. KÖBLER, Ralf. *Die "clausula rebus sic stantibus" als allgemeiner Rechtsgrundsatz*. Op. cit., p.66-67. Muito já se criticou a teoria da pressuposição de Windscheid sob o argumento de que confundia a causa com os motivos dos atos jurídicos, emprestando a estes uma importância indevida. Além disso, as pressuposições tácitas atentariam contra toda a estabilidade de operações jurídicas concluídas e aperfeiçoadas, ferindo o princípio *pacta sunt servanda*. Paul Oertmann retomou o tema em 1921, e desenvolveu a "teoria da base do negócio jurídico", com que pretende, sobretudo, distinguir a pressuposição e o motivo do contrato. O autor analisa o conteúdo da vontade e das representações mentais das partes contratantes. A "base do negócio" consistiria na representação mental de umas das partes no momento da conclusão do negócio jurídico, ou a comum representação das diversas partes sobre a existência ou aparição de certas circunstâncias, em que se baseia a vontade negocial. Assim, tem-se que "base do negócio" se refere ao negócio como um todo, enquanto a pressuposição revela apenas uma declaração isolada. Nessa linha, a base do negócio desaparece quando se destrói a relação de equivalência das prestações até um ponto tal que o contrato não pode considerar-se mais razoavelmente bilateral. Ocorrendo isso, o equilíbrio deveria ser restabelecido. Posteriormente, a tese de Oertmann foi melhor desenvolvida por Karl Larenz revelando-se em duas dimensões: a subjetiva, que consiste na representação mental que guiou os contratantes na fixação do conteúdo do contrato; e a objetiva, que toma por base a boa-fé objetiva, o fim a que se presta o contrato e, a impossibilidade de seu cumprimento. KÖBLER, Ralf. *Die "clausula rebus sic stantibus" als allgemeiner Rechtsgrundsatz*. Op. cit., p.6-7.

[50] GONÇALVES, Carlos Roberto. *Direito Civil Brasileiro*. São Paulo: Saraiva, vol.3, 9ª ed., 2012, p.31. Sobre a teoria da imprevisão e a onerosidade excessiva, SCHREIBER, Anderson. *O princípio do equilíbrio contratual*. Op. cit., p.197 ss, 206 ss, 332.

[51] FONSECA, Arnaldo Medeiros da. O contrato dirigido e a teoria da imprevisão. *Revista Jurídica*, vol. 9, 1946-48, p.171.

[52] Assim, os pressupostos deduzidos de uma interpretação literal do art. 478 do Código Civil devem ser relidos a luz dos princípios contratuais da boa-fé e a função social, despregando-se do antigo modelo individualista. Cf.TEPEDINO, Gustavo; BARBOZA, Heloisa Helena; MORAES, Maria Celina Bodin de (Orgs). *Código Civil Interpretado conforme a Constituição da República*, vol.2. Rio de Janeiro: Editora Renovar, 2ª ed., 2012, p.129-130.

projetadas no tempo, a adaptação de seu conteúdo diante de circunstâncias supervenientes e imprevisíveis é uma necessidade contemporânea do tráfego jurídico. Portanto, desde que preenchidos os seus requisitos (alteração das condições iniciais de pactuação presentes no momento da negociação; e constituição de uma nova situação imprevisível e extraordinária), é possível aplicar a cláusula *rebus sic stantibus* e a teoria da imprevisão aos acordos processuais, permitindo que o prejudicado invoque a resolução da avença ou sua revisão em juízo.[53]

Por exemplo, acordos processuais sobre o custo do processo podem ser revistos se se alterarem as condições financeiras das partes, que talvez pudessem levar a que fossem beneficiadas pela gratuidade de justiça (art. 98 do CPC). Convenções processuais probatórias, pelas quais os convenentes renunciaram à produção de prova testemunhal ou pericial, poderão ser modificadas se a parte demonstrar que o documento por meio do qual confiava poder comprovar suas alegações pereceu sem culpa, ou foi considerado inautêntico, posteriormente à celebração do acordo.

Na prática, a aplicabilidade da teoria da imprevisão ou da cláusula *rebus sic stantibus* aos acordos processuais tenderá a ser mais importante no que tange às convenções prévias, firmadas antes do surgimento do conflito. De fato, no momento da celebração, pode ser que os convenentes não pudessem avaliar bem os contornos que o litígio teria no futuro. Mudanças fáticas supervenientes e imprevisíveis, que levem à quebra do equilíbrio entre prestação e contraprestação, podem justificar a utilização da teoria da imprevisão (o que se alinha com o disposto no art. 493 do CPC/2015).

Não obstante, deve-se salientar que a vontade dos acordantes na época da celebração do negócio deve ser tomada como vinculativa à luz dos riscos normais, próprios da esfera negocial, que eram previsíveis quando da manifestação do assentimento. Toda pessoa, quando convenciona, leva em conta uma prognose a respeito de como vai se desenrolar aquela relação jurídica, e a avaliação natural de prós e contras, vantagens e desvantagens.[54] Ora, assim, a aplicação da teoria da imprevisão não serve para corrigir a atuação negligente ou a formulação de prognósticos ruins ou açodados. A boa-fé processual (art. 5º do CPC) e o contraditório cooperativo (arts. 6º, 7º, 9º, 10 do CPC) informam este entendimento.

---

[53] ALMEIDA, Diogo Assumpção Rezende de. *Das convenções processuais no processo civil*. Universidade do Estado do Rio de Janeiro: Tese de Doutorado, 2014, p.182; CORDEIRO, Adriano C. *Negócios jurídicos processuais no novo CPC: das consequências do seu descumprimento*. Curitiba: Juruá, 2017, p.197 ss.

[54] A literatura tradicional do direito privado, ao analisar o desequilíbrio contratual, costuma referir-se à "álea normal do contrato" como parâmetro para a onerosidade excessiva. Só se poderia pretender a resolução se a onerosidade superveniente for estranha ao risco normal assumido na negociação. Porém, diante das dificuldades de medir qual a "álea normal", a doutrina mais recente tem evitado essas considerações, até porque a normativa do direito civil não a exige, ao contrário de outras legislações estrangeiras. A excessiva onerosidade em si já seria justificativa para a tutela do equilíbrio contratual, independente de tratar-se de risco normal ou anormal. Nesse sentido, SCHREIBER, Anderson. *O princípio do equilíbrio contratual. Op. cit.*, p.304 ss. Esta posição parece ser paternalista, e não tem aqui nossa adesão. Não se pode tratar o convenente como um incapaz de formular prognoses sobre o desenvolvimento futuro do negócio jurídico.

3.3.2. *O princípio do equilíbrio contratual e a revisão das convenções processuais*

Mais recentemente, Anderson Schreiber defendeu a existência de um "princípio do equilíbrio contratual", que busca uma mínima proporcionalidade nas prestações de parte a parte, isto é, sem pretender igualar ou equivaler totalmente as prestações, impedir que uma parte sofra um "sacrifício econômico desproporcional".[55]

Este princípio encontraria fundamento normativo em diversos dispositivos esparsos da legislação brasileira: na parte geral do Código Civil, as normas que tratam do estado de perigo e da lesão (arts. 156 e 157 do CC); na disciplina das obrigações, as regras sobre resolução e a revisão contratual por onerosidade excessiva (arts. 317 e 478 a 480 do CC).[56] Porém, não há uniformidade na dicção legal desses dispositivos. O art. 317 do Código Civil, que permite a revisão judicial do contrato sem se referir a qualquer "extraordinariedade", fala apenas em "motivos imprevisíveis", ao contrário do art. 478 do CC, como vimos anteriormente. Mesmo assim, para parte da doutrina,[57] o disposto no art. 317 equivaleria ao disposto no art. 478, como se em todos os casos fossem necessários "acontecimentos extraordinários e imprevisíveis".

Essa variação de pressupostos de adaptação dos contratos, que se vê na disciplina do Código Civil, pode ser observada também na legislação extravagante. O Código de Defesa do Consumidor garante ao consumidor o direito à revisão de disposições convencionais "em razão de fatos supervenientes que as tornem excessivamente onerosas" (art. 6º, V, *in fine*). A lei de locações (Lei nº 8.245/91), em seu art. 19, afastou-se da teoria da imprevisão pois atribui o direito à revisão do preço do aluguel, após três anos de vigência do contrato, a fim de "ajustá-lo ao preço de mercado". Note-se que não se exige a alegação de eventos extraordinários e imprevisíveis, condicionando a revisão apenas ao decurso do prazo de três anos de vigência do contrato ou acordo. Lembre-se ainda a lei de licitações e contratos administrativos (Lei nº 8.666/93), que, embora autorize modificações dos contratos, assegura a preservação do "equilíbrio econômico-financeiro inicial" (arts. 57, § 1º; 58 § 2º; 65, II, d, e § 6º).

Como se vê, os requisitos exigidos pela lei para a adaptação dos negócios jurídicos não são uniformes. O legislador às vezes foca na imprevisão, em outras na onerosidade excessiva, em certas oportunidades apenas no equilíbrio contratual. Contra uma fragmentação ou setorização, Schreiber defende que se deva buscar em todos os dispositivos da legislação uma harmonização para o problema do desequilíbrio contratual superveniente.[58] E, para ele, ao invés da excessiva onerosidade ou imprevisão, o foco deve ser no desequilíbrio, aferido objetivamente.[59]

---

[55] SCHREIBER, Anderson. *O princípio do equilíbrio contratual*. Op. cit., p.33-36, 61, 68-69.

[56] SCHREIBER, Anderson. *O princípio do equilíbrio contratual*. Op. cit., p.36 ss.

[57] ASCENSÃO, José de Oliveira. Alteração das circunstâncias e justiça contratual no novo Código Civil. Revista Trimestral de Direito Civil, vol.25, 2006, p.106. Também NASSER, Paulo Magalhães. *Onerosidade Excessiva no Contrato Civil*. São Paulo: Saraiva, 2011, p.133-134 afirma que: "(...) Os 'motivos imprevisíveis' extraídos do art. 317 e os 'acontecimentos extraordinários e imprevisíveis' constantes do art. 478 consistem exatamente no mesmo requisito (...)".

[58] SCHREIBER, Anderson. *O princípio do equilíbrio contratual*. Op. cit., p.257, 325.

[59] SCHREIBER, Anderson. *O princípio do equilíbrio contratual*. Op. cit., p.259-260, 278 ss.

Pois bem, para além dos parâmetros já descritos anteriormente – superveniência de circunstâncias imprevisíveis; e a imprevisibilidade – seria possível reclamar uma readequação do acordo processual por desequilíbrio das situações jurídicas (de vantagem e desvantagem) das partes?

Em nosso sentir, não se pode levar o solidarismo contratual ao ponto de permitir ao juiz um juízo de conveniência sobre as convenções processuais.[60] Observar que não há equivalência ou proporcionalidade das prestações de parte a parte, ou dos efeitos produzidos para cada qual, não é suficiente para autorizar sua revisão. Alguma medida de disparidade das prestações é admissível, se for fruto de negociação livre e informada.[61] No mais, o juiz que afobadamente se pusesse a "corrigir" o conteúdo do acordo sem conhecer as condições e as circunstâncias levadas em conta na negociação poderá estar agindo contrariamente à vontade de ambas as partes. Lembre-se que os acordos processuais podem alterar a conformação do procedimento a fim de promover uma troca sinalagmática com o próprio direito material. São arranjos complexos e não evidentes. O juiz arrisca até mesmo quebrar o sinalagma negocial se agir inadvertidamente. Em qualquer caso, cabe ao magistrado exercitar seus deveres de diálogo e consulta, decorrentes dos princípios do contraditório (art. 7º, 9º e 10 do CPC/2015) e da cooperação (art. 6º do CPC/2015), para indagar às partes o que pretendiam com tal ou qual cláusula.

Lembremos ainda, na linha do que já sustentamos, que, para além dos casos de onerosidade excessiva e imprevisibilidade, só é possível um controle do conteúdo da negociação para garantir o exercício do núcleo mínimo de direitos processuais fundamentais, que não podem ser reduzidos a zero.[62] Neste limite, é possível ao juiz atuar para recompor, em alguma medida, o equilíbrio.

4. EXTINÇÃO DOS ACORDOS PROCESSUAIS

Tendo visto anteriormente diversos aspectos da modificação dos acordos processuais, cabe-nos agora analisar a sua extinção.

A diferença da extinção para a modificação é que, enquanto na mudança do conteúdo, o vínculo decorrente do acordo persiste (o ato modificativo pressupõe a continuidade do acordo, e portanto impede a extinção), na extinção, o vínculo convencional não subsiste, cessando as situações jurídicas de vantagem e desvantagem que dele emergem.[63]

---

[60] CABRAL, Antonio do Passo. *Convenções processuais. Op. cit.*, p.257 ss.
[61] PONTES DE MIRANDA, Francisco Cavalcanti. *Tratado de Direito Privado.* t.XXV, *Op. cit.*, p.236-237.
[62] CABRAL, Antonio do Passo. *Convenções processuais. Op. cit.*, p.386 ss.
[63] SÉVELY-FOURNIÉ, Catherine. *Essai sur l'acte juridique extinctif en droit privé, Op. cit.*, p.121 ss, 135-136, 141-142.

As convenções processuais podem ser extintas por diversas razões. A vontade pode, ela mesma, gerar um efeito extintivo. Mas a extinção pode decorrer de um fato jurídico não voluntário. Daí porque a doutrina diferencia o *ato extintivo* do *fato extintivo*.[64]

4.1. Fatos extintivos e cessação involuntária da relação convencional

Como visto no item anterior, o vínculo convencional extingue-se por diversas circunstâncias. Algumas delas decorrem de *fatos jurídicos em sentido estrito*, aqueles que não são fruto de atividade humana voluntária.

Podemos enumerar alguns exemplos: (a) nas convenções estipuladas por prazo certo, a avença se extingue com o advento do termo *ad quem*. Imaginemos um *pactum de non petendo* pelo qual as partes se comprometem a não ajuizar a ação pelo prazo de dois anos. Chegado o termo *ad quem*, extingue-se o acordo sem necessidade de qualquer outra manifestação das partes; (b) na convenção que escolhe um determinado indivíduo como perito em razão de sua expertise pessoal, sem previsão de substituto, a morte do perito leva ao término da avença; (c) em um acordo probatório para a exibição de um determinado documento, o perecimento sem culpa (p.ex. por incêndio) do objeto material da avença – o documento – gera automaticamente a extinção do acordo processual.[65]

4.2. Extinção do acordo processual por ato voluntário. Resolução, resilição, rescisão, revogação, distrato: falta de uniformidade conceitual

A doutrina civilista relata, no Brasil e no estrangeiro, muitas possibilidades de extinção dos contratos e de seus efeitos. A extinção natural das convenções e contratos em geral dá-se pelo seu cumprimento ou adimplemento, independentemente de qualquer declaração judicial. Quando o adimplemento não acontece, sobrevém uma crise do negócio jurídico, que pode levar à sua extinção anômala. Fala-se em rescisão, resolução, resilição, denúncia, revogação, distrato, invalidade como formas de terminar uma relação jurídica negocial.

Aproveitaremos alguns desses conceitos, que nos parecem úteis para estudar a extinção dos acordos processuais. Mas devemos advertir que, na literatura especializada, inexiste uniformidade sobre muitos deles, como os conceitos de resolução, resilição, rescisão e revogação.

4.2.1. Resolução e resilição

A *resolução* é o meio de desfazimento do acordo processual que decorre de um evento superveniente à celebração da avença e que perturbe o equilíbrio negocial, gerando para a parte um direito formativo extintivo do vínculo convencional.[66] A resolução pode decorrer

---

[64] SÉVELY-FOURNIÉ, Catherine. *Essai sur l´acte juridique extinctif en droit privé. Op. cit.*, p.49 ss.
[65] SÉVELY-FOURNIÉ, Catherine. *Essai sur l´acte juridique extinctif en droit privé, Op. cit.*, p.62 ss, 80-86.
[66] PONTES DE MIRANDA, Francisco Cavalcanti. *Tratado de Direito Privado*. t.XXV, *Op. cit.*, p.331; ASSIS, Araken de. *Resolução do contrato por inadimplemento. Op. cit.*, p. 69-70.

do descumprimento do acordo,[67] podendo se dar tanto voluntária (inadimplemento culposo) quanto involuntariamente (como no inadimplemento fortuito ou outras formas de inexecução involuntária, como por onerosidade excessiva, impossibilidade de prestar sem mora ou pela superveniência de circunstâncias imprevisíveis).[68]

O efeito da resolução é a extinção do negócio jurídico e a supressão de seus efeitos, retornando as partes ao *status quo* anterior à sua celebração.[69] Quando decorrente de inadimplemento, pode gerar ainda perdas e danos (art. 475 do CC).[70]

Já a resilição, também chamada por alguns de "denúncia",[71] é o desfazimento do contrato em razão de manifestação de vontade de uma ou de ambas as partes direcionada à finalidade de extinguir os efeitos da avença. A resilição opera-se pela notificação da contraparte (art. 473 do CC).

Observe-se que tanto a resolução como a resilição atuam no plano da eficácia (retirando os efeitos do acordo, mas sem interferir no plano fático).[72] A resilição se diferencia da resolução porque tem efeitos *ex nunc*, desconstituindo a eficácia do negócio jurídico a partir daquele momento.[73] Por exemplo, havendo moratória e parcelamento da dívida pelo

---

[67] CORDEIRO, Adriano C. *Negócios jurídicos processuais no novo CPC: das consequências do seu descumprimento*. Op. cit., p.240 ss.

[68] A resolução só pressupõe convenções bilaterais quando seu motivo for o inadimplemento. Cf. PONTES DE MIRANDA, Francisco Cavalcanti. *Tratado de Direito Privado*. t.XXV, Op. cit., p.310-311. Mas a literatura do direito privado pressupõe a existência de contratos bilaterais (por todos SCHREIBER, Anderson. *O princípio do equilíbrio contratual*. Op. cit., p.170), o que não parece correto.

[69] ASSIS, Araken de. *Resolução do contrato por inadimplemento*. Op. cit., p.69-70, 74, 129-131. Pode-se pensar em aplicar, também para as convenções processuais, a "teoria do adimplemento substancial" (*substantial performance*), segundo a qual não se configura direito à resolução se tiver havido adimplemento de parcela considerável da prestação. O objetivo dessa análise é aferir a intensidade ou gravidade do inadimplemento, partindo da ideia de que uma consequência extintiva como a resolução do contrato não deve ser aplicada nestes casos. O STJ (REsp 272.739, rel. Min. Ruy Rosado de Aguiar, j. 02.04.2001) já abarcou a tese: "O adimplemento substancial do contrato pelo devedor não autoriza ao credor a propositura da ação para a extinção do contrato, salvo se demonstrada a perda do interesse na continuidade da execução". Sobre o tema, no direito civil, ASSIS, Araken de. *Resolução do contrato por inadimplemento*. Op. cit., p.36, 116.

[70] Art. 475 do CC: "A parte lesada pelo inadimplemento pode pedir a resolução do contrato, se não preferir exigir-lhe o cumprimento, cabendo, em qualquer dos casos, indenização por perdas e danos".

[71] Não obstante, Pontes de Miranda e Araken de Assis criticam a equivalência entre os termos. Segundo ambos, a denúncia também se opera para o futuro como a resilição, mas não desconstitui a relação contratual, limitando-se a por termo à relação jurídica daquele momento em diante. ASSIS, Araken de. *Resolução do contrato por inadimplemento*. Op. cit., p.74-75; PONTES DE MIRANDA, Francisco Cavalcanti. *Tratado de Direito Privado*. t.XXV, Op. cit., p.208; Idem, *Tratado de Direito Privado*. Rio de Janeiro: Borsói, t.XXXVIII, 1962, p.331-332.

[72] PONTES DE MIRANDA, Francisco Cavalcanti. *Tratado de Direito Privado*. t.XXV, Op. cit., p.332.

[73] É essa eficácia *ex nunc* que aproxima resilição e denúncia, gerando confusão terminológica. Sobre o tema, PONTES DE MIRANDA, Francisco Cavalcanti. *Tratado de Direito Privado*. t.XXV, Op. cit., p.301 ss, 375-376.

executado (art. 916 do CPC/2015), o não cumprimento pode levar à resilição, mas não apaga a renúncia à defesa do executado por embargos (art. 916, §§ 5º e 6º do CPC/2015).[74]

A previsão das hipóteses de resolução ou resilição podem estar em lei ou em disposição convencional. De fato, as partes do acordo podem antecipar essas hipóteses por expressa disposição convencional.[75] São as chamadas cláusulas resolutivas ou resilitivas.

A cláusula resolutiva é uma disposição convencional que prevê o término do acordo pela inexecução, por parte de um dos contratantes, das obrigações assumidas. A cláusula resolutiva expressamente prevista no acordo opera *ipso iure*; a cláusula resolutiva implícita, admitida predominantemente no Brasil,[76] depende de interpelação judicial (art. 474 do CC).[77]

A resolução ou resilição *unilateral* só é possível se expressamente dispuser o acordo.[78] De fato, por vezes as partes estipularão cláusulas prevendo a *extinção unilateral* da convenção. A vontade concertada dos acordantes, no momento de formação da avença, determina que a vontade unilateral de um deles será suficiente, no futuro, para extinguir o acordo. Tais cláusulas são válidas, mas devem ser redigidas de maneira a que fiquem precisamente estabelecidos os pressupostos que confiram a um dos convenentes a prerrogativa de extinguir unilateralmente a relação convencional.[79]

É possível que as cláusulas de resolução ou resilição do negócio jurídico venham a prejudicar terceiros de boa-fé (p.ex., o cessionário), se a extinção ocorrer após a cessão da situação jurídica processual. Por este motivo, a doutrina entende que essas cláusulas só serão eficazes aos terceiros se não ferirem expectativas legítimas de manutenção do acordo.[80] Como

---

[74] Note-se que a retroatividade do ato extintivo não é necessariamente decorrência da natureza desses atos; pode, eventualmente, ser-lhe atribuída pela lei ou pela vontade. Nesse sentido, SÉVELY-FOURNIÉ, Catherine. *Essai sur l´acte juridique extinctif en droit privé*, Op. cit., p.536 ss.

[75] ASSIS, Araken de. *Resolução do contrato por inadimplemento. Op. cit.*, p.69; PONTES DE MIRANDA, Francisco Cavalcanti. *Tratado de Direito Privado*. t.XXV, Op. cit., p.317.

[76] Confira-se a análise comparada de ASSIS, Araken de. *Resolução do contrato por inadimplemento. Op. cit.*, p.50 ss. Pontes de Miranda é contrário à existência de uma cláusula resolutiva tácita nos contratos em geral, afirmando que a previsão legal torna desnecessário supor que a vontade dos contraentes tivesse sido tacitamente manifestada. PONTES DE MIRANDA, Francisco Cavalcanti. *Tratado de Direito Privado*. t.XXV, Op. cit., p.336.

[77] Art. 474. A cláusula resolutiva expressa opera de pleno direito; a tácita depende de interpelação judicial.

[78] BARBOSA MOREIRA, José Carlos. Convenções das partes sobre matéria processual *in Temas de Direito Processual Civil. Terceira Série*. São Paulo: Saraiva, 1984, p.90: "Reconhecida a um ato a natureza de convenção, exclui-se *ipso facto*, desde a formação do consenso, a possibilidade de qualquer das partes revogá-lo por declaração unilateral, salvo autorização contida em lei ou na própria convenção".

[79] SCOTT, Robert E.; TRIANTIS, George G. Anticipating litigation in contract design. *Yale Law Journal*, nº115, 2006, p.874-875.

[80] SILVA, Paula Costa e. *Acto e processo: o dogma da irrelevância da vontade na interpretação e nos vícios do acto postulativo*. Coimbra: Coimbra Ed., 2003, p.273.

já sustentamos em outro trabalho, deve ser aferido se houve prestação de informação adequada, a fim de que saibamos se o terceiro fora cientificado da possibilidade de resolução.[81]

4.2.1.1. Revogação e distrato

A revogação é a "destruição" do vínculo convencional pelos próprios convenentes e decorre da prática de um *contrarius actus* consistente em declaração de vontade em sentido oposto, ou seja, trata-se de um segundo ato que sucede no tempo a convenção primeva, e cujo conteúdo a exclui.[82] A peculiaridade da revogação é que esta atua no plano fático, suprimindo a manifestação de vontade; a *revocatio*, como diz Pontes de Miranda, "retira a *vox*" do negócio jurídico.[83]

É possível haver revogação de negócios jurídicos processuais. Para as convenções, que são negócios bi- ou plurilaterais, de regra não é possível haver revogação unilateral, salvo se houver previsão na lei (p. ex., mandato judicial) ou no próprio acordo. Não havendo previsão legal ou convencional, a revogação depende do consentimento. E aqui se vê uma outra importante consequência da diferença anteriormente exposta entre atos conjuntos e convenções processuais.[84] Enquanto as convenções podem ser revogadas apenas por manifestação de vontade de todos os convenentes, no ato conjunto pode haver revogação unilateral de cada uma das manifestações de vontade, desde que a revogação seja empreendida até a decisão do juiz a respeito do ato conjunto, momento em que a vontade declarada chega até o sujeito condicionado pelo contraditório.[85]

---

[81] CABRAL, Antonio do Passo. *Convenções processuais. Op. cit.*, capítulos 4 e 5.

[82] CARNELUTTI, Francesco. *Sistema di Diritto Processuale Civile*. vol.II. Padova: CEDAM, 1938, p.528; BAUMGÄRTEL, Gottfried. Neue Tendenzen der Prozeßhandlungslehre. *Zeitschrift für Zivilprozeß*, vol.87, 1974, p.127-128; ROSENBERG, Leo; SCHWAB, Karl Heinz; GOTTWALD, Peter. *Zivilprozessrecht*. München: C. H. Beck, 16ª ed., 2004, p.401, 412; BLOMEYER, Arwed. *Zivilprozessrecht. Erkenntnisverfahren*. Berlin: Duncker & Humblot, 2ª ed., 1985, p.170; FASCHING, Hans W.. *Lehrbuch des österreichischen Zivilprozeßrechts*. Wien: Manz, 2ª ed., 1990, p.403; SILVA, Paula Costa e. *Acto e processo, Op. cit.*, p.200.

[83] PONTES DE MIRANDA, Francisco Cavalcanti. *Tratado de Direito Privado*. t.XXV, *Op. cit.*, p.179-180, 207 ss, 269 ss; ASSIS, Araken de. *Resolução do contrato por inadimplemento. Op. cit.*, p.80-81. Pedro Nogueira chega a afirmar que o negócio jurídico revogado desaparece do mundo jurídico. NOGUEIRA, Pedro Henrique Pedrosa. *Negócios jurídicos processuais*. Salvador: Jus Podivm, 2016, p.239.

[84] CABRAL, Antonio do Passo. *Convenções processuais. Op. cit.*, p.74 ss. Confira-se ainda WAGNER, Gerhard. *Prozeßverträge: Privatautonomie im Verfahrensrecht*. Tübingen: Mohr Siebeck, 1998, p.293.

[85] E, claro, desde que não se tenham criado expectativas legítimas de manutenção daquele padrão de conduta. A respeito da cooperação e da boa-fé processual, bem assim as decorrências desses princípios no campo da preclusão lógica e do *venire contra factum proprium*, confira-se CABRAL, Antonio do Passo. *Nulidades no processo moderno. Op. cit.*, p.253 ss, 292 ss; SCHREIBER, Anderson. *A proibição de comportamento contraditório. Tutela da confiança e venire contra factum proprium*. Rio de Janeiro: Renovar, 2ª ed., 2007, *passim*. Sobre esta característica da revogabilidade dos atos estimulantes, MOCK, Sebastian. *Die Heilung fehlerhafter Rechtsgeschäfte*. Tübingen: Mohr Siebeck, 2014, p.666.

É possível haver revogação *tácita* de um negócio jurídico processual. Porém, em qualquer caso de revogação (expressa ou tácita), é preciso que as partes atuem com vontade negocial direcionada àquele resultado pretendido de desfazer o que ficou prescrito no acordo primitivo. Se assim não ficar claro, como sói acontecer quando há omissão, não há que se compreender sempre ter havido omissão negocial. Há que se interpretar o ato omissivo. Imaginemos, p.ex., uma cláusula de eleição de foro que disponha que "todos os litígios decorrentes daquele contrato serão processados na comarca da localidade L". Ajuizada uma demanda num foro diferente do convencionado, a omissão da parte em excepcionar a competência significa revogação do acordo? Como ter certeza de que a omissão da parte foi voluntária, a fim de atingir o resultado (igualmente negocial) da revogação? Será que não pode ter sido apenas uma conduta de abrir mão da aplicação do negócio *naquele processo*, e não em qualquer outro? Deve-se aferir se a omissão é *conclusiva*, denotando manifestação de vontade em retirar a *vox* do negócio jurídico.[86]

Falemos agora do distrato (*mutuus dissensus* ou *contrarius consensus*). Este ocorre depois de aperfeiçoado o negócio jurídico, operando no plano da eficácia para desfazer a vinculação existente entre as partes.

O distrato diferencia-se da revogação por vários motivos. De um lado, porque o distrato é um negócio jurídico bilateral; a revogação, pela natureza do acordo ou por força de lei, pode ser unilateral (como no mandato).[87] Além disso, o distrato não interfere no suporte fático da convenção primitiva: o distrato desfaz o vínculo, que é um efeito; mas não apaga a convenção anterior.[88] Nesse sentido, o distrato opera daquele momento em diante, com eficácia para o futuro (*ex nunc*),[89] enquanto a revogação pode ter efeitos *ex tunc* ou *ex nunc*, a depender da natureza do acordo e das prestações pactuadas (p. ex., ao revogar poderes outorgados ao seu advogado, a parte o faz apenas em relação aos atos ainda por praticar, não atingindo os atos já praticados).[90]

4.2.1.2. Preclusão da possibilidade de revogação ou distrato: preclusões temporais e lógicas. Dificuldade interpretativa nas omissões

Ao estudarmos a revogação e o distrato de convenções processuais, caberia indagar se não haveria preclusão consumativa a impedir que se desfaçam negócios jurídicos processuais. A resposta é negativa. Não há que se falar em preclusão consumativa porque, em se tratando de situações jurídicas processuais, nem sempre a parte exaure sua situação jurídica de vantagem ao praticar o ato de disposição inicial. Com efeito, a doutrina nota que a revogação ou distrato de negócios jurídicos processuais deve ser possível porque envolve a disposição *de direitos fundamentais*.

---

[86] CABRAL, Antonio do Passo. *Convenções processuais. Op. cit.*, p.294 ss. Confira-se ainda CABRAL, Antonio do Passo. *Nulidades no processo moderno. Op. cit.*, p.151-158.

[87] Aplicam-se por analogia os art. 472 e 473 do Código Civil.

[88] Por isso que "quem distrata não descontrata", como lembra PONTES DE MIRANDA, Francisco Cavalcanti. *Tratado de Direito Privado*. t.XXV, *Op. cit.*, p.281-282, 287.

[89] NOGUEIRA, Pedro Henrique Pedrosa. *Negócios jurídicos processuais. Op. cit.*, p.239.

[90] PONTES DE MIRANDA, Francisco Cavalcanti. *Tratado de Direito Privado*. t.XXV, *Op. cit.*, p.270, 279-283.

Com efeito, no direito privado, nunca se imaginou que uma renúncia tivesse que ser temporalmente limitada porque os atos de disposição eram pensados como renúncias definitivas ou mesmo como uma forma de transmissão de patrimônio. Todavia, os direitos fundamentais processuais acompanham o indivíduo por toda a vida, e portanto não podem ser definitivamente renunciados.[91] Por isso, como vimos, a disposição de direitos processuais deve ser específica – referida a uma relação jurídica ou conflito determinado – e ainda limitada no tempo.[92] Renunciar ao acesso à justiça de forma absoluta e incondicional, p.ex., é inadmissível, ainda que sejam renunciáveis a pretensão material, o direito subjetivo e até mesmo o direito de ação ou recurso especificamente considerados, i.e., referidos a uma relação jurídica concreta ou a um litígio determinado.

Também não há preclusão lógica da possibilidade de revogação ou distrato porque inexiste qualquer contradição comportamental se as partes, pela sua autonomia e a partir de um novo consentimento, optarem por desfazer os efeitos da convenção por distrato ou revogação. Por isso, pensamos equivocarem-se os autores que defendem que os negócios jurídicos processuais são irrevogáveis como regra, salvo se houvesse previsão legal ou negocial expressa em sentido contrário.[93] Ao revés, a revogabilidade parece ser inerente à liberdade convencional, independentemente de regra expressa.[94]

Pois bem, partindo de sua admissibilidade, o distrato ou revogação da convenção processual podem ser efetivados em qualquer momento antes da instauração do processo ou mesmo na pendência do litígio perante os tribunais. Porém, devem ser diferenciados os acordos obrigacionais e os acordos dispositivos.

Em relação às convenções sobre as prerrogativas das partes de agir ou não agir em juízo (acordos obrigacionais), a revogação e o distrato podem ser operados até o momento em que tal prerrogativa deveria ser exercida. A revogação de uma promessa de não recorrer é válida se praticada até o fim do prazo para interposição do recurso; a promessa de desistência da ação pode ser revogada até a decisão de saneamento do processo, quando o encontro de vontades dos litigantes não mais pode levar àquele efeito (art. 329, II do CPC/2015).

Já em relação aos acordos dispositivos, estes podem ser revogados até o momento em que a regra convencional deveria incidir no processo, porque é este o momento em que o juiz deverá aplicar, na ausência da convenção, a regra legal (aquela que teria incidência natural ao caso se não houvesse convenção das partes). Acordos sobre a escolha do perito (art. 471 do CPC/2015) ou de redistribuição de ônus da prova (art. 373, § 3º do CPC/2015), por exemplo, pode ser desfeito até a decisão de saneamento e organização da instrução processual (art. 357 do CPC/2015).

---

[91] SILVA, Virgílio Afonso da. *A constitucionalização do direito: os direitos fundamentais nas relações entre particulares*. São Paulo: Malheiros, 2008, p.64; ADAMY, Pedro Augustin. *Renúncia a direito fundamental*. São Paulo: Malheiros, 2011, p.116 ss.

[92] CABRAL, Antonio do Passo. *Convenções processuais*. *Op. cit.*, p.335 ss.

[93] Neste sentido, com o qual não concordamos, BARREIROS, Lorena Miranda Santos. *Convenções processuais e poder público*. Salvador: Jus Podivm, 2017, p.285.

[94] Sobre o tema, CARNELUTTI, Francesco. *Sistema di Diritto Processuale Civile*. vol.II, *Op. cit.*, p.499 ss.

Não obstante, é possível pensar em obstáculos à revogabilidade dos acordos processuais. Por exemplo, se a parte da convenção já tiver posto em andamento atos preparatórios para a prática de atos processuais celebrados conforme a disposição convencional, deve-se compreender preclusa a possibilidade de revogação. Imaginemos que, em razão de uma convenção processual para a escolha do perito, o perito eleito tenha adquirido insumos, maquinário, contratado pessoal, tudo para elaborar a perícia convencionada. Nestes casos, a tutela da confiança legítima pode levar não só a uma indenização, mas à proteção do negócio jurídico contra modificações. De fato, devemos analisar os atos revogáveis também pelo prisma do *alter*. A revogação e o distrato, partindo de um juízo de conveniência dos próprios agentes, fulmina a fonte de autovinculação (retira a "vox"). Porém, como os atos jurídicos cooperativos são praticados em reflexividade, não são apenas vinculações consigo, mas atos de responsabilidade em relação aos demais.[95] Por isso, a revogação só é possível quando não interferir em situações consolidadas[96] ou ferir direitos de terceiros, ou seja, quando os efeitos do acordo forem restritos à esfera jurídica das próprias partes ou quando praticados no seu exclusivo interesse.[97]

E a esfera jurídica de terceiros pode ser impactada quando o terceiro tomar a convenção das partes como base de expectativa legítima que tenha pautado suas condutas posteriores. Outro exemplo: ao ter ciência da transação protocolada pelas partes no processo, o terceiro pode optar por não interpor recurso de uma determinada decisão, o que poderia fazer na condição de terceiro prejudicado (art. 996 do CPC/2015). Neste caso, a revogação da transação pode não ser admitida.[98] Pense-se ainda numa convenção processual de renúncia a recurso celebrada com a Fazenda Pública, que tem prazo em dobro, e que venha a ser revogada por resilição bilateral depois do transcurso do prazo recursal para terceiros.

Por outro lado, em especial nos sistemas processuais de preclusões rígidas, deve-se recordar que nem todos os atos estáveis podem ser substituídos por outros, o que pode fazer com que certas convenções encontrem obstáculos à sua revogação.[99] Uma vez formada uma estabilidade processual sobre uma cadeia de atos que englobe a situação jurídica objeto do acordo,[100] não é possível revogar a convenção processual.[101] Se as partes quiserem modificar

---

[95] CABRAL, Antonio do Passo. *Nulidades no processo moderno. Op.cit.*, p.120 ss.
[96] NOGUEIRA, Pedro Henrique Pedrosa. *Negócios jurídicos processuais, Op. cit.*, p.240.
[97] SILVA, Paula Costa e. *Acto e processo, Op. cit.*, p.273-276.
[98] Assim nos manifestamos em CABRAL, Antonio do Passo. *Nulidades no processo moderno. Op.cit.*, p.292 ss. No direito privado, Cf. SCHREIBER, Anderson. *A proibição de comportamento contraditório. Tutela da confiança e venire contra factum proprium. Op. cit.*, p.97-98.
[99] Sobre o tema, para os atos processuais em geral, CABRAL, Antonio do Passo. *Nulidades no processo moderno. Op.cit.*, p.253 ss; SILVA, Paula Costa e. *Acto e processo, Op. cit.*, p.474-475.
[100] Entendemos que qualquer estabilidade processual opera efeitos preclusivos sobre uma cadeia de atos. Sobre esta concepção, remetemos o leitor a CABRAL, Antonio do Passo. *Coisa julgada e preclusões dinâmicas. Op. cit.*, p.347 ss, 431 ss.
[101] Contra a revogação dos negócios processuais após a coisa julgada, Cf. GAUL, Hans Friedhelm. *Der Widerruf der Rechtsmittelrücknahme nach rechtskräftigem Verfahrensabschluß unter Berücksichtigung des gleichen Problems beim Rechtsmittelverzicht. Zeitschrift für Zivilprozeß*, vol.74, 1961, p.68 ss.

ou desfazer o conteúdo do ato processual, terão que impugnar a própria estabilidade (ajuizar uma ação rescisória, p.ex.), ou convencionar a respeito dela (por exemplo, uma convenção sobre a preclusão ou a coisa julgada).[102]

Por fim, cabe lembrar que, para os negócios jurídicos em que a lei exigir homologação como condição de eficácia, sua revogação ou distrato também tem que ser homologada para produzir efeitos.[103]

4.2.4. Rescisão convencional e sua diferença para a invalidade

Seguindo as possibilidades de extinção dos negócios jurídicos processuais, queremos aqui falar especificamente sobre a rescisão. A rescisão é um exemplo de confusão terminológica, assumindo diversos significados na doutrina: às vezes se refere à rescisão como um caso especial de resolução (quando esta se dá por inadimplemento culposo);[104] outros autores assimilam a rescisão à nulidade, ambas levando à extinção do contrato por defeito formal.

Em nosso entendimento, a rescisão consiste no desfazimento do negócio jurídico por defeitos *anteriores* à celebração do negócio jurídico. Se, como vimos, na resolução, o desfazimento baseia-se em fato superveniente, na rescisão, o vício é *antecedente* à formação do consentimento.[105] Por isso, a rescisão diferencia-se também da invalidade, porque nesta os defeitos são contemporâneos às manifestações de vontade.[106]

De fato, embora possa produzir resultados parecidos, a rescisão não pode ser confundida com a invalidade. Com a pronúncia de nulidade, o negócio jurídico processual é desfeito, e não apenas em seus efeitos, podendo-se afirmar não ter havido negócio jurídico, porque este é retirado do mundo jurídico.[107] Na rescisão, admite-se que o negócio jurídico existe, vale e pode produzir efeitos. Embora o negócio jurídico possa ser desfeito, sua cisão não significa que este não exista ou nunca tenha existido.

Exemplo que tem sido muito debatido no Brasil, e que bem demonstra a diferença dos conceitos, é a possibilidade de desfazimento das colaborações premiadas quando o colaborador descumpre suas obrigações (p. ex., comete outros crimes ou esconde delitos que tinha cometido). O debate tem despertado interesse pela tentativa de réus prejudicados pelos

---

[102] O tema dos acordos processuais sobre as estabilidades é polêmico, e deixaremos o exame para uma reflexão específica em outra oportunidade.

[103] BARREIROS, Lorena Miranda Santos. *Convenções processuais e poder público. Op. cit.*, p.285. Incorreto afirmar que não se podem revogar negócios jurídicos homologados judicialmente, como faz NOGUEIRA, Pedro Henrique Pedrosa. *Negócios jurídicos processuais. Op. cit.*, p.239-240. A homologação é condição de eficácia do negócio jurídico, e não condiciona sua existência ou validade.

[104] O art.475 do CC/2002 corrigiu a redação incorreta do art.1.092, parágrafo único, do CC/1916, que falava em "rescisão" quando na verdade se tratava de resolução.

[105] ASSIS, Araken de. *Resolução do contrato por inadimplemento. Op. cit.*, p.71-72, 77.

[106] ASSIS, Araken de. *Resolução do contrato por inadimplemento. Op. cit.*, p.77, 84-85.

[107] PONTES DE MIRANDA, Francisco Cavalcanti. *Tratado de Direito Privado*. t.XXV, *Op. cit.*, p.308 ss.

depoimentos dos colaboradores em advogar tratar-se de hipótese de invalidade, o que faria com que as provas produzidas tivessem que ser compreendidas como ilícitas (por derivação).

Ora, a colaboração premiada, como qualquer negócio jurídico, está sujeita à invalidação ou à rescisão, resolução etc. Porém, como se vê pela exposição anterior, quando há descumprimento das obrigações assumidas pelo colaborador, não se trata de hipótese de invalidação, mas sim de resolução ou rescisão. Nestes casos, o desfazimento atinge apenas o plano da eficácia, suprimindo alguns ou todos os efeitos, mas sem apagar tudo o que se produziu validamente até ali. As provas produzidas, portanto, são válidas e eficazes, podendo ser utilizadas mesmo em processos ajuizados contra o colaborador inadimplente.

4.2.5. Invalidade dos acordos processuais

Além dos mecanismos de extinção dos acordos processuais anteriormente expostos, as convenções podem ser desfeitas pela decretação de sua invalidade pelo juiz.[108]

No item anterior, diferenciamos a rescisão da invalidade. Neste tópico e nos subitens que se seguem, abordaremos algumas questões a respeito das nulidades dos acordos processuais. Não é nosso objetivo reproduzir as incontáveis discussões sobre as invalidades dos atos jurídicos ou dos atos processuais, as classificações das nulidades (absoluta, relativa, cominada, não cominada, sanáveis, insanáveis). Desenvolvemos o tema em outro estudo, ao qual remetemos o leitor.[109] Nosso escopo, neste item, é apenas destacar algumas questões centrais para o debate em torno da invalidade dos acordos processuais.

De início, cabe destacar que, como os acordos processuais são independentes do negócio de direito material a que atrelados, pode haver nulidade de uns sem interferência na nulidade de outros.[110] Por exemplo, se as partes firmam convenções probatórias pelas quais se comprometem a não usar um meio de prova ou a não requererem prova testemunhal, esta convenção poderá ser aplicada se sobrevier um litígio para discutir a validade do contrato de direito material.

Não obstante, apesar da autonomia entre a convenção processual e o contrato em que inserida, é possível que um mesmo defeito formal venha a atingir as duas partes do

---

[108] ALMEIDA, Diogo Assumpção Rezende de. *Das convenções processuais no processo civil*. Op. cit., p.180.
[109] CABRAL, Antonio do Passo. *Nulidades no processo moderno*. Op.cit., passim.
[110] WAGNER, Gerhard. *Prozeßverträge*. Op. cit., p.325. A separação ou autonomia entre a convenção processual e o negócio material subjacente é importante em razão das peculiaridades das nulidades processuais, que em parte se afastam da disciplina do direito material. De fato, se, em alguma medida, as regras sobre as nulidades dos atos jurídicos em geral podem ser aplicadas no processo, devemos lembrar que nem toda a disciplina do direito privado se adapta aos atos processuais, até porque o conceito de nulidade é diverso no direito material e no direito processual. CABRAL, Antonio do Passo. *Nulidades no processo moderno*. Op.cit., p.19 ss; PAWLOWSKI, Hans-Martin. *Rechtsgeschäftliche Folgen nichtiger Willenserklärungen*. Göttingen: Schwartz, 1966, p.101 ss, 114; HÄSEMEYER, Ludwig. Parteivereinbarungen über präjudizielle Rechtsverhältnisse – zur Fragwürdigkeit der Parteidisposition als Urteilsgrundlage. *Zeitschrift für Zivilprozeß*, ano 85, n° 2, 1972, p.212.

acordo (de direito material e de direito processual), o que pode ocorrer em se tratando de um vício do consentimento ou na capacidade da parte. O que queremos destacar é que, pela independência das convenções processuais em relação ao contrato de direito material, essa não é uma consequência automática: deve haver exame casuístico para saber onde está o defeito e qual sua repercussão.

4.2.5.1. Exigências formais para a invalidação das convenções processuais

4.2.5.1.1. *In dubio pro libertate* e ônus argumentativo

Como já afirmamos anteriormente, o autorregramento da vontade no processo assegura espaços de liberdade para as partes, nos quais não cabe ao Judiciário intervir. Para invalidar uma convenção processual ou lhe negar aplicação, pesa sobre o juiz um acentuado *ônus argumentativo* do qual deve se desincumbir. Remetemos o leitor a outro estudo onde desenvolvemos o tema.[111]

4.2.5.1.2. Instrumentalidade das formas

Porque inseridas na disciplina geral dos atos processuais, às convenções processuais também se aplicam a metodologia e as regras referentes ao aproveitamento dos atos praticados, relevando-lhes os vícios formais.[112]

Assim, ao analisar a invalidade dos acordos processuais, incide a instrumentalidade das formas, a regra do prejuízo, a fungibilidade de meios, tudo no sentido de relevar os defeitos formais e garantir a validade dos acordos celebrados.

O sistema processual, em vários pontos, reforçou a necessidade de estabelecer-se uma prioridade normativa contra a pronúncia de invalidade e a favor da preservação dos atos processuais em geral. Esta conclusão pode ser extraída dos arts. 4º; 6º; 139, IX; 282, § 2º; 317; 352; 488; 932, parágrafo único; 938, § 1º; 1.013, §§ 3º e 4º; 1.029, § 3º, todos do CPC/2015. Para alguns autores, como Fredie Didier Jr., trata-se de um novo princípio da *prevalência da decisão de mérito*.[113] Aderimos a esta concepção em dois textos, já comentando a disciplina das formalidades processuais e das nulidades à luz do CPC/2015.[114]

---

[111] CABRAL, Antonio do Passo. *Convenções processuais. Op. cit.*, p.161 ss, 288 ss.

[112] YARSHELL, Flávio Luiz. Convenção das partes em matéria processual: rumo a uma nova era? in CABRAL, Antonio do Passo; NOGUEIRA, Pedro Henrique Pedrosa (Coord.). *Negócios processuais*. Salvador: Jus Podivm, 2015, p.78.

[113] DIDIER JR., Fredie. *Curso de Direito Processual Civil*, vol.1. Salvador: Jus Podivm, 17ª ed., 2015, p.136-137. Na jurisprudência, já se via esta tendência antes do advento do CPC/2015: STJ - REsp nº 880606-AM, rel. Min. OG Fernandes, DJ 04/05/2009; REsp nº 1014705-MS, rel.Min. Massami Uyeda, DJ 14/09/2010.

[114] CABRAL, Antonio do Passo. in CABRAL, Antonio do Passo; CRAMER, Ronaldo. *Comentários ao novo Código de Processo Civil*. Rio de Janeiro: Forense, 2ª ed., 2016, p.432 ss; CABRAL, Antonio do Passo. Teoria das nulidades processuais no direito contemporâneo. Revista de Processo, vol.255, 2016, p.133 ss.

Nesta ordem de ideias, antes de pronunciar a invalidade das convenções processuais, deve o juiz aplicar a lógica instrumentalidade das formas e verificar se o negócio jurídico atingiu seu objetivo, ainda que celebrado com algum vício formal.[115] Nesse sentido, aliás, foi aprovado o Enunciado nº 16 do Fórum Permanente de Processualistas Civis.[116]

O magistrado deve, outrossim, aproveitar parcelas do acordo que não sejam contaminadas pela invalidade de uma ou algumas de suas cláusulas ou disposições. Trata-se de preservar o restante da avença mesmo diante da nulidade parcial do negócio (*utile per inutile non vitiatur*),[117] com ficou explicitado no Enunciado nº 134 do Fórum Permanente de Processualistas Civis: "Negócio jurídico processual pode ser invalidado parcialmente".

Cabe recordar ainda o que sustentamos em outro estudo a respeito da desigualdade como motivo para invalidação das convenções processuais. Aplicando-se uma perspectiva baseada no resultado da negociação, ao invés de examinar apenas os aspectos subjetivos no momento de celebração, podem-se salvar certos acordos defeituosos ainda que se verifique desigualdade intrínseca entre os convenentes. Se o desenho final do procedimento for *favorável* ao vulnerável, não se seguirá a invalidação mesmo se foi resultado de convenção celebrada com negociação anti-isonômica.[118] Só as disposições prejudiciais à parte mais fraca são consideradas inválidas e ineficazes.[119]

4.2.5.1.3. Conversão e fungibilidade

O ordenamento jurídico põe à disposição das partes diversos mecanismos para o atingimento de um mesmo escopo. Ainda que, para a produção dos efeitos de um desses meios, não se preencham todos os pressupostos, é possível que o ato jurídico praticado sirva para

---

[115] Mesmo se se tratar de "matéria de ordem pública". Cf. APRIGLIANO, Ricardo de Carvalho. *Ordem Pública e Processo*: o tratamento das questões de ordem pública no direito processual civil. São Paulo: Atlas, 2011, p.68: "Assim, não se concebe sobre a matéria de ordem pública por si só, o controle pelo controle. Ele se realiza visando os objetivos que a própria atividade jurisdicional estabelece. Não atende ao interesse público processual que, sempre e em qualquer circunstância, invoquem-se as questões de ordem pública para proferir julgamentos processuais". Na página 105, afirma que: "Assim, diferentemente de outras concepções de ordem pública, a sua vertente processual somente poderá ser invocada se da sua aplicação resultar o cumprimento daqueles objetivos. E como, no plano do processo, têm aplicação os princípios da economia, da finalidade e da instrumentalidade, surge então uma ulterior restrição à aplicação da ordem pública processual, pois os valores que ela pretende tutelar podem ter sido atingidos mesmo diante da violação de regras particulares".

[116] Enunciado nº 16 do Fórum Permanente de Processualistas Civis: "O controle dos requisitos objetivos e subjetivos de validade da convenção de procedimento deve ser conjugado com a regra segundo a qual não há invalidade do ato sem prejuízo".

[117] SCHIEDERMAIR, Gerhard. *Vereinbarungen im Zivilprozess*. Bonn: L. Röhrscheid, 1935, p.157; YARSHELL, Flávio Luiz. Convenção das partes em matéria processual: rumo a uma nova era?, *Op. cit.*, p.78; PENASA, Luca. *Gli accordi sulla giurisdizione tra parti e terzi*. Milano: Cedam, vol.1, 2012, p.101 e nota 206.

[118] CABRAL, Antonio do Passo. *Convenções processuais*. *Op. cit.*, p.374 ss.

[119] WAGNER, Gerhard. *Prozeßverträge*. *Op. cit.*, p.102.

preencher o suporte fático de outro mecanismo.[120] Assim, no mesmo sentido da instrumentalidade, deve-se procurar aproveitar, pela regra da *conversão* ou *fungibilidade*, a manifestação de vontade externada pelos convenentes a fim de preservar os negócios jurídicos processuais.[121]

Conversão ou fungibilidade é o aproveitamento do suporte fático deficiente do negócio jurídico para a produção de efeitos de outro negócio jurídico, para o qual aqueles elementos são suficientes.[122] Na perspectiva de evitar as invalidações, a conversão ou fungibilidade é um imperativo do sistema para aproveitar o negócio jurídico ou alguns dos efeitos pretendidos pelas partes. Mesmo que o suporte fático do negócio jurídico praticado não seja suficiente para alcançar os efeitos jurídicos pretendidos para um determinado tipo de acordo, se for possível aproveitar a vontade externada para outro tipo de negócio jurídico, assim deve operar o juiz.

Deve-se, todavia, atentar para a vontade dos convenentes – ainda que latente – e o resultado almejado pelo consentimento das partes, pois senão o negócio jurídico convertido poderia conduzir a efeitos contrários àqueles pretendidos pelas partes pelo negócio jurídico ineficaz, especialmente se o resultado econômico é oposto.[123]

Claro que a vontade dos acordantes produz efeitos independentemente do *nomen iuris* atribuído ao negócio jurídico. Por isso, para aplicação da fungibilidade, não se deve exigir uma total correspondência ou equivalência entre a configuração ou os efeitos dos dois negócios jurídicos, o que limitaria indevidamente o instituto da conversão. De todo modo, é natural que exista alguma afinidade entre o negócio jurídico praticado e aquele convertido, até para que se possam recompor os elementos do suporte fático de um para a produção de efeitos do outro.[124]

---

[120] FERRARA, Luigi. Sulla conversione del negozio giuridico processuale. in *Studi e questioni di diritto processuale civile*. Napoli: Jovene, 1908, p.41-42.

[121] Para os negócios jurídicos processuais, HELLWIG, Hans-Jürgen. *Zur Systematik des zivilprozeßrechtlichen Vertrages*. Bonn: L. Röhrscheid, 1968, p.98 ss. Sobre a fungibilidade para os atos processuais em geral, Cf. PONTES DE MIRANDA, Francisco Cavalcanti. *Tratado de Direito Privado*. t.IV, Op. cit., p.67; CARNELUTTI, Francesco. *Sistema del diritto processuale civile*. Op. cit., vol.II, p.493; BEDAQUE, José Roberto dos Santos. *Efetividade do processo e técnica processual*. São Paulo: Malheiros, 2006, p.118; WAMBIER, Teresa Arruda Alvim. Fungibilidade de meios: uma outra dimensão do princípio da fungibilidade. *in* NERY JR., Nelson; WAMBIER, Teresa Arruda Alvim (Org.). *Aspectos polêmicos e atuais dos recursos cíveis e de outras formas de impugnação às decisões judiciais*. São Paulo: RT, 2001, p.1094; *Idem*. O óbvio que não se vê: a nova forma do princípio da fungibilidade. *Revista de Processo*, ano 31, n° 136, jul., 2006, p.135; DIAS, Jean Carlos. *Tutelas de urgência. Princípio sistemático da fungibilidade*. Curitiba: Juruá, 2003, p.53 ss; SALVANESCHI, Laura. Riflessioni sulla conversione degli atti processuali di parte. *Rivista di Diritto Processuale*, vol. XXXIX, n° 2, 1984. Na jurisprudência, STF – MC n° 3598-RJ, rel. Min. Cezar Peluso, DJU 10.02.2006.

[122] FERRARA, Luigi. Sulla conversione del negozio giuridico processuale. Op. cit., p.37.

[123] Em caso de escopos contrários, Ferrara afirma que só seria possível a conversão se houvesse manifestação de vontade expressa a respeito do resultado do negócio jurídico convertido. FERRARA, Luigi. Sulla conversione del negozio giuridico processuale. Op. cit., p.39, 41-42.

[124] Por isso, não é necessário recorrer à teoria dos intentos graduais, formulada por Windscheid. Correto FERRARA, Luigi. Sulla conversione del negozio giuridico processuale. Op. cit., p.39-40, 42.

Em tema de negócios jurídicos, é possível que a conversão se opere entre dois acordos processuais; mas é também possível que se verifique fungibilidade entre negócios jurídicos de direito material e aqueles de natureza processual.[125] Por exemplo, uma renúncia ao direito material para a qual fosse necessária procuração com poderes específicos pode ser convertida em um *pactum de non petendo*. Embora sejam figuras distintas, o resultado, na parte em que desonera o devedor, é o mesmo pretendido pela manifestação de vontade.[126]

A lei processual brasileira não prevê mais o usufruto de empresa (art. 647, IV; 708, III; 716-729, todos do CPC/73). Instrumentos negociais que tenham sido celebrados prevendo este mecanismo podem ser aproveitados, por conversão, como acordos para a *penhora de empresa* (art. 863 do CPC/2015) ou penhora *percentual do faturamento* (art. 866 do CPC/2015), pois atingem resultados similares, com a imputação de frutos e rendimentos para o cumprimento paulatino da obrigação.

No caso de defeitos na constituição de uma anticrese (art. 1.506 do CC), pode-se buscar aproveitar as manifestações de vontade como configuradoras de acordos processuais para que a penhora recaia sobre frutos e rendimentos (art. 867 do CPC/2015). De todo modo, alguns efeitos processuais talvez não possam ser produzidos (p. ex., embora o CPC/2015 permita, em seu art. 869, que as partes acordem sobre quem será o administrador, o Código Civil, no art. 1.507, só permite que o credor-anticrético o seja).

Outro exemplo: se houver defeito formal na hipoteca – p.ex. ausência de poderes específicos no mandato (art. 661, § 1º do CC) –, pode-se aproveitar a manifestação de vontade das partes, por fungibilidade, como um acordo processual sobre a penhorabilidade. Trata-se, neste caso, de uma convenção processual atípica (art. 190 do CPC/2015) que cria a garantia de que a penhora incidirá preferencialmente sobre determinado bem, ainda que tal disposição não possua eficácia de direito real (art. 1.419 e seguintes do CC).[127]

Deve ser possível também aproveitar manifestações unilaterais de vontade. Veja-se a desistência da ação, após a citação, depende da aceitação do réu (art. 329, I do CPC/2015). Se

---

[125] FERRARA, Luigi. Sulla conversione del negozio giuridico processuale. *Op. cit.*, p.53. Tradicionalmente, a conversão era usada por certos setores da doutrina para justificar "salvar" a vontade emitida quando a convenção de natureza processual fosse considerada inadmissível. Nesse sentido, desenvolveu-se interessante discussão sobre se uma convenção processual inadmissível poderia ser admitida, aplicando-se fungibilidade, como um contrato de direito material. Oertmann defendeu a tese de que uma renúncia prévia ao recurso seria processualmente inadmissível, mas poderia ser convertida e aproveitada como contrato material. OERTMANN, Paul. Der vorgängige Rechtsmittelverzicht. *Zeitschrift für deutschen Zivilprozeß*, vol.45, 1915, p.423 ss. Schiedermair compreende que a renúncia à propositura da ação seria inadmissível, mas o *pactum de non petendo* poderia ser considerado eficaz se aproveitado como negócio material. SCHIEDERMAIR, Gerhard. *Vereinbarungen im Zivilprozess. Op. cit.*, p.32 ss, 90-94, 127, 173 ss, 181 ss. O tema deixou de ser tão relevante a partir do momento em que a doutrina admitiu a natureza processual das convenções sobre as situações processuais.

[126] FERRARA, Luigi. Sulla conversione del negozio giuridico processuale. *Op. cit.*, p.40-41.

[127] Defendi esta possibilidade juntamente com Didier Jr. em DIDIER JR., Fredie; CABRAL, Antonio do Passo. Negócios jurídicos processuais atípicos e execução. Revista de Processo, vol.275, 2018, p.193 ss.

o advogado do réu não tiver poderes para negociar em seu nome, a aceitação do demandado não seria válida. Ainda assim, a declaração unilateral do autor de que pretende desistir pode ser aproveitada para produzir outros efeitos, como reduzir os valores a título de condenação nas custas e despesas processuais (art. 90 do CPC/2015).

4.2.5.1.4. Contraditório prévio e fundamentação

Uma exigência geral do novo sistema de invalidades do CPC/2015, que já vinha sendo há muito pregada na doutrina,[128] é a determinação de que seja franqueado contraditório prévio à decretação de qualquer invalidade das convenções processuais.

Trata-se de decorrência da concepção contemporânea de contraditório como influência, que impede que o juiz imponha ao processo soluções-surpresa não debatidas pelas partes.[129] Lembremos que o Estado-juiz também possui deveres decorrentes do contraditório, que foram positivados no CPC/2015 nos arts. 7º, 9º e 10. Nesse contexto, as decisões de invalidação devem ser fruto de um debate amplo e inclusivo, com troca de *inputs* argumentativos entre todos os sujeitos.

Portanto, além de ser excepcional, em razão dos princípios *in dubio pro libertate* e da prevalência do mérito, bem assim pela aplicação das regras da instrumentalidade e fungibilidade, a pronúncia da invalidade de um acordo processual deve ser precedida de contraditório. Neste sentido, foi aprovado o Enunciado nº 259 do Fórum Permanente de Processualistas Civis: "A decisão referida no parágrafo único do art. 190 depende de contraditório prévio".

Por outro lado, os deveres de fundamentação do juiz a respeito do juízo de invalidação também são incrementados. Isso ocorre por várias razões. De um lado, lembre-se o ônus argumentativo imposto pelo princípio *in dubio pro libertate* e pela validade *prima facie* dos acordos processuais (que só excepcionalmente devem ser invalidados). Mas aqui queremos salientar outro ponto: é que os deveres de fundamentação do magistrado para a invalidação são mais intensos por tratar-se de uma consequência extraída da concretização de uma cláusula geral, que demanda um esforço de justificação mais incrementado pela discricionariedade que o sistema atribui ao aplicador na construção do consequente normativo (art. 489 § 1º, II do CPC/2015).

5. CONCLUSÃO

O presente texto não tem como pretensão exaurir o tema da modificação e extinção das convenções processuais. O que pretendemos é somente trazer algumas reflexões ao público, com o objetivo de demonstrar que ainda há muitos pontos a desenvolver no que se poderia denominar de "teoria geral dos negócios jurídicos processuais".

---

[128] Por todos, confira-se o nosso CABRAL, Antonio do Passo. *Nulidades no processo moderno. Op.cit.*, p.239 ss.

[129] CABRAL, Antonio do Passo. Il principio del contraddittorio come diritto d'influenza e dovere di dibattito. *Rivista di Diritto Processuale,* ano LX, nº2, abr-jun, 2005, p.459 ss.

2

CONTRADITÓRIO EFETIVO

DANIEL AMORIM ASSUMPÇÃO NEVES

Sumário: 1. O princípio do contraditório e o CPC de 2015. 2. Poder de influência. 2.1. Direito de influenciar a formação do convencimento do Juízo. 2.2. Direito de reagir em tempo hábil. 2.3. Direito das partes de terem seus argumentos considerados pelo juiz. 3. Vedação à decisão surpresa. 3.1. Introdução. 3.2. Fundamento fático. 3.3. Fundamento jurídico. 3.4. Fundamento legal. 4. Relativização do contraditório. 4.1. Introdução. 4.2. Contraditório diferido. 4.3. Dispensa na hipótese de ser o contraditório inútil. 5. Conclusões.

1. O PRINCÍPIO DO CONTRADITÓRIO E O CPC DE 2015

Não há dúvida quanto ao destaque dado pelo legislador aos princípios processuais no Código de Processo Civil de 2015, sendo ao menos os onze primeiros dispositivos legais de referido diploma legal destinados ao tratamento do tema, existindo ainda outros dispositivos, consagrados em outras partes do diploma legal, e também da Constituição Federal, com a mesma finalidade[1].

Dentre todos os princípios devidamente consagrados no diploma processual, merece destaque especial o princípio do contraditório. Não, naturalmente, pela sua expressa

---

[1] DIDIER JR., Fredie. Comentários ao art. 1º. In: CABRAL, Antonio do Passo; CRAMER, Ronaldo (coord.). *Comentários ao novo Código de Processo Civil*. Rio de Janeiro: Forense, 2015. p. 2; CARNEIRO, Paulo Cezar Pinheiro. Comentários ao art. 1º. In: ALVIM, Teresa Arruda Alvim; DIDIER JR., Fredie; TALAMINI, Eduardo; DANTAS, Bruno (coord.). *Breves comentários ao novo Código de Processo Civil*. 2. ed. São Paulo: RT, 2016. p. 69.

consagração, que não depende de norma infraconstitucional, considerando-se o previsto no art. 5º, LV, da CF: "aos litigantes, em processo judicial ou administrativo, e aos acusados em geral são assegurados o contraditório e a ampla defesa, como os meios e recursos a ela inerentes".

O que chama a atenção no Código de Processo Civil de 2015, em especial os seus arts. 9º e 10, é a declarada tentativa do legislador em tornar o princípio do contraditório em um princípio efetivo, com extremada preocupação em evitar a chamada "decisão-surpresa", em regulamentar o contraditório diferido e em dispensar o chamado contraditório inútil.

2. PODER DE INFLUÊNCIA

2.1. Direito de influenciar a formação do convencimento do Juízo

Tradicionalmente considera-se ser o princípio do contraditório formado por dois elementos: informação e possibilidade de reação. Nessa perspectiva, as partes devem ser devidamente comunicadas de todos os atos processuais, abrindo-se a elas a oportunidade de reação como forma de garantir a sua participação na defesa de seus interesses em juízo. Sendo o contraditório aplicável a ambas as partes, costuma-se também empregar a expressão "bilateralidade da audiência", representativa da paridade de armas entre as partes que se contrapõem em juízo[2].

Percebeu-se, muito por influência de estudos alemães sobre o tema, que o conceito tradicional de contraditório fundado no binômio "informação + possibilidade de reação" garantia tão somente no aspecto formal a observação desse princípio. Para que seja substancialmente respeitado, não basta informar e permitir a reação, mas exigir que essa reação no caso concreto tenha real poder de influenciar o juiz na formação de seu convencimento[3].

A reação deve ser apta a efetivamente influenciar o juiz na prolação de sua decisão, porque em caso contrário o contraditório será mais um princípio "para inglês ver", sem grande significação prática. O "poder de influência" passa a ser, portanto, o terceiro elemento do contraditório, tão essencial quanto os elementos da informação e possibilidade de reação.

Essa nova visão do princípio do contraditório reconhece a importância da efetiva participação das partes na formação do convencimento do juiz, mas a sua real aplicação depende essencialmente de se convencerem os juízes de que assim deve ser no caso concreto. Posturas como a do juiz que recebe a defesa escrita em audiência nos Juizados Especiais e, sem sequer folhear a peça, passa a sentenciar, certamente não vai ao encontro do ideal de contraditório efetivo. O mesmo ocorre quando desembargadores conversam, leem, ou excepcionalmente se ausentam enquanto o advogado faz sustentação oral perante o Tribunal. Como observa a melhor doutrina, somente por meio de um constante e intenso diálogo do

---

[2] GRECO, Leonardo. *Instituições de direito processual civil*. Rio de Janeiro: Forense, 2012. p. 540.
[3] MARINONI, Luiz Guilherme; ARENHART, Sérgio Cruz; MITIDIERO, Daniel. *Novo Código de Processo Civil comentado*. São Paulo: RT, 2016. p. 105-106; GRECO, Leonardo. *Instituições de direito processual civil*, op. cit., p. 539 e 541.

juiz com as partes se concretizará o contraditório participativo, mediante o qual o poder de influência se tornará uma realidade[4].

Apesar de não ser expresso no sentido de estar contido no conceito de contraditório o poder de influência, o art. 7º do Novo CPC pode conduzir a essa interpretação ao exigir que o juiz zele pelo efetivo contraditório, que somente será realmente efetivo se, além da informação e da possibilidade de reação, esta for concretamente apta a influenciar a formação do convencimento do juiz.

2.2. Direito de reagir em tempo hábil

Consequência natural de se considerar o poder de influência como elemento indispensável do contraditório efetivo é a adequação temporal de reação da parte. Trata-se, em realidade, de um pressuposto lógico do elemento ora analisado, já que se a reação não for oportunizada em tempo hábil a influenciar a formação do convencimento do juiz, não se terá a concretização do princípio do contraditório.

Nesse sentido, não representa efetivo contraditório a concessão de oportunidade à parte de se manifestar sobre matéria que já tenha sido objeto de decisão prévia, sendo nesse caso tal reação materialmente incapaz de influenciar a formação de um convencimento que, além de já estar formado, já se encontra expresso na decisão proferida.

Naturalmente deve ser excluída dessa análise as hipóteses, inclusive previstas expressamente nos incisos do parágrafo único do art. 9º do CPC, de contraditório diferido, quando a reação da parte posterior à prolação da decisão deve ser apta a alteração do entendimento já expressado. Como o contraditório diferido tem aplicação limitada à concessão de tutela provisória – de urgência e de evidência –, resta claro que a reação da parte terá, ao menos abstratamente, condições para influenciar o juiz tanto na formação de seu juízo de certeza como, ainda que mediante um juízo de probabilidade, convencê-lo a revogar a medida já concedida.

É interessante notar que o Código de Processo Civil de 2015, nas duas hipóteses que prevê a sentença liminar – indeferimento da petição inicial (art. 330 do CPC) e julgamento liminar de improcedência (art. 332 do CPC) – prevê expressamente que, interposto o recurso de apelação pelo autor, o réu deve ser citado para apresentar contrarrazões ao recurso.

Chama a atenção em especial a previsão do art. 331, § 1º, do CPC, que, diferente do que ocorria no diploma legal revogado, prevê a citação do réu para apresentar contrarrazões de apelação interposta pelo autor contra a decisão que indefere a petição inicial. A mudança legislativa, em minha percepção, veio no sentido de consagração do princípio do contraditório efetivo.

No sistema anterior, sendo dado provimento ao recurso de apelação interposto pelo autor, com a consequente anulação da sentença, o processo retomava seu andamento em primeiro grau, com a citação do réu (informação) e abertura de prazo de contestação (possibilidade de reação). Como o réu não tinha participado do julgamento da apelação, não

---

[4] GRECO, Leonardo. *Instituições de direito processual civil*, op. cit., p. 541.

estava vinculado ao decidido em grau recursal, podendo, portanto, voltar a alegar a matéria que tinha levado a petição inicial a seu indeferimento[5].

Ainda que abstratamente o juiz de primeiro grau pudesse novamente extinguir o processo pelo mesmo fundamento que o levou a indeferir a petição inicial, em razão da alegação defensiva apresentada pelo réu, a experiência demonstrava que isso simplesmente não ocorria, não tendo tal juiz o "ânimo" de contrariar a decisão do tribunal.

Dessa forma, mesmo que abstratamente consagrado o princípio do contraditório[6], concretamente o réu acaba vinculado a uma decisão proferida pelo tribunal de cuja formação não tinha participado. E sua reação em primeiro grau, apesar de admitida, vinha na realidade tardiamente, sendo concretamente incapaz de convencer o juiz de primeiro grau a contrariar o entendimento do tribunal, que muito raramente "ousava" contrariar o entendimento do tribunal.

Nesse sentido, a citação do réu para apresentar contrarrazões ao recurso de apelação, expressamente consagrada no art. 331, § 1º, do CPC, garante a ele uma manifestação em tempo hábil a influenciar a formação do convencimento do tribunal, que afinal, e concretamente, decidirá sobre a questão que levou o juízo de primeiro grau a indeferir a petição inicial[7].

2.3. Direito das partes de terem seus argumentos considerados pelo juiz

Em termos objetivos, só existe concretamente uma forma de se averiguar se a reação da parte foi devidamente considerada pelo juiz em sua decisão: com a sua devida fundamentação. Como ensinava o já saudoso José Carlos Barbosa Moreira, "é na motivação que se pode averiguar se e em que medida o juiz levou em conta ou negligenciou o material oferecido pelos litigantes; assim, essa parte da decisão constitui o mais válido ponto de referência para controlar-se efetivo respeito daquela prerrogativa".[8]

E nesse sentido, de servir a fundamentação como técnica de demonstração do efetivo respeito ao princípio do contraditório, em especial no tocante ao seu elemento "poder de influência", merece destaque a novidade legislativa prevista no art. 489, § 1º, IV, do CPC.

Entendo que a hipótese prevista no inciso IV do § 1º do art. 489 do Novo CPC já é – ou deveria ser – realidade na vigência do CPC/1973, porque sempre que o órgão deixar

---

[5] STJ, 2ª Turma, REsp 507.301/MA, Rel. Min. João Otávio de Noronha, j. 13.03.2007, *DJ* 17.04.2007, p. 286.

[6] ABBOUD, Georges; SANTOS, José Carlos Van Cleff de Almeida. Comentários ao art. 331. *Breves comentários ao novo Código de Processo Civil*, op. cit., p. 899; CÂMARA JUNIOR, José Maria. Comentários ao art. 331. In: ARRUDA ALVIM, Angélica; ASSIS, Araken de; ARRUDA ALVIM, Eduardo; LEITE, George Salomão (coord.). *Comentários ao Código de Processo Civil*. São Paulo: Saraiva, 2016. p. 451.

[7] COSTA, Susana Henriques da. Comentários ao art. 331. *Comentários ao novo Código de Processo Civil*, op. cit., p. 524, fala em "máxima aplicação do princípio do contraditório".

[8] Cf. A motivação das decisões judiciais como garantia inerente ao Estado de Direito. *Temas de direito processual civil*. Segunda Série. São Paulo: Saraiva, 1980. p. 88.

de enfrentar todos os argumentos deduzidos no processo capazes de, em tese, infirmar a conclusão adotada pelo julgador, ter-se-á uma decisão nula. É possível, entretanto, retirar do dispositivo uma consequência prática de suma relevância: a mudança de um sistema de motivação de decisões judiciais da fundamentação suficiente para um sistema de fundamentação exauriente.

Há duas técnicas distintas de fundamentação das decisões judiciais: exauriente (ou completa) e suficiente. Na fundamentação exauriente, o juiz é obrigado a enfrentar todas as alegações das partes, enquanto na fundamentação suficiente basta que enfrente e decida todas as causas de pedir do autor e todos os fundamentos de defesa do réu. Como cada causa de pedir e cada fundamento de defesa podem ser baseados em várias alegações (argumentos), na fundamentação suficiente o juiz não é obrigado a enfrentar todas elas, desde que justifique o acolhimento ou a rejeição da causa de pedir ou do fundamento de defesa.

O direito brasileiro adotava na vigência do Código de Processo Civil de 1973 a técnica da fundamentação suficiente, sendo nesse sentido a tranquila jurisprudência do Superior Tribunal de Justiça formada na vigência do diploma processual revogado ao afirmar que não era obrigação do juiz enfrentar todas as alegações das partes, bastando ter um motivo suficiente para fundamentar a decisão[9].

Nos termos do dispositivo, é possível concluir que a partir do advento do Código de Processo Civil de 2015 não basta mais ao juiz enfrentar as causas de pedir e fundamentos de defesa, sendo necessário o enfrentamento, ao menos em tese, de todos os argumentos que os embasam. O dispositivo legal, entretanto, deixou uma brecha ao juiz quando prevê que a exigência de enfrentamento se limita aos argumentos em tese aptos a infirmar o convencimento judicial.

Entendo que a previsão legal tem como objetivo afastar da exigência de enfrentamento os argumentos irrelevantes e impertinentes ao objeto da demanda[10], liberando o juiz de atividade valorativa inútil. Ou ainda alegação que tenha ficado prejudicada em razão de decisão de questão subordinante[11], como ocorre na hipótese de ser liberado o juiz de analisar todos os fundamentos da parte vitoriosa[12].

Nos termos do Enunciado 13 da ENFAM, o art. 489, § 1º, IV, do Novo CPC não obriga o juiz a enfrentar os fundamentos jurídicos invocados pela parte, quando já tenham sido

---

[9] STJ, 2ª Turma, AgRg no AREsp 549.852/RJ, rel. Min. Humberto Martins, j. 07.10.2014, *DJe* 14.10.2014; STJ, 3ª Turma, AgRg nos EDcl no REsp 1.353.405/SP, rel. Min. Paulo de Tarso Sanseverino, j. 02.04.2013, *DJe* 05.04.2013.

[10] MARINONI, Luiz Guilherme; ARENHART, Sérgio Cruz; MITIDIERO, Daniel. *Novo Código de Processo Civil comentado*, op. cit., p. 493.

[11] Enunciado 12 da ENFAM: "Não ofende a norma extraível do inciso IV do § 1º do art. 489 do CPC/2015 a decisão que deixar de apreciar questões cujo exame tenha ficado prejudicado em razão da análise anterior de questão subordinante".

[12] CUNHA, Leonardo Carneiro da. Comentários ao art. 489. *Breves comentários ao novo Código de Processo Civil*, op. cit., p. 1.235; CÂMARA, Alexandre Freitas. *O novo processo civil brasileiro*. São Paulo: Atlas, 2015. p. 280; ARRUDA ALVIM, José Manoel. *Novo contencioso cível no CPC/2015*. São Paulo: RT, 2016. p. 292.

enfrentados na formação dos precedentes obrigatórios. O entendimento deve ser apoiado, mas com uma ressalva: ainda que o juiz não esteja obrigado a rejeitar argumentos já rejeitados na formação do precedente com eficácia vinculante, deverá justificar o não enfretamento dos fundamentos das partes com base nas *ratione decidendi* do precedente obrigatório.

Temo, entretanto, que a previsão seja desvirtuada, levando o magistrado a manter o sistema atual de fundamentação suficiente, com a afirmação, de forma padronizada, de que os demais argumentos não eram capazes de influenciar, nem mesmo em tese, sua decisão. Esse risco já foi detectado por autorizada doutrina[13] e vem, infelizmente, sendo confirmada pela jurisprudência do Superior Tribunal de Justiça[14].

O entendimento que vem se desenhando na jurisprudência é *contra legem*, porque desvirtua o significado do termo "em tese" previsto no art. 9º do CPC. O que determina se o argumento em tese pode influenciar a formação do convencimento do juiz é justamente a alteração da conclusão decisória caso o argumento fosse considerado em sentido inverso ao que foi. É óbvio que o fato de o magistrado não concordar com o argumento, o que naturalmente faz parte do "jogo", não o torna incapaz de influenciá-lo em sua decisão.

A análise deve ser realizada de forma abstrata, em nada importando a circunstância de o juiz ser ou não convencido concretamente pelo argumento da parte. Em realidade, quando o juiz afirma que o argumento não é capaz de mudar seu entendimento, já o está valorando para rejeitá-lo, o que demonstra de forma clara a necessidade de o juiz justificar o não acolhimento de tal argumento.

Há, portanto, nesses precedentes judiciais, que representam a triste realidade quanto ao tema disseminada por todo o território nacional e em todos os graus de jurisdição, além de claro desrespeito ao art. 489, § 1º, IV, do CPC, uma violação frontal ao princípio do contraditório efetivo.

3. VEDAÇÃO À DECISÃO SURPRESA

3.1. Introdução

Partindo-se do pressuposto de que durante todo o desenrolar procedimental as partes serão informadas dos atos processuais, podendo reagir para a defesa de seus direitos, parece lógica a conclusão de que a observância do contraditório é capaz de evitar a prolação de qualquer decisão que possa surpreendê-las. Em matérias que o juiz só possa conhecer mediante a alegação das partes, realmente parece não haver possibilidade de a decisão surpreender as partes sem violação clara e manifesta do princípio do contraditório.

---

[13] THEODORO JR., Humberto; NUNES, Dierle; BAHIA, Alexandre Melo Franco; PEDRON, Flávio Quinaud. *Novo CPC – fundamentos e sistematização*. Rio de Janeiro: Forense, 2015. p. 280-281.

[14] STJ, 1ª Turma, AgInt no REsp 1.662.345/RJ, rel. Min. Regina Helena Costa, j. 13.06.2017, *DJe* 21.06.2017; STJ, 2ª Turma, REsp 1.663.459/RJ, rel. Min. Herman Benjamin, j. 02.05.2017, *DJe* 10.05.2017.

Os problemas verificam-se de forma mais intensa no tocante às matérias de ordem pública, na aplicação de fundamentação jurídica alheia ao debate desenvolvido no processo até o momento da prolação da decisão, e aos fatos simples não alegados pelas partes. São matérias e temas que o juiz pode conhecer de ofício, havendo, entretanto, indevida ofensa ao contraditório sempre que o tratamento de tais matérias surpreender as partes. Ainda que a matéria de ordem pública e a aplicação do princípio do *iura novit curia* permitam uma atuação do juiz independentemente da provocação da parte, é inegável que se o juiz, mesmo nesses casos, decidir sem dar oportunidade de manifestação prévia às partes, as surpreenderá com sua decisão, o que naturalmente ofende o princípio do contraditório[15].

Infelizmente, os membros do Poder Judiciário, em sua esmagadora maioria, não percebiam durante a vigência do Código de Processo Civil de 1973 – e muitos insistem em continuar a não perceber – a diferença basilar entre decidir de ofício e decidir sem a oitiva das partes. Determinadas matérias e questões devem ser conhecidas de ofício, significando que, independentemente de serem levadas ao conhecimento do juiz pelas partes, elas devem ser conhecidas, enfrentadas e decididas no processo. Mas o que isso tem a ver com a ausência de oitiva das partes? Continua a ser providência de ofício o juiz levar a matéria ao processo, ouvir as partes e decidir a respeito dela. Como a surpresa das partes deve ser evitada em homenagem ao princípio do contraditório efetivo, é evidente que mesmo nas matérias e questões que deva conhecer de ofício o juiz deve intimar as partes para manifestação prévia antes de proferir sua decisão.

O entendimento resta consagrado pelo art. 10 do Novo CPC e em outros dispositivos legais. Segundo o dispositivo mencionado, nenhum juiz, em qualquer órgão jurisdicional, poderá julgar com base em fundamento que não tenha sido objeto de discussão prévia entre as partes, ainda que as matérias devam ser conhecidas de ofício pelo juiz.

O dispositivo é claro, mas não terá vida fácil nas mãos da magistratura nacional. O Superior Tribunal de Justiça, por exemplo, já tem precedente no sentido de afastar a aplicação do art. 10 do CPC no processo penal[16], ainda que no mesmo tribunal exista alvissareiro precedente no sentido de ser vedada a decisão com base em fundamento de fato ou de direito não discutido previamente entre as partes, ainda que na hipótese de matéria de ordem pública[17].

A dificuldade de aceitação da excelente regra consagrada no art. 10 do CPC é gerada em especial porque a norma contraria uma premissa não reconhecida pelos juízes de que

---

[15] OLIVEIRA, Carlos Alberto Alvaro de. Princípio do contraditório. In: TUCCI, José Rogério Cruz e (coord.). *Garantias constitucionais do processo civil*. São Paulo: RT, 1999. p. 141-147; NEVES, Daniel Amorim Assumpção. Contraditório e matérias de ordem pública. In: CALDEIRA, Adriano; FREIRE, Rodrigo da Cunha Lima (coord.). *Terceira etapa da reforma do Código de Processo Civil*: estudos em homenagem ao Ministro José Augusto Delgado. Salvador: JusPodivm, 2007. p. 89-107; CÂMARA, Alexandre Freitas. *Lições de direito processual civil*. 17. ed. Rio de Janeiro: Lumen Juris, 2008. v. 1, p. 53-54.

[16] STJ, 3ª Seção, EDcl no AgRg nos EREsp 1.510.816/PR, rel. Min. Reynaldo Soares da Fonseca, j. 10.05.2017, *DJe* 16.05.2017.

[17] STJ, 2ª Turma, REsp 1.676.027/PR, rel. Min. Herman Benjamin, j. 26.09.2017, *DJe* 11.10.2017.

quando eles decidem de ofício estão sempre certos, e por isso não precisam ouvir previamente as partes, que em nada contribuirão na formação de um convencimento já formado.

Essa premissa, devidamente superada pelo art. 10 do Novo CPC, é a *ratio* do Enunciado 3 da ENFAM: "É desnecessário ouvir as partes quando a manifestação não puder influenciar na solução da causa". Chamo tal enunciado de "enunciado bola de cristal", já que o juiz teria uma capacidade sensorial de saber de antemão o que as partes podem alegar, já antevendo a inutilidade de tal manifestação antes mesmo dela se materializar no mundo real. É como dizer que o juiz não precisa ouvir as partes porque já formou o seu convencimento, desprezando o fato de que tal convencimento deve ser construído de forma colaborativa com as partes.

E o pior é continuar a partir da premissa de que o juiz não pode se enganar, que nada que a parte alegue poderá fazê-lo mudar de ideia, criando um pequeno ditador no processo, em nítido desrespeito aos princípios do contraditório, consagrado no art. 10 do Novo CPC, e da cooperação, previsto no art. 6º do Novo CPC.

E ainda mais curioso – ou triste – é o Enunciado 4 da ENFAM, ao afirmar que na declaração de incompetência absoluta não se aplica o disposto no art. 10, parte final, do Novo CPC. É curioso porque escolhe, aparentemente ao acaso, um vício que gera nulidade absoluta para prescrever que ao seu reconhecimento não é imposto o respeito ao princípio do contraditório. Porque justamente esse vício é um mistério. Mas é óbvio que o entendimento consagrado no criticável enunciado tem como razão específica a razão geral exposta no Enunciado 3 da mesma ENFAM: se o juiz já formou seu convencimento, porque teria que ouvir as partes antes de decidir? A resposta, ignorada por referidos enunciados é óbvia: para respeitar o princípio constitucional do contraditório.

3.2. Fundamento fático

O fundamento fático de uma decisão judicial decorre da necessidade de o juiz, diante dos fatos existentes e discutidos nos autos, considerar aqueles que serão utilizados em seu convencimento, conclusão derivada da valoração da prova produzida durante o processo. A partir do momento em que o juiz se convence a respeito da veracidade de uma alegação de fato, se valerá daquele fato como fundamento fático de sua decisão.

É tranquilo o entendimento de que os fatos compõem a causa de pedir, havendo tradicional doutrina que defende existir uma *causa de pedir ativa*, composta dos fatos constitutivos do direito do autor, e uma *causa de pedir passiva*, composta dos fatos alegados pelo réu contrários à pretensão do autor[18]. Mas nem todos os fatos narrados pelo autor fazem parte da causa de pedir, sendo preciso distinguir os fatos jurídicos (principais, essenciais), que compõem a causa de pedir, e os fatos simples (secundários, instrumentais), que não compõem a causa de pedir[19].

---

[18] TUCCI, José Rogério Cruz e. *A causa petendi no processo civil*. 2. ed. São Paulo: RT, 2001. p. 154.

[19] STJ, 3ª Turma, REsp 702.739/PB, rel. Min. Nancy Andrighi, rel. para acórdão Min. Ari Pargendler, j. 19.09.2006. Na doutrina: ASSIS, Araken de. *Processo civil brasileiro*. São Paulo: RT, 2016. v. I, n. 247.2, p. 730.

Fatos jurídicos são aqueles aptos por si sós a gerar consequências jurídicas, enquanto os fatos simples não têm tal aptidão. Na realidade, os fatos simples são em regra irrelevantes para o direito, somente passando a ter relevância jurídica quando se relacionam com fatos jurídicos.

A jurisprudência consolidada do Superior Tribunal de Justiça é no sentido de que o juiz não pode decidir com base em fato jurídico estranho à causa de pedir[20]. Como os fatos simples, entretanto, não fazem parte da causa de pedir, não há qualquer adstrição do juiz nesse tocante quanto à causa de pedir, sendo possível que ele se valha de um fato dessa natureza não alegado pelas partes.

Essa liberdade concedida ao juiz, entretanto, não o habilita a se valer de um fato simples que não tenha sido devidamente discutido pelas partes, inclusive com a devida produção de prova, sempre que cabível. Não resta muita dúvida de que, se valendo de um fato simples que não tenha passado pela prévia discussão entre as partes e a devida instrução probatória, sempre que necessária, a decisão com fundamento em tal fato se constitui "decisão-surpresa", em nítida violação ao princípio do contraditório e em desrespeito ao previsto no art. 10 do CPC.

A necessidade de observância de contraditório quanto aos fatos utilizados como fundamento da decisão parece ser incontroversa. É nesse sentido o Enunciado 1 da ENFAM: "Entende-se por 'fundamento' referido no art. 10 do CPC/2015 o substrato fático que orienta o pedido, e não o enquadramento jurídico atribuído pelas partes" e o art. 4º, § 1º, da Instrução Normativa 39/2016 do TST: "Entende-se por 'decisão surpresa' a que, no julgamento final do mérito da causa, em qualquer grau de jurisdição, aplicar fundamento jurídico ou embasar-se em fato não submetido à audiência prévia de uma ou de ambas as partes".

3.3. Fundamento jurídico

O fundamento jurídico é o liame jurídico entre os fatos narrados pelo autor e o seu pedido, ou seja, é a explicação à luz do ordenamento jurídico do porque o autor merece o que pede diante dos fatos que narra. Para a doutrina majoritária faz parte da causa de pedir[21], existindo controvérsia a respeito de se tratar o fundamento jurídico de causa de pedir remota ou próxima, tema irrelevante para as finalidades do presente texto.

É entendimento corrente que, apesar de os fundamentos jurídicos comporem a causa de pedir, inclusive por expressa previsão legal do art. 319, III, do CPC, não vinculam o juiz

---

[20] STJ, 4ª Turma, REsp 1.535.727/RS, rel. Min. Marco Buzzi, j. 10.05.2016, DJe 20.06.2016; STJ, 3ª Turma, AgRg no AREsp 455.245/PI, rel. Min. Ricardo Villas Bôas Cueva, j. 05.03.2015, DJe 12.03.2015.

[21] ASSIS, Araken de. *Processo civil brasileiro*, vol. I, op. cit., n. 244, p. 716; ARRUDA ALVIM, José Manoel. *Manual de direito processual civil*. 14. ed. São Paulo: RT, 2011. n. 140, p. 446; THEODORO JR., Humberto. *Curso de direito processual civil*. 56. ed. São Paulo: RT, 2016. v. I, n. 104, p. 176. Contra: BARBOSA MOREIRA, José Carlos. *O novo processo civil brasileiro*. 29. ed. Rio de Janeiro: Forense, 2012. p. 17.

em sua decisão, de forma que essa vinculação só existe quanto aos fatos jurídicos narrados[22]. Dessa forma, o fundamento jurídico que obrigatoriamente deve narrar o autor é uma mera proposta ou sugestão endereçada ao juiz, abrindo-se a possibilidade de o juiz decidir com base em outro fundamento jurídico distinto daquele contido na petição inicial (*narra mihi factum dabo tibi jus*)[23].

O Superior Tribunal de Justiça já teve oportunidade de admitir que o tribunal utilizasse novos fundamentos em grau de apelação justamente pelo magistrado não estar vinculado ao fundamento legal (na realidade pretendeu dizer fundamento jurídico), podendo qualificar juridicamente de forma livre os fatos levados a seu conhecimento[24].

Nos processos objetivos (controle concentrado de constitucionalidade), apesar da exigência feita ao autor em indicar os fundamentos jurídicos de sua pretensão, corrente doutrinária majoritária defende a aplicabilidade da chamada "*causa petendi* aberta", de forma que o tribunal não esteja vinculado ao fundamento jurídico exposto pelo autor, podendo motivar sua decisão em fundamentos não arguidos na petição inicial[25]. Existem diversas decisões do Supremo Tribunal Federal acolhendo esse entendimento[26], inclusive permitindo-se que a natureza de constitucionalidade seja diversa daquela narrada pelo autor (alegação de inconstitucionalidade formal e procedência do pedido por inconstitucionalidade material e vice-versa).

A liberdade concedida ao juiz na utilização do fundamento jurídico que entender adequado ao caso concreto, mesmo que não alegado pelo autor, não afasta o respeito ao princípio do contraditório. Ao valer-se de um fundamento jurídico não discutido previamente pelas partes o juiz profere "decisão-surpresa", em situação incompatível com o princípio do contraditório. Se já era assim na vigência do Código de Processo Civil de 1973, fica ainda mais evidente a violação ao princípio ora analisado diante do previsto de forma expressa no art. 10 do CPC.

Justamente em razão da novidade legislativa deve ser criticado o Enunciado 1 da ENFAM, no sentido de que o termo "fundamento", previsto no art. 10 do Novo CPC, é "o substrato fático que orienta o pedido, e não o enquadramento jurídico atribuído pelas partes". Significa dizer que o juiz estaria liberado a decidir conforme o fundamento jurídico mais apropriado ao caso concreto, sem necessariamente permitir que as partes se manifestem

---

[22] DINAMARCO, Candido Rangel. *Instituições de direito processual civil*. São Paulo: Malheiros, 2001. vol. 1, n. 450, p. 127-128; FUX, Luiz. *Curso de direito processual civil*. 2. ed. Rio de Janeiro: Forense, 2004. p. 178.

[23] STJ, 2ª Turma, AgRg no AREsp 674.850/SP, rel. Min. Assusete Magalhães, j. 16.06.2015, *DJe* 25.06.2015; STJ, 1ª Turma, AgRg no AREsp 24.888/SP, rel. Min. Napoleão Nunes Maia Filho, j. 23.04.2013, *DJe* 03.05.2013.

[24] Informativo 535, 2ª Turma, REsp 1.352.497/DF, rel. Min. Og Fernandes, j. 04.02.2014.

[25] MENDES, Gilmar Ferreira; COELHO, Inocencio Mártires; BRANCO, Paulo Gustavo Gonet. *Curso de direito constitucional*. São Paulo: Saraiva, 2007. p. 1.068; MORAES, Guilherme Peña de. *Curso de direito constitucional*. 2. ed. Niterói: Impetus, 2008. p. 210.

[26] STF, Tribunal Pleno, ADI 2.213 MC/DF, rel. Min. Celso de Mello, j. 04.04.2002, *DJ* 23.04.2004, p. 7.

previamente sobre ele. Nos termos do criticável Enunciado, se, por exemplo, o autor qualificou os fatos narrados na petição inicial como erro apto a gerar a rescisão do contrato, o juiz poderá na sentença julgar o pedido procedente com fundamento em dolo, mesmo que em nenhum momento as partes tenham se manifestado sobre tal vício do consentimento durante o processo.

Não é preciso muito esforço para se notar a impropriedade do Enunciado 1 da ENFAM, que na realidade, ao menos no tocante à fundamentação jurídica, pretende pura e simplesmente revogar o art. 10 do Novo CPC. Parece também ser nesse sentido o Enunciado 5: "Não viola o art. 10 do CPC/2015 a decisão com base em elementos de fato documentados nos autos sob o contraditório" e o Enunciado 6: "Não constitui julgamento surpresa o lastreado em fundamentos jurídicos, ainda que diversos dos apresentados pelas partes, desde que embasados em provas submetidas ao contraditório". Haja esforço na tentativa de revogar um dispositivo legal que, entretanto, continua em plena vigência.

É claro que tais enunciados da ENFAM, que basicamente revogam os arts. 9º e 10 do Novo CPC, podem não ser aplicados pelos juízes no caso concreto, afinal, a esperança é a última que morre. E caso os apliquem no caso concreto estarão contribuindo para um sem número de recursos, inclusive o recurso especial por clara violação de normas federais. Um desserviço, portanto, tanto acadêmico como prático.

No âmbito do processo trabalhista, pode se afirmar que a situação é mais adequada à exigência legal imposta pelo art. 10 do CPC, levando-se em conta o já mencionado art. 4º, § 1º, da Instrução Normativa 39/2016 do TST: "Entende-se por 'decisão surpresa' a que, no julgamento final do mérito da causa, em qualquer grau de jurisdição, aplicar fundamento jurídico ou embasar-se em fato não submetido à audiência prévia de uma ou de ambas as partes".

Mas mesmo no âmbito do processo trabalhista nem tudo são flores, como bem demonstra o § 2º, do art. 4º, da Instrução Normativa suprarreferida: "Não se considera 'decisão surpresa' a que, à luz do ordenamento jurídico nacional e dos princípios que informam o Direito Processual do Trabalho, as partes tinham obrigação de prever, concernente às condições da ação, aos pressupostos de admissibilidade de recurso e aos pressupostos processuais, salvo disposição legal expressa em contrário".

3.4. Fundamento legal

O fundamento legal é a indicação de lei na qual se funda a pretensão do autor ou a decisão judicial. Sob a ótica do autor, o entendimento tranquilo é de que o fundamento legal não faz parte da causa de pedir[27], sendo, inclusive, dispensável, ou seja, admite-se que na petição inicial o autor deixe de indicar artigo de lei[28].

---

[27] ASSIS, Araken de. *Processo civil brasileiro*, vol. I, op. cit., n. 246, p. 718; ARRUDA ALVIM, José Manoel. *Manual de direito processual civil*, op. cit., n. 139, p. 446.

[28] Informativo 469/STJ: 3ª Turma, REsp 1.222.070/RJ, rel. Min. Nancy Andrighi, j. 12.04.2011; STJ, 2ª Turma, REsp 1.140.420/SC, rel. Min. Mauro Campbell Marques, j. 26.04.2011, *DJe* 05.05.2011.

Não fazendo parte da causa de pedir, é indiscutível que o juiz não está adstrito em sua decisão à fundamentação legal utilizada pelo autor em sua petição inicial[29]. A questão que deve ser respondida é se o fundamento previsto no art. 10 do CPC, além do fundamento fático e jurídico (causa de pedir próxima e remota), incluiu também o fundamento legal. Ou seja, para decidir com fundamento legal diferente do alegado pelo autor, deve o juiz oportunizar às partes previamente a discussão a respeito do tema?

Há corrente doutrinária formada ainda na vigência do Código de Processo Civil de 1973 no sentido de que o respeito ao princípio do contraditório nesse caso seria indispensável.[30] Também há precedente do Superior Tribunal de Justiça nesse sentido[31]. Eu mesmo já havia me posicionado nesse sentido[32], mas sinto ter chegado o momento de rever meu posicionamento.

Não sendo parte integrante da causa de pedir, e, em especial, sendo o fundamento legal dispensável, tanto na pretensão do autor como na decisão judicial, parece não haver violação ao princípio do contraditório caso o juiz utilize fundamento legal diverso daquele indicado pelo autor em sua petição inicial.

Mantendo-se fiel aos fundamentos fáticos e jurídicos, que sem dúvida devem ser debatidos sob o crivo do contraditório, pode até se falar em "decisão-surpresa", já que a utilização do fundamento legal será uma novidade no processo, mas nesse caso a surpresa não tem aptidão concreta de gerar prejuízo a qualquer das partes. Como poderia haver prejuízo se o fundamento legal utilizado pelo juiz nem precisaria constar de sua decisão?

Dessa forma, mesmo que se compreenda que a decisão ora analisada viola o princípio do contraditório, com afronta ao disposto no art. 10 do CPC, parece que nesse caso o ato viciado, no caso a decisão, por ser incapaz concretamente de gerar prejuízo às partes ou ao processo, não será considerado nulo, em aplicação do princípio da instrumentalidade das formas.

Em recente precedente do Superior Tribunal de Justiça o tema foi enfrentado, decidindo-se pela não violação ao art. 10 do CPC. O precedente é animador, porque ao afastar da aplicação de referido dispositivo legal da aplicação do fundamento legal não alegado pelo autor, afirma expressamente que o "fundamento" nele previsto é o fundamento jurídico[33].

---

[29] STJ, 2ª Turma, AgRg no AREsp 186.614/RJ, rel. Min. Herman Benjamin, j. 04.09.2012, DJe 11.09.2012.

[30] OLIVEIRA, Carlos Alvaro de. *Do formalismo no processo civil*. São Paulo: Saraiva, 1997. p. 167-168; MARINONI, Luiz Guilherme; MITIDIERO, Daniel. *Código de Processo Civil comentado*. São Paulo: RT, 2008. p. 291.

[31] STJ, 6ª Turma, AgRg no RMS 19.052/MG, rel. Min. Nefi Cordeiro, j. 24.11.2015, DJe 07.12.2015.

[32] NEVES, Daniel Amorim Assumpção. Contraditório e matérias de ordem pública. *Terceira etapa da reforma do Código de Processo Civil*: estudos em homenagem ao Ministro José Augusto Delgado, op. cit., p. 100-107.

[33] STJ, 4ª Turma, EDcl no REsp 1.280.825/RJ, rel. Min. Maria Isabel Gallotti, j. 27.06.2017, DJe 01.08.2017.

4. RELATIVIZAÇÃO DO CONTRADITÓRIO

4.1. Introdução

A exigência de que o princípio do contraditório seja efetivamente respeitado no caso concreto não deve servir de exageros que somente se prestam a embaralhar o procedimento e a dar vazão para uma série de alegações de nulidades processuais. Há, afinal, outros princípios a serem respeitados além do contraditório.

Contraria de forma clara a razoabilidade a utilização do princípio do contraditório quando disso decorrer a ineficácia da pretensão pretendida pela parte, não havendo sentido lógico nem jurídico na utilização de um princípio de tutela à parte para sacrificar o seu direito no caso concreto. Daí porque se justifica, em determinadas hipótese, um abrandamento ao princípio ora analisado, com a possibilidade de que a informação, a possível reação e o poder de influência dessa reação se realizem depois de já proferida decisão judicial.

Por outro lado, o contraditório deve ser útil à parte no caso concreto, não devendo ser observado naquelas hipóteses em que a parte que seria por ele tutelada recebe a tutela jurisdicional mesmo sem a observância do contraditório.

4.2. Contraditório diferido

A estrutura básica do contraditório é: (i) pedido/requerimento; (ii) informação da parte contrária; (iii) reação possível; (iv) decisão. Essa ordem dos elementos, que de maneira mais completa determina o contraditório, é percebida inclusive na estrutura do processo de conhecimento: (i) petição inicial; (ii) citação; (iii) respostas do réu; (iv) sentença.

É, realmente, a mais adequada estrutura do princípio do contraditório porque a decisão a ser proferida pelo juiz só ocorre depois da oportunidade de ambas as partes se manifestarem a respeito da matéria que formará o objeto da decisão.

Essa ordem, apesar de ser a preferível, pode excepcionalmente ser afastada pelo legislador, como ocorre na concessão das tutelas de urgência *inaudita altera parte*, em situações de extrema urgência nas quais a decisão do juiz deve preceder a informação e reação da parte contrária. Nesse caso, haverá um "contraditório diferido ou postecipado", porque, apesar de os elementos essenciais do princípio continuarem a existir, a inversão da sua ordem tradicional antecipa a decisão para o momento imediatamente posterior ao pedido da parte[34]. A estrutura do contraditório diferido é: (i) pedido/requerimento; (ii) decisão; (iii) informação da parte contrária; (iv) decisão.

Tradicionalmente associado às tutelas de urgência, deve ser lembrado que nessa espécie de tutela convivem as duas formas de contraditório. A tutela cautelar, por exemplo, pode ser concedida somente por meio de sentença, depois do regular andamento do processo, não deixando, nesse caso, de ser uma tutela de urgência. Por outro lado, o juiz pode postergar para depois da apresentação da contestação a decisão sobre a tutela antecipada requerida

---

[34] CÂMARA, Alexandre Freitas. *Lições de direito processual civil*, vol. 1, op. cit., p. 53; SILVA, Ovídio Baptista da; GOMES, Fábio. *Teoria geral do processo*. 3. ed. São Paulo: RT, 2002.

na petição inicial, e, caso a conceda nesse momento, ela também não deixará de ser uma tutela de urgência.

A tutela de urgência só será necessariamente concedida mediante a adoção da técnica do contraditório diferido quando, além de ter natureza de tutela antecipada, for requerida de forma antecedente, já que nesse caso o deferimento ou não do requerimento do autor sempre se dará *inaudita altera parte*.

Fica claro, portanto, que o contraditório tradicional não deve ser descartado quando se fala em tutela de urgência, devendo, inclusive, ser justificada sua aplicação no caso concreto. Sendo excepcional o contraditório diferido, só deve ser admitido se o respeito ao contraditório tradicional representar concretamente um sério risco à efetividade da tutela a ser concedida. Esse risco deriva de dois fatores: a ciência de o réu permitir a prática de atos materiais que levam à ineficácia da tutela pretendida (p. ex., na busca e apreensão de incapazes) ou a demora natural para que o réu seja citado e tenha oportunidade de se manifestar (por exemplo, liberação de medicamento em hipótese de grave e crônica doença).

A tutela da evidência também convive com as duas formas de contraditório ora analisadas. Tutela da evidência é aquela fundada na grande probabilidade de a parte ter o direito que alega, sem a necessidade de o tempo ser inimigo da efetividade, não sendo crível que, à luz do princípio do acesso à ordem jurídica justa, tenha que esperar o final do processo para que seja a tutela concedida jurisdicionalmente[35].

O contraditório diferido, conforme já apontado, é excepcional, devendo ser utilizado com extrema parcimônia, até porque a prolação de decisão sem a oitiva do réu capaz de invadir a esfera de influência do sujeito que não foi ouvido é sempre uma violência[36]. Apesar disso, seja em razão do manifesto perigo de ineficácia (tutela de urgência), seja pela enorme probabilidade de o direito existir (tutela de evidência), o contraditório diferido cumpre com a promessa constitucional do art. 5º, LV, da CF.

Conforme já analisado, a melhor interpretação – senão a única – do art. 9º, *caput*, do CPC, é no sentido de ser criada uma proibição de decisão judicial antes de o juiz dar oportunidade de manifestação à parte contrária. O parágrafo único do dispositivo prevê as exceções a essa regra, consagrando dessa forma as hipóteses de admissão do contraditório diferido.

Apesar de no primeiro inciso estar prevista a tutela provisória de urgência, é importante ficar registrado que, exatamente como ocorria na vigência do Código de Processo Civil de 1973, continuará a existir tutela de urgência concedida após a oitiva da parte contrária à que elaborou o pedido. Pela forma como restou redigido o dispositivo legal fica a falsa impressão de que qualquer tutela de urgência legitima o contraditório diferido, em interpretação que não deve ser prestigiada. Significa que não basta ser tutela provisória de urgência, mas que nesta haja risco de perecimento do direito e/ou ineficácia da tutela pretendida para se excepcionar regra consagrada no *caput* do art. 9º do CPC.

No inciso II do dispositivo ora comentado, o texto final do Código de Processo Civil de 2015 sanou injustificável omissão contida no projeto de lei originariamente sancionado

---

[35] FUX, Luiz. *Tutela de segurança e tutela da evidência*. São Paulo: Saraiva, 1996. n. 36, p. 305-311.
[36] GRECO, Leonardo. *Instituições de direito processual civil*, op. cit., p. 543.

no Senado ao incluir entre as hipóteses de tutela concedida mediante contraditório diferido a tutela da evidência nas hipóteses previstas no art. 311, II e III, do CPC. A regra é repetida no art. 311, parágrafo único, do mesmo diploma legal, que permite a concessão liminar da tutela de evidência nessas duas hipóteses.

Como se pode notar, o legislador exclui a hipótese prevista no art. 311, I, do CPC, dando a entender que a concessão de tutela da evidência quando ficar caracterizado o abuso do direito de defesa ou o manifesto propósito protelatório da parte só pode ser concedida por meio do contraditório tradicional. A hipótese prevista no inc. IV do art. 311 do Novo CPC exige o contraditório tradicional porque o fundamento da tutela da evidência nesse caso depende do teor da contestação a ser apresentada pelo réu.

O legislador, ao prever o cabimento de contraditório diferido a apenas duas hipóteses de tutela da evidência previstas no art. 311 do Novo CPC, cometeu um erro crasso, desconsiderando que o rol de hipóteses de cabimento de tutela da evidência previsto por tal dispositivo é meramente exemplificativo. Parcialmente corrige seu erro no inc. III do art. 9º do Novo CPC, ao prever o cabimento de contraditório diferido na expedição do mandado monitório, espécie de tutela da evidência não prevista no art. 311 do Novo CPC.

Mas nada fala a respeito das liminares do processo possessório (art. 562 do Novo CPC) e nos embargos de terceiro (art. 678 do Novo CPC), que também são espécies de tutela da evidência ausentes do rol do art. 311 do Novo CPC. Como não é razoável imaginar-se que com o Código de Processo Civil de 2015 tais liminares não possam mais ser concedidas *inaudita altera parte*, é essencial uma interpretação extensiva do art. 9º, II, do Novo CPC[37].

4.3. Dispensa na hipótese de ser o contraditório inútil

Afirma-se que o contraditório é um princípio absoluto – para alguns uma garantia –, vedado qualquer afastamento no caso concreto tanto pelo legislador como pelo operador do direito. Ainda que se compreenda a importância do princípio, é preciso compatibilizar o contraditório com todos os demais princípios, o que poderá mostrar no caso concreto que o contraditório pode não se mostrar indispensável como se costuma imaginar.

O contraditório é moldado essencialmente para a proteção das partes durante a demanda judicial, não tendo nenhum sentido que o seu desrespeito, se não gerar prejuízo à parte que seria protegida pela sua observação, gere nulidade de atos e até mesmo do processo como um todo. Qual o sentido, à luz da efetividade da tutela jurisdicional, em anular um processo porque neste houve ofensa ao contraditório em desfavor do vitorioso? O autor não foi intimado da juntada pela parte contrária de um documento e a seu respeito não se manifestou. Houve ofensa ao contraditório, não há dúvida, mas relevável se o autor ainda assim sagrou-se vitorioso na demanda. A citação ocorreu em homônimo do réu, vício gravíssimo – chamado por alguns de vício transrescisório pela possibilidade de alegação a qualquer momento, até mesmo depois do prazo da ação rescisória – que impede a regular formação da relação jurídica processual. Ocorre, entretanto, que o pedido do autor foi

---

[37] DIDIER JR., Fredie. Comentários ao art. 9º. *Comentários ao novo Código de Processo Civil*, op. cit., p. 35.

rejeitado, ou seja, o réu, mesmo sem ter sido citado, sagrou-se vitorioso na demanda. Que sentido teria anular essa sentença por ofensa ao contraditório? A resposta é óbvia: nenhum[38].

Os exemplos trazidos têm como objetivo demonstrar que no caso concreto a ofensa ao princípio do contraditório não gera nulidade em toda e qualquer situação, não representando uma diminuição do princípio a sua aplicação à luz de outros princípios e valores buscados pelo processo moderno. O afastamento pontual do contraditório, nos termos expostos, é não só admitido, como também recomendável.

Ao se admitir que não gera nulidade a não observância do contraditório exigido por lei sempre que a parte que ilegalmente foi alijada do contraditório não tiver suportado prejuízo em razão do vício processual, consagra-se a aplicação do princípio da instrumentalidade das formas. Afinal, sem prejuízo não há nulidade (*pas des nullités sans grief*), não havendo aqui qualquer motivo para se tratar de forma diferenciada o vício gerado pela violação ao princípio do contraditório.

Por outro lado, também se admite que o próprio procedimento, de forma ampla e genérica, afaste em algumas situações o contraditório, evitando-se o chamado "contraditório inútil".

A sentença proferida *inaudita altera parte* que julga o mérito em favor do réu que nem foi citado (art. 332 do CPC) certamente não se amolda ao conceito de contraditório, porque nesse caso o réu não é sequer informado da existência da demanda. Mas realmente se pode falar em ofensa ao princípio do contraditório? Exatamente qual seria a função de citar o réu e permitir sua reação se o juiz já tem condições de dar a vitória definitiva da demanda (sentença de mérito) a seu favor? Evidentemente, nenhuma digna de nota, não se podendo antever qualquer agressão ao ideal do princípio do contraditório nessas circunstâncias[39].

Da mesma forma é a previsão do art. 1.019, *caput*, do CPC, que permite ao relator do agravo de instrumento negar seguimento ao recurso por meio de decisão monocrática proferida liminarmente. Nesse caso, são dispensadas a intimação do agravado e a abertura de prazo para contrarrazões porque ele já teve o melhor resultado possível com o julgamento proferido liminarmente. Novamente afasta-se o contraditório por reconhecer a inutilidade de sua observação no caso concreto.

O Código de Processo Civil de 2015, indo além da previsão de hipóteses especificas de dispensa do contraditório inútil, e aqui de forma diferente do diploma legal revogado, cria uma regra geral que consagra a dispensa do contraditório inútil.

Nos termos do art. 9º, *caput*, do Novo CPC, não se proferirá decisão contra uma das partes sem que ela seja previamente ouvida. Ou seja, a exigência de oitiva prévia se dá exclusivamente para a prolação de decisão contra a parte, entendendo-se, *a contrario sensu*,

---

[38] BEDAQUE, José Roberto dos Santos. *Efetividade do processo e técnica processual*. São Paulo: Malheiros, 2006. p. 484-489.

[39] SANTOS, Welder Queiroz dos. Comentários ao art. 9º. In: BUENO, Cassio Scarpinella (coord.). *Comentários ao Código de Processo Civil*. São Paulo: Saraiva, 2017. vol. 3, p. 152; NOGUEIRA, Gustavo Santana. A improcedência manifesta do pedido. *A nova reforma processual*. Rio de Janeiro: Forense, 2007. p. 131-133.

que a decisão a seu favor poderá ser proferida sem sua oitiva prévia. Trata-se, à evidência, do fundamento da dispensa do contraditório inútil: se a decisão irá favorecer a parte não há qualquer necessidade de ouvi-la antes de sua prolação, servindo o dispositivo legal ora analisado como regra geral a legitimar tal dispensa para qualquer situação[40].

5. CONCLUSÕES

O efetivo respeito ao princípio do contraditório é exigência inafastável de um Estado Democrático de Direito, ainda que excepcionalmente possa sofrer algumas justificadas restrições, como ocorre nas hipóteses de adoção da técnica do contraditório diferido ou da dispensa do contraditório inútil.

Não resta dúvida de que o Código de Processo Civil de 2015 se preocupou de forma singular com o contraditório efetivo, como se pode notar da mera leitura dos arts. 9º e 10, e de dezenas de outros dispositivos espalhados por todo diploma processual. O arcabouço legislativo, portanto, está devidamente formado.

Resta, agora, vencer algumas resistências à aplicação das inovadoras regras legais, num processo de convencimento no sentido de que o respeito ao princípio do efetivo contraditório é essencial para que seja garantido o acesso à ordem jurídica justa das partes.

Muitas vezes o costume é difícil de ser modificado. A cultura jurídica não é alterada do dia para a noite. Mas tudo se transforma, oxalá para melhor nesse caso. Cumpre aqueles que se destinam ao estudo do processo civil convencer os operadores, em especial os magistrados, da necessidade e importância do contraditório efetivo. O presente texto é a minha tímida contribuição nesse sentido.

---

[40] DIDIER JR., Fredie. *Curso de direito processual civil*. 19. ed. Salvador: JusPodivm, 2017. vol. 1, p. 96.

3

A JUSTIÇA CIVIL NO BRASIL ENTRE A CONSTITUIÇÃO DE 1988 E O CÓDIGO REFORMADO

Daniel Mitidiero

O presente ensaio visa a reconstruir uma das mais interessantes passagens da história recente da Justiça Civil brasileiro, fazendo-o a partir de uma chave histórico-doutrinária. Para além de ressaltar os movimentos doutrinários e legislativos, procura-se evidenciar o papel da doutrina do Professor Humberto Theodoro Júnior na reestruturação do novo processo civil brasileiro a fim de homenageá-lo com a presente publicação.

As décadas de oitenta e noventa dos Novecentos e o início do novo século assinalam não só o advento teórico dos novos temas do processo civil, mas também estão marcados pela promulgação da Constituição de 1988, pelo incremento da organização judiciária e do controle de constitucionalidade e pela paulatina reforma do Código Buzaid. Trata-se de um período em que a Justiça Civil brasileira experimenta não só a segunda constitucionalização do processo civil, mas também a procura de novas soluções judiciárias para o aperfeiçoamento de nossas instituições e a passagem do Código Buzaid para o Código Reformado.

A Constituição de 1988 – fruto da redemocratização do país oriunda da abertura política iniciada em 1985 com o fim do regime militar – dedica significativa atenção ao processo civil e à organização judiciária. De um lado, prevê textualmente o direito ao processo justo e vários de seus elementos conformadores, além de ter incrementado o sistema de controle de constitucionalidade das normas e ter criado as súmulas vinculantes. De outro, cria o Superior Tribunal de Justiça, o Conselho Nacional de Justiça e a Defensoria Pública, além de determinar a criação de Juizados Especiais, outorgar um novo perfil ao Ministério Público e prever inúmeras garantias institucionais para o Poder Judiciário, para o Ministério Público e para a Defensoria Pública. Atenta a todas as personagens da Justiça Civil, a Constituição de 1988 reconhece ainda que o advogado é essencial à administração da Justiça.

De forma absolutamente inovadora na ordem interna, a Constituição assevera que "ninguém será privado da liberdade ou de seus bens sem o devido processo legal" (art. 5º, inciso LIV). Com isso, institui o direito fundamental ao processo justo no direito brasileiro[1]. Embora de inspiração estadunidense notória, sendo nítida a sua ligação com a V e a XIV Emendas à Constituição dos Estados Unidos da América, certo é que se trata de norma presente hoje nas principais constituições ocidentais[2], consagrada igualmente no plano internacional na Declaração Universal dos Direitos do Homem (1948, arts. 8º e 10), na Convenção Europeia dos Direitos do Homem (1950, art. 6º), no Pacto Internacional relativo aos Direitos Civis e Políticos (1966, art. 14) e na Convenção Americana sobre Direitos Humanos (1969, art. 8º)[3]. O direito ao *fair trial*, não por acaso, constitui a maior contribuição do *Common Law* para a civilidade do Direito[4] e hoje certamente representa o novo *jus commune* em matéria processual[5].

O direito ao processo justo é o modelo mínimo de conformação do processo. Com rastro fundo na história e desconhecendo cada vez mais fronteiras, o direito ao processo justo é reconhecido pela doutrina como um modelo em expansão (tem o condão de conformar a atuação do legislador infraconstitucional), variável (pode assumir formas diversas, moldando-se às exigências do direito material e do caso concreto) e perfectibilizável (passível de aperfeiçoamento pelo legislador infraconstitucional)[6].

---

[1] A Constituição fala em devido processo legal (*due process of law*). A expressão é criticável no mínimo em duas frentes. Em primeiro lugar, porque remete ao contexto cultural do Estado de Direito (*Rechtsstaat, État Légal*), em que o processo era concebido unicamente como um anteparo ao arbítrio estatal, ao passo que hoje o Estado Constitucional (*Verfassungsstaat, État de Droit*) tem por missão colaborar na realização da tutela efetiva dos direitos mediante a organização de um processo justo. Em segundo lugar, porque dá azo a que se procure, por conta da tradição estadunidense em que colhida, uma dimensão substancial à previsão (*substantive due process of law*), quando inexiste necessidade de pensá-la para além de sua dimensão processual no direito brasileiro. Daí a razão pela qual prefere a doutrina falar em direito ao processo justo (*giusto processo, procès équitable, faires Verfahren, fair trial*) – além de culturalmente consentânea ao Estado Constitucional, essa desde logo revela o cariz puramente processual de seu conteúdo. Sobre o tema, Marinoni e Mitidiero, *Curso de Direito Constitucional* (2012), 5. ed. São Paulo: Saraiva, 2016, p. 737-738, em coautoria com Ingo Sarlet. Na mesma linha, Araken de Assis, *Processo civil brasileiro*. São Paulo: Saraiva, 2015, vol. I, p. 409.

[2] Para um amplo desenvolvimento do tema na perspectiva comparada, Luigi Paolo Comoglio, *Etica e tecnica del "giusto processo"*. Torino: Giappichelli, 2004.

[3] Para consulta aos textos, Sérgio Mattos, *Devido processo legal e proteção de direitos*. Porto Alegre: Livraria do Advogado, 2009, p. 17-25. Para um amplo desenvolvimento do tema na perspectiva do direito internacional e comunitário europeu, Nicolò Trocker, *La formazione del diritto processuale europeo*. Torino: Giappichelli, 2011.

[4] Arthur Goodhardt, Legal Procedure and Democracy. *Cambridge Law Journal*, 1964, p. 54.

[5] Serge Guinchard, *Droit Processuel* – Droit Commun et Droit Comparé du Procès Équitable (2001), 4. ed. Paris: Dalloz, 2007, p. 123.

[6] Italo Andolina e Giuseppe Vignera, *Il Modello Costituzionale del Processo Civile Italiano* (1990), 2. ed. Torino: Giappichelli, 1997, p. 14-15.

O direito ao processo justo é um direito de natureza processual. Esse impõe deveres organizacionais ao Estado na sua função legislativa, judiciária e executiva. É por essa razão que se enquadra dentro da categoria dos direitos à organização e ao procedimento[7]. Nesse contexto, é um equívoco imaginar o direito ao processo justo como uma simples garantia. Na verdade, trata-se mais propriamente de um direito fundamental. A legislação infraconstitucional constitui um meio de densificação do direito ao processo justo pelo legislador. É a forma pela qual esse cumpre com o seu dever de organizar um processo idôneo à tutela dos direitos. As leis processuais não são nada mais nada menos do que concretizações do direito ao processo justo. O mesmo se passa com a atuação do Executivo e do Judiciário. A atuação da administração judiciária tem de ser compreendida como uma forma de concretização do direito ao processo justo. O juiz tem o dever de interpretar e aplicar a legislação processual em conformidade com o direito fundamental ao processo justo.

Portanto, passa-se a pensar o processo civil não mais do ponto de vista das garantias constitucionais – mote da primeira constitucionalização do processo civil, cujo ponto de chegada está justamente na Constituição de 1988. Começa-se a trabalhar com o processo na perspectiva dos direitos fundamentais, procurando estruturá-lo a partir da eficácia dos direitos fundamentais – mote da segunda constitucionalização do processo civil, cujo ponto de partida está justamente na Constituição de 1988[8].

Não é possível definir em abstrato a cabal conformação do direito ao processo justo. Trata-se de termo indeterminado. O direito ao processo justo constitui cláusula geral – a norma prevê um termo indeterminado no seu suporte fático e não comina consequências jurídicas à sua violação[9]. No entanto, é possível identificar um "núcleo forte ineliminável"[10], um "conteúdo mínimo essencial"[11] sem o qual seguramente não se está diante de um processo justo.

---

[7] Ingo Sarlet, A eficácia dos direitos fundamentais (1998), 10. ed. Porto Alegre: Livraria do Advogado, 2009, p. 194-198.

[8] Bem representam essa segunda constitucionalização do processo civil os trabalhos de Alvaro de Oliveira, O processo civil na perspectiva dos direitos fundamentais (2003), in: Alvaro de Oliveira (org.), *Processo e Constituição*. Rio de Janeiro: Forense, 2004; Luiz Guilherme Marinoni, O direito à efetividade da tutela jurisdicional na perspectiva dos direitos fundamentais, *Gênesis Revista de Direito Processual Civil*, Curitiba: Gênesis, 2003, n. 28; Marcelo Lima Guerra, *Direitos fundamentais e proteção do credor na execução civil*. São Paulo: Revista dos Tribunais, 2003. Como bem observa Luiz Guilherme Marinoni, precursor dessa perspectiva, houve um tempo em que os direitos processuais eram mais garantias que prestações. Vale dizer: houve um tempo em que eram pensados mais como proteção contra o arbítrio do Estado (primeira constitucionalização do processo civil) do que como prestações capazes de promover a estruturação de uma tutela jurisdicional adequada, efetiva e tempestiva aos direitos (segunda constitucionalização do processo civil).

[9] Para caracterização das cláusulas gerais, Judith Martins-Costa, *A boa-fé no direito privado* (1999), reimpressão. São Paulo: Revista dos Tribunais, 2000, p. 273-377. Para compreensão do direito ao processo justo como cláusula geral, Fredie Didier Júnior, *Curso de direito processual civil* (2003), 12. Ed. Salvador: JusPodivm, 2010, vol. I, p. 42-45.

[10] Andrea Proto Pisani, Giusto Processo e Valore della Cognizione Piena, *Rivista di Diritto Civile*, Padova: Cedam, 2002, p. 267.

[11] Luigi Paolo Comoglio, *La Garanzia dell'Azione ed il Processo Civile*. Padova: Cedam, 1970, p. 156.

O direito ao processo justo conta, pois, com um perfil mínimo. Em primeiro lugar, do ponto de vista da "divisão do trabalho" processual, o processo justo é pautado pela colaboração do juiz para com as partes. O juiz é paritário no diálogo e assimétrico apenas no momento da imposição de suas decisões. Em segundo lugar, constitui processo capaz de prestar tutela jurisdicional adequada e efetiva (art. 5º, inciso XXXV, CRFB), em que as partes participam em pé de igualdade e com paridade de armas (art. 5º, inciso I, CRFB), em contraditório (art. 5º, inciso LV, CRFB), com ampla defesa (art. 5º, inciso LV, CRFB), com direito à prova (art. 5º, inciso LVI, *a contrario sensu*, CRFB), perante juiz natural (art. 5º, incisos XXXVII e LIII, CRFB), em que todos os seus pronunciamentos são previsíveis, confiáveis e motivados (art. 93, inciso IX, CRFB), em procedimento público (arts. 5º, LX, e 93, inciso IX, CRFB) com duração razoável (art. 5º, inciso LXXVIII, CRFB) e em, em sendo o caso, com direito à assistência jurídica integral (art. 5º, inciso LXXIV, CRFB) e com formação de coisa julgada (art. 5º, inciso XXXVI, CRFB)[12].

Dentre do conteúdo mínimo essencial do direito ao processo justo destaca-se o direito de ação – que passa a ser encarado como direito à tutela jurisdicional adequada, efetiva e tempestiva mediante processo justo[13]. É especificamente por força do direito de ação como direito à tutela adequada, efetiva e tempestiva que o legislador infraconstitucional inicia o movimento de reforma do Código Buzaid, destacando-se as Reformas de 1994, 2002, 2005 e 2006.

O modelo de tutela dos direitos desenhado pelo Código Buzaid – fundado no binômio cognição-execução forçada e no processo cautelar como válvula de escape para toda e qualquer providência provisória urgente, preocupado tão somente na viabilização de uma tutela repressiva contra o dano – sofreu o seu mais duro golpe com a Reforma de 1994, em que se inseriu no bojo do processo de conhecimento ao mesmo tempo o instituto da antecipação da tutela e o da ação unitária para tutela das imposições de fazer e não fazer[14]. Essa Reforma minou a estrutura do Código Buzaid e abriu espaço para a teorização de um novo modelo para tutela dos direitos.

Em 1983 realiza-se em Porto Alegre o Congresso Nacional de Direito Processual Civil no Salão Nobre da Faculdade de Direito da Universidade Federal do Rio Grande do Sul.

---

[12] Em termos histórico-comparativos, é interessante observar de passagem que a Constituição de 1988 prevê em conjunto o dever de fundamentação das decisões e a garantia de publicidade do procedimento (art. 93, inciso IX, CRFB). O Código de 2015, aliás, repete semelhante previsão a título de norma fundamental do processo civil (art. 11). Com isso, nossa Constituição assume um compromisso com a vertente democrática do dever de fundamentação, na linha da conhecida tese de Michele Taruffo, *La Motivazione della Sentenza Civile*. Padova: Cedam, 1975, p. 407. Nesse mesmo sentido, Vittorio Denti, *La Giustizia Civile* (1989), 2. ed. Bologna: Il Mulino, 2004, p. 104; Luiz Guilherme Marinoni e Daniel Mitidiero, *Comentários ao Código de Processo Civil*. São Paulo: Revista dos Tribunais, 2016, p. 169, vol. I.

[13] Sobre o assunto, Marinoni, Arenhart e Mitidiero, *Curso de processo civil* (2015), 4. ed. São Paulo: Revista dos Tribunais, 2018, vol. I.

[14] Marinoni, Arenhart e Mitidiero, *Curso de processo civil* (2015), 4. ed. São Paulo: Revista dos Tribunais, 2018, vol. I. Nessa mesma linha, Heitor Sica, *Cognição do juiz na execução civil*. São Paulo: Revista dos Tribunais, 2017, p. 59.

Como fruto de seus trabalhos sobre os exatos contornos da tutela cautelar[15], Ovídio Baptista da Silva propõe que se acrescente ao art. 285 do Código de Processo Civil o seguinte parágrafo único: "sempre que o juiz, pelo exame preliminar dos fundamentos da demanda e pelas provas constantes da inicial, convencer-se da plausibilidade do direito invocado, poderá conceder medida liminar antecipando os efeitos da sentença de mérito, se a natureza de tais eficácias não for incompatível com tal providência". Posteriormente desenvolvida por Luiz Guilherme Marinoni[16], a sugestão é encampada pela Comissão de Reforma do Código de Processo Civil capitaneada por Athos Gusmão Carneiro e Sálvio de Figueiredo Teixeira e acaba acolhida na Lei 8.952, de 1994, que altera os arts. 273 e 461, § 3º, do CPC[17].

É também com a Lei 8.952, de 1994, que é inserida no Código Buzaid a "ação unitária"[18] para a tutela das imposições de fazer e não fazer no art. 461. Oriunda de sugestão formulada por Humberto Theodoro Júnior[19], essa reforma viabiliza que se siga à sentença imediatamente o seu cumprimento, sem necessidade de um novo processo. Além disso, introduz no direito brasileiro medidas de coerção (*astreintes*) para forçar o demandado ao cumprimento da sentença.

---

[15] Especialmente Ovídio Baptista da Silva, *As ações cautelares e o novo processo civil*. Porto Alegre: Sulina, 1973; Id., *Doutrina e prática do arresto ou embargo*. Rio de Janeiro: Forense, 1976; Id., *A ação cautelar inominada no direito brasileiro*. Rio de Janeiro: Forense, 1979. É com Ovídio Baptista da Silva que a doutrina brasileira iniciará um diálogo crítico e muito frutífero com a doutrina italiana, especialmente com Piero Calamandrei, a respeito do conceito de tutela cautelar. Esse diálogo será posteriormente desenvolvido, inclusive para além das críticas formuladas por Ovídio Baptista da Silva, por Luiz Guilherme Marinoni, especialmente no seu *Antecipação da tutela* (1995), 11. ed. São Paulo: Revista dos Tribunais, 2010; Id., *Tutela antecipatória, julgamento antecipado e execução imediata da sentença*. São Paulo: Revista dos Tribunais, 1997; Id., *Abuso de defesa e parte incontroversa da demanda* (2007), 2. ed. São Paulo: Revista dos Tribunais, 2011. Para um desenvolvimento crítico desse filão teórico, Daniel Mitidiero, *Antecipação da tutela – da tutela cautelar à técnica antecipatória* (2013), 3. ed. São Paulo: Revista dos Tribunais, 2017 (também disponível em espanhol, *Anticipación de la Tutela – de la Tutela Cautelar a la Técnica Anticipatoria*, tradução de Renzo Cavani e prefácio de Eduardo Oteiza. Madrid: Marcial Pons, 2013, e em italiano, *Anticipazione della Tutela – dalla Tutela Cautelare alla Tecnica Anticipatoria*, tradução de Lorenza Bianchi e di Gabriele Molinaro e prefácio de Michele Taruffo. Torino: Giappichelli, 2016).

[16] Especialmente, Luiz Guilherme Marinoni, *Tutela cautelar e tutela antecipatória*. São Paulo: Revista dos Tribunais, 1992.

[17] Com a introdução da antecipação da tutela no processo civil brasileiro em 1994, repete-se o fenômeno – ainda que sob outras vestes teóricas – tido por Michele Taruffo como um dos mais interessantes de toda a história recente da Justiça Civil italiana: a utilização da tutela cautelar como meio para antecipar no tempo os efeitos da tutela jurisdicional, combatendo-se com isso a lentidão do processo a favor da parte que provavelmente tem razão em sua postulação (*La Giustizia Civile in Italia dal 700 a Oggi*. Bologna: Il Mulino, 1980, p. 348).

[18] A expressão é de Ovídio Baptista da Silva, *Curso de processo civil* (1987), 5. ed. São Paulo: Revista dos Tribunais, 2000, p. 147, vol. I.

[19] Humberto Theodoro Júnior, *A execução da sentença e a garantia do devido processo legal*. Rio de Janeiro: Aide, 1987.

Com a introdução do instituto da antecipação da tutela e da ação unitária no processo de conhecimento os dois alicerces estruturais do Código Buzaid ruíram.

Em primeiro lugar, tanto a antecipação da tutela como a ação unitária viabilizam a prolação de provimentos executivos dentro do processo de conhecimento. Com isso, o seu primeiro pilar foi abalado – a separação entre processo de conhecimento e processo de execução. No modelo original, o processo de conhecimento começava com o exercício da ação e terminava com a prolação de uma sentença sem que qualquer ato executivo pudesse ser praticado ao longo do procedimento. O processo era de puro conhecimento, de modo que toda e qualquer atividade executiva deveria ser praticada apenas no processo de execução. A antecipação de tutela pressupõe justamente a possibilidade de que atos executivos e atos mandamentais serem praticados ao longo do processo de conhecimento. A ação unitária para tutela das imposições de fazer e não fazer é uma unidade justamente porque pressupõe que se seguirá à prolação da sentença de mérito, sem qualquer intervalo, a atividade executiva ou mandamental capaz de concretizar o comando sentencial, não sendo necessária a instauração de outro processo para tanto.

Em segundo lugar, a antecipação da tutela permite a prolação de provimentos provisórios dentro do processo de conhecimento. Com isso, o seu segundo pilar foi ao chão – a separação entre o processo de conhecimento e o processo de execução, de um lado, e o processo cautelar, de outro, fundada na qualidade dos provimentos de cada um desses processos: enquanto o processo de conhecimento e o processo de execução dão lugar a provimentos definitivos, o processo cautelar viabiliza apenas a prolação de provimentos provisórios. Como a antecipação da tutela tem por função exatamente viabilizar a prolação de provimentos provisórios fundados em cognição sumária ao longo do processo de conhecimento, a separação fundada na estrutura dos provimentos rigorosamente desaparece, na medida em que também o processo de conhecimento passa a contar com a possibilidade de dar lugar a provimentos provisórios. Vale dizer: o processo de conhecimento deixou de ser um processo de puro conhecimento e de provimentos sempre definitivos para se tornar um processo sincrético (que admite cognição e execução) e capaz de gerar também provimentos provisórios[20].

A história da reforma do processo civil brasileiro, como se vê, é a história da paulatina transformação do processo de conhecimento em um processo de execução. É a história da paulatina transformação do processo de conhecimento em um processo capaz de viabilizar não só provimentos definitivos, mas também provimentos provisórios.

Mas não é só. Com a introdução do instituto da antecipação da tutela e da ação unitária para a tutela das imposições de fazer e não fazer viabilizou-se a construção de um modelo de tutela preventiva dos direitos. Isso porque, a ação para a tutela das imposições de fazer e não fazer permite a prestação de tutelas capazes de impor abstenções, inclusive de forma

---

[20] Ovídio Baptista da Silva, *Curso de processo civil* (1987), 5. ed. São Paulo: Revista dos Tribunais, 2000, p. 133 e seguintes, 147 e seguintes, vol. I; Luiz Guilherme Marinoni, *Antecipação da tutela* (1995), 11. ed. São Paulo: Revista dos Tribunais, 2010, p. 43 e seguintes; Daniel Mitidiero, *Antecipação da tutela* – da tutela cautelar à técnica antecipatória (2013), 3. ed. São Paulo: Revista dos Tribunais, 2017.

sumária e provisória mediante antecipação da tutela. A partir daí a doutrina passou a contar com técnicas processuais capazes de permitir uma adequada teorização sobre o tema da tutela dos direitos – o que viabilizou a teorização sobre a tutela específica dos direitos e, especialmente, sobre a tutela inibitória[21]. Como é amplamente sabido, trata-se de mérito inquestionável da obra de Luiz Guilherme Marinoni[22], que com isso concebeu um modo de prestar tutela aos direitos que não admitem violação e tampouco adequada tutela pela velha lógica do ressarcimento em pecúnia – como os direitos de personalidade, ao meio ambiente, à saúde do consumidor, à concorrência e às marcas.

É a partir do binômio técnico processual e tutela dos direitos que diversas situações substanciais carentes de tutela encontram adequado tratamento. Os novos direitos – que não permitem violação e não podem ser adequadamente tutelados em pecúnia, como os direitos – recebem com essa nova teorização um espaço mais apropriado de tratamento. Com isso, procura-se superar a ancoragem do processo civil no plano das obrigações civis – especialmente do clássico esquema das obrigações de dar, fazer e não fazer – a partir de uma teorização capaz de responder às peculiaridades de cada uma das situações substanciais dignas de tutela.

As Reformas de 2002, 2005 e 2006 seguiram pelo caminho aberto pela Reforma de 1994 e transformaram em ações igualmente unitárias as ações para tutela do direito à coisa e para a tutela do dever de pagar quantia, além de aperfeiçoar o instituto da antecipação da tutela, da ação para a tutela das imposições de fazer e não fazer e a execução por títulos extrajudiciais[23]. Com isso, o processo de conhecimento passou a albergar toda a execução fundada em sentença sob rubrica de cumprimento de sentença. Dadas as evidentes diferenças estruturais e funcionais entre esses dois momentos do Código de 1973, passou-se inclusive a falar em Código Buzaid e Código Reformado para demarcá-los terminologicamente.

Além dessas reformas estruturais e funcionais, o Código de 1973 sofre inúmeras outras reformas. As principais estão relacionadas ao modo de organização do procedimento comum no primeiro grau de jurisdição (com destaque para a introdução da audiência preliminar,

---

[21] Luiz Guilherme Marinoni, *Tutela inibitória* (1998), 2. ed. São Paulo: Revista dos Tribunais, 2000; Id., *Técnica processual e tutela dos direitos*. São Paulo: Revista dos Tribunais, 2004 (também disponível em espanhol, *Tutela inhibitoria*, tradução de Laura Criado Sánchez. Madrid: Marcial Pons, 2014); Sérgio Cruz Arenhart, *A tutela inibitória da vida privada*. São Paulo: Revista dos Tribunais, 2000; Id., *Perfis da tutela inibitória coletiva*. São Paulo: Revista dos Tribunais, 2003.

[22] Luiz Guilherme Marinoni, *Tutela inibitória* (1998), 2. ed. São Paulo: Revista dos Tribunais, 2000.

[23] As Reformas de 2002, 2005 e 2006 foram empreendidas pelas Leis 10.444, de 2002, 11.232, de 2005, e 11.382, de 2006. A bibliografia produzida sobre as Reformas é muito extensa, de modo que decliná-la integralmente está fora dos propósitos desta Oitava Nota. Sobre as Reformas de 2002, inclusive com as indicações bibliográficas pertinentes, Teresa Arruda Alvim, Luiz Rodrigues Wambier e José Miguel Garcia Medina, *Breves comentários à nova sistemática processual civil*. São Paulo: Revista dos Tribunais, 2005. Sobre as Reformas de 2005 e 2006, inclusive com as indicações bibliográficas pertinentes, Alvaro de Oliveira (coord.), *A nova execução*. Rio de Janeiro: Forense, 2006; Id., *A nova execução de títulos extrajudiciais*. Rio de Janeiro: Forense, 2007. Para um resumo de todas as modificações empreendidas pelas Reformas, Araken de Assis, *Processo civil brasileiro*. São Paulo: Revista dos Tribunais, 2015, p. 264-274, vol. I.

inspirada na *früher erster Termin* do direito alemão[24]), ao campo dos recursos (sendo as mais emblemáticas ligadas à apelação, ao agravo de instrumento, aos embargos infringentes e à possibilidade de julgamento em bloco de recursos extraordinários e de recursos especiais) e à possibilidade de abreviação procedimental a partir da adesão à jurisprudência uniforme, aos precedentes e às súmulas (tanto no que concerne ao primeiro grau de jurisdição, com a possibilidade de improcedência liminar do pedido, como no que atine ao segundo grau de jurisdição e às instâncias extraordinárias, com a outorga de poderes ao relator para julgar monocraticamente recursos). Outra importante reforma procura estabelecer mais um meio para a tutela dos direitos com a introdução do procedimento monitório entre nós.

Ao lado da previsão do direito ao processo justo (especialmente do direito de ação como direito à tutela adequada, efetiva e tempestiva mediante processo justo, que desencadeou todo o movimento de Reforma), sob a égide da Constituição de 1988 é incrementado o sistema de controle de constitucionalidade das normas e são criadas as súmulas vinculantes. Também é sob a égide da Constituição de 1988 que é prevista a necessidade de a questão constitucional arguida no recurso extraordinário contar com repercussão geral para ser apreciada pelo Supremo Tribunal Federal.

O sistema de controle de constitucionalidade brasileiro é misto: há o controle difuso, concreto e incidental oriundo do *judicial review* do direito estadunidense e há o controle abstrato e principal advindo da experiência continental[25]. A Constituição de 1988 empresta grande destaque ao controle abstrato, na medida em que cria a ação direta de inconstitucionalidade e a arguição de descumprimento de preceito fundamental. Logo em seguida, a Emenda Constitucional 3, de 1993, cria a ação declaratória de constitucionalidade[26] (arts. 102, inciso I, "a", e §§ 1º e 2º, e 103, CRFB).

É também sob a égide da Constituição de 1988 que são criadas as súmulas vinculantes – notadamente pela Emenda Constitucional 45, de 2004 (art. 103-A, CRFB)[27]. Com essa adjetivação, as súmulas – que inicialmente tinham por função facilitar a tarefa de controle

---

[24] Barbosa Moreira, Saneamento do processo e audiência preliminar (1985), *Temas de direito processual*. São Paulo: Saraiva, 1989, Quarta Série; Id., Vicissitudes da audiência preliminar (2004), *Temas de direito processual*. São Paulo: Saraiva, 2007, Nona Série.

[25] Sobre o assunto, dentre as monografias, Luís Roberto Barroso, *O controle de constitucionalidade no direito brasileiro* (2004), 7. ed. São Paulo: Saraiva, 2016; Gilmar Ferreira Mendes, *Jurisdição constitucional* (1996), 5. ed. São Paulo: Saraiva, 2007; Teori Zavascki, *Eficácia das sentenças na jurisdição constitucional* (2001), 3. ed. São Paulo: Revista dos Tribunais, 2014; Ana Paula Ávila, *A modulação de efeitos pelo STF no controle de constitucionalidade*. Porto Alegre: Livraria do Advogado, 2009; Lênio Streck, *Jurisdição constitucional e decisão jurídica* (2002), 3. ed. São Paulo: Revista dos Tribunais, 2013. Dentre os Cursos, amplamente, Luiz Guilherme Marinoni, *Curso de direito constitucional* (2012), 5. ed. São Paulo: Saraiva, 2016, em coautoria com Ingo Sarlet e Daniel Mitidiero.

[26] A ação direta de inconstitucionalidade e a ação declaratória de constitucionalidade são disciplinadas pela Lei 9.868, de 1999, e a arguição de descumprimento de preceito fundamental é disciplinada pela Lei 9.882, de 1999.

[27] A disciplina da edição, da revisão e do cancelamento de súmula vinculante pelo Supremo Tribunal Federal é objeto da Lei 11.417, de 2006.

exercida pelo Supremo Tribunal Federal e posteriormente abreviar o procedimento mediante a inadmissão de recursos – passaram a ter uma função de determinação do conteúdo das decisões judiciais. As súmulas deixaram de conter orientações apenas para os Ministros do próprio Supremo Tribunal Federal e passaram a veicular normas para todo o Poder Judiciário e para toda a Administração Pública[28].

Essa mesma Emenda Constitucional também cria a repercussão geral da questão constitucional como requisito de admissibilidade do recurso extraordinário para o Supremo Tribunal Federal (art. 102, § 3º, CRFB). Trata-se de evidente tentativa de transformar o Supremo Tribunal Federal em uma Corte de Interpretação e de Precedentes, outorgando-lhe poderes para gerir a sua própria agenda de julgamentos, enfrentando apenas aqueles casos capazes de outorgar unidade ao direito[29].

A Constituição de 1988 também promove efetiva mudança no cenário da organização judiciária. No que tange ao Poder Judiciário, a Constituição de 1988 cria o Superior Tribunal de Justiça (arts. 104 e 105, CRFB), sendo que posteriormente a Emenda Constitucional 45, de 2004, cria o Conselho Nacional de Justiça (art. 103-B, CRFB). Além disso, determina a criação de Juizados Especiais (art. 98, inciso I, CRFB).

Até a Constituição de 1988, o Supremo Tribunal Federal detinha competência para examinar em última instância tanto questões envolvendo o direito infraconstitucional federal como o direito constitucional. Em outras palavras, constituía tanto o órgão de cúpula do Poder Judiciário no que tange tanto às questões federais como às questões constitucionais. Como uma forma de aliviar a sua sobrecarga de trabalho, superando com isso o seu estado de "crise", José Afonso da Silva sugere a criação de um tribunal superior para examinar em última instância mediante "recurso especial" as questões federais, sugerindo que se o denomine "Tribunal Superior de Justiça"[30]. Essa é a inspiração para a criação pela Constituição de 1988 do Superior Tribunal de Justiça, órgão judiciário cuja principal atribuição é dar

---

[28] Para uma parte da doutrina, essas súmulas vinculantes visam a tornar mais eficiente a Justiça Civil (conforme, entre outros, José Rogério Cruz e Tucci, *O precedente judicial como fonte do direito*. São Paulo: Revista dos Tribunais, 2004, p. 281, e Cândido Rangel Dinamarco, *Instituições de Direito Processual Civil* (2001), 3. ed. São Paulo: Malheiros, 2003, p. 291, vol. I). Esse efeito, contudo, é meramente secundário e não deve ser visto como principal. Para uma análise crítica, situando as súmulas primeiro como um método de controle ligado às Cortes Superiores e posteriormente como um resumo das razões existentes na jurisprudência uniforme e nos precedentes visando à promoção da unidade do direito ligado às Cortes Supremas, Daniel Mitidiero, *Cortes Superiores e Cortes Supremas – do controle à interpretação, da jurisprudência ao precedente* (2013), 3. ed. São Paulo: Revista dos Tribunais, 2017; Id., *Precedentes – da persuasão à vinculação* (2016), 2. ed. São Paulo: Revista dos Tribunais, 2017.

[29] Daniel Mitidiero, *Cortes Superiores e Cortes Supremas – do controle à interpretação, da jurisprudência ao precedente* (2013), 3. ed. São Paulo: Revista dos Tribunais, 2017. O Código de 1973 disciplinou o tema em seu art. 543-A. O Código de 2015, em seu art. 1.035.

[30] José Afonso da Silva, *Do recurso extraordinário no direito processual brasileiro*. São Paulo: Revista dos Tribunais, 1963, p. 454-479.

a última palavra a respeito do significado do direito infraconstitucional federal brasileiro (art. 105, inciso III, CRFB)[31].

O Conselho Nacional de Justiça tem por função controlar a atuação administrativa e financeira do Poder Judiciário e o cumprimento dos deveres funcionais dos juízes (art. 103-B, § 4º, CRFB). A sua composição é mista: dos seus quinze membros, nove são oriundos dos mais diversos setores da magistratura, dois são oriundos do Ministério Público, dois são oriundos da advocacia e dois são oriundos de indicações do Poder Legislativo, devendo ser cidadãos com notório saber jurídico, independentemente da respectiva carreira (art. 103-B, *caput*, CRFB).

Embora exista menção na Constituição à sua tarefa de zelar pela autonomia do Poder Judiciário e pela observância do Estatuto da Magistratura (art. 103-B, § 4º, inciso I, CRFB), a sua feição é mais de controle sobre a regularidade da atuação administrativa e funcional dos magistrados do que propriamente de garantia da independência da magistratura diante do Poder Executivo e do Poder Legislativo (art. 103-B, § 4º, incisos II, III, IV e V, CRFB)[32]. Também lhe compete elaborar semestralmente relatórios estatísticos sobre a eficiência do Poder Judiciário e relatório anual sugerindo mudanças tendentes ao aperfeiçoamento da Justiça (art. 103-B, § 4º, incisos VI e VII, CRFB).

Ainda no terreno do Poder Judiciário, a Constituição repete as três clássicas garantias da magistratura (vitaliciedade, inamovibilidade e irredutibilidade de vencimentos, art. 95, *caput*, CRFB), além de prever a sua autonomia administrativa e financeira (art. 99, CRFB).

---

[31] É claro, no entanto, que a solução para a crise das cortes de vértice não passa, a nosso juízo, pelo ataque aos seus efeitos – vale dizer, aumento de tribunais ou de ministros nas suas respectivas composições, nada obstante a solução sugerida por José Afonso da Silva tenha sido importante e tenha produzido excelentes frutos. O problema é que não basta trabalhar dentro do mesmo modelo de cortes de vértice como Cortes de Controle e de Jurisprudência (que denominamos de "Cortes Superiores"). Uma verdadeira solução para a crise das cortes de vértice passa pela efetiva transformação de nossos tribunais de cúpula (Supremo Tribunal Federal, Superior Tribunal de Justiça e Tribunal Superior do Trabalho) em Cortes de Interpretação e de Precedentes (que denominamos de "Cortes Supremas"). Não por acaso, não tardou para também o Superior Tribunal de Justiça entrar em "crise" devido ao acúmulo de processos. O problema, portanto, é radical, residindo na sua concepção como Corte de Controle. Não por acaso, uma das saídas – correta, se bem empregada – que hoje se antevê para o Superior Tribunal de Justiça está na criação de um filtro recursal análogo ao da repercussão geral como requisito de admissibilidade do recurso especial. Sobre o assunto, Luiz Guilherme Marinoni, *O STJ enquanto Corte de Precedentes* (2013), 3. ed. São Paulo: Revista dos Tribunais, 2017; Daniel Mitidiero, *Cortes Superior e Cortes Supremas – do Controle à Interpretação, da Jurisprudência ao Precedente* (2013), 3. ed. São Paulo: Revista dos Tribunais, 2017.

[32] Vale dizer: a tônica do Conselho Nacional de Justiça brasileiro é a de controle sobre a atuação administrativo-funcional da magistratura, diferindo nesse particular do *Conseil Supérier de la Magistrature* francês e do *Consiglio Superiore della Magistratura* italiano, cuja tônica, ao menos em tese, está na tutela da independência da magistratura diante do Poder Executivo e do Poder Legislativo (conforme Paolo Alvazzi del Frate, *Giustizia e Garanzie Giurisdizionali – Appunti di Storia degli Ordinamenti Giudiziari*. Torino: Giappichelli, 2011, pp. 97 e seguintes).

Visando a patrocinar um maior acesso à justiça, determina a criação de Juizados Especiais[33], compostos de juízes leigos e togados, para julgamento de causas cíveis de menor complexidade mediante procedimento oral e abreviado (art. 98, inciso I, CRFB)[34].

Complementando o quadro da Justiça Civil, a Constituição de 1988 prevê como "funções essenciais à Justiça" o Ministério Público (arts. 127 a 130, CRFB), a Advocacia Pública (arts. 131 a 132, CRFB), a Advocacia (art. 133, CRFB) e a Defensoria Pública (art. 134, CRFB). Ao Ministério Público e à Defensoria Pública foram asseguradas inclusive autonomia funcional e administrativa (respectivamente, arts. 127, § 2º, e 134, § 2º, CRFB).

O Ministério Público é concebido como uma instituição permanente, essencial à função jurisdicional do Estado, incumbida da defesa da ordem jurídica, do regime democrático e dos interesses sociais e individuais homogêneos (art. 127, CRFB), gozando os seus membros de garantias de independência (art. 128, § 5º, inciso I, CRFB). Antes fortemente identificada com a sua atuação penal e como fiscal da ordem jurídica na esfera civil, hoje também responde em larga medida pela tutela dos direitos coletivos, difusos e individuais homogêneos (art. 129, CRFB) – com uma evidente ressignificação da sua atuação civil.

A Defensoria Pública constitui uma criação da Constituição de 1988 e consubstancia-se em uma instituição permanente, essencial à função jurisdicional do Estado, incumbida fundamentalmente – como expressão e instrumento do regime democrático – da orientação jurídica, da promoção dos direitos humanos e da defesa, em todos os graus, judicial e extrajudicial, dos direitos individuais e coletivos de forma integral e gratuita dos necessitados, na forma do art. 5º, inciso LXXIV, CRFB (art. 134, CRFB)[35]. Assim como o Ministério Público, trata-se de carreira estatal, cujos vencimentos são providos pelos cofres públicos, gozando seus membros da garantia da inamovibilidade (art. 134, § 1º, CRFB).

Ademais, a partir da década de oitenta dos Novecentos o direito brasileiro assiste a uma profusão legislativa em matéria processual civil. No plano da legislação especial, destacam-se as leis sobre o processo coletivo[36], sobre os Juizados Especiais[37], sobre o processo

---

[33] Como é evidente, a inspiração para a criação dos Juizados Especiais está na obra de Mauro Cappelletti e Bryant Garth, *Acesso à Justiça* (1978), tradução de Ellen Gracie Northfleet. Porto Alegre: Sérgio Antônio Fabris Editor, 1988, p. 19-20 e 94-113.

[34] Atualmente, o direito brasileiro conta com três espécies de Juizados Especiais: i) os Juizados Especiais Estaduais, disciplinados pela Lei 9.099, de 1995; ii) os Juizados Especiais Federais, disciplinados pela Lei 10.259, de 2001; e iii) os Juizados Especiais da Fazenda Pública, disciplinados pela Lei 12.153, de 2009.

[35] Como também é evidente, a inspiração para a criação da Defensoria Pública também passa pelas páginas de Mauro Cappelletti e Bryant Garth, *Acesso à Justiça* (1978), tradução de Ellen Gracie Northfleet. Porto Alegre: Sérgio Antônio Fabris Editor, 1988, p. 31-49.

[36] Como também é evidente, a inspiração para a instituição do processo coletivo também passa pelas páginas de Mauro Cappelletti e Bryant Garth, *Acesso à Justiça* (1978), tradução de Ellen Gracie Northfleet. Porto Alegre: Sérgio Antônio Fabris Editor, 1988, p. 26-28 e 49-67. A disciplina do processo coletivo brasileiro é composta basicamente da Lei da Ação Civil Pública (Lei 7.347, de 1985) e do Código de Defesa do Consumidor (Lei 8.078, de 1990). É notória igualmente a grande influência de Ada Pellegrini Grinover no desenho legislativo do processo coletivo brasileiro.

[37] Os Juizados Especiais são regidos pelas Leis 9.099, de 1995, 10.259, de 2001, e 12.153, de 2009.

eletrônico[38] e sobre a tutela jurisdicional diferenciada para grupos vulneráveis (crianças e adolescentes[39], consumidores[40], idosos[41], mulheres em situação de violência doméstica[42] e pessoas com deficiência[43]).

Também é a partir da década de oitenta dos Novecentos que começam a aparecer os novos temas do processo civil brasileiro – muitos dos quais acabariam dando lugar às legislações especiais ou influenciariam as Reformas do Código Buzaid e a redação do Código de 2015. Muitos desses temas, aliás, são colhidos no rico diálogo da doutrina brasileira com a doutrina estrangeira, especialmente nos encontros da *International Association of Procedural Law* (IAPL) e do Instituto Iberoamericano de Direito Processual (IIDP) – nos quais se destacavam e destacam-se as presenças constantes de Ada Pellegrini Grinover, José Carlos Barbosa Moreira, Teresa Arruda Alvim e Luiz Guilherme Marinoni.

Uma primeira nota capaz de agrupar esses novos temas está na abertura do processo civil a perspectivas não estritamente – por assim dizer – legais, situando-o em um contexto culturalmente mais amplo[44]. Uma segunda, nos instrumentos capazes de promover semelhante abertura – com amplo emprego da história e do direito comparado, com especial

---

[38] O processo eletrônico é regido pela Lei 11.419, de 2006.
[39] Estatuto da Criança e do Adolescente (Lei 8.069, de 1990).
[40] Código de Defesa do Consumidor (Lei 8.078, de 1990).
[41] Estatuto do Idoso (Lei 10.741, de 2003).
[42] Lei Maria da Penha (Lei 11.340, de 2006).
[43] Estatuto da Pessoa com Deficiência (Lei 13.146, de 2015).
[44] Por exemplo, são conhecidos os ensaios de Barbosa Moreira, que procuram tratar do processo civil em uma perspectiva social (por exemplo, A função social do processo civil moderno e o papel do juiz e das partes na direção e na instrução do processo (1984), *Temas de direito processual*. São Paulo: Saraiva, 1984, Terceira Série; Id., Sobre a multiplicidade de perspectivas no estudo do processo (1987), *Temas de direito processual*. São Paulo: Saraiva, 1989, Quarta Série; Id., Por um processo socialmente efetivo (2001), *Temas de direito processual*. São Paulo: Saraiva, 2004, Oitava Série), bem como a tese de Dinamarco, que procura trabalhar a jurisdição com escopos jurídicos, sociais e políticos (*A instrumentalidade do processo* (1987), 8. ed. São Paulo: Malheiros, 2000), a de Alvaro de Oliveira, que procura tratar o processo em uma perspectiva cultural (*Do formalismo no processo civil* – proposta de um formalismo-valorativo (1997), 4. ed. São Paulo: Saraiva, 2010, também disponível em espanhol, *Del Formalismo en el Proceso Civil – Propuesta de un Formalismo-Valorativo*, tradução de Juan José Monroy Palacios. Lima: Palestra, 2007, e em italiano, *Il Formalismo nel Processo Civile – Proposta di un Formalismo-Valorativo*, tradução de Cristina Asprella. Milano: Giuffrè, 2013), a de Calmon de Passos (1920-2008), que procura analisar o processo em uma perspectiva sociológica (Direito, Poder, Justiça e Processo – Julgando os que nos Julgam. Rio de Janeiro: Forense, 1999) e as teses de Ovídio Baptista, que procuram tratar do processo em uma perspectiva filosófica (Jurisdição e Execução na Tradição Romano-Canônica (1996), 2. ed. São Paulo: Revista dos Tribunais, 1997, também disponível em espanhol, *Jurisdicción y Ejecución en la Tradición Romano-Canónica*, tradução de Juan José Monroy Palacios. Lima: Palestra, 2005; Id., *Processo e ideologia* – o paradigma racionalista. Rio de Janeiro: Forense, 2004; Id., *Jurisdição, direito material e processo*. Rio de Janeiro: Forense, 2008).

interesse pela comparação com o *Common Law*[45] – nesse particular, aliás, o mesmo movimento que levou a doutrina italiana a renovar seus estudos de processo civil a partir das décadas de sessenta e setenta dos Novecentos – com os pioneiros trabalhos de Mauro Cappelletti, Vittorio Denti e logo em seguida Michele Taruffo, para ficarmos apenas com

---

[45] Por exemplo, são igualmente conhecidos os ensaios de Barbosa Moreira sobre a história do processo civil (por exemplo, A influência do direito processual civil alemão em Portugal e no Brasil (1989), *Temas de direito processual*. São Paulo: Saraiva, 1994, Quinta Série; Id., Il Codice di Procedura Civile dello Stato della Città del Vaticano come Fonte Storica del Diritto Brasiliano (1991), *Temas de direito processual*. São Paulo: Saraiva, 1994, Quinta Série; Id., Il Progetto Carnelutti e il Codice di Procedura Civile Brasiliano (1993), *Temas de direito processual*. São Paulo: Saraiva, 1994, Quinta Série; Id., Evoluzione della Scienza Processuale Latino-Americana in Mezzo Secolo (1997), *Temas de direito processual*. São Paulo: Saraiva, 2001, Sétima Série) e sobre o direito comparado (por exemplo, Saneamento do processo e audiência preliminar (1985), *Temas de direito processual*. São Paulo: Saraiva, 1989, Quarta Série; Id., Le Misure Cautelari nel Processo Latino-Americano (1993), *Temas de direito processual*. São Paulo: Saraiva, 1997, Sexta Série; Id., Le Nouveau Code de Procédure Civile vu par un Juriste Brésilien (1995), *Temas de direito processual*. São Paulo: Saraiva, 1997, Sexta Série; Id., Coincidencias y diferencias del nuevo Código Procesal Civil peruano frente a la legislación procesal brasileña (1994), *Temas de direito processual*. São Paulo: Saraiva, 1997, Sexta Série; Id., Le Code-Modèle de Procédure Civile pour l'Amérique Latine de l'Institut Ibéro-Américain de Droit Processuel (1998), *Temas de direito processual*. São Paulo: Saraiva, 2001, Sétima Série; Id., Breve notícia sobre a reforma do processo civil alemão (2002), *Temas de direito processual*. São Paulo: Saraiva, 2004, Oitava Série; Id., Proceso y cultura latinoamericana (2003), *Temas de direito processual*. São Paulo: Saraiva, 2007, Nona Série), especialmente em relação ao *Common Law* (por exemplo, Notas sobre alguns aspectos do processo (civil e penal) nos países anglo-saxônicos (1998), *Temas de direito processual*. São Paulo: Saraiva, 2001, Sétima Série; Id., Uma novidade: o Código de Processo Civil Inglês (1999), *Temas de direito processual*. São Paulo: Saraiva, 2001, Sétima Série; Id., O processo civil contemporâneo: um enfoque comparativo (2003), *Temas de direito processual*. São Paulo: Saraiva, 2007, Nona Série; Id., A revolução processual inglesa (2004), *Temas de direito processual*. São Paulo: Saraiva, 2007, Nona Série). São também conhecidos os trabalhos de história conduzidos por José Rogério Cruz e Tucci e Luiz Carlos de Azevedo (*Lições de história do processo civil romano* (2001), 2. ed. São Paulo: Revista dos Tribunais, 2013; Id., *Lições de processo civil canônico* – história e direito vigente. São Paulo: Revista dos Tribunais, 2001; Id., *Lições de história do processo civil lusitano*. São Paulo: Revista dos Tribunais, 2009), de direito comparado coordenados por José Rogério Cruz e Tucci (*Direito processual civil americano*. São Paulo: Lex, 2010; Id., *Direito processual civil europeu contemporâneo*. São Paulo: Lex, 2010) e os ensaios de Teresa Arruda Alvim sobre o *Common Law* (Estabilidade e adaptabilidade como objetivos do direito: *civil law* e *common law*, Revista de Processo, São Paulo: Revista dos Tribunais, 2009, n. 172; Id., Precedentes e evolução do direito, in: Alvim, Teresa Arruda (coord.), *Direito jurisprudencial*. São Paulo: Revista dos Tribunais, 2012). Além desses trabalhos, também são conhecidos os livros de Ovídio Baptista da Silva (*Jurisdição e execução na tradição romano-canônica* (1996), 2. ed. São Paulo: Revista dos Tribunais, 1997; Id., *Processo e ideologia* – o paradigma racionalista. Rio de Janeiro: Forense, 2004; Id., *Jurisdição, direito material e processo*. Rio de Janeiro: Forense, 2008) e Luiz Guilherme Marinoni (por exemplo, *Tutela inibitória* (1998), 2. ed. São Paulo: Revista dos Tribunais, 2000; Id., *Precedentes obrigatórios*. São Paulo: Revista dos Tribunais, 2010; Id., *O STJ enquanto Corte de Precedentes* (2013), 3. ed. São Paulo: Revista dos Tribunais, 2017), que também empregam abundantemente a história e o direito comparado, mas já aí a partir de um perspectiva mais crítica e menos descritiva.

os seus mais conhecidos expoentes[46] – acaba apanhando a doutrina brasileira no final dos Novecentos. Em outras palavras, há uma redefinição dos limites do campo de atuação do processualista civil e uma renovação nos seus instrumentos de trabalho. Vale dizer: há um alargamento do horizonte do processualista e das ferramentas com que pode descortiná-lo.

A significativa mudança evidenciada na cultura processual civil brasileira – a ponto de a doutrina, em tom confessório, chamar a atenção para as duas vidas dos processualistas brasileiros entre a década de setenta dos Novecentos e o início do novo século[47] – e as inúmeras modificações legislativas experimentadas pelo Código de 1973 acabam abrindo espaço para que se pense na elaboração de um novo Código de Processo Civil na primeira década do novo século. A história recente da doutrina brasileira logo se converterá na projeção legislativa das novas instituições, dos novos institutos e dos novos conceitos da Justiça Civil brasileira.

---

[46] O pioneirismo de Cappelletti e Denti nos estudos a respeito do processo civil de *Common Law* constitui um dado fartamente documentado e aceito pela doutrina italiana (por todos, Michele Taruffo, *La Giustizia Civile in Italia dal 700 a Oggi*. Bologna: Il Mulino, 1980, p. 329, nota 143). Dentre os alunos de Denti, o primeiro a se interessar pelo processo civil de *Common Law* e estudar na Inglaterra e nos Estados Unidos foi Michele Taruffo, que ainda na década de sessenta dos Novecentos escreve o primeiro ensaio publicado na *Civil Law* sobre as *class actions* estadunidenses (I Limiti Soggetivi del Giudicato e le "Class Actions", *Rivista di Diritto Processuale*. Padova: Cedam, 1969), além de publicar nas décadas subsequentes ensaios e livros sobre temas ligados a esse filão teórico (por exemplo, 'Collateral Estoppel' e Giudicato sulle Questioni, *Rivista di Diritto Processuale*. Padova: Cedam, 1972, Id., *Il Processo Civile "Adversary" nell'Esperienza Americana*. Padova: Cedam, 1979), inclusive nos Estados Unidos (*American Civil Procedure – An Introduction*. New Haven: Yale University Press, 1993, em coautoria com Geoffrey Hazard Jr. (1929-2018)). Os primeiros alunos de Michele Taruffo a enveredarem pelo mesmo caminho foram Angelo Dondi, o qual também estuda na Inglaterra e nos Estados Unidos e publica inúmeros ensaios e livros tendo como pano de fundo a comparação jurídica, com especial destaque ao *Common Law* – por exemplo, *Legal Ethics – A Comparative Study*. California: Stanford University Press, 2004, em coautoria com Geoffrey Hazard Jr. (há tradução para o português, Ética Jurídica – um Estudo Comparativo, tradução de Luiz Gonzaga de Carvalho Neto e revisão de Lenita Ananias do Nascimento. São Paulo: Martins Fontes, 2011) e *Processi Civili in Evoluzione – Una Prospettiva Comparata*. Milano: Giuffrè, 2015, em coautoria com Vincenzo Ansanelli e Paolo Comoglio (há tradução para o português, Processo Civil Comparado – Uma Perspectiva Evolutiva, tradução de André Tesser, Daniel Mitidiero, Graziela Argenta Zanetti, Gustavo Osna, Hermes Zanetti Júnior, Marcela Ferraro, Otávio Domit, Rafael Abreu, Rogéria Dotti, Sérgio Cruz Arenhart, Vanessa Kerpel Chincoli e Vitor de Paula Ramos. São Paulo: Revista dos Tribunais, 2017), e Elisabetta Silvestri, a qual também estuda nos Estados Unidos e publica vários ensaios tendo como pano de fundo a comparação jurídica, com especial destaque para o *Common Law* (por exemplo, 'Adversary' e 'Inquisitorial System' nella Prospettiva di Common Law: un Problema Aperto, *Rivista Trimestrale di Diritto e Procedura Civile*. Milano: Giuffrè, 1988), além de traduzir para o italiano o clássico livro de Jack Jacob sobre a Justiça Civil inglesa, *The Fabric of English Civil Justice*. London: Stevens, 1987 (*La Giustizia Civile in Inghilterra*, tradução de Elisabetta Silvestri. Bologna: Il Mulino, 1995).

[47] Cândido Rangel Dinamarco, *Instituições de direito processual civil* (2001), 3. ed. São Paulo: Malheiros, 2003, p. 26, vol. I.

4

DO DEVER JUDICIAL DE ANÁLISE DE TODOS OS ARGUMENTOS (TESES) SUSCITADOS NO PROCESSO, A APRECIAÇÃO DA PROVA E A *ACCOUNTABILITY*

DIERLE NUNES
LÚCIO DELFINO

Sumário: 1. Introdução. 2. O que é isto – *o solipsismo judicial*?. 3. A máxima *iura novit curia* e o atentado ao devido processo constitucional. 4. O contraditório substancial e o repensar do direito processual civil. 5. O *iura novit curia* em tempos de Novo CPC. 6. Do dever judicial de análise de todas as teses suscitadas pelos litigantes. 7. A questão da apreciação das provas, sistemas e *accountability*. 7.1. Do princípio da relevância ou pertinência probatória (da proibição da antecipação do resultado da prova). 8. Considerações finais.

Foi com grande felicidade que vimos homenagear o Prof. Emérito da Universidade Federal de Minas Gerais e nosso amigo: Prof. Humberto Theodoro Júnior.

A escolha do tema deveu-se ao fato do mesmo gravitar em torno da leitura correta do contraditório, tema do primeiro ensaio[1] coescrito com um dos autores.

Só nos resta parabenizar a iniciativa e agradecer ao Professor pelo exemplo de jurista e ser humano que nos serve de guia em nossa trajetória.

---

[1] THEODORO JR., Humberto; NUNES, Dierle. Uma dimensão que urge reconhecer ao contraditório no direito Brasileiro. *REPRO*, v. 168, fev. 2009. Disponível em: <https://goo.gl/kL3oos>.

1. INTRODUÇÃO

Pretende-se, nas linhas que se seguem, demonstrar a íntima conexão entre contraditório e dever de fundamentação das decisões judiciais, de modo que este último induza uma verdadeira *accountability* no trabalho judicial, especialmente nesta sede no que tange à análise do conjunto das provas: convencimento fundamentado.

Nada mais justifica o apego a uma praxe forense ultrapassada, desconectada do *processo constitucionalizado*, cuja matriz assentava-se em paradigma filosófico no qual a ênfase situava-se no *sujeito assujeitador*, em desprezo à intersubjetividade que está na base do processo democrático devidamente compreendido de maneia a assegurar com participação e adoção de uma visão policêntrica que não privilegie nenhum sujeito processual.

A atitude reacionária é perniciosa, não somente porque desajustada à ordem constitucional vigente, mas sobretudo em razão do problema que envolve a própria legitimação da atividade jurisdicional e do seu resultado. Encarado o contraditório meramente em suas feições formais nada se tem, senão arremedo de participação. E, por consequência, *simulacro de jurisdição e de aplicação da tutela jurisdicional*. Contraditório é direito de influência e não surpresa. É garantia constitucional atribuída às partes, que assegura a participação delas na construção do pronunciamento jurisdicional do qual serão alvo e destinatárias.[2]

Ainda mais: não há contraditório forte em desrespeito ao dever de fundamentação das decisões judiciais. Ambas as garantias constitucionais seguem juntas e em profundo nexo normativo, *são irmãs siamesas*, devendo ser pensadas conjuntamente, pois cada qual dá sentido e pujança a outra.

Grande impacto é gerado por esta visão normativa constitucional na análise do conjunto probatório eis que torna obsoleta a ideia corrente de que o juiz seria o único e principal destinatário das provas. Como será demonstrado, ao se adotar o "modelo de controle de terceiros" são apresentadas novas perspectivas de fiscalidade no papel decisório (*accountability*).

Desde já se pode pontuar que os destinatários da prova passam a ser *todos* os sujeitos do processo, em especial pela verificação de que o magistrado será obrigado a convencer qualquer leitor do pronunciamento que promoveu a melhor apreciação das provas (resposta correta). Isto afasta a noção tradicional de liberdade avaliativa probatória e só mantém do sistema de prova livre a ausência de predeterminação legislativa do valor de cada um dos meios de prova.

Em assim sendo, um modelo constitucional processual induz a proscrição de perspectivas solipsistas e protagônicas da magistratura que podem promover avaliações voluntaristas ou enviesadas das provas carreadas aos autos.

---

[2] NUNES, Dierle. O princípio do contraditório. *Revista Síntese de Direito Civil e Processual Civil*, maio-jun. 2004, p. 73-85. Disponível em: <https://goo.gl/81rKDb>. NUNES, Dierle. *Processo jurisdicional democrático*. Curitiba: Juruá, 2008. THEODORO JR., Humberto; NUNES, Dierle. Uma dimensão que urge reconhecer ao contraditório no direito Brasileiro. *REPRO*, v. 168, fev. 2009. Disponível em: <https://goo.gl/kL3oos>.

2. O QUE É ISTO - O *SOLIPSISMO JUDICIAL*?

A linguagem técnica do Direito em geral, e a do Direito Processual em particular, ganha a cada dia mais volume e é incrementada sobremodo pelo sopro que amiúde a filosofia ali faz chegar.

É que há fenômenos cuja descrição não se apresenta apropriada via palavras empoeiradas, alguns que sequer eram, e sequer são ainda hoje, bem explicitados pelo linguajar corrente, forjado por uma dogmática cega e entorpecedora. Então aparece a filosofia e acode os descalçados, impinge questionamentos, derruba dogmas e enriquece vocabulários permitindo uma investida linguística mais honesta, precisa e abarcante de muito daquilo que se observa na realidade forense.

O termo *solipsismo* é um desses importado do domínio filosófico e encerra, em sua acepção antiga, a ideia de *egoísmo*, tendo sido empregado por filósofos do calibre de Baimgarten, Kant, Schopenhauer e Wittgenstein. É ilustrativo, por exemplo, o pensamento de Descartes, seu dualismo corpo-mente, que isola o *eu* em relação a tudo mais, ao mundo exterior e ao próprio corpo, um solipsismo implicar direta implicaria o *argumento do cogitio* e que para ele revelaria a existência do pensamento puro evidenciado pelo próprio ato de pensar.[3]

Na literatura jurídica a expressão, malgrado seus contornos peculiares, não perde em essência aquilo que se trabalha em filosofia: fala-se em *solipsismo judicial*[4] para expressar um espaço de subjetividade blindado ao exercício de *accountability*, ou seja, alheio ao sistema de controle do poder decisório imposto pelo devido processo constitucional, neste plano, pela participação decorrente do contraditório dinâmico. A decisão judicial solipsista nasceria a partir do labor *solitário* do julgador.

O *juiz solipsista* é o arquétipo do decisor que não se abre ao debate processual, aquele que se basta, encapsulado. Atua de maneira isolada, compromissado unicamente com a sua própria consciência, sem perceber as benesses que o espaço processual pode viabilizar em termos de legitimidade, aperfeiçoamento e eficiência.[5]

No que tange à análise das provas, tal postura interpretativa induz uma crença de que a prova tem no juiz o único e principal destinatário havendo uma liberdade de escolha do meio de prova a ser considerado no momento decisório.

Ocorre que, apesar da ausência de critérios aprioristicos do valor de cada um dos meios de prova, o pronunciamento deve espelhar a melhor e mais completa análise das provas sem qualquer margem de voluntarismo.

---

[3] MARCONDES, Danilo. *Iniciação à história da filosofia*. 13. ed. Rio de Janeiro: J. Zahar Editor, 2014. p. 291.

[4] NUNES, Dierle. *Processo jurisdicional democrático*. Curitiba: Juruá, 2008. p. 183 e ss.

[5] Sobre o fenômeno e seu impacto para o fomento da técnica recursal: NUNES, Dierle. *Direito constitucional ao recurso*. Rio de Janeiro: Lumen Juris, 2006. p. XXVI. Cf. NUNES, Dierle. *Processo jurisdicional democrático*: uma análise crítica das reformas processuais. Curitiba: Juruá, 2008.

O *solipsismo judicial* é assim prática corrente e que, apesar de absolutamente antidemocrática, é aceita de forma irrefletida em muitas das etapas do procedimento jurisdicional.[6] E não é nada difícil elencar exemplos de decisões-surpresa (= *solipsistas*) oriundas desse hábito operativo:

i) aplicação *ex officio* de enunciados de súmulas e ementas como motivação decisória, descontextualizados de seus fundamentos determinantes, o que alavanca a interposição de recursos para corrigir os equívocos;

ii) condenação à multa por litigância de má-fé (afinal, não é nada comum a instauração do contraditório previamente a imposição da sanção)?;

iii) condenação em honorários sucumbenciais, ausente qualquer debate sobre os critérios previstos em lei para o seu arbitramento;

iv) aplicação abrupta da *disregard doctrine*, sobretudo na Justiça do Trabalho, em que a ausência patrimonial da pessoa jurídica devedora é, em muitos litígios, condição suficiente para que o Estado-juiz se sinta autorizado a redirecionar seus canhões ao patrimônio pessoal dos sócios;

v) e no objeto precípuo do presente texto, crença de que o juiz seria o único destinatário das provas e poderia possuir plena liberdade de analisar as provas, mesmo fora de critérios racionais.

É fácil perceber que, na maioria das situações ilustradas acima, o que se tem, para parcela dos decisores, é um manifesto desdém ao contraditório *como influência e não surpresa*.

3. A MÁXIMA *IURA NOVIT CURIA* E O ATENTADO AO DEVIDO PROCESSO CONSTITUCIONAL

Todas as ocorrências apontadas no item anterior se encontram embasadas numa metodologia não refletida, consolidada pela tradição, de origem medieval[7] e que, de lá para cá, experimentou notável transformação de conteúdo: a máxima *iura novit curia*, vale dizer, o mito de que processualmente o direito é conhecido pelo juiz, além de ressaltar o poder a ele reservado para investigar e aplicar *oficiosamente* esse direito na solução do caso.

É curioso constatar que parte da praxe forense confere ao aforismo vigor deontológico, negligenciando que a Constituição impõe a obrigatoriedade do *devido processo constitucional* (art. 5º, LIV), do *contraditório* e da *ampla defesa* (art. 5º, LV). Nada disso importa porque seria o magistrado a possuir *livre convencimento*, cuja fundamentação, apesar de exigida, não o vincularia aos argumentos das partes: é sua função, *a distância de todos*, conhecer o direito e enquadrá-lo aos fatos apresentados, a ponto de, vez ou outra, extravasar o objeto do debate processual e impor uma escolha preconcebida e descolada do procedimento em contraditório.

---

[6] Não se pode deixar de frisar que muito do que se obteve em ganhos democráticos no Brasil deve-se à doutrina desenvolvida por Lenio Streck, em sua verdadeira cruzada contra o *solipsismo judicial* e seus males.

[7] SÁNCHEZ, Guillermo Ormazabal. *Iura novit curia*. La vinculación del juez a la calificación jurídica de la demanda. Barcelona: M. Pons, 2007. p. 22-23.

O que se vê desse aforismo, *ao qual alguns impensadamente atribuem o status de princípio*, concerne não apenas ao direito objetivo, a referir que o julgador conhece o ordenamento jurídico como um todo, algo por si impraticável e indefensável no Estado Constitucional. Ainda mais grave, pois transparece a ideia de que o juiz sozinho, *avocando postura de monge*, estaria capacitado para enquadrar juridicamente os fatos e, a partir daí, chegar à decisão que colocará termo ao conflito.

Felizmente, este panorama tende a se modificar eis que já existem decisões no Superior Tribunal de Justiça afastando tal abordagem interpretativa. Em recente julgado da lavra do Min. Herman Benjamin assim se decidiu:

> Sempre que o juiz for decidir com base em fundamento não invocado ou debatido pelas partes, deve obrigatoriamente abrir oportunidade para anterior manifestação dos demais sujeitos processuais principais, sem que isso implique restrição aos seus poderes jurisdicionais. Cabe ao magistrado ser sensível às circunstâncias do caso concreto e, prevendo a possibilidade de utilização de fundamento não debatido, permitir a manifestação das partes antes da decisão judicial, sob pena de violação ao art. 10 do CPC/2015 e a todo o plexo estruturante do sistema processual cooperativo.[8]

Esse julgado traz uma importante tendência, ainda tímida, de adoção da interpretação correta do contraditório, que veda que os casos sejam resolvidos segundo fundamento jurídico diverso daqueles debatidos ao longo do procedimento, à revelia das partes e impenetrável à fiscalização técnica dos advogados, prática que, além disso, ulceraria a *regra da congruência*, cuja extensão deveria vincular a decisão final não só ao pedido mas também à própria causa de pedir (fática e *jurídica*). Decisão diversa ofenderia o direito das partes de que seus argumentos sejam levados em consideração (*Recht auf Berücksichtigung von Äußerungen*) (art. 489, § 1º, IV), que atribui ao magistrado não apenas o *dever* de tomar conhecimento das razões apresentadas (*Kenntnisnahmepflicht*), como também o de considerá-las, *séria* e *detidamente* (*Erwägungspflicht*).[9]

Na Alemanha, a finalidade do art. 103, n. 1, da Lei Fundamental de Bonn (GG – Constituição) é assegurar o bom andamento de todo o procedimento.[10] Segundo sua leitura as partes não podem ser reificadas durante o trâmite processual e possuem o poder de efetivamente influenciar em todo o procedimento e no resultado.[11] O preceito oferta a todas as

---

[8] STJ, 2ª T., REsp 1.676.027/PR, Rel. Min. Herman Benjamin, j. 26.09.2017.

[9] THEODORO JR., Humberto; NUNES, Dierle; BAHIA, Alexandre; PEDRON, Flávio. *Novo CPC: fundamentos e sistematização*. São Paulo: GEN Forense, 3ª ed., 2016.

[10] BVerfG, 23.10.2007 – 1 BvR 782/07. Disponível em: <https://goo.gl/GB9cpy>. BGH, 27.02.2018 – VI ZR 156/17. "a) O artigo 103.º, n.º 1, da Lei Fundamental tem por objetivo assegurar um desenrolar adequado do processo (v. BVerfGE 119, 292, 296)".

[11] BVerfG, 29.05.1991 – 1 BvR 1383/90. Disponível em: <https://goo.gl/ac6DTF>. Em decisão de setembro de 2017, o Bundesgerichtshof (BGH) anulou decisão que não cumpriu os requisitos do artigo 103.1 da Constituição Alemã (GG), que obriga o tribunal a levar em consideração

partes o direito de se manifestar sobre todas as questões fáticas e jurídicas,[12] e apresentar alegações[13] de acordo com o dever do tribunal de tomar nota e considerar as alegações reais e legais das partes.[14]

Já a recorrente aplicação equivocada e avessa ao processualismo democrático do princípio como mera garantia formal, induziria o julgador a escolhas decisórias privadas, insensíveis a influências provenientes do debate, do qual participam os litigantes por intermédio de seus advogados.

Os problemas aí seriam muitos:

i) o adágio *iura novit curia* congelou no tempo, trasmudou-se em espécie de dogma e desprezou a filosofia que, desde há muito, interroga *se é possível alguém conhecer algo, como se dá o conhecimento* e *quais evidências possuímos de que nossas percepções são reais*. Contudo, parcela dos decisores e da literatura jurídica impermeabilizou os juízes da influência desses questionamentos e optou por uma postura pragmática e ilusória: fez deles autoridades indiferentes a toda essa investida filosófica, capazes *sozinhos* de conhecer e aplicar o direito;

ii) na alta-modernidade o fenômeno jurídico é repensado através de uma terceira via radicalizadora do problema interpretativo que compõe a experiência jurídica. A partir daí surge uma dimensão de revisão dos postulados jusnaturalistas e juspositivistas[15] (Ronald Dworkin, Friedrich Muller, Cattoni de Oliveira, Lenio Streck). Ora, raciocinar sobre o *iura novit curia* segundo perspectivas teóricas de tal jaez conduz à conclusão inexorável de que, no mínimo, paira certo arcaísmo na mantença incólume da aplicação do adágio;

iii) é pura afetação demarcar quem *efetivamente* conhece o direito, se juiz ou advogados. Qualquer profissional pode se especializar e ficar vigilante às novidades da sua área de exercício profissional, mantendo-se atualizado às interpretações elaboradas pela doutrina e aos pormenores da jurisprudência. Assim, o adágio estaria em descompasso com a realidade constitucional porque sugere algo adverso daquilo que tanto

---

as declarações das pessoas envolvidas no processo, e considerá-las na sua decisão. O Tribunal de Apelação não abrangeu o núcleo da apresentação do requerente e não levou em conta os argumentos feitos pelos especialistas. (Beschluss des VI. Zivilsenats vom 26.9.2017 – VI ZR 529/16). Isso é comum naquele sistema jurídico de modo que o contraditório obriga o decisor a levar em consideração seriamente o argumento das partes; como imposto em nosso sistema jurídico (art. 5º, LIV, CR/1988 e arts. 10 e 489, § 1º, IV, do CPC).

[12] BVerfG, 11.05.1965 – 2 BvR 242/63.

[13] BVerfG, 13.11.1956 – 1 BvR 513/56. BGH, 27.02.2018 – VI ZR 156/17. "O Artigo 103 (1) da GG dá a todas as partes em um processo judicial o direito de comentar os fatos em questão e a situação legal (ver BVerfGE 19, 32, 36; 49, 325, 328; 55, 1, 6, 60, 175 , 210, 64, 135, 143 f.) Bem como aplicações e declarações (ver BVerfGE 6, 19, 20, 15, 303, 307, 36, 85, 87)."

[14] BVerfG, 09.02.1982 – 1 BvR 1379/80. BGH, 27.02.2018 – VI ZR 156/17 sobre o dever de consideração dos argumentos das partes (ver corresponde. BverfGE 60, 1; 565, 227, 234; 84, 188, 190; 86, 133, 144 ff; BVerfG, de 1 de agosto de 2017 – 2 BvR 3068/14, NJW 2017, 3218).

[15] ABBOUD, Georges; CARNIO, Henrique G.; OLIVEIRA, Rafael T. de. *Introdução à teoria e à filosofia do direito*. 2. ed. São Paulo: RT, 2014. p. 232.

se prega atualmente: a democracia processual sob o signo da comparticipação,[16] cuja mecânica impõe a colaboração conjunta de *todos os sujeitos*, na medida dos limites impostos a cada qual deles, na construção do provimento jurisdicional;

iv) é preciso ainda questionar se o aforismo acomoda-se a uma *justiça de assessores* como a hodierna. Nos corredores de alguns fóruns corre à boca miúda, e não a título de anedota, notícias sobre processos que nunca foram examinados por um magistrado sequer, pois julgados, em todas as instâncias, somente por assessores... E daí a pergunta que não quer calar: também os assessores (muitos deles ainda em formação acadêmica) conhecem o direito?

4. O CONTRADITÓRIO SUBSTANCIAL E O REPENSAR DO DIREITO PROCESSUAL CIVIL

Trouxe o CPC/2015 a regra segundo a qual o órgão jurisdicional, em qualquer grau de jurisdição, não está autorizado a decidir com base em *fundamento* a respeito do qual não se tenha oportunizado a manifestação das partes, ainda que se trate de matéria apreciável de ofício (art. 10). Mais: o art. 7º, por sua vez, enfatiza a importância do efetivo contraditório, tanto que impõe ao juiz o dever de zelar por esse direito fundamental. Ambos os dispositivos têm forte simbolismo e sua importância é arrebatadora: fazem referência àquilo que em doutrina cunhou-se de *contraditório dinâmico, substancial ou comparticipativo*, vale dizer, as partes (e seus advogados) têm o direito de participar *indistintamente* das discussões sobre fatos e *direitos*, tanto assim que o legislador fez uso apenas da palavra *fundamento* no aludido art. 10, expressão *genérica* e que, inexoravelmente, abrange fundamentos fáticos e *jurídicos*.

Isso significa que juízes e tribunais não estão autorizados a julgar com base em fundamento *jurídico* (e também fático) sobre o qual as partes não tenham tido oportunidade de controverter, incluídas até as questões de ordem pública. Aliás, assim já deveria ser, se o adágio fosse submetido a uma filtragem constitucional. De toda sorte, a solução veio legislativamente, e em boa hora, bem formulada e desejosa de oxigenar, com ares democráticos, a atividade jurisdicional: sobreleva o devido processo, valoriza as partes (e seus advogados) e também lhes inflige responsabilidades, proscreve a ideia de liberdade decisória, traz segurança ao estabelecer esteios mais precisos à atuação dos juízes, além de assolar o autoritarismo que distingue as malvistas decisões-surpresas.

E o que é assaz interessante: uma leitura atenta do art. 10 do CPC/2015 pode conduzir indiretamente à revisão de teorias que almejam elucidar a causa de pedir. O senso comum dogmático insiste em apostar fichas em teses antigas, elaboradas para distinguir fato e direito, como se *fatos puros*, sem o devido enquadramento jurídico, tivessem alguma serventia para quem pensa a ciência jurídica. É hora de atribuir crédito a Castanheira Neves, cujos ensinamentos mostraram que *fato puro* e *puro direito* nunca se encontram na vida jurídica. Enquanto o fato não tem existência senão a partir do momento em que se torna matéria de aplicação do direito, o direito não tem interesse senão no momento em que se trata de

---

[16] NUNES, Dierle. *Processo jurisdicional democrático*: uma análise crítica das reformas processuais, cit.

aplicar o fato. Quando o jurista pensa o fato o faz sempre como matéria de direito; quando reflete sobre o direito está a pensar como forma destinada ao fato.[17]

5. O *IURA NOVIT CURIA* EM TEMPOS DE NOVO CPC

O CPC/1973, no capítulo destinado ao julgamento conforme o estado do processo, trazia uma seção regulando a *audiência preliminar*, na qual, em seu art. 331, § 2º, rezava que, se por qualquer motivo, não fosse obtida a conciliação, cumpriria ao juiz fixar os *pontos controvertidos* e decidir as questões processuais pendentes, além de determinar provas a serem produzidas, designando, se necessário, audiência de instrução e julgamento. Não havia ali, como se percebe, regramento que conduzisse o juiz a *delimitar as questões de direito relevantes para a decisão de mérito*, como se verifica agora no CPC/2015 (art. 357, IV). Essa novidade deve ser interpretada em atenção ao já mencionado art. 10, que concretiza a garantia do contraditório em sua feição substancial, afastando assim a possibilidade de o órgão judicial decidir com base em fundamento (fático ou jurídico) a respeito do qual não se tenha oportunizado manifestação das partes, ainda que se trate de matéria arguível de ofício.

Mais especificamente: hoje, pela leitura desses dois dispositivos (arts. 10 e 357, IV), resta clara a vedação de julgamentos assentados em *fundamentos jurídicos* que não foram debatidos previamente pelas partes, em abrigo a uma prática *solipsista* cujo resultado são as chamadas "decisões surpresa". Ao constranger o julgador, no momento de proferir decisão de saneamento e de organização do processo, a *delimitar as questões de direito relevantes para a decisão de mérito*, o CPC/2015 contribui para a construção participativa do pronunciamento final.

Não significa isso, entretanto, que o *iura novit curia* deva ser esquecido no sótão onde jazem as coisas amarelecidas e cujo tempo tratou de tornar supérfluas. Há que encará-lo com lentes ajustadas à normatividade constitucional e afastar do seu âmago a arrogância estatal monopolizadora do saber jurídico. Não é crível, enfim, conservá-lo em seus contornos ultrapassados, como um "caballo de Troya",[18] serviente a toda sorte de excessos potenciais e voluntarismos por parte de quem exerce o poder jurisdicional. Nada justifica mantê-lo como álibi para que o juiz transite com liberdade na interpretação e qualificação jurídica dos fatos que embasam a demanda.

Se interpretado sistematicamente – em atenção a tudo aquilo que com ele esteja conectado – por exemplo, devido processo constitucional, regra da congruência, regras de estabilização da demanda –, o aforismo ganha importância por colocar em relevo: i) a impossibilidade de o julgador aduzir ignorância normativa a fim de eximir-se do seu mister jurisdicional; e ii) o fato de que o Judiciário deve pautar seus julgamentos *sempre* no ordenamento válido, sobretudo em atenção aos direitos e garantias constitucionais.

---

[17] NEVES, Antonio Castanheira. *Questão de-fato, questão de direito*. O problema metodológico da juridicidade (ensaio de uma reposição crítica). Coimbra: Almedina, 1967. p. 586.

[18] A expressão de Roberto Gargarella, tomada de empréstimo pelo processualista paraguaio Robert Marcial González em palestra proferida no 11° Congresso Nacional de Direito Processual Garantista, realizado nos dias 21 e 22 de outubro de 2010, no Colégio de Advogados da cidade de Azul, Argentina.

Em síntese: *de ferramenta adaptada para viabilizar o arbítrio estatal, o* iura novit curia *ganha força de garantia do debate processual e decorrente melhoria qualitativa das decisões, um relampejo de esperança num mundo em que a técnica converte o homem em estatística, num ser sem rosto e tudo o que importa são metas e produção.*

6. DO DEVER JUDICIAL DE ANÁLISE DE TODAS AS TESES SUSCITADAS PELOS LITIGANTES

Percebida a lógica democrática com a qual trabalhou o legislador, a conclusão que daí se pode extrair é que há, como já verificado por setores mais atentos da doutrina,[19] uma conexão umbilical entre contraditório é fundamentação das decisões judiciais. Afinal, se o contraditório tem por papel assegurar a participação efetiva de todos os litigantes na construção das decisões jurisdicionais, a fundamentação, por sua vez, surge como uma espécie de *atestado público* de que o debate travado ao longo do procedimento, a envolver questões *jurídicas* e *de fato*, foi mesmo considerado reflexivamente pelo julgador. Em síntese, a fundamentação garante *accountability* com possibilidade de se aferir o respeito (ou não) do contraditório.

Em outros termos: pouco adianta atribuir perfil forte ao princípio do contraditório sem calibrar as coordenadas do dever de fundamentação, pois só é possível saber se as partes não foram surpreendidas, se tiveram efetivas chances de influir no resultado decisional, caso o julgador demonstre motivadamente que oportunizou o debate, rebatendo um a um argumentos e provas apresentados, enfrentando-os de forma minudente para esclarecer como e em que medida tiveram ou não aptidão para convencê-lo.[20] Enfim, contraditório substancial alheio a decisões blindadas a uma fundamentação dinâmica é como um avião sem asas ou um carro sem rodas, vale dizer, é algo imprestável e sem sentido.

Ainda mais especificamente, é preciso afirmar, de maneira categórica, que o juiz democrático é antisolipsista e garante de direitos fundamentais. E solipista é uma característica tanto de juízes que julgam com alicerce naquilo que acreditam correto, *independentemente do diálogo travado entre os litigantes*, bem como aqueles que decidem sem considerar parcela do debate, colocando de lado o que não lhes interessa, sem esclarecer as razões, fazendo uso da parte debatida cujos argumentos lhe parecem adequados. É solipsista, enfim, tanto o juiz que julga alheiamente ao contraditório, como também aquele que utiliza de elementos isolados dos discursos das partes, não se preocupando em gastar energia para justificar por que elementos de prova e de direito foram recusados em seu pronunciamento.

---

[19] *Por todos:* FIORATTO, Débora Carvalho; CARVALHO DIAS, Ronaldo Brêtas de. A conexão entre os princípios do contraditório e da fundamentação das decisões na construção do Estado Democrático de Direito. *E-civitas Revista Científica do Departamento de Ciências Jurídicas, Políticas e Gerenciais do UNI-BH*, Belo Horizonte, vol. IV, n. 1, jul. 2011. Disponível em: <www.unibh.br/revistas/ecivitas>. Já se defendeu tal postura anteriormente: NUNES, Dierle. Uma dimensão que urge reconhecer ao contraditório no direito Brasileiro. *RePro*, 2009. Disponível em: <https://goo.gl/kL3oos>.

[20] SOUSA, Diego Crevelin de; DELFINO, Lúcio. *As associações de magistrados e o veto do NCPC no tocante ao contraditório e ao dever de fundamentação – O que está em jogo?* Empório do Direito. Publicado em: 11.03.2015. Disponível em: <www.emporiododireito.com.br>.

Todo este construto decorre da normatividade constitucional (art. 5º, LV) e legal. Recorde-se, num primeiro momento, que o art. 10 do CPC/2015 fez opção pela utilização da palavra fundamento, sem especificar, de maneira que o juiz não está autorizado a decidir, em grau algum de jurisdição, com base em fundamento fático ou jurídico a respeito do qual não se tenha dado as partes oportunidade de se manifestar. Ou seja, as decisões devem considerar apenas as teses jurídicas que foram debatidas, o que soa óbvio a partir de uma perspectiva sistemática, porquanto não há na Constituição ressalva no sentido de que o contraditório deve ser travado tão somente no que tange as questões de ordem fáticas.

Em segundo lugar, já se examinou o art. 357, IV, do CPC/2015, cujo teor conduz a mesmíssima conclusão. Noutras palavras, não sendo possível, por qualquer motivo, o *julgamento conforme o estado do processo*, cumpre ao juiz, em *decisão de saneamento e de organização*, entre outras tarefas, *delimitar as questões de direito relevantes para a decisão de mérito*. É regra, como alude José Rogério Cruz e Tucci, que impõe ao julgador o zelo de *esquadrinhar o objeto do processo*, fixando balizas *de fato* e *de direito*, documentando-as nos autos, para auxiliar, *como verdadeira bússola*, ele próprio, ou eventual novo juiz que venha, meses depois, a substitui-lo no feito. É bem verdade que as questões de direito não ficam circunscritas às suscitadas pelos litigantes, mas isso não significa jamais uma autorização para posturas solipsistas, já que o julgador, vislumbrando a possibilidade de aplicação de tese jurídica diversa daquela objeto do debate, tem o dever de consultar as partes antes de resolver a controvérsia, afastando o perigo de ser proferida decisão baseada em *fundamento-surpresa*, expressamente vedada pelo diploma processual (CPC/2015, art. 10).[21]

Ademais, e de modo não menos importante, há de se verificar que o legislador não poderia ter sido mais claro como foi na elaboração do art. 489, § 1º, dispositivo que esmiúça o dever de fundamentação. Ali, no inciso IV do art. 357 reza o CPC/2015 que não se considerarão fundamentada qualquer decisão judicial, seja ela interlocutória, sentença ou acórdão, que não enfrentar todos os argumentos deduzidos no processo capazes de, em tese, infirmar a conclusão adotada pelo julgador. De novo, o legislador vale de expressão genérica, alude a *argumento*, o que significa certamente argumentos *de fato* e argumentos *de direito*. Trocando em miúdos: é dever do juiz enfrentar todo e qualquer argumento, de fato e de direito, que se mostre capaz de contradizer ou enfraquecer as próprias conclusões que chegou e que conferem conteúdo ao pronunciamento jurisdicional.

Esta dogmática processual traz critérios pormenorizados acerca da fundamentação das decisões. E há esperança na medida em que os tribunais já iniciam a absorção deste impacto normativo-constitucional. Em decisão da Terceira Turma do Superior Tribunal de Justiça se decidiu:

> Conquanto o julgador não esteja obrigado a rebater, com minúcias, cada um dos argumentos deduzidos pelas partes, *o novo Código de Processo Civil, exaltando os princípios da cooperação e do contraditório, lhe impõe o dever*, dentre outros, de *enfrentar todas as questões capazes de*, por si sós e em tese, *infirmar a sua*

---

[21] NUNES, Dierle. *Processo jurisdicional democrático*, cit. DIDIER JR., Fredie. *Curso de direito processual*. 17. ed. Salvador: JusPodivm, 2015. vol. 1, p. 692.

conclusão sobre os pedidos formulados, sob pena de se reputar não fundamentada a decisão proferida (art. 489, § 1º, IV).[22] (grifou-se)

No entanto, a Escola Nacional de Formação e Aperfeiçoamento de Magistrados – ENFAM, em evento realizado, intitulado "O Poder Judiciário e o Novo CPC",[23] aprovou uma série de enunciados[24] (como o Enunciado 1: "Entende-se por 'fundamento' referido no art. 10 do CPC o substrato fático que orienta o pedido e não o enquadramento jurídico atribuído pelas partes") que desdenha todo o ganho democrático pretendido legislativamente com a implantação, no direito posto, do contraditório substancial, e que já vem fazendo vítimas.[25]

Algumas considerações pontuais merecem realce:

i) Tudo isso é deveras simbólico. Magistrados reunidos para "flexibilizar" amarras que lhes foram impostas pelo novo modelo participativo de processo, surgido de forma legítima, *via processo legislativo constitucional*. No que diz respeito ao enunciado aludido, a palavra "flexibilizar" é imprópria, pois o que se constata ali é a tentativa patente de limitar, *por intermédio de uma estratégia institucional extralegal*, as possibilidades democráticas de um comando normativo correspondente a um dos alicerces do CPC/2015. E por que isso? A razão, como já sublinhado, é macular o trabalho legislativo que, na visão daqueles que apoiaram o enunciado, impõe à magistratura amarras excessivamente rígidas. A impressão que fica é: para os brasileiros a lei é nada mais que mera *sugestão*. Gastam-se fortunas em dinheiro público com o funcionamento do Congresso Nacional e o resultado

---

[22] STJ, 3ª Turma, REsp 1.622.386/MT (2016/0224914-1), Rel. Min. Nancy Andrighi, j. 20.10.2016.

[23] Mencionado evento envolveu parcela da nata da magistratura brasileira: dele participaram 500 magistrados das esferas federal e estadual. Em específico, no que tange ao grupo responsável pela propositura de enunciados sobre o contraditório, o substrato que conduziu seu trabalho situou-se na "preocupação de flexibilizar amarras tidas como muito rígidas impostas aos magistrados em várias situações pelo novo modelo de processo participativo" (assista aqui: <https://www.youtube.com/watch?v=Ux7HaumMamc>).

[24] O Enunciado 6 define não constituir julgamento surpresa o que se lastreia em fundamentos jurídicos, ainda que distintos daqueles apresentados pelas partes, desde que embasados em provas submetidas ao contraditório. Aqui a proposta enunciativa, fazendo coro com o Enunciado 1, traz a lume a concretização do *iura novit curia*, embora expressada em terminologia mais refinada. É a vetusta ideia de que às partes cumprem delinear o quadro fático sobre o qual a decisão deve incidir, porém o enquadramento jurídico é intrínseco à judicatura, tarefa que caberia unicamente aos juízes, porquanto são eles, e ninguém mais, os que "conhecem o Direito".

[25] Veja-se o emblemático exemplo produzido no seio do Superior Tribunal de Justiça: "O 'fundamento' ao qual se refere o art. 10 do CPC-2015 é o fundamento jurídico – circunstância de fato qualificada pelo direito, em que se baseia a pretensão ou a defesa, ou que possa ter influência no julgamento, mesmo que superveniente ao ajuizamento da ação – não se confundindo com o fundamento legal (dispositivo de lei regente da matéria). A aplicação do princípio da não surpresa não impõe, portanto, ao julgador que informe previamente às partes quais os dispositivos legais passíveis de aplicação para o exame da causa. O conhecimento geral da lei é presunção *jure et de jure*" (EDcl no REsp 1.280.825/RJ, de relatoria da Min. Maria Isabel Gallotti, *DJe* 01.08.2017).

são textos ficticiamente vinculantes. Na seara da prática jurídica se pode tudo e mais um pouco. *O intérprete não permite que o texto antes lhe diga algo para, só depois, atribuir-lhe sentidos.*[26] Dispositivos de leis são mudos e camaleônicos, pouco importando seus limites semânticos; prevalece mesmo é aquilo desejado pelo intérprete assujeitador. *O direito positivo tornou-se espécie de brinquedo gelatinoso, resiliente e maleável, que a tudo tolera, podendo ser comprimido, esticado, partido e aumentado.* De novo, e sempre, o problema do ativismo judicial, agora revestido sob a forma de enunciados elaborados por magistrados, e que poderão ser empregados amiúde (e acriticamente) no cotidiano forense. *O texto legal diz, mas a magistratura desdiz.* E assim seguimos, caminhando para trás.

ii) A finalidade desse Enunciado, e de outros que lhe aperfeiçoam (desaperfeiçoando o direito posto), foi ceifar sentidos cujo respeito aproximaria *direito processual civil* e *democracia*. Nada menos que um retrocesso ao projeto constitucional democrático encampado pela rebeldia daqueles a quem foi atribuído o papel de "guardiões da ordem jurídica constitucional". E se exatamente aqueles a quem o CPC/2015 impõe o dever de zelar pelo *efetivo* contraditório (CPC/2015, art. 7º, *parte final*) assim se pronunciam oficialmente, menos preocupados com a Constituição do que com a suposta eficiência quantitativa de sua atividade, é fácil divisar o cenário que nos espera: permaneceremos, a predominar esta *pitoresca* interpretação, reféns de um contraditório que existe "para inglês ver", mera formalidade que passa ao largo de qualquer compromisso com a tomada participativa das decisões.

iii) O próprio evento promovido pela ENFAM, circunscrito à participação de magistrados, já é emblemático e, por si só, até dispensaria a elaboração do Enunciado 1. É que, se o contraditório não implica influência das partes na construção das decisões judiciais, nada mais adequado que a magistratura se unir e definir, sozinha, os sinais de orientação com os quais deverão trabalhar juízes de todo o Brasil ao lidar com o CPC/2015. Os juízes decidem (em desprezo ao processo legislativo constitucional) o que deve ou não ser aplicado, e como deve sê-lo, formando seus muitos "enunciados interpretativos", sobrando aos cidadãos-utentes da jurisdição curvarem-se comodamente àquilo por eles deliberado.

iv) Se a expressão "fundamento" refere-se apenas ao substrato fático que "orienta o pedido", o que fazer então com a parte final do art. 10, que exige manifestação das partes inclusive sobre matérias apreciáveis de ofício? Desde quando prescrições, decadências, ausência de pressupostos processuais dizem respeito a "suportes fáticos que orientam o pedido"? Quer dizer que as matérias de "ordem pública" continuam impermeabilizadas ao contraditório, a despeito do que instituem o art. 10 do CPC/2015 e a própria Constituição? Poder-se-ia imaginar que o tal enunciado não está formulado com exatidão. Isso não deixa de ser verdade! Mas também não se pode ignorar o desejo patente de implodir o edifício legislativo, minando a doutrina que ergueu o contraditório à condição de *garantia de influência e não surpresa*.[27] Basta verificar que há, entre os enunciados aprovados, outros que seguem linha semelhante de entendimento.

---

[26] STRECK, Lenio. *Verdade e consenso*. 5. ed. São Paulo: Saraiva, 2014.
[27] NUNES, Dierle. Princípio do contraditório. *Revista Síntese de Direito Civil e Processual Civil*, maio-jun. 2004. CABRAL, Antonio do Passo. Il principio del contraddittorio como diritto

v) O Enunciado 3, por exemplo, estabelece a desnecessidade de ouvir as partes quando a manifestação delas *não puder influenciar na solução da causa*. Então ao que tudo indica o contraditório não é mais um direito fundamental – recorde-se: *direito fundamental é todo aquele conquistado pelo cidadão para protegê-lo contra eventuais desvios e desmandos praticados pelos agentes que exercem o poder estatal em todas as suas esferas, inclusive o Judiciário* –, e sim espécie de *favor* concedido aos litigantes segundo o talante do juiz. É ele, o julgador, quem define quando se deve ou não instaurar o contraditório. Cabe a ele, exclusivamente, a decisão sobre *premiar* ou não as partes com a possibilidade de debate. Se sua consciência lhe sugerir, em dada situação, que o contraditório é dispensável, ele então solenemente o despreza. Afinal, já estará convencido de antemão, e o que importa é o seu pensamento. Novamente o *livre convencimento* e seus efeitos deletérios. E a Constituição Federal sendo vilipendiada como mísera *folha de papel*. Parece que se desconhece até mesmo a existência de vieses cognitivos (*cognitive biases*): deturpações de julgamento que qualquer decisor está submetido por inúmeros fatores (como a incerteza ínsita ao julgamento e a exiguidade de tempo) que o diálogo em contraditório viabiliza mitigar (*debiasing*).[28] Entre esses *vieses*, por exemplo, o "de confirmação" (*confirmation bias*) estabelece uma tendência para testar uma hipótese, procurando por casos que confirmem sua pré-compreensão solitária[29] ao contrário de procurar a resposta correta do caso,[30] resultando de um procedimento cognitivo (heurística) baseado em expectativas e na tendência natural dos seres humanos para ver o que eles esperam ver.[31] Partindo-se do pressuposto destes enunciados criados por parcela da magistratura brasileira, o diálogo processual proporcionado pelo contraditório substancial (art. 10) seria desnecessário, pois o juiz inatamente estaria isento dessas contaminações cognitivas que pesquisas no mundo inteiro atestam existir.[32]

---

d'ifluenza e dovere dibattito. *Rivista di Diritto Processuale*, anno LX, n. 2, apr.-giug. 2005. NUNES, Dierle. *Direito constitucional ao recurso*. Rio de Janeiro: Lumen Juris, 2006. NUNES, Dierle. *Processo jurisdicional democrático*: uma análise crítica das reformas processuais. Curitiba: Juruá, 2008. THEODORO JR., Humberto; NUNES, Dierle. Uma dimensão que urge reconhecer ao contraditório no direito brasileiro: sua aplicação como garantia de influência e não surpresa. *REPRO*, v. 168, fev. 2009. THEODORO JR., Humberto; NUNES, Dierle; BAHIA, Alexandre; PEDRON, Flávio. *Novo CPC*: fundamentos e sistematização. Rio de Janeiro: Forense, 2016.

[28] Para uma introdução sobre o tema: FONSECA COSTA, Eduardo José. Algumas considerações sobre as iniciativas judiciais probatórias. *RBDPro 90*, Belo Horizonte: Fórum, 2015, p. 153-173.

[29] RISINGER, D. Michael; SAKS, Michael J. The Daubert/Kumho Implications of Observer Effects in Forensic Science: Hidden Problems of Expectation and Suggestion. *90 Calif. Law Review*, 1, p. 9, 2002.

[30] NUNES, Dierle; PEDRON, Flávio; BAHIA, Alexandre. Precedentes no Novo CPC: é possível uma resposta correta? *Revista Justificando*, 2015. Disponível em: <http://justificando.com/2015/07/08/precedentes-no-novo-cpc-e-possivel-uma-decisao-correta-/>.

[31] RISINGER, D. Michael; SAKS, Michael J. *The Daubert/Kumho Implications of Observer Effects in Forensic Science: Hidden Problems of Expectation and Suggestion*, cit.

[32] LARRICK, Richard P. *Debiasing. Blackwell Handbook of Judgment And Decision Making*. Derek J. Koehler & Nigel Harvey eds., 2004.

Felizmente, apesar dessas tentativas *contra legem* de se esvaziar o conteúdo das normas em comento, em recentíssima decisão o mesmo STJ pontuou, em conformidade com a proposta de um dos autores (desde 2003),[33] a necessidade de se abandonar qualquer forma de protagonismo (incluso o judicial) e se valorizar a leitura constitucional do contraditório:

> O processo judicial moderno não se faz com protagonismos e protagonistas, mas com equilíbrio na atuação das partes e do juiz de forma a que o feito seja conduzido cooperativamente pelos sujeitos processuais principais. A cooperação processual, cujo dever de consulta às partes é uma das suas manifestações, é traço característico do CPC/2015. Encontra-se refletida no multicitado art. 10, bem como em diversos outros dispositivos espraiados pelo Código. [...] A negativa de efetividade ao art. 10 c/c art. 933 do CPC/2015 implica *error in procedendo* e nulidade do julgado, devendo a intimação antecedente ser procedida nas instâncias de origem para permitir não só a participação dos titulares do direito discutido em juízo na formação do convencimento do julgador, como também, e principalmente, para assegurar a necessária correlação ou congruência entre o âmbito do diálogo desenvolvido pelos sujeitos processuais e o conteúdo da decisão prolatada. Dierle Nunes vislumbra ainda outras vantagens na ampliação do debate em um ambiente cooperativo: "obtenção de decisões bem fundamentadas, em todos os graus de jurisdição, pelo obrigatório respeito ao devido processo constitucional (*due process of law*)" (NUNES, Dierle. Art. 10. In: STRECK, Lenio Luiz; _____; CUNHA, Leonardo (orgs.). *Comentários ao Código de Processo Civil*. São Paulo: Saraiva, 2016, p. 52). Assevera o autor que a melhoria do debate induziria a uma menor recorribilidade, diminuição das taxas de reforma decisória e até a diminuição no tempo final do processo, pois a ampliação da discussão ensejaria uma aplicação mais efetiva do direito e permitiria extrair dos julgados padrões decisórios a serem utilizados em casos futuros, com coerência, integridade e estabilidade (Op. cit., p. 53). Adverte NUNES que, faticamente, o ambiente processual é permeado por comportamentos não cooperativos de todos os sujeitos processuais, uma vez que os mesmos não percebem os ganhos que tal debate (quando bem realizado) produz. O CPC/2015, por sua vez, preocupado em normativamente melhorar o debate processual, contrafaticamente adotou "a concepção de contraditório dinâmico, substancial ou comparticipativo", introduzindo mecanismos preparatórios da cognição que induzissem à "melhoria qualitativa das sentenças, com possível redução das taxas de reforma no segundo grau", e, nos tribunais, "a otimização dos trabalhos dentro da lógica que se deve julgar menos vezes e melhor" (Idem).[34]

---

[33] NUNES, Dierle. *O recurso como possibilidade jurídico-discursiva do contraditório e ampla defesa*. Dissertação – PUCMINAS, 2003, publicado como: NUNES, Dierle. *Direito constitucional ao recurso*. Rio de Janeiro: Lumen Juris, 2006.

[34] STJ, 2ª T., REsp 1.676.027/PR, Rel. Min. Herman Benjamin, j. 26.09.2017.

Decisões como esta acima transcrita demonstram a importância de uma interlocução verdadeira entre o discurso dos tribunais e da literatura jurídica que contribuem tanto na aplicação correta do direito em nosso país.

7. A QUESTÃO DA APRECIAÇÃO DAS PROVAS, SISTEMAS E ACCOUNTABILITY

Como se sabe, se verificam várias formas de apreciação (valoração) das provas dentro de um processo: (i) que, em sistemas de juízes expectadores passivos, adotava, prevalentemente, *o sistema de prova legal (tarifário) que fixava uma predeterminação normativa da eficácia das provas* (qual é o seu valor probatório) ou obriga(va) que determinados fatos sejam demonstrados de determinada forma (exemplo: demonstração de titularidade de direito real imobiliário – art. 108, CCB), (ii) e, em sistemas com juízes diretores e ativos adota o sistema de prova livre, que para a doutrina tradicional se dividiria em convicção íntima e em *livre convencimento fundamentado ou persuasão racional*, o primeiro no qual o julgador decide e não precisa explicar os motivos, e (iii) o último (livre convencimento motivado, livre apreciação das provas), que permitiria ao juiz analisar livremente o conjunto de provas, mas imporia a este a necessidade de fornecer uma fundamentação pela utilização e análise de determinada prova ao decidir. Poder-se-ia sintetizar neste quadro:

Sistemas tradicionais de apreciação de provas	Prova legal ou tarifário	A norma processual fixa os critérios com os quais o juiz deve analisar as provas, atribuindo valor a estas, ou fixa que determinado fato deva ser provado mediante determinado meio.
	Prova livre: convicção íntima	O juiz analisa livremente o conjunto de provas sem necessitar motivar sua decisão.
	Prova livre: livre convencimento motivado	O juiz analisa livremente o conjunto de provas, mas fundamentando racionalmente a escolha e a interpretação das provas analisadas.

No entanto, como igualmente se sabe, o CPC/2015, em seu art. 371, retirou do texto normativo a expressão "livre" de seu enunciado com o fim de se proscrever a noção de que o destinatário precípuo da atividade probatória seria o magistrado e de modo a impedir que o mesmo apreciasse as provas com absoluta liberdade, bastando a indicação de motivos racionais ou não para ofertar base ao seu pronunciamento.

Este comportamento decisório permitiria decisões na qual o juiz *escolheria qual prova a se valer como base tendo como único mecanismo fiscal* (accountability) *a de não poder se valer de provas ilícitas*.

Evidentemente que este tipo de comportamento, que permitiria enviesamentos decisórios, não pode mais ser tolerado no atual contexto normativo pátrio.

Não se pode ainda esquecer de que mesmo que os tribunais exercessem alguma modalidade de representação argumentativa, o que se nega veementemente, há de se recordar que esta jamais poderia prescindir de uma *accountability* (prestação de contas – transparência) do exercício de seu poder decisório. Como advertem Lavalle e Castello para outro contexto:

> A *accountability* supõe a obrigação de prestar contas, implica a possibilidade de sanção e compõe um subconjunto do repertório de práticas de controle interinstitucional e social. No caso do controle social, sempre que se fala em nome de alguém, ou o sujeito da fala comparece como membro de uma entidade ou grupo nas inovações institucionais participativas e nos espaços de negociação, a lógica da autoapresentação como explicitação de interesses e opiniões individuais, própria da participação, é substituída pela lógica da representação. *Sendo assim, cabe perguntar pela qualidade ou representatividade dessa representação*, pelos mecanismos que a tornam legítima não apenas em relação ao poder público, mas também em relação aos representados ou beneficiários em nome dos quais se atua e se negocia. [...] Por um lado, satisfazem as expectativas mais elevadas do ideário da democracia participativa, cujos expoentes acusam frequentemente as insuficiências e distorções que nesses espaços minam a "participação" e obstaculizam tentativas autênticas de "partilhar o poder" – segundo a influente formulação de Dagnino (2002). Mas, por outro lado, impõem exigências a respeito da representatividade, responsividade e sanção dos que falam em nome dos demais, suscitando a velha questão do controle dos controladores.[35]

Ademais, não podemos nos olvidar que processualistas alemães há muito costumam promover a discussão da "apreciação" em pelo menos duas vertentes:

1. livre apreciação como "modelo da convicção da verdade",[36] que para um fato ser considerado provado dependeria da firme convicção pessoal do juiz: "na medida em que se "eu, como ser humano, posso comprová-lo, ocorreu assim";
2. apreciação como "modelo de controle de terceiros",[37] que se caracteriza pela possibilidade de que outra pessoa possa reconstruir mentalmente a constatação do fato. Tal pessoa pode ser um juiz, terceiros razoáveis ou qualquer pessoa. Para esta vertente seria insuficiente a "certeza" do juiz da causa.

Ambas as perspectivas estão embasadas no modelo solipsista (solitário) de "livre apreciação do juiz".

No entanto, a segunda perspectiva, *devidamente reinterpretada por uma teoria processual democrática*, viabilizaria um horizonte do controle da "liberdade", recorrentemente

---

[35] LAVALLE, Adrian Gurza; CASTELLO, Graziela. Sociedade, representação e a dupla face da *Accountability*: cidade do México e São Paulo. Cad. CRH [on-line], vol. 21, n. 52, 2008, p. 68.
[36] KÜPER, Wilfried. *Die Richteridee de Strafprozessordnung und ihre geschichtlichen Grundlagen*. Berlin: Walter de Gruyter, 1967. p. 294.
[37] STREE, Walter. *In dubio pro reo*. Tubingen: Mohr Siebeck Verlag, 1962. p. 40.

aludida, a partir do debate processual, o que significaria uma releitura dinâmica da análise das provas a partir do contraditório, da publicidade e da fundamentação das decisões, que imporia às decisões dos magistrados a apreciação de todos os argumentos problematizados no que tange às provas (e os argumentos fáticos e jurídicos) pontuados ao longo do processo (especialmente na necessária fixação na fase preparatória – art. 357 – e no início da audiência do *thema probandum* – questões controvertidas).

Assegurar-se-ia um controle processual das decisões por terceiros mediante o processo constitucional. Apreciação não do juiz, mas por estes e os afetados de todos os argumentos probatórios do debate processual (interdependente) dos sujeitos processuais.[38]

Desse modo, a decisão não seria mais, como critica Taruffo, "o produto de um conjunto de imperscrutáveis valorações subjetivas, subtraídas de qualquer critério reconhecível ou controle intersubjetivo".[39]

Perceba-se que, com a proscrição do termo "livre" do texto do art. 371, do CPC, não se alude mais de liberdade interpretativa do conjunto probatório pelo juiz, restando somente a ausência de tarifação (predeterminação do valor de cada meio de prova), mas impondo ao magistrado a análise de todas as provas relevantes (que possuem correlação com o *thema probandum*) e de modo que os fundamentos viabilizem o controle racional por terceiros.

Não teria, por exemplo, possibilidade de o juiz escolher a utilização da prova testemunhal e documental numa demanda com pedido de declaração de paternidade, desprezando a prova científica (pericial)[40] de DNA, por simples critério solipsista de discricionariedade.

O atual sistema de *convencimento fundamentado* induz a adoção de fundamentos racionais que permitam o claro controle por terceiros. Percebe-se, assim, que o destinatário das provas passa a ser o processo que, por óbvio, inclui o magistrado e todos os afetados.

Perceba-se que não se admite mais a aceitação de motivação, mas de decisões fundamentadas sem que se despreze nenhuma prova relevante trazida aos autos.

7.1. Do princípio da relevância ou pertinência probatória (da proibição da antecipação do resultado da prova)

Do mesmo modo, o princípio da relevância mereceria uma reinterpretação.

A relevância ou pertinência é normalmente percebida, de acordo com a clássica lição de Calamandrei,[41] como um juízo de direito, à prudente apreciação do juiz, chamado a dar uma valoração antecipada e hipotética das consequências jurídicas que se seguiriam dos

---

[38] Cf. A análise da interdependência, contraditório e compartição dos sujeitos processuais. In: NUNES, Dierle. *Processo jurisdicional democrático*: uma análise crítica das reformas processuais, cit.
[39] COMOGLIO, Luigi Paolo; FERRI, Corrado; TARUFFO, Michele. *Lezioni sul processo civile*. Bologna: Il Mulino, 1995. p. 623.
[40] DENTI, Vittorio. Scientificitá della prova. *Rivista di Diritto Processuale*, Padova, n. 3, p. 420, 1972.
[41] "[...] la prudente apreciación, del juez, llamado a dar una valoración anticipada y hipotética de las consecuecias jurídicas que se seguirían de los hechos deducidos en prueba, si fuesen probados"

fatos deduzidos mediante as provas, de modo a permitir que este juiz, mediante sua ciência ou conhecimento privado, predetermine os possíveis resultados da prova, inviabilizando, muitas vezes, a atuação do contraditório como garantia de influência.

Isto significaria, em outros termos, que o juiz poderia analisar se uma prova seria proveitosa ou não mesmo antes que ela fosse produzida.

Ocorre que o processo não pode ser entregue aos juízos solitários do juiz, que poderia aplicar suas pré-compreensões, não problematizáveis, como faz crer uma respeitável linha doutrinária que acredita ser ele um canal dos valores da sociedade e guardião de "um" bem comum.

A aplicação desse direito constitucional à prova não pode ser analisada de modo residual,[42] podendo somente encontrar limites que não o desnature e o transforme em uma garantia formalística e descabida de significância.

Assim, a leitura da relevância tende a se deslocar da fase de introdução da prova para a fase de apreciação devido a aplicação do *princípio da proibição da antecipação do resultado de prova* (*Verbot der Beweisantezipation*), salvo as hipóteses em que a prova requerida seja tida como absolutamente irrelevante face ao *thema probandum* (tema de prova formado pelos aspectos controvertidos percebidos das alegações do autor e do réu) fixado na fase preliminar preparatória do processo.[43]

Nesses termos, o juiz só poderia indeferir provas em juízo prévio de relevância se o requerimento probatório das partes pugnar pela produção de provas que nenhuma correlação possuam com os pontos controvertidos dos autos, ou caso o fato já tenha sido admitido (art. 374, II, CPC), ou sobejamente demonstrado, mediante outro meio de prova.

8. CONSIDERAÇÕES FINAIS

Contraditório substancial (comparticipativo) e *iura novit curia, em acepção tradicional*, são incompatíveis, cada qual situado em paradigmas filosóficos destoantes, o primeiro compromissado com a intersubjetividade, enquanto o segundo afeto à filosofia da consciência. Quis-se, de todo modo, implementar no Brasil saldos doutrinários conquistados nas últimas décadas. A palavra de ordem é racionalizar a prática judiciária, torná-la participativa, com resultados coerentes e íntegros, eliminando-se dela persistentes resquícios metafísicos.

É inegável que um passo decisivo, *e seriíssimo*, foi dado, depois de quase cinco anos de tramitação do Novo CPC no Congresso Nacional, sendo que os seus arts. 10 e 489, § 1º,

---

(CALAMANDREI, Piero. Verdad y verosimilitud en el proceso civil. In: CALAMANDREI, Piero. *Estudios sobre el proceso civil*. Buenos Aires: EJEA, 1962. v. 3, p. 329).

[42] TARUFFO, Michelle. *Il diritto alla prova nel processo civile*, cit., p. 76.

[43] TROCKER, Nicoló. *Processo civile e costituzione*. Problemi di diritto tedesco e italiano, cit., p. 521-530 *passim*; CAMPOS, Ronaldo Bendicto Cunha. *Garantias constitucionais no processo civil no Brasil e na Itália*. Belo Horizonte: Ed. UFMG, 1985. p. 54 (Dissertação de Mestrado); TARUFFO, Michele. Le prove. *Rivista Trimestrale di Diritto e Procedura Civile*, Milano, n. 4, p. 1.481, 1995; DENTI, Vittorio. Scientificitá della prova. *Rivista di Diritto Processuale*, Padova, n. 3, p. 420, 1972.

que positivam o contraditório substancial, representam dispositivos muito festejados. A sua leitura não poderia ser mais fácil e translúcida, a indicar que as partes (por intermédio dos seus advogados) têm o direito de debater sobre fatos e *direitos*, influenciando de forma ativa na construção dos pronunciamentos jurisdicionais. Ali, naqueles dispositivos, o legislador fez uso conscientemente da expressão "fundamentos", cuja generalidade aloja, de uma só vez, fundamentos fáticos e *jurídicos*.

Não há como ser diferente, ao menos na perspectiva de um contraditório que se propõe funcionar para além da mera bilateralidade formalista de audiência. Caprichos e aversões são preconceituosas, num sentido negativo, pois ajustados a já aludida perspectiva filosófica da filosofia da consciência, presos a um tempo em que o juiz era quem sozinho construía os provimentos jurisdicionais. É preciso ter em mente que, no espaço jurídico, não se tem, em suas formas puras, fato e direito, porque o fato só ganha existência a partir do momento em que se torna matéria de aplicação do direito, ao passo que este não guarda qualquer interesse concreto senão no instante em que se trata de aplicar o fato. Participação efetiva, com respeito ao contraditório em suas feições dinâmicas, só há quando a decisão judicial derive das teses debatidas pelos litigantes no palco processual, às quais correspondem a um amálgama entre fatos e direitos.

Mas no Brasil nada é simples. Por mais que a doutrina de cabeceira procure demonstrar que o *direito-não-pode-ser-meramente-aquilo-que-os-tribunais-dizem-que-ele-é*,[44] com respeito a interlocução genuína entre todos os interpretes do ordenamento, setores há que se mostram resistentes e se apegam a uma postura inflexível sem respaldo constitucional. São reacionários já que se opõem ao nem tão novo assim *paradigma da intersubjetividade*, inaugurado a partir da Constituição brasileira é de 1988.[45] É difícil apontar as justificativas da "queda de braço", mas não se pode desprezar razões consequencialistas (com supostos fins de facilitação do trabalho judicial), ignorancia acerca das implicações envolvidas na mudança, apego à comodidade e mesmo motivos afetos ao prestígio pessoal e à manutenção de poder. Para estes o contraditório mantém sua importância apenas e tão somente no que tange aos aspectos fáticos trazidos pelas partes lembrando a frase de Tomasi di Lampedusa, em sua obra prima "Il Gattopardo": "Se vogliamo che tutto rimanga come è, bisogna che tutto cambi".

O passado nos assombra, mas os ventos da mudança legítima já começam a gerar ressonância em importantes decisões proferidas no STJ, como se apontou.

Como se viu é pela via da fundamentação que os litigantes têm plenas condições de verificar se a participação deles, *a envolver matérias fáticas e jurídicas*, foi considerada na elaboração do pronunciamento jurisdicional.

Ademais, estes importantes aspectos normativos induziram a mudança de nosso sistema de apreciação das provas e do juízo de relevância. O convencimento fundamentado

---

[44] STRECK, Lenio Luiz. *O que fazer quando juízes dizem que o novo CPC não deve ser obedecido?* Disponível em: <http://www.conjur.com.br/2015-jul-02/senso-incomum-quando-juizes-dizem-ncpc-nao-obedecido>.

[45] Sobre o ponto, sugere-se a leitura de: LILLA, Mark. *La mente naufragada. Reacción política y nostalgia moderna*. Trad. Daniel Gascón. Editorial Debate, 2017.

induz a adoção tão somente de fundamentos probatórios racionais que permitam o claro controle por terceiros. Sob esta premissa, o destinatário das provas passa a ser o processo e seus afetados e o magistrado fica vedado de antecipar o resultado da prova, antes de sua produção com a exceção das hipóteses das mesmas serem absolutamente irrelevantes.

O processo democrático vem gerando paulatina irritabilidade na praxe arcaica de nosso país. Resta a todos os intérpretes continuarem na tarefa cotidiana de luta pela aplicação constitucional correta do direito no âmbito processual, eis que os frutos começam a surgir...

5

A BOA-FÉ NO NOVO CÓDIGO DE PROCESSO CIVIL

Eduardo Tomasevicius Filho

Sumário: Introdução. 1. O conteúdo do princípio da boa-fé. 2. O princípio da boa-fé em ambos os Códigos de Processo Civil. 3. O que mudou no Novo Código de Processo Civil?. 3.1. Exigência de novos comportamentos. 3.2. Dever de coerência. 3.3. Dever de informação. 3.4. Dever de cooperação. Considerações finais.

INTRODUÇÃO

Já se passaram treze anos da promulgação da Lei nº 10.406, de 10 de janeiro de 2002, que instituiu o vigente Código Civil brasileiro. De um lado, o texto aprovado naquela ocasião era, substancialmente, o Código Civil anterior, complementado com os entendimentos doutrinários e jurisprudenciais em matéria de direito civil, destacando-se, entre outros, os direitos da personalidade, a indenização por danos morais, a teoria da imprevisão, os contratos estimatório e de transporte, a responsabilidade objetiva pelo risco da atividade, a recepção do direito de empresa em livro próprio, a propriedade fiduciária e o direito real de aquisição, o poder familiar e a participação do cônjuge e do companheiro na sucessão. De outro lado, esse novo diploma legal trouxe consigo três valores importantes: a sociabilidade, a operabilidade e a eticidade.

A socialidade é valor importante dentro do novo Código Civil, porque se visava à superação do individualismo do Código Civil anterior, que, embora fosse de 1916, era de índole liberal. Sob essa perspectiva, o direito civil garantia o direito de propriedade e suas formas de aquisição – *inter vivos* ou *causa mortis* –, além de regular as obrigações advindas da lei e do contrato. Estabelecia que os sujeitos de direito eram iguais entre si e, no uso da racionalidade, exerceriam suas liberdades da melhor maneira possível. No entanto, observou-se, na prática, que a igualdade era meramente formal, resultando na criação de relações jurídicas desequilibradas e prejudiciais a quem estivesse em situação de vulnerabilidade. A doutrina apontava essas distorções e o legislador elaborou diversas leis de proteção da parte mais fraca. Assim, nas relações jurídicas de direito privado, manifestou-se uma nova visão, que levasse em consideração não apenas o interesse das partes, mas também um interesse da sociedade de evitar a opressão e o abuso por meio do próprio direito.

A função social do contrato é o exemplo típico do valor da socialidade.[1] Anteriormente, os contratos deveriam ser cumpridos conforme suas cláusulas; hoje em dia, os contratos podem ser revistos, e a liberdade de contratar deve ser exercida em razão e nos limites da função social do contrato, conforme disposto no art. 421 do Código Civil. O mesmo se diga da propriedade, definida como o poder de usar, fruir e dispor, bem como reaver a coisa de quem injustamente a detenha; pela socialidade, tais poderes necessitam ser exercidos em conformidade com a função social da propriedade, conforme o art. 1.228, § 1º, do Código Civil.[2]

Já a operabilidade consiste na ideia de evitar que o texto do Código Civil se tornasse obsoleto pela lentidão do legislador em dar respostas jurídicas a problemas de natureza privada. Para isso, o juiz deixaria de ser a mera "boca da lei" para ter um papel de protagonista na produção do direito, ao atribuir-se a ele o poder de decidir conflitos privados, discricionariamente ou por meio do recurso à equidade, como também pela possibilidade de atualização do direito privado pela aplicação de maior número de cláusulas gerais, que são normas de ampla hipótese de incidência. Não se trata de novidade, porque o Código Civil de 1916 trazia o art. 159, que foi recepcionado e atualizado no Código Civil de 2002 pelo art. 186. De qualquer modo, exemplo de cláusula geral inserida em 2002 foi o art. 927, parágrafo único, ao prever a responsabilidade civil objetiva pelo risco da atividade, ou o art. 421, que trata da função social do contrato, cujo conteúdo vem sendo fixado pela jurisprudência.

Com a eticidade, almejava-se a superação de um positivismo frio e legalista, pelo reconhecimento da importância da moral nas relações privadas. Nesse sentido, a boa-fé é o maior exemplo desse valor, por ser um princípio instrumental por meio do qual se impõe a busca da conduta correta pelos sujeitos no exercício de direitos subjetivos, assim como no cumprimento de deveres, desde a formação das relações jurídicas até a sua extinção. A conduta segundo a boa-fé reduz a probabilidade de conflitos intersubjetivos, porque o exercício de direitos subjetivos não será abusivo. A confiança despertada entre as partes

---

[1] Cf. TOMASEVICIUS FILHO, Eduardo. Uma década de aplicação da função social do contrato: análise da doutrina e da jurisprudência brasileiras. *Revista dos Tribunais*, São Paulo, v. 103, n. 940, p. 49-85, fev. 2014.

[2] A Constituição Federal de 1967 estabelecia no art. 157, III, que um dos princípios da ordem econômica era a função social da propriedade. De igual modo, a Emenda Constitucional nº 1, de 1969, no art. 160, III. Finalmente, a Constituição Federal de 1988 condiciona o direito de propriedade ao atendimento da função social (art. 5º, XXIII), estabelece que esta é um dos princípios da ordem econômica (art. 170, III), reconhece que empresa pública tem função social (art. 173, § 1º, I), define que a propriedade urbana atende à função social quando atende às exigências fundamentais de ordenação da cidade expressas no plano diretor (art. 182, § 2º), prevê a desapropriação de imóvel rural por descumprimento de sua função social (art. 184) e elenca os requisitos para aferição do cumprimento da função social da propriedade rural (art. 186).

será preservada pela inexistência de comportamentos contraditórios, e os contratos serão adequadamente celebrados e cumpridos. Para tanto, o Código Civil de 2002 impõe a observância da boa-fé na interpretação dos negócios jurídicos (art. 113), no exercício de direitos subjetivos (art. 187) e na formação e conclusão dos contratos (art. 422). Vale ressaltar que a boa-fé já era reconhecida em grandes termos no direito brasileiro por meio do Código de Defesa do Consumidor. Porém, o interesse dos operadores do direito pela boa-fé como instituto jurídico aumentou significativamente com a promulgação do novo Código Civil.

Em 16 de março de 2015, promulgou-se a Lei nº 13.105, que instituiu o novo Código de Processo Civil, festejado pela comunidade jurídica por ser o primeiro Código elaborado e promulgado no Brasil dentro do Estado Democrático de Direito – o que não é exato, porque o Código de Defesa do Consumidor de 1990 também foi elaborado e promulgado durante a Nova República.[3] A elaboração do novo Código de Processo Civil iniciou-se em 2009 por meio de comissão presidida pelo Min. Luiz Fux e foi apresentado ao Senado Federal, por meio do Projeto de Lei nº 166/2010. Assim como se fez com o Código Civil de 2002, procurou-se recepcionar os entendimentos sobre os quais havia praticamente unanimidade na comunidade jurídica e buscou-se dar organicidade e simplificação ao sistema do Código, ao impor maior eficiência nos processos, aprimorar a atuação do juiz e, sobretudo, adequar formalmente o direito processual à Constituição Federal.[4]

De qualquer modo, é notório no texto do novo Código de Processo Civil que este procura estimular uma nova visão acerca da solução de conflitos, como também a nova postura dos sujeitos do processo. Dessa forma, o legislador reconheceu a boa-fé como princípio instrumental fundamental na solução de conflitos no âmbito do Poder Judiciário.

A boa-fé tinha previsão no antigo Código de Processo Civil, e esperava-se que os sujeitos do processo agissem em conformidade com ela.[5] Todavia, assim como aconteceu com o Código Civil, parece que esse assunto tem ganhado destaque com a promulgação do novo Código de Processo Civil, razão pela qual se propõe de que maneira poderá ser aplicada, agora, às relações jurídicas de direito processual.

---

[3] A Portaria nº 7/1989, do Ministério da Justiça, nomeou comissão de juristas para elaboração de anteprojeto de Código de Defesa do Consumidor. Tramitou como Projeto de Lei do Senado nº 97, de 1989, e foi promulgado como Lei nº 8.078, de 11 de setembro de 1990.

[4] BRASIL. Senado Federal. *Projeto de Lei nº 166, de 2010*. Dispõe sobre a reforma do Código de Processo Civil. p. 236-237. Disponível em: <http://www.senado.gov.br/atividade/materia/getPDF.asp?t=79547&tp=1>. Acesso em: 19 maio 2015.

[5] A doutrina processualística trata do assunto, mas sem muito destaque em comparação com outros princípios e institutos de direito processual, talvez por entender ser óbvia tal conduta, ao entenderem ser importante a participação de todos na concretização de um interesse superior de realização de justiça, mas cuja aplicação é relativa, pela necessidade de coexistência com os demais princípios, como pela própria estrutura do processo, especialmente no tocante ao dever de veracidade (cf. THEODORO JÚNIOR, Humberto. *Curso de direito processual civil* – Teoria geral do processo civil e processo de conhecimento. 48. ed. Rio de Janeiro: Forense, 2008; SILVA, Ovídio A. Baptista da. *Comentários ao Código de Processo Civil*. Do processo de conhecimento, arts. 1º ao 100. São Paulo: Revista dos Tribunais, 2000. v. 1; GRECO FILHO, Vicente. *Direito processual civil brasileiro*. Teoria geral do processo a auxiliares da justiça. 14. ed. São Paulo: Saraiva, 2000. v. 1).

1. O CONTEÚDO DO PRINCÍPIO DA BOA-FÉ

A ideia de boa-fé é bastante antiga. Desde Roma, encontram-se exemplos de sua aplicação, sobretudo em matéria processual, ao exigir-se que as demandas apresentadas perante o pretor fossem justas. A maneira pela qual o réu se defendia de uma pretensão infundada era pela alegação da *exceptio doli*, que era, na prática, a alegação de que o autor agia com dolo ao movimentar o sistema judicial romano. Ademais, pela *exceptio doli*, não se admitia a alegação de ineficácia dos pactos – que eram contratos não previstos pelo *jus civile* e, portanto, desprovidos de eficácia jurídica – quando se concordava com a exequibilidade deles.[6] Na Idade Média, pode-se destacar o desenvolvimento da denominada boa-fé subjetiva, que seria o oposto da *exceptio doli*, isto é, seria a possibilidade de alegação de ausência de dolo na prática da conduta proibida.[7] Por exemplo, em matéria de casamento putativo, atribuíam-se os efeitos do casamento a quem não podia casar, se restasse comprovada a ausência de dolo ou ausência de intenção de realizar o que não se deveria ter feito.

No direito contemporâneo, o Código Civil francês, de 1804, previa a boa-fé subjetiva, mas também a denominada boa-fé objetiva, ao estabelecer no art. 1.134, inciso 3, que os contratos devem ser cumpridos de boa-fé. Por considerá-la óbvia, acabou não recebendo a devida atenção. O Código Civil alemão, de 1896, trouxe o § 157, que estabelecia que os negócios jurídicos deveriam ser interpretados conforme a boa-fé, como também o § 242, segundo o qual os contratos deveriam ser cumpridos segundo a boa-fé. Pelo fato de o Código Civil alemão apresentar diversas lacunas importantes em termos de abuso do direito e de equilíbrio contratual até 2002, quando foi reformado, foi necessário o apelo à boa-fé para contornar problemas dessa natureza. Assim, o § 242 acabou sendo "inflado" pela jurisprudência alemã ao longo do século XX, para dar solução a problemas de naturezas jurídicas distintas entre si.[8]

No Brasil, o Código Civil de 1916 não trazia uma regra geral sobre a boa-fé, nos moldes do art. 1.134, inciso 3, do Código Civil francês ou do § 242 do Código Civil alemão. Pressupunha-se que as partes eram capazes de se defenderem por si mesmas das armadilhas negociais, dispensando-se a tutela do direito nesses casos. Apenas se exigia a mais estrita boa-fé em matéria de seguros, para que o segurador pudesse avaliar com precisão os riscos do contrato.

A difusão da aplicação da boa-fé na Alemanha irradiou-se pela Itália e, sobretudo, em Portugal, países em que houve recepção da aplicação da boa-fé às relações jurídicas por meio de cláusulas gerais. Em notória inspiração doutrinária acerca do que ocorria nesses

---

[6] JUSTINIANO I (483-565). *Institutas do Imperador Justiniano: manual didático para uso dos estudantes de direito de Constantinopla, elaborado por ordem do Imperador Justiniano no ano de 533 d.C.* Trad. J. Cretella Jr. e Agnes Cretella. 2. ed. ampl. e rev. da tradução. São Paulo: Revista dos Tribunais, 2005. p. 264.

[7] CORDEIRO, Antonio Manuel da Rocha e Menezes. *Da boa-fé no direito civil*. 2ª reimpressão. Coimbra: Almedina, 2001. p. 154.

[8] ZIMMERNANN, Reinhard; WITTAKER, Simon. Good Faith in European Contract Law: Surveying in the Legal Landscape. In: ZIMMERMANN, Reinhard; WITTAKER, Simon (Orgs.). *Good Faith in European Contract Law*. Cambridge: Cambridge University Press, 2000. p. 20.

três países, a comissão elaboradora do Código Civil brasileiro inseriu a boa-fé no texto que se converteu em lei. Assim, os arts. 113 e 422 do Código Civil brasileiro equivalem aos §§ 157 e 242 do Código Civil alemão, respectivamente; e o art. 187 do Código Civil brasileiro equivale ao art. 334º do Código Civil português.

Pelo fato de o conceito de boa-fé ser vago para quem com este não é familiarizado, a doutrina e a jurisprudência chegaram à conclusão de que emanam da boa-fé certos deveres laterais que concorrem para o bom andamento das relações jurídicas. Numa perspectiva atualizada da doutrina, são os deveres de coerência, de informação e de cooperação.

Com o dever de coerência, procura-se proteger a confiança, que é imprescindível para a estruturação de relações interpessoais, ao conferir segurança para a orientação das condutas, como também na tomada de decisões pessoais. Sem confiança, requer-se a tomada de muitas medidas de precaução para se defender da insegurança advinda da quebra das expectativas de comportamento. Assim, a conduta esperada segundo a boa-fé consiste na manutenção das expectativas geradas, ao proibir-se o comportamento contraditório,[9] isto é, agir de um modo e, posteriormente, agir de modo contrário, ou fazer uma declaração e, posteriormente, mudar de opinião, quando essa mudança representar conduta desleal. Em latim, "venire contra factum proprium non potest". Com efeito, a regra geral consiste na licitude da mudança de comportamento, por se tratar do exercício da própria liberdade pessoal. O que não se pode é exercer a liberdade de modo irresponsável, de forma desleal, sem levar em consideração os interesses dos demais, sobretudo quando essa mudança causar danos à esfera jurídica alheia. Portanto, admite-se a mudança de comportamento quando esse fato já é esperado pela outra parte ou quando esse ato não tiver causado qualquer dano. Por exemplo, uma pessoa que entra em determinada loja para comprar uma roupa. Num momento, interessa-se por uma blusa ou uma calça, depois muda de opinião, desistindo de efetuar a compra. Evidentemente, nenhum vendedor pode ter a expectativa de que todo e qualquer cliente compre tudo o que tiver experimentado. Todavia, estará em descordo com o princípio da boa-fé a mudança de comportamento não esperada, como no caso da desistência de compra de quotas de uma sociedade limitada no instante anterior à assinatura do contrato, após longo período de negociação, porque não é esperada a desistência na fase final do relacionamento sem justo motivo. Existem, ainda, existem comportamentos contraditórios que são considerados abusivos, como também se pode afirmar que abusar de um direito subjetivo é agir de maneira contraditória com a normalidade, ou seja, abusar é agir em desacordo com o princípio da boa-fé.

Também, por meio do dever de coerência, desconsidera-se a alegação de nulidades formais,[10] como nos casos em que a pessoa percebeu a violação da norma, tanto de natureza legal ou negocial, e não questionou esse fato num primeiro momento, vindo a questioná-lo posteriormente para se aproveitar da situação. O Código Civil de 2002 disciplina essas situações no art. 150, quando dispõe que "se ambas as partes procederem com dolo, nenhuma pode alegá-lo para anular o negócio, ou reclamar indenização"; no art. 180, quando dispõe que "o

---

[9] DIEZ PICAZO PONCE DE LEÓN, Luis. *La Doctrina de los Propios Actos*: un Estudio Crítico sobre la Jurisprudencia del Tribunal Supremo. Barcelona: Bosch, 1963. p. 21.

[10] ENNECCERUS, Ludwig; KIPP, Theodor; WOLFF, Martin. *Tratado de Derecho Civil*. Parte General. Barcelona: Bosch, 1943. v. I, t. I, p. 121.

menor, entre dezesseis e dezoito anos, não pode, para eximir-se de uma obrigação, invocar a sua idade se dolosamente a ocultou quando inquirido pela outra parte, ou se, no ato de obrigar-se, declarou-se maior"; no art. 181, quando estabeleceu que "ninguém pode reclamar o que, por uma obrigação anulada, pagou a um incapaz, se não provar que reverteu em proveito dele a importância paga"; e no art. 330, segundo o qual "o pagamento reiteradamente feito em outro local faz presumir renúncia do credor relativamente ao previsto no contrato".

O segundo dever decorrente da boa-fé é o dever de informação.[11] Como esta se destina à formação correta das relações jurídicas, uma das maneiras pelas quais se proporciona esse acerto está na disponibilização da maior quantidade de informações possíveis aos interessados, porque informação é fundamental para a tomada de decisões em termos de conhecimento do objeto do negócio, como também da conveniência ou não da sua formação. É certo que cada pessoa tem o ônus de se informar, de buscar as informações que lhe interessam, mas nem tudo será possível descobrir por meio de uma conduta diligente. Por isso, a boa-fé impõe à parte mais informada o dever de transmitir à parte menos informada toda informação relevante para o bom andamento da relação jurídica, observando, ademais, os requisitos de clareza e de veracidade.

O terceiro dever decorrente da boa-fé é o dever de cooperação,[12] o qual impõe a facilitação das condutas para a outra parte, sempre que isso for possível sem prejuízo próprio, para poupar a realização de atos ou de ter despesas dispensáveis, com o intuito de facilitar o bom andamento das relações jurídicas. Em termos de direito das obrigações, por exemplo, o credor deve facilitar o cumprimento do dever pelo devedor, até mesmo para não incorrer em mora, como também o devedor deve facilitar o exercício do direito por parte do credor, para que este não tenha prejuízos desnecessários.

2. O PRINCÍPIO DA BOA-FÉ EM AMBOS OS CÓDIGOS DE PROCESSO CIVIL

Quando se afirma que o novo Código de Processo Civil consagrou o princípio da boa-fé em seu texto, pode-se imaginar que no texto do Código anterior não havia regras acerca dessa matéria, ou que somente agora em 2015 houve inovações nesse sentido. No entanto, asserções desse tipo não são exatas. Basta observar a existência de dezenas de situações específicas de concretização da boa-fé por meio dos três principais deveres que dela emanam, tanto no texto anterior, como no novo texto legal. Regras notórias sobre a boa-fé processual são aquelas que dispõem sobre os deveres das partes no processo (CPC de 1973, art. 14; CPC de 2015, art. 77), como também aquelas relativas à litigância de má-fé (CPC de 1973, art. 17; CPC de 2015, art. 80), a seguir transcritas. Por exemplo, observa-se o dever de coerência ao "não formular pretensão ou de apresentar defesa quando cientes de que são destituídas de fundamento" e ao "não produzir provas e não praticar inovação ilegal no estado do fato de bem ou direito litigioso". O dever de informação manifesta-se ao "expor os fatos em juízo

---

[11] FABIAN, Christoph. *O dever de informar no direito civil*. São Paulo: Revista dos Tribunais, 2003.
[12] UDA, Giovanni Maria. *La Buona Fede nell'Esecuzione del Contratto*. Torino: G. Giapicchelli (In Colaborazione con Unversità di Sassari – Facòltà di Giurisprudenza), 2004. p. 355.

conforme a verdade", como também ao "declinar, no primeiro momento em que lhes couber falar nos autos, o endereço residencial ou profissional onde receberão intimações, atualizando essa informação sempre que ocorrer qualquer modificação temporária ou definitiva". O dever de cooperação dá-se ao "cumprir com exatidão as decisões jurisdicionais, de natureza provisória ou final, e não criar embaraços à sua efetivação". Viola-se o dever de coerência ao "deduzir pretensão ou defesa contra texto expresso de lei ou fato incontroverso" ou ao "usar do processo para conseguir objetivo ilegal". Descumpre-se o dever de informação ao "alterar a verdade dos fatos" e o mesmo acerca do dever de cooperação, quando a parte "opuser resistência injustificada ao andamento do processo", "provocar incidente manifestamente infundado", "interpuser recurso com intuito manifestamente protelatório" ou ao "proceder de modo temerário em qualquer incidente ou ato do processo". Inclusive os juízes devem evitar a prática de comportamentos contraditórios ao proferirem suas decisões, sob pena de estas serem questionadas por meio da oposição de embargos de declaração.

Além dessas normas gerais, que abrangem os três principais deveres decorrentes da boa-fé, existiam no Código de Processo Civil anterior[13] e continuam existindo no novo Código de Processo Civil uma grande quantidade de normas específicas sobre cada um desses três deveres. Partindo-se dos três deveres decorrentes da boa-fé no direito civil, faz-se a seguir o levantamento das principais situações.

Em se tratando do dever de coerência em ambos os Códigos de Processo Civil, são recorrentes dois tipos de problemas: o abuso do direito em matéria processual e a realização de comportamentos contraditórios. No *common law*, a violação do dever de coerência é sancionada por meio da *estoppel*.[14] Já no Brasil, o Código de Processo Civil prevê casuisticamente essas situações. Por exemplo, quanto ao abuso do direito dentro do processo, destaca-se a vedação do uso de expressões ofensivas nos autos, a proibição da alegação da inexistência de citação quando esta tiver sido realizada na pessoa de prepostos e funcionários – em homenagem à proteção da aparência jurídica –, bem como a vedação da simulação processual e a alegação de nulidades meramente formais, quando estas não trazem prejuízo a quem a alegou.

---

[13] Brunela Vieira de Vincenzi (*A boa-fé no processo civil*. São Paulo: Atlas, 2003) já apontava que o art. 3º do Código de Processo Civil de 1939 impunha responsabilidade por perdas e danos à parte que intentasse demanda por espírito de emulação, mero capricho ou erro grosseiro e, no parágrafo único, dispunha sobre o abuso de direito processual, verificado quando o réu opusesse, maliciosamente, resistência injustificada ao andamento do processo, assim como o art. 115, que dava poderes ao juiz para coibir a simulação processual. No Código de Processo Civil de 1973, apontava os deveres das partes do art. 14, a litigância de má-fé e a responsabilidade por recursos com intuito meramente protelatório, além de ter tratado da repressão ao exercício de posições jurídicas inadmissíveis no processo por meio da aplicação da cláusula geral da boa-fé. Por sua vez, Ana Paula Chiovitti (*A boa-fé no processo civil e os mecanismos de repressão ao dolo processual*. 2009, 210p. Dissertação – Mestrado em Direito Processual Civil – Pontifícia Universidade Católica de São Paulo, São Paulo, 2009) elencou hipóteses de boa-fé processual, entre várias, aquelas em matéria de pedido ou de defesa contra entendimento jurisprudencial pacificado, como também no dever de dizer a verdade, além da violação da boa-fé na litigância de má-fé, no exercício do direito de recorrer e nos atos atentatórios à dignidade da justiça e do exercício da jurisdição.

[14] DIEZ PICAZO PONCE DE LEÓN, Luis. Op. cit., p. 72.

Consideram-se comportamentos contraditórios a distribuição cujas custas não tenham sido recolhidas no prazo legal, a insurgência do revel contra os efeitos de presunção de veracidade dos fatos alegados pelo autor, a exigência de prova dos fatos notórios ou afirmados e confessados, a contestação do valor probante de livros empresariais, escriturações contábeis, documentos e extratos, a inércia processual por parte do autor, a tentativa de rediscussão da lide em sede de liquidação da sentença, a objeção à avaliação feita e não contestada pelo interessado e a exigência de cumprimento de obrigação, quando o próprio interessado também não cumpriu com a sua obrigação. Em sentido oposto, o comparecimento espontâneo do réu não citado ensejará a supressão da falta ou da nulidade da citação. Ainda, especificamente para os magistrados e auxiliares, há as regras sobre impedimento e suspeição dos magistrados, bem como sobre a escusa dos peritos.

Quanto ao dever de informar em ambos os Códigos de Processo Civil, além do dever das partes de expor os fatos em conformidade com a verdade, o advogado deve declinar o endereço em que receberá intimações. O perito tem o dever de dizer a verdade na elaboração do laudo. A testemunha tem o dever de declarar suas qualificações e seu grau de parentesco, bem como dizer a verdade, sob pena de responder pelo crime de falso testemunho. O juiz também tem o dever de informar os motivos de suas decisões, porque, se, de um lado, garante-se o livre convencimento, este, por outro lado, deve ser motivado, cabendo declarar as razões que o levaram a escolher uma entre as várias soluções possíveis. O inventariante deve apresentar as "primeiras declarações", e o herdeiro, na colação, deve informar o que recebeu antecipadamente a título de antecipação da herança.

Em termos de dever de cooperação em ambos os Códigos de Processo Civil, o advogado pode atuar provisoriamente sem procuração nos autos para evitar prejuízo à parte. A citação do incapaz deve ser feita pessoalmente, para facilitar-lhe o direito de defesa e qualquer interessado pode atuar como assistente de qualquer das partes. Outra série de regras que impõem o dever de cooperação entre as partes está em matéria probatória, por causa do princípio de que "ninguém se escusa de colaborar na descoberta da verdade". Nesse sentido, há o dever de cooperar com o juiz na prova do direito estadual ou estrangeiro. Qualquer pessoa deve exibir documento ou coisa que esteja em seu poder. Deve-se antecipar o pagamento de despesas periciais. Assistentes técnicos podem colaborar na produção da prova pericial. O perito tem prazo para juntada de laudo para proporcionar tempo razoável às partes para manifestação acerca do mesmo. Audiências podem ser redesignadas, se o perito, as partes, testemunhas ou advogados não puderem comparecer por motivo justificado. Testemunhas devem ser dispensadas do trabalho e deve-se pagar o deslocamento das mesmas, quando solicitado. Certas testemunhas, em razão de seu cargo, podem ser ouvidas em outro local para o bom andamento do serviço público. A testemunha que deixar de comparecer sem motivo justificado, além da condução coercitiva, responderá pelas despesas do adiamento da audiência por sua postura não cooperativa. Também se consideram impenhoráveis os salários, vencimentos, soldos, pensões, instrumentos de trabalho, seguros de vida e saldos de caderneta de poupança em até quarenta salários mínimos, para que a parte não tenha sua sobrevivência prejudicada. Não se admite lanço com preço vil, para não prejudicar ainda mais a situação jurídica do devedor. No procedimento de restauração de autos, cabe às partes juntar cópias em seu poder para a recomposição do instrumento. Ainda como sanção ao dever de cooperação, admite-se a citação por hora certa. O juiz poderá indeferir quesitos impertinentes, recusar a produção de provas meramente protelatórias e fixar o pagamento de *astreinte* em caso de recusa de entrega de coisa certa. Os denominados "atos atentatórios contra a dignidade da Justiça" também são exemplos de violação do dever de cooperação.

3. O QUE MUDOU NO NOVO CÓDIGO DE PROCESSO CIVIL?

3.1. Exigência de novos comportamentos

Assim, se o Código de Processo Civil anterior já trazia dezenas de normas relativas à boa-fé processual, as quais foram recepcionadas no texto do novo Código de Processo Civil, cabe indagar o que mudou de um código para outro. O que se observa, de início, é que o legislador, preocupado com o aprimoramento da prestação jurisdicional, elevou o princípio da boa-fé a uma garantia processual, ao lado do devido processo legal, do contraditório e da ampla defesa. Aqui se trata de inovação importante, porque estas três últimas garantias processuais eram remédios contra a deslealdade processual, ao proporcionar segurança das expectativas por meio da observância das "regras do jogo", como também ao evitar-se que uma das partes não tivesse acesso às informações trazidas pela outra por meio das provas que apresentou. Com o princípio da boa-fé, impõe-se a observância da melhor conduta possível dentro do processo. Em outras palavras, a parte que age conforme a boa-fé, possibilita à outra ter a confiança legítima de que o processo será desenvolvido corretamente, da maneira mais fácil e simples, dentro do menor tempo possível, assegurando-se-lhe o pleno acesso às informações dentro do processo e, sobretudo, respeitando o direito da outra parte de expor suas razões, ainda que não concorde com elas, por convicção ou por dever de ofício. Consiste em fazer do processo um instrumento de pacificação e não uma guerra. A boa-fé impõe a superação do latente estado de beligerância existente entre todos os sujeitos processuais, provocados, sobretudo, por pequenas coisas que causam irritação, como, por exemplo, uma resposta ríspida, uma postura intolerante, incompreensiva, não cooperativa, ou uma conduta abusiva da boa-vontade alheia.[15]

Considerando que a conduta segundo a boa-fé é aquela que produz o resultado mais eficiente, por buscar-se a realização dos atos da maneira mais fácil e simples, sempre voltada à facilitação da situação das demais pessoas, age segundo a boa-fé processual todo aquele que procura cooperar com o bom andamento processual, e isso vale para todos: partes, magistrados, órgãos do Ministério Público, advogados, conciliadores, mediadores, serventuários e auxiliares da justiça.

Nesse sentido, a parte age conforme a boa-fé ao procurar a solução consensual dos conflitos antes de levá-lo ao Estado-Juiz. Não age corretamente, quando procura não se

---

[15] No mesmo sentido, THEODORO JÚNIOR, Humberto; NUNES, Dierle; BAHIA, Alexandre Melo Franco; PEDRON, Flavio Quinaud. *Novo CPC – fundamentos e sistematização*. Lei 13.105, de 16.03.2015. 2. ed. rev., atual. e aum. Rio de Janeiro: Forense, 2015. p. 95: "Esta visão normativa da comparticipação ganha maior relevância na medida, como já tantas vezes pontuado, em que se percebe que o sistema processual é um ambiente propenso a comportamentos não cooperativos, em que se percebe uma animosidade latente (ou declarada) entre as profissões jurídicas; sem olvidar da própria realização de atividades isoladas por eles a partir do horizonte e do papel que desempenham dentro do aludido sistema. Dificilmente vemos um profissional de nossa área promovendo uma autoanálise mais profunda de seu papel e dos vícios da atividade que desenvolve. É mais fácil, sendo advogado, acusar o juiz das mazelas do sistema e, sendo juiz, acusar o advogado das agruras que padece no seu cotidiano (e isso se repete para os outros "atores": Ministério Público, serventuários etc.)".

responsabilizar por seus atos, preferindo que um terceiro – no caso, o juiz – tenha que tomar decisões pessoais em seu lugar. Também não age corretamente, quando procura o Poder Judiciário para satisfazer interesses ilegítimos ou quando falta com a verdade dos fatos.

O advogado age conforme a boa-fé quando se abstém de manobras e de recursos meramente protelatórios, mesmo sob a alegação de que se trata de garantir a ampla defesa de seu cliente, como também ao se conscientizar de que se deve comunicar ao juiz, oralmente ou por escrito, apenas o que for relevante para a solução do caso, para não sobrecarregá-lo desnecessariamente, fazendo-o perder tempo com o que não precisava ser dito e afetando negativamente o funcionamento de todo o sistema.[16] Também estará em conformidade com a boa-fé em face dos serventuários da justiça, ao tratá-los com respeito e urbanidade, consciente de que eles são os colaboradores diretos de sua atividade profissional. Deve inclusive procurar sempre facilitar o bom andamento dos cartórios e das secretarias, zelando para que os serviços possam ser prestados com mais facilidade e agilidade, ao requerê-los com racionalidade.

O magistrado age conforme a boa-fé ao observar continuamente o tempo médio de realização de cada ato processual no cartório ou secretaria sob sua responsabilidade, devendo tomar medidas para a reorganização eficiente dos trabalhos para que se reduza ao mínimo o denominado "tempo morto" do processo,[17] abandonando de uma vez por todas a crença errônea de que o tempo do processo é diferente do tempo cronológico, ou, ainda, quando se recusa a ouvir as alegações das partes e dos advogados, por imaginar que nada lhe será acrescentado em termos de informações relevantes para a tomada de sua decisão. Por outro lado, o magistrado não age conforme a boa-fé com o próprio Tribunal, quando, por descuido ou por não desejar enfrentar determinada questão em decisão interlocutória, força a propositura de agravos, para que a instância superior decida em seu lugar, livrando-se da responsabilidade pela tomada de decisão. Além de provocar perda de tempo, atrapalha o andamento dos serviços internos, bem como o processamento e redação de apelações, recursos especiais e extraordinários.

Serventuários da justiça agem conforme a boa-fé tratando a todos – advogados, estagiários e ao público em geral – com respeito e urbanidade, procurando facilitar ao máximo o andamento processual, antecipando-se, sempre que possível, na preparação de atos processuais. Pelo fato de o cartório ou a secretaria serem o espaço em que se faz o atendimento ao público, este deve ser realizado tal como se espera em um atendimento em qualquer outro lugar. Por exemplo, a rotina de trabalho ou a sobrecarga não podem ser justificativas para que um serventuário solicite de forma ríspida o número do processo sem antes dizer "boa tarde" ou realizar atendimento do balcão sem se levantar da mesa de trabalho, ou que ofereça respostas evasivas de que nada pode ser feito no momento.

Advogados, magistrados e órgãos do Ministério Público agem conjuntamente conforme a boa-fé quando respeitam o direito do outro de manifestar-se sem interrupção ou aparte, ou ao enviarem sugestões para o aperfeiçoamento contínuo da prestação jurisdicional. Tribunais agem segundo a boa-fé não somente ao ouvirem continuamente tais sugestões,

---

[16] Destaca-se o projeto "Petição 10, Sentença 10", visando a combater a prática do "copiar e colar", o que gera desnecessariamente longas petições e sentenças, além de prejudicar o meio ambiente com a impressão desnecessária de papel.

[17] BRASIL. Senado Federal. *Projeto de Lei nº 166/2010*, cit., p. 239.

mas também ao desenvolverem métodos e sistemas que permitam a prestação de serviços jurisdicionais de qualidade dentro do menor tempo possível.

Para a realização desse ideal de relacionamento dentro do contexto da relação jurídica processual, o legislador inseriu logo no início do novo Código de Processo Civil duas cláusulas gerais de boa-fé em matéria processual. A primeira delas é a do art. 5º, segundo a qual "aquele que de qualquer forma participa do processo deve comportar-se de acordo com a boa-fé". A segunda cláusula geral é a do art. 6º, segundo a qual "todos os sujeitos do processo devem cooperar entre si para que se obtenha, em tempo razoável, decisão de mérito justa e efetiva". Notadamente, o legislador inspirou-se no Código Civil de 2002, cujo texto apresenta as cláusulas gerais dos arts. 187 e 422, bem como a regra do art. 113, que trata da boa-fé na interpretação dos negócios jurídicos.

A propósito, assim como o art. 113 do Código Civil, o novo Código de Processo Civil trouxe duas regras de interpretação conforme a boa-fé. Nesse sentido, o art. 322, § 2º, deve ser observado pelo juiz e dispõe que "a interpretação do pedido considerará o conjunto da postulação e observará o princípio da boa-fé". O art. 489, § 3º, é endereçado às partes e advogados, ao estabelecer que "a decisão judicial deve ser interpretada a partir da conjugação de todos os seus elementos e em conformidade com o princípio da boa-fé". A interpretação conforme a boa-fé não significa em hipótese alguma que o juiz, as partes ou os advogados necessitam colocar-se no lugar dos declarantes e imaginar o que esses sujeitos processuais, *bonus pater familias* ou "pessoas honradas" teriam dito. Ao contrário: interpretar segundo a boa-fé consiste na vedação de interpretações abusivas, inadmissíveis, ou que resultam da distorção do sentido produzido pela frase. Em linguajar popular, não se pode "forçar a barra" em matéria de interpretação.

3.2. Dever de coerência

Em se tratando do dever de coerência, o novo Código de Processo Civil estabelece que os conciliadores e mediadores judiciais cadastrados não podem atuar como advogados nos juízos em que desempenham suas funções (art. 167, § 5º) e ficam impedidos, pelo prazo de um ano, contado do término da última audiência em que atuaram, de assessorar, representar ou patrocinar qualquer das partes (art. 172). Também decorrem do dever de coerência as novas regras sobre a superação de nulidades formais. Por exemplo, a despeito da garantia do devido processo legal, o art. 282, § 1º, estabelece que "o ato não será repetido nem sua falta será suprida quando não prejudicar a parte", assim como, de acordo com o art. 319, § 2º, não se indeferirá a petição inicial quando for possível a citação do réu, mesmo sem seus dados pessoais, porque seria incoerente a recusa da citação quando esta podia ter sido feita sem causar prejuízo às partes.

Outra situação de aplicação do dever de coerência corresponde a uma das hipóteses da denominada "tutela da evidência", prevista no art. 311, I, a qual permite ao juiz decidir, liminarmente, independentemente da demonstração de perigo de dano ou de risco ao resultado útil do processo, quando "ficar caracterizado o abuso do direito de defesa ou o manifesto propósito protelatório da parte". Outra regra interessante é a de que a parte não pode ser prejudicada por demora imputável exclusivamente ao serviço judiciário (art. 240, § 3º), porque seria incoerente buscar o socorro contra lesão a direito por quem tem o monopólio da Justiça e, ao final, ser prejudicado por esta.

Porém, a principal e mais importante inovação de todo o Código de Processo Civil consiste nas regras pelas quais os tribunais deverão construir sua jurisprudência. Em um cenário em que há aproximadamente cem milhões de processos, gera-se insegurança jurídica a prerrogativa de cada câmara, turma ou tribunal decidir cada caso de maneira peculiar. Com efeito, o Código de 1973 prevê que os casos mais relevantes têm suas decisões estabilizadas por meio de súmulas ou, desde a reforma de 2006, pela técnica de julgamento de recursos repetitivos. Agora, com o novo Código de Processo Civil, estabeleceu-se uma regra geral, no art. 926, *caput*, segundo a qual "os tribunais devem uniformizar sua jurisprudência e mantê-la estável, íntegra e coerente".[18]

Assim, além de reforçar a obrigatoriedade da observância do entendimento do Supremo Tribunal Federal em termos de controle concentrado de constitucionalidade e de súmulas vinculantes, previu-se o alargamento da aplicação das regras sobre uniformização da jurisprudência, para que se adotem também os resultados dos recursos repetitivos (art. 927, III) e das súmulas não vinculantes (art. 927, IV), bem como os resultados do denominado "Incidente de Resolução de Matérias Repetitivas" processado em qualquer tribunal (art. 976), e não apenas nos tribunais superiores. A aplicação do "Incidente de Resolução de Matérias Repetitivas", de inspiração alemã, parte do reconhecimento da impossibilidade fática de elaborarem-se julgamentos pontuais em um contexto teratológico de demandas, muitas delas repetitivas e reproduzidas mecanicamente.[19] Se essas regras forem adequadamente realizadas, isso poderá proporcionar a economia de muitos recursos, porque dará clareza a respeito do pensamento do tribunal acerca de determinada matéria, uma vez que não apenas às partes, mas também o próprio juiz ou o Tribunal, de ofício, poderão suscitar esse incidente.

Será inevitável que as principais teses jurídicas sejam apreciadas previamente, contando, inclusive, com uma participação democrática por meio da regulação expressa e generalizada da atuação do *amicus curiae* (art. 138), que também concorre para o bom andamento da justiça no modelo de contraditório cooperativo.[20] Dessa maneira, poder-se-á analisar, sobretudo, as demandas repetitivas com profundidade e amplo debate desde o seu surgimento, resultando em entendimento adequado à dimensão de que necessitam.[21] Ademais, por questões de interesse social e, sobretudo, de segurança jurídica, entendida como preservação da confiança como objeto do dever de coerência, estabeleceu-se com clareza a

---

[18] Como observa José Rogério Cruz e Tucci (O regime do procedente judicial no Novo CPC. *Revista do Advogado*, O Novo Código de Processo Civil, ano XXXV, n. 126, maio 2015, p. 146), "(...) a uniformidade da jurisprudência garante a certeza e a previsibilidade do direito. Os cidadãos de um modo geral, informados por seus advogados, baseiam as suas opções não apenas nos textos legais vigentes, mas, também, na tendência dos precedentes dos tribunais, que proporcionam àqueles, na medida do possível, o conhecimento de seus respectivos direitos".

[19] THEODORO JÚNIOR, Humberto; NUNES, Dierle; BAHIA, Alexandre Melo Franco; PEDRON, Flavio Quinaud. *Novo CPC – fundamentos e sistematização*. Lei 13.105, de 16.03.2015. 2. ed. rev., atual. e aum. Rio de Janeiro: Forense, 2015. p. 304.

[20] ZUFELATO, Camilo. Legitimidade recursal do *amicus* curiae no novo CPC. *Revista do Advogado*, O Novo Código de Processo Civil, ano XXXV, n. 126, maio 2015, p. 37.

[21] THEODORO JÚNIOR, Humberto; NUNES, Dierle; BAHIA, Alexandre Melo Franco; PEDRON, Flavio Quinaud. Op. cit., p. 307.

regra sobre modulação dos efeitos da jurisprudência em caso de alteração do entendimento jurisprudencial dominante do Supremo Tribunal Federal e dos Tribunais Superiores, ou nos casos de fixação do entendimento em julgamento de casos repetitivos, conforme disposto no art. 927, § 3º, do novo Código de Processo Civil.[22]

Mais uma regra importante em que se manifesta o dever de coerência é a do art. 932, IV e V, por meio da qual se permite ao relator de processo em qualquer tribunal negar provimento a recurso contrário a súmula do Supremo Tribunal Federal, Superior Tribunal de Justiça ou do próprio tribunal, ou a acórdão proferido pelo Supremo Tribunal Federal ou pelo Superior Tribunal de Justiça, lavrado em julgamento de recursos repetitivos, como também quando o recurso for contrário a entendimento firmado em incidente de resolução de demandas repetitivas ou de assunção de competência. Todas essas hipóteses justificam-se porque seria contraditório fixar-se determinado entendimento e, posteriormente, admitir mudança desse mesmo entendimento.[23] No entanto, vale ressaltar que o relator deve agir com a máxima razoabilidade na aplicação dessa regra, porque sempre haverá situações não previstas que ensejam a discussão do caso o próprio aprimoramento do entendimento previamente fixado, tal como se faz com a lei por meio da sua aplicação no caso concreto pelo tribunal. Em outras palavras, deve-se preservar o "contraditório judicial", para que se mantenha a independência interna da magistratura, assegurando aos juízes a possibilidade de provocarem novos aprimoramentos da jurisprudência.[24]

3.3. Dever de informação

No que concerne ao dever de informação, ampliaram-se sobremaneira as situações em que este passa a ser exigido, tanto pela extensão desse dever não apenas às partes e aos advogados, mas também ao proporcionar maior transparência nos atos processuais. Destacam-se os deveres do juiz de informar – também qualificado como dever de cooperar com o advogado – de indicar com precisão o que deve ser corrigido ou completado em geral (art. 139, IX) ou ao ordenar a emenda da petição inicial nos casos em que esta não preenche os requisitos previstos no Código ou quando tiver defeitos e irregularidades capazes de dificultar o julgamento de mérito, conforme disposto no art. 321. Trata-se, aqui, de uma mudança de paradigma benvinda e coerente com o novo Código de Processo Civil, porque se todos devem cooperar para o bom andamento do processo, não são apenas as partes e advogados que têm deveres, mas todos têm deveres. Antes não havia disposição similar,

---

[22] Outras situações de modulação dos efeitos da jurisprudência estão previstas nos arts. 525, § 13, e 535, § 6º, do novo Código de Processo Civil.

[23] No entanto, José Rogério Cruz e Tucci (O regime do precedente judicial no novo CPC. *Revista do Advogado*, O Novo Código de Processo Civil, ano XXXV, n. 126, maio 2015, p. 150) entende ser parcialmente inconstitucional este artigo, porque a Constituição Federal reservaria efeito vinculante somente às sumulas do Supremo Tribunal Federal e aos julgados de controle direto de constitucionalidade.

[24] THEODORO JÚNIOR, Humberto; NUNES, Dierle; BAHIA, Alexandre Melo Franco; PEDRON, Flavio Quinaud. Op. cit., p. 138.

porque se entendia que era indigno da Justiça apontar o que havia de errado na petição inicial, deixando o advogado "adivinhar" o que estava faltando na mesma. Numa sociedade democrática, regida pelo Estado Democrático de Direito, nada mais natural que se forneça uma informação para que se tenha o devido processo legal.

Situação relevante sobre a qual incide o dever de informação é a elaboração da motivação da sentença. De acordo com o art. 489, § 1º, I a VI, do novo Código de Processo Civil, não se admite mais vagueza semântica, incompletude textual ou incoerência, nem mesmo sob a alegação de sobrecarga de processos, porque estes "ruídos da comunicação" prejudicam a produção de sentido da norma jurídica. Isso exigirá por parte de todo o Poder Judiciário o desenvolvimento de novos métodos de produção de decisões judiciais para que se cumpra esse dever imposto pela boa-fé.

Também decorrem do dever de informação as regras sobre publicidade e transparência por meio da Internet. Por exemplo, os Tribunais devem fornecer informações constantes de seu sistema de automação, para que os usuários não sejam surpreendidos pela falta de acesso em razão de manutenções programadas (art. 197), como também disponibilizar a lista de processos aptos a julgamento (art. 12, § 1º) e publicar os precedentes, preferencialmente na Internet, organizando-os por questão jurídica decidida (art. 927, § 5º). Tal como já vem acontecendo na prática, o leiloeiro público é obrigado a dar ampla divulgação da alienação e deverá publicar o edital na Internet (art. 887). Deve-se dar publicidade na instauração e no julgamento de incidente, por meio de registro eletrônico no Conselho Nacional de Justiça (art. 979). No entanto, em se tratando de ação possessória, não se previu expressamente o uso da Internet, mas o uso de jornal ou rádio e de cartazes, para fins de ampla publicidade da existência da ação (art. 554, § 3º), mas nada obsta que se use da rede para tanto.

Outra regra é o dever do advogado de declinar na procuração não apenas seu nome, mas também sua inscrição na Ordem dos Advogados do Brasil e o endereço completo, para facilitar sua localização. Caso seja integrante de sociedade de advogados, deverá constar também o nome desta, o número de registro e o endereço completo (art. 105, § 2º). Se a parte tiver capacidade postulatória, essas informações deverão constar na petição inicial ou na contestação (art. 106), sob pena de indeferimento da petição, caso não seja suprida essa omissão no prazo de cinco dias. Em contrapartida, as intimações deverão trazer o nome das partes e dos advogados sem abreviaturas (art. 272, § 3º). O mesmo princípio vale para o rol de testemunhas, que deverá ser o mais completo possível (art. 450).

Para facilitar a citação, estabeleceu-se, no art. 246, §§ 1º e 2º, para as pessoas jurídicas de direito público e de direito privado, o dever de informar dados para cadastro em sistemas de processo em autos eletrônicos para efeito de recebimento de citações e de intimações, exceção feita a microempresas e empresas de pequeno porte.[25] Essa medida poderá facilitar

---

[25] Augusto Tavares Rosa Marcacini (Citações e intimações por meio eletrônico no novo CPC. *Revista do Advogado*, O Novo Código de Processo Civil, ano XXXV, n. 126, maio 2015, p. 14) questiona a conveniência desse cadastro, porque, além dos sistemas informáticos não serem totalmente confiáveis, fazendo com que a pessoa jurídica seja surpreendida com uma citação da qual não teve conhecimento, traria custos desproporcionais a todos, e que melhor seria se apenas os grandes litigantes tivessem essa obrigatoriedade.

bastante a defesa dos direitos da parte hipossuficiente, economizando-se tempo e recursos materiais. Considerando que a Internet está presente em quase todas as relações sociais, facilmente se pode implantar esse cadastro por meio da obrigatoriedade do registro dessas informações na Junta Comercial ou na Secretaria da Receita Federal.

3.4. Dever de cooperação

Por sua vez, o dever de cooperação manifesta-se de forma especial dentro do novo Código de Processo Civil, até mesmo por ter sido desmembrado como regra autônoma (art. 6º), em vez de permanecer dentro da cláusula geral de boa-fé processual (art. 5º). Essa separação justifica-se porque se desenvolveu no direito processual o conceito de cooperação intersubjetiva, de inspiração do direito alemão, por meio da qual se coloca autorresponsabilização de todos os sujeitos processuais, de modo que todos concorram para a formação de uma comunidade de trabalho e obtenham bons resultados ao final do processo.[26]

A mais importante delas é o incentivo dos mecanismos de soluções cooperativas de conflitos, como a conciliação e a mediação, conforme previsto no art. 3º, §§ 1º a 3º, bem como o art. 359, pelo qual o juiz deverá conciliar as partes, "independentemente do emprego anterior de outros métodos de solução consensual de conflitos, como a mediação e a arbitragem". O art. 565, que prevê o uso de mediação[27] em conflitos possessórios, e os arts. 694 e 695 tratam da mediação em conflitos familiares, além das regras sobre conciliadores e mediadores judiciais (arts. 165 a 175) e da audiência de conciliação ou mediação (art. 334). Afinal, a heterocomposição dos conflitos por meio da decisão judicial deveria ser a *ultima ratio*, à semelhança do direito penal.

Ainda nessa nova perspectiva, o juiz deverá requerer a cooperação das partes para melhor eficiência da marcha processual. Como se reconhece na doutrina, a cooperação entre juiz e partes poderá resultar em uma melhor cognição, porque um debate bem-feito em audiência reduzirá o tempo processual e produzirá decisões mais bem construídas, possibilitando a redução de recursos.[28] O art. 357, § 3º, estabelece que "[s]e a causa apresentar complexidade em matéria de fato ou de direito, deverá o juiz designar audiência para que o saneamento seja feito em cooperação com as partes, oportunidade em que o juiz, se for o caso, convidará as partes a integrar ou esclarecer suas alegações". Dessa forma, a audiência passa a ser sinalagmática e não mais unilateral.[29]

---

[26] THEODORO JÚNIOR, Humberto; NUNES, Dierle; BAHIA, Alexandre Melo Franco; PEDRON, Flavio Quinaud. Op. cit., p. 70 e 83.

[27] Aqui há um equívoco, pois é caso de conciliação, pela falta de relacionamento contínuo (pretérito e futuro) entre invasor e esbulhado.

[28] THEODORO JÚNIOR, Humberto; NUNES, Dierle; BAHIA, Alexandre Melo Franco; PEDRON, Flavio Quinaud. Op. cit., p. 95.

[29] THEODORO JÚNIOR, Humberto; NUNES, Dierle; BAHIA, Alexandre Melo Franco; PEDRON, Flavio Quinaud. Op. cit., p. 104.

O novo Código de Processo Civil renomeou e reformulou a competência internacional sob a terminologia de "Da Cooperação Internacional" (arts. 26 a 41), para adequá-la à normatização já existente em matéria de direito internacional, e o capítulo anteriormente intitulado de "Das comunicações dos atos" tornou-se "Da Cooperação Nacional" (arts. 67 a 69). Além disso, estabeleceu-se expressamente que a parte interessada deve cooperar no cumprimento de diligência formulada nesse contexto (art. 261, § 3º).

Como exemplo de dever de cooperação do devedor para com o credor, há a regra prevista no art. 330, §§ 2º e 3º, segundo a qual, em ações que tenham por objeto a revisão de obrigação decorrente de empréstimo, de financiamento ou de alienação de bens, cabe ao interessado discriminar a parte controversa da parte incontroversa e continuar a adimplir esta última parte.

Considera-se agora como conduta atentatória à dignidade da justiça o oferecimento de embargos à execução meramente protelatórios, os quais poderão ser rejeitados liminarmente pelo juiz (art. 918, parágrafo único). Quando se tratar de embargos de declaração, caso estes sejam considerados protelatórios, o embargante pagará ao embargado multa não excedente a dois por cento sobre o valor atualizado da causa (art. 1.026, § 2º); caso se ofereçam novamente embargos de declaração novamente considerados meramente protelatórios, o valor da multa é aumentado para dez por cento, e a interposição de novo recurso fica condicionado ao depósito prévio do valor da multa, salvo se o embargante for a Fazenda Pública ou o beneficiário da justiça gratuita, que pagarão o valor ao final do processo (art. 1.026, § 3º), e não serão admitidos novos embargos se os dois anteriores houverem sido considerados protelatórios (art. 1.026, § 4º).

Além disso, cabe ao advogado da parte informar ou intimar a testemunha arrolada, de modo a dispensar a intimação do juízo (art. 455), economizando tempo e recursos. Por outro lado, o Poder Judiciário deve cooperar com a parte para a promoção célere da citação, ao estabelecer no art. 240, § 3º, que esta "não será prejudicada pela demora imputável exclusivamente ao serviço judiciário", como também ao realizar a citação, quando a petição inicial não tiver todas as informações sobre o réu, mas, mesmo assim, for possível realizar sua citação (art. 319, § 2º) ou quando a obtenção de tais informações tornar impossível ou excessivamente oneroso o acesso à Justiça (art. 319, § 3º). Há a possibilidade de retirada de autos por meio de preposto (art. 272, § 7º). Também o Poder Judiciário deve cooperar com a inclusão digital, com a obrigatoriedade de disponibilização gratuita de equipamentos necessários à prática de atos processuais e à consulta e ao acesso ao sistema e documentos nele constantes (art. 198), bem como a promoção da acessibilidade aos processos judiciais eletrônicos a pessoas com deficiência (art. 199). O art. 932, parágrafo único, estabelece que o relator concederá prazo de cinco dias para que seja sanado vício ou completada a documentação exigível antes de considerá-lo inadmissível, para evitar que a parte seja prejudicada por excessivo rigor formal. Ademais, em comarcas, seções ou subseções judiciárias de difícil acesso por causa de transporte, o juiz pode prorrogar os prazos por até dois meses (art. 222), assim como se permite a apresentação de sustentação oral por meio de videoconferência ou outro recurso tecnológico de transmissão de sons ou imagens em tempo real, quando este tiver domicílio em cidade diversa da sede do Tribunal (art. 937, § 4º). Tendo em vista a necessidade de que o processo tenha celeridade, o art. 944 estabelece que as notas taquigráficas substituirão o acórdão, caso este não tenha sido lavrado em até trinta dias contados da data da sessão de julgamento.

CONSIDERAÇÕES FINAIS

A elevação do princípio da boa-fé a uma garantia processual, ao lado do devido processo legal, do contraditório e da ampla defesa, é uma mudança importante no novo Código de Processo Civil, porque com esta se espera a construção de um novo paradigma de atuação para todos aqueles que participam do processo, resultando, consequentemente, no aprimoramento da prestação jurisdicional com uma decisão de mérito justa e efetiva.

Aproveitando-se a contribuição da doutrina civilística acerca do conteúdo do princípio da boa-fé, a aplicação dos arts. 5º e 6º do novo Código de Processo Civil impõe a todos os participantes do processo – magistrados, advogados, órgãos do Ministério Público, conciliadores, mediadores, serventuários e auxiliares da Justiça – a realização da ação correta: condutas que consubstanciam a coerência de comportamento, a transmissão de informações relevantes com clareza e veracidade e, sobretudo, a cooperação, de modo a tornar cada vez mais fácil o trabalho dos demais durante a marcha de cada processo. Além disso, a conduta conforme a boa-fé não se exaure apenas na realização dos atos processuais, mas também fora dos mesmos, ao impor relacionamentos cooperativos, pautados na urbanidade e cortesia, superando-se o estado de beligerância existente na prática forense.

Com efeito, a principal maneira pela qual se poderá reduzir quantidade de processos no Brasil ainda está na exigência da observância da boa-fé tanto no direito privado como no direito público, para evitar que os conflitos aconteçam nas relações interpessoais.[30] No Brasil, lamentavelmente, viola-se sistematicamente a boa-fé na má prestação dos serviços bancários, de transporte, de saúde privada, nos serviços públicos prestados por concessionárias, bem como pelo desrespeito de todas as figuras contidas no art. 37, *caput*, da Constituição Federal. Como diz José Rogério Cruz e Tucci:[31]

> Tem-se outrossim clara percepção da ineficiência das agências reguladoras de serviços que também contribuem para a intervenção judicial. O recurso aos tribunais para garantir o acesso a medicamentos e tratamentos médicos é constante. Não é crível que nos dias de hoje muitos brasileiros tenham de ir à Justiça para obter indenização pro atraso de voo e extravio de bagagem, ou, ainda, para forçar adequada prestação de serviço em várias atividades. O Poder Judiciário está se tornando um verdadeiro Serviço de Atendimento ao Consumidor (SAC). O sistema judicial passa, assim, a suplantar o sistema de Administração Pública, a quem, por óbvio, compete sancionar as referidas falhas.

Todavia, o próprio legislador esqueceu-se de abolir duas regras incompatíveis com o princípio da boa-fé em matéria processual: a concessão de prazos em dobro para a União, os

---

[30] Cf. TOMASEVICIUS FILHO, Eduardo. *Informação assimétrica, custos de transação, princípio da boa-fé*. São Paulo, 2007, 494p. Tese (Doutorado em Direito Civil). Universidade de São Paulo – Faculdade de Direito. São Paulo, 2007

[31] TUCCI, José Rogério Cruz e. O regime do precedente judicial no Novo CPC. *Revista do Advogado*, O Novo Código de Processo Civil, ano XXXV, n. 126, maio 2015, p. 144.

Estados, o Distrito Federal, os Municípios e suas respectivas autarquias e fundações de direito público (art. 183), Defensoria Pública (art. 186) e Ministério Público se manifestarem nos autos (art. 180), além da obrigatoriedade da remessa necessária da sentença (art. 496), mesmo com todas as hipóteses de dispensa da confirmação da sentença pelo Tribunal. Privilégios dessa natureza são incompatíveis com o Estado Democrático de Direito e em nada contribuem para a produção de uma decisão de mérito justa e efetiva (art. 6º), sobretudo pelo fato de o Estado ser talvez um dos maiores litigantes, senão o maior litigante do Brasil. Pressupõe-se que, com prazos em dobro, o Estado pode desobrigar-se de melhorar a infraestrutura das advocacias públicas, procuradorias, defensorias e do Ministério Público, com o paliativo dos prazos em dobro, prejudicando as partes dos processos e aumentando a duração dos mesmos. Por sua vez, a remessa necessária é a própria manifestação da má-fé do Estado, porque, além de prejudicar a pessoa por sua ação ou omissão, posterga-se o cumprimento da sentença, sob a alegação de que se precisa ter mais cautela para evitar danos ao Erário, colocando todos – partes, advogados e magistrado – como suspeitos de tentativa de lesar o Estado por meio da via judicial.

Assim, não se pode acreditar que apenas com a inserção de duas regras gerais sobre boa-fé no novo Código de Processo Civil e mais tantas outras regras específicas se possa obter, *ipso facto*, uma melhor prestação jurisdicional. Basta observar a existência de todas as regras sobre a boa-fé no Código de Processo Civil de 1973 anteriormente indicadas. Se já existiam, não produziram todos os efeitos esperados, em razão do comportamento não cooperativo não apenas desejado, mas também induzido pelo próprio sistema processual, ao transformar a solução judicial de conflitos em um duelo mediado pelo juiz. Outro exemplo é o incidente de uniformização da jurisprudência, que não teve o impacto que poderia ter tido e passou a ser entendido como faculdade do tribunal, não como obrigatoriedade.[32] E já há questionamentos acerca da efetividade de certas regras do novo Código de Processo Civil, sobretudo aquela do dever de motivação da sentença, porque poderá sobrecarregar o Poder Judiciário com mais trabalho.

Logo, a efetividade do princípio da boa-fé em matéria processual somente produzirá resultados se esta provocar uma autorreflexão em todos aqueles que atuam na solução estatal de controvérsias acerca do modo como desempenham suas atividades no cotidiano, e desde que seja possível a ação coletiva da comunidade jurídica para gerar as esperadas mudanças estruturais na prestação dos serviços jurisdicionais por meio de posturas cooperativas dentro e fora do processo.

---

[32] OLIVEIRA, Guilherme J. Braz de. Técnicas de uniformização da jurisprudência e o incidente de resolução de demandas repetitivas. *Revista do Advogado*, O Novo Código de Processo Civil, ano XXXV, n. 126, maio 2015, p. 108.

6

A EFETIVIDADE DO CONTRADITÓRIO E A ATUAÇÃO JUDICIAL: O NOVO ART. 10 DO CPC/2015

Érico Andrade

Sumário: 1. Introdução. 2. O contraditório e os temas levantados de ofício pelo juiz na França e na Itália. 3. O novo art. 10 do CPC/2015: âmbito de aplicação e as consequências da sua violação. 4. Conclusão.

1. INTRODUÇÃO

O tema da inclusão do juiz no ambiente do contraditório, especialmente no que diz respeito aos pontos ou questões que pode suscitar de ofício, tem sido objeto de debates em ordenamentos europeus desde as décadas de 60/70 do século passado – como é o caso especialmente dos direitos italiano e francês,[1] com repercussões na legislação processual dos dois países – e que só recentemente tem chamado a atenção da doutrina brasileira, como se observa, por exemplo, em trabalho de autoria de Humberto Theodoro Júnior e Dierle Nunes Coelho publicado em 2009.[2]

---

[1] COMOGLIO, Luigi Paolo. Questioni rilevabile d'ufficio e contraddittorio *in* http://www.treccani.it/enciclopedia/questioni-rilevabili-d-ufficio-e-contraddittorio_%28Il-Libro-dell%27anno-del-Diritto%29/ (acesso em 07.06.2018).

[2] THEODORO JÚNIOR, Humberto; NUNES, Dierle José Coelho. Uma dimensão que urge reconhecer ao contraditório no direito brasileiro: sua aplicação como garantia de influência, de não surpresa e de aproveitamento da atividade processual. Revista de Processo, vol. 168/2009, fev /2009, p. 107 – 141, que invocam os cenários do direito francês e italiano. Cf. também ANDRADE, Érico. O Mandado de Segurança – A busca da verdadeira especialidade. Rio de

Na linha do que ocorreu nos ordenamentos italiano e francês, também o legislador brasileiro acabou por acolher, de forma expressa, no CPC/2015, a inserção do juiz no contraditório,[3] para abarcar os temas que pode suscitar de ofício, e que por isso devem, antes, ser submetido ao contraditório prévio entre as partes, como se pode extrair do art. 10, destacado no novo Código dentre as normas fundamentais do processo civil.[4]

Certo, pois, que o princípio do contraditório, hoje, tem uma incidência geral, desde a ordem internacional[5] até as Constituições,[6] chegando-se a afirmar inclusive seu valor como princípio de direito natural,[7] considerado a *magna charta* do processo

---

Janeiro: Lumen Juris, 2010, p. 138/145. No mesmo sentido já tinham se manifestado anteriormente OLIVEIRA, Carlos Alberto Alvaro de. Do formalismo no processo civil. 2. ed. São Paulo: Saraiva, 2003, p. 222; e DINAMARCO, Cândido Rangel, Fundamentos do Processo Civil Moderno. 6ª ed., São Paulo: Malheiros, 2010, vol. I, p. 523/524, sendo que este último já chamava a atenção para a inserção do juiz no contraditório citando o art. 16 do CPC francês: "A garantia constitucional do contraditório endereça-se também ao juiz, como imperativo de sua função no processo e não mera faculdade".

[3] Perspectiva que, como destacam, por exemplo, THEODORO JÚNIOR, Humberto; NUNES, Dierle José Coelho. Uma dimensão que urge reconhecer ao contraditório no direito brasileiro: sua aplicação como garantia de influência, de não surpresa e de aproveitamento da atividade processual. Revista de Processo, vol. 168/2009, fev /2009, p. 107 – 141, já se podia extrair da Constituição e do próprio sistema do CPC/73, não obstante a ausência de norma expressa em tal sentido.

[4] CPC/2015: "Art. 10. O juiz não pode decidir, em grau algum de jurisdição, com base em fundamento a respeito do qual não se tenha dado às partes oportunidade de se manifestar, ainda que se trate de matéria sobre a qual deva decidir de ofício".

[5] GUINCHARD, Serge; DELICOSTOPOULOS, Constantin, S.; DELICOSTOPOULOS, Ioannis S.; DOUCHY-OUDOT; Mélina; FERRAND, Frédérique; LAGARDE, Xavier; MAGNIER, VÉRONIQUE; FABRI, Hélène Ruiz; SINOPOLI; Laurance; SOREL, Jean-Marc. Droit processual – Droit commun et droit comparé du procès équitable. 4 édition. Paris: Dalloz, 2007, p. 861/862: «Les droits de la défense et le principe de la contradiction ont valeur européenne. Point n'est besoin d'insister ici sur la valeur internationale et européenne des droits de la défense qui, en matière pénale notamment, mais aussi en matière civile, est affirmée par plusieurs dispositions du Pacte international de 1966 et de la Convention européenne de sauvegarde des droits de l'homme et des libertés fondamentales».

[6] GUINCHARD, Serge; DELICOSTOPOULOS, Constantin, S.; DELICOSTOPOULOS, Ioannis S.; DOUCHY-OUDOT; Mélina; FERRAND, Frédérique; LAGARDE, Xavier; MAGNIER, VÉRONIQUE; FABRI, Hélène Ruiz; SINOPOLI; Laurance; SOREL, Jean-Marc. Droit processual – Droit commun et droit comparé du procès équitable. 4 édition. Paris: Dalloz, 2007, p. 864: «Les droits de la défense et le principe de la contradiction ont valeur constitutionnelle. Toute uns série de décisions du Conseil constitutionnel ont d'abord affirmé solennellement le «respect des droits de la défense, tels qu'ils résultent des principes fondamentaux reconnus par les lois de la République».

[7] GUINCHARD, Serge; DELICOSTOPOULOS, Constantin, S.; DELICOSTOPOULOS, Ioannis S.; DOUCHY-OUDOT; Mélina; FERRAND, Frédérique; LAGARDE, Xavier; MAGNIER, VÉRONIQUE; FABRI, Hélène Ruiz; SINOPOLI; Laurance; SOREL, Jean-Marc. Droit processual – Droit commun et droit comparé du procès équitable. 4 édition. Paris: Dalloz, 2007, p. 861: «Les droits de la défense et le principe de la contradiction ont valeur de principe de droit naturel. Le principe

civil,[8] de modo que o direito brasileiro não destoa deste movimento de valoração do contraditório, incorporado como garantia constitucional fundamental no âmbito do devido processo legal (art. 5º, LIV e LV, Constituição),[9] em sua acepção mais moderna e atual, em que o contraditório é lido não só sob o aspecto formal ou estático, com base no tradicional binômio informação-reação, mas sob perspectiva dinâmica,[10] dotada de maior efetividade e que abarca não só a atividade das partes,[11] mas também do próprio

---

      des droits de la défense est un principe de droit naturel qui vaut en toutes matières, civile et pénale. (...) C'est Motulsky qui, le premier, sans doute, a le mieux dégagé l'importance de ce principe et sa valeur de droit naturel. (...) Droit naturel, car le principe des droits de la défense est l'empreinte que donne une société civilisée sur ses procès: respect des arguments des autres, donc nécessité de les connaître par communication des pièces, des écritures, etc. Au-delà, respect de la personne, de l'adversaire en matière civile, de l'accusé en matière pénale, le temps d'un procès». No mesmo sentido, PERROT, Roger. Institutions judiciaires. 13 ed. Paris: Montchrestien, 2008, p. 460.

[8] CHIZZINI, Augusto. Legitimation durch Verfahren. Il nuovo secondo comma dell'art. 101 c.p.c. Il Giusto Processo Civile, 2011, p. 43/45.

[9] Conferir art. 111, ns. 1 e 2, da Constituição italiana: "La giuridizione si attua mediante il giusto processo regolato dalla legge. Ogni processo si svolge nel contraddittorio tra le parti, in condizioni di parità, davanti a giudice terzo e imparziale. La legge assicura la ragionevole durata". Neste contexto constitucional, na Itália MONTESANO, Luigi. La garanzia costituzionale del contraddittorio e i giudizi civili di "terza via". Rivista di Diritto Processuale, anno LV, n. 4, ottobre-dicembre 2000, p. 929/930, já sustentava, com base apenas na previsão das garantias processuais inseridas na Constituição, especialmente a do contraditório, a proibição da sentença de "terceira via", em que o juiz decide com base em pontos que levanta de ofício, sem submissão ao contraditório prévio entre as partes: "Il nouvo 2º comma dell'art. 111 della Costituzione, introdotto dalla legge costituzionale 23 novembre 1999 n. 2, dicendo che 'ogni processo si svolge nel contraddittorio tra le parti, davanti a giudice terza e imparziale', mi sembra chiaramente proibire giudizi civili de 'terza via'". A integração do contraditório na ambientação do processo "justo" é muito bem colocada por COMOGLIO, Luigi Paolo. Questioni rilevabile d'ufficio e contraddittorio, ao destacar a necessidade de observância do contraditório pelo próprio juiz quando levanta questões de ofício in http://www.treccani.it/enciclopedia/questioni-rilevabili-d-ufficio-e-contraddittorio_%28Il-Libro-dell%27anno-del-Diritto%29/ (acesso em 07.06.2018). A efetividade do contraditório com a proibição de decisões de surpresa decorre diretamente da Constituição, também é destacada, por exemplo, por MALLET, Estevão. Notas sobre o problema da chamada "decisão-surpresa". Revista de Processo, vol. 233/2014, jul./2014, p. 43 – 64: "De qualquer sorte, não importa que ainda não exista regra do gênero já positivada e aplicável ao processo civil ou ao processo do trabalho. A exigência, como adverte a doutrina especializada e como deflui do assinalado até aqui, é desdobramento da garantia do contraditório e 'decorre diretamente da cláusula do devido processo legal'".

[10] Cf. JAYME, Fernando Gonzaga; FRANCO, Marcelo Veiga. O princípio do contraditório no projeto do novo Código de Processo Civil. Revista de Processo, vol. 227/2014, jan./2014, p. 335 – 359. THEODORO JÚNIOR, Humberto; NUNES, Dierle José Coelho, BAHIA, Alexandre Melo Franco; PEDRON, Flávio Quinaud. Novo CPC – Fundamentos e Sistematização. Rio de Janeiro: Forense-Gen, 2015, p. 83/84.

[11] Conforme precisa observação de PERROT, Roger. Institutions judiciaires. 13 ed. Paris: Montchrestien, 2008, p. 460, o princípio do contraditório «est destiné à sauvegarder les intérêts de toutes les

juiz e impõe que este atue de acordo com o contraditório,[12] até para as questões que venha a suscitar de ofício no processo, destacando-se, ainda, a ligação do princípio do contraditório com o princípio de colaboração – uma vez que a formação da "matéria" da decisão judicial deve ser formada a partir da colaboração entre partes e juiz[13] – e com o princípio da imparcialidade do juiz.[14]

Noutras palavras, busca-se, com o novo art. 10 do CPC/2015, tal como ocorreu mais recentemente no direito italiano, positivar linha de tutela mais adequada do direito fundamental ao contraditório, não só como valor abstrato, mas como garantia concreta para permitir às partes, em um determinado processo, o efetivo direito de concorrer à

---

[12] parties en cause: non seulement les intérêts du défendeur, mais également ceux du demandeur» TROCKER, Nicolò. Il nuovo articolo 111 della costituzione e il "giusto processo" in materia civile: profili generali. Rivista Trimestrale di Diritto e Procedura Civile, Milano, v. LV, 2001, p. 394: "È oggi pacifico che il contraddittorio non comprende solo il meccanismo in cui si svolge l'attività dialetticamente contrapposta e reciprocamente complementare dei contendenti. Secondo una prospettiva chiaramente recepita da alcune moderne codificazioni processuali il contraddittorio coinvolge in un complesso gioco di interazioni anche il giudice". Também FERRARIS, Federico. Principio del contraddittorio e divieto di decisioni "a sorpresa": questioni di fatto e questioni di diritto. Rivista di Diritto Processuale, anno LXXI, n. 4-5, luglio-ottobre 2016, p. 1182, destaca que muito se tem discutido neste novo milênio a respeito da efetiva extensão do princípio do contraditório, assentando-se, hoje, que resta superada a tradicional acepção de aplicação apenas às partes, para abarcar também o próprio juiz: "Molto si è discusso, specialmente a cavallo del nuovo millennio, sull'effettiva estensione del principio del contraddittorio, oggi sancito anche a livello costituzionale dall'art. 111, comma 2º, Cost., e ciò non soltanto nei rapporti *inter partes*, secondo la tradizionale accezione che garantiscie ai litiganti la possibilità di conoscere e replicare alle reciproche argomentazioni ("audiatur et altera pars"), ma anche (e soprattutto) nell'ambito delle relazioni fra parti e giudice, chiamato ad allestire tutte le condizioni affinché le prime possano affrontare e discutere – su di un piano di partià – i diversi elementi della controversia".

[13] A correlação entre o princípio do contraditório e o princípio da colaboração é muito bem explicitada por SALVANESCHI, Laura. Dovere di collaborazione e contumacia. Rivista di Diritto Processuale, anno LXIX, n. 3, maggio-giugno 2014, p. 564/566. Cf. Ainda, FERRARIS, Federico. Principio del contraddittorio e divieto di decisioni "a sorpresa": questioni di fatto e questioni di diritto. Rivista di Diritto Processuale, anno LXXI, n. 4-5, luglio-ottobre 2016, p. 1184/1185.

[14] Cf. COMOGLIO, Luigi Paolo. Questioni rilevabile d'ufficio e contraddittorio: "La ratio fondamentale di queste importanti innovazioni – da collocarsi al centro delle ultime riforme processuali, accanto ad altri essenziali principi-guida (quali: la «durata ragionevole», l'«accelerazione» e la «moralizzazione» del processo «giusto», la «pienezza» e l'«effettività» della tutela) – si identifica, agevolmente, nell'esigenza di rafforzare il contraddittorio effettivo delle parti dinanzi al giudice, sia nel promovimento iniziale e nel corso del giudizio, sia nel momento finale della decisione, con l'ulteriore rafforzamento delle garanzie di «terzietà» e di «imparzialità» dell'organo giudicante" *in* http://www.treccani.it/enciclopedia/questioni-rilevabili-d-ufficio-e-contraddittorio_%28Il-Libro-dell%27anno-del-Diritto%29/ (acesso em 07.06.2018).

formação do convencimento judicial,[15] abarcando também as questões que podem ser levantadas de ofício pelo juiz.[16]

Até porque, como destaca muito bem a doutrina italiana, o princípio do contraditório se estrutura com base no pressuposto de que uma questão discutida no processo entre as partes tende a ser decidida de maneira mais adequada do que uma questão que não foi objeto de qualquer discussão entre as partes, pois se se pudesse concluir que o juiz decide igualmente bem sem a contribuição das partes o princípio do contraditório não teria nenhum sentido no processo.[17]

---

[15] Sem esquecer, neste ponto, a importância da exigência da fundamentação ligada diretamente ao contraditório efetivamente desenvolvido pelas partes no processo, como impõe o CPC/2015, nos arts. 11 e 489, §§1º e 2º. Cf. CRISTOFARO, Marco De. La motivazione delle decisioni giudiziali in ZUFELATO, Camilo; BONATO, Giovanni; SICA; Heitor Vitor Mendonça; CINTRA, Lia Carolina Batista. I Colóquio Brasil-Itália de Direito Processual Civil. Salvador: Editora Jus Podium, 2016, p. 53: "Diviene allora evidente come la motivazione della decisione giudiziale sia il principale mezzo di riscontro dell'effettività del contraddittorio: unicamente tramite la motivazione diviene possibile non solo comprendere le ragioni della sentenza, ma soprattutto verificare se il giudice ha tenuto conto della attività delle parti ed ha preso posizione su di esse, accettandole o ripudiandole, com è imposto dal principio del contraddittorio".

[16] CONSOLO, Claudio; GODIO, Federica. Codice di Procedura Civile Commentato – La Riforma del 2009. Milano: Ipsoa-Wolters Kluwer, 2009, p. 57, a respeito da novidade introduzida no direito italiano em 2009, com a alteração do art. 101 do Código de Processo Civil, destacam a efetiva busca da proteção concreta do direito fundamental ao contraditório: "Il nuovo c. 2 dell'art. 101 c.p.c. è dettato a tutela del fondamentale diritto al contraddittorio (art. 111, c. 2, Cost.) nell'accezione sopra richiamata, e dunque non quale valore astratto, ma quale mezzo atto a consentire alle parti la piena esplicazione del loro diritto di concorrere, con le proprie difese, alla formazione del convincimento del giudice, e così ottenere una decisione che possa risultare il più possibile 'giusta' nei modi di formazione e dunque negli esiti finali di equa composizione della lite". Nesse sentido, também GRADI, Marco. Il principio del contraddittorio e la nullità della senteza della "terza via". Rivista di Diritto Processuale, anno LXV, n. 4, luglio-agosto 2010, p. 827, destaca que a permissão para que as partes possam desenvolver seus argumentos em relação aos poderes que o juiz exerce de ofício não pode ser mera faculdade judicial, mas sim um dever do magistrado, que não está autorizado a emitir decisões de surpresa ou de terceira via, configurando-se, tal vedação, como derivação do princípio de civilidade jurídica que incorpora valores constitucionais, como o do respeito ao contraditório, já reconhecida em outros países, como França e Alemanha.

[17] LUISO, Francesco Paolo. Diritto Processuale Civile. 4 edizione. Milano: Giuffrè Editore, 2007, v. I, p. 32: "Il principio del contraddittorio deve, dunque, trovare applicazione alle iniziative officiose del giudice. (...) Per le questioni rilevabili di ufficio, invence, si pone la necessità che esse siano preventivamente sottoposte al contraddittorio delle parti. Ed infatti, il principio del contraddittorio si fonda sul pressuposto che una questione discussa è meglio decisa di una questione non discussa: se, invece, si dovesse concludere che il guidice decide ugualmente bene anche senza il contributo delle parti, il principio del contraddittorio non avrebbe senso. Tanto varrebbe cancellare il secondo comma dell'art. 24 Cost. Quando, pertanto, il giudice rileva una questione di ufficio, deve sottoporla alla discussione delle parti, e deciderla dopo aver raccolto le loro argomentazioni".

O art. 10 do CPC/2015 vem consolidar no ordenamento processual brasileiro o contraditório e a importância da participação das partes como ponto fundamental para a sentença justa, do ponto de vista da adequação procedimental, sob pena, como destaca a doutrina italiana, de a decisão judicial ser vista como mero ato de força.[18]

Diante desse contexto geral, já conhecido da doutrina brasileira, pretende-se, neste trabalho, a partir da perspectiva comparada[19] com o direito francês e especialmente com o direito italiano, em função das recentes discussões e debates em torno do tema, analisar e debater o alcance do novo art. 10 do CPC/2015 e as consequências processuais que podem recair sobre a decisão judicial que não observa tal determinação do contraditório prévio.[20]

2. O CONTRADITÓRIO E OS TEMAS LEVANTADOS DE OFÍCIO PELO JUIZ NA FRANÇA E NA ITÁLIA

Registre-se, inicialmente, que será dado destaque maior para o debate na Itália, em que as discussões são mais recentes e mais pronunciadas, uma vez que o tema foi objeto de atualização legislativa em 2009, enquanto que no sistema francês a questão da observância do contraditório pelo próprio juiz se encontra mais assentada desde o início dos anos 80 do século passado.

---

[18] CHIZZINI, Augusto. Legitimation durch Verfahren. Il nuovo secondo comma dell'art. 101 c.p.c. *Il Giusto Processo Civile*, 2011, p. 45: "Così, in una norma positiva, si consolida il principio fondante per il quale è sulla base del metodo dialettico che alla pronuncia giudiziale deve essere roconosciuto il carattere che struttura la sentenza come giusta: qualifica che muove dalla mediazione svolta dal giudice tra pretese contrapposte, per dedursi che senza tale effettiva ponderazione tra questioni discusse dalle parti ogni decisione scema a mero atto di forza".

[19] Registre-se a importância atual dos estudos comparados, como destaca, por exemplo, recente trabalho de CASSESE, Sabino. Sulla diffusione nel mondo della giustizia costituzionale. Nuovi paradigmi per la comparazione giuridica. *Rivista trimestrale di diritto pubblico*, 2016, n. 4, p. 1006: "La cultura giuridica è necessariamente comparativa, anche se non deve comparare principi, ma i modi nei quali si adattano ai diversi ordini giuridici nazionali. Questo vuol dire che non comporta solo un esercizio 'one to one', ma anche un esercizio 'one to many' e 'many to many', come del resto le contemporanee forme di comunicazione. Questo spiega perché migliaia di studenti e di studiosi di diritto vanno a studiare in altri Paesi, diversi da quello nel quale intendono lavorare. Essi non sono confinati all'ordine giuridico di una nazione e varcano le frontieri nello stesso modo in cui varcano le frontiere alcune regole giuridiche". Também TARUFFO, Michele. Dimensioni transculturali della giustizia civile. Rivista Trimestrale di Diritto e Procedura Civile, Milano, v. LIV, 2000, p. 1083, já que "sembra che anche i processualisti stiano diventando consapevoli delle dimensioni transnazionali e transculturali della giustizia civile. Una ragione di ciò è la percezione del fatto che i problemi fondamentali dell'amministrazione della giustizia sono sostanzialmente gli stessi in tutti gli ordinamenti giuridici moderni".No direito brasileiro, DINAMARCO, Cândido Rangel, Fundamentos do Processo Civil Moderno. 6ª ed., São Paulo: Malheiros, 2010, vol. I, p. 167/168, destaca as perspectivas comparativas no processo civil, mas também aponta as cautelas que se deve ter no uso das comparações processuais.

[20] No direito italiano, as decisões proferias pelo juiz quando fundadas em matérias por ele introduzidas de ofício no processo, sem submetê-los ao prévio contraditório, são chamadas de "sentença-surpresa" ou "terceira via", cf. COMOGLIO, Luigi Paolo. Questioni rilevabile d'ufficio e contraddittorio: "o come da noi si dice, di sentenza 'a sorpresa' o 'della terza via'" *in* http://www.treccani.it/enciclopedia/questioni-rilevabili-d-ufficio-e-contraddittorio_%28Il-Libro-dell%27anno-del-Diritto%29/ (acesso em 07.06.2018).

Com efeito, na França, como aponta a doutrina, depois das reformas de 1971 e 1973 e da entrada em vigor do CPC/1975, seguido de importante julgado do Conselho de Estado de 1979, o decreto 81-500 de 12.05.1981 acabou por rever a redação do art. 16 do CPC francês para assentar que o juiz tem não somente a obrigação de fazer observar o contraditório entre as partes, mas também que o próprio juiz está jungido a observar o contraditório.[21] Assim, as partes restam protegidas não só de manobras do adversário, mas da atuação do próprio juiz,[22] aplicando-se a norma até mesmo às matérias puramente de direito levantadas de ofício pelo juiz, como literalmente dispõe a alínea 3 do art. 16 do CPC francês.

A fixação de tal entendimento decorre da importância que a doutrina francesa dá ao princípio do contraditório, destacado como um dos mais fundamentais da sistemática processual, constituindo garantia elementar de lealdade processual, sem a qual a justiça, nas palavras de Roger Perrot, não seria que um simulacro.[23]

Daí, segundo a doutrina francesa, a necessidade de o juiz observar o contraditório vale para todos os elementos ou temas que o juiz pode suscitar de ofício no processo, sejam eles de fato ou de direito, relativos à matéria procedimental ou ao mérito, de puro direito ou temas "misturados", de fato e de direito,[24] ou envolvendo a requalificação jurídica de atos e

---

[21] GUINCHARD, Serge; FERRAND, Frédérique; CHAINAIS, Cécile. Procédure civile – Droit interne e droit communautaire. 29 ed. Paris: Dalloz, 2008, p. 641: «Pourtant, à la suite de modifications dans la rédaction initiale des textes issus des décrets du 9 septembre 1971 et du 20 juillet 1972, la jurisprudence a hésité sur la portée de cette obligation lorsque'est entré en vigueur le nouveau Code; la doctrine, dans son ensemble, a protesté contre ces modifications qui réduisaient le champ d'application du principe du contradictoire. Suite à l'annulation, par le Conseil d'Etat, de l'art 16, al. 1 (et de l'art 12, al. 3), en tant qu'il dispensait le juge d'observer le contradictoire lorsqu'il relevait d'office un moyen de pur droit, un décret n° 81-500 du 12 mai 1981 donna à l'art. 16, al. 3, sa rédaction actuelle: le juge «ne peut fonder sa décision sur les moyens de droit qu'il a relevés d'office sans avoir au préalable invité les parties à présenter leurs observations»; cela signifie que, dès lors que le juge décide d'appliquer une règle de droit autre que celle invoquée par les parties, il doit respecter le contradictoire en sollicitant les observations des parties».

[22] GUINCHARD, Serge; FERRAND, Frédérique; CHAINAIS, Cécile. Procédure civile – Droit interne e droit communautaire. 29 ed. Paris: Dalloz, 2008, p. 638: «Le principe du contradictoire est un élément fondamental de la loyauté de l'instance qui s'impose non seulement aux parties, mais aussi au juge et en toutes matiéres. (...) Les parties son ainsi protégées non seulement contre les manœuvres de l'adversaire, mais aussi contre la négligence ou la partialité du juge». No mesmo sentido, PERROT, Roger. Institutions judiciaires. 13 ed. Paris: Montchrestien, 2008, p. 461: «Le principe de la contradiction s'impose enfin au juge lui-même qui non seulement a le devoir de veiller à ce que chacune des parties soit en mesure de répondre à son adversaire, mais qui, en outre, doi soumettre à la contradiction des parties tout moyen nouveau qu'il viendrait à découvrir».

[23] PERROT, Roger. Institutions judiciaires. 13 ed. Paris: Montchrestien, 2008, p. 460: «Ce principe est peut-être l'un des plus fondamentaux de tous. Il est une garantie élémentaire de loyauté sans lequelle la justice ne serait qu'un simulacre».

[24] GUINCHARD, Serge; FERRAND, Frédérique; CHAINAIS, Cécile. Procédure civile – Droit interne e droit communautaire. 29 ed. Paris: Dalloz, 2008, p. 641, destaca que a necessidade de respeito, pelo juiz, quando releva temas de ofício vale «pour tous les éléments que le juge est amené à prendre en considération en fait et en droit, qu'il s'agisse de moyens de procédure ou de fond, seraient-ils de pur droit ou mélangés de fait et de droit».

fatos litigiosos.²⁵ Noutras palavras, se veda ao juiz fundar sua decisão em quaisquer temas, inclusive de puro direito, que ele, juiz, levantou de ofício, sem ter previamente submetido ao contraditório entre as partes.²⁶

Com isso, no momento da decisão, se o juiz, de ofício, entender aplicável ao caso determinada tese jurídica ou nova qualificação jurídica dos fatos, que não foi objeto do prévio debate entre as partes, deve reabrir o debate e permitir manifestação prévia das partes antes de decidir,²⁷ como manifestação do princípio da lealdade processual e integrante do direito das partes a um processo justo.²⁸

Passando para a Itália, a doutrina destaca que já nas décadas de 60/70 do século passado, na esteira de debate ocorrido na Alemanha e na França, o tema da vedação da prolação de decisões judiciais fundadas em questões levantadas de ofício pelo juiz, quando da decisão final, e por isto tidas como questões subtraídas ao contraditório prévio entre as partes, começou a ser defendido por parte da doutrina, em contraste com entendimento anterior, no sentido de que seria mera faculdade do juiz indicar previamente para debate das partes as questões que poderia suscitar de ofício.²⁹

---

25 GUINCHARD, Serge; FERRAND, Frédérique; CHAINAIS, Cécile. Procédure civile – Droit interne e droit communautaire. 29 ed. Paris: Dalloz, 2008, p. 642: «L'obligation vaut enfin lorsque le juge requalifie les actes et faits litigieux, au moins lorsque la prise en considération des faits non spécialement invoqués s'accompagne du relevé d'office d'un moyen de droit».

26 CADIET, Loïc; JEULAND, Emmanuel. Droit judiciaire privé. 5 ed. Paris: LexisNexis, 2006, p. 327: «D'autre part, il est fait interdiction au juge de fonder sa décision sur des moyens de droit qu'il aurait relevés d'office sans avoir au préalable invité les parties à présenter leurs observations. Peu importe que le moyen soit de fond, de procédure ou d'irrecevabilité; peu importe qu'il soit d'intérêt privé ou d'ordre public».

27 PERROT, Roger. Institutions judiciaires. 13 ed. Paris: Montchrestien, 2008, p. 463/464: «Enfin, si le juge se propose de relever d'office un moyen de droit, – si par exemple, il entend faire état d'un texte que les parties n'ont pas pensé à invoquer -, il doit d'abord soumettre ce moyen à la contradiction des parties en les invitant à faire connaître leurs observations. On ne veut pas que le juge puisse rendre une décision fondée sur des moyens de droit dont les parties n'auraient pas eu connaissance et n'auraient pas été à même de contradire. Cette ultime conséquence du principe de la contradiction est aujourd'hui formellement consacrée devant les juridictions du contentieux privé, dans l'article 16 du nouveau Code de procédure civile, et devant les juridictions administratives, par l'article R 611-7 C. just adm.».

28 CADIET, Loïc; JEULAND, Emmanuel. Droit judiciaire privé. 5 ed. Paris: LexisNexis, 2006, p. 327/328: «En pratique, le respect par le juge du contradictoire consistera à inviter les parties à conclure sur le moyen qu'il entend soulever, à provoquer leurs explications verbales lors des débats, voire à révoquer l'ordonnace de clôture en ordonnant, le cas échéant, la réouverture des débats. Si ce moyen lui apparaît en cours de délibéré, il pourra – et devra – ou bien demander aux parties leurs explications sous forme de note en délibéré, ou bien ordonner carrément la réouverture des débats. Cette obligation faite au juge est aussi une exigence de loyauté processuelle et un élément du droit au procès équitable».

29 COMOGLIO, Luigi Paolo. Questioni rilevabile d'ufficio e contraddittorio: "Come è stato analiticamente prospettato, negli anni '60-'70 anche da noi, sulla scia delle tendenze manifestatesi nella scienza processuale tedesca, il problema delle sentenze cd. «a sorpresa» venne affrontato con estrema determinazione. Sul presupposto, ampiamente condiviso, di un «giusto processo» già delineato adeguatamente, ad instar del processo «equo» di origine europea, dalle garanzie (individuali e strutturali) della Costituzione repubblicana del 1948, venne a delinearsi anzitutto, in quegli anni, una tesi

Posteriormente, a partir da década de 90, começou a prevalecer, na doutrina, o entendimento de que o exercício dos poderes judiciais, para suscitar questões de ofício, deve ser submetido ao prévio contraditório das partes, não podendo ser considerado uma simples faculdade judicial, sob pena de nulidade da decisão pronunciada com base no ponto levantado de ofício pelo juiz, sem submissão ao prévio contraditório entre as partes.[30]

A jurisprudência italiana, a seu turno, se manteve, por décadas, assentada sob o entendimento tradicional, na linha de que não haveria nulidade ou vício na decisão tomada pelo juiz com base em questões levantadas de ofício, sem o prévio contraditório entre as partes, já que suscitar ou não o prévio contraditório se enquadrava como mera faculdade judicial,[31] não obstante as relevantes críticas levantadas pela doutrina contra tal entendimento jurisprudencial.[32]

---

di stampo «garantista», volta a dare corpo, anche nel nostro sistema, ad un divieto inderogabile di pronunzie giurisdizionali fondate su questioni rilevate per la prima volta dal giudice nel momento della decisione e, perciò, sottratte al preventivo contraddittorio delle parti interessate" *in* http://www.treccani.it/enciclopedia/questioni-rilevabili-d-ufficio-e-contraddittorio_%28Il-Libro-dell%27anno-del-Diritto%29/ (acesso em 07.06.2018). Na sequência, o mesmo autor apresenta as variações e nuanças dos diversos entendimentos doutrinários que gravitaram em torno da questão.

[30] CONSOLO, Claudio; GODIO, Federica. Codice di Procedura Civile Commentato – La Riforma del 2009. Milano: Ipsoa-Wolters Kluwer, 2009, p. 58/59, indicam que a maioria da doutrina, com alguns contrastes e algumas distinções, era favorável ao reconhecimento da nulidade da sentença "a sorpresa". Cf. também FERRARIS, Federico. Principio del contraddittorio e divieto di decisioni "a sorpresa": questioni di fatto e questioni di diritto. Rivista di Diritto Processuale, anno LXXI, n. 4-5, luglio-ottobre 2016, p. 1183: "Di diverso avviso era invece la prevalente dottrina la quale, sopratutto a partire delle riforme degli anni '90, ha inteso l'esercizio del potere di cui trattasi come attività doverosa per il giudice, ritenendo dunque viziata da nullità la sentenza pronunciata sulla base di una questione non previamente discussa".

[31] COMOGLIO, Luigi Paolo. Questioni rilevabile d'ufficio e contraddittorio: "Per quanto concerne, poi, l'atteggiamento della giurisprudenza, occorre dire che, per decenni, si manifestò e si rafforzò la tesi contraria a qualsiasi ipotesi di «nullità» di una sentenza, la quale avesse per la prima volta rilevato e deciso, senza alcun preventivo contraddittorio di parte nel corso della trattazione, taluna delle questioni rilevabili d'ufficio (o, se si preferisce, taluna delle cd. «eccezioni improprie»). Si sottolineava, in particolare, la natura del tutto discrezionale del potere di «indicare» siffatte questioni, attribuito al giudice dall'art. 183, co. 2 (ora co. 4), c.p.c., e quindi si reputava, in proposito, manifestamente infondato qualsiasi dubbio di incostituzionalità" *in* http://www.treccani.it/enciclopedia/questioni-rilevabili-d-ufficio-e-contraddittorio_%28Il-Libro-dell%27anno-del-Diritto%29/ (acesso em 07.06.2018). Também GRADI, Marco. Il principio del contraddittorio e la nullità della sentenza della "terza via". Rivista di Diritto Processuale, anno LXV, n. 4, luglio-agosto 2010, p. 828/829: "Prima di tale recentissima riforma, e fino al *revirement* del 2001 di cui subito diremo, la Cassazione civile era invece contraria ad ammettere la nullità della sentenza 'a sorpresa', ritenendo irrelevante, ai fini della ritualità della decisione, la mancata attivazione del contraddittorio sulle questioni tardivamente rilevate d'ufficio. In particolare, argomentando dal fatto che l'art. 183, comma 2º (poi 3º ed ora 4º), c.p.c. prevedeva semplicemente una facoltà del giudice di sottoporre alla discussione le questioni rilevabili d'ufficio 'delle quali ritenga opportuna la trattazione', si riteneva che lo stesso avesse una mera facoltà in tal senso, e non un obbligo come vizio in procedendo". Cf. ainda, CONSOLO, Claudio; GODIO, Federica. Codice di Procedura Civile Commentato – La Riforma del 2009. Milano: Ipsoa-Wolters Kluwer, 2009, p. 60.

[32] GRADI, Marco. Il principio del contraddittorio e la nullità della sentenza della "terza via". Rivista di Diritto Processuale, anno LXV, n. 4, luglio-agosto 2010, p. 829/830.

O *revirement* na jurisprudência ocorreu em 2001, com destacado precedente da Corte de Cassação (n. 14637, de 21.11.2001),[33] que declarou a nulidade de sentença fundada em questão levantada de ofício pelo juiz e não previamente submetida ao contraditório entre as partes, por entender a Corte que o princípio do contraditório constitui expressão do dever de colaboração entre as partes e o juiz, especialmente na definição da "matéria" do julgamento.[34]

Em seguida, surgiram precedentes da Corte de Cassação no mesmo sentido do julgamento de 2001, sem perder de vista, como aponta a doutrina italiana, que também foi proferido julgamento em sentido contrário, em 2005, da mesma Corte de Cassação, não reconhecendo a nulidade de sentença proferida com base em questão levantada de ofício pelo juiz, sem prévia submissão ao contraditório entre as partes.[35]

---

[33] GRADI, Marco. Il principio del contraddittorio e la nullità della senteza della "terza via". Rivista di Diritto Processuale, anno LXV, n. 4, luglio-agosto 2010, p. 831, aponta que tal decisão da Corte de Cassação acabou por acolher os apontamentos doutrinários sobre o tema e tem sido justamente definida como uma "decisão revolucionária". Cf. ainda CONSOLO, Claudio; GODIO, Federica. Codice di Procedura Civile Commentato – La Riforma del 2009. Milano: Ipsoa-Wolters Kluwer, 2009, p. 60, que destacam, porém, que o reconhecimento explícito da nulidade da sentença "a sorpresa" só surge em 2005, nos julgados 16577 e 21108, depois reiterado em 2008 no julgado 15194: "Il riconoscimento esplicito della nullità delle sentenze 'a sorpresa' avviene ad opera di C 5.8.05 n. 16577 e C 31.10.05 n. 21108, le quali – sulla scorta delle medesime argomentazioni svolte da C 21.11.01 n. 14637 – espressamente sanciscono che 'è nulla la sentenza che si fonda su una questione rilevata d'ufficio e non sottoposta dal giudice al contraddittorio delle parti'. La nuova posizione della giurisprudenza di legittimità ha trovato poi di recente adesione anche da parte di C 9.6.08 n. 15194". O precedente de 2001 da Corte de Cassação italiana é citado por THEODORO JÚNIOR, Humberto; NUNES, Dierle José Coelho. Uma dimensão que urge reconhecer ao contraditório no direito brasileiro: sua aplicação como garantia de influência, de não surpresa e de aproveitamento da atividade processual. Revista de Processo, vol. 168/2009, fev /2009, p. 107 – 141: "O debate da referida questão na Itália já chegou às mais altas Cortes, como no reverenciado precedente da Corte de Cassação, 14.637, de 21.11.2001, em que se decidiu que 'é nula a sentença que se funda sobre uma questão conhecida de ofício e não submetida pelo juiz ao contraditório das partes' (traduçao livre)".

[34] FERRARIS, Federico. Principio del contraddittorio e divieto di decisioni "a sorpresa": questioni di fatto e questioni di diritto. Rivista di Diritto Processuale, anno LXXI, n. 4-5, luglio-ottobre 2016, p. 1184: "Nel 2001 si verificò la (prima) svolta: con un importante revirement, la Cassazione dichiarò la nullità della sentenza fondata su di una questione rilevata d'ufficio non previamente sottoposta all'esame delle parti: la Corte (...) ha in particolare sostenuto che il principio del contraddittorio costituisce espressione del dovere di collaborazione fra parti e giudice nella formazione della 'materia' del giudizio".

[35] GRADI, Marco. Il principio del contraddittorio e la nullità della senteza della "terza via". Rivista di Diritto Processuale, anno LXV, n. 4, luglio-agosto 2010, p. 831. Cf. ainda CONSOLO, Claudio; GODIO, Federica. Codice di Procedura Civile Commentato – La Riforma del 2009. Milano: Ipsoa-Wolters Kluwer, 2009, p. 60/61, que indica que tal precedente da Corte de Cassação, de 2005, n. 15705, constitui "voz isolada".

O contraste jurisprudencial reabriu os debates doutrinários sobre o tema, o que acabou por desaguar na reforma do CPC italiano em 2009, por meio da lei 69, que veio a reconhecer expressamente a nulidade das decisões de "terceira via" ou decisões "de surpresa", proferidas com base em questão levantada de ofício pelo juiz, sem submissão prévia ao contraditório entre as partes, com o acréscimo do n. 2 ao art. 101 do Código,[36] de modo que se tem, na reforma de 2009, como ponto de destaque ou relevo, a passagem da mera enunciação do dever do juiz de provocar o contraditório entre as partes, quanto às questões levantadas de ofício, para a tutela mais efetiva do contraditório, com a previsão de nulidade da sentença que traz questões de ofício sem ativar o prévio contraditório entre as partes.[37]

Afastou-se, assim, o antigo argumento usado para invocar a não incidência do contraditório em relação às questões levantadas pelo juiz de ofício, qual seja o da "autorresponsabilidade"

---

[36] GRADI, Marco. Il principio del contraddittorio e la nullità della senteza della "terza via". Rivista di Diritto Processuale, anno LXV, n. 4, luglio-agosto 2010, p. 832/833. Também SALVANESCHI, Laura. Dovere di collaborazione e contumacia. Rivista di Diritto Processuale, anno LXIX, n. 3, maggio-giugno 2014, p. 571: "É noto che l'art. 101, comma 2º, c.p.c. costituisce il punto di arrivo di un dibattito dottrinale e giurisprudenziale, dai toni anche sentitamente accesi, circa la sorte della c.d. decisione della terza via". No mesmo sentido, cf. FERRARIS, Federico. Principio del contraddittorio e divieto di decisioni "a sorpresa": questioni di fatto e questioni di diritto. Rivista di Diritto Processuale, anno LXXI, n. 4-5, luglio-ottobre 2016, p. 1185. De registrar, porém, que CONSOLO, Claudio; GODIO, Federica. Codice di Procedura Civile Commentato – La Riforma del 2009. Milano: Ipsoa-Wolters Kluwer, 2009, p. 56/57, anotam que a tentativa de codificar a nulidade da sentença fundada em questões levantadas de ofício pelo juiz sem a prévia submissão ao contraditório remonta aos anos 80, mas o reconhecimento da nulidade pelo direito positivo só veio a ocorrer em 2009. COMOGLIO, Luigi Paolo. Questioni rilevabile d'ufficio e contraddittorio, acrescenta, ainda, que em 2010 a mesma proibição de decisões "a sorpresa" ou "della terza via" também foi positivada no código de processo administrativa (c.p.a) por meio do d. lgs. 104, de 02.07.2010 in http://www.treccani.it/enciclopedia/questioni-rilevabili-d-ufficio-e-contraddittorio_%28Il-Libro-dell%27anno-del-Diritto%29/ (acesso em 07.06.2018).

[37] CONSOLO, Claudio; GODIO, Federica. Codice di Procedura Civile Commentato – La Riforma del 2009. Milano: Ipsoa-Wolters Kluwer, 2009, p. 55. "Tra le innovazioni apportate dalla riforma del 2009 al Libro I del c.p.c. particolare importanza riveste il nuovo c. 2 dell'art. 101 c.p.c., che sancisce il passaggio dalla (mera) enunciazione del dovere del giudice di provocare, durante la trattazione della causa, il contraddittorio tra le parti sulle questioni rilevate d'ufficio (art. 183, c. 4, c.p.c.), alla sua effettiva tutela attraverso la previsione di meccanismi di attivazione (seppur tardiva, ossia giunta la causa in sede decisoria) a cui presidio è posta la sanzione della nullità della senteza resa in sua violazione". Também LUISO, Francesco Paolo, Poteri di ufficio del giudice e contraddittorio, destaca o relevo da alteração do art. 101 do CPC italiano: "Fra le disomogenee novità contenuta nella L. 69/2009, assume a mio avviso un rilievo sistematico particolarmente importante l'art. 101, secondo comma, c.p.c., che rende esplicita e generale – anche in virtù della sua collocazione nel primo libro del codice – la regola che impone al giudice di attuare il contraddittorio sulle questioni da lui rilevate di ufficio e poste a fondamento della decisione" in http://www.judicium.it/wp-content/uploads/saggi/83/Luiso,%20terza%20via.pdf (acesso em 07.06.2018).

das partes, do qual se extraía que o silêncio das partes em relação a tais questões, de conhecimento geral, traduziria uma espécie de opção da defesa[38] ou negligência das partes.[39]

Digno de nota, ainda, segundo a doutrina italiana, que a nova norma foi inserida na parte geral do Código, a fim de não deixar dúvida sobre o seu amplo alcance: aplica-se a todos os casos e durante todo o curso do procedimento, inclusive no juízo de apelação e no juízo de cassação.[40]

A partir da nova previsão do art. 101, n. 2, pela lei 69 de 2009, a doutrina italiana vem debatendo amplamente o tema da nulidade da sentença por violação ao contraditório,[41] debate este que merece ser reproduzido, ainda que resumidamente, já que estas discussões

---

[38] BUONCRISTIANI, Dino. Il nuovo art. 101, comma 2º, c.p.c. sul contraddittorio e sui rapporti tra parti e giudice. Rivista di Diritto Processuale, anno LXV, n. 2, marzo-aprile 2010, p. 401. No mesmo sentido LUISO, Francesco Paolo, Poteri di ufficio del giudice e contraddittorio: "La introduzione generalizzata del principio in esame, come anticipato, merita di essere apprezzata positivamente. In senso contrario, si è affermato che tutto ciò che potenzialmente appartiene al processo – e le questioni rilevabili di ufficio indubbiamente hanno questa caratteristica – non avrebbe necessità di essere sottoposto al contraddittorio. Se le parti non si sono avvedute della questione rilevabile di ufficio, peggio per loro: si dovrebbe applicare il principio di autoresponsabilità. Ma una tale opinione si pone in contrasto con principi generalmente accettati, ed è anche di difficile, se non di impossibile attuazione concreta" in http://www.judicium.it/wp-content/uploads/saggi/83/Luiso,%20terza%20via.pdf (acesso em 07.06.2018).

[39] GRADI, Marco. Il principio del contraddittorio e la nullità della sentenza della "terza via". Rivista di Diritto Processuale, anno LXV, n. 4, luglio-agosto 2010, p. 833: "Non pare quindi più possibile continuare a predicare la validità della sentenza resa in violazione del contraddittorio, sostenendo che non vi sarebbe alcuna tangibile 'sorpresa' in quanto la questione rilevabile d'ufficio apparterrebbe già al materiale di causa, ovvero opinando che il mancato esercizio dei poteri processuali deriverebbe da una negligenza del difensore incapace di prevedere ex ante il successivo sviluppo della controversia".

[40] BUONCRISTIANI, Dino. Il nuovo art. 101, comma 2º, c.p.c. sul contraddittorio e sui rapporti tra parti e giudice. Rivista di Diritto Processuale, anno LXV, n. 2, marzo-aprile 2010, p. 399. Também SALVANESCHI, Laura. Dovere di collaborazione e contumacia. Rivista di Diritto Processuale, anno LXIX, n. 3, maggio-giugno 2014, p. 573. COMOGLIO, Luigi Paolo. Questioni rilevabile d'ufficio e contraddittorio, destaca que "in secondo luogo, data la sua collocazione sistematica nel libro I del codice, il nuovo precetto, pur se formalmente riferito alla fase decisoria, è espressione di un principio generale, la cui rilevanza garantistica lo impone quale canone primario di interpretazione 'costituzionalmente orientata' di qualsiasi altra disposizione correlata, invocabile nel corso del giudizio" e a seguir completa o mesmo doutrinador que "la nuova norma, nella misura in cui enuncia una regola generale per la fase decisoria, non può non riverberarsi anche sull'interpretazione delle altre norme che disciplinano l'assetto dei poteri spettanti alle parti ed al giudice nel corso dell'intero procedimento" in http://www.treccani.it/enciclopedia/questioni-rilevabili-d-ufficio-e-contraddittorio_%28Il-Libro-dell%27anno-del-Diritto%29/ (acesso em 07.06.2018).

[41] FERRARIS, Federico. Principio del contraddittorio e divieto di decisioni "a sorpresa": questioni di fatto e questioni di diritto. Rivista di Diritto Processuale, anno LXXI, n. 4-5, luglio-ottobre 2016, p. 1185/1186, destaca, em recente trabalho, que a aplicação do novo art. 101, n. 2, introduzido no CPC italiano pela lei 69, tem gerado perplexidades e posições contrárias na doutrina e jurisprudência.

podem auxiliar no equacionamento da interpretação do art. 10 do CPC/2015, que, como visto, introduziu no direito positivo brasileiro o dever judicial de submeter ao prévio contraditório entre as partes os temas que ele, juiz, de ofício, entender relevantes para a solução do caso.

Inicialmente, é importante destacar entendimento doutrinário de que a razão de ser da introdução do n. 2 ao art. 101, do CPC italiano, pela lei 69 de 2009, não é só reforçar a garantia do contraditório, mas também provocar maior "engajamento" do órgão judicial no exame da causa, o que pode levar, no final das contas, a uma definição mais célere da lide,[42] pois a reforma atacou o que ocorria na prática: comumente o juiz só examinava o processo ao final, no momento de proferir a decisão, quando então surgia a perspectiva de se levantar na decisão questões de ofício, que não foram submetidas ao prévio debate das partes.[43]

Buscou-se, assim, com a previsão expressa de nulidade das sentenças que usam na decisão da causa questões levantadas de ofício pelo próprio juiz, no momento da decisão, sem submeter estas mesmas questões ao prévio contraditório entre as partes, instaurar uma prática judicial virtuosa, a fim de que os juízes examinem a causa desde o início, para, desde já, encaminhar temas vislumbrados de ofício ao prévio debate das partes, o que pode antecipar o momento da decisão.[44]

Cabe precisar, ainda, que toda a discussão se coloca dentro dos limites das questões ou temas que o juiz tem o poder de suscitar de ofício, encontrando-se fora do campo de debate, a respeito do art. 101, n. 2, do CPC italiano, tanto os temas ou questões que o juiz só pode conhecer quando apresentadas pelas partes (se não apresentadas pelas partes estão fora de possibilidade da cognição judicial), como também a vedação de o juiz utilizar seu conhecimento privado para julgar a causa.[45]

---

[42] CONSOLO, Claudio; GODIO, Federica. Codice di Procedura Civile Commentato – La Riforma del 2009. Milano: Ipsoa-Wolters Kluwer, 2009, p. 58: "Il nuovo c. 2 servirà così anche da 'specchietto tornasole' del grado di preparazione del giudice, ed incentiverà un immediato ed accurato esame della controversia, sì da sottoporre alle parti le ulteriori questioni di cui risulta opportuna la trattazione nelle sede a ciò deputata, ossia nel corso della prima udienza di trattazione (artt. 183 e 350 c.p.c.). Se correttamente interpretato, il c. 2 porterà allora addirittura ad una più celere definizione della lite".

[43] BUONCRISTIANI, Dino. Il nuovo art. 101, comma 2º, c.p.c. sul contraddittorio e sui rapporti tra parti e giudice. Rivista di Diritto Processuale, anno LXV, n. 2, marzo-aprile 2010, p. 400/401: "Il legislatore ha fotografato ciò che accade nella prassi: il giudice studia il fascicolo di causa e le risultanze processuali in particolare quando deve emettere la sentenza ed è soltanto allora che si rende conto della presenza di una questione, rimasta silente, su cui le parti non hanno discusso nei loro atti. Adesso, però, prima di decidere è obbligato a sollecitare le parti a presentare 'osservazioni' sulla questione rilevata d'ufficio, a pena di nullità della sentenza".

[44] CONSOLO, Claudio; GODIO, Federica. Codice di Procedura Civile Commentato – La Riforma del 2009. Milano: Ipsoa-Wolters Kluwer, 2009, p. 58: "Se si anticipa lo studio si può insomma (se quello studio non lo si vorrà ripetere due volte a distanza di anni) anche anticipare non poco il momento da decisione. Possono emergere così, in forza del nouvo c. 2 dell'art. 101 c.p.c., prassi virtuosi e più celeri".

[45] Precisa a lição de LUISO, Francesco Paolo. Diritto Processuale Civile. 4 edizione. Milano: Giuffrè Editore, 2007, v. I, p. 32: "Il principio del contraddittorio deve, dunque, trovare applicazione alle

O "nó" da questão, entretanto, como destacado pela doutrina,[46] é apurar quando se tem a efetiva nulidade da decisão de "terza via" ou "a sorpresa", tema que tem gerado certa perplexidade e muita discussão na doutrina e jurisprudência. Nesse contexto, a doutrina italiana tem produzido algumas distinções, no que diz respeito ao levantamento pelo juiz, na decisão final, sem observância do contraditório, de questões que podem ser suscitadas de ofício, considerando a tipologia "questões de direito" ou "questões de fato" ou "questões mistas" (de fato e de direito), distinções estas que alguns doutrinadores têm considerado como o *fil rouge* para a solução do problema interpretativo.[47]

O debate em torno de eventual diferenciação de tratamento, em relação à aplicação do dever judicial de suscitar o debate prévio entre as partes, para os temas ou questões que suscitar de ofício, entre questão de direito, de fato ou mista, se apresenta especialmente no âmbito da incidência do entendimento sintetizado no brocardo *jura novit curia*, que autorizaria o juiz a proceder à qualificação jurídica dos fatos independentemente daquela conferida pelas partes no processo, indicando-se, basicamente, a formação de três correntes:[48]

i) a que tende a aplicar a exigência do contraditório prévio para as questões de fato suscitadas pelo juiz (envolvendo os fatos constitutivos, modificativos ou extintivos do direito) e também para as questões processuais que acarretem a extinção do processo sem julgamento de mérito, excluindo, entretanto, a alteração judicial quanto à qualificação jurídica dos fatos promovida pelas partes;

ii) outra, que entende que a exigência do contraditório prévio se aplicaria não só para as questões processuais e de fato, mas também para alteração da qualificação

---

iniziative officiose del giudice. Per le questioni rilevabili non di ufficio, ma solo ad iniziativa della parte, il problema non si pone, perché delle due l'una: o una delle parti ha rilevato la questione, e allora la controparte ne viene a conoscenza e può replicare; o la parte non ha rilevato la questione, e allora il giudice non può porla a fondamento della sua decisione".Cf. também FERRARIS, Federico. Principio del contraddittorio e divieto di decisioni "a sorpresa": questioni di fatto e questioni di diritto. Rivista di Diritto Processuale, anno LXXI, n. 4-5, luglio-ottobre 2016, p. 1186: "Naturalmente – è appena il caso di precisarlo – il giudice non potrà travalicare i limiti, primi fra tutti il principio dispositivo e il divieto di scientia privata, che informano il processo e spingersi sino al punto di ricercare e individuare elementi non allegati dalle parti: il materiale di causa rappresenta invero il substrato dal quale estrarre tutte le eventuali informazioni non debitamente considerate dai litiganti".

[46] GRADI, Marco. Il principio del contraddittorio e la nullità della senteza della "terza via". Rivista di Diritto Processuale, anno LXV, n. 4, luglio-agosto 2010, p. 833 e 835.

[47] FERRARIS, Federico. Principio del contraddittorio e divieto di decisioni "a sorpresa": questioni di fatto e questioni di diritto. Rivista di Diritto Processuale, anno LXXI, n. 4-5, luglio-ottobre 2016, p.1185 destaca a perplexidade na doutrina e jurisprudência e na p. 1186, indica, por exemplo, que sua análise do tema "sarà orientata (per quanto possibile) dal *fil rouge* rappresentato dalla distinzione fra questione (rilevata *ex officio*) di fatto e di diritto la quale, a parere di chi scrive, può contribuire a definire in maniera più agevole i confini del nuovo potere-dovere giudiziale così come i caratteri delle attività che in concreto si rendono necessarie".

[48] FERRARIS, Federico. Principio del contraddittorio e divieto di decisioni "a sorpresa": questioni di fatto e questioni di diritto. Rivista di Diritto Processuale, anno LXXI, n. 4-5, luglio-ottobre 2016, p. 1186/1188.

jurídica dos fatos promovida pelo juiz, quando tal alteração importe no reexame dos fatos da causa;

iii) e por fim, uma mais ampliativa que entende que qualquer questão levantada de ofício pelo juiz, seja de fato, mista (de fato e direito) ou apenas de direito, deve ser submetida ao prévio contraditório entre as partes, já que a exigência da observância da garantia do contraditório não pode ser só formal, mas substancial, razão pela qual o contraditório e o princípio *jura novit curia* não podem ser colocados em planos contrapostos ou alternativos, mas devem se comunicar em uma "inter-relação sinérgica". Assim, todos os temas que o juiz pode levantar de ofício – de natureza processual (em que a lei processual muitas vezes confere ao juiz poder para atuar de ofício) ou de direito material – estão abarcados pela exigência de submissão ao contraditório prévio entre as partes.[49]

Como se pode perceber, conforme a interpretação que se dê para "questões levantadas de ofício" pelo juiz, pode-se conferir uma amplitude maior ou menor para a incidência do contraditório,[50] razão pela qual a última corrente parece traduzir a interpretação que, segundo parte da doutrina italiana, mais se adequa ao teor do art. 101, n. 2, CPC, já que assegura maior efetividade ao contraditório em todos os cenários que envolvem tanto a aplicação de normas de direito processual como de direito material, levantadas de ofício pelo juiz: se se tratar de questão de fato ou mista (fato-direito), vai permitir o prévio debate das partes para, se for o caso, desenvolver novos argumentos de fato e até para realizar a produção de novas provas; e se se tratar de questões puramente de direito, permite-se o debate das partes em torno do desenvolvimento de argumentos jurídicos a respeito do tema indicado judicialmente, a fim de instruir melhor a decisão judicial, aportando nuances jurídicas ou jurisprudenciais que podem contribuir para a decisão.[51]

---

[49] CHIZZINI, Augusto. Legitimation durch Verfahren. Il nuovo secondo comma dell'art. 101 c.p.c. *Il Giusto Processo Civile*, 2011, p. 48: "il riferimento normativo alla *questione rilevata d'ufficio* dovrà essere intenso coinvolgere, come coerenza e logica impongono, non solo le questioni in prevalenza di rito per le quali la legge processuale riconosce in modo espresso al giudice un potere di rilievo d'ufficio, quanto tutte le questioni di merito (sebbene non solo) in cui il giudice utilizza quel potere di qualificazione della fattispecie che la legge e l'interpretazione consolidata gli riconoscono – solitamente riassunto nel principio iuria novit curia – e di conseguenza pone a fondamento della propria decisione una lettura divergente rispetto a quelle contrapposte emerse dal contraddittorio".

[50] BUONCRISTIANI, Dino. Il nuovo art. 101, comma 2°, c.p.c. sul contraddittorio e sui rapporti tra parti e giudice. Rivista di Diritto Processuale, anno LXV, n. 2, marzo-aprile 2010, p. 404.

[51] FERRARIS, Federico. Principio del contraddittorio e divieto di decisioni "a sorpresa": questioni di fatto e questioni di diritto. Rivista di Diritto Processuale, anno LXXI, n. 4-5, luglio-ottobre 2016, p. 1189: "La stessa tesi sembra altresì postulare che, mentre per le questioni di fatto o miste le parti potrebbero avere interesse a svolgere una serie di repliche 'in fatto', ciò non varrebbe per quelle di puro diritto, per le quali sussistirebbe un 'onere di conoscibilità' e sarebbe in ogni caso più che sufficiente, ai fini del loro trattamento, la valutazione solipsistica giudiziale: a nostro avviso, tuttavia, in quest'ultimo caso non potrà negarsi sempre e comunque rilevanza all'apporto individuale delle parti, le quali ben potrebbero sottoporre all'attenzione del giudice, ad. es., una differente rilettura degli elementi dallo stesso utilizzati nell'opera di sussunzione

Em suma, em quaisquer casos em que o juiz possa trazer questões de ofício, de qualquer natureza (fato, fato-direito ou só de direito), de direito processual ou material, capazes de influenciar na decisão final, é necessário submetê-las ao prévio contraditório entre as partes.[52]

Assim, a exigência de prévia observância do contraditório entre as partes vai abarcar também a atividade do juiz, baseada no princípio do *iuria novit curia*,[53] de dar nova qualificação jurídica aos fatos debatidos no processo,[54] pois a garantia do contraditório vai incidir sobre o tempo e o modo de exercício de tal perspectiva pelo juiz, já que este não pode aplicar normas jurídicas fora do debate havido entre as partes.[55]

---

ovvero un ulteriore indirizzo giurisprudenziale e/o dottrinale in grado, se condiviso, di condurre ad un diverso esito della decisione sulla questione". Cf. também GRADI, Marco. Il principio del contraddittorio e la nullità della senteza della "terza via". Rivista di Diritto Processuale, anno LXV, n. 4, luglio-agosto 2010, p. 837.

[52] GRADI, Marco. Il principio del contraddittorio e la nullità della senteza della "terza via". Rivista di Diritto Processuale, anno LXV, n. 4, luglio-agosto 2010, p. 837/838: "Non sembra infatti che necessiti di particolare dimostrazione il fatto che qualsiasi rilievo del giudice idoneo ad influenzare la decisione finale può comportare, indipendentemente dalla natura della questione rilevata, l'esigenza delle parti di contraddire al riguardo". No mesmo sentido COMOGLIO, Luigi Paolo. Questioni rilevabile d'ufficio e contraddittorio, destaca que "si qualificano inderogabilmente come poteri-doveri le attività ufficiose, con le quali il giudice 'rileva' e previamente «indica» alle parti, facendone oggetto del loro susseguente contraddittorio, qualsiasi 'questione' rilevabile d'ufficio (di fatto o di diritto), che sia dotata ex se di piena rilevanza decisoria (e sia, quindi, di per sé 'decisiva'), richiedendo come tale il contributo argomentativo (ed eventualmente l'apporto probatorio) delle parti medesime" *in* http://www.treccani.it/enciclopedia/questioni-rilevabili-d--ufficio-e-contraddittorio_%28Il-Libro-dell%27anno-del-Diritto%29/ (acesso em 07.06.2018).

[53] CAVALLINI, Cesare. Iura novit curia (civil law e common law). Rivista di Diritto Processuale, anno LXXII, n. 3, maggio-giugno 2017, p. 759, em interessante estudo comparado sobre a aplicação do princípio *iuria novit curia* nos sistemas de *common law* e *civil law*, observa que "*iuria novit curia* è, per l'appunto, un 'principio', ma, prim'ancora, un 'brocardo', elevatosi a regola nel corso dei secoli contestualmente alla massima *da mihi factum, dabo tibi ius*. L'aspetto secolare del principio contenuto nei rispettivi e complementari brocardi sta a significare solo que 'il giudice conosce le norme', così risolvendo il problema della fonte di tale conoscenza, e non solo che al giudice spetta la 'qualificazione giurìica del fatto', anche diversamente da quella prospettata dalle parti: ma vuole innazi tutto palesare la valenza storica e immutabile del primato della giurisdizione nella composizione della lite tra i *cives*, 'a valle' della stessa legislazione".

[54] CONSOLO, Claudio; GODIO, Federica. Codice di Procedura Civile Commentato – La Riforma del 2009. Milano: Ipsoa-Wolters Kluwer, 2009, p. 63/64.

[55] MONTESANO, Luigi. La garanzia costituzionale del contraddittorio e i giudizi civili di "terza via". Rivista di Diritto Processuale, anno LV, n. 4, ottobre-dicembre 2000, p. 931: "La garanzia in discorso [garantia constitucional do contraditório] incide tuttavia fortemente sui modi e sui tempi dell'esercizio di quel potere-dovere [poder-dever do juiz, de ofício, individuar a norma aplicável à causa, iuria novit curia] e dovrebbe condurre, si spera, la giurisprudenza a mutare la linea – da essa costantemente seguita, nonostante non poche critiche dottrinali – di totale libertà di applicare norme giuridiche in tutto stranee al dibattito tra le parti, anche con improvviso rovesciamento,

Até porque, como destaca a doutrina italiana, com tal entendimento não se reduz ou diminui o alcance ou a validade dos poderes do juiz baseados no brocardo *iuria novit curia*,[56] mas simplesmente se predispõe a regra de que o juiz, ao exercitar os poderes de aplicar, de ofício, o direito ou a norma jurídica ao caso concreto, em ponto que não foi objeto do debate entre partes, deve submeter, previamente, o tema ao contraditório entre as partes,[57] pois, do contrário, como aponta Augusto Chizzini, o contraditório pode acabar se tornando apenas uma "incorpórea sombra".[58]

Nesse sentido, já se destacou em doutrina que o princípio *iuria novit curia* legitima o juiz a buscar o correto enquadramento jurídico do direito substancial deduzido em juízo, mas nem por isso este mesmo princípio autorizaria o juiz a surpreender as partes na decisão final,

---

solo all'atto della conclusiva sentenza di merito, di quelle che sono state le impostazioni della causa in diritto per tutto il corso del giudizio".

[56] CHIZZINI, Augusto. Legitimation durch Verfahren. Il nuovo secondo comma dell'art. 101 c.p.c. *Il Giusto Processo Civile*, 2011, p. 51/52: "L'opzione normativa per la quale tutte le questioni di merito e di rito rilevate d'ufficio dal giudice e utilizzate in sede decisoria devono passare per il vaglio del contraddittorio, a pena di nullità, non contrasta in alcun modo con la riconosciuta regola *iuria novit curia*".

[57] CHIZZINI, Augusto. Legitimation durch Verfahren. Il nuovo secondo comma dell'art. 101 c.p.c. *Il Giusto Processo Civile*, 2011, p. 52: "il riconoscere quel potere d'individuare la norma concreta applicabile alla fattispecie dedotta, ossia di determinare il diritto oggettivo il quale il giudice informa la propria decisione, non è in alcun modo limitato e tanto meno contraddetto da quanto previsto dall'art. 101 2º comma, c.p.c.: non si definisce – si badi bene – alcun limite ulteriore al potere del giudice di rilevare una determinata questione, quanto s'impone un preciso ordinamento procedimentale, al fine di assicurare nel concreto una idonea tutela alle parti, sulla base della convinzione che solo dall'esplicarsi di un pieno contraddittorio può giungersi ad una decisione giusta. (...) Questi cardini non vengono incrinati, imponendosi solo che l'esercizio del dovere decisorio si realizzi per il tramite di una certa sequela formale, a garanzia di un procedimento che, nella piena dialettica tra le parti e il giudice, può consentire di pronunciare una sentenza giusta". CAVALLINI, Cesare. Iura novit curia (civil law e common law). Rivista di Diritto Processuale, anno LXXII, n. 3, maggio-giugno 2017, p. 763/764, destaca que do conhecido debate na doutrina e jurisprudência italiana a respeito dos confins entre o princípio *iuria novit curia* e do vício de decisão *extra petita*, se extrai que o efetivo alcance de ambos os princípios, centrado exatamente na necessidade de o juiz garantir o efetivo contraditório prévio quando pretender realizar nova qualificação jurídica dos fatos: "Il cui ruolo non è da verdersi come attivo o passivo, ma semmai come garante del principio del contraddittorio preventivo all'esercizio del su potere di riqualificazione giuridica dei fatti introdotti nel processo". E, a seguir, na nota 25 completa: "Il rispetto del previo contraddittorio a seguito della rinnovata qualificazione giuridica dei fatti allegati dalle parti, costituisce, non da ora, un risultato sicuro cui è approdata l'interpretazione (e, come in Italia e Francia, la stessa normativa) in merito alla valenza applicativa del principio in esame".

[58] CHIZZINI, Augusto. Legitimation durch Verfahren. Il nuovo secondo comma dell'art. 101 c.p.c. *Il Giusto Processo Civile*, 2011, p. 54: "Può dirsi, allora, che tale elementare tutela deve ritenersi momento imprescindibile di quella struttura a contraddittorio accentuato che è per sua natura stessa coessenziale al processo civile e impedisce che il contraddittorio sia ridotto ad 'una vana ombra'".

com alteração do cenário jurídico exposto e debatido no processo[59] e dá-se como exemplo exatamente a alteração da qualificação jurídica dos fatos envolvendo responsabilidade civil contratual ou extracontratual.[60]

De mais a mais, como muito bem destacado pela doutrina italiana, é difícil saber, *a priori*, se a questão suscitada de ofício pelo juiz será apenas jurídica, ou de fato e de direito, ou puramente de fato, antes de se abrir o contraditório prévio entre as partes.[61]

---

[59] BUONCRISTIANI, Dino. Il nuovo art. 101, comma 2º, c.p.c. sul contraddittorio e sui rapporti tra parti e giudice. Rivista di Diritto Processuale, anno LXV, n. 2, marzo-aprile 2010, p. 409: "D'altra parte, il principio iuria novit curia legittima il giudice a ricercare la corretta impostazione giuridica della situazione sostanziale dedotta in giudizio, ma non per questo lo autorizza a sorprendere le parti in sede di decisione. La sorpresa, che viola il diritto di difesa e il principio del contraddittorio, si ha tenendo conto della proiezione dinamica della questione di diritto, cioè quando la norma di diritto evidenziata dal giudice e posta in rapporto con l'effetto giuridico richiesto fa entrare il contenzioso in un campo di indagine non arato, rimasto fuori dello staccato entro il quale si è svolto il dabattimento". Aliás, também CAVALLINI, Cesare. Iura novit curia (civil law e common law). Rivista di Diritto Processuale, anno LXXII, n. 3, maggio-giugno 2017, p. 764/765, destaca que a evolução do princípio do *iuria novit curia* na Itália, França e Alemanha deságuou na limitação da vedação de decisões "a sorpresa", quando o juiz exercirtar as perspectivas decorrentes do *iuria novit curia*: "Ed anzi, alla stregua dell'evoluzione del principio sia in Francia che in Italia, il quadro appare del tutto in linea con il sistema processuale tedesco, nel quale 'vive' a titolo originario, starei per dire, il principio iuria novit curia e, tutt'al più, di questo, è stata circoscritta e limitata l'applicazione (solo) con riferimento al diritto delle parti a non subire una decisione 'a sorpresa' dall'improvvisa riqualificazione del fatto da parte del giudice nella sentenza, anche a norma del par. 139 ZPO (e del par. 103 della Legge Fondamentale)".

[60] BUONCRISTIANI, Dino. Il nuovo art. 101, comma 2º, c.p.c. sul contraddittorio e sui rapporti tra parti e giudice. Rivista di Diritto Processuale, anno LXV, n. 2, marzo-aprile 2010, p. 409: "Ad es., in un contenzioso in tema di risarcimento danni si ha nuova questione di diritto da sottoporre al contraddittorio delle parti in caso di qualificazione dell'azione di responsabilità come contrattuale o extracontrattuale, diversamente da come le parti avevano impostato i loro mezzi di attacco e di difesa". No mesmo sentido GRADI, Marco. Il principio del contraddittorio e la nullità della senteza della "terza via". Rivista di Diritto Processuale, anno LXV, n. 4, luglio-agosto 2010, p. 838: "Siffatte esigenze sorgono, inoltre, nel caso in cui il giudice, sulla base del principio jura novit curia, decida di applicare alla fattispecie una norma giuridica diversa da quella invocata delle parti e sulla quale si è incentrato il dibattito processuale, come può accadere nel caso in cui si muti il titolo della responsabilità da contrattuale a extracontrattuale, o viceversa, con le ovvie conseguenze in tema di onere della prova, prescrizione del diritto e di disciplina applicabile, oppure quando si intenda modificare, rispetto all'opinione delle parti, la natura del contratto oggetto del processo, finendo per applicare disposizioni diverse con risultati ed esiti, pur in astratto prevedibili, in concreto non previsti dalle parti".

[61] LUISO, Francesco Paolo, Poteri di ufficio del giudice e contraddittorio: "Sulla base di questa schematizzazione, si suole distinguere questioni di diritto, questioni di fatto, e questioni miste (di fatto e di diritto); e si circoscrive talvolta il dovere del giudice di sollecitare il contraddittorio ad alcune soltanto di tale questioni (ad es., alle questioni di fatto o miste), escludendolo per altre (ad es., le questioni di diritto). Analoga distinzione può essere effettuata anche in relazione alle questioni di rito. Ebbene, nessuno contesta la correttezza della distinzione sopra effettuata: solo

A diferenciação entre questão de direito, de fato ou de fato-direito vai interferir, ainda, com a forma de se aplicar o contraditório prévio entre as partes considerando o ponto levantado de ofício pelo juiz: no caso das questões puramente jurídicas, será suficiente indicar a questão para as partes, a fim de que estas apresentem suas alegações sobre o ponto jurídico; todavia, quando a questão envolve especialmente temas fáticos será preciso permitir às partes, se for o caso, a produção de provas, com a reabertura da instrução.[62]

Outra discussão relevante na doutrina italiana é aquela atinente à nulidade da decisão por violação, pelo juiz, do dever de observar previamente o contraditório para as questões

---

che essa è meramente descrittiva, e soprattutto non consente di stabilire ex ante – i.e., nel momento in cui la questione è rilevata e dunque si impone al giudice il dovere di segnalarla alle parti – se si tratti di questione di un tipo o di un altro. (...) Orbene, non è possibile stabilire a priori quale di queste variegate, possibili repliche alla rilevazione officiosa sarà effettuata dalla parte interessata: sicché è ben vero che si può distinguere fra questioni di diritto e di fatto, ma ciò solo ex post, quando cioè – segnalata dal giudice alle parti la questione rilevata di ufficio – esse replicheranno in concreto sollevando profili di fatto o di diritto. Non essendo possibile stabilire ex ante se alla questione rilevata di ufficio faranno seguito repliche in fatto o in diritto, il comportamento del giudice che rileva la questione deve sempre essere lo stesso: segnalare la questione alle parti ed attendere le loro osservazioni. Soltanto all'esito di queste si saprà se la questione rilevata di ufficio potrà qualificarsi di diritto (perché le parti solleveranno solo profili di interpretazione e/o applicazione della norma) oppure di fatto (perché le parti solleveranno profili attinenti all'esistenza del fatto storico rilevante o addurranno fatti impeditivi dell'effetto)" *in* http://www.judicium.it/wp-content/uploads/saggi/83/Luiso,%20terza%20via.pdf (acesso em 07.06.2018).

[62] BUONCRISTIANI, Dino. Il nuovo art. 101, comma 2º, c.p.c. sul contraddittorio e sui rapporti tra parti e giudice. Rivista di Diritto Processuale, anno LXV, n. 2, marzo-aprile 2010, p. 410/411: "Pertanto, le 'osservazioni', che le parti possono proporre, consistono anche nell'allegazione di nuovi fatti e di nuove richieste instruttorie, purché in rapporto dinamico con la nuova questione sollevata dal giudice. (...) Soltanto nel caso in cui si tratti di una questione di diritto, che non rende rilevanti nuovi fatti, saranno sufficienti le 'osservazioni' delle parti (ad es., per una questione di rito, risultante dagli atti, quale la legittimazione ad agire, che si apprezza su quanto affermato nella domanda)". No mesmo sentido LUISO, Francesco Paolo, Poteri di ufficio del giudice e contraddittorio: "Se le osservazioni delle parti hanno ad oggetto solo questioni di diritto, il giudice potrà mantenere la causa nella fase decisoria, e deciderla tenendo conto di tali osservazioni. Se, viceversa, le osservazioni delle parti involgono profili di fatto, sarà necessario rimettere la causa in istruttoria per dare sfogo alle prove che le parti potranno richiedere" *in* http://www.judicium.it/wp-content/uploads/saggi/83/Luiso,%20terza%20via.pdf (acesso em 07.06.2018). Cf., ainda, COMOGLIO, Luigi Paolo. Questioni rilevabile d'ufficio e contraddittorio: "Nel medesimo tempo, specialmente quando si tratti del rilievo di una questione di fatto rimasta sino a quel momento estranea al dibattito processuale, egli deve porre i litiganti in condizione di esercitare, al riguardo, ogni potere di allegazione, di argomentazione o di prova" *in* http://www.treccani.it/enciclopedia/questioni-rilevabili-d-ufficio-e-contraddittorio_%28Il-Libro-dell%27anno-del-Diritto%29/ (acesso em 07.06.2018). Cf. também FERRARIS, Federico. Principio del contraddittorio e divieto di decisioni "a sorpresa": questioni di fatto e questioni di diritto. Rivista di Diritto Processuale, anno LXXI, n. 4-5, luglio-ottobre 2016, p. 1192/1193.

levantadas de ofício.[63] Parte da doutrina entende que a nulidade é "extraformal", por atingir diretamente princípio constitucional, como é o caso da garantia do contraditório,[64] e por isso se trataria de nulidade absoluta,[65] podendo-se equiparar à hipótese de sentença *ultra* ou *extra petita*,[66] e nem se poderia considerar excessiva a nulidade da decisão,[67] já que a sentença

---

[63] BUONCRISTIANI, Dino. Il nuovo art. 101, comma 2º, c.p.c. sul contraddittorio e sui rapporti tra parti e giudice. Rivista di Diritto Processuale, anno LXV, n. 2, marzo-aprile 2010, p. 411/412, destaca que, mesmo após a reforma de 2009, com a previsão da nulidade da sentença de "terza via" inserida no art. 101, n. 2, do CPC, ainda restam dúvidas e debates a respeito do tema: "Tuttavia, residuano ancora alcuni dubbi: a) se si tratta di una nullità extraformale o formale; b) se, conseguentemente, è originaria (cioè automatica) o derivata (cioè soltanto se si è verificato un pregiudizio alla facoltà per le parti di modificare, integrare, precisare i propri mezzi di attacco e di difesa); c) se tale nullità rileva soltanto in caso di effettivo pregiudizio subito dalla parte all'esercizio di poteri in fatto, in diritto e/o sul piano della prova; d) se, in sede d'impugnazione, è sufficiente la mera impugnazione nel merito della decisione o, al contrario, è necessaria l'indicazione delle attività processuali che la parte avrebbe potuto porre in essere se fosse stata avvertita della questione rilevata d'ufficio e posta a fondamento della decisione".

[64] COMOGLIO, Luigi Paolo. Questioni rilevabile d'ufficio e contraddittorio: "Inoltre, la 'nullità' derivante dalla sua violazione non può non continuare a configurarsi geneticamente, per coerenza sistematica, come 'non formale' (od 'extraformale'), attingendo e viziando la decisione come tale, al pari di qualsiasi altra ipotesi di violazione delle regole sul contraddittorio (o di altri fondamentali principi di struttura del processo). Quindi, la testuale sanzione di 'nullità', da riferirsi indubitabilmente alla sentenza, assume tutt'al più una valenza sussidiaria e rafforzativa" *in* http://www.treccani.it/enciclopedia/questioni-rilevabili-d-ufficio-e-contraddittorio_%28Il-Libro-dell%27anno-del-Diritto%29/ (acesso em 07.06.2018). Cf. também CHIZZINI, Augusto. Legitimation durch Verfahren. Il nuovo secondo comma dell'art. 101 c.p.c. *Il Giusto Processo Civile*, 2011, p. 62/63.

[65] COMOGLIO, Luigi Paolo; FERRI, Corrado; TARUFFO, Michele. Lezioni sul processo civile. 4ª ed. Bologna: Il Mulino, 2006. 2 v. I, p. 78: "È, dunque, da reputarsi invalida, in quanto affetta da nullità assoluta, la decisione giurisdizionale che, nel 'rilevare' siffatta 'questione', idonea a definire da sé sola il giudizio, ma non proposta né mai trattata in precedenza dalle parti, 'pronunci' contestualmente su di essa, senza averla loro previamente 'indicata', in base al principio ricavabile dall'art. 183, comma 4 (così, ad es., Cass. 21.11.2001, n. 14637; Cass. 5.8.2005, n. 16577; in senso contrario, Cass. 27.7.2005 n. 15705)"

[66] CHIZZINI, Augusto. Legitimation durch Verfahren. Il nuovo secondo comma dell'art. 101 c.p.c. *Il Giusto Processo Civile*, 2011, p. 63: "Ne consegue, pertanto, che ben difficilmente potrà prospettarsi tale sanatoria per quei vizi che, detti appunto extraformali (tali li si voglia o meno classificare), si correlano alla mancanza dei presupposti per l'esercizio del dovere decisorio, in questio pianamente avvicinandosi l'ipotesi in esame a quella del vizio della sentenza per *ultra* o *extra petita*".

[67] LUISO, Francesco Paolo, Poteri di ufficio del giudice e contraddittorio: "Se il giudice omette di instaurare il contraddittorio sulla questione rilevata di ufficio, la sentenza è nulla: così espressamente l'art. 101, secondo comma, c.p.c.. Si tratta di una previsione che può apparire troppo rigida e fors'anche eccessiva: e tuttavia, se ne verifichiamo la effettiva portata sistematica, essa si dimostra tutt'altro che inopportuna; anzi, la nullità della sentenza costituisce lo strumento indispensabile per il raggiungimento dello scopo che il legislatore si è prefisso" *in* http://www.judicium.it/wp-content/uploads/saggi/83/Luiso,%20terza%20via.pdf (acesso em 07.06.2018).

de "terza via" ou "a sorpresa" impede a discussão pelas partes do tema suscitado de ofício pelo juiz, sendo suficiente arguir o vício, sem apresentar novos argumentos.[68]

Assim, se apresenta interessante ponderação de que **a violação do contraditório, nesses casos, gera, por si só, a nulidade, por traduzir evidente dano à esfera jurídico-processual da parte, sendo até mesmo difícil produzir a prova do efetivo prejuízo que suportou em razão da não incidência do contraditório**.[69] Daí a possibilidade da apresentação de **apelação amparada exclusivamente na nulidade da sentença** com fundamento em temas levantados de ofício pelo juiz, sem submissão prévia ao debate das partes, por violação do contraditório, **não podendo ser imposto à parte a indicação de quais atividades ou argumentos defensivos poderia ter levantado, já que a só violação ao contraditório é suficiente para nulificar a decisão**.[70]

Por outro lado, tem-se que parte da doutrina entende que o tema da nulidade da sentença de "terza via" ou "a sorpresa" deve ser analisado tendo por parâmetro as regras gerais a respeito da nulidade dos atos processuais, e, com isso, a eventual violação do contraditório não implicaria automaticamente a nulidade da decisão, cabendo à parte prejudicada demonstrar a potencial relevância dos argumentos que poderia levantar para influir na decisão da causa.[71]

---

[68] BUONCRISTIANI, Dino. Il nuovo art. 101, comma 2º, c.p.c. sul contraddittorio e sui rapporti tra parti e giudice. Rivista di Diritto Processuale, anno LXV, n. 2, marzo-aprile 2010, p. 413: "Ma, la mia legittimazione all'impugnazione prescinde dalle novità che avrei potuto ma non ho dedotto; la sentenza è nulla perché mi ha impedito di difendermi sulla questione rilevata d'ufficio; è sufficiente che, senza nulla di nuovo aggiungere, possa riaprire la discussione e cercare di far cambiare opinione al giudice".

[69] CHIZZINI, Augusto. Legitimation durch Verfahren. Il nuovo secondo comma dell'art. 101 c.p.c. Il Giusto Processo Civile, 2011, p. 47, aponta que "non ha alcun fondamento logico (tanto meno positivo) la tesi mezzana, cara alla giurisprudenza, che vorrebe onerare il soccombente della prova (diabolica) dell'effettivo nocumento, del dedurre la causalità del vizio processuale, come se la violazione del contraddittorio non fosse un danno in sé".

[70] CHIZZINI, Augusto. Legitimation durch Verfahren. Il nuovo secondo comma dell'art. 101 c.p.c. Il Giusto Processo Civile, 2011, p. 66/67: "È bene precisare che sarà ammissibile un appello fondato esclusivamente sulla violazione dell'art. 101, 2º comma, c.p.c., senza ulteriori censure di merito. Così, alla parte che deduce quel vizio non dovrà essere addossato alcun onere con riferimento a una presunta causalità del vizio, tantomeno le sarà imposto, in via di preliminare delibazione, d'indicare le attività difensive che sono state compromesse dal mancato rispetto della regola processuale: la violazione del contraddittorio, in quanto tale, implica di per se stessa la nullità della sentenza, con la conseguente necessità di ricostruire il tessuto connettivo della decisione e di superare quella inaccetabile lacerazione che la priva di ogni legittimazione formale".

[71] CONSOLO, Claudio; GODIO, Federica. Codice di Procedura Civile Commentato – La Riforma del 2009. Milano: Ipsoa-Wolters Kluwer, 2009, p. 64/65. Também GRADI, Marco. Il principio del contraddittorio e la nullità della senteza della "terza via". Rivista di Diritto Processuale, anno LXV, n. 4, luglio-agosto 2010, p. 839/842, destaca a incidência das disposições gerais sobre nulidade processual contida nos arts. 156 a 159 do CPC italiano.

No que tange ao mecanismo de alegação da nulidade, a doutrina italiana aponta que no caso da sentença de primeiro grau viciada em razão da não observância do contraditório, em relação aos temas suscitados de ofício pelo juiz na própria decisão (art. 101, n. 2, CPC), o tema deve ser alegado em recurso de apelação e, no caso de se reconhecer o vício, não cabe a anulação da decisão com o retorno do feito ao primeiro grau: o próprio tribunal deve reabrir o contraditório,[72] permitindo a atividade probatória se for o caso,[73] e julgar diretamente a causa.[74] Com efeito, são taxativos os casos em que a Corte de apelação italiana tem o dever de devolver o processo ao juízo de primeiro grau (arts. 353 e 354 do CPC), e, dentre estes casos taxativos, não há o da prolação de decisão de "terza via".[75]

Já no caso de violação do contraditório quando do julgamento de recurso, no juízo de apelação, a parte poderá impugnar a decisão perante a Corte de Cassação, hipótese em que, se se acolher o recurso, a Corte poderá determinar o retorno dos autos ao tribunal que julgou a apelação, para reabrir os debates (art. 383, ns. 1 e 3, CPC), ou poderá julgar diretamente o mérito, conforme art. 384, n. 2, CPC, quando não for necessário desenvolver atividade instrutória.[76]

---

[72] CONSOLO, Claudio; GODIO, Federica. Codice di Procedura Civile Commentato – La Riforma del 2009. Milano: Ipsoa-Wolters Kluwer, 2009, p. 66/67.

[73] CONSOLO, Claudio; GODIO, Federica. Codice di Procedura Civile Commentato – La Riforma del 2009. Milano: Ipsoa-Wolters Kluwer, 2009, p. 67.

[74] GRADI, Marco. Il principio del contraddittorio e la nullità della senteza della "terza via". Rivista di Diritto Processuale, anno LXV, n. 4, luglio-agosto 2010, p. p. 846/847: "Una volta che il vizio processuale sia stato riscontrato in appello, la causa non potrà essere rimessa al primo giudice, posto che la violazione del contraddittorio sulle questioni rilevate d'ufficio non rientra nelle tassative ipotesi di rimessione enucleate dagli artt. 352 e 354 c.p.c.; come si è anticipato, infatti, il giudice d'appello dopo aver consentito alle parti l'esercizio di ogni consequenziale difesa, dovrà decidere la causa nel merito".

[75] CONSOLO, Claudio; GODIO, Federica. Codice di Procedura Civile Commentato – La Riforma del 2009. Milano: Ipsoa-Wolters Kluwer, 2009, p. 66/67.

[76] CONSOLO, Claudio; GODIO, Federica. Codice di Procedura Civile Commentato – La Riforma del 2009. Milano: Ipsoa-Wolters Kluwer, 2009, p. 67/68. Cf. ainda, LUISO, Francesco Paolo, Poteri di ufficio del giudice e contraddittorio: "Nell'ipotesi in cui la nullità riguardi la sentenza di appello, essa deve essere fatta valere con il ricorso in cassazione: ed anche in questa ipotesi, ove appuri che il giudice di appello ha violato l'art. 101, secondo comma, c.p.c., la cassazione deve dichiarare la nullità di quella sentenza. Di fronte alla Corte di cassazione, tuttavia, la possibilità di rimediare alla nullità della sentenza impugnata è più limitata, poiché nel procedimento di Cassazione non è possibile effettuare istruzione probatoria, e quindi, ove una delle parti lamenti la nullità della sentenza di appello ai sensi dell'art. 101, secondo comma, c.p.c. e ovviamente indichi quali attività egli avrebbe compiuto se la questione rilevata di ufficio gli fosse stata segnalata, occorrerà distinguere a seconda che tali attività riguardino solo profili di diritto (interpretazione ed applicazione delle norme) oppure anche profili di fatto (allegazioni ed attività istruttoria). Nel secondo caso la Cassazione dovrà inevitabilmente cassare e rinviare; nel primo caso, invece, a mio avviso potrà emettere una pronuncia sostitutiva: dopo la riforma del 2006, infatti, è stato modificato il secondo comma dell'art. 384 c.p.c., esplicitando ciò che peraltro era già stato affermato in precedenza, e cioè che la Cassazione può pronunciare nel merito anche in presenza di *errores in procedendo*"

Todavia, quando se tratar de violação do contraditório, com a prolação de decisão "surpresa" pela própria Corte de Cassação, a doutrina indaga qual seria a solução, indicando-se que não há remédio previsto para corrigir o eventual vício, já que não caberia a rescisão do julgado, podendo-se cogitar de pretensão ressarcitória contra o Estado.[77]

Por fim, se detecta, ainda, interessante discussão na doutrina a respeito do alcance do art. 101, n. 2, do CPC italiano, no caso de réu revel: o contraditório, a ser observado pelo juiz quanto aos temas que suscita de ofício, seria aplicável apenas às partes constituídas, devidamente representadas por advogado no processo, ou também à parte revel?[78] O entendimento encaminha-se para inaplicabilidade da norma no caso do revel.[79]

3. O NOVO ART. 10 DO CPC/2015: ÂMBITO DE APLICAÇÃO E AS CONSEQUÊNCIAS DA SUA VIOLAÇÃO

Não há dúvidas que o CPC/2015 acolheu, no art.10, de forma expressa e geral, aplicável a todos os processos e em todos os graus de jurisdição, a obrigação dos juízes e dos tribunais de observar o contraditório quanto aos temas que venham levantar de ofício no processo.[80] Isso porque, além da literalidade da norma, sua inclusão na Parte Geral do Código, como norma fundamental do processo civil brasileiro, dá a exata medida da importância que o

---

(n http://www.judicium.it/wp-content/uploads/saggi/83/Luiso,%20terza%20via.pdf (acesso em 07.06.2018). Cf. també m CHIZZINI, Augusto. Legitimation durch Verfahren. Il nuovo secondo comma dell'art. 101 c.p.c. *Il Giusto Processo Civile*, 2011, p. 67.

[77] CONSOLO, Claudio; GODIO, Federica. Codice di Procedura Civile Commentato – La Riforma del 2009. Milano: Ipsoa-Wolters Kluwer, 2009, p. 69/70. Cf. também CHIZZINI, Augusto. Legitimation durch Verfahren. Il nuovo secondo comma dell'art. 101 c.p.c. *Il Giusto Processo Civile*, 2011, p. 68/69.

[78] SALVANESCHI, Laura. Doveri di collaborazione e contumacia. Rivista di Diritto Processuale, anno LXIX, n. 3, maggio-giugno 2014, p. 567: "Principale tema di indagine, intorno al quale ruota la soluzione di diverse altre questioni, sarà dunque il quesito se il dovere del giudice di sottoporre al contraddittorio delle parti le questioni che rilievi d'ufficio operi solo nei confronti delle parti costituite, oppure riguardi anche il contumace".

[79] SALVANESCHI, Laura. Doveri di collaborazione e contumacia. Rivista di Diritto Processuale, anno LXIX, n. 3, maggio-giugno 2014, p. 586: "Venendo dunque a una conclusione, a me sembra che nulla nel sistema processuale autorizzi a pensare che il contumace debba essere tutelato al punto di essere destinatario di quel particolare obbligo di collaborazione del giudice che si sostanzia, ai sensi dell'art. 101, comma 2º, c.p.c., nel dovere di comunicare alle parti una questione rilevata d'ufficio prima di porla a fondamento della propria decisione".

[80] MALLET, Estevão. Notas sobre o problema da chamada "decisão-surpresa". Revista de Processo, vol. 233/2014, jul/2014, p. 43 – 64: "Não é demasiado anotar, de outro lado, que a aplicação de ofício de alguma regra, sem observância do contraditório, vicia o processo quer tenha isso ocorrido em primeiro grau ou em segundo grau ou, ainda, se for o caso, em grau extraordinário de jurisdição, no âmbito de recurso de revista, recurso especial ou recurso extraordinário. O respeito à bilateralidade do juízo impera em todos os graus de jurisdição".

legislador atribuiu ao contraditório, especificamente na inserção do próprio julgador na obrigação de fazer observar (arts. 7º e 9º) e observar ele mesmo o contraditório (art. 10).[81]

Certo que o art. 10 do CPC/2015 tem objeto específico: se aplica às matérias que o juiz pode suscitar de ofício, restando incólume a perspectiva de que temas que o juiz não pode conhecer de ofício, e que se inserem na iniciativa exclusiva das partes (art. 141, CPC/2015), não se encontram no espectro de incidência da norma em análise, pois há uma vedação anterior, no sentido de que o próprio juiz não pode suscitar de ofício tal tipo de matéria.

Assim, o campo de aplicação do art. 10 do CPC/2015 vai envolver aquelas matérias que a legislação processual expressamente autoriza o juiz a examinar de ofício,[82] e que podem consistir tanto em temas de direito material – por exemplo, prescrição (art. 487, II, CPC/2015); ou mesmo de fato, como ocorre com os fatos supervenientes à propositura da ação (art. 493, CPC/2015) –, como de temáticas processuais – por exemplo, pressupostos processuais e as antigas "condições da ação" (art. 485, §3º, CPC/2015).

---

[81] Trata-se, como destaca a doutrina brasileira, da superação da visão formal do contraditório como "simples bilateralidade da instância", com o acréscimo da "ideia de cabal participação como núcleo-duro do direito ao contraditório", de modo que "contraditório significa hoje conhecer e reagir, mas não só. Significa participar do processo e influir nos seus rumos. Isso é: direito de influência. Com essa nova dimensão, o direito ao contraditório deixou de ser algo cujos destinatários são tão somente as partes e começou a gravar igualmente o juiz. Daí a razão pela qual eloquentemente se observa que o juiz tem o dever não só de valer pelo contraditório entre as partes, mas fundamentalmente a ele também se submeter" (MARINONI; Luiz Guilherme; ARENHART; Sérgio Cruz; MITIDIERO, Daniel. Curso de Processo Civil. São Paulo: Thomson Reuters – Revista dos Tribunais; 2015, vol. 1, p. 501/502). No mesmo sentido, DIDIER JR, Fredie. Curso de Direito Processual Civil. 18ª ed. Salvador: Editora JusPodium, vol. 1, p. 82, menciona a "dimensão substancial" do princípio do contraditório, como "poder de influência", indicando que "essa dimensão substancial do contraditório impede a prolação de decisão surpresa; toda questão submetida a julgamento deve passar antes pelo contraditório". Cf. também THEODORO JÚNIOR, Humberto; NUNES, Dierle José Coelho. Uma dimensão que urge reconhecer ao contraditório no direito brasileiro: sua aplicação como garantia de influência, de não surpresa e de aproveitamento da atividade processual. Revista de Processo, vol. 168/2009, fev /2009, p. 107 – 141: "Dentro desse enfoque se verifica que há muito a doutrina percebeu que o contraditório não pode mais ser analisado tão-somente como mera garantia formal de bilateralidade da audiência, mas, sim, como uma possibilidade de influência (Einwirkungsmöglichkeit) sobre o desenvolvimento do processo e sobre a formação de decisões racionais, cominexistentes ou reduzidas possibilidades de surpresa. Tal concepção significa que não se pode mais na atualidade, acreditar que o contraditório se circunscreva ao dizer e contradizer formal entre as partes, sem que isso gere uma efetiva ressonância (contribuição) para a fundamentação do provimento, ou seja, afastando a idéia de que a participação das partes no processo possa ser meramente fictícia, ou apenas aparente, e mesmo desnecessária no plano substancial". Cf., ainda, JAYME, Fernando Gonzaga; FRANCO, Marcelo Veiga. O princípio do contraditório no projeto do novo Código de Processo Civil. Revista de Processo, vol. 227/2014, jan/2014, p. 335 – 359.

[82] Cf. MALLET, Estevão. Notas sobre o problema da chamada "decisão-surpresa". Revista de Processo, vol. 233/2014, jul/2014, p. 43 – 64.

De notar que o CPC/2015, não obstante a generalidade normativa do art. 10, incluído no âmbito das normas fundamentais na Parte Geral do Código, reitera ou reforça, em várias outras normas específicas, o dever do juiz de suscitar o contraditório prévio entre as partes em relação a temas que pode examinar de ofício, como, por exemplo: a) art. 487, par. único; b) art. 493, par. único; c) art. 921, §5º; d) art. 933.

Diante de tal quadro normativo, e numa primeira aproximação, se o juiz, por exemplo, no momento de proferir a sentença, detectar a possibilidade de aplicar, de ofício, tema que as partes não apresentaram em suas alegações, deverá paralisar a atividade decisória e determinar a intimação das partes para se manifestarem previamente sobre a matéria, no prazo que fixar, para só depois decidir.[83] Certo, ainda, que é possível, em tal momento, para realizar o contraditório pleno, não apenas permitir às partes a produção de alegações ou manifestações sobre o tema, mas, na esteira da doutrina italiana, admitir até mesmo a produção de provas, ou reabrir a instrução probatória, acaso necessário, em razão dos pontos trazidos pelas partes em suas alegações.[84]

Cabe, todavia, perquirir, inicialmente, no direito brasileiro, a partir da redação do art. 10 do CPC/2015, o alcance da previsão: apanharia todas as matérias que o juiz pode suscitar de ofício, independentemente do seu teor, ou seja, apanharia matérias de direito (processual ou material), de fato ou mistas (de direito e de fato), ou incidiria apenas em determinada categoria de matérias, como as de fato ou mistas (de fato e de direito)?

A doutrina brasileira caminha na mesma linha da orientação da doutrina francesa e italiana: o dever de observar o contraditório em matérias suscitadas de ofício pelo juiz incide tanto nas questões de direito como de fato.[85] Assim, a abrangência da norma é ampla

---

[83] CHIZZINI, Augusto. Legitimation durch Verfahren. Il nuovo secondo comma dell'art. 101 c.p.c. *Il Giusto Processo Civile*, 2011, p. 60: "L'art. 101, 2º comma, c.p.c., dunque, presuppone che la causa sia già stata riservata per la decisione e impone che l'*iter* decisorio s'interrompa proprio per dar modo alle parti d'integrare le proprie difese alla luce della nuova questione loro segnalata dal giudice. Ne deriva che il contenuto delle difese delle parti sarà diverso, a seconda che la questione sia di puro diritto, oppure comporti anche la rilevanza di fatti ulteriori e diversi rispetto a quelli in precedenza allegati. Nel primo caso sarà sufficiente la discussione della questione di diritto; nel secondo, invece, alla parte dovrà essere concesso di allegare quei fatti, con le evidenti ripercussioni probatorie. Sicché, nel primo caso, il giudice, deciderà tenendo conto di quanto illustrato dalle parti; nel secondo, rimetterà in istruttoria, per assumere le prove relative ai fatti resi rilevanti dalla questione sollevata d'ufficio (...)".

[84] CONSOLO, Claudio; GODIO, Federica. Codice di Procedura Civile Commentato – La Riforma del 2009. Milano: Ipsoa-Wolters Kluwer, 2009, p. 67.

[85] THEODORO JÚNIOR, Humberto; NUNES, Dierle José Coelho, BAHIA, Alexandre Melo Franco; PEDRON, Flávio Quinaud. Novo CPC – Fundamentos e Sistematização. Rio de Janeiro: Forense-Gen, 2015, p. 96 e 105, destacando-se que "o âmbito das decisões de surpresa possui interesse especialmente para as questões jurídicas, das quais o juiz poderá conhecer de ofício". Cf., ainda, THEODORO JÚNIOR, Humberto; NUNES, Dierle José Coelho. Uma dimensão que urge reconhecer ao contraditório no direito brasileiro: sua aplicação como garantia de influência, de não surpresa e de aproveitamento da atividade processual. Revista de Processo, vol. 168/2009, fev /2009, p. 107 – 141. Também MALLET, Estêvão. Notas sobre o problema da

e condiciona o exercício do princípio *iuria novit curia*,[86] de modo que não há dúvidas, por exemplo, de que o juiz pode, de ofício, aplicar as normas jurídicas ao caso, mas, ao fazê-lo, tem de submeter, antes, o tema ao prévio debate das partes.[87]

Não obstante, o Superior Tribunal de Justiça, num primeiro momento, em recente julgamento da Quarta Turma, envolvendo a incidência do art. 10 do CPC/2015, partiu para interpretação restritiva a respeito do alcance da norma fundamental da vedação de decisões de "surpresa", excluindo da sua aplicação o enquadramento jurídico do fato ou a aplicação da lei ao caso concreto, ou, noutras palavras, excluindo as chamadas "questões de direito".[88]

---

chamada "decisão-surpresa". Revista de Processo, vol. 233/2014, jul/2014, p. 43 – 64: "Quer dizer, fundamentar a decisão em aspecto estranho ao contraditório, seja de direito ou de fato, mesmo no caso de matéria de ordem pública, suscetível de conhecimento de ofício, ainda que não viole o direito ordinário posto, quando não haja regra proibitiva da conduta na legislação comum, inegavelmente desrespeita de modo direto a Constituição, por ofender a tutela conferida ao direito de defesa e a garantia do contraditório".

[86] MARINONI; Luiz Guilherme; ARENHART; Sérgio Cruz; MITIDIERO, Daniel. Curso de Processo Civil. São Paulo: Thomson Reuters – Revista dos Tribunais; 2015, vol. 1, p. 503: "Nesse sentido, têm as partes de se pronunciar, previamente, à tomada de decisão também no que atine à eventual visão jurídica do órgão jurisdicional diversa daquela aportada por essas ao processo. Isso quer dizer que o brocardo Iuria Novit Curia só autoriza a variação da visão jurídica dos fatos alegados no processo acaso as partes tenham tido a oportunidade de se pronunciar previamente à tomada de decisão (art. 10)". Cf. também, DIDIER JR, Fredie. Curso de Direito Processual Civil. 18ª ed. Salvador: Editora JusPodium, vol. 1, p. 84.

[87] Cf. CHIZZINI, Augusto. Legitimation durch Verfahren. Il nuovo secondo comma dell'art. 101 c.p.c. *Il Giusto Processo Civile*, 2011, p. 52, citação nota 58 supra. No mesmo sentido a observação de DIDIER JR, Fredie. Curso de Direito Processual Civil. 18ª ed. Salvador: Editora JusPodium, vol. 1, p. 84: "E, aqui, entra uma distinção que é muito útil, mas pouco lembrada. Uma circunstância é o juiz poder conhecer de ofício, poder agir de ofício, sem provocação da parte. Outra circunstância bem diferente, é poder o órgão jurisdicional agir sem ouvir previamente as partes. Poder agir de ofício é poder agir sem provocação; não é o mesmo que agir sem ouvir as partes, que não lhe é permitido".

[88] STJ, EDcl no RECURSO ESPECIAL Nº 1.280.825 – RJ, Rel. Min. MARIA ISABEL GALLOTTI, 4ª Turma, DJe 01/08/2017: "Penso que o 'fundamento' ao qual se refere o art. 10 é o fundamento jurídico – causa de pedir, circunstância de fato qualificada pelo direito, em que se baseia a pretensão ou a defesa, ou que possa ter influência no julgamento, mesmo que superveniente ao ajuizamento da ação, conforme art. 493 do CPC/2015) – não se confundindo com o fundamento legal (dispositivo de lei regente da matéria). (...) Os fatos da causa devem ser submetidos ao contraditório, não o ordenamento jurídico, o qual é de conhecimento presumido não só do juiz (iura novit curia), mas de todos os sujeitos ao império da lei, conforme presunção jure et de jure (art. 3º da LINDB)". Invoca-se, ainda, no voto condutor do citado acórdão, enunciado da Escola Nacional de Formação e Aperfeiçoamento de Magistrados: "1. Entende-se por 'fundamento' referido no art. 10 do CPC 2015 o substrato fático que orienta o pedido, e não o enquadramento jurídico atribuído pelas partes' (aprovado no seminário 'O Poder Judiciário e o novo CPC', agosto de 2015)".

Nesse sentido, no âmbito da Quarta Turma do Superior Tribunal de Justiça, se sucederam, na sequência, vários precedentes reiterando a mesma orientação,[89] sendo de se destacar que, em um dos precedentes, se indicou, inclusive, a desnecessidade de aplicar o art. 10 do CPC/2015 para o reconhecimento, pelo tribunal, de intempestividade de recurso.[90]

Como se percebe, a Quarta Turma do Superior Tribunal de Justiça, com esse entendimento inicial, caminhou para reduzir drasticamente o campo da incidência do art. 10 do CPC/2015, pois expressamente excluiu as questões de direito ou o chamado enquadramento jurídico do fato, com a aplicação da lei ao caso concreto ou mesmo temáticas processuais que o juiz ou tribunal pode aplicar de ofício. E mais: num dos julgados da Quarta Turma se excluiu do âmbito de incidência do art. 10 do CPC/2015 até mesmo as matérias processuais que o juiz pode conhecer de ofício, como decorrência direta da aplicação da lei processuais, como é o caso da intempestividade de recursos.[91]

---

[89] STJ, AgInt no AgRg no AREsp 149.798/PR, Rel. Min. MARCO BUZZI, 4ª Turma, DJe 18/05/2018: "'O 'fundamento' ao qual se refere o art. 10 do CPC/2015 é o fundamento jurídico – circunstância de fato qualificada pelo direito, em que se baseia a pretensão ou a defesa, ou que possa ter influência no julgamento, mesmo que superveniente ao ajuizamento da ação – não se confundindo com o fundamento legal (dispositivo de lei regente da matéria). A aplicação do princípio da não surpresa não impõe, portanto, ao julgador que informe previamente às partes quais os dispositivos legais passíveis de aplicação para o exame da causa' (EDcl no REsp 1.280.825/RJ, Rel. Ministra MARIA ISABEL GALLOTTI, QUARTA TURMA, julgado em 27/06/2017, DJe de 1º/08/2017)". Nesse mesmo sentido, podem ser indicados outros precedentes da 4ª Turma do STJ: AgInt no AREsp 1182486/MS, Rel. Min. MARCO BUZZI, DJe 26/04/2018; AgInt no REsp 1699989/SP, Rel. Min. LÁZARO GUIMARÃES (Desembargador Convocado do TRF 5ª Região, DJe 06/04/2018.

[90] STJ, AgInt no AREsp 1124598/SE, Rel. Min. LUIS FELIPE SALOMÃO, 4ª Turma DJe 12/12/2017: "'O 'fundamento' ao qual se refere o art. 10 do CPC/2015 é o fundamento jurídico – circunstância de fato qualificada pelo direito, em que se baseia a pretensão ou a defesa, ou que possa ter influência no julgamento, mesmo que superveniente ao ajuizamento da ação – não se confundindo com o fundamento legal (dispositivo de lei regente da matéria). A aplicação do princípio da não surpresa não impõe, portanto, ao julgador que informe previamente às partes quais os dispositivos legais passíveis de aplicação para o exame da causa. O conhecimento geral da lei é presunção jure et de jure'. EDcl no REsp 1.280.825/RJ, 4ª Turma, DJe 01/08/2017. Verificada a intempestividade do recurso, deve ser não conhecido, independente de intimação da parte para se manifestar a respeito, inexistindo afronta ao art. 10 do CPC/15".

[91] Registre-se que, em sentido contrário, e mais consentâneo com a efetividade do contraditório e com a vedação de prolação de decisões surpresa, o Fórum Permanente de Processualistas Civis – FPPC, no Enunciado 551, indica que o relator, antes de não conhecer do recurso, como derivação direta do entendimento inserido no art. 10 do CPC/2015, deve permitir ao recorrente a possibilidade de se manifestar sobre o tema: "551 (art. 932, parágrafo único; art. 6º; art. 10; art. 1.003, §6º) Cabe ao relator, antes de não conhecer do recurso por intempestividade, conceder o prazo de cinco dias úteis para que o recorrente prove qualquer causa de prorrogação, suspensão ou interrupção do prazo recursal a justificar a tempestividade do recurso. (Grupo: Recursos (menos os repetitivos) e reclamação)".

A posição da Quarta Turma do Superior Tribunal de Justiça acaba por manter o sentido tradicional do contraditório, de aplicação apenas para as partes, com a subtração do juiz do seu espectro, já que o juiz "conheceria o direito" (*iuria novit curia*) e por isso o aplicaria de ofício, sem necessidade suscitar perante as partes o prévio debate a respeito do acerto ou desacerto desta posição, o que, indica o julgado, poderia ser corrigido depois, em sede de recurso.[92] Atribui-se, assim, às partes a obrigação de conhecer o ordenamento jurídico, o que tem por base, ainda que de forma implícita, o antigo e ultrapassado princípio da autor-responsabilidade das partes como justificativa para afastar o contraditório.[93]

Poder-se-ia até concordar com um aspecto lançado no citado julgado da Quarta Turma do Superior Tribunal de Justiça: não seria necessário suscitar o debate prévio das partes sobre um artigo de lei pura e simples, quando as partes já debateram o tema, apenas sem fazer menção ao artigo de lei. Explica-se: imagine-se que as partes discutiram o cenário da responsabilidade extracontratual sem invocar explicitamente o art. 186 do CC/2002, com o que não seria mesmo necessário ao juiz suscitar o contraditório prévio apenas para especificar a aplicação do art. 186 do CC/2002; ou, ainda, que as partes discutiram o tema da ilegitimidade ad causam do réu, como fator que poderia acarretar a extinção do processo sem resolução do mérito, sem invocar o art. 485, VI, CPC/2015, também não seria necessário a indicação para discussão das partes a respeito apenas do artigo de lei.

Mas diversa é a situação quando, ao se trazer dispositivo legal não debatido pelas partes, se opera mudança na própria qualificação jurídica dos fatos, como alterar o cenário de responsabilidade contratual para responsabilidade extracontratual, ou vice-versa, quando então deve ser exigido o contraditório prévio entre as partes, como já destacado pelas doutrinas francesa e italiana.[94]

O caso julgado no acórdão da Quarta Turma do Superior Tribunal de Justiça, entretanto, ao que tudo indica, envolveu não só a simples especificação do dispositivo legal discutido pelas partes, mas efetivamente aplicação de novo enquadramento jurídico que alterou todo o cenário em torno do debate entre as partes em relação prazo prescricional, que girava em torno do prazo trienal previsto no art. 206, §3º, do CC/2002, e o tribunal, ao julgar a causa

---

[92] "A subsunção dos fatos à lei deve ser feita pelo juiz no ato do julgamento e não previamente, mediante a pretendida submissão à parte, pelo magistrado, dos dispositivos legais que possam ser cogitados para a decisão do caso concreto. Da sentença, que subsumiu os fatos a este ou àquele artigo de lei, caberá toda a sequencia de recursos prevista no novo Código de Processo Civil". (In STJ, EDcl no RECURSO ESPECIAL Nº 1.280.825 – RJ, Rel. Min. MARIA ISABEL GALLOTTI, 4ª Turma, DJe 01/08/2017).

[93] "Seria necessário exame prévio da causa pelo juiz, para que imaginasse todos os possíveis dispositivos legais em tese aplicáveis, cogitados ou não pelas partes, e a prolação de despacho submetendo artigos de lei – cujo desconhecimento não pode ser alegado sequer pelos leigos – ao contraditório, sob pena de a lei vigente não poder ser aplicada aos fatos objeto de debate na causa" (in STJ, EDcl no RECURSO ESPECIAL Nº 1.280.825 – RJ, Rel. Min. MARIA ISABEL GALLOTTI, 4ª Turma, DJe 01/08/2017).

[94] Em relação à doutrina francesa, conferir notas 25 a 28, supra; quanto à doutrina italiana, conferir, por exemplo, notas 60 a 62 supra.

aplicou, de ofício, o prazo decenal previsto no art. 205 do CC/2002,[95] sem suscitar o prévio contraditório ou debate das partes em torno do tema.

Trata-se, ao que tudo indica, na esteira de entendimento consolidado da doutrina francesa e do alinhamento atual da doutrina italiana, bem como da própria doutrina brasileira que começa a se formar em torno do art. 10 do CPC/2015, de violação à proibição de prolação de decisão "surpresa", pois o debate das partes girou exclusivamente em torno do prazo prescricional de 3 anos e no momento do julgamento alterou-se, de ofício, sem permitir o prévio debate das partes, o cenário do enquadramento jurídico do fato na sistema normativo, com a aplicação de norma que previa o prazo decenal de prescrição, alterando os rumos da solução da causa.

De registrar que a Quarta Turma do Superior Tribunal de Justiça ainda invocou que a aplicação do art. 10 do CPC/2015 poderia implicar numa espécie de "antecipação" do julgamento da causa, quando o juiz indicasse às partes manifestação sobre determinadas teses jurídicas,[96] e, ainda, atentaria contra a celeridade e eficiência "desejáveis".[97]

Não se pode concordar com nenhum dos dois argumentos: o juiz, ao determinar que as partes se manifestem sobre determinada questão de direito não está prejulgando a causa, mas sim submetendo tema que não foi objeto de debate entre as partes ao prévio contraditório, até para apurar se, realmente, seria mesmo aplicável ou não a tese, de modo a permitir que as partes possam exercer seu poder de influência, derivado do entendimento constitucional adequado em torno da acepção atual do contraditório;[98] e é sabido que a

---

[95] "O inconformismo dos embargantes reside na aplicação, na fase de julgamento da causa, após o conhecimento do recurso especial, de dispositivo legal que, realmente, não fora invocado pelas partes, a saber, o art. 205 (prescrição decenal), ao invés do art. 206, § 3º, V (prescrição trienal), ambos do Código Civil. Não se pode pretender, todavia, que o órgão jurisdicional deixe de aplicar uma norma ao caso concreto porque as partes, embora tratem do tema, não a invocaram em seu recurso" (in STJ, EDcl no RECURSO ESPECIAL Nº 1.280.825 – RJ, Rel. Min. MARIA ISABEL GALLOTTI, 4ª Turma, DJe 01/08/2017).

[96] "Em verdade, trata-se de uma interpretação que exigiria do julgador adiantar o seu provimento jurisdicional, informando qual dispositivo de lei federal específico iria aplicar, em um verdadeiro pré-julgamento da causa " (in STJ, EDcl no RECURSO ESPECIAL Nº 1.280.825 – RJ, Rel. Min. MARIA ISABEL GALLOTTI, 4ª Turma, DJe 01/08/2017).

[97] "A aventada exigência de que o juiz submetesse a prévio contraditório das partes não apenas os fundamentos jurídicos, mas também os dispositivos legais (fundamento legal) que vislumbrasse de possível incidência, sucessivamente, em relação aos pressupostos processuais, condições da ação, prejudiciais de mérito e ao próprio mérito, inclusive pedidos sucessivos ou alternativos, entravaria o andamento dos processos, conduzindo ao oposto da eficiência e celeridade desejáveis" (in STJ, EDcl no RECURSO ESPECIAL Nº 1.280.825 – RJ, Rel. Min. MARIA ISABEL GALLOTTI, 4ª Turma, DJe 01/08/2017).

[98] DIDIER JR, Fredie. Curso de Direito Processual Civil. 18ª ed. Salvador: Editora JusPodium, vol. 1, p. 84/85: "O órgão jurisdicional teria de, nessas circunstâncias, intimar as partes para manifestar-se a respeito ('intimem-se as partes que se manifestem sobre a constitucionalidade da lei'). Não há aí qualquer prejulgamento. Trata-se de exercício democrático e cooperativo do poder jurisdicional, até mesmo porque o juiz pode estar em dúvida sobre o tema".

efetivação de garantias constitucionais do processo exige tempo para sua concretização,[99] razão pela qual a simples aceleração processual não pode ser argumento para comprimir a garantia do contraditório, sob pena de se instaurar, como chama atenção a doutrina italiana, um verdadeiro "pesadelo da duração razoável do processo".[100]

Por isso é que se destaca que o princípio da duração razoável mira muito mais a organização da justiça e a boa alocação de recursos judiciários para aplicar aos processos, do que a pura aceleração processual.[101] Daí o importante destaque da doutrina brasileira: não se pode considerar a aplicação do contraditório substancial como tema meramente formal ou protelatório.[102]

---

[99] TARUFFO, Michele. A motivação da sentença civil. São Paulo: Marcial Pons, 2015, p. 422: "De resto, não é de hoje, sabe-se bem, que as garantias têm um custo inevitável em termo de tempo e de atividades processuais: basta pensar, por exemplo, em quanto 'custa' a atuação efetiva da garantia do contraditório. Não parece, todavia, que as 'economias' processuais possam realizar reduzindo ou eliminando as garantias fundamentais da administração da justiça: e isso vale – naturalmente – para todas as garantias e, de modo particular, para aqueles que – como a obrigatoriedade da motivação – visam a assegurar o correto exercício do poder no contexto do ordenamento democrático do Estado".

[100] VERDE, Giovanni. Il processo sotto l'incubo della ragionevole durata, *Rivista di Diritto Processual*, 2011, n. 3, p. 505/525.

[101] BIAVATI, Paolo. Osservazioni sulla ragionevole durata del processo di cognizione, *Rivista Trimestrale di Diritto e Procedura Civile*, 2012, n. 2, p. 478/479: "A mio avviso, invece, la ragionevole durata è strettamente collegata al problema delle risorse che lo Stato può dedicare al settore della giustizia ed è, perciò, una caratteristica di sistema. (...) Se queste premesse sono corrette, si può allora suggerire di intendere la nozione di ragionevole durata non (o, almeno, non principalmente) come semplice misurazione temporale della lunghezza dei processi, ma come ragionevole impiego di risorse in realizione a quel processo. Ed è in questa chiave che si deve compiere il lavoro, certo imprescindibile, di rilettura delle norme del codice alla luce del precetto di cui all'art. 111, comma 2 °, cost. Ne segue, ancora, se non mi inganno, che il discrimine per una più o meno intensa applicazione del principio della ragionelvole durata, in rapporto al diritto di difesa, va collocato in relazione al piano del maggiore o minore impiego di risorse giudiziarie che ne viene in gioco". Nesse sentido, importante observação se encontra em Relatório da Justiça Francesa, que trata da gestão do tempo no processo: «La durée est une composante inéluctable de toute procédure judiciaire et aucune recherche de célérité ne saurait se faire au détriment du souci de qualitè. Le temps nécessaire au procès doit être un temps utile. C'est dès lors, plutôt en direction des pertes de temps qu'il paraît judicieux de s'orienter, si l'on veut supprimer du temps inutile, du temps vain ou gaspillé, éliminer le temps qui ne favorise pas la progression vers la solution du litigie. Ce qui compte n'est pas la quantité mathématique de temps passé a un procès, mais bien plutôt la manière dont celui-ci a été utilisé par ses différents acteurs» (MAGENDIE, Jean-Claude. Célérité et qualité de la justice – La gestion du temps dans le procès. Paris: La documentation Française, 2004, p. 19).

[102] THEODORO JÚNIOR, Humberto; NUNES, Dierle José Coelho, BAHIA, Alexandre Melo Franco; PEDRON, Flávio Quinaud. Novo CPC – Fundamentos e Sistematização. Rio de Janeiro: Forense--Gen, 2015, p. 102: "Algo, porém, deve ser ressaltado: esta perspectiva, que serviu de fundamento para o novo art. 10 do Novo CPC, de leitura dinâmica e substancial do contraditório, não pode ser vislumbrada com um objetivo protelatório e formalista pela parte que sucumbiu nas decisões,

Cabe, assim, insistir e reiterar o entendimento, advindo da doutrina francesa e italiana e já manifestado também pela doutrina brasileira, de que a vedação de decisão "surpresa", contida no art. 10 do CPC/2015, abarca também as questões jurídicas, ou a qualificação jurídica dos fatos pelo juiz, decorrente do brocardo *iuria novit curia*, pois:

a) o contexto da vedação das decisões surpresa envolve não só a inserção do juiz no contraditório, mas também se insere no seu dever de colaboração para com as partes e na lealdade processual e imparcialidade com que deve atuar o juiz;

b) ainda que se trate de matéria de direito, diante do cipoal normativo existente na atualidade[103] – em que se tem até mesmo o questionamento a respeito da obrigação que se impõe a todos de conhecer o direito[104] – deve prevalecer o dever do juiz de suscitar o contraditório prévio, quando nada porque, como destacado pela doutrina italiana, questão debatida é sempre mais bem decidida do que aquela não debatida, em razão da necessidade de se atender o direito de participação das partes e de se atingir a decisão justa, sob a perspectiva de decisão processualmente adequada;

c) o dever de submissão ao contraditório prévio não diminui ou retira o poder do juiz de aplicar a lei ao caso concreto, mas apenas exige que, ao exercer tal poder, submeta previamente o tema ao debate das partes;[105]

---

pois a análise do contraditório há muito deixou de possibilitar uma mera enunciação formal. Ao contrário, a referida perspectiva demonstra que a indicação preventiva dos pontos relevantes da controvérsia constitui instrumento insubstituível para uma decisão correta".

[103] ZAGREBELSKY, Gustavo. *Il diritto mite*. Torino: Giulio Einaudi editore, 1992. p. 47-48: "Non si deve pensare ce l'inesausta fucina che produce in sovrabbondanza leggi e leggine sia una perversione transitoria della nozione di diritto. Essa corrisponde a una situazione strutturale della società attuali. Il xx secolo è stato definito come quello del 'legislatore motorizzato', in tutti i settori dell'ordinamento giuridico, nessuno escluso. Il diritto si è 'meccanizzato' e 'tecnicizzato' di conseguenza".

[104] CLÈVE, Clèmerson Merlin. *A atividade legislativa do poder executivo*. 2. ed. São Paulo: Revista dos Tribunais, 2000, p. 55-56: "Depois, porque a inflação legislativa corrompeu um princípio caro ao universo jurídico: a presunção de que todos conhecem a lei. (...) Quem conhece o direito quando ele entra em minúcias, sofre alterações constantes ou encontra-se veiculado por milhares de atos legislativo?".

[105] Relembrar CHIZZINI, Augusto. Legitimation durch Verfahren. Il nuovo secondo comma dell'art. 101 c.p.c. *Il Giusto Processo Civile*, 2011, p. 52; e DIDIER JR, Fredie. Curso de Direito Processual Civil. 18ª ed. Salvador: Editora JusPodium, vol. 1, p. 84, citados na nota 88 supra. Também THEODORO JÚNIOR, Humberto; NUNES, Dierle José Coelho. Uma dimensão que urge reconhecer ao contraditório no direito brasileiro: sua aplicação como garantia de influência, de não surpresa e de aproveitamento da atividade processual. Revista de Processo, vol. 168/2009, fev /2009, p. 107 – 141, destacam: "Assim, o contraditório não incide sobre a existência de poderes de decisão do juiz, mas, sim, sobre a modalidade de seu exercício, de modo a fazer do juiz um garante da sua observância, impondo a nulidade de provimentos toda vez que não exista a efetiva possibilidade de seu exercício". Cf. ainda, Cf. MALLET, Estêvão. Notas sobre o problema da chamada "decisão-surpresa". Revista de Processo, vol. 233/2014, jul/2014, p. 43 – 64: "O exposto até aqui deixa bem em evidência a inapagável tensão que existe entre a atuação de ofício do juízo, inclusive

d) a aplicação do art. 10 do CPC/2015 para questões de direito também não vai importar numa espécie de "antecipação" do resultado do processo, pois se trata apenas de permitir que as partes debatam previamente o tema prospectado de ofício pelo juiz, cenário que pode até contribuir para a duração razoável, com o exame da causa, pelo juiz, de forma mais adequada desde o início do processo.[106]

Todavia, o mesmo Superior Tribunal de Justiça, no âmbito da Segunda Turma, se posicionou em sentido constitucionalmente mais adequado à leitura atual do contraditório dinâmico, na vertente de proibição de decisão surpresa (art. 10, CPC/2015), ao anular acórdão de segundo grau proferido com violação de tal garantia fundamental, fixando o entendimento de que a norma apanha também as questões de direito que venham a ser levantadas de ofício pelo julgador.[107]

Noutras palavras, neste segundo precedente, definiu o Superior Tribunal de Justiça, no âmbito de julgado da Segunda Turma, ao contrário do entendimento da sua Quarta Turma, os contornos adequados, conforme doutrina estrangeira e nacional colacionada, da proibição de decisão de "surpresa" ou de "terceira via", incorporada no art. 10 do CPC/2015,[108]

---

com aplicação de matéria de ordem pública, e o respeito ao contraditório e ao direito de defesa. (...) Em matéria de ordem pública, a atuação do juízo não fica na dependência da provocação das partes. De outro lado, porém, é preciso sempre observar a bilateralidade do juízo, inerente, como já exposto, à ideia de processo e à garantia constitucional do contraditório e do direito de defesa. (...) Se as partes não puderem discutir e debater potencial enquadramento jurídico da controvérsia, a ser feito de ofício pelo juízo, ou a aplicação de uma norma, cuja incidência no caso nunca foi aventada no processo, ou, ainda, determinada questão considerada de ordem pública, em termos práticos sofrerão sensível limitação ao contraditório. Ficam privadas, ao fim e ao cabo, da efetiva possibilidade influir no convencimento do juízo, inclusive alterando o encaminhamento que se pretende dar ao processo ou o seu desfecho". Cabe anotar, entretanto, que o Superior Tribunal de Justiça, no julgado citado, parece entender que o dever de suscitar o contraditório prévio traria limitação ao poder do juiz de apreciar questões de ofício: "Não se pode pretender, todavia, que o órgão jurisdicional deixe de aplicar uma norma ao caso concreto porque as partes, embora tratem do tema, não invocaram em seu recurso" (in STJ, EDcl no RECURSO ESPECIAL Nº 1.280.825 – RJ, Rel. Min. MARIA ISABEL GALLOTTI, 4ª Turma, DJe 01/08/2017).

[106] Relembrar CONSOLO, Claudio; GODIO, Federica. Codice di Procedura Civile Commentato La Riforma del 2009. Milano: Ipsoa-Wolters Kluwer, 2009, p. 58, citado nas notas 43 e 45 supra.

[107] STJ, RECURSO ESPECIAL Nº 1.676.027 – PR, Rel. Min. HERMAN BENJAMIN, 2ª Turma, DJe 11/10/2017. O caso foi assim descrito no julgado: "*In casu*, o Acórdão recorrido decidiu o recurso de apelação da autora mediante fundamento original não cogitado, explícita ou implicitamente, pelas partes. Resolveu o Tribunal de origem contrariar a sentença monocrática e julgar extinto o processo sem resolução de mérito por insuficiência de prova, sem que as partes tenham tido a oportunidade de exercitar sua influência na formação da convicção do julgador. Por tratar-se de resultado que não está previsto objetivamente no ordenamento jurídico nacional, e refoge ao desdobramento natural da controvérsia, considera-se insuscetível de pronunciamento com desatenção à regra da proibição da decisão surpresa, posto não terem as partes obrigação de prevê-lo ou advinhá-lo".

[108] STJ, RECURSO ESPECIAL Nº 1.676.027 – PR, Rel. Min. HERMAN BENJAMIN, 2ª Turma, DJe 11/10/2017: "O art. 10 do CPC/2015 estabelece que o juiz não pode decidir, em grau algum de

assentado que "a partir do CPC/2015 mostra-se vedada decisão que inova o litígio e adota fundamento de fato ou de direito sem anterior oportunização de contraditório prévio, mesmo nas matérias de ordem pública que dispensam provocação das partes".[109]

A discussão está posta, até diante da divergência de entendimento que surge no Superior Tribunal de Justiça, cabendo reiterar alerta da doutrina italiana: **a temática ora referida, envolvendo a amplitude da norma fundamental que veda decisão "surpresa" (art. 10, CPC/2015), é central, e precisa ser muito discutida e debatida, pois é justamente no seu alcance (questões de fato, mistas ou de direito) que vai residir a menor ou maior efetividade do contraditório aplicado aos juízes na vertente da vedação das decisões "de surpresa".**[110]

---

jurisdição, com base em fundamento a respeito do qual não se tenha dado às partes oportunidade de se manifestar, ainda que se trate de matéria sobre a qual deva decidir de ofício. Trata-se de proibição da chamada decisão surpresa, também conhecida como decisão de terceira via, contra julgado que rompe com o modelo de processo cooperativo instituído pelo Código de 2015 para trazer questão aventada pelo juízo e não ventilada nem pelo autor nem pelo réu. A partir do CPC/2015 mostra-se vedada decisão que inova o litígio e adota fundamento de fato ou de direito sem anterior oportunização de contraditório prévio, mesmo nas matérias de ordem pública que dispensam provocação das partes. Somente argumentos e fundamentos submetidos à manifestação precedente das partes podem ser aplicados pelo julgador, devendo este intimar os interessados para que se pronunciem previamente sobre questão não debatida que pode eventualmente ser objeto de deliberação judicial"

[109] Destacou-se, ainda, no precedente citado (STJ, RECURSO ESPECIAL Nº 1.676.027 – PR, Rel. Min. HERMAN BENJAMIN, 2ª Turma, DJe 11/10/2017), a ligação do tema com o princípio da cooperação: "A cooperação processual, cujo dever de consulta é uma das suas manifestações, é traço característico do CPC/2015. Encontra-se refletida no art. 10, bem como em diversos outros dispositivos espraiados pelo Código. Em atenção à moderna concepção de cooperação processual, as partes têm o direito à legítima confiança de que o resultado do processo será alcançado mediante fundamento previamente conhecido e debatido por elas. Haverá afronta à colaboração e ao necessário diálogo no processo, com violação ao dever judicial de consulta e contraditório, se omitida às partes a possibilidade de se pronunciarem anteriormente 'sobre tudo que pode servir de ponto de apoio para a decisão da causa, inclusive quanto àquelas questões que o juiz pode apreciar de ofício' (MARIONI, Luiz Guilherme; ARENHART, Sérgio Cruz; MITIDIERO, Daniel. Novo código de processo civil comentado. São Paulo: Editora Revista dos Tribunais, 2015, p. 209)".

[110] CHIZZINI, Augusto. Legitimation durch Verfahren. Il nuovo secondo comma dell'art. 101 c.p.c. *Il Giusto Processo Civile*, 2011, p. 48: "il riferimento normativo alla *questione rilevata d'ufficio* dovrà essere intenso coinvolgere, come coerenza e logica impongono, non solo le questioni in prevalenza di rito per le quali la legge processuale riconosce in modo espresso al giudice un potere di rilievo d'ufficio, quanto tutte le questioni di merito (sebbene non solo) in cui il giudice utilizza quel potere di qualificazione della fattispecie che la legge e l'interpretazione consolidata gli riconoscono – solitamente riassunto nel principio iuria novit curia – e di conseguenza pone a fondamento della propria decisione una lettura divergente rispetto a quelle contrapposte emerse dal contraddittorio. **Il punto è decisivo ed è facile presagire che su questo fronte si condurranno gli attachi più violenti, tesi a nebulizzare l'innovazione voluta dal legislatore**. Infatti, questo dell'appliazione della fattispecie astratta al fatto dedotto e alla questione, in quanto in esso

Assentada a orientação no sentido da aplicabilidade ampla do art. 10 do CPC/2015 também para as questões de direito que o juiz pretenda levantar de ofício no processo, surge desdobramento interessante: seria necessário suscitar tal prévio debate no caso de o juiz invocar jurisprudência não mencionada pelas partes?

A resposta caminharia em sentido negativo, já que muitas vezes a indicação de jurisprudência se colocaria como mero reforço argumentativo.[111] Todavia, no atual sistema processual brasileiro, implementado pelo CPC/2015, em que se faz diferença entre o precedente "persuasivo" e o precedente "vinculante",[112] acaso se trate de precedente "vinculante" que não foi invocado pelas partes e o juiz entenda aplicável ao caso, o próprio CPC/2015 determina expressamente a observância do art. 10, ou seja, impõe a aplicação da norma fundamental da vedação de decisão "surpresa", como se infere do disposto no art. 927, §1º, CPC/2015. O reforço é adequado, porque a chamada força vinculante destes precedentes os aproxima mais do regime normativo, tanto que o próprio CPC/2015 prevê, por exemplo, modulação de efeitos para que a nova orientação jurisprudencial só se aplique para casos futuros (art. 927, §3º), ou mesmo admissão de ação rescisória em razão da violação do precedente vinculante (art. 966, §5º).

---

si esplicano quei poteri giudiziali che caratterizzano la materielle Prozessleitung del processo e rispetto ai quali se deve poter opporre una idonea struttura del contraddittorio a tutela delle parti". Registre-se que o próprio Superior Tribunal de Justiça chamou a atenção para o ponto no mais recente julgado citado: "Não se ignora que a aplicação desse novo paradigma decisório enfrenta resistências e causa desconforto nos operadores acostumados à sistemática anterior. Nenhuma dúvida, todavia, quanto à responsabilidade dos tribunais em assegurar-lhe efetividade não só como mecanismo de aperfeiçoamento da jurisdição, como de democratização do processo e de legitimação decisória" (STJ, RECURSO ESPECIAL Nº 1.676.027 – PR, Rel. Min. HERMAN BENJAMIN, 2ª Turma, DJe 11/10/2017).

[111] Assim, BUONCRISTIANI, Dino. Il nuovo art. 101, comma 2º, c.p.c. sul contraddittorio e sui rapporti tra parti e giudice. Rivista di Diritto Processuale, anno LXV, n. 2, marzo-aprile 2010, p. 408, indica desnecessária a aplicação do debate prévio a pontos de direito "che non muta l'impostazione giuridica su cui hanno discusso le parti, ma si limita a corroborare il convincimento del giudice". Também CADIET, Loic. Code de procedure civile. 24 édition. Paris: LexisNexis Litec, 2011, p. 36, faz referência a julgado em que se rejeitou a demanda de nulidade de decisão ao argumento de invocação de jurisprudência não comunicada às partes: «Doit être rejetée la demande en nullité d'un jugement pour avoir méconnu le principe de la contradiction au motif que le premier juge a fondé sa décision sur des jurisprudences non publiées et non communiquées, alors que ces jurisprudences ne constituent ni moyen de droit relevé d'office, ni un motif décisoire». Sem embargo, THEODORO JÚNIOR, Humberto; NUNES, Dierle José Coelho. Uma dimensão que urge reconhecer ao contraditório no direito brasileiro: sua aplicação como garantia de influência, de não surpresa e de aproveitamento da atividade processual. Revista de Processo, vol. 168/2009, fev /2009, p. 107 – 141, destacam a possibilidade de a invocação de súmula não vinculante implicar em surpresa para as partes: "A colocação de qualquer entendimento jurídico (v.g. aplicação de súmula da jurisprudência dominante dos Tribunas Superiores) como fundamento da sentença, mesmo que aplicada ex officio pelo juiz, sem anterior debate com as partes, poderá gerar o aludido fenômeno da surpresa".

[112] Cf., por exemplo, CAMBI, Eduardo; DE FILIPPO, Thiago Baldani Gomes. Precedentes vinculantes. Revista de Processo, vol. 215/2013, jan /2013, p. 207-246.

Outro ponto interessante a respeito da aplicação do art. 10 do CPC/2015 poderia surgir, por exemplo, quando da aplicação da multa processual, como medida de apoio para realizações de obrigações de fazer, não fazer e entrega de coisa, no âmbito da chamada tutela específica, prevista no art. 537 do CPC/2015: segundo o entendimento extraído da jurisprudência francesa, o tema estaria fora do âmbito da aplicação do contraditório prévio por se enquadrar no exercício de um "poder exclusivo" do juiz.[113]

Quanto ao campo de aplicação do art. 10 do CPC/2015, é de se registrar, ainda, que o novo Código excluiu expressamente da incidência da vedação de decisão "surpresa" o julgamento de improcedência liminar, fundado no reconhecimento de prescrição e decadência (arts. 332, §1º e 487, par. único). O ponto, porém, é questionado por parte da doutrina, que indica a necessidade de se interpretar a questão à luz das normas fundamentais insertas nos arts. 9º e 10 do Código, indicando-se a necessidade da prévia oitiva do autor, até na hipótese do julgamento liminar de improcedência fundado em prescrição ou decadência.[114]

Cabe, agora, dar mais um passo adiante na discussão em torno do art. 10 do CPC/2015 e indagar qual a sanção pela violação de tal norma: implicaria em nulidade da decisão? A doutrina parece se inclinar no sentido de que a violação do art. 10 do CPC/2015, com prolação de decisão em que o juiz suscita, de ofício, tema em relação ao qual não se tenha dado às partes a possibilidade de se manifestar previamente, ensejaria a nulidade da decisão.[115]

---

[113] GUINCHARD, Serge; FERRAND, Frédérique; CHAINAIS, Cécile. Procédure civile – Droit interne e droit communautaire. 29 ed. Paris: Dalloz, 2008, p. 647: «La jurisprudence considère lorsque le juge exerce un povoir exclusif, quasiment de contrainte, il n'a pas à respecter la contradiction. Ainsi, quand il décide d'ordonner d'office l'exécution provisoire (art. 515) ou une astreinte ou une amende ou détermine d'office le point de départ des intérets légaux».

[114] Nesse sentido, cf., por exemplo, THEODORO JÚNIOR, Humberto. Curso de Direito Processual Civil. 56ª ed. Rio de Janeiro: Gen-Forense, 2015, vol. I, p. 1030.

[115] DIDIER JR, Fredie. Curso de Direito Processual Civil. 18ª ed. Salvador: Editora JusPodium, vol. 1, p. 85: "Decisão-surpresa é decisão nula, por violação ao princípio do contraditório". THEODORO JÚNIOR, Humberto; NUNES, Dierle José Coelho. Uma dimensão que urge reconhecer ao contraditório no direito brasileiro: sua aplicação como garantia de influência, de não surpresa e de aproveitamento da atividade processual. Revista de Processo, vol. 168/2009, fev /2009, p. 107 – 141: "Ocorre que a decisão de surpresa deve ser declarada nula, por desatender ao princípio do contraditório. Toda vez que o magistrado não exercitasse ativamente o dever de advertir as partes quanto ao específico objeto relevante para o contraditório, o provimento seria invalidado, sendo que a relevância ocorre se o ponto de fato ou de direito constituiu necessária premissa ou fundamento para a decisão (ratio decidendi)". MALLET, Estevão. Notas sobre o problema da chamada "decisão-surpresa". Revista de Processo, vol. 233/2014, jul/2014, p. 43 – 64: "Se, como se procurou mostrar ao longo dos itens anteriores, a prolação de decisão-surpresa infringe as garantias do contraditório e do devido processo legal, pouco importa não tenha sido deferido algo diverso do pedido. Mesmo que o resultado final seja o que foi postulado, a nulidade permanece. O vício não decorre do resultado, mas do meio para alcançá-lo, incompatível com as garantias constitucionais conferidas aos litigantes. (...) De outra parte, quando impugnada a decisão-surpresa, com alegação de sua nulidade, nem cabe perquirir se, no mérito, é correta a norma aplicada de ofício ou se está adequado o enquadramento jurídico dado ao problema pelo juízo. O ponto é sem importância, na medida em que, como não houve o necessário debate no processo, não

O Superior Tribunal de Justiça, no julgado já citado, emanado da Segunda Turma, indicou que o art. 10 do CPC/2015 tornou "objetivamente" obrigatória a prévia intimação das partes para se manifestar sobre o tema suscitado de ofício pelo juiz na decisão judicial, e por isso destacou que "a consequência da inobservância do dispositivo é a nulidade da decisão surpresa, ou decisão de terceira via, na medida em que fere a característica fundamental do novo modelo de processualística pautado na colaboração entre as partes e no diálogo com o julgador". E mais adiante reiterou o aresto que "a negativa de efetividade ao art. 10 c/c art. 933 do CPC/2015 implica *error in procedendo* e nulidade do julgado".[116]

Assim, mesmo sem previsão expressa de nulidade da decisão surpresa no art. 10 do CPC/2015 – ao contrário do que ocorre, por exemplo, no direito italiano, cujo art. 101, n. 2, comina expressamente a sanção de nulidade para as decisões surpresa[117] – a tendência parece apontar no sentido da indicação da nulidade da decisão surpresa, até porque no direito brasileiro não é comum previsão expressa da pena de nulidade para vícios processuais.[118] Noutras palavras, a falta de cominação expressa da sanção de nulidade no art. 10 do

---

poderia o julgamento levar em conta a norma ou o enquadramento dado". Cf. ainda THEODORO JÚNIOR, Humberto; NUNES, Dierle José Coelho, BAHIA, Alexandre Melo Franco; PEDRON, Flávio Quinaud. Novo CPC – Fundamentos e Sistematização. Rio de Janeiro: Forense-Gen, 2015, p. 100.

[116] STJ, RECURSO ESPECIAL Nº 1.676.027 – PR, Rel. Min. HERMAN BENJAMIN, 2ª Turma, DJe 11/10/2017.

[117] Tenha-se a redação do art. 101, n. 2, do CPC italiano, acrescido pela Lei 69 de 2009: "Se ritiene di porre a fondamento della decisione una questione rilevata d'ufficio, il giudice riserva la decisione, assegnando alle parti, a pena di nullità, un termine, non inferiore a venti e non superiore a quaranta giorni dalla coumunicazione, per il deposito in cancelleria di memorie contenenti osservazioni sulla medisima questione".

[118] Cf. CABRAL, Antônio do Passo. Invalidades Processuais – Relatório Nacional (Brasil) in ZUFELATO, Camilo; BONATO, Giovanni; SICA; Heitor Vitor Mendonça; CINTRA, Lia Carolina Batista. I Colóquio Brasil-Itália de Direito Processual Civil. Salvador: Editora Jus Podium, 2016, p. 177 e 184. GONÇALVES, Aroldo Plínio. Nulidades no Processo. Rio de Janeiro: Aide Editora, 2000, p. 48/52, diferencia as nulidades previstas expressamente em lei (cominadas) daquelas não previstas expressamente em lei (não cominadas): "As nulidades cominadas são textualmente previstas na lei processual e as não-cominadas não são previamente determinadas, mas subordinam-se a condições de regularidade dos atos realizados no desenvolvimento de cada processo em sua concreta especificidade". A respeito desta classificação, conferir também CABRAL, Antônio do Passo. Invalidades Processuais – Relatório Nacional (Brasil), ob. cit., p. 183/184. Aliás, como registra muito bem CABRAL, ob. cit., p. 190/191 e 199, preconiza-se modernamente o abandono destas classificações em nulidades relativas e absolutas ou cominadas e não cominadas, indicando-se que a única classificação útil seria aquela de nulidades sanáveis e insanáveis: "Por fim, temos que, à luz do modelo proposto, a única classificação das invalidades racionalmente identificável e praticamente útil ao processo é aquela que pretende dividi-las em nulidades sanáveis e insanáveis. Em verdade, a classificação seria melhor adequada se dissesse respeito aos defeitos, e não às invalidades. Como toda nulidade depende de decretação (o nulo processual só o é depois de assim proclamado pelo juiz), o que é sanável ou insanável é o defeito, o vício, e não a nulidade".

CPC/2015, para as decisões surpresa, não é motivo para afastar a possibilidade de anulação de tal decisão.[119]

A temática, porém, se complica quando se insere a questão da violação ao art. 10 do CPC/2015 no âmbito das regras gerais de nulidade previstas no CPC/2015 (arts. 276/283).[120] Assim, por exemplo: a) a potencial nulidade em razão da violação ao art. 10 do CPC/2015, com a prolação de decisão surpresa, poderia ser afastada se se indicar que a decisão alcançou a finalidade, decidindo-se corretamente o tema *sub judice* (art. 277, CPC/2015)? b) seria exigível que a parte demonstre o prejuízo pela ausência do contraditório (art. 282, §1º, CPC/2015), ou, como vem sendo debatido pela doutrina italiana,[121] deve-se impor à parte que aponta a nulidade da decisão surpresa a indicação dos argumentos que poderiam ser levantados sobre o tema suscitado de ofício na decisão, a fim de se averiguar sua relevância ou não, como condição para decretação da nulidade?

Numa primeira aproximação e tentativa de indicar resposta para os pontos ora suscitados, parece mais adequado o posicionamento de que a decisão surpresa é nula, inclusive se a decisão se mostrar "correta" do ponto de vista do desfecho do caso, até porque o defeito ou vício não vai residir no resultado em si da decisão, mas na violação ao contraditório pleno, que vai se situar, como destacou o Superior Tribunal de Justiça no precedente citado,[122] no *error in procedendo* ao se adotar como fundamento para a decisão judicial questão de direito não submetida ao prévio debate entre as partes.[123]

---

[119] CHIZZINI, Augusto. Legitimation durch Verfahren. Il nuovo secondo comma dell'art. 101 c.p.c. *Il Giusto Processo Civile*, 2011, p. 45, destaca, em nota de rodapé, citando doutrina alemã, que a solução pela nulidade da decisão surpresa pode ser atingida pela via interpretativa, mesmo sem cominação legal expressa.

[120] MALLET, Estevão. Notas sobre o problema da chamada "decisão-surpresa". Revista de Processo, vol. 233/2014, jul/2014, p. 43 – 64; e THEODORO JÚNIOR, Humberto; NUNES, Dierle José Coelho. Uma dimensão que urge reconhecer ao contraditório no direito brasileiro: sua aplicação como garantia de influência, de não surpresa e de aproveitamento da atividade processual. Revista de Processo, vol. 168/2009, fev /2009, p. 107 – 141; parecem caminhar nessa linha, inserindo o tema da nulidade decorrente da decisão surpresa no cenário do regime geral das nulidades processuais.

[121] Vide notas 70 e 72 supra.

[122] STJ, RECURSO ESPECIAL Nº 1.676.027 – PR, Rel. Min. HERMAN BENJAMIN, 2ª Turma, DJe 11/10/2017.

[123] Certo, como destaca CABRAL, Antônio do Passo. Invalidades Processuais – Relatório Nacional (Brasil) *in* ZUFELATO, Camilo; BONATO, Giovanni; SICA; Heitor Vitor Mendonça; CINTRA, Lia Carolina Batista. I Colóquio Brasil-Itália de Direito Processual Civil. Salvador: Editora Jus Podium, 2016, p. 192, a temática das nulidades não deve ser examinada apenas do ponto de vista teórico, mas a partir da inserção do ato defeituoso na dinâmica no processo em que foi editado, e nesta seara avaliada a temática do "prejuízo", especialmente com a interferência em relação ao contraditório: "Por fim, o princípio do 'prejuízo', relevante num modelo de nulidades, é hoje em dia fixado com base em fórmulas vagas e sem sentido, sem qualquer preocupação prática de fundamentá-lo em cada caso concreto e analisado a priori. Deve-se buscar vincular o prejuízo a um exame a posteriori dos atos processuais, em que o tal 'prejuízo' seja reconhecido apenas nos casos em que as atipicidades sejam criadoras de situações interferentes no contraditório".

Por isso, na linha de entendimento defendido por parte da doutrina italiana, não parece adequado processualmente exigir que a parte demonstre o "prejuízo" da decisão surpresa ao contraditório, alinhando os argumentos que poderiam ser levantados se se tivesse oportunizado o contraditório no momento adequado, para apurar a "força" de tais argumentos, como se a violação ao contraditório não causasse, por si só, um dano à parte.[124]

Ademais, a quebra do contraditório efetivo previsto no CPC/2015, em razão da prolação de decisão "surpresa" atinge a cooperação e lealdade processual que permeia não só a conduta das partes, mas também da própria atuação judicial, acaso se admitisse a possibilidade do juiz decidir fora do contexto do contraditório realizado entre as partes. E mais: nos tempos atuais em que se cresce a atuação judicial, admitindo-se até mesmo que possa participar da criação do cenário normativo, é preciso reforçar e assegurar as garantias processuais, como uma espécie, como destaca a doutrina francesa, de "contra-poder" ao aumento do poder judicial.[125]

Ainda na esteira da discussão a respeito da invalidade da decisão, cabe indagar se é possível, por exemplo, suprir o defeito em segundo grau, em sede de, por exemplo, de recurso de apelação, ou se o reconhecimento da ofensa ao art. 10 do CPC/2015 implicaria em nulidade da decisão com o retorno dos autos ao primeiro grau para prolação de nova decisão, após a devida observância do contraditório entre as partes?

A solução no direito brasileiro parece ser ditada pelo art. 1.013, §3º, do CPC/2015, que admite o julgamento imediato do mérito pelo tribunal, em sede de apelação, inclusive diante de sentenças de extinção sem julgamento de mérito ou de nulidades da sentença *ultra petita*, *extra petita*, *citra petita*, ou, ainda, nulidade por falta de fundamentação da sentença, desde que o processo esteja "em condições de imediato julgamento", ou seja, não haja necessidade de produção de novas provas (causa madura).[126]

Assim, no caso de se alegar violação ao art. 10 do CPC/2015, o tribunal de segundo grau deve apurar se o caso é ou não de aplicação do §3º do art. 1.013 do CPC/2015 e, em caso de constatar a inviabilidade de aplicação da norma, por exemplo, porque o ponto novo

---

[124] Relembrar CHIZZINI, Augusto. Legitimation durch Verfahren. Il nuovo secondo comma dell'art. 101 c.p.c. *Il Giusto Processo Civile*, 2011, p. 47, quando destaca que "non ha alcun fondamento logico (tanto meno positivo) la tesi mezzana, cara alla giurisprudenza, che vorrebe onerare il soccombente della prova (diabolica) dell'effettivo nocumento, del dedurre la causalità del vizio processuale, come se la violazione del contraddittorio non fosse um danno in sé".

[125] GUINCHARD, Serge; FERRAND, Frédérique; CHAINAIS, Cécile. Procédure civile – Droit interne e droit communautaire. 29 ed. Paris: Dalloz, 2008, p. 92: «Le développement croissant et inéluctable du droit d'origine jurisprudentielle, notamment européenne, accroît l'importance de la procédure dans l'élaboration de ce droit. Il accroît ainsi le rôle du juge, acteur de la régulation des conflits et non plus seulement «bouche de la loi», mais aussi ce «changeur» entre l'hermétisme de la loi et le justiciable, changeur qui traduit en termes clairs ce qui est compliqué. Et, à l'inverse, l'accroissement des pouvoirs du juge dans l'élaboration de la norme, accroît le besoin de garanties procédurales: la procédure est le contre-pouvoir aux pouvoirs accrus du juge et au pouvoir de la justice».

[126] Cf. THEODORO JÚNIOR, Humberto. Curso de Direito Processual Civil. 47ª ed. Rio de Janeiro: Gen-Forense, 2015, vol. III, p. 1019/1020.

suscitado pelo juiz de ofício implicaria em necessidade do desenvolvimento de atividades instrutórias pelas partes, deve anular a sentença e determinar o retorno dos autos ao primeiro grau para realização dos atos instrutórios necessários.

Ao contrário, se a causa está madura para julgamento e o ponto de ofício introduzido pelo juiz com violação do contraditório é apenas de direito, se teria como viável a apreciação diretamente do mérito no segundo grau. Mas, para julgar o mérito diretamente, o tribunal teria que reabrir os debates entre as partes, indicando expressamente a questão de direito posta de ofício na sentença com a intimação das partes para se manifestarem previamente sobre o tema.[127]

Se a decisão surpresa surge no segundo grau, diretamente em sede de julgamento de apelação, e a violação ao art. 10 do CPC/2015 pode ser alegada em sede de recurso especial. Todavia, neste caso, considerando as peculiaridades legais e constitucionais deste recurso, especialmente a necessidade de prequestionamento, a solução mais adequada parece ser mesmo aquela dada pelo Superior Tribunal de Justiça no julgado citado, no sentido de se reconhecer a nulidade, cassar o acórdão e determinar o retorno dos autos ao tribunal de segundo grau para reapreciação da causa, agora com a devida observância do contraditório prévio entre as partes.[128]

4. CONCLUSÃO

Ao que tudo indica, a temática do contraditório dinâmico e efetivo, abarcando o juiz e o seu poder de suscitar questões de ofício (art. 10, CPC/2015), ainda vai levar tempo para maturar no direito brasileiro que, não obstante o novo Código de Processo Civil de 2015, ainda encontra setores da jurisprudência apegados à compreensão tradicional, formal, do contraditório, envolvendo apenas a chamada "bilateralidade da audiência" entre as partes, deixando de fora o juiz, como evidencia a linha adotada pela Quarta Turma do Superior

---

[127] Sem embargo, apesar de o tema não ter sido discutido expressamente na passagem do primeiro para o segundo grau, mas adotado em sede de julgamento de recurso especial, o Superior Tribunal de Justiça assim indicou o encaminhamento do ponto da nulidade no julgado citado: "A negativa de efetividade ao art. 10 c/c art. 933 do CPC/2015 implica error in procedendo e nulidade do julgado, devendo a intimação antecedente ser procedida nas instâncias de origem para permitir não só a participação dos titulares do direito discutido em juízo na formação do convencimento do julgador, como também, e principalmente, para assegurar a necessária correlação ou congruência entre o âmbito do diálogo desenvolvido pelos sujeitos processuais e o conteúdo da decisão prolatada" (STJ, RECURSO ESPECIAL Nº 1.676.027 – PR, Rel. Min. HERMAN BENJAMIN, 2ª Turma, DJe 11/10/2017).

[128] "Diante de todo o exposto, o retorno dos autos à origem para adequação do procedimento à legislação federal tida por violada, sem ingresso no mérito por esta Corte com supressão ou superação de instância, é medida que se impõe não apenas por tecnicismo procedimental, mas também pelo efeito pedagógico da observância fiel do devido processo legal, de modo a conformar o direito do recorrente e o dever do julgador às novas e boas práticas estabelecidas no Digesto Processual de 2015" (STJ, RECURSO ESPECIAL Nº 1.676.027 – PR, Rel. Min. HERMAN BENJAMIN, 2ª Turma, DJe 11/10/2017).

Tribunal de Justiça.[129] Sem embargo, é preciso cada vez mais buscar implementação das garantias constitucionais do processo, agora melhor detalhadas e concatenadas no CPC/2015, especialmente no âmbito do contraditório dinâmico e efetivo, que deve traduzir a participação real das partes, com possibilidade de influenciar na decisão da causa, e por isso não se pode mais admitir as decisões "surpresa" ou que emanem exclusivamente da via judicial, sem participação das partes, ainda que o tema suscitado de ofício seja exclusivamente de direito, de modo a tornar o art. 10 do CPC/2015 efetivo, com a vinculação cada vez maior do juiz aos princípios da cooperação e da lealdade processual, que permeiam a compreensão da proibição da prolação da decisão de terceira via, como muito bem destacam as doutrinas italiana e francesa aqui destacadas.

Caso contrário, a prevalecer interpretações formais – como as que excluem as questões de direito da incidência do art. 10 do CPC/2015, permitindo que o juiz continue a decidir fora do terreno arado pelo debate das partes, sem submeter quaisquer temas, de fato ou de direito, que venha a suscitar de ofício ao prévio contraditório entre as partes; ou mesmo afastando a nulidade de tais decisões com base em exigências de demonstração de prejuízo, atribuindo-se, por exemplo, ao recorrente o delineamento no recurso os pontos que poderia ter suscitado acaso tivesse sido intimado para tanto antes da prolação da decisão, e sopesando a eventual interferência de tais argumentos em relação à decisão – ter-se-á, no fim das contas, o mesmo entendimento em torno do contraditório que prevalecia no CPC/1973, com incidência apenas entre as partes, dele excluído o juiz, perspectiva hoje não só constitucionalmente inadequada, mas que vai também atentar contra as normas fundamentais do CPC/2015, estruturadas com base no contraditório efetivo (arts. 7º e 9º), ligado à boa-fé objetiva e cooperação (arts. 5º e 6º), e que apanha expressamente o próprio juiz, para todos os temas que pode suscitar de ofício, tanto no campo de fato como de direito, material ou processual (art. 10).

Assim, é preciso insistir na efetivação das garantias processuais, dentre elas a garantia cardeal do contraditório – e que o cenário atual da jurisdição brasileira, em razão do grande número de processos em curso, tende cada vez mais a "achatar", sob o signo da necessidade de realizar a pauta da duração razoável do processo –, para que as novas conquistas legislativas não se percam em interpretações restritivas, reforço este das garantias que se presta até mesmo a funcionar como contraponto ao aumento do espaço decisório dos juízes, como muito bem destacado, por exemplo, pela doutrina francesa.[130]

---

[129] O mesmo estado de "resistência" às novas imposições do CPC/2015 se encontra também, por exemplo, no que diz respeito à aceitação do novo modelo de fundamentação das decisões judiciais, como noticiam JAYME, Fernando Gonzaga; LIPIENSKI, Marcos Vinícius; MAIA, Renata C. Vieira. A resiliência jurisprudencial na observância do dever de fundamentação das decisões, in NUNES, Dierle; MENDES, Aluísio; JAYME, Fernando Gonzaga. A Nova Aplicação da Jurisprudência e Precedentes no CPC/2015. São Paulo: Editora Revista dos Tribunais, 2017, p. 402-413.

[130] Conferir citação de GUINCHARD, Serge; FERRAND, Frédérique; CHAINAIS, Cécile. Procédure civile – Droit interne et droit communautaire. 29 ed. Paris: Dalloz, 2008, p. 92, na nota 125 supra.

7

O PRINCÍPIO DA COOPERAÇÃO E O CÓDIGO DE PROCESSO CIVIL: COOPERAÇÃO PARA O PROCESSO

Hermes Zaneti Jr.

Sumário: 1. Introdução. 2. O princípio da cooperação e o conflito processual como uma doença: a história do princípio no Brasil. 3. A cooperação para o processo: obrigações processuais para as partes e para o juiz decorrentes do princípio da cooperação. 4. Tendências contemporâneas para o dever legal de cooperação. 5. Conclusões.

1. INTRODUÇÃO[1]

O princípio da cooperação é um dos pilares do novo processo civil. Não se trata de um falso princípio ou de um princípio sem história. Estudos recentes demonstram que este princípio na verdade estava na base de muitos ordenamentos pré-revolucionários, sendo a praxe no direito comum, mesmo que não se desse este nome. O foco do princípio é a cooperação para com o processo e os deveres recíprocos que as partes, o juiz e todos aqueles que de qualquer forma atuam no processo, têm entre si uns para com os outros. Este estudo pretende demonstrar como este princípio deve ser compreendido à luz de nossa tradição histórica e de sua recepção legislativa.

---

[1] Este texto é escrito em homenagem à Humberto Theodoro Jr. Jurista exímio, palestrante reconhecido, professor de gerações que, direta e indiretamente, colheram suas lições de forma contínua em artigos, livros, ensaios. Sempre fui admirador de Humberto Theodoro Jr., poder homenageá-lo é uma forma de agradecimento: muito obrigado Professor. Acima de tudo, obrigado pelo exemplo, por ter sido uma pessoa humana fantástica e um colega que acolheu as novas gerações de braços abertos mantendo-se sempre pronto a debater os novos temas e orientar e provocar os jovens pesquisadores com agudas considerações e uma incansável fome de conhecimento.

Iremos tratar, na primeira parte de nossa exposição, sobre o princípio da cooperação no Brasil, seu reconhecimento pela doutrina a partir do final da década de 1980 e seu desenvolvimento até a expressa inclusão do dispositivo do art. 6º do CPC, como um princípio fundamental do nosso ordenamento jurídico. Na segunda parte, nosso objetivo será demonstrar como o princípio da cooperação aplica-se, em nosso ordenamento, aos comportamentos das partes e dos juízes, gerando obrigações típicas e atípicas, configurando-se como *cooperação para o processo*, ao longo de todo o arco processual, com deveres para as partes e para o juiz. Ao final, trataremos das tendências contemporâneas do direito processual comparado em relação ao dever geral de cooperação, especialmente no direito europeu, a partir do Projeto ELI/UNIDROIT para princípios e regras modelo de direito processual civil.

2. O PRINCÍPIO DA COOPERAÇÃO E O CONFLITO PROCESSUAL COMO UMA DOENÇA: A HISTÓRIA DO PRINCÍPIO NO BRASIL

"Na dosagem da aplicação do poder de procurar provas de ofício, é que reside a verdadeira sabedoria do magistrado. Isto porque, embora dirija com autoridade e soberania o processo, *cumpre fazê-lo em estreita cooperação com as partes*, sem anular suas iniciativas, e ciente, acima de tudo, de que a garantia maior de solução justa é a sua *imparcialidade* frente aos interesses privados em conflito." (Humberto Theodoro Jr. s.g.).[2]

Imaginem o conflito que se coloca para a decisão judicial no ambiente processual como um enfermo que procura por tratamento adequado à saúde. Ao enfermo cabe a decisão ser irá buscar ou não o hospital. Caso decida por procurar a instituição de saúde, ele deve ser submetido a um tratamento adequado. O hospital tem regras e regulamentos, as regras do jogo, que precisam ser seguidas e não podem ser alteradas pelo doente. Na feliz metáfora de Barbosa Moreira sobre a divisão de trabalho entre parte e juiz: "não pode impor a seu bel-prazer horários de refeições e de visitas, nem será razoável que se lhe permita controlar a atividade do médico no uso dos meios de investigação indispensáveis ao diagnóstico, ou na prescrição dos remédios adequados".[3]

Da mesma maneira as partes podem resolver seus conflitos fora do ambiente processual, mas se escolherem resolvê-lo no ambiente processual devem observar as *regras do jogo* e os limites, deveres e possibilidades impostos pelo ordenamento jurídico.

Assim como a medicina mudou para ser mais atenciosa ao paciente, também o direito deve mudar. A relação médico-paciente se torna cada vez mais permeada de exigências éticas, humanas, de respeito aos protocolos de atendimento e de tecnologia. O mesmo deve acontecer com o processo.

---

[2] THEODORO JR., Humberto. Princípios gerais do direito processual civil. *Revista de Processo*, vol. 23, p. 173-191, jul.-set. 1981.

[3] BARBOSA MOREIRA, José Carlos. Os poderes do juiz na direção e instrução do processo. In.: BARBOSA MOREIRA, José Carlos. *Temas de direito processual civil*. Quarta série. São Paulo: Saraiva, 1989. p. 45-46.

O conflito é o objeto de trabalho do processualista. O processo pretende regrar o conflito de forma a permitir que ele seja tratado de maneira adequada, célere, moderna, barata, flexível, útil, voltada para o usuário, sábia e justa.[4]

Lidamos todos os dias com disputas entre as partes que adotam, ao contrário dessas finalidades, posições antagônicas e atuam estrategicamente para vencer a qualquer custo. Lidamos todos os dias com juízes e tribunais que não estão preocupados com as partes, mas com o volume sempre crescente de trabalho, com interesses remuneratórios legítimos e com preocupações estatísticas para comprovar aos órgãos de correição a sua utilidade e necessidade, justificando o investimento do dinheiro público em suas funções.

No nosso caso, médico e paciente simplesmente não dialogam. Nossa formação antagonista faz com que especialmente os profissionais do direito, que deveriam estar aptos a tratar o conflito, estejam autocentrados. O diálogo se torna difícil, raro e a troca de documentos passa a ser a essência do processo. Documentos que ninguém lê. Debates orais sérios sobre o objeto do processo são raros, mesmo nas causas complexas.

Pior, com as mudanças da tecnologia, os documentos passaram a ser elaborados e lidos por programa de computador. Outro lado desta história de insuficiência e manipulação é a sonegação de informações e documentos como se o processo fosse apenas um ambiente de estratégia, no qual não houvesse um serviço público a ser entregue e exigências éticas e sociais. Urge adotar uma postura mais humana e inteligente – a essência da nossa justiça civil.

O princípio da cooperação é uma forma mais contemporânea de tratar o conflito.[5] Procura equilibrar o papel das partes e do julgador, bem como, de todos que atuam no

---

[4] Como sugeriram os professores C. H. Van Rhee e Alan Uzelac em suas conferências no Programa de Pós-Graduação em Direito Processual Civil da Universidade Federal do Espírito Santo, respectivamente em dezembro de 2017 e fevereiro de 2018.

[5] Na doutrina brasileira, próximos a essa afirmação, cf. THEODORO JR., Humberto. Juiz e partes dentro de um processo fundado no princípio da cooperação. *Revista Dialética de Direito Processual*, n. 102, 2011; CABRAL, Antonio do Passo. O contraditório como dever e a boa-fé processual objetiva. *Revista de Processo*, n. 126, p. 59-81, 2005; CABRAL, Antonio do Passo. *Nulidades no processo moderno*. Rio de Janeiro: Forense, 2009. p. 215 e ss.; DIDIER JR., Fredie. O princípio da cooperação: uma apresentação. *Revista de Processo*, n. 126, p. 75-79, 2005; DIDIER JR., Fredie. *Fundamentos do princípio da cooperação no direito processual civil português*. Coimbra: Coimbra Editora, 2010; DIDIER JR., Fredie. Os três modelos de direito processual: inquisitivo, dispositivo e cooperativo. *Revista de Processo*, n. 198, 2011; SANTOS, Igor Raatz dos. Processo, igualdade e colaboração: os deveres de esclarecimento, prevenção, consulta e auxílio como meio de redução das desigualdades no processo civil. *Revista de Processo*, n. 192, p. 47-80, 2011; SANTOS, Igor Raatz dos. A organização do processo civil pela ótica da teoria do Estado: a construção de um modelo de organização do processo para o Estado Democrático de Direito e o seu reflexo no Projeto do CPC. *Revista Brasileira de Direito Processual*, n. 75, p. 97-132, 2011; CUNHA, Leonardo Carneiro da. A atendibilidade dos fatos supervenientes no processo civil. Coimbra: Almedina, 2012. p. 65 e ss.; BARREIROS, Lorena. *Fundamentos constitucionais do princípio da cooperação processual*. Salvador: JusPodivm, 2013; SOUZA, Artur César de. O princípio da cooperação no projeto do novo Código de Processo Civil. RePro, São Paulo: RT, n. 225, 2013; LANES, Júlio. *Fato e direito no processo civil cooperativo*. São Paulo: RT, 2014.

processo. Esse equilíbrio, mesmo sem a menção do nome *princípio da cooperação*, já era perseguido por todos os juristas que em sua sensibilidade procuraram construir o processo como um instrumento de justiça e de verdade, a exemplo da epígrafe na qual reproduzimos citação de Humberto Theodoro Jr.[6]

Ocorre que a prática dicotômica do processo como coisa das partes ou mero interesse estatal fez com que essa inteligência se perdesse. Por essa razão, o surgimento de deveres de conduta cooperativa para o juiz revelam uma mudança de rumos que já era antevista no direito comparado em relação ao princípio do contraditório[7] e há muito propugnada pela doutrina italiana[8] e alemã,[9] que influenciou a doutrina brasileira, especialmente José Carlos Barbosa Moreira e Ada Pellegrini Grinover, primeiros autores a mencionarem o princípio no Brasil no final da década de 1980.[10] Foi mérito de Carlos Alberto Alvaro de Oliveira, no início da década de 1990, a introdução, de maneira efetiva, do princípio da cooperação no direito brasileiro, a partir da revisão que intentou quanto às bases do princípio do contraditório.[11] Boa parte da doutrina ligou, depois, este princípio a ideia básica da boa-fé processual objetiva.[12]

---

[6] THEODORO JR., Humberto. Princípios gerais do direito processual civil. *Revista de Processo*, vol. 23, p. 173-191, jul.-set. 1981.

[7] Além das ideias contidas no conjunto do chamado *overriding objective* das CPR inglesas de 1999, conferir o art. 16 do CPC francês de 1976, o § 139 da ZPO alemã e o art. 3º, 2, do CPC português de 2013. Para uma extensa análise das CPR e das reformas, crítica e projetual, cf. SORABJI, John. *English Civil Justice After the Woof and Jackson Reforms*. A Critical Analysis. Cambridge: Cambridge University Press, 2014.

[8] GRASSO, Eduardo. La Collaborazione nel Processo Civile. *Rivista di Diritto Processuale*, Padova: Cedam, 1966; TROCKER, Nicolò. *Processo Civile e Costituzione*. Problemi di Diritto Tedesco e Italiano. Milano: Giuffrè, 1974.

[9] Os principais autores citados no Brasil são B. Hahn, R. Wasserman, P. Gilles e R. Greger, para as referências conferir MITIDIERO, Daniel. *Colaboração*, op. cit., também FERRARI, Isabella Fonseca. *A cooperação processual no Código de Processo Civil*. Belo Horizonte: Editora D'Plácido, 2017.

[10] BARBOSA MOREIRA, José Carlos. Os poderes do juiz na direção e instrução do processo. In: BARBOSA MOREIRA, José Carlos. *Temas de direito processual civil*. Quarta série. São Paulo: Saraiva, 1989. p. 45-46, especialmente p. 50; BARBOSA MOREIRA, José Carlos. Sobre a "participação" do juiz no processo civil (1987). *Temas de direito processual*. Quarta série. São Paulo: Saraiva, 1989. p. 66; GRINOVER, Ada Pellegrini. Defesa, contraditório, igualdade e *par condicio* na ótica do processo de estrutura cooperatória (1986). *Novas tendências do direito processual*. Rio de Janeiro: Forense Universitária, 1990. p. 8.

[11] ALVARO DE OLIVEIRA, Carlos Alberto. O juiz e o princípio do contraditório. *Revista de Processo*, n. 71, São Paulo: RT, 1993; ALVARO DE OLIVEIRA, Carlos Alberto. A garantia do contraditório (1998). *Do formalismo no processo*. 2. ed. São Paulo: Saraiva, 2003; ALVARO DE OLIVEIRA, Carlos Alberto. *Do formalismo no processo civil* – proposta de um formalismo-valorativo. 4. ed. São Paulo: Saraiva, 2010; ALVARO DE OLIVEIRA, Carlos Alberto. Poderes do juiz e visão cooperativa do processo. *Revista da Ajuris*, Porto Alegre: s/ed., n. 90, 2003.

[12] Por todos, cf. DIDIER JR., Fredie. *Fundamentos do princípio da cooperação no direito processual civil português*, 2010.

Da doutrina para a lei foi apenas uma questão de oportunidade. O art. 6º do Código de Processo Civil reconheceu expressamente o princípio da cooperação: "todos os sujeitos do processo devem cooperar entre si para que se obtenha, em tempo razoável, decisão de mérito justa e efetiva".

A partir disso é possível construir o entendimento que os comportamentos das partes e do órgão jurisdicional devem ser pautados de forma objetiva para que se obtenha a decisão de mérito justa, tempestiva e efetiva.

Não é uma questão de gostos ou vontades dos juízes e das partes, mas de conformação do ordenamento jurídico ao Estado Democrático Constitucional brasileiro.

Isto não significa que as partes deixarão de ser litigantes e deixarão de atuar em polos contrapostos em benefício de seus próprios interesses, tampouco elimina o agir estratégico das partes, mas impõe às partes um comportamento processual pautado por uma cooperação objetiva.

É correto reconhecer, ainda, na perspectiva global do tratamento dos conflitos no Brasil, que o princípio da cooperação no CPC está intimamente ligado à pelos menos outras quatro outras normas fundamentais: a) o *princípio do autorregramento da vontade*, tanto no que diz respeito à escolha e ao estímulo às soluções adequadas aos conflitos fora do Poder Judiciário (arbitragem, mediação, conciliação etc. – art. 3º do CPC), quanto no que concerne aos negócios ou convenções processuais (arts. 190, 191 e 200 do CPC). Isso porque todas as normas que estimulam comportamentos negociais entre os sujeitos do processo fortalecem o modelo cooperativo;[13] b) o *princípio da primazia do julgamento de mérito* (art. 4º do CPC); c) o *princípio da boa-fé*; d) o *princípio da vedação da decisão surpresa* (art. 10 do CPC), como corolário do contraditório também para o juiz defendido por Carlos Alberto Alvaro de Oliveira.

O mais importante, contudo, é salientar que, para a doutrina brasileira, "a necessidade de colaboração no processo civil não importa em renúncia ao primado da autorresponsabilização das partes no processo". As partes continuam responsáveis pelo seu comportamento processual. A parte pode insistir no comportamento que o juiz advertiu inapropriado e sofrer as consequências deste comportamento.[14]

Portanto, a doutrina majoritariamente entende que o modelo cooperativo brasileiro transcende aos modelos *inquisitorial* e *adversarial*.[15]

A cooperação é reconhecida como princípio, regra e procedimento, atuando como uma *norma fundamental* no nosso ordenamento e, consequentemente, gerando obrigações típicas e atípicas ao longo de todo o arco processual, tanto para o procedimento comum, quanto para os procedimentos especiais, como veremos a seguir.

---

[13] DIDIER JR., Fredie. *Curso de direito processual civil*: introdução ao direito processual civil, parte geral e processo de conhecimento. 17. ed. Salvador: JusPodivm, 2015. v. I, p. 131.
[14] MITIDIERO, Daniel. *Colaboração no Processo Civil*. São Paulo: Revista dos Tribunais, 2015, p. 106.
[15] Conferir nota de rodapé 6. Cf., ZANETI JR., Hermes. *A constitucionalização do processo. O modelo constitucional da justiça brasileira e as relações entre processo e Constituição*. 2. ed. São Paulo: Atlas, 2014, p. 99.

3. A COOPERAÇÃO PARA O PROCESSO: OBRIGAÇÕES PROCESSUAIS PARA AS PARTES E PARA O JUIZ DECORRENTES DO PRINCÍPIO DA COOPERAÇÃO

A cooperação não é para as partes ou para o juiz. Quando analisava a função da prova para o processo já era essa a lição de clássica de Santiago Sentis Melendo: "Para quem se prova? Quem é o destinatário da prova? Quem adquire a prova? A prova não pode ser de uma parte, nem para uma parte; nem para o julgador. A prova é para o processo".[16]

A eficácia normativa do princípio da cooperação impõe deveres. A doutrina brasileira é segura em afirmar que "são ilícitas as condutas contrárias à obtenção do 'estado de coisas' (comunidade processual de trabalho) que o princípio da cooperação busca promover".[17] As decisões dos tribunais têm acompanhado a doutrina. A eficácia normativa do princípio da cooperação independe, portanto, da existência de regras jurídicas expressas.

Iremos subdividir, para fins de análise, as previsões do Código de Processo Civil quanto aos comportamentos cooperativos que se esperam das partes e do juiz.

Quanto às partes, podemos citar os seguintes deveres positivados:

a) *deveres de esclarecimento*: dever de redigir com clareza e coerência os articulados de sua demanda, sob pena de indeferimento por inépcia da petição inicial (art. 321, parágrafo único, do CPC);

b) *deveres de lealdade*: dever de observar a boa-fé objetiva (art. 5º do CPC), os deveres processuais (arts. 77 e 78 do CPC) e não litigar de má-fé (arts. 79 a 81 do CPC), respondendo por perdas e danos e se submetendo a multas processuais. Os deveres de lealdade estão também ligados às soluções consensuais e aos negócios processuais, a exemplo da delimitação consensual das questões de fato ou de direito, que, se homologada, vincula as partes e ao juiz (art. 357, § 2º, do CPC);

c) *deveres de proteção:* dever de não causar danos desnecessários ao adversário, gerando sanções como a punição do atentado à dignidade da justiça (art. 77, VI, do CPC) e responsabilidade objetiva do exequente no caso da execução injusta (arts. 520, I, e 776 do CPC), a exemplo do dever do réu de indicar o legitimado passivo da demanda (art. 339 do CPC).[18]

---

[16] E continua: "Aqui também estamos diante do conceito de disposição, poderia uma parte dispor de uma prova; porém no momento em que colocou expressamente essa prova, o processo a adquiriu; não existem provas de uma parte ou de outra; quando se fala assim, e até de cadernos ou fascículos de cada uma das partes, se está incorrendo em uma confusão ou em uma mecanização do elemento mais importante do processo. O princípio da aquisição quer dizer precisamente que as provas se adquirem para o processo" (MELENDO, Santiago Sentís. Natureza de la prueba – la prueba es libertad. *RT*, São Paulo: RT, 462, 1974, item 9). A disposição da parte será sempre sobre utilizar ou não o processo judicial, permitir ou não que o processo judicial chegue ele mesmo à decisão. Voltamos, mais uma vez, a metáfora do hospital – o doente pode a qualquer tempo deixar o hospital se assim quiser, tratando ele mesmo a própria doença.

[17] DIDIER JR., Fredie. *Curso de direito processual civil*, vol. 1, p. 127.

[18] DIDIER JR., Fredie. *Curso de direito processual civil*, vol. 1, p. 127-128.

Quanto aos juízes e tribunais, destacam-se os seguintes deveres positivados:

a) *deveres de esclarecimento*: dever de determinar o comparecimento pessoal das partes para inquiri-las sobre os fatos da causa (art. 139, VIII); dever de determinar que as partes completem ou emendem a petição inicial inepta, ou capaz de apresentar defeitos e irregularidades que dificultem o julgamento de mérito, indicando com precisão o que deve ser corrigido ou completado (art. 321), mediante saneamento compartilhado; dever de esclarecer cooperativamente com as partes as suas alegações nas causas que apresentem complexidade de fato ou de direito (art. 357, § 3º);

b) *deveres de diálogo*: dever de oitiva das partes antes de deferir tutelas provisórias (art. 9º do CPC); dever de debates pelo julgador das questões não levantadas pelas partes, mesmo quando pode decidir de ofício (art. 10 do CPC); calendarização processual (art. 191); convite para as partes integrarem ou esclarecerem seus argumentos na audiência de saneamento compartilhado (art. 357, § 3º); dever de oportunizar o diálogo às partes antes do reconhecimento da prescrição ou decadência (art. 487, parágrafo único); dever de enfrentar todos os argumentos deduzidos pelas partes capazes de infirmar a conclusão do julgador, sob pena de não se considerar fundamentada a decisão judicial (art. 489, § 1º, IV); dever de dialogar com as partes sobre o fato novo ocorrido no curso do processo que deve ser levado em consideração na decisão da causa (art. 493, parágrafo único); dever de debater com as partes sobre os precedentes vinculantes que entenda aplicáveis no processo e de fundamentar, de forma adequada, a aplicação ou não destes precedentes à causa, identificando a *ratio decidendi* e sua relação com o caso sob julgamento, ou com as hipóteses de não aplicação em razão de *distinguishing* ou *overruling* (art. 927, § 1º);

c) *deveres de prevenção*: dever de determinar o suprimento dos pressupostos e o saneamento de outros vícios processuais (arts. 4º, 139, IX, 488, 932, parágrafo único, e 1.017, § 3º, do CPC). Justamente por essa razão, o juiz tem o dever de, antes de proferir a decisão de mérito determinar à parte a oportunidade para, se possível, corrigir o vício (art. 317 do CPC); dever de oportunizar o suprimento do preparo recursal, evitando a pena de deserção por falta do recolhimento das custas (art. 1.007, §§ 2º, 4º e 7º). A prática dos tribunais no Brasil de uma espécie de "jurisprudência defensiva" exigiu que vários dispositivos do Código fossem voltados a impedir a inadmissibilidade dos recursos por questões processuais sanáveis, fomentando o dever de prevenir os vícios e nulidades processuais pelo tribunal;

d) *deveres de auxílio*:[19] dever de cooperar com as partes para a obtenção dos dados necessários à identificação e à tramitação do processo em relação ao réu (art. 319,

---

[19] Na doutrina, não admitindo o dever genérico de auxílio DIDIER JR., Fredie. *Curso de direito processual civil*, vol. 1, p. 131, para o autor seria possível falar apenas de *deveres típicos de auxílio* por expressa previsão legal (idem, p. 132). Entendemos que o argumento da "imprevisibilidade do comportamento do juiz" é subjetivo e, portanto, desborda do caráter objetivo que empregamos para os deveres de cooperação do juiz para com o processo. O juiz ao auxiliar a parte auxilia a obtenção do resultado justo e adequado do processo.

§ 1º, do CPC); dever de distribuição dinâmica do ônus da prova nos casos previstos em lei, ou diante de peculiaridades da causa relacionadas à impossibilidade, à excessiva dificuldade de cumprir o encargo probatório pela parte legalmente encarregada, ou a maior facilidade de obtenção da prova pela parte contrária (art. 373, § 1º, do CPC); dever de adotar as medidas indutivas, coercitivas, mandamentais ou sub-rogatórias para que os documentos necessários ao julgamento da causa que se encontrem em poder das partes sejam exibidos (art. 400, parágrafo único, do CPC); dever de determinação, aos sujeitos indicados pelo exequente, de que estes forneçam informações em geral relacionadas ao objeto da execução, tais como documentos e dados que tenham em seu poder (art. 772, III, do CPC).

Alguns desses deveres geram a sanção de nulidade das decisões praticadas sem a sua observância, a exemplo dos deveres de saneamento do processo e de fundamentação adequada (art. 489, § 1º, do CPC), na disciplina atual do CPC. Quando a causa está em condições de imediato julgamento, é autorizado que o tribunal, além de anular desde logo o pronunciamento, reforme a decisão, decidindo a causa no lugar do juiz, o que representa uma sanção indireta pela perda da oportunidade de decidir a questão (art. 1.013, §§ 3º e 4º, do CPC).

Há, ainda, a possibilidade de sanção subjetiva por responsabilidade civil regressiva por perdas e danos nos casos de dolo ou fraude e recusa, omissão ou retardo sem justo motivo de providência que deva ordenar de ofício, ou a requerimento da parte (art. 143 do CPC). Também há o controle administrativo do comportamento dos juízes que, de forma reiterada, descumprirem seus deveres de cooperação para com o processo por meio de representação à corregedoria do tribunal, ou ao Conselho Nacional de Justiça. Exemplo de sanção administrativa decorre da sanção para o juiz que injustificadamente exceder os prazos previstos em lei, regulamento ou regimento interno. Nestes casos, sem prejuízo das sanções administrativas cabíveis, será determinada a prática do ato e, caso mantida a inércia, os autos serão remetidos ao substituto legal do juiz, ou do relator contra o qual se representou, que deverá proferir decisão em dez dias.

Muitas destes dispositivos são grandes novidades e somente o tempo dirá como eles serão implementados na prática. Existe, contudo, uma sinergia entre eles e o princípio da cooperação previsto no art. 6º. Percebe-se claramente a extensão que a nova lei procurou dar ao modelo cooperativo.

4. TENDÊNCIAS CONTEMPORÂNEAS PARA O DEVER LEGAL DE COOPERAÇÃO

A partir da experiência adquirida pelo *American Law Institute*, ALI, e pelo UNIDROIT, com o projeto sobre os princípios e as regras transnacionais de direito processual civil,[20]

---

[20] Cf. ALI/UNIDROIT principles and rules of transnational civil procedure: proposed final draft (March 9, 2004). By Hazard Geoffrey C.; Michele Taruffo; Antonio Gidi. Philadelphia, PA: American Law Institute (ALI); Rome, Italy: UNIDROIT, 2004. Para o link atualizado, conferir: <https://www.unidroit.org/instruments/transnational-civil-procedure>. Acesso em: 25 maio 2018.

surgiu na Europa a iniciativa, junto ao recentemente criado *European Law Institute*, ELI, de produzir *regras modelo* para a Europa.

O Projeto ELI/UNIDROIT tem uma série de eixos versando sobre diversos temas do processo civil: *service of documents and due notice of proceedings; acess to information and evidence; provisional and protective measures; res judicata and lis pendens; obligations of parties, lawyers and judges; judgments; costs; parties; appeals.*

O Projeto ainda está em pleno desenvolvimento, mas algumas das orientações adotadas já nos permitem discutir e aprofundar os potenciais impactos que terá na compreensão do CPC brasileiro, que parte de premissas inerentes ao mesmo *caldo cultural* no qual surgem as orientações europeias.

Interessa-nos particularmente neste texto falar sobre o *princípio da cooperação* a partir do eixo que trata *dos deveres/obrigações das partes e dos advogados em juízo*.

A premissa é a de que existe um *dever geral ou princípio geral de cooperação (duty of loyal cooperation)* que serve como superação e transcendência da grande dicotomia, imprecisa e historicamente questionável,[21] entre *princípio do dispositivo* e *princípio do inquisitório*. Desse dever geral são derivadas outras quatro seções nas quais se concentra o Projeto: a) gerenciamento de casos e planejamento do procedimento *(case management and planning of the proceedings)*; b) estabelecimento e determinação dos fatos e das provas *(determination of facts and evidence)*; c) estabelecimento e determinação das questões de direito e do direito aplicável *(determination of issues of law)*; d) estímulo à autocomposição e aos meios adequados de solução de conflitos *(attempts to reach settlement and use of ADR)*.[22]

A doutrina[23] estabeleceu a partir de uma série de fontes – com destaque para o princípio 11 das regras modelo do processo civil transnacional – algumas obrigações sobre as quais girariam as seções acima:

    a) Obrigação 1 – "*No delaying tatics*": no sentido de que as partes não poderiam fazer requerimentos, defesas, alegações ou outras iniciativas ou respostas que não fossem razoavelmente argumentáveis a partir do direito ou dos fatos ("not make

---

[21] Na doutrina, C. H. Van Rhee aponta o surgimento das *Prozess Maximen* (princípios processuais do dispositivo e do inquisitório) no século XIX e desconstrói as afirmações de serem as mesmas "máximas" da tradição jurídica dos países europeus, demonstrando que a prática processual anterior – muito embora não se refirisse ao princípio da cooperação – era equilibrada e pensada a partir da ideia de um dever geral de cooperação do juiz, das partes e dos advogados para com a adequada solução do conflito e que em na maior parte dos ordenamento e épocas históricas os princípios do dispositivo e do inquisitório não tiveram um exercício real como modelo arquetípico puro. Cf. VAN RHEE, C. H. *Gerenciamento de casos (case management) na Europa*: uma abordagem moderna da Justiça Civil. Trad. e rev. Daine Ornelas, Hermes Zaneti Jr. e Marco Antonio Rodrigues, *no prelo*.

[22] UZELAC, Alan. Towards European Rules of Civil Procedure: Rethinking Procedural Obligations. *Hungarian Journal of Legal Studies*, 58, n. 1, p. 3-18, 2017, p. 6.

[23] Cf. VAN RHEE, C.H. Obligations of parties and their lawyers in civil litigation: the ALI/UNIDROIT Principles of Transnational Civil Procedure. In: ADOLPHSEN, Jen et al. (org.). *Festschrift für Peter Gottwald zum 70. Geburtstag*. C. H. Beck, 2014. p. 669-679.

a claim, defence, motion, or other initiative or response that is not reasonable arguable in law and fact"). Em resumo, não usar táticas que aumentem o prazo do julgamento ou que não sejam consistentes com os fatos ou o direito aplicável;
b) Obrigação 2 – "*No procedural abuse*": as partes e o juiz tem a obrigação de promover a justa, em tempo razoável e eficiente resolução dos procedimentos ("shared obligation of the parties and the court to promote a fair, efficient and reasonably speedy resolution of the proceeding");
c) Obrigação 3 – "*Cards on the table*"[24]: significa literalmente "cartas na mesa" ou "mostrar as cartas", nesse sentido as partes tem o dever de apresentar já na fase dos pedidos, de maneira razoavelmente detalhada, os fatos relevantes, as questões de direito e a tutela requerida e descrever com especificação suficiente os meios de prova disponíveis para suportar suas alegações ("obligation of the parties to present in the pleading phase in reasonable detail the relevant facts, their contentions of law, and the relief requested, and describe with suficient specification the available evidence in support of their allegations");
d) Obrigação 4 – "*Timely response*": as partes têm o dever de se manifestar de forma adequada em tempo razoável sobre as afirmações de fato e de direito da outra parte no processo ("obligation of a party to make a timely response to an opposing party's contention");
e) Obrigação 5 – "*Lawyers assistence*": os advogados têm o dever de assistir às partes no cumprimento dos deveres estabelecidos para as mesmas no curso do procedimento, observando eles mesmos os deveres de lealdade e cooperação para com o processo ("obligation of lawyers to assist the parties with the observance of their obligations");
f) Obrigação 6 – "*Produce relevant evidence*": ambas as partes têm o dever de contribuir em boa-fé para o desempenho do ônus da prova pela parte adversa, podendo o descumprimento gerar inferências adversas em relação à posição jurídica da parte ou até mesmo a inversão do ônus da prova ("based on the idea that both parties have the duty to contribute in good faith to the discharge of the opposing party's burden of proof (...) result no only in the drawing of adverse inferences, but also in a shift of the burden of proof"), derivada do princípio 21.3 das *Transnational Principles of Civil Procedure*;
g) Obrigação 7 – "*Cooperate in reasonable settlement endeavours*": as partes devem cooperar antes, durante e depois o início do litígio judicial mediante razoáveis esforços para a solução autocompositiva do conflito e cumprimento das decisões judiciais, inclusive mediante a possibilidade de sanções aplicáveis pelo juiz em relação aos custos do processo e comportamento de má-fé durante as tentativas de acordo, de forma a quebrar a tradição de alguns países nos quais as partes não tem uma obrigação de negociar ou considerar seriamente as propostas de acordo das partes opostas ("both before and after commencement of litigation, should

---

[24] A expressão tem origem no relatório de Lord Woolf. Cf. VAN RHEE, C. H. Obligations of parties and their lawyers in civil litigation: the ALI/UNIDROIT Principles of Transnational Civil Procedure. In: ADOLPHSEN, Jen et al. (org.). *Festschrift für Peter Gottwald zum 70. Geburtstag*. C. H. Beck, 2014. p. 669-679, p. 672.

cooperate in reasonable settlement endeavors. The court may adjust its award of costs to reflect unreasonable failure to cooperate or bad-faith participation in settlement endeavors'... departs from the tradition in some countries in which the parties generally do not have an obligation to negotiate or otherwise consider settlement proposals from the opposing party"), derivada do princípio 24.3 dos *Transnational Principles of Civil Procedure*;

h) Obrigação 8 – "*Case management or attending planning conferences*": as partes não representadas e os advogados, assim como outras pessoas indicadas pelo juízo, têm a obrigação de comparecer às audiências para gerenciamento ou planejamento do caso ou casos perante a Corte (Rule 18.2 "The court should order a planning conference early in the proceeding and may schedule other conferences thereafter. A lawyer for each of the parties and an unrepresented party must attend such conferences and other persons may be ordered to do so"), derivada das *Transnational Rules of Civil Procedure*;

i) Obrigação 9 – "*Reasoned grounds for appeal*": as partes devem tão logo quanto possível demonstrar os fundamentos que teriam para impugnar as decisões judiciais tomadas no caso e declarar o resultado esperado com a impugnação ou recurso ("obligation to provide grounds for an appel at na early stage and to state the remedy sought"), derivada do art. 4 da *Recommendation n. R (95) 5* do Conselho da Europa, que diz respeito a introdução e melhorias na função do sistema dos recursos para os casos comerciais e cíveis;

j) Obrigação 10 – "*Obligation of truth for the lawyer*": os advogados têm a função de servir aos interesses da justiça, no Brasil reconhecida constitucionalmente no art. 133 da CF/1988, e garantir a defesa leal dos interesses do seu cliente, não podendo adotar, sabendo, posturas que resultem em informações falsas ou que levem a confusão ou má-compreensão da informação para a Corte, estes deveres decorrem igualmente do respeito ao Estado Democrático Constitucional (*Rule of Law*) e da correta administração da justiça ("fair administration of justice"), derivada das regras de conduta e códigos de ética para os advogados europeus;

k) Obrigação 11 – "*Due regard to the fair conduct of proceedings*": os advogados, na extensão de seu compromisso com a assistência das partes no cumprimento dos deveres de lealdade, devem ter o compromisso de observar o dever de conduzir com justiça e correção os procedimentos, incluído o princípio geral de que, em processos que envolvam controvérsias entre mais de uma parte, como no modelo acusatório ou *adversarial*, o advogado não deve tentar obter vantagens injustas sobre o seu oponente, como, por exemplo, a noção de que em princípio o advogado não deve contatar o juiz sem a presença ou o conhecimento da parte *ex adversa*, nem juntar provas, notas ou documentos sem comunicar o oponente ("A lawyer must always have due regard to the fair conduct of proceedings... 'the general principle that adversarial proceedings a lawyer must not attempt to take unfair advantage of his or her opponent'... the lawyer should not contact the judge before informing his opponent about this intention, or submit exhibits, notes or documents to the judge without communicating them to the opponent"), derivado do art. 4.2 do *European Code of Conduct* para advogados.

Os esforços do ELI/UNIDROIT estão indicando uma ascensão do princípio da cooperação no cenário europeu que deve orientar nosso entendimento sobre o Código de Processo Civil brasileiro de 2015 em razão da permanente troca de experiências entre nossas culturas e tradições jurídicas.[25]

5. CONCLUSÕES

A mudança de paradigma proposta pelo CPC não é pacifica na doutrina, mudar uma cultura não é fácil ou simples, nunca é.

Demonstramos, ao longo do texto, que o CPC não só estabelece um princípio geral de cooperação para o juiz e para as partes e todos aqueles que de qualquer forma atuem no processo, como também densifica este princípio em subprincípios e regras que podem ser extraídos de diversos dispositivos do texto do Código.

A mesma preocupação está animando esforços para a construção de um modelo europeu de processo, espécie de *soft law* que traduz as preocupações comuns e atuais dos juristas europeus, para além do velho e defasado debate princípio do inquisitório ou princípio do dispositivo, processo das partes ou processo do juiz.

A cooperação é para com o processo, como procuramos deixar demonstrado aqui. Coopera-se para que os objetivos do processo de tutela das pessoas e dos direitos, de maneira adequada, efetiva e tempestiva, possam resolver o conflito de maneira justa, eficiente e com custo proporcional para o Estado e para as partes.

O processo deve tratar o conflito. A doença da litigiosidade pela litigiosidade deve ser superada. Voltando à metáfora inicial, estamos trilhando o caminho certo para tratar a doença com as melhores técnicas, remédios e preocupações da medicina/direito contemporâneo. Afinal, se a medicina evoluiu muito na relação médico paciente, também o direito processual deve evoluir na correta divisão de tarefas, na relação interesses das partes e função do órgão julgador, para melhor resolver os conflitos.

---

[25] Sobre a dinâmica das tradições jurídicas e sua permanente e contínua transformação, cf. GLENN, H. P. *Legal Traditions of the World*. Sustainable Diversity in Law. 5. ed. New York: Oxford University Press, 2014.

8

TEMPO, DURAÇÃO RAZOÁVEL E CELERIDADE DO PROCESSO: ENSAIO SOBRE OS MITOS E O TEMPO NECESSÁRIO PARA O JULGAMENTO

JOÃO ALBERTO DE ALMEIDA
THIAGO CARLOS DE SOUZA BRITO

Sumário: Introdução. 1. Percepções do tempo quantitativo e qualitativo: *cronos* e *kairos*. 2. O tempo no direito processual civil: duração razoável do processo e celeridade. 3. Alguns mitos sobre o tempo no processo. Conclusão.

INTRODUÇÃO

O tempo, mais especificamente a sua contínua passagem, desde a antiguidade, causa preocupação e sofrimento ao ser humano. Exemplos literários são diversos, como a terrível alegoria do titã Cronos devorando, repetidamente, seus filhos concebidos com Reia,[1] passando pela divindade conhecida Elli, representação da velhice na mitologia nórdica, que venceu o poderoso deus Thor em uma luta no palácio de Utgard-Loki,[2] ou mesmo o crocodilo que persegue de forma incansável o Capitão Gancho de James Matthew Barrie, carregando em sua barriga um relógio, de modo a aterrorizar a sua vítima enquanto se

---

[1] BULFINCH, Thomas. *O livro de ouro da mitologia*: histórias de deuses e heróis. Rio de Janeiro: Agir, 2015. p. 288.

[2] DAVIDSON, Hilda Roderick Ellis. *Deuses e mitos do norte da Europa*. São Paulo: Madras, 2004. p. 28.

aproxima com o constante "tic-tac".[3] *Tempus fugit*, diriam os romanos. "Time is money", dizem os modernos. Exatamente por isso, filósofos, cientistas e teóricos se esforçaram na tentativa de compreendê-lo.

Ecoam também no processo civil tais anseios e preocupações. Fruto da obra humana, também ele se propõe a solucionar, de forma rápida, os litígios que emergem na sociedade. Como lembra Italo Andolina, a própria ideia de processo é indissociável da noção de tempo.[4] Sempre que possível, busca-se aperfeiçoar o instrumento estatal de resolução de controvérsias para torná-lo mais célere. Por isso, desde a sua Romana origem, as reformas e modificações foram realizadas, independentemente do momento e local, com a perceptível preocupação sobre o tempo de duração do processo. Supõe-se que as partes têm interesse na pacificação do conflito, para dar continuidade a seus interesses e negócios particulares, de modo que a equação na qual o processo rápido é considerado indispensável à satisfação do jurisdicionado transformou-se em um imperativo quase inquestionável.

Seria um processo célere, de resultado imediato, com resposta instantânea para litígio, o ideal de atuação jurisdicional? É função do Poder Judiciário ser, acima de tudo, célere? Rui Barbosa, em sua célebre (e sempre lembrada) frase "justiça que atrasada não é justiça; senão injustiça qualificada e manifesta",[5] pondera sobre a necessidade da rapidez na prestação jurisdicional. Porém, haveria algum problema se a solução jurisdicional fosse rápida demais? Ademais, há um preço a se pagar por excessiva aceleração dos atos processuais?

É dever da ciência processual, parece certo, questionar aquelas verdades que se apresentam como absolutas. No presente ensaio pretende-se estudar, ainda que brevemente, qual o tempo *necessário* para o processo tramitar obtendo-se resultado justo e efetivo.

1. PERCEPÇÕES DO TEMPO QUANTITATIVO E QUALITATIVO: *CRONOS* E *KAIROS*

Os gregos possuem duas palavras para simbolizar a passagem do tempo. Sofisticadamente personificado em dois deuses, *cronos* (χρόνος) e *kairos* (καιρός),[6] sendo que cada uma das representações possuía significado completamente distinto. *Cronos* simboliza a passagem quantitativa do tempo, presente em conceitos como os dias, meses e anos. É a mensuração do tempo. Já *kairos* significa a passagem qualitativa do tempo, indicando seu momento correto, oportuno. Exemplificam André Vasconcelos Roque e Francisco Duarte o tempo *kairos* como o momento da colheita, que não pode ser adiantada ou tampouco atrasada.[7]

---

[3] BARRIE, James Matthew. *Peter Pan e Wendy*. São Paulo: Zahar, 2014. p. 52.
[4] ANDOLINA, Italo Augusto. Il tempo e il processo. *Revista de Processo*, São Paulo: RT, n. 176, out. 2009.
[5] BARBOSA, Rui. *Oração aos moços*. 5. ed. Rio de Janeiro: Casa de Rui Barbosa, 1999. p. 40.
[6] ROQUE, André Vasconcelos; DUARTE, Francisco Carlos. As dimensões do tempo no processo civil: tempo quantitativo, qualitativo e a duração razoável do processo. *Revista de Processo*, São Paulo: RT, n. 218, abr. 2013.
[7] ROQUE, André Vasconcelos; DUARTE, Francisco Carlos. As dimensões do tempo no processo civil... op. cit., p. 330.

Ainda que sejam noções distintas, não são tais percepções sobre o tempo completamente dissociados. Antes disso, ao contrário:

> Como se pode perceber, o tempo de kairos pressupõe a existência do tempo de cronos. Não se trata de concepções do tempo completamente dissociadas entre si. O momento adequado e oportuno para a consecução de uma tarefa ou para a resolução de um problema surgirá em determinado dia e hora (*kairos*), que podem ser quantificados pelo tempo de cronos. O tempo de cronos, no entanto, também depende de kairos para explicar de forma satisfatória a existência humana, uma vez que aquele, sozinho, não consegue explicar o surgimento de ocasiões especiais e decisivas, inclusive em relação a eventos históricos, por lhe faltar atributos qualitativos. Para compreender a história, mesmo de pequenos acontecimentos, é preciso recorrer a datas (*cronos*), mas também é necessário destacar os acontecimentos mais importantes (*kairos*).[8]

A despeito de sua elaboração na filosofia grega, a distinção entre o tempo qualitativo e o tempo quantitativo não é comum na língua portuguesa. Tanto que não se verifica o vocábulo "cairótico" no vernáculo, salvo em trabalhos acadêmicos no campo da filosofia. Isso porque a sociedade contemporânea, baseada nos postulados do capitalismo, transformou o tempo em uma mercadoria. "Tempo é dinheiro", teria dito Benjamim Franklin, de modo que apenas a preocupação com a sua mensuração, e consequente perda, são relevantes para o homem contemporâneo. Ou seja, uma vez que a medida é possível – na fila de espera do estabelecimento bancário, no congestionamento das grandes cidades, nas propagandas veiculadas na mídia, na citação da parte contrária em um processo judicial, etc. –, e pode ser ela mercantilizada.[9]

A percepção cronológica do tempo possui outro viés que convida à reflexão. Com a facilitação da troca de informações, circulação de pessoas e dinheiro, aprofundados em uma sociedade globalizada como constituída na contemporaneidade, alterou-se a forma como a passagem do tempo é percebida pelos indivíduos. "A sensação de falta de tempo é considerada um dos principais males da sociedade contemporânea, resultado da compressão do tempo e do espaço no mundo globalizado".[10] Não há tempo para a reflexão, discussão ou debate. Aponta Yuval Noah Harari[11] que, na sociedade contemporânea, não é permitido absorver a informação, ainda que esteja ela disponível e acessível como nunca antes na história. Assim,

---

[8] ROQUE, André Vasconcelos; DUARTE, Francisco Carlos. As dimensões do tempo no processo civil... op. cit., p. 330.

[9] Interessante pensar em conceitos como dano moral decorrente do tempo, como foi admitido pelo c. Superior Tribunal de Justiça na decisão monocrática do ministro Marco Aurélio Bellizze, relator do AREsp 1.260.458/SP na 3ª Turma, é resultado da mercantilização do tempo, consubstanciada na "Teoria do Desvio Produtivo do Consumidor". Sobre o tema, ver a obra de DESSAUNE, Marcus. *Teoria 'aprofundada' do desvio produtivo do consumidor*. 2. ed. São Paulo: RT, 2017.

[10] ROQUE, André Vasconcelos; DUARTE, Francisco Carlos. As dimensões do tempo no processo civil... op. cit., p. 331.

[11] HARARI, Yuval Noah. *Homo Deus*: uma breve história do amanhã. São Paulo: Cia das Letras, 2015.

tendo em vista que a percepção de tempo foi acelerada, as respostas devem ser imediatas, seja por aplicativos de conversa, redes sociais ou pesquisa de quaisquer informações.

Tais fenômenos de (i) mercantilização do tempo e (ii) compressão do tempo são sentidos e estudados em todos os ramos do Direito e, por via de consequência, também o são pela ciência processual. Por certo, origens e decorrências não podem ser apuradas com a profundidade que a matéria exige no curto espaço do presente ensaio. Não obstante, para os propósitos que se pretende desenvolver, servirão estas breves linhas para reflexões sobre a razoabilidade da duração do processo.

2. O TEMPO NO DIREITO PROCESSUAL CIVIL: DURAÇÃO RAZOÁVEL DO PROCESSO E CELERIDADE

O debate acadêmico concernente à relação entre tempo e processo dá origem à definição do que seja a sua duração razoável, de antigo assento na ciência jurídica. Em apertada síntese, até mesmo aproveitando a ampla construção teórica e legislativa existente sobre o tema,[12] é compreendida como a tramitação do processo sem dilações indevidas.[13] Usualmente, sua menção é acompanhada do princípio da celeridade, ambos decorrentes do princípio da economia processual.[14]

Antes de avançar, ressalte-se que a necessidade de celeridade no julgamento dos processos não é, nem nunca foi, uma exclusividade da sociedade contemporânea. Veja-se, a título de exemplo, a reforma processual realizada na fase inicial da *extraordinaria cognitio* do processo civil romano, na qual foi extirpada a separação dos procedimentos, tendo sido concentrados os atos preparatórios e decisórios no magistrado indicado pelo Estado. Proposta pelo Imperador Augusto César, dentre diversas alterações no procedimento, foi criado o processo extraordinário – em contraposição ao ordinário previsto no *ordo iudiciorum*, que ainda era aplicado –, que tinha como característica a celeridade no julgamento, uma vez que as fases processuais foram concentradas e foi extirpada a figura do *iudex*.[15] Já na idade média, no âmbito do Direito Canônico, tendo em vista os problemas decorrentes da demora da decisão dos juízes, o Papa Clemente V, nas bulas *Saepe Contingit* (1306) e *Dispendiosan* (1311), introduziu um procedimento mais célere, voltado para a oralidade e com a definição

---

[12] Ver, a título de exemplo, a Constituição Federal de 1988, art. 5º, inc. LXXVIII; o Pacto de São José da Costa Rica, art. 8, 1; o Código de Processo Civil, art. 4º.

[13] TUCCI, José Rogério Cruz. Garantias constitucionais da duração razoável e da economia processual no projeto do Código de Processo Civil. *Revista de Processo*, São Paulo: RT, n. 192, fev. 2011.

[14] PORTANOVA, Rui. *Princípios do processo civil*. Porto Alegre: Livraria do Advogado, 1995. p. 171. Fredie Didier Júnior (Curso de direito processual civil: introdução ao direito processual civil, parte geral e processo de conhecimento. 17. ed. Salvador: JusPodivm, 2015. vol. 1, p. 96) entende que não existe um princípio da celeridade, uma vez que "o processo deve demorar o tempo necessário e adequado à solução do caso submetido ao órgão jurisdicional".

[15] BRITO, Thiago Carlos de Souza. *Fundamentação das decisões judiciais: elementos para superação do conceito de motivação das decisões a partir da análise comparativa da atuação jurisdicional da Supreme Court e dos Tribunais brasileiros*. Tese. Belo Horizonte: UFMG, p. 33.

de prazos exíguos para a realização dos atos processuais.[16] Modificações no rito para extirpar a excessiva demora do processo judicial é algo a ele inerente.

Não obstante, nos dias que correm, o que antes era uma preocupação, tornou-se uma obsessão. Como visto, em decorrência da aceleração da vida moderna e a importância que o elemento tempo possui no cotidiano das pessoas, o Poder Judiciário, ainda com um *modus operandi* pensado em matrizes do início do Século XIX, passou a ser criticado e reformulado para adequar-se à dinâmica da sociedade em rede, veloz e instantânea.[17] "A pendência do estado de incerteza enquanto não se decide um processo judicial incrementa os custos de transação, podendo prejudicar ou inviabilizar determinadas atividades e negócios, comprometendo ainda o desenvolvimento econômico".[18] É necessário, por conseguinte, reformar o processo.

Por isso, a ciência processual, que na sua origem, ainda no século XIX e começo do século XX, ateve-se ao desenvolvimento dos institutos e pressupostos, alterou o seu centro de gravidade, destacadamente após a 2ª Guerra Mundial, para a efetividade do processo e as garantias a ele inerentes. Diversos trabalhos acadêmicos foram desenvolvidos, destacadamente nas universidades dos EUA e Europa, no sentido de identificar os problemas e entraves que causavam a demora na prestação jurisdicional, para que fossem retirados.

Lado outro, em diversos textos legais, desde pactos internacionais, passando por constituições e códigos de processo civil, o princípio da duração razoável do processo e da celeridade foram alçados ao olimpo processual, dividindo com a efetividade e justiça, a primazia da ciência processual.

Mas não só isso.

Com vistas à sua concretização, duas teorias foram propostas para mensurar a razoabilidade da duração do processo. No âmbito do *Civil Law*, a Corte Europeia dos Direitos do Homem elaborou os critérios que devem ser observados para a sua apuração: i) a complexidade do assunto em julgamento; ii) o comportamento das partes e seus procuradores; iii) a atuação do órgão jurisdicional.[19] Não se trata, portanto, de equação matemática na qual a resposta é sempre a mesma quando se inserem os fatores procedimentais, a compreensão daquilo que pode ser considerado um processo que teve uma duração razoável dependerá do sopesar cuidadoso dos critérios. Em tese, segundo a mencionada Corte, seria possível identificar situações nas quais haveria uma tramitação judicial desarrazoada e excessiva. A opção da corte é conhecida na literatura especializada como doutrina do "Prazo Não Fixo".[20]

---

[16] BRITO, Thiago Carlos de Souza. Fundamentação das decisões judiciais... op. cit., p. 35.
[17] CASTELS, Manuel. *A sociedade em rede*. 17. ed. São Paulo: Paz e Terra, 2016.
[18] ROQUE, André Vasconcelos; DUARTE, Francisco Carlos. As dimensões do tempo no processo civil... op. cit., p. 333.
[19] TUCCI, José Rogério Cruz. Garantias constitucionais da duração razoável... op. cit.
[20] SANTOS, Paula Ferraresi. Duração razoável do processo: critérios para seu dimensionamento e aplicação no Brasil. *Revista dos Tribunais*, São Paulo: RT, n. 277, mar. 2018.

Também é possível encontrar a contribuição do *common law*, por meio da American Bar Association, que propôs parâmetros fixos – e por isso identificada como doutrina do "Prazo Fixo" – de aferição da razoabilidade da prestação jurisdicional, a saber:

> (i) nos casos cíveis em geral, 90% devem ser iniciados, processados e concluídos dentro de 12 meses, podendo esse prazo ser estendido para 24 meses, nos 10% dos casos restantes, em decorrência de circunstâncias excepcionais; (ii) nos casos cíveis sumários (small claims), os processos devem ser finalizados em 30 dias; e, (iii) nas relações domésticas, 90% das pendências devem ser iniciadas e julgadas em 30 dias, e 98% dentro de seis meses e 100% em um ano.[21]

As duas formas de mensurar a razoabilidade da duração do processo, por certo, possuem falhas. Todavia, servem de parâmetro inicial para a sua verificação.

Acrescente-se que a razoável duração do processo deve incluir os atos necessários à atividade satisfativa. De nada adianta uma solução em tempo hábil se os atos executórios que garantem sua efetividade se prolongam no tempo. Como lembra Humberto Theodoro Júnior, "é que condenação sem execução não dispensa à parte a tutela jurisdicional a que tem direito. A função jurisdicional compreende, pois, tanto a certificação do direito da parte como a sua efetiva realização".[22]

Tampouco pode-se confundir razoabilidade no prazo de duração do processo com a celeridade dos atos processuais. São elas, na verdade, duas garantias distintas e complementares, previstas no texto constitucional. Enquanto a razoabilidade está ligada aos elementos extraprocessuais, conforme acima demonstrados, a celeridade tem como objeto a simplificação procedimental, sempre que possível, com vistas a atingir o seu término mais rapidamente.

3. ALGUNS MITOS SOBRE O TEMPO NO PROCESSO

Uma vez apresentados os elementos identificadores, parece uma obviedade a afirmativa de que o processo deve ser extirpado de dilações desnecessárias. Nas obviedades, entretanto, escondem-se questões que às vezes passam despercebidas e que merecem, na verdade, uma detida análise. Principalmente quanto ocultam dogmas e mitos que não possuem qualquer amparo científico. Sendo assim, destacam-se três mitos sobre a duração razoável do processo e a celeridade.

Em primeiro lugar, quando se discute a duração razoável do processo, cabe ressaltar que não é somente o Poder Judiciário brasileiro que padece de problemas quanto à tempestiva entrega da prestação jurisdicional. Segundo dados disponíveis no relatório da Organização

---

[21] SANTOS, Paula Ferraresi. Duração razoável do processo... op. cit.
[22] THEODORO JÚNIOR, Humberto; OLIVEIRA, Fernanda Alvim Ribeiro; REZENDE, Ester Camila Gomes Norato. *Primeiras lições sobre o novo direito processual civil brasileiro*. Rio de Janeiro: Forense, 2015. p. 12.

para a Cooperação e Desenvolvimento Econômico – OCDE, publicado em 2013, a justiça nórdica tem a melhor média total de duração dos processos (568 dias), seguida do direito germânico (587 dias), do sistema anglo-saxônico (777 dias) e do sistema francês (1307 dias). A própria União Europeia reconhece o problema da ausência de celeridade dos tribunais dos países que compõem o bloco, como a França, Itália e Alemanha.[23] No Brasil, segundo o Relatório Anual do Conselho Nacional de Justiça – CNJ "Justiça em Números" 2016, relativo ao ano de 2015, uma ação cível demorou 1580 dias para julgamento em primeira instância e grau recursal, no processo de conhecimento.

Assim, a falsa noção de que somente o Poder Judiciário brasileiro deve ser considerado moroso na resolução das controvérsias deve ser refutada com veemência. Na verdade, o órgão jurisdicional brasileiro desenvolve uma atividade complexa e recebe, todos os dias, demandas em uma quantidade quase sem paralelo em outras democracias ocidentais. Basta lembrar que tramitam perante a Justiça Brasileira, aproximadamente, 100 milhões de processos. Segundo os dados apurados pelo CNJ, o juiz brasileiro é um dos mais produtivos, quando se compara com a produtividade de seus pares americanos ou europeus. Não se está aqui fazendo uma defesa do superlativo número de processos hoje em tramitação perante o Judiciário, mas apenas ressaltando o fato de que, a despeito dele, os processos continuam sendo julgados em um lapso temporal relativamente próximo aos demais sistemas jurídicos mencionados. Já alertava Barbosa Moreira que "cabe prevenir contra a tendência, algo masoquística, a supor que a mazela da demora excessiva é peculiar à Justiça brasileira, ou que o Brasil, no particular, ocupa posição ainda pior do que a que lhe toca em matéria de distribuição de renda. O problema, na verdade, é universal e multissecular".[24]

Em segundo lugar, é necessário reconhecer que a morosidade sistêmica do Poder Judiciário, ao contrário do que em um primeiro momento possa parecer, pode interessar a uma das partes em litígio. Não se está aqui falando apenas do comportamento dos litigantes no curso do processo que, para perpetuar situação ilegal e vantajosa, utilizam de meios para procrastinar o feito. Tal critério, como visto, foi considerado pela Corte Europeia dos Direitos do Homem e para combate-lo, a despeito de sua parca utilização, incide o instituto da litigância de má-fé. A par disso, é necessário perceber que existem pessoas (sejam elas naturais ou jurídicas) que violam, de forma sistemática, o direito alheio e consideram, para praticar tais atos, a demora da prestação jurisdicional como um fator de incentivo a tal comportamento. Em razão disso, deliberadamente, sobrecarregam o Poder Judiciário com demandas de seu interesse, sem qualquer providência para se evitar que tais violações ocorram.

Basta considerar, a título de exemplo, o volume de processos em trâmite no Poder Judiciário oriundos dos chamados grandes litigantes.[25] Segundo o CNJ, as instituições financeiras, operadoras de telefonia e operadoras de planos de saúde, ajudadas pela Administração Pública, são responsáveis por quase 50% dos processos que foram ajuizados entre o ano de

---

[23] BARBOSA MOREIRA, José Carlos. A duração dos processos: alguns dados comparativos. *Revista da EMERJ*, v. 7, n. 26, 2004.
[24] BARBOSA MOREIRA, José Carlos. A duração dos processos... op. cit.
[25] Sobre o tema, ver o atemporal artigo de GALANTER, Marc. Why the "Haves" Come Out Ahead: Speculations on the Limits of Legal Change. *Law and Society Review*, vol. 9:1, 1974.

2010 e 2011.[26] Apenas o INSS foi responsável por 34% dos processos ajuizados perante a Justiça Federal, no período indicado. Ora, se tivessem tais litigantes o efetivo interesse na razoável duração dos processos já teriam, há muito, resolvido os problemas que causam o ajuizamento dos mesmos. Todavia, por ser economicamente vantajoso, é melhor deixar que os problemas, dos mais simples aos mais complexos, sejam dirimidos pelo Judiciário enquanto usufruem eles dos os benefícios decorrentes da demora na prestação jurisdicional.[27] Isso acaba por desanimar o possível titular do direito violado devido o tempo necessário para a solução judicial, uma vez que grande parte das pessoas que buscam o Poder Judiciário não possuem recursos econômicos para litigarem indefinidamente. Ademais, nos processos já em tramitação, tais litigantes esgotarão todas as possibilidades de recursos disponíveis. Assim, tais litigantes nem mesmo necessitam de comportar-se de forma temerária em um processo específico, uma vez que apenas a sobrecarga de trabalho por eles causada já lhes garante o resultado de demora na prestação jurisdicional almejado. Por conseguinte, considerar que o que o princípio da celeridade é de interesse de todos os litigantes gera a absurda perspectiva de que se comportarão sempre de forma coerente com a busca de uma a rápida resolução da controvérsia.

Por fim, é necessário reconhecer que o processo, por sua própria natureza, não pode ser instantâneo. A concentração dos atos processuais e a aceleração de procedimentos encontrará um limite físico, suficiente para prática dos atos e estudo do caso pelo julgador. É preciso que se verifique o tempo necessário para a realização dos atos processuais da forma correta e útil, sem sobressaltos. Um processo, por definição e natureza, pressupõe o transcurso de um certo lapso temporal. Tal qual o cultivo de uma boa safra, há o tempo de plantar, aguardar o fortalecimento da planta, irrigar quando necessário e, no momento correto, colher o resultado de todo o trabalho. Como já afirmava Carnelutti, o processo dura por determinado tempo, de modo que não se pode querer realizar todos os atos de uma só vez, atropelando-se as fases previstas na legislação.[28] É necessário respeito ao devido processo legal. Como afirmam André Vasconcelos Roque e Francisco Carlos Duarte "A promessa de uma Justiça absolutamente rápida e segura contém, lamentavelmente, uma contradição: se a Justiça é segura não é rápida, se é rápida, não é segura".[29]

Exatamente por isso, não é possível sustentar o cerceamento de garantias constitucionais das partes no processo em nome de uma pretensa celeridade. Até mesmo porque, as modificações na legislação não são suficientes para resultar na esperada aceleração da prestação jurisdicional. Como já apontou Humberto Theodoro Júnior, um dos grandes problemas da demora sempre foi o tempo morto,[30] no qual o processo aguarda em prate-

---

[26] CNJ. Relatório 100 Maiores Litigantes. 2012.
[27] Para tanto, basta verificar que, em sua maioria, os grandes litigantes encontram-se no polo passivo da ação, salvo nas execuções fiscais.
[28] CARNELUTTI, Francesco. *Diritto e processo*. Napoli: Morano, 1958. p. 154.
[29] ROQUE, André Vasconcelos; DUARTE, Francisco Carlos. As dimensões do tempo no processo civil... op. cit., p. 333.
[30] THEODORO JÚNIOR, Humberto. *Celeridade e efetividade da prestação jurisdicional. Insuficiência da reforma das leis processuais*. Disponível em: <http://www.abdpc.org.br/artigos/artigo51.htm>. Acesso em: 14 maio 2018.

leiras (sejam elas físicas ou virtuais), a apreciação do magistrado. Se cumpridos fossem os prazos processuais previstos no Código de Processo Civil de 1973, não haveria necessidade premente de sua substituição.

Assim, qualquer discussão relativa ao princípio da celeridade, para que seja efetivamente aplicado, deve se considerar os elementos acima apontados. Com isso, será possível permitir que o tempo kairos, imprescindível para um processo justo, célere e efetivo, seja efetivamente aplicado.

CONCLUSÃO

Este ensaio, ao abordar a influência do tempo no processo civil, tem por finalidade precípua homenagear o Professor Humberto Theodoro Júnior.

É certo que o Professor, pelos caminhos que traçou e percorreu ao longo de sua trajetória, exercendo funções e atividades de magistrado, advogado e professor, como também pela extensão e qualidade da obra jurídica que produziu, dispensa apresentação.

Até mesmo o Código de Processo Civil vigente recebeu o toque criador do Ilustre Professor, pois integrou a Comissão de Juristas Notáveis que o elaboraram.

O Professor, bem ao seu estilo sereno e firme, de trato lhano, é possuidor de grande sabedoria, que exercita sem mínima dose de soberba.

Constitui privilégio sem mensuração havermos partilhado da presença e convivido com o Professor na Casa de Afonso Pena, no Instituto de Direito Processual – IDPro, bem como integrarmos as homenagens que lhe são prestadas por ocasião do octogésimo aniversário, momento em que lhe concedem, a mais que centenária Instituição e a Universidade Federal de Minas Gerais, o título de Professor Emérito.

Ao se falar em tempo e processo, procura-se com este breve ensaio reavivar as lições e preocupações do Mestre com o desenvolvimento e aplicação do Direito Processual Civil, com um processo que, em termos de duração razoável, seja suficientemente célere, para que se possa alcançar um resultado justo, eficaz, tanto para a atividade de conhecimento quanto satisfativa.

9

INSTRUMENTALISMO E GARANTISMO: VISÕES OPOSTAS DO FENÔMENO PROCESSUAL?

José Roberto dos Santos Bedaque

Sumário: 1. A ideia de instrumentalidade do processo. 2. A instrumentalidade do processo segundo Cândido Rangel Dinamarco. 3. Críticas à visão instrumentalista. A doutrina e a instrumentalidade do processo. 4. Instrumentalidade do processo: não li e não gostei. 5. O instrumentalismo e a doutrina processual brasileira. 6. Instrumentalismo não se opõe a garantismo. 7. Concepções unitária e dualista do direito. 8. A instrumentalidade e o devido processo constitucional. 9. Instrumentalidade, formalismo, efetividade e ativismo judicial. 10. Considerações finais.

1. A IDEIA DE INSTRUMENTALIDADE DO PROCESSO

Processo, já dizia Carnelutti, nada mais é do que método de trabalho destinado a possibilitar a formação e a aplicação do direito, bem como a solução do litígio. Em última análise, busca-se, mediante essa via estatal de solução das controvérsias, a pacificação social, proporcionando a quem dela se utiliza a certeza do direito e um resultado, na medida do possível, justo.[1]

---

[1] Segundo Carnelutti, "processo è il metodo, mediante il quale si ottiene la pronuncia ufficiale di comandi giuridici (concreti), sia che preesistano sia che no preesistano leggi (giuridiche), dele quali i comandi concreti costituiscano applicazione (*Diritto e processo*, Napoli, Morano Editore, 1958, p. 19). V tb. Instituciones del processo civil, Buenos Aires, EJEA, trad. Santiago Sentis Melendo, 5ª ed., vol. I, pp. 22/23. Ressalte-se que o autor defendia a denominada teoria unitarista do direito, segundo a qual sua formação dá-se no processo de conhecimento. Essa

Grosso modo, continua, processo é "metodo per giudicare gli uomini".[2] Nessa linha de raciocínio, Carnelutti afirma ser a relação entre direito e processo representada pelo serviço difícil, inestimável e insubstituível prestado por um ao outro, tanto que o direito sem processo não atingiria seu escopo e, em uma palavra, não seria direito.[3]

Verifica-se que a explicação desse fenômeno jurídico, segundo a visão carneluttiana, enfatiza o escopo a ele inerente. Processo jurisdicional é o método adotado pelo legislador e conduzido por agente público investido de poder, com o objetivo de atuar o direito e impor coercitivamente o resultado dessa atividade.

Até aqui, nenhuma novidade! Trata-se de entendimento sustentado por um dos precursores da ciência processual moderna.

O exame do processo por esse ângulo levou Cândido Rangel Dinamarco a escrever um dos clássicos do direito processual brasileiro, intitulado "A instrumentalidade do processo". Nesse estudo, o Professor Titular das Arcadas de São Francisco propõe a revisão do modo como a ciência processual vinha tratando o fenômeno, que passa a ser analisado a partir dos escopos propostos e dos resultados esperados. Trata-se simplesmente de perspectiva diversa da qual o processo vinha sendo considerado, sem prejuízo, evidentemente, das conquistas alcançadas em relação à técnica, aos princípios e as garantias a serem observadas no desenvolvimento do método.

À luz dessa visão metodológica, ganha importância fundamental na ciência processual o relevante tema da efetividade do processo. Não basta um processo tecnicamente bem concebido. É preciso verificar se ele está produzindo os resultados esperados.

Tenho para mim que o método instrumentalista compatibiliza adequadamente o sincretismo com a autonomia, fases por que passou a evolução da ciência processual.[4] É o que pretendo demonstrar.

2. A INSTRUMENTALIDADE DO PROCESSO SEGUNDO CÂNDIDO RANGEL DINAMARCO

Dinamarco não inventou o óbvio. Simplesmente teve a perspicácia de colocar o ovo em pé ou, se preferirem, após fundamentação irrefutável, provou que o rei estava nu. A ideia instrumentalista, todavia, não nasceu com ele. A título de exemplo, podemos recorrer a autor espanhol pouco citado entre nós, que, já em 1974, aos 70 anos, em conferência realizada na

---

posição é refutada pelos chamados "dualistas", para quem a constituição do direito verifica-se fora do processo, onde ele é simplesmente declarado. O tema será examinado no decorrer do trabalho. Sobre a ideia de processo como método de exercício da jurisdição, permeado por garantias constitucionais, com destaque para o contraditório, v. tb. Cândido Dinamarco, Instituições de direito processual civil, vol. II. São Paulo: Malheiros Editores, 6ª ed., pp. 23 e ss.

[2] *Diritto e processo*, Napoli, Morano Editore, 1958, p. 3.
[3] Ob. cit., p. 33.
[4] Cfr. Cândido Rangel Dinamarco, *A instrumentalidade do processo*, São Paulo: Malheiros, 15ª ed., pp. 17/25.

Universidade de Zaragoza, afirmava: "Pero lo que más importa señalar, para dejar bien claro por qué he dicho que esa confrontación entre el derecho y el proceso es la que nos permite ahondar en los principios, es el carácter instrumental del proceso. El proceso hemos visto que es una institución regulada por el derecho que está en función de outro derecho; que no tendría sentido sin esse outro derecho. El derecho del proceso es um derecho de segundo grado y formal, es decir, que no se enfrentadirectamente con las relaciones de la vida ni con el tráfico económico o social, sino que es un derecho que está para outro derecho." [5]

Após a referência feita na primeira nota de rodapé, onde destaquei a importância conferida às garantias constitucionais, especialmente ao contraditório, reproduzo agora algumas passagens da obra de Dinamarco, para demonstrar o manifesto equívoco de alguns respeitáveis estudiosos, quanto a certas objeções dirigidas à sua construção. Espero contribuir para que os críticos possam encontrar argumentos realmente aptos a infirmá-la. Por enquanto, só retórica destituída de fundamentos.

A denominada "fase instrumentalista", no entender de Dinamarco, representa o fim das preocupações exclusivamente endoprocessuais e o início da visão teleológica do processo, pois a ciência processual adquirira maturidade. De modo algum a mudança metodológica implica abandono da segurança, valor imprescindível à efetividade do processo. Dentre os aspectos ressaltados nessa nova forma de conceber o instrumento, está a "necessidade de assegurar o juiz natural, o *due process of law* e a efetividade do processo, com a real e equilibrada participação contraditória dos seus sujeitos interessados." Enfatiza-se a necessidade de alterar a "clássica postura metafísica consistente nas investigações conceituais destituídas de endereçamento teleológico." Reconhece-se o aspecto ético e a conotação deontológica do processo, postura que, por negar o caráter puramente técnico do fenômeno, admite ser o sistema processual influenciado por valores assegurados nos planos político-constitucional e jurídico-material, inserindo-se "no universo axiológico da sociedade a que se destina". A postura instrumentalista preocupa-se com o aprimoramento do sistema, devendo o processo ser concebido também como meio de eliminação das diferenças econômicas e de realização concreta da inafastabilidade da tutela jurisdicional, assegurando-se a igualdade e a ampla defesa. É com fundamento nas premissas instrumentalistas que Dinamarco rejeita a postura autossuficiente do estudioso do processo, que centra sua atenção nos objetivos internos do sistema, como se eles fossem suficientes para explicá-lo. Por isso, defende a influência das pressões axiológicas exteriores, representadas por "mutações políticas, constitucionais, sociais, econômicas e jurídico-substancias da sociedade". Não se pretende a adoção do processo inquisitivo, mas também não se abre mão da tentativa de alcançar a decisao justa, para o que parece essencial o interesse do juiz na formação do conjunto probatório. Propõe-se o meio termo entre a passividade e a inquisitoriedade. Essa visão publicista não abre mão da segurança, representada pelas garantias inerentes ao devido processo legal, em especial o contraditório, por meio do qual assegura-se aos interessados, a um só tempo, a possibilidade de cooperação com a jurisdição e a indispensável participação na formação do resultado.

Compete ao juiz, por imposição constitucional e legal, assegurar a plenitude dessa participação, sob pena de violação ao devido processo legal. Mesmo nas hipóteses em que se admite a flexibilização da forma, quer em razão da maior liberdade admitida pelo próprio

---

[5] Emilio Gómez Orbaneja, *Derecho y proceso,* Navarra, Civitas, 2009.

legislador, quer porque ausente qualquer prejuízo, deve o julgador garantir a efetividade e o equilíbrio do contraditório, assegurando a paridade de armas.

O juiz, embora livre para interpretar o direito, devendo fazê-lo sempre fundamentadamente, está sujeito às normas que o compõem. Essa vinculação obrigatória ao sistema legal constitui fator de segurança jurídica. A conduta ativa do magistrado não é incompatível com a observância das garantias constitucionais do processo. Ao contrário, o conhecimento adequado das circunstâncias reais do litígio e a busca da "verdade axiológica" favorecem a correta aplicação da norma de direito material e a justiça da decisão. Em prol dessa percepção mais ampla possível da realidade fática trazida ao processo "militam as garantias constitucionais do processo e prestigiosos princípios, para que o litígio se desenvolva conforme o *due process of law* e mediante efetiva participação dos sujeitos envolvidos, sendo eles tratados segundo as regras de paridade de armas e incumbindo ao juiz uma conduta ativa na direção do processo." Por isso, parece-me estreme de dúvidas o reconhecimento, na visão instrumentalista, da importância do valor garantia, fundamental à justiça da decisão.

A ideia de instrumentalidade das formas representa, do ponto de vista endoprocessual, aquilo que, pelo ângulo externo, procura-se expressar com a noção de instrumentalidade do processo. Em ambos os casos, pretende-se chamar a atenção para as limitações funcionais tanto da forma dos atos processuais como do próprio processo.

Essa postura rejeita a visão eminentemente técnica do processo, característica da denominada fase autonomista, pois admite os influxos externos, especialmente do sistema constitucional. Daí a preocupação com a segurança, obtida pela estrita observância do devido processo legal. O respeito à forma é fundamental, mas deve ser orientado por uma visão teleológica.

Nessa linha de raciocínio, no "exame do processo a partir de um ângulo exterior, diz-se que todo o sistema não vale por si, mas pelos objetivos que é chamado a cultuar; e depois, em perspectiva interna, examinam-se os atos do processo e deles diz-se o mesmo. Cada um deles tem funções perante o processo e este tem funções perante o direito substancial, a sociedade e o Estado. Além disso, os objetivos particularizados dos atos processuais convergem todos à garantia da equilibrada participação dos sujeitos, donde a consecução de cada um deles só constitui válida exigência na medida em que disso dependa o nível indispensável de participação no processo. Em consequência de tudo, tem-se que a visão teleológica do processo influencia e alimenta o princípio da instrumentalidade das formas, seja porque desenvolve a consciência instrumentalista em si mesma, seja porque a amplia e conduz a minimizar os desvios formais sempre que, atingido ou não o objetivo particular do ato viciado ou omitido, os resultados considerados na garantia do contraditório estejam alcançados (o que se dá em todos os casos em que, por maior que seja o vício ou mais grave a omissão, a parte prejudicada no processo seja vencedora no mérito)".

A proposta pode ser resumida na tentativa de conscientização do processualista e do juiz para a necessidade de abandono da postura introspectiva. O sistema processual deve ser interpretado à luz dos valores políticos e sociais existentes fora do processo. Trata-se simplesmente de "método de pensamento", fundado em visão teleológica do fenômeno processual.

Segundo a postura instrumentalista, um dos fatores vitais à idoneidade do sistema é o princípio do contraditório, por força do qual assegura-se às partes efetiva participação no resultado do processo, legitimando o exercício do poder jurisdicional. Essa cooperação entre os sujeitos do processo é fundamental ao acesso à ordem jurídica justa: "O contraditório, em suas mais recentes formulações, abrange o direito das partes ao diálogo com o juiz: não basta que tenham aquelas a faculdade de ampla participação, é preciso que também este participe intensamente, respondendo adequadamente aos pedidos e requerimentos das partes, fundamentando decisões e evitando surpreendê-las com decisões de ofício inesperadas."

Qualquer comportamento do juiz que implique cerceamento de defesa configura lesão ao contraditório e compromete a efetividade da tutela jurisdicional.

Nessa linha, o Projeto do novo Código de Processo Civil, em várias passagens, assegura o contraditório prévio (artigos 9º, 10, 19 e 480, p.u.).

A visão instrumentalista, pensando na efetividade do processo, admite a incidência do denominado princípio da adaptabilidade do procedimento às especificidades do litígio, desde que preservado o valor segurança, representado pela estrita observância do devido processo legal, especialmente do prévio contraditório. Isso porque as "mesmas regras procedimentais que constituem penhor da efetividade do contraditório poderiam tornar-se empecilhos a ele, se enrijecidas; e também constituiriam fator de distanciamento entre o juiz e a causa, além de propiciar delongas desnecessárias."

A ideia, hoje sustentada por boa parcela da doutrina, a respeito da importância da cooperação entre os sujeitos do processo, está presente na visão instrumentalista. Para o idealizador da perspectiva teleológica, instrumentalista, a efetividade do processo depende fundamentalmente da garantia de participação de todos, inclusive do juiz, com observância do contraditório: "O grau dessa participação de todos constitui fator de aprimoramento da qualidade do produto final, ou seja, fator de efetividade do processo do ponto de vista do escopo jurídico de atuação da vontade concreta do direito."

As partes têm direito ao processo, entendido este como método cujas regras compõem o sistema processual e estão asseguradas no plano constitucional (*due process of law*), destacando-se a preocupação com a efetividade do contraditório e pelo diálogo construtivo entre partes e juiz: "Informação mais reação com diálogo –, eis a receita do contraditório, segundo a sua mais moderna conceituação".

O extremo cuidado com a efetividade do contraditório não tem um fim em si mesmo, mas visa a assegurar o pleno acesso à justiça ou à ordem jurídica justa: "Tal é o significado substancial das garantias e princípios constitucionais e legais do processo. Falar da efetividade do processo, ou da sua instrumentalidade em sentido positivo, é falar da sua aptidão, mediante a observância racional desses princípios e garantias, a pacificar segundo critérios de justiça. Em diversos itens acima examinaram-se os reflexos que essas posturas ideológicas projetam sobre a técnica processual, ou seja, sobre os seus institutos e disciplina que recebem, segundo as disposições da lei e a interpretação inteligente do estudioso atualizado." [6]

Daí por que não se compreende a afirmação equivocada sobre a suposta despreocupação do instrumentalismo com os destinatários da tutela jurisdicional. Não são eles colocados em situação de meros expectadores da atividade judicial. Jamais se defendeu a ideia de

---

[6] *A instrumentalidade*, pp. 21/25, 62/63, 133/134, 150/163, 234/236, 274/275, 314, 316/319, 336/338, 344, 346, 359/362.

efetividade sem considerar a participação dos sujeitos parciais do processo na formação do convencimento do juiz. Também não se utiliza linguagem rebuscada para justificar a *deformalização* do processo e muito menos pretende-se abrir mão das garantias inerentes ao devido processo constitucional. Essas considerações só podem ser fruto da ignorância a respeito da instrumentalidade do processo, pois a alternativa seria considerá-las levianas.[7]

A sumarização da cognição é admitida em caráter excepcional, apenas para evitar risco de dano grave ou diante de fatos incontroversos. Por isso, assiste razão a quem sustenta, e essa conclusão encontra amparo na visão instrumentalista do processo, que a "isonomia, o contraditório e a ampla defesa possibilitam a participação e a responsabilidade pessoal na construção (institucionalização) das decisões em uma sociedade democrática."[8]

3. CRÍTICAS À VISÃO INSTRUMENTALISTA. A DOUTRINA E A INSTRUMENTALIDADE DO PROCESSO

Cândido Rangel Dinamarco é apontado como o principal expoente da instrumentalidade do processo, construção que alguns estudiosos elegeram como objeto de estudo e de críticas. Passo a examinar um desses trabalhos.

À luz de fundamentos filosóficos, seus autores antecipam conclusão a ser demonstrada, segundo a qual a teoria instrumentalista mantém compromisso com a tradição que ela mesma pretende superar, pois está vinculada, de modo acrítico, ao modelo denominado *estatalista*. Exemplo dessa postura seria, segundo afirmam, a posição favorável à relativização da coisa julgada, ideia compatível com o estado de exceção. Propõe-se, como alternativa à instrumentalidade, a concepção de relação jurídica "como fundamento originário-existencial da teoria processual."[9]

As objeções prosseguem. As construções fundadas na **efetividade do processo**, entendida essa expressão como capacidade de transformar a realidade processual, bem como a visão pragmática do processo, impediriam reflexões teóricas mais aprofundadas sobre o fenômeno processual, aptas a permitir o questionamento de algumas verdades e a oferecer modo mais adequado de pensar a teoria processual. Duas indagações são formuladas: **quê** e **como**, ou seja, qual a medida adequada diante de determinada situação e como se

---

[7] A objeção é de Andréa Alves de Almeida, *Processualidade jurídica e legitimidade normativa*, Editora Fórum, 2005, pp. 99 e ss. A autora aponta rebuscamento de linguagem na construção instrumentalista. A crítica não procede, ao menos em relação aos trabalhos aqui mencionados. Talvez deva ser direcionada a outros estudos...

[8] Alexandre Araújo Costa e Henrique Araújo Costa, *Instrumentalismo e neoinstitucionalismo*: uma avaliação das críticas neoinstitucionalistas à teoria da instrumentalidade do processo, in *Revista Brasileira de Direito Processual*, Belo Horizonte, Editora Fórum, vol. 72, out/dez 2010, p. 136.

[9] Georges Abboud e Rafael Tomaz de Oliveira, O dito e o não dito sobre a instrumentalidade do processo: críticas e projeções a partir de uma exploração hermenêutica da teoria processual, *REPRO* 166/28-29.

desenvolvem os mecanismos destinados a obtê-la. A primeira seria dirigida ao operador e a segunda, ao jurista.[10]

Permito-me apresentar algumas considerações às ideias iniciais desse estudo. Em primeiro lugar, Cândido Dinamarco, além de um dos maiores nomes do processo civil brasileiro em todos os tempos, conseguiu sistematizar a ideia de instrumentalidade, há muito identificada e defendida pelos mais respeitados processualistas.

A natureza instrumental do processo constitui obviedade, repetida unanimemente pela doutrina mais autorizada, não sendo crível que algum estudioso do direito processual possa imputar a ideia a Dinamarco. A originalidade de sua proposta reside na mudança de perspectiva do estudo do processo. O estado da ciência processual permite sejam as preocupações voltadas mais para os resultados a serem produzidos, sendo insuficiente continuarmos limitados aos aspectos internos da relação jurídica processual.

Recorro a Andrea Proto Pisani, que, em estudo publicado em 1977, reproduzido como introdução aos Appunti sulla giustizia civile, Bari, Cacucci Editore, 1982, afirma: "Mentre il *diritto sostanziale* è un sistema di norme dirette a risolvere conflitti di interessi contrapposti determinando gli interessi prevalenti attraverso la previsione di poteri, doveri e facoltà, il *diritto processuale* è costituito invece da un sistema di norme che disciplinano più o meno complessi meccanismi (processi) diretti a garantire che la norma sostanziale sia attuata anche nell'ipotesi di mancata cooperazione spontanea da parte di chi vi è tenuto."[11]

Após essa afirmação, tão singela quanto óbvia, Proto Pisani passa a desenvolver a ideia da autonomia relativa do direito processual frente ao direito material, na medida em que ambos os planos do ordenamento jurídico são interdependentes, motivo pelo qual a construção de um (direito processual) não pode ser feita sem levar em consideração as especificidades do outro (direito material). Esclarece ainda que a instrumentalidade do primeiro em relação ao segundo implica existência de estreita interdependência entre ambos.[12]

Invoco ainda outro renomado processualista, Couture, que estabelece premissa nitidamente inspirada na visão instrumentalista do processo: "La idea de jurisdicción, como la de proceso, es esencialmente teleológica. La jurisdicción por la jurisdicción no existe. Sólo existe como medio de lograr un fin. El fin de la jurisdicción es asegurar la efectividad del derecho."[13]

Nessa mesma linha, Juan Montero Aroca destaca o caráter instrumental do processo ao concebê-lo como instrumento por meio do qual a jurisdição cumpre sua função de solucionar os conflitos. O processualista espanhol prefere enfatizar a instrumentalidade do processo em relação à atividade jurisdicional do Estado e não ao próprio direito substancial. Trata-se, segundo ele, de meio para que a jurisdição realiza sua função, daí por que os escopos não são do processo em si, mas da atividade estatal. E conclui: "Nuestra concepción no implica

---

[10] Ob. cit., pp. 30/33.
[11] Ob. cit. no texto, p. 9.
[12] Pp. 10 e ss. Recomenda-se a leitura desse clássico aos que ainda não compreenderam a visão instrumentalista do processo. A esse respeito, podem ser consultadas também as *Lezioni di diritto processuale,* do mesmo autor, Napoli, Jovene Editore, 3ª edição, pp. 4 e ss.).
[13] *Fundamentos del derecho procesal civil,* 3ª ed., Buenos Aires, Depalma, 1978, pp. 43/44; v. tb. P. 145.

reducir el proceso a la condición de instrumento técnico neutro, ni siquiera desde el punto de vista político. Por el contrario, estimamos que la técnica es un valor fundamental a la hora de la realización práctica de los fines, por cuanto puede facilitar, obstaculizar e incluso impedir la consecución de éstos. De ahí el que también con relación al proceso asistamos, como veremos, a la constitucionalización de sus principios informadores."[14]

A preocupação em destacar o caráter instrumental do processo faz com que seja muito cara aos adeptos dessa corrente a tão citada quanto pouco compreendida lição de Chiovenda, para quem "il processo deve dare per quanto è possibile praticamente a chi ha un diritto tutto quello e proprio quello ch'egli ha diritto di conseguire".

Nessa mesma linha de raciocínio, com variações terminológicas, Taruffo sustenta que o processo pode ser concebido como método institucional de solução de controvérsias, cujos princípios e garantias fundamentais estão assegurados na Constituição Federal. A observância dessas normas e a previsão de técnicas adequadas às situações de direito material carentes de solução são fundamentais à obtenção do resultado por todos desejado, qual seja, uma tutela jurisdicional efetiva, real e não meramente formal, apta a amparar de maneira eficaz e tempestiva o interesse da parte protegido pelo legislador e a atender ao postulado de Chiovenda.[15]

A concepção de processo como método seguido pela atividade jurisdicional, visando à definição da existência e à efetivação do direito reconhecido pode ser encontrada ainda em James Goldschmidt.[16] Segundo essa perspectiva, também destacada por Carnelutti, como mencionado no início deste estudo, o processo serve ao direito, pois é método destinado à formação e à atuação do direito.

Essa relação de instrumentalidade permite compreender por que a eficácia do ato processual não se exaure no processo, mas "si proietti, fuori di esso, sulle posizioni sostanziali."[17] Também possibilita entender por que esse mesmo autor conclui seu estudo afirmando: "Tirando le somme, mi pare si debba riconoscere che il processo civile, nei vari tipi, è sempre coordinato al diritto sostanziale."[18]

---

[14] *Introdución al derecho procesal*, Madrid, Editorial Tecnos, 2ª ed., 1979, p. 181.

[15] *Lezione sul processo civil* (scritto con Luigi Paolo Comoglio e Corrado Ferri), Bologna, Il Mulino, 1995, pp. 11/29. Segundo o autor: "In linea generale l'esistenza di una tutela giurisdizionale effettiva rappresenta una variabile dipendente dalla disponibilità di rimedi processuali costruiti realisticamente in funzioni di bisogni che emergono nei diversi tipi di situazioni sostanziali, e dall'efficienza di questi rimedi in termini di accessibilità e funzionalità. È chiaro peraltro che una tutela siffatta rappresenta una sorta di situazione ideale assai difficile da raggiungere in concreto. Essa costituisce comunque un sistema di riferimento verso il quale dovrebbero orientarsi gli ordinamenti processuali concreti, ed anche un parametro secondo il quale l'adeguatezza di ogni sistema processuale può essere valutata. D'altra parte, il grado di attuazione di un'effettiva tutela giurisdizionale rappresenta direttamente la misura della realizzazione del diritto in ogni ordinamento giuridico." (Michelle Taruffo, ob. cit., pp. 30/31).

[16] *Derecho procesal civil*, Barcelona, Editorial Labor S.A, trad. Leonardo Prieto e Castro, 1936, p. 1.

[17] Elio Fazzalari, *Note in tema di diritto e processo*, Milano, Giuffrè, 1957, p. 7.

[18] Ob. cit., p. 151.

A postura instrumentalista é simplesmente a opção metodológica de estudar o processo com ênfase nessa coordenação entre os dois planos do ordenamento jurídico apontada por Fazzalari. Essa escolha significa tão-somente que o meio estatal de solução de controvérsias deve corresponder, com a maior exatidão possível, à situação de direito material.[19]

Nessa medida, pode-se afirmar que Dinamarco, com rara felicidade, sistematizou ideias fundadas na premissa instrumentalista, contribuindo decisivamente para a consolidação da teoria.[20] E, ao contrário do que pode parecer a alguns, os seguidores dessa visão não se limitam a reduzi-la à regra da instrumentalidade das formas e muito menos a aplicam tão-somente como "válvula de escape interpretativa", visando a "contornar situações em que o respeito às formas conduzisse a resultados percebidos como absurdos."[21]

Também é preciso deixar claro que a posição do autor em defesa da relativização da coisa julgada não constitui consequência inexorável do instrumentalismo. É perfeitamente possível aceitar-se a teoria e rejeitar-se a flexibilização por ele proposta.[22]

A efetividade e o pragmatismo, ao contrário do afirmado por críticos da instrumentalidade, não obstam reflexões mais aprofundadas sobre o processo, mesmo porque são frutos dessas reflexões e permitem identificar e compreender ontologicamente o instrumento estatal de solução das controvérsias.

Aliás, efetividade não significa, como pretendem alguns, fundados em equivocada hermenêutica da visão instrumentalista[23], aptidão para transformar a realidade processual, mas tentativa de tornar o resultado do processo mais próximo possível da realidade substancial, escopo maior desse método de trabalho.[24]

Por fim, ninguém, seja operador ou jurista, consegue compreender adequadamente o fenômeno processual se não tiver condições de responder ao **quê** e ao **como**. Evidentemente,

---

[19] José Carlos Barbosa Moreira, *A Justiça e nós,* Temas de direito processual, São Paulo, Saraiva, 6ª série, p. 5.

[20] Cfr. Alexandre Araújo Costa e Henrique Araújo Costa, *Instrumentalismo e neoinstitucionalismo:* uma avaliação das críticas neoinstitucionalistas à teoria da instrumentalidade do processo, in *Revista Brasileira de Direito Processual,* Belo Horizonte, Editora Fórum, vol. 72, out/dez 2010, p. 127.

[21] Alexandre Araújo Costa e Henrique Araújo Costa, ob. cit., p. 129.

[22] José Carlos Barbosa Moreira, por exemplo, não obstante rejeite enfaticamente a tese da flexibilização da coisa julgada, aceita a ideia instrumentalista, como se verá mais adiante (cfr. *Considerações sobre a chamada "relativização" da coisa julgada material,* Temas de direito processual, São Paulo, Saraiva, 9ª série, pp. 235 e ss.).

[23] Georges Abboud e Rafael Tomaz de Oliveira, ob. cit., p. 30.

[24] Irrefutáveis as ponderações de Arruda Alvim: "a garantia do direito das partes só pode ser alcançada de forma justa se a premissa fática da sentença judicial guardar correspondência com a verdade. Nessa medida, o convencimento do juiz deve se basear na tal correspondência entre a realidade fenomênica e os elementos probatórios extraídos do processo. Embora se tenha consciência da falibilidade humana, em nenhuma hipótese admite-se que o convencimento judicial, seja dissociado, em termos finalísticos, da busca da verdade. Em suma: a verdade é, sim, um valor perseguido no processo, sobretudo na atividade probatória." (Questões controvertidas sobre os poderes instrutórios do juiz, a distribuição do ônus probatório e a preclusão *pro judicato* em matéria de prova, in *Ativismo judicial e garantismo processual,* Salvador, JusPodivm, 2013, p. 102).

o que deve ser feito diante de uma decisão judicial desfavorável ou da lesão a determinado direito individual ou coletivo depende do conhecimento da técnica processual. Em consequência, obviamente, não "há possibilidade de se saber o *quê* fazer diante de uma decisão judicial desfavorável se não se conhece o *como* de um determinado sistema recursal. Não se pode saber qual a medida se deve propor diante de um dano ambiental se não se sabe como se dá uma ação civil pública".[25]

Essa conclusão, todavia, prescinde de reflexões ou estudos filosóficos mais aprofundados. Para chegar a ela, não são necessárias profundas elucubrações filosóficas. Nem mesmo precisamos saber, para tanto, de onde viemos e para onde vamos.

4. INSTRUMENTALIDADE DO PROCESSO: NÃO LI E NÃO GOSTEI

Em consequência do exposto, considero também injustas as críticas dirigidas a Humberto Theodoro Júnior, por apoiar o instrumentalismo e conferir à atividade jurisdicional do Estado o papel de "idealizador e realizador prático da Justiça".[26]

O ilustre processualista mineiro simplesmente descreve fenômeno inexorável. Surgida a crise no plano do direito material e inviabilizada a solução consensual, a quem mais compete resolvê-la senão ao juiz? Ele, portanto, realiza praticamente a justiça do caso concreto. Para tanto, vale-se do devido processo constitucional, assegurando às partes isonomia de tratamento, ampla defesa e contraditório.

Processo efetivo, afirma acertadamente Humberto Theodoro, é aquele por meio do qual o órgão jurisdicional busca alcançar a melhor solução para o litígio, no menor tempo possível e com o mínimo de sacrifício econômico. Em nenhuma passagem de sua vasta e importante obra, ele abre mão das garantias constitucionais do processo, mesmo porque isso implicaria sacrificar a segurança e, consequentemente, a efetividade. Nenhum adepto do instrumentalismo considera possível a efetividade em processo não dotado de ampla defesa e contraditório efetivo.

Procura-se equilibrar garantismo e eficiência, como proposto por processualista consciente da razão de ser do processo, colocando-os "em relação de adequada proporcionalidade, por meio de uma delicada escolha de fins a atingir e uma atenta valoração dos interesses a tutelar. E o que interessa realmente é que nessa difícil obra de ponderação sejam os problemas da justiça solucionados num plano diverso e mais alto do que o puramente formal dos procedimentos e transferidos ao plano concernente ao interesse humano objeto dos procedimentos: um processo assim na medida do homem, posto realmente ao serviço daqueles que pedem justiça." E conclui o saudoso jurista, com precisão: "Em suma, com a ponderação desses dois valores fundamentais – efetividade e segurança jurídica – visa-se idealmente a alcançar um processo tendencialmente justo."[27]

---

[25] Georges Abboud e Rafael Tomaz de Oliveira, *O dito e o não dito*, p. 32.
[26] Ob. cit., p. 99.
[27] Carlos Alberto Alvaro de Oliveira, O processo civil na perspectiva dos direitos fundamentais, *Revista Forense*, vol. 372, pp. 85/86.

O tecnicismo representa importante evolução da ciência processual, que, abandonando o procedimentalismo, passou a considerar a importância da técnica para a adequada solução da controvérsia.[28] Indiscutível a relevância da adoção da técnica correta na solução do litígio, tendo em vista sua função instrumental. Mas a dimensão técnica do processo não pode servir para o retorno ao formalismo exacerbado, tão comum na fase já superada do procedimentalismo.[29]

A simplificação do processo, a criação de instrumentos adequados às especificidades do direito material e o aprimoramento das técnicas clássicas visam a ampliar o acesso à ordem jurídica justa, pois, além de tornar mais célere o meio estatal de solução das lides, aumentam o grau de efetividade da tutela jurisdicional. Essas técnicas destinadas a conferir maior efetividade ao instrumento acabam por implicar a concessão de maiores poderes ao julgador na condução do processo, mas de modo nenhum comprometem a liberdade das partes quanto à determinação dos limites objetivos e subjetivos da decisão, que não pode alcançar senão aquilo que fora determinado pelos sujeitos parciais ao fixar os limites da demanda. Nesse sentido, não há risco para o que se convencionou chamar de princípio dispositivo, cuja não incidência continuará tendo caráter absolutamente excepcional.[30]

Sem dúvida, tem o processualista de se preocupar com a relação entre dois valores fundamentais ao processo: simplificação e segurança. Nessa medida, ao propor soluções visando a eliminar complexidades, deve atentar para a garantia do contraditório, sob pena de resolver um problema, mas criar outro. Não se pretende acender, simultaneamente, uma vela a Deus e outra a satanás,[31] mas apenas defender a possibilidade de compatibilização entre tais valores aparentemente contraditórios. É possível simplificar, com eliminação de formalidades inúteis, sem comprometer a segurança representada pelo contraditório real e efetivo. Opções em prol da celeridade, como o indeferimento da inicial e a rejeição liminar da demanda, embora impeçam a efetivação do contraditório, visto que o processo é extinto antes da citação, não comprometem a segurança do processo. Nesses casos, a ausência de participação do réu torna-se irrelevante, porque não inviabiliza resultado favorável a seus interesses. Isso comprova o acerto de Barbosa Moreira, ao afirmar que nem "os mais altos princípios devem ser arvorados em objetos de idolatria"[32]

Também as nulidades processuais por vício de forma e a ausência de requisitos de admissibilidade do julgamento do mérito podem, em muitas hipóteses, ser desconsideradas, visto que a segurança jurídica proporcionada pelas respectivas regras processuais pode não restar prejudicada, apesar do vício detectado no método de trabalho. Além do mais, a natureza instrumental do processo exige sejam levadas em consideração, no

---

[28] José Carlos Barbosa Moreira, *Efetividade do processo e técnica processual*, Temas de direito processual, São Paulo, Saraiva, 6ª série, pp. 22 e ss.
[29] José Carlos Barbosa Moreira, *Efetividade do processo e técnica processual*, p. 28.
[30] José Carlos Barbosa Moreira, *Tendenze evolutive del processo civile*, Temas de direito processual, São Paulo, Saraiva, 6ª série, p. 43.
[31] Cfr. José Carlos Barbosa Moreira, *Miradas sobre o processo civil contemporâneo*, Temas de direito processual, São Paulo, Saraiva, 6ª série, p. 50.
[32] José Carlos Barbosa Moreira, *Miradas*, p. 57.

tratamento legal dados aos aspectos formais do procedimento, as especificidades da situação de direito material.[33]

Criticáveis tanto o otimismo exagerado daqueles para quem as mudanças legislativas são suficientes para criação do sistema processual perfeito, quanto o pessimismo apriorístico dos que negam qualquer valor às reformas, porque a aplicação das normas depende da interpretação que se lhes derem os homens. Essas posições radicais com toda certeza acabam dando causa, respectivamente, a decepção ou a desespero.[34] Não se trata de optar entre o bem e o mal, mesmo porque o sectarismo maniqueísta constitui seita religiosa e não se mostra adequado à solução de problemas processuais. Modificações na lei processual não são ruins por si mesmas. Podem ser boas ou más. Se forem boas, porque simplificaram ou tornaram mais claras e harmônicas as técnicas adotadas pelo sistema, podem facilitar a interpretação realizada pelo homem, tornando-as inteligíveis mesmo para aqueles com certa dificuldade de compreensão.

A doutrina registra a evolução técnica do processo verificada a partir do Código de 1939 e elogia a preocupação da doutrina com o aperfeiçoamento do instrumento, dando origem ao Código de 1973. Anota também a necessidade de ir além, com o abandono dos excessos conceituais e o reconhecimento da relação entre as questões processuais e valores externos, de natureza social, política e econômica, muitos aliás, assegurados no plano constitucional, o que fez aumentar o interesse pelo estudo do vínculo entre processo e Constituição, bem como a preocupação com a celeridade e a eliminação do formalismo exagerado. [35]

O conhecimento e a correta compreensão da técnica processual são essenciais à utilização adequada do instrumento. Mas é imprescindível examinar os problemas técnicos à luz das necessidades externas, razão de ser do processo. Isso não significa transformá-lo em fenômeno puramente sociológico ou político, pois, além de devermos considerar as especificidades de nossa ciência, os dados de que dispomos sobre esses ramos do conhecimento humano são insuficientes para emitirmos juízos de sociólogo ou de cientista político. [36]

Para bem compreender a ideia instrumentalista, basta a leitura atenta dos estudos realizados pelos adeptos dessa corrente de pensamento. Peço vênia para invocar minhas próprias ideias a esse respeito. Jamais sustentei, por exemplo, que o juiz pode tudo, apesar de defender a opinião segundo a qual o legislador brasileiro atribuiu-lhe amplos poderes instrutórios. Amplos, mas limitados[37] e cujo exercício não é discricionário, poder que ele em regra não possui.[38] O exercício do poder judicial submete-se rigorosamente ao contraditório, inclusive com relação à cognição *ex officio* de matéria de ordem pública.[39] A observância do contraditório e da ampla defesa constitui requisito imprescindível a soluções propostas pelos adeptos da instrumentalidade, como a flexibilização das nulidades, por exemplo[40].

---

[33] José Carlos Barbosa Moreira, *Miradas*, pp. 55/56.
[34] José Carlos Barbosa Moreira, *Miradas*, p. 60.
[35] José Carlos Barbosa Moreira, *Os novos rumos do processo civil brasileiro*, Temas, 6ª série, p. 64/68.
[36] José Carlos Barbosa Moreira, *Os novos rumos*, p. 77.
[37] *Poderes instrutórios do juiz*, São Paulo, RT, 7ª ed., pp. 164 e ss.
[38] *Poderes instrutórios*, pp. 158 e ss.
[39] *Tutela cautelar e tutela antecipada*, São Paulo, Malheiros, 5ª ed., pp. 100 e ss.
[40] Bedaque, Efetividade do processo, pp. 492/496

Também eventual adaptação do procedimento às necessidades da causa, solução infelizmente não imaginada por mim, como pensam os autores do estudo ora analisado,[41] mas por Calamandrei, cuja leitura recomendo,[42] deve ser submetida ao contraditório. Aliás, prestigiados processualistas modernos defendem posição flexível em relação ao procedimento, concluindo pela necessidade de adaptação das regras gerais às especificidades do caso concreto, a ser feita pelo juiz segundo a equidade e em conformidade com os objetivos do processo.[43]

5. O INSTRUMENTALISMO E A DOUTRINA PROCESSUAL BRASILEIRA

No Brasil, dentre os mais respeitados processualistas que aceitam o instrumentalismo, tomo a liberdade de mencionar dois.

Barbosa Moreira, um dos maiores estudiosos de toda a história do direito processual brasileiro, cuja capacidade de compreensão é indiscutível e deveria ser levada em consideração pelos jovens estudiosos do processo, alcançou com rara precisão, o que não surpreende a quem conhece sua obra, o significado da visão instrumentalista do processo. Pondera que o mau funcionamento da Justiça na América Latina gerou forte movimento destinado a adequar a evolução técnico-científica do processo às necessidades daqueles que dependem desse meio para a tutela de direitos. Segundo esse pensamento, o processo deve ser dotado, urgentemente, de mecanismos aptos a proporcionar ao titular do interesse juridicamente protegido, de modo mais eficiente possível, situação semelhante àquela decorrente da atuação espontânea do direito. Nesse escopo prático fundamental do processo está fundada a noção de instrumentalidade.[44]

Também Ada Pellegrini Grinover soube compreender o real conteúdo da ideia instrumentalista, método crítico de estudo do direito processual, desenvolvido a partir de visão

---

[41] Georges Abboud e Rafael Tomaz de Oliveira, *O dito e o não dito*, p. 43.

[42] *Istituzioni*, p. 204, v. tb. Bedaque, *Direito e processo*, pp. 68 e ss.

[43] Carlos Alberto Alvaro de Oliveira, O formalismo valorativo no confronto com o formalismo excessivo, *Revista Forense*, vol. 388, separata, pp. 21/22). As exageradas e infundadas críticas ao instrumentalismo, como bem já se anotou, "desconsideram, em última análise, as exigências constitucionais do *acesso à ordem jurídica justa e da efetividade da tutela jurisdicional*, que nortearam os esforços legislativos de aprimoramento do sistema processual jurisdicional, buscando meios de eliminar resistências injustificadas das partes ao cumprimento das decisões judiciais" (Thadeu Augimeri de Goes Lima, *Tutela constitucional do acesso à justiça*, Porto Alegre Nuria Fabris Editora, 2013, pp. 95/96). Em seguida, o autor destaca algumas premissas estabelecidas por Dinamarco, aptas a demonstrar, em seu entender, a compatibilidade entre a visão instrumentalista e as garantias constitucionais do processo, em especial aquelas concernentes às partes.

[44] ."'La visione 'strumentale' spinge la dottrina a privilegiare i soggetti concernenti l'effettività' del processo, affrontando i diversissimi aspetti di uma vasta problematica, che ognitanto trascina il diritto processuale sino alle frontiere della scienza politica e della sociologia, nella doverosa recerca di sussidi per la scelta delle soluzioni più soddisfacenti, senza però autorizzarlo a varcare – sai detto di passaggio – i confini del suo dominio proprio in quanto branca della scienza giuridica." (Evoluzione della scienza processuale latino-americana in mezzo secolo, *Rivista di Diritto Processuale*, 1998, n. 1, pp. 32/33).

externa do fenômeno, não mais meramente introspectiva e técnica, com conotação deontológica e teleológica, buscando a justiça da decisão.[45] Essa visão, segundo Ada, tem origem nos estudos do direito processual constitucional. A corrente instrumentalista preocupa-se com a efetividade do processo ao identificar os respectivos escopos (jurídico, social e político), ao combater o processualismo excessivo e buscar mecanismos destinados a torná-lo apto a produzir os resultados desejados e, por fim, ao respeitar as conquistas técnico- científicas da ciência processual, direcionando-as, todavia, para os objetivos externos do processo.[46]

Processo visa à realização da justiça no plano jurídico-material e, consequentemente, à pacificação social. Não pode ser considerado apenas do ponto de vista da técnica, pois é instrumento destinado a assegurar valores, especialmente aqueles de natureza constitucional.[47]

6. INSTRUMENTALISMO NÃO SE OPÕE A GARANTISMO

Nessa medida, embora se admita seja o Estado detentor do poder jurisdicional, defende-se ardorosamente o respeito às garantias constitucionais do instrumento, todas destinadas a assegurar o processo équo e justo, a fim de que os sujeitos parciais possam dele participar ativamente. Por essa razão, não se compreende como poderiam ser as partes consideradas pelos instrumentalistas como meros objetos sobre os quais o poder estatal é exercido.[48] Essa conclusão, ao que parece, resulta da leitura incompleta da obra de Dinamarco e reflete visão distorcida de suas ideias.

Aceita a premissa de que aos sujeitos parciais do processo são asseguradas inúmeras garantias constitucionais, não se compreende por que a concepção instrumentalista seria autoritária e comprometeria a cidadania. Reconhecer que o juiz, ao exercer jurisdição, está investido do poder estatal constitui mera afirmação da realidade. Aliás, para Dinamarco, a ação muito mais do que direito é poder de iniciativa e participação atribuído a todos pelo legislador constitucional, cujo exercício proporciona ao Estado, por meio da atividade jurisdicional, alcançar escopos jurídicos, políticos e sociais.[49]

Assim, considerar a jurisdição como centro da teoria geral do processo não implica autoritarismo, pois são perfeitamente delimitados e submetidos a intenso controle os poderes conferidos ao juiz. Por isso, também para os instrumentalistas deve ser assegurada "a manifestação efetiva de direitos e poderes que atravessam a historicidade em que se insere um determinado ordenamento jurídico, consagrando a possibilidade de exercício de poder

---

[45] "Ed il processualista brasiliano, conscio dell'espressivo livello tencio-dogmatico della sua scienza, sposta il fulcro delle sue preocupazioni e passa ad esaminare il processo a partire da um angolo esterno, analizzandone i risultati presso i *consumatori* di giustizia." (*Modernità del diritto processuale brasiliano*, Scritti in onore di Elio Fazzalari, vol. II, Giuffrè Editore, 1993, p. 497).
[46] Cfr. ob. cit., p. 505.
[47] Carlos Alberto Alvaro de Oliveira, O processo na perspectiva dos direitos fundamentais, *Revista Forense*, vol. 372, p. 78).
[48] Georges Abboud e Rafael Tomaz de Oliveira, ob. cit., p. 50.
[49] V. *Instituições de direito processual civil*, vol. II, São Paulo, Malheiros, 6ª ed., pp. 301/303.

do cidadão contra a autoridade estatal, superando a concepção do sujeito como mero participante sobre quem incidirá o poder jurisdicional, monopólio do Estado."[50]

Pode-se afirmar, portanto, sem hesitação, serem os instrumentalistas também garantistas. Procuram apenas o ponto de equilíbrio entre valores igualmente importantes e amparados no plano constitucional.

A sentença é, sim, positivação do poder estatal, mas isso não significa negar a preexistência do direito material[51], também resultado do exercício do poder estatal pela atividade legislativa. O direito existe, mas se não observado espontaneamente pelos destinatários, surge a crise no plano do direito material. Necessária, pois, a intervenção estatal para eliminá-la coercitivamente pelo exercício do poder jurisdicional.

Ao eleger a relação jurídica como centro dos estudos de direito processual, os autores das críticas ao instrumentalismo afirmam expressamente inexistir diferença entre a relação substancial e a processual.[52] Essa premissa dificulta a própria compreensão do fenômeno processual, pois impede a distinção entre duas relações distintas, cada qual regida por normas jurídicas próprias. Em poucas páginas, as doutrinas de Chiovenda, Fazzalari e Dinamarco são completamente afastadas, porque nenhum deles apreendeu a verdadeira essência do processo, ou seja, a relação jurídica, e continuam presos a "armadilhas da tradição metafísica" (!!) O acesso ao *como* do processo pressupõe, segundo se afirma, a relação jurídica pensada existencialmente. Só ela possibilita o acesso hermenêutico ao direito processual e o pensamento da dinamicidade do processo.[53]

Só me resta propor uma pausa para discutirmos a relação...

Comparar a flexibilização da coisa julgada proposta por Humberto Theodoro Júnior, José Delgado e Cândido Dinamarco à possibilidade de o Ministério Público, no regime nazista, ignorar a coisa julgada, porque injusta a sentença, constitui ofensa à inteligência. Eventual desconsideração, para os que a admitem, é fruto de processo judicial realizado em contraditório, jamais pelo executivo, admitida em situações excepcionalíssimas com fundamento não simplesmente na injustiça.

Essa posição, como qualquer outra a respeito de questões polêmicas, é passível de críticas, cuja formulação, todavia, deve enfrentar todos os fundamentos apresentados pelos que a defendem. Em nenhum momento abordaram os autores o aspecto relacionado à ponderação de valores, bem como os princípios da proporcionalidade e da razoabilidade.[54] No âmbito penal, por exemplo, a sentença condenatória pode ser modificada a qualquer momento na via da revisão criminal. A razão de ser dessa regra, cuja constitucionalidade ninguém discute, é a superioridade manifesta do valor liberdade sobre a segurança jurídica. Na esfera civil não haveria situações análogas? Não poderia o juiz considerá-las e, mediante cuidadosa ponderação de valores, realizada à luz dos fundamentos que informam o princípio da proporcionalidade, flexibilizar a coisa julgada em prol de interesse superior (paternidade, por exemplo)?

---

[50] Georges Abboud e Rafael Tomaz de Oliveira, p. 54.
[51] Georges Abboud e Rafael Tomaz de Oliveira, ob. cit., p. 56.
[52] Georges Abboud e Rafael Tomaz de Oliveira, ob. cit., p. 56.
[53] Georges Abboud e Rafael Tomaz de Oliveira, ob. cit., p. 57.
[54] Cfr. o excelente estudo de Eduardo Talamini, *Coisa julgada e sua revisão*, São Paulo, RT, esp. pp. 561/613.

Além do mais, considerar a jurisdição como polo metodológico a partir do qual devem ser estudados os demais institutos fundamentais do processo[55] não implica concentrar na pessoa do juiz todas as atenções e muito menos desconsiderar os poderes e direitos conferidos aos demais sujeitos do processo.[56] Basta lembrar que Dinamarco propõe seja a DEFESA considerada também um dos institutos fundamentais, ao lado da JURISDIÇÃO, da AÇÃO e do PROCESSO. Isso porque tanto ação como defesa constituem as garantias constitucionais asseguradas, respectivamente, ao autor e ao réu, a partir das quais irradiam-se vários aspectos relacionados à técnica processual, todos destinados a assegurar aos sujeitos parciais poderes e direitos inerentes a essas garantias. Tudo pode ser resumido em duas expressões: contraditório e ampla defesa. Esses princípios constitucionais do processo visam, em última análise, a garantir aos sujeitos parciais efetiva participação nos destinos do processo e na formação da convicção do julgador, que recebe do Direito o poder jurisdicional, representado pela capacidade de impor coercitivamente a solução da crise de direito material, em conformidade com as normas reguladoras da relação jurídica controvertida. Isso não significa, porém, estejam as partes em situação de mera sujeição ao poder estatal.[57] A garantia de participação efetiva, com a consequente aptidão para influir no resultado, representa exatamente o direito conferido aos sujeitos parciais. E não se consegue entender como a concepção do direito processual a partir da relação jurídica seja capaz de alterar para melhor essa situação. Qual outro poder seria assegurado às partes, além daqueles inerentes ao contraditório e à ampla defesa, cuja observância é tão cara aos instrumentalistas?

Se a visão do direito processual a partir da relação jurídica tem como consequência, entre outras, a desconsideração das diferenças entre relação jurídica substancial e processual,[58] só isso é suficiente para rejeitar a construção. Instrumentalidade não significa considerar o processo como relação entre o sujeito solipsista (juiz)[59] e o objeto (partes). Todos são sujeitos (juiz e partes), dotados de poderes, deveres ônus e faculdades. O poder do juiz consubstancia-se na capacidade a ele conferida pelo sistema constitucional de impor, em caráter definitivo, a solução da controvérsia. Às partes, por seu turno, é assegurado o poder de participar e influir nesse resultado, além de dele discordar mediante os meios de impugnação previstos no sistema. Não se consegue imaginar por que a visão do processo a partir da relação jurídica seja apta a alterar essa realidade.

Por fim, a crítica à ideia de subsunção, que não seria mero procedimento lógico formal, mas "um procedimento determinado no seu conteúdo pela respectiva pré-compreensão de dogmática jurídica", não sendo a sentença mero silogismo por força do qual a norma do caso concreto é formulada por meio de método lógico formal, pois esse resultado "ocorre de maneira estruturante", não tem consistência. É óbvio que a subsunção pressupõe compreensão e juízos de valor, atividades realizadas pelo juiz e incidentes sobre o conteúdo da

---

[55] Cfr. Dinamarco, *Instituições de direito processual civil*, vol. II, pp. 299 e ss.; v. tb. Teoria geral do processo, em coautoria com Ada Pellegrini Grinover e Antonio Carlos de Araújo Cintra, São Paulo, RT, 30ª ed., p. 29.
[56] Georges Abboud e Rafael Tomaz de Oliveira, ob. cit., p. 65.
[57] Georges Abboud e Rafael Tomaz de Oliveira, ob. cit., p. 65.
[58] Georges Abboud e Rafael Tomaz de Oliveira, ob. cit., p. 67.
[59] Associar a ideia instrumentalista ao solipsismo revela desconhecimento de um desses fenômenos, ou de ambos.

norma. O contraditório efetivo tem o condão de assegurar as partes o poder de influir nessa atividade cognitiva. Mais do que isso não me parece possível, ao menos à luz do regime democrático e das normas constitucionais.

Esse problema relaciona-se ao tema da formação do direito. Para os adeptos da teoria dualista, o juiz declara a norma preexistente, estabelecida em abstrato pelo legislador. Já os unitaristas conferem ao julgador função criadora do direito, que passa a existir após a intervenção judicial.[60]

Conveniente e necessário explicar o que os dualistas entendem por "declarar o direito". Sustentar a natureza declaratória da atividade jurisdicional não significa dizer que o significado da norma abstrata é antecedente à intervenção judicial e único. Não. Para declarar o direito, o juiz confere à lei o sentido que, a seu ver, é condizente com o interesse social. Ao interpretá-la, ele extrai a vontade da lei. Esse processo, evidentemente, sofre influência dos valores considerados pelo juiz na determinação do conteúdo da norma. Exatamente em razão da axiologia, não há como estabelecer um significado único para o dispositivo legal. Isso não significa, todavia, que o direito não exista antes da interpretação feita pelo julgador. A subsunção de determinada situação da vida a uma norma jurídica é suficiente ao nascimento do direito. É possível que os integrantes dessa situação divirjam sobre qual o interesse efetivamente tutelado pela norma. Verificada a controvérsia sobre a efetiva subsunção do fato ao direito objetivo, competirá ao juiz, mediante interpretação do respectivo enunciado normativo, declarar a quem pertence o direito subjetivo.[61] Mediante a hermenêutica, declara-se o direito preexistente.[62]

---

[60] Cfr. Dinamarco, *Fundamentos do processo civil moderno,* São Paulo, RT, vol. II, 4ª ed., pp. 40 e ss.; v. tb. Mitidiero, Colaboração no processo civil, RT, 2ª ed., pp. 41 e ss.

[61] Tem razão Mitidiero ao afirmar que a norma aparece apenas no momento da sua interpretação (Colaboração no processo civil, 2ª ed., p. 41, nota 86). Trata-se, todavia, de conclusão óbvia, jamais questionada pelos dualistas, visto que sem interpretação não há como estabelecer o significado da lei. A compreensão da vontade da lei depende de análises morfológica e sintática, cujo resultado é influenciado decisivamente pela axiologia. Assim, à luz do dualismo, o juiz declara sim o direito. Ao fazê-lo, ele confere à norma o significado a seu ver correto. Sua conclusão pode não coincidir, e frequentemente não coincide, com a de outro juiz. Isso ocorre exatamente porque cada um levou em consideração sua escala de valores para determinar o sentido do texto legal, ou seja, a norma jurídica. Em outras palavras, o processo de declaração do direito acrescenta sim algo de novo, pois antes da interpretação nada existia. Ao declarar o que a lei quer dizer, o juiz vale-se do processo interpretativo e cria fenômeno até então inexistente: o significado da lei. Essa divergência, salvo engano, acaba sendo meramente terminológica. Aliás, a afirmação feita por mim e criticada por Mitidiero, segundo a qual a atividade jurisdicional visa à declaração da vontade concreta do enunciado normativo de direito material, deve ser compreendida no contexto em que se encontra: destacou-se que a declaração da vontade da lei implica, mediante a interpretação feita pelo juiz, adequação do texto à realidade social e às necessidades do momento (Bedaque, *Direito e processo,* 6ª ed., p. 74). Não se nega à sentença judicial, portanto, natureza criadora. Entende-se apenas que ela se limita a, mediante declaração do significado do texto legal, reconhecer o direito já existente. As divergências muitas vezes decorrem da má compreensão dos fundamentos de determinada posição doutrinária, causada pela ausência de clareza do expositor ou pela falta de atenção do leitor.

[62] Nessa medida, concorda-se integralmente com Humberto Ávila, para quem normas "são os sentidos construídos a partir da interpretação sistemática dos textos normativos" (*Teoria dos*

A corrente dualista, defendida enfaticamente por Chiovenda, deve ser compreendida como tentativa de demonstrar a preexistência de uma vontade da lei, concretizada com a verificação do fato e, quando necessário, identificada mediante interpretação judicial.

Nessa medida, o juiz está limitado ao comando legal. Não tem liberdade para julgar segundo sua visão particular do fenômeno, nem à luz do senso comum ou do costume. Não é dele a função de formar a legislação, como ocorria, em certa medida, com o pretor romano. Não age, pois, como formulador do direito. Ao atuá-lo, todavia, o juiz desenvolve árduo trabalho de interpretação, visando a investigar e descobrir essa vontade e fixar o pensamento da lei. Sua conclusão é exteriorizada na sentença e esta constitui a atividade criadora. Entenda-se essa criação, porém, como fenômeno limitado pelo texto da norma abstrata. Ele não tem o poder de corrigi-la ou decidir contra ela. Como bem observa Chiovenda: "Os juízes rigorosamente fiéis à lei conferem aos cidadãos maior garantia e confiança do que os farejadores de novidades em geral subjetivas e arbitrárias."[63]

Daí por que considero legítimo, ainda hoje, falar-se em atuação da vontade concreta da lei, desde que essa expressão seja compreendida como limitação ao poder de criar o texto legal, atividade inerente a outra função estatal. Simples. Basta entender que eventual função criadora do juiz resume-se à possibilidade de extrair o significado do texto legal. Mas essa liberdade encontra limites nas próprias palavras que compõem a regra. Não pode o julgador, por exemplo, reconhecer a plena capacidade civil de alguém com 17 anos de idade. Seu poder de interpretação está diretamente relacionado aos termos utilizados pelo legislador. O menor de 18 anos é relativamente incapaz de praticar atos da vida civil, ainda que laudos médicos atestem o contrário. Mas o prazo de 15 dias para a interposição do recurso pode ser desconsiderado se, ao ver do juiz, houver justa causa, expressa sem conteúdo juridicamente definido.[64]

Considerar o processo pela perspectiva instrumental, com todas as consequências daí decorrentes e suficientemente expostas pelos adeptos dessa construção, ao contrário do que entendem alguns,[65] leva à conclusão de que a função do juiz não é exclusivamente

---

princípios, São Paulo, Malheiros, 7ª ed., p. 30). O juiz não cria o texto normativo, que preexiste à interpretação. Ele extrai do texto o respectivo significado. Daí a possibilidade de serem conferidos vários sentidos ao dispositivo legal.

[63] *Instituições de direito processual civil*, vol. I, Saraiva, tradução brasileira, pp. 41/43.

[64] V. Bedaque, *Poderes instrutórios*, pp. 158 e ss. A propósito da função do juiz na descoberta do significado da norma, Carlos Ayres Britto pondera: "Concluo, citando opinião atribuída a Michelangelo: 'As estátuas não se fazem. Elas já estão feitas no mármore bruto. Eu apenas removo os excessos'. Pois assim é que deve ser o atuar do juiz: apenas desvelar (de retirar os véus) a inteira compostura das normas jurídicas. Desvelar argumentativamente normas já abrigadas no objeto de sua interpretação (grifei). Mas fazê-lo com todo empenho, paciência, imparcialidade, independência, sentimento, pensamento e consciência, pois a norma só se dá por inteiro a quem por inteiro se dá a ela." (Poder Judiciário: ativismo versus proatividade, *in O Estado de São Paulo*, 24.5.2015, p. A2.).

[65] Alexandre Araújo Costa e Henrique Araújo Costa, Instrumentalismo e Neoinstitucionalismo: uma avaliação das críticas neoinstitucionalistas à teoria da instrumentalidade do processo, *in Revista Brasileira de Direito Processual*, Belo Horizonte, Editora Fórum, vol. 72, out./dez. 2010, p. 131.

técnica, embora esse aspecto não possa ser desconsiderado, mas também ética e política. Lícito afirmar, portanto, que processo não é fenômeno meramente técnico. Na medida em que esse método de solução de controvérsias é criado pelo homem, é fruto de sua cultura e de seus valores. Daí seu caráter ético e axiológico.[66]

7. CONCEPÇÕES UNITÁRIA E DUALISTA DO DIREITO

Se a crítica dirige-se à admissão, pelos adeptos do instrumentalismo, da existência de dois planos no ordenamento jurídico,[67] competindo ao juiz, mediante critérios de hermenêutica, não criar, mas buscar o significado da norma, com toda a carga axiológica que desse processo decorre, então aqueles que a formulam estão corretos, pois é exatamente isso que pensamos. O direito preexiste sim ao processo, tanto que na grande maioria das vezes sua atuação prática se dá por ato dos próprios destinatários das regras. Se há dúvida quanto ao exato significado das normas, o que muitas vezes impede sua aplicação espontânea, o juiz, com base nos valores por ele aceitos, deverá encontrá-lo e impor coercitivamente sua atuação.[68]

Ao afirmar que a atuação do direito ao caso concreto, sempre que isso não ocorre espontaneamente, constitui escopo da Jurisdição, não se está aderindo a visão autoritária do Direito. Essa premissa não desconsidera o direito subjetivo das partes, cuja satisfação, todavia, pressupõe a observância das regras estatais. Nessa medida, a visão publicista, tida por alguns como autoritária, não é incompatível com a concepção segundo a qual a jurisdição visa a garantir os direitos que o ordenamento jurídico reconhece ao indivíduo.[69]

Também não se entende a afirmação de que o instrumentalismo apega-se a classificações tradicionais. A eliminação do binômio direito-processo e a adesão à concepção unitária do ordenamento jurídico são defendidas, entre outros, por Carnellutti, ou seja, tão tradicional quanto a visão chiovendiana do fenômeno jurídico. E transformar os estudos de direito processual em reflexões sobre as "relações de dominação dentro de uma sociedade",[70] com o máximo respeito, extrapola o escopo dessa ciência, que visa tão-somente a formular os princípios fundamentais do método de trabalho destinado a eliminar as crises verificadas no plano do direito material. Deixemos as investigações sociológicas e filosóficas mais

---

[66] Carlos Alberto Alvaro de Oliveira, O formalismo valorativo no confronto com o formalismo excessivo, *Revista Forense*, vol. 388, separata, pp. 13/14; v. tb. Bedaque, *Direito e processo*, São Paulo, Malheiros, 6ª ed., pp. 26 e ss. Segundo Carlos Alberto, formalismo é fenômeno cultural, já a técnica é neutra a respeito da questão axiológica (p. 15). Parece-me, todavia, que a opção por uma ou outra técnica pode implicar maior ou menor preocupação com a forma, além de revelar os valores de quem fez a escolha. Não são fenômenos distintos e ambos estão informados por aspectos axiológicos.

[67] Alexandre Araújo Costa e Henrique Araújo Costa, ob. cit., p. 132.

[68] Cfr. Bedaque, *Direito e processo*, SP, Malheiros, 6ª ed., pp. 26/32.

[69] Montero Aroca considera incompatíveis as duas orientações e sustenta a natureza autoritária da primeira (cfr. Presentación: un debate repetido pero siempre vigente, *in Teoría e Derecho*, Valencia, Tirant lo Blanch, 7/2010, pp. 8/9).

[70] Alexandre Araújo Costa e Henrique Araújo Costa, ob. cit., p. 134.

aprofundadas a cargo daqueles que se dedicam ao estudo dessas ciências humanas. A visão instrumentalista é sim finalista e não tão filosófica quanto outras concepções de processo.[71] Mas não se limita a incentivar o ativismo judicial de forma acrítica, nem representa mera "muleta argumentativa voltada à flexibilização procedimental"[72]. A leitura atenta dos textos de Dinamarco, Barbosa Moreira, Ada Pellegrini Grinover, Humberto Theodoro Júnior, Carlos Alberto Alvaro de Oliveira, para mencionar apenas alguns, além de toda a doutrina estrangeira invocada por esses autores, permite identificar o desacerto dessa afirmação.

Cabe indagar qual é a proposta inovadora, apta a transformar a epistemologia processual. Seria o denominado neoinstitucionalismo? Aceitar ou não a denominada teoria eclética da ação representa conclusão sobre a técnica processual, que não depende de premissas filosóficas. E, admitida a posição de que ao juiz não compete solucionar o litígio mediante a atuação da norma de direito material, após interpretá-la e compreendê-la, indaga-se: verificada a crise de direito material, para os neoinstitucionalistas, a quem compete eliminá-la? A quem foi conferida, pelo modelo constitucional brasileiro, a missão de assegurar os valores constitucionais diante de determinada situação litigiosa? A identificação das normas institucionalizadas pelo modelo jurídico do devido processo constitucional e também pelo direito material, compete ao juiz, com apoio nas construções doutrinárias. Tais conclusões estão sujeitas à crítica corretiva ampla e irrestrita. Ninguém nega esse fenômeno, razão por que o poder dos juízes não é tão acentuado como pode parecer a alguns. Suas decisões estão sujeitas a vários mecanismos de controle, inclusive a participação efetiva dos sujeitos parciais do processo, que dispõem de mecanismos destinados a impugnar todas as soluções não compatíveis com o modelo jurídico em vigor.

A visão instrumental tem como principal preocupação a construção de um método de trabalho (processo) adequado e apto a proporcionar o tão almejado acesso à ordem jurídica justa. Para tanto, o condutor do processo e detentor do poder de dizer o direito do caso concreto deve agir em conformidade com o modelo constitucional desse método, submetendo-se ao controle das partes e das instâncias superiores.

Não vejo no denominado neoinstitucionalismo alternativa plausível e superior a essa, mesmo porque não consigo identificá-la. Queiram ou não, o juiz é dotado do poder de buscar o significado do texto legal, a seu ver correto, não obstante a norma comporte outras interpretações, também admissíveis em tese. Nesse sentido, a atividade desenvolvida pelo julgador tem natureza criativa, mas não arbitrária, pois há meios de controle dos fundamentos da escolha por ele feita. Vale invocar a lição de um grande processualista, com visão atual e política do processo: "Si trata de un lato, ancora una volta dei canoni dell'ermeneutica giuridica e del rispetto dei limiti dell'interpretazione, e dall'altro lato della verifica dela congruenza trai l fato (accertato) e la norma (interpretata) come premessa giuridica dela decisione finale." [73]

---

[71] Alexandre Araújo Costa e Henrique Araújo Costa, ob. e p. cit.
[72] Alexandre Araújo Costa e Henrique Araújo Costa, ob. cit., p. 135.
[73] Michele Taruffo, Il fato e l'interpretazione, *Revista da Faculdade de Direito do Sul de Minas*, vol. 26, n. 2, 2010, p. 207.

Os estudiosos do processo não podem se esquecer de Calamandrei, cuja grande preocupação, como bem lembrado por José Rogério Cruz e Tucci, era alertar para o perigo das elaborações teóricas destituídas de sentido prático[74].

Aliás, convém advertir que Carnelutti, adepto da teoria unitária do direito, nunca negou o caráter instrumental do processo e sempre defendeu veementemente as garantias processuais.

8. A INSTRUMENTALIDADE E O DEVIDO PROCESSO CONSTITUCIONAL

O instrumentalismo, como método de interpretação e aplicação das regras processuais, pode ser resumido nas palavras de Miguel Teixeira de Souza, cuja objetividade e clareza, sem considerações filosóficas talvez relevantes em outro contexto, permitem a compreensão daquilo que se espera do processo: "De uma legislação processual civil espera-se que ela permita uma rápida realização do direito material através dos tribunais e, quando for esse o caso, uma adequada solução dos litígios e um pronto restabelecimento da paz jurídica. Justiça e eficiência devem ser as orientações fundamentais de qualquer legislação processual civil."[75]

A busca pela efetividade do processo encontra na visão instrumentalista os fundamentos necessários à consecução desse objetivo. Ressaltar seu aspecto instrumental é considerar a relevância do fim no estudo e na concepção dos institutos fundamentais dessa ciência jurídica. As técnicas mais adequadas à realização desse escopo variam segundo a visão particular de cada intérprete.

Não há, evidentemente, uniformidade quanto aos mecanismos mais aptos a proporcionar o resultado desejado. Mas, independentemente das opções técnicas adotadas, deve prevalecer sempre a visão finalista, única admissível para a construção de uma ciência destinada à sistematização de um método de trabalho, de um instrumento destinado à concretização e atuação do direito, de modo a eliminar as controvérsias e pacificar.

Como consequência desse modo de considerar o instrumento de solução de controvérsias, abandona-se o formalismo, por muitos considerado valor em si mesmo, e se adota a regra da instrumentalidade das formas, sem que isso implique abandono das garantias constitucionais do processo ou concessão de poderes excessivos ao juiz.[76] Eventual reforço desses poderes não significa deixar sem controle os atos por ele praticados nem leva ao paternalismo judicial. Trata-se apenas de reconhecer a possibilidade de as partes encontrarem-se em situação de desigualdade, o que ocorre com certa frequência e acaba comprometendo a respectiva capacidade de atuação bem como o próprio equilíbrio do contraditório. A postura ativa do juiz não implica preponderância ou dominação do agente estatal, mas mero

---

[74] Piero Calamandrei, *Vida e obra* – contribuição para o estudo do processo civil, São Paulo, 2011.
[75] *Estudos sobre o novo processo civil*, Lisboa, Lex, 1997, p. 26.
[76] Por isso, não pode ser dirigida aos adeptos do instrumentalismo a crítica feita por Marcelo Andrade Cattoni de Oliveira aos que defendem a introdução no sistema de procedimentos não dotados das garantias fundamentais do processo civil (*Da constitucionalização do processo à procedimentalização da Constituição*: uma reflexão no marco da teoria discursiva do direito, pp. 543/544).

reconhecimento de fenômeno inexorável: a ele compete a direção de processo, inclusive a manutenção do equilíbrio do contraditório.

Visão social do processo não pode ignorar a notória desigualdade econômica e cultural que muitas vezes se verifica entre as partes.[77] O juiz, a quem compete assegurar ao titular do direito acesso à ordem jurídica justa, deve atentar para essa realidade e, na medida do possível, observados os limites legais, orientar-se no sentido de eliminar esse desequilíbrio de forças, quer exercendo os poderes instrutórios de que é investido, quer conduzindo o processo de modo a minimizar as diferenças entre os litigantes. Não deve temer o risco da perda da imparcialidade, visto que inexistente, mesmo porque o princípio da isonomia, para quem se preocupa não apenas com seu aspecto formal, exige tratamento desigual aos desiguais.

A visão instrumentalista possibilitou a Calamandrei identificar a tutela cautelar como instrumento do instrumento, dotada de instrumentalidade ao quadrado, visto que a tutela não cautelar, cognitiva ou executiva, é instrumento do direito substancial atuado pela via processual, ao passo que a cautelar visa a dotar a definitiva de efetividade.[78]

O denominado neoinstitucionalismo, cujos defensores privilegiam o garantismo e o devido processo constitucional, bem como acusam o instrumentalismo de negligenciar esses aspectos fundamentais ao sistema processual, nega veementemente construções elaboradas pela doutrina mundial. De uma penada, rejeitam-se as posições de Chiovenda, Liebman, Calamandrei, Carnelutti, Cappelletti, Ovídio Baptista, Pontes de Miranda e, principalmente Cândido Dinamarco.[79] Isso porque nenhuma delas daria atenção ao devido processo constitucional, fator de legitimidade das decisões.

Não se sabe, todavia, de onde tal conclusão foi extraída. Afirmar que processo é meio de realização do direito, como faz, por exemplo, Carlos Alberto Carmona, não significa ignorar a necessidade de observância do devido processo constitucional[80]. Que o fator legitimador da decisão é a estrita obediência às regras constitucionais e infraconstitucionais do processo constitui preocupação de todos, inclusive e principalmente dos adeptos da instrumentalidade. Trata-se de premissa inexorável. Basta ler integralmente os estudos ligados a essa opção metodológica e compreendê-los. Afirmações contrárias, a partir de trechos isolados, não representam o pensamento instrumentalista, para cujos defensores é imprescindível que o processualista

---

[77] "Na verdade, nenhum sistema processual, por mais bem inspirado que seja em seus textos, se revelará socialmente efetivo se não contar com juízes empenhados em fazê-lo funcionar nessa direção. Qualquer discussão da matéria passa obrigatoriamente pela consideração dos poderes do órgão judicial na direção do processo." (José Carlos Barbosa Moreira, Por um processo socialmente efetivo, Temas, 8ª série, p. 26). Mesmo porque, a justiça da decisão "dipendi dal verificarsi di varie condizioni, una dele quali à che i fatti vengano accertati in modo veritiero, poiché nessuna decisione è giusta se la norma si aplica ai fatti sbagliati." (Michele Taruffo, Il fato e l'interpretazione, *Revista da Faculdade de Direito do Sul de Minas*, vol. 26, n. 2, 2010, p. 202).

[78] Introduzione allo studio sistematico dei provvedimenti cautelari, in *Opere giuridiche*, Napoli, Morano Editore, vol. IX, p. 176.

[79] Cfr. Rosemiro Pereira Leal, *Teoria processual da decisão jurídica*, São Paulo: Landy Editora, 2002, pp. 17 e ss.

[80] Rosemiro Pereira Leal, ob. cit., pp. 93/94.

moderno tenha consciência "de que, como instrumento a serviço da ordem constitucional, o processo precisa refletir as bases do regime democrático nela proclamados; ele é, por assim dizer, o *microcosmos democrático* do Estado-de-direito, com as conotações da liberdade, igualdade e participação (contraditório), em clima de legalidade e responsabilidade."[81]

9. INSTRUMENTALIDADE, FORMALISMO, EFETIVIDADE E ATIVISMO JUDICIAL

A correta concepção de processo e a interpretação adequada das regras destinadas a regulamentar esse método de trabalho pressupõem seja levada em consideração uma premissa fundamental: "la idea de la justicia como fin institucional del proceso"[82]. Sem esse cuidado, a forma necessária à segurança do procedimento transforma-se em mero formalismo vazio e destituído de finalidade.[83]

O formalismo processual está ligado à ideia de fim, competindo ao juiz, mediante equidade, identificar a razão de ser da forma e até desconsiderar eventuais violações a regras formais vazias de conteúdo, que representem formalismo excessivo, incapazes de atender às finalidades do processo e lesivas aos valores inerentes a esse meio de solução de controvérsias.[84]

O processo é polarizado pelo objetivo de realizar a justiça material do caso. Para tanto, necessário atentar para o valor segurança jurídica assegurado pelo processo, sem que essa preocupação, todavia, seja confundida com a subserviência ao formalismo excessivo.[85]

---

[81] Dinamarco, *A instrumentalidade,* p. 27. Remete-se o leitor ainda ao item 16 dessa obra, pp. 150 e ss., onde o autor enfatiza a necessidade de observância do contraditório como fator de legitimação da decisão judicial e concebe o devido processo legal como sistema de limitações ao exercício do poder. Essas considerações não diferem substancialmente dos fundamentos do neoinstitucionalismo, salvo quanto à utilização de linguagem menos hermética, conforme se verifica em Rosemiro Pereira Leal, ob. cit., pp. 105/145; cfr. ainda Dinamarco, Instituições, vol. I, 6ª edição, pp. 182 e ss.; Bedaque, Tutela cautelar e tutela antecipada, capítulo IV). Por tais razões, o método instrumentalista não é passível das críticas formuladas por Adolfo Alvarado Velloso (O garantismo processual, *in Ativismo judicial e garantismo processual,* Salvador, 2013, JusPodivm, pp. 30/34), pois aplicá-lo não implica violação à lei e muito menos à Constituição Federal.

[82] Cfr. Pedro J. Bertolino, *El exceso ritual manifiesto,* La Plata, Libreria Editora Platense, 1979, p. 188.

[83] Bertolino destaca o caráter instrumental do processo ao considerá-lo como meio técnico destinado à possibilitar a realização da função jurisdicional. Em última análise, portanto, esse método de trabalho está a serviço da justiça (ob. cit., p. 73). Em consequência, a forma processual deve atender a essa visão finalista: "Efectivamente, las formas son un médio al servicio de um fin ultimo: la realización de la justicia. Es que, em definitiva, desde esta perspectiva el ritualismo no es otra cosa que una mala utilización del proceso judicial como instrumento al servicio de la injusticia y por tal razón aquel deja se ser así, útil." (p. 195).

[84] Carlos Alberto, O formalismo valorativo no confronto com o formalismo excessivo, *Revista Forense,* vol. 388, separata, pp. 22 e 24.

[85] Carlos Alberto Alvaro de Oliveira, O formalismo valorativo no confronto com o formalismo excessivo, *Revista Forense,* vol. 388, separata, pp., p. 16/17.

Ora, tal concepção põe em destaque o aspecto finalista do processo. Se essa é sua característica fundamental, por que não considerá-lo instrumento?

A ideia de efetividade do processo está relacionada com o cumprimento, de modo eficiente, do escopo reservado a esse método de trabalho, qual seja, a realização prática das normas de direito material não observadas espontaneamente.[86]

Processo efetivo é aquele apto a proporcionar um resultado justo, de forma segura e no menor tempo possível. O resultado será justo se, na medida do possível, coincidir com aquilo que ocorreria no plano do direito material, mediante a atuação espontânea da norma reguladora da situação controvertida, submetida ao Poder Judiciário tão-somente porque impossível a solução consensual. Os sujeitos parciais do processo não estão preocupados com a justiça da decisão. Querem obter um resultado favorável a seus interesses, pouco se lhes importando, ao menos na maioria dos casos, se justo ou injusto. E também não hesitam, ressalvadas as honrosas exceções, em retardar o desenvolvimento do processo, ainda que o façam mediante a utilização de expedientes legítimos, sempre que a demora favoreça seu interesse egoísta. As partes não estão preocupadas com o interesse público, representado pela tutela jurisdicional efetiva, ou seja, justa e célere.[87]

Já disse em outra oportunidade que o comportamento das partes no processo reproduz, guardadas as devidas proporções, a dialética erística de Schopenhauer, ou seja, a arte de disputar de maneira tal que se fique com a razão, independentemente da verdade objetiva.

Exageros são condenáveis, embora todos nós, inclusive os grandes mestres, muitas vezes incorremos nesse equívoco. Basta lembrar, com Barbosa Moreira, a exaltação de Calamandrei ao liberalismo identificado na doutrina de Goldschmidt, para quem, nos moldes do pensamento de Bülow, as partes não têm deveres no processo. Nessa linha de raciocínio, o dever de veracidade, hoje consagrado na quase unanimidade das legislações e aprovado pela doutrina, representaria, ao ver do mestre fiorentino, concessão paternalista e autoritária do Estado.[88]

O interesse público presente em todo processo jurisdicional decorre não apenas da repercussão social das decisões judiciais, mas também, e talvez principalmente, do fato de

---

[86] A natureza instrumental do processo em relação ao direito substancial é expressamente apontada por José Carlos Barbosa Moreira: "Querer que o processo seja efetivo é querer que desempenhe com eficiência o papel que lhe compete na economia do ordenamento jurídico. Visto que esse papel é instrumental em relação ao direito substantivo, também se costuma falar da instrumentalidade do processo. Uma noção conecta-se com a outra e por assim dizer a implica. Qualquer instrumento será bom na medida em que sirva de modo prestimoso à consecução dos fins da obra a que se ordena; em outras palavras, na medida em que seja efetivo. Vale dizer: será efetivo o processo que constitua instrumento eficiente de realização do direito material." (*Por um processo socialmente efetivo*, Temas de direito processual, 8ª série, São Paulo, Saraiva, 2004, p. 15).

[87] José Carlos Barbosa Moreira, *O neoprivatismo no processo civil*, Temas de direito processual, 9ª série, São Paulo, Saraiva, p. 87.

[88] V. A Justiça e nós, *Temas de direito processual*, São Paulo, Saraiva, 6ª série, p. 9.

esse método estatal de solução de controvérsias ser "instrumento da jurisdição, e portanto exercício do poder estatal."[89]

Com relação à participação mais ativa do juiz no desenvolvimento da relação processual, convém desde logo rechaçar a afirmação precipitada e errônea, pois não amparada na realidade, segundo a qual essa orientação é autoritária. Não há incompatibilidade entre a concessão de poderes ao juiz, visando a dotar de efetividade o instrumento, e a segurança proporcionada às partes por esse instrumento. A intervenção do agente público, buscando extrair do processo tudo aquilo que dele se espera, não significa necessariamente sacrifício da liberdade do cidadão. Ao contrário. Muitas vezes a atuação estatal mostra-se imprescindível à plena realização dos interesses juridicamente tutelados. No âmbito processual, a passividade do julgador normalmente conduz à injustiça, pois permite que o poder econômico prevaleça sobre o direito.[90]

Ao contrário do que afirmam alguns, o valor garantia, fundamental à ideia de processo, não fica comprometido com a concessão de maiores poderes ao juiz. Segundo essa corrente de pensamento, o processo "garantista" é incompatível com o juiz ativo, preocupado com a justiça de decisão e, em consequência, inconformado com a falta de elementos necessários ao julgamento da pretensão com convicção. Esse juiz, segundo os que se intitulam garantistas, deve, por exemplo, limitar-se a receber e valorar as provas produzidas exclusivamente pelas partes, sob pena de tornar-se autoritário e transformar o processo em mecanismo antidemocrático.[91]

A questão relacionada aos poderes do juiz no processo representa apenas um aspecto de premissa mais abrangente, envolvendo a natureza e o escopo da jurisdição, bem como o papel a ser desempenhado pelo juiz no exercício de sua função.[92]

Não obstante o modelo processual sofra influência de valores externos, inclusive políticos, a história revela inexistir vínculo absoluto entre o fortalecimento dos juízes na direção do processo e regimes autoritários de governo. Basta mencionar os Códigos do Brasil, da Itália e da Alemanha. Embora concebidos sob ditaduras, não podem ser taxados de autoritários.[93]

---

[89] José Carlos Barbosa Moreira, *O processo, as partes e a sociedade*, Temas de direito processual, 8ª série, São Paulo, Saraiva, 2004, p. 32.

[90] Como corretamente observa Barbosa Moreira: "Tentar de novo reduzir o juiz à posição de espectador passivo e inerte do combate entre as partes é anacronismo que não encontra fundamento no propósito de assegurar aos litigantes o gozo de seus legítimos direitos e garantias. Deles hão de valer-se as partes e seus advogados, para defender os interesses privados em jogo. Ao juiz compete, sem dúvida, respeitá-los e fazê-los respeitar; todavia, não é só isso que lhe compete. Incumbe-lhe dirigir o processo de tal maneira que ele sirva bem àqueles a quem se destina a servir. E o processo deve, sim, servir às partes; mas deve também servir à sociedade." (*O processo, as partes e a sociedade*, p. 40).

[91] José Carlos Barbosa Moreira, *O neoprivatismo no processo civil*, p. 88

[92] Cfr. Juan Montero Aroca, *Presentación: un debate repetido pero siempre vigente*, in Teoría e Derecho, Valencia, Tirant lo Blanch, 7/2010.

[93] José Carlos Barbosa Moreira, *O neoprivatismo no processo civil*, pp. 91/93.

Posição contrária à concessão de poderes instrutórios ao juiz expressa filosofia liberal individualista, incompatível com o modelo de estado social. Desculpando-me pelo excesso, parece-me hipócrita a afirmação de que as partes sabem melhor do que ninguém quais os elementos necessários à demonstração dos fatos controvertidos. A realidade demonstra ser falsa essa premissa, principalmente porque, na grande maioria das vezes, há relação direta entre a situação econômica do sujeito parcial e a possibilidade de contratar profissional tecnicamente apto a representá-lo no processo. Como bem lembra Barbosa Moreira, reportando-se a doutrina estrangeira, o sistema anglo saxônico do *adversary system* só funciona adequadamente se ambas as partes estiverem representadas por profissionais qualificados, pois ao juiz não compete zelar pelo equilíbrio do contraditório, o que gera risco de tratamento substancialmente desigual. As diferenças econômicas e técnicas podem influir no resultado se o juiz não se preocupar em eliminá-las, observados os limites legais. Essa consequência é inaceitável para quem vê o processo como meio de acesso à ordem jurídica justa: "Na falta de qualquer corretivo, a flagrante disparidade de armas desqualifica a luta judicial como embate sujeito a uma regra básica: a de que, ao menos em princípio, não se deve conceder vantagem inicial a nenhum dos contendores."[94]

A ideia de cooperação, tão cara ao processualista moderno e há muito defendida, pressupõe um juiz ativo, colocado no centro da controvérsia, bem como considera fundamental o diálogo entre os sujeitos do processo. A participação constitui direito fundamental.[95] Cooperação e diálogo são elementos inafastáveis do princípio do contraditório, compreendido este como a efetiva participação de todos os sujeitos no resultado final do processo.[96]

O ativismo judicial[97] na condução do processo é absolutamente compatível com a observância do contraditório, como demonstra com clareza Carlos Alberto Alvaro de Oliveira. O interesse público, consubstanciado na produção de um resultado justo pela via processual, exige a participação do juiz na formação do conjunto probatório e na condução adequada do procedimento, adaptando-o às necessidades do direito material em litígio. Mas essa intensificação da atividade judicial deve ser acompanhada do diálogo entre os sujeitos do processo, de preferência prévio, a fim de que as decisões judiciais resultem desse contraditório. É essencial assegurar às partes a possibilidade de influir na convicção do julgador, especialmente nas situações em que ele age de ofício. Em síntese, não há incompatibilidade

---

[94] Notas sobre alguns aspectos do processo (civil e penal) nos países anglo-saxônicos, *Revista Forense*, vol. 344, p. 107.

[95] Carlos Alberto Alvaro de Oliveira, O formalismo valorativo no confronto com o formalismo excessivo, *Revista Forense*, vol. 388, separata, pp. 18/19.

[96] V. Bedaque, *Tutela cautelar e tutela antecipada*, pp. 63 e ss.; Poderes instrutórios, pp. 113/114; *Efetividade do processo e técnica processual*, São Paulo, Malheiros, 3ª ed., p. 487. Aliás, a necessidade e a importância da cooperação entre os para o correto desenvolvimento do processo não constitui novidade (cfr. Adolf Schönke, *Direito processual civil*, Campinas, Editora Romana, 2003, pp. 22/24; Carnelutti, Diritto e processo, Napoli, Morano Editore, 1958, pp. 31/32).

[97] Há quem prefira a expressão "proatividade" para identificar a postura do juiz preocupado com o escopo do processo, pois "ativismo" representaria outro fenômeno (cfr. Carlos Ayres Britto, Poder Judiciário: ativismo versus proatividade, *in O Estado de São Paulo*, 24.5.2015, p. A2.). A divergência é, pois, terminológica.

entre o comportamento ativo do juiz, que revela interesse e compromisso com a obtenção do resultado justo, e a efetivação do contraditório real. A conciliação dessas premissas constitui fator essencial da efetividade do processo.[98]

A técnica processual dota o sistema processual de vários mecanismos destinados a controlar os poderes conferidos ao juiz: motivação das decisões, recorribilidade das decisões, publicidade dos atos processuais, contraditório prévio previsto no novo CPC, juiz natural, isonomia. São garantias constitucionais e infraconstitucionais das partes, que compõem o denominado devido processo legal, também assegurado no plano constitucional.[99]

A preocupação com a segurança como valor essencial ao processo, expressamente manifestada pelos adeptos da visão instrumentalista, não implica qualquer desconfiança em relação ao juiz nem redução dos poderes de direção formal e material a ele conferidos, incluindo os de natureza instrutória. As expressões *direção formal e direção material* designam, respectivamente, o controle pelo juiz de aspectos procedimentais e dos elementos necessários à formulação do juízo de valor a respeito da controvérsia.[100] Não há incompatibilidade entre processo seguro, regulado por regras destinadas a preservar as garantias das partes, e a concessão de poderes ao juiz, solução técnico-política não informada por opções ideológicas. O processo seguro (ou garantista), conduzido por juiz com poderes destinados ao controle do formalismo e da formação do conjunto probatório, constitui o instrumento ideal, pois possibilita atingir os fins pretendidos pelo Estado ao chamar para si a solução das controvérsias.

A concessão de maiores poderes ao juiz, especialmente no tocante à produção da prova, não está relacionada a ideologias ou regimes políticos, como sustentado por alguns. Basta rápido exame do direito estrangeiro para comprovação dessa assertiva. Se examinarmos os dois maiores representantes do sistema da *common law*, veremos que, enquanto na Inglaterra verifica-se gradativo aumento desses poderes, os Estados Unidos continuam fiéis ao *adversary system*, mantendo inércia do julgador no campo da prova. Nos países vinculados à *civil law*, encontram-se regras, aprovadas em reformas realizadas a partir de 1975, conferindo ao juiz maiores poderes instrutórios (França e Alemanha). Por outro lado, a inércia

---

[98] Cfr. A garantia do contraditório, *Revista Forense*, vol. 346, pp. 9 e ss.

[99] Como observou Barbosa Moreira, em conferência proferida em 1993: "È palese l'ispirazione garantistica di siffatti precetti: essi mirano essenzialmente a proteggere i litiganti dal rischio dell'arbitrio, a rassicurarli della *fairness* del processo. Nei paesi latino-americani l'enfasi data in tempi recenti a tali garanzie há indubbiamente, in molti casi, un rapporto stretto con il grande movimento moderno – che speriamo veder superare le crisi che a volte ancora lo intralciano e consolidarsi in modo definitivo – di repudio dei regimi autoritari e di afferamzione dei valori democratici." (Tendenze evolutive del processo civile, *Temas de direito processual*, São Paulo, Saraiva, 6ª série, p. 35).

[100] Cfr. José Carlos Barbosa Moreira, *Miradas sobre o processo civil contemporâneo*, p. 52, nota 13; Os novos rumos, 71.

judicial nesse campo é consagrada e incentivada em legislações vinculadas à mesma família (Espanha e Itália).[101]

Não me consta que qualquer desses países tenha inclinações autoritárias. Também é indiscutível que a passividade do juiz na produção da prova leva a consequência inexorável: "escassa (ou nenhuma) preocupação com a coincidência entre os fatos *tais como apresentados pelas partes ao órgão judicial* e os fatos *tais como realmente se passaram*."[102]

Não obstante o inafastável nexo entre o regime político de um país e o modelo processual nele vigente, não encontra amparo na realidade a vinculação dos denominados princípios inquisitivo e dispositivo com regimes respectivamente autoritário e liberal.[103] Não há, pois, incompatibilidade entre o juiz ativo e o Estado Democrático de Direito.[104]

A identidade entre a tutela jurisdicional e a titularidade do direito no plano material depende muitas vezes da eliminação de controvérsia fática. Não posso crer que o juiz, preocupado com a reprodução adequada dos fatos no processo, visando a proferir, na medida do possível, decisão justa, esteja contaminado por doutrinas marxistas, fascistas ou nazistas. Está ele preocupado apenas em fazer justiça, aplicando o direito objetivo a situações reais, não fictícias. Ao atuar concretamente a norma de direito substancial a fatos cuja verificação restou demonstrada nos autos do processo, ele está preocupado não só com a verdade material e objetiva, mas, principalmente, com a proteção da situação jurídica de quem faz jus à tutela jurisdicional. Tudo isso, evidentemente, sem desconhecer os limites naturais existentes à consecução desse resultado.[105]

Na mesma linha de atribuir ao juiz o dever de gestão processual, o que implica a concessão de poderes relacionados à direção do processo, à formação do conjunto probatório e a adequação do procedimento às especificidades da causa, o legislador português estabeleceu regime processual experimental, por força do Decreto-lei n. 108, de 8.6.06, no qual previu várias regras nesse sentido. Adotou o princípio da adaptabilidade (artigos 8º, "a" e 265º-A), ampliando poderes já existentes, relacionados à regularização dos pressupostos processuais

---

[101] V. José Carlos Barbosa Moreira, O processo civil contemporâneo: um enfoque comparativo, pp. 55/59, *Revista Forense* n. 370, Separata e Temas, 9ª série, pp. 43;49; v. tb. Correntes e contracorrentes no processo civil contemporâneo, Temas, 9ª série, pp. 56/61; A revolução processual inglesa, Temas, 9ª série, pp. 69/80.

[102] José Carlos Barbosa Moreira, *A revolução processual inglesa*, p. 70.

[103] José Carlos Barbosa Moreira apresenta exemplos irrefutáveis do equívoco contido na afirmação contrária, pois há países de regime indiscutivelmente democrático e liberal, cuja legislação processual não só admite, como vem reforçando os poderes do juiz no processo, inclusive os instrutórios (cfr. Reformas processuais e poderes do juiz, *Temas de direito processual*, 8ª séria, São Paulo, Saraiva, 2004, pp. 53 e ss.).

[104] Cfr. Alexandre Freitas Câmara, Poderes instrutórios do juiz e processo civil democrático, *in Ativismo judicial e garantismo processual*, Salvador, JusPodivm, 2013, pp. 73/77.

[105] Daí por que não se aceita, com a devida vênia, as observações do ilustre professor espanhol Juan Montero Aroca (Prova e verdade no processo civil – contributo para o esclarecimento da base ideológica de certas posições pretensamente técnicas, *in Ativismo judicial e garantismo processual*, Salvador, JusPodivm, 2013, pp. 516/523).

e à iniciativa probatória (art. 265, nn. 2 e 3). Essa postura ativa é incentivada pela doutrina, que não vislumbra nela risco de autoritarismo.[106]

10. CONSIDERAÇÕES FINAIS

Diante do que se pretendeu explicitar, parece ter passado despercebido aos críticos da ideia instrumentalista, talvez por falta de suficiente compreensão, que "garantismo" e "cooperativismo" são aspectos suficientemente desenvolvidos pelo instrumentalismo, que não se limita a estudar o processo pelo ângulo do escopo, preocupando-se também com a segurança e legitimidade do método adotado. Não se abandonou a técnica processual. Procurou-se simplesmente adequá-la aos objetivos do processo.

Simples assim.

Para encerrar esta reflexão, cuja necessidade decorre exclusivamente da má compreensão de construção doutrinária caracterizada por visão pragmática do fenômeno processual, mas atenta aos aspectos científicos necessários ao desenvolvimento da ciência destinada a estudá-lo, e preocupada com a segurança desse método estatal de solução de controvérsias, permito-me invocar um dos grandes pensadores da humanidade: "A cada trinta anos, desponta no mundo uma nova geração, pessoas que não sabem nada e agora devoram os resultados do saber humano acumulado durante milênios, de modo sumário e apressado, depois querem ser mais espertas do que todo o passado.....Não há nada mais fácil do que escrever de tal maneira que ninguém entenda; em compensação, nada mais difícil do que expressar pensamentos significativos de modo que todos os compreendam. O *ininteligível* é parente do *insensato*, e sem dúvida é infinitamente mais provável que ele esconda uma mistificação do que uma intuição profunda.".[107]

Devem os críticos da visão instrumentalista do processo levar em consideração o que disse Voltaire: "Aprendi a respeitar as ideias alheias, a compreender antes de discutir, a discutir antes de condenar." Recomendo, ainda, a leitura da passagem em que Fernando Pessoa, no Livro do Desassossego, descobre, perplexo, a possibilidade de haver duas verdades sobre o mesmo fenômeno.

---

[106] Cfr. Carlos Manuel Ferreira da Silva, O Regime Processual Civil Experimental do Decreto-Lei n. 106/2006, de 8 de Junho, *Revista Brasileira de Direito Processual*, Belo Horizonte, Editora Fórum, n. 73, pp. 23 e ss.

[107] Arthur Schopenhauer, *A arte de escrever*, L&PM Pocket, vol. 479, 2009, pp. 19 e 83.

10

AS GARANTIAS CONSTITUCIONAIS DO PROCESSO CIVIL NO ANIVERSÁRIO DOS 30 ANOS DA CONSTITUIÇÃO FEDERAL[1]

José Rogério Cruz e Tucci

Um advogado, logo na manhã de mais um dia de labuta, é intimado de uma sentença proferida contra os interesses de seu cliente. Vai direto para o dispositivo e, insatisfeito, passar a examinar a motivação do ato decisório. Fica ainda mais contrariado, porque, mesmo depois de positivado o princípio constitucional do dever de fundamentação dos atos decisórios, de copiosa literatura a respeito do tema e de jurisprudência pacífica sobre a questão, o juiz teria negligenciado o seu mister, deixando de explicitar a *ratio decidendi* de forma consistente, convincente e adequada!

A despeito dessa situação apenas exemplificativa (mas ainda relativamente frequente, o que é lamentável...), dúvida não pode haver de que a Constituição Federal brasileira implementou grande e elogiável avanço no que se refere à superlativa garantia do devido processo legal!

Neste ano de 2018, são comemoradas três décadas de vigência da Constituição de 1988 – a sétima da nossa história –, elaborada pelo Congresso Constituinte, composto por deputados e senadores eleitos democraticamente em 1986 e empossados em fevereiro de 1987. O trabalho, concluído em um ano e oito meses, permitiu inequívocos progressos em áreas estratégicas da convivência social. As normas previstas no título sob a rubrica *Dos Direitos e Garantias Fundamentais*, consideradas irrevogáveis, são denominadas cláusulas pétreas (não podem ser alteradas por emendas constitucionais). Entre elas está a maioria das garantias processuais.

---

[1] Este artigo é dedicado ao eminente Professor e Amigo Humberto Theodoro Júnior.

A Constituição, dentre outros relevantes escopos, deve regular e pacificar os conflitos e interesses individuais e coletivos que integram a sociedade. Para isso, estabelece regras que asseguram a prestação jurisdicional revestida de determinadas garantias, que foram sendo cunhadas ao longo do tempo pela experiência extraída de dogmas democráticos, fundamentais para dar consistência à famosa máxima, sábia e perene, do jurista romano Ulpiano (*Digesto 1.1.10.1*): *"Iuris praecepta sunt haec: honeste vivere, alterum non laedere, suum cuique tribuere"* (**"Os preceitos do direito são estes: viver honestamente, não lesar a outrem, dar a cada um o que é seu"**).

E isso, simplesmente porque os atos processuais devem ser regidos, realizados e interpretados em estrita simetria com os postulados que asseguram aos litigantes o devido processo legal, contemplados na Constituição Federal de 1988, especialmente em seu art. 5º. Assinale-se que a Carta Republicana em vigor, lei suprema que é, situa-se no ponto culminante da hierarquia das fontes do Direito, contendo os fundamentos institucionais e políticos de toda a legislação ordinária. Em seus textos repousam numerosas regras e institutos atinentes ao processo, qualquer que seja a sua natureza. Ademais, ao lado de seu perfil técnico, deslocado para a vertente constitucional, o Direito Processual vem moldado por duas diferentes exigências: precisão formal e justiça substancial. E nesse conflito dialético entre exigências contrapostas, não obstante dignas de proteção, são inseridas as garantias constitucionais do processo.

Destacada página da história da liberdade, a garantia constitucional do devido processo legal deve ser uma realidade em todo o desenrolar do processo judicial, arbitral ou administrativo, de sorte que ninguém seja privado de seus direitos, a não ser que no procedimento em que este se materializa se constatem todas as formalidades e exigências em lei previstas. A Constituição Federal vigente assegurou, como se sabe, a todos os membros da coletividade um processo que deve se desenrolar publicamente perante uma autoridade competente, com igual tratamento dos sujeitos parciais, para que possam defender os seus direitos em contraditório, com todos os meios inerentes e motivando-se os respectivos provimentos; tudo dentro de um lapso temporal razoável.

Como pressuposto de um processo civil revestido de todas estas prerrogativas, é imprescindível que os titulares de direitos ameaçados ou violados possam submeter as suas respectivas pretensões à apreciação no âmbito de um procedimento no qual lhes sejam asseguradas tais garantias, com absoluta paridade de armas.

O inciso XXXV do art. 5º da nossa Constituição encerra o princípio da reserva legal, também denominado da inafastabilidade da jurisdição, ao preceituar que: "a lei não excluirá da apreciação do Poder Judiciário lesão ou ameaça a direito". Observa-se que o *caput* do art. 3º do Código de Processo Civil em vigor reitera essa mesma regra, reservando ao Estado-juiz o monopólio da jurisdição.

Isso significa que a ninguém é dado renunciar à defesa de seus direitos diante de uma potencial lesão futura! Daí por que desponta nulo e ineficaz qualquer *pactum de non petendo*, estipulado como cláusula de negócio jurídico, pelo qual os contratantes se comprometem a não recorrer ao Poder Judiciário caso surja algum litígio entre eles.

Com a promulgação da Constituição em 1988 e dos inúmeros textos legais que lhe seguiram (por exemplo: Código de Defesa do Consumidor, reforma da Lei de Ação Civil Pública etc.), infundiu-se em cada brasileiro um verdadeiro "espírito de cidadania". Os cidadãos passaram a ser senhores de seus respectivos direitos, com a expectativa de verem cumpridas as garantias que lhes foram então asseguradas.

O princípio constitucional do contraditório – e o seu desdobramento na garantia do direito de defesa – corresponde a um postulado considerado eterno. Realmente, nenhuma restrição de direitos pode ser admitida sem que se propicie à pessoa interessada a produção de ampla defesa, e, consequentemente, esta só poderá efetivar-se em sua plenitude com o estabelecimento da participação ativa e contraditória dos sujeitos parciais em todos os atos e termos do processo.

É que, aliás, ampliando, explicitamente, tradicional regra de nosso ordenamento jurídico, a garantia do contraditório foi elevada ao plano constitucional, no Brasil, pela Constituição de 1946 e reiterada na atual Carta Magna no inciso LV do art. 5º: "aos litigantes, em processo judicial ou administrativo, e aos acusados em geral são assegurados o contraditório e ampla defesa, com os meios e recursos a ela inerentes".

O processo judicial, arbitral ou administrativo, como instituição eminentemente dialética, em qualquer de suas vertentes, encontra-se sob a égide do princípio do contraditório. Não se faz possível conceber um processo unilateral, no qual atue somente uma parte, visando à obtenção de vantagem em detrimento do adversário, sem que se lhe conceda oportunidade para apresentar as suas razões. Se não deduzi-las, a despeito de ter sido convocado, sofrerá os ônus da inatividade, situação que lhe poderá ser prejudicial. O contraditório, ademais, deve igualmente ser observado no desenvolvimento do processo, para que ambos os protagonistas, em franca colaboração com o juiz, possam efetivamente participar e influir no provimento final.

Acrescente-se que, garantindo aos sujeitos parciais uma equivalência nas respectivas posições, por eles assumidas, o princípio do contraditório sedimenta-se na possibilidade de atuação não em momentos episódicos, mas em todo o *iter* procedimental, numa sequência de atuações, estratégias e reações, que tornam efetiva a ampla defesa, evitando-se indesejada "decisão-surpresa".

O princípio do contraditório, diante da regra constitucional supratranscrita, recebeu tratamento específico no novo Código de Processo Civil. Na verdade, o objetivo precípuo da Comissão de Juristas que elaborou o respectivo Anteprojeto veio revelado na própria exposição de motivos, ao ser enfatizado, com todas as letras, que: "A necessidade de que fique evidente a harmonia da lei ordinária em relação à Constituição Federal da República fez com que se incluíssem no Código, expressamente, princípios constitucionais, na sua versão processual".

No novo diploma processual, muitas regras foram concebidas para dar concreção a princípios constitucionais, como, por exemplo, as que preveem um procedimento, com contraditório e produção de provas, prévio à decisão que desconsidera da pessoa jurídica.

O art. 10 do Código de Processo Civil contém regra no sentido de que o fato de o juiz estar diante de matéria de ordem pública não dispensa a obediência ao princípio do contraditório.

Outro consectário da garantia do devido processo legal firma-se no denominado princípio da isonomia processual, determinante do tratamento paritário dos sujeitos parciais do processo durante todos os atos e termos do respectivo procedimento. Decorre ele, sem dúvida, do enunciado do art. 5º, e seu inciso I, da Constituição Federal, ao expressar, de modo enfático, e até repetitivo, que "todos são iguais perante a lei, sem distinção de qualquer natureza, garantindo-se aos brasileiros e aos estrangeiros residentes no País a inviolabilidade do direito à vida, à liberdade, à igualdade, à segurança e à propriedade, nos termos seguintes: I – homens e mulheres são iguais em direitos e obrigações, nos termos desta Constituição".

Nem podia ser diferente, até porque o processo civil jamais atingiria plenamente sua finalidade de compor as controvérsias se os litigantes não fossem tratados com igualdade em todo o seu desenrolar. Em suma, assegurando-se a todos os jurisdicionados, indistintamente, a proteção de seus direitos subjetivos materiais, pelos órgãos dotados de jurisdição, por meio do processo, subsiste, também no âmbito da ação, o regramento da isonomia processual, fazendo as partes que nele atuam merecerem igual tratamento, ou seja, as mesmas chances, autêntica paridade de armas (*Waffengleichheit*).

Com efeito, impondo-se à legislação ordinária amoldar suas normas às preceituações constitucionais, nela não pode haver lugar para o estabelecimento de discriminações ou privilégios, quaisquer que sejam, isto é, de desigualdades entre iguais.

Por essa razão é que não se pode cogitar de exceção ou exceções ao mencionado princípio constitucional, embora largamente disseminadas na velha legislação, como, por exemplo, a ampliação do prazo em quádruplo e em dobro, respectivamente, para a Fazenda Pública oferecer contestação ou recorrer; e o reexame necessário das sentenças proferidas contra a União, o Estado e o Município. Aliás, não só estas como igualmente outras regras correlatas, revestidas de incontornável inconstitucionalidade, ao favorecerem também a Fazenda Pública e o Ministério Público em determinadas situações processuais de conotação nitidamente patrimonial, que infringem o princípio maior, alusivo à igualdade de todos perante a lei.

Como já tive oportunidade de asseverar, o atual Código de Processo Civil, a propósito deste aspecto criticável, perdeu a oportunidade de dizimar os apontados privilégios, ao manter a "remessa necessária" (art. 496), e estabelecer, como regra, o prazo em dobro para o Ministério Público (art. 180); para a União, Estados, Distrito Federal, Municípios e suas respectivas autarquias e fundações de direito público (art. 183); para a Defensoria Pública, as entidades e os escritórios de prática jurídica das faculdades de Direito, legalmente reconhecidas (art. 186 e § 3º). No que se refere à delicada questão dos honorários advocatícios, quando a Fazenda Pública é parte, o novo Código, no art. 85, § 3º, traça critérios para a fixação da verba honorária, que evidenciam a valorização e o reconhecimento do exercício profissional do advogado.

As garantias da publicidade e do dever de motivação estão consagradas, pela moderna doutrina processual, na esfera dos direitos fundamentais, como pressupostos do direito de defesa e da imparcialidade e independência do juiz.

A publicidade do processo constitui um imperativo de conotação política, introduzido, nos textos constitucionais contemporâneos, pela ideologia liberal, como verdadeiro instrumento de controle da atividade dos órgãos jurisdicionais.

A garantia em tela justifica-se na exigência política de evitar a desconfiança popular na administração da justiça, até porque a publicidade consiste num mecanismo apto a controlar a falibilidade humana dos juízes.

Considere-se, por outro lado, que, ao lado da publicidade, é absolutamente imprescindível que o pronunciamento da justiça, destinado a assegurar a inteireza da ordem jurídica, realmente se funde na lei; e é preciso que esse fundamento se manifeste, para que se possa saber se o império da lei foi na verdade assegurado.

Tendo-se presente a dimensão de seu significado jurídico-político, desponta, na atualidade, a necessidade de controle (extraprocessual) "generalizado" e "difuso" sobre o *modus operandi* do juiz no tocante à administração da justiça.

Daí por que, a exemplo da publicidade dos atos processuais, o dever de motivação dos atos decisórios vem catalogado entre as garantias estabelecidas nas Constituições democráticas com a primordial finalidade de assegurar a transparência das relações dos jurisdicionados perante o poder estatal e, em particular, nas circunstâncias em que é exigida a prestação jurisdicional.

A garantia da motivação representa a derradeira manifestação do contraditório, no sentido de que o dever imposto ao juiz de enunciar os fundamentos de seu convencimento traduz-se no de considerar os resultados do efetivo debate judicial.

Embora as respectivas garantias da publicidade e do dever de motivação não tenham sido inseridas no rol dos *Direitos e Garantias Fundamentais*, o legislador constituinte brasileiro as situou nas disposições gerais atinentes ao Poder Judiciário: art. 93, IX: "todos os julgamentos dos órgãos do Poder Judiciário serão públicos, e fundamentadas todas as decisões, sob pena de nulidade, podendo a lei, se o interesse público o exigir, limitar a presença, em determinados atos, às próprias partes e a seus advogados, ou somente a estes".

Seja como for, ambas, com efeito, foram contempladas na Constituição Federal em vigor, como autênticas *garantias processuais*.

No que concerne à garantia da publicidade, verifica-se, de logo, que o novo Código de Processo Civil, além de se manter fiel aos dogmas clássicos do processo liberal, assegurando, como regra, a *publicidade absoluta* ou *externa*, mostra considerável aperfeiçoamento em relação à antiga legislação.

Esclareça-se que *publicidade absoluta* ou *externa* é aquela que autoriza o acesso, na realização dos respectivos atos processuais, não só das partes, mas ainda do público em geral; *publicidade restrita* ou *interna*, pelo contrário, é aquela na qual alguns ou todos os atos se realizam apenas perante as pessoas diretamente interessadas e seus respectivos procuradores judiciais, ou, ainda, somente com a presença destes.

Em primeiro lugar, como norma de caráter geral, praticamente repetindo o mandamento constitucional, dispõe o art. 11 do Código de Processo Civil que: "Todos os julgamentos dos órgãos do Poder Judiciário serão públicos, e fundamentadas todas as decisões, sob pena de nulidade".

A exceção vem preconizada no respectivo parágrafo único. Coerente com tal enunciado, o art. 189 preceitua que: "Os atos processuais são públicos, todavia tramitam em segredo de justiça os processos: I – em que o exija o interesse público ou social; II – que versem sobre casamento, separação de corpos, divórcio, separação, união estável, filiação, alimentos e guarda de crianças e adolescentes; III – em que constem dados protegidos pelo direito constitucional à intimidade; IV – que versem sobre arbitragem, inclusive sobre cumprimento de carta arbitral, desde que a confidencialidade estipulada na arbitragem seja comprovada perante o juízo. § 1º O direito de consultar os autos de processo que tramite em segredo de justiça e de pedir certidões de seus atos é restrito às partes e aos seus procuradores. § 2º O terceiro que demonstrar interesse jurídico pode requerer ao juiz certidão do dispositivo da sentença, bem como de inventário e partilha resultante de divórcio ou separação".

Cabem aqui, pois, algumas observações. Nota-se que, assim como o parágrafo único do art. 11 do diploma processual, o art. 189 continua utilizando a anacrônica expressão "segredo de justiça", em vez daquela muito mais técnica, qual seja "regime de publicidade restrita".

Ademais, o interesse a preservar, muitas vezes, não é apenas de conotação "pública", mas, sim, "privada" (como, por exemplo, casos de erro médico, nos quais a prova produzida pode vulnerar a dignidade da pessoa envolvida), ou seja, de um ou de ambos os litigantes, devendo o juiz, norteado pelo inciso X do art. 5º da CF, valer-se do princípio da proporcionalidade, para determinar a *publicidade restrita* na tramitação do respectivo processo. Observe-se que a própria Constituição Federal autoriza a publicidade restrita para proteger a intimidade das partes: "a lei só poderá restringir a publicidade dos atos processuais quando a defesa da intimidade ou o interesse social o exigirem".

Andou bem o legislador ordinário, ao zelar, de forma expressa, pela garantia constitucional da privacidade/intimidade de informações respeitantes às partes ou mesmo a terceiros. Mas isso não basta. Há também outros dados, que, embora não preservados pela mencionada garantia, quando revelados, em muitas circunstâncias, acarretam inequívoco prejuízo a um dos litigantes. Refiro-me, em particular, às ações concorrenciais, que têm por objeto dados atinentes à propriedade intelectual, ao segredo industrial, ao cadastro de clientes, etc. Estas informações, igualmente, merecem ser objeto de prova produzida em "regime de publicidade restrita".

Acrescente-se, outrossim, que no capítulo *Da Audiência de Instrução e Julgamento*, o art. 368 do novo Código, de forma incisiva (e até redundante), reza que: "A audiência será pública, ressalvadas as exceções legais".

Já, por outro lado, quanto ao dever de motivação, partindo-se da regra geral anteriormente transcrita, fácil é concluir que, em princípio, o novo Código de Processo Civil, norteado, ainda uma vez, pelo mandamento constitucional, não admite pronunciamento judicial, de natureza decisória, despida de adequada fundamentação.

E, desse modo, preceitua que o modelo ideal de sentença deve conter, entre os seus requisitos formais, "os fundamentos, em que o juiz analisará as questões de fato e de direito".

Reproduzindo, portanto, a revogada legislação, o atual Código impõe o dever de motivação como pressuposto de validade dos atos decisórios (art. 11 c/c o art. 489, II).

É de se entender que as decisões interlocutórias, as sentenças terminativas (isto é, "sem resolução do mérito"), e, ainda, as decisões monocráticas que admitem ou negam seguimento a recurso comportam fundamentação mais singela, sem embargo da excepcional possibilidade de o juiz ou tribunal deparar-se com situação que imponha motivação complexa.

As sentenças e os acórdãos definitivos (isto é, "com resolução do mérito") devem preencher, rigorosamente, a moldura traçada no referido art. 489, ou seja, conter, no plano estrutural, os elementos essenciais neste exigidos.

De resto, segundo entendimento doutrinário e jurisprudencial generalizado, a falta de exteriorização da *ratio decidendi* do pronunciamento judicial acarreta a sua invalidade. E nulas, do mesmo modo, restarão as decisões administrativas dos tribunais, sempre que não fundamentadas, aplicando-se-lhes a cominação de nulidade.

O atual diploma processual, por outra ótica, prevê original e importante regra no § 1º do art. 489. Atento, ainda uma vez, à Constituição Federal, determinativo do dever de motivação, de forma até pedagógica, estabelece os vícios mais comuns que comprometem a higidez do ato decisório.

A experiência, contudo, tem demonstrado que inúmeros atos decisórios ainda hoje são cassados pelos tribunais por infringirem o dever de fundamentação. Na verdade, se de fato o referido dispositivo processual for observado com rigor, verifica-se facilmente que inúmeros provimentos judiciais, inclusive do Superior Tribunal de Justiça, serão formalmente "reprovados", porque, como a praxe evidencia, reportam-se ou simplesmente transcrevem a ementa de precedentes, à guisa de fundamentação!

Pelo que representa em termos de respeito ao devido processo legal, afinal, a garantia do acesso à justiça só poderá ser considerada atendida se, ao fim, as alegações das partes forem levadas em consideração pelos juízes; e, ainda, pela inestimável contribuição proveniente de pronunciamentos judiciais mais justos, porque mais próximos às peculiaridades de cada caso concreto.

Saliente-se outrossim que a redação original de nossa Constituição Federal como é notório, inseriu, no inciso LIV do art. 5º, uma cláusula geral, assegurando, explicitamente, a garantia do *due process of law*: "ninguém será privado da liberdade ou de seus bens sem o devido processo legal". E, ainda, para que ficasse estreme de dúvidas, além dessa preceituação genérica, já suficiente para alcançar o fim por ela colimado, previu, em vários incisos do citado art. 5º e, ainda, no art. 93, IX, incorrendo em manifesta redundância (porém louvável...), inúmeros corolários da garantia constitucional do devido processo legal.

Não havia, contudo, qualquer disposição acerca do direito à tutela jurisdicional dentro de um prazo razoável... A teor do § 2º do mesmo art. 5º: "Os direitos e garantias expressos nesta Constituição não excluem outros decorrentes do regime e princípios por ela adotados, ou dos tratados internacionais em que a República Federativa do Brasil seja parte". Oportuno, nesse passo, lembrar que o nosso país é signatário do Pacto de San José da Costa Rica, que adquiriu eficácia internacional em 18 de julho de 1978.

O Congresso Nacional aprovou o seu texto, sendo que, em seguida, o nosso governo brasileiro depositou a respectiva Carta de Adesão à apontada Convenção. Assim, o Pacto de San José foi incorporado ao ordenamento jurídico brasileiro.

Desse modo, apesar de a garantia do devido processo legal pressupor o rápido desfecho do litígio, o direito à duração razoável já estava contemplado, em nosso sistema jurídico, mesmo antes da alteração constitucional de 2004, dada a evidente compatibilidade de regramentos, em particular, pelo art. 8º, 1, do referido Pacto de San José: "Toda pessoa tem direito de ser ouvida com as devidas garantias e dentro de um prazo razoável".

Visando a espancar qualquer dúvida e afinando-se com as modernas tendências do Direito Processual, o legislador pátrio acabou inserindo o inciso LXXVIII no art. 5º da Constituição Federal, com a seguinte redação: "a todos, no âmbito judicial e administrativo, são assegurados a razoável duração do processo e os meios que garantam a celeridade de sua tramitação".

Seguindo orientação mundial, o texto constitucional brasileiro passou então a contemplar a garantia do processo, judicial e administrativo, sem dilações indevidas. Assegurou, ainda, a implementação de meios que garantam a economia e a celeridade processual.

Duas observações se impõem: em primeiro lugar, dada a profunda diversidade da *performance* da justiça nos vários quadrantes do Brasil, a aferição do "prazo razoável" será absolutamente diferenciada de Estado para Estado, seja no âmbito da Justiça Estadual, seja no dos Tribunais Federais. De um modo geral, pela inarredável falta constante de recursos materiais destinados ao Poder Judiciário, a justiça no Brasil é lenta.

Ademais, sem embargo da carência de dados estatísticos, pela exigência de metas imposta pelo Conselho Nacional de Justiça, não há dúvida de que, nas Cortes estaduais, tem ocorrido inegável encurtamento do tempo para julgamentos dos recursos e das ações originárias. O Tribunal de Justiça de São Paulo é exemplo marcante: dificilmente as respectivas câmaras têm julgado com atraso!

Lembro-me, por outro lado, do famoso art. 6º, 1, da Convenção Europeia para Salvaguarda dos Direitos do Homem e das Liberdades Fundamentais, subscrita em Roma, em 1950, que tem a seguinte redação: "Toda pessoa tem direito a que sua causa seja examinada equitativa e publicamente num prazo razoável, por um tribunal independente e imparcial instituído por lei, que decidirá sobre seus direitos e obrigações civis ou sobre o fundamento de qualquer acusação em matéria penal contra ela dirigida".

Foi, sem dúvida, a partir da edição desse diploma legal supranacional que o *direito ao processo sem dilações indevidas* passou a ser concebido como um direito subjetivo constitucional, de caráter autônomo, de todos os membros da coletividade (incluídas as pessoas jurídicas) à *tutela jurisdicional dentro de um prazo razoável*, decorrente da proibição do *non liquet*, vale dizer, do dever que têm os agentes do Poder Judiciário de julgar as causas com estrita observância das normas de Direito Positivo.

Efetivou-se, outrossim, ao longo do tempo, a necessária exegese da abrangência do supratranscrito dispositivo, tendo-se, unanimemente, como *dilações indevidas*, os atrasos ou delongas que se produzem no processo por inobservância dos prazos estabelecidos, por injustificados prolongamentos das "etapas mortas" que separam a realização de um ato processual de outro, sem subordinação a um lapso temporal previamente fixado e, sempre, sem que aludidas dilações dependam da vontade das partes ou de seus mandatários.

Todavia, torna-se impossível fixar *a priori* uma norma específica, determinante da violação à garantia da tutela jurisdicional dentro de um prazo razoável. E, por isso, consoante orientação jurisprudencial da Corte Europeia dos Direitos do Homem, consolidada em 1987, no famoso caso Capuano, três critérios, segundo as circunstâncias de cada caso concreto, devem ser levados em consideração para ser apreciado o limite temporal razoável de duração de um determinado processo. Por via de consequência, somente será possível verificar a ocorrência de uma indevida dilação processual a partir da análise: a) da complexidade do assunto; b) do comportamento dos litigantes e de seus procuradores; e c) da atuação do órgão jurisdicional.

Esse expressivo precedente impôs condenação ao Estado italiano, fixando-a numa indenização pelo dano moral "derivante do estado de prolongada ansiedade pelo êxito da demanda", experimentado por uma litigante nos tribunais daquele país.

O reconhecimento de tais critérios, que exigem uma análise casuísta, bem revela que as *dilações indevidas* não decorrem do simples descumprimento dos prazos processuais prefixados.

É necessário, pois, que a morosidade, para ser reputada realmente inaceitável, decorra do comportamento doloso de um dos litigantes, ou, ainda, da inércia, pura e simples, do órgão jurisdicional encarregado de dirigir as diversas etapas do processo. É claro que a pletora de causas ou o excesso de trabalho não podem ser considerados, neste particular, justificativa plausível para a lentidão da tutela jurisdicional.

De aduzir-se, por outro lado, que, após a consagração, no plano constitucional, do direito fundamental à duração razoável do processo, o princípio da economia processual, de natureza precipuamente técnica, transformou-se em postulado político.

E isso, certamente porque a supratranscrita norma constitucional (inc. LXXVIII) não assegura apenas e tão somente a prerrogativa de um processo sem dilações indevidas, mas, na verdade, ainda contempla a inserção de meios técnicos e materiais que "garantam a celeridade de sua tramitação".

Verifica-se, por outro lado, que, apesar de intuitiva, a regra do art. 4º novo Código de Processo Civil não deixa margem a dúvida, uma vez que celeridade processual estende-se igualmente à fase de cumprimento de sentença e, por certo, inclui também o processo de execução, vale dizer, toda a "atividade satisfativa" em prol da parte vencedora.

Ademais, entre os poderes do juiz, a lei processual brasileira preceitua, no art. 139, II, que lhe incumbe: "velar pela duração razoável do processo".

Contudo, importa asseverar que a introdução de mecanismos aptos a assegurar a duração razoável do processo não deve, em qualquer situação, vulnerar o princípio fundamental do devido processo legal.

Verifica-se, em conclusão, que, de uma forma ou de outra, nestes 30 anos de vigência, a Constituição Federal contribuiu em muito para que viesse sedimentada, ainda que no plano teórico, a concepção de um processo justo.

Na verdade, o ideário constitucional, no que se refere às garantias processuais das partes litigantes, ostenta uma matriz democrática, afinada com as novas tendências da ciência processual, possibilitando, tanto quanto possível, que o cidadão tenha acesso aos tribunais, podendo apresentar suas razões, em contraditório e em igualdade de condições com o seu adversário, assegurando-se-lhe a tramitação de um processo revestido de publicidade, dentro de um prazo razoável, sendo, a final, proferida uma sentença devidamente motivada.

11

NEGÓCIO PROCESSUAL E O COMPROMISSO DE AJUSTAMENTO DE CONDUTA PELO MINISTÉRIO PÚBLICO

MARCELO DE OLIVEIRA MILAGRES

Sumário: 1. Introdução. 2. Negócio jurídico e autonomia da vontade. 3. Acordos processuais. 3.1. Em busca de uma definição. 3.2. Tipicidade ou atipicidade do negócio processual. 3.3. Limites e controle. 3.4. Momento de realização. 4. Compromisso de ajustamento de conduta. 5. Negócio processual e compromisso de ajustamento de conduta pelo Ministério Público. 6. Conclusão.

1. INTRODUÇÃO

A propósito desta obra coletiva em comemoração a toda a vida do festejado Professor Humberto Theodoro Júnior, confidencio toda a minha apreensão em apresentar algumas notas dignas da elevada envergadura do homenageado.

Como bem se sabe, nosso titular da Faculdade de Direito da Universidade Federal de Minas Gerais, Centenária Casa de Afonso Pena, aborda, com elevada capacidade e absoluta profundidade, os mais complexos e difíceis temas, destacadamente aqueles próprios do Processo Civil e do Direito Civil.

Nessa quadra de dificuldades, procedi à escolha de um tema que me parece transversal, vale dizer, a problemática que envolve o denominado negócio jurídico processual. O tema, à evidência, não é novo, mas ganhou contornos de atualidade com o advento do atual Código de Processo Civil brasileiro.

Qual seria o fundamento da convencionalidade processual?

A mim me parece ser a liberdade, o autorregramento da vontade.

Porém, como associar essa lógica de negociabilidade ao processo que, historicamente, tem concepção publicística? A questão parece ganhar contornos de maior complexidade quando se busca estudar a possibilidade de incidência desse acordo no âmbito do compromisso de ajustamento de conduta. Seria possível a compatibilização desse autorregramento com escolhas que podem repercutir além dos limites subjetivos do conflito e/ou da causa?

O encaminhamento de algumas possíveis soluções perpassa por breves apontamentos sobre autonomia da vontade e negócio jurídico, prosseguindo pela afirmação legal dos acordos processuais típicos e atípicos, culminando com sua incidência – ou não – no âmbito do compromisso de ajustamento de conduta.

Não é novidade dizer que, contemporaneamente, busca-se a eficaz resolução dos conflitos, e não necessariamente o julgamento de casos.

O próprio Código de Processo Civil, em sua inovadora Parte Geral, estabelece a diretriz do art. 3º, § 3º, segundo a qual "a conciliação, a mediação e outros métodos de solução consensual de conflitos deverão ser estimulados por juízes, advogados, defensores públicos e membros do Ministério Público, inclusive no curso do processo judicial".[1]

Todos, nos termos do art. 6º do referido diploma legal, devem cooperar entre si para que se obtenha, em tempo razoável, decisão de mérito justa e efetiva.

É preciso, necessariamente, resolver a lide, e não, estatisticamente, apenas reduzir o acervo processual. A melhor gestão do litígio, na lógica de promoção dos mecanismos alternativos de resolução (*Alternative Dispute Resolution*), também se associa à melhor gestão dos processos. O litígio não pode ser confundido com as formas de sua resolução.

Nessa ordem de ideias, destaca-se a Resolução 118, de 1º de dezembro de 2014, do Conselho Nacional do Ministério Público, que dispõe sobre a Política Nacional de Incentivo à Autocomposição no âmbito do Ministério Público.

2. NEGÓCIO JURÍDICO E AUTONOMIA DA VONTADE

Para Clóvis do Couto e Silva,[2] negócio é conceito que a dogmática estabeleceu ao distinguir graus diferentes de valorização da vontade pelo ordenamento jurídico. É o ato de autorregramento de interesses.

Segundo João Baptista Villela,[3] o negócio se distingue do ato na medida em que aquele é uma ação livre, e este, uma ação necessária. Os negócios não teriam outros limites que não os pressupostos de legalidade.

---

[1] Destaque-se a Resolução CNJ 125/2010 e também as Resoluções CNMP 118/2014 e 150/2016. E, ainda, a "Lei de Mediação", Lei 13.140, de 26 de junho de 2015.

[2] SILVA, Clovis Veríssimo do Couto e. *A obrigação como processo*. São Paulo: Bushatsky, 1976. p. 85.

[3] VILLELA, João Baptista. Do fato ao negócio em busca da precisão conceitual. *Estudos em homenagem ao Professor Washington de Barros Monteiro*. São Paulo: Saraiva, 1982. p. 265.

Para Roberto Senise Lisboa,[4] negócio jurídico é um fato jurídico de efeitos constitutivos a partir da declaração de vontade.

Segundo Marcos Bernardes de Mello:

> Negócio jurídico é o fato jurídico, cujo elemento nuclear do suporte fáctico consiste em manifestação ou declaração consciente de vontade, em relação à qual o sistema jurídico faculta às pessoas, dentro de limites predeterminados e de amplitude vária, o poder de escolha de categoria jurídica e de estruturação do conteúdo eficacial das relações jurídicas respectivas, quanto ao seu surgimento, permanência e intensidade no mundo jurídico.[5]

Para os defensores da teoria preceptiva, os negócios jurídicos obrigam porque estabelecem preceitos antes mesmo de qualquer intervenção da ordem jurídica.[6]

O fundamento da própria dignidade humana seria a autonomia, a prerrogativa do ser de autocriar-se livremente.

Porém, essa autonomia sem nenhum limite, sem consideração ética alguma, pode ser arbítrio. Autonomia e heteronomia se imbricam em complexas situações da vida real. Liberdade e responsabilidade caminham juntas. Nessa constante dialética e diante da dinamicidade temporal e espacial, a própria dignidade humana também molda essa autonomia, pois a pessoa não se realiza sem o meio (alteridade).

Segundo Fredie Didier Jr., o princípio da autonomia privada não tem, "no Direito Processual Civil, a mesma roupagem dogmática com que se apresenta, por exemplo, no Direito Civil. Por envolver o exercício de uma função pública (a jurisdição), a negociação processual é mais regulada e o seu objeto, mais restrito".[7]

Destaque-se que o próprio Código Civil brasileiro tem regras de controle da formação e do conteúdo dos negócios jurídicos. Nesse sentido, é salutar rememorar os planos da existência, da validade e da eficácia.

A existência do negócio pressupõe vontade, objeto e forma mediante a qual essa vontade se manifesta. De sua vez, a sua validade requer uma manifestação de vontade escorreita, sem vícios, observada a forma legal ou não vedada pela ordem jurídica, sendo lícito e possível o objeto do negócio. A eficácia negocial pode ser plena, condicionada ou limitada.

Esses pressupostos de existência, requisitos de validade e elementos de eficácia, muito bem desenvolvidos no Direito Civil, podem ser estendidos aos acordos processuais.

---

[4] LISBOA, Roberto Senise. *Confiança contratual*. São Paulo: Atlas, 2012. p. 57.
[5] MELLO, Marcos Bernardes de. *Teoria do fato jurídico*: plano da existência. 14. ed. São Paulo: Saraiva, 2007. p. 153.
[6] Cf. BETTI, Emilio. *Teoria generale del negozio giuridico*. Napoli: Scientifiche Italiane, 1994.
[7] DIDIER JR., Fredie. Princípio do respeito ao autorregramento da vontade no processo civil. In: CABRAL, Antonio do Passo; NOGUEIRA, Pedro Henrique (coords.). *Negócios processuais*. 3. ed. Salvador: JusPodivm, 2017. p. 32.

Contemporaneamente, a negociabilidade deve ser compreendida a partir da boa-fé, destacando-se a multifuncionalidade desse princípio a partir da ênfase pelo Código Civil brasileiro.[8]

Em verdade, essa negociabilidade ou convencionalidade não é uma realidade restrita ao direito privado.[9] Não é difícil encontrar modelos consensuais nas relações publicistas, inclusive no Direito Processual Penal. Destaque-se, por exemplo, a transação penal, a suspensão condicional do processo e a colaboração premiada. No âmbito da ordem econômica, destacam-se o compromisso de cessação e o acordo de leniência.

Como bem destaca Érico Andrade:

> Atualmente, o Estado e o direito público têm sido invadidos pela ideia da consensualidade: revê-se a atuação imperativa do poder público, a fim de buscar maior consenso com os cidadãos, inclusive como técnica para alcançar enquadramento mais democrático da atuação estatal, não mais permeada pela perspectiva democrática apenas para a escolha dos ocupantes do poder estatal, mas sim em busca da evolução para a democracia administrativa.[10]

O mesmo autor assim afirma mais à frente:

> Uma das tendências mais marcantes no direito público atual é a penetração da consensualidade. O direito público até pouco tempo era regido quase que exclusivamente pela unilateralidade ou pelos atos de autoridade. Com a consensualidade, permite-se a participação do cidadão em atos administrativos, o que torna a Administração mais democrática e permeável à participação da sociedade.[11]

Essa perspectiva de convencionalidade ou consensualidade também se estendeu para a jurisdição.

Remo Caponi[12] afirma que o sistema processual não é fechado à contribuição da autonomia (individual ou coletiva); ao contrário, essa possibilidade de participação dos interessados somente tem a enriquecer o sistema processual.

---

[8] "Art. 113. Os negócios jurídicos devem ser interpretados conforme a boa-fé e os usos do lugar de sua celebração".
"Art. 422. Os contraentes são obrigados a guardar, assim na conclusão do contrato, como em sua execução, os princípios de probidade e boa-fé".

[9] Destaque-se, também, a convenção coletiva de trabalho e a convenção coletiva de consumo.

[10] ANDRADE, Érico. A "contratualização" do processo. In: JAYME, Fernando Gonzaga et al. (orgs.). *Processo civil brasileiro*. Belo Horizonte: Del Rey, 2016. p. 49.

[11] ANDRADE, Érico. A "contratualização" do processo. In: JAYME, Fernando Gonzaga et al. (orgs.). *Processo civil brasileiro*. Belo Horizonte: Del Rey, 2016. p. 51.

[12] CAPONI, Remo. Autonomia privata e processo civile: gli accordi processuali. *Rivista Trimestrale di Diritto e Procedura Civile*, Milano: Giuffrè, n. 11, 2007, p. 118: "Piuttosto si deve riconoscere

Nesse sentido, ganham importância os acordos processuais que incidem sobre o próprio desenvolvimento do processo.

3. ACORDOS PROCESSUAIS

A abordagem das convenções ou acordos processuais pressupõe a apresentação de uma definição, o reconhecimento de sua tipicidade e/ou atipicidade, o tempo e o modo de sua realização, o conteúdo e os mecanismos de controle.

3.1. Em busca de uma definição

Convenção ou acordo processual é o negócio jurídico plurilateral mediante o qual as partes, antes ou no curso da relação processual, determinam a criação, modificação ou extinção de situações processuais. Trata-se de autêntico ato de autorregulação de interesses processuais, firmado no princípio da autonomia da vontade.

O mérito da lide não é o objeto do acordo, mas os atos e as fases do próprio procedimento em contraditório.

Segundo José Rogério Cruz e Tucci:

> [...] sob o aspecto dogmático, o gênero negócio jurídico processual pode ser classificado nas seguintes espécies: a) negócio jurídico processual (stricto sensu), aquele que tem por objeto o direito substantivo; e b) convenção processual, que concerne a acordos entre as partes sobre matéria estritamente processual.[13]

Neste trabalho, busco abordar a convenção processual, embora utilize a expressão "negócios processuais", que, em verdade, não configura novidade. O Código de Processo Civil de 1973 já previa, por exemplo, acordo de eleição de foro (art. 111), convenções sobre prazos dilatórios (art. 181), convenção de arbitragem (art. 267, VII), situações de distribuição do ônus da prova (art. 333, parágrafo único) ou de suspensão do processo (art. 265, II).

A discussão parece ser maior quanto à possibilidade de convenções processuais atípicas, ao tempo e modo de realização, ao conteúdo e aos limites.

---

che il sistema normativo processuale, non è chiuso nella propria autoreferenzialità normativa, ma è disposto ad apprendere dall'ambiente circostante E se si tratta di un ambiente ricco di buone ragioni potenzialmente universalizzabili, come quello che può scaturire da un esercizio equilibrato del potere di autonomia (individuale o collettiva), l'arricchimento del sistema processuale non può essere che notevole".

[13] TUCCI, José Rogério Cruz e. Natureza e objeto das convenções processuais. In: CABRAL, Antonio do Passo; NOGUEIRA, Pedro Henrique (coords.). *Negócios processuais*. 3. ed. Salvador: JusPodivm, 2017. p. 26.

3.2. Tipicidade ou atipicidade do negócio processual

Não há dúvida de que o atual Código de Processo Civil reconhece expressamente diversas situações de negociabilidade.

No art. 63, estabelece que as partes podem modificar a competência em razão do valor e do território, elegendo o foro onde será proposta ação oriunda de direitos e obrigações (o Supremo Tribunal Federal já havia consolidado o entendimento de que é válida a cláusula de eleição do foro para os processos oriundos do contrato – Súmula 335).

O art. 191 estabelece o processo-calendário, reconhecendo-se às partes autonomia para fixar calendário para a prática dos atos processuais.

Está prevista também a possibilidade de redução de prazos (art. 222, § 1º), de renúncia ao prazo (art. 225) e de suspensão do processo pelo acordo das partes (art. 313, II).

O art. 373, § 3º, prevê que a distribuição do ônus da prova também pode ocorrer por convenção das partes, e subsiste a possibilidade de incorporação de módulos de procedimentos especiais no âmbito do procedimento comum (art. 327, § 2º).

O grande ponto é o conteúdo e o alcance da cláusula geral veiculada pelo art. 190 do Código de Processo Civil de 2015, reconhecendo negócios processuais atípicos.

Com efeito, no âmbito da discussão sobre a imperatividade – ou não – das normas processuais, sobressai a problemática atual das cláusulas gerais e dos conceitos jurídicos indeterminados como exemplos de normas vagas e flexíveis, que permitem ao intérprete ampliá-las ou restringi-las segundo as situações da vida a serem julgadas.

Para Karl Larenz:[14]

> [...] é manifesto que ao juiz não é possível em muitos casos fazer decorrer a decisão apenas da lei, nem sequer das valorações do legislador que lhe incumbe conhecer. Este é desde logo o caso em que a lei lança mão dos denominados conceitos indeterminados ou de cláusulas gerais. Aqui, apresenta-se somente um quadro muito geral que o juiz, no caso concreto, terá de preencher mediante uma valoração adicional.

Porém, há que se questionar se essa função de preenchimento normativo é pautada pela pura liberdade, por uma valoração exclusivamente pessoal.

Em face dos conceitos jurídicos indeterminados e das cláusulas gerais, modelos normativos de maior mobilidade, é possível a atividade criadora do intérprete das normas processuais?

Diante do paradigma dos conceitos jurídicos indeterminados e das cláusulas gerais, a aplicação e a realização do Direito pressupõem a interpretação e a integração de normas, que são estruturas linguísticas abertas, cujo significado requer conexão silogística com os fatos da vida a elas relacionados.

---

[14] LARENZ, Karl. *Metodologia da ciência do direito.* Trad. José Lamego. 3. ed. Lisboa: Fundação Calouste Gulbenkian, 1997. p. 164.

O exercício dessa hermenêutica requer redobrada atenção aos princípios fundamentais do Direito. O intérprete da norma não pode partir de uma valoração pessoal do conjunto normativo; deve, antes, pautar-se pelos valores socialmente aceitos e normativamente relevados pela base principiológica.

Se toda norma contém virtualidades de expansão e renovação, segundo o contexto social em que é aplicada, ao intérprete cumpre a difícil tarefa de realizá-la por inteiro.

Não há dúvida de que o conteúdo do referido art. 190, *caput*, contém várias virtualidades de expansão. Reconhece-se a autonomia das partes para estipular mudanças no procedimento a fim de ajustá-lo às especificidades da causa e convencionar sobre seu ônus, seus poderes, suas faculdades e seus deveres processuais, antes ou durante o processo.

Nesse sentido é o Enunciado 257 do Fórum Permanente de Processualistas Civis, segundo o qual "o art. 190 autoriza que as partes tanto estipulem mudanças ao procedimento quanto convencionem sobre os seus ônus, poderes, faculdades e deveres processuais".

Impende destacar, a partir dessa abertura, que a própria legitimidade extraordinária poderia ser objeto de acordo processual. Diferentemente do art. 6º do Código de Processo Civil de 1973 – que determinava que a legitimação anômala dependia de autorização legal –, o art. 18 do atual Código[15] preceitua que tal legitimidade é autorizada pelo ordenamento jurídico, o que é muito mais amplo.

Porém, quais seriam os limites dessa abertura semântica veiculada pelo art. 190?

3.3. Limites e controle

Nos termos do Enunciado 132 do Fórum Permanente de Processualistas Civis, "além dos defeitos processuais, os vícios de vontade e os vícios sociais podem dar ensejo à invalidação dos negócios jurídicos atípicos do art. 190".

Não há necessidade de homologação judicial dos acordos processuais. Segundo o parágrafo único do art. 190 do Código de Processo Civil, o juiz, de ofício ou a requerimento, controlará a validade das convenções nele previstas, recusando-lhes aplicação somente nos casos de nulidade ou de inserção abusiva em contrato de adesão ou naqueles em que alguma parte se encontre em manifesta situação de vulnerabilidade.

Os negócios jurídicos processuais estão sujeitos a um duplo controle, seja de direito material, seja de direito processual.

Moisés Casarotto e José Miguel Garcia Medina assim destacam:

> A atividade de controle respeita o princípio da legalidade e não impede que o juiz possa se utilizar dos princípios constitucionais para fundamentação de sua decisão. Os princípios constitucionais representam fonte de eficácia vertical ime-

---

[15] "Art. 18. Ninguém poderá pleitear direito alheio em nome próprio, salvo quando autorizado pelo ordenamento jurídico".

diata, que deve ser reconhecida e aplicada. A matriz constitucional do processo é marca indelével de nosso sistema.[16]

Segundo Tucci, "as convenções almejam, pois, alterar a sequência programada dos atos processuais prevista pela lei, mas desde que não interfiram em seus efeitos".[17] Para exemplificar, o autor afirma que é vedado às partes estabelecer que não se aplica a presunção de verdade se algum fato não for contestado pelo réu, ou, ainda, que é proibido o estabelecimento de peso/valor a determinada prova em relação a outra. Nesse sentido, não se admitiria, à evidência, convenção para alterar competência absoluta ou afastar a necessidade de fundamentação das decisões, bem como para a criação de novas modalidades recursais além das previstas em lei.

A inserção da convenção processual em contrato de adesão, por si só, não configura abusividade. É que é preciso avaliar se as cláusulas violam normas cogentes (proibitivas ou impositivas), se as partes têm capacidade para negociar, se não há, concretamente, situações de vulnerabilidade em termos processuais. É preciso promover o acesso equilibrado ao processo, a simetria na relação processual e a efetiva igualdade pelo processo.

E qual o momento de realização do acordo processual?

3.4. Momento de realização

O negócio processual pode ser realizado não apenas no curso do processo, mas também anteriormente a seu início.

Assim, o acordo pode ser processual ou pré-processual.

Fredie Didier e Antonio do Passo Cabral reconhecem, inclusive, a possibilidade dos negócios jurídicos processuais executivos. Segundo os autores, "tanto antes de a execução começar, como no seu curso, as partes podem negociar a respeito de diversos aspectos do procedimento executivo e das suas situações jurídicas processuais".[18]

4. COMPROMISSO DE AJUSTAMENTO DE CONDUTA

Dispõe o art. 5º, § 6º, da Lei 7.347/1985 que os órgãos públicos legitimados poderão tomar dos interessados compromisso de ajustamento de sua conduta às exigências legais, mediante cominações, que terá eficácia de título executivo extrajudicial.

---

[16] CASAROTTO, Moisés; MEDINA, José Miguel Garcia. Novo Código de Processo Civil e negócios jurídicos processuais no âmbito do Ministério Público. *Revista dos Tribunais*, v. 988, fev. 2018, p. 238.

[17] TUCCI, José Rogério Cruz e. Natureza e objeto das convenções processuais. In: CABRAL, Antonio do Passo; NOGUEIRA, Pedro Henrique (coords.). *Negócios processuais*. 3. ed. Salvador: JusPodivm, 2017. p. 26.

[18] DIDIER JR., Fredie; CABRAL, Antônio do Passo. Negócios jurídicos processuais atípicos e execução. *Revista de Processo*, v. 275, jan. 2018, p. 193.

Em que pese discussão sobre a natureza do compromisso de ajustamento de conduta, pode-se reconhecê-lo como um mecanismo resolutivo e negocial.

Como bem destaca Antonio do Passo Cabral:

> [...] ainda que haja restrições no que tange à disponibilidade sobre os direitos materiais, vimos que existe alguma margem para autocomposição. De fato, tanto no processo civil das causas do Estado, quanto no processo sancionador, e até mesmo no processo penal, há possibilidade de celebração de negócios que representam algum grau de disposição sobre os direitos materiais envolvidos, mesmo em campos de forte presença de interesse público. O mesmo acontece nos termos (ou compromissos) de ajustamento de conduta nas ações coletivas e, em nosso sentir, também nas ações de improbidade administrativa. Essa permeabilidade para os acordos existe hoje e deverá ser certamente alargada pela influência normativa do novo CPC.[19]

Geisa de Assis Rodrigues, ao dissertar sobre as correntes que buscam definir a natureza jurídica do compromisso de ajustamento de conduta, alinha-se à tese do negócio jurídico bilateral: "Chegamos assim à conclusão de que o ajustamento de conduta é um negócio jurídico bilateral. A bilateralidade é fundamental, já que devem existir pelos menos duas pessoas na celebração do ajuste".[20]

Trata-se de autêntico mecanismo de prevenção ou de reparação/compensação de danos no âmbito civil.

A autora ainda conclui:

> É um negócio da Administração que também tem natureza de equivalente jurisdicional, por ser meio alternativo de solução de conflito. Podemos concluir que o ajustamento de conduta é um acordo, um negócio bilateral, que tem apenas o efeito de acertar a conduta do obrigado às exigências legais.[21]

Nos termos do art. 1º da Resolução CNMP 179, de 26 de julho de 2017, o compromisso de ajustamento de conduta é instrumento de garantia dos direitos e interesses difusos e coletivos, individuais homogêneos e outros direitos de cuja defesa está incumbido o Ministério Público, com natureza de negócio jurídico que tem por finalidade a adequação da conduta às exigências legais e constitucionais.

É, pois, um negócio jurídico causal.

---

[19] CABRAL, Antonio do Passo. A Resolução nº 118 do Conselho Nacional do Ministério Público e as convenções processuais. In: CABRAL, Antonio do Passo; NOGUEIRA, Pedro Henrique (coords.). *Negócios processuais*. 3. ed. Salvador: JusPodivm, 2017. p. 718-719.

[20] RODRIGUES, Geisa de Assis. *Ação civil pública e termo de ajustamento de conduta*: teoria e prática. 2. ed. Rio de Janeiro: Forense, 2006. p. 152.

[21] RODRIGUES, Geisa de Assis. *Ação civil pública e termo de ajustamento de conduta*: teoria e prática. 2. ed. Rio de Janeiro: Forense, 2006. p. 159.

Para Antônio Junqueira de Azevedo, "no conteúdo (objeto) dos negócios causais, há caracteres que, por se repetirem em diversos negócios concretos, levam o ordenamento jurídico a lhes dar um regime jurídico próprio, formando um tipo de negócio, não se identificam com todo o objeto, mas fazem parte dele".[22]

A causa apresenta-se como fundamento típico do negócio jurídico que se realiza, sem vinculação a externalidades ou à significação social. Cuida-se da razão objetiva do negócio.

A causa não se confunde com a condição, pois esta se ajusta ao plano da eficácia, subordinando o efeito do negócio a evento futuro e incerto. A causa melhor se amolda ao plano da validade dos negócios.

No âmbito dessa convencionalidade, nada impede que o compromisso de ajustamento de conduta pelos legitimados também veicule negócios processuais, buscando, em termos de procedimento, a mais eficiente realização do direito.

Segundo Geisa Rodrigues,[23] em razão dos princípios e valores da tutela dos direitos transindividuais, ainda que o compromisso não seja celebrado pelo Ministério Público, seria obrigatória sua interveniência, fiscalizando a atuação dos demais colegitimados.

5. NEGÓCIO PROCESSUAL E COMPROMISSO DE AJUSTAMENTO DE CONDUTA PELO MINISTÉRIO PÚBLICO

A princípio, não há nenhuma vedação à celebração de acordos processuais pelo Ministério Público, inclusive no âmbito do compromisso de ajustamento de conduta.

Como registra Fredie Didier Jr., "o Ministério Público pode celebrar negócios processuais, sobretudo na condição de parte – basta dar como exemplo a possibilidade de o Ministério Público inserir, em termos de ajustamento de conduta, convenções processuais".[24]

Considerando a própria eficácia executiva dos compromissos de ajustamento de conduta, têm-se, no âmbito do atual Código de Processo Civil, negócios processuais executivos: a) foro de eleição (art. 781, I); b) pacto de impenhorabilidade (art. 833, I); c) escolha do executado como depositário do bem penhorado (art. 840, § 2º); d) acordo de avaliação do bem penhorado (art. 871, I); e) opção do executado pelo parcelamento, que é um negócio unilateral de eficácia mista, material e processual (art. 916), f) suspensão negocial da execução (art. 921, I, c/c arts. 313, II, e 922).

---

[22] AZEVEDO, Antonio Junqueira. *Negócio jurídico*: existência, validade e eficácia. 4. ed. São Paulo: Saraiva, 2002. p. 145.

[23] RODRIGUES, Geisa de Assis. *Ação civil pública e termo de ajustamento de conduta*: teoria e prática. 2. ed. Rio de Janeiro: Forense, 2006. p. 222: "Os compromissos de ajustamento de conduta celebrados pelos órgãos públicos devem ser submetidos à apreciação do Ministério Público, ensejando o controle externo dessa atividade".

[24] DIDIER JR., Fredie. Negócios jurídicos processuais atípicos no CPC – 2015. In: CABRAL, Antonio do Passo; NOGUEIRA, Pedro Henrique (coords.). *Negócios processuais*. 3. ed. Salvador: JusPodivm, 2017. p. 115.

No âmbito do compromisso de ajustamento de conduta, poder-se-ia convencionar sobre as formas de intimação e de citação do executado, bem como sobre a pactuação do calendário processual.

A mera indisponibilidade do direito material, por si só, não afasta o acordo processual; a cuidadosa análise, caso a caso, é imprescindível.

Nesse sentido, Geisa de Assis Rodrigues destaca:

> Basicamente o regime peculiar da solução extrajudicial dos conflitos envolvendo direitos transindividuais pode se resumir a duas regras que devem necessariamente ser observadas, sendo a primeira relacionada à ausência de renúncia e de concessão do direito em jogo, e a segunda no sentido da observância de um sistema que garanta que a vontade manifestada coincida com os interesses dos titulares do direito, seja através da consulta efetiva dos interessados, seja através da presunção de que órgãos públicos poderão adequadamente representar os direitos da coletividade.[25]

Qual seria o limite do acordo processual no compromisso de ajustamento de conduta?

Considerando o interesse público primário, não seria possível, por exemplo, o *pactum de non exequendo*, segundo o qual o credor ou o legitimado extraordinário se comprometeriam a não requerer a execução do compromisso de ajustamento de conduta.

Por idêntica razão, não seria razoável convenção para suprimir a eficácia executiva do compromisso de ajustamento ou de instrumento de transação referendado pelo Ministério Público, nos termos do art. 784, IV e XII, do Código de Processo Civil.

Não se poderia, por convenção, restringir o poder executivo do julgador. Segundo Fredie Didier Jr. e Antonio do Passo Cabral:

> As partes não podem deliberar, por convenção, que o juiz não utilizará alguns meios de coerção para pressionar o litigante a cumprir uma decisão (não podem, v.g., limitar o valor das *astreintes*; não podem também impedir ou limitar a aplicação de multas para sancionar a litigância de má-fé). É que o uso da multa pecuniária não só diz respeito a prerrogativas do Estado-Juiz para emprestar às suas decisões a efetividade necessária, evitando que a própria autoridade estatal fique desacreditada, mas também porque certas multas podem ser impostas *ex officio* pelo juiz, sendo que algumas revertem em favor do Estado ou da União (art. 96 do CPC).[26]

---

[25] RODRIGUES, Geisa de Assis. *Ação civil pública e termo de ajustamento de conduta*: teoria e prática. 2. ed. Rio de Janeiro: Forense, 2006. p. 59.

[26] DIDIER JR., Fredie; CABRAL, Antônio do Passo. Negócios jurídicos processuais atípicos e execução. *Revista de Processo*, v. 275, jan. 2018, p. 200.

Igualmente, não seria razoável renúncia antecipada a recursos. Em se tratando de interesses de relevância social, não seria lícito atribuir ao legitimado extraordinário a renúncia ao direito de recorrer. E, considerando a igualdade processual, essa cláusula limitativa não poderia ser atribuída somente a outra parte. Poder-se-ia discutir a cláusula de não recorrer em acordos celebrados por partes que defendam interesses próprios.

Com fundamento no mesmo interesse público, poder-se-ia, por exemplo, convencionar a proibição de algumas medidas executivas, como a não suspensão da atividade empresarial do executado, garantindo a continuidade da atividade econômica sem possíveis externalidades negativas socioeconômicas, preservando-se o emprego de terceiros.

Admite-se, nessa linha, a possibilidade de convencionar a renúncia à impenhorabilidade de bens disponíveis. Como acentuam Fredie Didier Jr. e Antonio do Passo Cabral, "se é disponível, a impenhorabilidade não pode ser considerada como decorrente de uma regra de ordem pública. Considerar uma regra como de ordem pública e, ao mesmo tempo, renunciável, é pensamento que contraria a lógica jurídica".[27]

A efetivação do direito material de relevância social, seja disponível ou indisponível, não pode ser afetada, sequer indiretamente, por disposição ou acordo processual. Nesse sentido, considerando a natureza do objeto dos compromissos de ajustamento de conduta, entendo muita restrita a incidência, nesse âmbito, do negócio processual.

A propósito da possibilidade da convenção processual como objeto do compromisso de ajustamento de conduta, destaca-se a Resolução 118, de 1º de dezembro de 2014, do Conselho Nacional do Ministério Público, que dispõe sobre a Politica Nacional de Incentivo à Autocomposição no âmbito do Ministério Público.

Segundo o art. 17 da referida Resolução, "as convenções processuais devem ser celebradas de maneira dialogal e colaborativa, com o objetivo de restaurar o convívio social e a efetiva pacificação dos relacionamentos por intermédio da harmonização entre os envolvidos, podendo ser documentadas como cláusulas de termo de ajustamento de conduta".

Contrariamente a essa minha posição mais restritiva, Antonio do Passo Cabral apresenta várias possibilidades da convenção processual em compromissos de ajustamento de conduta:

> [...] inúmeras convenções processuais podem e devem ser utilizadas pelos membros do MP em termos de ajustamento de conduta, de maneira a flexibilizar o procedimento e imprimir eficiência à implementação dos direitos coletivos. Acordos em matéria de competência, convenções probatórias (sobre os meios de prova, sobre o ônus da prova), sobre a duração do processo (calendário, p.ex.), acerca dos recursos (sobre os meios executivos, p.ex), enfim, cada um deles exigiria um esforço próprio e um artigo específico. Aqui, queremos apenas sugerir as inúmeras alternativas de aplicação do instituto.[28]

---

[27] DIDIER JR., Fredie; CABRAL, Antônio do Passo. Negócios jurídicos processuais atípicos e execução. *Revista de Processo*, v. 275, jan. 2018, p. 202.

[28] CABRAL, Antonio do Passo. As convenções processuais e o termo de ajustamento de conduta. In: GODINHO, Robson Renault; COSTA, Susana Henriques da. *Ministério Público*. Salvador:

Concordo com a necessidade de flexibilização do procedimento e com a eficiência na realização dos direitos coletivos, mas insisto em que essa efetivação do direito material de relevância social, seja disponível ou indisponível, não pode ser afetado, nem mesmo indiretamente, por disposição ou acordo processual. Destarte, vejo com limites os acordos processuais no âmbito do compromisso de ajustamento de conduta, considerando, à evidência, a situação de legitimação extraordinária.

Segundo o art. 1º, § 1º, da Resolução CNMP 179, de 26 de julho de 2017, não sendo o titular dos direitos concretizados no compromisso de ajustamento de conduta, não pode o órgão do Ministério Público fazer concessões que impliquem renúncia aos direitos ou interesses difusos, coletivos e individuais homogêneos, cingindo-se a negociação à interpretação do direito para o caso concreto, à especificação das obrigações adequadas e necessárias, em especial ao modo, tempo e lugar de cumprimento, bem como à mitigação, à compensação e à indenização dos danos que não podem ser recuperados.

Subsistiriam ainda outros questionamentos sobre os acordos processuais no compromisso de ajustamento de conduta: não sendo o Ministério Público o proponente do compromisso, haveria a necessidade de sua interveniência para a sua validade? Inclusive para discutir o conteúdo dos acordos processuais?

Como já apontei acima, Geisa Rodrigues[29] defende a obrigatoriedade dessa intervenção no compromisso de ajustamento de conduta.

Em verdade, cumpre às partes a discussão do conteúdo do compromisso. Caberia ao Ministério Público apontar eventual nulidade dessas cláusulas. Nesse sentido, parece acertada a conclusão de Marcos Stefani:

> Quando atua como órgão interveniente, entendemos que o Ministério Público não deve ser parte no negócio jurídico processual. Cabe às partes a celebração do negócio.
>
> Ao Ministério Público caberá a função de verificar e apontar possível nulidade, zelar para combater cláusula que tenha sido inserida de forma abusiva em contrato de adesão e, principalmente, impedir o abuso daquele que litiga contra o vulnerável.[30]

E, no âmbito da relação processual em curso, atuando o Ministério Público como fiscal da ordem jurídica, haveria sua interveniência nos acordos processuais? A resposta se apresenta a mesma. Pode e deve atuar, apontando eventuais nulidades e cláusulas abusivas.

JusPodivm, 2017. p. 207.

[29] RODRIGUES, Geisa de Assis. *Ação civil pública e termo de ajustamento de conduta:* teoria e prática. 2. ed. Rio de Janeiro: Forense, 2006. p. 197.

[30] STEFANI, Marcos. O Ministério Público, o novo CPC e o negócio jurídico processual. In: GODINHO, Robson Renault; COSTA, Susana Henriques da. *Ministério Público.* Salvador: JusPodivm, 2017. p. 221.

O compromisso de ajustamento de conduta pode ser utilizado também como mecanismo de flexibilização procedimental, sem prejuízo das limitações que envolvem a efetividade do direito material.

6. CONCLUSÃO

A reconhecida possibilidade de convenções processuais, por si só, não é certeza de melhor gestão dos processos ou de resolução eficiente dos conflitos.

O reconhecimento da liberdade, do autorregramento da vontade, deve ser associado à superação de uma cultura da litigiosidade.

Nesse sentido, não mais se deve discutir sobre a possibilidade – ou não – dos acordos processuais e compromissos de ajustamento de conduta, mas sim sobre suas hipóteses e os limites dessa incidência relacional.

Em regra, tais compromissos são antecedentes, buscam evitar a demanda. Esse é o melhor propósito. Porém, na eventualidade de seu descumprimento, seja total ou parcial, sobreleva a possibilidade de maior agilidade na promoção do direito material com a implementação dos acordos processuais.

Não se desconsideram, contudo, os limites desse acordo no compromisso de ajustamento de conduta, pois a efetivação do direito material de relevância social, seja disponível ou indisponível, não pode ser afetada, nem mesmo indiretamente, por disposição processual.

A flexibilização do processo não pode infirmar os direitos dos não legitimados a celebrar o compromisso de ajustamento de conduta.

O caminho é promissor e as diretrizes, para tanto, devem ser estudadas e implementadas.

12

A ÉTICA E OS PERSONAGENS DO PROCESSO[1]

Paulo Cezar Pinheiro Carneiro

Gostaria, em primeiro lugar, de lembrar um episódio que me foi contado pelo professor Jacob Dolinger, mas cujos direitos autorais foram apropriados pelo professor Luís Roberto Barroso, sobre uma aula proferida por determinado professor que, ao final, foi vivamente aplaudido especialmente por um dos assistentes que a todo o momento afirmava ter gostado imensamente da aula. O professor então perguntou qual a parte que ele mais tinha gostado, ao que o interlocutor imediatamente, respondeu: o senhor foi breve. Prometo aos senhores que serei breve, mas espero que, ao final, esta não tenha sido a melhor parte da aula.

Quero enfatizar, e agora falo particularmente para os alunos, aos quais se destina prioritariamente esta aula inaugural, que o direito processual tem diversas finalidades.

Uma finalidade jurídica destinada a garantir, na prática, sempre que possível, a observância das regras estabelecidas pelo legislador ordinário nas diversas leis, que regulam a vida em sociedade, tais como: código penal, código civil, código comercial, a consolidação das leis do trabalho e assim por diante. É por meio do processo que se procura restabelecer a ordem jurídica, resolver o conflito de interesses existentes, procurando, através de uma sentença formulada por um juiz, dar a cada um o que é seu.

O processo tem também uma finalidade política, pois é através dele que o Estado cumpre a sua função de prestar jurisdição. Sobre este enfoque, os objetivos do Estado devem, em última análise, refletir os próprios fins a que ele se propõe enquanto ente

---

[1] Este texto – aula magna do ano acadêmico 2000, da Faculdade de Direito da Universidade do Estado do Rio de Janeiro – procura homenagear Humberto Theodoro Júnior como professor emérito, que participou de minha banca de professor titular e que, como advogado, representa todo o ideal ético que o texto busca resgatar.

político, e assim seus agentes devem perseguir os valores que ele considera prioritários de serem alcançados.

Finalmente, tem também o processo escopo social de pacificar com justiça e de educar, de sorte a permitir que as pessoas possam, a um só tempo, independente das diferenças, buscar seus próprios direitos e respeitar os dos outros.

Enfim, podemos afirmar através da reunião destes três escopos e em uma única frase, que o processo se destina a realização da justiça.

Para assegurar o cumprimento destas metas o legislador regulou o direito processual, editando uma legislação complexa, que pudesse estabelecer as regras do jogo, ou seja, o roteiro através do qual o processo deveria se desenvolver, com a prática de atos processuais, bem como o comportamento dos diversos personagens que o integram.

Essa tarefa que levou à sedimentação das bases científicas do direito processual, à sua autonomia como ciência, foi longa e penosa e contou com a colaboração de grandes processualistas, que escreveram seus nomes na história do direito processual.

Os seus princípios como o do devido processo legal, da igualdade das partes, do juiz natural e tantos outros, assim como seus principais institutos: a legitimidade das partes, a sistematização do ato processual e das nulidades, a prova, a coisa julgada, a execução, o processo cautelar e outros, foram construídos e elaborados com a mais fina técnica.

Apesar deste belíssimo trabalho científico, o processo não conseguia alcançar os escopos pretendidos. Ele era individualista, tecnicista, elitizado e conservador. Individualista, porque organizado básica e prioritariamente para atender os embates entre credores e devedores, proprietários e não proprietários, sem qualquer compromisso com o efetivo acesso das camadas mais pobres e das coletividades. Tecnicista, porque eivado de uma visão eminentemente interna, exclusivamente jurídica, sem maior preocupação com as finalidades sociais e políticas que, também, deveriam informar a sua atuação como instrumento para realizar justiça. Elitizado, porque caro, distante, misterioso, desconhecido, verdadeira arena na qual os mais ricos, preparados e com melhores advogados obtêm os resultados mais positivos. Conservador, porque afastado da realidade das ruas, da sociedade, das transformações sociais, estagnado no tempo, longe da efetividade adequada.

Procurando minimizar ao máximo tais problemas foram encetadas no Brasil, a partir da década de 1980, grandes reformas legislativas, em busca de uma justiça que pudesse funcionar para todos, da forma mais rápida possível, igualitária, equânime e que pudesse resultar em uma sentença justa, com a utilização de instrumentos técnicos que seriam direcionados para este fim.

Nessa linha, veio a lei que regulou os juizados de pequenas causas, depois juizados especiais cíveis, que procuravam descentralizar a justiça para que ficasse mais próxima, menos misteriosa e desconhecida da população em geral, favorecendo, especialmente, o acesso das classes menos favorecidas, servindo de palco para a resolução de causas de pequena monta, que praticamente não eram levadas à justiça tradicional. Por outro lado, os juizados tinham a finalidade de educar, de servir de polo onde as pessoas do povo pudessem obter informações sobre os seus direitos em geral e como fazer para torná-los efetivos. Enfim, buscava-se através dos juizados uma justiça gratuita, rápida, desburocratizada, informal, equânime e efetiva.

Nesse mesmo período, agora no plano da defesa coletiva, inúmeros outros diplomas legais vieram a lume, tais como, no ano de 1985, a lei que regula a ação civil pública para defesa de direitos difusos em geral, como aqueles relacionados com o meio ambiente, com a cidadania, com os direitos sociais, com a proteção do patrimônio histórico, a probidade administrativa e outros.

A partir dos anos 1990, tivemos a Lei da Infância e do Adolescente, o Código de Defesa do Consumidor, com normas processuais inovadoras, que procuravam minimizar diferenças existentes entre as partes, como a possibilidade da inversão do ônus da prova. Nessa mesma década inúmeras reformas foram realizadas, especialmente no Código de Processo Civil, muitas das quais voltadas para o comportamento dos personagens do processo, visando, em última análise, alcançar todos os escopos do processo moderno de que antes se falou: o jurídico, o social e o político.

A própria Constituição Federal editada em 1988 teve significativa preocupação com o alcance destas finalidades, consagrando o princípio da igualdade material como objetivo fundamental da República, tendo como meta a construção de uma sociedade livre, justa e solidária com a redução das desigualdades sociais.

Mais uma vez todo esse esforço não foi suficiente para permitir o alcance dos objetivos pretendidos.

Pesquisas realizadas por iniciativa da nossa faculdade de direito sobre o funcionamento dos juizados especiais cíveis e da ação civil pública, as quais tive o privilégio de coordenar[2], revelaram quão longe estamos do processo idealizado como instrumento de efetivo acesso à justiça. A maior parte do público que frequenta os juizados é de pessoas da classe média. No Juizado existente na favela do Pavão e do Pavãozinho não havia sequer uma causa de interesse de uma das pessoas que lá residiam. O acúmulo de serviço, que já começa a ocorrer, impede os cumprimentos dos prazos estabelecidos, enquanto a deficiente prestação de assistência judiciária gratuita compromete a igualdade das partes.

Na ação civil pública, apesar do grande esforço do Ministério Público dos diversos Estados da Federação, os direitos sociais praticamente se encontram sem defesa, enquanto a resolução dos conflitos tem se pautado pelo rigor técnico na interpretação de normas processuais, distanciado de nossa realidade social, com a adoção, muitas vezes, de teses jurídicas que impedem que a ação civil pública possa servir de instrumento eficiente para defesa das coletividades. Basta, para que se tenha uma ideia do problema, examinar um dos dados da pesquisa, que revela que mais da metade das ações cíveis públicas são extintas sem julgamento do mérito. Ainda no campo da defesa coletiva, a demora do processo e mesmo o seu resultado, têm se revelado de forma muito especial, também em decorrência de interpretações técnicas que exigem, de uma das partes, tarefas que elas não podem realizar, seja por incapacidade financeira como a realização de grandes perícias, seja mesmo a produção de uma prova que não está ao seu alcance.

Os dados dessas pesquisas que realizamos, visando primordialmente saber como o processo se desenvolve, como ele é utilizado e trabalhado tecnicamente, refletem, em sua

---

[2] O resultado das pesquisas está publicado no nosso livro: *Acesso à Justiça, Juizados Especiais Cíveis e ação civil pública*. 2. ed. Rio de Janeiro: Forense, 2000.

essência, resultados de pesquisas mais genéricas realizadas por institutos especializados. Para que se tenha uma ideia, em pesquisa realizada no mês de abril de 1999 pela CNT em conjunto com a Vox Populi, 89% das pessoas entrevistadas consideram a justiça demorada, lenta, enquanto 67% acham que ela só favorece os ricos e 58% não confiam nela[3]. Pesquisa realizada pela Fundação Getúlio Vargas em parceria com o Centro de Pesquisa e Documentação de História Contemporânea do Brasil revela que 90,7% dos entrevistados consideram que, no Brasil, a aplicação das leis é mais rigorosa para alguns do que para outros. Apenas 7,9% responderam que a aplicação se dá igualmente para todos. Por outro lado quanto aos direitos mais importantes a proteger, a reclamar, a população quando responde, lembra, em primeiro lugar, dos direitos sociais e, logo depois, os civis, sendo o mais desconcertante um dado, que abrange 56,7% dos entrevistados, ou seja, a metade da população, que não chega sequer a citar um único direito, afirmando não saber ou não querer responder[4].

Toda essa situação leva o jurista a grandes angústias, tanto maiores quando ele percebe que a ciência que ele cultiva, sozinha, não consegue responder a determinadas perguntas que o atormentam. Essa angústia foi revelada com grande intensidade num belíssimo trabalho de Eduardo Couture intitulado "Problemas Gerais do Direito", que escreveu para o livro póstumo em homenagem ao jurista alemão James Goldschmidt, e que foi lido na Faculdade de Direito de Montevidéu, em 1940. São palavras do mestre uruguaio: "na vida de todo o jurista há um momento em que a intensidade do esforço concentrado nos textos legais conduz a um estado de insatisfação. O direito positivo vai se despojando de detalhes e acaba reduzido a algumas grandes teses. Mas, por sua vez, essas grandes teses reclamam um sustentáculo que a própria ciência não lhe pode oferecer. O jurista percebe, então, que algo lhe foge debaixo dos pés e clama pela ajuda da filosofia".

Essa orientação de Eduardo Couture nos leva a refletir, a verificar a utilidade de sair do universo do processo, enquanto instrumento exclusivamente técnico, e buscar no campo de outras ciências, como a Sociologia, a Comunicação, a Política, a Filosofia, reforço, apoio, para um redirecionamento do processo visando, sem jamais perder de vista a técnica, alcançar as finalidades sociais e políticas de que antes se falou. Sob este enfoque o tema do comportamento ético dos personagens do processo coloca-se em posição de destaque. Isto por uma razão muito simples: se o processo é composto de pessoas, não só aquelas que formam a relação jurídica processual, mas, também, de tantas outras que contribuem para o seu desenvolvimento, é evidente que o comportamento, o modo que elas atuam será absolutamente fundamental. Em outras palavras, de nada valerá qualquer tipo de reforma processual, a criação de qualquer instituto mágico, se os personagens do processo não direcionarem as suas atividades para os fins almejados, pois, como afirmava Platão, "não pode haver justiça sem homens justos". Daí a importância do aprofundamento do estudo da ética.

É preciso deixar claro que não pretendemos desenvolver um estudo sobre as teorias éticas da justiça, mas sim a partir de seus enunciados teóricos, buscar elementos que devem informar o comportamento dos principais personagens do processo.

---

[3] Pesquisa publicada no Jornal *O Globo*, de 7 de abril de 1999, p. 5, Caderno O País.
[4] Resultado da pesquisa publicada de Mário Grynszpan em Acesso e recurso à justiça no Brasil, algumas questões. In: PANDOLFI, Dulce et al. (org.). *Cidadania, justiça e violência*. Rio de Janeiro: FGV, 1999.

Praticamente todas as modernas teorias éticas da justiça, de uma forma ou de outra têm em comum os princípios da liberdade e o da minimização das desigualdades[5]. A teoria da justiça desenvolvida por John Rawls se funda basicamente em dois princípios: o primeiro da liberdade e dos direitos humanos fundamentais, e o seu enunciado é que "cada pessoa deve ter direito ao sistema mais largo de liberdade de base igual para todos, compatível com sistema similar para todos os outros"; o segundo princípio, o da diferença, no qual enuncia que "as desigualdades sociais e econômicas devem ser tais que nos limites de um justo princípio, garantam maior vantagem possível aos menos favorecidos". Não é diferente na sua essência a teoria que se tem firmado, especialmente nos países latino-americanos, denominada "da justiça e da ética de libertação", que tem por finalidade a construção de uma nova sociedade baseada na igualdade e na justiça. A justiça é o cerne da ética da libertação, que nada mais é do que a luta para instaurar uma ordem social que possa abranger a todos os cidadãos, sem tolerar nenhuma forma de exclusão e marginalização. Também nesta mesma linha, mas sob um ângulo totalmente diverso, é a teoria da ética e do direito desenvolvida por Perelman no seu excelente livro *Ética e Direito*[6]. Esse autor introduz a categoria do razoável na sua reflexão filosófica sobre o direito, destacando que neste último, ou seja, no direito, as ideias de razão e de racionalidade foram vinculadas, de um lado, ao modelo divino, e do outro, a lógica e a técnica eficaz, enquanto as do razoável e de seu oposto, o desarrazoado, são ligados às reações do meio social e a evolução destas. Considera que nenhum direito pode ser exercido de forma desarrazoada, pois o que é desarrazoado não é direito. Reale centra a sua ideia de justiça no valor da pessoa humana, valor fonte de todos os valores, ambas devem ser consideradas "invariantes axiológicas". O fundamental é que "cada homem possa realizar livremente seus valores potenciais visando a atingir a plenitude de seu ser pessoal, em sintonia com os da coletividade"[7].

É possível também trazer essas principais linhas para o processo. Particularizar estes enunciados na atuação dos principais personagens do processo: o juiz, as partes e seus advogados.

O personagem principal do processo é o juiz. É como se ele fosse o mocinho de um filme, que se espera, muitas vezes em vão, que sempre termine bem. O juiz dirige o processo, exerce o poder de polícia; é quem dá a palavra final sobre o conflito. A sua figura se confunde com a própria ideia de justiça. Ele perde um pouco da sua identidade enquanto ser humano. Para a maioria do povo, não interessa qual é o nome que identifica um determinado magistrado, mas, tão somente, o fato de que ele é um juiz, personifica o justo, a própria justiça enquanto valor. É dele que se espera maior rigor no comportamento, e, portanto, a estrita observância não só das normas éticas que direcionam a atividade jurisdicional, mas também daquelas morais que informam a sua conduta enquanto pessoa. Diferentemente do que ocorre na vida em sociedade, na qual não se exige, como obrigação

---

[5] Sobre esse tema, veja-se o trabalho de Olinto Begoraro (A ética e seus paradigma. In: HUHEN, Leda Miranda (org.). *Ética*. Rio de Janeiro: UAPÊ/Espaço Cultural Barra, 1997, especificamente p. 53-66.
[6] São Paulo: Martins Fontes, 1996.
[7] REALE, Miguel. Estudo sobre os invariantes axiológicos. *Paradigmas da cultura contemporânea*. São Paulo: Saraiva, 1996. p. 95 e ss.

legal, que uma pessoa trate a outra com educação, a Lei Orgânica da magistratura diz que é dever do magistrado tratar as partes com urbanidade, prevendo, inclusive, sanções pelo descumprimento deste dever. Este, o primeiro aspecto de comportamento ético que o juiz deve adotar. É evidente que, dentro dos princípios teóricos que informam as teorias éticas da justiça de que falamos anteriormente, é absolutamente fundamente que o juiz procure, no limite máximo, garantir um razoável equilíbrio de armas utilizadas pelas partes e seus advogados, de sorte evitar que a atuação absolutamente desastrada, sem uma base técnica minimamente razoável, de uma das partes, possa levar à frustração dos fins que informam a atividade jurisdicional. O juiz deve, tanto quanto possível, minimizar as diferenças e, se for o caso, priorizar os interesses mais valiosos em jogo. Julgar com justiça, outro mínimo ético que se exige do magistrado, parece ser uma redundância, mas não é. O importante não é utilizar a técnica processual simplesmente para produção de uma grande quantidade de sentenças, mas sim visar a qualidade delas, ou seja: produzir sentenças justas. O juiz comprometido com a jurisdição dirigirá o processo de forma adequada, evitando desvios, coibindo a litigância de má-fé, fatores que por si só garantirão que ele chegue a bom termo em curto espaço de tempo.

Tão importante quanto os juízes, mesmo que às vezes não sejam os mocinhos, são os advogados. É preciso acabar de vez com a mentalidade de que o grande advogado é aquele que sai vitorioso a qualquer custo. É aquele que, mesmo quando seu cliente não tem razão, consegue através de artifícios e de incidentes processuais levar à loucura o adversário, de tal maneira que ele tenha que capitular, que ele tenha que fazer um acordo que lhe seja absolutamente desfavorável. É preciso de vez acabar com a mística, que nós mesmos incentivamos a todo o momento, de que vale mais um mau acordo do que uma boa causa. Isto é um absoluto absurdo. É um absoluto contrassenso. Não se concebe mais, hoje em dia, que o compromisso do advogado esteja restrito aos interesses da parte que ele representa, ou seja, vale tudo. Só é imoral o comportamento que traz prejuízo ao seu cliente, enquanto aquilo que o beneficia é sempre eticamente correto. O professor José Carlos Barbosa Moreira, em aula inaugural proferida na PUC[8], batizou este tipo de ética com o nome de "fio dental: ele cobre o mínimo que interessa e deixa de fora todo o resto". É preciso ter presente que o advogado exerce um múnus público considerado, pela Constituição Federal, como indispensável para a administração da justiça. Assim, ele deve ter uma atuação ética condizente com os fins públicos que informam a sua profissão. Seria um contrassenso admitir e qualificar alguém como essencial para um determinado fim e ao mesmo tempo permitir que este alguém pudesse ter um comportamento que colocasse em risco tal desiderato. O advogado também é responsável, cabendo-lhe indagar quais os objetivos dos seus clientes e os fins que eles pretendem alcançar com o processo para avaliar se, do ponto de vista ético, deve ou não aceitar o patrocínio[9].

De tudo quanto se disse até agora, seja das teorias éticas da justiça, seja do comportamento dos principais personagens do processo, podemos extrair uma meta, um referencial,

---

[8] Direito e ética no Brasil de hoje. *Temas de direito processual*. Sexta série. São Paulo: Saraiva, 1997. p. 301-308.

[9] Sobre esse tema, veja-se DUBAN, David. *Lawyers and Justice an Ethical Study*. Princeton University Press, 1998.

delimitar um campo ético que deve impregnar o processo, servir de norte para o comportamento de todos os personagens que o integram, principais ou secundários, traduzido numa expressão, a que denominamos de solidariedade.

A solidariedade aqui congrega os participantes do processo, seja em que posição estiverem, sem nenhuma contradição. Todos eles imbuídos de suas próprias e únicas responsabilidades, mas juntos solidários quanto ao fim comum, não permitindo que seus respectivos comportamentos possam se afastar deles. Sob esse aspecto, a solidariedade tem conteúdo único, pois, ela existirá mesmo entre os adversários, entre as partes e seus respectivos advogados, que, apesar de estarem em campos diversos, observarão o dever de lealdade e, portanto, o de veracidade, enfim as regras do jogo, sem que isto possa comprometer a defesa reta dos interesses de seus clientes. Por outro lado, este vínculo moral da solidariedade levará o juiz a dirigir o processo sob o signo da igualdade, garantindo a liberdade das partes, minimizando as diferenças, levando o processo, sempre que possível e prioritariamente, a uma decisão rápida e justa.

Esta nova visão do processo, calcada na solidariedade, se acentua e cresce de importância na medida em que passamos a considerá-lo, não como amontoado de páginas e documentos, mas sim, como algo que tem vida. Nele estão contidas angústias, sonhos, esperanças, liberdade, realizações, enfim ele tem vida. Em todo o processo há um coração que pulsa e, portanto, "uma gota de justiça realizada tem um valor infinito", como afirmava Hauriou.

Assim, o processo passa a congregar dois aspectos que se fundem: o plano técnico e o humano, ou ético, não para criar normas, mas para desvendá-las, descobri-las, potenciá-las, aprimorá-las, interpretando-as na linha dos escopos jurídicos, sociais e políticos do processo moderno, que informam o estado democrático de direito.

Neste passo a ética passa a representar um valor indispensável na busca da construção da justiça.

Se foi possível tocar o coração de vocês, caríssimos alunos, ainda que de forma tênue, já será um bom começo, pois caberá a vocês, amanhã, esta imensa responsabilidade, como futuros juízes, legisladores e advogados, de desenvolver a ética democrática que deve nortear os personagens que participam da atividade processual.

13

A IDENTIDADE FÍSICA DO JUIZ COMO PRINCÍPIO CONSECTÁRIO DO PROCESSO COOPERATIVO

RENATA C. VIEIRA MAIA

Sumário: 1. Introdução. 2. O princípio da identidade física do juiz. 2.1. Breve escorço histórico da identidade física do juiz nos CPCs de 1939, 1973 e 2015. 3. Da identidade física no processo cooperativo do qual se exige contraditório como poder de influência e não surpresa. 4. Conclusão.

1. INTRODUÇÃO

Pela primeira vez o Código de Processo Civil brasileiro, a despeito dos dois anteriores de 1939 e de 1973, não há qualquer menção expressa da necessidade de se observar o princípio da identidade física do juiz. O CPC de 1939, ao contrário do CPC/1973, exigia estrita observância da identidade do julgador que colhia as provas, o vinculando a prolação da decisão judicial. É bem verdade que com o tempo, em virtude da dificuldade encontrada à época, tal princípio acabou mitigado. O que acabou refletindo em sua nova roupagem no CPC de 1973, excecionando algumas hipóteses em que não fosse possível a observância da identidade física do juiz. Já o CPC/2015, ao contrário dos anteriores, sequer o menciona, ainda que de passagem. Dando a impressão, por uma leitura mais apressada, que tal princípio não fora recepcionado pelo Código de Processo Civil de 2015.

O presente ensaio dedicado ao mestre e processualista mineiro, Prof. Humberto Theodoro Júnior, procura demonstrar que o princípio da identidade física do juiz, não obstante a omissão legislativa, é princípio consectário do princípio do contraditório como poder de influência e do processo cooperativo, foi recepcionado pelo CPC/2015. O contraditório como poder de influência e o processo cooperativo não tolera que o juiz, que não participou do diálogo (falar e ser ouvido) e nem da instrução do processo, profira a sentença apenas com base nas provas orais, documentadas por termo, que constam dos autos e do qual não fora por ele presenciada. Assim como não pode ser admitido que na condução do processo cooperativo que um juiz adote um comportamento de diálogo, de interesse[1] pelo processo, seja quando orienta, esclareça, consulte e previna as partes sobre suas alegações e depois, venha outro juiz, que não participou do diálogo e da instrução do processo, profira a sentença. Por decorrência destes dois princípios, restará claro que o juiz da instrução processual é quem deverá proferir a decisão que é construída pela participação em simétrica paridade com as partes.

Tal se deve, porque no processo dialógico e ético há que ser observado o contraditório substancial e não meramente formal, do qual o juiz, tal como sempre defendeu o Prof. Humberto Theodoro Júnior[2], além de garantidor de direitos fundamentais, também é o "diretor técnico do processo" competindo-lhe estabelecer "o diálogo entre as partes para encontrar a melhor aplicação (normativa) da tutela mediante o debate processual e não por meio de um exercício solitário do poder." Do contrário, qual o sentido da adoção do processo cooperativo e o contraditório como poder de influência como normas fundamentais do processo, quando o juiz, o prolator da decisão, se isola na famosa "Torre de Marfim"[3], que não teve o mínimo contato com o mundo exterior e que sequer tenha estado com as partes e com as provas? Nenhum.

Em sede de conclusão restará evidenciado que a identidade física do juiz é princípio que se impõe quando se exige que o processo seja cooperativo e do qual há que ser observado contraditório com poder de influência e não surpresa.

2. O PRINCÍPIO DA IDENTIDADE FÍSICA DO JUIZ

A identidade física do juiz, e por consequência sua imediação com as partes e provas, é considerado como princípio consectário e nuclear do processo oral que exige um juiz mais ativo, participativo e menos distante dos jurisdicionados. Para Giuseppe Chiovenda, o processo oral é aquele pelo qual:

> é o próprio juiz que deve proferir a decisão àquele que recolhe os elementos de sua convicção, quer dizer, o que interroga as partes, as testemunhas, os peritos,

---

[1] Como bem observado por Humberto Theodoro Júnior, "não pode fazer real e efetiva justiça quem não se interessa pelo resultado da demanda e deixa o destino do litigante à sorte e ao azar do jogo da técnica formal e da maior agilidade ou esperteza dos contendores, ou de um deles" (Prova. Princípio da verdade real. Poderes do juiz. Ônus da prova e sua eventual inversão. Provas ilícitas. Prova e coisa julgada nas ações relativas à paternidade (DNA). *Doutrinas Essenciais 100 anos*. Atividade probatória. São Paulo: Revista dos Tribunais, 2011. vol. IV, p. 817).

[2] THEODORO JR., Humberto. Processo justo e contraditório dinâmico. *Revista de Estudos Constitucionais, Hermenêutica e Teoria do Direito – RECHTD*, Ed. Unisinos, jan.-jun. 2010, p. 70.

[3] José Carlos Barbosa Moreira (*Temas de direito processual*: sexta série. São Paulo: Saraiva, 1997. p. 148) reconhecia que o "isolamento excessivo pode contribuir para encerrar os juízes na famosa 'torre de marfim' e fazê-los perder contacto com o mundo exterior, no qual se destinam a surtir efeitos, afinal de contas, as suas deliberações".

e examina por seus próprios olhos os objetos e lugares da controvérsia (princípio da imediação). A fim de que isso se torne possível, impõe-se que o juiz seja a mesma pessoa física do princípio ao fim do tratamento da causa (princípio da identidade do juiz); que as atividades processuais se concentrem em breve período de tempo e se desdobrem sem interrupção, resolvendo-se os incidentes em ato contínuo (princípio da concentração); que o contato entre as partes e o juiz seja imediato, que sirva de meio de comunicação, preferentemente, a viva voz (princípio da oralidade), e que todos os atos processuais se efetivem com a colaboração das partes (princípio da publicidade)[4].

O processo oral se impregna não só dos princípios da identidade física do juiz, da imediação, como da concentração, da realização de atos orais, da publicidade, paridade de armas e outros. Permitindo assim, que haja a participação cada vez mais ativa do juiz e dos interessados na elaboração e participação do provimento final. O processo oral é "um processo participativo, informal, humanizado e socializado, marcado pelo diálogo entre todos os sujeitos (juiz, partes, testemunhas, servidores, peritos etc.), que se encontram e cooperam, cada um exercendo adequadamente o seu papel, agindo com ética e interesse de realizar a justiça"[5].

O princípio da identidade física do juiz, mais do que qualquer outro princípio, está intimamente ligado ao princípio da imediação[6] e o da concentração dos atos. De nada adiantaria a identidade física do juiz sem a imediação ou vice-versa, e sem que os atos fossem proferidos pelo juiz após longos meses e anos[7]. Esses princípios compõem a tríade do processo oral e se encontram umbilicalmente interligados, tanto é que Chiovenda advertia que:

> É claro, com efeito, que tanto a oralidade quanto a imediação são impraticáveis se os diversos atos processuais se desenvolvem perante pessoas físicas a cada trecho variadas; pois que a impressão recebida pelo juiz que assiste a uma ou mais atos não se pode transfundir no outro que tenha de julgar, mas somente se lhe poderia transmitir por meio da escrita, e, em tal hipótese, o processo, que seria oral em relação ao juiz instrutor, tornar-se-ia *(sic)* escrito relativamente ao

---

[4] CHIOVENDA, Giuseppe. *Instituições de direito processual civil*. Trad. Paolo Capitanio e anotações de Enrico Tullio Liebman. 4. ed. Campinas: Bookseller, 2009. p. 177-178.

[5] CALMON, Petrônio. O modelo oral de processo no século XXI. *Revista do Processo – RePro*, São Paulo: RT, n. 178, 2009, p. 48.

[6] De tão ligados que são referidos princípios (identidade do juiz e imediatidade), que se pode afirmar que o princípio da identidade física do juiz é absorvida pela imediação (ALONSO, Carlos de Miguel y. El principio de la inmediación dentro del sistema formal de la oralidad. *Boletin Mexicano de Derecho Comparado*, México: Instituto Investigaciones Juridicas – UNAM, n. 24, 1975, p. 793).

[7] CAPPELLETTI, Mauro. *La testimonianza della parte nel sistema dell'oralità* – contributo alla teoria della utilizzazione probatoria del sapere delle parti nel Processo Civile. Milão: Giuffrè, 1962. vol. 1, p. 128.

julgador. (...) É como se o processo fosse um quadro, uma estátua, um edifício, que um artista pode esboçar e outro concluir, e não uma cadeia de raciocínios, que exige, quanto seja possível a unidade da pessoa, que o realiza[8].

Pelo princípio da identidade física do juiz não é possível que seja iniciada a instrução por um juiz e que outro, que nada viu ou ouviu ou interagiu com as partes, profira a decisão. O processo não é, como afirmado por Chiovenda[9], um quadro, nem um edifício e muito menos uma obra qualquer que possa ser iniciada por um e concluída por outro. Não se permite por este princípio que o juiz que não participou da instrução probatória decida com base em impressões recebidas por outro juiz.

Do contrário, a influência exercida pela interação das partes, dos testemunhos que é realizado em diálogo, por meio de um debate oral, transmuda-se numa prova escrita, cujo convencimento do juiz já não será tão pleno e o poder de influência das partes e testemunhas será reduzido a letra morta e fria, como é a escrita. A prova oral colhida por quem não venha a ser o prolator da sentença, nada mais é do que uma prova escrita[10]-[11].

Piero Calamandrei advertia que o juiz não pode apenas se limitar a ler e aplicar uma solução hipoteticamente prevista no código, porque a ele cabe "buscar em seu íntimo sentido de justiça uma solução 'caso por caso', fabricada, por assim dizer, não em série, mas sob medida"[12]. E para tanto é necessário estar em contato, em franco diálogo, com as partes.

O papel do juiz não se reduz a mera aplicação de silogismos, porque se assim fosse, seria pobre, estéril. O papel do juiz é algo melhor, é a própria "criação que emana de uma consciência viva, sensível, vigilante, humana. É precisamente este calor vital, este sentido de contínua conquista, de vigilante responsabilidade que é necessário apreciar e incrementar"[13].

Logo, o dever do juiz na condução do processo não pode se reduzir a mera condição de espectador do duelo que é travado entre as partes[14], não pode ele relegar a outro juiz a

---

[8] CHIOVENDA, Giuseppe. Instituições de direito processual civil, 2009, p. 1.006-1.007.
[9] CHIOVENDA, Giuseppe. Instituições de direito processual civil, 2009, p. 1.006-1.007.
[10] Tavolari Oliveros reconhece que: "es, como sabemos, en la exposición oral de los relatos, en los que cobran toda su relevancia, el lenguaje no verbal o corporal, el de los gestos, de las expresiones, de los tonos de voz, el de los silencios, el de los balbuceos, que terminan constituyendo aspectos irreproducibles en actas y, casi, me atrevo a pensar, difícilmente advertibles en reproducciones de imágenes y sonido" (OLIVEROS, Raúl Tavolari. *Chile – La prueba entre la oralidad y la escritura*. Valência: Universitat de Valencia, 2008. p. 408).
[11] TARUFFO, Michele. *Oralidade y escritura como factores de eficiência en el proceso civil*. Valência: Universitat de Valencia, 2008. p. 213-214.
[12] CALAMANDREI, Piero. *Proceso y democracia*. Trad. Héctor Fix-Zamudio. Lima: Ara Editores, 2006. p. 69.
[13] Idem, ibidem.
[14] THEODORO JR., Humberto. *Curso de direito processual civil* – Teoria geral do direito processual civil, processo de conhecimento e procedimento comum. 56. ed. rev., atual. e ampl. Rio de Janeiro: Forense, 2015. vol. I, p. 427

prolação da decisão do qual não participou da instrução, do diálogo, ou seja, do que vem sendo chamado da comunidade de trabalho (*Arbeitsgemeinschaft*). A revalorização do papel do juiz surge justamente após grandes movimentos reformistas[15], dentre eles, o da oralidade, que sempre defendeu o papel mais ativo para o juiz na condução do processo, garantindo-lhe a sua identidade física e a imediação na participação, exigindo por outro lado que a decisão seja proferida num curto espaço de tempo.

Bentham afirmava que cisão de duas funções (a de colher as provas e a de decidir) não apresenta qualquer utilidade, porque "o juiz que não ouviu as testemunhas, nunca poderá estar assegurado de que as peças escritas representem fielmente o testemunho oral, nem que este tenha refletido exatamente e completamente o que se deu na sua origem"[16]. Tanto se faz necessária a presença do juiz nas audiências que havendo alteração entre o juiz que presenciou e que colheu as provas e o que virá a proferir a sentença, o melhor a fazer é repetir[17] todo o debate diante do juiz que irá efetivamente julgar o processo.

A prova realizada frente aos olhos, ouvidos e percepção do próprio juiz que irá julgar a causa é que se mantém como prova apta a influenciá-lo, pois só o juiz que a colheu terá percebido as impressões que são impossíveis de serem transpostas para a escrita.

Em audiência, sabe-se que não é só o falar que é levado em consideração, mas também o olhar, o comportamento[18], os gestos, o modo, a insegurança e até mesmo o silêncio e tergiversações. Enfim, na sala de audiência é observada a linguagem corporal que também é analisada e ponderada pelo juiz no momento em que irá proferir a sua decisão. Não podendo

---

[15] Reconhece o professor Humberto Theodoro Júnior que foi "após os grandes movimentos reformistas pela oralidade e pela instauração do princípio autoritário, implementou um ativismo judicial, privilegiando a figura do juiz. Passou, assim, o Estado Constitucional democrático, com a releitura do contraditório, a permitir uma melhora da relação juiz-litigantes. Com isso, garantiu um efetivo diálogo, e comunidade de trabalho, (*Arbeitsgemeinschaft*) entre os sujeitos processuais na fase preparatória do procedimento (audiência preliminar para fixação dos pontos controvertidos)" (THEODORO JR., Humberto. Processo justo e contraditório dinâmico. *Revista de Estudos Constitucionais, Hermenêutica e Teoria do Direito – RECHTD*, Ed. Unisinos, jan.-jun. 2010, p. 69).

[16] BENTHAM, Jeremias. Tratado de las Pruebas Judiciales. Trad. Don José Gomez de Castro. Madri: Imprensa de Don Gomes Jordan, 1835. p. 148-149. Tradução livre do original: "El juez que no ha oido á los testigos, nunca puede quedar asegurado de que las piezas escritas representen fielmente el testimonio oral, ni que este haya sido exacto y completo en su origen".

[17] Quanto ao tema em questão, reconhece Peyrano que razão assiste a Ortells quando este afirmar que no processo oral há necessidade de "que sólo los jueces y magistrados que, integrando el órgano jurisdiccional, han presenciado y dirigido la práctica de los medios de prueba en los actos del juicio o de la vista, pueden dictar sentencia en el proceso correspondiente" (PEYRANO, Jorge W. Nuevos horizontes de la oralidad y de la escritura. *Revista eletrônica. Temas Atuais de Processo Civil*, vol. 2, n. 5, maio 2012, p. 14).

[18] É inquestionável que, como reconhecia por Barbosa Moreira, a parte exerce influencia no julgamento, sendo "possível que impressione e até comova algum juiz a figura viva e próxima da vítima do acidente, ou da mulher que alega maus-tratos por parte do marido" (BARBOSA MOREIRA, José Carlos. *Temas de direito processual*: sexta série. São Paulo: Saraiva, 1997. p. 159).

ele, na decisão, deixar de, racionalmente, indicar as razões e motivos pelos quais acolhe ou rejeita este ou aquele argumento, sobretudo quanto às provas produzidas, que "deve abranger, em princípio, toda a prova e não apenas esta ou aquela produzida pelo autor, mas também a produzida pelo réu e até mesmo a produzida *ex* ofício"[19].

Não há como conceber a figura do juiz instrutor (que participou do diálogo e que colheu as provas orais) dissociada do juiz prolator da sentença que existia no processo comum. Nesses casos, assim como o que ocorre no Brasil, pela existência dos assessores e constantes mudanças dos juízes das comarcas, não há qualquer vantagem ao contraditório em seu novo redimensionamento que é de influir e de não surpresa. A separação das funções de colher as provas e de decidir o processo é nefasto e inconveniente, uma vez que o juiz prolator da decisão que não esteve presente nas audiências e nem teve a oportunidade de entabular um diálogo com as partes e testemunhas, não terá condições de proferir uma decisão com base nas suas impressões imediatas. Daí surgindo a necessidade de concentração dos atos, para que as impressões não se percam com o tempo.

Essa figura dissociada do juiz que julga e do juiz que instrui, significa também a renúncia da imediatidade na assunção da prova, fazendo com que a prova que era oral se torne uma prova escrita, que pouca influência irá exercer pela ausência da participação do juiz em simétrica paridade com as partes em um diálogo, do qual "é absolutamente imprescindível que a audiência seja presidida, ao longo de toda realização, pelo juiz"[20]. Pois só assim será eficaz a audiência realizada que terá atingido o seu objetivo[21].

É nisto que consiste a arte do processo, a arte de saber administrar as provas, de ouvir as partes, para, por meio delas, extrair o quanto possível a veracidade dos fatos alegados, estando o juiz, após amplo debate, apto a proferir sua decisão demonstrando o caminho racional para o seu convencimento.

É por meio dos princípios da identidade física do juiz e da imediação que se assegura ao juiz o conhecimento direto do objeto da demanda[22]. Cabe ao juiz que colheu as provas e que esteve em contato direto com as partes o dever de proferir a sentença. Do contrário, se se permite que um juiz instrua o processo e outro profira a decisão, maculado estará o processo que deseja ser cooperativo. Até porque, como diz Alcalá-Zamora[23], essas sentenças baseadas em provas colhidas por outro juiz, é uma sentença fundada em um "conhecimento incompleto".

---

[19] BARBOSA MOREIRA, José Carlos. O que deve e o que não deve constar na sentença. *Revista da EMERJ*, Rio de Janeiro, v. 2, n. 8, 1999, p. 47.

[20] BARBOSA MOREIRA, José Carlos. *Temas de direito processual*: quarta série. São Paulo: Saraiva, 1989. p. 139.

[21] THEODORO JR., Humberto. Processo justo e contraditório dinâmico. *Revista de Estudos Constitucionais, Hermenêutica e Teoria do Direito – RECHTD*, Ed. Unisinos, jan.-jun. 2010, p. 69.

[22] SIMÓN, Luis María. *Uruguay* – La prueba entre la oralidad y la escritura. Valência: Universitat de Valencia, 2008. p. 392.

[23] CASTILLO, Niceto Alcalá-Zamora y. *Introducción al Estudio de la Prueba*. Estudios de Derecho Probatorio. Concepción: Universidad Chile, 1965. p. 121.

2.1. Breve escorço histórico da identidade física do juiz nos CPCs de 1939, 1973 e 2015

O primeiro Código de Processo Civil unificado, de 1939, considerado por Lopes da Costa[24] como um marco em busca do progresso científico do direito processual brasileiro, também foi tachado de ser portador de inúmeras imprecisões terminológicas. De acordo com Cândido Dinamarco[25], o CPC/1939 ficou aquém das conquistas científicas de seu próprio tempo, mas o que não o impede de reconhecê-lo como um código moderno, por se adequar às grandes conquistas mundiais do processo civil da época, tais como, as novas tendências de publicização do processo, reforçando os poderes inquisitoriais do juiz, apoiado no sistema do processo oral[26].

O processo oral, nos moldes propostos por Giuseppe Chiovenda[27], empolgara os elaboradores do anteprojeto, que tudo fizeram para que o projeto de lei do primeiro Código unificado o adotasse. Tanto é que o CPC de 1939 influenciado pela doutrina Chiovendiana[28] encampou muitos dos princípios dele consectários, tais como a identidade física do juiz (art. 120[29] do CPC/1939); a imediação (arts. 246, 267, 268 e 270 do CPC/1939) a concentração de atos (art. 112 do CPC/1939), entre outros.

---

[24] COSTA, Alfredo Araújo Lopes da. *Direito processual civil brasileiro*. Rio de Janeiro: Forense, 1959. vol. I, p. 22

[25] DINAMARCO, Candido Rangel. Liebman e a cultura processual brasileira. In: YARSHELL, Flávio Luiz; MORAES, Mauricio Zanoide de (coords.). *Estudos em homenagem à professora Ada Pellegrini Grinover*. São Paulo: DPJ Editora, 2005. p. 489.

[26] DINAMARCO, Candido Rangel. *A reforma do Código de Processo Civil*. 3. ed. São Paulo: Malheiros, 1996. p. 23.

[27] Liebman e, posteriormente, Barbosa Moreira reconheceram que o Código de Processo Civil de 1939 estava impregnado das inspirações Chiovendianas (CHIOVENDA, Giuseppe. *Instituições de direito processual civil*. Trad. e notas por Enrico Tulio Liebman. p. 1.008-1.009, nota 574 e BARBOSA MOREIRA, José Carlos. *Temas de direito processual*: terceira série. São Paulo: Saraiva, 1984. p. 57).

[28] Tanto o CPC brasileiro como o português de 1939, coincidentemente, "foram leis profundamente inovadoras, que objetivaram implantar um modelo de processo dominado pelos princípios da oralidade, da concentração, da imediação, da participação ativa do juiz, e nessa medida exibiam a marca de ideias nutridas e trabalhadas em países de língua alemã" (BARBOSA MOREIRA, José Carlos. A influência do direito processual civil Alemão em Portugal e no Brasil. *Temas de direito processual*: quinta série. São Paulo: Saraiva, 1994. p. 181).

[29] "Art. 120. O juiz transferido, promovido ou aposentado concluirá o julgamento dos processos cuja instrução houver iniciado em audiência, salvo si o fundamento da aposentação houver sido a absoluta incapacidade física ou moral para o exercício do cargo. O juiz substituto, que houver funcionado na instrução do processo em audiência, será o competente para julgá-lo, ainda quando o efetivo tenha reassumido o exercício.

Parágrafo único. Si, iniciada a instrução, o juiz falecer ou ficar, por moléstia, impossibilitado de julgar a causa, o substituto mandará repetir as provas produzidas oralmente, quando necessário" (CPC de 1939).

Dentre esses princípios que, em maior ou menor grau, orientam o processo oral, indubitavelmente, foi o princípio da identidade física do juiz que maior peso exerceu para preservá-lo. Tamanha era a sua exigência que, por ironia, foi este princípio que acabou se tornando o vilão do processo oral no CPC de 1939, cujo rigor acabaria sendo atenuado pelos regimentos internos dos tribunais e pela jurisprudência e, depois mitigado pelo Código de Processo Civil de 1973, que criou vias alternativas com a possibilidade de repetição de provas[30].

Os princípios da imediação e o da identidade física do juiz tal como previstos no CPC de 1939 não mereceram o mesmo destaque e consideração no CPC de 1973. O princípio da identidade física do juiz no CPC de 1973 acabou sendo relativizado, o que se justificou pela desconfiança e enorme resistência[31] dos processualistas pela adoção do processo oral, nos moldes como preconizado no Código de Processo Civil de 1939. O que fez com que o princípio da identidade física do juiz, no CPC de 1973, fosse mitigado, afastando-se o rigorismo excessivo de sua adoção, com criação de vias alternativas como, por exemplo, a possibilidade de repetição de provas desde que assim entendesse o juiz.

Dispunha o art. 132 do CPC de 1973, com redação dada pela Lei 8.637, de 31.03.1993, que "o juiz, titular ou substituto, que concluir a audiência julgará a lide, salvo se estiver convocado, licenciado, afastado por qualquer motivo, promovido ou aposentado, casos em que passará os autos ao seu sucessor". Dando, no entanto, oportunidade ao juiz que não tivesse participado da instrução do processo, caso assim entendesse necessário, o de mandar repetir as provas já produzidas.

As exceções tal como previstas no próprio art. 132 do CPC/1973, afastou a aplicação irrestrita do princípio da identidade física do juiz, que não era absoluto tal como o fora no CPC de 1939. E, por consequência, a jurisprudência do STJ[32] se firmou no sentido de analisar o princípio da identidade física do juiz exigido no CPC/1973 em conjunto com o princípio da instrumentalidade do processo, e se respeitado o devido processo legal e a inexistência

---

[30] GUEDES, Jefferson Carús. *O princípio da oralidade* – procedimento por audiências no direito processual civil brasileiro. São Paulo: Ed. RT, 2003. p. 44.

[31] O receio era tamanho, que Moniz Aragão noticia que Buzaid teria demonstrado a sua preocupação por eliminar todos os males que atravancaram o processo civil vigente até então, destacando-se dentre eles todos aqueles princípios vinculados ao processo oral, tais como a: "a inflexibilidade da regra da identidade da pessoa física do juiz, com a irrecorribilidade dos interlocutórios, com a imprescindibilidade da audiência de instrução e julgamento e o debate oral, que lhe deveria ser o clímax, e tantos outros casos em que o insucesso da experiência ou a penosa situação por ela criada estavam a exigir uma revisão da revisão que se fizera nos institutos tradicionais" (ARAGÃO, E. D. Moniz de. Sobre a reforma processual. *Doutrinas essenciais de processo civil*. São Paulo: Ed. RT, vol. 1, out. 2011, p. 505).

[32] "A Corte Especial do STJ firmou entendimento no sentido de que o princípio da identidade física do juiz não tem caráter absoluto. Assim, desde que não se vislumbre, no caso concreto, prejuízo a alguma das partes, é de se reconhecer como válida sentença proferida por juiz que não presidiu a instrução, ainda que tenha decidido como substituto eventual, em regime de mutirão" (STJ, AgRg no Ag 624.779/RS, Rel. Min. Castro Filho, Corte Especial, *DJe* 17.11.2008). Orientação seguida nos julgados que se seguiram, como por exemplo: REsp 1.595.363/RJ, Rel. Min. Nancy Andrighi, Terceira Turma, j. 04.04.2017, *DJe* 10.04.2017; e REsp 1.567.701/AC, Rel. Min. Herman Benjamin, Segunda Turma, j. 21.09.2017, *DJe* 09.10.2017.

de efetivo prejuízo às partes, não havia razão ou motivo que justificasse a invalidade da sentença, por entender que este princípio não era absoluto e sim relativo.

O CPC de 2015, em contraposição aos dois Códigos de Processo Civil anteriores, nada dispôs acerca do princípio da identidade física do juiz, nem mesmo lhe dedicando uma passagem sequer quanto à observância ou não deste princípio. O que, no entanto, não pode ser considerado que tal princípio deixou de ser observado no processo civil brasileiro.

A ausência de previsão legal dispondo sobre o princípio da identidade física do juiz, não implica dizer que o mesmo não fora recepcionado.

Mas não é o que se verifica. A terceira turma do STJ, por ocasião do julgamento do AgInt no REsp 1.483.850/SP[33], ocorrido no dia 13 de março de 2018, em voto do relator, Ministro Paulo de Tarso Sanseverino, entendeu que a identidade física do juiz vigente à época do CPC/1973, não mais se encontra "prestigiado" no CPC/2015. Reafirmando o Ministro relator, no entanto, que "não há dúvidas de que o ideal seria resguardar-se a identidade entre o juiz que esteve em contato com os depoentes e aquele que venha, após, a sentenciar o feito".

Contudo, embora o Ministro Paulo de Tarso Sanseverino entenda ser este o ideal, qual seja, resguardar a identidade física do juiz, reconheceu ele que essa exigência perdeu sua força[34] diante do excesso de demandas no Judiciário, o que faz com que este princípio ceda espaço para outro princípio da duração razoável do processo, e que as sentenças sejam proferidas por juízes que não participaram da instrução do feito, como é o caso que ocorre nos mutirões.

No entanto, não há como concordar com essa visão utilitarista, sobretudo, no vigente Código de Processo Civil que, não obstante a ausência de previsão legal expressa, recepciona a identidade física do juiz quando lhe confere "o dever de gerenciar o processo, adotando medidas para a boa condução da causa, visando a concretização de um processo justo, célere e efetivo"[35]. Afinal, como reforça Humberto Theodoro Júnior, na atualidade, o juiz não é só o "diretor (formal e material do processo)", mas também, necessariamente, tem por função a de garantir "às partes a manutenção da possibilidade de também participar ativamente do processo"[36].

---

[33] STJ, AgInt no REsp 1.483.850/SP, Rel. Min. Paulo de Tarso Sanseverino, 3ª Turma, j. 13.03.2018, DJe 20.03.2018.

[34] De acordo com Ministro Paulo de Tarso Sanseverino: "Essa assertiva, entretanto, perde força na dinâmica atual da prestação jurisdicional, em que o volume de processos, de sentenças por prolatar e recursos por julgar, dilata-se exponencialmente, pelo que são plenamente hígidos mutirões realizados para garantir-se a duração razoável do processo, e juízos auxiliares são deslocados, rotineiramente, para determinadas comarcas, de modo a bem fazer cumprir o fim último a que se presta o processo, qual seja, o julgamento da causa e a solução do conflito. É neste panorama que há de se exigir da parte que pretende ver anos a fio de tramitação do processo anulada a demonstração do prejuízo, o que, como afirmei em sede monocrática, não se apresenta".

[35] THEODORO JR., Humberto. Curso de direito processual civil – teoria geral do direito processual civil, processo de conhecimento e procedimento comum. 56. ed. rev., atual. e ampl. Rio de Janeiro: Forense, 2015. vol. I, p. 422.

[36] THEODORO JR., Humberto. Processo justo e contraditório dinâmico. Revista de Estudos Constitucionais, Hermenêutica e Teoria do Direito – RECHTD, Ed. Unisinos, jan.-jun. 2010, p. 66.

Não se pode permitir que, em prol de uma pretensa celeridade[37], sejam renunciadas garantias ao devido processo legal ou processo justo. Não se pode olvidar, como defendia Ada Pellegrini Grinover, que a "adoção de novas fórmulas e de esquema renovados, capazes de tornar a justiça mais ágil e mais acessível, não significa o abandono de princípios que representaram e ainda representam importantíssimas conquistas, adquiridas para sempre pela ciência processual"[38], como a imediação e a identidade física do juiz.

Do contrário, como adverte Michele Taruffo[39], é necessário saber sob qual critério deve ser aferida a eficiência do processo, se deve ser a resolução do conflito com uma decisão justa ou se apenas deve ser verificado a rapidez e menor custo, pouco importando a qualidade da decisão. Se os critérios de eficiência forem só o tempo e o custo, bastaria, por exemplo, jogar a moeda para cima e dependendo do lado que caísse seria decidido o processo. E, nesse caso, quanto mais célere e econômica for a resolução do processo, tanto mais eficiente ele seria.

No entanto, se o critério para medir a eficiência é que o processo seja encerrado por "uma resolução de conflito por meio de uma decisão justa"[40], o grau de eficiência deve ser buscado não só pela celeridade e custo, mas também com base nos fatores de qualidade e o fundamento da decisão, com estrita observância da identidade física do juiz, que conduziu, que gerenciou o processo, que participou efetivamente da comunidade de trabalho e dialogou e interagiu com as partes e testemunhas.

Ou seja, há que verificar se a decisão proferida está devidamente embasada nas provas e nas alegações deduzidas pelas partes. Tendo-se por eficiente o processo que, além de célere, seja menos oneroso e encerrado com uma decisão que aprecie o mérito de forma completa, de acordo com o conjunto probatório constante dos autos, e que tenha refletido o melhor direito aplicado ao caso[41].

---

[37] Até porque, se fosse pela celeridade, é inquestionável que "non si nega che il processo orale sia, per altre ragioni, più celere di quello scritto, non foss'altro perchè si evitano molti formalismi nella fase della istruzione probatoria, come meglio vedremo. Ma la fase preparatoria del dibattimento sarà altrettanto o più laboriosa di quella del processo scritto" (CAPPELLETTI, Mauro. *La testimonianza della parte nel sistema dell'oralità* – contributo alla teoria della utilizzazione probatoria del sapere delle parti nel processo civile. Milão: Giuffrè, 1962, vol. 1, p. 129).

[38] GRINOVER, Ada Pellegrini. *O processo em sua unidade – II. Processo trabalhista e processo comum*. Rio de Janeiro: Forense, 1984. p. 132.

[39] TARUFFO, Michele. Oralidade y escritura como factores de eficiência en el proceso civil. In: CARPI, Federico; RAMOS, Manuel Ortells (org.). *Oralidad y escritura en un proceso civil eficiente* – ponencias generales e informes nacionales. València: Universitat de Valencia, 2008. vol. I, p. 206-207.

[40] TARUFFO, Michele. Oralidade y escritura como factores de eficiência en el proceso civil..., 2008, p. 207.

[41] MAIA, Renata C. Vieira. *A efetividade do processo de conhecimento mediante a aplicação do processo oral*. Tese de Doutorado. Belo Horizonte: UFMG, 2015, p. 229.

3. DA IDENTIDADE FÍSICA NO PROCESSO COOPERATIVO DO QUAL SE EXIGE CONTRADITÓRIO COMO PODER DE INFLUÊNCIA E NÃO SURPRESA

O processo cooperativo[42] é norma fundamental do processo e encontra-se positivado no art. 6º do CPC/2015. Para Humberto Theodoro Júnior, tal exigência decorre do processo justo tal como concebido pela ordem constitucional que "impõe-se uma comparticipação de todos os seus sujeitos no *iter* de construção do provimento com que o juiz definirá a solução do litígio". Logo, o processo "não é obra do juiz nem das partes, já se transformou num sistema de cooperação, em simetria de posições entre as partes e o órgão judicante"[43].

Assim também reconhece Fredie Didier Júnior, do qual o princípio da cooperação surge como consectário dos princípios do devido processo legal, da boa-fé processual e do contraditório. Cuja característica máxima, pelo redimensionamento do contraditório, foi "a inclusão do órgão jurisdicional no rol dos sujeitos do diálogo processual, e não mais como um mero espectador do *duelo* das partes"[44].

E, por consequência desse reposicionamento do juiz como sujeito do diálogo, do debate processual, surgem condutas a serem observadas tanto pelas partes como pelo órgão jurisdicional, cabendo a este último uma dupla posição:

> Mostra-se paritário na condução do processo, no "diálogo processual", e "assimétrico" no momento da decisão; não conduz o processo ignorando ou minimizando o papel das partes na "divisão do trabalho", mas, sim, em uma posição paritária, com diálogo e equilíbrio[45].

Nesse sentido, reconhece e adverte Humberto Theodoro Júnior que pelo contorno do processo justo implica forçosamente o juiz de:

> participar do diálogo com as partes, antes de qualquer decisão, e pelo reconhecimento de que aos litigantes não se acha garantido apenas o direito de falar no processo, mas de ser ouvido e de influir efetivamente na preparação e formulação do ato judicial que ditará a justa composição do litígio[46].

---

[42] O processo cooperativo, também chamado de comparticipativo, é aquele que "leva a sério o contraditório como influência e não surpresa de modo a garantir influência de todos na formação e satisfação das decisões" (THEODORO JR., Humberto; NUNES, Dierle; BAHIA, Alexandre Melo Franco; PEDRON, Flávio Quinaud. *Novo CPC – fundamentos e sistematização*. Rio de Janeiro: Forense, 2015. p. 60).

[43] THEODORO JR., Humberto. *Curso de direito processual civil – teoria geral do direito processual civil, processo de conhecimento e procedimento comum.* 56. ed. rev., atual. e ampl. Rio de Janeiro: Forense, 2015. vol. I, p. 426.

[44] DIDIER JÚNIOR, Fredie. Os três modelos de direito processual: inquisitivo, dispositivo e cooperativo. *Revista de Processo*, São Paulo: RT, vol. 198, ago. 2011, p. 210.

[45] Idem.

[46] THEODORO JR., Humberto. *Curso de direito processual civil – teoria geral do direito processual civil, processo de conhecimento e procedimento comum.* 56. ed. rev., atual. e ampl. Rio de Janeiro: Forense, 2015. vol. I, p. 426.

Luigi Paolo Comoglio reconhece que o processo justo[47]-[48] é aquele que se ajusta ao modelo proposto pelo processo oral, por permitir essa efetiva participação dos interessados, que detém o direito de ser ouvido. O que só pode ocorrer por meio de um debate oral, realizado em ao menos uma audiência, conduzida de forma oral e não apenas por meio de troca de alegações escritas.

O processo cooperativo exige uma participação ativa de todos, sobretudo do juiz, de quem se espera uma condução consentânea, dialógica e interessada pelo processo[49], como também a participação substancial das partes com influência e de não surpresa na preparação e formação da decisão[50]. O processo "cooperativo/comparticipativo"[51] não coaduna com o juiz desinteressado e que assista inerte a instrução do processo. Tanto é que o diálogo judicial torna-se, "autêntica garantia de democratização do processo"[52] cuja matéria se vincula, como afirmado por Carlos Alberto Alvaro de Oliveira:

> ao próprio respeito à dignidade humana e aos valores intrínsecos da democracia, adquirindo sua melhor expressão e referencial, no âmbito processual, no princípio do contraditório, compreendido de maneira renovada, e cuja efetividade não significa apenas debate das questões entre as partes, mas concreto exercício do direito de defesa para fins de formação do convencimento do juiz, atuando, assim, como anteparo à lacunosidade ou insuficiência da sua cognição[53].

O que exige, para tanto, "mais aguda atividade do juiz, instado a participar de forma mais intensa no processo e em particular na investigação dos fatos. Trata-se de confiar-lhe direção efetiva e não apenas formal do processo"[54].

---

[47] COMOGLIO, Luigi Paolo. Garanzie minime del "giusto processo" civile negli ordinamenti ispano-latinoamericani. *Revista de Processo*, São Paulo: RT, vol. 112, out. 2003, p. 163.

[48] COMOGLIO, Luigi Paolo. Etica e técnica del "Giusto Processo". Torino: Ed. Giappichelli, 2004. p. 180-184.

[49] O interesse na condução do processo não se confunde no interesse de beneficiar uma ou outra parte. Nesse sentido, valiosa é a lição de Barbosa Moreira ao reconhecer que: "Uma coisa, com efeito, é proceder o juiz, movido por interesses ou sentimentos pessoais, de tal modo que se beneficie o litigante cuja vitória se lhe afigura desejável; outra coisa é proceder o juiz, movido pela consciência de sua responsabilidade, de tal modo que o desfecho do pleito corresponda àquilo que é o direito no caso concreto. A primeira atitude obviamente repugna ao ordenamento jurídico; a segunda só pode ser bem vista por ele" (BARBOSA MOREIRA, José Carlos. Sobre a "participação" do juiz no processo civil. *Temas de direito processual*: quarta série. São Paulo: Saraiva, 1989. p. 62-63).

[50] THEODORO JR., Humberto; NUNES, Dierle; BAHIA, Alexandre Melo Franco; PEDRON, Flávio Quinaud. *Novo CPC – fundamentos e sistematização*. Rio de Janeiro: Forense, 2015. p. 61.

[51] Ibidem, p. 64.

[52] OLIVEIRA, Carlos Alberto Alvaro de. Garantia do contraditório. *Garantias constitucionais do processo civil*. São Paulo: RT, 1999. Disponível em: <http://www.ufrgs.br/ppgd/doutrina/oliveir1.htm>. Acesso em: 4 maio 2018.

[53] Ibidem, p. 3.

[54] OLIVEIRA, Carlos Alberto Alvaro de. Poderes do juiz e visão cooperativa do processo. *Revista de Direito Processual Civil*, Curitiba: Gênesis, n. 27, 2003, p. 2.

Logo, se o juiz no processo cooperativo, assim como no processo oral, deve participar de forma mais intensa no processo, verifica-se a necessidade de que o juiz que participou da instrução também seja o mesmo a proferir a decisão, em respeito ao princípio da identidade física e da imediação. Ficando evidente que a sentença só poderá ser proferida[55] por quem tomou assento na audiência, e que a viva voz viu e ouviu os testemunhos e as partes e que percebeu suas impressões, seus gestos e suas atitudes e teve a oportunidade de esclarecer, de consultar e prevenir.

O juiz no processo cooperativo, assim como no processo oral, deve ser ativo, diligente, vigilante, interessado, enfim, mais humano, permanecendo mais que atual a advertência de Piero Calamandrei que dizia que "justiça significa compreensão, porém o caminho mais direto para compreender os homens é aproximar deles com sentimento"[56].

Em respeito à identidade física do juiz, encontra-se a imediação que se constitui a essência[57] do processo que pretende ser cooperativo. Aliás, "em um modelo de estrutura cooperativa do processo civil, a oralidade também assume a sua posição como ferramenta instrumentalizadora do citado modelo"[58].

Ora, se o processo existe por conta das partes, não há ninguém melhor do que elas próprias[59] para exporem diretamente ao juiz as razões e motivos que o levaram ao ajuizamento da demanda e as razões para refutar os argumentos da parte contrária. José Carlos Barbosa Moreira no final da década de 1980, quando sequer falava em processo cooperativo como norma fundamental do processo civil, já advertia do perigo de não ouvir as partes. Pois, do contrário, haveria que se contentar apenas com a sua participação formal e mínima. E que, gostando ou não, é inegável que na maioria das vezes, a parte só tem contato com o processo por aquilo que lhe é narrado por seu advogado ou do que lhe é possível captar na audiência. Mas só isto não é suficiente, porquanto:

---

[55] WACH, Adolfo. *Conferencias sobre la ordenanza procesal civil alemana.* Trad. Ernesto Krotoschin. Lima: Ara Editores, 2006. p. 23.

[56] CALAMANDREI, Piero. *Proceso y democracia.* Trad. Héctor Fix-Zamudio. Lima: Ara Editores, 2006. p. 97. Tradução livre do original: "justicia significa comprensión, pero el camino más directo para comprender a los hombres es el de aproximarse a ellos con el sentimiento".

[57] Nesse sentido: AROCA, Juan Montero. *Los principios políticos de la nueva Ley de Enjuiciamiento Civil.* Texto base de la conferencia pronunciada en las XVII Jornadas Iberoamericanas de Derecho Procesal celebradas en San José, Costa Rica, los días 18 a 20 de octubre de 2000. Los poderes del juez ela oralidade. Valencia: Ed. Tirant Lo Blanc, 2001, p. 607 e ROSEMBERG, Leo. *Tratado de derecho procesal civil.* Trad. Ângela Romera Vera. Buenos Aires: Ediciones Jurídicas Europa-America, 1955. p. 395.

[58] AUILO, Rafael Stefanini. *O modelo cooperativo de processo civil – a colaboração subjetiva na fase de cognição do processo de conhecimento.* Dissertação. São Paulo: USP, 2014, p. 101. Disponível em: <http://www.teses.usp.br/teses/disponiveis/2/2137/tde-31082017-105437/publico/Dissertacao_Mestrado_RSA.pdf>. Acesso em: 4 maio 2018.

[59] CAPPELLETTI, Mauro. *La testimonianza della parte nel sistema dell'oralità* – contributo alla teoria della utilizzazione probatoria del sapere delle parti nel processo civile. Milão: Giuffrè, 1962. Vol. 1, p. 3.

embora juridicamente seja verdade que as manifestações do advogado valem como manifestações da parte que ele representa, não é menos verdade que, vistas as coisas na substância, as expressões e o tom usados nas petições e nos arrazoados do procurador só excepcionalmente coincidirão com as expressões e o tom que o próprio litigante usaria, ainda quando se trate da mera descrição de fatos. Em tais condições, ou nos conformamos em atribuir ao termo 'participação' significado estritamente formal, sem qualquer compromisso com a realidade subjacente às fórmulas técnicas, ou então somos forçados a reconhecer que é mínima a participação dos litigantes no processo[60].

Pelo redimensionamento do processo civil e da necessidade de observância da cooperação e contraditório como poder de influência, não é possível também permitir que as partes participem apenas pelos arrazoados de seus advogados. É necessário que o diálogo se estabeleça, seja na audiência inaugural de mediação ou conciliação (art. 334 do CPC), seja a qualquer tempo (art. 139, VIII, do CPC), seja na audiência de saneamento em cooperação (art. 357, § 3º, do CPC) e não só na audiência de instrução e julgamento (art. 358 do CPC). A imediação permite não só essa aproximação, o conhecer a face do juiz e esse a face e anseios das partes, como também o de permitir ao juiz conhecer os fatos, para que sem filtros e intermediários, em contraditório substancial, chegue o mais próximo possível da realidade. O que só poderá ocorrer se tiver acesso direto não só com as partes, mas também com os testemunhos, permitindo a formação do seu convencimento[61] que deve ser motivado.

Só haverá processo verdadeiramente cooperativo, pelo diálogo em que seja garantido não apenas o direito das partes de falar, por si, sem intermediários, mas de serem ouvidas e de influir[62]. Mas, para que tal ocorra, também se faz necessário que o juiz que esteve em contato direto com as partes, seja o mesmo juiz prolator da sentença. Do contrário, qual o sentido do diálogo, da imediação do juiz com as partes, do contraditório como poder de influência se a sentença for proferida por outro juiz que não o que esteve em contato direto e imediato com as partes e provas.

Carlos Alberto Alvaro de Oliveira reconhecia que "os princípios processuais da oralidade, da publicidade e da livre valoração da prova, constituem apenas meios, técnicas diríamos nós, para atingir-se o escopo do processo, entendido este como ajuda segura e imediata"[63]. E para assegurar a participação dialógica no processo cooperativo, reconhece-se

---

[60] BARBOSA MOREIRA, José Carlos. Sobre a "participação" do juiz no processo civil. *Temas de direito processual*: quarta série. São Paulo: Saraiva, 1989. p. 55.

[61] RODRÍGUEZ, Nicolás Cabezudo. *Aproximación a la teoría general sobre el principio de inmedición procesal*. De la comprensión de su trascendencia a la expansión del concepto. Valência: Universitat de Valencia, 2008. p. 319-332.

[62] THEODORO JR., Humberto. *Curso de direito processual civil* – teoria geral do direito processual civil, processo de conhecimento e procedimento comum. 56. ed. rev., atual. e ampl. Rio de Janeiro: Forense, 2015. vol. I, p. 427.

[63] OLIVEIRA, Carlos Alberto Alvaro de. Poderes do juiz e visão cooperativa do processo. *Revista de Direito Processual Civil*, Curitiba: Gênesis, n. 27, 2003, p. 3.

que o juiz que teve contato direto e imediato com as provas é que poderá proferir a decisão. Pois, se assim não for, haverá perda para o processo dialógico e também para o novo redimensionamento do contraditório, se juiz que não entabulou um franco diálogo com as partes e prova, e só teve com estas por meio das atas e dos arrazoados constantes dos autos do processo. E a justificativa é que a valoração das provas que forem realizadas por meio oral, não terão o mesmo valor quando forem recebidas por outro juiz.

Por mais que os depoimentos orais sejam transpostos para o papel, ainda assim haverá perda considerável do ato oral realizado. Mário Pagano[64], assim como Bentham[65], há muito advertiam que basta uma palavra trocada ou mesmo uma vírgula inexistente para alterar todo o sentido do depoimento. Afinal, o juiz que não ouviu as partes e testemunhas, que não participou das audiências, não estará seguro quanto ao que consta das atas, pois não há como inferir se essas efetivamente representam o que se deu na época da realização dos atos, ou mesmo se representam com fidelidade o testemunho oral.

Se assim não fosse, como poderia o juiz que não colheu as provas, que não participou da comunidade de trabalho, do diálogo, enfim do contraditório substancial com poder de influência e não surpresa proferir sua decisão com base nas impressões recebidas por outro? A resposta para isso se dá no sentido de exigir que sejam respeitados não só a imediação como a identidade física do juiz, para se manter incólume as impressões[66] recebidas via atos orais. Ao juiz caberá conduzir a audiência da melhor forma, porque só assim será possível que as provas nela colhidas sejam de uma qualidade bem superior a das provas obtidas por meio do processo escrito. Nesse sentido, reconhece Barbosa Moreira que é na audiência que o juiz terá:

> contato mais intenso com a causa e com os respectivos protagonistas, cujas reações se lhe abre a possibilidade de observar desde esse instante, mais cedo que de ordinário, o que presumivelmente lhe ministrará úteis elementos de avaliação. Claro está que semelhante vantagem se reduz bastante quando à audiência comparecem unicamente advogados, não as próprias partes, e se extingue de todo, se o juiz que a preside não se mantém na direção do processo até o julgamento[67].

---

[64] PAGANO, Mario Pagano. *Considerazioni sul processo criminale*. Napoli: Stamperia Dell'Aquila, 1833. p. 75.

[65] BENTHAM, Jeremias. *Tratado de las Pruebas Judiciales...*, 1835, p. 148-149.

[66] Para Bentham, "El juez no puede ya conocer la verdad por rasgos visibles, que dependen de la fisionomía, del tono de voz, de la firmeza, de la prontitud, de las emociones del temor, de la simplicidad de la inocencia, y de la turbación de la mala fé: puede decirse que el juez se cierra á si mismo el libro de la naturaleza, y que se hace ciego y sordo en el caso precisamente en que está obligado á ver y oir todo lo que pasa. Hay sin duda muchas causas en que no hay necesidad de prestar atención á los indicios que pueden resultar del comportamiento de las personas, pero es imposible juzgar asi con anticipación" (BENTHAM, Jeremias. *Tratado de las Pruebas Judiciales*, 1835 p. 148).

[67] BARBOSA MOREIRA, José Carlos. *Temas de direito processual*: quarta série. São Paulo: Saraiva, 1989. p. 136-137.

Considerando que a audiência é o melhor meio[68] que o juiz tem para observar e verificar o conjunto probatório das partes, ou mesmo aquelas por ele ordenadas por iniciativa própria, é nela que o juiz poderá, ainda que não tenha conhecimentos profundos de psicologia, analisar o comportamento das partes.

Além disso, a imediação e a identidade física do juiz possibilitam que a justiça se torne mais humana[69], por aproximar o juiz dos jurisdicionados, para que ambos se conheçam, possam falar e serem ouvidos, e juntos encontrarem a melhor solução para o conflito, ou, se assim não for, o de poderem exercer a devida influência para o convencimento do juiz, e participarem em simétrica paridade da construção do provimento final.

4. CONCLUSÃO

Somente a prova, realizada frente aos olhos, ouvidos e percepção do próprio juiz que irá julgar a causa, é que se mantém como apta a influenciá-lo, pois só o juiz que a colheu terá percebido as impressões que são impossíveis de serem transpostas para a escrita. Em havendo a cisão das funções de colher as provas e de decidir o processo não haverá possibilidade de considerar que houve respeito ao contraditório como poder de influência. Por reconhecer que o juiz prolator da decisão que não esteve presente nas audiências e nem teve a oportunidade de entabular um diálogo com as partes e testemunhas, não tem as mesmas condições de proferir uma decisão com base nas impressões imediatas e no diálogo entabulado frente a outro juiz.

O processo cooperativo elevou o grau de participação das partes e do juiz, para possibilitar por meio do diálogo e participação de todos na efetiva concretização do contraditório como poder de influência e de não surpresa. E, ao garantir o direito das partes de falar, por si e não mais por seus intermediários, como de serem ouvidas pelo juiz da causa, para influir e afastar qualquer surpresa há que reconhecer a observância da identidade física do juiz e, por consequência a imediação no processo cooperativo.

---

[68] SIMÓN, Luis María. *Uruguay* – La prueba entre la oralidad y la escritura. València: Universitat de València, 2008. p. 393.

[69] GUILLÉN, Victor Fairén. La Humanización del Proceso: Lenguaje, Formas, Contacto entre los Jueces y las Partes desde Finlandia hasta Grecia. *Revista de Processo*, São Paulo: RT, vol. 14, abr. 1979, p. 142-143. E no mesmo sentido já reconhecia Celso Agrícola Barbi que: "A nosso ver, Justiça humanizada é aquela que não seja fria, distante, impessoal, desinteressada, burocratizada, mas sim a que seja atenta à situação pessoal das partes litigantes e às consequências da solução da demanda para elas, notadamente nas classes pobres; cada caso levado a julgamento deve ser considerado um caso especial. Para alcançar esse fim, as técnicas a serem usadas são notadamente: a interpretação mitigadora do rigor de certas leis; maior conhecimento da situação pessoal das partes; efetivação do princípio da igualdade real – e não apenas formal – das partes no processo" (BARBI, Celso Agrícola. Formação, seleção e nomeação de juízes no Brasil, sob o ponto de vista da humanização da Justiça. *Revista de Processo*, São Paulo: RT, vol. 11, jul. 1978, p. 31).

Os princípios da identidade física do juiz e da imediação são consectários do processo oral que é considerado um modelo de processo justo, e que se mostra instrumento adequado para assegurar a efetivação do processo cooperativo e do contraditório como poder de influência e não surpresa.

Em suma, reconhece-se que só haverá processo verdadeiramente cooperativo se respeitado o princípio da identidade física do juiz. Do contrário, tornar-se-á sem sentido o diálogo entabulado em imediação do juiz com as partes, se outro juiz que não participou da comunidade do trabalho for o prolator da decisão, o que acarretará sério prejuízo ao o contraditório como poder de influência e de não surpresa.

14

PROCESSO COMO MÉTODO ARGUMENTATIVO ESTATAL DE SOLUÇÃO JUSTA DAS CONTROVÉRSIAS

Samuel Meira Brasil Jr.

Sumário: 1. Introdução. 2. O alvorecer da ciência processual. 3. Processo como relação jurídica processual. 4. Processo como procedimento em contraditório. 5. Processo como método *argumentativo* de solução das controvérsias. 6. A necessidade da pretensão de correção na prestação jurisdicional. 7. Conclusões. 8. Referências.

1. INTRODUÇÃO

Inicio este trabalho registrando o grande privilégio, a par de uma profunda admiração, em ter a honra de participar de obra coletiva em homenagem ao Prof. HUMBERTO THEODORO JR. Em boa hora a justa e merecida homenagem a um nome que moldou o processo civil brasileiro, com trabalhos profundos, didáticos, memoráveis e inovadores. As obras do Prof. HUMBERTO THEODORO JR. influenciaram – e continuam influenciando – gerações, permitindo o desenvolvimento da ciência processual a um patamar que, sem suas valiosas reflexões, não desfrutaria do grau de aprimoramento que hoje se encontra. Em outras palavras, não é possível pensar o processo civil sem conhecer o trabalho e as preciosas lições do emérito professor homenageado.

E, com o escopo de tentar prestar homenagem digna de tão ilustre professor, apresentamos trabalho sobre a própria natureza do processo, ciente do risco inerente a desafio dessa envergadura. Esse trabalho reproduz e consolida reflexão previamente apresentada sobre a natureza jurídica do processo[1].

---

[1] Uma versão anterior deste trabalho foi publicada em *Justiça, direito e processo*. A argumentação e o direito processual de resultados justos. São Paulo: Atlas, 2007. Preservamos o texto original,

Propomos, neste texto, singela reflexão sobre o processo, em homenagem a quem sempre é merecidamente referenciado quando se trata do tema.

Processo difere ontológica e substancialmente de procedimento. O procedimento é tão somente uma sequência ordenada de passos. É mera técnica processual escolhida como a mais adequada, podendo mudar de acordo com a conveniência de quem a elabora. Assemelha-se a um algoritmo, como adiante demonstraremos com maior exatidão. Processo, por sua vez, envolve dois elementos distintos: o método (o procedimento) e um propósito útil (*e.g.*, solucionar a controvérsia). Entretanto, não é qualquer solução da controvérsia que atende a exigência de propósito útil. Deve ser um resultado aceitável do ponto de vista jurídico, social e axiológico.

2. O ALVORECER DA CIÊNCIA PROCESSUAL

A autonomia do Direito Processual e o seu reconhecimento como ciência foram gradualmente alcançados por força do trabalho incansável de inúmeros pesquisadores. Ainda hoje, diversas teorias surgem com o único propósito de aperfeiçoar ainda mais o estado-da-arte da pesquisa científica no campo processual. Quem contribuiu significativamente para a sistematização do processo foi Oskar von Bülow, que desenvolveu a teoria dos pressupostos processuais. Bülow reconheceu, no processo, a natureza de *relação jurídica* (*Prozess als Rechtsverhältniss*), pois, a exemplo das relações jurídicas substanciais, o processo estabelece direitos e obrigações entre os sujeitos da relação processual. A relação *jurídica processual*, porém, não se confunde com a relação jurídica típica do direito privado, pois, diferentemente do que ocorre com esta, o Estado participa ativamente no processo, outorgando-lhe a característica de direito público. Essa compreensão do processo como relação jurídica predominou na doutrina por muito tempo, quase sem resistência, e ainda hoje conquista respeitável número de adeptos[2].

---

mas incluímos adequações ao CPC/2015 e introduzimos algumas reflexões posteriores que, sem modificar a ideia seminal, reafirma e consolida a tese central.

[2] Dinamarco, com o brilho típico de sua pena, permanece fiel à teoria que reconhece a natureza de relação jurídica ao processo, aduzindo não ver motivo para abandonar essa concepção. Aperfeiçoando as teorias tradicionais, demonstra a substancial compatibilidade entre os pensamentos de Bülow e de Fazzalari, destacando que o processo é um procedimento animado por relação jurídica processual. Nas palavras do professor das Arcadas, "esse complexo de situações jurídicas que se sucedem é que leva o nome de *relação jurídica processual*. São poderes, deveres, faculdades ônus, sujeição e autoridade, que se vão exercendo mediante os atos do procedimento, ordenados segundo o modelo legal. *Já se vê, portanto, que a relação jurídica processual é a projeção jurídica da exigência política do contraditório*" (DINAMARCO, 2000, v. 1, n. 37, p. 102 – o destaque não consta no original). Ademais, é relevante destacar que o próprio Bülow reconheceu que o contraditório integra o conceito de processo: "El processo es una relación jurídica que avanza gradualmente y que se desatola paso a paso. Mientras que las relaciones jurídicas privadas que constituem la materia del debate judicial, se presentan como totalmente concluidas, la relación jurídica procesal se encuentra en embrión. Esta se prepara por medio de actos particulares. *Sólo se perfecciona con la litiscontestatión*, el contrato de derecho público, por el cual, de una parte,

Uma crítica ao conceito de processo como relação jurídica é feita por GOLDSCHMIDT (1925) que, em seguida, sugere uma reconstrução dos conceitos fundamentais da ciência processual, considerando processo uma *situação jurídica* (*Prozess als Rechtslage*). A crítica funda-se no que ele chama de *perfeita inutilidade científica do conceito de relação jurídica processual*. Goldschmidt argumenta que a relação jurídica processual não tem qualquer liame com os chamados pressupostos processuais, que não são condições do processo, mas são, na realidade, condições da decisão de mérito (GOLDSCHMIDT, 1925, p. 4 ss.). Sustenta, ainda, que a origem das obrigações e direitos do juiz e das partes não se encontra na relação jurídica processual. As supostas obrigações decorrentes da relação processual são apenas ônus processuais, e que, mesmo se considerarmos tratarem-se de obrigações, a sua origem seria anterior e exterior ao processo, pois decorreria da relação de direito público existente entre o Estado e os sujeitos processuais (GOLDSCHMIDT, 1925, p. 76 ss.).

Outra importante contribuição compreende o processo como "procedimento in contraddittorio" (FAZZALARI, 1996, p. 73-91). Para distinguir o procedimento do processo, a simples participação dos demais sujeitos, e não apenas do autor do ato final, não é suficiente. Segundo FAZZALARI, a nota característica do processo, e que o distingue do procedimento, é a sua estrutura dialética, ou seja, o *contraditório*[3]. Assim sendo, os destinatários dos efeitos do ato final (tutela jurisdicional) precisam necessariamente participar da fase preparatória do referido ato, contribuindo para a sua formação[4]. A tese de FAZZALARI é bastante consistente e tem obtido a adesão de importantes processualistas[5].

---

el tribunal asume la concreta obligación de decidir y realizar el derecho deducido en juício, y de otra, las partes quedan obrigadas, para ello, a prestar una colaboración indispensable y a someterse a los resultados de esta actividad común" (BÜLOW, 1964 – o destaque não consta no original).

[3] Nas palavras de FAZZALARI, "come ripetuto, il ' processo' è un procedimento in cui partecipano (sono abilitati a participare) coloro nella cui sfera giuridica l'atto finale è destinato a svolgere effetti: in contraddittorio, e in modo che l'attore non possa obliterare le loro ativitá. Non basta, per distinguere il processo dal procedimento, il rilievo che nel processo vi è la partecipazione di più soggetti, che cioè gli atti che lo costituiscono sono posti in essere non dal solo attore dell' atto finale, ma anche da altri soggetti (...) Ocorre qualche cosa di più e di diverso; qualche cosa che l'osservazione degli archetipi del processo consente di cogliere. Ed è la struttura dialettica del procedimento, cioè appunto, il contraddittorio" (1996, p. 82-83).

[4] Ou seja: "Tale struttura consiste nella partecipazione dei destinatari degli effetti dell'atto finale alla fase preparatoria del medesimo" (1996, p. 83).

[5] BEDAQUE, em sua memorável tese apresentada ao concurso para o cargo de Professor Titular, após observar que a concepção do processo como relação jurídica pode prestigiar o formalismo, sugere abandonar esse conceito, adotando o de FAZZALARI: "Talvez por essa razão se deva abandonar ou conferir menor relevância à ideia de "relação jurídica processual", sendo suficiente para a explicação do processo a noção de "procedimento", no qual estão habilitados a participar, em contraditório, aqueles cuja esfera jurídica possa ser afetada pelo ato final. A característica fundamental de processo consiste na estrutura dialética do procedimento" (BEDAQUE, 2006, p. 187).

Outras teorias foram desenvolvidas propondo uma nova natureza do processo[6]. Porém, não as analisaremos neste trabalho. A abordagem feita já nos parece suficiente para o escopo da presente investigação.

Não obstante a consistência das teorias desenvolvidas, há dois aspectos que merecem ser mais bem examinados. O primeiro refere-se à trilateralidade da relação processual e aos pressupostos processuais, considerados como elementos necessários para a constituição do processo (processo como relação jurídica processual). O segundo aspecto diz respeito ao próprio contraditório, também considerado elemento essencial por FAZZALARI para o conceito de processo (processo como procedimento em contraditório). Passemos a analisá-los como tópicos distintos.

3. PROCESSO COMO RELAÇÃO JURÍDICA PROCESSUAL

O processo considerado apenas como relação jurídica, ao exigir os pressupostos processuais como critério de existência ou de validade da relação processual que se forma entre juiz, autor e réu, pode prestigiar o formalismo[7], como demonstrou BEDAQUE (2006). Negar a formação do processo, na hipótese de inexistir um pressuposto processual[8], mesmo quando o direito material for manifesto, significa atribuir maior importância à forma (processo) que ao conteúdo (tutela de mérito). Não se pode perder de vista que a realização do conteúdo é o escopo final e absoluto do processo. Com base nessa perspectiva, doutrina e jurisprudência já têm amainado o rigor dos pressupostos processuais, em nome da instrumentalizado ou de um direito processual de resultados.

A jurisprudência atual, por exemplo, tem reconhecido a existência de um processo válido e eficaz mesmo na hipótese de existir coisa julgada material (pressuposto processual negativo), como no caso de uma segunda demanda de investigação de paternidade, com fundamento em exame de DNA positivo, ajuizada após o trânsito em julgado da primeira. Ou então, no caso de sentença transitada em julgado, porém fundada em norma declarada inconstitucional[9] pelo STF, que a legislação – acompanhando a doutrina[10] – entende

---

[6] Existes diversas outras teorias, como a do processo como instituição (Jaime GUASP), que foi inicialmente adotada por COUTURE mas, logo depois, abandonada; a do processo como entidade jurídica complexa (FOSCHINI), a doutrina ontológica do processo (João MENDES Junior), entre outras.

[7] Essa magistral constatação foi feita pioneiramente por BEDAQUE (2006, p. 179-188).

[8] Ou na de ocorrer um pressuposto processual negativo, como a coisa julgada, a litispendência, a convenção de arbitragem etc.

[9] Sobre esse tema, e principalmente sobre coisa julgada e sua relativização, vejam o excelente trabalho de TALAMINI. Também devem ser consultados os trabalhos que sustentaram pioneiramente a tese: DINAMARCO (cf. Relativizar a coisa julgada material, *RePro* 109, São Paulo: Revista dos Tribunais, 2003) e THEODORO JÚNIOR (*Prova – Princípio da Verdade Real – Poderes do Juiz – Ônus da prova e sua Eventual Inversão – Provas Ilícitas – Prova e Coisa Julgada nas Ações relativas à Paternidade* (DNA). Revista Brasileira de Direito de Família, Porto Alegre: Síntese, 1999, n. 3, p. 5-23).

[10] Nesse sentido, a tese seminal de THEODORO JÚNIOR e FARIA (2001; 2005), em que discorrem sobre a relativização da coisa julgada inconstitucional.

inexigível[11]. Não se pode esquecer que a coisa julgada é alegada como matéria preliminar, cuja análise antecederia o exame do próprio mérito. Assim, se a alegação de coisa julgada fosse acolhida, a relação jurídica processual seria extinta, muito embora o direito material (mérito) fosse absolutamente inquestionável. Logo, a inexistência de pressuposto processual – em determinados casos – pode não impedir a formação válida e regular do processo.

Assim também ocorre na formação da própria relação jurídica processual que, por definição da teoria de BÜLOW, é trilateral. Se uma ação tem o pedido julgado improcedente, independentemente de citação da parte contrária, não houve relação jurídica trilateral (autor, juiz e réu), mas apenas bilateral (autor e juiz). No entanto, como o provimento jurisdicional foi favorável ao réu (improcedência), a ausência de prejuízo autoriza a preservação da sentença, conforme demonstrou BEDAQUE[12]. O professor das Arcadas sustenta, com argumentos irrefutáveis, que o réu pode inclusive invocar a coisa julgada material a seu favor, muito embora não tenha participado do processo[13].

Portanto, nem mesmo na hipótese de relação bilateral o processo pode ser considerado inexistente para o réu, se o provimento lhe foi favorável. Essa conclusão também abala a teoria do processo como relação jurídica, pois não houve relação processual entre o réu e o autor, ou sequer entre o réu e o juiz.

Por sua vez, relação jurídica significa nexo intersubjetivo. É liame formado pela ordem jurídica, unindo sujeitos em torno de um objeto. A formação desse nexo pode ser condicionada a determinados pressupostos, como pode não o ser: são os pressupostos processuais. Mesmo quando o pressuposto exigido para a formação do processo é afastado, haverá relação jurídica entre todos os sujeitos (juiz, autor e réu) ou entre alguns deles (autor e juiz) dos sujeitos processuais, em razão do nexo jurídico estabelecendo poderes, deveres, faculdades, ônus, sujeição e autoridade. Essa é a razão pela qual não se pode afastar completamente a teoria do processo como relação jurídica. Esse é, também, o fundamento que permite sustentar a compatibilidade da teoria do processo enquanto relação jurídica com outras teorias, como faz DINAMARCO.

---

[11] O § 12 do art. 525 do CPC/2015 estabelece textualmente que: "Para efeito do disposto no inciso III do § 1º deste artigo, considera-se também inexigível a obrigação reconhecida em título executivo judicial fundado em lei ou ato normativo considerado inconstitucional pelo Supremo Tribunal Federal, ou fundado em aplicação ou interpretação da lei ou do ato normativo tido pelo Supremo Tribunal Federal como incompatível com a Constituição Federal, em controle de constitucionalidade concentrado ou difuso".

[12] BEDAQUE destaca que "sem citação a relação é bilateral, pois limita-se a vincular autor e juiz. O instrumento estatal de solução de litígios pressupõe contraditório, o que depende da participação de todos os sujeitos interessados no resultado. Se assim é, como admitir a ideia de processo sem a integração do sujeito passivo? (...) Assim, se não houver citação e o réu não comparecer, inexistirá processo – e, consequentemente, sentença. (...) Aceita essa afirmação, não há alternativa senão concluirmos que, solucionado o litígio pela atividade jurisdicional favoravelmente a quem foi prejudicado pela inexistência do processo, o ato estatal deve prevalecer. Caso contrário o processo deixa de ser meio e transforma-se em fim" (2006, p. 472).

[13] BEDAQUE, 2006, p. 473 – nota 131 ao Capítulo V.

Porém, embora não possa ser completamente afastada reconhecer no processo a natureza apenas de relação jurídica pode ocultar sua verdadeira estrutura fundamental e justificar um formalismo indesejável, conforme demonstrou BEDAQUE[14].

4. PROCESSO COMO PROCEDIMENTO EM CONTRADITÓRIO

No que concerne ao segundo aspecto, existem razoes que, de igual sorte, afastam a tese de que o contraditório é o elemento fundamental para definir a natureza jurídica do processo, apesar da sua inquestionável importância.

A doutrina chega a afirmar que, se não houver contraditório, não haverá nem mesmo processo[15]. FAZZALARI afirma que somente haverá processo se o destinatário dos efeitos de um ato processual participar *em contraditório* de sua formação[16].

Contudo, essa afirmação também não é exata, pois não há uma completa identificação do processo com o contraditório. Não se pode negar a existência do processo em toda e qualquer situação em que não houver o contraditório[17]. Existem situações em que o contraditório não é observado, mas que ainda assim haverá processo, válido e eficaz.

Vejamos algumas hipóteses. Não é inexistente o acórdão que nega provimento a agravo de instrumento sem intimar o agravado para apresentar suas razões. A decisão favorável

---

[14] BEDAQUE argumenta que "a concepção do processo como relação jurídica acaba servindo como justificativa para o formalismo" (cf. 2006, p. 187).

[15] A afirmação é de FAZZALARI: "Il conflitto di interessi (o il modo di valutare un interesse) potrà costituire la ragione per cui la norma fa svolgere un'attività mediante processo, ma in tanto si può parlare di processo in quanto si constatino, ex positivo iure, la struttura e lo svolgimento dialettico sopra illustrati. In eventuale conflitto d'interessi: dov'è assente il contraddittorio – cioè la possibilità, prevista dalla norma, che esso si realizzi – ivi non c'è processo" (1996, p. 84).

[16] Assim: "C'è, insomma, 'processo' quando in una o più fasi dell'iter di formazione di un atto è contemplata la partecipazione non solo – ed ovviamente – del suo attore, ma anche dei destinatari dei suoi effetti, in contraddittorio, in modo che costoro possano svolgere attività di cui l'attore dell'atto deve tener conto; i cui risultati, cioè, egli può disattendere, ma non ignorare" (1996, p. 84).

[17] Encontramos em BEDAQUE o reconhecimento pioneiro da possibilidade de existir processo ainda que não tenha havido contraditório, na hipótese de decisão favorável a quem sequer teve a chance de integrar o contraditório. O professor titular da USP destaca que "mais uma vez, alerta-se: nesta sede é preciso cuidado com afirmações abstratas e extremamente genéricas. Se teoricamente a ideia de *contraditório* é essencial à existência desse fenômeno chamado 'processo', é preciso também considerar que a garantia em questão visa a segurar participação dos sujeitos parciais, para que eles possam influir no resultado. Se este último for favorável a quem não pôde exercer qualquer influência na convicção do juiz, porque indevidamente ausente do processo, significa que o contraditório não fez falta". E, em seguida, aduz irrefutável conclusão: "Então, devemos entender a afirmação de que 'processo sem contraditório não é processo' com ressalvas. Acrescentem-se à expressão 'contraditório' os adjetivos 'real' e 'necessário'. se, de um lado, mero contraditório formal constitui mais uma das garantias fictícias de que dispomos, de outro, sua ausência somente constitui vício se prejudicial a quem dele ficou privado" (2006, p. 472-473).

ao agravado impede eventual ineficácia processual[18]. Nesse caso, não houve contraditório em sede recursão, mas nem por isso podemos afirmar que o processo é inexistente a partir da falta de manifestação do recorrido (inexistência decorrente), pois o julgamento lhe foi favorável (a falta de prejuízo impede a invalidade do ato).

Um exemplo bastante ilustrativo de tutela jurisdicional sem contraditório encontramos no art. 332 do CPC/2015. Esse dispositivo legal autoriza o juiz a julgar liminarmente improcedente o pedido, nas causas que dispensem a fase instrutória, quando estiver em confronto com enunciado de Súmula do Supremo Tribunal Federal o do Superior Tribunal de Justiça, entendimento firmado em IRDR ou em incidente de Assunção de competência ou, ainda, em enunciado de súmula de tribunal de justiça sobre direito local[19]. Nesta hipótese, haverá pronunciamento de improcedente do pedido (mérito), produzindo coisa julgada material favorável ao réu, independentemente de sua participação no processo (relação bilateral, sem contraditório)[20].

---

[18] Encontramos em BEDAQUE: "Afirmar que o resultado favorável não é apto a eliminar o vício de citação, mas a relação bilateral é suficiente para a validade do pronunciamento judicial em face do autor, significa conferir efeito ao processo inexistente, ainda que apenas quanto a uma das partes – ou seja, aquela que efetivamente participou do contraditório. É isso que importa (...) E tem mais: admitida essa premissa, teremos que estudar outro fenômeno processual, diverso do processo, mas apto a produzir efeitos imutáveis no plano material. De que ele existe, não pode haver dúvidas" (2006, p. 472-473).

[19] O citado dispositivo legal tem o seguinte teor: "Art. 332. Nas causas que dispensem a fase instrutória, o juiz, independentemente da citação do réu, julgará liminarmente improcedente o pedido que contrariar:

I – enunciado de súmula do Supremo Tribunal Federal ou do Superior Tribunal de Justiça;

II – acórdão proferido pelo Supremo Tribunal Federal ou pelo Superior Tribunal de Justiça em julgamento de recursos repetitivos;

III – entendimento firmado em incidente de resolução de demandas repetitivas ou de assunção de competência;

IV – enunciado de súmula de tribunal de justiça sobre direito local.

§ 1º O juiz também poderá julgar liminarmente improcedente o pedido se verificar, desde logo, a ocorrência de decadência ou de prescrição.

§ 2º Não interposta a apelação, o réu será intimado do trânsito em julgado da sentença, nos termos do art. 241.

§ 3º Interposta a apelação, o juiz poderá retratar-se em 5 (cinco) dias.

§ 4º Se houver retratação, o juiz determinará o prosseguimento do processo, com a citação do réu, e, se não houver retratação, determinará a citação do réu para apresentar contrarrazões, no prazo de 15 (quinze) dias".

[20] Na vigência do CPC/1973, norma similar foi estabelecida no art. 285-A. Foi ajuizada Ação Direta de Inconstitucionalidade, que recebeu o n. 3.695, em que a OAB pede a declaração de inconstitucionalidade desse preceito legal. O Instituto Brasileiro de Direito Processual requereu sua intervenção como *amicus curiae*, em petição elaborada pelo Prof. Cássio Scarpinella Bueno, defendendo a constitucionalidade do citado dispositivo. Porém, parece-nos que a discussão já era, na ocasião, desnecessária. Primeiro, porque já existia a possibilidade de o juiz indeferir a

Em todos esses casos, não houve processo em contraditório (dialética), mas adesão do julgador a um argumento da parte. Logo, é inquestionável que o processo existe, é válido e eficaz, mesmo na hipótese de inocorrência de contraditório, como demonstrou BEDAQUE.

Não estamos sustentando que o contraditório é um princípio irrelevante ou de menor importância. Nem mesmo que é sempre possível julgar sem contraditório. Muito ao contrário. O contraditório é um dos princípios fundamentais do direito processual, que deve ser preservado sempre que for necessário[21]. O contraditório representa a realização da própria igualdade, facultado a paridade de armas e a oportunidade de todos os sujeitos do processo contribuírem para a formação da decisão judicial. A ordem jurídica abomina a condenação de qualquer sujeito, sem lhe outorgar a oportunidade de se defender.

O que afirmamos é a existência de situações – excepcionais – em que o contraditório pode não ser observado, em decorrência de um argumento com força superior ao de sua aplicação – por exemplo, a falta de prejuízo –, nas quais, ainda assim, haverá processo. Em resumo: mesmo não existindo dialeticidade e, portanto, contraditório, é possível existir, válida e eficazmente, processo.

Nesse contexto, o elemento essencial para identificar o processo também não é o contraditório. Este é, de fato, de extrema e inquestionável importância, repetimos, Mas, eventualmente, pode ser afastado se houver argumento mais forte, e, ainda assim, existir processo.

5. PROCESSO COMO MÉTODO *ARGUMENTATIVO* DE SOLUÇÃO DAS CONTROVÉRSIAS

Se o contraditório, a exemplo do que ocorreu com a relação jurídica, também não é a característica fundamental do processo – em que pese à sua inquestionável importância –, resta indagar qual é a propriedade que define sua natureza. Entendemos que a característica fundamental do processo não é a dialética, mas sua estrutura argumentativa, que demonstra

---

inicial acolhendo a decadência (e, também, a prescrição) sem ouvir a parte contrária. Isso é um claro pronunciamento de mérito. Segundo, porque mesmo declarada a inconstitucionalidade do art. 285-A, não haveria como impedir que os juízes (e tribunais, nos casos de competência originária) continuassem a julgar improcedente o pedido sem ouvir o réu. O único que poderia alegar a nulidade por falta de contraditório seria o réu, a quem beneficiaria a decisão. Assim, como não há nulidade sem prejuízo, mesmo sem o art. 285-A do CPC/1973 e, hoje, o art. 332 do CPC/2015, o judiciário poderá continuar aplicando esse entendimento. Em verdade, tanto o art. 285-A do CPC/1973 quanto o art. 332 do CPC/2015 são supérfluos, desnecessários, pois o sistema processual já permitia que a improcedência fosse reconhecida. A única virtude dos mencionados textos normativos é a de demonstrar explicitamente essa possibilidade para todos os juízes.

[21] Alvaro de Oliveira destaca a necessidade do contraditório, enquanto diálogo dos sujeitos processuais, como valor essencial para a formação do ato decisório. Nesse sentido: "Recupera-se, assim, o valor essencial do diálogo judicial na formação do juízo, fruto da colaboração e cooperação das partes com o órgão judicial e deste com as partes, segundo as regras formais do processo" (OLIVEIRA, 1999, p. 137).

ser o processo apenas um método de argumentação[22] em que se busca resolver o conflito de interesses entre as partes. A ideia de contraditório, que advém da dialética, assegura a garantia constitucional de participação das pessoas (naturais e jurídicas) no processo, com o escopo de que *elas possam influir no resultado* (BEDAQUE, 2006, p. 472). As partes podem influir na formação da decisão, aduzindo *argumentos* a favor ou contra o acolhimento do pedido. Se o juiz julgar improcedente o pedido sem ouvir o réu, simplesmente refutará os argumentos do autor com base em razões (argumentos) que dispensam a formação do contraditório. Em outras palavras, o juiz entende desnecessário conhecer os argumentos do réu, pois os argumentos do autor não são suficientes para justificar o acolhimento do pedido.

O mesmo ocorre quando a falta de um pressuposto processual é ignorada, em favor de uma sentença de mérito que rejeita o pedido autoral. Nesse caso, afasta-se um argumento de extinção do processo, por reconhecer maior força persuasiva a um argumento de mérito. O argumento substancial prevalece sobre o argumento de que a relação jurídica é inexistente ou inválida. Novamente, a estrutura argumentativa se apresenta. Não há dialeticidade, mas há argumentação para justificar a decisão.

Repetimos: não se pretende, aqui, afastar a exigência do contraditório ou negar completamente a existência de relação jurídica processual entre quem efetivamente participa do processo. O que buscamos é identificar a natureza do fenômeno processual, para explicar um processo considerado válido e eficaz nas hipóteses de inexistência (a) de contraditório; ou (b) de relação jurídica processual. Lembramos que não haverá relação jurídica no caso de (b.1) inexistência de citação ou participação do réu (relação bilateral), ou ainda (b.2) na hipótese de sentença de mérito na ausência de um pressuposto da relação processual.

Em verdade, a estrutura dialética identificada por FAZZALARI é um elemento de grande importância para compreendermos alguns processos. Dialética pressupõe diálogo e, portanto, contraditório[23]. Difere da retórica, apesar de a ela estar diretamente vinculada.

---

[22] TERESA ARRUDA ALVIM reconhece, em trabalho memorável e profundo, que o *raciocínio jurídico* tem natureza argumentativa, embora não considera ser essa sua natureza exclusiva. Assim: "De fato, o raciocínio jurídico é predominantemente retórico-argumentativo, embora não exclusivamente. É argumentativo, na medida em que, através dele, se busca convencer ou persuadir um auditório. Mas não se reduz a uma mera técnica ou arte de conquistar o *assentimento* de um auditório*, mas é, também, um meio de demonstrar que a tese que se sustenta é verdadeira, e, sob este aspecto, se pode dizer que é demonstrativo. E interessante é que a aprovação deste auditoria é, justamente, o principal critério de verdade" (ARRUDA ALVIM, 2002, p. 48). Concordamos com esse lúcido e preciso entendimento. E sustentamos, ainda, que a natureza argumentativa não é apenas do raciocínio jurídico, mas caracteriza o próprio método estatal que se propõe a resolver as controvérsias. O processo constitui de regras para regular a argumentação, permitindo a justificação adequada da tutela jurisdicional. Ou seja, a argumentação – e não a dialética, como propôs FAZZALARI – é o elemento essencial para definir processo.

[23] Com diversas referências em nota de rodapé relacionando a dialética e o contraditório, inclusive com citação a Comoglio e Giuliani, Elio Fazzalari afirma que: "Occorre qualche cosa di più e di diverso; qualche cosa che l'osservazione degli archetipi del processo consente di cogliere. Ed è la struttura dialettica del procedimento, cioè appunto, il contraddittorio" (FAZZALARI, 1996, p. 82-83).

A argumentação, por seu turno, é um método de verificação da validade do raciocínio, e independe de um diálogo ou de confrontação de um argumento com um contra-argumento[24]. Atualmente, a argumentação volta-se ao convencimento – ou persuasão, se o auditório por particular – do destinatário dos argumentos, ou seja, do auditório. Em resumo, na argumentação, o contraditório não é imprescindível, embora recomendado. Teoricamente, é possível, em uma argumentação, verificar a correção do raciocínio sem a formação do contraditório, isto é, sem um contra-argumento. Mas não é possível imaginar a dialética sem a antítese, pois a síntese depende da colisão de argumentos (tese e antítese). A argumentação retórica[25] – pelo menos nas concepções mais atuais – preocupa-se com a adesão do auditório ao discurso, sendo possível admitirmos um convencimento formado sem o respectivo contra-argumento, desde que adequadamente justificado.

Uma demonstração clara dessa afirmação obtemos na razão para reconhecermos a validade do processo, mesmo quando não for observado o contraditório. O contraditório é, por si só, um argumento. Na hipótese de se reconhecer a validade do processo sem contraditório, existiu um argumento com força de convencimento (ou persuasiva, conforme o caso) superior ao argumento de necessidade do contraditório, como, por exemplo, o argumento do resultado favorável a quem ficou privado de influir na decisão. Se não houver argumento com força suficiente para afastar o contraditório – o que normalmente acontece – então todo processo será nulo ou inexistente, se não for concedida a oportunidade de a parte influir no resultado.

Diante do quadro até aqui desenvolvido, a natureza argumentativa do processo fica claramente demonstrada. Processo sem contraditório pode haver, mas se o método de solução das controvérsias não pretender indicar qual argumento prevalece, então esse método não será processo[26]. Assim, não há processo sem argumentação, sem justificação da decisão[27]. Em outras palavras, sem justificação – material ou formal – da conclusão ou dos atos processuais. Não podemos esquecer que um ato processual é o fundamento (justificação)

---

[24] Um esclarecimento se faz necessário. Independe no sentido de que não exige a polarização. Mas também não exclui. Isso significa que não se exige, obrigatoriamente, a confrontação com uma antítese como na dialética. Por sua vez, não exigir a confrontação com argumento contrário não significa que não possa haver contra-argumento. Casos de argumentação válida sem considerar argumentos contrários encontramos no raciocínio monotônico.

[25] A argumentação lógica se preocupa com a validade do raciocínio, independentemente doa aceitação subjetiva por um auditório particular, enquanto a argumentação retórica aproxima-se do escopo da dialética, porém sem a pretensão de descobrir a verdade e sem a exigência inafastável do diálogo (contraditório).

[26] As formas atípicas de sentenças sem fundamentação (homologatória de acordo, de reconhecimento de procedência do pedido *etc.*) somente são válidas porque existe argumento para dispensar a fundamentação. Segundo afirma ALEXY (1997, p. 185), todos precisam justificar suas ações, exceto se houver um argumento que justifique não justificá-las.

[27] Observem a importância que o CPC/2015 deu à argumentação, ao estabelecer, no artigo 489, que qualquer decisão judicial não será considerada fundamentada nas hipóteses que elenca. Estabelece verdadeiro e indiscutível critério de validade da decisão, condicionando-o à argumentação usada para justificá-la.

de validade do procedimento. Em outras palavras, o processo será adequado se estiver justificado pelos atos processuais praticados no procedimento. Enquanto o procedimento é uma simples sequência ordenada de atos, o processo justifica-se pelos atos (necessários, adequados e razoáveis) que, por força das garantias constitucionais, outorgam propósito útil e legitimidade à atuação judicial.

Conforme podemos facilmente verificar, o direito processual é o campo onde a argumentação jurídica naturalmente se desenvolve. Geralmente, princípios básicos do direito processual são princípios estruturados para uma argumentação jurídica.

Vejamos, a título de exemplo, as diversas regras para a argumentação racional prática geral e – desenvolvendo a tese do caso especial –, também para a argumentação jurídica de ALEXY (1997). Se observarmos com atenção, constataremos que todas as regras da argumentação propostas pelo professor de Kiel têm pertinência com o direito processual[28]. Exemplificando, a regra "nenhum orador pode se contradizer" ocorre na denominada preclusão lógica ou até na contradição performática decorrente da afirmação do próprio mérito[29]; a regra "qualquer pessoa pode participar de um discurso" está expressa no contraditório e na ampla defesa, e assim por diante. Logo, a técnica processual tem por função estabelecer as regras necessárias para ordenar o desenvolvimento da argumentação no processo. Com essa visão, a característica fundamental do processo desloca-se da estrutura dialética para a argumentativa.

6. A NECESSIDADE DA PRETENSÃO DE CORREÇÃO NA PRESTAÇÃO JURISDICIONAL

Mas não é apenas a argumentação (em detrimento da dialética) que destaca e define o processo. A natureza argumentativa é elemento que define o método estatal. Outra nota essencial para definir o fenômeno "processo" é o seu escopo de realização do direito material e o modo de satisfação desse direito, incluindo a pretensão de correção na prestação jurisdicional. Incluir na natureza jurídica do processo o seu escopo de compor a lide, permite revelar sua verdadeira função: a de simples instrumento de solução dos conflitos de interesses. Permite, ainda, justificar o afastamento de regra processual quando a mesma não

---

[28] Ao menos em uma argumentação procedimental, como proposta por ALEXY (1997, p. 185). Observem que ALEXY, diferentemente de PERELMAN, sustenta que o resultado da argumentação depende, apenas, da observância de regras formais.

[29] Um interessante exemplo desse argumento é descrito por MARINONI (2000, p. 47), baseado nas lições de Giuliano Scarselli (cf. La condanna com reserva, p. 439). O ilustre professor da Universidade Federal do Paraná esclarece que: "nada impede que o réu conteste os fatos constitutivos e ainda alegue um fato extintivo, modificativo ou impeditivo, mediante uma exceção substancial indireta. Entretanto, a contestação do fato constitutivo pode não se conciliar com a exceção. Assim, por exemplo, *na hipótese em que o réu nega ter recebido a mercadoria e ainda assim alega que a mercadoria apresentava vícios*" (o destaque não consta no original). O exemplo é bastante preciso para ilustrar a incoerência da argumentação utilizada, o que viola a racionalidade do discurso.

for necessária ou adequada para a realização dos escopos da jurisdição. Em outras palavras, permite compreendermos o processo na sua concepção instrumentalista plena. O perigo de não incluirmos o escopo de realização do direito material na definição da natureza jurídica do processo é o de transformar o processo em um fim em si mesmo, já que não buscaria outra coisa a não ser o método pelo qual se desenvolve. Portanto, a definição de processo deve também destacar a sua característica finalística de mero instrumento na realização da justiça.

Processo é, assim, um método de natureza argumentativa, com o escopo de realização do direito material, de restabelecimento da ordem jurídica justa.

Torna-se imprescindível observar com BEDAQUE – quando busca afastar qualquer interpretação que justifique o formalismo – que o processo é simplesmente um "método estatal de solução das controvérsias"[30]. Essa definição é bastante lúcida e elucidativa, devendo ser prestigiada. Primeiro, porque ao tratar o processo como "método estatal", reconhece haver um procedimento desenvolvido mediante a técnica processual escolhida pelo legislador, como sendo a mais adequada. E quando diz que o método visa à "solução das controvérsias", permite compreender o processo por intermédio de seu escopo, autorizando a revisão do formalismo e a preponderância do direito material sobre o processual. Este é o escopo final do processo: a realização do direito material. Portanto, a definição feita pelo professor titular do Largo de São Francisco demonstra as características principais para compreendermos o fenômeno jurídico denominado *processo*.

Embora a definição seja suficiente para demonstrar a essência do processo (técnica acrescida de escopo, procedimento com resultado, algoritmo com propósito útil), entendemos ser possível especificar um pouco mais a sua natureza jurídica. Essa extensão, sugerida pela primeira vez em BRASIL JR. (2007), permite apenas ampliar a compreensão do instituto, mas não contraria o pensamento originário de BEDAQUE, senão apenas o complementa.

Assim, compreendemos o processo como "método *argumentativo* estatal *visando ao resultado justo* na solução das controvérsias". Ao destacar que o método é o "argumentativo" (lógico ou retórico), e não necessariamente "dialético", aponta-se a característica fundamental do processo, que o distingue dos demais métodos jurídicos. Afinal, se o método escolhido pelo Estado fosse o dialético, e não o argumentativo, não seria possível julgar improcedente o pedido sem ouvir o réu porque, sem o contraditório, o método não seria *processo*. Assim, ao especificar que o método estatal é o argumentativo, já se aponta para uma característica inerente do processo, a saber, a delimitação das regras da argumentação e a necessidade de justificação da decisão. Invocando-se o "resultado justo", permite-se compreender o processo através de seu escopo, não apenas de composição do conflito de interesses, mas de resolução das controvérsias com resultado aceitável, admissível e adequado à pretensão de correção (*Anspruch auf Richtigkeit*) do direito, ou seja, obtendo-se o resultado mais justo possível,

---

[30] Em sua tese, BEDAQUE (2006, p. 187) sustenta que "a concepção de processo como relação jurídica acaba servindo como justificativa para o formalismo. Tratemo-lo como simples procedimento, previsto em lei, para possibilitar a solução da crise de direito material pela função jurisdicional do Estado. Por isso tem-se insistido na expressão 'método estatal de solução de controvérsias'. É possível que essa visão do fenômeno facilite a revisão do formalismo, restabelecido seu verdadeiro papel no sistema processual".

com maior grau de utilidade possível[31]. Uma sentença que extinga o processo sem resolução do mérito pode solucionar a controvérsia judicial, mas não pacificou definitivamente o conflito substancial entre as partes e nem promoveu a justiça. Assim sendo, a definição que propomos mantém a concepção sugerida por BEDAQUE (2006) e destaca, ainda mais, as duas características fundamentais do processo: o método argumentativo e o escopo de resultado justo na solução dos conflitos, permitindo justificar o desprezo de regras processuais desnecessárias ou inadequadas, em favor do direito material e da própria justiça.

7. CONCLUSÕES

Procedimento pode ser compreendido como sequência finita e ordenada de atos, ou seja, como um verdadeiro algoritmo, que modifica e regula a passagem de um estado (processual) para outro. Processo, por sua vez, incorpora o procedimento – afinal, a sequência algorítimica é apenas a escolha da técnica considerada mais adequada –, mas não se limita a ele. Processo envolve a conjugação de dois elementos: técnica com escopo, procedimento com resultado, algoritmo com propósito útil. É, na feliz definição de BEDAQUE (2006), "método estatal para a solução das controvérsias". E, observando o fenômeno processual mais de perto, acrescenta-se a natureza *argumentativa* do método estatal e a pretensão de correção do direito, como resultado *justo* na solução das controvérsias. Processo não significa apenas uma sequência ordenada de passos estabelecida pela técnica processual, através da mudança finita de estados, como encontramos no procedimento. Processo é um procedimento que visa a um propósito útil. Esse resultado pretendido deve ser compatível com a pretensão de correção do direito (*Anspruch auf Richtigkeit*).

Assim, processo é "método argumentativo estatal na solução justa das controvérsias".

E por que preocupar-se com o resultado *justo* na composição da lide? Simplesmente porque o exercício da jurisdição não pode ignorar os efeitos que a tutela irá produzir.

O juiz que substancialmente – e não apenas formalmente – estiver investido de seu *munus* e for consciente de seus atos, deve procurar decidir sempre buscando o resultado mais justo. Não deve, jamais, resignar-se em aplicar uma regra injusta, pretensamente justificando seu comportamento iníquo sob o pretexto de que nada há a fazer, senão entregar a vítima imolada da iniquidade a uma regulação indevida que não se aplica, ou não se deve aplicar, ao caso concreto. O ato de julgar, para aqueles que realmente são cônscios de suas responsabilidades, deve ter um único propósito: o de fazer a justiça prevalecer. Assim, o julgador não deve ser tímido e hesitar diante de uma regra legal absolutamente injusta. Deve ousar para fazer a justiça prevalecer. No processo, estão depositadas todas as angústias, esperanças, frustrações e pretensões das partes, que clamam, com a indisfarçável sede dos necessitados, por justiça efetiva, por justiça real.

---

[31] Essa exigência de tutela justa não escapou a BEDAQUE (2006, p. 46, nota 58) que, ao tratar do acesso do Poder Judiciário, ressalta a necessidade do instrumento de assegurá-la: "Para correta compreensão dessa ideia, necessário destacar seu verdadeira alcance, que não está limitado a assegurar o acesso ao Poder Judiciário, mas à *ordem jurídica justa*".

Já não mais satisfaz às partes, nem mesmo à sociedade, uma bela sentença, ou então um bem elaborado acórdão, que se revela um primor literário, encantando-nos pela erudição do julgador, mas decepcionando-nos pelo resultado injusto e pelas consequências iníquas que produzirão. A estética do direito está no resultado, a poesia da sentença está na justiça, a beleza de um julgado está nos olhos de quem recebe uma tutela justa, fitando o julgador com a gratidão de quem teve protegido seu último resquício de dignidade. Que o direito deriva de normas formalmente editadas, não negamos. Mas não vemos como excluir do núcleo de validade do direito o valor que forma sua razão de ser: a justiça. Processo équo e justo, sim. Mas, acima de tudo, processo *de resultado* équo e justo.

8. REFERÊNCIAS

ALEXY, Robert. *Teoría de la Argumentación Jurídica*. Trad. Manuel Atienda e Isabel Espejo. Madri: Centro de Estudios Constitucionales, 1997.

ARRUDA ALVIM, Teresa. *Controle das decisões judiciais por meio de recursos de estrito direito e de ação rescisória*. São Paulo: Revista dos Tribunais, 2002.

BEDAQUE, José Roberto dos Santos. *Efetividade do processo e técnica processual*. São Paulo: Malheiros, 2006.

BÜLOW, Oskar von. *La teoría de las excepciones procesales y los presupuestos procesales*. Buenos Aires: EJEA, 1964.

DINAMARCO, Cândido Rangel. *Fundamentos do processo civil moderno*. 3. ed. São Paulo: Malheiros, 2000.

FAZZALARI, Elio. *Istituzioni di diritto processuale*. 8. ed. Milano: CEDAM, 1996.

GOLDSCHMIDT, James. *In Der Prozess als Rechtslage* – Eine Kritik des Prozessualen Denkens. Berlin: Springer, 1925.

MARINONI, Luiz Guilherme. *Tutela inibitória*: individual e coletiva. 2. ed. São Paulo: Revista dos Tribunais, 2000.

OLIVEIRA, Alvaro de. Garantia do contraditório. *Garantias constitucionais do processo civil*. São Paulo: Revista dos Tribunais, 1999.

PAVUR, Claude. *Nietzsche Humanist*. Milwaukee Marquette University Press, 1998.

THEODORO JÚNIOR, Humberto. A reforma do processo de execução e o problema da coisa julgada inconstitucional. *Revista Brasileira de Estudos Políticos*, Brasília, n. 89, jan.-jun. 2004.

_____; FARIA, Juliana Cordeiro de. A coisa julgada inconstitucional e os instrumentos processuais para seu controle. *Genesis – Revista de Direito Processual Civil*, Curitiba, n. 21, jul.-set. 2001.

_____; _____. O tormentoso problema da inconstitucionalidade da sentença passada em julgado. *Revista de Processo*, São Paulo, 127, ano 30, set. 2005.

15

DOS NEGÓCIOS JURÍDICOS PROCESSUAIS ENVOLVENDO A COISA JULGADA: LIMITES AO AUTORREGRAMENTO DA VONTADE DAS PARTES

THIAGO PINTO COELHO LEONE

Sumário: 1. Introdução. 2. O princípio do autorregramento da vontade. 3. A coisa julgada. 4. As convenções processuais envolvendo a coisa julgada. 4.1. Do negócio jurídico sobre os efeitos da decisão judicial transitada em julgado. 4.2. Negócios jurídicos sobre a *exceptio rei iudicatae*. 4.3. Negócios jurídicos processuais sobre a renúncia ao direito à rescisão do julgado. 4.4. Negócio jurídico para afastar a coisa julgada. 5. Conclusões.

1. INTRODUÇÃO

Os negócios jurídicos processuais têm sido considerados uma das principais inovações trazidas ao sistema pelo Código de Processo Civil de 2015, em razão da previsão constante do art. 190[1], que criou uma cláusula geral que possibilita a celebração de convenções processuais atípicas entre as partes, tanto incidentalmente ao processo em curso, quanto em fase antecedente a eventual litígio.

---

[1] "Art. 190. Versando o processo sobre direitos que admitam autocomposição, é lícito às partes plenamente capazes estipular mudanças no procedimento para ajustá-lo às especificidades da causa e convencionar sobre os seus ônus, poderes, faculdades e deveres processuais, antes ou durante o processo".

É franqueado aos sujeitos, portanto, realizar convenções sobre o procedimento para ajustá-lo às especificidades da causa, bem como para possibilitar o acordo sobre seus "ônus, poderes, faculdades e deveres processuais".

Justamente em razão dessa cláusula geral que permite a celebração de negócios jurídicos processuais atípicos, parcela da doutrina consagra a vontade das partes em detrimento do caráter publicístico do Processo Civil, âmbito de atuação da jurisdição estatal, podendo se falar, atualmente, no chamado "princípio do autorregramento da vontade".

Com esteio no referido princípio, defende-se a possibilidade de celebração de negócios jurídicos processuais versando sobre a coisa julgada, instituto tão caro ao ordenamento jurídico, que tem força de lei e é expressão da segurança jurídica.

Desse modo, o presente estudo tem por objetivo analisar, de maneira breve, os negócios processuais propostos envolvendo a coisa julgada, de modo a verificar se estão em consonância com a unidade do ordenamento jurídico e com a estrita legalidade e constitucionalidade.

2. O PRINCÍPIO DO AUTORREGRAMENTO DA VONTADE

O Código de Processo Civil de 2015 permitiu que parcela da doutrina se manifestasse em defesa da existência do "princípio do respeito ao autorregramento da vontade", decorrente do princípio à liberdade, um dos fundamentos do Estado Democrático de Direito.

Referido princípio seria decorrente de uma resposta ao publicismo processual, que teve forte influência sobre o Código de Processo de Civil de 1939 e, também, de 1973, que foi sendo atenuado ao longo dos anos com as sucessivas reformas pelas quais passou o último *Codex*[2].

De acordo com Antônio do Passo Cabral, o publicismo teria culminado na sobreposição dos interesses privados das partes pelos escopos públicos do processo, ocorrendo a rejeição do processo como "coisa das partes"[3]. Além disso, poderia se falar, ainda, em um suposto "super-juiz", que, em razão do princípio dispositivo, seria "uma figura que tudo pode e não se vincula, ignorando as partes e seus argumentos, conhecendo e decidindo de ofício, independente de requerimento (...) como se fosse o tutor dos jurisdicionados"[4].

Não obstante as reformas legislativas, a ineficiência da máquina judiciária, caracterizada pela burocracia e pela lentidão do sistema, acabou por instaurar, juntamente com outros fatores, uma crise da justiça.

---

[2] As ondas renovatórias, como leciona Cândido Rangel Dinamarco, buscaram perquirir os objetivos visados pela jurisdição, procurando técnicas de solução dos conflitos que, para além de adequadas e convenientes, deveriam ser eficientes. Visavam a tutela do direito material em crise e buscou-se um alinhamento do CPC com os princípios estabelecidos na Constituição, de modo a garantir a instrumentalização do processo e o *due process of law* (DINAMARCO, Cândido Rangel. *Instituições de direito processual civil*. 8. ed. São Paulo: Malheiros, 2016. v. I, p. 389-390).

[3] CABRAL, Antônio do Passo. *Convenções processuais*. Salvador: JusPodivm, 2016. p. 106.

[4] Ibidem, p. 136.

O cenário acima, aliado a um suposto "hiperpublicismo"[5], teria levado à concepção do princípio do respeito ao autorregramento da vontade das partes, oriundo da combinação entre os princípios dispositivo e do debate e, principalmente, em razão cláusula geral de negociação prevista no art. 190 do CPC/2015.

Na lição de Fredie Didier, esse princípio pode ser considerado uma das normas fundamentais do processo[6], oriundo de um tendência estrangeira a aumentar a autonomia das partes dentro do procedimento estatal, possibilitando que os próprios sujeitos processuais gerenciem o procedimento. Segundo o doutrinador, "um processo jurisdicional hostil ao exercício da liberdade não é um processo devido, nos termos da Constituição"[7].

Bruno Garcia Redondo analisando de maneira conjunta os arts. 190 e 200, ambos do CPC/2015, conclui que, em regra, a vontade das partes deve ser observada pelo Estado-juiz, principalmente em razão da eficácia imediata dos negócios jurídicos processuais e do fato de não dependerem de homologação judicial. O controle judicial somente ocorreria *a posteriori* e se daria de forma pontual: "apenas para o reconhecimento de defeitos relacionados aos planos da existência ou validade da convenção"[8].

Leonardo Carneiro da Cunha[9], no mesmo sentido, leciona que o princípio do autorregramento encontrou campo fértil no CPC/2015, justamente em razão de ter o diploma sido estruturado de modo a resolver a solução do litígio do modo que parecer mais adequado às partes.

Antônio do Passo Cabral destaca que se deve valorizar a "máxima *in dubio pro libertate*, uma pressuposição em favor da liberdade de conformação do procedimento pela vontade das partes"[10]. A atuação dos princípios dispositivo e do debate, seria forma de limitar os poderes judiciais, não podendo o Estado se sobrepor à atuação voluntária dos demais sujeitos processuais quando houver margem para tal liberdade[11].

Contudo, o princípio do autorregramento da vontade das partes não é absoluto. Fredie Didier destaca que existem limitações decorrentes do estado de incapacidade e vulnerabilidade das partes, bem como outras referentes aos próprios pressupostos dos negócios jurídicos relacionados ao direito material[12]. Outros limites às convenções processuais seriam aqueles contidos no parágrafo único do art. 190 do CPC/2015.

---

[5] Ibidem, p. 135.
[6] DIDIER JR., Fredie. Princípio do respeito ao autorregramento da vontade no processo civil. In: CABRAL, Antonio do Passo; NOGUEIRA, Pedro Henrique (org.). *Negócios processuais*. Salvador: JusPodivm, 2015. v. 1, p. 19-25.
[7] Idem
[8] REDONDO, Bruno Garcia. Negócios processuais: necessidade de rompimento radical com o sistema do CPC/1973 para a adequada compreensão da inovação do CPC/2015. *Revista Dialética de Direito Processual*, São Paulo, n. 149, ago. 2015, p. 9-16.
[9] CUNHA, Leonardo Carneiro da. *Negócios jurídicos processuais no processo civil brasileiro*. Disponível em: <http://www.academia.edu/10270224/Negócios_jur%C3%ADdicos_processuais_no_processo_civil_brasileiro>. Acesso em: 17 nov. 2016.
[10] CABRAL, 2016, p. 145.
[11] Idem.
[12] DIDIER, 2015, p. 133.

Deve-se destacar, entretanto, que as limitações às convenções processuais não podem ser apenas as mencionadas, sob pena de uma interpretação literal do dispositivo, em prejuízo à segurança jurídica e ao ramo do Direito no qual está inserido o Direito Processual Civil. Os negócios processuais devem estar em consonância com o ordenamento jurídico como um todo, devendo os limites serem analisados e estabelecidos casuisticamente.

3. A COISA JULGADA

Diretamente relacionada à garantia da segurança jurídica, a coisa julgada, definida pelo Código de Processo Civil de 2015[13] como "a autoridade que torna imutável e indiscutível a decisão de mérito não mais sujeita a recurso" (art. 502 do CPC/2015) objetiva a não perpetuação eterna do litígio e cria um dever de observância obrigatória para os sujeitos processuais, incluindo o Estado-juiz. Impede-se que seja intentada nova demanda com as mesmas partes, mesma causa de pedir e mesmos pedidos.

Além de estar prevista no CPC e na Lei de Introdução às Normas do Direito Brasileiro (LINDB), o instituto da *res iudicata* figura em lugar de destaque na Constituição da República, de modo é assegurada a manutenção da segurança jurídica, pilar de um Estado Democrático de Direito, essencial para o próprio Estado, bem como para seus jurisdicionados.

Tem-se, portanto, que todo provimento jurisdicional com caráter meritório, em face do qual não caiba mais recurso, se reveste da imutabilidade e da indiscutibilidade próprias da coisa julgada material (em oposição à coisa julgada formal, prevista no art. 505 do CPC/2015[14]). Como destaca Humberto Theodoro Júnior,

> Pela imutabilidade, as partes estão proibidas de propor ação idêntica àquela em que se estabeleceu a coisa julgada (ii) pela indiscutibilidade, o juiz é que, em novo processo, no qual se tenha de tomar a situação jurídica definida anteriormente pela coisa julgada como razão de decidir, não poderá reexaminá-la ou rejulgá-la; terá de tomá-la simplesmente como premissa indiscutível[15].

Veja-se que o instituto reveste-se de extrema importância, se afigurando como premissa a ser respeitada por outros juízes, equivalendo-se à força de lei e que impede o reexame da matéria já julgada.

---

[13] Art. 502 do CPC/2015.

[14] Esta se refere ao efeito endoprocessual do instituto, impedindo o julgador de reanalisar, dentro de um mesmo processo, as questões já decididas. Produz os mesmos efeitos que a preclusão, vez que impede a reanálise da questão e pode-se formar de maneira desconectada da coisa julgada material, como ocorre nos casos das sentenças terminativas, sendo possível a repropositura da ação (com exceção da hipótese de perempção).

[15] THEODORO JÚNIOR, Humberto et al. *Primeiras lições sobre o novo direito processual civil brasileiro*. Rio de Janeiro: Forense, 2015. p. 345.

Em suma, a coisa julgada é a indiscutibilidade e "a imutabilidade da entrega da prestação jurisdicional e seus efeitos, para que o imperativo jurídico contido na sentença tenha a fôrça de lei entre as partes"[16]. Destaque-se, que não apenas a sentença se reveste dessa autoridade, mas também as decisões interlocutórias que resolvem o mérito, sendo muito estreita a via para desconstituição desse instituto.

4. AS CONVENÇÕES PROCESSUAIS ENVOLVENDO A COISA JULGADA

Dentro do viés mais privatista do Processo, que deu ensejo à criação do princípio do autorregramento da vontade das partes, Fredie Didier Jr., Rafael Alexandria de Oliveira e Paula Sarno Braga lecionam que é possível a existência de negociação processual envolvendo a coisa julgada. Para eles, seria plenamente possível, por exemplo, que os sujeitos ignorassem a coisa julgada anterior e requeressem nova decisão sobre o tema, pois, afinal, as partes são capazes e o direito admite autocomposição[17].

De acordo com os autores, seriam possíveis os seguintes negócios, *in verbis*:

> 1) Negócio jurídico para rever, rescindir ou invalidar a decisão transitada em julgada: esse negócio não é permitido, pois as partes não podem desfazer, negocialmente, um ato estatal (...).
>
> 2) Negócio jurídico sobre os efeitos da decisão: trata-se de um negócio permitido; (...)
>
> 3) Negócio jurídico sobre exceptio rei iudicatae: trata-se de pacto para que a parte não alegue a objeção de coisa julgada. A parte renuncia ao direito de opor a coisa julgada, em uma eventual demanda que lhe seja dirigida.
>
> 4) Negócio jurídico sobre o direito à rescisão: as partes renunciam ao direito à rescisão da decisão, à semelhança do que podem fazer com o direito ao recurso. Trata-se de negócio lícito, sendo o direito disponível. Rigorosamente, esse negócio não é processual: abre-se mão do direito potestativo material à rescisão da decisão. Trata-se de negócio permitido.
>
> 5) Negócio jurídico para afastar a coisa julgada. É possível, com base no art. 190, que as partes afastem a coisa julgada. As partes resolvem que determinada questão pode ser novamente decidida, ignorando a coisa julgada anterior. Nesse caso, o acordo impede que o juiz conheça de ofício a existência de coisa julgada anterior.[18]

---

[16] MARQUES, José Frederico. *Instituições de direito processual civil*. Rio de Janeiro: Forense, 1960. v. V, p. 31.

[17] DIDIER JR., Fredie. *Curso de direito processual civil*: introdução ao direito processual civil, parte geral e processo de conhecimento. 17. ed. Salvador: JusPodivm, 2015. v. I, p. 382.

[18] DIDIER JR., Fredie. *Curso de direito processual civil*: teoria da prova, direito probatório, decisão, precedente, coisa julgada e tutela provisória. 10. ed. Salvador: JusPodivm, 2015. v, II, p. 521.

Ocorre que, diferentemente do que sustentam os ilustres doutrinadores – conforme será demonstrado – não se pode simplesmente ignorar a coisa julgada formada anteriormente e bater às portas do Judiciário requerendo, novamente, a reapreciação da questão em razão de mera irresignação. A coisa julgada, assim como o direito adquirido e o ato jurídico perfeito são pilares da segurança do tráfego jurídico no ordenamento brasileiro, não estando sujeita ao mero alvedrio da vontade das partes.

Assim, considerando as breves premissas destacadas, imperioso que se analise as hipóteses de negociação processual acima expostas, verificando se seriam efetivamente factíveis à luz do ordenamento jurídico brasileiro.

4.1. Do negócio jurídico sobre os efeitos da decisão judicial transitada em julgado

Como lecionam os doutrinadores, seriam possíveis convenções processuais a respeito dos efeitos da decisão judicial transitada em julgado. A título de ilustração, citam os seguintes exemplos: "é possível a renúncia ao crédito reconhecido judicialmente, as partes podem transigir a respeito desse mesmo direito; nada impede que pessoas divorciadas voltem a casar-se entre si etc."[19].

Para se verificar a possibilidade de realização da mencionada convenção entre as partes, deve ser analisada a própria literalidade do artigo 190, de modo a verificar a adequação ao mencionado dispositivo.

Assim, diante da mera leitura do artigo supra citado, percebe-se a incompatibilidade entre os negócios envolvendo o objeto da decisão e as convenções processuais. O dispositivo legal prevê hipóteses para firmamento de acordos *processuais*, sejam eles anteriores ou incidentais ao processo, que tratem de alterações meramente procedimentais e de disposições a respeito dos "ônus, poderes, faculdades e deveres processuais" dos sujeitos processuais plenamente capazes e quando se admita a autocomposição.

A hipótese ora analisada versa, em verdade, sobre acordo de direito material e, até mesmo, sobre atos unilaterais de vontade, vez que envolve o próprio objeto da prestação jurisdicional.

Como é cediço, a coisa julgada incide sobre as decisões de mérito transitadas em julgado, em razão da impossibilidade de interposição de recurso em face das mesmas devido ao lapso temporal transcorrido.

Vê-se, portanto, que o mérito, nos termos do que dispõe o art. 487 do CPC/2015, envolve o pedido formulado pelo autor ou pelo reconvinte, prescrição, decadência, homologação de reconhecimento de procedência de pedido formulado na exordial ou reconvenção, de transação e de renúncia à pretensão formulada pelo autor e pelo reconvinte. Ressalte-se, ainda que a lide (conflito de interesses qualificado por uma pretensão resistida) equivale ao mérito da causa. Nesse sentido, adverte Humberto Theodoro Júnior:

---

[19] Idem.

Para se considerar sentença de mérito o julgamento de uma causa [ou decisão de mérito] não é preciso que o juiz empregue especificamente os termos "procedência" ou "improcedência do pedido". *Sempre que houver exame e solução do pedido do autor (ou seja, solução da lide), favorável ou não à sua pretensão, de mérito será a sentença [ou decisão]*, ainda que o julgador empregue expressão tecnicamente imprópria para o caso.[20] (grifou-se).

Pretensão, por sua vez, pode ser conceituada como "posição subjetiva de poder de exigir de outrem alguma prestação positiva ou negativa"[21], sendo relacionada diretamente ao direito material.

Logo, os efeitos advindos da decisão de mérito tratam do pedido formulado pela parte, que se relaciona diretamente à crise de direito material colocada perante a jurisdição para que fosse efetivamente solucionada.

Diante desse quadro, tem-se que é plenamente possível que as partes, mesmo após decisão judicial transitada em julgado, celebrem acordos de direito material sobre o que foi objeto da lide solucionada pelo Estado-juiz.

Os requisitos desses acordos – e não convenções processuais – estão previstos na Codificação Civil, sendo os principais dispositivos aplicáveis os arts. 104 e 166. Preenchidos todos eles e respeitadas as especificidades do direito material subjacente ao negócio firmado[22], não há que se falar em impossibilidade de celebração em razão de coisa julgada anterior. As partes, capazes, estão dispondo, no âmbito do direito privado, de direitos disponíveis de sua titularidade. Isso se difere radicalmente de se desconsiderar coisa julgada e intentar nova lide com mesmo objeto, como será tratado adiante.

Cândido Dinamarco, apoiado nas lições de Liebman, chama isso de "eficácia *rebus sic standibus* da coisa julgada", dispondo que "nisso não existe ultraje à autoridade desta [coisa julgada], porque ela se refere ao que a sentença havia estatuído quanto a direitos e obrigações existentes ou inexistentes quando foi proferida".[23]

4.2. Negócios jurídicos sobre a *exceptio rei iudicatae*

Também sustentam os doutrinadores que seriam plenamente possíveis as convenções que sujeitem as partes à impossibilidade de suscitarem a objeção de coisa julgada.

---

[20] THEODORO JÚNIOR, 2015, p. 345.
[21] THEODORO JÚNIOR, Humberto. *Curso de direito processual civil*: teoria geral do direito processual civil, processo de conhecimento e procedimento comum. 59. ed. Rio de Janeiro: Forense, 2018. p. 181.
[22] Por exemplo, com relação às hipóteses elencadas no art. 487 do CPC/2015, como a prescrição, a decadência e a transação, devem ser observados seus regramentos específicos.
[23] DINAMARCO, Cândido Rangel. *Instituições de direito processual civil*. 7. ed. São Paulo: Malheiros, 2017. v. III, p. 364.

Com relação à convenção proposta, tem-se que a parte renunciará ao direito de alegar a existência de coisa julgada anterior em uma nova demanda que seja intentada. Pela leitura da hipótese verifica-se que a celebração do referido negócio violaria flagrantemente os princípios da boa-fé, da lealdade e da comparticipação, todos eles Normas Fundamentais do Código de Processo Civil de 2015, que funcionam como um norte para a aplicação das demais previsões constantes do diploma e como um *link* direto com os direitos e garantias fundamentais previstas em sede da constitucional (devido e justo processo legal)[24]. Explica-se.

Pelo princípio da boa-fé objetiva, pretende-se que a conduta dos sujeitos processuais – partes e Estado-juiz – seja pautada nos valores éticos que permeiam a sociedade, de modo que eles ajam de maneira justa e leal uns com os outros. Almeja-se assegurar a segurança das relações jurídicas, de modo que os sujeitos possam gerar expectativas concretas, com *seus efeitos programados e esperados*"[25].

Como bem destaca o Professor Humberto Theodoro Júnior, a boa-fé objetiva, apesar não estar expressamente prevista na Constituição Federal, é decorrente da dignidade da pessoa humana (art. 1º, III, da CF/1988) e da solidariedade social (art. 3º, I), sendo princípio ínsito a todo o ordenamento jurídico. Assim,

> Reconhecendo-se a Constituição como a justificadora da presença da boa-fé objetiva em todo o sistema normativo atual, a consequência natural e lógica é que o Poder Judiciário, seus agentes e as partes envolvidas na relação processual não escapam da submissão ao "dever de agir de acordo com os padrões socialmente reconhecidos em lisura e lealdade"[26].

Decorrente do princípio da boa-fé e do contraditório substancial, o princípio da cooperação (art. 6º do CPC/2015), fundado, principalmente, na lealdade e no direito de influência dos sujeitos processuais na lide, assegura o alcance da verdade real e uma solução que possa ser realmente efetiva para o litígio posto em juízo.

Seguindo os ensinamentos da doutrina portuguesa, esse princípio auxilia na fixação da visão de que existem deveres a serem cumpridos pelos sujeitos envolvidos no processo, devendo todos colaborarem uns com os outros para alcançar a efetividade do método. Pode-se falar, como leciona Miguel Teixeira de Souza, "em transformar o processo em uma comunidade de trabalho"[27].

O princípio da lealdade processual, por sua vez, pode ser sintetizado abaixo, pela clara lição de Araújo Cintra, Grinover e Dinamarco:

> Sendo o processo, por sua índole, eminentemente dialético, é reprovável que as partes se sirvam dele faltando ao dever de verdade ou por qualquer outro modo

---

[24] THEODORO JÚNIOR, 2018, p. 67.
[25] THEODORO JÚNIOR, 2015, p. 14.
[26] THEODORO JÚNIOR, 2015, p. 14.
[27] THEODORO JÚNIOR, 2018, p. 85.

agindo deslealmente e empregando artifícios fraudulentos. Já vimos que o processo é o instrumento posto à disposição das partes não somente para a eliminação de seus conflitos, mas também para a pacificação geral na sociedade e a atuação do direito. Diante dessas finalidades, que lhe outorgam profunda inserção sociopolítica, deve ele revestir-se de uma dignidade que lhe corresponda a seus fins[28].

Verifica-se, portanto, que a parte que não alega a existência de coisa julgada anterior acaba por violar todos os princípios anteriormente mencionados. Prevê o art. 337, VII, do CPC/2015, que incumbe ao réu alegar, em sede de preliminar de contestação, a existência de coisa julgada, haja vista que é prejudicial ao exame do mérito.

Cabe ao juiz, também, conhecer *ex officio* a existência de coisa julgada, tendo em vista que a mesma afeta diretamente o desenvolvimento válido e regular da relação jurídico-processual, afigurando-se como um pressuposto negativo, apto a ensejar a extinção do processo sem resolução de mérito, nos termos do art. 485, V, do CPC/2015.

Na maioria das vezes, o conhecimento desse pressuposto processual negativo é levado ao conhecimento do órgão julgador por meio de preliminar de contestação, haja vista que, apesar de ser cognoscível de ofício, o Juízo muitas vezes não dispõe de condições (técnicas e temporais) para verificar se as mesmas partes já demandaram sobre o mesmo objeto.

Assim, a arguição da prejudicial ora analisada acaba por se configurar como conduta pautada na boa-fé das partes, bem como em lealdade para com o órgão judicante. O processo, como anotado, deve ser visto como uma comunidade de trabalho, de modo que seja efetivo enquanto instrumento justo de solução de controvérsias.

A partir do momento que as partes convencionam que não será alegada a coisa julgada preexistente ao ajuizamento da nova demanda, elas acabam por desvirtuar o método, além de promoverem o andamento desnecessário da tão assoberbada máquina judiciária, em razão de não estarem conformadas com o resultado de processo anterior e por, provavelmente, não poderem se valer dos meios adequados para desconstituição da coisa julgada material formada.

Tal conduta, por certo, gera um efetivo risco de abalo da segurança jurídica, considerando as chances concretas de coexistirem decisões conflitantes sobre um mesmo objeto, que é o que a coisa julgada justamente busca impedir. Além desse grave impacto, as partes que celebram a convenção analisada não agem de maneira justa e leal para com o julgador, que dará ensejo a uma sequência concatenada de atos de forma desnecessária.

Para que se possa falar em efetivo e justo processo, deve-se arguir a existência de coisa julgada anterior, não sendo isso contrário ao princípio da liberdade das partes:

> Parte da doutrina mais antiga manifesta-se contrariamente ao princípio da lealdade, principalmente no processo civil, por considerá-lo instituto inquisitivo e contrário à livre disponibilidade das partes e até mesmo "instrumento de

---

[28] ARAÚJO CINTRA, Antônio Carlos de; GRINOVER, Ada Pellegrini; DINAMARCO, Cândido Rangel. *Teoria geral do processo*. 30. ed. São Paulo: Malheiros, p. 90.

tortura moral". Hoje, porém, a doutrina tende a considerar essa concepção como um reflexo processual da ideologia individualista do laissez-faire, afirmando a oportunidade de um dever de veracidade das partes no processo civil, diante de todas as conotações publicistas agora reconhecidas no processo, e negando, assim, a contradição entre a exigência de lealdade e qualquer princípio ou garantia constitucional.[29]

Veja-se que tal advertência foi feita sob a égide do Código de Processo Civil de 1973. Sob a vigência do novo *Codex*, fundado na ideia da compartipação, evidente que tal conduta merece e deve ser reprovada. Com esteio na lição de Humberto Theodoro Júnior, é de se destacar que o princípio da compartipação se traduz no esforço necessário "para evitar imperfeições processuais e comportamentos indesejáveis que possam dilatar injustificadamente a marcha do processo e comprometer a justiça e a efetividade da tutela jurisdicional"[30]. A não arguição de coisa julgada anterior seria um desses comportamentos.

Por fim, some-se a todo o exposto que também é norma fundamental do Processo Civil o disposto no art. 8º do CPC/2015, que prevê que, "ao aplicar o ordenamento jurídico, o juiz atenderá aos fins sociais e às exigências do bem comum, resguardando e promovendo a dignidade da pessoa humana e observando a proporcionalidade, a razoabilidade, a legalidade, a publicidade e a eficiência".

Deve-se observar a estrita legalidade no processo e em todos os seus atos, contribuindo para que se alcance a justiça e se efetive o devido e justo processo legal. Ao aplicar o ordenamento jurídico, o juiz não se prende apenas à literalidade dos atos normativos, como o art. 190 do CPC/2015, mas também aos princípios gerais e às regras.

Desse modo, diante de uma convenção processual que, se celebrada, acaba por violar diversos princípios legais e constitucionais, com esteio apenas no autorregramento da vontade das partes, sua invalidação é medida que se impõe. Não se pode permitir que acordos como os mencionados sejam celebrados em um ambiente que possui caráter eminentemente público, modo pelo qual a jurisdição estatal atua na solução dos conflitos e contribui para a almejada pacificação da sociedade.

Cabe aqui o alerta feito por Humberto Theodoro: "a coisa julgada é instituto processual de ordem pública, de sorte que a parte não pode abrir mão dela"[31].

4.3. Negócios jurídicos processuais sobre a renúncia ao direito à rescisão do julgado

No que se refere à convenção processual para renunciar ao direito à rescisão do julgado, também, defendida pelos autores, as partes devem reportar-se às normas de Direito Civil.

---

[29] ARAÚJO CINTRA, GRINOVER, DINAMARCO, 2013, p. 91-92.
[30] THEODORO JÚNIOR, Humberto (coord.). *Processo civil brasileiro*: novos rumos a partir do CPC/2015. Belo Horizonte: Del Rey, 2016. p. 28.
[31] THEODORO JÚNIOR, 2015, p. 349.

Tratando-se a renúncia de instituto de direito material, deve ser feita remissão ao diploma legal pertinente para se analisar se a convenção processual é ou não é passível de ser realizada.

No caso em questão, a parte abriria mão de ajuizar ação rescisória em face de um processo que já transitou em julgado. Destaque-se que o art. 966 do CPC/2015, estabelece as hipóteses nas quais é possível a desconstituição da coisa julgada.

Logo, para se renunciar ao direito à rescisão do julgado, evidente que a parte teria que ter interesse para tanto, incorrendo o *decisum* transitado em julgado em algumas das hipótese mencionadas pelo referido dispositivo legal.

Além disso, para celebração da convenção ora analisada, os sujeitos deveriam verificar outra questão: o prazo para ajuizamento da rescisória é de dois anos, contados do trânsito em julgado da decisão ou do capítulo da decisão a ser rescindida. Ressalte-se que tal prazo é decadencial. Assim, está se falando em renúncia à decadência do direito de pleitear a rescisão do julgado.

A decadência, instituto de direito material, previsto nos arts. 207 a 211 da Codificação Civil, está diretamente relacionada aos direitos potestativos, que são exercidos pela simples manifestação de vontade de seu titular, independendo, portanto, de terceiros. São insuscetíveis de violação, razão pela qual não se pode falar aqui em pretensão, a exemplo do que ocorre com a prescrição.

São "direitos cujo exercício afeta, em maior ou menor grau, a esfera jurídica de terceiros, criando para êsses um estado de sujeição, sem qualquer contribuição da sua vontade, ou mesmo contra sua vontade", na precisa lição de Agnelo Amorim Filho.[32] Continua o mestre, destacando que a possibilidade de exercício dos mesmos pode gerar uma situação de intranquilidade para o terceiro que pode sofrer a sujeição e, até mesmo, pode perturbar a paz social. Essa é a razão pela qual a lei fixa os prazos para exercício desses direitos, figurando entre eles o direito de propor ação rescisória[33]. Transcorrido o prazo sem exercício do direito pode-se falar, então, em extinção deste.

Com relação à renúncia à decadência, é expresso o Código Civil de 2002, em seu art. 109, ao estabelecer que "É nula a renúncia à decadência fixada em lei".

Como bem destaca a doutrina, "se o direito potestativo é condicionado pela lei a prazo certo de exercício, tem-se a norma respectiva como de ordem pública e, por isso, não se admite que a parte venha a renunciar à decadência"[34].

Esse, por si só, esse é fundamento suficientemente apto e ensejar a inaplicabilidade e de convenção que verse sobre o tema, sendo ela inválida, haja vista a imperfeição de seu suporte fático, que tem por escopo a celebração de acordo manifestamente *contra legem*.

---

[32] AMORIM FILHO, Agnelo. Critério científico para distinguir a prescrição da decadência e para identificar as ações imprescritíveis. *Revista dos Tribunais: memória do direito brasileiro*, São Paulo, v. 744, p. 725-750, out. 1997.

[33] Idem.

[34] THEODORO JÚNIOR, Humberto. *Comentários ao novo Código Civil*: dos atos jurídicos lícitos. Dos atos ilícitos. Da prescrição e da decadência. Da prova. 4. ed. Rio de Janeiro: Forense, 2008. v. III, t. II, p. 442.

Não pode a vontade das partes derrogar norma da Codificação Civil que prevê que a decadência legal, como o é a referente ao direito potestativo de ajuizar ação rescisória, é irrenunciável e norma de ordem pública.

4.4. Negócio jurídico para afastar a coisa julgada

Outra convenção processual passível de celebração seria a para afastar a coisa julgada, de forma a, simplesmente, ignorá-la. De acordo com Fredie Didier, também é possível impedir que o julgador conheça de ofício a existência do mencionado pressuposto processual negativo.

Também pela mera leitura da hipótese em comento, percebe-se a sua flagrante ilegalidade. Além de limitar poderes do julgador por meio da vontade das partes, é ignorado instituto de extrema importância para a segurança jurídica e para a coerência do ordenamento.

No ordenamento jurídico brasileiro, tal qual foi concebido, não é possível ignorar a coisa julgada, meio pelo qual se evita que o resultado alcançado pela jurisdição seja questionado um sem número de vezes pelo sujeito processual que se mostra insatisfeito com o *decisum*.

Incontroversa é a preocupação do legislador com o instituto da coisa julgada que, a fim de cumprir o seu *mister*, possui funções que se dividem em positiva e negativa. Aquela diz respeito à imposição aos sujeitos processuais a obediência e o respeito à decisão transitada em julgado, em especial à decisão soberanamente transitada em julgado, depois de decorridos os dois anos do prazo para ajuizamento da ação rescisório. É a própria consubstanciação da indiscutibilidade e da imutabilidade do julgado, que enseja a necessidade de alegação de sua existência pelas partes, bem como a cognoscibilidade *ex officio* por parte do Estado-juiz.

Pela função negativa, surge o pressuposto processual negativo, impedindo a reapreciação da questão já decidida.

Como bem adverte Cândido Dinamarco, inexistindo – ou sendo possível que a coisa julgada fosse ignorada – poderiam ocorrer situações como as seguintes:

> cair no nada o que o juiz decidira, poderia o vencido desconsiderar o julgado, comportando-se de modo diferente do que fora decidido ou levantar novos fundamentos contra a decisão, tentando demolir a situação criada ou declarada e poderiam os juízes quando provocados, rever as decisões do próprio Judiciário[35].

A vulnerabilidade da decisão seria fator de insegurança jurídica, impedindo que os processos chegassem a um fim, perpetuando as pretensões resistidas que os ensejaram. Não poderia se falar em outorga de força de lei às decisões do Judiciário e nem em segurança no tráfego jurídico. Não se pode olvidar que "a insegurança é um estado perverso que prejudica os negócios, o crédito, as relações familiares e, por isso, a felicidade das pessoas ou grupos"[36].

---

[35] DINAMARCO, *Instituições de direito processual civil*, 2017, v. III, p. 365-366.
[36] Op. cit., p. 356.

A soma desses fatores é, por demais, prejudicial ao Estado, que deve zelar para a estabilidade das relações de seus jurisdicionados, bem como pela pacificação social.

Evidente a importância que a coisa julgada, que possui natureza constitucional e processual, tem para diversos aspectos de um Estado soberano, não impactando, apenas, a relação entre autor e réu em específica demanda. Ademais, a própria natureza do instituto, bem como sua conceituação e funções são hábeis a se chegar à conclusão de que ela não pode ser ignorada.

É de se ressaltar que pela argumentação aqui exposta, não se tem por objetivo afirmar que a coisa julgada é um dogma, colocando-se acima dos demais princípios estatuídas na Constituição da República, sendo, portanto, inquestionável.

Existem situações, mormente aquelas nas quais a decisão está eivada de inconstitucionalidade, que permitem que a coisa julgada seja desconsiderada por via que não seja unicamente a ação rescisória. Como destacam Humberto Theodoro Júnior e Juliana Cordeiro de Faria,

> todavia e sem embargo de toda segurança com que se procura resguardar a intangibilidade da coisa julgada, as sentenças podem se contaminar de vícios tão profundos que tenham de ser remediados por alguma via judicial extraordinária. A intangibilidade, assim, é relativizada para que seja rompida a coisa julgada[37].

E continuam, lecionando que, "diante de sério vício, manter-se imutável o preceito sentencial a pretexto de resguardar-se a res iudicata, seria colocar em risco a própria segurança jurídica[38]. Desse modo, poderia se falar em relativização da coisa julgada quando o decisório estivesse eivado de inconstitucionalidade, de modo que é preciso assegurar, acima de tudo, o princípio da supremacia da Constituição Federal, que deve estar sempre acima dos demais, de modo que a segurança jurídica seja efetivamente resguardada.

Não se pode esquecer que coisa julgada é atributo do Estado Democrático de Direito, que assegura uma solução definitiva para a lide resolvida pelo Judiciário. E qual seria o resultado se ela fosse, simplesmente, ignorada? Inexistiria a segurança jurídica, "garantia de estabilidade das situações jurídicas já consolidadas e como princípio a criar um estado de previsibilidade de comportamento dos agentes estatais"[39].

---

[37] THEODORO JÚNIOR, Humberto; FARIA, Juliana Cordeiro de. Reflexões sobre o princípio da intangibilidade da coisa julgada e sua relativização. In: NASCIMENTO, Carlos Valder do; DELGADO, José Augusto (org.). *Coisa julgada inconstitucional*. Belo Horizonte: Fórum, 2006. p. 161-194.

[38] Idem.

[39] LUCON, Paulo Henrique dos Santos. Segurança jurídica no Código de Processo Civil de 2015. In: LUCON, Paulo Henrique dos Santos; APRIGLIANO, Ricardo de Carvalho; SILVA, João Paulo Hecker da; VASCONCELOS, Ronaldo; ORTHMANN, André. *Processo em jornadas*. Salvador: JusPodivm, 2016. p. 766-780

Outro ponto que deve ser analisado com cautela no que se refere a essa convenção é a sugerida possibilidade de se retirar do juiz a possibilidade de conhecer de ofício a coisa julgada.

Como vem sendo demonstrado ao longo do breve estudo, a coisa julgada é norma de ordem pública que visa garantir a estabilização das demandas e a segurança jurídica, evitando, assim, que decisões conflitantes possam ocorrer, abalando a confiança dos jurisdicionados no método estatal de solução de controvérsias.

Assim, as partes, por meio do princípio do livre autorregramento das vontades, ao convencionarem que o juiz não poderá conhecer da existência do instituto, acabam por, também, celebrar convenção eivada de ilegalidade, e, portanto, inválida.

O objeto do acordo iria frontalmente de encontro ao art. 485, § 3º, do CPC/2015, que dispõe que *o juiz conhecerá de ofício da matéria constante dos incisos IV, V [coisa julgada], VI e IX, em qualquer tempo e grau de jurisdição, enquanto não ocorrer o trânsito em julgado*.

Vê-se que esse é um dever do juiz enquanto sujeito processual e enquanto representante do Estado, atuando no exercício da função jurisdicional.

Ademais, se desse efetividade ao acordo processual ora em análise, o juiz iria de encontro aos próprios interesses estatais, podendo ensejar decisões conflitantes, abalando a segurança jurídica. Em larga escala, isso seria extremamente perigoso para a coerência e integridade do ordenamento.

Sustentam os autores que a grande utilidade da negociação processual seria "*diminuir ou eliminar o poder do órgão jurisdicional*"[40], sendo que no caso específico da coisa julgada, o juiz, eventualmente, conhece de ofício existência de *res iudicata* em razão do exercício do seu poder jurisdicional. Não haveria interesse por parte dele no não julgamento da questão, mas está diretamente relacionado à função que exerce.

Corroborando o que os autores aduziram, realmente o juiz conhece da coisa julgada *ex officio* em razão da função à qual está investido. Ele, enquanto sujeito processual, deve observar o princípio da imparcialidade e da impessoalidade, próprios do Direito Público. Logo, não deve se falar que ele tenha interesse na demanda.

Seu interesse é alcançar a verdade real, por meio do contraditório substancial, da ampla defesa e da cooperação, colocando fim à crise de direito material instaurada entre as partes e visando a pacificação social, efetivando a função que lhe cabe, enquanto representante do Estado no exercício da jurisdição.

Ademais, não se pode olvidar que não se aplica a preclusão às questões que envolvem a ordem pública, razão pela qual as partes devem alegar a existência da coisa julgada em qualquer fase do procedimento, bem como o julgador também deve fazê-lo: "mais do que o interesse do litigante sobressai o interesse público no bom e adequado desempenho da jurisdição. (...) Não se opera a preclusão, portanto, pelo simples motivo de que o litigante não tem disponibilidade da ordem pública"[41].

---

[40] DIDIER JR., 2015, v, II, p. 521.
[41] THEODORO JÚNIOR, *Curso de direito processual civil*, 2018, p. 1156.

Por fim, apesar dos autores, ao tratarem da convenção processual para "rever, rescindir ou invalidar a decisão transitada em julgado", afirmarem que isso não é permitido, em razão da impossibilidade de desfazimento de ato estatal pelas partes, como realmente não é possível, consoante demonstrado, os efeitos advindos das demais hipóteses analisadas são os mesmos.

Apesar de não haver uma revisão/rescisão/invalidação da decisão transitada em julgado pelas vias devidas, ao ignorar a coisa julgada, não alegando quando é devido ou impedindo o juiz de conhecê-la de ofício, vê-se que as partes pretendem o rejulgamento do feito pelas vias transversas e/ou fora das hipóteses de cabimento.

Deve-se tomar cuidado com a hipótese ora analisada, que também vai contra os princípios da boa-fé, da comparticipação e da lealdade processo, pois, por meio de convenções processuais desse gênero, pode-se falar que a "generalização das regras atenuadoras de seus rigores equivaleria a transgredir a garantia constitucional da res judicatae e assim negar valor ao legítimo desiderato de segurança das relações jurídicas, nela consagrado"[42].

Ademais, como sustenta Didier, "a coisa julgada é instituto construído ao longo dos séculos e reflete a necessidade humana de segurança. (...) Relativizar a coisa julgada por critério atípico é exterminá-la"[43].

5. CONCLUSÕES

Pelo exposto, verificou-se que as convenções processuais propostas por parcela da doutrina e que versam sobre a coisa julgada não devem ser celebradas e, se o forem, devem ser invalidadas em razão de extrapolarem os limites mínimos aos quais devem se ater os negócios processuais.

A interpretação do art. 190 do CPC/2015 de maneira literal, isolada do sistema no qual está inserida pode comprometer a própria segurança da ordem jurídica.

Como repisado ao longo do breve estudo, a fim de que seja garantida a estabilidade e a harmonia da ordem jurídica, o dispositivo deve ser interpretado juntamente com limitações situadas no próprio Código de Processo Civil e em outros diplomas legais, conduzindo o operador do Direito a uma interpretação lógico-sistemática do sistema, de modo a preservar, inclusive, o caráter publicístico do processo, consubstanciado em sua função/atividade/poder jurisdicional, com o intuito maior de pacificar a sociedade.

Como destacou Humberto Theodoro Júnior em sua tese de doutoramento, "a ordem jurídica é, em suma, uma unidade incindível. Portanto, não se podem isolar completamente as figuras e instituições jurídicas, quaisquer que sejam, numa completa e irredutível especialização"[44]. Evidente que com a figura dos negócios jurídicos processuais e dos princípios criados para corroborá-los, isso não poderia ser diferente.

---

[42] DINAMARCO, 2017, v. III, p. 371.
[43] DIDIER JR., 2015, v. II, p. 559.
[44] THEODORO JÚNIOR, Humberto. *A execução de sentença e a garantia do devido processo legal*. 1987. 349f. Tese (Doutorado em Direto) – Universidade Federal da Minas Gerais, Belo Horizonte, p. 281.

As convenções analisadas acabam por desconsiderar os princípios básicos que regem a Ciência Processual Civil, além de violarem aqueles estatuídos em sede da Constituição da República, tudo isso em razão da autonomia privada das partes. O princípio do autorregramento da vontade não pode ser colocado em patamar superior aos demais princípios e normas cogentes simplesmente porque "a vontade das partes é relevante e merece respeito"[45].

Deve haver diálogo entre o publicismo e o privatismo, de modo que se encontre a melhor e mais adequada solução para estabelecer quais os limites às convenções processuais, não podendo os operadores do Direito se prenderem, única e exclusivamente, a um único princípio, como vem ocorrendo com o princípio do livre autorregramento da vontade das partes. Nenhum está acima do princípio maior da Supremacia da Constituição.

Especificamente quanto ao tema ora analisado, enquanto não se alcança um meio-termo entre as correntes e de modo a garantir o respeito à integridade do ordenamento, à segurança jurídica e ao princípio da cooperação, cabe relembrar, mais uma vez, o alerta feito ao longo do presente estudo: "a coisa julgada é instituto processual de ordem pública, de sorte que a parte não pode abrir mão dela"[46].

---

[45] DIDIER JR., Fredie., 2015, p. 23.
[46] THEODORO JÚNIOR, 2015, p. 349.

16

O ARTIGO 52, PARÁGRAFO ÚNICO, DO CPC E SUA APLICAÇÃO EM MATÉRIA TRIBUTÁRIA

WERTHER BOTELHO SPAGNOL

Sumário: 1. Contextualização. 2. Definição, no ordenamento jurídico, da competência para o processamento de causas envolvendo o interesse de Entes Federados. 3. A constitucionalidade da opção contida no parágrafo único do art. 52 do CPC. Ajuizamento da demanda contra Estados Federados no foro de domicílio do autor. 4. Conclusão.

1. CONTEXTUALIZAÇÃO

Para fins de compreensão do presente artigo, a referência ao Código de Processo Civil atualmente em vigor, instituído pela Lei 13.105, de 16 de março de 2015, será feita pela indicação da abreviatura "CPC"; a referência ao estatuto processual anterior, já revogado, se dará pela indicação da abreviatura "CPC/73". Além disso, para facilitar a leitura do texto, na expressão "Estados da Federação" estão abarcados não somente os Estados como, também, o Distrito Federal.

Os operadores do Direito Tributário sempre se viram diante de uma questão processual que suscitou os mais acalorados debates, ante uma possível omissão do CPC/73 em regulamentá-la. E, conforme veremos com mais vagar nas linhas adiantes, essa questão parece ter sido solucionada no CPC vigente.

Para a introdução dessa questão processual, convém fazer uma breve incursão nas disposições do art. 164, inciso III, do Código Tributário Nacional (CTN), porque são ilustrativas da problemática então enfrentada pela doutrina: segundo o dispositivo, a importância do crédito tributário pode ser consignada judicialmente pelo sujeito passivo (contribuinte ou responsável tributário) nos casos, entre outros, de exigência, por mais de uma pessoa jurídica de direito público, de tributo idêntico sobre um mesmo fato gerador.

Apesar de o sistema tributário ter sido estruturado para evitar conflitos entre as unidades federadas, mediante a atribuição de regras de competência muito bem delimitadas (na Constituição Federal de 1988) e mediante a outorga, à lei complementar de normas gerais, dessa função (dispor sobre eventuais conflitos de competência),[1] não raro eles ocorrem; seja pela dificuldade, cada vez maior, de interpretação das normas tributárias ou seja pela dificuldade, também crescente, de delimitar fronteiras geográficas aos negócios realizados no mundo moderno. Some-se ao cenário a evolução da jurisprudência nacional, que tem avançado na interpretação de conceitos antes tradicionais ao direito privado, à exemplo do que vem ocorrendo com a interpretação do conceito de "serviço" pelo Supremo Tribunal Federal (que, para fins tributários, não se resume mais à uma simples "obrigação de fazer"). O resultado de tudo isso é o surgimento, agora mais frequente, de conflitos de competência entre as unidades federadas, pela imposição de exigências tributárias idênticas sobre um mesmo fato gerador.

Os exemplos são superabundantes:

(i) Exigência, por mais de um Estado da Federação, do ICMS incidente sobre a importação de bem ou mercadoria. Nos termos da Constituição Federal, o imposto cabe "ao Estado onde estiver situado o domicílio ou o estabelecimento do destinatário da mercadoria, bem ou serviço". As hipóteses de importação "por conta e ordem" e de importação "por encomenda" bem demonstram os potenciais conflitos que podem ser gerados entre os Estados da Federação, quando cada qual se julga competente para a exigência do ICMS – tanto o Estado no qual ocorreu o desembaraço aduaneiro, quanto o Estado no qual se situa o "destinatário jurídico" do bem ou mercadoria.

(ii) Exigência, por mais de um Estado da Federação, do IPVA incidente sobre a propriedade de veículos automotores. Neste caso, sequer existe lei de normas gerais para dispor sobre eventuais conflitos de competência, o que não impediu, sob a óptica do Supremo Tribunal Federal, que os Estados pudessem exercer sua competência legislativa na instituição do tributo. Hoje, os problemas enfrentados pelas locadoras de veículos são exemplos marcantes dos conflitos gerados entre os Estados da Federação: exigência, simultânea, do IPVA sobre um mesmo veículo automotor e num mesmo exercício, tanto pelo Estado no qual o veículo foi emplacado (e onde está situado o domicílio tributário do proprietário), quanto pelo Estado no qual o veículo se encontra disponível, fisicamente, para locação.

(iii) Exigência, por mais de um Município, do ISS incidente sobre os serviços constantes da lista anexa à Lei Complementar 116/2003, em razão das tão conhecidas disputas entre o Município no qual se situa o estabelecimento do prestador de serviço e o Município no qual o serviço foi concretamente executado.

Em todas as situações ilustradas acima, têm-se a exigência, por mais de uma pessoa de direito público interno, de tributo idêntico sobre o mesmo fato gerador, o que faz vir à tona a letra do art. 164, inciso III, do CTN: em vez de o sujeito passivo correr o risco de eleger, a seu critério, o ente competente para a cobrança tributária, em detrimento de outro

---

[1] Conforme art. 146 da CF/88: "Art. 146. Cabe à lei complementar: I – dispor sobre conflitos de competência, em matéria tributária, entre a União, os Estados, o Distrito Federal e os Municípios".

ente que também se julga competente, poderá partir para a consignação judicial da quantia exigida (sempre com a utilização da maior alíquota), com o objetivo de se livrar da obrigação tributária. E, ao final, julgada procedente a ação, decreta-se a extinção do crédito tributário, com a declaração, pelo Poder Judiciário, do ente federado competente para a exigência do gravame tributário.

É aqui que surge a questão processual aventada no início do presente trabalho e que pode ser sintetizada na seguinte indagação: qual é o juízo competente para processar e julgar uma ação de consignação em pagamento aforada por uma locadora de veículos segundo as regras do art. 164, inciso III, do CTN, em face dos Estados de São Paulo e do Paraná, que lhe têm exigido o IPVA sobre os mesmos veículos automotores e nos mesmos exercícios? O Estado do Paraná se julga competente porque é lá que está situado o estabelecimento matriz da pessoa jurídica e, portanto, foi também lá o local de emplacamento da frota; por outro lado, o Estado de São Paulo se julga igualmente competente para a exigência tributária porque é em seu território que os veículos estão dispostos, fisicamente, à locação, ainda que tais veículos tenham sido registrados anteriormente em outro Estado.

Veja-se que, na indagação formulada, há conflito nítido e direto entre dois Estados da Federação. Amiúde, o conflito se dá entre dois Municípios situados em Estados distintos, que exigem ISS sobre uma mesma prestação de serviço: o Município de Belo Horizonte/MG, com fundamento na LC 116/2003, julga-se competente para a exigência do ISS incidente sobre os serviços de manutenção preventiva e corretiva realizados por uma empresa cujo estabelecimento esteja domiciliado em sua circunscrição geográfica, mesmo que tais serviços tenham sido executados em equipamentos de mineração situados no Município de Parauapebas/PA; o Município de Parauapebas/PA, por sua vez, também se julga competente para a exigência do ISS incidente sobre os mesmos serviços de manutenção prestados pela mesma pessoa jurídica, porque é em seu território que o resultado econômico está sendo verificado. Nesta situação, qual é o juízo competente para processar e julgar ação consignatória ajuizada com escoro no art. 164, inciso III, do CTN, em face dos Municípios de Belo Horizonte e de Parauapebas? Também aqui, tal e qual na ilustração anterior, há conflito explícito entre dois entes municipais (e situados em distintos Estados da Federação).

Os exemplos vêm a calhar, principalmente porque envolvem questão processual de elevada envergadura: a competência jurisdicional, como seja, o poder de exercer a jurisdição e sua delimitação na lei. Assim, reformulando as indagações, qual é o órgão jurisdicional que detém o poder de exercer a jurisdição no processamento e no julgamento de ações consignatórias propostas nos termos ilustrados nos parágrafos anteriores?

Se a análise do intérprete se iniciar pela Constituição Federal, a quem coube a tarefa de repartir as competências jurisdicionais, certamente se deparará com o art. 102, inciso I, alínea "f", segundo o qual compete ao Supremo Tribunal Federal a atribuição de processar e julgar, originariamente, "as causas e os conflitos entre a União e os Estados, a União e o Distrito Federal, ou entre uns e outros, inclusive as respectivas entidades da administração indireta".

No entanto, o Supremo Tribunal Federal já assentou, inclusive por meio de súmula, o entendimento de que "a dúvida, suscitada por particular, sôbre o direito de tributar, manifestado por dois Estados, não configura litígio da competência originária do Supremo Tribunal Federal" (Súmula 503). E, embora tal orientação tenha sido firmada sob a égide da

Constituição anterior, continua a ser reafirmada à luz da Constituição de 1988 (citem-se, exemplificativamente, os seguintes precedentes: Reclamação 21.914/PR, AgRg na ACO 2.116/SP, EDcl na ACO 1.994/SP e AgRg na ACO 1.011).

Se o intérprete descer ao plano infraconstitucional e mirar para o CPC/73, não encontrará dispositivo *específico* prevendo regra de competência para processar e julgar as demandas em que as unidades federadas sejam parte. Como regra, adotava-se a norma então contida no art. 94 (atualmente repetida no artigo 46 do CPC), no sentido de que "a ação fundada em direito pessoal e a ação fundada em direito real sobre bens móveis serão propostas, em regra, no foro de domicílio do réu". Desta forma, reconhecia-se o foro da capital do Estado como competente (já que, nos termos do art. 75, inciso II, do Código Civil, o domicílio dos Estados e Territórios são as respectivas capitais). No entanto, o problema relativo à competência jurisdicional para processar e julgar, por exemplo, a ação consignatória proposta contra dois Estados da Federação, não se resolvia com a simples invocação da regra encartada no citado art. 94 do CPC/73.

Foi o próprio Supremo Tribunal Federal, ao afastar a sua competência jurisdicional originária, quem acabou por assentar o entendimento de que as ações propostas pelo sujeito passivo, envolvendo conflitos de competência tributária entre dois Estados da Federação, que disputam a titularidade do crédito tributário, deverão ser processadas e julgadas perante a justiça estadual (uma vez que, conforme se verá oportunamente, não se trata de demanda reservada originariamente ao STF ou ao STJ ou à justiça federal). A consequência do entendimento adotado pelo STF é a de que, se a competência jurisdicional é da justiça estadual, e considerando que cada Estado da Federação possui a sua respectiva organização judiciária, então é possível que o "interesse" de um determinado Estado possa ser julgado pelo Poder Judiciário de outro Estado, também interessado na lide. Retomando o já citado exemplo do IPVA exigido, simultaneamente, de um mesmo sujeito passivo e relativo à uma mesma frota, pelos Estados de São Paulo e do Paraná, o sujeito passivo poderá, a se adotar o entendimento sufragado pelo STF, ajuizar demanda consignatória perante a Justiça Estadual de São Paulo ou perante a Justiça Estadual do Paraná, em face de ambos os corréus (Estado de São Paulo e Estado do Paraná). Na hipótese, é o Poder Judiciário de um determinado Estado que decidirá qual é o ente competente para a exigência do tributo consignado.

Colhe-se, dos julgados do STF, a título ilustrativo, que a Ministra Cármen Lúcia negou seguimento a Reclamação ajuizada pelo Estado do Mato Grosso do Sul contra o processamento, na justiça paranaense, de ação de consignação em pagamento proposta por contribuinte contra 18 Estados da Federação (Reclamação 21.914).[2]

De igual modo, o Ministro Edson Fachin considerou ser possível que demanda envolvendo conflito de competência entre dois entes federados para tributação de um mesmo fato gerador possa ser decidida pela justiça estadual de um dos Estados com interesses envolvidos na causa, não havendo que se falar *em violação aos limites territoriais de*

---

[2] A ação de consignação em destaque foi ajuizada em razão de dúvida fundada quanto ao sujeito ativo competente para a arrecadação do ICMS incidente sobre serviço interestadual de distribuição de sinais de televisão e áudio por satélite.

competência dos Juizados Especiais Fazendários (EDcl na ACO 1.994/SP). No mencionado processo, cujo polo passivo era composto pelos Estados de São Paulo e do Mato Grosso, o Ministro declinou o conhecimento da causa para o foro da Capital do Estado de São Paulo (foro em que o contribuinte, originalmente, havia ajuizado a demanda).

Toda a celeuma acima retratada, que decorria, principalmente, da ausência de normatização expressa no CPC/73, parece ter sido solucionada, ao menos à primeira vista, no CPC atualmente em vigor. É dizer: se, antes, não havia dispositivo *específico* prevendo regra de competência para processar e julgar as demandas em que as unidades federadas fossem parte, agora a realidade é outra: *legem habemus*. Está-se a referir ao art. 52, *caput*, e seu parágrafo único. De acordo com o *caput*, nas ações em que o Estado da Federação seja *autor*, é competente o foro do domicílio do réu. Por outro lado, nas ações em que o Estado seja demandado, "a ação poderá ser proposta no foro de domicílio do autor, no de ocorrência do ato ou fato que originou a demanda, no de situação da coisa ou na capital do respectivo ente federado".

Portanto, pelas disposições do art. 52, parágrafo único, do CPC, o autor que demanda contra Estado da Federação tem, à sua escolha, quatro opções: **(i)** o foro de seu domicílio; **(ii)** o foro de ocorrência do ato ou fato que originou a demanda; **(iii)** o foro de situação da coisa; ou **(iv)** a capital do respectivo ente federado. Trata-se, como se vê, de regra simétrica à da competência da justiça federal, nos termos do art. 109, § 2º, da Constituição.[3]

A normatização desta regra de competência jurisdicional, trazida pelo art. 52 do CPC, é digna de nota e com substantivos efeitos na seara do Direito Tributário. Resolve, por completo, a questão relativa ao juízo competente para processar e julgar ações consignatórias que envolvam disputam de titularidade do crédito tributário entre dois Estados da Federação. A ação poderá ser proposta no foro de domicílio do autor ou no foro de ocorrência do fato gerador que originou a demanda ou no foro da capital de um dos Estados envolvidos. No exemplo da consignatória do IPVA exigido simultaneamente pelos Estados de São Paulo e do Paraná sobre uma mesma frota e de um mesmo sujeito passivo, vê-se que o art. 52, parágrafo único, veio a corroborar a interpretação – já adotada, de certa forma, pelo STF – de que a ação poderá ser demandada perante a Justiça Estadual de São Paulo (situação da coisa) ou perante a Justiça Estadual do Paraná (domicílio do autor). Em qualquer situação, será a justiça estadual de um dos Estados envolvidos que decidirá qual é o ente competente para a exigência do IPVA: se o próprio Estado a cuja organização judiciária pertence; ou se o Estado *ex adverso* na lide, que também disputa a titularidade do crédito tributário.

---

[3] Com efeito, o CPC objetivou equiparar a regra de competência das ações envolvendo os Estados Federados àquela prevista para as demandas concernentes à União Federal, para a qual assim dispôs:

"Art. 51. É competente o foro de domicílio do réu para as causas em que seja autora a União.

Parágrafo único. Se a União for a demandada, a ação poderá ser proposta no foro de domicílio do autor, no de ocorrência do ato ou fato que originou a demanda, no de situação da coisa ou no Distrito Federal".

E as aplicações do art. 52 do CPC, em matéria tributária, vão muito além. Basta imaginar os exemplos de responsabilidade por substituição. De acordo com o art. 121 do CTN, o sujeito passivo da obrigação tributária "é a pessoa obrigada ao pagamento de tributo ou penalidade pecuniária". Essa pessoa pode ser tanto o contribuinte: aquele que tem relação pessoal e direta com a situação que constitui o respectivo fato gerador; quanto o responsável: aquele que, sem revestir a condição de contribuinte, é obrigado ao recolhimento do tributo por disposição expressa de lei. Nesta última hipótese – de responsabilidade por substituição – o responsável é, muitas vezes, obrigado ao recolhimento de tributos aos mais variados Estados da Federação, sendo-lhe imputado o ônus de calcular e pagar o gravame sob pena de ser autuado e de responder pelo crédito tributário. Pela regra do art. 52, parágrafo único, do CPC, o responsável por substituição que pretender discutir, judicialmente, o recolhimento de tributo cuja responsabilidade lhe foi atribuída, poderá propor ação judicial em seu próprio domicílio, ou no da ocorrência do fato gerador, não ficando mais adstrito à propositura da ação no domicílio do ente federado. Em termos ilustrativos: suponha que o responsável por substituição esteja domiciliado no Estado de Minas Gerais e resolva discutir o ICMS que lhe tem sido exigido, nessa qualidade, pelo Estado do Pará; a demanda poderá ser proposta perante a Justiça Estadual de Minas Gerais (foro de domicílio do autor), mesmo que o único réu envolvido seja o Estado do Pará.

É justamente essa a *ratio* que o parágrafo único do art. 52 do CPC veio positivar: de que causas envolvendo o interesse de um determinado ente federativo possam ser julgadas por outra justiça estadual que não a sua. É dizer: a justiça estadual de um determinado Estado da Federação tem competência jurisdicional para processar e julgar demandas que envolvam interesse de outro Estado.

A nova regra processual, se por um lado brinda o administrado com objetividade e, por consequência, previsibilidade, lado outro tem sido objeto de questionamento por alguns Estados da Federação. Deveras, e essa questão será abordada nas linhas que se seguem, o estado do Rio de Janeiro e o Distrito Federal já ingressaram, perante o STF, com duas Ações Diretas de Inconstitucionalidade (ADI). Contudo, ainda que o dispositivo processual em apreço não seja do melhor interesse dos Estados (fundamentalmente por questões de ordem prática), isso, por si só, não o torna inconstitucional.

Também não se pode tê-lo por inconstitucional sob a argumentação de que, em demanda proposta por sujeito passivo envolvendo os interesses de dois Estados da Federação, não existiria a necessária imparcialidade do juízo pertencente à organização judiciária de um dos Estados abrangidos na lide. O argumento não procede; em razão de conceitos caros ao processo civil, como jurisdição e competência jurisdicional. E a retórica pode ser desfeita com uma simples pergunta: a prevalecer a premissa, haveria a necessária imparcialidade do juízo pertencente à organização judiciária do seu Estado para processar e julgar lide proposta por contribuinte em face desse mesmo Estado? A resposta é tão evidente que dispensa comentários.

Enfim, conclusão que se tira da Súmula 503 do STF, bem como de decisões que têm sido proferidas por Ministros desta Corte (à exemplo das já citadas decisões da Ministra Cármen Lúcia e do Ministro Edson Fachin), é a de que os Estados *não* possuem a tão propalada garantia de foro, ou seja, *não* têm garantida a prerrogativa de serem julgados apenas por suas respectivas justiças estaduais.

São esses os temas a serem enfrentados nos tópicos seguintes.

2. DEFINIÇÃO, NO ORDENAMENTO JURÍDICO, DA COMPETÊNCIA PARA O PROCESSAMENTO DE CAUSAS ENVOLVENDO O INTERESSE DE ENTES FEDERADOS

Embora a jurisdição seja una, seu exercício é realizado por diversos órgãos de justiça, e a definição das regras de competência nada mais é do que o resultado de critérios de distribuição do exercício da jurisdição entre os vários órgãos judicantes.[4] A competência jurisdicional, assim, é distribuída por meio de normas constitucionais e legais (admitindo, ainda, a definição negocial), conforme previsto no art. 44 do CPC.[5]

Nesse contexto, a Constituição de 1988 estabeleceu um completo modelo de repartição de competências jurisdicionais. No art. 102, estipulou a competência do Supremo Tribunal Federal; no art. 105, do Superior Tribunal de Justiça; nos arts. 108 e 109, dos Tribunais Regionais Federais e dos juízes federais; nos arts. 114, 121 e 124, da Justiça do Trabalho, da Justiça Eleitoral e da Justiça Militar. As hipóteses não determinadas na Constituição são de competência da justiça estadual. O que prescreve a Constituição, a respeito da justiça estadual, é que a competência "dos tribunais" será definida na Constituição do Estado, sendo a lei de organização judiciária de iniciativa do Tribunal de Justiça, conforme art. 125, § 1º. Nas palavras de DINAMARCO:

> Como é inerente ao sistema de atribuição de funções na ordem federativa brasileira, a Constituição estabelece a competência de cada uma das Justiças da União (inclusive da Federal, que é comum), sem nada dispor sobre a competência das Justiças comuns dos Estados. Com isso, valeu-se do critério residual, pelo qual compete aos Estados tudo aquilo que não for constitucionalmente negado a eles nem atribuído à União ou aos Municípios. São da competência das Justiças Estaduais todas as causas que a Constituição Federal não reserve aos Tribunais de superposição ou a qualquer uma das outras Justiças (especial ou comum, inclusive a Federal).[6]

---

[4] DIDIER JR., Fredie. Op. cit., p. 197.
[5] "Art. 44. Obedecidos os limites estabelecidos pela Constituição Federal, a competência é determinada pelas normas previstas neste Código ou em legislação especial, pelas normas de organização judiciária e, ainda, no que couber, pelas constituições dos Estados".
[6] DINAMARCO, Cândido Rangel. *Instituições de direito processual civil*. 8. ed. São Paulo: Malheiros, 2016. vol. I, p. 668-669. E o autor ainda explica a competência dos juízes e Tribunais das Justiças Estaduais: "Não existe um rol constitucional de causas da competência dos juízos estaduais de primeiro grau de jurisdição. Competem-lhes todas as causas não atribuídas pela Constituição Federal aos Tribunais de superposição ou a outra Justiça, nem incluídas pela Constituição estadual

No mesmo sentido, THEODORO JÚNIOR:

> A competência da justiça local, ou estadual, assume feição residual, ou seja, tudo o que não toca à Justiça Federal ou às Especiais é da competência dos órgãos judiciários dos Estados.[7]

Essas ideias são reforçadas por CANOTILHO, para quem são dois os princípios relacionados à distribuição de competência: **(i)** a indisponibilidade: "as competências constitucionalmente fixadas não podem ser transferidas para órgãos diferentes daqueles a quem a Constituição as atribui"; e **(ii)** a tipicidade: "as competências dos órgãos constitucionais sejam, em regra, apenas as expressamente enumeradas na Constituição".[8]

Diante dessas premissas, é de se concluir que o sistema foi estruturado para não existir "vácuo de competência", de modo que sempre haverá um juízo competente para processar e julgar determinada demanda.

Diante do cenário constitucional, algumas conclusões já podem ser assentadas: **(i)** as competências do STF, do STJ e das justiças federais estão delimitadas na Constituição e não podem ser estabelecidas de modo diverso em lei; **(ii)** a competência da justiça estadual é residual, cabendo-lhe julgar as causas não atribuídas pela Constituição ao STF, ao STJ ou às justiças federais especiais ou comum; **(iii)** no âmbito da justiça estadual, cabe à Constituição Estadual definir a competência dos Tribunais; o que não for ali estabelecido será de competência dos juízes de primeiro grau.

Assim, regulamentadas as competências jurisdicionais na própria Constituição de 1988 e nas Constituições Estaduais (exclusivamente em relação aos Tribunais de Justiça Estaduais), cabe à União definir as regras legais de competência jurisdicional, haja vista a sua competência para legislar sobre processo civil (art. 22, I),[9] tal como definidas no Código de Processo Civil e em leis específicas.

A estrutura normativa é clara: a Constituição definiu, ela própria, algumas competências especiais (STF, STJ e justiças federais), deixando para a justiça comum a competência jurisdicional para todas as demais causas. Por outro lado, permitiu que a Constituição dos Estados definisse, dentro da competência residual, aquela que seria originária dos Tribunais de Justiça, cabendo aos juízes de primeira instância a competência duplamente residual. E cedeu competência legislativa privativa à União para legislar sobre processo civil. Esta é a conclusão também de FUX:

---

na competência originária dos tribunais. A competência dos juízes estaduais de primeiro grau resulta, portanto, de um critério duplamente residual".

[7] THEODORO JÚNIOR, Humberto. *Curso de direito processual civil.* 57. ed. Rio de Janeiro: Forense, 2016. vol. I, p. 192.

[8] CANOTILHO, José Joaquim Gomes. *Direito constitucional e teoria da constituição.* 6. ed. Lisboa: Almedina, 2002. p. 542-543.

[9] "Art. 22. Compete privativamente à União legislar sobre: I – direito civil, comercial, penal, processual, eleitoral, agrário, marítimo, aeronáutico, espacial e do trabalho".

A competência territorial tem como fonte normativa primária a Constituição Federal e, secundariamente, o Código de Processo Civil, que a regulamenta exaustivamente. (...) A pesquisa para a fixação da competência de foro, que é a primeira a ser analisada, passa pelo crivo da Constituição Federal, do Código de Processo Civil e das leis de organização judiciária. Assim, v.g., o intérprete deve, primeiramente, consultar a Constituição Federal para verificar se na causa in foco não há qualquer foro privilegiado constitucionalmente, como, por exemplo, o foro da Fazenda Pública.[10]

(...)

Impende observar que, não obstante o habitat das normas sobre competência territorial seja o Código de Processo Civil, na parte em que essa especificação da jurisdição recebe o tratamento constitucional, veda-se ao legislador ordinário afrontá-lo. O que consta do texto maior não pode ser restringido nem ampliado pela legislação ordinária, mas, antes, obedecido.[11]

Isso posto, cumpre verificar, no arcabouço normativo brasileiro, como é definida a competência para o julgamento de ações envolvendo conflito de competência ou interesse entre os Estados da Federação.

Como visto, o STF já sumulou o entendimento de que "a dúvida, suscitada por particular, sôbre o direito de tributar, manifestado por dois Estados, não configura litígio da competência originária do Supremo Tribunal Federal".

Deve-se buscar, dessa forma, regramento na esfera infraconstitucional. Como visto, por não haver regra específica no CPC/73, a competência para julgar as demandas envolvendo Entes Federados era do foro da capital do Estado (já que o domicílio dos Estados e Territórios são as respectivas capitais).

Por outro lado, segundo a regra do art. 52 do CPC vigente, o autor que demanda contra o Estado tem, a sua escolha, quatro opções: **(i)** o foro de seu domicílio; **(ii)** o foro de ocorrência do ato ou fato que originou a demanda; **(iii)** o foro de situação da coisa; ou **(iv)** a capital do respectivo ente federado.

Nesse sentido, até mesmo por envolver a opção do autor da ação, a previsão do art. 52, parágrafo único, compreende norma de competência relativa, que não pode ser declinada de ofício pelo Magistrado responsável, conforme reconheceram os Tribunais de Justiça de Minas Gerais e de São Paulo.[12]

---

[10] Naturalmente, a referência de foro privilegiado constitucionalmente da Fazenda Pública feita por Luiz Fux diz respeito à União, e não às Fazendas Estaduais ou Municipais. Até porque, como se verá adiante, o STJ já afastou o reconhecimento de foro privilegiado aos Estados-membros.

[11] FUX, Luiz. *Curso de direito processual civil*. 3. ed. Rio de Janeiro: Forense, 2005. vol. 1, p. 85.

[12] Mencionem-se os seguintes julgados:
"Agravo De Instrumento. Ação Ordinária. Exibição de documentos. Suposta incompetência do juízo. Art. 52, parágrafo único, do CPC. Regra de competência territorial. Ausência de manifestação do juízo de primeiro grau. Supressão de instância. Impossibilidade. Tendo em vista que a regra

3. A CONSTITUCIONALIDADE DA OPÇÃO CONTIDA NO PARÁGRAFO ÚNICO DO ART. 52 DO CPC. AJUIZAMENTO DA DEMANDA CONTRA ESTADOS FEDERADOS NO FORO DE DOMICÍLIO DO AUTOR

A inovação contida no parágrafo único do art. 52 do CPC vem sendo objeto de impugnação constitucional por algumas unidades federadas, sobretudo com base em uma suposta ilegitimidade de o Poder Judiciário de um Estado julgar questões envolvendo os interesses de outros Estados da Federação.

O Governador do Estado do Rio de Janeiro ajuizou a Ação Direta de Inconstitucionalidade (ADI) 5.492, na qual impugnou, entre outros dispositivos do CPC, o art. 52, parágrafo único. Sua defesa está centrada em três principais argumentos: **(i)** afronta ao contraditório, pela dificuldade de o Estado se defender perante os Poderes Judiciários constituídos em todos os demais Estados da Federação; **(ii)** afronta ao federalismo e ao princípio da auto-organização da justiça, pelo fato de um Estado poder ser julgado e ter que se submeter à justiça comum de outro; e **(iii)** ao potencial abuso do judiciário, pois, com isso, o cidadão acabaria por escolher a justiça estadual para litigar com base, apenas, em uma avaliação de possibilidade de sucesso.

O Governador do Distrito Federal também ajuizou a ADI 5.737 para discutir, entre outros artigos do CPC, o parágrafo único do art. 52. O cerne dos argumentos está centrado na impossibilidade de um Estado-membro se submeter à competência jurisdicional de outro, sob a alegação de que há uma "distribuição de competências jurisdicionais entre os próprios Estados". Segundo sustentado na ação:

---

trazida pelo art. 52, parágrafo único, do CPC, diz respeito a competência territorial e, portanto, relativa, a questão não pode ser conhecida de ofício, ou em segundo grau de jurisdição, sem prévia análise por parte do Juízo a quo, sob pena de supressão de instância" (TJMG, Agravo de Instrumento 1.0000.17.078208-0/001, Rel. Des. Jair Varão, 3ª Câmara Cível, j. 01.02.2018, publicação da súmula em 07.02.2018).

"A demanda que originou o presente conflito foi ajuizada em face da Fazenda Pública do Estado de São Paulo, anotando-se que a competência para o processamento das ações deduzidas contra entes públicos está disciplinada no artigo 52, parágrafo único, do novo Código de Processo Civil. Contudo, trata-se de competência territorial e, portanto, relativa, que não pode ser declinada de ofício, nos termos dos artigos 64 e 65 do novo Código de Processo Civil" (TJSP, Conflito de Competência 0047729-32.2017.8.26.0000, Rel. Des. Campos Mello, Câmara Especial, j. 27.11.2017).

"Trata-se de competência concorrente dos Juízos do foro do domicílio do autor, do local da ocorrência do ato ou fato que originou a demanda, da situação da coisa ou da capital do respectivo ente federado, levando-se em consideração o critério territorial, portanto, de competência relativa, que não poderia ser declinada de ofício, conforme inteligência dos artigos 64 e 65 do CPC/20151 e enunciado da Súmula nº 33 do C. Superior Tribunal de Justiça: 'A incompetência relativa não pode ser declarada de ofício'" (TJSP, Conflito de Competência 0006735-59.2017.8.26.0000, Rel. Des. Renato Genzani Filho, Câmara Especial, j. 29.05.2017).

(...) o conjunto das competências jurisdicionais reservadas aos Estados, como expressão parcial de sua autonomia, tem o seu exercício estritamente vinculado a cada uma das respectivas Justiças estaduais, as quais não poderão exercer os poderes conferidos a uma outra Justiça equivalente, sob pena de se estimular a usurpação recíproca das respectivas atribuições.

A Procuradoria-Geral da República, instada a se manifestar, opinou, em ambos os casos, no sentido de que deve ser conferida interpretação conforme à Constituição ao mencionado dispositivo, a fim de que a competência seja definida nos limites territoriais do respectivo Estado da Federação. O fundamento utilizado pela PGR foi o de que tal norma geraria desestabilização do pacto federativo, na medida em que a atuação das justiças estaduais somente se limitaria ao território do respectivo Estado, segundo interpretação sistemática dos arts. 18; 25, § 1º; e 125 da Constituição.

Em relação a este ponto, não se pode desconsiderar que há decisões dos Tribunais estaduais, proferidas já na vigência do CPC atual, no sentido de que o Tribunal de um Estado não detém competência para processar e julgar outro Estado da Federação, tendo em vista o princípio da aderência territorial. Nesta hipótese, a justificativa é no sentido de que se trata de competência em razão da pessoa, de natureza absoluta. Vejam-se exemplos de julgados nesse sentido:

Agravo de Instrumento. Ação de obrigação de fazer. Obrigação a ser cumprida pela Universidade de São Paulo. Incompetência da justiça estadual de Minas Gerais. Reconhecimento. Autonomia do ente federado. Princípio da aderência territorial. Em razão da autonomia dos entes federados, bem como do princípio da aderência territorial, não é competente a Justiça estadual do Estado de Minas Gerais para julgar causa que imponha obrigação a autarquia integrante da administração indireta de outro estado-membro.[13]

Embargos de Declaração. Acórdão em agravo de instrumento. Fornecimento de substância denominada de fosfoetanolamina. "Pílula do câncer" pelo Estado de São Paulo e pela Universidade do Estado de São Paulo. Incompetência da justiça do Estado de Pernambuco. Afronta ao princípio da aderência territorial. Ausência de omissão, obscuridade ou contradição na decisão embargada. Embargos de declaração rejeitados. Decisão unânime. 1. Sustenta Mardoqueu Freitas da Silva, ora embargante, que o Acórdão ora embargado afrontou diretamente o artigo 52, parágrafo único, do CPC/2015. Afirma, ainda, que a decisão deveria ter aplicado tal dispositivo legal, ao invés dos artigos 16, 46, *caput* e 53 do CPC/2015. 2. O acórdão embargado não restou omisso por adotar dispositivos legais diferentes daqueles em que a parte embargante entendeu como sendo o correto para o caso concreto. 3. O senhor Mardoqueu Freitas da Silva ajuizou ação de obrigação de fazer, dirigida à Universidade Estadual de São Paulo (USP) e à Fazenda Pública do

---

[13] TJMG, Agravo de Instrumento 1.0042.15.004931-2/001, Rel. Des. Arnaldo Maciel, 18ª Câmara Cível, j. 07.02.2017, publicação da súmula em 10.02.2017.

Estado de São Paulo, com o intuito de obter o fornecimento gratuito da substância denominada de fosfoetanolamina sintética, conhecida por "pílula do câncer", para o tratamento de neoplasia maligna de pulmão. 4. A presente ação ordinária foi ajuizada contra o Estado de São Paulo e a Universidade de São Paulo – USP. Ocorre que, consoante regra processual geral de competência, disposta no art. 46, *caput*, do Novo Código de Processo Civil, a ação fundada em direito pessoal ou em direito real sobre bens móveis será proposta, em regra, no foro de domicílio do réu, sendo que, na hipótese de existirem dois réus ou mais, com diferentes domicílios, a demanda pode ser ajuizada no foro de qualquer deles. 5. Considerando que se trata de demanda ajuizada em face de duas pessoas jurídicas de direito público (autarquia estadual e Estado de São Paulo), tem-se que a competência será definida pelo local da sede da pessoa jurídica, de acordo com o Art. 53, Novo CPC: É competente o foro: III – do lugar: a) onde está a sede, para a ação em que for ré pessoa jurídica. 6. Por se tratar de ação envolvendo pessoa jurídica de direito público, a competência define-se pelo ente federado integrante da lide, no caso o Estado de São Paulo, haja vista que a Justiça Estadual de Pernambuco não possui competência jurisdicional para atuar em demanda exclusivamente proposta em face de pessoas jurídicas de direito público situadas em outro Estado da Federação, no caso o Estado de São Paulo. 7. O magistrado somente deve exercer sua atividade jurisdicional nos limites territoriais de seu Estado. Essa definição está expressa no art. 16 do CPC ao estabelecer que "a jurisdição civil, contenciosa e voluntária, é exercida pelos juízes, em todo o território nacional, conforme as disposições que este código estabelece". 8. Inadmissível o acolhimento do pedido feito pelo agravado Mardoqueu Freitas da Silva, na ação originária de obrigação de fazer nº 0002017-59.2016.8.17.0370, sob pena de afronta ao princípio da aderência ao território, eis que tal procedimento extrapolaria o âmbito dos limites físicos legais da jurisdição do magistrado vinculado ao processo, que fica obstado de exercer sua autoridade fora do território ao qual está. 9. A questão em tela foi devidamente enfrentada e os fundamentos utilizados na decisão são suficientes para dar suporte e motivação ao entendimento firmado. (...). 11. Embargos de declaração rejeitados. Decisão Unânime.[14]

Mandado de segurança. Ato judicial irrecorrível. Cabimento. Declínio de competência. Lide integrada por estado-membro. Estado da Bahia. Competência absoluta fixada em razão da pessoa. Previsão em lei de organização judiciária. Princípio da especialidade. Risco de violação do pacto federativo. Declaração de incompetência de ofício. Possibilidade. Ordem denegada. (...) 2. Em se tratando de competência fixada em razão da pessoa, as leis estaduais de organização judiciária possuem legitimidade para criar hipóteses de competência absoluta. 3. Diante de diplomas legislativos que disciplinam a mesma matéria, o deslinde da controvérsia exige que se observe o princípio da especialidade, segundo o qual norma especial afasta a aplicação de norma geral. Assim, somente seria possível admitir a aplicação da norma geral, contida no CPC, caso a situação concreta

---

[14] TJPE, Embargos de Declaração 442135-60006894-85.2016.8.17.0000, Rel. Des. Erik de Sousa Dantas Simões, 1ª Câmara de Direito Público, j. 18.04.2017, *DJe* 10.05.2017.

não se amoldasse à disposição especial presente no art. 70, inciso II, alínea "a", da Lei nº 10.845/2007, que regulamenta as atividades de competência do Poder Judiciário do Estado da Bahia, o que não ocorre no presente caso. 4. Afigura-se temerário admitir que o Poder Judiciário do Distrito Federal pudesse intervir em assuntos referentes aos interesses do Estado da Bahia, o que poderia gerar violação do pacto federativo, além de esvaziar a competência do Tribunal Estadual Baiano. 5. Na hipótese de competência absoluta fixada em razão da pessoa, eventual incompetência do juízo pode ser reconhecida de ofício pelo Magistrado. 6. Ajuizada a demanda em face de mais de um réu, o fato de a competência das Varas Fazendárias do Estado da Bahia ser absoluta atrai o processamento do feito em relação a todos eles, em detrimento do foro comum, não se reconhecendo ao autor a possibilidade de optar pelo ajuizamento do processo no domicílio de qualquer dos réus, na forma prevista no art. 46, § 4º, do CPC. 7. Ordem denegada.[15]

Para fazer frente aos precedentes contrários, transcritos nas páginas anteriores, devem ser destacados os acórdãos proferidos pelo Tribunal de Justiça de Minas Gerais e pelo Tribunal de Justiça do Rio de Janeiro; que, por aplicação deste artigo, reconhecem a possibilidade de ajuizamento de demanda contra outro Estado da Federação no foro do domicílio do autor:

Na hipótese vertente, a impetrante pretende ver amparado seu alegado direito líquido de demandar contra o Estado de São Paulo na Comarca de Belo Horizonte, foro de seu domicílio.

O art. 52, do CPC/2015, assim dispõe:

(...)
Destarte, se há norma expressa garantindo à autora o direito de demandar em desfavor de Estado da Federação em juízo do próprio domicílio da requerente, percebe-se que não se sustenta a remessa de ofício determinada pela autoridade coatora, em razão de seu declínio de competência.[16]

---

[15] TJDFT, Acórdão 1047486, 07057706820178070000, Rel. Des. Gislene Pinheiro, 1ª Câmara Cível, j. 19.09.2017, DJE 09.10.2017. Sobre esse caso, deve-se observar que o Impetrante interpôs Recurso Ordinário em Mandado de Segurança (n. 56.390/DF), requerendo, liminarmente, fosse obstado o envio dos autos a uma das Varas da Fazenda Pública da Comarca de Salvador/BA. No entanto, o pedido liminar foi indeferido pelo Ministro Humberto Martins, ao fundamento de que "compete à justiça comum estadual processar e julgar a ação ordinária proposta em face de estado da federação e do Centro Brasileiro de Pesquisa em Avaliação e Seleção e de Promoção de Eventos (Cebraspe), que tem natureza de associação civil de direito privado". O recorrente, então, opôs Embargos de Declaração, para que houvesse manifestação do julgador acerca do artigo 52, parágrafo único, do CPC. Os Embargos aguardam julgamento.

[16] TJMG, Mandado de Segurança 1.0000.17.041660-6/000, Rel. Des. Wilson Benevides, 7ª Câmara Cível, j. 23.01.2018, publicação da súmula em 25.01.2018.

O autor, domiciliado no bairro de Copacabana, nesta capital, ajuizou, perante Vara de Fazenda Pública ação a buscar a anulação de ato administrativo emanado do ESTADO DO RIO GRANDE DO SUL, atribuindo à causa o valor de R$ 1.000,00.

Antes de mais nada, há destacar que, iniciada a eficácia do CPC/15, passou a ser possível o ajuizamento de demanda em face de qualquer Estado ou do Distrito Federal no foro de domicílio do autor (art. 52, parágrafo único).[17]

No STF, por sua vez, como já adiantado, o Ministro Edson Fachin, ao analisar demanda cujo polo passivo era composto pelos Estados de São Paulo e do Mato Grosso, citou, entre outros fundamentos, o art. 52, parágrafo único, do CPC, para declinar o conhecimento da causa para o foro da Capital do Estado de São Paulo (foro em que o contribuinte, originalmente, havia ajuizado a demanda). Veja o teor de seu voto:

> Nos termos do artigo 540 do Código de Processo Civil, a ação de consignação em pagamento deve ser interposta no lugar do pagamento da quantia devida. Por sua vez, o artigo 317 do Código Civil qualifica o débito como dívida quesível.
>
> Compulsando os autos, verifica-se que a sede do contribuinte está localizada em Sorocoba/São Paulo, assim como que o recolhimento do ICMS foi realizado na jurisdição paulista.
>
> Ademais, o parágrafo único do art. 52 do CPC assim preconiza: "Se Estado ou o Distrito Federal for o demandado, a ação poderá ser proposta no foro de domicílio do autor, no de ocorrência do ato ou fato que originou a demanda, no de situação da coisa ou *na capital do respectivo ente federado*" (gizados).
>
> Nesses termos, a parte Embargante exerceu faculdade processual a que se deve observância.
>
> (...)
>
> Diante do exposto, conheço dos embargos a que se dá provimento, para fins de reconhecer a incompetência originária do STF e declinar o conhecimento da causa para o Foro da Capital do Estado de São Paulo.[18]

Citem-se, ainda, a título de reforço argumentativo, decisões proferidas pela Justiça de São Paulo e do Paraná em processos judiciais (n. 1001036-58.2018.8.26.0510 e n. 0000220-95.2018.8.16.0179) que envolviam diversos Municípios no polo passivo da demanda e nas quais a questão da competência não foi problematizada. No processo 0000220-95.2018.8.16.0179, aliás, o polo passivo foi composto de 43 municípios de diferentes Estados

---

[17] TJRJ, Conflito de Competência 0022475-86.2016.8.19.0000, Rel. Des. Fernando Foch de Lemos Arigony da Silva, j. 29.06.2016. Em sua ementa, o acórdão destacou que: "(...) 2. Admitido o ajuizamento no foro de domicílio do autor de demanda na qual figure como réu ente federativo distinto, não há falar em violação aos limites territoriais de competência dos Juizados Especiais Fazendários (CPC/15, art. 52, parágrafo único). (...)".

[18] STF, EDcl na ACO 1.994/SP, Rel. Min. Edson Fachin, publicação em 05.05.2017, grifos no original.

da Federação. Embora o CPC não tenha trazido regramento específico para a competência relativa às ações em que os Municípios sejam parte, o reconhecimento da competência jurisdicional por parte dos juízes demonstra que não se aventou a possibilidade de que um juiz vinculado ao Poder Judiciário de um Estado não possa julgar ente pertencente a outro Estado da Federação.

Mencione-se, por fim, o entendimento do STJ, ainda sob a égide do CPC/73, no sentido de que Estados da Federação não possuem prerrogativa de foro.[19]

Nesse sentido, esclarece ATHOS GUSMÃO CARNEIRO que "Os Estados, bem como suas autarquias ou empresas públicas, não gozam da vantagem de foro privativo; mas os Códigos de Organização Judiciária estaduais podem, obedecidas as normas de competência territorial, criar 'juízos privativos' para os feitos da Fazenda Pública".[20] Ou seja, não há, na Constituição, qualquer previsão que confira aos Estados da Federação prerrogativa de foro. Daí que, diante da competência residual das justiças estaduais, compete-lhes processar e julgar as demandas que envolvam os Estados, conforme as regras de competência estabelecidas no CPC.

Os argumentos suscitados pelo Estado do Rio de Janeiro e pelo Distrito Federal, nas ações de controle concentrado, não se mostram como a melhor interpretação da matéria.[21] O que se demonstra, exemplificativamente, com o seguinte raciocínio. Se o intérprete retomar a atenção para as disposições do art. 164, inciso III, do CTN, verá que é facultado ao sujeito passivo consignar judicialmente o tributo exigido por mais de uma pessoa jurídica de direito público sobre um mesmo fato gerador. A indagação formulada logo nas primeiras páginas desse estudo foi seguinte: qual é o juízo competente para processar e julgar uma ação de

---

[19] "Processual Civil. Competência. Ação anulatória de débito fiscal: inexistência de foro privilegiado. Precedentes. Embargos de Divergência rejeitados. I – A ora embargada aforou ação anulatória de débito fiscal na comarca dos fatos (autuação por não emissão de notas fiscais). A Fazenda Pública do Estado do Paraná arguiu a exceção de incompetência: o Código de Organização Judiciária elege como foro uma das varas da Fazenda Pública da capital paranaense. O juiz de primeiro grau não acolheu a exceção. O TJPR improveu o agravo. A 1ª Turma do STJ negou provimento ao recurso especial. Daí os Embargos de Divergência. II – Os Estados Federados também podem ser desmandados nas comarcas onde ocorreram os fatos. Inteligência do art. 100, IV, do CPC. Precedentes: REsp 50.295/SC, REsp 67.186/SP, REsp 80.482/MG e REsp 13.649/SP. IV – Embargos de Divergência rejeitados" (EREsp 49.457/PR, Rel. Min. Adhemar Maciel, Primeira Seção, j. 13.11.1996, DJ 19.05.1997, p. 20543).

Com base nesse entendimento, o STJ editou a Súmula 206: "A existência de vara privativa, instituída por lei estadual, não altera a competência territorial resultante das leis de processo".

[20] CARNEIRO, Athos Gusmão. *Jurisdição e competência*. 4. ed. São Paulo: Saraiva, 1991. p. 80-81.

[21] O dispositivo não pode ser reputado inconstitucional por trazer inconveniências de ordem prática, como as mencionadas pelo Estado do Rio de Janeiro na respectiva ADI, de que "o rompimento da conexão que há entre cultura e direito, porque todos os valores locais que informaram sua elaboração jamais serão captados com igual intensidade por intérprete inserido em contexto econômico, social, politico e cultural diverso" ou o "injustificável cenário de a gestão de Precatórios, atividade de ordem reconhecidamente administrativa, ser conduzida pela Presidência de Tribunal de Justiça de outro Estado da Federação".

consignação em pagamento aforada por uma locadora de veículos segundo as regras do art. 164, inciso III, do CTN, em face dos Estados de São Paulo e do Paraná, que lhe têm exigido o IPVA sobre os mesmos veículos automotores e nos mesmos exercícios?

Pela regra do art. 52, parágrafo único, do CPC, a ação poderá ser demandada perante a Justiça Estadual de São Paulo (situação da coisa) ou perante a Justiça Estadual do Paraná (domicílio do autor). Parece lógico concluir que, em qualquer situação, será a justiça estadual de um dos Estados envolvidos que decidirá qual é o ente competente para a exigência do IPVA. A se seguir o entendimento sustentado pelo Estado do Rio de Janeiro e pelo Distrito Federal nas citadas ADI, a conclusão ora formulada não seria verdadeira. Nessa hipótese, devolve-se a pergunta: qual seria, então, sob a óptica argumentativa do Estado do Rio de Janeiro e do Distrito Federal, ou mesmo da PGR, o juízo competente para processar e julgar a ação de consignação em pagamento no exemplo em comento? Por certo, não seria nem a Justiça Estadual de São Paulo, nem a Justiça Estadual do Paraná (afronta ao federalismo, ao princípio da auto-organização da justiça, à "distribuição de competências jurisdicionais entre os próprios Estados" etc.). Os Tribunais Superiores (STF e STJ), em inúmeros exemplos análogos, já sustentaram que não detêm competência originária para julgar esse tipo de demanda. Tampouco a justiça federal, porque sua competência jurisdicional foi delimitada pela própria Constituição de 1988. É dizer, numa só sentença: caso admitidos os argumentos desenvolvidos pelo Estado do Rio de Janeiro ou pelo Distrito Federal, ter-se-ia, quando menos, um "vácuo de competência", situação não admitida em nosso ordenamento.

4. CONCLUSÃO

Destarte, como fecho da questão, não vislumbramos vício de inconstitucionalidade no parágrafo único do art. 52 do CPC, que, de fato, é mera tradução de opção legítima do legislador infraconstitucional.

PROCESSO DE CONHECIMENTO

17

TUTELA AUTOSSATISFATIVA E ESTABILIZAÇÃO DA TUTELA ANTECIPADA

Ester Camila Gomes Norato Rezende

Sumário: 1. Introdução. 2. Tutela autossatisfativa como espécie de tutela de urgência. 2.1. Sistematização das tutelas de urgência conforme o critério do risco: tutela cautelar, tutela antecipada e tutela autossatisfativa. 2.2. Características da tutela autossatisfativa. 2.3. Aplicação da tutela autossatisfativa no direito brasileiro e sua adequação constitucional. 3. Breves considerações sobre a estabilização da tutela antecipada. 4. A não confusão entre tutela autossatisfativa e a estabilização da tutela antecipada. 5. Conclusão.

1. INTRODUÇÃO

A positivação no direito processual brasileiro da estabilização da tutela antecipada, no art. 304 do Código de Processo Civil de 2015, amplia o debate, que se iniciou ainda sob a égide do CPC/1973, a respeito da necessidade e da adequação desse instrumento processual ao desiderato de efetividade da prestação jurisdicional e dos direitos.

Muitos são os aspectos que merecem reflexão a respeito da estabilização da tutela antecipada e de seu potencial para aprimoramento do sistema processual. Dentre eles, por exemplo, não é raro encontrar vozes que restringem o espectro de utilidade da técnica da estabilização às situações em que a decisão urgente esgota a prestação jurisdicional, isto é, quando se evidencia despiciendo o prosseguimento do feito.

É nesse cenário de discussões a respeito da estabilização da tutela antecipada que o presente artigo se propõe – sem pretensões de exaurir o tema – a refletir se a técnica da estabilização realmente se confunde ou é adequada à hipótese de esgotamento, pela decisão jurisdicional urgente, da tutela específica.

Cumpre, antes disso, identificar em que consiste essa prestação jurisdicional urgente que dispensa o prosseguimento do feito, o que revelará – acredita-se, como se detalhará a seguir – a necessidade de reconhecimento de terceira espécie do gênero tutelas de urgência, a tutela autossatisfativa, cujos caracteres apoiarão a conclusão a respeito do comparativo com a estabilização da tutela antecipada.

2. TUTELA AUTOSSATISFATIVA COMO ESPÉCIE DE TUTELA DE URGÊNCIA

2.1. Sistematização das tutelas de urgência conforme o critério do risco: tutela cautelar, tutela antecipada e tutela autossatisfativa

Sabe-se que a caracterização do gênero tutela de urgência fixa-se na necessidade de prolação célere do provimento postulado, ou seja, na urgência da medida requerida, bem como na cognição sumária que esteia a decisão em tela e em sua provisoriedade. Assim, inclusive, consagra o Código de Processo Civil de 2015, ao positivar o gênero tutela de urgência, prevendo, inclusive, requisitos únicos para suas espécies em seu art. 300 ("a tutela de urgência será concedida quando houver elementos que evidenciem a probabilidade do direito e o perigo de dano ou o risco ao resultado útil do processo").

A despeito do reconhecimento do gênero tutelas de urgência, é certo que não se cuida de provimentos jurisdicionais idênticos, existindo, sim, espécies distintas que o compõem, individualizadas por aspectos próprios e também caracterizadas por elementos comuns do gênero tutela de urgência.

Necessária, então, a devida sistematização dessas espécies de medidas emergenciais a fim de que elas convirjam para a consecução da efetividade da prestação jurisdicional, mormente porque tal efetividade constitui direito fundamental do jurisdicionado, bem como também o é o direito à mitigação do risco no processo.

Acredita-se que o estudo do risco é a baliza primeira da sistematização das tutelas de urgência, dado que essas configuram técnica voltada à consecução da efetividade da prestação jurisdicional por intermédio do combate ao risco no processo, fazendo-o exatamente mediante a justa distribuição do risco gerado pelo decurso do tempo.

Os riscos a que se sujeita a efetividade da prestação jurisdicional são de três espécies, a saber: (a) grau baixo, quando o bem imediatamente sujeito a risco é o próprio processo; (b) grau médio, quando o bem imediatamente afetado pelo risco é o direito material, sendo o provável dano caracterizado pela privação do titular do seu exercício por lapso temporal não razoável; e (c) grau alto, quando o perigo também atinge imediatamente o direito material, todavia o faz dando ensejo à probabilidade de completa inviabilização de exercício deste direito.

No primeiro caso, eis que o bem imediatamente sujeito a risco é o próprio processo, como técnica empregada no exercício da jurisdição, verifica-se, consequentemente, que a medida a ser empregada em seu combate não demanda a característica da satisfatividade, porquanto inexiste na espécie tutela imediata do direito material. O provimento de urgência, então, há de ser meramente conservativo, no sentido de preservar a idoneidade dos elementos envolvidos no processo (por exemplo, provas, bens etc.) para consecução de seu desiderato. De mais a mais, a medida conservativa determinada é passível de revogação e reversão quando desconfigurado o risco sobre o processo que a justificava.

Tratando de risco incidente sobre o direito material, diz-se que sua intensidade é média quando o possível dano é caracterizado pela injusta e grave privação ao titular do seu exercício por lapso temporal não razoável. Nessa situação, como consequente à identificação do risco a incidir de forma direta sobre o direito material, certo é que o expediente de urgência a ser empregado deve gozar de caráter satisfativo, garantindo, por conseguinte, a tutela imediata do direito material sob perigo de dano.

Cuida-se, destarte, de tutela conferida em caráter de urgência, dada a situação de risco constatada no caso concreto, que recai sobre o provável direito do requerente, direito este que, após cognição exauriente e formação de juízo de certeza por parte do julgador, pode ser confirmado como certo ou até mesmo ter sua existência negada. Observa-se, pois, que a medida de urgência nessa hipótese é passível de revogação e reversão específica, isto é, exatamente o que foi conferido ao postulante e o que o demandado foi compelido a suportar provisoriamente a este poderá ser restituído em caso de improcedência final do pleito, restabelecendo-se, desse modo, o *status quo ante*.

Diz-se de intensidade média do risco ora em debate, pois o dano que se visa a obstar consiste, como já se asseverou, na grave privação do titular do direito reconhecido como provável de seu exercício por lapso temporal não razoável. Nesse caso, portanto, a tutela de urgência satisfativa é também de caráter antecipatório dos efeitos da decisão definitiva de mérito, a ser prolatada após cognição exauriente.

Há, ainda, situações em que o risco é de grau alto, porquanto recai sobre o direito material e enseja a probabilidade de sua completa inviabilização e até de seu perecimento.

A eliminação desse perigo, em atenção ao direito fundamental à mitigação do risco no processo, exige resposta jurisdicional urgente e satisfativa, assegurando o imediato exercício do direito vindicado de modo irreversível e exauriente, impassível de reversão específica no futuro, mesmo após cognição exauriente sobre a demanda. Assim, por exemplo, encontrando-se em risco iminente o direito do indivíduo de submeter-se a determinado procedimento clínico, como uma transfusão de sangue, uma vez assegurado esse direito por intermédio de medida judicial de urgência e, dessa feita, realizada a transfusão, não é mais possível revertê-la, ainda que posteriormente se conclua pela inexistência do direito inicialmente vindicado. Resta, na hipótese, tão somente a via da tutela ressarcitória àquele indevidamente obrigado a suportar a satisfação do direito ulteriormente reconhecido como indevido.

Conclui-se, pois, que a classificação do gênero tutelas de urgência em suas respectivas espécies deve se balizar pelo critério do risco, precisamente em vista de sua intensidade – baixo, médio ou alto – e do bem diretamente atingido pela situação de perigo – processo ou direito material, consoante a seguinte estrutura:

(a) Havendo risco de grau baixo incidente sobre o processo, a tutela de urgência necessária detém caráter conservativo e não satisfativo, juízo de probabilidade moderado e é passível de revogação e reversão;
(b) em caso de risco de grau médio incidente sobre o direito material, a tutela de urgência adequada goza de satisfatividade, juízo de probabilidade elevado relativo

ao direito material postulado na demanda, sendo passível também de revogação e reversão;

(c) por fim, na hipótese de o risco de grau alto sobre o direito material, o provimento emergencial necessário é satisfativo, lastreado em juízo de probabilidade elevado relativo ao direito material pleiteado no feito, todavia, é exauriente porque não comporta reversão específica, esgotando-se em si mesma.

Cumpre frisar que todas as espécies de tutelas de urgência ora identificadas dispõem, além dos caracteres alhures elencados, dos elementos presentes em todo o gênero das medidas dessa estirpe, quais sejam, a urgência da prestação jurisdicional, a cognição sumária e a provisoriedade.

Das características supra enunciadas, facilmente se identifica que a primeira espécie de medida de urgência, concernente ao risco de grau baixo afeto ao processo, é a que a doutrina e o legislador processual consagrou denominar tutela cautelar. A segunda espécie, ao seu turno, identifica-se com a tutela antecipada, ou antecipação de tutela, igualmente assim nominada pela legislação nacional e pelos estudos correlatos.

Logo, não é a satisfatividade que define a natureza da tutela de urgência, e sim o risco ao qual esta objetiva combater. Identificado o risco e, tendo-o como parâmetro, estabelecida a espécie de tutela de urgência é que consequentemente apurar-se-á se o provimento adequado deverá ser dotado de satisfatividade, qual o grau do juízo de probabilidade exigido, se deverá ser reversível ou não, dentre outros.

A indicação do risco como critério para sistematização das tutelas de urgência permite reconhecer, com maior clareza, a necessidade de previsão de terceira espécie a integrar o gênero desses provimentos emergenciais, visto que o risco de grau alto não conta na sistemática atual com medida judicial precisa para sua oposição. É dizer, essa terceira espécie não dispõe de disciplina normativa clara no direito pátrio, sendo destituída, por conseguinte, de estudos aprofundados na doutrina nacional, a despeito de alguns estudiosos já identificarem a necessidade de tutela de urgência diferenciada para salvaguarda de situações de risco grave sobre o direito material.

José Roberto dos Santos Bedaque, com espeque nos ensinamentos de Calamandrei, propugna pela natureza cautelar da tutela antecipada, aludindo, nessa ordem de ideias, a tutela cautelar assecuratória e tutela cautelar antecipatória[1]. A terceira espécie de tutela de

---

[1] "Mais simples, portanto, o critério apresentado por Calamandrei e Proto Pisani, seguido no Brasil por Galeno Lacerda e Carlos Alberto Álvaro de Oliveira: tais medidas são cautelares, pois não se destinam a resolver de forma definitiva o situação de direito material, mas apenas a proporcionar a determinação de soluções urgentes, necessárias a conferir utilidade à tutela jurisdicional. Não vejo motivo para a criação de forma autônoma de tutela de urgência, com todas as características da cautelar, apenas pelo caráter antecipatório da medida ou pelo rigor eventualmente maior quanto à probabilidade de existência do direito" (BEDAQUE, José Roberto dos Santos. *As formas diferenciadas de tutela no processo civil brasileiro*. Disponível em: <http://www.direitoprocessual.org.br/dados/File/enciclopedia/artigos/processo_civil/5%20BADAQUE,%20Jos%C3%A9%20Roberto%20dos%20Santos%20-%20As%20formas%20diferenciadas%20de%20tutela%20no%20processo%20civil%20brasileiro.doc>. Acesso em: 23 set. 2016).

urgência, aquela voltada ao combate a risco alto ao direito material, é nominada pelo mencionado jurista como tutela sumária não cautelar[2], visto que não detém a instrumentalidade e a provisoriedade teleológica que, ao seu juízo, notabilizam as espécies de tutela cautelar (assecuratória e antecipatória).

Para José dos Santos Bedaque, a tutela sumária não cautelar distingue-se da tutela sumária cautelar porquanto naquela a provisoriedade é eventual, eis que o provimento emergencial em tela tem habilidade para tornar-se definitivo, o que não se verifica na tutela cautelar, seja assecuratória, seja antecipatória (conforme a lição do processualista), haja vista que essencialmente instrumental e teleologicamente provisória[3].

Luiz Fux, por sua vez, denomina a tutela de urgência em voga – isto é, aquela que combate o risco de grau alto ao direito material – de tutela de segurança. Contudo, nas lições deste doutrinador a tutela de segurança é gênero que se qualifica por tratar de medida de urgência voltada imediatamente à satisfação do direito material. Assim, ela poderá ser de duas espécies, a saber, reversível (hipótese afeta à tutela antecipada) ou impassível de reversão[4].

---

[2] "A tutela cautelar seria suficiente para evitar qualquer risco de dano advindo da demora na entrega da prestação jurisdicional? (...) A solução mais adequada, ao que parece, é admitir e regulamentar, de forma específica, modalidade de tutela cognitiva sumária e satisfativa, apta a se tornar definitiva, mas não imutável. Segundo essa proposta, não seria necessária a propositura da demanda tida como principal, porque o pronunciamento emitido é plenamente suficiente para solucionar o litígio. Como, porém, sua emissão não pressupõe cognição exauriente, poderia a parte prejudicada postular solução incompatível com a anterior, pela via ordinária que comporte o conhecimento pleno da situação. Ante a provável impossibilidade de se restabelecer a situação anterior, não haveria outra alternativa senão a transformação em perdas e danos, quando cabível. (...) De qualquer modo, a tutela sumária não cautelar é idônea a se tornar definitiva, caso a controvérsia não seja novamente apresentada ao órgão jurisdicional, pela via da cognição plena e exauriente. (...) Essa adequação da tutela sumária e definitiva ao devido processo constitucional só pode ser aceita se a definitividade do pronunciamento decorrer da omissão da parte interessada. Ou seja, o contraditório pleno e a cognição exauriente são regras inerentes ao sistema, que não podem ser eliminados, sob pena de violação de princípios constitucionais do processo. O que se admite é a antecipação do pronunciamento, que poderá adquirir a qualidade da coisa julgada somente se as partes não se interessarem pela continuação ou pelo início do processo cognitivo pleno" (BEDAQUE, José Roberto dos Santos. *As formas diferenciadas de tutela no processo civil brasileiro*. Disponível em: <http://www.direitoprocessual.org.br/dados/File/enciclopedia/artigos/processo civil/5%20BADAQUE,%20José%C3%A9%20Roberto%20dos%20Santos%20-%20As% 20formas%20diferenciadas %20de%20tutela%20no%20processo%20civil%20brasileiro.doc>. Acesso em: 23 set. 2016).

[3] Op. cit.

[4] "Impõe-se, então, perquirir se o direito brasileiro autoriza essa "tutela imediata de direitos subjetivos materiais" segundo o procedimento sumário das cautelares. O que propugnamos é exatamente pela admissibilidade desse processo sumário como consectário do dever geral de segurança. O Estado, instado a prover diante de uma situação de perigo para o direito material da parte, deve fazê-lo sob pena de violar o princípio da inafastabilidade e da tutela adequada, podendo prover em cognição sumária e definitiva, consoante a irreversibilidade dos efeitos do provimento. (...) Neste passo de revelação do fenômeno cumpre ressaltar que a tutela de segurança

Sem embargo da autoridade dos processualistas referidos, acredita-se que a espécie de provimento emergencial para combate específico ao risco de grau máximo ao direito material deve contar com outra denominação, a qual se reputa tecnicamente mais consentânea aos caracteres que singularizam a medida em comento: A terceira espécie de tutela de urgência, necessária a completar a sistematização do gênero de provimentos emergenciais e, assim, realizar o direito fundamental à efetividade e à mitigação do risco no processo é o que, com inspiração no direito argentino, denomina-se de tutela autossatisfativa.

2.2. Características da tutela autossatisfativa

A tutela autossatisfativa é a tutela de urgência especificamente voltada ao combate de risco de grau alto sobre o direito material, caracterizando-se pela satisfatividade, exaustividade da tutela específica, juízo elevado de probabilidade, provisoriedade e autonomia procedimental. Dessa feita, a tutela autossatisfativa não comporta a necessidade de ajuizamento de ação principal ou de prolação de ulterior decisão definitiva de mérito, bem como também não possibilita o prosseguimento da discussão quanto à tutela específica, já esgotada com a concessão do provimento de urgência.

Consoante aludido alhures, a doutrina pátria é sensível ao identificar a necessidade de tutela de urgência dessa natureza, a despeito de, porque tratada de modo excepcional, não se deter em pormenores em sua disciplina, mantendo o discurso afeto às tutelas de urgência centrado nas consagradas tutela cautelar e tutela antecipada.

Cabe, nesse cenário, buscar amparo no direito estrangeiro, precisamente no direito argentino, que aborda essas tutelas de urgência de cunho excepcional, porque direcionadas à oposição de risco de grau alto sobre o direito material, sob a alcunha de medidas autossatisfativas.

Não obstante destituídas de previsão legislativa, as medidas autossatisfativas são amplamente empregadas no direito argentino, constituindo provimentos de urgência que se exaurem em si mesmos, prescindem de ação principal e têm esteio no poder geral de cautela (art. 232 do Código de Processo Civil e Comercial da Nação Argentina), na ação de amparo (art. 43 da Constituição Argentina) e nas chamadas atribuições jurisdicionais implícitas.

---

também pode ser antecedente ou incidente, e nesse último caso manejável em qualquer processo ou procedimento onde se haja manifestado a urgência da antecipação da tutela definitiva. As antecedentes servem à tutela imediata dos direitos que se formam gradualmente, sem prejuízo, por isso, da posterior prestação jurisdicional quando já integrado o *ius*, antes protegido parcialmente. Mas, de toda sorte, são satisfativas na parte que atendem ao direito reclamado, mantendo a autonomia que as distingue das ações cautelares *stricto sensu*. Também encaixam-se nessa moldura de ação de segurança aquelas nas quais a providência é reclamada diante do *periculum in mora* e uma vez deferidas revelam cunho satisfativo e fazem desaparecer o interesse de agir, conforme o resultado alcançado se revele irreversível, como, *v.g.*, no caso do levantamento dos cruzados por força de decisão judicial, a autorização para viajar, a autorização para realizar cirurgia, enfim, em todos os casos de realização judicial instantânea do direito sob segurança" (FUX, Luiz. *Tutela de segurança e tutela de evidência (fundamentos da tutela antecipada)*. São Paulo: Saraiva, 1996. p. 57 e 69).

Em vista da clarividência de suas lições, vale trazer à baila o que preconiza Jorge W. Peyrano, doutrinador argentino, acerca da definição das medidas autossatisfativas:

> Por no pecar de demasiado optimistas en cuanto a la difusión que hoy disfruta la llamada medida autosatisfactiva recordaremos que se trata de um requerimiento "urgente" formulado al órgano jurisdiccional por los justiciables que se agota – de ahí lo de autosatisfactiva – con su despacho favorable: no siendo, entonces, necesaria la iniciación de uma ulterior acción principal para evitar su caducidad o decaimiento, no constituyendo uma medida cautelar, por más que en la praxis muchas veces se la haya calificado, erróneamente, como uma cautelar autónoma. (...)
>
> Constituye la misma uma espécie – aunque de la mayor importancia – del género de los "procesos urgentes", categoría ésta que engloba uma multiplicidad de procedimientos (las resoluciones anticipatorias, el régimen del amparo y del habeas corpus, las propias medidas cautelares, etc.) caracterizados todos por reconocer que en su seno el factor "tiempo" posee uma relevancia superlativa. Vale decir que cuando se está ante un proceso urgente, siempre concurre una aceleración de los tiempos que normalmente insume el moroso devenir de los trámites judiciales (...)[5].

Desde meados da década de 1990, precisamente de 1994, quando ocorreu a Reforma Constitucional na Argentina, que culminou com a inserção do instituto do amparo no Texto Constitucional, a jurisprudência daquele país passou a admitir o acesso célere dos cidadãos à consecução de seus direitos, por intermédio de tutela diferenciada cunhada pela urgência e autossatisfatividade, voltada à promoção do que a doutrina argentina denomina de jurisdição oportuna, é dizer, "que deve procurar não só 'dar a cada um o seu', mas fazê-lo (...) em tempo útil para satisfazer adequadamente as expectativas dos jurisdicionados"[6].

Das manifestações jurisprudenciais e doutrinárias acerca da matéria colhem-se, sem maiores dificuldades, como características inerentes às medidas autossatisfativas a urgência em sua prolação, a forte probabilidade de procedência das alegações e a satisfatividade da pretensão, que se esgota com a concessão da medida, prescindindo, pois, de outro processo.

No que concerne ao juízo de probabilidade que subjaz a concessão dos provimentos autossatisfativos, Jorge W. Peyrano enfatiza que não se trata de "simples verossimilhança"[7]. Carlos Alberto Carbone, ao seu turno, assevera que este juízo de probabilidade "está mucho más cerca de la certeza aunque no parezca que pueda mensurarse en términos de procentaje; sí, respecto de la certeza, surge espontánea la idea de la superación cualitativa

---

[5] PEYRANO, W. Jorge. *Medidas autosatisfativas*. Buenos Aires: Rubizal – Culzoni Editores, 1997. p. 13-14.
[6] Op. cit., p. 14.
[7] PEYRANO, W. Jorge. *Medidas autosatisfativas*. Buenos Aires: Rubizal – Culzoni Editores, 1997. p. 18.

de la probabilidad sola, y se consume en el mayor grado de disipación de dudas, conforme la valoración definitiva y racional de las pruebas allegadas"[8].

Elucidativas são as palavras de Ronald Arazi e Mario E. Kaminker quanto à peculiaridade das medidas autossatisfativas de dispensarem outro processo, ao afirmarem que existem "situaciones en las que se torna imperioso anticipar aun en modo parcial el resultado del juicio o las prestaciones cuyo cumplimiento se persigue" e que podem existir "circunstancias en que la tramitación de un juicio no es imprescindible, sino que lo que se procura es um acto, omisión o prestación inmediata, que, cumplida, agotada, torna innecesaria toda otra tramitación judicial"[9].

As características alhures elencadas, muito embora expostas pela doutrina estrangeira, coadunam-se com exatidão às necessidades do direito brasileiro atinentes à tutela de urgência adequada ao combate aos riscos de grau alto incidentes sobre o direito material.

Na ordem jurídica pátria não há óbice legal ou constitucional ao emprego de provimento emergencial dessa estirpe, isto é, que se notabiliza e distingue-se das demais espécies de tutelas de urgência por esgotar a tutela específica. A despeito de, em seu curso evolutivo, as decisões judiciais de mérito, sobretudo aquelas irreversíveis, fundarem-se em cognição exauriente por meio da qual se visa a atingir juízo de certeza, certo é que o sistema jurídico vigente não impossibilita, categoricamente, que decisões dessa natureza sejam lastreadas em juízo de probabilidade.

Ao contrário, a tutela de urgência que esgota a tutela específica, adequada, portanto, ao combate ao risco de grau alto sobre o direito material, é expediente necessário à consecução do direito à tutela jurisdicional efetiva, consagrado em sede constitucional, razão pela qual não se pode furtar ao seu reconhecimento no direito brasileiro.

Cumpre anotar que, no direito argentino, ordenamento aqui referido como fonte de inspiração, as denominadas medidas autossatisfativas são desprovidas de regulamentação legislativa própria, ou melhor, exclusiva. Cuida-se de expediente oriundo de construções jurisprudenciais e doutrinárias, fundadas no reconhecimento de que se trata de provimento vital à configuração da chamada jurisdição oportuna. Nesse cenário, são medidas estribadas no poder geral de cautela conferido aos magistrados, além de se basearem no instituto do amparo, disposto no art. 43 do Texto Constitucional[10] daquela nação.

---

[8] Op. cit., p. 176.

[9] ARAZI, Roland; KAMINKER, Mario E. Algumas reflexões sobre a antecipação de tutela e as medidas de satisfação imediata. In: PEYRANO, Jorge W. (Coord.). *Medidas autosatisfativas*. Buenos Aires: Rubizal – Culzoni Editores, 1997. p. 37-53.

[10] "Artículo 43. Toda persona puede interponer acción expedita y rápida de amparo, siempre que no exista otro medio judicial más idóneo, contra todo acto u omisión de autoridades públicas o de particulares, que en forma actual o inminente lesione, restrinja, altere o amenace, con arbitrariedad o ilegalidad manifiesta, derechos y garantías reconocidos por esta Constitución, un tratado o una ley. En el caso, el juez podrá declarar la inconstitucionalidad de la norma en que se funde el acto u omisión lesiva. Podrán interponer esta acción contra cualquier forma de discriminación y en lo relativo a los derechos que protegen al ambiente, a la competencia, al usuario y al consumidor, así como a los derechos de incidencia colectiva en general, el afectado,

Igualmente como na Argentina, a ausência de regulamentação legislativa específica e indubitável pertinente à terceira espécie de tutela de urgência ora abordada não obstaculiza sua aplicação no direito brasileiro, que além do poder geral de cautela – cuja compreensão constitucionalmente mais adequada, acredita-se, é no sentido de poder geral de urgência – prevê o direito fundamental do jurisdicionado à efetividade da prestação jurisdicional e, portanto, ao combate ao risco no processo (art. 5º, XXXV, da Constituição da República de 1988).

Destaque-se que a relação de caracteres das medidas autossatisfativas efetuada pelo direito argentino e, no presente, cuja aplicação no direito brasileiro se propugna, revela nitidamente tratar-se de espécie de provimento jurisdicional afeto ao gênero tutelas de urgência, cujos elementos caracterizadores são a necessidade de prolação célere do provimento postulado, ou seja, a urgência da medida requerida, a cognição sumária que esteia a decisão emergencial e sua provisoriedade.

A cognição sumária empreendida para prolação de medidas destinadas ao combate ao risco de grau alto ao direito material é decorrência necessária e imperiosamente imposta pela urgência que baliza a situação sob análise.

No que tange à provisoriedade, precisamente em decorrência da conclusão de que a característica da provisoriedade se liga à mutabilidade da lide em debate, permitindo ulterior solução diversa, é que esta característica das tutelas de urgência não é contrariada pela medida voltada ao combate a risco de grau mais elevado. Isso porque o provimento de emergência em tela é exauriente no que toca à tutela específica, não obstando, entretanto, eventual e posterior discussão afeta à tutela ressarcitória.

Destarte, comportando futuro debate sobre a mesma lide (*v.g.* indenização por transfusão de sangue empreendida contra a vontade do receptor ou seu responsável e autorizada por medida judicial de urgência), não se configura a imutabilidade peculiar à coisa julgada material, firmando-se, pois, a provisoriedade também como característica dessa tutela de urgência.

Para além dos elementos presentes em todas as espécies do gênero de provimentos emergenciais, repisa-se que a tutela diferenciada concernente à oposição ao risco de grau alto que aflige o direito material é marcada pela satisfatividade, isto é, pela garantia de consecução direta e imediata do direito material vindicado, exatamente porque a eliminação do risco somente é alcançada assegurando-se ao pleiteante o pronto exercício do direito.

---

el defensor del pueblo y las asociaciones que propendan a esos fines, registradas conforme a la ley, la que determinará los requisitos y formas de su organización. Toda persona podrá interponer esta acción para tomar conocimiento de los datos a ella referidos y de su finalidad, que consten en registros o bancos de datos públicos, o los privados destinados a proveer informes, y en caso de falsedad o discriminación, para exigir la supresión, rectificación, confidencialidad o actualización de aquellos. No podrá afectarse el secreto de las fuentes de información periodística. Cuando el derecho lesionado, restringido, alterado o amenazado fuera la libertad física, o en caso de agravamiento ilegítimo en la forma o condiciones de detención, o en el de desaparición forzada de personas, la acción de habeas corpus podrá ser interpuesta por el afectado o por cualquiera en su favor y el juez resolverá de inmediato aun durante la vigencia del estado de sitio" (Disponível em: <http://www.argentina.gov.ar/argentina/portal/documentos/constitucion_nacional.pdf>. Acesso em: 23 set 2016).

Contudo, diversamente do que se verifica na antecipação de tutela, a satisfação do direito material empreendida na terceira espécie de provimento emergencial queda por esgotar toda e qualquer discussão afeta a esta tutela específica, eis que não é cabível, na espécie, reversão. Em outros termos, a toda evidência, impossível é restituir o *status quo ante* à concessão da medida de urgência executada, isto é, faticamente não cabe desfazer a cirurgia ou a transfusão de sangue realizadas ou reverter o medicamento ingerido. Logo, ulterior decisão de mérito não será hábil a revertê-la, pelo que se torna despiciendo e até inviável seguir o debate quanto à tutela específica conferida em caráter de urgência.

Ainda que seja possível à parte sucumbente nesta medida de urgência posteriormente reclamar a respectiva contraprestação à cirurgia ou ao medicamento fornecido, o caráter irreversível da medida ainda se revela presente. Isso porque a irreversibilidade deve ser analisada sob o prisma bipolar, é dizer, o provimento emergencial deve ser irreversível para pelo menos uma das partes, haja vista que, do ponto de vista de quem suportou a medida de urgência, subsiste o substitutivo das perdas e danos.

Vale lembrar que a tutela de urgência satisfativa consagrada pela legislação pátria, ainda sob a égide do CPC/1973, a antecipação de tutela, tem como característica expressamente cunhada pelo legislador a reversibilidade (art. 300, § 3º, do CPC/2015). Como bem salienta a doutrina[11], a irreversibilidade vedada pela lei não é do provimento em si, o qual sempre pode ser cassado ou reformado, e sim dos efeitos dessa decisão. Ainda, a reversibilidade diz respeito à tutela específica, isto é, os próprios efeitos antecipados pela tutela do direito provável devem ser passíveis de reversão, eis que a recomposição por perdas e danos é tutela ressarcitória sempre cabível, até mesmo quando se trata de dano impassível de reparo específico, como é o caso do dano moral.

Impende frisar, nessa linha de raciocínio, que não compete ao direito processual apontar as situações de reversibilidade ou irreversibilidade, atribuição afeta ao próprio direito material discutido na demanda.

A constatação da irreversibilidade da tutela específica revela a autonomia da tutela de urgência em questão: porque não se presta a salvaguardar o processo de risco sobre ele diretamente incidente, dispensa a dedução de outra pretensão, dita principal, para assegurar-lhe a eficácia; outrossim, tão pouco requer decisão de mérito diversa para lhe garantir cunho de definitividade no que toca à tutela específica.

---

[11] "Vale aqui uma observação: a 'irreversibilidade' não se refere propriamente ao 'provimento' antecipatório, mas sim aos efeitos do provimento. O provimento, em si mesmo, como decisão judicial passível de recurso e que pode ser revogada ou modificada a qualquer tempo (art. 273, § 4º), é eminentemente reversível. Neste ponto convêm a maioria dos processualistas. (...) Em princípio, a possibilidade de que a reconstituição do estado de fato anterior possa ser substituída pela prestação de perdas e danos, em favor do réu prejudicado pela AT tornada sem efeito, tal possibilidade não descaracteriza a 'irreversibilidade', eis que, ao fim e ao cabo, todos os danos, e até os danos morais, encontram forma de compensação (nem sempre perfeita, nem sempre quantitativamente mensurável com exatidão) mediante ressarcimento em pecúnia" (CARNEIRO, Athos Gusmão. *Da antecipação de tutela no processo civil*. Rio de Janeiro: Forense, 1999. p. 59-60).

Reconhecida a imperiosidade de provimento de emergência direcionado à supressão de riscos elevados sobre o direito material e, em última análise, sobre a efetividade da prestação jurisdicional e dadas as divergências concernentes à denominação conferida a essa espécie de provimento, oportuno neste ponto fixar a expressão que se entende pertinente e que, por se alinhar aos caracteres da tutela de urgência em apreço, melhor revela sua essência.

Até o presente, mencionaram-se neste artigo as seguintes expressões para designação dessa terceira espécie de medida de urgência, quais sejam: (i) tutela de segurança, nomenclatura empregada por Luiz Fux; (ii) tutela sumária não cautelar, utilizada por José Roberto dos Santos Bedaque; (iii) e medida autossatisfativa, consagrada majoritariamente no direito argentino.

Nas lições de Luiz Fux, colhe-se que a expressão tutela de segurança é voltada a todos os provimentos de urgência destinados ao combate ao risco imediatamente incidente sobre o direito material, sendo caracterizados pela satisfatividade. Não é locução própria para individualizar, portanto, com exclusividade, a espécie de medida de urgência disposta à oposição do risco de grau alto sobre o direito material, visto que também designativa daquela medida de emergência afeta ao combate a risco de grau médio, consagrada no direito pátrio como tutela antecipada ou antecipação de tutela.

José Roberto dos Santos Bedaque, ao seu turno, faz referência à tutela sumária não cautelar como a espécie de provimento emergencial destinada ao que no presente artigo fixa-se como combate ao risco de grau máximo ao direito material. Esta denominação é aplicada pelo processualista para distinguir a espécie em tela das medidas assecuratórias e antecipatórias que, segundo sua lição, qualificam-se como instrumentais e provisórias e que, por isso, são reunidas sob a nomenclatura de tutelas sumárias cautelares.

Pode-se dizer que, a princípio e considerando a construção teórica predominante no Brasil, se a tutela de urgência é gênero, cujas espécies são a cautelar e a tutela antecipada, ou se, diversamente, gênero é a tutela cautelar, sendo a assecuratória e a antecipatória as respectivas espécies, cuida-se de questão meramente terminológica. Entretanto, não lhe destitui a importância, haja vista que a classificação é salutar ao método científico.

Nessa senda, porque se encontra consagrada na doutrina pátria a distinção entre medida cautelar e tutela antecipada, não se reputa adequado reuni-las sob a mesma designação, sob pena de perpetuar ou até agravar as confusões verificadas na prática forense. Saliente-se que o próprio José Roberto dos Santos Bedaque não propugna pela identidade entre as espécies de medida de urgência assecuratória e antecipatória[12].

---

[12] "De qualquer modo, reconhece-se que a conclusão aqui apresentada decorre das premissas aceitas quanto à concepção de tutela cautelar. Tudo depende, portanto, dos contornos dados à ideia de cautelaridade. Em última análise, para alguns cautelar significa apenas assegurar conservando, sem satisfazer. Já outros entendem como cautelar o provimento instrumental destinado a assegurar provisoriamente o resultado final, conservando ou satisfazendo. Aliás, mesmo quem nega à antecipação natureza cautelar acaba afirmando haver semelhança entre as medida autorizadas pelos arts. 273 e 798, pois ambas são espécies do gênero tutelas de urgência e se submetem aos mesmos princípios. Têm idêntica finalidade, visto que se destinam a evitar o dano. São estruturadas de maneira igual, pois provisórias, passíveis de revogação e modificação,

Destarte, fundando nessa inarredável distinção é que se compreende adequado não conceituá-las como tutela cautelar. As similitudes entre esses provimentos emergenciais revelam, sim, que pertencem ao mesmo gênero, as tutelas de urgência.

Nessa ordem de ideias, visto que o vocábulo cautelar, lançado como adjetivo do provimento jurisdicional, não se aplica à tutela antecipada, segundo a majoritariamente consagrada compreensão da processualística pátria, não é ele suficientemente hábil a distinguir a tutela de urgência satisfativa e exauriente. Assim, dado que a tutela antecipada também é tutela sumária não cautelar, esta expressão não se presta a nominar individualmente a terceira espécie de provimento emergencial em foco no presente artigo.

Das designações mencionadas, acredita-se mais adequada aquela majoritariamente consagrada no direito argentino, é dizer, medida autossatisfativa, pois ela veicula os caracteres de maior contundência na particularização desta tutela de urgência: sua satisfatividade e exaustividade quanto à tutela específica vindicada.

Nada obstante, entende-se oportuno reparo na expressão a fim de substituir o termo medida por tutela, visto que cuida a espécie de provimento afeto à realização do direito material. Ante o exposto, tem-se que a terceira espécie do gênero tutelas de urgência é a tutela autossatisfativa, especificamente voltada à tutela de risco de grau alto sobre o direito material, marcada, portanto, pela satisfatividade, exaustividade quanto à tutela específica, autonomia procedimental, juízo elevado de probabilidade e provisoriedade (não formação de coisa julgada material).

2.3. Aplicação da tutela autossatisfativa no direito brasileiro e sua adequação constitucional

Os caracteres da aqui denominada tutela autossatisfativa, a destacar a autonomia e a exaustividade, podem conduzir à resistência quanto à aceitação de tutela de urgência dessa estirpe no sistema jurídico nacional, por suposta violação ao justo processo legal constitucionalmente assegurado.

Há que se pontuar, em sentido contrário, que as tutelas autossatisfativas são provimentos emergenciais excepcionais. Aliás, as tutelas de urgência, visto que reclamam uma situação de risco que lhe deem ensejo, não constituem a regra da prestação jurisdicional do Estado[13].

---

tudo em razão da instrumentalidade. Por fim, a sumariedade da cognição se verifica em ambas, embora se possa exigir maior intensidade em uma do que em outra. Com isso, a divergência passaria a ser meramente terminológica" (BEDAQUE, José Roberto dos Santos. *Tutela cautelar e tutela antecipada: tutelas sumárias e de urgência (tentativa de sistematização)*. 3. ed. São Paulo: Malheiros, 2003. p. 311).

[13] "Outro aspecto relevante dessa tutela emergencial é a sua excepcionalidade, de sorte que as providências cautelares e as medidas antecipatórias não podem ser prodigalizadas pelo simples capricho da parte ou por mera liberalidade (ou discricionariedade) do juiz. É, sem dúvida, incômodo o ter de esperar por muito tempo pelo provimento jurisdicional. Mas não são os meros desconfortos do litigante que justificam a quebra do ritmo natural e necessário do contraditório. Somente o risco de danos sérios, de incerta e difícil reparação, justifica as tutelas diferenciadas

Ao revés, são provimentos locados no que se denomina de tutela diferenciada, eis que se destinam a salvaguardar conflito específico trazido à análise da jurisdição.

As tutelas autossatisfativas, ao seu turno, dentro do gênero tutelas de urgência são a espécie cujo índice de excepcionalidade mais se sobreleva. Isso porque se voltam à oposição de ocorrências cujo risco ao direito material vindicado é de grau máximo, situações que, a despeito da ausência de estatísticas, pode-se, pela prática forense, afirmar que são de número mais reduzido em vista daqueles em que o risco recai sobre o próprio processo ou, ainda que incidente sobre o direito material, tratam de risco mediano.

Dessa feita, provimentos emergenciais que dispensam processo principal e decisão ulterior de mérito, eis que esgotam imediatamente a discussão no que toca à tutela específica, são mesmo a exceção no âmbito da prestação jurisdicional do Estado.

Na temática afeta às tutelas de urgência, é recorrente a preocupação quanto às garantias constitucionais consectárias do justo processo legal, notadamente o contraditório e a ampla defesa, matéria que alça maior relevo quando se cuida de tutela de urgência de caráter satisfativo e exauriente, como é o caso da tutela autossatisfativa.

Importa registrar que a busca pela efetividade da prestação jurisdicional, tendo as tutelas de urgência como instrumento, não prescinde das conquistas de ordem garantística alcançadas pela evolução científica do direito processual.

A título de fixação de pressuposto conceitual, entende-se segurança jurídica sob a ótica da observância dos princípios constitucionais do processo, a saber, juiz natural, contraditório, ampla defesa, que podem ser reunidos na cláusula do justo processo legal[14].

---

[14] de urgência" (THEODORO JÚNIOR, Humberto. Direito fundamental à duração razoável do processo. In: ARMELIN, Donaldo (coord.). *Tutelas de urgência e cautelares: estudos em homenagem a Ovídio A. Baptista da Silva*. São Paulo: Saraiva, 2010. p. 676-691).

"O processo do Estado Democrático de Direito contemporâneo, em suma, não se resume a regular o acesso à justiça, em sentido formal. Sua missão, na ordem dos direitos fundamentais, é proporcionar a todos uma tutela procedimental e substancial justa, adequada e efetiva. Daí falar-se, modernamente, em garantia de um processo justo, de preferência à garantia de um devido processo legal. (...) No art. 5º da Constituição brasileira, figuram, entre os direitos e garantias fundamentais, os princípios básicos do processo justo, quais sejam: a) a garantia de pleno acesso à justiça (nenhuma lesão ou ameaça a direito será excluída da apreciação do Poder Judiciário) (inc. XXXV); b) a garantia do juiz natural (não haverá juízo ou tribunal de exceção – inc. XXXVII; ninguém será processado nem sentenciado senão pela autoridade competente – inc. LIII); c) a garantia do devido processo legal (inc. LIV) e do contraditório e ampla defesa (inc. LV); d) a vedação das provas ilícitas (inc. LVI); e) a garantia de publicidade dos atos processuais (inc. LX), que se completa com exigência de fundamentação de todas as decisões judiciais (CF, art. 93, IX); f) o dever de assistência jurídica integral e gratuita a todos que comprovarem insuficiência de recursos (inc. LXXIV); e, finalmente, g) a atual garantia de duração razoável do processo e da adoção de meios para assegurar a celeridade de sua tramitação (inc. LXXVIII), que não figuravam no elenco primitivo dos direitos fundamentais proclamados no art. 5º da Constituição brasileira. No entanto, a Emenda Constitucional nº 45, de 2004, cuidou de acrescentar um novo inciso àquele dispositivo magno justamente para contemplar a referida garantia de economia processual" (THEODORO JÚNIOR, Humberto. Direito fundamental à duração razoável do processo. In:

Logo, para que se alcance verdadeiramente efetividade na resposta jurisdicional do Estado, mister é a observância do justo processo legal, corolário da segurança jurídica. Ainda, atenção merecem não apenas os atos do juiz, mas também e em grande relevo, a atuação das partes, sujeitos titulares dos interesses em conflito trazidos ao Judiciário para adequada solução estatal.

Para garantir o devido envolvimento das partes no processo, instrumento pelo qual o Estado se propõe a solucionar os conflitos, é que vige o princípio do contraditório. Além de imprescindível à concepção constitucional de processo e meio de legitimação da atividade jurisdicional do Estado, é o contraditório fator de limitação dos poderes do juiz, instrumento de vigília e controle sobre eventuais arbitrariedades.

Em relação às tutelas de urgência, o princípio do contraditório é de salutar importância. Considerando o escopo dessas medidas de repartir entre as partes o risco da demora da prestação jurisdicional definitiva, minimizando ou afastando os efeitos nocivos do tempo sobre o processo, é importante que se garanta aos sujeitos diretamente envolvidos em sua efetivação a devida participação no procedimento que culminou em seu deferimento.

Não se rechaça a possibilidade de diferimento do contraditório em casos de extrema urgência, nos quais a oitiva prévia da parte que suportará o provimento emergencial poderá obstá-lo ou torná-lo inócuo. Todavia, essa situação deve ser encarada como excepcional[15], dando-se prioridade para, no caso concreto, observar, em adequado tempo e modo, o princípio do contraditório. Aceitar a concessão de tutelas de urgência *inaudita altera parte* quando a situação da vida não reclama essa mitigação da segurança jurídica é inadmissível ofensa à ordem democrática constitucionalmente instituída. Trata-se de desnecessária priorização da celeridade em prejuízo da segurança jurídica, o que não implica efetividade da prestação jurisdicional de urgência, ao contrário, dissocia-a do direito material que visa a amparar.

É cediço que as tutelas de urgência desfrutam de inafastável previsão na Constituição da República de 1988, não só por força do art. 5º, LXXVIII, inserido pela Emenda Constitucional 45/2004, que consignou como direito fundamental a duração razoável do processo e a celeridade da tramitação, mas também como imperativo do primevo inciso XXXV, do mesmo dispositivo constitucional, do qual emerge o princípio da inafastabilidade da jurisdição e o direito de ação vislumbrado como acesso à justiça.

ARMELIN, Donaldo (coord.). *Tutelas de urgência e cautelares*: estudos em homenagem a Ovídio A. Baptista da Silva. São Paulo: Saraiva, 2010. p. 676-691).

[15] "A tutela sumária não cautelar deve ser adotada, como já visto, em casos específicos, principalmente em relação a direitos absolutos, submetidos a risco de dano irreparável. Aqui, os valores em conflito autorizam solução radical, ainda que dela possa advir prejuízo para a parte contrária. Mas se trata de solução excepcional, adequada para a tutela apenas aqueles valores relevantes do ser humano, cuja ofensa pode comprometer a própria vida. Não se deve admitir a sumarização como regra, pois haveria risco de retrocesso a fases já ultrapassadas do fenômeno processual, em que princípios importantes como igualdade, ampla defesa, contraditório, eram desconhecidos" (BEDAQUE, José Roberto dos Santos. *As formas diferenciadas de tutela no processo civil brasileiro*. Disponível em: <http://www.direitoprocessual.org.br/dados/File/enciclopedia/ artigos/processo_civil/5%20BADAQUE,%20 Jos%C3%A9%20Roberto%20dos%20Santos%20-%20As% 20formas%20diferenciadas%20de%20 tutela%20no%20processo%20civil%20brasileiro.doc>. Acesso em: 23 set. 2016).

Ademais, no adequado entendimento do *due process of law*[16], insere-se a tempestiva e útil resposta da jurisdição, sob pena de não se assegurar a justiça, erigida a valor supremo da República Federativa do Brasil, no preâmbulo do Texto Constitucional.

Dessa feita, imperativo é o reconhecimento de espécies de tutelas de urgência hábeis a combater todas as espécies de risco a que se sujeita o processo e o direito material do qual é instrumento, sob pena de, ao contrário, frustrar-se o direito fundamental do jurisdicionado à efetividade da prestação jurisdicional. Nesta inarredável constatação reside o amparo constitucional para a sistematização das tutelas de urgência ora apresentada, contemplando a terceira espécie denominada tutela autossatisfativa.

Outrossim, considerando o abrigo na Constituição da República, pode-se falar em poder geral de urgência, que possibilita ao Estado, no exercício da jurisdição, fazê-lo com lastro em tutela diferenciada, sob a perspectiva de mais adequada ao direito material, voltando-se, pois, à luta contra o fator tempo e à consecução da efetividade.

Destarte, presente no caso concreto situação de risco, hábil a prejudicar a efetividade da prestação jurisdicional, compete ao juiz agir no sentido de saná-la ou, ao menos, de minimizá-la, lançando mão dos instrumentos que a ordem jurídica lhe confere, sobretudo do poder geral de urgência. Vale lembrar, ademais, que "o juiz não se exime de decidir sob a alegação de lacuna ou obscuridade do ordenamento jurídico" (art. 140 do Código de Processo Civil de 2015).

Nesse ínterim, acredita-se ser possível asseverar, sem maiores esforços e digressões hermenêuticas, o poder geral de urgência conferido ao magistrado, no sentido de que, presentes na situação de fato os requisitos necessários à concessão de determinado provimento de emergência, notadamente a urgência consubstanciada no perigo ocasionado pelo transcurso do tempo, é dado ao magistrado deferi-lo. Está-se referindo não só às medidas cautelares (cujo poder geral há muito é conhecido) como também às tutelas antecipadas (dado que o ordenamento brasileiro igualmente prevê antecipação de tutela atípica e, via de consequência, poder geral do magistrado em concedê-la, quando configuradas no caso concreto as exigências legais) e, ainda, à tutela autossatisfativa, de ampla aplicação no direito argentino, mas sem grande difusão na ordem jurídica brasileira, onde se lançam mão de

---

[16] "O justo processo é a espinha dorsal que a ideia mais moderna de acesso aos canais da jurisdição, congregando as condições mínimas insuprimíveis sobre a quais não será possível ao Estado aplicar o direito material com justiça no seio das relações em conflito. Nessa perspectiva, o controle jurisdicional deve ser analisado em função do bloco de princípios e garantias fundamentais assistidas ao indivíduo e à coletividade, proclamados como desdobramento necessário para se obter uma justa composição da lide, um acesso adequado à Justiça. O justo processo é o que se compõe de garantias fundamentais de Justiça. (...) O justo processo, como substrato essencial do Estado Democrático de Direito é a fonte que proporciona legitimidade às decisões do Estado pelo cumprimento dos direitos fundamentais assegurados em nível constitucional e internacional. A garantia do acesso à Justiça impõe a compreensão de que a tutela jurisdicional, para corresponder à cláusula do justo processo, deve ser adequada à justa composição do litígio, o que significa ser legítima, tempestiva, universal e efetiva" (MELO, Gustavo de Medeiros. O acesso adequado à justiça na perspectiva do justo processo. In: FUX, Luiz; NERY JÚNIOR, Nelson; WAMBIER, Tereza Arruda Alvim. *Processo e Constituição*. São Paulo: Revista dos Tribunais, 2006. p. 684 e 704).

procedimentos assemelhados, mas não tecnicamente próprios, para se alcançar provimentos urgentes satisfativos que exaurem em si mesmos.

3. BREVES CONSIDERAÇÕES SOBRE A ESTABILIZAÇÃO DA TUTELA ANTECIPADA

O Código de Processo Civil de 2015 inaugura por seu art. 304 no sistema jurídico legal brasileiro a técnica que se convencionou denominar de estabilização da tutela antecipada, matéria que já vinha sendo pauta de estudos de processualistas pátrios[17] e, inclusive, objeto de previsão no Projeto de Lei do Senado 186/2005[18]-[19], anterior ao projeto que originou o

---

[17] "Nas Jornadas de Direito Processual promovidas pelo Instituto Brasileiro de Direito Processual, realizadas em Foz do Iguaçu, entre 4 e 08.08.2003, constituiu-se um grupo de trabalho com o objetivo de estudar alterações no sistema da tutela antecipada. A proposta inicial foi apresentada pela Professora Ada Pellegrini Grinover, que há muito pretende conferir estabilidade à antecipação de efeitos da tutela final, dotando a respectiva decisão de imutabilidade. Em síntese, sua ideia é a seguinte: deferida a tutela antecipada, incidentalmente ou em procedimento prévio, e se omitindo as partes quanto ao prosseguimento do processo ou à propositura da demanda cognitiva, a decisão transitará em julgado" (BEDAQUE, José Roberto dos Santos. Estabilização das tutelas de urgência. In: YARSHELL, Flavio Luiz; MORAES, Mauricio Zanoide de (Org.). *Estudos em homenagem a professora Ada Pellegrini Grinover*. São Paulo: DPJ, 2005. p. 660-683).

[18] "Art. 2º A Lei nº 5.869, de 11 de janeiro de 1973 (Código de Processo Civil), passa vigorar acrescida dos seguintes arts. 273-A, 273-B, 273-C, 273-D: (...)
'Art. 273-B (...)
§ 2º Não intentada a ação, a medida antecipatória adquirirá força de coisa julgada nos limites da decisão proferida.
Art. 273-C. (...)
Parágrafo único. Não pleiteado o prosseguimento do processo, a medida antecipatória adquirirá força de coisa julgada nos limites da decisão proferida'" (Disponível em: <http://www.senado.gov.br/sf/atividade/materia/detalhes.asp?p_cod_mate=73862>. Acesso em: 22 maio 2010).

[19] "A proposta de estabilização da tutela antecipada procura, em síntese, tornar definitivo e suficiente o comando estabelecido por ocasião da decisão antecipatória. Não importa se se trata de antecipação total ou parcial. O que se pretende, por razões eminentemente pragmáticas – mas não destituídas de embasamento teórico – é deixar que as próprias partes decidam sobre a conveniência, ou não, da instauração ou do prosseguimento da demanda e sua definição em termos tradicionais, com atividades instrutórias das partes, cognição plena e exauriente do juiz e a correspondente sentença de mérito. Se o ponto definido na decisão antecipatória é o que as partes efetivamente pretendiam e deixam isso claro por meio de atitude omissiva consistente em não propor a demanda que vise à sentença de mérito (em se tratando de antecipação em procedimento antecedente) ou em não requerer o prosseguimento do processo (quando a antecipação é concedida no curso deste, tem-se por solucionado o conflito existente entre as partes, ficando coberta pela coisa julgada a decisão antecipatória, observados os seus limites" (Exposição de Motivos do Projeto de Lei do Senado nº 186/2005. Disponível em: <http://www.senado.gov.br/sf/atividade/materia/detalhes.asp?p_cod_mate=73862>. Acesso em: 22 maio 2010).

novo Código de Processo Civil. O art. 304 prevê que "a tutela antecipada, concedida nos termos do art. 303, torna-se estável se da decisão que a conceder não for interposto o respectivo recurso".

Em síntese, a técnica da estabilização consiste na submissão da provisoriedade, característica deste provimento, ao princípio dispositivo, de modo que em caso de inércia da parte sucumbente em relação à medida de urgência em questão, opera-se sua estabilização, isto é, a conservação de sua eficácia.

Verifica-se, pois, que a dicção da estabilização da tutela antecipada altera caracteres importantes dessa espécie de provimento emergencial, porquanto transmuta a provisoriedade que na concepção vigente é essencial em provisoriedade eventual. Dá-se azo, portanto, à manutenção de efeitos da decisão decorrente de juízo cognitivo sumário, na hipótese de a parte sucumbente em vista da decisão de urgência não provocar debate da lide para prolação de ulterior decisão de mérito, pautada em cognição exauriente.

Dessas considerações, sobrevém outra característica da estabilização da tutela antecipada, consistente na prescindibilidade de posterior provimento fundado em juízo de certeza. A dispensa desta decisão, igualmente, apresenta-se eventual, porque também condicionada à inércia da parte sucumbente em relação à tutela antecipada deferida, a quem compete o ônus de pugnar pela manutenção do feito até decisão final lastreada em cognição plena.

O raciocínio assemelha-se à disposição da ação monitória[20], na qual a cognição sobre o título que se visa a executar também é marcada pela eventualidade, competindo à parte executada o ônus de provocação do juízo cognitivo.

Em vista desses caracteres basilares da técnica de estabilização da tutela antecipada, observa-se que o expediente preserva elemento relevante para individualização de

---

[20] "Por outro lado, não pode surpreender a observação de que os provimentos antecipatórios são, substancialmente, provimentos monitórios. Salientou-o oportunamente Edoardo Ricci, em alentado estudo em que examinou a tutela antecipatória brasileira, preconizando sua estabilização (A tutela antecipatória brasileira vista por um italiano, in Revista de Direito Processual, Gênesis, setembro-dezembro de 1997, p. 691 ss.). Os pressupostos da monitória e da antecipação podem ser diversos, mas análoga deve ser a eficácia. E Ovídio Baptista da Silva, antes mesmo da adoção da ação monitória pelo ordenamento brasileiro, considerou expressamente as liminares antecipatórias como modalidade de processo monitório genérico (A antecipação da tutela na recente reforma processual, in Reforma do CPC, coord. Sálvio de Figueiredo Teixeira, Saraiva, São Paulo, 1996, n. 8). No sistema pátrio, o mandado monitório não impugnado estabiliza a tutela diferenciada. Simetricamente, a mesma coisa deve ocorrer com a decisão antecipatória com a qual as partes se satisfazem, considerando pacificado o conflito: as partes, e não apenas o demandado, porquanto a antecipação da tutela pode ser parcial, podendo neste caso também o autor ter interesse na instauração ou prosseguimento da ação de conhecimento. Assim, a instauração ou o prosseguimento da demanda são considerados ônus do demandado e, em caso de antecipação parcial, do demandante, sendo a conduta omissiva seguro indício de que não há mais necessidade da sentença de mérito" (Exposição de Motivos do Projeto de Lei do Senado nº 186/2005. Disponível em: <http://www.senado.gov.br/sf/atividade/materia/detalhes.asp?p_cod_mate=73842>. Acesso em: 22 maio 2010).

provimento emergencial dessa estirpe, qual seja, a reversibilidade específica dos efeitos da decisão de urgência.

Precisamente em decorrência da conservação do caráter reversível é que, segundo os desígnios da estabilização da tutela antecipada, subsiste a possibilidade de a tratativa desta medida emergencial conduzir-se consoante o procedimento já sedimentando no sistema vigente, com a pontual distinção de que o prosseguimento do feito rumo ao juízo de certeza não é necessário e sim eventual, movido por provocação expressa da parte sucumbente, a quem, na perspectiva da estabilização, é transferido o ônus de assim agir.

Destarte, a tutela específica conferida pelo deferimento da tutela antecipada subsiste passível de reversão, caso assim requeira o sujeito sucumbente e também assim conduza a conclusão do julgador após cognição exauriente da lide.

Na esteira das reformas empreendidas na disciplina processual brasileira das últimas duas décadas, a técnica da estabilização da tutela antecipada busca convergir ao desiderato de promoção de maior efetividade da prestação jurisdicional, mormente no que toca garantir ao jurisdicionado resposta em tempo razoável.

Inspiram-se os processualistas pátrios em medidas análogas existentes no direito estrangeiro, a destacar no direito francês e no direito italiano. No direito francês as tutelas de urgência são veiculadas no expediente denominado *ordonnance de référé*, pelo qual tutelas de urgência conservativas e satisfativas são concedidas em procedimento autônomo e independente de processo dito principal, evidenciando, neste cenário, a prescindibilidade da tutela amparada em cognição plena e, consequentemente, a habilidade do provimento fundado em cognição sumária para solucionar o litígio.

O direito italiano, ao seu turno, norteou-se pelo direito francês para dispor, na Lei 80, de 14 de maio de 2005, que alterou os art. 669-*octies* c/c *novies* do diploma processual italiano, que as medidas cautelares antecipatórias não exigem a propositura de processo principal para manutenção de seus efeitos, que, portanto, estabilizam-se. Assim, o ônus de ajuizar demanda principal é imputado ao sucumbente da medida de urgência, cabendo-lhe fazê-lo na hipótese de pretender desconstituir o provimento.

Acreditam os entusiastas da estabilização da tutela antecipada que a consagração de técnica dessa natureza no direito positivo pátrio ensejará redução do tempo de duração das demandas judiciais com desencorajamento da propagação da litigiosidade, sob a perspectiva de que aquele que foi sucumbente face ao provimento emergencial se verá desestimulado a insistir na realização de cognição exauriente sobre o conflito de interesses, em vista da sinalização, externada pelo juízo de probabilidade, do convencimento do julgador sobre a questão trazida à apreciação jurisdicional.

O raciocínio acima exposto é valioso, mas não necessário, eis que não atua na espécie precisão matemática que concorra à inafastável conclusão de desestímulo ao prosseguimento do feito e arrefecimento do tempo de duração dos processos. Cuida-se, acredita-se, e guardado respeito aos que comungam deste entendimento, de simples especulação que, em verdade, revela a expectativa positiva que norteia a técnica da estabilização da tutela antecipada.

Fazem-se tais considerações porquanto a experiência e a vivência forense da atualidade têm revelado o crescimento da litigiosidade, acompanhada, outrossim, da manutenção da irresignação da parte sucumbente, ainda que veiculada em recursos processuais manifestamente improcedentes. Diante deste cenário, não é certo que os resultados pretendidos pela estabilização da tutela antecipada alçarão significativas proporções a ponto de se fazerem sensíveis na promoção de maior efetividade da prestação jurisdicional com a redução do tempo médio de duração das demandas.

4. A NÃO CONFUSÃO ENTRE TUTELA AUTOSSATISFATIVA E A ESTABILIZAÇÃO DA TUTELA ANTECIPADA

No contexto da sistematização das tutelas provisórias, na esteira do Código de Processo Civil de 2015, poder-se-ia indicar a técnica da estabilização da tutela antecipada como expediente voltado à solução de situações em que o prosseguimento do feito em relação à tutela específica é inteiramente inútil, eis que o provimento emergencial exarado caracteriza-se pela satisfatividade completa e exaustiva da tutela específica, não comportando reversibilidade neste aspecto. Refere-se, pois, ao que neste artigo se denomina de tutela autossatisfativa.

Sobrevém, portanto, a indagação: A adoção da técnica da estabilização da tutela antecipada torna prescindível a individualização da tutela autossatisfativa como terceira espécie do gênero tutelas de urgência? Em outros termos, a técnica da estabilização da tutela antecipada é adequada ao combate ao risco de grau máximo ao direito material?

Outros questionamentos, na mesma esteira, podem ser suscitados: A estabilização da tutela antecipada e a tutela autossatisfativa se confundem? Há como coexistirem a tutela autossatisfativa e a técnica de estabilização da tutela antecipada? Há necessidade de tamanha especialização no seio das tutelas provisórias de urgência?

Em resposta às questões enunciadas, entende-se, em síntese, que a estabilização de tutela antecipada e a tutela autossatisfativa não se confundem, pelo que a estabilização não torna esta prescindível, mormente porque não é técnica precisamente adequada ao combate ao risco de grau máximo ao direito material. Nessa ordem de ideias, não se verifica óbice à coexistência entre estabilização de tutela antecipada e tutela autossatisfativa, muito embora seja questionável a necessidade de maior especialização da técnica no contexto das tutelas de urgência.

A invocação da estabilização da tutela antecipada como amparo às situações em que a medida de emergência é satisfativa e exaustiva deve-se ao fato de esta técnica comportar a possibilidade de não prosseguimento da demanda com cognição plena sobre a lide. Decerto, tratando-se de tutela autossatisfativa é inútil e até descabido ulterior debate de mérito com o fim de alcançar juízo de certeza sobre a tutela específica liminarmente deferida.

Essas considerações são suficientes para evidenciar a impropriedade da técnica da estabilização da tutela antecipada para lidar, mediante a devida cientificidade, com as situações de risco de grau alto, para as quais neste artigo fixou-se como provimento emergencial adequado as tutelas autossatisfativas. Outrossim, as mesmas considerações revelam também uma das razões pelas quais se conclui não se confundirem a técnica da estabilização da tutela antecipada com a tutela autossatisfativa.

Isso porque na estabilização da tutela antecipada o prosseguimento do feito com cognição plena sobre a tutela específica, com o fim de confirmar a antecipação alhures deferida, constitui possibilidade facultada à parte sucumbente. Ao contrário, em se tratando de tutela autossatisfativa, cujo provimento emergencial é cunhado pela irreversibilidade específica, o prosseguimento no feito com cognição exauriente neste mister sequer é possível, exatamente em vista da impossibilidade de reversão da tutela conferida.

A técnica da estabilização da tutela antecipada, precisamente porque cuida de tutela antecipada, comporta em si as características inerentes a esta espécie de medida de urgência, a destacar, no que tem pertinência ao presente tópico, a reversibilidade da tutela específica. A tutela autossatisfativa, ao seu turno, é notabilizada pela irreversibilidade da tutela específica deferida, o que já denota a impropriedade técnica de lançar mão da estabilização da tutela antecipada para deferimento de tutela autossatisfativa.

Poder-se-ia objetar a conclusão aqui lançada com a assertiva de que a irreversibilidade da tutela específica seria admitida excepcionalmente no contexto da tutela antecipada. Contudo, acredita-se que esta alegação não serve à cientificidade que se espera do direito processual, o que se afirma não sob a perspectiva do purismo tecnicista como fim em si mesmo, e sim porque se acredita que a técnica bem estabelecida e empregada é aliada da efetividade da prestação jurisdicional e da consecução das garantias processuais constitucionalmente estabelecidas.

Assim, entende-se que a excepcionalidade da irreversibilidade da tutela específica não há de ser contemplada no bojo da tutela antecipada, mas, sim, vista como espécie distinta de medida de urgência, voltada à oposição de risco por si excepcional e diverso daquele cujo combate se volta a tutela antecipada.

Emerge, pois, outro aspecto por meio do qual se distinguem estabilização da tutela antecipada e tutela autossatisfativa: esta é cabível tratando-se de risco excepcional, isto é, risco elevado sobre o direito material, circunstância em que a medida de urgência é imprescindível ao não perecimento por completo do direito vindicado. A estabilização da tutela antecipada, por sua vez, tem caráter genérico e alcança todas as situações de tutela antecipada que, como visto, destinam-se à oposição ao risco de grau médio sobre o direito material. Logo, a técnica da estabilização é ampla, não se restringindo às situações excepcionais de irreversibilidade da tutela específica.

Ante o exposto, porque a tutela autossatisfativa não se confunde com a estabilização da tutela antecipada, haja vista que esta não se erige como técnica precisamente adequada ao combate ao risco de grau máximo sobre o direito material, tampouco torna prescindível a terceira espécie de medida de urgência proposta na sistematização das tutelas de urgência abordada no presente artigo, conclui-se que é possível coexistirem a tutela autossatisfativa e a técnica da estabilização da tutela antecipada.

Não obstante, subsiste o questionamento quanto à necessidade de tamanha especialização e apuro da técnica do seio das tutelas de urgência.

É cediço que a adoção de tutela diferenciada converge ao propósito de conferir maior efetividade à prestação jurisdicional, uma vez que se busca aprimorar a técnica processual de modo a aproximá-la das especificidades do direito material a que serve e, assim, realizá-lo com maior precisão. Não se rechaça que a estabilização da tutela antecipada se insere no cenário de formas de tutela diferenciada no processo civil.

Entrementes, é tênue a linha que distingue a tutela diferenciada como instrumento para promoção da efetividade da prestação jurisdicional e, ao revés, como abordagem da técnica como fim em si mesmo, conferindo-se exacerbado sobrelevo ao tecnicismo destituído de propósito.

Por isso, importa investigar se a diferenciação da tutela proposta aflui para o objetivo de realização da efetividade da prestação jurisdicional ou se, ao contrário, este propósito já conta com instrumentos suficientes, constituindo a técnica diferenciada uma proposição despicienda.

Na técnica estabilizatória, a estabilização da tutela antecipada tem azo mediante a inércia da parte sucumbente, que, por não provocar o prosseguimento do feito a fim de que se promova cognição exauriente sobre a lide e, desse modo, se alcance juízo de certeza, permite a manutenção dos efeitos da decisão lastreada em juízo de probabilidade.

Ocorre que o direito positivo em vigor já conta com expediente cujos efeitos assemelham-se aos decorrentes da estabilização da tutela antecipada. Destarte, sendo deferida liminarmente a tutela antecipada e abstendo-se o réu de contestar, abre-se a possibilidade de julgamento antecipado da lide, sobre o qual recai a imutabilidade afeta à coisa julgada material.

A toda evidência, existem distinções entre o julgamento antecipado da lide e a estabilização da tutela antecipada, a destacar-se que a técnica da estabilização prescinde de ulterior decisão para confirmar a tutela antecipada deferida. Logo, ainda que no julgamento antecipado da lide não exista lapso temporal significativo entre a medida de urgência deferida e a decisão que a confirma com habilidade para ensejar a formação da coisa julgada, na técnica da estabilização é a própria decisão concessiva da medida de urgência que transita em julgado em caso de inércia da parte sucumbente.

Observa-se, também, que em caso de julgamento antecipado da lide não se opera, de imediato, o trânsito em julgado, persistindo a faculdade da parte sucumbente de interpor os recursos cabíveis. Diversamente, na técnica da estabilização da tutela antecipada, a decisão de urgência dita estabilizada não pode ser atacada pelas vias de impugnação endoprocessuais, senão apenas por intermédio de nova ação.

Conclui-se, então, que não se confundem precisamente o julgamento antecipado da lide e a estabilização da tutela antecipada. Todavia, em vista da semelhança de seus efeitos, aliada à fundada possibilidade de a técnica da estabilização não constituir expediente significativo para desestímulo à litigância e redução do tempo de duração dos processos, acredita-se, sem ambição de dispor ponto final sobre o debate, que a adoção da técnica da estabilização da tutela antecipada é escusável no contexto das medidas incidentais, subsistindo útil à promoção da efetividade da prestação jurisdicional, no entanto, no que toca às medidas antecedentes, como previu o legislador no Código de Processo Civil de 2015, ao disciplinar a estabilização da tutela antecipada apenas no art. 304, inserido no capítulo da tutela antecipada antecedente.

5. CONCLUSÃO

As espécies de provimentos de urgência hodiernamente contempladas no direito positivo brasileiro e exploradas pela doutrina nacional, quais sejam, a tutela cautelar e a tutela antecipada (ou antecipação de tutela), não são suficientes e tecnicamente adequadas para tutelarem situações em que o risco enseja a probabilidade de completa inviabilização do direito e até seu perecimento, reclamando medida judicial de emergência satisfativa e irreversível.

A indicação do risco como critério para sistematização das tutelas de urgência permite reconhecer, com maior clareza, a necessidade de previsão de terceira espécie a integrar o gênero desses provimentos emergenciais, visto que o risco de grau alto não conta na sistemática atual com medida judicial precisa para sua oposição.

A terceira espécie de tutela de urgência, necessária a completar a sistematização do gênero de provimentos emergenciais e, assim, realizar o direito fundamental à efetividade e à mitigação do risco no processo é a tutela autossatisfativa. Cuida-se de espécie de provimento emergencial que suplanta a lacuna instrumental deixada pela medida cautelar e pela antecipação de tutela, que não configuram provimentos tecnicamente apropriados ao combate ao risco em foco.

A tutela autossatisfativa é a tutela de urgência especificamente voltada ao combate de risco de grau alto sobre o direito material, caracterizando-se pela satisfatividade, exaustividade da tutela específica, juízo elevado de probabilidade, provisoriedade e autonomia procedimental, não comportando a necessidade de ajuizamento de ação principal ou de prolação de ulterior decisão definitiva de mérito, bem como também não possibilitando o prosseguimento da discussão quanto à tutela específica, já esgotada com a concessão do provimento de urgência.

A tutela autossatisfativa não se confunde com a técnica de estabilização da tutela antecipada, atualmente disciplinada no art. 304 do Código de Processo Civil de 2015, porquanto são procedimentos distintos, destinando-se a tutela autossatisfativa ao combate a situações de risco de grau alto ao direito material e a técnica da estabilização, ao seu turno, exatamente porque se refere à tutela antecipada, é direcionada à oposição de risco médio sobre o direito material. Considerando a diversidade de propósitos, não há, portanto, impedimento à coexistência na ordem jurídica pátria de tutela autossatisfativa e da estabilização da tutela antecipada.

18

TUTELA SUMÁRIA NO CÓDIGO DE PROCESSO CIVIL: APONTAMENTOS ACERCA DA ESTABILIZAÇÃO DA TUTELA ANTECIPADA

FERNANDO GONZAGA JAYME
ALEXANDRE RODRIGUES DE SOUSA

Sumário: 1. Introdução: da tutela antecipada à sua estabilização. 2. Estabilização da tutela antecipada no CPC/2015: breve síntese do procedimento. 3. Apontamentos críticos à estabilização da tutela antecipada no novo CPC. 3.1. Incoerência no procedimento: aditamento da inicial prévio à eventual interposição de recurso. 3.2. A estabilização e os direitos indisponíveis. 3.3. Processos contra a Fazenda Pública. 3.4. A tutela antecipatória estabilizada e a formação de coisa julgada. 4. Conclusões.

1. INTRODUÇÃO: DA TUTELA ANTECIPADA À SUA ESTABILIZAÇÃO

Um dos maiores desafios do direito processual contemporâneo é o dilema entre o tempo, imprescindível para assegurar aos jurisdicionados as garantias constitucionais do processo, e a utilidade da realização e efetivação do direito resultante da prestação jurisdicional.

Essa questão manifesta-se na Constituição da República, que garante a inafastabilidade do poder jurisdicional do Estado para a solução dos litígios atuando mediante a obediência ao devido processo legal o qual, por sua vez, deverá também ter uma duração razoável.

Com efeito, a legislação processual civil implementou técnicas que visam à celeridade do procedimento mediante a redução dos denominados "tempos mortos" decorrentes de dilações procedimentais indevidas. Nesse contexto, a modernização legislativa cria um novo olhar dos jusprocessualistas no intuito de edificar fundamentos teóricos que qualifiquem o processo como efetivo instrumento de garantia dos direitos de todos os atores sociais, uma vez que no Estado Democrático de Direito repudia-se a violência, o arbítrio e a ilicitude.

Nessa seara, entre as diversas formas de mitigação dos danos da morosidade processual, a tutela antecipatória representa um mecanismo de extrema eficácia para garantia do resultado efetivo da atividade jurisdicional. Como regra geral aplicável ao processo de conhecimento, a antecipação de tutela foi criada pela Lei 8.952/1994. Naquela ocasião, estabeleceu-se a possibilidade de antecipação dos efeitos da sentença de mérito ao autor que tem direito às agruras da espera pela tutela definitiva, sempre postergável por iniciativas protelatórias da parte contrária. A legislação citada permitia, outrossim, a possibilidade de concessão de tutelas diferenciadas, de natureza antecipatória, diante de pretensões evidentes reconhecidas quando a defesa se apresenta abusiva e à ameaça de dano irreparável ou de difícil reparação ou, então, quando o juiz se depara com parcela incontroversa da demanda.

É preciso destacar que o CPC/2015 aprimorou consideravelmente a sistemática da tutela provisória, diferenciando o gênero da tutela provisória pelas espécies de tutela de urgência e da tutela de evidência. As tutelas de urgência arrimam-se, fundamentalmente, no *periculum in mora*, enquanto as de evidência fundamentam-se no abuso do direito de defesa quando manifesto o intuito procrastinatório do réu, na incontrovérsia jurídica do direito disputado pelas partes em razão de haver precedente firmado em julgamento de recursos repetitivos ou por súmula vinculante, no pedido reipersecutório fundado em prova documental de contrato de depósito e, por fim, no caso prova documental ao qual o réu foi incapaz de gerar dúvida razoável[1].

Oportuno comentar que, ao transformar a existência de parcela incontroversa da demanda na técnica do julgamento antecipado parcial do mérito[2], a nova codificação qualificou-se tecnicamente, na medida em que deste julgamento há formação de coisa julgada material.

Ambas as tutelas provisórias antecipam os efeitos da tutela definitiva, invertendo o ônus do tempo do processo e garantindo à parte o bem da vida que consubstancia a pretensão deduzida em juízo.

Percebe-se que, nas hipóteses de urgência e evidência citadas, a antecipação de tutela se apresenta como técnica de julgamento de cognição sumária no plano vertical[3], antecipando

---

[1] Art. 311 do NCPC.
[2] Art. 356 do NCPC.
[3] Conforme elucida Kazuo Watanabe, a cognição no processo civil deve ser compreendida em dois graus ou níveis: horizontal e vertical. Enquanto aquele se refere à amplitude das matérias a serem conhecidas (p.e. questões processuais, condições da ação e mérito), a cognição no plano vertical consiste na sua profundidade, materializando-se nas oportunidades de discussão pelas partes da questão, bem como instrução probatória. Enquanto a cognição no plano horizontal pode ser plena ou limitada, a cognição no plano vertical diz respeito a uma das questões e pode ser sumária (como nas decisões liminares) ou exauriente (sentença, p.e.) (WATANABE, Kazuo. *Da cognição no processo civil*. 2. ed. Campinas: Bookseller, 2000).

os efeitos da sentença a ser proferida, em garantia da própria utilidade da tutela jurisdicional, uma vez que a conjuntura fática e jurídica dispensa o autor de aguardar a cognição exauriente em toda a sua extensão e profundidade.

Por ser imbuída de juízos de probabilidade e verossimilhança, o Código revogado determinava que a antecipação só criaria um conteúdo decisório de natureza provisória. Os efeitos da antecipação de tutela se protraíam, com definitividade no tempo, apenas se confirmada na sentença. Pode-se afirmar, portanto, que a antecipação de tutela se caracterizava pela provisoriedade e instrumentalidade, uma vez que passível de revogação e, obviamente, não formava coisa julgada material.

Significa dizer, assim, que o estado da arte no direito processual brasileiro sempre pugnou pela segurança jurídica. A provisoriedade da decisão que antecipava os efeitos da tutela não prescindia de uma cognição posterior, exauriente, definitiva, conclusiva da atividade jurisdicional, que a confirmaria e lhe outorgaria autoridade de coisa julgada material. Só então, a tutela antecipada caracterizar-se-ia pela irretratabilidade, indiscutibilidade e imutabilidade[4], atributos da coisa julgada.

Não anteviu o sistema, entretanto, que diversas decisões antecipatórias, de natureza satisfativa e exauriente, prolatadas em cognição sumária, teriam aptidão para dirimir o conflito de maneira definitiva e satisfazer as pretensões da parte em juízo. Nestes casos, condicionar a definitividade da decisão sumária ao procedimento ordinário acabava por compelir os jurisdicionados a perpassarem, inutilmente, por todo o rito de cognição exauriente, a despeito da falta de real interesse das partes, congestionando ainda mais o Judiciário brasileiro mediante o processamento de um litígio inexistente.

Esse e outros problemas decorrentes da velha ordem normativa motivaram a inserção[5] no CPC/2015 da estabilização da tutela antecipada de urgência requerida em caráter

---

[4] "Noutras palavras, as cautelares e antecipação de tutela, decisões judiciais editadas com base em cognição sumária, superficial, dos fatos, são eficazes para tutelar os direitos materiais litigiosos, mas não têm vida ou luz própria, porque não têm força para existir independentemente do processo principal. Ao contrário, dependem sempre, no direito brasileiro hoje vigente, da conformação ou incorporação em futura decisão de cognição plena" (THEODORO JR., Humberto; ANDRADE, Érico. A Autonomização e a estabilização da tutela de urgência no projeto do CPC. *Revista de Processo*, n. 206, abr. 2012, p. 17).

[5] Destaque-se que não é a primeira tentativa de introdução da estabilização da tutela antecipada ao ordenamento jurídico brasileiro. O Projeto de Lei 185/2005, desenvolvido pelos juristas Ada Pellegrini Grinover, Kazuo Watanabe, José Roberto dos Santos Bedaque e Luiz Guilherme Marinoni tinha como objeto a introdução da estabilização no CPC/73, mediante a inclusão dos arts. 273-A, 273-B e 273-C. Os dispositivos previam a possibilidade de demanda da tutela antecipatória antecedente ou durante o processo de cognição exauriente. Concedida a medida, caberia à parte contrária apresentar demanda objetivando a sentença de mérito, no prazo de sessenta dias no caso de tutela antecedente ou trinta dias em se tratando de tutela incidental. Conquanto tenha sido arquivado, o Projeto inaugurou a discussão no plano legislativo sobre a estabilização da tutela antecipada e a existência de ações sumárias no ordenamento brasileiro. Foi, ainda, inspiração para as disposições normativas apresentadas no Código de Processo Civil em vigor, embora existam diferenças entre os dois projetos.

antecedente[6]. A legislação passa a admitir que uma decisão provisória, fundada em cognição sumária, gere efeitos definitivos aparentemente equivalentes ao da cognição exauriente, solucionando materialmente o conflito caso não haja insurgência contra a decisão pela parte contrária por meio impugnativo adequado[7].

Em conclusão, pode-se afirmar que o sistema processual possui um novo instrumento em prol da solução célere dos litígios, desapegado do dogma da coisa julgada e voltado à solução de ilicitudes cognoscíveis sumariamente pelo julgador. No entanto, os contornos legais da estabilização, em uma interpretação literal, apresentam incongruências procedimentais e processuais que devem ser assinaladas e dirimidas. Essas contradições, na medida em que obstam a concatenação da tutela sumária com outros institutos processuais, podem vir a obstruir sua efetiva utilização como procedimento autônomo de solução de controvérsias. Assim, ressalta-se a importância desse trabalho que objetiva, por meio de uma interpretação sistemática, auxiliar na formação de unidade e coerência ao sistema de tutela provisória.

2. ESTABILIZAÇÃO DA TUTELA ANTECIPADA NO CPC/2015: BREVE SÍNTESE DO PROCEDIMENTO

A tutela antecipada concedida *inaudita altera pars* somente deve ser concedida quando o autor demonstrar a existência de risco de o réu frustrar o cumprimento da medida liminar ou houver uma situação emergencial. Excetuadas essas hipóteses, deve-se assegurar o contraditório prévio, conforme preconizado no art. 9º do CPC/2015, haja vista a excepcionalidade do contraditório diferido.

O parágrafo único do art. 9º, que dispensa o contraditório prévio para concessão de tutelas de urgência ou de evidência, não é cogente. Entendimento diverso seria um despautério. Esse dispositivo admite excepcionar o contraditório prévio nessas situações, mas, para preservar a higidez do sistema processual democrático, o juiz somente se valerá da excepcionalidade quando o diferimento do contraditório for imprescindível para a utilidade do provimento.

A estabilização da tutela antecipada, disciplinada nos arts. 303 e 304 do CPC/2015, é uma possibilidade que se apresenta no procedimento da tutela antecipada de urgência requerida antecedentemente à propositura da demanda principal.

Admite-se, com fundamentos nos referidos dispositivos, postular a tutela de urgência mediante requerimento de tutela antecipada desde que demonstre a probabilidade do direito e o perigo de dano ou o risco ao resultado útil do processo. Além disso, a petição conterá o pedido de tutela definitiva, indicará a lide a ser proposta e individualizará o direito pretendido.

Negada a tutela de urgência, o autor deverá emendar a petição inicial no prazo de até cinco dias. A inobservância do prazo de emenda implicará a extinção do processo. Emendada a petição, o processo seguirá pelo rito comum, com a citação do réu para a audiência de conciliação.

---

[6] Art. 303 e seguintes da Lei 13.105, de 16 de março de 2015 (NCPC).
[7] Art, 304 NCPC.

Concedida a tutela de urgência, o réu, para evitar a estabilização da decisão, deverá, a princípio, recorrer mediante interposição de agravo de instrumento[8]. Esse ponto merece uma breve ressalva: embora o art. 304 do Código indique apresente a expressão "respectivo recurso" como forma de impugnação da decisão, não há até o momento consenso na doutrina sobre a interpretação das formas admissíveis de impedir a estabilização da tutela. Enquanto Dierle Nunes e Érico Andrade entendem que a interpretação da lei deve ser restritiva, de modo a abarcar apenas o manejo do agravo de instrumento[9], perspectiva mais ampliativa ao termo é indicada por Heitor Victor Mendonça, de modo a inserir também a suspensão de decisão liminar contrária ao Poder Público e a reclamação[10]. Por fim, há interpretação ainda mais ampliativa ao dispositivo (e, por consequência, mais restritivo à possibilidade de estabilização), no sentido de que qualquer meio de impugnação à decisão pela parte contrária é apto a evitar a estabilização[11]. A questão, portanto, ainda é incerta e depende de maior vivência prática para que se verifique a ressonância jurisprudencial de cada uma das teses.

Interposto o recurso pelo réu – ou manifestando-se contrariamente à decisão –, o procedimento seguirá o trâmite do procedimento comum, com discussão da tutela antecipada no segundo grau de jurisdição, sendo o autor intimado para aditamento da inicial no prazo de quinze dias, completando-a com a confirmação do pedido final e causa de pedir, bem como outros documentos pertinentes. Sobre a matéria, a Escola Judicial do Tribunal de Justiça de Minas Gerais manifestou-se que "[o] autor do requerimento de tutela antecipada antecedente concedida só estará obrigado a aditar a petição inicial se houver a interposição de recurso"[12].

Preciso, outrossim, é o Enunciado 28 elaborado pela Escola Nacional de Formação e Aperfeiçoamento de Magistrados (ENFAM). Esse enunciado elucida que o impedimento

---

[8] Recurso cabível nos termos do art. 1.015, I.

[9] Nesse sentido ANDRADE, Érico; NUNES, Dierle. Os contornos da estabilização da tutela provisória de urgência antecipatória no novo CPC e o "mistério" da ausência de formação de coisa julgada. In: FREIRE, Alexandre; BARROS, Lucas Buril de Macedo; PEIXOTO, Ravi. *Coletânea novo CPC*: doutrina selecionada. Salvador: JusPodivm, 2015. p. 61 e ss.

[10] "Há que se considerar ainda a necessidade de interpretação sistemática e extensiva do art. 304, de modo a considerar que não apenas o manejo de recurso propriamente dito (cujas modalidades são arroladas pelo art. 994) impediria a estabilização, mas igualmente de outros meios de impugnação às decisões judiciais (em especial a suspensão de decisão contrária ao Poder Público e entes congêneres e a reclamação)" (SILVA, Heitor Victor Mendonça. *Doze problemas e onze soluções quanto à chamada "estabilização da tutela antecipada"*. Disponível em: <http://bdjur.stj.jus.br/jspui/bitstream/2011/96668/doze_problemas_onze_sica.pdf>. Acesso em: 3 set. 2016.

[11] Nesse sentido afirma Daniel Mitidiero, segundo o qual essa interpretação tem a vantagem de "economizar o recurso do agravo e emprestar a devida relevância à manifestação de vontade constante da contestação ou do intento de comparecimento à audiência" (MITIDIERO, Daniel. *Novo curso de processo civil*. 2. ed. São Paulo: RT, 2015. vol. 2, p. 216).

[12] Enunciado 19 (arts. 303, § 1º, e 304). Disponível em: <http://ejef.tjmg.jus.br/enunciados-sobre-o-codigo-de-processo-civil2015/>. Acesso em: 30 ago. 2016.

da estabilização depende apenas da interposição do recurso, e não de seu provimento[13]. Com efeito, o desinteresse do réu que deixa de impugnar a decisão antecipatória implica seu desinteresse em resistir ao cumprimento da demanda de forma definitiva, tornando, então, desnecessário perpassar por todo o procedimento comum. Não se depreende a mesma lógica quando o réu não obtém êxito no agravo de instrumento, visto que a impugnação da decisão é suficiente para legitimar o interesse de resistir, mediante a discussão do mérito da demanda na primeira instância. Até mesmo porque a discussão do mérito recursal ainda está sumarizada e entremeada de circunstâncias de urgência, que podem não ser determinantes para o acertamento definitivo da controvérsia.

Caso o réu não se insurja, por outro lado, a decisão se "estabilizará", conservando seus efeitos e regulando a crise de direito material para além do processo, que será extinto. A inércia do réu possibilita a resolução do conflito sem que se profira uma sentença resolvendo o mérito. Mas existiu, em última análise, uma resposta jurisdicional à lide, proferida de maneira extremamente célere e, pelo que se infere, satisfatória para ambas as partes, haja vista a inércia do réu[14].

Quanto ao cômputo das despesas processuais caso operada a estabilização, acertado o entendimento da ENFAM de que o réu ficará será isento do pagamento das custas e arcará com honorários fixados em cinco por cento do valor da causa[15]. Esse entendimento advém de uma interpretação sistemática, invocando-se, subsidiariamente, a disciplina de situação assemelhada na ação monitória, conforme disposto no art. 701 do Código, que apresenta essa distribuição mais benéfica ao requerido em ação monitória caso não apresente embargos monitórios. Considerando que a estabilização funciona mediante aplicação do princípio monitório, justo é conceder os mesmos benefícios da ação monitória ao procedimento em tela[16].

A estabilização da decisão que concede a tutela de urgência em caráter antecedente não faz coisa julgada material. Poderá, todavia, ter efeitos definitivos se as partes contra ela não se insurgirem no prazo de até dois anos contados da ciência da decisão que extinguiu o processo. Enquanto não transcorrido o biênio, qualquer das partes poderá, por ação

---

[13] Enunciado 28: "Admitido o recurso interposto na forma do art. 304 do CPC/2015, converte-se o rito antecedente em principal para apreciação definitiva do mérito da causa, independentemente do provimento ou não do referido recurso". Disponível em: <http://www.enfam.jus.br/wp-content/uploads/2015/09/ENUNCIADOS-VERS%C3%83O-DEFINITIVA-.pdf>. Acesso em: 3 set. 2016.

[14] Como apontam Theodoro Jr. e Andrade: "Se as partes ficam satisfeitas com a decisão antecipatória, baseada em cognição sumária, sem força de coisa julgada, mas com potencial para resolver a crise de direito material, não se mostra conveniente obriga-las a prosseguir no processo, para obter decisão de cognição plena" (THEODORO JR., Humberto; ANDRADE, Érico. A autonomização e a estabilização da tutela de urgência no projeto do CPC. *Revista de Processo*, n. 206, abr. 2012, p. 41).

[15] Enunciado 18: Na estabilização da tutela antecipada, o réu ficará isento do pagamento das custas e os honorários deverão ser fixados no percentual de 5% sobre o valor da causa (art. 304, *caput*, c/c o art. 701, *caput*, do CPC/2015). Disponível em: <http://www.enfam.jus.br/wp-content/uploads/2015/09/ENUNCIADOS-VERS%C3%83O-DEFINITIVA-.pdf>. Acesso em: 3 set. 2016.

[16] No mesmo sentido já se manifestou Heitor Vitor Mendonça Silva (*Doze problemas e onze soluções quanto à chamada "estabilização da tutela antecipada"*. Disponível em: <http://bdjur.stj.jus.br/jspui/bitstream/2011/96668/doze_problemas_onze_sica.pdf>. Acesso em: 3 set. 2016).

autônoma sob o rito comum, pleitear a revisão, reforma ou invalidação da tutela antecipada concedida antecedentemente.

A ação de revisão, reforma ou invalidação da decisão estabilizada, como qualquer outra ação de procedimento comum, poderá incluir pedido de antecipação dos efeitos tutela – no caso específico os efeitos da revisão pretendida –, o que decorre sobretudo da possibilidade de reforma a qualquer tempo da decisão proferida em tese de tutela provisória, conforme o art. 296, parágrafo único, do Código. Para tal, por óbvio, é necessário demonstrar a existência de outros elementos que ilidam os fundamentos da decisão anterior e justifiquem a retirada dos efeitos da decisão estabilizada[17].

Por fim, é preciso chamar a atenção ao Enunciado 16 elaborado pela Escola Judicial do Tribunal de Justiça de Minas Gerais, de seguinte teor: "a tutela provisória, por não ser exauriente, poderá ser fundamentada de forma sucinta"[18]. Ora, estando ou não fundada em cognição sumária, a decisão judicial deve atender aos deveres de fundamentação adequada e congruente, notadamente aqueles inseridos no rol do artigo 489, § 1º, do Código. Sob este raciocínio, ainda que se trate de tutela provisória em cognição sumária, o juiz, tem, obrigatoriamente, de fundamentar adequadamente a decisão com a exposição dos motivos determinantes que o levaram à concessão da tutela. A tutela provisória não exonera o juiz do dever de fundamentação, incumbindo-lhe expor os critérios de probabilidade do direito e risco de dano consoante uma aplicação concreta dos enunciados legais que estejam envolvidos (inciso I do dispositivo citado), bem como evitar a apresentação de conceitos jurídicos indeterminados ou que justificariam qualquer decisão (incisos II e III).

É preciso afastar a ideia de que é a extensão que confere fundamentação adequada e congruentemente às decisões judiciais. Colhem-se incontáveis exemplos na jurisprudência de decisões concisas e devidamente fundamentadas. Portanto, decisão sucinta, conforme consta do enunciado não deve ser interpretado pela dimensão do texto da decisão, nem uma indevida concessão, por inconstitucional, do dever de fundamentação. Sucinta será, tão somente, a profundidade vertical no exame das questões fáticas postuladas na ação, visto se tratar ainda de uma tutela provisória. Nos limites desta cognição, ainda caberá ao julgador cumprir com o dever de fundamentação constitucionalmente estabelecido como fundamento de legitimidade do ato emanado do Poder Judiciário – e que dão concretude à garantia constitucional do devido processo legal[19].

Expostos os contornos do procedimento, reitera-se que a estabilização da tutela tem como fundamento a técnica monitória, na medida em que concede a estabilidade à decisão

---

[17] ENFAM em seu Enunciado 26: "Caso a demanda destinada a rever, reformar ou invalidar a tutela antecipada estabilizada seja ajuizada tempestivamente, poderá ser deferida em caráter liminar a antecipação dos efeitos da revisão, reforma ou invalidação pretendida, na forma do art. 296, parágrafo único, do CPC/2015, desde que demonstrada a existência de outros elementos que ilidam os fundamentos da decisão anterior". Disponível em: <http://www.enfam.jus.br/wp-content/uploads/2015/09/ENUNCIADOS-VERS%C3%83O-DEFINITIVA-.pdf>. Acesso em: 3 set. 2016.

[18] Disponível em: <http://ejef.tjmg.jus.br/enunciados-sobre-o-codigo-de-processo-civil2015/>. Acesso em: 30 ago. 2016.

[19] Art. 93, IX, da CR/88.

sob cognição sumária em razão da contumácia[20]. Uma vez estabilizada a decisão, recairá sobre o réu o ônus de reagir e provocar a cognição exauriente, sob pena de a decisão antecipatória regular o conflito permanentemente. Trata-se de verdadeira tutela sumária, na medida em que a decisão fundada em cognição não exauriente se torna capaz de resolver, por si só, a crise de direito material postulada em juízo[21].

Em termos de procedimento e abrangência, entretanto, o procedimento da estabilização estabelecida no CPC/2015 restringe-se a uma casuística muito limitada. Somente incide nas hipóteses de tutela antecipada de urgência de natureza satisfativa antecedente, isto é, aquelas em que antes do ajuizamento da demanda exauriente se possa obter uma resposta jurisdicional sumária apta a dirimir o conflito em toda a sua completude e, se após a concessão da medida antecipatória o réu permanecer inerte.

Além disso, a disciplina legal do instituto mostra-se bastante confusa, para não dizer ininteligível. Os arts. 303 e 304 do CPC/2015, que disciplinam a matéria, apresentam incongruências de ordem processual e procedimental que, caso mal interpretadas pela comunidade jurídica, poderão anular toda a praticidade, simplificação e celeridade que a estabilização da tutela visou a implementar no sistema processual brasileiro.

3. APONTAMENTOS CRÍTICOS À ESTABILIZAÇÃO DA TUTELA ANTECIPADA NO NOVO CPC

3.1. Incoerência no procedimento: aditamento da inicial prévio à eventual interposição de recurso

O primeiro ponto a ser destacado diz respeito à coerência do procedimento.

A conservação dos efeitos da estabilização depende de o réu não impugnar a decisão por recurso. O réu, para impedir a estabilização da tutela e proporcionar o prosseguimento do feito em direção à obtenção de tutela exauriente deverá interpor o recurso de agravo de instrumento ou utilizar-se de outro meio de impugnação apto à desconstituição da tutela sumária, consoante as interpretações já apresentadas neste estudo.

Acontece que, concomitantemente ao prazo recursal do réu, para o autor também flui o prazo para aditar a petição inicial, mediante a apresentação dos elementos de que estava

---

[20] TALAMINI, Eduardo. Tutela de urgência no projeto de Novo Código de Processo Civil: a estabilização da medida urgente e a "monitorização" do processo civil brasileiro. *Revista de Processo*, n. 209, jul. 2012, p. 24.

[21] THEODORO JR., Humberto; ANDRADE, Érico: "Do exame destes dispositivos do Anteprojeto percebe-se que foi acolhida a ideia genericamente denominada de tutela sumária, em que se admite que a decisão de cognição sumária, que contém a antecipação da tutela, tenha força para resolver a crise de direito material por si só, independentemente do desenvolvimento do pedido principal ou da ação principal em sede de processo de conhecimento de cognição plena" (THEODORO JR., Humberto; ANDRADE, Érico. A autonomização e a estabilização da tutela de urgência no projeto do CPC. *Revista de Processo*, n. 206, abr. 2012, p. 41).

dispensado para pleitear a tutela provisória: o fato e os fundamentos jurídicos do pedido que devem ser certos e conter todas as suas especificações, a indicação das provas de que pretende se valer para comprovar os fatos alegados e o valor da causa. Destaque-se que a audiência de conciliação não será designada apenas em caso de manifestação contrária, de modo que prescindível a manifestação do autor sobre a questão se a ela for favorável.

Para tal, necessário que o Autor faça um aditamento à inicial, apresentando o pedido final, uma vez que sua postulação primeira era antecedente, vinculada estritamente à urgência da tutela requerida. Esta emenda deverá ser apresentada em quinze dias (ou em prazo maior concedido pelo juiz), contados da intimação da decisão concessiva da tutela antecipada[22].

Ocorre que, ao fim do prazo processual da parte autora, é muito difícil que já se tenha realizado a citação da parte ré, quanto menos iniciada a contagem do prazo recursal para se confirmar a estabilização da tutela, de modo que a emenda à inicial pelo autor será, muitas vezes, um ato inócuo, visto que na sua apresentação ainda não se sabe se houve ou não a interposição de recurso pelo réu.

Em outras palavras, na interpretação literal da lei ao autor caberá sempre a apresentação de aditamento à inicial, uma vez que ao fim de seu prazo certamente não se terá sequer o início da contagem de prazo recursal para o réu. Como a consequência para o não aditamento, caso interposto o recurso, é a extinção do processo (art. 303, § 2º), o autor sempre terá de emendar a petição. Surge daí uma contradição, haja vista que o autor tem interesse na estabilização da tutela, não é razoável que pelo simples fato de desincumbir-se do ônus processual de emendar a petição decorra a instauração do processo de cognição plena. A pretensão que o autor deduz em juízo é de direito material, que poderá estar plenamente satisfeita face a contumácia. Assim, para não transformar o instituto da estabilização de tutela em letra morta, imprescindível uma interpretação que confira à norma sentido razoável e útil[23].

De lege ferenda, uma proposta razoável para corrigir a incongruência é a de postergar o termo inicial para o autor aditar a inicial para momento posterior ao prazo que o réu teria para comunicar a interposição de agravo de instrumento no juízo *a quo*[24]. Enquanto não se promove a alteração legislativa, o juiz deve aplicar a parte final do art. 303, § 1º, inc. I, e fixar o prazo para a emenda da petição suficiente para se aferir se o réu se desincumbiu do ônus de recorrer da decisão concessiva da tutela antecipatória antecedente. Esse entendimento harmoniza-se com o Enunciado 19 da Escola Judicial do TJMG: "O autor do requerimento de tutela antecipada antecedente concedida só estará obrigado a aditar a petição inicial se houver a interposição de recurso"[25].

---

[22] CPC/2015, art. 303, § 1º, I.

[23] Nesse sentido, cf. MACHADO, Marcelo Pacheco. *Novo CPC, tutela antecipada e os três pecados capitais*. Disponível em: <http://jota.info/novo-cpc-tutela-antecipada-e-os-tres-pecados-capitais>. Acesso em: 14 dez. 2015.

[24] O art. 1.018, §§ 2º e 3º, do NCPC faz as vezes do disposto no art. 526 do CPC/73, que determinava a comunicação de agravo de instrumento na instância de origem, sob pena de inadmissibilidade da espécie recursal.

[25] Cf. nota de rodapé 10, *supra*.

3.2. A estabilização e os direitos indisponíveis

A omissão do legislador em relação à definição dos limites da estabilização da tutela relativa a direitos indisponíveis transferiu a responsabilidade para os jurisconsultos estabelecerem as balizas do instituto.

Eduardo Talamini, fundamentando-se nas lições de Calamandrei, afirma existir uma íntima relação entre o procedimento monitório e o princípio da disponibilidade[26]. Significa afirmar que a conservação dos efeitos da decisão antecipatória, fundada em cognição sumária, pressupõe o desinteresse de o réu utilizar os meios de defesa disponíveis, concordando tacitamente com a tutela jurisdicional a ele imposta. Nesta ordem de ideias, nos casos em que não há disponibilidade dos meios de defesa ou de concessão de direitos, plausível concluir pela inaplicabilidade dos efeitos da estabilização da tutela antecipada.

Tome-se como exemplo uma ação revisional de alimentos, no qual é concedida tutela antecipada para redução do valor da pensão. Por mais que existam probabilidade e urgência que justifiquem a redução em sede de tutela antecipada (grande diminuição da receita do alimentante e risco iminente de não poder arcar com os próprios gastos, por exemplo), recomenda-se não se aplicar a estabilização em razão da inércia do alimentando. Ainda que se trate de uma consequência de ordem processual, sua aplicação ao caso implicaria inequívoca disposição e renúncia parcial do direito a alimentos, indo de encontro à inteligência do art. 1.707 do Código Civil.

Parece ir no mesmo sentido a conclusão da Escola Judicial do TJMG ao aprovar o Enunciado 22 (art. 304): "réu absolutamente incapaz não se submete ao regime de estabilização da tutela antecipada"[27]. Interpretando-se todos os enunciados em seu conjunto, nota-se, entretanto, que o impedimento de aplicação dos direitos indisponíveis nesta hipótese se funda mais ao estado da parte (absolutamente incapaz) do que na natureza indisponível dos direitos em questão. Isso porque, no que toca às causas em que figurar a Fazenda Pública, o TJMG entendeu ser aplicável o regime da estabilização, não obstante o entendimento acerca da indisponibilidade dos seus direitos.

Quanto a este ponto, conquanto mereça relevância a limitação apresentada aos direitos de natureza indisponível, faz-se necessário aguardar a resposta do instituto pela jurisprudência para confirmar a possível ofensa da estabilização ao princípio da indisponibilidade. A apreciação, caso a caso, assegurará avaliação com maior parcimônia, sobretudo porque, ao fim e ao cabo, a decisão fundada em cognição sumária pode ser revista por nova ação, nos termos do já citado art. 304, § 2º. Nesse sentido, afigura-nos mais adequada a interpretação do direito indisponível consoante o contexto a ele relacionado, como no caso dos direitos indisponíveis da parte absolutamente incapaz, como entendeu a Escola Judicial do TJMG em seus enunciados.

---

[26] CALAMANDREI, Piero. *El procedimiento monitório*. Trad. S. Sentís Melendo. Buenos Aires: Bib. Argentina, 1946, p. 25 apud TALAMINI, Eduardo. Tutela de urgência no projeto de Novo Código de Processo Civil: a estabilização da medida urgente e a "monitorização" do processo civil brasileiro. *Revista de Processo*, n. 209, jul. 2012, p. 27.

[27] Cf. nota 23, *supra*.

Seguindo o raciocínio, pode-se afirmar que nem sempre se verifica uma renúncia peremptória ao direito indisponível em razão da estabilização. Tem-se somente as consequências processuais da renúncia aos mecanismos imediatos de contraditório e ampla defesa, consequências cuja previsão legal possui raiz constitucional na efetividade e na celeridade da atividade jurisdicional, garantias fundamentais que interagem junto às do contraditório e da ampla defesa.

3.3. Processos contra a Fazenda Pública

Questionamentos teóricos apresentam-se acerca da aplicação do mecanismo de estabilização em ações movidas em face da Fazenda Pública, haja vista as prerrogativas processuais e materiais a ela atribuídas dentro do ordenamento jurídico brasileiro.

Partindo-se da premissa de que a estabilização consiste num instrumento similar à técnica de natureza monitória, parece fazer sentido, numa primeira análise, reconhecer a dificuldade de aplicação da estabilização pelos mesmos motivos que motivaram a discussão acerca da aplicação da ação monitória contra a Fazenda Pública[28].

Além do já citado princípio da indisponibilidade, antagonizando com a possibilidade de estabilização da tutela, sustentam-se da seguinte forma alguns argumentos contrários à sua incidência em demandas envolvendo a Fazenda Pública: se no processo de conhecimento não se impõem os efeitos materiais e processuais da revelia à Fazenda Pública[29] e não se admite a confissão, não há que se admitir a formação de consequência mais gravosa à sua omissão processual, tal como a formação de um título executivo (ação monitória)[30], ou, sob o mesmo raciocínio, a estabilização da tutela antecipatória contra ela concedida[31].

Quanto às decisões que impõem pagamento de quantia certa, outro elemento contrário à estabilização consiste na execução contra a Fazenda Pública, que por força constitucional não prescinde da formação de coisa julgada para expedição de precatório, nos termos do art. 100, § 5º, reiterada no plano infraconstitucional pelo art. 2º-B da Lei Federal 9.494, de 10 de setembro de 1997.

---

[28] A questão foi dirimida pela Súmula 339/STJ: "É cabível ação monitória contra a Fazenda Pública".

[29] Destaque-se entendimento jurisprudencial que restringe a aplicação do princípio da indisponibilidade à Fazenda Pública apenas quando se tratar de lide relativa ao interesse público primário. Tratando-se de obrigações tipicamente privadas, a indisponibilidade não se aplica. Cf. REsp 1.084.745/MG, Rel. Min. Luis Felipe Salomão, Quarta Turma, j. 06.11.2012, DJe 30.11.2012.

[30] TALAMINI, Eduardo. A (in)disponibilidade do interesse público: consequências processuais (composições em juízo, prerrogativas processuais, arbitragem e ação monitória). *Revista de Processo*, n. 128, out. 2005.

[31] "Aliás, faltou ao novo Código de Processo Civil antever esse debate e dele se precaver com previsão expressa a respeito, cuidado que limitou-se a tomar nas situações do capítulo acerca da tutela antecipada contra a Fazenda Pública, que silenciou esse aspecto (art. 1.059)" (CIANCI, Mirna. A estabilização da tutela antecipada como forma de desaceleração do processo (uma análise crítica). *Revista de Processo*, n. 247, set. 2015).

Entretanto, as teses obstativas à incidência da estabilização da tutela nas demandas contra a Fazenda Pública não prevalecem. Em resposta aos autores mais restritivos à extensão dos efeitos da estabilização, a Escola Judicial do Tribunal de Justiça de Minas Gerais editou o Enunciado 21: "A Fazenda Pública se submete ao regime de estabilização da tutela antecipada, por não se tratar de cognição exauriente sujeita a remessa necessária".

Note-se que, diferentemente da situação que envolva direito do absolutamente incapaz, o Tribunal entende que a estabilização tem total aplicabilidade à Fazenda Pública[32] – limitada, por óbvio, aos casos de pagamento, tendo em vista os impedimentos constitucionais e legais já citados.

A ausência de cognição exauriente também não representou óbice para que o Tribunal entenda desnecessária a remessa necessária – o que também parece mais adequado aos contornos de celeridade e provisoriedade que circundam o regime da estabilização[33].

Assim, a despeito de posicionamentos contrários, é possível encontrar na jurisprudência fundamentos capazes de conciliar o regime da estabilização aos limites e prerrogativas estatuídas em prol da Fazenda Pública em juízo. No intuito de reconhecer uma "sentença" no procedimento da estabilização, Weber Luiz Oliveira assevera ser necessário diferenciar dois atos decisórios decorrentes da estabilização: primeiro a decisão interlocutória em si, que defere a antecipação de tutela e que, caso não impugnada, implicará a estabilização dos seus efeitos e, como consequência da falta de impugnação, a decisão que, em virtude da estabilização, extingue o processo[34]. A interpretação tem como fulcro o § 5º do art. 305, que indica a extinção do processo em razão da estabilização como fruto de um ato decisório[35]. Nesta ordem de ideias, há sentença de extinção do processo que produz seus efeitos e regula a crise de direito material por tempo indeterminado[36], sentença essa, passível de ser objeto de reexame necessário.

---

[32] TJMG, Apelação Cível 1.0348.16.000489-4/001, Rel. Des. Heloisa Combat, *DJe* 08.11.2016.

[33] Ibid.

[34] "É dizer, a estabilização da tutela antecipada decorre de uma primeira decisão (interlocutória e de mérito), que, pela disciplina do Código de Processo Civil de 2015, não transita em julgado; já o pronunciamento judicial oriundo da extinção do processo em face da não interposição do recurso é uma decisão de mérito (sentença), regida, como qualquer outra sentença ou decisão de mérito, pelas disposições da legislação processual civil, dentre elas, ser passível de ser alcançada pela coisa julgada, de acordo com o art. 502 do CPC/2015 e de se submeter à remessa necessária" (OLIVEIRA, Weber Luiz. Remessa necessária, julgamento antecipado parcial do mérito e estabilização da tutela antecipada – reflexões iniciais para execução contra a Fazenda Pública diante do Código de Processo Civil de 2015. *Revista Magister de Direito Civil e Processual Civil*, v. 66, p. 54-66, 2015.

[35] "§ 5º O direito de rever, reformar ou invalidar a tutela antecipada, previsto no § 2º deste artigo, extingue-se após 2 (dois) anos, contados da ciência da decisão que extinguiu o processo, nos termos do § 1º".

[36] "Portanto, na estabilização da tutela antecipada há também remessa necessária, não da própria decisão estabilizada, mas, sim, da sentença que extinguiu o processo em razão da não interposição do recurso. Neste caso, eventual cumprimento de sentença terá natureza provisória e, portanto, não poderá ser manejada, pois depende ainda o julgamento da remessa" (OLIVEIRA, Weber Luiz.

A despeito de louvável o esforço hermenêutico do autor, a tese alvitrada não encontra respaldo na legislação processual. A sentença que extingue o processo em razão da estabilização da tutela não pode ser equiparada à sentença de mérito. O art. 487 do CPC enumera taxativamente as hipóteses de resolução de mérito, não incluída dentre elas a sentença que extingue o processo em razão da estabilização da tutela. Conclui-se, portanto, tratar-se de sentença terminativa nos termos do art. 485, X. Além disso, ainda que a reconheça como sentença de mérito, desfavorável à Fazenda Pública, ela somente estaria sujeita ao reexame necessário caso enquadrada nas hipóteses do art. 496, §§ 3º e 4º, do CPC.

O risco à segurança jurídica envolvendo entes públicos é mínima em virtude de um estatuto jurídico específico da Fazenda Pública em juízo que resguarda seus interesses, tais como as garantias processuais (prazo em dobro[37], ausência de pagamento de preparo[38]) e sempre representados por procuradorias munidas de profissionais de alta qualificação e sujeitos a rigoroso sistema de controle.

Com efeito, observa-se que a melhor exegese do instituto é a exteriorizada pelo TJMG. Reconhecendo a similaridade entre a estabilização da tutela e a tutela monitória, dúvidas não há quanto a possibilidade de incidir a estabilização da tutela em relação à Fazenda Pública, dispensada a remessa necessária e admitindo-se a executoriedade da decisão antecipatória.

O STJ, por ocasião da edição da Súmula 339, cujo enunciado admite ação monitória contra a Fazenda Pública, nos precedentes que levaram à construção do enunciado deixou consignado que o procedimento monitório admite cognição plena, se ofertados embargos pela Fazenda Pública. No caso de inércia, forma-se o título executivo judicial, dando ensejo à Execução de Título Judicial contra a Fazenda Pública, conferindo-lhe, nova oportunidade para se defender mediante embargos à execução. De modo que o duplo grau de jurisdição, a imperiosidade do precatório, a impenhorabilidade dos bens públicos, a inexistência de confissão ficta, a indisponibilidade do direito e a não incidência dos efeitos da revelia estão preservados[39]. Assim, pela similaridade dos institutos da estabilização da tutela e do procedimento monitório, percucientemente identificada por Eduardo Talamini, reconhece-se que os mesmos fundamentos jurisprudenciais aplicáveis à tutela monitória podem ser replicados em relação à estabilização da tutela[40].

Essa interpretação é a que melhor se harmoniza com a teleologia do CPC/2015: simplicidade procedimental, celeridade e efetividade. Com efeito, refutam-se as teorias construídas em desfavor da estabilização da tutela nas demandas em face da Fazenda Pública. Na esteira do entendimento esposado pelo TJMG, deve-se entender que a decisão estabilizada é uma decisão

---

Remessa necessária, julgamento antecipado parcial do mérito e estabilização da tutela antecipada – reflexões iniciais para execução contra a Fazenda Pública diante do Código de Processo Civil de 2015. *Revista Magister de Direito Civil e Processual Civil*, v. 66, p. 54-66, 2015).

[37] CPC/2015, art. 183.
[38] CPC/2015, art. 1.007, § 1º.
[39] STJ, REsp 434.571/SP, Rel. para acórdão Min. Luiz Fux, *DJ* 20.03.2006.
[40] TALAMINI, Eduardo. Tutela de urgência no projeto de Novo Código de Processo Civil: a estabilização da medida urgente e a "monitorização" do processo civil brasileiro. *Revista de Processo*, n. 209, jul. 2012, p. 26.

de cognição sumária, cuja existência promove a rapidez e a simplificação do procedimento com o fito de atender ao jurisdicionado. Mais que isso, os efeitos da estabilização têm lugar apenas em virtude da inércia da Fazenda Pública, que deixa de impugnar a decisão concessiva da antecipação de tutela, o que, permite inferir sua concordância com o que foi decidido.

Ademais, vale reiterar a possibilidade de reforma da decisão estabilizada por ação própria, nos termos do já citado § 5º do art. 304, faculdade plenamente possível para qualquer entidade pública que se sentir prejudicado pela estabilização.

Em síntese, o procedimento da estabilização da tutela envolvendo litígios contra a Fazenda Pública deve ser compreendido como uma resposta tendente a mitigar o formalismo e a lentidão processuais, sem, entretanto, privar-lhe das garantias da ampla defesa e do contraditório. Na realidade brasileira, em que o Poder Público é o maior litigante do país[41], chegando a constituir óbice para o cidadão no acesso ao Judiciário, é fundamental fortalecer a celeridade e a simplificação procedimentais, conferindo a máxima eficácia ao instituto da estabilização que beneficia o detentor do direito lesado por ato do Poder Público.

3.4. A tutela antecipatória estabilizada e a formação de coisa julgada

Por fim, analisa-se a tutela estabilizada em relação à formação da coisa julgada material. Ampla discussão acerca da formação da coisa julgada material pela decisão antecipatória estabilizada, capitaneada por autores de escol tem gerado polêmica, embora o Código seja expresso ao indicar que não há formação de coisa julgada pela decisão estabilizada (art. 304, § 6º). Todavia, ao estabelecer prazo decadencial de dois anos para a revisão, reforma ou invalidação da decisão concessiva da tutela provisória estabilizada (art. 304, § 2º), há autores que sustentam haver coisa julgada material após o transcurso do biênio.

A discussão é interessante, na medida em que se busca diferenciar os efeitos da decisão dotada da autoridade decorrente de coisa julgada material e a decisão estabilizada, não revista no prazo de dois anos. Em ambos os casos se verifica a presença dos efeitos de indiscutibilidade e imutabilidade das decisões, o que indica tratar-se de uma mera diferenciação formal, no sentido de evitar dizer-se que decisões fundadas em cognição sumária podem adquirir a qualificação de *res judicata*[42].

---

[41] Cf. GALLI, Marcelo. Volume de processos envolvendo o Estado prejudica o acesso do cidadão à Justiça. Revista *Conjur*, ago. 2015. Disponível em: <http://www.conjur.com.br/2015-ago-10/volume-acoes-envolvendo-estado-prejudicam-acesso-justica>. Acesso em: 3 set. 2016. No mesmo sentido estudo completo realizado pela Associação de Magistrados Brasileiros (AMB) disponível em: <https://www.placardajustica.com.br/assets/files/placardajustica_o_uso_da_justica_e_o_litigio_no_brasil.pdf>. Acesso em: 3 set. 2016.

[42] "Outra situação que pode gerar situação incontornável reside justamente nessa indefinição acerca da imutabilidade, depois de estabilizada a tutela. O texto optou por definir a ausência de coisa julgada para evitar debate acerca da inconstitucionalidade que deriva da cognição sumária com força de imutabilidade, mas, ao mesmo tempo, permitiu que ganhe efeito semelhante a tutela provisória após o biênio decadencial" (CIANCI, Mirna. A estabilização da tutela antecipada como forma de desaceleração do processo (uma análise crítica). *Revista de Processo*, n. 247, set. 2015, p. 4).

Todavia, a distinção encontra-se, precisamente na rescindibilidade da sentença. Neste sentido, a ENFAM ao editar o Enunciado 27, no sentido de não ser "cabível ação rescisória contra decisão estabilizada na forma do art. 304 do CPC/2015" encerra a polêmica. De fato, se não cabe ação rescisória não houve formação de coisa julgada.

É de se considerar, entretanto, o que Tereza Wambier, Maria Lúcia Lins Conceição, Leonardo Ferres da Silva Ribeiro e Rogério Licastro Torres de Mello defendem. Para esses autores, o decurso do biênio decadencial não implica imutabilidade da decisão. Trata-se, tão somente, de impossibilidade de revisão da decisão estabilizada, mas a mesma crise de direito material regulada pode ser objeto de nova ação, desvinculada da anterior, com cognição plena, exercício completo do contraditório e, por fim, nova regulação judicial ao litígio[43].

Significa dizer que o ajuizamento de eventual ação cujo objeto seja idêntico à questão estabilizada em tutela antecipada, ainda que após o prazo decadencial de dois anos, não ensejaria defesa processual fundada em existência de coisa julgada (art. 485, V). Às partes será garantida a cognição exauriente, com ampla dilação probatória e exercício do contraditório, salvo a ocorrência de prescrição ou decadência (art. 487, II)[44].

Esse entendimento identifica-se com sistemas estrangeiros que possuem procedimento autônomo de tutela sumária, notadamente os sistemas francês e italiano, que, tal qual o nosso a decisão fundada em tutela sumária não conduz à formação de coisa julgada material[45]. Em ambos os ordenamentos, argumenta-se majoritariamente que a formação de coisa julgada

---

[43] "O prazo de dois anos encerra a possibilidade de se ajuizar uma ação que reabra a discussão do processo extinto, nos exatos limites e contornos da lide originária na qual se deferiu a antecipação de tutela. Passado esse prazo, diante da inexistência de coisa julgada acerca da matéria, nada impede que qualquer das partes, respeitados os prazos prescricionais pertinentes, ingresse com uma nova demanda, com cognição exauriente, que diga respeito ao mesmo bem da vida discutido na ação que foi extinta. (...) Fechar essa possibilidade seria o mesmo que dar prevalência a uma decisão de cognição sumária em relação a uma decisão fruto de cognição exauriente e completa, com o que não podemos concordar" (WAMBIER, Tereza Arruda Alvim; CONCEIÇÃO, Maria Lúcia Lins; RIBEIRO, Leonardo Ferres da Silva; MELLO, Rogerio Licastro Torres de. *Primeiros comentários ao novo Código de Processo Civil*. São Paulo: Ed. RT, 2015).

[44] "Com isso, mesmo se ultrapassado os dois anos previstos no art. 305, § 5º, CPC-2015, a decisão antecipatória não será acobertada pela coisa julgada, de modo que eventual discussão em juízo sobre o mesmo direito material não pode ser rejeitada com base na preliminar de coisa julgada (art. 485, V, CPC 2015), mas sim deve ser examinado o tema e eventualmente se pode, no mérito, rejeitar a pretensão com base na prescrição ou decadência (art. 487, II, CPC-2015)" (ANDRADE, Érico; NUNES, Dierle. Os contornos da estabilização da tutela provisória de urgência antecipatória no novo CPC e o "mistério" da ausência de formação de coisa julgada. In: FREIRE, Alexandre; BARROS, Lucas Buril de Macedo; PEIXOTO, Ravi. *Coletânea Novo CPC*: doutrina selecionada. Salvador: JusPodivm, 2015).

[45] CPC francês, art. 488: "L'ordonnance de référé n'a pas, au principal, l'autorité de la chose jugée. Elle ne peut être modifiée ou rapportée en référé qu'en cas de circonstances nouvelles". CPC italiano, art. 669-octies: "(...) L'estinzione del giudizio di merito non determina l'inefficacia dei provvedimenti di cui al sesto comma, anche quando la relativa domanda è stata proposta in corso di causa. L'autorità del provvedimento cautelare non è invocabile in un diverso processo".

material é essencialmente precedida de cognição exauriente e definitiva[46]. Os mencionados autores asseveram, ainda, que entendimento diverso implicaria na admissibilidade de serem violadas garantias fundamentais do processo, notadamente o contraditório e a ampla defesa[47].

Sem prejuízo das vozes doutrinárias citadas, robustamente fundamentadas, que asseveram a vinculação entre coisa julgada material e cognição plena, não se deve olvidar que o Projeto de Lei 186/2005, um dos primeiros a tentar inserir a estabilização da tutela antecipada no ordenamento brasileiro, previam expressamente a formação de coisa julgada pela decisão estabilizada[48].

Trata-se, portanto, de questão complexa a demandar aprofundada reflexão principalmente quando se observa a bipolaridade da legislação. O Código, ao mesmo tempo em que afasta a formação de coisa julgada material pela decisão estabilizada, prevê o prazo bienal para revisão, permitindo-se reconhecer, após esse prazo, a soberana definitividade da tutela estabilizada. Por sua vez, admitir que a crise de direito material possa ser novamente levada à jurisdição nos moldes acima expostos, torna inútil a definição do prazo decadencial.

---

[46] QUERZOLA, Lea. *La tutela antecipatoria fra procedimento cautelare e giudizio di merito*. Bologna: Bononia University Press, 2006. p. 35-36: "(...) si affermò che sia corretto parlare di mancanza di giudicato, qualunque sia la definizione preferita di cosa giudicata: se essa si identifica con l'efficacia di accertamento della decisione, si può parlare di giurisdizione contenziosa senza giudicato perché i provvedimenti in questione non producono alcun accertamento nel senso vero di questa parola; se invece si pensa che la cosa giudicata debba essere riferita alla immutabilità degli effetti del provvedimento, si può parlare di assenza di giudicato perché l'efficacia esecutiva dei provvedimenti non è irretrattabile, potendo vivere solo sino al momento in cui una sentenza di cognizione piena non giunga a eliminarli". No direito francês: VUITTON, Jacques; VUITTON, Xavier. *Les référés*. 2. ed. Paris: LexisNexis-Litec, 2006. p. 198: "L'absense d'autorité de la chose jugée au principal est inhérente à l'ordonnance de référé, indépendamment de son contenu". No mesmo sentido: CHAINAIS, Cécile. *La protection juridictionnelle provisoire dans le procès civil en droit français et italien*. Paris: Dalloz, 2007. p. 402.

[47] "E assim ocorre, em função de boa parte da literatura jurídica indicar que não faria muito sentido a realização da coisa julgada em relação a este tipo de pronunciamento, pois implicaria sua integral equiparação ao provimento de cognição plena e exauriente, quando, como demonstrado no item 2 deste trabalho, as diferenças entre as técnicas da cognição sumária e cognição exauriente são muitas, e se se admitir a realização de coisa julgada em pronunciamentos de cognição sumária poderia traduzir até mesmo violação constitucional ao devido processo constitucional, permeado por ampla defesa (art. 5º, LIV e LV, CF) e contraditório dinâmico (art. 5º, LV e 10, CPC-2015), modelo que admite a formação da coisa julgada (art. 5º, XXXVI, CF), já que na cognição sumária é evidente a restrição ou limitação ao amplo direito de defesa e investigação probatória" (ANDRADE, Érico; NUNES, Dierle. Os contornos da estabilização da tutela provisória de urgência antecipatória no novo CPC e o "mistério" da ausência de formação de coisa julgada. In: FREIRE, Alexandre; BARROS, Lucas Buril de Macedo; PEIXOTO, Ravi. *Coletânea Novo CPC*: doutrina selecionada. Salvador: JusPodivm, 2015. p. 22-23).

[48] O projeto dispunha o art. 273-B, § 2º, com o seguinte teor: "Não intentada a ação, a medida antecipatória adquirirá força de coisa julgada nos limites da decisão proferida". E o art. 273-C, parágrafo único: "Não pleiteado o prosseguimento do processo, a medida antecipatória adquirirá força de coisa julgada nos limites da decisão proferida".

Melhor seria, a exemplo do Direito francês, que o CPC simplesmente deixasse os limites temporais de impugnação da decisão estabilizada serem definidos pelos prazos de prescrição e decadência regulatórios da relação de direito material controvertida[49].

De lege ferenda, que a revisão da decisão estabilizada, conforme art. 488 do Código de Processo Civil francês, só possa acontecer diante da demonstração de "novas circunstâncias"[50], *i.e.*, novo contexto fático que exija novo regramento à crise de direito material em questão.

4. CONCLUSÕES

Acredita-se que o objetivo de contribuir para o debate e a melhor compreensão do instituto da estabilização da tutela antecipada no Código de Processo Civil foi alcançado na medida em que foram destacadas as polêmicas e apresentadas crítica e dialeticamente propostas para as dirimir.

Foram também apontadas as imprecisões da legislação de regência da estabilização da tutela que podem criar situações de perplexidade, dificultando a aplicação do instituto. Entretanto, em homenagem à teologia do Código de Processo Civil, a estabilização da tutela no direito brasileiro deve ser encorajada, fortalecida e difundida, de modo que os entendimentos tendentes a restringi-la sejam considerados com reservas.

Ao final, conclui-se que a interpretação adequada da estabilização da tutela é a que reconhece o seu procedimento a serviço da efetividade, celeridade e simplificação procedimentais, tratando-se de importante contribuição para a desjudicialização e para a diminuição do volume de processos que avassala o Poder Judiciário.

---

[49] "Le provisoire de droit peut devenir définitif en fait. Il arrive même qu'une fois la provision accordée en référé, la prescription de l'action au fond contre l'assesseur fasse obstacle à toute action de celui-ci tendant à remettre en cause les provisions allouées par des décisions du juge des référés devenues inattaquables, de sorte que lesdites provisions ne peuvent constituer un paiement indu" (GUINCHARD, Serge; FERRAND, Frédérique; CHAINAIS, Cécile. *Procédure civile* – Droit interne et droit communautaire. 29. ed. Paris: Dalloz, 2008. p. 321-322).

[50] "L'ordonnance de référé n'a pas, au principal, l'autorité de la chose jugée. Elle ne peut être modifiée ou rapportée en référé qu'en cas de circonstances nouvelles".

19

A DISTRIBUIÇÃO LEGAL, JURISDICIONAL E CONVENCIONAL DO ÔNUS DA PROVA NO NOVO CÓDIGO DE PROCESSO CIVIL BRASILEIRO[1]

FREDIE DIDIER JR.

Sumário: 1. Introdução. 2. Conceito de ônus da prova. Dimensões (funções) objetiva e subjetiva. 3. Ônus da prova como regra de julgamento e de aplicação subsidiária. 4. Distribuição legal do ônus da prova. 4.1 Generalidades. 4.2. A "inversão *ope legis*" do ônus da prova. 4.3. Prova diabólica. Prova duplamente diabólica. 4.4. Ônus da prova de fato negativo. 5. Distribuição convencional do ônus da prova. 6. Distribuição do ônus da prova feita pelo juiz. 6.1. Generalidades. 6.2. Pressupostos formais gerais. 6.2.1. Decisão motivada. 6.2.2. Momento da redistribuição. 6.2.3. Proibição de a redistribuição implicar prova diabólica reversa. 6.3. A regra geral de distribuição do ônus da prova feita pelo juiz. 6.4. A inversão do ônus da prova feita pelo juiz em causas de consumo.

1. INTRODUÇÃO

Os problemas sobre o ônus da prova são universais; desconhece-se ordenamento jurídico que não tente de algum modo resolvê-los.

---

[1] Em homenagem a Humberto Theodoro Jr. Publicado na *Revista Direito Mackenzie*, v. 11, n. 2, 2017.

O novo Código de Processo Civil brasileiro, publicado em 2015, trouxe importantes inovações sobre esse tema[2]. A consagração legislativa expressa da possibilidade de o juiz redistribuir o ônus da prova, caso a caso, muito possivelmente seja inédita e, por isso, possa vir a servir como paradigma para outros países.

Este ensaio dedica-se a apresentar os contornos dogmáticos da disciplina do ônus da prova no Direito Processual Civil brasileiro, estruturado pelo Código de 2015. As referências a "CPC" são ao Direito brasileiro[3].

2. CONCEITO DE ÔNUS DA PROVA. DIMENSÕES (FUNÇÕES) OBJETIVA E SUBJETIVA

Ônus é o encargo cuja inobservância pode colocar o sujeito numa situação de desvantagem. Não é um dever e, por isso mesmo, não se pode exigir o seu cumprimento. Normalmente, o sujeito a quem se impõe o ônus tem *interesse* em observá-lo, justamente para evitar essa situação de desvantagem que pode advir da sua inobservância.

Ônus da prova é, pois, o encargo que se atribui a um sujeito para demonstração de determinadas alegações de fato. Esse encargo pode ser atribuído *(i)* pelo legislador, *(ii)* pelo juiz ou *(iii)* por convenção das partes.

A atribuição feita pelo legislador é prévia e estática (invariável de acordo com as peculiaridades da causa); a distribuição feita pelo juiz ou pelas partes é considerada *dinâmica*, porque feita à luz de uma situação concreta.

O legislador, conforme será visto adiante, estabelece abstratamente *quem arca com a falta de prova*; são as chamadas *regras gerais sobre ônus da prova*. Mas essas regras podem ser alteradas, em determinadas circunstâncias, pelo juiz ou, atendidos certos requisitos, por convenção das partes.

As regras de ônus da prova devem ser analisadas a partir de duas perspectivas (dimensões ou funções).

---

[2] Art. 373 do Código de Processo Civil brasileiro de 2015: "Art. 373. O ônus da prova incumbe: I – ao autor, quanto ao fato constitutivo de seu direito; II – ao réu, quanto à existência de fato impeditivo, modificativo ou extintivo do direito do autor. § 1º Nos casos previstos em lei ou diante de peculiaridades da causa relacionadas à impossibilidade ou à excessiva dificuldade de cumprir o encargo nos termos do caput ou à maior facilidade de obtenção da prova do fato contrário, poderá o juiz atribuir o ônus da prova de modo diverso, desde que o faça por decisão fundamentada, caso em que deverá dar à parte a oportunidade de se desincumbir do ônus que lhe foi atribuído. § 2º A decisão prevista no § 1º deste artigo não pode gerar situação em que a desincumbência do encargo pela parte seja impossível ou excessivamente difícil. § 3º A distribuição diversa do ônus da prova também pode ocorrer por convenção das partes, salvo quando: I – recair sobre direito indisponível da parte; II – tornar excessivamente difícil a uma parte o exercício do direito. § 4º A convenção de que trata o § 3º pode ser celebrada antes ou durante o processo".

[3] A íntegra do CPC brasileiro de 2015 pode ser acessada em: <http://www.planalto.gov.br/ccivil_03/_ato2015-2018/2015/lei/l13105.htm>.

Numa primeira perspectiva, elas são regras dirigidas aos sujeitos parciais, orientando, como um farol, a sua atividade probatória. Tais regras predeterminam os encargos probatórios, estabelecendo prévia e abstratamente *a quem* cabe o ônus de provar determinadas alegações de fato. Fala-se aí em *ônus subjetivo* ou *função subjetiva* das regras do ônus da prova, que permite "dar conhecimento a cada parte de sua parcela de responsabilidade na formação do material probatório destinado à construção do juízo de fato"[4]. "O desejo de obter a vitória cria para a litigante a necessidade, antes de mais nada, de pesar os meios de que se poderá valer no trabalho de persuasão, e de esforçar-se, depois, para que tais meios sejam efetivamente utilizados na instrução da causa. Fala-se, ao propósito, de ônus da prova, num primeiro sentido (*ônus subjetivo ou formal*)"[5].

Sucede que é possível que as provas produzidas sejam insuficientes para revelar a verdade dos fatos. Mesmo sem prova, porém, impõe-se ao juiz o dever de julgar – afinal, é vedado é o *non liquet*.

A partir daqui entra a *segunda* perspectiva pela qual se podem enxergar as regras sobre ônus da prova: trata-se de regramento dirigido ao juiz (uma *regra de julgamento*), que indica qual das partes deverá suportar as consequências negativas eventualmente advindas da ausência, ao final da atividade instrutória, de um determinado elemento de prova. Sob esse ângulo, fala-se em *ônus objetivo*[6]-[7].

---

[4] CARPES, Artur. *Ônus dinâmico da prova*. Porto Alegre: Livraria do Advogado, 2010. p. 52.

[5] BARBOSA MOREIRA, José Carlos. Julgamento e ônus da prova. *Temas de direito processual civil* – segunda série. São Paulo: Saraiva, 1988. p. 74-75.

[6] "A circunstância de que, ainda assim, o litígio deva ser decidido torna imperioso que alguma das partes suporte o risco inerente ao mau êxito da prova. Cuida então a lei, em geral, de proceder a uma distribuição de riscos: traça critérios destinados a indicar, conforme o caso, qual dos litigantes terá de suportá-los, arcando com as consequências desfavoráveis de não se haver provado o fato que lhe aproveitava. Aqui também se alude ao ônus da prova, mas num segundo sentido (*ônus objetivo ou material*)" (BARBOSA MOREIRA, José Carlos. Julgamento e ônus da prova. *Temas de direito processual civil* – segunda série. São Paulo: Saraiva, 1988. p. 74-75). "O valor normativo das disposições pertinentes à distribuição do *onus probandi* assume real importância na *ausência de prova*: em semelhante hipótese é que o juiz há de indagar a qual dos litigantes competia o ônus, para imputar-lhe as consequências desfavoráveis da lacuna existente no material probatório" (BARBOSA MOREIRA, José Carlos. As presunções e a prova. *Temas de direito processual civil*. São Paulo: Saraiva, 1977. p. 61).

[7] Flávio Luiz Yarshell, a despeito de utilizar essa terminologia, critica a qualificação do ônus da prova em *subjetivo* e *objetivo*. Em sua opinião, "sob o prisma puramente lógico, desvincular essa posição jurídica dos sujeitos parciais importaria descaracterizá-la como um autêntico ônus, que a toda evidência não pode ser de titularidade do juiz (que, no processo, exerce essencialmente poderes e se sujeita a deveres)" (YARSHELL, Flávio Luiz. *Antecipação da prova sem o requisito da urgência e direito autônomo à prova*. São Paulo: Malheiros, 2009. p. 65). Sucede que, em nosso entendimento, as qualificações *subjetivo* e *objetivo* não têm por escopo determinar se o ônus é atribuído, respectivamente, às partes ou ao juiz. Falar em ônus sob uma perspectiva *objetiva* não implica atribuí-lo ao juiz. O juiz, naturalmente, não tem ônus de provar nada. O ônus de provar, nos moldes descritos pelo legislador, é *das partes*. O que se quer dizer é que as mesmas regras que disciplinam a distribuição do ônus (que as partes têm) de provar devem servir de parâmetro *objetivo* para que o juiz, ao decidir, possa imputar as consequências negativas de eventual ausência de prova de uma alegação de fato à parte que, desde o princípio, tinha o encargo de prová-la.

Em síntese, as regras processuais que disciplinam a distribuição do ônus da prova tanto são regras dirigidas às partes, na medida em que as orientam sobre o que precisam provar (*ônus subjetivo*), como também são regras de julgamento dirigidas ao órgão jurisdicional, tendo em vista que o orientam sobre como decidir em caso de insuficiência das provas produzidas (*ônus objetivo*)[8]-[9] – o último refúgio para evitar o *non liquet*.

A análise e eventual aplicação das regras do ônus da prova sob essa perspectiva *objetiva* será feita apenas *após* o encerramento da fase instrutória, no momento do julgamento. Somente então o magistrado vai verificar se as alegações de fato estão, ou não, provadas. Quanto àquelas que estão provadas, tem-se entendido que não é determinante, no momento da análise judicial do material probatório, discernir quem produziu a prova trazida aos autos[10].

Não se deve, porém, minimizar *a importância da função subjetiva* das regras sobre ônus da prova, seja quanto à determinação do comportamento da parte na condução do processo, seja quanto à eventual influência que, sob essa ótica, a análise das provas possa gerar na convicção do magistrado.

Como se verá adiante, exatamente porque as regras de ônus da prova criam expectativas para as partes quanto a uma possível futura decisão é que eventual redistribuição desse ônus (com aplicação da redistribuição judicial do ônus da prova) deve ser feita em momento anterior ao da decisão, de modo a permitir que a parte redimensione a sua participação no processo.

---

[8] Conferir, sobre a distinção, CARPES, Artur Thompsen. Apontamentos sobre a inversão do ônus da prova e a garantia do contraditório. In: KNIJNIK, Danilo (coord.). *Prova judiciária*. Estudos sobre o novo direito probatório. Porto Alegre: Livraria do Advogado, 2007. p. 34; GÓES, Gisele. Teoria geral da prova – apontamentos. In: DIDIER JR., Fredie (coord.). *Estudos em homenagem a Eduardo Espínola*. Coleção Temas de Processo Civil. Salvador: JusPodivm, 2005. p. 53.

[9] Interessante a correlação do ônus subjetivo e objetivo com os princípios inquisitivo e dispositivo: "Em sentido objetivo, ônus da prova é regra de julgamento, tendo por destinatário o juiz. Assim, no processo penal, é regra, fundada na presunção de inocência, que o juiz deve absolver o réu, não havendo, nos autos, prova da materialidade do crime e da autoria. Nesse sentido, a regra sobre o ônus da prova, nada importando que se trate de processo inquisitorial ou dispositivo. (...) Em sentido subjetivo, a ideia de ônus da prova liga-se mais fortemente aos processos de tipo dispositivo. O ônus da prova é repartido entre as partes, sucumbindo aquela que dele não se desincumbe. Assim como o direito subjetivo se vincula a uma regra de direito objetivo, assim o ônus da prova, em sentido subjetivo, vincula-se a uma regra de julgamento (ônus da prova em sentido objetivo)" (TESHEINER, José Maria Rosa. Sobre o ônus da prova (em homenagem a Egas Dirceu Moniz de Aragão). In: MARINONI, Luiz Guilherme. *Estudos de direito processual civil*. São Paulo: RT, 2005. p. 355).

[10] Assim, Barbosa Moreira: "Em última análise, não é o comportamento da parte onerada que está em causa. Os resultados da atividade instrutória são apreciados pelo órgão judicial sem qualquer valoração, positiva ou negativa, desse comportamento. Se persistiu a obscuridade, em nada aproveita à parte onerada alegar que fez, para dissipá-la, tudo que estava ao seu alcance, e portanto nenhuma culpa se lhe pode imputar. Inversamente, se a obscuridade cessou para dar lugar à certeza da ocorrência do fato, em nada prejudica a parte onerada a circunstância de que ela própria não tenha contribuído, sequer com parcela mínima, e ainda que pudesse fazê-lo, para a formação do convencimento judicial, devendo-se o êxito, com exclusividade, a outros fatores (...)" (BARBOSA MOREIRA, José Carlos. As presunções e a prova, cit., p. 75).

Correta, portanto, a lição de Artur Carpes: "se a repartição do ônus da prova possui influência na participação das partes – na medida em que vai servir à estruturação da sua respectiva atividade probatória –, e tal participação constitui elemento fundamental para a construção da decisão justa, não se pode mais minimizar a importância da função subjetiva"[11].

Mesmo, porém, no momento *do julgamento*, o chamado *ônus subjetivo da prova* pode, eventualmente, contribuir para influenciar o convencimento do magistrado.

À luz da presença ou da ausência de prova quanto a determinada alegação de fato, pode não ser de todo irrelevante saber quem, em princípio, deveria tê-la produzido. Flávio Luiz Yarshell lembra, corretamente, que "na mesma medida em que as declarações da testemunha que favoreçam a parte que a arrolou possam eventualmente ser vistas com algum cepticismo decorrente da mencionada origem, declarações prestadas em desfavor da parte que arrolou podem ser tidas como mais rigorosamente isentas e, portanto, dignas de maior consideração"[12].

Assim, *pode ser* que haja, sim, relevância em analisar se uma prova que está nos autos efetivamente foi carreada por quem, efetivamente, tinha o ônus de trazê-la, ou se uma prova faltante poderia ter sido trazida, com indiscutível facilidade, por uma das partes, ainda que desonerada de fazê-lo. Essa análise pode contribuir para uma leitura do comportamento das partes e para uma avaliação do seu grau de empenho e comprometimento com o processo, o que, somado a outros elementos colhidos nos autos, pode ser determinante para o acolhimento ou rejeição da sua tese[13].

3. ÔNUS DA PROVA COMO REGRA DE JULGAMENTO E DE APLICAÇÃO SUBSIDIÁRIA

As regras do ônus da prova, em sua *dimensão objetiva*, não são regras de procedimento, não são regras que estruturam o processo. São regras de juízo, isto é, *regras de julgamento*: conforme se viu, orientam o juiz quando há um *non liquet* em matéria de fato – vale observar que o sistema não determina quem deve produzir a prova, mas sim quem assume o risco caso ela não se produza.

Mas essas regras só devem ser aplicadas subsidiariamente.

Por essa razão, diz-se que: *a)* com o *juízo de verossimilhança*, deixa de existir o motivo para a aplicação de qualquer regra de distribuição do ônus da prova – pois está o juiz autorizado a julgar com base em prova *prima facie* ou prova de verossimilhança; *b)* da mesma forma, quando as partes se tenham desincumbido do ônus da prova, não haverá possibilidade de *non liquet* – e, portanto, o juiz julgará de acordo com as provas e seu convencimento[14].

---

[11] CARPES, Artur. *Ônus dinâmico da prova*, cit., p. 54.
[12] YARSHELL, Flávio Luiz. *Antecipação da prova sem o requisito da urgência e direito autônomo à prova*, cit., p. 64.
[13] YARSHELL, Flávio Luiz. *Antecipação da prova sem o requisito da urgência e direito autônomo à prova*, cit., p. 62-63.
[14] WATANABE, Kazuo. *Código de Defesa do Consumidor comentado pelos autores do anteprojeto*. 5. ed. São Paulo: Forense Universitária, 1998. p. 619.

4. DISTRIBUIÇÃO LEGAL DO ÔNUS DA PROVA

4.1 Generalidades

Como dito anteriormente, o ônus da prova pode ser atribuído pelo legislador, pelo juiz ou por convenção das partes. O legislador distribui estática e abstratamente esse encargo (art. 373, CPC). Segundo a distribuição legislativa, compete, em regra, a cada uma das partes o ônus de fornecer os elementos de prova das alegações de fato que fizer.

A parte que alega deve buscar os meios necessários para convencer o juiz da veracidade do fato deduzido como base da sua pretensão/exceção, afinal é a maior interessada no seu reconhecimento e acolhimento.

O CPC, ao distribuir o ônus da prova, levou em consideração três fatores: *a)* a posição da parte na causa (se autor ou réu); *b)* a natureza dos fatos em que funda sua pretensão/exceção (constitutivo, extintivo, impeditivo ou modificativo do direito deduzido); *c)* e o interesse em provar o fato. Assim, ao autor cabe o ônus da prova do fato constitutivo do seu direito e ao réu a prova do fato extintivo, impeditivo ou modificativo deste mesmo direito (art. 373, CPC).

Dessa forma, é possível classificar os fatos deduzidos, quanto à sua natureza e ao efeito jurídico que podem produzir, em constitutivos, modificativos, impeditivos ou extintivos.

O *fato constitutivo* é o fato gerador do direito afirmado pelo autor em juízo. Compõe o suporte fático que, enquadrado em dada hipótese normativa, constitui uma determinada situação jurídica, de que o autor afirma ser titular. Como é o autor que pretende o reconhecimento deste seu direito, cabe a ele provar o fato que determinou seu nascimento. Por exemplo: um contrato de locação e seu inadimplemento são fatos constitutivos do direito de restituição da coisa locada; um testamento e o falecimento do testador geram direito à sucessão; um ato ilícito e culposo, causador de dano, faz nascer direito de indenização etc.

O réu pode defender-se simplesmente negando os fatos trazidos pelo autor, quando sobre ele, a princípio, não pesa qualquer ônus de prova – sem excluir a possibilidade de contraprova abaixo mencionada. Trata-se da chamada *defesa* direta.

Mas se trouxer *fatos novos* (*defesa indireta*), aptos a modificar o direito do autor, extingui-lo ou impedir que ele nasça, cabe-lhe o encargo legal de prová-los, afinal de contas é seu interesse que esse direito não seja reconhecido.

A posição do réu é, nesse sentido, até cômoda, dentro do processo, vez que sobre ele só recairá o ônus de provar, quando demonstrado o fato constitutivo do direito pelo autor[15]. Sem prova do fato gerador de seu direito, o autor inevitavelmente sucumbe – independentemente de qualquer esforço probatório do réu. Na verdade, só se exige esforço probatório do réu em duas situações: *a)* provado o fato constitutivo do direito do autor, cabe ao réu provar fato extintivo, modificativo ou impeditivo deste direito, eventualmente alegado; ou *b)* provado o fato constitutivo do direito do autor, se o réu se limitou a negá-lo, sem aduzir

---

[15] CHIOVENDA, Giuseppe. *Instituições de direito processual civil.* São Paulo: Saraiva, 1969. v. 2, p. 379; CAMBI, Eduardo. *A prova civil.* Admissibilidade e relevância. São Paulo: RT, 2006. p. 324.

nada de novo, cabe-lhe fazer a *contraprova*, de forma a demonstrar o contrário. A contraprova pode servir tanto para revelar a ilegitimidade formal ou material da prova trazida pelo autor sobre o fato, como para afastar a ocorrência do próprio fato[16].

O réu pode deduzir três tipos de fatos novos: extintivo, impeditivo ou modificativo do direito afirmado[17]. A prova de todos esses *fatos novos*, que, de alguma forma, abalam o direito afirmado pelo autor, é encargo do réu.

O *fato extintivo* é aquele que retira a eficácia do fato constitutivo, fulminando o direito do autor e a pretensão de vê-lo satisfeito – tal como o pagamento, a compensação e a decadência legal.

Pode ser *conatural* ao direito, já nascendo com ele – ex.: confere-se o direito ou seu exercício até certo termo (determinado por prazo prescricional ou decadencial), cuja ocorrência gera extinção do direito – ou *sucessivo*, posterior ao seu nascimento (ex.: pagamento ou compensação). Mas o fato extintivo conatural ao direito pode ser neutralizado temporariamente com a superveniência de um fato novo que reforce o fato constitutivo, tal como a interrupção da prescrição[18].

O *fato impeditivo* é aquele cuja existência obsta que o fato constitutivo produza efeitos e o direito, dali, nasça – tal como a incapacidade, o erro, o desequilíbrio contratual.

Pode ser *conatural* ao fato gerador – como, por exemplo, o desequilíbrio contratual ou a ausência de boa-fé na conclusão de um negócio – ou a ele *antecedente*, anterior – tal como a incapacidade. Mas, jamais, será sucessivo ou posterior. Isso porque está sempre ligado à ausência de requisito de validade do ato gerador.

Chiovenda[19] explica que, para o nascimento de um direito, é necessária a presença de: a) causas *eficientes*, que são circunstâncias que têm por função específica dar nascimento ao direito – compõem o próprio fato constitutivo do direito; e b) causas *concorrentes*, que são circunstâncias que devem concorrer para que o fato constitutivo (causa eficiente) produza seu efeito regular (dar nascimento ao direito) e cuja ausência obsta sua produção – isto é, são fatos impeditivos do direito.

O fato *impeditivo* é um fato de natureza negativa; é a falta de uma circunstância (causa concorrente) que deveria concorrer para que o fato constitutivo produzisse seus efeitos normais. Por isso, em qualquer caso, tanto a presença de fatos constitutivos (causa eficiente), como a ausência de fatos impeditivos (presença de causa concorrente) "são igualmente necessárias à existência do direito"[20]. É o que se observa não só no contexto dos fenômenos jurídicos, como também dos fenômenos naturais, como demonstra o autor italiano já citado:

Constata-se que, no âmbito dos fenômenos jurídicos, se enquadra como fato impeditivo do nascimento de um direito, em regra, a ausência dos requisitos de validade do

---

[16] CHIOVENDA, Giuseppe. *Instituições de direito processual civil*, v. 2, cit., p. 380.
[17] Conceitos baseados nas lições de CHIOVENDA, Giuseppe. *Instituições de direito processual civil*, v. 1, cit., p. 7 ss.
[18] CHIOVENDA, Giuseppe. *Instituições de direito processual civil*, v. 1, cit., p. 8.
[19] CHIOVENDA, Giuseppe. *Instituições de direito processual civil*, v. 1, cit., p. 8-9.
[20] CHIOVENDA, Giuseppe. *Instituições de direito processual civil*, v. 1, cit., p. 10.

fato gerador (sempre ato jurídico) e como fato constitutivo do direito a presença dos seus pressupostos de existência.

O *fato modificativo*, a seu turno, é aquele que, tendo por certa a existência do direito, busca, tão somente, alterá-lo – tal como a moratória concedida ao devedor.

Essa é, porém, apenas a regra geral que estrutura o processo civil brasileiro.

A distribuição do ônus da prova pode ser feita *dinamicamente*, à luz das circunstâncias do caso, ora pelo juiz, ora pelas próprias partes.

4.2. A "inversão *ope legis*" do ônus da prova

Há casos em que o legislador altera a regra geral e cria hipóteses excepcionais de distribuição do ônus da prova – ao autor não caberia o ônus da prova do fato constitutivo, por exemplo. Há quem denomine esses casos de inversão *ope legis* do ônus da prova. É uma técnica de redimensionamento das regras do ônus da prova, em homenagem ao princípio da adequação.

A inversão *ope legis* é a determinada pela lei, *aprioristicamente*, isto é, independentemente do caso concreto e da atuação do juiz. A lei determina que, numa dada situação, haverá uma distribuição do ônus da prova diferente do regramento comum previsto no art. 373 do CPC.

Rigorosamente, não há aí qualquer *inversão*[21]; há, tão somente, uma exceção legal à regra genérica do ônus da prova. É, pois, igualmente, uma norma que trata do *ônus da prova*, excepcionando a regra contida no art. 373 do CPC. Por conta disso, é também uma regra de julgamento: ao fim do litígio, o juiz observará se as partes se desincumbiram dos seus respectivos ônus processuais, só que, em vez de aplicar o art. 373 do CPC, aplicará o dispositivo legal específico.

A inversão *ope legis* do ônus da prova é um caso de *presunção legal relativa*. A parte que alega o fato está dispensada de prová-la. Cabe a outra parte o ônus da prova de que o fato não ocorreu.

Bom exemplo de inversão *ope legis* é o da prova de propaganda enganosa, em causas de consumo.

O art. 38 do Código de Defesa do Consumidor determina que o ônus da prova da veracidade e da correção da informação ou comunicação publicitárias cabe a quem as patrocina.

---

[21] . "Inversão do ônus da prova é técnica processual, e parte do pressuposto de que o ônus pertenceria, à data da propositura da demanda, àquele contra quem foi feita a inversão. Não devem ser tomadas como inversão do ônus da prova, senão como simples distribuição do encargo probatório, as regras de direito material que abstratamente preveem que em determinados casos especificados na lei o encargo sobre determinados fatos é desta ou daquela parte no processo. É o que acontece no art. 38 do CDC, onde não se tem, a rigor, inversão do ônus de provar, já que a regra da distribuição é esta que o legislador determinou. Inversão há quando se inicia com um encargo e se o altera no curso do processo" (RODRIGUES, Marcelo Abelha. *Ação civil pública e meio ambiente*, cit., p. 208).

A regra do ônus da prova para determinar a correção ou veracidade da informação publicitária é a de que cabe ao fornecedor – o patrocinador da publicidade, o anunciante, que é quem contrata a campanha das agências e dos veículos e quem se beneficia da mensagem publicitária – fazer a prova.

4.3. Prova diabólica. Prova duplamente diabólica

A prova diabólica[22] é aquela cuja produção é considerada como impossível ou muito difícil. Trata-se de "expressão que se encontra na doutrina para fazer referência àqueles casos em que a prova da veracidade da alegação a respeito de um fato é extremamente difícil, nenhum meio de prova sendo capaz de permitir tal demonstração"[23].

Um bom exemplo de prova diabólica é a do autor da ação de usucapião especial, que teria de fazer prova do fato de não ser proprietário de nenhum outro imóvel (pressuposto para essa espécie de usucapião). É prova impossível de ser feita, pois o autor teria de juntar certidões negativas de todos os cartórios de registro de imóvel do mundo. Outro exemplo de prova diabólica são os "factos que ocorrem em ambiente fechado ou de acesso restrito"[24].

Há quem use a expressão para designar a prova de algo que não ocorreu, ou seja, a prova de fato negativo[25].

Sucede que *nem toda prova diabólica se refere a fato negativo* – basta pensar, por exemplo, que nem sempre o autor terá acesso à documentação que corrobora a existência de um vínculo contratual (fato positivo), em sede de uma ação revisional. E nem todo fato negativo é impossível de ser provado, demandando prova diabólica (ex.: certidões negativas emitidas por autoridade fiscal).

Quando se está diante de uma prova diabólica, algumas soluções podem ser adotadas. Dentre essas soluções, pode-se utilizar a prova indiciária, a prova por amostragem ou ainda a chamada *probatio levior*[26]. Em outras palavras, esse "abaixamento do grau de convicção" de que fala o excerto transcrito quer dizer que o magistrado estaria autorizado a, diante

---

[22] Também chamada "prova difícil" (cf. SILVA, Paula Costa e; REIS, Nuno Trigo dos. A prova difícil: da *probatio levior* à inversão do ónus da prova. *Revista de Processo*, São Paulo: RT, ano 38, v. 222, ago. 2013, p. 149-171).

[23] CÂMARA, Alexandre Freitas. Doenças preexistentes e ônus da prova: o problema da prova diabólica e uma possível solução. *Revista Dialética de Direito Processual*, São Paulo: Dialética, 2005, n. 31, p. 12.

[24] SILVA, Paula Costa e; REIS, Nuno Trigo dos. A prova difícil: da *probatio levior* à inversão do ónus da prova. *Revista de Processo*, cit., p. 157.

[25] CÂMARA, Alexandre Freitas. Doenças preexistentes e ônus da prova: o problema da prova diabólica e uma possível solução, cit., p. 12.

[26] "Outro instrumento de reacção à prova difícil é trazido pela degradação ou abaixamento do grau de convicção necessário acerca da correspondência entre o relato e a realidade de um facto para que a decisão o possa aceitar como verificado para, com base nesta conclusão, decidir. Estamos, em cheio, no domínio da *probatio levior*" (SILVA, Paula Costa e; REIS, Nuno Trigo dos. A prova difícil: da *probatio levior* à inversão do ónus da prova. *Revista de Processo*, cit., p. 159).

de certos fatos cuja prova é difícil, reputá-los ocorridos com base num juízo de aparência, calcado nas máximas de experiência.

Pode ser, no entanto, que a prova seja insuscetível de ser produzida por aquele que deveria fazê-lo, de acordo com a lei, mas apta a ser realizada pelo outro. Nessa hipótese, caso as próprias partes não tenham convencionado validamente a distribuição do ônus da prova de modo diverso ao estabelecido pelo legislador, poderá o juiz distribuí-lo dinamicamente, caso a caso, na fase de saneamento ou instrutória – em tempo de o onerado dele desincumbir-se.

É o caso da prova *unilateralmente diabólica*, isto é, impossível (ou extremamente difícil) para uma das partes, mas viável para a outra.

No entanto, existem situações em que a prova do fato é impossível ou muito difícil para ambas as partes – é *bilateralmente diabólica*. É o que Marinoni[27] chama de "situação de inesclarecibilidade". Em tais casos, não cabe ao juiz manter o ônus da prova com aquele que alegou o fato, tampouco invertê-lo, na fase de saneamento (ou probatória), para atribuí-lo ao seu adversário (art. 373, § 2º, CPC).

Em razão disso, ao fim da instrução, o juiz pode não chegar a um grau mínimo de convicção, e uma das partes deverá arcar com as consequências gravosas deste seu estado de dúvida – afinal, é vedado o *non liquet*.

Para definir qual será sua regra de julgamento (ônus objetivo), cabe ao juiz verificar, ao fim da instrução, qual das partes assumiu o "risco de inesclarecibilidade", submetendo-se à possibilidade de uma decisão desfavorável.

Assim, se o fato insuscetível de prova for constitutivo do direito do autor: *a)* e o autor assumiu o risco de inviabilidade probatória ("inesclarecibilidade"), o juiz, na sentença, deve aplicar a regra legal (373, CPC) do ônus da prova (regra de julgamento) e dar pela improcedência; *b)* mas se foi o réu que assumiu o dito risco, o juiz deve, depois da instrução e antes da sentença, inverter o ônus da prova e intimá-lo (o réu) para que se manifeste, para, só então, dar pela procedência[28].

Tome-se o seguinte exemplo, extraído da doutrina de Gerhard Walter[29]. Um nadador iniciante faleceu na piscina de um clube social (de nadadores), de grande profundidade, que jamais fora identificada ou sinalizada como imprópria para os neófitos – como determinam as leis. Seus familiares ajuizaram ação indenizatória em face do clube social sob o argumento de que a vítima morreu afogada. O clube social, em sua defesa, sustenta que o falecimento se deu por um colapso cardíaco ou circulatório, o que é fato natural excludente de nexo de causalidade. Ao longo do processo, constatou-se que nenhum dos fatos (afogamento ou colapso) era passível de prova – sequer por indício –, imperando a dúvida, uma "situação de inesclarecibilidade". Perceba-se, contudo, que o clube social, ao furtar-se de cumprir seu dever

---

[27] MARINONI, Luiz Guilherme. *Formação da convicção e inversão do ônus da prova segundo as peculiaridades do caso concreto*. Disponível em: <http://www.marinoni.adv.br/principal/pub/anexos/2007061901315330.pdf>. Acesso em: 13 dez. 2007, p. 7-8.

[28] MARINONI, Luiz Guilherme. *Formação da convicção e inversão do ônus da prova segundo as peculiaridades do caso concreto*, cit., p. 7-8.

[29] WALTER, Gerhard. *Libre apreciación de la prueba*. Bogotá: Temis, 1985. p. 277-278.

legal de definir a piscina como imprópria para uso de iniciantes, aceitou o risco de causar acidentes deste viés e produzir dano, bem como o risco de não deter meio de prova apto a excluir o nexo de causalidade entre o descumprimento do seu dever de proteção/prevenção (com sinalização devida) e o acidente fatal. Assumiu, pois, o risco da "inesclarecibilidade", devendo o julgador inverter o ônus da prova, antes da sentença – em tempo de exercer o contraditório –, para, em seguida, condená-lo a indenizar a vítima. Parece que, nestes casos, estaria o juiz valendo-se de prova *prima facie*: pauta-se no que usualmente ocorre (máxima de experiência) para presumir o afogamento. Calca-se nas regras de experiência, para se convencer da ocorrência do fato não provado. Talvez aqui se encaixe, com perfeição, a visão de Kazuo Watanabe exposta linhas atrás de que a inversão do ônus da prova nada mais é do que um julgamento por verossimilhança – que é aquele promovido pela prova de primeira aparência ou por verossimilhança (prova *prima facie*).

4.4. Ônus da prova de fato negativo

Fato negativo pode ser objeto de prova.

Atualmente, a ideia de que os *fatos negativos* não precisam ser provados (*negativa non sunt probanda*) há muito já não tem valor[30]. Todo fato negativo corresponde a um fato positivo (afirmativo) e vice-versa. Se não é possível provar a negativa, nada impede que se prove a afirmativa correspondente.

É preciso distinguir, entretanto, as negativas *absolutas* das *relativas*.

A *negativa absoluta* é a afirmação pura de um não fato, indefinida no tempo e/ou no espaço (ex.: jamais usou um "biquíni de lacinho").

Já a *negativa relativa* é afirmação de um não fato, definida no tempo e/ou no espaço, justificada pela ocorrência de um fato positivo – fácil de perceber quando lembramos dos "álibis" (ex.: na noite do réveillon, não cometeu adultério no apartamento 501, do Hotel Copacabana, pois estava hospedada com amigas no Eco Resort, na Praia do Forte, Bahia).

Por isso, diz-se, atualmente, que somente os fatos *absolutamente* negativos (negativas absolutas/indefinidas) são insuscetíveis de prova – e não pela sua negatividade, mas, sim, pela sua indefinição[31].

Para um fato ser probando, é indispensável que seja ele *determinado*, isto é, identificado no tempo e no espaço. É dessa regra que resulta não ser o fato indeterminado ou indefinido passível de prova. Não é possível, por exemplo, provar que a parte nunca esteve

---

[30] . "Em primeiro lugar, em muitíssimos casos, não se saberia como aplicá-lo. Qual é o fato positivo, qual é o fato negativo? Qual é a afirmativa, qual é a negativa? Via de regra, toda afirmação é, ao mesmo tempo, uma negação: quando se atribui a uma coisa um predicado, negam-se todos os predicados contrários ou diversos dessa coisa" (CHIOVENDA, Giuseppe. *Instituições de direito processual civil*. São Paulo: Saraiva, 1969. v. 2, p. 377). Sobre o tema, ALVIM, José Manoel de Arruda. *Manual de direito processual civil*. 8. ed. São Paulo: RT, 2003. v. 2, p. 495; GÓES, Gisele. *Teoria geral da prova*. Salvador: JusPodivm, 2005. p. 70.

[31] LOPES, João Baptista de. *A prova no direito processual civil*. 3. ed. São Paulo: RT, 2007. p. 32-33; GÓES, Gisele. *Teoria geral da prova*. Salvador: JusPodivm, 2005. p. 70.

no Município de São Paulo. Nesses casos, o ônus probatório é de quem alegou o fato positivo de que ela (a parte) esteve lá.

Em alguns casos, a negativa absoluta e indefinida pode ser provada – ou, ao menos, presumida –, a partir do uso de mecanismos específicos. É possível provar, por exemplo, a inexistência de contas bancárias em nome de determinada pessoa, com uma declaração do Banco Central. Um meio de prova de que "não há débitos fiscais pendentes" é a chamada "certidão negativa", expedida pelas autoridades fiscais. A viabilidade de demonstração de negativas indefinidas deve-se, sobretudo, ao fato de existirem certos órgãos centralizadores de dados, informações e registros, aptos a atestar fatos deste viés – muitos deles estatais (ex.: Receita Federal, Cartórios de Imóveis etc.). No mais, inegável é a possibilidade de prova de negativa absoluta por confissão extraída em depoimento pessoal.

Já os fatos relativamente negativos (negativas definidas/relativas) são aptos a serem provados. Se alguém afirma, por exemplo, que, em 9 de dezembro, não compareceu à academia pela manhã, porque foi ao médico, é possível provar indiretamente a não ida à academia (não fato), se houver comprovação de que esteve toda a manhã no consultório médico[32].

Para Arruda Alvim, neste caso (o das negativas relativas), o ônus da prova será bilateral (de ambas as partes)[33], o que não parece adequado, pois esse tipo de ônus "compartilhado" não funciona como regra de julgamento. Ora, como deve o juiz julgar a causa se nenhuma das partes se desincumbiu do seu ônus (imposto a ambas)? O ônus de prova tem de ser unilateral.

Assim, neste particular, é preciso distinguir duas diferentes hipóteses.

Quando a parte deduz uma *negativa relativa* como *não fato constitutivo do seu direito*, cabe a ela o ônus de demonstrar indiretamente sua não ocorrência, com a prova do fato positivo correlato. Por exemplo, se um indivíduo pretende afastar judicialmente uma multa de trânsito (direito potestativo), sob o argumento de que não conversava ao telefone, na condução do seu veículo, no dia 12 de novembro de 2007, às 9h00, na Avenida Otávio Mangabeira (fato negativo), porque estava com seu veículo estacionado, neste mesmo momento, em determinado estacionamento público, em frente à Casa do Comércio (fato positivo), cabe-lhe o encargo de provar, de forma indireta, o fato negativo, com a demonstração do fato positivo que a ele corresponde.

Mas é possível que a parte deduza negativa relativa, em sua defesa, para *desmentir fato constitutivo do direito do seu adversário*; nega o fato trazido pela contraparte, fazendo, simultaneamente, uma afirmação de fato positivo que demonstra a sua não ocorrência.

O ônus é unilateral e pode o juiz agir de duas diferentes formas: *a)* ou mantém a regra legal de ônus de prova, que impõe ao autor o encargo de provar o fato constitutivo do seu direito (art. 373, I, CPC) – sendo que, feita a prova pelo autor, só resta ao réu a possibilidade

---

[32] Nas *Ordenações Filipinas*, Livro III, Título LIII, § 10, encontrava-se curiosa regra nesse sentido: "Posto que seja regra que a negativa não se pode provar, e por conseguinte se não pode articular, essa regra não é sempre verdadeira, porque bem se pode provar se é coarctada a certo tempo e certo lugar, e bem assim se pode provar se é negativa que se resolve em afirmativa e pode-se ainda provar por confissão da parte feita em depoimento".

[33] ALVIM, José Manoel de Arruda. *Manual de direito processual civil*, 8. ed., v. 2, cit., p. 495.

de contraprova; *b)* ou, percebendo que o adversário (réu) tem melhores condições de atender ao encargo probatório, inverte o ônus da prova (na fase de saneamento ou instrução) – distribuindo dinamicamente o ônus da prova, como será visto em item a seguir –, para que ele (réu) prove o contrário, ainda que de forma indireta, com a demonstração do fato positivo (e novo) por ele aduzido.

Imagine-se que o autor afirmou que o réu conduzia seu veículo em alta velocidade na Avenida Anita Garibaldi, na manhã do dia 2 de junho de 2007, e o atropelou (fato positivo constitutivo do seu direito). O réu, em sua defesa, assevera que não estava na condução do seu carro no dia e na hora apontados (fato negativo), pois já o tinha transferido, nesta data, a terceiro (fato positivo correlato)[34]. Aplica-se, como dito, a regra geral (art. 373, I, CPC), cabendo ao autor provar o fato constitutivo do seu direito – o que não exclui a possibilidade de o juiz distribuir dinamicamente o ônus da prova, por considerar que a outra parte tem melhores condições de provar o contrário.

5. DISTRIBUIÇÃO CONVENCIONAL DO ÔNUS DA PROVA

O § 3º do art. 373 do CPC permite que as próprias partes distribuam o ônus da prova mediante convenção[35], que pode ser firmada antes ou mesmo no curso do processo (art. 373, § 4º).

Tem-se aí típico *negócio jurídico processual*.

A convenção pode recair sobre o ônus da prova de qualquer fato. Pode tratar-se de fato simples ou de fato jurídico; fato relativo a negócio jurídico ou a vínculo extracontratual; fato lícito ou ilícito etc. Não há razão para restringir essa convenção a fatos do próprio negócio em que a convenção porventura esteja inserida.

A convenção sobre o ônus da prova pode ser, aliás, um negócio jurídico autônomo, sem qualquer relação com um negócio anterior – e a possibilidade de essa convenção realizar-se na pendência de um processo reforça essa conclusão.

É passível de invalidação, entretanto, a convenção sobre ônus da prova quando: *a)* recair sobre direito indisponível da parte (art. 373, § 3º, I); *b)* tornar excessivamente difícil

---

[34] Para Leo Rosenberg, a prova de não fato não é tão difícil quanto se afirma em nossa doutrina. Basta se comprovar a ocorrência ou não das circunstâncias que falam em favor do fato positivo correlato: "Pero se em algún caso la comprobación de la no existencia de um hecho resultara especialmente difícil, y, en cambio, muy fácil la comprobación de su existencia, el tribunal podrá y deberá tomar la circunstancia de que el adversario no suministra la prueba de la inexistencia y ni siquiera trata de suministrarla, como motivo para declarar lê inexistência del hecho gracias a su libre apreciación de la prueba". Mas em nenhum caso, conclui, a dificuldade de fornecer a prova pode levar a uma modificação das regras de ônus de prova, conclusão com a qual não se concorda, como se verá adiante (*La carga de la prueba.* 2 ed. Buenos Aires: Julio César Faria Editor, 2002. p. 378).

[35] Sobre o tema, conferir o excelente trabalho de Robson Renault Godinho: GODINHO, Robson Renault. *Negócios processuais sobre o ônus da prova no novo Código de Processo Civil.* São Paulo: RT, 2015.

a uma parte o exercício do direito (art. 373, § 3º, II). Esse negócio jurídico, então, pode ser realizado tanto extrajudicialmente, como judicialmente, após o início do processo.

Bem analisadas essas situações, parece-nos que bastaria ao legislador tratar da segunda hipótese: é vedada a convenção sobre ônus da prova que torne excessivamente difícil o exercício de um direito – o que vale para os direitos *disponíveis* ou *indisponíveis*. Sim, porque se a convenção firmada recai sobre fatos ligados a direito indisponível tornando *mais fácil* para a parte a comprovação desses fatos, obviamente que ela não poderia ser invalidada[36]. O que o inciso I pretende é evitar que um direito indisponível deixe de ser exercido por dificuldades quanto à prova dos fatos que lhe são subjacentes – caso em que a convenção sobre o ônus da prova poderia representar, por via oblíqua, a própria disponibilidade do direito[37].

Exemplo de convenção que recai sobre fato ligado a direito indisponível e é, nada obstante, válida: em termo de ajustamento de conduta (negócio jurídico para a solução de problemas relativos aos direitos coletivos), determinada empresa se compromete a adequar o seu processo produtivo às diretrizes de proteção ao meio ambiente, assumindo o ônus de, na hipótese de ser demandada, provar que as providências adotadas e materiais utilizados não agridem o equilíbrio do meio ambiente.

Percebe-se que, no contexto, se discute direito indisponível (direito fundamental ao meio ambiente equilibrado) e a convenção recai sobre fato a ele vinculado (atos de degradação do meio ambiente), mas não compromete o seu exercício – aliás, o facilita.

A convenção sobre ônus da prova é útil exatamente nos mesmos casos em que se permite a distribuição feita pelo juiz, conforme será visto adiante.

O art. 51, VI, Código de Defesa do Consumidor, cuida da nulidade de convenção quando imponha ao consumidor o ônus da prova das suas alegações. Trata-se de norma que complementa o disposto no CPC. É como se houvesse um terceiro inciso no § 3º do art. 373 do CPC. Esse dispositivo "não proíbe a convenção sobre o ônus da prova, mas, sim, tacha de nula a convenção, se trouxer prejuízo ao consumidor"[38].

Uma vez firmada a convenção, e desde que satisfeitos os requisitos de validade, ela é imediatamente eficaz. Aplica-se aqui o disposto no art. 200 do CPC: é desnecessária a homologação pelo juiz para que o negócio seja imediata e plenamente eficaz.

É relevante destacar que as convenções sobre o ônus da prova não impedem a utilização da iniciativa probatória do magistrado[39]. Realizado o negócio probatório, permanece a

---

[36] No mesmo sentido: MOUZALAS, Rinaldo; ATAÍDE JR., Jaldemiro Rodrigues de. Distribuição do ônus da prova por convenção processual. *Revista de Processo*, São Paulo: RT, n. 240, 2015, p. 410.

[37] No mesmo sentido, MACÊDO, Lucas Buril de; PEIXOTO, Ravi Medeiros. *Ônus da prova e sua dinamização*. Salvador: JusPodivm, 2014. p. 125.

[38] NERY JR., Nelson. *Código de Defesa do Consumidor comentado pelos autores do anteprojeto*. 5. ed. São Paulo: Forense Universitária, 1998. p. 416.

[39] DONOSO, Denis. A prova no processo civil. Considerações sobre o ônus da prova, sua inversão e a aplicação do art. 333 do CPC diante da nova leitura do princípio dispositivo. *Revista Dialética de Direito Processual*, São Paulo: Dialética, 2007, n. 51, p. 61. O art. 333 do CPC/1973 corresponde ao art. 373 do CPC/2015.

possibilidade de atuação do magistrado, que pode realizar atividade probatória, desde que em seus limites, tendo tal convenção processual influência apenas na aplicação do ônus objetivo da prova, se for o caso.

Tendo em vista essa situação, certa doutrina defende a inoperância da inversão negocial, pois os poderes instrutórios do magistrado prevaleceriam sobre essa convenção, sendo possível ao magistrado determinar a produção das provas ainda que as partes houvessem pactuado diversamente[40]. Ocorre que esse posicionamento doutrinário encontra-se em desacordo com a lógica probatória: a disposição refere-se ao ônus objetivo e não ao sujeito que deverá produzir a prova – que, por conta da regra de aquisição processual da prova, é questão irrelevante quando há suficiência probatória[41].

Na verdade, assumindo o referido posicionamento, qualquer modalidade de inversão ou dinamização probatória tornar-se-ia inútil. Em nenhuma das possibilidades de dinamização é impedida a atividade probatória do órgão julgador[42]. Acontece que, havendo essa inversão, há natural modificação na atuação probatória das partes – ônus subjetivo – como também a modificação de quem arcará com os riscos de não se desincumbir do ônus probatório – ônus objetivo –, mas nada dispõe sobre os poderes probatórios do magistrado[43].

A doutrina brasileira não prestigia a distribuição convencional do ônus da prova, embora se empolgue com a distribuição judicial do ônus da prova, como se verá adiante. Tem razão Robson Renault Godinho quando manifesta o seu estranhamento quanto ao fato de que "praticamente não se vê a referência à participação das partes na fixação da disciplina concreta de seus encargos"[44]. O autor enxerga aí um sintoma da negligência com que se vem tratando a questão da autonomia privada no processo, especialmente em matéria probatória, em cujo regulamento se pode ver um dispositivo que expressamente prevê a possibilidade de as partes, convencionalmente, promoverem uma distribuição do ônus da prova de modo distinto daquele previsto na lei. Ele continua: "Realmente, é revelador que se identifique a insuficiência das regras abstratas de distribuição do ônus da prova, escrevam-se laudas sobre a necessidade de uma 'teoria dinâmica' da carga probatória, prevejam-se modificações legislativas nesse sentido, decisões sufraguem a teoria e prossiga um silêncio – que em certo modo é eloquente – sobre a autonomia das partes para regulação da matéria, inclusive em conjunto com o juiz e, se for o caso, o membro do Ministério Público. Afigura-se sintomático

---

[40] SANTOS, Sandra Aparecida Sá dos. *A inversão do ônus da prova*: como garantia constitucional do devido processo legal. São Paulo: RT, 2002. p. 70-71.

[41] MACÊDO, Lucas Buril de; PEIXOTO, Ravi. Negócio processual acerca da distribuição do ônus da prova. *Revista de Processo*, São Paulo: RT, n. 241, 2015, p. 485.

[42] Nesse exato sentido, já afirmou o STJ que "A inversão do ônus da prova não é incompatível com a atividade instrutória do juiz reconhecida no artigo 130 do Código de Processo Civil" (STJ, REsp 696.816/RJ, 3ª T., Rel. Min. Sidnei Beneti, j. 06.10.2009, DJe 29.10.2009). O art. 130 do CPC/1973 corresponde ao art. 370 do CPC/2015.

[43] MACÊDO, Lucas Buril de; PEIXOTO, Ravi Medeiros. *Ônus da prova e sua dinamização*, cit., p. 126-127.

[44] GODINHO, Robson Renault. *Negócios processuais sobre o ônus da prova no novo Código de Processo Civil*. São Paulo: RT, 2015. p. 60.

que se pleiteie a dinamização do ônus da prova e se ignore a possibilidade de as partes disciplinarem os respectivos encargos"[45].

6. DISTRIBUIÇÃO DO ÔNUS DA PROVA FEITA PELO JUIZ

6.1. Generalidades

O legislador brasileiro autoriza o juiz a, preenchidos certos pressupostos, redistribuir o ônus da prova, diante de peculiaridades do caso concreto. A redistribuição é feita caso a caso. É chamada, por isso, de *distribuição dinâmica do ônus da prova* – embora, como já se viu, também seja dinâmica a distribuição feita por convenção das partes. A redistribuição judicial do ônus da prova pode ser feita de ofício e é impugnável por agravo de instrumento (art. 1.015, XI, CPC).

É preciso destacar que a regra é a distribuição legal do ônus da prova; a dinamização depende de decisão do magistrado, seja de ofício, seja a requerimento de uma das partes. Ou seja, a dinamização é excepcional e depende do reconhecimento dos pressupostos do § 1º do art. 373[46].

A técnica é consagração do princípio da igualdade e do princípio da adequação.

Visa-se ao equilíbrio das partes (art. 7º, CPC): o ônus da prova deve ficar com aquele que, no caso concreto, tem condições de suportá-lo[47].

O processo deve, ainda, ser adequado às peculiaridades do caso, sempre que a regra geral se revelar com elas incompatível.

O CPC prevê a possibilidade de distribuição do ônus da prova pelo juiz. O Código de Defesa do Consumidor também o faz, para as causas de consumo – e sempre em favor do consumidor; a previsão do CPC não faz distinção em relação ao beneficiário da inversão, que pode ser o autor ou a parte.

Esta regra do CPC é, por isso, uma regra geral. Esse item examinará as duas.

---

[45] GODINHO, Robson Renault. *Convenções sobre o ônus da prova. Negócios processuais sobre o ônus da prova no novo Código de Processo Civil*. São Paulo: RT, 2015. p. 34.

[46] MACÊDO, Lucas Buril de; PEIXOTO, Ravi. *Ônus da prova e sua dinamização*, cit., p. 232-234. De forma semelhante, SILVA, Ricardo Alexandre da. Dinamização do ônus da prova no Projeto do Código de Processo Civil. In: DIDIER JR., Fredie et al. (orgs.). *Novas tendências do processo civil*: estudos sobre o Projeto do Novo Código de Processo Civil. Salvador: JusPodivm, 2014. v. 3, p. 552.

[47] Neste particular, Manuel Domínguez chama atenção para a necessidade de cautela ao se considerar a facilidade/dificuldade probatória como critério de distribuição. Facilidade e dificuldade são termos que podem prestar-se a abusos, alerta. Sustenta, ainda, que a distribuição judicial deve complementar a distribuição legal, só podendo ser utilizada em casos extremos – em que as regras objetivas sejam inaplicáveis ou conduzam a resultados manifestamente injustos (DOMÍNGUEZ, Manuel Serra. *Estudios de derecho probatorio*. Lima: Libreria Communitas EIRL, 2009. p. 122-123).

De todo modo, ambas devem observar pressupostos *formais*. Assim, primeiramente serão examinados os pressupostos formais para a distribuição dinâmica do ônus da prova feita pelo juiz e, em seguida, os pressupostos materiais, específicos de cada uma das hipóteses.

É importante registrar, finalmente, que a norma jurídica que autoriza a redistribuição do ônus da prova pelo juiz não se confunde com a norma jurídica que atribui ônus da prova a uma das partes. A segunda é, como se viu, uma norma de julgamento, que serve para que o juiz possa decidir a causa em situações de ausência de prova; a primeira é uma regra que autoriza o órgão julgador a alterar as regras de ônus da prova. Não se pode confundir *a regra que se inverte* com a *regra que autoriza a inversão*. A regra que autoriza a distribuição judicial do ônus da prova é regra de procedimento, e não de julgamento[48].

6.2. Pressupostos formais gerais

A redistribuição do ônus da prova pelo juiz depende da observância de três pressupostos formais.

6.2.1. Decisão motivada

A redistribuição deve ser feita em decisão motivada (art. 373, § 1º, CPC). Embora prevista expressamente no CPC, a exigência de motivação para a decisão que redistribua o ônus da prova é um imperativo do art. 93, IX, da Constituição Federal.

É preciso atentar, ainda, para um aspecto muito importante: as hipóteses normativas que autorizam a distribuição do ônus da prova pelo juiz são recheadas de conceitos jurídicos indeterminados. O inciso II do § 1º do art. 489 do CPC reputa como não fundamentada a decisão que "empregar conceitos jurídicos indeterminados, sem explicar o motivo concreto de sua incidência no caso".

Interessante, ainda, o posicionamento de Eduardo Cambi que, embora se refira à redistribuição feita em causas de consumo, serve como orientação geral: o juiz, ao inverter o ônus da prova, deve fazê-lo sobre fato ou fatos específicos, referindo-se a eles expressamente; deve evitar a inversão do *onus probandi* para todos os fatos que beneficiam ao consumidor, de forma ampla e indeterminada, pois acabaria colocando sobre o fornecedor o encargo de provar negativa absoluta ou indefinida, o que é imposição diabólica[49].

Para além de apontar as premissas fáticas da dinamização, a exemplo do predomínio das técnicas necessárias, o julgador deverá sempre discriminar sobre que fatos se aplicará a

---

[48] Neste sentido, CÂMARA, Alexandre Freitas. Doenças preexistentes e ônus da prova: o problema da prova diabólica e uma possível solução, cit., p. 11; MARINONI, Luiz Guilherme. *Formação da convicção e inversão do ônus da prova segundo as peculiaridades do caso concreto*, cit., p. 5-7; KNIJNIK, Danilo. *A prova nos juízos cível, penal e tributário*, cit., p. 182 e 183; CAMBI, Eduardo. *A prova civil. Admissibilidade e relevância*, cit., p. 343.

[49] CAMBI, Eduardo. *A prova civil. Admissibilidade e relevância*, cit., p. 420.

modificação probatória. Se a regra geral é a distribuição legal, os fatos não referidos expressamente na decisão do juiz não terão seus encargos probatórios alterados[50].

6.2.2. Momento da redistribuição

O juiz deve redistribuir o ônus da prova *antes de proferir a decisão*, de modo que a parte possa se desincumbir do novo ônus que lhe foi atribuído. Essa exigência está expressamente prevista na parte final do § 1º do art. 373 do CPC, mas *é aplicável a qualquer hipótese de redistribuição judicial do ônus da prova, inclusive nas causas de consumo*.

Trata-se de exigência que prestigia a *dimensão subjetiva* do ônus da prova e, com isso, concretiza o princípio do contraditório.

O momento da redistribuição pode ser qualquer um, desde que permita à parte se desincumbir do ônus que acaba de lhe ser atribuído. No entanto, parece ser mais oportuna a redistribuição feita por ocasião da decisão de saneamento e organização do processo, como, aliás, expressamente indica o art. 357, III, do CPC.

É bom que fique claro: não é possível a *inversão judicial do ônus da prova* feita na sentença. "Se fosse lícito ao magistrado operar a inversão do ônus da prova no exato momento da sentença, ocorreria a peculiar situação de, simultaneamente, se atribuir um ônus ao réu, e negar-lhe a possibilidade de desincumbir-se do encargo que antes inexistia"[51]. O processo cooperativo (art. 6º, CPC) exige que a modificação do ônus da prova respeite a necessidade da prévia informação às partes dos novos encargos probatórios e permitir a atuação da parte para desincumbir-se do novo ônus a ela imposto[52].

Por outro lado, exigir que a parte, apenas por vislumbrar uma possível inversão judicial do ônus da prova em seu desfavor, faça prova tanto dos fatos impeditivos, extintivos ou modificativos que eventualmente alegar, como da inexistência do fato constitutivo do direito do autor, é transformar em regra geral aquilo que foi pensado para ser aplicado *caso a caso*; ou seja, é considerar que a possibilidade de inversão feita pelo juiz equivale à distribuição do ônus da prova feita pelo legislador.

---

[50] MACÊDO, Lucas Buril de; PEIXOTO, Ravi. *Ônus da prova e sua dinamização*, cit., p. 202.

[51] GIDI, Antônio. Aspectos da Inversão do Ônus da prova no Código do Consumidor. *Revista de Direito do Consumidor*, São Paulo: Revista dos Tribunais, 1995, n. 13, p. 38. No mesmo sentido, quanto ao momento da inversão judicial, CAMBI, Eduardo. *A Prova Civil Admissibilidade e relevância*, cit., p. 418 segs.; CARPES, Artur Thompsen. *Apontamentos sobre a inversão do ônus da prova e a garantia do contraditório*, cit., p. 40 segs.; ALVES, Maristela da Silva. Esboço sobre o significado do ônus da prova no processo civil. In: KNIJNIK, Danilo (coord.). *Prova judiciária. Estudos sobre o novo direito probatório*. Porto Alegre: Livraria do Advogado, 2007. p. 212-213; MIRANDA NETTO, Fernando Gama de. *Ônus da prova: no direito processual público*. Rio de Janeiro: Lumen Juris, 2009. p. 217-218; MENDES JR., Manoel de Souza. O momento para a inversão do ônus da prova com fundamento no Código de Defesa do Consumidor. *Revista de Processo*, São Paulo: Revista dos Tribunais, n. 114, 2004, p. 89.

[52] MACÊDO, Lucas Buril de; PEIXOTO, Ravi. A dinamização do ônus da prova sob a óptica do novo Código de Processo Civil, cit., p. 214; YARSHELL, Flávio Luiz. *Antecipação da prova sem o requisito da urgência e direito autônom à prova*. São Paulo: Malheiros, 2009. p. 93.

Se isso acontecer, a decisão é nula, por violação ao contraditório.

A previsão da parte final do § 1º do art. 373 do CPC encerra, assim, longa discussão doutrinária e jurisprudencial a respeito do assunto. No Superior Tribunal de Justiça[53], o tema já havia sido resolvido, no sentido apontado no texto e defendido desde a sua sempre: regra de inversão judicial do ônus da prova é regra de procedimento e, por isso, deve ser aplicada *antes da decisão*[54]. A leitura dessa decisão é imprescindível para a compreensão histórica da discussão[55].

6.2.3. Proibição de a redistribuição implicar prova diabólica reversa

A *redistribuição judicial do ônus da prova não é permitida se implicar prova diabólica para a parte que agora passa a ter o ônus* (art. 373, § 2º, CPC). Trata-se de um pressuposto negativo para a sua aplicação prática.

Exatamente porque a existência de prova diabólica é muita vez o seu principal fundamento, a redistribuição judicial do ônus da prova não pode implicar uma situação que torne impossível ou excessivamente oneroso à parte arcar com o encargo que acabou de receber[56].

Por exemplo, o Tribunal de Justiça do Rio Grande do Sul (Estado brasileiro), em ação em que a parte pleiteava a condenação de empresa telefônica à indenização por danos morais pela realização de ligações indevidas de cobrança, recusou a inversão do ônus da prova, sob o enfoque do Código de Defesa do Consumidor. Para tanto, argumentou que "seria impossível para o Banco fazer prova da ausência de coação ou ameaça ao demandante"[57]. Em outras palavras, a modificação do ônus da prova não poderia ser feita na hipótese em que tornaria impossível que a outra parte dele se desincumbisse.

Nas hipóteses em que identificada hipótese de prova diabólica para ambas as partes, não deve haver a utilização da dinamização probatória. Em tal situação, deve ser utilizada a

---

[53] A Corte Judiciária brasileira responsável pela uniformização da aplicação da legislação federal brasileira.

[54] STJ, 2ª S., EREsp 422.778/SP, Rel. Min. João Otávio de Noronha, rel. p/ acórdão Min. Maria Isabel Gallotti, j. 29.02.2012, DJe 21.06.2012.

[55] É importante deixar registrado um rol de alguns autores que defendiam que a *inversão judicial do ônus da prova* pudesse ser feita na sentença – posicionamento que, atualmente, contraria expresso dispositivo de lei: WATANABE, Kazuo. *Código de Defesa do Consumidor comentado pelos autores do anteprojeto*. 5. ed. São Paulo: Forense Universitária, 1998. p. 735; DINAMARCO, Cândido Rangel. *Instituições de direito processual civil*. 3. ed. São Paulo: Malheiros, 2003. v. III, p. 82-84; LOPES, João Baptista. *A prova no direito processual civil*. 3. ed. São Paulo: Revista dos Tribunais, 2007. p. 50-51.; NERY JR., Nelson. Aspectos do processo civil no Código de Defesa do Consumidor. *Revista de Direito do Consumidor*, São Paulo: RT, v. 1, p. 217.

[56] MIRANDA NETTO, Fernando Gama de Miranda. *Ônus da prova*: no direito processual público. Rio de Janeiro: Lumen Juris, 2009. p. 184-186.

[57] TJRS, Apelação Cível 70037339751, 14ª Câm. Cív., Rel. Des. Dorval Bráulio Marques, j. 26.08.2010.

regra da inesclarecibilidade, de forma a analisar qual das partes assumiu o risco da situação de dúvida insolúvel, devendo esta ser submetida à decisão desfavorável[58].

6.3. A regra geral de distribuição do ônus da prova feita pelo juiz

O § 1º do art. 373 do CPC consagra uma regra geral de *inversão judicial do ônus da prova* ou *distribuição dinâmica do ônus da prova pelo juiz*.

Trata-se de regra que pode ser aplicada *ex officio*, em benefício de qualquer das partes. Mas não pode ser aplicada "para simplesmente compensar a inércia ou inatividade processual do litigante inicialmente onerado"[59].

Com essa amplitude, é regra sem precedentes no Direito brasileiro.

O CPC consagrou, legislativamente e com aperfeiçoamentos, a *teoria da distribuição dinâmica do ônus da prova* (na Argentina, onde foi bem desenvolvida, chamada de *teoria das cargas probatórias dinâmicas*[60]). No Brasil, a teoria foi bastante desenvolvida e discutida[61], a

---

[58] MACÊDO, Lucas Buril de; PEIXOTO, Ravi. A dinamização do ônus da prova sob a óptica do novo Código de Processo Civil, cit., p. 212-213.

[59] KNIJNIK, Danilo. *A prova nos Juízos Cível, Penal e Tributário*, cit., p. 181; KNIJNIK, Danilo. As (perigosíssimas) doutrinas do "ônus dinâmico da prova" e da "situação de senso comum" como instrumentos para assegurar o acesso à justiça e superar a probatio diabólica, cit., p. 947.

[60] Sobre a visão argentina, longamente, PEYRANO, Jorge W (org.). *Cargas probatórias dinâmicas*. Santa Fé: Rubinzalculzoni, 2004. Manuel Dominguez cita farta doutrina italiana e espanhola nesse sentido, admitindo a distribuição judicial e casuística do ônus de prova, tendo em conta a normalidade (o que parece se aproximar da ordinariedade e verossimilhança aferidas com máximas de experiência) e a facilidade probatória (DOMÍNGUEZ, Manuel Serra. *Estudios de derecho probatorio*. Lima: Libreria Communitas, 2009. p. 118-119).

[61] Sobre o tema, SOUZA, Wilson Alves. Ônus da prova – considerações sobre a doutrina das cargas probatórias dinâmicas. *Revista Jurídica dos Formandos em Direito da UFBA*, Salvador: UFBA, 1999, n. 6; DALL'AGNOL JUNIOR, Antonio Janyr. Distribuição dinâmica do ônus probatório. *Revista dos Tribunais*, São Paulo: RT, 2001, n. 788; CARPES, Artur Thompsen. *Apontamentos sobre a inversão do ônus da prova e a garantia do contraditório*, cit., p. 36-37, MARINONI, Luiz Guilherme. Formação da convicção e inversão do ônus da prova segundo as peculiaridades do caso concreto. Disponível em: <http://www.marinoni.adv.br/principal/pub/anexos/20070619013153330.pdf>. Acesso em: 13 dez. 2007, p. 7; LOPES, João Baptista de. *A prova no direito processual civil*, cit., 51-52; ALVES, Maristela da Silva. Esboço sobre o significado do ônus da prova no processo civil, cit.; KNIJNIK, Danilo. *A prova nos Juízos Cível, Penal e Tributário*. Rio de Janeiro: Forense, 2007. p. 175-179; KNIJNIK, Danilo. As (perigosíssimas) doutrinas do "ônus dinâmico da prova" e da "situação de senso comum" como instrumentos para assegurar o acesso à justiça e superar a probatio diabólica. In: FUX, Luiz; NERY JUNIOR, Nelson; ARRUDA ALVIM, Teresa (coord.). *Processo de Constituição*: estudos em homenagem ao professor José Carlos Barbosa Moreira. São Paulo: Revista dos Tribunais, 2006; CÂMARA, Alexandre Freitas. Doenças preexistentes e ônus da prova: o problema da prova diabólica e uma possível solução. *Revista Dialética de Direito Processual*, São Paulo: Dialética, 2005, n. 31; CAMBI, Eduardo. *A prova civil*. Admissibilidade e relevância, cit., p. 344-346; GODINHO, Robson Renault. A distribuição do ônus da prova na perspectiva dos direitos fundamentais. In: CAMARGO,

ponto de haver precedentes judiciais[62] que a aplicavam, independentemente da existência de texto normativo que a embasasse expressamente. Agora, há tratamento normativo expresso.

Além dos pressupostos formais, já examinados, o juiz deverá verificar a ocorrência de ao menos um pressuposto *material*.

Primeiro pressuposto material – prova diabólica. O § 1º do art. 373 do CPC autoriza a distribuição do ônus da prova nos casos em que há "impossibilidade" ou "excessiva dificuldade de cumprir o encargo". Essa é a hipótese clássica de *inversão judicial do ônus da prova*, reivindicada há muitos anos pela doutrina[63] e aceita pelos tribunais.

Segundo pressuposto material – maior facilidade de obtenção da prova do fato contrário. Também é possível a redistribuição judicial do ônus da prova quando, à luz do caso concreto, revelar-se que a obtenção da prova do fato contrário pode ser mais facilmente obtida por uma parte em relação a outra. Neste caso, a redistribuição do ônus da prova feita pelo juiz visa à concretização da ideia de que o ônus deve recair sobre aquele que, no caso concreto, possa mais facilmente dele se desincumbir.

Uma situação clássica em que há maior facilidade probatória é nas ações de responsabilidade civil contra médicos em cirurgias e tratamentos médicos. Nessas situações, especialmente quando há necessidade da discussão acerca da culpa na cirurgia ou no tratamento, em geral, o médico terá maiores condições de demonstrar a regularidade ou não de sua atuação profissional[64].

A melhor condição de produzir provas é *fato* a ser objeto de prova. Trata-se, porém, de fato que pode ser presumido pela natureza da causa (prova *prima facie*) ou aferido a partir de declarações e documentos constantes nos autos. Entretanto, existem situações em que tal fato terá de ser demonstrado pela parte cuja carga probatória se reduzirá[65].

A proposta de Danilo Knijnik[66], pensada para o CPC/1973, que não possuía dispositivo expresso sobre o tema, ajuda muito a compreender o § 1º do art. 373 do CPC e pode ser um

---

Marcelo Novelino (org.). *Leituras complementares de constitucional*: direitos fundamentais. Salvador: JusPodivm, 2006; DIDIER JR., Fredie; OLIVEIRA, Rafael Alexandria; BRAGA, Paula Sarno. *Curso de direito processual civil*. 9. ed. Salvador: JusPodivm, 2014. v. 2; CREMASCO, Suzana. *A distribuição dinâmica do ônus da prova*. Rio de Janeiro: GZ, 2009; MACÊDO, Lucas Buril de; PEIXOTO, Ravi. *Ônus da prova e sua dinamização*, cit.

[62] STJ, 4ª T., REsp 69.309/SC, Rel. Min. Ruy Rosado de Aguiar, j. 18.06.1996, *DJ* 26.08.1996, p. 29.688; STJ, 1ª T., RMS 38.025/BA, Rel. Min. Sérgio Kukina, j. 23.09.2014; STJ, 3ª T., REsp 1.286.704/SP, Rel. Mina. Nancy Andrighi, j. 22.10.2013, *DJe* 28.10.2013.

[63] Para Alexandre Câmara, essa deveria ser a única hipótese: CÂMARA, Alexandre Freitas. Doenças preexistentes e ônus da prova: o problema da prova diabólica e uma possível solução, cit., p. 14-15.

[64] CREMASCO, Suzana. *A distribuição dinâmica do ônus da prova*, cit., p. 103; MACÊDO, Lucas Buril de; PEIXOTO, Ravi. *Ônus da prova e sua dinamização*, cit., p. 181.

[65] BARBERIO, Sérgio José. Cargas probatórias dinâmicas. In: PEYRANO, Jorge W. (org.). *Cargas probatórias dinâmicas*. Santa Fé: Rubinzalculzoni, 2004. p. 102-104.

[66] *A prova nos Juízos Cível, Penal e Tributário*, cit., p. 180 ss. Confira-se, também, KNIJNIK, Danilo. As (perigosíssimas) doutrinas do "ônus dinâmico da prova" e da "situação de senso comum" como instrumentos para assegurar o acesso à justiça e superar a *probatio* diabólica, cit., p. 946 ss.

ponto de partida doutrinário – embora a redação do dispositivo seja mais elástica do que o posicionamento por ele defendido.

Para o autor, a redistribuição judicial do ônus da prova somente deveria ser cabível nos casos de: a) *hipossuficiência probatória*, quando o adversário da parte goza de posição privilegiada, por dispor de conhecimento técnico especial ou por ter em seu poder importantes fontes de prova (ex.: médico que detém o prontuário e os exames do paciente); b) *inacessibilidade da prova*, decorrente de conduta culposa ou desleal (por falta de cooperação/colaboração) do seu adversário, sendo que a conduta desleal que *dificulta* o acesso à prova deve ser punida e *só* aquela que *inviabiliza* o acesso à prova deve conduzir à dinamização do ônus probatório.

Uma situação que pode ser imaginada é a possibilidade de alteração da situação fática no decorrer do processo provocar uma nova redistribuição dos encargos probatórios. Ou seja, pode ser que, após realizada a dinamização, a parte que, inicialmente, não detinha condição de arcar com o ônus de provar determinado fato venha a adquiri-lo e a situação contrária, em que a outra parte deixa de possuir a hipersuficiência probatória que legitimou a dinamização. Nas duas situações, seria viável uma nova redistribuição dos encargos probatórios, desde que haja decisão motivada e a oportunização da parte se desincumbir desse novo ônus[67].

6.4. A inversão do ônus da prova feita pelo juiz em causas de consumo

O Código de Defesa do Consumidor autoriza a inversão judicial (*ope judicis*; "por obra do juiz") do ônus da prova. Este é um dos "casos previstos em lei" a que se refere a primeira parte do § 1º do art. 373 do CPC.

O art. 6º, VIII, do Código de Defesa do Consumidor, permite, em duas hipóteses, que o magistrado inverta o ônus da prova nos litígios que versem sobre relações de consumo: a) quando verossímil a alegação do consumidor, segundo as regras ordinárias de experiência; b) quando o consumidor for hipossuficiente. A redistribuição deve sempre ser feita *em favor do consumidor*.

a) Constatada a verossimilhança das alegações do consumidor, com base nas regras de experiência, o magistrado deve presumi-las verdadeiras, para, redistribuindo o ônus da prova, impor ao fornecedor o encargo de prova contrária[68].

---

[67] CREMASCO, Suzana. *A distribuição dinâmica do ônus da prova*, cit., p. 91-93; MACÊDO, Lucas Buril de; PEIXOTO, Ravi. *Ônus da prova e sua dinamização*, cit., p. 198-200.

[68] Note que Kazuo Watanabe entende que não é propriamente caso de inversão do ônus da prova: "O que ocorre, como bem observa Leo Rosenberg, é que o magistrado, com a ajuda das máximas da experiência e das regras da vida, considera produzida a prova que incumbe a uma das partes. Examinando as condições de fato com base nas máximas da experiência, o magistrado parte do curso normal dos acontecimentos e, porque o fato é ordinariamente a consequência ou pressuposto de um outro fato, em caso de existência deste, admite também aquele como existente, a menos que a outra parte demonstre o contrário. Assim, não se trata de uma autêntica hipótese de inversão do ônus da prova". O autor parece equiparar o instituto

b) Verificando que o consumidor se encontra em situação de fragilidade e hipossuficiência probatória – sem dispor de condições materiais, técnicas, sociais ou financeiras de produzir a prova do quanto alegado[69] –, o juiz deve supor que as alegações do consumidor sejam verdadeiras, determinando que a contraparte passe a ter o ônus da prova contrária.

Em ambos os casos, a inversão é sempre uma decisão do juiz, que deverá considerar as peculiaridades de cada caso concreto.

Basta que um dos pressupostos esteja presente, tendo em vista que o próprio legislador colocou entre eles a conjunção alternativa "ou". Não são pressupostos concorrentes ou cumulativos, mas, sim, alternativos[70].

A doutrina, que exige sempre a presença da verossimilhança, lembra que a tese de que os pressupostos sejam alternativos não implica a inversão baseada em alegações absurdas. As alegações não se dividem em absurdas e verossímeis. Entre esses dois extremos, há as que geram dúvidas, mas em que se encontra presente uma situação de insuficiência probatória, sendo justificada a inversão do ônus da prova. Caso a alegação seja absurda, o magistrado formará a convicção da inexistência da ocorrência do fato, sequer havendo a necessidade de inversão do ônus da prova, que depende de um estado de dúvida[71].

à *prova prima* facie, ou prova de primeira aparência ou por verossimilhança. (WATANABE, Kazuo. *Código de Defesa do Consumidor comentado pelos autores do anteprojeto*. 5. ed. São Paulo: Forense Universitária, 1998. p. 617).

[69] Para fazer essa análise o juiz deve ponderar fatores como as dificuldades de acesso a informações, dados ou documentação, o grau de escolaridade, sua posição social, seu poder aquisitivo etc.

[70] RODRIGUES, Marcelo Abelha. *Elementos de direito processual civil*. 3. ed. São Paulo: RT, 2003. v. 1, p. 326-327; CAMBI, Eduardo. *A prova civil. Admissibilidade e relevância*, cit., p. 413. Assim, também, STJ, AgRg no REsp 906.708/RO, 3ª T., Rel. Min. Paulo de Tarso Sanseverino, j. 19.05.2011, *DJe* 30.05.2011. Em sentido *diverso*, Antônio Gidi, defendendo que a inversão só é autorizada quando presentes ambos os pressupostos – afinal, afirma, é sempre imprescindível que a alegação do consumidor seja verossímil (GIDI, Antônio. Aspectos da inversão do ônus da prova no Código do Consumidor. *Gênesis: Revista de Direito Processual Civil*, Curitiba: Gênesis, 1996, n. 03, p. 584).

[71] MACÊDO, Lucas Buril de; PEIXOTO, Ravi. *Ônus da prova e sua dinamização*, cit., p. 129-130.

20

CONSIDERAÇÕES SOBRE COISA JULGADA: LIMITES OBJETIVOS E EFICÁCIA PRECLUSIVA

GIOVANNI BONATO

Sumário: 1. Introdução. 2. Os limites objetivos da coisa julgada e as questões prejudiciais no CPC de 1973. 3. Os limites objetivos da coisa julgada e as questões prejudiciais no direito italiano. 4. A extensão da coisa julgada às questões prejudiciais no NCPC brasileiro. 5. A eficácia preclusiva da coisa julgada. 6. Coisa julgada e situações jurídicas não pedidas. 7. Conclusões.

1. INTRODUÇÃO

O objeto deste trabalho é uma breve análise sobre os limites objetivos da coisa julgada no Novo Código de Processo Civil brasileiro, que trouxe nesse âmbito novidades dignas de nota a respeito do seu predecessor. Cumpre frisar que o Professor Humberto Theodoro Júnior aqui homenageado já analisou, com brilho e esmero, o tema[1]. Esperamos que o presente ensaio possa contribuir ao estudo do assunto.

Vale lembrar, de maneira preambular, que cabe ao legislador infraconstitucional, no respeito dos ditames do devido processo legal, a configuração dos limites da coisa

---

[1] THEODORO JR., Humberto, *Curso de direito processual civil*, vol. I, 56º ed., Rio de Janeiro: Forense, 2015, p. 1106 ss.

julgada, pois a Constituição Federal impõe apenas que o sistema processual contemple a coisa julgada (artigo 5°, XXXVI, CF), mas não indica como esta deverá ser delimitada pela lei[2].

Dito isso, além de algumas modificações terminológicas, dentre quais merece destaque a qualificação de coisa julgada como uma "autoridade" no artigo 502 do NCPC[3], é

---

[2] Sobre o valor constitucional da coisa julgada no Brasil ver: Dinamarco, Cândido Rangel, *Instituições de direito processual civil*, 6° ed., vol. III, São Paulo: Malheiros, 2009, p. 302: "Em si mesma, a coisa julgada não é um instituto de direito processual mas constitucional"; TALAMINI, Eduardo, *Coisa julgada e sua revisão*, São Paulo: Saraiva, 2005, p. 50 ss. Na Itália, apesar do silêncio da Constituição de 1948 sobre esse ponto, alguns autores salientam o valor constitucional da coisa julgada, ver nessa linha: CERINO CANOVA, Augusto, La garanzia costituzionale del giudicato civile (meditazioni sull'art. 111, secondo comma), in *Rivista di diritto civile*, 1977, I, p. 395 ss.; LANFRANCHI, Lucio, *La roccia non incrinata. Garanzia costituzionale del processo civile e tutela dei diritti*, 3° ed., Torino: Giappichelli, 2011.

[3] O artigo 502 do NCPC dispõe que: "*Denomina-se coisa julgada material a autoridade que torna imutável e indiscutível a decisão de mérito não mais sujeita a recurso*". Ao contrário, o artigo 467 do CPC de 1973 previa: "*Denomina-se coisa julgada material a eficácia, que torna imutável e indiscutível a sentença, não mais sujeita a recurso ordinário ou extraordinário*". A doutrina apontava a inexata formulação do artigo 467, cuja formulação literal deixava pensar que a coisa julgada fosse caracterizada como eficácia da sentença (SCARPINELLA BUENO, Cassio, *Curso sistematizado de direito processual civil*, vol. 2, t. I, São Paulo: Saraiva, p. 368). Sobre esse ponto ver: MARINONI, Luiz Guilherme; ARENHART, Sérgio Cruz; MITIDIERO, Daniel, *Novo Curso de Processo Civil*, vol. 2, São Paulo: Revista dos Tribunais, 2015, p. 624, os quais louvam o avanço conceitual do artigo 502 do NCPC sobre coisa julgada.

Nota-se que no Brasil, de acordo com o entendimento da esmagadora maioria da doutrina, a coisa julgada material não é conceituada como um dos efeitos da sentença, mas como "*a imutabilidade dos efeitos substanciais da sentença de mérito*", consoante a lição de DINAMARCO, Cândido Rangel, *Instituições de direito processual civil*, vol. III, cit., p. 309. A esse propósito é notória a influência dos trabalhos de Enrico Tullio Liebman em relação a essa conceituação da coisa julgada no direito brasileiro, ver: *Efficacia e autorità della sentenza (ed altri scritti sulla cosa giudicata)*, Milano: Giuffré, 1962; ID., *Eficácia e autoridade da sentença e outros escritos sobre a coisa julgada*, 4° ed., com notas de PELLEGRINI GRINOVER, Ada, Rio de Janeiro: Forense, 2006; ID., *Effetti della sentenza e cosa giudicata*, in *Riv. dir. proc.*, 1979, p. 1 ss.; ID., *Sentenza e cosa giudicata: recenti polemiche*, in *Riv. dir. proc.*, 1980, p. 1 ss.; ID., *Unità del giudicato*, in *Riv. dir. proc.*, 1986, p. 233; ss. ID., *Giudicato (dir. proc. civ.)*, in *Enciclopedia Giuridica Treccani*, vol. XV, Roma, 1989, p. 2 ss.). Contudo, na Itália a doutrina fica ainda dividida entre aqueles autores que consideram a coisa julgada como um efeito da sentença (CARNELUTTI, Francesco, *Efficacia, autorità e immutabilità della sentenza*, in *Riv. dir. proc.*, 1935, I, p. 205 ss.; ID., *Istituzioni del processo civile italiano*, I, Roma, 1956, p. 76; ALLORIO, Enrico, *La cosa giudicata rispetto ai terzi*, Milano, 1935, p. 37 ss.; ID., *Natura della cosa giudicata*, in *Riv. dir. proc.*, 1935, I, p. 215 ss.; PUGLIESE, Giovanni, *Giudicato civile (dir. vig.)*, in *Enciclopedia del diritto*, vol. XVIII, Milano: Giuffré, 1968, p. 785 ss.; ATTARDI, Aldo, *La revocazione*, Milano: Giuffré, 1959, p. 113 ss.; ID., *In tema di limiti oggettivi della cosa giudicata*, in *Riv. trim. dir. proc. civ.*, 1990, p. 475 ss.; CHIZZINI, Augusto, *La revoca dei provvedimenti di giurisdizione volontaria*, Padova: Cedam, 1994, p. 54 ss.; MENCHINI, Sergio, *Il giudicato civile*, 2° ed., Torino: Utet, 2002, p. 43 ss.) e os estudiosos que se filiam à mencionada tese de Liebman focada na distinção entre os efeitos da sentença e a coisa

notadamente sobre a extensão da coisa julgada às questões prejudiciais que incidiu o Novo texto, querendo, portanto, inovar sobre um instituto que desde sempre acirra os ânimos dos processualistas[4].

A referida novidade encontra-se no artigo 503 do NCPC, nos seguintes termos: "*A decisão que julgar total ou parcialmente o mérito tem força de lei nos limites da questão principal expressamente decidida. § 1º O disposto no caput aplica-se à resolução de questão prejudicial, decidida expressa e incidentemente no processo, se: I – dessa resolução depender o julgamento do mérito; II – a seu respeito tiver havido contraditório prévio e efetivo, não se aplicando no caso de revelia; III – o juízo tiver competência em razão da matéria e da pessoa para resolvê-la como questão principal. § 2º A hipótese do § 1º não se aplica se no processo houver restrições probatórias ou limitações à cognição que impeçam o aprofundamento da análise da questão prejudicial*". Nesse passo o NCPC supera definitivamente a visão restritiva dos limites objetivos da coisa julgada acolhida pelo CPC de 1973 (artigos 468 e 469), que será lembrada mais adiante.

Impende recordar que essa tendência expansiva da coisa julgada às questões prejudiciais é comum a outros ordenamentos jurídicos, como aliás foi ressaltado em recentes trabalhos da doutrina brasileira sobre o tema[5].

---

julgada, essa última encarada como qualidade que imuniza esses efeitos (MICHELI, Antonio, *Corso di diritto processuale civile*, Milano: Giuffré, 1959, I, p. 289; VOCINO, Corrado, *Considerazioni sul giudicato*, Milano: Giuffré, 1963; FABBRINI, Giovanni, *Contributo alla dottrina dell'intervento adesivo*, Milano: Giuffré, 1963, p. 88; FAZZALARI, Elio, *Cosa giudicata e convalida di sfratto*, in *Riv. trim. dir. proc. civ.*, 1956, p. 1304 ss., spec. p. 1322 ss.; ID., *Il cammino della sentenza e della «cosa giudicata»*, in *Riv. dir. proc.*, 1988, p. 589 ss.; PROTO PISANI, Andrea, *Opposizione di terzo ordinaria*, Napoli, 1965, p. 44 ss.; RICCI, Edoardo Flavio, *Accertamento giudiziale*, in *Dig. disc. priv.*, sez. civ., vol. I, Torino: Utet, 1987, p. 16 ss., spec. p. 17 s.; ID., *Verso un nuovo processo civile?*, in *Riv. dir. proc.*, 2003, p. 211 ss.; PICARDI, Nicola, *Manuale del processo civile*, 2º ed., Milano: Giuffré, 2012, p. 357 s.; VERDE, Giovanni, *Diritto processuale civile*, I, Bologna: Zanichelli, 2010, p. 253; MONTELEONE, Girolamo, *Manuale di diritto processuale civile*, I, 5º ed., Padova, Cedam, 2009, p. 530). Sobre esse debate na doutrina italiana veja-se também BONATO, Giovanni, La natura e gli effeti del lodo arbitrale. Studio di diritto italiano e comparato, Napoli: Jovene, 2012, p. 229 ss.

4   Como bem escreve SCARPINELLA BUENO, Cassio, *Curso sistematizado de direito processual civil*, cit., vol. 2, t. I, p. 367: "Um dos temas mais polêmicos do direito processual civil diz respeito à coisa julgada. Não só com relação aos seus ricos desdobramentos e aplicações práticas, mas, também, à sua própria definição e a de seus contornos".

5   Para uma análise dos limites objetivos da coisa julgada no direito brasileiro e no direito comparado, ver na doutrina brasileira mais recente: THEODORO JR., Humberto, *Curso de direito processual civil*, vol. I, cit., p. 1106 ss.; LOPES, Bruno Vasconcelos Carrilho, *Limites objetivos e eficácia preclusiva da coisa julgada*, São Paulo: Saraiva, 2012; CABRAL, Antonio do Passo, *Coisa julgada e preclusões dinâmicas*, 2ª ed., Salvador: Jus Podivm, 2014; GIDI, Antonio; TESHEINER, José Maria; PRATES, Marília Zanella, Limites objetivos da coisa julgada no projeto de Código de Processo Civil (LGL\1973\5): reflexões inspiradas na experiência norte-americana, in *Revista de Processo*, n. 194, abr. 2011, p. 99 ss.; PRATES, Marília Zanella, *A coisa julgada no direito comparado: Brasil e Estados Unidos*, Salvador: Jus Podivm, 2013; DELLORE, Luiz, Da ampliação dos limites objetivos da coisa julgada no novo Código de Processo Civil, in *Revista de Informação Legislativa*,

O intuito da nossa análise será investigar o novo artigo 503 do NCPC, avaliando os prós e os contras da inovação, e enfrentar, em apertada síntese, outros aspectos acerca dos limites objetivos da coisa julgada que nos levará à determinação de quais são as partes da decisão que ficam imunizadas de ulteriores discussões[6].

Assim, ao longo deste trabalho, abordaremos os três fenômenos que tocam, diretamente ou indiretamente, a problemática dos limites objetivos da coisa julgada, a saber: (i) a extensão da coisa julgada às questões prejudiciais que fazem parte da fundamentação; (ii) a eficácia preclusiva da coisa julgada sobre as causas de pedir não expressamente alegadas pelas partes; (iii) o alcance da coisa julgada a respeito de situações da vida não pedidas pelas partes[7].

Dados os limites deste trabalho, será impossível conduzir uma investigação comparativa exaustiva, de modo que resolvemos focar a nossa atenção sobre o sistema italiano, fazendo algumas referências ao sistema francês.

Antes de entrar na nossa investigação, cumpre frisar que o Professor Humberto Theodoro Júnior (aqui homenageado) analisou, com brilho e esmero, o tema[8].

2. OS LIMITES OBJETIVOS DA COISA JULGADA E AS QUESTÕES PREJUDICIAIS NO CPC DE 1973

Em busca de superar as várias dúvidas interpretativas levantadas pelo artigo 287 do Código de Processo Civil de 1939 acerca da abrangência da coisa julgada às questões-premissas necessárias à decisão[9], o Código de 1973 decidiu enfrentar o problema e delimitar o âmbito objetivo da coisa julgada apenas à parte dispositiva da decisão, recusando, portanto, qualquer forma de ampliação às questões prejudiciais[10]. Nessa esteira, no CPC de 1973

---

n. 190, abr./jun. 2011, p. 35-43; WAMBIER, Teresa Arruda Alvim, O que é abrangido pela coisa julgada no direito processual civil brasileiro: a norma vigente e as perspectivas de mudança, in *Revista de Processo*, n. 230, abr. 2014, p. 75 ss.

[6] Sobre esse ponto, ver PELLEGRINI GRINOVER, Ada, Os limites objetivos e a eficácia preclusiva da coisa julgada, in *O processo. Estudos & pareceres*, São Paulo: DPJ Editora, 2006, p. 105.

[7] Lembramos que esses três pontos para analisar a ampliação dos limites objetivos da coisa julgada foram já indicados pelo LOPES, Bruno Vasconcelos Carrilho, *Limites objetivos e eficácia preclusiva da coisa julgada*, cit., p. 20 ss.

[8] THEODORO JR., Humberto, *Curso de direito processual civil*, vol. I, cit., p. 1106 ss.

[9] Lembramos que o artigo 287 do CPC de 1939 estabelecia que: "A sentença que decidir total ou parcialmente a lide terá força de lei nos limites das questões decididas". O parágrafo único do mesmo artigo acrescentava: "Considerar-se-ão decididas todas as questões que constituam premissa necessária da conclusão". Sobre as dificuldades interpretativas decorrentes do artigo 287 do CPC de 1939, ver: BARBOSA MOREIRA, José Carlos, *Questões prejudiciais e coisa julgada*, Rio de Janeiro: Borsói, 1967; ARRUDA ALVIM, Thereza, *Questões prévias e os limites objetivos da coisa julgada*, São Paulo: Revista dos Tribunais, 1977.

[10] TUCCI, José Rogério Cruz e, *A causa petendi no processo civil*, 3° ed., São Paulo: Revista dos Tribunais, 2009, p. 244, frisa que o CPC de 1973 "praticamente colocou fim aos problemas decorrentes da exegese do parágrafo único do art. 287" do CPC de 1939.

foram excluídas do alcance da coisa julgada as razões de decidir, a saber, as várias questões prejudiciais abordadas pelo juiz e contidas na fundamentação da decisão. Como é notório, sobre o tema dispunha o artigo 468 que: "*A sentença, que julgar total ou parcialmente a lide, tem força de lei nos limites da lide e das questões decididas*". O artigo 469 complementava: "*Não fazem coisa julgada: I – os motivos, ainda que importantes para determinar o alcance da parte dispositiva da sentença; II – a verdade dos fatos, estabelecida como fundamento da sentença; III – a apreciação da questão prejudicial, decidida incidentemente no processo*"[11].

O CPC de 1973 previa ao mesmo tempo a possibilidade de superar a referida limitação objetiva da coisa julgada, através a propositura de uma demanda declaratória incidental sobre a questão prejudicial. Assim o artigo 470 mandava que: "*Faz, todavia, coisa julgada a resolução da questão prejudicial, se a parte o requerer (arts. 5º e 325), o juiz for competente em razão da matéria e constituir pressuposto necessário para o julgamento da lide*"[12].

Diante da clareza das disposições mencionadas acima do CPC de 1973, a doutrina brasileira praticamente unanime adotou, com acerto, um entendimento restritivo acerca da coisa julgada, cuja abrangência objetiva foi circunscrita unicamente ao comando da decisão[13]. Cumpre lembrar que os estudiosos justificavam essa postura limitativa do Código de 1973 em razão da mesma natureza e finalidade do instituto da coisa julgada que visaria a evitar só os conflitos práticos entre decisões (que não podiam ser cumpridas ao mesmo tempo). Portanto, conforme a essa visão, a coisa julgada não alcançava o escopo de prevenir os conflitos teóricos entre decisões, embora estes fossem considerados indesejáveis[14]. Ademais, a

---

[11] Sobre o artigo 469 do CPC de 1973 ver: BARBOSA MOREIRA, José Carlos, *Os limites objetivos da coisa julgada no sistema do novo Código de Processo Civil*, in *Temas de direito processual*, São Paulo: Saraiva, 1977, p. 92.

[12] Ver: FABRÍCIO, Adroaldo Furtado, *Ação declaratória incidental*, 4º ed., São Paulo: Saraiva, 2009; TUCCI, José Rogério Cruz e, *A causa petendi no processo civil*, p. 245.

[13] Sobre essa concepção estrita, ver: DINAMARCO, Cândido Rangel, *Instituições*, vol. III, cit., p. 318: "Somente o preceito concreto contido na parte dispositiva das sentenças de mérito fica protegido pela autoridade da coisa julgada material, não os fundamentos em que ele se apoia"; TUCCI, José Rogério Cruz e, *A causa petendi no processo civil*, cit., p. 244; BARBOSA MOREIRA, *Os limites objetivos da coisa julgada no sistema do novo Código de Processo Civil*, cit., p. 91; BEDAQUE, José Roberto dos Santos, *Os elementos objetivos da demanda examinados à luz do contraditório*, in TUCCI, José Rogério Cruz e; BEDAQUE, José Roberto dos Santos (coord.), *Causa de pedir e pedido no processo civil (questões polemicas)*, São Paulo: Revista dos Tribunais, 2002, p. 1 ss. espec. p. 27; SCARPINELLA BUENO, Cassio, *Curso sistematizado de direito processual civil*, vol. 2, t. 1, p. 372; TALAMINI, Eduardo, *Coisa julgada e sua revisão*, cit., p. 71 e p. 81; SICA, Heitor Vitor Mendonça, *O direito de defesa no processo civil brasileiro*, São Paulo: Atlas, 2011, p. 241; ZUFELATO, Camilo, *Coisa julgada coletiva*, São Paulo: Saraiva, 2011, p. 40; GIDI, Antonio; TESHEINER, José Maria; PRATES, Marília Zanella, *Limites objetivos da coisa julgada no projeto de Código de Processo Civil (LGL\1973\5): reflexões inspiradas na experiência norte-americana*, cit., p. 105; LOPES, Bruno Vasconcelos Carrilho, *Limites objetivos e eficácia preclusiva da coisa julgada*, cit., p. 30; WAMBIER, Teresa Arruda Alvim, *O que é abrangido pela coisa julgada no direito processual civil brasileiro*, cit., § 1.

[14] Nessa linha ver: DINAMARCO, Cândido Rangel, *Instituições*, vol. III, cit., p. 319; TALAMINI, Eduardo, *Coisa julgada e sua revisão*, cit., p. 84: "A verdade é que a coisa julgada é mecanismo engendrado para evitar o conflito *prático*, *concreto*, e não teórico, lógico, entre decisões".

restrição dos limites objetivos à parte dispositiva da decisão era considerada mais conforme ao princípio dispositivo[15].

Cumpre salientar que, contudo, os fundamentos da decisão não eram considerados sem nenhuma relevância. Com efeito, alguns autores destacavam que, embora a coisa julgada se limitasse ao dispositivo, esse último devia, contudo, ser interpretado "à luz das considerações feitas na motivação, ou seja, na apreciação das questões surgidas e resolvidas no processo"[16].

Dito isso, a regra da abrangência restritiva começou a ser questionada por uma parte da doutrina brasileira que propôs, *de lege ferenda*, a adoção de uma solução ampliativa a fim de estender a coisa julgada "aos fundamentos necessários da decisão"[17]. Todavia, havia vozes discordantes com a referida extensão da coisa julgada[18].

Antes de passar à análise do artigo 503 do NCPC, é interessante recordar, em largas pinceladas, o sistema italiano sobre o tema da coisa julgada e questões prejudiciais.

3. OS LIMITES OBJETIVOS DA COISA JULGADA E AS QUESTÕES PREJUDICIAIS NO DIREITO ITALIANO

Claramente influenciado pela doutrina de Giuseppe Chiovenda[19], o Código de Processo Civil italiano de 1940 (em vigor) adotou uma concepção restritiva dos limites objetivos da coisa julgada em relação às questões prejudiciais. A regra, contida no articolo 34 do CPC (dentro da seção IV do capítulo I do livro I, sobre as modificações de competência em razão de conexão) dispõe que: *"Il giudice, se per legge o per esplicita domanda di una delle parti è necessario decidere con efficacia di giudicato una questione pregiudiziale che appartiene per materia o valore alla competenza di un giudice superiore, rimette tutta la causa a quest'ultimo, assegnando alle parti un termine perentorio per la riassunzione della causa davanti a lui"*. Com base na referida disposição, em regra geral são conhecidas *incidenter tantum* e, portanto, não ficam acobertadas pela coisa julgada, as questões prejudiciais, a saber, aquelas questões

---

[15] BARBOSA MOREIRA, José Carlos, *Os limites objetivos da coisa julgada no sistema do novo Código de Processo Civil*, cit., p. 92.

[16] PELLEGRINI GRINOVER, Ada, Os limites objetivos e a eficácia preclusiva da coisa julgada, cit., p. 109. Na mesma linha SCARPINELLA BUENO, Cassio, *Curso sistematizado de direito processual civil*, vol. 2, t. I, cit., p. 372.

[17] Nesse sentido, LOPES, Bruno Vasconcelos Carrilho, *Limites objetivos e eficácia preclusiva da coisa julgada*, cit., p. 133, escrevia: "É, portanto, imperioso que o legislador brasileiro abandone a opção de restringir a coisa julgada ao dispositivo da sentença..."; SCARPINELLA BUENO, Cassio, *Curso sistematizado de direito processual civil*, vol. 2, t. I, p. 372; WAMBIER, Teresa Arruda Alvim, O que é abrangido pela coisa julgada no direito processual civil brasileiro, cit., § 1.

[18] Em sentido crítico a respeito da proposta de ampliar os limites objetivos às questões prejudiciais ver: GIDI, Antonio; TESHEINER, José Maria; PRATES, Marília Zanella, Limites objetivos da coisa julgada no projeto de Código de Processo Civil (LGL\1973\5): reflexões inspiradas na experiência norte-americana, cit., p. 108.

[19] CHIOVENDA, Giuseppe, *Principi di diritto processuale civile*, 2º ed., Napoli: Jovene, 1923; ID., *Istituzioni di diritto processuale civile*, 2º ed. I, Napoli, 1935.

vertentes sobre um "fato-direito" (retomando a terminologia de destacada doutrina), vale dizer, as questões sobre um direito prejudicial, cuja existência é determinante para existência do direito dependente objeto do processo[20]. Os exemplos de questões prejudiciais sobre "fatos-direitos" são: a relação de filiação em relação ao direito a alimentos; o direito de propriedade na ação indenizatória movida contra o proprietário do veículo que provocou o acidente (artigo 2054 do CC); a qualidade de herdeiro na ação de cobrança de um crédito do credor falecido; o contra-crédito na ação de compensação; a validade do contrato na demanda em que se pede a sua execução[21].

Contudo, o mesmo artigo 34 do CPC italiano estabelece que a questão prejudicial se transformará em causa prejudicial e será abrangida pelos limites da coisa julgada quando tiver uma demanda (declaratória incidental) de uma das partes, ou quando a lei o impuser (como ocorre no âmbito da compensação e nas situações jurídicas sobre os *status* das pessoas)[22]. Nesse caso é possível, todavia, que o juiz do processo não seja competente para decidir *principaliter* a questão prejudicial: ele deverá, por conseguinte, remeter todo o processo para o juiz "superior" que julgará tanto a questão prejudicial quanto a questão prejudicada[23].

Diante do artigo 34 do CPC italiano, uma parcela importante da doutrina limita o alcance objetivo da coisa julgada apenas ao dispositivo, excluindo que sejam abarcadas às questões prejudiciais (ressalvados os casos indicados expressamente pela lei e a propositura de uma demanda declaratória incidental)[24].

Todavia, apesar da clareza do artigo 34, há quem sustente a extensão da coisa julgada às questões prejudiciais. Após referir-se ao ordenamento norte-americano, em que vigora o instituto do *collateral estoppel*, esse entendimento (que restou minoritário na Itália) assevera que a regra da limitação da coisa julgada ao dispositivo, contida no artigo 34, não se aplicaria quando o juiz tivesse competência para decidir a causa prejudicial, as partes tivessem legitimação a respeito dessa e a questão tivesse sido enfrentada com profundidade adequada pelo

---

[20] Utiliza a terminologia de *"fatti-diritti"* em relação às questões prejudiciais PROTO PISANI, Andrea, *Lezioni di diritto processuale*, 5º ed., Napoli: Jovene, 2012, p. 60, em contraposição aos *"meri-fatti"*.

[21] PROTO PISANI, Andrea, *Lezioni di diritto processuale*, cit., p. 60 ss. Sobre a distinção entre questões prejudiciais e questões preliminares no direito italiano, ver: GARBAGNATI, Edoardo, Questioni preliminari di merito e questioni pregiudiziali, in *Riv. dir. proc.*, 1976, p. 257 ss.

[22] LOCATELLI, Francesca, *L'accertamento incidentale ex lege: profili*, Milano: Giuffré, 2008, p. 86.

[23] Sobre o mecanismo do artigo 34 do CPC italiano, ver: MANDRIOLI, Cristanto; CARRATTA, Antonio, *Diritto processuale civile*, 23º ed., vol. I, Torino: Giappichelli, 2014, p. 337-338.

[24] Nesse sentido, ver: ANDRIOLI, Virgilio, *Lezioni di diritto processuale civile*, vol. I, Napoli: Jovene, 1979, p. 149, a coisa julgada abrange *"non tutta la pronuncia del giudice e ancora meno la sua motivazione, ma la sola parte che corrisponde alla domanda e nei limiti e con il rispetto del principio della corrispondenza tra il chiesto e il pronunciato"*; ATTARDI, Aldo, In tema di limiti oggettivi della cosa giudicata, in *Riv. trim. dir. proc. civ.*, 1990, p. 475 ss.; LIEBMAN, Enrico Tullio, Giudicato, cit., p. 12; CONSOLO, Claudio, *Il cumulo condizionale di domande*, I, p. 485; ID., Oggetto del giudicato e principio dispositivo, in *Riv. trim. dir. proc. civ.*, 1991, p. 233 ss.; ID., *Spiegazioni di diritto processuale civile*, vol. I, Torino: Giappichelli, 2012; MONTESANO, Luigi, *La tutela giurisdizionale dei diritti*, Torino: Utet, 1994, p. 132.

juiz. Portanto, em estando presentes os mencionados requisitos, a coisa julgada abarcaria também as questões prejudiciais[25].

Face ao expresso dispositivo do artigo 34, CPC, parece-nos que no ordenamento italiano, *de iure condito*, não é possível adotar esse referido posicionamento que admite a ampliação da coisa julgada às questões prejudiciais, sem qualquer distinção a respeito da natureza dessas questões.

Ao contrário, razões de segurança jurídica e isonomia nos levam a compartilhar a tese da extensão da coisa julgada às questões prejudiciais em sentido lógico, recusando a ampliação às questões em sentido técnico. Em apertada síntese, para uma parcela importante da doutrina italiana, encabeçada pelo Sergio Menchini, há de se diferenciar entre dois tipos de questões prejudiciais: as em sentido técnico, em que há uma verdadeira ligação entre dois direitos, um direito prejudicial e um direito prejudicado (como ocorre na relação de filiação e o direito aos alimentos); as em sentido lógico, em que a questão prejudicial é constituída por uma relação jurídica fundamental, ampla e complexa, da qual faz parte a pretensão deduzida no processo[26]. Exemplo típico de prejudicialidade lógica é dado pelo contrato sinalagmático de compra e

---

[25] Nesse sentido, ver PUGLIESE, Giovanni, Giudicato civile (dir. vig.), in *Enciclopedia del diritto*, vol. XVIII, Milano: Giuffré, 1968, § 25: "*Se il giudice era incompetente a decidere autonomamente la questione pregiudiziale e non ha rimesso la causa al giudice per essa competente, la sua decisione è valida ai fini della causa principale, ma non è coperta da giudicato. Analogamente, se le parti o una di esse non erano legittimate. Se invece il giudice era competente e le parti legittimate, bisognerà distinguere, considerando gli elementi e le caratteristiche dei singoli casi, se egli ha deciso la questione pregiudiziale* incidenter tantum *(e quindi sommariamente) o se ne ha avuto piena conoscenza. Per escludere una decisione* incidenter tantum *(...) basta che dal contegno processuale delle parti, dal modo in cui esse hanno prospettato e analizzato la questione, dallo sviluppo dato alla sua trattazione, dall'eventuale assunzione di prove, nonché dal tenore della sentenza risulti che la questione è stata dibattuta e risolta con la serietà e il ragionevole approfondimento delle normali decisioni giurisdizionali, e non in modo sommario e marginale*". Nessa linea de raciocínio ver: DENTI, Vittorio, Questioni pregiudiziali, in *Novissimo Digesto Italiano*, vol. XIV, Torino: Utet, 1967, p. 657 ss.; ID., Ancora sull'efficacia della decisione su questioni preliminari di merito, in *Riv. dir. proc.*, 1970, p. 560 ss.; TARUFFO, Michele, «Collateral estoppel» e giudicato sulle questioni, in *Riv. dir. proc.*, 1972, p. 286.

[26] MENCHINI, Sergio, *I limiti oggettivi del giudicato civile*, Milano: Giuffré, 1987, p. 87 ss.; ID., Disorientamenti giurisprudenziali in tema di limiti oggettivi del giudicato in ordine a giudizi concernenti ratei di obbligazione periodica, *Giur. It.*, 1991, I, 1, p. 235 ss.; ID., Regiudicata civile, in *Digesto discipline privatistiche*, vol. XVI, Torino: Utet, 1997, p. 404, § 14; ID., *Il giudicato civile*, cit. A distinção entre prejudicialidade técnica e lógica encontra-se já em SATTA, Salvatore, Accertamenti incidentali e principi generali del diritto, *Foro It.*, 1947, I, p. 29 ss.; ID., Accertamento incidentale, in *Enciclopedia del diritto*, vol. I, Milano: Giuffré, 1958, p. 243 ss., specie 245 ss. Filiam-se a essa tese: PROTO PISANI, Andrea, *Lezioni di diritto processuale*, cit., p. 69; PUNZI, Carmine, *Il processo civile. Sistema e problematiche*, 2ª ed., vol. I, Torino: Giappichelli, 2010, p. 62; LUISO, Francesco Paolo, *Diritto processuale civile*, 6ª ed., vol. I, Milano: Giuffré, 2011, p. 163; BOVE, Mauro, *Lineamenti di diritto processuale civile*, 4ª ed., Torino: Giappichelli, 2012. Sobre essa tese ver, na doutrina brasileira, LOPES, Bruno Vasconcelos Carrilho, *Limites objetivos e eficácia preclusiva da coisa julgada*, cit., p. 42.

venda que constitui uma relação jurídica ampla e contém duas pretensões: a obrigação para o vendedor de entregar a coisa e a obrigação para o comprador de pagar o respectivo preço. A exigência de estabelecer um regime distinto entre as duas formas de prejudicialidade apoia-se no fato de que, naquela de natureza lógica a questão prejudicial é uma relação fundamental, a saber, uma figura criada pelo sistema para assegurar um tratamento jurídico unitário das duas pretensões[27]. Dado que a relação fundamental não outorga em si mesma nenhuma utilidade jurídica às partes, decorrendo as posições de vantagem das prestações que compõem a relação complexa, é melhor conceber uma extensão da coisa julgada à relação prejudicial, consoante à perspectiva dos "antecedentes lógicos necessários", desde que o juiz tenha decidido sobre esta questão prejudicial lógica e que as partes tenham tido a oportunidade de se manifestar, com base no princípio do contraditório[28]. Desse modo, traçada a distinção entre as duas formas de prejudicialidade, é possível, de um lado, respeitar a regra limitativa do artigo 34, CPC, e, de outro lado, evitar que através do processo se chegue a decidir de uma maneira desarmônica uma posição jurídica material "indissoluvelmente unitária"[29]. Nas palavras de um destacado doutrinador, a tese da prejudicialidade lógica permite evitar a mesma "destruição do valor da coisa julgada material"[30]. Esse entendimento parece ser compartilhado pela jurisprudência que em alguns julgamentos admitiu a extensão da coisa julgada aos antecedentes lógicos e necessários da decisão[31].

Já que a segurança jurídica e o valor da coisa julgada devem ser sopesados à luz dos demais princípios fundamentais do processo, para que haja extensão da coisa julgada à questão prejudicial em sentido lógico, é preciso que tenha havido contraditório prévio e efetivo sobre essa questão, como aliás parece confirmar o artigo 101, parte 2, do CPC italiano que salienta a relevância do respeito ao princípio do contraditório.

---

[27] MENCHINI, Sergio, Regiudicata, cit., § 14: "*il rapporto o la situazione giuridica fondamentale esprime l'aggregato, il complesso dei diritti da esso nascenti, di modo che questi sono una mera porzione del primo: la relazione che corre tra il singolo effetto ed il rapporto che ne rappresenta la fonte è non tra due entità distinte, ma tra la parte ed il tutto*".

[28] Assim, no exemplo dado acima, a coisa julgada, que imuniza a decisão de procedência da demanda do vendedor de receber o preço, abrangerá a validade do contrato de compra e venda, desde que tenha havido contraditório prévio e efetivo sobre essa questão. Ao contrário, se o juiz não decidiu sobre a questão prejudicial, esta não ficará acobertada pela coisa julgada. Isto ocorre, por exemplo, quando o juiz declara improcedente a demanda por ter acolhido a exceção de prescrição do direito deduzido pelo autor.

[29] PROTO PISANI, Andrea, *Lezioni di diritto processuale*, cit., p. 69.

[30] PROTO PISANI, Andrea, *Lezioni di diritto processuale*, cit., p. 69: "*la limitazione dell'oggetto del processo e del giudicato alla sola coppia pretesa-obbligo dedotta in giudizio dall'attore rischia di dare luogo a giudicati nella sostanza praticamente contraddittori o comunque ad una contraddittorietà non sopportabile da alcun ordinamento che riconosca il valore del giudicato sostanziale*".

[31] Nesse sentido, ver: Corte de Cassação, 20 de julho de 1995, n. 7891, in *Giur. It.*, 1996, I, 1, p. 604; Corte de Cassação, 26 de junho de 2009, n. 15158, in *Guida al diritto*, 2009, n. 41, p. 98; Corte de Cassação, 14 de outubro 2010, n. 21132. Todavia, a jurisprudência parece ser ainda titubeante sobre o tema dos limites objetivos da coisa julgada, ver: COMASTRI, Michele, Artico 34, in COMOGLIO, Luigi Paolo, CONSOLO, Claudio, SASSANI, Bruno, VACCARELLA, Romano (coord.), in *Commentario del codice di procedura civile*, vol. I, Torino: Utet, 2012, p. 466.

4. A EXTENSÃO DA COISA JULGADA ÀS QUESTÕES PREJUDICIAIS NO NCPC BRASILEIRO

Voltando agora ao NCPC brasileiro, como exposto, o artigo 503 trouxe uma novidade de suma importância, estabelecendo a extensão da coisa julgada às questões prejudiciais. A nosso ver trata-se de uma regra louvável. Com efeito, o referido artigo 503 prestigia a segurança jurídica e a isonomia das partes, permitindo chegar à harmonia lógica entre julgamentos e reduzir a litigância sobre a mesma questão, alcançando o interesse público da economia processual[32]. Ademais, nota-se que essa perspectiva ampliativa da coisa julgada está em sintonia com a renovada visão publicística do processo civil, sendo inviável deixar que as próprias partes possam romper a unitariedade de uma situação jurídica material utilizando o mecanismo processual[33]. Vale frisar que no artigo 503, NCPC, não vislumbramos nenhuma violação ao princípio dispositivo, pois a parte fica livre quanto à iniciativa do processo, cabendo à lei a determinação objetiva do processo instaurado pela parte.

Aliás, vale ressaltar que a ampliação da coisa julgada às questões prejudiciais não é automática e fica condicionada ao preenchimento cumulativo dos requisitos indicados pelo mesmo artigo 503 do NCPC, nos parágrafos 1° e 2°, a saber: que a questão prejudicial tenha sido necessária e determinante para a decisão sobre a questão prejudicada, não sendo suficiente uma simples antecedência[34]; que sobre a questão tenha havido contraditório prévio e efetivo, sendo excluída a extensão da coisa julgada em caso de revelia; o juízo também era competente em razão da matéria e da pessoa para resolver a questão prejudicial *principaliter*; a cognição tenha sido plena e exauriente, sendo excluída a ampliação da coisa julgada

---

[32] Para as vantagens decorrentes da extensão da coisa julgada às questões prejudiciais, ver: WAMBIER, Teresa Arruda Alvim, O que é abrangido pela coisa julgada no direito processual civil brasileiro, cit., § 1; SCARPINELLA BUENO, Cassio, *Curso sistematizado de direito processual civil*, vol. 2, t. I, cit., p. 372: "A impossibilidade de rediscussão da 'questão prejudicial', de resto, é técnica que atua em favor de uma maior estabilização do quanto decidido porque impede que, numa futura atuação do Estado-juiz, o resultado prático do processo anterior seja esvaziado"; LOPES, Bruno Vasconcelos Carrilho, *Limites objetivos e eficácia preclusiva da coisa julgada*, cit., p. 66; MARINONI, Luiz Guilherme; ARENHART, Sérgio Cruz; MITIDIERO, Daniel, *Novo Curso de Processo Civil*, vol. 2, cit., p. 622; DIDIER, Fredie Jr.; BRAGA, Paula Sarno; OLIVEIRA, Rafael Alexandria de, *Curso de Direito Processual Civil*, 10ª ed., vol. 2, Salvador: Jus Podivm, 2015, p. 523 ss.; THEODORO JR., Humberto, *Curso de direito processual civil*, vol. I, 56ª ed., Rio de Janeiro: Forense, 2015, p. 1106 ss.

Em sentido crítico com a extensão da coisa julgada às questões prejudiciais, ver: GIDI, Antonio; TESHEINER, José Maria; PRATES, Marília Zanella, Limites objetivos da coisa julgada no projeto de Código de Processo Civil (LGL\1973\5): reflexões inspiradas na experiência norte-americana, cit., p. 99 ss.; DELLORE, Luiz, Da ampliação dos limites objetivos da coisa julgada no novo Código de Processo Civil, cit., p. 35.

[33] Nesse sentido, MENCHINI, Sergio, Regiudicata, cit., § 14.

[34] Como já foi dito, tratando do ordenamento italiano, a extensão às questões prejudiciais é admitida apenas quando o juiz tenha enfrentado essas questões para decidir a causa prejudicada. Em outras palavras, a questão prejudicial tem que tornar-se determinante e fundamental na decisão do juiz sobre a causa prejudicada.

quando a cognição for sumária ou houver restrições probatórias. Quando tiverem reunidas essas condições legais, a coisa julgada abrangerá as questões prejudiciais, independentemente do pedido da parte[35].

Nesse modo, ditando a regra contida no artigo 503, o Novo Código resolveu abandonar uma postura "estática e privatística da coisa julgada" para escolher "um marco dinâmico e atento à necessidade de atender-se à evolução do debate", com consequente deslocamento do instituto sob enfoque "do pedido para o debate"[36]. A inovação contida no artigo 503 é coerente com a nova visão dinâmica do processo, conceituado como comunidade de trabalho, adotada pelo Novo Código de Processo Civil brasileiro[37].

5. A EFICÁCIA PRECLUSIVA DA COISA JULGADA

Embora o foco principal deste trabalho seja lançado sobre a extensão da coisa julgada às questões prejudiciais, sendo esta a principal novidade trazida pelo NCPC em relação ao instituto sob enfoque, reputamos oportuno abordar, nos limites deste breve ensaio, o tema da abrangência da coisa julgada às causas de pedir não alegadas. A esse propósito, como veremos, a comparação entre o direito brasileiro e o direito italiano é bastante interessante.

Antes de mais nada, vale destacar que, em regra geral, a doutrina encara essa problemática no âmbito do tema da eficácia preclusiva da coisa julgada e do princípio do deduzido e do dedutível e não dentro do estudo dos limites objetivos. A esse respeito, nota-se que a eficácia preclusiva constitui uma figura distinta mas próxima aos limites objetivos[38], a primeira sendo a aptidão da coisa julgada a "excluir a renovação de questões suscetíveis de neutralizar os efeitos da sentença cobertos por ela"[39]. A doutrina italiana costuma falar em princípio do deduzido e do dedutível, destacando que este é um corolário da coisa julgada[40]

---

[35] Sobre o artigo 503 do NCPC, parágrafos 1º e 2º, ver: MARINONI, Luiz Guilherme; ARENHART, Sérgio Cruz; MITIDIERO, Daniel, *Novo Curso de Processo Civil*, vol. 2, cit., p. 622; DIDIER, Fredie Jr.; BRAGA, Paula Sarno; OLIVEIRA, Rafael Alexandria de, *Curso de Direito Processual Civil*, vol. 2, cit., p. 523 ss.

[36] MARINONI, Luiz Guilherme; ARENHART, Sérgio Cruz; MITIDIERO Daniel, *Novo Curso de Processo Civil*, vol. 2, cit., p. 622.

[37] Sobre esse ponto, ver: THEODORO, Humberto Júnior; NUNES, Dierle; BAHIA, Alexandre Melo Franco; PEDRON, Flávio Quinaud, *Novo CPC. Fundamentos e sistematização*, Rio de Janeiro: Forense, 2015, p. 59 ss.; MITIDIERO, Daniel, A colaboração como norma fundamental do Novo Processo Civil brasileiro, in *Revista do Advogado*, ano XXXV, maio de 2015, n. 126, p. 47 ss.

[38] Como salienta CABRAL, Antonio de Passo, *Coisa julgada e preclusões dinâmicas*, cit., p. 93, o tema da eficácia preclusiva da coisa julgada é "intimamente ligado aos limites objetivos da coisa julgada, mas que com eles não pode ser confundido".

[39] DINAMARCO, Cândido Rangel, *Instituições*, vol. III, cit., p. 330. Sobre esse tema ver: PELLEGRINI GRINOVER, Ada, Os limites objetivos e a eficácia preclusiva da coisa julgada, cit., p. 114, que define a eficácia preclusiva como o "impedimento à rediscussão do que foi (ou do que poderia ter sido) discutido na fase cognitiva".

[40] PUNZI, Carmine, *Il processo civile. Sistema e problematiche*, I, cit., p. 63.

ou mesmo a essência da coisa julgada material[41]. Contudo, esta visão tem sido criticada no Brasil, apontando que: "Sempre que estiver em jogo a delimitação da situação jurídica que se tornará imutável, a discussão dirá respeito aos *limites objetivos da coisa julgada*"[42]. Dito isso, nós empregaremos o termo eficácia preclusiva e princípio do deduzido e do dedutível para uma facilidade de referência da linguagem.

No que tange à eficácia preclusiva, o Novo Código de Processo Civil brasileiro não trouxe nenhuma novidade: os artigos 507 e 508 do NCPC reproduzem, respectivamente, os artigos 473 e 474 do CPC de 1973, apesar de algumas mudanças linguísticas.

Prevê o artigo 508 que: *"Transitada em julgado a decisão de mérito, considerar-se-ão deduzidas e repelidas todas as alegações e as defesas que a parte poderia opor tanto ao acolhimento quanto à rejeição do pedido"*. Consoante esse ditado normativo, o resultado da decisão não poderá ser rediscutido alegando fatos e questões que não foram objeto do debate, mas que a parte podia ter deduzido no processo. Frisa-se que a "coisa julgada cria uma armadura para a decisão, tornando irrelevantes quaisquer razões que se deduzam no intuito de revê-la"[43].

Se a definição da eficácia preclusiva da coisa julgada não suscita questionamentos, o seu alcance é objeto de divergências na doutrina e no direito comparado.

A determinação da eficácia preclusiva da coisa julgada em relação ao réu não provoca relevantes dificuldades: quando a decisão for de procedência da demanda, os fatos impeditivos, modificativos e extintivos não deduzidos serão considerados como rejeitados. Ao contrário, a decisão improcedência da demanda levanta dúvidas quanto à abrangência às causas de pedir não alegadas no processo.

Como é sabido, a doutrina brasileira dominante sustenta que a eficácia preclusiva da coisa julgada material não abarca as causas de pedir omitidas. Conforme a visão de que o pedido identifica-se pela causa de pedir e de acordo com a teoria da substanciação[44], se a parte alegar uma outra *causa petendi* a demanda será diferente e deverá ser julgada no mérito. Isto quer dizer que no direito brasileiro a eficácia preclusiva é conceituada de forma restritiva, pois ela abarca apenas: "novos argumentos, novas circunstâncias de fato, interpretação da lei por outro modo, atualidades da jurisprudência *etc.*, que talvez pudessem ser

---

[41] PROTO PISANI, Andrea, *Lezioni di diritto processuale*, cit., p. 64, salienta que a característica da coisa julgada material consiste: no princípio do deduzido e do dedutível; no prevalecimento da coisa julgada sobre o *ius superveniens* retroativo. Sobre o princípio do deduzido e do dedutível ver: FABBRINI, Giovanni, Eccezione, in *Enciclopedia giuridica Treccani*, vol. XII, Roma, 1989, p. 3; CAPONI, Remo, *L'efficacia del giudicato civile nel tempo*, Milano: Giuffré, 1991, p. 67; MOTTO, Alessandro, *Poteri sostanziali e tutela giurisdizionale*, Torino: Giappichelli, 2012, p. 78 ss.

[42] LOPES, Bruno Vasconcelos Carrilho, *Limites objetivos e eficácia preclusiva da coisa julgada*, cit., p. 16.

[43] Nesse sentido DIDIER, Fredie Jr.; BRAGA, Paula Sarno; OLIVEIRA, Rafael Alexandria de, *Curso de Direito Processual Civil*, vol. 2, cit., p. 547 ss.

[44] Para uma exaustiva análise da teoria da substanciação e da teoria da individuação, ver: TUCCI, José Rogério Cruz e, *A causa petendi no processo civil*, cit., p. 112 ss.

úteis quando trazidos antes do julgamento da causa, agora já não poderão ser utilizados"[45]. Uma relevante exceção a esta teoria restritiva sobre a eficácia preclusiva da coisa julgada no Brasil estava contida no artigo 98, § 4, da Lei 12.529/2011, que nas ações que versavam sobre as decisões do Conselho Administrativo de Defesa Econômica incluía qualquer outra causa de pedir na eficácia preclusiva[46]. Todavia, o artigo 1.072, IV, do NCPC revoga expressamente o mencionado artigo 98, § 4, da Lei 12.529/2011, confirmando a opção do sistema brasileiro pela tese da eficácia preclusiva restrita da coisa julgada[47]. Contudo, uma parcela minoritária da doutrina brasileira considera a eficácia preclusiva de maneira mais ampla de modo que esta abranja todas as possíveis causas de pedir que possam embasar o pedido formulado[48].

Dito isso, forçoso é reconhecer que esta visão restritiva da doutrina brasileira dominante acerca da eficácia preclusiva da coisa julgada é oposta as tendências predominantes em alguns países europeus.

Na Espanha o artigo 400 da *Ley de Enjuiciamiento Civil* de 2000 impõe ao autor o ônus de alegar todos os fatos constitutivos do pedido no primeiro processo[49].

---

[45] DINAMARCO, Cândido Rangel, *Instituições*, vol. III, cit., p. 332. Na mesma linha, ver: BARBOSA MOREIRA, José Carlos, Eficácia preclusiva da coisa julgada material no sistema do processo civil brasileiro, in *Temas de Direito Processual*, São Paulo: Saraiva, 1977, p. 99; SCARPINELLA BUENO, Cassio, *Curso sistematizado de direito processual civil*, vol. 2, t. I, cit., p. 374; DIDIER, Fredie Jr.; BRAGA, Paula Sarno; OLIVEIRA, Rafael Alexandria de, *Curso de Direito Processual Civil*, vol. 2, cit., p. 547; TALAMINI, Eduardo, *Coisa julgada e sua revisão*, cit., p. 86; CABRAL, Antonio do Passo, *Coisa julgada e preclusões dinâmicas*, cit., p. 95; BEDAQUE, José Roberto dos Santos, Os elementos objetivos da demanda examinados à luz do contraditório, cit., p. 27; BOTELHO DE MESQUITA, José Ignacio. *A coisa julgada*, Rio de Janeiro: Forense, 2006, p. 87-88; LOPES, Bruno Vasconcelos Carrilho, *Limites objetivos e eficácia preclusiva da coisa julgada*, cit., p. 32 e p. 82.

[46] Sobre esse dispositivo ver: YOSHIKAWA, Eduardo Henrique de Oliveira, A expansão da eficácia preclusiva da coisa julgada em matéria de direito da concorrência: considerações a respeito do art. 98, § 4°, da Nova Lei do Cade (12.529/2011), in *Revista do Processo*, n. 222, agosto 2013, p. 91, que louvava esta disposição. Em sentido oposto para LOPES, Bruno Vasconcelos Carrilho, *Limites objetivos e eficácia preclusiva da coisa julgada*, cit., p. 82, o artigo 98, § 4, da Lei 12.529/2011 era inconstitucional.

[47] Nessa linha, ver: DIDIER, Fredie Jr.; BRAGA, Paula Sarno; OLIVEIRA, Rafael Alexandria de, *Curso de Direito Processual Civil*, vol. 2, cit., p. 548.

[48] Nessa direção, ver: ASSIS, Araken de, *Cumulação de ações*, 2° ed., São Paulo: Revista dos Tribunais, 2002, p. 145-147; YOSHIKAWA, Eduardo Henrique de Oliveira, A expansão da eficácia preclusiva da coisa julgada em matéria de direito da concorrência: considerações a respeito do art. 98, § 4°, da Nova Lei do Cade (12.529/2011), cit., p. 91. Lembra-se também o entendimento intermediário de TESHEINER, José Maria, *Eficácia da sentença e coisa julgada no processo civil*, São Paulo: Revista dos Tribunais, 2001, p. 161, para o qual o artigo 474 do CPC de 1973, "apanha (...) a hipótese de fatos da mesma natureza, conducentes ao mesmo efeito jurídico".

[49] Nos termos do referido artigo 400: "*1. Cuando lo que se pida en la demanda pueda fundarse en diferentes hechos o en distintos fundamentos o títulos jurídicos, habrán de aducirse en ella cuantos resulten conocidos o puedan invocarse al tiempo de interponerla, sin que sea admisible reservar su alegación para un proceso ulterior. La carga de la alegación a que se refiere el párrafo anterior se entenderá sin perjuicio de las alegaciones complementarias o de hechos nuevos o de nueva noticia*

Na França, a Corte de Cassação, com a decisão *Cesareo* de 7 de julho de 2006, proferida pela Assembleia Plenária, introduziu um princípio de concentração dos fatos desde o primeiro processo, a saber, um ônus de alegar todas as causas de pedir passíveis de serem invocadas para fundamentar o pedido[50]. Nesse modo, a jurisprudência francesa chegou a suprimir o requisito da "causa" do artigo 1351 do Código Civil que dita a regra da tríplice identidade[51] e mudou o precedente entendimento restritivo a respeito da eficácia preclusiva da coisa julgada, cuja abrangência era limitada aos fatos alegados[52]. Esse novo posicionamento da jurisprudência, retomado em vários julgamentos[53], dividiu a doutrina entre: os partidários desse ônus de concentração dos fatos que salientam a necessidade de respeitar os princípios da boa-fé e da lealdade processual, e de alcançar o princípio de economia processual e, por fim, de evitar a litigância repetitiva[54]; e os detratores que criticam o ônus de concentração, na medida em que este violaria o princípio do contraditório, a garantia de acesso à justiça e o princípio da demanda[55].

---

permitidas en esta Ley en momentos posteriores a la demanda y a la contestación. 2. De conformidad con lo dispuesto en al apartado anterior, a efectos de litispendencia y de cosa juzgada, los hechos y los fundamentos jurídicos aducidos en un litigio se considerarán los mismos que los alegados en otro juicio anterior si hubiesen podido alegarse en éste". Sobre essa disposição, ver: DE LA OLIVA SANTOS, André, *Oggetto del processo e cosa giudicata*, Milano: Giuffrè, 2009.

[50] Nas palavras da Corte de Cassação: *"il incombe au demandeur de présenter dès l'instance relative à la première demande l'ensemble des moyens qu'il estime de nature à fonder celle-ci".* A decisão *Cesareo* foi publicada em várias revistas francesas: *Dalloz*, 2006, p. 2135, com observaçoes de WEILLER, Laura, *Renouvellement des critères de l'autorité de la chose jugée: l'assemblée plénière invite à relire Motulsky; Semaine Juridique*, 2007, II, 10070; *Rev. trim. dr. civ.*, 2006, p. 825, com observações de PERROT, Roger.

[51] O artigo 1351 do CC francês sobre a regra da triplice identidade dispõe: *"Il faut que la chose demandée soit la même; que la demande soit fondée sur la même cause; que la demande soit entre les mêmes parties, et formée par elles et contre elles en la même qualité".*

[52] Corte de Cassação, 3 de junho de 1994, in *Dalloz*, 1994, p. 395; Corte de Cassação, 10 de julho de 2003, in *Dalloz*, 2003, p. 2282: *"la chose jugée ne porte que sur ce qui a été précédemment débattu et jugé".*

[53] Corte de Cassação, 20 de janeiro de 2010, in *JurisData*, n. 2010-051181; Corte de Cassação, 6 de julho de 2010, in *JurisData*, n. 2010-011290; Corte de Cassação, 1 de julho de 2010, in *JurisData*, n. 2010-010670; Corte de Cassação, 24 de setembro de 2009, in *JurisData*, n. 2009-049542, e in *Rev. trim. dr. civ.*, 2010, p. 155. Sobre a evolução da jurisprudência francesa, ver: BOUTY, Cédric, Chose jugée, in *Encyclopédie Dalloz*, Paris: Dalloz, 2013, § 495 ss.

[54] CADIET, Loic, La sanction et le procès civil, in *Mélanges Héron*, 2008, Paris: LGDJ, p. 125 ss.; ID., Autorité de la chose jugée: de la jurisprudence vers les codes, in *Quatre-vingts ans de La Semaine Juridique*, Paris: LexisNexis, hors série, 2007, p. 17; MAGENDIE, Jean-Claude, Loyauté, dialogue, célérité: trois principes à inscrire en lettres d'or aux frontons des palais de justice... Justices et droit du procès, Du légalisme procédural à l'humanisme processuel, in *Mélanges en l'honneur de S. Guinchard*, Paris: Dalloz, 2012, p. 329 ss.; DOUCHY-OUDOT, Mélina, Autorité de la chose jugée, in *JurisClasseur*, fasc. 554, Paris: Lexisnexis, 2014, § 180; BOUTY, Cédric, Chose jugée, cit., § 495 ss.

[55] PERROT, observações, in *Rev. trim. dr. civ.*, 2006, p. 825 ss.; BOLARD, L'office du juge et le rôle des parties: entre arbitraire et laxisme, in *Semaine Juridique*, 2008, I, 156; GUINCHARD, Serge, L'autorité de la chose qui n'a pas été jugée à l'épreuve des nouveaux principes directeurs du procès

Enfim, na Itália a coisa julgada constitui a *lex specialis* da relação jurídica material objeto do processo; essa é protegida pelo princípio do deduzido e dedutível que, segundo a concepção largamente dominante na doutrina, abarca tanto os fatos impeditivos, modificativos e extintivos, quanto todas as possíveis causas de pedir que possam embasar o pedido[56]. Em decorrência da adoção da teoria da individuação, a amplitude da eficácia preclusiva da coisa julgada diz respeito ao direito objeto do processo: tudo aquilo que entra no âmbito do direito deduzido fica abrangido pela eficácia preclusiva[57]. Esta visão italiana ampla e abrangente da eficácia preclusiva da coisa julgada traz repercussões notáveis sobre os direitos autodeterminados (direitos de propriedade, reais de gozo, da personalidade) que "podem subsistir uma única vez entre as mesmas partes", contrapostos aos direitos heterodeterminados (direitos de créditos a uma prestação genérica, direitos reais de garantia) que podem "coexistir simultaneamente e potencialmente mais vezes entre os mesmos sujeitos"[58]. Em relação aos direitos autodeterminados, sendo identificados pelo conteúdo e não pelo fato constitutivo, a eficácia preclusiva da coisa julgada abarca todas as possíveis causas de pedir, embora não tenham sido alegadas pelo autor[59]. Nessa perspectiva, se for declarada improcedente uma demanda reivindicatória baseada numa aquisição onerosa do bem por contrato de compra e venda, a eficácia preclusiva impedirá que o autor ajuíze uma segunda demanda alegando ter adquirido o bem em força de um testamento ou graças ao instituto da usucapião.

---

civil, in *Mélanges Wiederkehr*, Paris: Dalloz, 2009, p. 379; CHAINAIS, Cécile, Les sanctions en procédure civile. À la recherche d'un clavier bien temperé, in CHAINAIS, Cécile; FENOUILLET, Dominique (coord.), *Les sanctions en droit contemporain*, Paris: Dalloz, 2012, p. 407.

[56] PROTO PISANI, Andrea, *Lezioni di diritto processuale*, cit., p. 60.

[57] Nesse sentido, ver: MENCHINI, Sergio, Regiudicata, cit., § 4: "*La sfera di operatività della preclusione è data dall'oggetto del processo, nel senso che tutto ciò che rientra nei confini di questo è da essa colpito. Ora, poiché l'oggetto del giudizio è costituito dalla situazione soggettiva fatta valere con la domanda giudiziale, l'intera fattispecie di questa è investita dal fenomeno di quo; ne consegue che l'autorità di cosa giudicata ostacola l'ulteriore deduzione dei fatti costitutivi, impeditivi, modificativi o estintivi del diritto sostanziale imperativamente accertato, siano essi stati fatti valere oppure no nel corso del giudizio anteriore*"; o Autor acrescenta (§ 11) a necessidade de negar ao "*fatto costitutivo, pur in un sistema concretato di preclusioni (iniziali) per le parti, qualsivoglia autonomo ruolo per l'identificazione della domanda giudiziale ed attribuendo ad esso unicamente valore quale mezzo di specificazione del diritto sostanziale fatto valere, rispetto a tutti gli altri di uguale contenuto eventualmente sussistenti tra i medesimi soggetti*"; CAPONI, Remo, *La rimessione in termini nel processo civile*, Milano: Giuffrè, 1996, p. 145 ss.; FABBRINI, Giovanni, Eccezione, cit., p. 3 ss.

[58] Assim TUCCI, José Rogério Cruz e, *A causa petendi no processo civil*, cit., p. 121-122. A dicotomia entre os direitos autodeterminados e os heterodeterminados é tradicional no sistema italiano, ver: CERINO CANOVA, Augusto, La domanda giudiziale e il suo contenuto, in *Commentario del codice di procedura civile*, Torino: Utet, 1980, vol. 2, t. I, p. 177. Essa mencionada distinção é analisada pela doutrina brasileira: BEDAQUE, José Roberto dos Santos, Os elementos objetivos da demanda examinados à luz do contraditório, cit., p. 27; LEONEL, Ricardo de Barros, *Causa de pedir e pedido. O direito superveniente*, São Paulo: Método, 2006, p. 97; LOPES, Bruno Vasconcelos Carrilho, *Limites objetivos e eficácia preclusiva da coisa julgada*, cit., p. 52.

[59] PROTO PISANI, Andrea, *Lezioni di diritto processuale*, cit., p. 60 ss.

6. COISA JULGADA E SITUAÇÕES JURÍDICAS NÃO PEDIDAS

Por fim, abordaremos o último ponto sobre os limites objetivos da coisa julgada: a determinação a respeito de situações jurídicas não pedidas.

De acordo com a lição da doutrina brasileira, "sendo alterado o pedido, ainda que mantida a causa de pedir, estará afastada a identidade, e portanto a nova ação estará alheia aos limites objetivos da coisa julgada"[60]. Isto quer dizer que no Brasil, embora os outros elementos identificadores da ação (*causa petendi* e partes) sejam os mesmos, a mudança de pedido viabiliza o ajuizamento de uma nova demanda, que não esbarra no impedimento da coisa julgada[61]. O Novo Código não incide sobre esse ponto.

Contudo, cumpre ressaltar que esse entendimento tradicional vem sendo questionado no direito comparado: em alguns ordenamentos é possível vislumbrar uma tendência ampliativa dos limites objetivos da coisa julgada a respeito de pedidos não deduzidos pelas partes.

Sem pretendermos aprofundar no direito comparado tal discussão que extravasa o âmbito restrito deste trabalho[62], podemos apenas recordar o princípio de concentração das demandas, cunhado por uma parte da jurisprudência francesa, e a regra da vedação ao fracionamento de um direito, elaborada pela jurisprudência italiana.

No que tange à França, no esteio do mencionado acórdão *Cesareo* de 2006, a Corte de Cassação, com o acórdão *Prodim* de 28 de maio de 2008[63], aplicou o princípio de concentração também em relação às demandas não propostas, impondo ao autor o ônus de instaurar num mesmo processo um cúmulo de demandas conexas pela causa de pedir, sob pena do impedimento de ajuizar num processo posterior as demandas não propostas no primeiro[64]. Em outras palavras as demandas (embasadas na mesma *causa petendi* deduzida em juízo) não propostas no primeiro processo são reputadas rejeitadas de maneira implícita, não havendo julgamento nenhum sobre elas. Trata-se de uma extensão dos limites da coisa julgada a situações da vida não submetidas à apreciação do juiz. Vale lembrar que, todavia,

---

[60] TALAMINI, Eduardo, *Coisa julgada e sua revisão*, p. 69.

[61] LOPES, Bruno Vasconcelos Carrilho, *Limites objetivos e eficácia preclusiva da coisa julgada*, cit., p. 63; TUCCI, José Rogério Cruz e, *A causa petendi no processo civil*, cit., p. 248, que analisa o tema sob o ângulo do concurso de ações; BARBOSA MOREIRA, José Carlos, "Quanti minoris", in *Direito processual civil - ensaios e pareceres*, Rio de Janeiro: Borsói, 1971, p. 204 ss.

[62] Para a referência ao sistema nord-americano e espanhol, ver: LOPES, Bruno Vasconcelos Carrilho, *Limites objetivos e eficácia preclusiva da coisa julgada*, cit., p. 17 ss. e p. 63-64.

[63] In *La semaine juridique*, 2008, II, n. 10157; in *Revue trimestrielle de droit civil*, 2008, p. 551; in *Revue de l'arbitrage*, 2008, p. 461 ss.

[64] Nas palavras da Corte de Cassação: "*il incombe au demandeur de présenter dans la même instance toutes les demandes fondées sur la même cause et qu'il ne peut invoquer dans une instance postérieure un fondement juridique qu'il s'était abstenu de soulever en temps utile*". Vale lembrar que o acórdão *Prodim* foi proferido a respeito de uma sentença arbitral. O princípio de concentração das demandas foi aplicado depois ao processo estatal, com a decisão da Corte de Cassação de 1 de julho de 2010, in *Recueil Dalloz*, 2010, p. 1780; mas em sentido contrário, a aplicação do referido princípio foi excluída, com a decisão da Corte de Cassação de 10 de novembro de 2009, in *La semaine juridique*, 2010, n. 83.

uma parcela importante da doutrina francesa criticou com veemência esse referido posicionamento[65], a respeito do qual a jurisprudência francesa é ainda titubeante.

Em relação à Itália, vale recordar, em largas pinceladas, a discussão sobre a possibilidade de deduzir um mesmo direito unitário (como um direito a um crédito pecuniário ou a um bem fungível) de maneira fracionada em vários processos distintos[66]. O debate gira em torno da seguinte pergunta: a lei admite o parcelamento de um direito em múltiplos processos, ou impõe ao autor o ônus de deduzir em juízo esse direito de maneira unitária num único processo? Durante muitos anos prevaleceu na jurisprudência o entendimento de que o autor podia fracionar o seu direito em vários processos, com base no princípio da demanda[67]. Em 2007 houve uma mudança jurisprudencial que cunhou a regra da vedação de pleitear o direito de forma fracionada, prestigiando o princípio da economia processual e o da boa-fé das partes[68], acolhendo a tese propugnada por destacada doutrina[69].

7. CONCLUSÕES

Esgotando esse breve ensaio, podemos mais uma vez louvar a regra da extensão às questões prejudiciais da coisa julgada, contida no artigo 503 do NCPC: trata-se de uma

---

[65] BOLARD, George, L'office du juge et le rôle des parties: entre arbitraire et laxisme, in *La semaine juridique*, 2008, I, n. 156; GUINCHARD, Serge, L'autorité de la chose jugée qui n'a pas été jugée à l'épreuve des nouveaux principes directeurs du procès civil, cit., p. 379 ss.; BLÉRY, Concentration des demandes et office du juge: une nouvelle donne au sein des principes directeurs du procès civil (du renouvellement des rôles du juge et des parties quant au droit lors d'un procès), in *Mélanges Jacques Héron*, cit., p. 111 ss.; JEULAND, Emmanuel, Concentration des demandes: un conflit latent entre des chambres de la Cour de cassation, in *La semaine juridique*, 2010, n. 1052, § 1; HÉRON, Jacques; LE BARS, Thierry, *Droit judiciaire privé*, 4º ed., Paris: LJDG, 2010, p. 286.

[66] LOPES, Bruno Vasconcelos Carrilho, *Limites objetivos e eficácia preclusiva da coisa julgada*, cit., p. 64, noticia que o tema do fracionamento de um direito em juízo não é enfrentado pela doutrina brasileira.

[67] Ver nesse sentido Corte de Cassação, 10 de abril 2000, n. 108, in *Giur. It.*, 2001, p. 1143 ss.

[68] Corte de Cassaçao, 15 de novembro de 2007, n. 23726, in *Foro it.*, 2008, I, p. 1514, e in *Riv. dir. proc.*, 2008, p. 1437; in *Giur. it.*, 2008, p. 929; Corte de Cassaçao, 11 de junho de 2008, n. 15476, in *Danno e responsabilità*, 2009, p. 516 ss.; Corte de Cassaçao, 22 de dezembro de 2011, n. 28286, in *Foro it.*, 2012, I, p. 2819.

[69] MENCHINI, Sergio, Regiudicata, cit., § 12, salientava que: *"il concetto e l'estensione dell'oggetto del processo non sono rimessi alla discrezione delle parti private e che l'«entità minima strutturale» è costituita da un diritto soggettivo, sia pure meramente affermato, nella sua totale consistenza sostanziale, per cui non si può riconoscere all'attore il potere né di scindere l'unitaria pretesa ad una prestazione pecuniaria in più domande parziali quanto al petitum, né di limitare l'oggetto del giudicato ad uno specifico titolo di acquisto"*. Em favor da vedação do fracionamento em juízo de um direito, ver também: CARRATTA, Antonio, Ammissibilità della domanda giudiziale «frazionata» in più processi, in *Giur. it*, 2011, p. 1143; ID., Art. 112, in CARRATTA, Antonio; TARUFFO, Michele, *Dei poteri del giudice*, Bologna: Zanichelli, 2011, § 31. Em sentido oposto, ver: MONTESANO, Luigi, *La tutela*, cit., p. 231; CONSOLO, Claudio, Domanda giudiziale, in *Digesto discipline privatistiche*, vol. VII, Torino: Utet, 1991, 44 ss., spec. p. 69-70.

inovação que visa prestigiar os princípios de segurança jurídica e da economia processual. As condições ditadas pelo mesmo artigo 503 para que haja a ampliação da coisa julgada fazem com que o novo dispositivo respeite os demais princípios do devido processo legal e, notadamente, o do contraditório.

No que tange ao tema da eficácia preclusiva da coisa julgada sobre as causas de pedir não alegadas, o artigo 508 do NCPC reproduz o artigo 474 do CPC de 1973, ressalvadas algumas alterações terminológicas. Como vimos nos itens anteriores, a esmagadora maioria da doutrina brasileira concebe de forma restrita esta eficácia preclusiva da coisa julgada, salientando, ademais, a necessidade de afastar qualquer tentativa de "estender a imutabilidade a todas as demais causas de pedir que pudessem ser invocadas" e evitar, assim, uma afronta ao "acesso à justiça, à ampla defesa e ao contraditório"[70]. À luz das considerações comparativas feitas ao longo deste trabalho, a nosso ver, a visão brasileira da eficácia preclusiva mereceria ser revista, apontando em uma direção mais abrangente, prestigiando, desse modo, o princípio da boa-fé, insculpido no artigo 5º do NCPC, e o da economia processual.

Por último, no que tange os limites objetivos da coisa julgada sobre as situações da vida não deduzidas, parece-nos que o princípio de concentração das demandas, mencionado acima, constitui uma violação do princípio da disponibilidade de tutela jurisdicional, na medida em que amplia a abrangência da coisa julgada a pedidos não propostos. Ao contrário, seria mais saudável a adoção da regra, cunhada pela mais recente jurisprudência italiana, de vedação de fracionamento de um direito, pois nesse caso a situação material é única e o processo não pode se tornar um instrumento para chegar ao parcelamento artificial de um direito unitário: a nosso ver seria viável uma importação dessa regra para o direito brasileiro, em busca do fortalecimento do princípio da economia processual[71].

---

[70] LOPES, Bruno Vasconcelos Carrilho, *Limites objetivos e eficácia preclusiva da coisa julgada*, cit., p. 134.

[71] Em sentido oposto, LOPES, Bruno Vasconcelos Carrilho, *Limites objetivos e eficácia preclusiva da coisa julgada*, cit., p. 65.

21

AS NOVAS MODALIDADES DE PRODUÇÃO ANTECIPADA DA PROVA DO CÓDIGO DE PROCESSO CIVIL DE 2015: O *DISCOVERY* "À BRASILEIRA"

GLÁUCIO MACIEL GONÇALVES
MARCELO VEIGA FRANCO

Sumário: 1. Introdução. 2. O exemplo do sistema processual dos EUA: a importância da fase pré-processual para prevenir a judicialização desnecessária de conflitos e estimular o emprego de meios adequados de solução de disputas. 2.1. O *discovery* como a mais importante técnica pré-processual. 3. A produção antecipada da prova no Código de Processo Civil de 2015: as novas modalidades como uma técnica adequada de prevenção e solução de conflitos. 4. Considerações finais.

1. INTRODUÇÃO

A institucionalização de mecanismos de prevenção, gestão e resolução autocompositiva de controvérsias cíveis é uma tendência consolidada em países que já alcançaram um nível avançado de desenvolvimento. O sistema jurídico-processual dos Estados Unidos da América (EUA) é representativo desse modelo.

Naquele país, o emprego difundido dos *alternative dispute resolution* é uma realidade desde a segunda metade do século passado. Ademais, o amplo desenvolvimento de uma fase pré-processual (*pretrial*) consiste em um fator decisivo que favorece a diminuição da quantidade de controvérsias que são encaminhadas aos órgãos judiciários.

Já no Brasil, o atual Código de Processo Civil (CPC/2015), em vigor a partir de março de 2016, consagra a promoção e o estímulo à solução consensual dos conflitos como uma das *normas fundamentais* do processo civil brasileiro (artigo 3º, §§ 2º e 3º). A codificação nacional progride ao instrumentalizar ferramentas processuais destinadas a prevenir a judicialização desnecessária de disputas e a incentivar a utilização de meios adequados de resolução de controvérsias.

Dentre elas, as novas modalidades de produção antecipada da prova previstas no artigo 381, incisos II e III, do CPC/2015 consistem em exemplos emblemáticos. Ao ampliar as hipóteses de cabimento da produção antecipada da prova e prever outras situações então inexistentes na codificação anterior, o CPC/2015 inova positivamente ao possibilitar a antecipação da atividade probatória com os objetivos de viabilizar a autocomposição ou o emprego de outro meio adequado de solução de conflito, bem como de justificar ou evitar o ajuizamento da ação principal.

Nesse sentido, o presente artigo, a partir de uma análise comparativa com o sistema jurídico-processual dos EUA, visa a examinar de que maneira as novas modalidades de produção antecipada da prova contribuem para a concretização das finalidades de prevenção e resolução consensual de conflitos. Ao que parece, a roupagem jurídica conferida pelo CPC/2015 à produção antecipada da prova, mais ampla em comparação com aquela estabelecida pelo Código de Processo Civil de 1973 (CPC/1973), foi inspirada no direito comparado e aproxima o processo civil brasileiro, em certa medida, ao sistema processual americano.

É nesse sentido que, *mutatis mutandis*, não é exagero afirmar que as novas modalidades de produção antecipada da prova consagram o *discovery* "à brasileira".

2. O EXEMPLO DO SISTEMA PROCESSUAL DOS EUA: A IMPORTÂNCIA DA FASE PRÉ-PROCESSUAL PARA PREVENIR A JUDICIALIZAÇÃO DESNECESSÁRIA DE CONFLITOS E ESTIMULAR O EMPREGO DE MEIOS ADEQUADOS DE SOLUÇÃO DE DISPUTAS

A cultura jurídica hoje prevalente nos EUA é baseada no desestímulo à judicialização dos conflitos. Como decorrência do movimento histórico denominado de *vanishing trial*,[1] eclodido a partir da segunda metade do século XX como uma resposta à "explosão de litigiosidade" então existente,[2] verificou-se no sistema processual americano a ocorrência de um

---

[1] GALANTER, Marc. The Vanishing Trial: An Examination of Trials and Related Matters in Federal and State Courts. *Journal of Empirical Legal Studies*, Cornell University Law School, Volume 1, Issue 3, p. 459-570, November 2004, tradução nossa; GALANTER, Marc. A World Without Trials? *Journal of Dispute Resolution*, University of Missouri School of Law, Volume 2006, Issue 1, p. 7-33, 2006, tradução nossa.

[2] FRIEDMAN, Lawrence M. The Day Before Trials Vanished. *Journal of Empirical Legal Studies*, Cornell University Law School, Volume 1, Issue 3, p. 690, 703, November 2004, tradução nossa; SARAT, Austin. The litigation explosion, access to justice, and court reform: examining the critical assumptions. *Rutgers Law Review*, Rutgers University Law School, Volume 37, p. 319-327, 1985, tradução nossa.

fenômeno tendente ao desaparecimento – ou ao menos à redução drástica – da quantidade e do percentual de julgamentos nos órgãos judiciários. Atualmente, é possível afirmar que a sentença jurisdicional adjudicatória, proferida no bojo de um processo judicial, não é o método principal de solução de controvérsias adotado nos EUA.

Esse contexto resulta em uma série de características tipicamente atribuídas ao sistema processual americano. Uma delas é justamente o desenvolvimento aprofundado de uma fase pré-processual (*pretrial*) que visa a prevenir a judicialização desnecessária de conflitos, bem como a estimular o emprego dos meios "adequados" de solução de disputas (*alternative dispute resolution*).[3]

Uma gama de eventos ocorridos nos EUA entre as décadas de 1960 a 1970 concorreu para o surgimento e a expansão do emprego dos *alternative dispute resolution*. Primeiramente, a criação e ampliação de novos direitos – como os das minorias, das mulheres, dos consumidores, do meio ambiente, dentre outros – demandou a operacionalização de novas técnicas de tutela jurídica pelos tribunais.

Também o aumento significativo de casos criminais exigiu que as cortes se esforçassem com vistas à diminuição do estoque de causas cíveis. Ademais, o estudo nas universidades acerca de outras formas de solução de disputas, além da adjudicatória, colocou pressão para que os tribunais revisassem as suas técnicas de julgamento.[4]

Todavia, um dos fatos mais importantes para a difusão dos *alternative dispute resolution* nos EUA foi o projeto intitulado de *Multi-Door Courthouse System*, idealizado pelo Professor Frank Ernest Arnold Sander, da Faculdade de Direito de Harvard.[5]

---

[3] Comunga-se das críticas à locução "meios alternativos de resolução de disputas" como tradução literal de *alternative dispute resolution*, tendo em vista que ela sugere um caráter secundário ou de menor importância aos meios autocompositivos e/ou extrajudiciais de solução de conflitos. Por essa razão, vários autores estrangeiros e brasileiros, com razão, preferem a utilização dos termos "adequados" ou "apropriados". Assim sendo, para evitar qualquer juízo de valor quanto à importância desses métodos, também serão utilizadas, no presente artigo, as expressões "meios adequados" ou "meios apropriados" de solução de conflitos (Conferir: STIPANOWICH, Thomas J. ADR and the "Vanishing Trial": The Growth and Impact of "Alternative Dispute Resolution". *Journal of Empirical Legal Studies*, Cornell University Law School, Volume 1, Issue 3, p. 845, November 2004, tradução nossa; MENKEL-MEADOW, Carrie. When Litigation is Not the Only Way: Consensus Building and Mediation As Public Interest Lawyering. *Journal of Law & Policy*, Washington University, p. 43, 2002, tradução nossa; MAZZEI, Rodrigo; CHAGAS, Bárbara Seccato Ruis. Métodos ou tratamentos adequados de conflitos? *In*: JAYME, Fernando Gonzaga; MAIA, Renata Christiana Vieira; NORATO REZENDE, Ester Camila Gomes; LANNA, Helena. *Inovações e modificações do Código de Processo Civil*: avanços, desafios e perspectivas. Belo Horizonte: Del Rey, 2017, p. 116-117).

[4] SCHNEIDER, Andrea Kupfer. Not Quite a World Without Trials: Why International Dispute Resolution is Increasingly Judicialized. *Journal of Dispute Resolution*, University of Missouri School of Law, Volume 2006, Issue 1, p. 125, 2006, tradução nossa.

[5] SANDER, Frank E. A. *Varieties of Dispute Processing*. Eagan: West Publishing Company, 1976, tradução nossa.

De acordo com o referido projeto – comumente traduzido para o português como Sistema de Tribunal Múltiplas Portas ou simplesmente Sistema Multiportas –, cabe aos tribunais judiciários fornecer aos seus usuários uma série de métodos adequados de solução de conflitos, além do método heterocompositivo clássico em que o juiz impõe a decisão adjudicatória que coloca termo à controvérsia.[6] O modelo do *Multi-Door Courthouse System* visa a disponibilizar um centro de solução de disputas por meio do qual são oferecidas várias técnicas de resolução de disputas.

O método convencional jurisdicional representa apenas uma técnica de solução de disputa, dentre as várias opções que são postas à disposição dos disputantes, tais como a conciliação, mediação e arbitragem.[7] Para Frank Sander, existe uma variedade significativa de outros procedimentos que proporcionam uma composição mais efetiva e adequada da controvérsia – em termos de custo, rapidez, precisão, credibilidade (para o público e para as partes), funcionabilidade e previsibilidade.[8]

A incorporação de uma fase alternativa ao processo de solução de disputas amplia o acesso dos cidadãos ao leque de "portas" disponíveis e especificamente amoldáveis ao caso concreto em discussão.[9] A premissa é que cada caso deve receber tratamento particularizado.

No entanto, o projeto do *Multi-Door Courthouse System* apresentou sérias dificuldades para a sua implantação, em virtude, por exemplo, dos altos custos financeiros envolvidos para a reestruturação física e administrativa dos tribunais, da necessidade de mobilização de amplo corpo de recursos humanos e da inviabilidade de se fornecer um exame individualizado das causas, sobretudo em um contexto de ampliação da litigiosidade repetitiva.[10] A sua relevância, todavia, resultou na edição de relevantes mudanças legislativas direcionadas a estimular o emprego dos *alternative dispute resolution*.

Nesse campo, cumpre destacar a importância do *Civil Justice Reform Act*, de 1990, e do *Alternative Dispute Resolution Act*, de 1998. Esses dois diplomas legais instituíram oficialmente o incentivo ao desenvolvimento de programas de utilização de *alternative dispute resolution* nos tribunais, bem como institucionalizaram o fomento a soluções

---

[6] SMITH, Roger. Access to justice: innovation in North America. *In*: SMITH, Roger (Ed.). *Achieving Civil Justice*: Appropriate Dispute Resolution for the 1990s. London: Legal Action Group, 1996, p. 42.

[7] KESSLER, Gladys; FINKELSTEIN, Linda J. The Evolution of a Multi-Door Courthouse. *Catholic University Law Review*, The Catholic University of America, Columbus School of Law, Volume 37, Issue 3, p. 577, Spring 1988, tradução nossa.

[8] SANDER, Frank E. A. *Varieties of Dispute Processing*. Eagan: West Publishing Company, 1976, p. 112-113, tradução nossa.

[9] RESNIK, Judith. Many Doors? Closing Doors? Alternative Dispute Resolution and Adjudication. *Ohio State Journal on Dispute Resolution*, The Ohio State University, Moritz College of Law, Volume 10, Number 2, p. 217, 1995, tradução nossa.

[10] STEDMAN, Barbara Epstein. Multi-option justice at the Middlesex Multi-Door Courthouse. *In*: SMITH, Roger (edit.). *Achieving Civil Justice*: Appropriate dispute resolution for the 1990s. London: Legal Action Group, 1996, p. 120, tradução nossa.

não-adjudicatórias de conflitos como forma de redução da morosidade processual e combate aos altos custos judiciais.[11]

Conforme previsto nas seções 2 e 3 do *Alternative Dispute Resolution Act*, na expressão *alternative dispute resolution* estão incluídos qualquer processo ou procedimento, diferente da adjudicação presidida por um juiz, por meio do qual uma terceira parte neutra participa para auxiliar na resolução de questões controversas.[12] Ainda de acordo com o referido diploma legal, os meios adequados de solução de disputas, se empregados por terceiros neutros devidamente treinados, possuem o potencial de produzir uma variedade de benefícios, tais como maior satisfação para as partes, diminuição do estoque de casos pendentes de julgamento e possibilidade de que as cortes julguem os casos remanescentes de forma mais eficiente.[13]

É nesse cenário que o reforço e o incentivo à utilização disseminada de técnicas pré--processuais e de pré-julgamento (*pretrial techniques*) contribui para o declínio de soluções adjudicatórias nos EUA, associada ao encorajamento do emprego de meios extrajudiciais de solução de conflitos pelas partes. O desenvolvimento de técnicas de prevenção e resolução autocompositiva de disputas nos EUA também são reflexo do aperfeiçoamento, maior emprego e aumento da importância da atividade pré-processual (*pretrial activity*).[14]

A relação entre a expansão da fase pré-processual e a desjudicialização de conflitos é direta. As técnicas pré-processuais, cabíveis em momento anterior ao julgamento ou à própria judicialização da controvérsia, geram o efeito de incentivar a autocomposição entre as partes ou, até mesmo, estimulam a renúncia ou a desistência da pretensão em virtude dos riscos advindos de um julgamento – como quando, por exemplo, uma das partes, após a coleta preliminar e extrajudicial de provas, percebe que a sua pretensão possui menor robustez probatória do que ela anteriormente supunha.

No sistema processual americano, as técnicas de negociação e acertamento de interesses em conflito na fase pré-processual do litígio são fortemente valorizadas. Com base em dados estatísticos, Marc Galanter estima que, no início dos anos 2000, aproximadamente 70% (setenta por cento) dos casos foram resolvidos em estágio pré-julgamento e sem a necessidade de intervenção judicial, enquanto que, na década de 1960, esse percentual girava em torno de 20% (vinte por cento).[15]

---

[11] LUDWIG, Edmund V. A Judge's View: The trial/ADR interface, *Dispute Resolution Magazine*, American Bar Association Section of Dispute Resolution, Volume The Vanishing Trial, p. 11, Summer 2004, tradução nossa.

[12] UNITED STATES OF AMERICA IN CONGRESS. Alternative Dispute Resolution Act. *Public Law*, 105-315, October 1998. Disponível em: https://www.adr.gov/ADR%20ACT%201998.pdf. Acesso em: 15 mar. 2018, tradução nossa.

[13] UNITED STATES OF AMERICA IN CONGRESS. Alternative Dispute Resolution Act. Public Law, 105-315, October 1998. Disponível em: https://www.adr.gov/ADR%20ACT%201998.pdf. Acesso em: 15 mar. 2018, tradução nossa.

[14] HADFIELD, Gillian K. Where Have All the Trials Gone? Settlements, Nontrial Adjudications, and Statistical Artifacts in the Changing Disposition of Federal Civil Cases. *Journal of Empirical Legal Studies*, Cornell University Law School, Volume 1, Issue 3, p. 705, November 2004, tradução nossa.

[15] GALANTER, Marc. The Vanishing Trial: What the numbers tell us, what they may mean. *Dispute Resolution Magazine*, American Bar Association, Volume Summer 2004, p. 3-4, 2004, tradução nossa.

Na mesma linha, John Lande ressalta que os tribunais americanos estão fortemente empenhados no gerenciamento pré-processual dos casos, com vistas a alcançar, sempre que possível, uma solução mais rápida para o conflito, em momento anterior ao julgamento adjudicatório. Para tanto, as cortes vêm se dedicando a realizar audiências pré-processuais, a precisar os limites da busca preliminar de provas por meio do *discovery*, a ampliar as possibilidades de decisões em moções de retirada (*motions to dismiss*) e a aperfeiçoar as técnicas de julgamento sumário (*summary judgment*) e julgamento padrão (*default judgment*).[16]

Basicamente, os objetivos das técnicas pré-processuais são os de oportunizar a solução do litígio na fase inicial de seu surgimento ou, ao menos, de possibilitar que a resolução ocorra por meio de composição (*settlement*) que prescinda de uma sentença adjudicatória.[17] Além do estímulo ao acordo, as ferramentas pré-processuais também servem ao propósito de simplificar o eventual procedimento judicial que ensejará um julgamento adjudicatório, caso as partes não alcancem uma autocomposição prévia – o que ocorre, por exemplo, por intermédio da delimitação, em momento prévio à judicialização, das questões de direito controvertidas, fixação dos fatos em discussão e inquirição de testemunhas.[18]

Nessa perspectiva, o aprimoramento da fase pré-processual é importante para possibilitar uma melhor gestão dos próprios processos judiciais. O aperfeiçoamento da condução da fase anterior à judicialização representa a conquista de um controle maior da esfera da litigiosidade, inclusive com o encurtamento do período necessário para a solução das disputas.[19]

Enfim, a existência de uma fase pré-processual bem definida é extremamente relevante para prevenir a judicialização desnecessária de conflitos e estimular o emprego dos *alternative dispute resolution* no âmbito do sistema processual americano. Por esse motivo, torna-se importante analisar os tipos de ferramentas pré-processuais existentes nos EUA, com enfoque no *discovery*.

2.1. O *discovery* como a mais importante técnica pré-processual

A técnica pré-processual mais importante e conhecida nos EUA é denominada de *discovery*.[20] A sua relevância é tamanha que Lawrence Friedman afirma que, em virtude da

---

[16] LANDE, John. How Much Justice Can We Afford? Defining the Courts' Roles and Deciding the Appropriate Number of Trials, Settlement Signals, and Other Elements Needed to Administer Justice. *Journal of Dispute Resolution*, University of Missouri School of Law, Volume 2006, Issue 1, p. 219-220, 2006, tradução nossa.

[17] BURBANK, Stephen B. Vanishing Trials and Summary Judgment in Federal Civil Cases: Drifting Toward Bethlehem or Gomorrah? *Journal of Empirical Legal Studies*, Cornell University Law School, Volume 1, Issue 3, p. 592-594, November 2004, tradução nossa.

[18] REED, John W. Review of Pre-Trial. *Michigan Law Review*, University of Michigan Law School, Volume 49, p. 924, 1951, tradução nossa.

[19] SIPES, Larry L. Reducing delay in State Courts: a march against folly. *Rutgers Law Review*, Rutgers Law School, Volume 37, p. 311-312, 1985, tradução nossa.

[20] Existem outras técnicas pré-processuais amplamente empregadas nos EUA, tais como o julgamento sumário (*summary judgment*), o julgamento padrão (*default judgment*) e a moção de retirada

utilização disseminada do *discovery*, o "centro de gravidade" do sistema jurídico americano migrou do julgamento para a atividade pré-processual.[21]

Por intermédio do *discovery*, os advogados e as partes, por meios próprios, promovem a investigação dos fatos envolvidos na causa antes da sua eventual judicialização. Trata-se de um procedimento formal, desenvolvido na esfera extrajudicial e em momento pré-processual, que permite o acesso recíproco a informações e dados que se encontram de posse das partes, a fim de possibilitar a antecipação de uma ampla coleta de provas entre elas.[22]

O *discovery* pode ser entendido como uma técnica de produção probatória preliminar, a qual possibilita a atuação estratégica de advogados e partes na descoberta de fatos. A sua finalidade é viabilizar a prévia revelação (*disclosure*) das circunstâncias fáticas que poderão embasar uma futura ação judicial, possibilitando que as partes obtenham informações recíprocas sobre o caso. Há o adiantamento da reunião de elementos probatórios, antes mesmo da judicialização da controvérsia.[23]

Um dos efeitos mais notáveis do *discovery* é acelerar a divulgação de dados, fatos e informações, permitindo que as partes e advogados possam reavaliar as suas posições e definir a melhor estratégia a ser adotada para o caso. A utilização do *discovery* implica a necessidade de que os sujeitos em conflito façam uma análise do custo-benefício de eventual propositura futura de ação judicial, comparando os custos da litigância com as vantagens que seriam obtidas na eventual celebração de um acordo, inclusive em termos de obtenção de maior economia, rapidez e previsibilidade.

Como consequência, o *discovery* produz informações mútuas que poderiam ser discutidas em um processo judicial futuro e, com isso, espera-se que ocorra um aumento das chances de autocomposição imediata entre as partes – o que contribui para explicar a relação entre a expansão da fase pré-processual e o declínio do número de processos judiciais e julgamentos adjudicatórios.[24] Quando menos, a produção probatória preliminar acarreta uma tramitação mais rápida e simples de eventual processo judicial posterior.[25]

(*motion to dismiss*), as quais visam à resolução da controvérsia sem a necessidade de julgamento (*trial*) (MULLENIX, Linda S. *Civil Procedure*. Eagan: Thomson West, 2004, p. 377-379). Todavia, considerando os objetivos deste artigo, a análise será restrita ao *discovery*.

[21] FRIEDMAN, Lawrence M. The Day Before Trials Vanished. *Journal of Empirical Legal Studies*, Cornell University Law School, Volume 1, Issue 3, p. 698, November 2004, tradução nossa.

[22] BINGHAM, Lisa Blomgren. When We Hold No Truths to be Self-Evident: Truth, Belief, Trust, and the Decline in Trials. *Journal of Dispute Resolution*, University of Missouri School of Law, Volume 2006, Issue 1, p. 152, 2006, tradução nossa.

[23] GLASER, William A. *Pretrial Discovery and the Adversary System*. New York: Russell Sage Foundation, 1968, p. 9, tradução nossa.

[24] YEAZELL, Stephen C. Getting What We Asked For, Getting What We Paid For, and Not Liking What We Got: The Vanishing Civil Trial. *Journal of Empirical Legal Studies*, Cornell University Law School, Volume 1, Issue 3, p. 950-951, November 2004, tradução nossa.

[25] DRASCO, Dennis J. Public Access to Information in Civil Litigation vs. Litigant's Demand for Privacy: Is the "Vanishing Trial" an Avoidable Consequence? *Journal of Dispute Resolution*, University of Missouri School of Law, Volume 2006, Issue 1, p. 156, 2006, tradução nossa.

A legislação americana permite que vários meios de prova sejam empregados nessa fase pré-processual, tais como: interrogatórios de partes (*interrogatories*); inquirição de testemunhas (*witness depositions*); solicitação de documentos (*document requests*); pedidos de divulgação de informações armazenadas eletronicamente (*electronically stored information*); realização de perícias físicas e mentais (*physical and mental examination*); e requisição para confissão de fatos (*requests to admit facts*).[26]

Para que haja uma real eficácia na utilização desses meios probatórios, é autorizado que a coleta de provas ocorra em ambientes privados e fora dos órgãos jurisdicionais. Comumente, o *discovery* é conduzido em escritórios de advocacia, no qual as partes, advogados e testemunhas promovem a produção probatória na presença de um representante oficial do Judiciário. Aos advogados é conferida a prerrogativa de encaminhar intimações (*subpoenas*) e moções (*motions*) cujo cumprimento pode ser declarado como obrigatório por solicitação ao tribunal (*motion to compel*).

A ideia subjacente à técnica do *discovery* é oportunizar que as partes e advogados antecipem a produção probatória independentemente de atuação jurisdicional. A concepção que vigora nos EUA é a de que as provas pertencem às partes e, por essa razão, cabe a elas o esforço na revelação dos fatos, dados e informações relevantes à causa. Por essa razão, Stephen Yeazell entende que a técnica do *discovery* representa a própria privatização da investigação dos fatos (*privatization of fact investigation*).[27]

Como consequência da produção probatória advinda do *discovery*, também é comum a realização, inclusive em fóruns privados, de audiências prévias de tentativa de autocomposição entre as partes, conduzidas por advogados ou conciliadores e mediadores profissionais. Novamente, a premissa é encorajar a celebração de acordos, por meio da utilização de algum dos métodos consensuais de solução de controvérsias.

A utilização do *discovery*, ao possibilitar o adiantamento da produção de provas em momento pré-processual, representa uma técnica de prevenção de conflitos, na medida em que aumenta as possibilidades de obtenção de uma solução antecipada e consensual para boa parte das disputas cíveis. É nessa perspectiva que o desenvolvimento de uma etapa anterior à judicialização da controvérsia produz os efeitos de estimular a autocomposição entre as partes e de solidificar uma cultura americana de incentivo à adoção de meios adequados de resolução de disputas, inclusive na esfera extrajudicial.

---

[26] MAUET, Thomas A. *Pretrial*. Seventh Edition. New York: Aspen Publishers, Wolters Kluwer Law & Business, 2008, p. 185 *et seq*., tradução nossa; WEINSTEIN, Mark. *Introduction to Civil Litigation*. Third Edition. St. Paul: West Publishing Company, 1993, p. 185 *et seq*., tradução nossa; STEMPEL, Jeffrey W.; BAICKER-MCKEE, Steven; COLEMAN, Brooke D.; HERR, David F.; KAUFMAN, Michael J. *Learning Civil Procedure*. St. Paul: West Academic Publishing, 2013, p. 912, tradução nossa.

[27] YEAZELL, Stephen C. Getting What We Asked For, Getting What We Paid For, and Not Liking What We Got: The Vanishing Civil Trial. *Journal of Empirical Legal Studies*, Cornell University Law School, Volume 1, Issue 3, p. 944, November 2004, tadução nossa.

3. A PRODUÇÃO ANTECIPADA DA PROVA NO CÓDIGO DE PROCESSO CIVIL DE 2015: AS NOVAS MODALIDADES COMO UMA TÉCNICA ADEQUADA DE PREVENÇÃO E SOLUÇÃO DE CONFLITOS

No Brasil, o desenvolvimento de uma fase pré-processual de coleta de provas ainda é incipiente. Todavia, o CPC/2015, ao expandir as hipóteses de cabimento da produção antecipada da prova, busca inaugurar uma realidade que pode favorecer substancialmente a atividade probatória preliminar e, com isso, possibilitar um melhor gerenciamento da judicialização de controvérsias.

Com efeito, no CPC/1973 as hipóteses de cabimento da produção antecipada de provas eram restritas às provas oral e pericial. A premissa que vigorava na codificação revogada era a de que o adiantamento da atividade probatória se destinava unicamente ao acautelamento de eventual risco de perecimento da própria prova.

Nesse sentido, Suzana Cremasco ensina que, na vigência do CPC/1973, a produção antecipada de provas consistia em um "procedimento cautelar específico (art. 846/ss.) e, como tal, dada a sua natureza, tinha a sua admissibilidade condicionada ao risco de que a prova que se pretendia antecipar, por alguma razão, não pudesse se realizar, durante a instrução".[28] A excepcionalidade da autorização legal de antecipar a dilação probatória para momento anterior ao ajuizamento da ação principal – e à futura fase instrutória – justificava a exigência de que houvesse ameaça à integridade do respectivo meio de prova.

Tanto é assim que, de acordo com o artigo 847 do CPC/1973, o interrogatório de parte ou a inquirição de testemunhas antes da audiência de instrução apenas eram possíveis no caso de necessidade de ausência superveniente daquele que seria ouvido, ou na hipótese de "justo receio" de que, por "motivo de idade ou de moléstia grave", ocorresse a futura impossibilidade do depoimento ou o próprio falecimento do depoente.

De maneira semelhante, o artigo 849 do CPC/1973 previa que a antecipação da realização de exame pericial somente era admissível caso houvesse "fundado receio" de que viesse a "tornar-se impossível ou muito difícil a verificação de certos fatos na pendência da ação". Dessa forma, assim como no caso da prova oral, também a realização da prova técnica visava a evitar que o meio de prova se tornasse inútil ou impossível.

Assim sendo, na sistemática do código anterior, a precipitação da atividade probatória tinha como objetivo principal a preservação do meio de prova, ou dos resultados dele esperados. A possibilidade da antecipação da produção de provas dependia da comprovação do perigo da demora (*periculum in mora*), tendo em vista que era imprescindível a demonstração do requisito da urgência.

---

[28] CREMASCO, Suzana Santi. Os contornos da teoria geral das provas. *In*: THEODORO JÚNIOR, Humberto (Coord.). JAYME, Fernando Gonzaga; GONÇALVES, Gláucio Maciel; FARIA, Juliana Cordeiro de; FRANCO, Marcelo Veiga; ARAÚJO, Mayara de Carvalho; CREMASCO, Suzana Santi (Org.). *Processo Civil Brasileiro*: Novos Rumos a partir do CPC/2015. Belo Horizonte: Del Rey, 2016, p. 148.

Por seu turno, o CPC/2015 altera profundamente o instituto da produção antecipada da prova. A codificação atual não apenas simplifica o procedimento, como também institui novas hipóteses de cabimento que prescindem do requisito da urgência.

A simplificação procedimental estabelecida pelo CPC/2015 é verificada de diversas maneiras. Uma delas diz respeito à própria natureza jurídica da produção antecipada da prova, a qual, perdendo o seu caráter de processo cautelar conforme previsto no CPC/1973, passa a se enquadrar na categoria de procedimento de jurisdição voluntária que não depende da comprovação do requisito do perigo.

Também como forma de combater a complexidade procedimental, o CPC/2015 funde, no mesmo procedimento, os institutos da produção antecipada da prova e da justificação prevista no § 5º do artigo 381. Outrossim, a codificação vigente também retira o caráter cautelar do pedido de exibição de documento ou coisa (artigos 396 a 404 do CPC/2015), inserindo-o no rol dos meios de prova.[29]

Todavia, a maior inovação do CPC/2015 com relação ao instituto da produção antecipada da prova se relaciona à criação e consequente ampliação das suas hipóteses de cabimento, inclusive com a previsão de situações nas quais o adiantamento da atividade probatória não está condicionado à demonstração do risco de perecimento do meio de prova. Essas novas modalidades são justamente aquelas que assemelham a produção antecipada da prova à técnica americana do *discovery*.

Nessa seara, cumpre destacar, primeiramente, que o CPC/2015 não limita a antecipação da produção probatória apenas para os casos de provas oral e pericial, como dispunha a codificação revogada. Ressalvada a hipótese de produção de prova documental, cujo adiantamento se requer por meio de pedido de exibição de documento (artigos 396 a 404 do CPC/2015), o instituto da produção antecipada da prova regulado pelos artigos 381 a 383 do CPC/2015 autoriza o adiantamento da produção de qualquer meio lícito de prova.[30]

Em virtude dessa amplitude do adiantamento da atividade probatória para qualquer meio de prova, pode-se afirmar que o CPC/2015 consagra uma *cláusula geral de antecipação probatória autônoma* ou, nos dizeres de Fredie Didier Jr., uma "ação probatória autônoma genérica".[31] O escopo da codificação vigente é exatamente a afirmação do *direito autônomo e genérico à produção antecipada da prova*.

---

[29] DIDIER JR., Fredie. Produção antecipada da prova. *In*: MACÊDO, Lucas Buril de; PEIXOTO, Ravi; FREIRE, Alexandre. *Processo de Conhecimento – Provas*. Salvador: Juspodivm, 2015, p. 530-534.

[30] A possibilidade de antecipação da produção de qualquer meio de prova já era defendida antes mesmo da entrada em vigor do CPC/2015. Por todos, conferir: YARSHELL, Flávio Luiz. *Antecipação da prova sem o requisito da urgência e direito autônomo à prova*. São Paulo: Malheiros, 2009, p. 421 e 442-445.

[31] DIDIER JR., Fredie. Produção antecipada da prova. *In*: MACÊDO, Lucas Buril de; PEIXOTO, Ravi; FREIRE, Alexandre. *Processo de Conhecimento – Provas*. Salvador: Juspodivm, 2015, p. 529-530.

Como consequência desse caráter genérico do adiantamento da atividade probatória, o CPC/2015 alarga as hipóteses que podem fundamentar o cabimento da produção antecipada da prova.

Assim como no CPC/1973, o atual código também prevê a hipótese na qual a produção antecipada da prova está fundada no requisito da urgência. Nesse sentido, o inciso I do artigo 381 do CPC/2015 dispõe que a produção antecipada da prova é admitida no caso em que "haja fundado receio de que venha a tornar-se impossível ou muito difícil a verificação de certos fatos na pendência da ação". Observa-se que a previsão do CPC/2015 é genérica, isto é, a parte pode requerer, com base na urgência, a antecipação da produção de qualquer meio de prova, a fim de assegurar a possibilidade ou facilidade da verificação de fatos.

Contudo, a inovação instituída pelo CPC/2015 ocorre no que se refere aos incisos II e III do artigo 381 do CPC/2015. Nessas novas hipóteses de cabimento, a produção antecipada da prova é admitida, respectivamente, nos casos em que "a prova a ser produzida seja suscetível de viabilizar a autocomposição ou outro meio adequado de solução de conflito" e quando "o prévio conhecimento dos fatos possa justificar ou evitar o ajuizamento de ação".

Em nenhuma dessas hipóteses, cabe à parte demonstrar o requisito da urgência ou a necessidade do acautelamento de eventual risco de perecimento da prova. Diferentemente, o objetivo é proporcionar condições mais propícias para que as partes possam gerenciar as ferramentas de resolução da controvérsia.

A premissa subjacente é a mesma já consolidada no sistema jurídico americano, isto é, a de que a atividade probatória igualmente pertence às partes. O resultado da produção probatória dirigida ao acertamento dos fatos em discussão contribui para firmar a convicção do magistrado sobre o caso concreto, ao mesmo tempo em que interessa para que as partes possam construir uma percepção mais fidedigna quanto às suas reais chances de êxito no desfecho do conflito.

Nessa ótica, Fredie Didier Jr. afirma que essas novas modalidades de produção antecipada da prova reforçam "a ideia de que o destinatário da prova não é apenas o juiz", uma vez que a "prova também se dirige às partes". Isso quer dizer que a produção probatória é essencial não somente para auxiliar na formação da persuasão judicial, mas também para contribuir para que as próprias partes "formem o seu convencimento sobre a causa e, a partir daí, tracem as suas estratégias".[32]

De fato, as novas modalidades de produção antecipada da prova estão condizentes com a noção de que as provas também atuam para aprimorar os mecanismos que são atribuídos às partes para possibilitar uma melhor gestão, prevenção e solução adequada do conflito. Assim como já ocorre nos EUA, o ordenamento jurídico brasileiro se mostra adepto da ideia de que o adiantamento da atividade probatória tem o condão de estimular a autocomposição, incentivar o emprego de *alternative dispute resolution*, evitar a judicialização desnecessária da controvérsia, ou justificar previamente a necessidade do ajuizamento da ação em face das provas até então colhidas.

---

[32] DIDIER JR., Fredie. Produção antecipada da prova. *In*: MACÊDO, Lucas Buril de; PEIXOTO, Ravi; FREIRE, Alexandre. *Processo de Conhecimento – Provas*. Salvador: Juspodivm, 2015, p. 532.

O inciso II do artigo 381 do CPC/2015, por exemplo, é expresso em consignar que a produção antecipada da prova é cabível para o fim de incentivar a autocomposição ou estimular o emprego de outro meio adequado de solução de conflito. Com isso, espera-se que, em momento anterior ao eventual ajuizamento da ação, as partes tenham condições de colher e reunir provas suficientes para concluir que a celebração de um acordo é o meio mais apropriado para a resolução daquela específica controvérsia.

Essa hipótese de cabimento de produção antecipada da prova está em consonância com uma das *normas fundamentais* do processo civil brasileiro, qual seja, a promoção e o estímulo à solução consensual dos conflitos (artigo 3º, §§ 2º e 3º, do CPC/2015). A finalidade dessa nova modalidade é proporcionar às partes a prévia ciência dos fatos controvertidos e incontroversos, a fim de que seja possível obter informações e dados recíprocos sobre o caso concreto e, com isso, expandir as possibilidades de uma solução negociada da disputa.

A inovação contida no CPC/2015 está fundada no pressuposto de que há um aumento das chances de autocomposição, ou de adoção de um dos meios consensuais de solução de conflito, a partir do momento em que as partes antecipam o conhecimento das circunstâncias fáticas em discussão. Nessa perspectiva, o adiantamento da fase de coleta de provas tem o potencial de encorajar o emprego da conciliação e da mediação, sem que haja a necessidade de aguardar a designação futura de uma audiência com essa mesma finalidade no bojo de um processo judicial (artigo 334 do CPC/2015).

O objetivo de estimular o consenso e a utilização de meios adequados de solução de conflitos antes da propositura da ação é igualmente verificado nos EUA. De maneira similar à previsão do inciso II do artigo 381 do CPC/2015, a técnica do *discovery* visa a antecipar a produção probatória para um momento pré-processual (*pretrial*) com os propósitos de incentivar a autocomposição (*settlement*) e promover a adoção dos *alternative dispute resolution*. Nesses termos, as semelhanças entre a produção antecipada da prova e o *discovery* são evidentes.

Outrossim, a nova modalidade de produção antecipada da prova prevista no inciso III do artigo 381 do CPC/2015 guarda inegável similitude com o *discovery*.

Nos EUA, uma das principais finalidades atribuídas ao *discovery* é a de viabilizar uma atuação estratégica de advogados e partes depois de reveladas as conjunturas fáticas controvertidas. Isso quer dizer que a antecipação da divulgação mútua de informações e dados sobre o caso concreto permite que as partes e seus advogados reavaliem as suas posições, reflitam sobre a força probatória de suas pretensões e, por conseguinte, definam a estratégia processual que entendam como a mais adequada para a solução da controvérsia.

No Brasil, a nova hipótese de cabimento da produção antecipada da prova consagrada no inciso III do artigo 381 do CPC/2015 possui o mesmo intento. Ao prever que "o prévio conhecimento dos fatos" pode "justificar ou evitar o ajuizamento de ação", a finalidade do adiantamento da atividade probatória nada mais é do que possibilitar que as partes e advogados possam traçar uma estratégia processual apropriada para o caso, após a reunião de um material probatório preliminar que permita avaliar a real necessidade ou mesmo a própria viabilidade de uma ação judicial futura.

Portanto, essa novidade do CPC/2015 é extremamente importante para prevenir a judicialização desnecessária de controvérsias que não possuem um lastro probatório mínimo, assim como para incentivar o ajuizamento de ações que, de fato, ostentam um fundamento probatório suficiente que justifique a provocação do Judiciário. A verificação prévia das provas, em momento anterior à propositura da ação, mostra-se relevante para impedir "aventuras" jurídicas de sujeitos que optam por "tentar a sorte" no Judiciário.

É nesse sentido que o inciso III do artigo 381 do CPC/2015 consiste em manifestação do princípio da cooperação processual (artigos 5º e 6º do CPC/2015). Na medida em que exige que a propositura de ações tenha justificativa probatória, essa nova modalidade de produção antecipada da prova se revela como manifestação da boa-fé processual e corolário de uma atuação ética de partes e advogados (artigo 77, inciso II, do CPC/2015). O escopo de evitar o ajuizamento de ações sem lastro probatório, depois de já conhecidos os fatos, consiste em uma ferramenta de combate à litigância de má-fé (artigo 80, incisos I, II e VI, do CPC/2015).

Enfim, as novas modalidades de produção antecipada da prova, previstas nos incisos II e III do artigo 381 do CPC/2015, consistem em um importante avanço da codificação brasileira, e parecem ter buscado inspiração na técnica americana do *discovery*. É possível afirmar que, a partir do CPC/2015, a produção antecipada da prova denota uma técnica adequada de prevenção e solução de conflitos, a qual pode contribuir sobremaneira com um gerenciamento mais efetivo e apropriado das controvérsias.

4. CONSIDERAÇÕES FINAIS

Os sistemas processuais brasileiro e americano são essencialmente distintos por vários motivos. As profundas discrepâncias entre os dois países – de natureza social, política, econômica e cultural – e as diferenças nas tradições que deram origem aos respectivos ordenamentos jurídicos – *civil law* e *common law* – não permitem, ou ao menos dificultam, o mero intercâmbio ou a simples aplicação acrítica de institutos e conceitos legais estrangeiros. Contudo, essa realidade não é obstáculo para o estudo comparativo entre sistemas processuais díspares, a fim de examinar semelhanças entre instituições jurídicas.

A ressalva acima é necessária para deixar claro que o presente artigo não sugere que o *discovery* americano e a produção antecipada da prova brasileira são institutos jurídicos idênticos. Outrossim, não se pretende afirmar que o procedimento do *discovery* foi importado para o ordenamento jurídico nacional.

Na verdade, os procedimentos do *discovery* e da produção antecipada da prova são profundamente diversos. No primeiro, o adiantamento da coleta de provas ocorre no campo extrajudicial, ou seja, em fóruns privados tais como câmaras de mediação e conciliação, tribunais arbitrais e escritórios de advocacia. No modelo americano, é o próprio advogado quem tem a prerrogativa de conduzir a produção probatória, por meio da inquirição de testemunhas, oitiva de partes, solicitação de documentos e designação de perícias.

Por seu turno, a produção antecipada da prova brasileira é processada na esfera pública, no âmbito de um órgão judicial. Isso quer dizer que é o juiz quem tem o poder de determinar a dilação probatória, após ter sido provocado por meio de petição encaminhada por advogado.

Igualmente há diferenças na compreensão do que seja a fase pré-processual para fins de antecipação da produção de provas. O *discovery* é classificado como uma técnica pré-processual (*pretrial*) tendo em vista que ele prescinde de uma atuação jurisdicional para deferir ou não a diligência probatória. Já a produção antecipada da prova pode ser considerada como uma técnica pré-processual tendo em vista que ela ocorre antes do ajuizamento da correspondente e futura ação principal, embora ela também tramite na seara judicial.

Ademais, nos EUA, o *discovery* é amplamente utilizado como forma de evitar a própria judicialização das disputas, em virtude dos altos custos envolvidos para a propositura de ações judiciais. No sistema jurídico nacional, por sua vez, o acesso à justiça é entendido como garantia fundamental decorrente do princípio da inafastabilidade da jurisdição (artigo 5º, inciso XXXV, da Constituição) e, por isso, é francamente estimulado, como consequência inclusive da própria cultura jurídica consolidada no Brasil.

No entanto, essas discrepâncias entre os dois países não impedem que se conclua que as inovações instituídas pelo CPC/2015, quanto às novas hipóteses de cabimento da produção antecipada da prova, tenham buscado inspiração – de forma consciente ou não – no *discovery* americano. É por isso que o presente artigo buscou evidenciar de que maneira as novas modalidades da produção antecipada da prova criadas pela codificação brasileira possuem objetivos que se assemelham, em certa medida, aos escopos do *discovery* previsto na legislação dos EUA.

Tanto no *discovery*, como na produção antecipada da prova, o adiantamento da coleta de provas possui as finalidades de prevenir a judicialização desnecessária da disputa e estimular o emprego de métodos autocompositivos de resolução de controvérsias pelas partes, inclusive na esfera extrajudicial. É possível constatar que, em ambos, a fase preliminar de precipitação da produção probatória visa a produzir uma antecipação da própria solução do conflito para uma etapa pré-processual, preferencialmente por meio do emprego de técnicas consensuais.

A prevenção da perpetuação de litígios e o incentivo à celebração de acordos, especialmente mediante a utilização de métodos como a mediação e a conciliação, são propósitos explícitos da antecipação probatória. É nesse sentido que, *mutatis mutandi*, as novas modalidades de produção antecipada da prova, previstas no artigo 381, incisos II e III, do CPC/2015 podem ser concebidas como uma espécie de *discovery* "à brasileira".

22

APLICAÇÃO DA REMESSA NECESSÁRIA EM DECISÃO DE MÉRITO REALIZADA EM DECISÕES INTERLOCUTÓRIAS

JASON SOARES DE ALBERGARIA NETO

ISIS RIBEIRO PINTO

Sumário: 1. Introdução. 2. Origem e evolução legislativa. 3. Do objetivo da remessa necessária. 4. Hipóteses de cabimento da remessa necessária. 5. Das hipóteses, além das sentenças. 6. Novos conceitos de sentença e decisão interlocutória no NCPC. 6.1. Evolução do conceito de sentença no ordenamento jurídico pátrio. 6.2. O conceito de sentença no CPC/2015. 6.3. Decisão interlocutória no CPC/2015. 7. Conclusão.

1. INTRODUÇÃO

O presente artigo objetiva trazer as alterações que a remessa necessária sofreu no Código de Processo Civil de 2015. Registra-se que inclusive a terminologia utilizada foi alterada. Antes designada como reexame necessário, duplo grau obrigatório, recurso *ex officio*, tem designação única agora de remessa necessária. No aspecto de sua posição topológica dentro do Código de Processo Civil, manteve-se dentro do capítulo de sentença, dentro da mesma característica do Código de Processo Civil de 1973.

Observa-se que a modificação trazida pelo novo ordenamento reduziu as hipóteses de cabimento, seja em relação a valores ou matérias que o mesmo é admitido.

Necessário destacar que *ratio decidendi* se manteve na remessa necessária, fazendo com que a sentença proferida pelo órgão julgador da primeira instância seja revista pelo juízo *ad quem*, para que somente em momento posterior, a mesma ganhe eficácia e gere os seus efeitos jurídicos. Assim, o resultado do julgamento de primeira instância ganha campo de validade após a referida decisão ser levada a reexame.

Ademais, o presente artigo visa aprofundar sobre as novas situações de valor e matéria em que não existirá a remessa necessária. De igual modo, a questão da remessa necessária atingir não somente as sentenças, mas também decisões interlocutórias que decidem o mérito.

2. ORIGEM E EVOLUÇÃO LEGISLATIVA

Remessa necessária consiste no imperativo normativo, atualmente previsto no art. 496 do CPC/15, segundo o qual determinadas matérias consideradas de interesse público, quando processadas e decididas em 1º grau de jurisdição, deverão, independentemente da vontade de quaisquer das partes, serem revistas e confirmadas, em sede de duplo grau de jurisdição, pelo Tribunal hierarquicamente superior.

O duplo grau de jurisdição obrigatório tem origem no direito lusitano, mais especificamente, no ano de 1355, pelo Rei D. Afonso IV, com a criação do então chamado recurso de ofício. Existia para o direito processual penal, o qual visava impor determinados limites abrandar eventuais desvios do processo inquisitório, ressaltando-se que, à época, o descumprimento da apelação *ex officio* poderia gerar, inclusive, a perda do ofício pelo próprio juiz[1].

Observa-se que os casos de ocorrência dessa exigência foram progressivamente diminuindo, na forma descrita por Leonardo José Carneiro:

> Nas Ordenações Afonsinas, o recurso de ofício era interposto, pelo próprio juiz, contra sentenças que julgavam crimes de natureza pública ou cuja apuração se iniciasse por devassa, tendo como finalidade corrigir o rigor do princípio dominante e os exageros introduzidos no processo inquisitório (...) manteve-se nas Ordenações Manuelinas, estendendo-se às decisões interlocutórias mistas (...) Com a superveniência das Ordenações Filipinas, surgiram várias exceções aos casos em que o juiz deveria apelar da própria sentença, independentemente de ser oficial ou particular da acusação[2].

Por outro lado, posteriormente, o recurso de ofício português passou aos poucos também a encontrar-se no âmbito do processo civil, pois algumas leis esparsas passaram a determinar que o magistrado apelasse de sua própria sentença.

No Brasil, o instituto foi introduzido em 1831 e 1841, a partir de quando o juiz passou a dever recorrer de ofício da sentença que fosse proferida contra a Fazenda Nacional, caso sua alçada fosse excedida, determinação essa que posteriormente passou a ser também

---

[1] BUZAID, Alfredo. *Da Apelação 'ex-officio' no Sistema do Código de Processo Civil*. São Paulo: Saraiva, 1951. p. 20.

[2] CUNHA, Leonardo José Carneiro da. *A Fazenda Pública em juízo*. 3. ed. rev., ampl. e atual. São Paulo: Dialética, 2005. p. 155.

aplicada em diversos estados da federação à época em que passou a ser deles a competência para legislar acerca do processo.

Chegou a ter inclusive status constitucional nas Constituições de 1934 e 1937[3]. Em 1939, com o Código de Processo Civil, o instituto foi definitivamente incorporado ao ordenamento jurídico brasileiro, quando a remessa necessária passou a ser obrigatória em casos de sentença definitiva contra a União, o Estado e o Município, de nulidade de casamento e homologatória de desquite, com o objetivo, portanto, de conferir especial proteção à família e ao interesse público.

O instituto do reexame necessário passou, desde então, por novas evoluções, sendo de especial relevo a constante da Lei 10.352/2001, que excluiu o cabimento no caso de nulidade de casamento, passando-se a entender que produz os mesmos efeitos do divórcio. Noutro giro, as Leis 9.469/1997 e 10.352/2001, por sua vez, incluíram nas hipóteses de reexame necessário as sentenças proferidas em face de autarquias, fundações públicas e do Distrito Federal. Posteriormente, as mudanças trazidas por essas leis ao instituto passaram a constar do art. 475 do CPC/73, o qual teve sua redação assim modificada.

O CPC de 2015 adotou o termo remessa necessária de modo uniforme, tratando do instituto em título próprio (Seção III – art. 496) e também nos arts. 936, 942, § 4º, II, 947, 978, parágrafo único, e 1.040, II.

Em seu art. 496, o CPC/2015 dispõe acerca do cabimento da remessa necessária de modo similar ao Código anterior, fazendo contar uma correção da redação, utilizando os termos "Estado" e "Município" no plural, ou seja, "Estados" e "Municípios".

Dessa forma, de acordo com o CPC/2015, está sujeita ao duplo grau de jurisdição, não produzindo efeito senão depois de confirmada pelo tribunal, a sentença: (i) proferida contra a União, os Estados, o Distrito Federal, os Municípios e as respectivas autarquias e fundações de direito público e (ii) que julgar procedentes, no todo ou em parte, os embargos à execução fiscal.

A manutenção ou não do sistema de remessa necessária em favor da Fazenda Pública foi um dos temas que polarizou os doutrinadores durante a fase de elaboração do texto do CPC/2015, sendo que, embora tenha prevalecido a opção pela sua manutenção, deu-se com a previsão de hipóteses seguindo valores escalonados, conforme constante dos incisos do § 3º do art. 496. Isso porque, a remessa necessária tem o objetivo de proteção ao erário, de modo a fornecer uma melhor tutela aos interesses da Fazenda Pública, ou seja, a sua função é a de defender o patrimônio público para evitar que sejam proferidas decisões arbitrárias e que causem prejuízo financeiro ao erário, devendo ser aplicada, portanto, nos casos em que a decisão gere ônus financeiro à Fazenda Pública, considerando-se, então, o supramencionado escalonamento de valores a depender da pessoa jurídica de direito público.

A previsão do art. 496 do CPC/2015 trata das sentenças, mas que devem ser examinadas dentro de uma nova dinâmica do que é sentença e decisão interlocutória.

---

[3] Vide arts. 76, parágrafo único, e 144, parágrafo único, da Constituição de 1934 e art. 101, parágrafo único, da Constituição de 1937.

3. DO OBJETIVO DA REMESSA NECESSÁRIA

Há muito se contende a respeito da natureza da remessa necessária. Muitos não consideram a remessa necessária como recurso, e nesse sentido, destacamos a opinião de Nelson Nery Junior[4]:

> Essa medida não tem natureza jurídica de recurso. Faltam-lhe a voluntariedade, a tipicidade, a dialeticidade, o interesse em recorrer, a legitimidade, a tempestividade e o preparo, características e pressupostos de admissibilidade dos recursos. (...) O juiz não pode demonstrar vontade em recorrer, já que a lei lhe impõe o dever de remeter os autos à superior instancia. (...) a remessa obrigatória não se encontra descrita no CPC como recurso, falta-lhe a tipicidade. (...) O juiz, quando remete o julgado em atendimento ao artigo 475 do CPC, não deduz nenhuma argumentação em contrario a decisão. Isto seria ilógico e paradoxal. Como poderia o prolator da sentença submetida ao duplo grau obrigatório assinalar as razoes de seu inconformismo com o dispositivo contido no próprio decreto judicial? O pressuposto da sucumbência, também não se encontra presente (...) o juiz não perde nem ganha nada com a sentença proferida (...) falta-lhe legitimidade para recorrer, pois não se encontra no rol das pessoas enumeradas no artigo 499. Não há prazo previsto na lei para que o juiz remeta a sentença ao Tribunal Superior (...) o prazo é requisito de todo e qualquer recurso (...) em razão de não se exigir o preparo na remessa obrigatória, verifica-se que mais outra vez carece de um dos pressupostos de admissibilidade recursal (...). Em nosso sentir esse instituto tem a natureza jurídica de condição de eficácia da sentença.

Atendendo aos reclamos de significativa parcela da doutrina, para quem não se afigurava "possível o juiz impugnar suas próprias sentenças, manifestando-se inconformado com elas e postulando dos Tribunais a sua substituição por outra que afirma ser melhor (tais são as características e objetivos dos recursos, conforme entendimento geral)"[5], no CPC/1973, a remessa necessária foi retirada do âmbito dos recursos, deixando, desde então, de ser considerada como um recurso pela quase integralidade da doutrina, em virtude do não preenchimento de alguns requisitos inerentes a estes, quais sejam i) a taxatividade; ii) a legitimidade e o interesse em recorrer; iii) prazo; iv) voluntariedade; e v) fundamentação.

Também a análise de Luiz Guilherme Marinoni do dispositivo que tratava da matéria ainda no CPC/1973, seguia igual conclusão[6]: "(...) a hipótese contida na norma que acaba de ser transcrita nada tem a ver com recurso. Trata-se de condição para a eficácia da sentença.

---

[4] NERY JÚNIOR, Nelson. *Teoria geral dos recursos*. 6. ed. São Paulo: Revista dos Tribunais, 2004. p. 66-67.

[5] DINAMARCO, Cândido Rangel. *Fundamentos do processo civil moderno*. 3. ed. São Paulo: Malheiros, 2000. n. 93, t. 1, p. 211.

[6] MARINONI, Luiz Guilherme; ARENHART, Sérgio Cruz. *Curso de processo civil*. 7. ed. São Paulo: Revista dos Tribunais, 2008. v. 2, p. 633.

Ou melhor, a norma deixa claro que, em certos casos, a sentença – embora válida – não produz efeito senão depois de confirmada pelo tribunal".

Com o advento do NCPC, foi mantida a distância do instituto em relação aos recursos, sendo a Remessa Necessária topologicamente prevista no art. 496, na Seção III, do Capítulo XIII – Da sentença e da coisa, dentro do Livro I – do Processo de Conhecimento e do Cumprimento de Sentença, da Parte Especial.

Assim, grande parte da doutrina fixou-se no entendimento da natureza jurídica do Reexame Obrigatório como *condição de eficácia da sentença*, consoante a redação do caput do art. 496 do NCPC/2015.

Nesse aspecto, apesar da sentença não transitar em julgado na pendência do reexame, não significa dizer que a decisão não é válida ou inexistente, mas apenas que somente produzirá seu efeito jurídico após sua confirmação pelo Tribunal competente.

Anteriormente à vigência do NCPC, o STF já havia chegado inclusive a sumular este entendimento majoritário do reexame como condição de eficácia de sentença, por meio do enunciado da Súmula 423, dispondo que "Não transita em julgado a sentença por haver omitido o recurso *ex officio*, que se considera interposto *ex lege*". Contudo, ao fazê-lo, grande parte da doutrina passou a apontar que o STF teria incorrido em equívoco no texto da referida súmula, justamente pela remessa necessária não poder ser considerada um recurso.

Vale dizer, então, que o ato do juiz contrário à pretensão do Estado, constitui o primeiro momento de um ato jurídico complexo que somente irá se aperfeiçoar com o pronunciamento do tribunal recursal.

Nesse mesmo sentido, o entendimento de Francesco Carnelutti, a seguir:

> A função está em submeter a lide ou negócio a um segundo exame que ofereça maiores garantias que o primeiro, já que se serve da experiência deste e o realiza um ofício superior (...) o essencial é que se trata de um exame reiterado, isto é, de uma revisão de tudo quanto se fez na primeira vez, e essa reiteração permite evitar erros e suprir lacunas em que eventualmente se incorreu no exame anterior[7].

Dotada, portanto, de natureza jurídica de condição de eficácia de sentença, a remessa necessária, contudo, possui algumas similaridades relativamente aos recursos, notadamente, a impossibilidade do agravamento da condenação, conforme sumulado pelo STJ (Súmula 45), e ao devolver ao tribunal o reexame de todas as parcelas da condenação suportadas pelo Ente Público, inclusive em relação aos honorários de advogado (Súmula 325).

Nesse sentido, importante ressaltar relevante mudança de posicionamento de um dos doutrinadores que, por muitos anos, sempre defendeu a natureza jurídica da Remessa

---

[7] CARNELUTTI, Francesco. *Instituições do processo civil*. Trad. Adrian Sotero de Witt Batista. São Paulo: Classic Book, 2000. v. II, p. 158.

Necessária como sendo de condição de eficácia de sentença, Fredie Didier Jr.[8], deu especial relevo à sua mudança de entendimento quanto à matéria, mencionando-a já na apresentação da 13ª edição da obra *Curso de direito processual civil*: "o processo civil nos tribunais, recursos, ações de competência originária de tribunal e querela nullitatis, incidentes de competência originária de tribunal", do ano de 2016, e, mais detidamente, no tópico referente ao instituto, especialmente nos seguintes termos[9]:

> Dizer que a remessa necessária é condição de eficácia da sentença contém o equívoco de definir algo pelos seus efeitos, e não pelo que é. Além do mais, há sentenças proferidas contra o Poder Público, a exemplo do que ocorre no mandado de segurança, que produzem efeitos imediatos, muito embora estejam sujeitas à remessa necessária. Também não faz sentido dizer que a remessa necessária é condição de eficácia da sentença nos casos previstos no art. 19 da Lei nº 4.717/1965 e no art. 28, § 1º, do Decreto-lei 3.365/1941. No primeiro, a sentença de improcedência ou de inadmissibilidade do processo na ação popular está sujeita à remessa necessária, não sendo adequado afirmar que existe aí uma condição de eficácia para uma decisão judicial que confirma o ato administrativo impugnado, que já gozava de presunção de legitimidade. No segundo, a sentença não deixa de acolher o pedido do Poder Público e não está sujeita a qualquer condição de eficácia: em verdade, apenas fixa a indenização no dobro do valor inicialmente previsto.
>
> Afirmar que a remessa necessária constitui condição para a formação de coisa julgada também incorre no equívoco de definir algo por seus efeitos e não pelo que é. Acresce que, nesse ponto, não haveria como distinguir a remessa necessária dos recursos, pois estes também obstam a formação da coisa julgada. Por isso que a remessa necessária é, na verdade, um recurso; um recurso de ofício.

Dessa forma, as opiniões ainda continuam divergentes quanto à remessa necessária, mas que fica claro, que na forma que o legislador trouxe no atual CPC, a mesma é ato jurídico complexo que somente irá se aperfeiçoar e produzir efeitos com a confirmação do pronunciamento do tribunal recursal.

4. HIPÓTESES DE CABIMENTO DA REMESSA NECESSÁRIA

É importante destacar que na literalidade, a princípio somente as sentenças estarão sujeitas ao duplo grau de jurisdição, a saber:

---

[8] DIDIER JÚNIOR, Fredie; CUNHA, Leonardo Carneiro da. *Curso de direito processual civil*: o processo civil nos tribunais, recursos, ações de competência originária de tribunal e querela nullitatis, incidentes de competência originária de tribunal. 13. ed. reform. Salvador: JusPodivm, 2016. v. 3, p. 430.

[9] DIDIER JÚNIOR, Fredie; CUNHA, Leonardo Carneiro da. *Curso de direito processual civil*: o processo civil nos tribunais, recursos, ações de competência originária de tribunal e querela nullitatis, incidentes de competência originária de tribunal. 13. ed. reform. Salvador: JusPodivm, 2016. v. 3, p. 430.

Art. 496. Está sujeita ao duplo grau de jurisdição, não produzindo efeito senão depois de confirmada pelo tribunal, a sentença:

I – proferida contra a União, os Estados, o Distrito Federal, os Municípios e suas respectivas autarquias e fundações de direito público;

II – que julgar procedentes, no todo ou em parte, os embargos à execução fiscal.

Assim, determinadas matérias consideradas de interesse público, quando processadas e sentenciadas em 1º grau de jurisdição, deverão, independentemente da vontade de quaisquer das partes, serem revistas e confirmadas, em sede de duplo grau de jurisdição, pelo Tribunal hierarquicamente superior.

Observa-se que nem todas as sentenças contrárias à Fazenda Pública são passíveis de remessa necessária.

Assim, o CPC/2015 criou uma nova faixa de valores para a não incidência da remessa necessária, de acordo com o ente federativo.

As diferenças de valores de um ente federado visa respeitar às respectivas capacidades econômico-financeiras, com escopo de respeitar a proporcionalidade. Desta forma, o art. 496, no seu § 3º, prevê mil salários mínimos para União, quinhentos para Estados da Federação, Distrito Federal e Municípios que sejam capitais dos Estados e cem para os demais Municípios, salientando-se que os valores para a administração indireta (autarquias e fundações públicas) acompanharão aquele do ente federativo a que esteja vinculada.

Ainda, passamos a ter a previsão expressa de que a sentença deve ser líquida e certa para que seja possível a dispensa com base apenas no valor da condenação ou do proveito econômico obtido. Assim, nos dizeres de Guilherme Rizzo Amaral[10]: "afastou-se, assim, o entendimento de que, na hipótese de sentença ilíquida, dever-se-ia tomar o valor dado à causa devidamente atualizado".

Quanto ao § 4º do art. 496, evidencia-se ter trazido um alargamento das possibilidades de dispensa com supedâneo na jurisprudência e na orientação vinculante firmada no âmbito administrativo do próprio ente público. Foi agregado ao CPC/2015 as hipóteses antes trazidas pelos Tribunais Superiores e pela legislação esparsa. Doravante, além da dispensa com base em súmula de Tribunal Superior, prevista no CPC/73, deixou de ser obrigatório o duplo grau de jurisdição de ofício nos seguintes casos: i) quando a decisão estiver conforme acórdão do STF ou STJ em julgamento de recursos repetitivos (CPC/2015, arts. 1.036 a 1.041); ii) quando estiver conforme incidente de resolução de demandas repetitivas (CPC/2015, arts. 976 a 987); iii) quando estiver conforme incidente de assunção de competência (CPC/2015, art. 947); e iv) quando a decisão estiver conforme orientação vinculante firmada no âmbito administrativo do próprio ente público, consolidada em manifestação, parecer ou súmula administrativa, como, por exemplo, o art. 40, § 1º, da Lei Complementar 73/1993.

Existem ainda hipóteses de cabimento da remessa necessária que estão previstas em legislação extravagante, como, por exemplo, nos casos das sentenças concessivas de mandado

---

[10] AMARAL, Guilherme Rizzo. *Comentários às alterações do novo CPC*. São Paulo: RT, 2015. p. 604.

de segurança (art. 14, § 1º, da Lei 12.016/2009) e das sentenças que extinguem a ação popular por carência de ação ou improcedência do pedido (art. 19 da Lei 4.717/1965), dispositivos esses que não foram revogados pelo CPC/2015.

5. DAS HIPÓTESES, ALÉM DAS SENTENÇAS

Algumas hipóteses de remessa necessária ocorrem além das sentenças descritas no art. 496 do CPC.

Observa-se nas ações monitórias, que possuem procedimento especial de processo de conhecimento nas quais é possível, em certas condições, que a condenação possa surtir efeito independentemente de sentença, a decisão inicial fundada em cognição sumária poderá constituir título executivo judicial, desde que o réu não oponha embargos monitórios. Sendo admissível a oposição de Monitória em face da Fazenda Pública, conforme possibilita o § 6º do art. 700 do CPC/15, se também ela não interpuser embargos monitórios, não haverá a imediata formação do título executivo. É que, ressalvados os limites dos §§ 3º e 4º do art. 496, haverá reexame necessário para, só após, na ocorrência de eventual confirmação da decisão pelo tribunal, ser então possível a constituição do título executivo, conforme o § 4º do art. 701. Vejamos, portanto, tratar-se de caso em que o reexame necessário não incide sobre sentença, mas sim sobre decisão interlocutória.

Igualmente, como o conceito de sentença e decisão interlocutória foram alterados, também se aplica a remessa necessária para as decisões interlocutórias que tenham julgamento de mérito das questões decididas contra a Fazenda Pública.

6. NOVOS CONCEITOS DE SENTENÇA E DECISÃO INTERLOCUTÓRIA NO NCPC

6.1. Evolução do conceito de sentença no ordenamento jurídico pátrio

O conceito de sentença estava vinculado ao ato do juiz que punha fim à relação processual, tendo a redação contida no art. 162, § 1º, do Código de Processo Civil de 1973 que previa, originariamente, o conceito de sentença como o ato pelo qual o juiz põe termo ao processo, decidindo ou não o mérito da causa. Vê-se claramente que era o ato final do processo que definia sentença, pelo efeito produzido de pôr fim ao processo, sendo todos os demais atos decisórios em primeiro grau, decisões interlocutórias (CPC/73, art. 162, § 2º).

O termo "sentença" constante no Código de Processo Civil de 1939 era utilizado em sentido amplo, designando quaisquer pronunciamentos da autoridade judiciária. Embora ao longo do Código de Processo Civil de 1939 a palavra sentença tenha sido mais comumente utilizada para designar a decisão definitiva proferida pelo juiz de primeiro grau, permaneciam situações em que era possível encontrar o termo ainda sendo utilizado para designar uma decisão interlocutória ou mesmo ato decisório de conteúdo meramente formal.

Sobre o tema, assim discorreu Humberto Theodoro Júnior (1989, p. 545): "(...) na verdade a relação processual nunca se encerra com a simples prolação de uma sentença. Isso só ocorre quando se dá a coisa julgada formal"[11].

De todo modo, e especialmente para o fim de definição do recurso adequado, o efeito mencionado pelo § 1º do art. 162 do CPC/73 representava, até então, a direção para a identificação da sentença.

Diante das contradições apontadas, que maculavam o conceito de sentença vigente, muitos doutrinadores passaram, então, a se empenhar pela busca de uma definição cientificamente mais adequada, como Alexandre Câmara (2002, p. 426), para quem sentença "é o provimento judicial que põe termo ao ofício de julgar do magistrado, resolvendo ou não o objeto do processo"[12].

Com o advento da Lei 8.952/1994, que alterou o art. 461 do CPC/73, as decisões que condenavam o réu ao cumprimento de obrigação de fazer e não fazer deveriam ser satisfeitas no bojo do mesmo processo, ou seja, sem a instauração de um processo autônomo de execução, o que significa que a sentença passou a representar o fim apenas da fase de conhecimento do processo sincrético, não mais o fim do processo, situação que abalou o conceito de sentença então vigente. Tal problemática agravou-se com o advento do art. 461-A, inserido ao CPC/73 pela Lei 10.444/2002, que estendeu a desnecessidade de processo autônomo também para as decisões que condenavam o réu à obrigação de dar coisa.

Neste panorama, tornou-se necessária a alteração do conceito de sentença, o que se deu com o advento da Lei 11.232/2005, quando passou a ser definida como o ato do juiz que implicasse alguma das situações previstas no art. 267 ou no art. 269, ambos do CPC/73.

O art. 267 do CPC/73, equivalente ao art. 485 do NCPC, tratava dos casos em que o juiz declarava a impossibilidade de julgar o mérito da causa, já o art. 269 do CPC/73, correspondente ao art. 487 do NCPC, previa as hipóteses de resolução do mérito.

Nos termos do art. 203, § 1º do Novo Código de Processo Civil "sentença é o pronunciamento por meio do qual o juiz, com fundamento nos arts. 485 e 487, põe fim à fase cognitiva do procedimento comum, bem como extingue a execução". O mesmo dispositivo ressalva a possibilidade de que regras expressas qualifiquem também outros atos como sentença no âmbito dos procedimentos especiais.

A partir deste conceito, temos que o efeito produzido deixou de ser relevante para a conceituação de sentença, e o conteúdo passou, então, a ser o critério escolhido para definir sentença, opinião que vinha sendo defendida há muito por parte da doutrina, especialmente por Teresa Arruda Alvim Wambier[13], para quem a sentença deveria ser reconhecida pelo

---

[11] THEODORO JÚNIOR, Humberto. *Curso de direito processual civil*. 5. ed. Rio de Janeiro: Forense, 1989. v. I.

[12] CÂMARA, Alexandre Freitas. *Lições de direito processual civil*. 8. ed. Rio de Janeiro: Lumen Juris, 2002.

[13] Nesse sentido, v. Arruda Alvim. *Manual de direito processual civil*. 8. ed. São Paulo: Revista dos Tribunais, 2006. p. 561.

conteúdo que possui, ou seja, exatamente algumas das hipóteses previstas nos arts. 267 e 269 do CPC, e não pelo efeito de extinguir o processo.

Contudo, também esse conceito passou a receber inúmeras críticas, notadamente por implicar a existência de sentenças parciais que, pela letra da lei, seriam, então, sujeitas ao recurso de apelação, com a consequente remessa dos autos à instância superior e paralisação do procedimento em 1ª instância até o deslinde da apelação, o que, evidentemente, representava um sério problema, sobretudo no que tange aos princípios da eficiência e da celeridade processual.

Em vista dessa situação, foi considerada a hipótese de cabimento de Agravo de Instrumento em face das decisões que contivessem conteúdo previsto nos arts. 267 ou 269, sem colocarem fim ao processo, o que, como não poderia deixar de ser, gerou inúmeras divergências.

É por isso que, quando o Código de Processo Civil de 2015 trouxe seu novo conceito de sentença e a possibilidade de decisões interlocutórias com definição de mérito (como veremos detidamente adiante), tais inovações não representaram exatamente uma surpresa para os operadores do Direito. Essa nova disposição legal torna-se de mais fácil e clara compreensão se analisada sob a luz das diversas modificações havidas no conceito legal de sentença em nosso ordenamento jurídico nos últimos anos.

6.2. O conceito de sentença no CPC/2015

Para análise da remessa necessária, não existe dúvida que a mesma incidirá nos atos judiciais praticados na forma do § 1º do art. 203 do CPC/2015, que define nestes termos o conceito de sentença, *in verbis*:

> Art. 203. Os pronunciamentos do juiz consistirão em sentenças, decisões interlocutórias e despachos.
> § 1º Ressalvadas as disposições expressas dos procedimentos especiais, sentença é o pronunciamento por meio do qual o juiz, com fundamento nos arts. 485 e 487, põe fim à fase cognitiva do procedimento comum, bem como extingue a execução.

Assim, o Código de Processo Civil de 2015, ao definir sentença, adotou um conceito que retoma o critério classificatório original do Código anterior, de 1973, aperfeiçoando-o ao somar a este o critério de conteúdo introduzido pela Lei 11.232/2005, passando ora a sentença a ser definida cumulativamente, ou seja, tanto pelo momento processual em que é proferida, já que "põe fim" a uma fase processual (conhecimento ou execução), como também pelo seu conteúdo.

Dessa forma, com o advento do CPC/2015, para que um pronunciamento judicial seja considerado sentença, é preciso que este configure tanto uma decisão final, no sentido de "pôr fim" à fase cognitiva do procedimento comum ou à execução, quanto uma decisão terminativa, à luz do seu art. 485, ou definitiva, à luz do art. 487.

A nova sistemática processual, portanto, mantém a tradicional classificação das sentenças em terminativas (quando não há análise do mérito) e definitivas (com julgamento do mérito).

Nas sentenças terminativas do art. 485, o juiz interrompe prematuramente o andamento procedimental, sem alcançar a solução do mérito. A ausência de alguma das condições da ação continua sendo motivo para à extinção do processo sem julgamento do mérito, porém, como já se esperava, à possibilidade jurídica do pedido deixa de acompanhar a legitimidade das partes e o interesse de agir, passando a representar matéria de mérito.

Quanto às terminativas, interessante salientar a ocorrência de uma importante inovação representada pela possibilidade do exercício do juízo de retratação pelo juiz em face de eventual recurso de apelação, no prazo – impróprio – de 5 dias, sendo essa uma faculdade do juiz não passível de impugnação recursal

Já as sentenças de mérito (ou definitivas) do art. 487 são aquelas que julgam o mérito, ou que endossam manifestação de vontade das partes, homologando-a, de um modo ou de outro, resolvendo a lide.

Importante ressaltar que a nova sistemática processual dá especial relevo ao mérito, expressamente exigindo, que se dê preferência pela sentença que resolva o mérito (art. 488), nos casos em que a demanda esteja pronta em condições de julgamento e que seja favorável à parte que poderia se beneficiar por eventual pronunciamento.

Contudo, pela própria coexistência das sentenças terminativas, ou processuais, previstas pelo art. 485, e das sentenças de mérito do art. 487, ambas as quais colocam fim ao processo, observa-se não haver uma relação necessária entre a sentença e a resolução de mérito da causa.

6.3. Decisão interlocutória no CPC/2015

Entretanto, é importante destacar que em algumas decisões interlocutórias, entendemos que deverá ser realizada a remessa necessária.

Como vimos, no CPC/2015, a sentença é definida pelo momento processual em que é proferida, bem como pelo seu conteúdo, trazendo consigo, assim, um pouco de suas conceituações anteriores.

Já a decisão interlocutória, por sua vez, apresenta-se não mais vinculada à ideia de "questão incidente" resolvida no curso do processo, pois, no CPC/2015 passa a ser definida por exclusão, ou seja, é considerada interlocutória qualquer decisão que não seja sentença, de acordo com § 2º do art. 203 do CPC/2015, adiante transcrito, em destaque:

> Art. 203. Os pronunciamentos do juiz consistirão em sentenças, decisões interlocutórias e despachos.
>
> § 1º Ressalvadas as disposições expressas dos procedimentos especiais, sentença é o pronunciamento por meio do qual o juiz, com fundamento nos arts. 485, põe fim à fase cognitiva do procedimento comum, bem como extingue a execução.
>
> § 2º *Decisão interlocutória é todo pronunciamento judicial de natureza decisória que não se enquadre no § 1º* (grifo nosso)

Vê-se que, enquanto o conceito legal de sentença é restritivo, ou seja, com dois focos apenas, quais sejam, o momento processual e o seu conteúdo, já o conceito legal de decisão interlocutória, definido, como vimos, por exclusão, passa a ser extensivo, pois toda a decisão que não se enquadrar no conceito legal de sentença, será uma decisão interlocutória.

Fredie Didier Jr., ao tratar das decisões judiciais, separando-as entre totais e parciais, contidas nos arts. 485 e 487 do CPC/2015, ou seja, das hipóteses de extinção do processo, com ou sem resolução do mérito, respectivamente, atenta-se para o fato de que não apenas a sentença terminativa pode fundar-se em uma destas hipóteses, mas também os acórdãos, as decisões monocráticas proferidas por Relator, bem como as decisões interlocutórias podem fazê-lo, ou seja, "é possível que haja uma decisão que, nada obstante se funde em um desses artigos, não extinga o processo nem encerre uma de suas fases"[14].

Assim, Fredie Didier Jr. distingue entre o que chama de decisões totais, que dizem respeito à totalidade do processo, tanto considerando-se o aspecto subjetivo, ou seja, todas as partes, quanto o aspecto objetivo, ou seja, todos os pedidos, das decisões parciais, que podem dizer respeito, por sua vez, a apenas alguma das partes, ou a apenas algum dos pedidos, motivos pelos quais os arts. 485 e 487 não tratam, portanto, necessariamente, de matérias exclusivas de sentença, pelo contrário.

Trata-se, portanto, de decisões interlocutórias que reconhecem a parcial impossibilidade de julgamento do mérito, conforme art. 354, parágrafo único, do CPC/2015, ou que julgam antecipadamente apenas uma parte do mérito, nos termos do art. 356 do CPC/2015, decisões estas que, frisa-se, são impugnáveis por Agravo de Instrumento, conforme § 5o do mesmo dispositivo.

Ainda, os §§ 2º e 3º do mesmo art. 356 do CPC/2015 tratam expressamente da possibilidade de se proceder desde logo ao cumprimento provisório dessas decisões interlocutórias, e até mesmo ao seu cumprimento definitivo, no caso da interlocutória de mérito transitar em julgado, ou seja, essas decisões são definitivas e fazem coisa julgada material, caso ocorra a preclusão, aspecto que será pormenorizadamente tratado adiante no presente artigo.

A aproximação entre a eficácia prática das sentenças e das decisões interlocutórias encontra-se contida em diferentes dispositivos do CPC/2015, como, por exemplo, ao passar expressamente a permitir interlocutórias como título executivo (art. 515), ou mesmo viabilizar sobre elas ação rescisória (art. 966), tratar sobre coisa julgada (art. 503), além dos já vistos na precedência.

Assim, observa-se que o CPC/2015 preferiu conferir não apenas maior amplitude, como também maior importância às decisões interlocutórias.

Temos, pois, que essas decisões interlocutórias submetem-se, preponderantemente, aos mesmos requisitos da sentença, sendo aptas, como visto, a produzir os mesmos efeitos e a revestir-se da mesma autoridade, permanecendo útil a distinção entre as sentenças e as interlocutórias para a aferição do recurso cabível (arts. 1.009 e 1.015) e, eventualmente, por alguns aspectos formais da decisão (art. 489).

---

[14] DIDIER JÚNIOR, Fredie. *Curso de direito processual civil*. 18. ed. Salvador: JusPodivm, 2016. p. 718.

7. CONCLUSÃO

Assim, resta claro que as sentenças proferidas incidirão os efeitos da remessa obrigatória, na forma do *art. 496*: "Está sujeita ao duplo grau de jurisdição, não produzindo efeito senão depois de confirmada pelo tribunal, a sentença: I – proferida contra a União, os Estados, o Distrito Federal, os Municípios e suas respectivas autarquias e fundações de direito público; II – que julgar procedentes, no todo ou em parte, os embargos à execução fiscal".

Inserem-se, além das sentenças, as decisões judiciais em 1º grau de jurisdição praticar o ato de decisão interlocutória de matéria de mérito, matéria essa considerada de interesse público (art. 496 do NCPC).

Após a prolação da sentença, deve o juízo *ad quem*, independentemente da vontade de manifestação das partes, rever ou confirmar, em sede de duplo grau de jurisdição, a decisão interlocutória que contenha matéria de mérito.

Conclui-se, inevitavelmente, que fica clara a nova hipótese de extensão da remessa necessária, pois os conceitos legais de sentença e decisão interlocutória, e a especial importância que o CPC/2015 dá às decisões de mérito, não mais se referindo, como no CPC/1973, às "sentenças de mérito", são evidências de que o legislador do CPC/2015 optou por dar maior importância à ideia de "decisão" do que à de "sentença", de modo que o mérito não é mais julgado necessariamente pelo gênero sentença, mas pela espécie decisão, ponha esta ou não fim ao processo.

23

SUBSTITUIÇÃO PROCESSUAL, LITISCONSÓRCIO FACULTATIVO UNITÁRIO E COISA JULGADA NO SISTEMA DO CPC DE 2015

José Marcos Rodrigues Vieira

A disciplina conferida pelo CPC de 2015 à substituição processual e ao litisconsórcio facultativo unitário terá permitido a solução do antigo e sempre revivido problema da ação em que impugnada pelo sócio, ao fundamento de violação da lei ou do estatuto, a deliberação de assembleia de sociedade por ações. O da ampliação da coisa julgada ao sócio não atuante.

É sabido que a solução deve ser buscada ao próprio sistema processual, já que inexiste no direito material brasileiro uma regra como a do art. 2.377 do *Codice Civile* italiano (redação decorrente do Decreto-legislativo 6, de 17 de janeiro de 2003, promulgado em atendimento à Lei 366/2001), do seguinte teor: "a anulação da deliberação produz efeito em relação a todos os sócios e obriga os administradores".

O problema ainda seria de se suscitar em face de literalidade interpretativa do preceito de limitação subjetiva da coisa julgada às partes e sua não aplicabilidade em prejuízo de terceiros, conforme a expressão do art. 506 do CPC vigente. Isso porque qualquer intromissão na esfera jurídica por força da coisa julgada supõe a abertura ao contraditório, como é de feição da atuação como parte. E como decorre da regra dos limites objetivos, ao dizer do contraditório prévio e efetivo para a equiparação da questão prejudicial a principal, para os fins de integração ao dispositivo e, como ele, à tutela *principaliter* (art. 503 e §§ 1º e 2º do CPC de 2015).

Cumpre verificar, porém, se e como o contraditório efetivo pode ocorrer previamente à coisa julgada, mesmo que não previamente à sentença.

No âmbito da projeção a terceiros, assaltava a tese da irrelevância da coisa julgada, considerados tais os interessados diretos não citados. Com o que cada sócio poderia, sucessivamente, discutir a solução anterior, desbordando para o surgimento de sentenças (e de coisas julgadas) conflitantes.

A tese referida é a clássica, de Liebman, para quem a coisa julgada, não sendo processual ou material, é mera qualidade, teria apenas função negativa[1] e, com isso, remeteria para a eficácia natural da sentença a função positiva da coisa julgada – pelo menos até o escrito de 1936[2], em que Liebman admitiu que, "para evitar o surgimento de decisões contraditórias, a coisa julgada deve garantir não só o respeito à sentença, mas também dos seus efeitos".

De outro lado, mesmo consciente da imposição de solução uniforme para todos os sócios, mesmo como algo não derivado da atuação de todos, viu-se grassar pela doutrina a ressalva da necessidade de citação de todos os sócios – já transformado o litisconsórcio facultativo em necessário. Citação edital, talvez, dado o imenso número de sócios, mormente em companhias de capital aberto.

Caberia verberar tal litisconsórcio necessário por assimilação do unitário à ampliação da coisa julgada, não se tratando de necessariedade legal ou de comunhão de direitos: os sócios são independentes, cada um deles legalmente autorizado a propor a ação de nulidade ou de anulação referida.

Ocorre que o conceito de parte processual é mais amplo que o de parte substancial. E nele se abrigam as expansões dos efeitos da atuação do substituto ao substituído, bem como, aproximativamente, os do litisconsorte atuante ao potencial litisconsorte, no litisconsórcio unitário.

O litisconsórcio facultativo não formado, entretanto, forçaria argumentação hipotética. Sequer se poderia sustentar, a rigor, o litisconsórcio entre sócios que provavelmente se desconheçam, que nem mesmo se identifiquem. Além de que o litisconsorte não age em nome alheio.

A velha redação do art. 47 do CPC de 1973, aproximando, pela mesma fonte legal, o litisconsórcio unitário do necessário, poderia ter acarretado a precipitação de que, sendo unitário, indefectivelmente, seria também necessário, na linha do processo alemão.

Surgiu a concepção de substituição processual dos sócios não atuantes, pelo sócio proponente da ação em juízo – que, como será desenvolvido nesta breve exposição, foi acolhida e estruturada no sistema do CPC de 2015 – havendo até agora raras manifestações afeitas a sua verdadeira exegese, registrando-se resistências ainda derivadas do regramento do CPC de 1973, seja pelo silêncio em Comentários ao novo código, já publicados, seja por observações pontuais.

---

[1] Cf. ROSSONI, Igor Bimkowski. Coisa julgada e pretensões concorrentes na doutrina de Enrico Tullio Liebman: o problema da impugnação de decisão assemblear no direito brasileiro. In: YARSHELL, Flávio Luiz; PEREIRA, Guilherme Setoguti J. *Processo societário*. São Paulo: Quartier Latin, 2015. vol. II, p. 343.

[2] Como também observa Igor Bimkowski Rossoni, idem-idem, p. 344, reportando-se ao ensaio de Liebman intitulado Ancora sulla sentenza e sulla cosa giudicata. *Rivista di Diritto Processuale Civile*, Padova: CEDAM, 1936, p. 241.

A alternativa exegética, sugerida, senão extraída do CPC de 2015, realmente supera o óbice com que comumente se proscreve a extensão da coisa julgada a quem não se tenha integrado à relação processual. E com a vantagem de produzir a equiparação do substituído ao substituto (no âmbito dos limites subjetivos, irrelevante que o substituto aja em nome próprio) – em jogo de espelhos com a equiparação da questão prejudicial à questão principal (no âmbito dos limites objetivos, irrelevante que em contestação e não em ação). A prejudicialidade da *causa excipiendi* sobre a *causa petendi* faz alcançada a ampliação objetiva da coisa julgada (art. 503 e parágrafos do CPC de 2015).

Para sistematização da ampliação da coisa julgada, ao lado de tal prejudicialidade de causa (causa *excipiendi*), cumpre verificar que, no âmbito dos limites subjetivos, a expansão da coisa julgada se dá pela prevalência de uma norma jurídica sobre outra, verdadeira prejudicialidade legal, para nós uma prejudicialidade de efeito. A prejudicialidade de uma regra jurídica perante outra se dá com a suspensão desta última.

Uma e outra de tais questões prejudiciais se inserem no âmbito da coisa julgada, *ex vi* do art. 503 e seus parágrafos, do CPC de 2015.

Dois dispositivos legais, ainda, merecem agudo exame, pois completam, com o referido art. 503, o sistema de ampliação da coisa julgada, ampliação objetiva e ampliação subjetiva. O art. 18 e seu parágrafo único (sobre a substituição processual, quando o substituído pode intervir como assistente litisconsorcial do substituto). O art. 996 e seu parágrafo único (sobre o recurso de terceiro prejudicado, porque não mais apenas o de interesse jurídico subordinado, mas também o de intervenção por direito próprio do recorrente, direito de que se afirme titular).

Ora, a função do recurso é exatamente a de impedir ou afastar (ainda que temporariamente) a produção da coisa julgada. Cuida-se de verificar se nele caberia a inserção útil da tese do terceiro, em contraditório prévio e efetivo.

Sem dificuldade alguma quanto à intimação, mormente porque o art. 996 e seu parágrafo único atribuem ao terceiro recorrente a qualidade de assistente litisconsorcial, o termo inicial do prazo recursal é o da ciência (às partes) da deliberação judicialmente mantida ou tornada nula.

A ciência da sentença (irrelevante que o sócio não haja comparecido à assembleia, quiçá por não ter refletido sobre possíveis consequências de deliberação sobre matérias da ordem do dia) é fato público e notório. Não é dado a nenhum sócio desconhecer o julgamento, quando o prazo para recurso já decorre de obrigação de conhecimento da vida societária. Não é crível que, já tendo se desinteressado pelo resultado da assembleia, o sócio desconheça também sentença proferida na ação de impugnação da deliberação assemblear. Não lhe é dado desconhecer a tal ponto a vida da sociedade[3].

A assistência litisconsorcial (com que o substituído interviria no processo em prol do substituto) se direciona a submissão à coisa julgada. O mesmo se dá na intervenção como litisconsorte, inicial ou ulterior, desde que antes da sentença.

---

[3] Cf. VASELLI, Mario. *Deliberazioni nulle e annulabili delle società per azioni*. Padova: CEDAM, 1947. p. 105.

Não formado o litisconsórcio antes da sentença, cabe assistência litisconsorcial mediante recurso de terceiro prejudicado (com que o substituído atua por direito próprio). Pensamos na derrota do sócio autor contra a sociedade e na assistência litisconsorcial recursal àquele. Pensamos na derrota da sociedade na impugnação proposta pelo sócio e na assistência litisconsorcial àquela, por outro sócio.

Cabe render as devidas homenagens a Humberto Theodoro Júnior, cujas manifestações e remissões ao longo de seu celebrado "Curso", de preciso vigor e equilíbrio, com o prestígio de sua experiência, são de encaminhamento dos raciocínios[4] derivados da exegese do Novo CPC brasileiro.

Ressalta o Professor Emérito, distintamente, precisamente, aquilo que é de indisputável proveito para concretizar-se a complementação entre o litisconsórcio facultativo unitário e a substituição processual[5] – hoje, diante do parágrafo único, do art. 996, do CPC de 2015. É o que iremos demonstrar. "Se o vínculo jurídico do terceiro com o objeto da lide for direto, como na assistência litisconsorcial, estará ele sujeito à autoridade da coisa julgada"[6].

O recurso de terceiro por *direito de que se afirme titular* (e não há subordinação entre sócios, para impugnação de deliberação da S.A.), caso da primeira hipótese do parágrafo único do art. 996, distingue-se do recurso de terceiro que possa (alhures) agir como substituto processual, este cuja intervenção na causa de impugnação de deliberação assemblear se dá por interesse jurídico subordinado, caso da segunda hipótese do referido parágrafo único do art. 996.

A intervenção, na segunda hipótese assinalada, para discussão do direito da parte – de cujo reconhecimento dependeria aquele outro, se dá na qualidade de assistente simples, como adiante será destacado. O direito outro, este pode o recorrente terceiro discutir depois, em caso de provimento do recurso e alhures como substituto processual (da sociedade por ações, em ação de responsabilidade).

Eis explicado o parágrafo único do art. 996 do CPC de 2015: que habilita a recorrer como terceiro prejudicado o titular de direito, entenda-se, o direito a que respeitante a impugnação de deliberação assemblear. Não o direito não tutelado a partir da só impugnação – referido como aquele por que possa postular o recorrente, oportunamente, como substituto processual. É que ninguém seria substituto processual da sociedade por ações em ação de impugnação de deliberação assemblear. Esta é que, sim, poderia ser, aí mesmo, substituta processual de alguns dos sócios não atuantes, não proponentes da ação, que podem, como substituídos, intervir como seus assistentes litisconsorciais, *ex vi* do disposto no parágrafo único do art. 18 do Novo CPC.

---

[4] Vários deles, por isso reconfortadamente, também apresentados por uma obra pioneira, *Coisa julgada. Limites e ampliação objetiva e subjetiva*. Salvador: JusPodivm, 2016, do autor destas linhas.

[5] Sugerida por Cândido Rangel Dinamarco, *Litisconsórcio*. 8. ed. São Paulo: Malheiros, 2009. p. 224-225.

[6] THEODORO JR., Humberto. *Curso de direito processual civil*. 51. ed. Rio de Janeiro: Forense, 2018. vol. III, n. 797, p. 1.042.

São palavras do Mestre: "somente se há de admitir a formação da 'res iudicata' quando a intervenção do terceiro recorrente se der na qualidade de assistente litisconsorcial, porque aí *a questão por ele debatida já constituía parte do objeto litigioso* (mérito da causa principal)"[7] [grifos nossos].

Esclarece mais, o Mestre ora homenageado. Ao situar a atuação do terceiro prejudicado em recurso que interponha, salienta que "o recurso *não é* momento processual adequado *para modificar o objeto do processo* e para provocar um acertamento exauriente e definitivo sobre uma questão tardiamente trazida à consideração judicial"[8] [grifos nossos].

A previsão do recurso de terceiro prejudicado acerca de direito que se possa discutir em juízo como substituto processual é de ser encarada, como dito, em processo posterior. Nunca na própria causa, porque quem nela intervenha assume a condição de parte, assistente equiparado a litisconsorte – em litisconsórcio unitário – ainda que livre a atuação em apoio à tese do sócio autor ou da sociedade ré. A qualidade de substituto processual se refere a processo a ser alhures aforado, valendo o recurso como pleito de impugnação destinado – apenas – a excluir a coisa julgada que se estenderia a todos os sócios.

Assim, Stefano A. Villata[9] expõe a "orientação, cujo 'leading case' pode ser uma sentença de 1970, sobre deliberação de aumento de capital da Pirelli S.A., que leva a que a capacidade de anulação" – da sentença do feito que intitula de "processo prejudicial" – "se transfira automaticamente a todas as deliberações dependentes daquela objeto de pronúncia judicial de invalidação".

É de se repetir, com Humberto Theodoro Jr:[10] o vínculo do terceiro recorrente, sendo apenas indireto (de relação jurídica conexa com a objeto do processo), a intervenção recursal será de assistência simples. O terceiro recorrente apenas buscará a invalidação da sentença, para poder mais tarde propor a ação cabível ou para que a ação pendente retorne à abertura de prazo para contestação.

Note-se, poderia o sócio omisso intervir como assistente litisconsorcial em fase recursal (art. 18, parágrafo único, do CPC de 2015), dando-se como não substituído pelo sócio atuante. Substituto da sociedade poderia sê-lo apenas em processo posterior, em uma das ações de responsabilidade.

Tal futura pretensão não o faria nem litisconsorte, nem assistente litisconsorcial na demanda prejudicial da sua. Mas assistente simples, terceiro de interesse jurídico subordinado.

Fosse para afastar, como sócio, a coisa julgada, bastar-lhe-ia a atuação da sociedade ou recorrer como seu assistente litisconsorcial. Ou, ante a sentença de improcedência da ação anulatória, recorrer como assistente litisconsorcial do sócio atuante, pela nulificação

---

[7] THEODORO JR., Humberto. Ob. e loc. cit.
[8] THEODORO JR., Humberto. Idem-idem, p. 1.039.
[9] VILLATA, Stefano A. *Impugnazione di delibere assembleari e cosa giudicata*. Milano: Giuffrè, 2006. p. 448-449 e 464-465.
[10] THEODORO JR., Humberto. *Curso*, cit., 56. ed. Rio de Janeiro: Forense, vol. I, nº 746, p. 1.041 e nº 747, p. 1.042.

da deliberação, nascendo-lhe a pretensão de ressarcimento, *uti singuli* ou *uti universi*. Fora, pois, do âmbito de projeção da coisa julgada pelo litisconsórcio facultativo unitário.

Cumpre agora considerar outra passagem da obra do Professor Emérito, o exame do litisconsórcio facultativo unitário[11], desde a invocação (que faz) do entendimento de três doutrinadores acerca da legitimação individual provocatória de solução extensível a todos os interessados: de Barbosa Moreira (que enquadra o fenômeno na substituição processual, para ele esclarecedora da *equivalência funcional entre extensibilidade da coisa julgada e litisconsórcio unitário*); de Cândido Dinamarco (que os vê, litisconsórcio unitário e substituição processual, como meios diversos e complementares, *sem que se exclua, aliás, o emprego cumulativo de ambos*); de Donaldo Armelin (de que a sentença na ação de anulação de decisão assemblear de sociedade anônima, intentada apenas por um ou alguns dos acionistas, ultrapassa os substitutos e repercute na esfera dos substituídos).

Viu-se como se entende a complementação entre os institutos processuais – por outros apenas insinuada.

O litisconsórcio ou é formado, ou não terá existido. Se não se litisconsorciaram no feito de impugnação: os sócios não presentes ao processo se dão por substituídos pelos sócios atuantes, inclusive (como pensamos) pela suspensão da regra contrária, que invocariam, em prejudicialidade de efeito, como decorrência da coisa julgada (ou substituídos pela sociedade, como afinal chegou a ser o entendimento de Ada Pellegrini Grinover[12]); ou interpõem o recurso.

Não podem reclamar de não serem intimados da sentença, o que não se exige quanto a quem tenha qualidade para agir como assistente, mesmo litisconsorcial.

Na linha dos argumentos extraídos do Douto Processualista homenageado: "interessante é, outrossim, a situação do litisconsórcio unitário, onde, havendo sucumbência, qualquer dos litisconsortes" [e diríamos, dos potenciais litisconsortes, como assistentes litisconsorciais dos atuantes] "poderá interpor recurso separadamente; e, devendo ser uniforme a decisão para os litisconsortes, o recurso interposto por um deles a todos aproveita (NCPC, art. 1.005, 'caput')".[13]

Ao recorrer, alija de si – o recorrente – a qualidade de substituído, pois assume a de parte, equiparado a litisconsorte do sócio atuante (ou da sociedade ré).

Neste passo, devo reiterar que a derradeira manifestação de Ada Pellegrini Grinover[14] sobre o tema descreveu completa evolução, desde a defesa do ponto de partida coincidente com o pensamento original de Liebman, da inextensibilidade da coisa julgada, passando pela tese de Barbosa Moreira (do litisconsórcio facultativo unitário) e, por influência dos processos coletivos, chegando à substituição processual, com ênfase ao ponto de chegada,

---

11 THEODORO JR., Humberto. *Curso*, cit., 56. ed., Rio de Janeiro: Forense, n. 240, vol. I, p. 347-348.
12 GRINOVER, Ada Pellegrini. Miti e realtà sul giudicato – una riflessione ítalo-brasiliana. *Revista de Processo*, São Paulo: RT, vol. 256, 2016, p. 31.
13 THEODORO JR., Humberto. *Curso*, cit., vol. III, n. 745, p. 1.036.
14 GRINOVER, Ada Pellegrini. Miti e realtà sul giudicato – una riflessione ítalo-brasiliana. *Revista de Processo*, São Paulo: RT, vol. 256, 2016, p. 31.

da dupla possibilidade de substituição processual, em ambos os lados da relação processual, conforme o interesse do sócio omisso: *uma simples operação de hermenêutica já era considerada suficiente para reconhecer a legitimação (extraordinária) à ação coletiva, pois que o interesse material, neste caso, é ao mesmo tempo próprio e alheio*. Isto me encoraja a dizer, com maior razão, que o sócio que pretende a anulação ou a eliminação da assembleia age como substituto processual dos outros, titulares do mesmo interesse. E aqueles que têm interesse na validade, são substituídos pela contraparte.

Não se levante, mais, a dúvida quanto a não poder seguir o feito sem a citação de todos os sócios. E talvez, em sua última tese, muito recente, lançada nos albores do novo CPC, a Professora já não merecesse mais as críticas[15] que lhe foram endereçadas por ter mudado de posição, nem a substituição processual (que já sustentávamos[16]) para a solução do impasse, merecesse reticência.

Nem se exclua a coisa julgada pelo fato de não poder prejudicar terceiro. Já de terceiro não se cuida, o sócio omisso, cuja legitimação ativa é concorrente disjuntiva. E mesmo que tratado como terceiro, enquanto litisconsorte necessário não citado, abre-se-lhe a via recursal, por direito próprio (art. 996 e parágrafo único do CPC de 2015), com o que se supera toda a dificuldade existente – ainda que não tenhamos um dispositivo legal como o art. 2.377, do *Codice Civile* italiano.

Aliás, a equiparação do sócio impugnante da deliberação assemblear a litisconsorte necessário dos demais, como parte da doutrina insinua a partir da unitariedade, faria por engendrar necessariedade litisconsorcial sem fonte legal e sem natureza de comunhão na relação jurídica.

Verdadeiro é que o recurso de terceiro prejudicado não se destina, em regra, a declaração de direito do recorrente, mas à reabertura do contraditório, no mesmo ou em outro feito. Mas isso, porque, também em regra, o objeto do recurso não faz parte do objeto do processo julgado[17], isto é, do objeto litigioso fixado antes da sentença: caso em que atua o recurso como mera instância de invalidação do processo, para reabertura do mérito ao ajuizamento de outra ação. Não é, entretanto, o que se passa no recurso do assistente litisconsorcial – como visto – e, que, por exceção legal, insere na instância recursal a pretensão declaratória do direito do recorrente.

---

[15] CRUZ E TUCCI, José Rogério. Impugnação judicial da deliberação de assembleia societária e projeções da coisa julgada. In: YARSHELL, Flávio Luiz; PEREIRA, Guilherme Setoguti J. (coord.). *Processo societário*. São Paulo: Quartier Latin, 2012. p. 470, nota 25, verdadeiro, porém, que escrevendo ainda na vigência do CPC de 1973.

[16] RODRIGUES VIEIRA, José Marcos. *Coisa julgada*. Limites e ampliação objetiva e subjetiva. Salvador: JusPodivm, 2016, nº 53, p. 136, e nº 68, p. 171.

[17] Como visto e como de tradicional doutrina: NENCIONI, Giovanni. *L'intervento volontario litisconsorziale nel processo civile*. Padova: CEDAM, 1935. p. 15; SEGNI, Antonio. Sull'intervento adesivo. *Scritti giuridici*. Torino: UTET, 1965, vol. secondo, p. 777; FABBRINI, Giovanni. *Contributo alla dottrina dell'intervento adesivo*. Milano: Giuffrè, 1964. p. 270.

O sistema do processo civil brasileiro de 2015 foi muito mais ágil e explícito que o de 1973. Este último não disciplinava a regência da ampliação objetiva e subjetiva da coisa julgada.

Após o estudo da obra de Humberto Theodoro Jr. não parece existir dificuldade para a assimilação da inovação sistemática, da conjugação dos arts. 18, parágrafo único, e 996, parágrafo único, do CPC de 2015 – o que empreendemos em trabalho publicado em 2016[18].

Dito isso, extraímos daquele trabalho uma passagem – "a interpretação dos fundamentos da controvérsia permite a identificação do espectro da coisa julgada, das questões principais e das prejudiciais por equiparação – que faz: a) objetivamente, sob fato jurídico impeditivo, modificativo ou extintivo da eficácia da regra legal invocada, critério do art. 503, § 1º e do 2º ('a contrario sensu'), do CPC de 2015; subjetivamente, sob fato jurídico suspensivo da incidência de regra legal (critério, 'a contrario sensu', do §ún. do art. 996, do CPC de 2015), que justifica seja substituído o potencial litigante pela atuação do direito que o impeça de afirmar-se titular de direito diverso"[19]. Portanto, "a expansão a terceiros, da coisa julgada, supõe, nos autos, a atuação de seu substituto processual (art. 18, CPC de 2015), ou do litisconsorte ativo unitário (caso do sócio em anulatória de assembleia geral)"[20].

Insistimos, pois, no instituto da substituição processual, o qual o CPC de 2015 articula com a assistência litisconsorcial para a ampliação da coisa julgada.

Cabe lembrar que, intervenha ou não, o terceiro com a qualidade de assistente litisconsorcial estará sujeito à coisa julgada, como adverte Ovídio Baptista da Silva[21], arrimado a Humberto Theodoro e Arruda Alvim. E, não intervindo, dá-se por substituído processualmente.

---

[18] RODRIGUES VIEIRA, José Marcos. *Coisa julgada*. Limites e ampliação objetiva e subjetiva. Salvador: JusPodivm, 2016, passim.
[19] Ibidem, p. 188.
[20] Ibidem, p. 171.
[21] SILVA, Ovídio Araújo Baptista da. *Curso de processo civil*. 4. ed. São Paulo: RT, 1998. vol. 1, p. 285 e 287, respectivamente.

24

SANEAMENTO DO PROCESSO, ESTABILIDADE E COISA JULGADA

Leonardo Greco

Sumário: 1. Modelos rígidos e flexíveis de procedimento em 1º grau. 2. O despacho saneador em Portugal e no Brasil. 3. Preclusões rígidas desagradam tanto ao publicismo quanto ao privatismo. 4. Necessidade de flexibilidade e divergências doutrinárias. 5. Decisão de saneamento. 6. A estabilização da decisão de saneamento no Código de 2015. 7. Questões processuais pendentes. 8. Questões de fato e questões de direito. 9. Decisão sobre as provas a serem produzidas. 10. Distribuição do ônus da prova. 11. Pedido de esclarecimentos ou ajustes. 12. Acordos sobre matérias da decisão de saneamento. 13. Audiência de saneamento. 14. Rol de testemunhas. 15. Calendarização da prova pericial e atos de impulso. 16. Tutela da urgência e da evidência. 17. Decisões de mérito e coisa julgada. 18. Deficiências do saneador, nulidade, rescisória e erros materiais. 19. Considerações finais.

O Código de Processo Civil brasileiro de 2015 deu nova dimensão à decisão de saneamento do processo, que é objeto especialmente do seu artigo 357. Comentários e estudos de reputados doutrinadores auxiliam na sua compreensão, mas revelam em contrapartida muitas divergências que podem pôr em risco a obtenção dos resultados que o legislador pretendeu alcançar com esse instituto.

Este ensaio pretende oferecer elementos para que os mais doutos e a jurisprudência dos tribunais possam tentar equacionar com alguma coerência as incontáveis questões que o tema sugere, tirando das regras do novo Código o maior proveito possível em favor de um procedimento de 1º grau que, ao agasalho da lei, seja previsível e flexível e, ao mesmo tempo, que as questões apreciadas no momento do saneamento não enclausurem o processo numa camisa de força, nem imponham que a subsequente decisão do mérito da causa fique privada da cognição necessária de todos os aspectos fáticos e jurídicos relevantes para um julgamento de boa qualidade.

1. MODELOS RÍGIDOS E FLEXÍVEIS DE PROCEDIMENTO EM 1º GRAU

Desde as primeiras codificações, como a *Ordonnance* de Luís XIV no século XVII, os códigos prussiano e austríaco do século XVIII, o Código francês de 1806, os códigos italianos pré-unitários, culminando nos códigos italiano de 1865, alemão de 1877 e austríaco de 1895, os sistemas processuais se agruparam em dois modelos bastante diversos de procedimentos de primeiro grau: um modelo liberal, originário da tradição romano-canônica, que teve como paradigma o Código napoleônico, de condução do procedimento pelas partes, limitadíssima intervenção judicial, ampla possibilidade de propositura de novas questões e de reexame de decisões no curso do processo e pouquíssimas preclusões; outro modelo rígido, que hoje poderíamos chamar de publicístico ou bifásico, cujo exemplo mais influente foi o Código Klein, que adota os princípios da eventualidade e da concentração, em que a condução do processo incumbe ao juiz que reserva poderes de iniciativa em determinadas matérias de ordem pública, e em que o processo deve evoluir rapidamente em direção à sentença final sem retrocessos, movimento assegurado pelo fortalecimento das preclusões, tanto para as partes, quanto para o juiz.

Conforme Taruffo[1], os códigos do século XIX seguiram a tradição do direito comum de um processo integralmente dispositivo, com exceção dos que sofreram a influência do Regulamento austríaco de 1781, no qual dominava a tendência a restringir a iniciativa das partes dentro de uma sequência limitada e predeterminada de atos, a fim de prevenir os abusos que estas pudessem praticar com base no seu poder dispositivo sobre o processo, um processo simples e rápido, com limites e preclusões aos atos das partes, sob controle do juiz.

A partir do final do século XIX, por influência do socialismo e da instauração do Estado-providência, o modelo rígido ganhou prestígio, inclusive nos países da *common law*. Galeno Lacerda[2] menciona que, desde 1929, juízes americanos passaram a realizar conferências prévias com as partes ou seus advogados (*pre-trial conferences*), para ajudá-los a encontrar modos de simplificar o processo e assim economizar tempo e despesas, o que veio posteriormente a ser acolhido na *Rule 16* das *Federal Rules of Civil Procedure*. Mais recentemente, o chamado *case management*, adotado nos Estados Unidos pelo *Civil Justice Reform Act* de 1991 e na Inglaterra pelas *Civil Procedure Rules* de 1999, fortaleceu o papel do juiz na direção do processo.

2. O DESPACHO SANEADOR EM PORTUGAL E NO BRASIL

Como observei em anterior estudo[3], seguramente influenciado pela audiência preliminar, adotada no Regulamento Judiciário de 1834 do Papa Gregório XVI e no Código

---

[1] TARUFFO, Michele. **La giustizia civile in Italia dal '700 a oggi**. Bologna: Il Mulino. 1980. p. 101-106.

[2] LACERDA, Galeno. **Despacho Saneador**. 2ª ed. Porto Alegre: Sergio Antonio Fabris Editor. 1985. p. 49-50.

[3] GRECO, Leonardo. O Saneamento do Processo e o Projeto de Novo Código de Processo Civil. In TUCCI, José Rogério Cruz e. RODRIGUES, Walter Piva. AMADEO, Rodolfo Costa Manso

austríaco de 1895, um Decreto português de 1926 instituiu o despacho saneador, como "uma verdadeira sentença de forma", na expressão de José Alberto dos Reis, para que antes de ingressar na produção das provas, que é a fase do processo "que obriga a maiores despesas e incômodos", fossem resolvidas as questões prévias e prejudiciais, evitando-se que todo o esforço de constituição, desenvolvimento e instrução do processo fosse realizado inutilmente, quando no momento da decisão final o juiz constatasse a falta de uma condição da ação ou a existência de alguma nulidade intransponível[4].

A fixação desse marco no processo de conhecimento teve a nítida função de economia e celeridade, poupando tempo e evitando desperdícios, limpando o processo de tudo que pudesse prejudicar a apreciação do mérito da causa, constituindo um julgamento de forma anterior ao julgamento do litígio[5]. A noção de economia processual, que havia desaparecido no processo medieval em razão do excessivo formalismo, ressurge coma criação do despacho saneador, que implica na adoção de um modelo procedimental rígido, que dá ênfase aos poderes de direção do juiz[6].

Idêntica inspiração teve a criação do instituto no direito brasileiro. Introduzido no Decreto-lei n. 960 de 1938, sobre os executivos fiscais, foi incorporado ao nosso primeiro Código Nacional de Processo Civil, em 1939, no bojo de uma política pública, revelada na exposição de motivos do Ministro da Justiça Francisco Campos, que acompanhou o projeto de que resultou, de abandono de uma "concepção duelística do processo", à qual "haveria de substituir-se a concepção autoritária do processo", subtraindo a justiça "à discrição dos interessados", o que "tem um sentido altamente popular".

Nessa concepção, relegar as questões processuais, mesmo as de ordem pública, para a sentença final, constituía violação aos princípios da economia e da celeridade[7].

A criação do despacho saneador representou a compartimentação do procedimento de primeiro grau em duas etapas, a primeira concentrando o exame e resolução de todas as questões processuais, a segunda de julgamento do mérito, totalmente liberta das preliminares e devidamente preparada pelas provas admitidas na primeira.

Moacyr Amaral Santos considerava o saneador um julgamento de forma a anteceder o julgamento de mérito. As questões preliminares ou preparatórias em relação ao mérito da causa deveriam ser resolvidas no despacho saneador[8].

Real (coords.). **Processo Civil – homenagem a José Ignacio Botelho de Mesquita**. São Paulo: ed. Quartier Latin. 2013. p. 309-343.

[4] BUZAID, Alfredo, Do despacho saneador. In: **Estudos de Direito**. São Paulo: Saraiva. 1972, pp. 16-17.

[5] LACERDA, Galeno. Ob. cit. p. 6, 40 e 46. V. no mesmo sentido SILVA, Flavio Pâncaro da. O saneamento do processo. In OLIVEIRA, Carlos Alberto Alvaro (org.). **Saneamento do processo – estudos em homenagem ao Prof. Galeno Lacerda**. Porto Alegre: Sergio Antonio Fabris Editor. 1989. p. 215. Na mesma obra, LIMA, Alcides de Mendonça. Do saneamento do processo. p. 71.

[6] LACERDA, Galeno. Ob. cit. p. 28-29.

[7] SILVA, Flavio Pâncaro da. Ob. cit. p. 233.

[8] SANTOS, Moacyr Amaral. **As condições da ação no despacho saneador**. São Paulo. 1946. p. 40 e 44.

O Código de 1973 seguiu a mesma orientação. Na exposição de motivos do anteprojeto de que se originou, Alfredo Buzaid destaca o seu caráter publicístico, porque "dar razão a quem a tem é, na realidade, não um interesse privado das partes, mas um interesse público de toda a sociedade". Embora anunciando profundas modificações no regime do saneador, a exposição se concentra na introdução do julgamento conforme o estado do processo e da ação declaratória incidental, em nada inovando quanto ao papel do saneador de correção de irregularidades e de organização do processo para as fases subsequentes de produção de provas e decisão sobre o direito material, como verdadeira sentença de forma.

Os dois Códigos de 1939 e de 1973 adotaram um modelo rígido de processo por etapas. Conforme Viviane Siqueira Rodrigues, pretendeu-se separar o processo de conhecimento em duas fases, debruçando-se o juiz no saneador sobre questões processuais para adentrar, depois, no mérito da causa. No Código de 1973, "a decisão saneadora servia para certificar a regularidade da relação jurídica processual e preparar a fase instrutória do processo de conhecimento"[9].

Antecedido pelo despacho da inicial, pelas providências preliminares (que podem conduzir à extinção do processo sem resolução do mérito ou ao julgamento antecipado da lide) e, eventualmente, pelo exame de exceções, o despacho saneador era o ponto culminante da série de atos que as partes e o juiz praticavam para expungir o processo de quaisquer vícios ou irregularidades, a fim de que, na sua sequência, fossem praticados os demais atos probatórios necessários e fosse proferido o julgamento do direito material das partes, com a segurança de que esse resultado seria válido e eficaz.

Da concentração das questões processuais nesse modelo luso-brasileiro de saneador, como decorrência necessária da busca da celeridade e da economia, resultou o caráter preclusivo dessas questões, ainda que não apreciadas explicitamente no saneamento. Por todos, destaquem-se as opiniões de Eliézer Rosa e Barbosa Moreira. Do primeiro: "Toda decisão recorrível é, por isso mesmo, preclusiva não só para as partes, senão também para o juiz". "Não é a melhor solução, dum ponto de vista puramente ético, mas é a solução jurídica processual"[10]. Do segundo, aqui sintetizado: O saneador produz a preclusão de todas as questões decididas e das questões não decididas cuja solução cabia nesse ato. Não há julgamento implícito. Desse momento em diante não é mais possível apreciá-las[11].

Essa preclusão atingia o próprio juiz de primeiro grau, assim justificada por Eliézer Rosa: "Não conhece o processo civil brasileiro o princípio da irrecorribilidade dos interlocutórios, donde não conhecer também o outro princípio simétrico da revogabilidade dos despachos que resolvem as chamadas questões incidentes no processo... Se a decisão é recorrível, sua modificação somente pode ocorrer pela via recursal"[12].

---

[9] RODRIGUES, Viviane Siqueira. Comentário ao artigo 357 do CPC de 2015. In YARSHELL, Flávio Luiz. PEREIRA, Guilherme Setoguti J. RODRIGUES, Viviane Siqueira. **Comentários ao Código de Processo Civil**, vol. V. São Paulo: Thomson Reuters/Revista dos Tribunais. 2016. p. 274 e 278

[10] ROSA, Eliézer. **Leituras de processo civil (generalidades sobre a doutrina processual civil).** Guanabara. 1970. p. 111.

[11] MOREIRA, José Carlos Barbosa. **O novo processo civil brasileiro.** 28ª ed. Rio de Janeiro: Forense. 2010. p. 53.

[12] ROSA, Eliézer. Ob. cit. p. 112 e 114.

No regime do Código de 1939, Liebman defendera a preclusão para o juiz até mesmo das decisões interlocutórias irrecorríveis[13]. Assinalava, ainda, o mestre que o direito brasileiro havia herdado do processo comum medieval a observância de uma "ordem legal necessária das atividades processuais", que compartimentava o procedimento em uma série fixa de etapas sucessivas por meio das preclusões. Para isso, o saneador deveria precluir qualquer discussão sobre a validade ou regularidade do processo e dos atos processuais, ressalvadas as questões que o juiz pudesse decidir de ofício. E o grande mestre associava essa preclusão para o juiz à adoção pelo direito brasileiro do princípio da eventualidade, que obrigava o réu a concentrar em um só momento todas as matérias de defesa[14].

Quanto às interlocutórias irrecorríveis, Eliézer sustentava uma revogabilidade discricionária, "salvo se o processo tiver atingido uma etapa incompatível com a revogabilidade". Com a ampla recorribilidade das decisões interlocutórias adotada no Código de 1973, a ressalva perdeu sentido.

A celeridade e a própria segurança jurídica eram invocadas para justificar um regime preclusivo tão rigoroso[15].

Essa concepção compartimentada do procedimento de primeiro grau influencia a própria doutrina que se debruça sobre o Código de 2015, como por exemplo, Fernando da Fonseca Gajardoni, segundo o qual o ideário imaginado pelo legislador é que o juiz, efetivamente, resolva as questões processuais pendentes neste momento processual, reservando a sentença, apenas, para o trato das questões de fato e de direito importantes para o julgamento do mérito. O modelo é de construção do provimento jurisdicional por etapas[16].

3. PRECLUSÕES RÍGIDAS DESAGRADAM TANTO AO PUBLICISMO QUANTO AO PRIVATISMO

Esse modelo preclusivo rígido tão vigorosamente defendido como consequência da instituição do despacho saneador sempre suscitou muitas controvérsias e insatisfações.

---

[13] LIEBMAN, Enrico Tullio. Nota a CHIOVENDA, Giuseppe. **Instituições de Direito Processual Civil**. Vol. I. São Paulo: Saraiva. 1965. p. 378.

[14] LIEBMAN, Enrico Tullio. Nota ao vol. III da edição brasileira das **Instituições de Direito Processual Civil** de Giuseppe Chiovenda. São Paulo: 2ª edição, Edição Saraiva. 1965, pp. 158-160. Em outro estudo (LIEBMAN, Enrico Tullio, O despacho saneador e o julgamento do mérito. In **Estudos sobre o processo civil brasileiro**. São Paulo: Saraiva. 1947, pp. 115-116), igualmente acentuara: "...o despacho saneador cumpre, em regra, sua função de entregar à audiência, isolado e livre de obstáculos, o próprio mérito da controvérsia. É quase desnecessário frisar que se perderia este resultado se o juiz pudesse reconsiderar no prosseguimento do processo as questões decididas no despacho."

[15] SICA, Heitor Vitor Mendonça. **Preclusão processual civil**. 2ª ed. São Paulo: Atlas. 2008. p. 306.

[16] GAJARDONI, Fernando da Fonseca. Comentário ao artigo 357. In GAJARDONI, Fernando da Fonseca. DELLORE, Luiz. ROQUE, Andre Vasconcelos. OLIVEIRA JR. Zulmar Duarte de. **Processo de conhecimento e cumprimento de sentença – comentários ao CPC de 2015**. São Paulo: Método. 2016. p. 174.

De um lado, o publicismo[17], caracterizado pela predominância do interesse público sobre o interesse das partes, pela hipertrofia dos fins públicos do processo e pelo fortalecimento do poder dirigente do juiz, não poderia aceitar que a cognição do juiz sobre questões de ordem pública ou que escapassem à disponibilidade das partes e o seu poder de produzir todas as provas que considerasse necessárias à obtenção de uma sentença justa fossem tolhidos pela inércia ou omissão das partes.

De outro lado, aos privatistas incomodava o perfil autoritário, mecanicista e burocrático que a preclusão no saneador das questões instrumentais gerava, num momento em que as partes e o juiz poderiam ainda não dispor de todos os elementos necessários à alegação e à cognição definitiva sobre essas questões, bem como à proposição de provas sobre elas e sobre as questões de direito material, exacerbando o tão criticado formalismo, que distanciava o processo dos interesses das partes, transformado num jogo de espertezas que, pela eventualidade, obrigava a parte a alegar de uma só vez todas as questões fáticas e jurídicas e a propor todas as provas, mesmo aquelas em que não acreditava ou sobre as quais ainda não tinha elementos consistentes, sujeitando-se a ter de calar, a partir do saneador, mesmo sobre o que viesse a lhe parecer relevante.

Já Galeno Lacerda[18] fazia críticas a esse modelo preclusivo rígido, não vendo com bons olhos a delimitação antecipada da prova, criticando o "questionário" do Código português, fonte de incidentes e que só servem para retardar a marcha do processo e perguntando se não seria "muito mais prático e expedito dar liberdade de prova aos advogados e conceder ao juiz, apenas, o poder de reprimir os abusos, aliado a iniciativa complementar probatória"[19].

Propunha uma distinção entre o saneamento ordinatório e o decisório e condenava o excesso de formalismo, que considerava manifestação de um direito pouco evoluído. Associando a análise da preclusão à sua teoria das nulidades, argumentava: se o juiz conserva a jurisdição, para ele não preclui a faculdade de reexaminar a questão julgada, desde que ela escape à disposição da parte, por emanar de norma processual imperativa[20].

Quanto à preclusão para o juiz, refutava argumento importante adotado por Liebman e até hoje repetido por vários autores, de que o artigo 289 do Código de 1939, correspondente ao artigo 471 do Código de 1973 e ao artigo 505 do Código de 2015, impediria o juiz de rever as questões já decididas, pois esse dispositivo se referiria apenas às questões da lide, ou seja, ao mérito da causa, não às questões processuais. No mesmo sentido, Machado Guimarães observa que o referido dispositivo é originário do artigo 301 do projeto preliminar de Carnelutti, que se referia inquestionavelmente às questões de direito material, em conformidade com as lições do mestre transcritas abaixo[21].

---

[17] V. GRECO, Leonardo. Publicismo e privatismo no processo civil. In **Revista de Processo**, ano 33, n° 164. São Paulo: ed. Revista dos Tribunais. Outubro de 2008. p. 29-56.
[18] LACERDA, Galeno. Ob. cit. p. 97-161.
[19] Ob. Cit. p. 97-98.
[20] Ob. Cit. p. 155-156; 161.
[21] CARNELUTTI, Francesco. **Lezioni di diritto processuale civile**. Volume quarto. Padova: Edizioni CEDAM. 1926. p. 488-489: Se la preclusione delle questioni si distingue, come è giusto, dalla cosa giudicata formale, appunto in quanto questa ha per presupposto la cosa giudicata sostanziale,

Desgraçadamente para muitos[22], mitigando os ideais de celeridade e economia, muitos juízes passaram a relegar para a sentença final questões processuais que consideravam intrincadas com o mérito, o que mereceu a chancela do próprio Supremo Tribunal Federal na Súmula n. 424: "Transita em julgado o despacho saneador de que não houve recurso, excluídas as questões deixadas explícita ou implicitamente para a sentença".

4. NECESSIDADE DE FLEXIBILIDADE E DIVERGÊNCIAS DOUTRINÁRIAS

Parece induvidoso que o processo judicial de solução de conflitos, na sua marcha contínua em direção a uma decisão justa, precise em certa medida fazer uso das preclusões para garantir a racionalização da atividade do juiz e das partes, para não desperdiçar os meios materiais e humanos de que necessita e de que também necessitam todos os demais processos e para assegurar a mais rápida e econômica obtenção dos resultados por ele almejados. A adoção de um saneador para solução de todas as questões processuais e preparação da instrução e decisão final da causa parece um modelo que pode atender a esses objetivos, mas que não pode ser inflexível, pelas já apontadas consequências nefastas que pode causar, seja aos fins publicísticos do processo, seja aos interesses das partes.

Ocorre que há um número elevado de questões sobre as quais se travaram divergências doutrinárias na vigência dos Códigos de 1939 e de 1973 e que o Código de 2015 não resolve, apesar da ênfase maior conferida à atividade de saneamento.

Alguma preclusão qualquer processo precisa ter, seja ela temporal, lógica ou consumativa, para assegurar a sua marcha contínua em direção ao seu fim e para que os diversos sujeitos processuais sejam impelidos a cumprir os seus deveres, sofrendo as consequências desfavoráveis da sua violação. A primeira divisão de águas que se pode estabelecer é entre os defensores de um processo acentuadamente preclusivo ou de um processo acentuadamente sem preclusões.

Em retrospectiva histórica, Heitor Sica observa[23] que no regime das Ordenações o legislador concedia várias oportunidades para a prática de atos. Nas *Siete Partidas* espanholas, que influíram nas Ordenações, o regime das preclusões era elástico, especialmente

---

manca una disposizione o un principio di legge, onde possa essere dedotta poichè la legge non parla che di cosa giudicata. Altrondese, per una accidentalità nella formazione della decisione, una questione venga risolta prima che l'effetto giuridico sia accertato, non vedo un buon motivo perchè il giudice sia vincolato a codesta risoluzione: la immutabilità dell'accertamento non richiede punto, a mio avviso, che il giudice non possa correggersi strada facendo. La esistenza della sentenza immutabile toglie dunque a ogni giudice il potere di (tornare a) decidere la lite e, di riverbero, estingue il diritto della parte di pretenderne la decisione".

[22] ARAGÃO, E. D. Moniz de. Preclusão (Processo Civil). In FABRÍCIO, Adroaldo Furtado et alii. **Saneamento do processo – estudos em homenagem ao Prof. Galeno Lacerda.** Porto Alegre: Sergio Antonio Fabris Editor. 1989. p. 150-151. No mesmo sentido, SILVA, Flavio Pâncaro da. Ob. cit. p. 233.

[23] SICA, Heitor Vitor Mendonça. Ob. cit. p. 33-44.

para que as partes articulassem ataque e defesa. Nas Ordenações não havia eventualidade alguma na dedução das matérias de defesa. Desde as primeiras, as Ordenações Afonsinas, no século XV, havia norma expressa autorizando o juiz a revogar decisões interlocutórias a qualquer tempo de ofício até a sentença. No Império, o Regulamento 737 de 1850 (arts. 74-75) apesar de ter determinado a concentração das matérias de defesa na contestação, permitia a revisão de todas as decisões interlocutórias.

Viviane Siqueira Rodrigues relata que Liebman, José Frederico Marques e Lauria Tucci defendiam a eficácia preclusiva da decisão saneadora, independentemente do seu conteúdo, enquanto para Galeno Lacerda, Vicente Greco Filho, Humberto Theodoro Júnior e Moacyr Amaral Santos somente precluiriam as questões sujeitas a disposição pelas partes[24]. Para Moniz de Aragão, a preclusão das questões formais deve ser a regra[25]. Para Barbosa Moreira, o saneador produziria a preclusão de todas as questões decididas, bem como das que deveriam ter sido por ele decididas.

Quanto à sobrevivência de questões de ordem pública, como a falta de condições da ação e de pressupostos processuais ou nulidades absolutas, também grassa divergência na doutrina. Liebman as excluía da preclusão[26]. Para Heitor Sica essas matérias somente poderiam ser reapreciadas de ofício em apelação, desde que relativas a capítulo impugnado da sentença, não podendo ser reapreciadas pelo juízo de primeiro grau[27]. Entretanto, sustenta que nada impede "que o juiz que haja declarado o feito saneado reconheça *a posteriori* que o autor carece de ação, ou que falta algum pressuposto de desenvolvimento válido e regular do processo, ou mesmo que pronuncie invalidade que antes passou despercebida". "Fechar o processo em fases, a cada qual cabendo um rol estrito de questões, significa limitar a atividade do juiz"[28].

Vinculada a essa se coloca a questão da revogabilidade da decisão de saneamento pelo próprio juiz de primeiro grau. Para os partidários do regime herdado das Ordenações, como Filadelfo Azevedo e Pedro Batista Martins, essa revogabilidade era ampla[29]. Já Moniz de Aragão sustentava que o juiz se sujeitava a preclusão consumativa[30]. Igualmente Liebman lecionava que o esforço de preparar o processo para que o juiz pudesse decidir o mérito na

---

[24] RODRIGUES, Viviane Siqueira. Ob. cit. 2016. p. 283.
[25] Ob. Cit. p. 174.
[26] LIEBMAN, Enrico Tullio. Nota ao vol. III da edição brasileira das **Instituições de Direito Processual Civil** de Giuseppe Chiovenda. 2ª ed. São Paulo: Saraiva. 1965. p. 159. Idem, THEODORO JÚNIOR. Humberto. A preclusão no processo civil. In FIUZA, César Augusto de Castro. SÁ, Maria de Fátima Freire de. DIAS, Ronaldo Brêtas C. (coords.). **Temas atuais de Direito Processual Civil**. Belo Horizonte: ed. Del Rey. 2001. p. 141-142; GAJARDONI, Fernando da Fonseca. Ob. cit. p. 175.
[27] Ob. cit. p. 222. No mesmo sentido, NEVES, Daniel Amorim Assumpção. **Preclusões para o juiz**. São Paulo: Editora Método. 2004. p. 249; RODRIGUES, Viviane Siqueira. Ob. cit. p. 305.
[28] Idem, p. 290.
[29] SANTOS, Moacyr Amaral. Ob. cit. p. 103-106.
[30] ARAGÃO, E. D. Moniz de. Ob. cit. p. 178.

audiência final ficaria frustrado se o juiz pudesse reconsiderar a decisão de saneamento[31]. Outros, como Humberto Theodoro Júnior e Heitor Sica[32] entendiam que, ressalvadas as questões de ordem pública, o juiz está adstrito ao que foi decidido na mesma instância.

Muitos partidários de um regime preclusivo rígido o associam à recorribilidade da decisão interlocutória. Liebman sustentava que, estando a decisão interlocutória sujeita a recurso e não interposto este no prazo legal, preclusa fica a decisão. Revogáveis seriam apenas as decisões não sujeitas a recurso[33]. Heitor Sica proclama que no Código de 1973 há absoluto consenso de que "as decisões interlocutórias, quando não atacadas por agravo, geram preclusão para as partes e para o juiz, salvo em casos expressos em lei, como os de condições da ação e pressupostos processuais"[34].

Citando vasta doutrina (Celso Barbi, Lopes da Costa, Barbosa Moreira, Pontes de Miranda, José Frederico Marques, Arruda Alvim) e jurisprudência, Humberto Theodoro Júnior defende uma preclusão *pro iudicato*. "Não tendo sido interposto recurso adequado, a decisão interlocutória incorre em preclusão *pro iudicato*, e o magistrado que a proferiu ficará impedido de reconsiderá-la". Ressalva, entretanto, as questões de ordem pública, "pois aquilo que diz respeito à legitimidade e eficácia da própria função jurisdicional tem de ser aferido sempre enquanto não proferida a decisão de mérito (CPC, art. 267, § 3º)"[35].

Há autores que distinguem no saneador os pronunciamentos do juiz de saneamento, ou seja, sobre as questões processuais relativas à validade do processo, ao preenchimento das condições da ação e dos pressupostos processuais, das deliberações ordinatórias ou de organização, tais como as relativas à marcha do processo e aos atos a serem praticados na sequência, em especial sobre as provas a serem produzidas ou a não serem admitidas, a expedição de precatórias, a nomeação de perito e a designação de audiência de instrução e julgamento. Já Galeno Lacerda havia feito essa distinção, conforme acima apontado. Para Moniz de Aragão, as decisões sobre a produção das provas obrigam as partes, mas não o juiz, podendo ser revistas a qualquer tempo, como providências ordinatórias[36]. No mesmo sentido, é a opinião de José Roberto Bedaque, para quem a decisão sobre provas é matéria de simples organização, não de saneamento[37]. Humberto Theodoro Júnior argumenta que não há preclusão em matéria de prova, mesmo que requerida e

---

[31] LIEBMAN, Enrico Tullio, O despacho saneador e o julgamento do mérito. In **Estudos sobre o processo civil brasileiro.** São Paulo: Saraiva. 1947. p. 115-116.
[32] Ob. Cit. p. 228.
[33] LIEBMAN, Enrico Tullio. Nota 1. In CHIOVENDA, Giuseppe. **Instituições de Direito Processual Civil.** V. 3. 2a. ed. São Paulo: Saraiva. 1965. p. 324.
[34] Ob. Cit. p. 89 e 182. No mesmo sentido, CÂMARA, Alexandre Freitas. Audiência preliminar e saneamento do processo: uma perspectiva luso-brasileira. In **Escritos de Direito Processual.** Rio de Janeiro: Lumen Juris. 2001. p. 164.
[35] THEODORO JÚNIOR, Humberto. Ob. cit. p. 132-138. No mesmo sentido, MARQUES, José Frederico. **Manual de Direito Processual Civil.** 2º volume. São Paulo: Saraiva. 1974. p. 170.
[36] Ob. Cit. p. 154 e 174.
[37] BEDAQUE, José Roberto. **Poderes instrutórios do juiz.** 4ª ed. São Paulo: Revista dos Tribunais. 2009. p. 15-16.

denegada, porque o juiz tem o poder de ordenar de ofício a realização de todas as provas[38]. Já Daniel Assumpção Neves vai mais adiante, sustentando que, uma vez deferida a prova, não pode o juiz voltar atrás e indeferi-la, salvo se houver desistência do interessado na sua produção, pois o juiz não sofre preclusão temporal em matéria probatória. Já a prova determinada de ofício não pode ser dispensada pelo juiz, pois o direito à sua produção, desde então, passa às partes[39].

Luiz Rodrigues Wambier e Eduardo Talamini sustentam que se o juiz descarta as hipóteses de julgamento antecipado previstas nos artigos 354 a 356 e saneia o processo ou, para saneá-lo, designa audiência, pode ele rever a sua decisão, se constatar a presença dos pressupostos daqueles dispositivos, negando o julgamento do mérito ou julgando-o independentemente de novas provas, total ou parcialmente, exceto se houver provas deferidas e já iniciada a instrução[40].

Divergem também os autores sobre a possibilidade de julgamento implícito no saneador. Moniz de Aragão explicava que o saneamento nem sempre exauria o exame das questões processuais, mas para ele as questões não apreciadas ficavam preclusas, isto é, eram consideradas sepultadas, não mais podendo ser alegadas ou decididas[41]. Esse também era o entendimento de Barbosa Moreira[42]. Liebman não divergia, considerando implicitamente repelidas todas as preliminares não apreciadas pela decisão que declarasse o processo saneado[43]. Em orientação diversa, adotando lição de Galeno Lacerda, Pâncaro da Silva sustenta que não há saneamento implícito. "Enquanto o processo não for totalmente purificado, sempre haverá possibilidade de novo saneamento", isto é, sempre a questão omitida poderá ser apreciada[44]. Com este parece concordar Heitor Sica[45]. Daniel Assumpção Neves segue esse mesmo entendimento, aduzindo o argumento de que a ausência de decisão viola a garantia da motivação das decisões judiciais[46]. Humberto Theodoro Júnior recomenda que sejam evitadas decisões implícitas, pois o juiz deve fundamentar todas as suas decisões, mas à parte fica reservada a possibilidade de reclamar pronunciamento expresso sobre o que não foi explicitamente decidido[47]. Em terceira posição, José Frederico Marques lecionava: se a questão foi suscitada pela parte e decidida explicita

---

[38] THEODORO JÚNIOR, Humberto. **Curso de Direito Processual Civil.** Vol. I. 56ª ed. Rio de Janeiro: Forense. 2015. p. 832.
[39] NEVES, Daniel Amorim Assumpção. Ob. cit. p. 267-271.
[40] WAMBIER, Luiz Rodrigues. TALAMINI, Eduardo. **Curso avançado de Processo Civil.** Vol. 2. 16ª ed. São Paulo: Revista dos Tribunais. 2016. p. 213.
[41] ARAGÃO. Ob. Cit. p. 173.
[42] MOREIRA, José Carlos Barbosa. **O novo processo civil brasileiro.** 28ª ed. Rio de Janeiro: Forense. 2010. p. 53.
[43] LIEBMAN, Enrico Tullio. Ob. e loc. cits.
[44] SILVA, Flavio Pâncaro da. Ob. cit. p. 231.
[45] Ob. Cit. p. 211.
[46] NEVES, Daniel Amorim Assumpção. Ob. cit. p. 235.
[47] THEODORO JÚNIOR, Humberto. Ob. cit. p. 833.

ou implicitamente pelo juiz, há preclusão; se a matéria não foi arguida e o processo foi saneado, não houve rejeição implícita e não há preclusão[48].

O 2º e o 3º entendimentos sobre essa questão favoreceram a prática, criticada por Barbosa Moreira entre outros, de relegar para a sentença final a solução de questões processuais, tais como a legitimidade das partes, a inépcia da inicial, a competência absoluta, com prejuízos enormes para os litigantes e para a celeridade do processo. Essa prática foi sufragada pelo Supremo Tribunal Federal com a jurisprudência cristalizada na já citada Súmula 424. Pâncaro da Silva considera que relegar as matérias do artigo 267 do Código de 1973 (art. 485 do Código de 2015) para a sentença final é violar os princípios da economia e da celeridade[49]. Alexandre Câmara informa que no direito português, as questões processuais, como as relativas a nulidades, incapacidade ou ilegitimidade das partes, incompetência, exceções dilatórias e outras irregularidades devem ser examinadas no despacho saneador, "só podendo ficar relegada sua solução para a sentença final se o estado do processo impossibilitar o juiz de pronunciar-se sobre elas, devendo o juiz justificar sua decisão"[50]. Barbosa Moreira chama a atenção para o perigo de se amesquinharem na prática as dimensões da atividade planejada pelo legislador[51].

Alguns autores se referem à chamada preclusão hierárquica. Se a questão foi submetida em grau de recurso à instância superior, o juiz inferior está obrigado a respeitar a autoridade desta última, não podendo em qualquer caso voltar a pronunciar-se sobre ela, em sentido diverso, ainda que se trate de questão de ordem pública ou probatória. Moniz de Aragão é dessa opinião[52]. Alexandre Câmara igualmente a sustenta, acrescentando que a sua inobservância pelo juiz inferior comporta reclamação[53].

A doutrina também se debruçou sobre a estabilidade da solução no saneador de questão de direito material, como a decadência ou a prescrição. Para Moniz de Aragão, se o juiz solucionar alguma disputa integrante do mérito da causa antes da sentença final, visando a prepará-la, a matéria ficará preclusa, ressalvado o seu reexame por agravo. Quando sobrevier a sentença final, essa decisão integrará a coisa julgada material, se o processo vier a ser extinto com resolução do mérito, ou a coisa julgada meramente formal, se o processo vier a ser extinto sem resolução do mérito[54]. Já Viviane Siqueira Rodrigues entende que a decisão sobre a prescrição e a decadência precluíam para o juiz de 1º grau, mas poderiam ser reapreciadas em apelação em razão do efeito translativo[55]. Heitor Sica sustenta que questão de mérito, como a prescrição, resolvida em decisão interlocutória, pode ser objeto de ação

---

[48] MARQUES, José Frederico. **Manual de Direito Processual Civil**. 2º Volume. São Paulo: Saraiva. 1974. p. 171.
[49] SILVA, Flavio Pâncaro da. Ob. cit. p. 233.
[50] CÂMARA, Alexandre Freitas. Ob. cit. p. 159.
[51] MOREIRA, José Carlos Barbosa. Ob. cit. p. 139.
[52] Ob. cit. p. 174.
[53] Ob. cit. p. 224.
[54] Ob. cit. p. 176.
[55] Ob. cit. p. 280.

rescisória contra essa decisão e contra a sentença final, se esta transitar em julgado, mas pode ser revista pelo próprio juiz da causa como fruto de um *error in procedendo*[56].

Alfredo Buzaid lecionava que, quanto à forma, o despacho saneador não é necessariamente um só, nem é proferido em um único momento do processo. Pode cindir-se em mais de um pronunciamento, sendo que, todos reunidos, lhe formam a unidade jurídica[57]. Esse parece ser o entendimento de Humberto Theodoro Júnior, segundo o qual a atividade de saneamento não tem um limite inicial necessário, mas se encerra com o despacho saneador[58]. Escrevendo na vigência do Código de 1973, Barbosa Moreira observa uma tendência moderna ao saneamento concentrado num único ato, correlacionando-o a um papel mais ativo do juiz. Invoca nesse sentido a reforma alemã de 1976, que criou um saneamento escrito ou oral, que deve adotar todas as medidas preparatórias do julgamento de mérito na audiência final. Apoia-se também na audiência preliminar sugerida pelo Código-modelo para Iberoamérica[59].

No estudo do saneador a doutrina frequentemente distingue a preclusão para as partes da preclusão para o juiz. Moniz de Aragão leciona que o juiz está sujeito a preclusão lógica e a preclusão consumativa, não à preclusão temporal, salvo se houver superação de determinada fase processual. No que concerne aos atos inerentes à instrução da causa, a preclusão incide para as partes mas não para o juiz, por se tratar do exercício de poderes ordinatórios instrumentais, destinados a serem empregados com o fim de mais bem esclarecer os fatos necessários à prolação da sentença[60]. Heitor Sica também defende esse duplo aspecto subjetivo da preclusão, sustentando que, para a parte, a possibilidade de discussão da decisão se escoa no esgotamento do prazo recursal, enquanto para o juiz, nos casos previstos em lei, pode o juiz posteriormente rever a decisão[61]. Humberto Theodoro Júnior considera que a parte também pode incidir em preclusão lógica, se pretender medida diversa da que foi indeferida, mas com esta incompatível. Pode incorrer também em preclusão consumativa, se impugnar por mandado de segurança a parte do saneador não agravável, não cabendo rediscutir a mesma questão na apelação[62].

Há sobre algumas dessas questões na doutrina pesquisada outras referências ao direito estrangeiro. Heitor Sica, por exemplo, observa[63] que no Código italiano as *ordinanze*, que correspondem *grosso modo* às nossas decisões interlocutórias, podem ser revogadas ou modificadas pelo juiz, não gerando preclusão. No Código alemão, a partir de 1977, adotou-se a eventualidade, mas o juiz pode admitir modificações objetivas se julgar necessárias ou se o réu consentir (§ 264). Essa reforma é também invocada por Barbosa Moreira, como

---

[56] Ob. cit. p. 205-206.
[57] BUZAID, Alfredo. Ob. cit. p. 33.
[58] THEODORO JÚNIOR, Humberto. Ob. cit. p. 828.
[59] MOREIRA, José Carlos Barbosa. Ob. cit. p. 123-134.
[60] Ob. cit. p. 178 e 182. Também para José Roberto Bedaque (Ob. cit. p. 15-16), Heitor Sica (Ob. cit. p. 242) e Humberto Theodoro Júnior (Ob. cit. p. 836), não há preclusão para o juiz em matéria probatória.
[61] Ob. cit. 182-183.
[62] THEODORO JÚNIOR, Humberto. Ob. cit. p. 832.
[63] Ob. cit. p. 58, 60-62 e 176.

mencionado acima. Quanto às decisões do juiz, há uma rigidez acentuada, embora países como a Alemanha, a Itália e até mesmo Portugal, tenham na atualidade um regime preclusivo não radical, um meio-termo entre o rigor estrito e a absoluta elasticidade.

No fundo de todas essas divergências, sobre as quais tomaremos posição quando examinarmos o saneamento no Código de 2015, encontram-se preocupações, de um lado, com a racionalização e organização do processo de conhecimento para que se assegure a sua marcha contínua, consistente e eficiente em direção ao seu fim, que é o julgamento da pretensão de direito material, eliminando após a fase postulatória todos os obstáculos à realização desse objetivo, para atender aos ideais de celeridade e economia; e, de outro lado, não sufocar o processo numa camisa de força burocrática, pois, afinal, o juiz e as partes não são semi-deuses e todos devem estar permanentemente dispostos a voltar a sua atenção para aspectos não anteriormente considerados que envolvem a demanda e que podem exigir ajustes no planejamento anteriormente traçado, sem prejuízo da eficiência, da economia e da celeridade. Afinal, acima de quaisquer modelos rígidos, o processo não é um fim em si mesmo.

Numa síntese feliz e inspiradora, Remo Caponi, em estudo recente[64] assinala que a tendência prevalente no direito europeu é a de uma disciplina antes flexível do processo de cognição plena, de modo a aderir ao caráter simples ou complexo da controvérsia, graças ao exercício incisivo dos poderes de *case management* por parte do juiz. Observa o autor que no direito alemão o juiz pode calibrar desde o início o desenvolvimento do processo com base na complexidade de cada controvérsia (§ 272 da ZPO). Já o § 296 disciplina as alegações tardias com uma margem significativa de apreciação judicial. Alegações, contestações a alegações, exceções de mérito, requerimentos de provas (exceto a demanda principal e a reconvenção) podem ser trazidos posteriormente se não retardam a solução da controvérsia ou se a parte justifica suficientemente o atraso. O juiz pode repeli-los se a sua admissão retardar a solução da controvérsia e o atraso da sua apresentação for devido a culpa grave.

Essa flexibilidade também se observa nos *Princípios do Processo Civil Transnacional*, adotados em 2004 pelo *The American Law Institute* e pela UNIDROIT, de que foram relatores os Professores Geoffrey C. Hazard Jr., da Universidade de Pennsylvania, e Michele Taruffo, da Universidade de Pavia, e relator-adjunto o Professor brasileiro Antonio Gidi, da Universidade de Houston. Nos princípios 9, 10 e 22 se encontram diretrizes que facultam às partes apresentar novas provas na audiência final, depois da decisão de admissão das provas da fase intermediária (item 9.4), possibilitam às partes aduzir novos argumentos no curso do processo, desde que isto não implique em atrasar de modo não razoável o procedimento nem ter por consequência alguma outra injustiça (item 10.4) e autorizam o tribunal, a qualquer tempo, a permitir que a parte modifique as suas alegações de fato ou de direito, propondo em consequência as provas adicionais pertinentes ou convidá-la a fazê-lo (item 22.2.1). Disposições semelhantes se encontram nas *Regras do Processo Civil Transnacional*, como, por exemplo, nas Regras 14 sobre emendas aos articulados, 17 sobre a revogabilidade das decisões do tribunal, 18 sobre o *case management*, e 21 sobre Provas[65].

---

[64] CAPONI, Remo. Rigidità e flessibilità del processo civile. In **Rivista di diritto processuale**. Ano LXXI. Milano: CEDAM/Wolters Kluwer. 2016. p. 1442-1458.

[65] ALI/UNIDROIT, **Principles of transnational civil procedure**. Cambridge University Press. 2007.

5. DECISÃO DE SANEAMENTO

O Código de 2015, no artigo 357, denominou o despacho saneador de "decisão de saneamento e de organização do processo", explicitando o seu conteúdo e regulando a sua prolação em mais nove parágrafos, que serão objeto da nossa análise. À luz desse dispositivo pode ele ser definido como a decisão interlocutória, proferida no processo de conhecimento de procedimento comum, logo após a fase postulatória e das providências preliminares, na qual o juiz deve resolver as questões processuais eventualmente pendentes, delimitar as questões de fato e de direito a serem instruídas e decididas nas fases instrutória e decisória subsequentes, deferir ou determinar as provas a serem produzidas e ainda, se for o caso, definir a distribuição do ônus da prova e designar a audiência final de instrução e julgamento.

Em vista do fracasso da audiência preliminar, oriunda da redação anterior do Código de 1973, o novo diploma optou claramente pela forma escrita, sendo excepcional a prolação em audiência, nos termos dos §§ 3º, 5º e 9º. A adoção da forma escrita, embora arraigada na tradição luso-brasileira[66], constitui um paradoxo e um retrocesso em face do dever de cooperação proclamado como norma fundamental do sistema processual no artigo 6º, somente justificável diante da resistência de juízes e advogados em compartilharem esse momento tão importante de regularização e preparação dos atos subsequentes do processo. Mas não se trata de um fato isolado. A oralidade de um modo geral é enfraquecida no novo Código, como já tive oportunidade de apontar, com a adoção de um procedimento quase totalmente escrito e o desaparecimento de qualquer resquício de identidade física do juiz[67].

Como o próprio nome sugere, esse ato do juiz cumpre duas funções, uma função saneadora e uma função organizadora. A função saneadora[68], como a própria palavra exprime, é essencialmente uma função de controle da regularidade do processo e de correção dos seus eventuais defeitos ou desvios do seu rumo.

Por outro lado, apesar de regulada especificamente no título I do Livro I da Parte Especial do Código, que trata do procedimento comum do processo de conhecimento, ela não é exclusiva de qualquer procedimento específico, porque é uma função de controle permanente que deve ser exercida em qualquer procedimento e em todas as suas fases. A sua concentração ou maior intensidade, após a fase postulatória, por meio de um despacho específico, o despacho saneador ou decisão de saneamento, tem como finalidade principal exigir que nesse momento o juiz efetivamente faça uma pausa na condução do processo e se dedique precipuamente à sua ordenação, assegurando assim, que, daí por diante, o processo esteja em ordem e marche com celeridade e determinação em direção ao seu fim, pois, se assim não for, deverá o processo ser extinto, livrando-se o réu do ônus e do constrangimento de ter de defender-se de uma demanda ou de um processo inviáveis.

---

[66] THEODORO JÚNIOR, Humberto. Ob. cit. p. 828.
[67] GRECO, Leonardo. O contraditório no novo CPC. In MENDES, Aluisio Gonçalves de Castro Mendes (org.). **O novo Código de Processo Civil – programa de estudos avançados em homenagem ao Ministro Arnaldo Esteves Lima**. Rio de Janeiro: ed. TRF2. 2016. p. 229-240.
[68] V. GRECO, Leonardo. O Saneamento do Processo e o Projeto de Novo Código de Processo Civil cit. p. 309-343.

Na função saneadora o juiz limpa, purifica o processo de tudo que possa prejudicar a sua marcha em direção a uma decisão final consistente e proveitosa, na resolução das questões processuais pendentes, na delimitação das questões de fato e de direito, na admissão das provas relevantes e úteis e na inadmissão das irrelevantes ou inúteis. Na função organizadora o juiz prepara toda a atividade processual subsequente, fazendo uma prognose do que possa ser útil e conveniente para a consecução dos fins do processo, na delimitação das questões de fato e de direito, na admissão ou determinação das provas a serem produzidas, na distribuição do ônus da prova, na eventual designação da audiência final e na adoção de todas as providências ordinatórias para efetivar a prática dos atos subsequentes, como a determinação da expedição de cartas precatórias ou rogatórias. No âmbito da função de organização poderá vir a incluir-se a calendarização dos atos subsequentes, como previsto no § 8º do artigo 357 e também no artigo 191. A distinção entre as funções de saneamento e de organização é muito importante, embora o relato aqui feito evidencie desde logo que existem matérias em que o despacho atende a ambas, como na delimitação das questões de fato e de direito, porque a natureza dinâmica e variável da relação processual, o conhecimento incompleto que nesse momento o juiz e as partes têm de todas as circunstâncias da causa e o juízo meramente probabilístico que então podem fazer em relação à eficácia, adequação e utilidade dos atos planejados para o futuro, não podem sujeitar as decisões de organização à mesma rigidez das decisões de puro saneamento.

Por outro lado, há decisões de saneamento que por si só devem ser definitivas, porque alteram o objeto litigioso (partes, pedido e causa de pedir), como as que excluem um litisconsorte, excluem um dos pedidos cumulados ou uma parte de um pedido ou delimitam as questões de fato e de direito de modo a excluir uma causa de pedir, eliminando a cognição futura sobre fatos e fundamentos jurídicos que por si só poderiam sustentar autonomamente o pedido proposto. A partir desse momento, a relação processual não versará mais sobre a parte excluída do objeto litigioso e os atos subsequentes dela não tratarão. Se a decisão for reformada em grau de recurso imediato ou diferido, o processo na instância inferior deverá ser retomado a partir da decisão de exclusão ou de delimitação, se não for possível o aproveitamento dos atos praticados, conforme será examinado mais adiante no item XVIII.

6. A ESTABILIZAÇÃO DA DECISÃO DE SANEAMENTO NO CÓDIGO DE 2015

Deste tema já tratamos, direta ou indiretamente, em outras ocasiões, às quais remetemos o leitor[69]. Algumas premissas me parecem essenciais para podermos enfrentar as inúmeras questões acima mencionadas e eventualmente outras que poderão vir a surgir.

---

[69] GRECO, Leonardo. O Saneamento do Processo e o Projeto de Novo Código de Processo Civil cit.; **Instituições de Processo Civil – processo de conhecimento.** Volume II. 3ª ed. Rio de Janeiro: Forense. 2015. p. 95-98; Convenções processuais versus poderes do juiz. In JATAHY, Carlos Roberto. ALMEIDA, Diogo Assumpção Rezende de. AYOUB, Luís Roberto (coords.). **Reflexões sobre o novo Código de Processo Civil.** Rio de Janeiro: FGV Editora. 2016. p. 135-148; A contratualização do processo e os chamados negócios jurídicos processuais. 2016. Acessível em https://www.academia.edu/32987262/NEG%C3%93CIOS_JUR%C3%8DDICOS_PROCESSUAIS_6.docx.

A primeira premissa é a de que o direito processual contemporâneo, em especial o brasileiro, se assenta na eficácia concreta dos direitos fundamentais constitucionalmente assegurada no artigo 5º da nossa Carta Magna por meio da efetividade das garantias do processo justo, entre as quais a garantia de um procedimento legal, flexível e previsível. A ritualidade e a sequência procedimental dos atos do processo deve em regra observar as normas legalmente estabelecidas, mas deve ser assegurada uma margem de variação para que o processo respeite a paridade de armas e a ampla defesa, para que a rigidez do procedimento não constitua um evidente instrumento de injustiça, um impedimento à busca da verdade dos fatos, para que o formalismo não se sobreponha à necessidade de buscar, tanto quanto possível, que o litígio seja definitivamente resolvido no seu mérito[70].

Se a lei erige a decisão de saneamento como um momento em que o juiz deve deter-se na regularização e ordenação do processo, esse ato deve ser objeto de um esforço do juiz, se possível com a colaboração das partes, no sentido de exercer com plenitude todas as funções recomendadas pelo legislador, para que ele resulte com a maior eficácia possível na preparação de uma decisão final justa, no tríplice significado destacado por Taruffo, de uma decisão que apurou bem os fatos, que aplicou bem o direito e que, analisando todos os argumentos e circunstâncias relevantes, fundamentou de modo adequado e consistente as suas conclusões. Essa flexibilidade encontra respaldo nos critérios hermenêuticos da razoabilidade e da eficiência inscritos no artigo 8º do Código de 2015, nos poderes conferidos ao juiz de dilatar prazos, alterar a ordem de produção de provas, determinar a qualquer tempo o comparecimento das partes (art. 139), definir procedimento para a prática de atos concertados de cooperação interjurisdicional (art. 69, § 2º) e na instrumentalidade das formas (arts. 278, parágrafo único, 282, §§ 1º e 2º e 283).

Não colhe o argumento pseudo-positivista de que o artigo 505 proibiria o juiz de voltar a decidir as questões já decididas. Como demonstrado por Machado Guimarães, essa proibição se refere às questões de direito material; por isso, a localização do dispositivo na seção relativa à coisa julgada, muito bem justificada por Carnelutti.

Se é imperioso que o processo se movimente permanentemente em direção ao seu resultado final, isto não significa que ele deva ser compartimentado em etapas estanques, porque de nada valem as argumentações e decisões adotadas nas etapas anteriores se dificultaram o exercício da jurisdição sobre o direito material. Se o juiz não puder corrigir, emendar, modificar, os erros ou omissões ocorridos no percurso procedimental, o Judiciário não estará cumprindo a promessa constitucional de assegurar a tutela jurisdicional efetiva dos direitos dos que a ele recorrem. Estabilidade, sim, como regra, mas não em caráter absoluto. A flexibilidade aqui preconizada é adotada nos principais sistemas processuais contemporâneos e também nos *Princípios e Regras do Processo Civil Transnacional* já referidos.

---

[70] GRECO, Leonardo. Garantias Fundamentais do Processo: o Processo Justo. In PEIXINHO, Manoel Messias. GUERRA, Isabella Franco. NASCIMENTO FILHO, Firly (orgs.). **Os princípios da Constituição de 1988**. 2ª ed. Rio de Janeiro: Lumen Juris. 2006. p. 369-406.

Valem aqui como paralelo as recomendações que fizemos nas nossas *Instituições*[71] sobre a estabilização da demanda e sobre a aplicação do princípio da eventualidade à contestação. A interpretação das regras que regem o saneamento deve partir da premissa de que todas decisões nele adotadas devem gozar de estabilidade, no sentido de que devem ser mantidas até a decisão final da causa, em benefício da continuidade do desenvolvimento da relação processual em direção ao seu fim, assim como da segurança e previsibilidade das partes quanto às etapas subsequentes do processo e às consequências que delas poderão decorrer, inclusive quanto aos direitos que poderão exercer e quanto aos deveres e ônus a que ficarão sujeitas. Além disso, essa tendencial estabilidade evita esforços e despesas desnecessárias, contribuindo para a economia e a celeridade do processo. Consequentemente, a quebra dessa estabilidade, deve ser excepcional, por fundamentos explícitos relevantes, que ponderem o impacto necessário ou conveniente sobre a qualidade da decisão final de mérito, bem como sobre os direitos, deveres, ônus e expectativas das partes.

Um fator favorável à modificação da decisão de saneamento será a anuência expressa das partes, mesmo em causas que versem sobre direitos insuscetíveis de autocomposição, porque o diálogo e a cooperação entre aquelas e o juiz não implica necessariamente em disposição a respeito do direito material e as decisões que forem adotadas consensualmente têm muito mais probabilidade de produzirem efeitos positivos na elucidação das questões de fato e de direito do que as que o juiz adotar sem a adesão de todos os interessados.

A modificação somente deve ser autorizada se comprovada a boa-fé da parte que a requereu ou a quem ela beneficia, não devendo ser acolhida se houver indícios veementes de que foi motivada exclusivamente pela perspectiva de desfecho desfavorável da demanda ou pela má avaliação das provas deferidas ou determinadas no saneamento, bem como que a parte tem um motivo justificável para não ter feito a nova alegação anteriormente.

Outra diretriz fundamental a ser adotada na eventualidade de modificação de alguma parte da decisão de saneamento, mesmo que ela implique desde logo em extinção do processo, é a de que a nova perspectiva ou as novas circunstâncias que possam vir a determiná-la, sejam previamente submetidas à audiência das partes, nos termos dos artigos 9º e 10 do novo Código de Processo Civil, especialmente para propiciar uma avaliação consistente a respeito do seu impacto sobre os seus direitos, deveres e ônus.

A modificação do saneador não pode comprometer a paridade de armas, colocando uma das partes em nítida desvantagem no exercício das prerrogativas inerentes ao seu direito de defesa, nem criar para qualquer delas ou ambas obstáculos intransponíveis a esse exercício. A nova decisão deverá propiciar às partes a proposição e produção de alegações e provas em relação às novas questões dela emergentes.

Assim, a decisão de saneamento é o momento próprio para a apreciação e solução de todas as questões preliminares, bem como para a preparação da continuidade do processo de modo organizado para que se chegue com celeridade, economia e máximo proveito à solução final da causa. Isso não exclui que certas questões tenham sido objeto de decisões interlocutórias anteriores, como as relativas à tutela da urgência ou a determinação para a

---

[71] GRECO, Leonardo. **Instituições de Processo Civil – processo de conhecimento.** Volume II cit. p. 27-31 e 63-68.

inclusão no polo passivo de um litisconsorte necessário (arts. 294, parágrafo único, 300, § 2º, e 321). É claro que o desejável, como acentuado entre outros por Barbosa Moreira, seria que todos os sujeitos do processo se esforçassem para que do saneamento resultassem decisões e providências que não precisassem mais ser modificadas. Entretanto, essa exigência de perfeccionismo não é mais compatível com a concepção moderna de processo justo, que deve estar sempre atento à advertência de Calamandrei[72] de que os seus atores não são protótipos ou robôs criados pelo racionalismo abstrato do legislador, mas seres humanos vivos, que podem falhar, que podem, no momento do saneamento, por circunstâncias alheias à sua vontade, não ter dedicado toda a atenção que o processo exigia, que podem não ser capazes de perceber aspectos fáticos ou jurídicos relevantes ou de fazer, nesse momento, a prognose do que seja necessário ou útil determinar para que o processo chegue a bom termo.

A estabilidade deve caracterizar a apreciação das matérias que foram objeto da decisão de saneamento, mas esse efeito não é absoluto, sendo necessário flexibilizá-lo. Nem o juiz, nem as partes são oniscientes. Motivos justificáveis podem ter impedido as partes de alegar na fase postulatória todas as matérias relevantes, assim como de propor todas as provas para a comprovação dos fatos alegados. Também o juiz pode não ter observado algum aspecto relevante que transpareça posteriormente. A constatação devidamente fundamentada de que essa estabilidade põe em risco substancialmente a validade, a eficácia ou a qualidade da futura decisão final sobre o mérito impõe a sua flexibilização, observados os pressupostos aqui alinhados.

Essa possibilidade pode ser mais frequente em relação às decisões de organização, a que já fizemos referência, que, sem prejuízo dos seus aspectos jurídicos, são atos de gestão do processo ditados por juízos de conveniência e oportunidade, que planejam o seu desenvolvimento futuro, de acordo com a previsibilidade da necessidade ou utilidade do que for determinado, avaliada nesse momento com as informações então disponíveis. E a fixação dos pontos controvertidos, tanto fáticos quanto jurídicos, essencial para a delimitação do conteúdo dos atos subsequentes, especialmente os probatórios, corresponde em grande medida a uma interpretação dos atos postulatórios das partes, que pode evidenciar-se nocivamente redutora na sequência do processo.

Destarte, observadas as premissas aqui definidas, as decisões de organização devem estar sujeitas a flexibilidade ainda maior do que as de saneamento.

Também me parece importante repudiar a distinção muitas vezes feita em sede doutrinária entre a preclusão para as partes e a preclusão para o juiz. Tudo o que o juiz pode apreciar de ofício pode ser objeto de alegação ou proposição das partes. E tudo o que o juiz pode decidir, determinar ou fazer de ofício, ele tem o dever de decidir, de determinar ou de fazer a requerimento de qualquer das partes, se houver motivos consistentes que o justifiquem e, portanto, a parte tem o direito de exigir que ele decida, determine ou faça o que for útil e necessário para o melhor resultado do processo.

Aspecto relevante, que é imperioso considerar, a respeito da estabilidade da decisão de saneamento no Código de 2015 é o de que, no regime por ele instaurado, não são todas as matérias decididas no saneador que comportam recurso imediato à instância superior.

---

[72] CALAMANDREI, Piero. Processo e democrazia. In **Opere Giuridiche**. Volume 1º. Napoli: Morano Editore. 1965. p. 627.

Os pronunciamentos do juiz sobre essas questões na decisão de saneamento, positivos ou negativos, somente são imediatamente recorríveis por agravo de instrumento nos seguintes casos: extinção parcial do processo sem resolução do mérito (art. 354, parágrafo único), resolução parcial do mérito, apreciação de tutela provisória, apreciação do incidente de desconsideração de personalidade jurídica, decisão sobre exibição ou posse de documento ou coisa, rejeição da alegação de convenção de arbitragem, indeferimento ou revogação da gratuidade, decisões sobre exclusão de litisconsorte, rejeição de limitação do litisconsórcio, admissão de intervenção de terceiros e redistribuição do ônus da prova (arts. 101 e 1.015, incs. I, II, III, IV, V, IV, VII, VIII, IX e XI). Nos demais casos, esses pronunciamentos são recorríveis em preliminar da apelação contra a sentença final (art. 1.009, § 1º).

Excluo, desde logo, que o juiz de 1º grau fique inibido de rever a decisão de saneamento, tanto nos casos em que ela é recorrível de imediato, quanto naqueles em que a devolução do seu reexame à instância superior somente se dará se suscitada em preliminar da apelação contra a sentença final. Ressalvadas as decisões de mérito e as de extinção parcial do processo, em que o juiz esgotou a sua jurisdição, ocorrendo motivo justificável e verificados os pressupostos acima enumerados, a revisão da decisão é possível pelo próprio juiz de 1º grau. O juiz de 1º grau não se sujeita a preclusão consumativa, como sustentado por Moniz de Aragão[73], a não ser quando proferir a última decisão de extinção do processo, total ou parcial, porque neste momento ele esgota a sua jurisdição em relação à causa a ele submetida. Enquanto isso não ocorrer ele tem o dever de dirigir o processo e de assegurar permanentemente que todos os atos que tenham sido, estejam sendo ou venham a ser praticados apresentem o máximo proveito na preparação da melhor decisão final.

Discordo também do entendimento de que a não interposição de recurso nos casos que admitem agravo imediato, impediria a parte de pedir a revisão da decisão. O § 1º do artigo 1.009 trata da ausência de preclusão das decisões não sujeitas a recurso imediato. Parece-me incabível extrair dessa norma a ilação de que ela estabelece preclusão das sujeitas a recurso imediato, caso não interposto o agravo. Destas o dispositivo não trata. Também não colhe o argumento de que a ausência de recurso implicaria em concordância da parte com a decisão, nas matérias que sejam disponíveis. Parece-me um erro extrair da omissão do recurso qualquer manifestação de vontade da parte no sentido da aprovação da decisão. Se a matéria é disponível, mas a parte prova que teve motivo justificável para não alegá-la anteriormente, nem mesmo por meio da interposição do recurso cabível, a necessidade de revisão da decisão sobrevive.

Se houve recurso e, em virtude do seu efeito devolutivo, a decisão do juiz de primeiro grau foi substituída pela decisão do tribunal, parece-me que a sua revisão não fica subtraída do juízo de instância inferior. Abandone-se a ideia de uma preclusão hierárquica absoluta. A decisão do tribunal substitui a decisão do juiz de 1º grau naquele momento do processo. Mas o processo continua e quem o dirige, quem tem a função e a responsabilidade de organizá-lo, quem tem de manter a contínua evolução da relação processual em direção à melhor decisão final possível, enquanto não proferida esta última, é o juiz de 1º grau. É claro que ele não pode simplesmente rever a decisão porque discorda do que decidiu o tribunal superior, mas se ele tiver motivos relevantes, que preencham os pressupostos acima enumerados, para modificar a decisão, pode e deve fazê-lo.

---

[73] Ob. cit. p. 178.

Parece-me que o reexame pelo tribunal de segundo grau deve ter alcance diverso, conforme seja imediato ou diferido. Interposto o agravo de instrumento, nas hipóteses em que é admissível, o seu efeito devolutivo coloca o tribunal na mesma posição em que se encontrava o juiz de 1º grau quando proferiu a decisão recorrida, quanto à matéria que é objeto do recurso. Em consequência, normalmente não dependerá o tribunal da verificação dos pressupostos de revisão enumerados acima. Mas se o reexame da decisão de saneamento somente ocorrer como preliminar da apelação contra a sentença final, o estado do processo poderá ter se modificado substancialmente após a decisão impugnada, o que deverá ser levado em consideração para justificar a reforma da decisão ou a sua confirmação. Assim, por exemplo, se em preliminar da apelação o réu alegar a desnecessidade da prova pericial deferida no saneamento, prova essa já produzida, me parece inquestionável que o tribunal não deverá acolher a preliminar para excluir a prova pericial e mandar que o juiz profira outra sentença sem levá-la em conta. Ainda que incabível a perícia, se o laudo contiver alguma informação ou apreciação útil para o julgamento da causa, deverá compor o conjunto probatório a ser analisado na sentença final. Portanto, o reexame da decisão como preliminar da apelação contra a sentença final não coloca o tribunal superior na mesma posição em que se encontrava o juiz de 1º quando proferiu a decisão de saneamento, mas deverá levar em conta tudo o que ocorreu no processo até a sentença final e que possa militar tanto em favor da sua reforma como da sua manutenção. Essa cognição sobre o processo como um todo já era comumente adotada na apreciação do agravo retido como preliminar de apelação na vigência do Código de 1973.

7. QUESTÕES PROCESSUAIS PENDENTES

Reproduzindo dispositivo análogo do Código de 1973 (art. 331, § 2º), o artigo 357, inciso I, do Código de 2015 estabelece que o juiz na decisão de saneamento resolva "as questões processuais pendentes". Essas questões podem ter sido suscitadas pelo réu como preliminares da contestação ou constatadas de ofício pelo juiz (arts. 337 e 351 a 353), como a falta de pressupostos processuais, de condições da ação ou a inépcia da petição inicial. O acolhimento de uma dessas preliminares poderá determinar a extinção do processo ou a correção dos limites objetivos ou subjetivos da demanda ou do valor da causa. A sua rejeição implicará em continuidade do processo, devendo o juiz no mesmo despacho adotar as demais providências de saneamento e organização previstas no artigo 357.

Como já vimos, a concentração da apreciação de todas essas questões na decisão de saneamento visa a expungir o processo de todas as irregularidades, solucionando todas as matérias que possam impedir ou dificultar a sua continuidade, a produção das provas e o julgamento final do direito material.

Decididas todas as questões processuais no saneador, em princípio não deve o juiz de 1º grau voltar a apreciá-las. Mas não se pode falar em preclusão *pro judicato* da apreciação de questões processuais, salvo se dela resultar a extinção total ou parcial do processo, por esgotamento da jurisdição em relação à causa cujo mérito não foi nem será mais apreciado nesse processo. Ademais, essa regra comporta algumas exceções e se sujeita a algumas circunstâncias que a seguir examinaremos.

O juiz poderá rever ou modificar as decisões sobre as questões processuais, se qualquer das partes o requerer, no prazo de cinco dias, com fundamento no § 1º do artigo 357.

Analisaremos essa hipótese mais detidamente adiante. É preciso que esses pontos tenham sido resolvidos na decisão de saneamento, como tal entendida a decisão que contenha algumas das matérias do artigo referido, em especial a admissão das provas e a determinação dos subsequentes atos de instrução. Se o juiz tiver em decisão isolada examinado uma dessas questões, não caberá o pedido de esclarecimento, embora objetivo análogo ou idêntico possa ser obtido por embargos declaratórios.

Se a decisão for impugnada por agravo de instrumento, numa das hipóteses em que esse recurso imediato é cabível, também poderá o juiz de primeiro grau revê-la em juízo de retratação (art. 1.018, § 1º).

Nestas duas hipóteses, a modificação da decisão pelo juiz de 1º grau não está sujeita à verificação dos pressupostos analisados no item VI acima, quanto à fundamentação relevante, à ponderação dos interesses em jogo e à comprovação da boa-fé do beneficiário, mas deverá ser antecedida da audiência das partes, respeitar a paridade de armas e possibilitar a proposição e produção de alegações e provas em relação às novas questões emergentes da modificação. A esses mesmos limites estará sujeito o reexame da decisão em preliminar de apelação (art. 1.009, § 1º), com a observação que fizemos pouco acima a respeito da cognição da matéria à luz de todo o que ocorreu no processo até a sentença.

Quanto às matérias de ordem pública, como a falta de condições da ação, de pressupostos processuais, concordo inteiramente com Heitor Sica no sentido de que sempre possam ser reapreciadas pelo juiz, a qualquer tempo e em qualquer grau de jurisdição, como proclama o artigo 485, § 3º, com três observações complementares: quanto aos pressupostos processuais, o dispositivo se aplica apenas aos pressupostos processuais cuja ausência acarrete nulidade absoluta e não àqueles geradores de simples nulidade relativa; em grau de recurso, essa possibilidade está vinculada ao âmbito do efeito devolutivo do recurso e nos recursos de fundamentação vinculada, como o especial e o extraordinário, ao prequestionamento da matéria; o juiz não deverá fazer uso dessa prerrogativa se puder decidir a causa no mérito a favor da parte a quem aproveitaria a decretação da nulidade[74].

Parece-me evidente que a reapreciação de matérias de ordem pública também não se sujeita à ponderação dos interesses em jogo e à comprovação da boa-fé do beneficiário. A relevância do fundamento está *in re ipsa*, devendo entretanto ser antecedida da audiência da parte contrária, respeitar a paridade de armas e possibilitar a proposição e produção de novas alegações e provas em relação às novas questões eventualmente emergentes da modificação, se a reapreciação não implicar em extinção do processo.

Outra questão relevante em relação às preliminares processuais é a omissão do seu exame na decisão de saneamento. A doutrina uníssona recomenda que o saneador seja exaustivo na resolução dessas questões, presumindo-se que, a partir desse momento, não haja mais irregularidades formais a remediar. Não tenho dúvida de que a ênfase com que o legislador brasileiro, em especial o do Código de 2015, regula a decisão de saneamento aponta na direção de que essa apreciação exaustiva seja um dever do juiz. Nesse sentido, bastante censurável é a relegação de questões processuais para a sentença final ou pior,

---

[74] GRECO, Leonardo. **Instituições de Processo Civil**. Volume I. 5ª ed. Rio de Janeiro: Forense. 2015. p. 381-385.

embora real, a absoluta omissão em examinar as questões processuais existentes, julgando o processo em ordem *tout court* ou apenas praticando os atos de organização futura, como a determinação das provas e o desencadeamento do início da sua produção sem qualquer pronunciamento sobre as questões preliminares.

A apreciação de todas as preliminares suscitadas ou constatadas na decisão de saneamento, repito, é um dever do juiz, como prevê o artigo 139, inciso IX do Código, em benefício da higidez do processo, sem falar que muitas vezes a omissão ou postergação do exame de uma exceção peremptória, como a falta de condição da ação, pode estar submetendo o réu ao ônus de ter de defender-se de um processo injusto. Mas a lei não comina de nulidade a inobservância desse dever de completude, de modo que a omissão pode ser suprida a qualquer tempo, sem prejuízo da responsabilidade civil do Estado e regressivamente do próprio juiz, nos termos do artigo 143. O vício, sobre o qual silenciou o juiz, pode constituir uma nulidade, absoluta ou relativa, conforme a questão preliminar omitida constitua matéria de ordem pública ou não. Assim, se o juiz não apreciar no saneamento a preliminar de incompetência relativa arguida pelo réu na contestação e o réu permanecer inerte, não o provocando para suprir a omissão por um dos instrumentos disponíveis, como o pedido de esclarecimento (art. 357, § 1º) ou os embargos declaratórios (art. 1.022), a competência territorial do juízo estará definitivamente prorrogada, por não ter sido a incompetência alegada na primeira oportunidade (art. 278, parágrafo único). Já se a questão preliminar for a incompetência absoluta, a omissão na sua apreciação poderá ser suprida a qualquer tempo (art. 485, § 3º).

As omissões no ato judicial de saneamento também suscitam a possibilidade de decisão implícita, questão polêmica sobre a qual as opiniões se dividem entre dois extremos: o dos que entendem que o que não foi explicitamente decidido não preclui, podendo ser posteriormente apreciado em outra decisão; e o dos que entendem que a decisão de saneamento faz precluir o exame de todas as questões processuais pendentes, o que suscita a objeção de que viola a garantia constitucional da motivação admitir que alguma questão tenha ficado solucionada por decisão que não fundamenta essa conclusão. Penso que José Frederico Marques foi quem mais se aproximou da solução correta dessa questão[75]. Se a matéria foi arguida pela parte e o seu acolhimento implicaria necessariamente em decisão em determinado sentido, a decisão de saneamento não a apreciou expressamente, mas como no saneamento a decisão foi incompatível com o acolhimento da questão preliminar, esta só pode ter sido rejeitada. É o caso, por exemplo, da preliminar de falta de legitimidade *ad causam*, arguida na contestação. Se o juiz, sem examiná-la expressamente, declara saneado o processo ou declara que o processo está em ordem, não havendo nulidade ou irregularidade a remediar, implicitamente rejeitou a falta de legitimidade. A deficiência de fundamentação não é causa de inexistência do ato processual, mas de nulidade, que também ocorre nos casos em que a questão foi explicitamente apreciada. Este argumento vale também para qualquer nulidade relativa arguida e não decidida, como a incompetência relativa acima mencionada. Se o juiz mandou prosseguir o processo sem declinar da sua competência, que foi impugnada pela parte, implicitamente rejeitou a sua incompetência.

---

[75] MARQUES, José Frederico. Ob. cit. p. 171.

8. QUESTÕES DE FATO E QUESTÕES DE DIREITO

Dispõe o artigo 357, incisos II e IV, que "deverá o juiz, em decisão de saneamento e organização do processo: (...) II – delimitar as questões de fato sobre as quais recairá a atividade probatória (...) IV – delimitar as questões de direito relevantes para a decisão do mérito".

Fique bem claro que não é o juiz que define as questões de fato e as questões de direito que serão objeto de prova e deverão ser resolvidas na final sentença de mérito. Pelo princípio da demanda, são as partes, na petição inicial e na contestação, que estabelecem os fatos geradores do seu direito material e os fundamentos jurídicos do pedido e da defesa, exceção feita às exceções substanciais apreciáveis de ofício, mais bem qualificadas de objeções, como a prescrição e a decadência. Não cabe ao juiz no saneador estender ou limitar esses elementos componentes do mérito da causa definidos pelas partes, com a ressalva acima feita, mas apenas proclamar a compreensão do exato conteúdo das questões fáticas e jurídicas propostas para otimizar a admissão de provas, orientar a atividade das partes e preparar a sua apreciação na sentença final. Essa delimitação é puramente organizatória. Cândido Dinamarco atribui a essa fixação o caráter de um ato meramente ordinatório[76]. Conforme me manifestei alhures[77], prefiro reconhecer-lhe natureza decisória, mas sem daí extrair qualquer consequência restritiva de revisão posterior, pois a dinâmica do processo e o aprofundamento da cognição sobre as questões de fato e de direito envolvidas na demanda podem evidenciar outras circunstâncias duvidosas, cujo esclarecimento se torne necessário, ou outras questões jurídicas a serem devidamente apreciadas. Por isso, até a sentença poderá vir o juiz, de ofício ou por provocação de qualquer das partes, a perceber que ela está incompleta ou, ao contrário, que está extensa demais, devendo retificá-la.

Essa delimitação também teve o seu antecedente no direito português, encontrando atualmente suporte no artigo 596º do Código de 2013, nestes termos: "Proferido despacho saneador, quando a ação houver de prosseguir, o juiz profere despacho destinado a identificar o objeto do litígio e a enunciar os temas da prova". Os temas da prova são as questões de fato a que se refere o nosso inciso II do artigo 357.

Gabriela Marques, em recente obra publicada pelo Ministério da Justiça de Portugal, cita acórdãos recentes de tribunais lusitanos segundo os quais essa enunciação preliminar dos temas da prova não impede que sejam considerados, especialmente na sentença final, "todos os fatos necessários às várias soluções plausíveis da questão de direito", não sendo nula a sentença se o juiz dá como provado fato que não constou daquela enunciação[78].

O mesmo pode-se dizer da delimitação das questões de direito. Ela organiza o debate entre as partes e permite que o juiz se detenha nos pontos de fato relevantes para a sua apreciação, mas não pode estagnar a cognição sobre o mérito da causa, que não é objeto da decisão de saneamento, proferida em momento em que a causa não está madura para julgamento.

---

[76] DINAMARCO, Cândido Rangel. **A reforma do Código de Processo Civil.** São Paulo: Editora Malheiros. 1995. p. 132-133.

[77] GRECO, Leonardo. O Saneamento do Processo e o Projeto de Novo Código de Processo Civil cit.

[78] MARQUES, Gabriela. A audiência prévia – o objeto do litígio e os temas da prova – I. In **Balanço do novo Processo Civil.** Lisboa: Centro de Estudos Judiciários. 2017. p. 145-152.

Mas, sem dúvida, ambas as delimitações devem gozar de tendencial estabilidade, em benefício da segurança jurídica, da confiança legítima e da previsibilidade de que devem dispor as partes no momento do saneamento quanto aos desdobramentos futuros do processo. Por isso, qualquer alteração nessa delimitação deverá ser excepcional e observar os pressupostos enumerados no item VI acima, ao qual nos reportamos, a saber: justificar-se em fundamentos explícitos relevantes, comprovada boa-fé da parte que a requereu ou a quem beneficia, audiência prévia das partes antes da inclusão da nova questão, respeito à paridade de armas, propiciar às partes a proposição e produção de alegações e provas em relação à nova questão, não criando para qualquer das partes obstáculos intransponíveis ao exercício da sua defesa.

Quanto às questões de fato, cumpre esclarecer que a delimitação a que se refere o dispositivo diz respeito aos fatos jurígenos, não aos fatos instrumentais, complementares ou secundários. Fatos jurígenos são os acontecimentos dos quais se origina o direito alegado pelas partes e não outros fatos que servem para comprovar a ocorrência dos primeiros. Os fatos secundários podem ser conhecidos de ofício pelo juiz, independentemente de alegação das partes e, como tal, não precisam constar da delimitação do saneamento[79]. Devem, de qualquer modo, ser submetidos a regular contraditório.

Essa delimitação não pode ser tão genérica a ponto de não precisar fatos concretos[80]. Mas muitas vezes essa delimitação é difícil, especialmente quando o suporte fático se compõe de uma série de fatos e não de dois ou três fatos específicos. Assim, por exemplo, numa ação em que o autor imputa ao réu, dono de uma casa noturna, de estar promovendo espetáculos musicais que emitem durante o repouso noturno barulhos em volume superior ao permitido pela legislação ambiental, o suporte fático é a emissão desses ruídos em determinado local em determinado período de tempo, o que se compõe de uma pluralidade de fatos concretos. Outro exemplo: numa ação de responsabilidade civil proposta por uma associação civil contra ex-dirigente, alegando prejuízos resultantes da gestão negligente do administrador da entidade, os fatos a serem delimitados seriam aqueles expressamente mencionados pela associação como causadores de danos ou também quaisquer outros que viessem a ser apurados no curso da instrução, potencialmente caracterizadores da conduta negligente? O suporte fático em realidade é um conjunto de fatos que caracteriza o fundamento jurídico do pedido, a gestão negligente. Como delimitá-lo na decisão de saneamento? Existe também o problema dos direitos autodeterminados e dos direitos heterodeterminados, que já examinei alhures. Nos primeiros, direitos reais de gozo e outros direitos absolutos, o fato constitutivo do direito do autor é uma determinada conduta que pode ser comprovada pelo fato concreto alegado pelo autor ou por qualquer outro com idênticas características. É o caso do adultério como fundamento da separação ou do divórcio. Questão de fato nesse caso é a conjunção carnal extraconjugal do réu, provada pelos fatos reais descritos pelo autor na inicial ou por quaisquer outros fatos dessa mesma espécie que cheguem ao conhecimento do juiz até a sentença[81].

---

[79] GRECO, Leonardo. **Instituições de Processo Civil**. Vol. I cit. p. 189-196; **Instituições de Processo Civil**. Vol. II cit. p. 5-7.

[80] MARQUES, Gabriela. Ob. e loc. cits.

[81] GRECO, Leonardo. **A teoria da ação no processo civil**. São Paulo: Dialética. 2003. p. 63-70; **Instituições de Processo Civil**. Volume I cit. p. 192-195.

Os novos fatos que venham a ser alegados ou que transpareçam no curso da instrução, após a decisão de saneamento, devem ser admitidos como objeto de prova, mas para isso é preciso, além de observar as cautelas já enumeradas no item VI, que a decisão de saneamento tenha deixado bem claro se o suporte fático são fatos precisamente determinados ou é um conjunto de fatos com as mesmas características, dos quais os fatos explicitados constituem exemplos não limitativos.

Como já tive oportunidade de observar, o ideal é que essa delimitação fática fosse sempre feita em audiência oral, com a efetiva participação das partes, o que no regime do Código de 2015 se restringe a hipóteses de causas complexas ou de consenso entre os litigantes (art. 357, §§ 2º e 3º)[82].

No direito espanhol merece referência o comentário de Banacloche Palao de que não é razoável que o tribunal repute incontroverso fato que qualquer das partes considere controvertido, cerceando assim que seja devidamente esclarecido na instrução probatória[83]. É uma sugestão que merece acolhida, assim se evitando futura decretação de nulidade da decisão de saneamento. Dessa delimitação fática ficarão excluídos apenas os fatos expressamente reconhecidos como incontroversos por ambas as partes e que não sejam inverossímeis e não aqueles que uma delas afirmou e a outra não desmentiu, nem aqueles de manifesta inverossimilhança, porque o conjunto das provas pode militar em favor da inexistência do fato, mesmo não expressamente impugnado, ou ainda que expressamente reconhecido se inverossímil, avaliação que o juiz somente poderá fazer a final. O saneamento não é o momento para avaliação das provas. Os fatos não impugnados e os inverossímeis, ainda que reconhecidos, não podem ser considerados incontroversos, devendo ser incluídos na delimitação do saneamento como possível objeto de prova.

Apesar da flexibilidade aqui ressaltada, a fixação dos pontos controvertidos tem de ser levada a sério, pelo salto qualitativo que ela propicia à dinâmica da relação processual, permitindo que todos os sujeitos do processo concentrem os seus esforços nas questões fáticas e jurídicas efetivamente relevantes e claramente delimitadas. Por isso, como já assinalei[84], a omissão na sua delimitação não pode ser encarada como uma simples irregularidade, porque da sua deficiência podem resultar para as partes graves prejuízos, não só quanto ao custo e à morosidade do processo, mas até mesmo ao pleno exercício do direito de defesa, podendo determinar a nulidade do processo a partir da decisão de saneamento, se alegada a omissão na primeira oportunidade e comprovado o prejuízo.

No Código de 2015 outra circunstância ressalta a importância da delimitação das questões de fato e de direito, que é a extensão da coisa julgada à apreciação da questão prejudicial, adotada no artigo 503, § 1º. Identificada na decisão de saneamento, permitirá que as partes e

---

[82] Na *Ley de Enjuiciamiento Civil* espanhola o artigo 428, n. 1, dispõe: "1. En su caso, la audiencia continuará para que las partes o sus defensores, con el tribunal, fijen los hechos sobre los que exista conformidad y disconformidad de los litigantes."

[83] BANACLOCHE PALAO, Julio, Las otras finalidades de la audiencia previa al juicio. In BANACLOCHE PALAO, Julio et alii, **El tratamiento de las cuestiones procesales y la audiencia previa al juicio en la Ley de Enjuiciamiento Civil**. Navarra: 2ª ed., Civitas Thomson Reuters. 2009, p. 319.

[84] GRECO, Leonardo. O Saneamento do Processo e o Projeto de Novo Código de Processo Civil cit.

o juiz lhe deem a devida atenção. O contraditório efetivo, como pressuposto dessa extensão, exige que o suporte fático e a caracterização jurídica da questão prejudicial transpareçam com bastante clareza em todo o processo, especialmente na decisão de saneamento.

Em princípio, não há preclusão *pro judicato* quanto à delimitação das questões de fato e de direito, a não ser na medida em que essa delimitação possa implicar em redução cognitiva sobre questões essenciais de direito material que possa representar extinção total ou parcial do processo ou clara exclusão de questão de direito material suscitada. Nesses casos excepcionais, a decisão poderá revista por meio do pedido de esclarecimento (art. 357, § 1º) ou por agravo de instrumento, se configurada uma das hipóteses em que este é cabível, casos em que, dos pressupostos do item VI acima somente deverão ser observados os de audiência prévia das partes, respeito à paridade de armas e o de possibilitar a proposição e produção de alegações e provas em relação às novas questões emergentes da modificação. A esses mesmos limites estará sujeito o reexame da decisão em preliminar de apelação, se não for cabível o agravo imediato (art. 1.009, § 1º), com a observação que fizemos anteriormente a respeito da cognição da matéria à luz de todo o que ocorreu no processo até a sentença.

Fatos jurígenos supervenientes sempre foram admitidos, até em grau de apelação (art. 1.014)[85]. Na minha opinião, isso pode ocorrer até com fatos que acarretem modificação dos fundamentos do pedido ou da defesa[86].

Também pode haver matérias de ordem pública ou apreciáveis de ofício na delimitação das questões de fato e de direito, como a alegação de prescrição ou decadência articulada na contestação e não relacionada como questão de direito na decisão de saneamento. A omissão poderá ser suprida a qualquer tempo, com as cautelas de audiência prévia das partes, respeito à paridade de armas e o de possibilitar a proposição e produção de alegações e provas em relação às novas questões emergentes da sua posterior apreciação ou inclusão no rol das questões a serem apreciadas a final.

Pode ocorrer também acolhimento implícito ou rejeição implícita de questão de fato ou de questão de direito. Se um fato pressupõe a ocorrência de outro, a admissão do primeiro implica a do segundo. A expressa exclusão do segundo implica a do primeiro. Se o fato condicionante constitui fundamento de questão prejudicial, entretanto, sua admissão e a da consequência jurídica que lhe corresponde, há de ser sempre explícita, para efeito de extensão da coisa julgada, nos termos do artigo 503, § 1º, tendo em vista a exigência legal de contraditório prévio e efetivo.

9. DECISÃO SOBRE AS PROVAS A SEREM PRODUZIDAS

No inciso II do artigo 357, o Código de 2015 recomenda que a decisão de saneamento defira ou determine de ofício as provas que deverão ser produzidas na fase seguinte para comprovação das proposições fáticas pendentes de demonstração.

---

[85] GRECO, Leonardo. **Instituições de Processo Civil – recursos e processos da competência originária dos tribunais.** Volume III. 1ª ed. Rio de Janeiro: Forense. 2015. p. 106-109.

[86] V. GRECO, Leonardo. **Instituições de Processo Civil – processo de conhecimento.** Volume II cit. p. 27-31.

Reproduzo aqui, em linhas gerais, as observações do meu estudo elaborado na época em que o Código de 2015 tramitava ainda como projeto na Câmara dos Deputados.

A decisão de saneamento é o ato do juiz em que se concentra a admissão de quase todas as provas, especialmente as requeridas pelas partes, sendo necessário e conveniente que, também nesse momento, o juiz determine de ofício a produção das provas que repute relevantes e úteis (art. 370). A prova pericial, a prova testemunhal e os depoimentos pessoais das partes são normalmente deferidos nessa decisão interlocutória. O deferimento de provas no saneamento ocorre porque o juiz reconhece, nesse momento, à luz dos elementos de que dispõe, que há dúvida sobre a verdade fática, cujo esclarecimento é imperioso para o julgamento da causa e que as provas deferidas ou determinadas de ofício são relevantes e úteis para obter esse esclarecimento. Por outro lado, se tiverem sido requeridas provas totalmente impertinentes, irrelevantes e sem qualquer utilidade, ainda que potencial, deve o juiz indeferi-las para não onerar o processo e as partes com atos que de antemão já se apresentam como ociosos. A economia e a celeridade do processo recomendam essa filtragem. Entretanto, como observa José Roberto Bedaque, a decisão sobre as provas é matéria de organização do processo, cuja apreciação pode variar, porque os atos subsequentes e o aprofundamento da cognição podem revelar ao juiz e às partes panorama diverso sobre a relevância e a utilidade das provas, tanto das admitidas, quanto das não admitidas, quanto de outras sequer cogitadas por ocasião do saneamento. A decisão sobre as provas no saneamento não impedirá que o juiz, posteriormente, em qualquer momento do processo, venha a deferir ou determinar de ofício a produção de outras provas, além das anteriormente admitidas. Ao contrário de muitos, entendo que esse é um poder subsidiário que a lei confere ao juiz, que deve ser usado com parcimônia, especialmente para restabelecer a paridade de armas e suprir deficiências de iniciativa probatória das partes. Não há, portanto, preclusão para o juiz, que o impeça de determinar posteriormente a produção de outras provas, além das que deferiu ou determinou no saneamento[87]. Além de subsidiário, deve ser exercido com observância das cautelas recomendadas no item VI acima, a saber: adotar fundamentos explícitos relevantes, após adequada ponderação dos interesses em jogo, comprovada boa-fé da parte que o requereu ou a quem beneficia, audiência prévia das partes antes da determinação da nova prova, respeito à paridade de armas, propiciar às partes a proposição e produção de contra-provas, não criando para qualquer das partes obstáculos intransponíveis ao exercício da sua defesa.

Entretanto, não me parece que o juiz, que no saneador deferiu uma determinada prova, possa posteriormente rever esse deferimento, dispensando a produção de prova já admitida. A avaliação da necessidade ou utilidade da prova no momento da sua admissão não permite que a prova seja posteriormente dispensada, porque a partir desse momento a prova não pertence mais ao juiz ou à parte que a requereu, podendo fornecer elementos de convicção úteis a quaisquer das partes que, em face da sua dispensa teriam violado o seu direito de defender-se provando[88], porque ao ser admitida uma determinada prova, ainda que requerida

---

[87] V. GRECO, Leonardo. **Instituições de Processo Civil.** Volume I cit. p. 518-523.
[88] No mesmo sentido, ROCHA, Raquel Heck Mariano da. **Preclusão no processo civil.** Porto Alegre: Livraria do Advogado editora. 2011. p. 145; NEVES, Daniel Amorim Assumpção. Ob. cit. 267; SICA, Heitor. Ob. cit. p. 242; THEODORO JÚNIOR, Humberto. Ob. cit. p. 832; WAMBIER, Luiz Rodrigues. TALAMINI, Eduardo. Ob. e loc. cits.

pela outra parte ou ordenada de ofício pelo juiz, tem a parte a legítima expectativa de que a sua produção prove fatos que a ela própria interessam e que isso dispense a proposição de outras provas sobre esses fatos. Essa expectativa somente não se forma no caso de não comparecimento da testemunha que a parte se comprometeu a levar à audiência independentemente de intimação (art. 455, § 2º), que a outra parte também poderia ter arrolado e feito intimar na época própria. Essa disposição legal expressa exclui que a parte seja colhida por inovação de surpresa. Não pode também o juiz, depois de deferida determinada prova, dispensá-la porque entendeu que outra já comprovou suficientemente determinado fato. A parte que teve deferida prova por ela requerida tem direito adquirido a produzi-la, eis que o juiz de primeiro grau não é o único destinatário das provas. As provas que o convenceram podem não convencer o tribunal de segundo grau. Pode também a parte pretender com a nova prova desmentir a verdade fática apresentada pelas provas anteriormente produzidas. Além disso, a admissão de determinada prova a requerimento de uma das partes ou por iniciativa do próprio juiz cria para a outra parte a expectativa de dela extrair elemento de convicção que lhe seja favorável, determinando a sua conduta no sentido de requerer ou deixar de requerer a produção de outras provas. A revogação dessa admissão pode violar essa expectativa legítima, colocando uma das partes em nítida posição de desvantagem no exercício do seu direito de defesa.

No mesmo sentido, e pelo mesmo motivo, parece-me inteiramente procedente a afirmação de Fernando Gajardoni de que, saneado o processo com a admissão de provas, é vedado ao juiz, reavaliando as provas já existentes nos autos, voltar atrás na admissão das provas e julgar antecipadamente o mérito[89].

Entretanto, a produção de prova já admitida poderá tornar-se ou vir a verificar-se impossível ou excessivamente onerosa. Nesses casos, a decisão que a admitiu pode ser a qualquer tempo revista, observados os pressupostos enumerados no item VI.

Também nada impede que a qualquer tempo, possa o juiz determinar a produção de novas provas para apreciar matéria de ordem pública ou cognoscível de ofício, ou em caráter subsidiário à iniciativa das partes[90], desde que assegurados a audiência prévia das partes, a paridade de armas e a possibilidade de novas alegações e provas das partes como consequência dessa inovação.

Parece-me relevante observar que, apesar da aparente unidade da decisão de saneamento, que inclui delimitação das questões de fato e admissão das provas, podem as partes, ao tomar conhecimento da delimitação fática, verificar a necessidade de produção de outras provas, além das anteriormente propostas. Essa constatação não se verifica necessariamente a tempo de ser objeto do pedido de esclarecimento previsto no artigo 357, § 1º. O deferimento de outras provas em decisão subsequente deve ser facultada, desde que o requerente comprove todos os pressupostos enumerados no item VI deste estudo. Outros tipos de omissão da decisão sobre provas também podem ser posteriormente supridas, não podendo presumir-se que as provas não explicitamente deferidas tenham sido indeferidas. Os requisitos do item

---

[89] Ob. cit. p. 171.
[90] GRECO, Leonardo. **Instituições de Processo Civil – processo de conhecimento.** Volume II cit. p. 118-120.

VI deverão estar presentes para qualquer complementação. Ressalte-se que a proposição e admissão de novas provas sempre foi autorizada com bastante tolerância como decorrência do poder de iniciativa probatória do juiz (art. 370) e de diversas disposições que exprimem a plenitude de defesa, como os artigos 1.014, 435, parágrafo único, e 966, inciso VII. Se este último dispositivo autoriza ação rescisória pela obtenção de prova nova depois do trânsito em julgado da decisão, a sua obtenção até o trânsito em julgado deve permitir a sua produção.

Entretanto, será difícil qualquer admissão implícita de provas na decisão de saneamento, porque no seu deferimento o juiz deve definir todos os atos e procedimentos necessários à sua produção, como a designação de audiência para a prova testemunhal, a nomeação de perito para a pericial, a expedição de precatória para a inquirição de testemunha fora da sede do juízo, a expedição de ofício para requisição de documento.

Todavia, é preciso que a decisão sobre provas seja precisa e defina com clareza qual ato deverá ser praticado. Assim, devem ser evitadas expressões genéricas, como o simples deferimento de prova oral ou de provas supervenientes.

10. DISTRIBUIÇÃO DO ÔNUS DA PROVA

O Código de 2015 no inciso IV do artigo 357 estabeleceu que a distribuição do ônus da prova deva ser objeto da decisão de saneamento. Esse novo dispositivo teve finalidade notória de repúdio ao entendimento dominante, desde a introdução da inversão do ônus da prova no Código do Consumidor, de que a medida pudesse ser adotada na própria sentença final, o que merecia severas críticas da doutrina porque, tomando de surpresa a parte onerada, praticamente a impossibilitava de exercer o novo ônus, então propondo e produzindo as provas da inexistência dos fatos que ao seu adversário interessavam. A nova regra se complementa com a do artigo 373, especialmente no que aqui nos interessa os seus §§ 1º e 2º, nos quais, a par de estabelecer os requisitos da redistribuição ou inversão, proclama que a decisão deva ser fundamentada, caso em que deverá dar à parte a oportunidade de se desincumbir do ônus que lhe foi atribuído, não podendo tornar o exercício do novo ônus impossível ou excessivamente oneroso para a parte a quem for atribuído.

Trata-se de matéria de conteúdo eminentemente organizatório ou ordinatório, que visa a influenciar a iniciativa probatória das partes, que começou na inicial e na contestação e que com a redistribuição do ônus da prova se reabre a partir da decisão de saneamento e que, reconhecendo a dificuldade de uma das partes ou a facilidade de outra no acesso à prova, antecipa um provável critério de julgamento que será aplicado na futura sentença de mérito sobre a veracidade dos fatos geradores dos direitos das partes.

Trata-se de decisão que pode ser adotada de ofício, embora sempre antecedida da audiência das partes, porque, como já tive oportunidade de acentuar[91], integra o rol das questões de ordem pública, já que diz respeito à paridade de armas e à plenitude de defesa, que devem estar sob permanente vigilância do juiz.

---

[91] O Saneamento do Processo e o Projeto de Novo Código de Processo Civil cit.

Determinada a redistribuição, o juiz deverá abrir prazo à parte onerada para propor novas provas, ouvir sobre essa nova proposição a parte contrária e, em seguida, proferir decisão de admissão que complementará a decisão de saneamento nessa parte.

A decisão de redistribuição pode ser objeto do pedido de esclarecimento previsto no § 1º do artigo 357, assim como de agravo de instrumento imediato (art. 1.015, inc. XI). O enunciado do artigo 1.015 é claro no sentido de que o agravo é cabível contra a decisão que *versar* sobre a redistribuição do ônus da prova. Ora, tanto *versa* sobre a redistribuição a decisão que a acolhe, como a que a rejeita.

Se a decisão de saneamento for omissa, prevalecerão no processo as regras gerais tradicionais de distribuição do ônus da prova, constantes do *caput* do artigo 373: ao autor a prova dos fatos constitutivos e ao réu a prova dos extintivos, modificativos ou impeditivos.

A celeridade, a economia processual e a segurança jurídica exigem que a decisão de redistribuição se estabilize[92], salvo se for revogada pela instância superior no julgamento de agravo, e, como regra, deverá prevalecer até o julgamento final da causa. Entretanto, se o juiz constatar posteriormente que o onerado tem dificuldade excessiva de cumprir o encargo ou que o seu adversário apresenta mais facilidade, deverá rever a sua decisão. Essa revisão, que poderá ocorrer até o momento de prolação da sentença final, mesmo em grau de recurso, deverá ser antecedida da audiência das partes e, se acolhida, respeitar a plenitude de defesa do novo onerado, abrindo-lhe prazo para proposição de novas provas e, a seguir, ouvir sobre essa proposição a parte contrária, admitindo e determinando a sua produção, bem como assegurando, ainda, aos litigantes a possibilidade de se manifestarem sobre as novas provas[93]. Como bem observa Eduardo Cambi, o importante é que a redistribuição ou inversão seja anterior à sentença final e que seja observado o disposto no artigo 373[94].

11. PEDIDO DE ESCLARECIMENTOS OU AJUSTES

O novo § 1º do artigo 357 admite que, independentemente de eventual impugnabilidade da decisão de saneamento por agravo ou por embargos declaratórios, possa a parte em cinco dias pedir ao juiz esclarecimentos ou solicitar ajustes. Findo esse prazo, "a decisão se torna estável".

Dispositivo aparentemente inocente suscita inúmeras controvérsias. A primeira na definição da sua natureza. Tratar-se-ia de mais um recurso? A meu ver corretamente, Humberto Theodoro Júnior e Fredie Didier Jr. proclamam não se tratar de mais um recurso[95].

---

[92] Mais tolerante, Viviane Siqueira Rodrigues sustenta que a decisão de redistribuição não preclui (ob. cit. p. 306).

[93] No mesmo sentido, v. SILVEIRA, Bruno Braga da. A distribuição dinâmica do ônus da prova no CPC-2015. In JOBIM, Marco Félix. FERREIRA, William Santos (coords.). **Direito Probatório**. Salvador: Juspodivm. 2015. p. 175.

[94] CAMBI, Eduardo. Teoria das cargas probatórias dinâmicas (distribuição dinâmica do ônus da prova). In JOBIM, Marco Félix. FERREIRA, William Santos (coords.). **Direito Probatório**. Salvador: Juspodivm. 2015. p. 198-199.

[95] THEODORO JÚNIOR, Humberto. Ob. cit. p. 831; DIDIER JR., Fredie. Ob. cit. p. 779.

Parece-me que esse pedido de esclarecimento ou ajuste se insere no dever de colaboração inscrito no artigo 6º do Código, que impõe a todos os sujeitos do processo cooperar entre si "para que se obtenha, em tempo razoável, decisão de mérito justa e efetiva", como implementação do princípio da solidariedade explicitado no artigo 3º, inciso I, da Constituição.

Aliás, o dever de colaboração entre o juiz e as partes também impõe no processo que sobre todas as questões que possam vir a ser objeto da decisão de saneamento o juiz tenha previamente ouvido as partes (art. 10). Sobre as questões processuais suscitadas pelo réu, o autor terá sido ouvido na réplica (art. 351). Quanto às questões de fato e de direito suscitadas pelas partes, cada uma delas também terá sido previamente ouvida a respeito das alegadas pela outra. Entretanto, as providências preliminares deixam um vazio a respeito da observância dos artigos 9º e 10 do Código: se o réu não tiver levantado defesa indireta, processual ou de mérito, o juiz poderá entender que não seja o caso de oferecer ao autor a oportunidade de réplica e, assim, o autor não terá possibilidade de se manifestar, antes do saneamento, sobre as provas requeridas pelo réu; também não terão tido as partes oportunidade de se manifestar previamente sobre as provas ou as exceções substanciais que o juiz possa determinar ou apreciar de ofício, ou sobre a redistribuição do ônus da prova. Ademais, a delimitação das questões de fato e de direito possuem um forte componente de interpretação do objeto litigioso e da controvérsia de direito material que constituem domínio das partes. E a admissão das provas constitui uma avaliação preliminar sobre a sua relevância e a sua utilidade e até mesmo sobre quais são os fatos que devem ser objeto de subsequentes atos probatórios. Se o saneamento for decidido em audiência, ou se tivesse sido mantida a audiência preliminar do artigo 331 do Código de 1973, poderia o juiz colher a manifestação prévia sobre o seu "projeto" de decisão, ouvindo as partes sobre todas essas questões.

Parece-me que objetivo deste § 1º é remediar esse déficit garantístico a que se sujeita o saneamento escrito e que, à falta de uma audiência preliminar, somente poderia ser suprido de modo mais completo se o juiz elaborasse um verdadeiro projeto de saneador, submetendo-o à prévia audiência das partes para em seguida proferi-lo. Ainda assim, se alguma observação feita sugerisse alterações no projeto, deveria novamente ouvir as partes antes de editá-lo. Vê-se que a solução do pedido de esclarecimento ou ajuste *a posteriori* pode remediar as deficiências de diálogo prévio e que o seu sentido é francamente positivo, se as partes e o juiz o encararem de boa-fé como um instrumento de cooperação, aquelas na busca da adequação do saneador às necessidades de regularização e organização eficiente do processo e este na disposição de aperfeiçoá-lo, se necessário, para atender com mais plenitude às expectativas daquelas e à busca dos melhores caminhos para uma decisão final justa.

Entretanto, pode-se perguntar se era necessária a criação dessa outra via, que, em parte pode sobrepor-se aos embargos de declaração ou até mesmo ao agravo de instrumento ou ao pedido de reforma da decisão em preliminar de apelação contra a sentença final. José Rogério Cruz e Tucci, com razão, reputa essa disposição redundante[96]. Parece-me ocioso tentar equipará-la a qualquer desses outros institutos ou submetê-la a regras a estes aplicáveis. Sempre as decisões interlocutórias de organização podem ser objeto de pedidos de esclarecimento ou de ajustes, pelo próprio dinamismo do processo e pelos

---

[96] TUCCI, José Rogério Cruz e. **Comentários ao Código de Processo Civil.** Vol. VII. São Paulo: Editora Saraiva. 2016. p. 307.

imprevisíveis efeitos da sua projeção para o futuro. A nova via é mais uma via para provocar o esclarecimento ou a modificação da decisão, estranha ao sistema de impugnações formal, que a parte poderá usar simultânea e paralelamente ao manuseio de outros mecanismos, como os embargos declaratórios ou agravo de instrumento, que não suspende a eficácia da decisão nem interrompe o prazo para interposição desses recursos. Assemelha-se ao informal e até hoje estranho ao sistema processual pedido de reconsideração, que, seguindo a tradição lusitana, sempre foi utilizado como um meio menos belicoso de devolver ao juiz o exame do que anteriormente decidiu.

Não apresentado o pedido de esclarecimento ou ajuste ou apresentado e decidido, o saneador e o seu eventual complemento se estabilizam, nas condições amplamente expostas no item VI acima. A disposição deixa claro que, para atender ao referido pedido, o juiz de 1º grau não está sujeito a qualquer preclusão, devendo no entanto respeitar o contraditório prévio e a paridade de armas e, havendo qualquer modificação, facultar às partes ampla oportunidade de oferecer alegações e provas para influir eficazmente na instrução e decisão das novas questões decorrentes os esclarecimentos ou ajustes realizados.

Dos esclarecimentos ou ajustes poderão resultar substanciais alterações na decisão de saneamento, inclusive no sentido da revogação ou anulação de provimentos dela constantes, não só sobre questões processuais pendentes, mas também sobre questões de direito material, podendo levar até mesmo à sua substituição por decisão terminativa do processo com ou sem resolução do mérito.

O pedido de esclarecimento ou ajuste é cabível tanto na hipótese de saneamento escrito, quanto na de saneamento oral em audiência. Ainda que as partes presentes em audiência possam de imediato provocar o juiz a prestar esses esclarecimentos e efetuar tais ajustes, no prazo de cinco dias subsequentes deve a parte ter a possibilidade de formalmente provocar o juiz a essa complementação. Não me parece que a presença em audiência esgote para as partes as possibilidades de esclarecimentos ou ajustes, como querem Viviane Siqueira Rodrigues[97] e Fredie Didier Jr.[98]. O tempo de duração da audiência e a simples escuta da emissão oral da decisão a viva voz pelo juiz, com o subsequente e muitas vezes abrupto encerramento do ato são circunstâncias reais que impedem a compreensão exata do conteúdo da decisão. Por isso, a necessária redução à forma escrita e o prazo de cinco dias, que possibilitarão avaliar com mais precisão o seu conteúdo e o seu alcance.

12. ACORDOS SOBRE MATÉRIAS DA DECISÃO DE SANEAMENTO

O § 2º do artigo 357 faculta às partes apresentar ao juiz delimitação consensual das questões de fato e de direito que, homologada, vincula as partes e o juiz. Apesar da redação do dispositivo, não são somente essas matérias da decisão de saneamento que podem ser objeto de convenções processuais. Os §§ 3º e 4º do artigo 373 facultam a distribuição do ônus da prova por convenção das partes, celebrada antes ou durante o processo, o artigo

---

[97] Ob. cit. p. 304.
[98] Ob. e loc. cits.

190 confere às partes ampla possibilidade de estipular mudanças no procedimento e convencionar sobre ônus, poderes, faculdades e deveres processuais e o artigo 191 permite que o juiz e as partes fixem de comum acordo calendário para a prática de atos processuais, todas matérias que podem ser objeto da decisão de saneamento.

Aqui também há divergências. Aplicando a estas convenções de delimitação consensual das questões de fato e de direito as disposições gerais constantes do artigo 190, Humberto Theodoro Júnior sustenta que a convenção somente será lícita se a causa se referir a direitos disponíveis e travar-se entre pessoas capazes[99]. Já Fernando Gajardoni sustenta que o artigo 357, § 2º, trata de uma convenção processual típica, à qual não se aplicam as condicionantes das convenções atípicas do art. 190, cabendo se uma das partes for incapaz e mesmo que o direito não comporte autocomposição[100].

Viviane Siqueira Rodrigues entende que o negócio jurídico processual do § 2º tem eficácia superior à da estabilidade ou da preclusão, afastando o interesse recursal das partes na sua reforma ou anulação, que somente pode ser buscada por demanda autônoma[101].

Fernando Gajardoni afirma que o dispositivo não se aplica à convenção probatória e que a proposta de saneamento pode agregar questões de fato até então não deduzidas no processo, pois até o saneamento as partes podem alterar o pedido e a causa de pedir[102]. Fredie Didier Jr. também entende que as partes podem acrescentar questões de fato até então não deduzidas e que, quanto às questões de direito, a par de delimitá-las, podem ainda escolher o direito aplicável, como na arbitragem (Lei n. 9.307/96, art. 2º, § 1º)[103].

Este último autor sustenta ainda que, além de controlar a validade desse negócio jurídico processual, pode o juiz recusar a homologação, caso inexista, por exemplo, o mínimo de verossimilhança nos fatos consensualmente ajustados.

Apesar de diversos autores repetirem que a convenção das partes, desde que homologada, vincula o juiz, alguns fazem ressalvas, como Fernando Gajardoni, segundo o qual o acordo de saneamento não pode limitar os poderes instrutórios do juiz[104].

Respeitados os limites deste estudo, vou me reportar à análise do § 2º à luz da versão mais recente de outro estudo anterior que efetuei sobre as convenções processuais no novo CPC[105], procurando dele extrair ideias que aqui possam ser úteis.

Naquele estudo apontei a tendência moderna de prevalência da autonomia privada na disciplina do processo civil contemporâneo, que, para alguns, chega a tornar subsidiária a normatividade estatal[106]. Também a técnica do processo está hoje entregue à vontade das

---

[99] THEODORO JÚNIOR, Humberto. Ob. cit. p. 831
[100] GAJARDONI, Fernando da Fonseca. Ob. cit. p. 181.
[101] RODRIGUES, Viviane Siqueira. Ob. cit. 2016. p. 308.
[102] Ob. cit. p. 182.
[103] Ob. cit. p. 781.
[104] Ob. e loc. cits.
[105] GRECO, Leonardo. A contratualização do processo e os chamados negócios jurídicos processuais cit.
[106] V. CAPONI, Remo. Autonomia privata e processo civile: gli accordi processuali. In CARPI, Federico. Et alii. **Accordi di parte e processo.** Milano: ed. Giuffrè. 2008. p. 102-103.

partes, desde que preenchidas determinadas condições. Ali também mencionei que não são todos os poderes do juiz que se apresentam inderrogáveis, mas apenas aqueles que dizem respeito à preservação da ordem pública processual. A ordem pública também é o limite à contratualização do processo, como técnica de gestão do procedimento.

Todas as convenções, mesmo que não sujeitas expressamente a homologação, ficam sujeitas ao controle de validade do juiz, que verificará se não incidem em nulidade, se não violam os seus poderes indisponíveis e se não foram abusivamente inseridas em contrato de adesão ou em contrato em que alguma das partes se encontre em manifesta situação de vulnerabilidade (art. 190, parágrafo único).

Respeitada a ordem pública processual, as convenções processuais podem limitar os poderes do juiz, o que pode ocorrer sempre que a atividade do juiz seja eminentemente substitutiva da vontade das partes, impondo decisões sobre matérias que são exclusivamente de interesse delas e que, portanto, por elas podem ser livremente reguladas. É o que ocorre com a delimitação consensual das questões de fato e de direito. Se às partes cabe a proposição dessas questões e se a essa proposição deve ater-se o juiz, podem as partes dispor sobre a sua delimitação. Entretanto, sobre exceções substanciais que integram a ordem pública, como a prescrição de direitos não patrimoniais e a decadência, não pode haver convenção das partes que impeça a sua apreciação pelo juiz.

Naquele estudo, identifiquei três espécies de convenções processuais. A primeira composta de acordos que têm por objeto apenas direitos ou situações jurídicas das partes (art. 200), sem afetar os poderes do juiz. O juiz exerce sobre eles apenas o controle de legalidade. A segunda dos que têm por objeto interesses das partes que estão diretamente submetidos ao controle do juiz, atingindo poderes do juiz que incidem sobre esses interesses, embora sem qualquer reflexo sobre a ordem pública processual; nestes o controle judicial é igualmente de simples legalidade. E a terceira espécie é a dos que limitam os poderes do juiz de organização e condução do processo e se perfazem com a conjugação da vontade das partes e do próprio juiz, cujo controle, além da verificação da sua legalidade, se integra com o exame da sua conveniência e adequação à implementação dos fins últimos da jurisdição. A homologação judicial define o termo inicial da sua eficácia. Nas duas primeiras espécies, essas convenções se perfazem com a conjugação, simultânea ou sucessiva da vontade dos litigantes e, como tal, produzem efeitos jurídicos de imediato, nos termos do artigo 200 do Código de 2015.

A convenção sobre a distribuição do ônus da prova (art. 373, §§ 3º e 4º) é da segunda espécie, mas está sujeita a simples controle de legalidade, devendo o juiz rejeitá-la se recair sobre direito indisponível ou se tornar excessivamente difícil a uma das partes o exercício do direito. Igualmente a delimitação das questões de fato e de direito no saneamento do processo (art. 357, § 2º) é convenção da segunda espécie, substituindo o poder do juiz estabelecido nos incisos II e IV do *caput* pela deliberação das próprias partes, que nada mais é do que uma decorrência do princípio da demanda, com a vantagem de evitar que o juiz, em violação a esse princípio, introduza no processo questões de fato e de direito que dependam da iniciativa dos litigantes. A homologação do juiz é necessária para o controle de legalidade, inclusive para evitar a extensão da delimitação a matérias de ordem pública e para tornar certo que, a partir da homologação, ficará o juiz privado do poder de exercer as funções mencionadas nos incisos II e IV do artigo em exame. A delimitação poderá fazer ajustes no pedido e na defesa, como facultado pelo artigo 329, inciso II, o que, aliás, tenho defendido como possível mesmo após a decisão de saneamento[107].

Outras convenções das partes também podem atingir matérias da decisão de saneamento, como a escolha consensual de perito (art. 471), em que o juiz deverá verificar se as partes são plenamente capazes e se a causa pode ser resolvida por autocomposição, a cláusula de eleição de foro (art. 63), cujo controle deve verificar o preenchimento dos seus requisitos formais e coibir a sua abusividade, o que pode ser feito pelo magistrado desde o despacho da petição inicial.

Convenções probatórias, determinando a produção de determinadas provas ou reduzindo a instrução apenas a algumas delas, são plenamente admissíveis, mas não podem limitar a iniciativa probatória subsidiária do juiz, especialmente se o litígio versar sobre direitos indisponíveis. Algumas delas exigirão adaptação do procedimento legal, como, por hipótese, a definição em comum de um rol de 30 testemunhas ou a tomada do seu depoimento em local diverso da sede do juízo ou a produção da prova testemunhal antes da prova pericial. Estas são convenções da terceira espécie, sujeitas à homologação judicial para controle de legalidade, de conveniência, oportunidade e adequação.

O calendário, de que trataremos especificamente adiante, também é uma convenção da terceira espécie.

Retornando ao tema do presente estudo, os acordos das partes sobre matérias do saneamento se tornam estáveis desde a sua celebração, nas duas primeiras espécies, e desde a sua homologação, na terceira espécie, fatos esses que poderão ocorrer antes ou depois da decisão de saneamento. Essa estabilidade é tendencial, ou seja, consiste na preservação da sua eficácia durante todo o curso do processo, salvo se for constatado algum motivo relevante que justifique a sua revisão. Podem eles ser anulados por decisão do juiz no curso do processo, se ficar comprovado que não preencheram na sua celebração os requisitos de validade que lhes são próprios.

Por mútuo acordo, podem a qualquer tempo ser revogadas as convenções das duas primeiras espécies, preservados os efeitos já produzidos até a data da revogação. Já as da terceira espécie, dependem da conjugação da vontade das partes e também do juiz, que é parte integrante no acordo. Quanto à revogação unilateral, sem a adesão de todos os sujeitos que dela participaram, deve ser excepcional, pela expectativa legítima que o acordo gera em todos os sujeitos do processo. Assim, essa revogação unilateral por uma das partes ou pelo próprio juiz, no caso de convenção da terceira espécie, deve observar os seguintes requisitos:

1º) a existência de um relevante motivo que a justifique. Podem existir motivos relevantes que evidenciem que um dos sujeitos, no momento da prática do ato, não poderia ter razoavelmente previsto as consequências fáticas e jurídicas que poderiam dele decorrer no processo e que essas consequências o coloquem numa posição de nítida desvantagem no acesso aos meios de defesa ou de impossibilidade de exercê-la plenamente. Em razão de mudanças em circunstâncias relevantes da

---

[107] GRECO, Leonardo. **Instituições de Processo Civil – processo de conhecimento.** Volume II cit. p. 27-31 e 63-68.

causa ou do processo, é possível que a convenção já não possa regular de modo adequado, justo e eficiente os atos subsequentes.

2º) A revogação não prejudique a eficácia dos atos subsequentes ao ato revogado, até a sua revogação, nem eventuais direitos adquiridos dele decorrentes.

O juiz não pode revogar unilateralmente as convenções das duas primeiras espécies, embora possa anulá-las e aos atos com base nelas praticados, se reconhecer, a qualquer tempo, a sua ilegalidade por vício que gere nulidade absoluta. A eventual homologação não terá significado renúncia pelo juiz ou pelo Estado, que ele representa, do dever de fiscalização e controle sobre a sua legalidade. Assim, salvo insanável vício de nulidade, o juiz está vinculado ao cumprimento das convenções processuais sobre a delimitação dos pontos controvertidos (art. 357, § 2º), à distribuição do ônus da prova (art. 373, §§ 3º e 4º) e à escolha consensual do perito (art. 471).

Já nos atos convencionais da terceira espécie, ou seja, celebrados de comum acordo entre o juiz e as partes, este somente poderá revogá-los unilateralmente, em decisão consistentemente fundamentada, se houver um relevante motivo que justifique a revogação, resultante de nova avaliação da conveniência e oportunidade do ato e das suas consequências fáticas e jurídicas, resultante de fatos e circunstâncias devidamente comprovados, posteriores à consumação do ato ou cujo conhecimento foi posterior a essa consumação, em especial, mas não exclusivamente, o desequilíbrio entre as partes, a excessiva onerosidade do acordo questionado ou o impasse por ele criado à continuidade do processo ou à sua duração razoável.

De qualquer modo, ainda que não concordem com a revogação ou modificação pelo juiz, deverão as partes ser previamente ouvidas. Ademais, a revogação pelo juiz não deverá afetar a autonomia da vontade das partes na fixação do objeto litigioso e das questões de direito material de que podem livremente dispor, preservando os efeitos de todos os atos praticados na vigência da convenção revogada, direitos adquiridos e expectativas legítimas das partes. Deverá manter a paridade de armas e dar oportunidade às partes de exercerem as faculdades de apresentar alegações, propor e produzir provas, como decorrência da nova situação jurídica por ela criada.

Observação importante, já feita naquele estudo, é a dos limites às convenções sobre o procedimento – no nosso caso, as que atingem os poderes de direção e de organização que o juiz deve exercer no saneamento. Esses poderes não podem ser transferidos do juiz para as partes, porque são poderes indisponíveis, já que deles depende a tutela jurisdicional efetiva dos direitos dos litigantes num prazo razoável, não podendo o juiz eximir-se do dever de velar para que o mesmo grau de atenção e de efetividade seja dado aos litigantes de todos os processos que estão sob a sua responsabilidade.

Quanto à aplicação às convenções relativas ao saneamento, em especial às convenções de delimitação das questões de fato e de direito, das exigências do artigo 190, parece-me que, típicas ou atípicas, devem observar os limites de que a convenção não pode afetar direito material que não admita autocomposição, como os direitos indisponíveis, e que as partes celebrantes sejam capazes do ponto de vista processual, como sustentado no estudo anterior. Pode haver convenção em causa que verse sobre direito indisponível, desde que a regulação processual não afete a tutela do referido direito.

Quanto à possibilidade de convenção que escolha como direito aplicável o direito estrangeiro, inteligentemente defendida por Fredie Didier Jr, cumpre ponderar que, no âmbito das convenções processuais, a possibilidade de escolha do direito material estrangeiro é matéria a ser resolvida no âmbito do respectivo direito material ou do direito internacional privado. A partir da Lei de Arbitragem verifica-se uma tendência a flexibilizar o disposto no artigo 9º da Lei de Introdução às normas do Direito Brasileiro para permitir, especialmente nos contratos internacionais de comércio a escolha do direito material aplicável. Parece-me que, quanto ao direito processual, é inafastável, por constituir matéria de ordem pública, a aplicação do direito brasileiro, embora nada impeça que, não havendo ofensa à ordem pública, as partes venham a convencionar disposições por elas extraídas de normas estrangeiras.

13. AUDIÊNCIA DE SANEAMENTO

O § 3º do artigo 357 determina que o juiz designe audiência para que o saneamento seja feito em cooperação com as partes, se a causa apresentar complexidade em matéria de fato ou de direito. Como vimos anteriormente, a adoção da forma escrita foi uma capitulação do legislador em virtude do pouco empenho de juízes e advogados na realização proveitosa da audiência preliminar do Código de 1973.

Humberto Theodoro Júnior observa que o saneamento escrito é da tradição luso-brasileira[108]. Entretanto, o dever de cooperação, expressamente invocado para justificar a designação de audiência nas causas complexas não é menos importante nas causas simples. Barbosa Moreira afirma que a modalidade mais propícia à atuação prática da cooperação entre o juiz e os litigantes é o saneamento em audiência oral[109]. Como consequência, vários autores sustentam que o juiz também pode designar audiência de saneamento nas causas simples[110]. Viviane Siqueira Rodrigues chega a sustentar que o saneamento em audiência seja a regra e que a sua dispensa deva ser motivada, pois o modelo cooperativo recomenda a audiência[111].

Parece-me clara a opção do Código de 2015 pela forma escrita do saneamento, não porque ela seja a melhor, mas porque a rotina de trabalho dos juízos de primeiro grau apresenta a reiteração de processos com a mesma configuração fática e jurídica em que os argumentos das partes são os mesmos e as provas requeridas também. Assim, seria ociosa, em nada contribuindo para a efetiva cooperação entre as partes e o juiz, a realização em todos eles de audiência de saneamento. Destarte, a noção de causa complexa não se vincula á quantidade ou à dificuldade de configurar ou de equacionar as questões de fato ou de direito, ou ainda de organizar o processo para dar-lhes a melhor solução, mas à possibilidade de efetivamente atingir esse objetivo com a participação presencial das partes e a sua interatividade com o juiz[112]. Assim, toda vez em que o juiz se deparar com matéria

---

[108] THEODORO JÚNIOR, Humberto. Ob. cit. p. 828.
[109] MOREIRA, José Carlos Barbosa. Ob. cit. p. 134.
[110] NUNES, Dierle. SILVA, Natanael Lud Santos e. Comentário ao artigo 357. In STRECK. Lenio Luiz. NUNES, Dierle. CUNHA, Leonardo Carneiro da. **Comentários ao Código de Processo Civil**. São Paulo: Saraiva. 2016. p. 526; GAJARDONI, Fernando da Fonseca. Ob. Cit. p. 173.
[111] RODRIGUES, Viviane Siqueira. Ob. cit. p. 291-292.
[112] V. LIMA, Marcellus Polastri. DIAS, Luciano Souto. Reflexões e proposições sobre a audiência de saneamento compartilhado no Código de Processo Civil de 2015.In **Revista de Processo**. Ano 41. N. 268. São Paulo: Revista dos Tribunais. 2017.

nova, seja sob o aspecto processual ou de direito material, ele deverá designar audiência de saneamento. Guilherme de Paula Nascente Nunes sustenta, a meu ver corretamente, que se ambas as partes requererem a realização de audiência o juiz deverá designá-la[113]. Vou mais longe. Penso que basta que uma das partes o requeira, alegando motivo justificável, para que o juiz deva designá-la, desde que avalie positivamente o proveito que a presença das partes possa trazer para a melhor qualidade da decisão de saneamento.

Se for evidente a complexidade da causa e comprovada a contribuição positiva que a audiência poderia ter trazido à apreciação e solução das questões apreciadas ou apreciáveis no saneador, será nulo o saneamento escrito. Essa nulidade é relativa e, portanto, sanável, devendo ser arguida pelo interessado na primeira oportunidade para falar nos autos após a prolação da decisão de saneamento. Essa oportunidade normalmente será a prevista no § 1º do artigo 357, ou seja, o pedido de esclarecimento no prazo de cinco dias que, como já vimos, é a via mais adequada para remediar grande parte dos defeitos da decisão de saneamento, especialmente os resultantes da ausência de respeito amplo ao dever de cooperação.

Não arguida a nulidade na primeira oportunidade ou não comprovado o prejuízo, a decisão de saneamento se estabiliza, não podendo mais ser pretendida a sua anulação por ausência de realização do saneamento oral em audiência.

O saneamento em cooperação, previsto no § 3º, implica não apenas no oferecimento de oportunidade às partes para "integrar ou esclarecer suas alegações", mas também para sugerir o modo mais adequado de solucionar todas as questões pendentes e para interagir com os demais sujeitos principais do processo e com os advogados sobre todas as questões. Cooperação pressupõe diálogo, em que todos ouvem e todos falam, em igualdade de condições, especialmente o juiz[114].

14. ROL DE TESTEMUNHAS

O § 4º do artigo 357 estabelece que o rol de testemunhas deverá ser apresentado no prazo fixado pelo juiz, não superior a quinze dias, caso a decisão de saneamento tenha deferido a produção de prova testemunhal. Já o § 5º prevê que na hipótese de ter sido designada audiência para o saneamento, as partes deverão levar para essa audiência o respectivo rol de testemunhas. Em complemento, os §§ 6º e 7º tratam do limite numérico de testemunhas a serem arroladas.

A respeito dessas disposições, o que nos interessa neste estudo é a estabilidade da decisão do juiz que fixe o número de testemunhas e a possibilidade ou não de as partes

---

[113] NUNES, Guilherme de Paula Nascente. Notas sobre o saneamento compartilhado. In JOBIM, Marco Félix. FERREIRA, William Santos (coords.). **Direito Probatório**. Salvador: Juspodivm. 2015. p. 565.

[114] As reflexões de Alessandro Giuliani sobre a *ordem isonômica* e a *ordem assimétrica* na História do Processo mostram com clareza como da postura do juiz na interlocução com as partes depende fundamentalmente a vivência de um processo democrático ou autoritário (GIULIANI, Alessandro. L'*ordo Judiciarius* medioevale (riflessioni su un modelo puro di ordine isonomico. In **Revista di diritto processuale**. Vol. XLIII. Padova: CEDAM. 1988. p. 598-614).

virem a oferecer o rol de testemunhas ou complementá-lo fora dos prazos estabelecidos nos §§ 4º e 5º. Crítica mais ampla às regras sobre a produção da prova testemunhal já fizemos em outras ocasiões.

Como já tivemos oportunidade de aduzir, o Código de 2015 antecipou o momento de proposição da prova testemunhal, mas as suas disposições não foram devidamente harmonizadas. No caso de designação de audiência de saneamento, o rol de testemunhas deve ser trazido pelas partes antes da decisão de saneamento. No caso de saneamento escrito, o rol é apresentado depois da decisão, sem que o juiz possa avaliar em concreto, ao deferir a prova testemunhal, se as testemunhas posteriormente arroladas efetivamente apresentam a mínima possibilidade de trazerem informações úteis sobre o tema probando. O ideal seria que as partes apresentassem o rol das testemunhas desde a inicial e a contestação, mas não é esse o sistema do Código. Se a parte levou o rol de testemunhas na audiência de saneamento oral, o juiz poderá indagar à parte sobre que fatos recairá o depoimento de cada testemunha, facilitando ao juiz a aplicação dos §§ 6º e 7º, como sugere Fredie Didier Jr.[115]. Mas se o saneamento foi escrito, mais difícil será para o juiz decidir qualquer limitação numérica.

Não efetuada a limitação numérica no saneador, poderá ela ser imposta em decisão posterior. Se a limitação for determinada depois de apresentado o rol de testemunhas, o juiz deverá facultar à parte prejudicada eventual modificação no rol de testemunhas ou a proposição e a produção de outro tipo de prova para suprir depoimentos que não poderão ser prestados.

A decisão sobre limitação numérica de testemunhas, embora impugnável como preliminar da apelação contra a sentença final (art. 1.009, § 1º), torna-se estável, mas poderá ser modificada se houver motivo relevante que a justifique, obedecendo a todos os requisitos enumerados no item VI acima.

Quanto à preclusão de oferecimento do rol de testemunhas ou da sua modificação posteriormente, reporto-me aos comentários feitos nas minhas *Instituições*[116], no sentido de que, havendo motivo justificável relevante, pode a parte completar o rol de testemunhas, bem como substituir testemunhas arroladas, além dos limites do disposto no artigo 451, cuja finalidade não é a de cercear o direito à prova da parte, mas impedir que ela aja de má-fé, ocultando o nome de testemunha até data próxima da audiência, para dificultar que a parte contrária apure circunstâncias que possam comprometer a sua imparcialidade ou previamente investigar se a testemunha apresenta condições de prestar um depoimento confiável, o que pode mais bem orientar a sua inquirição.

Assim, desde que comprovado o motivo relevante do arrolamento *a posteriori*, integral ou parcialmente, e igualmente comprovada a boa-fé do requerente, desde que não prejudique a paridade de armas, ouvida a parte contrária antes do deferimento do requerido, e propiciada a esta, após o deferimento, o oferecimento de alegações e provas para contrapor-se ou defender-se do novo arrolamento.

Se a parte não ofereceu o rol no prazo legal ou judicial, em princípio não mais poderá fazê-lo, com as ressalvas acima.

---

[115] DIDIER JR., Fredie. Ob. cit. p. 777.
[116] GRECO, Leonardo. **Instituições de Processo Civil – processo de conhecimento.** Volume II cit. p. 226-229.

15. CALENDARIZAÇÃO DA PROVA PERICIAL E ATOS DE IMPULSO

O § 8º do artigo 357 manda o juiz, na decisão de saneamento que deferir a prova pericial, observar o disposto no artigo 465 e, "se possível, estabelecer, desde logo, calendário para sua realização". Já o caput, inciso V, daquele mesmo artigo determina que o juiz na decisão de saneamento designe, se necessário, a audiência final de instrução e julgamento. A primeira parte do primeiro dispositivo mencionado se refere à admissão da prova pericial, à qual se aplicam os comentários feitos no item IX sobre a admissão das provas em geral e os feitos no item XII sobre a designação consensual do perito. A 2ª parte desse parágrafo e o inciso V tratam apenas exemplificativamente dos atos de movimentação ou de impulso que, dentro da função de organização do processo o juiz deve incluir no saneamento, planejando toda a série de atos que se farão necessários ou úteis para a produção das provas, entre os quais a definição de calendário para a prova pericial e a designação da audiência de instrução e julgamento.

De início parece-me necessário entender o calendário da prova pericial uma parte ou uma espécie do calendário geral, ato convencional da terceira espécie, composto da conjugação de vontades das partes e do juiz, como referido no item XII. Discordo do entendimento de que o calendário da perícia seja ato unilateral do juiz, enquanto o calendário do processo seria ato subjetivamente complexo. O juiz não tem unilateralmente condições de definir o calendário da prova pericial, a não ser no âmbito de definição cronológica dos atos subsequentes do processo, que leve em conta as necessidades das partes. Se o saneamento foi escrito, com a simples nomeação do perito, a sequência de atos e os prazos em que deverão ser praticados dependerão de inúmeras circunstâncias ainda não reveladas pelas partes, como a complexidade da quesitação, a designação ou não de assistentes técnicos, etc. Nesse caso, deverá o juiz, na decisão de saneamento propor um calendário, sobre ele ouvir as partes e, a seguir aprová-lo em outra decisão em que procure atender a todas as exigências feitas pelas partes.

Se o saneamento for proferido em audiência, poderá o juiz já ter auscultado as exigências das partes, colhendo no ato a sua aprovação para a proposta de calendário, como poderá relegar a calendarização para decisão subsequente, após as providências do artigo 465.

Embora não impugnável a não ser como preliminar da apelação contra a sentença final, a decisão sobre o calendário se estabiliza, mas pode ser revista a qualquer tempo se houver motivo relevante, nos termos que explicamos no item XII.

Quanto aos demais atos de organização do desenvolvimento do processo, que também são impugnáveis apenas como preliminar da apelação contra a sentença final, igualmente se estabilizam, mas motivo relevante pode exigir a sua revisão, nos termos do item VI.

A designação de audiência final somente se impõe na decisão de saneamento, se nesse momento for evidente que testemunhas ou as partes em depoimento pessoal devam ser inquiridas oralmente nessa audiência perante o juiz da causa. Se, mesmo deferida a prova testemunhal, mas não definidos os seus dados de identificação e qualificação, bem como não deferidos os depoimentos pessoais das partes, assim como se deferida prova pericial, a audiência final poderá ser designada quando se evidenciar a sua necessidade.

A falta de designação de audiência, mesmo se afigurando desde logo necessária, ou de qualquer outro ato de impulso que transpareça das provas deferidas, poderá acarretar a nulidade relativa da decisão de saneamento, que somente será decretada se arguida pelo interessado na primeira oportunidade com a comprovação do prejuízo. Trata-se de defeito que normalmente pode ser suprido posteriormente.

Conforme já sustentei em estudo anterior, inovação do Código, que diz respeito ao impulso e que, a meu ver deve ser tratada no saneador, é a constante do inciso VI do artigo 139, que confere ao juiz o poder de "alterar a ordem de produção dos meios de prova, adequando-os às necessidades do conflito, de modo a conferir maior efetividade à tutela do direito", fora das hipóteses de produção antecipada de provas (arts. 381 a 383). Essa alteração pode ser objeto de decisão posterior, observados os requisitos exposto no item VI. A meu ver, a nova determinação tem três efeitos. O primeiro é o de permitir que a tomada do depoimento oral das partes ou das testemunhas ocorra antes da produção da prova pericial, independentemente da urgência. Pode evidenciar-se conveniente apurar mais detidamente os fatos, antes de submetê-los ao exame pericial. Nesse caso, deverá o juiz esclarecer se a convocação sujeita ou não a parte à pena de confissão, em caso de não comparecimento ou de recusa de depor (art. 385, § 1º, c.c. o art. 139, inc. VIII).

O segundo é o de permitir que, na audiência, seja alterada a ordem dos depoimentos: primeiro os das testemunhas e depois os das partes ou dos peritos; ou antes as testemunhas do réu e depois as do autor. Ou até mesclar as testemunhas de um e de outro.

O terceiro é, quiçá, propiciar a fragmentação da instrução probatória, colhendo inicialmente as provas sobre determinada questão prévia, preliminar ou prejudicial, para desde logo decidi-la em sentença parcial, e postergando a produção das demais provas para momento subsequente. Seria como desdobrar a instrução, o que, à primeira vista, o Código não contempla.

Parece-me que essa flexibilização seria mais apropriada se o saneador fosse proferido em audiência, pois resultaria do diálogo do juiz com as partes. De qualquer modo, impõe-se que essa alteração da ordem procedimental seja adotada em decisão fundamentada. Tudo aconselha que isso ocorra na decisão de saneamento, que é o momento em que o juiz deve planejar toda a sequência da fase probatória subsequente. A essa decisão aplicar-se-ão, quanto à estabilidade, as regras do item VI.

16. TUTELA DA URGÊNCIA E DA EVIDÊNCIA

As tutelas provisórias da urgência e da evidência também devem ser decididas no saneamento, desde que requeridas anteriormente, salvo se em decisão anterior tiverem sido apreciadas. A tutela cautelar tem caráter eminentemente processual e, assim, poder-se-ia considerá-la expressamente incluída no inciso I do artigo 357. Mas também as tutelas da urgência antecipatória e da evidência, que têm como conteúdo questões de direito material, devem ser resolvidas no saneamento, porque no sistema brasileiro o saneador deve resolver tudo o que estiver pendente, para que toda a atividade processual subsequente se concentre preferencialmente na instrução da causa e julgamento do seu mérito. Como afirmei no estudo anterior aqui frequentemente citado, são tutelas incidentes que não devem aguardar a sentença final. Na tutela da urgência é o *periculum in mora* que impõe a sua rápida solução. Na tutela da evidência é a mais ampla proteção do direito subjetivo material que exige a sua antecipação, sob pena de frustrar-se o objetivo do instituto. Ambas podem ter sido decididas liminarmente ou logo após a contestação do réu. Se não o foram, o saneador é o seu desfecho natural.

Todas são tutelas provisórias, que não gozam da estabilidade normal das matérias apreciadas no saneamento. Se indeferidas, podem ser a qualquer tempo renovadas, desde que os seus requisitos se verifiquem no momento da renovação do pedido. Se deferidas, podem ser a qualquer tempo revogadas ou modificadas. A revogação ou modificação deve obedecer ao princípio da demanda, pois o exercício do poder jurisdicional que encerram exige provocação do interessado.

Da caducidade trata o Código apenas em relação à tutela cautelar antecedente (art. 309). Entretanto, o inciso III desse artigo se aplica também à tutela cautelar incidente, à tutela da urgência antecipatória e à tutela da evidência. Em mais de uma ocasião, tive oportunidade de reagir à interpretação dominante desse dispositivo, que já existia no Código de 1973, segundo a qual a renovação da tutela cautelar que tiver caducado ficará sujeita a fundamento diverso. Parece-me que esse entendimento é incompatível com a garantia constitucional da tutela jurisdicional efetiva (art. 5°, inc. XXXV). Julgado a final improcedente o pedido do beneficiário da tutela provisória ela caduca, perde eficácia. Todavia, na instância recursal pode ela vir a ser restaurada. O "novo fundamento" a que se refere o artigo 309, parágrafo único, é exigência de que os pressupostos da tutela sejam atuais, não necessariamente outros. Assim, se na tutela cautelar ou antecipatória a situação de perigo é permanente, perdurando por ocasião do julgamento do recurso, deve a tutela ser novamente concedida.

17. DECISÕES DE MÉRITO E COISA JULGADA

Desde Galeno Lacerda a doutrina se preocupou com a eficácia da decisão de saneamento quanto às questões de direito material. Este Autor sustentava[117] que o saneador fazia coisa julgada quando decretava a carência da ação por falta de legitimidade para a causa ou de possibilidade jurídica do pedido, e quando acolhia a defesa do réu baseada em fato extintivo do pedido (prescrição, compensação, novação, perempção, coisa julgada, pagamento, transação). Seus efeitos se projetavam além do processo, impedindo a renovação da demanda.

Desde o Código de 1973 (arts. 267 e 269) e também no Código de 2015 (arts. 485 e 487), o legislador enumera em separado as questões processuais e as questões de mérito. Condições da ação são questões processuais, embora fundadas na hipótese de direito material formulada pelo autor, de acordo com a teoria da asserção. Perempção é questão processual (art. 486, § 3°). A possibilidade jurídica do pedido não é mais mencionada no Código de 2015, mas a meu ver está embutida no interesse processual[118].

Sem entrar em maiores indagações sobre a correlação entre as decisões de mérito e a coisa julgada, que já explorei em outras ocasiões[119], parece-me que há três hipóteses básicas em que a decisão de saneamento pode incluir a apreciação de questões de direito material:

---

[117] LACERDA, Galeno. Ob. cit. p. 158.
[118] GRECO, Leonardo. **Instituições de Processo Civil**. Volume I cit. p. 214-216.
[119] GRECO, Leonardo. Cognição sumária e coisa julgada. In **Revista Eletrônica de Direito Processual**, ano 6, n° X. Rio de Janeiro:Programa de Pós-Graduação em Direito – linha de pesquisa de Direito Processual, da Universidade do Estado do Rio de Janeiro. Julho a Dezembro de 2012. p. 275-301.

se aprecia a tutela antecipatória da urgência ou da evidência, que já examinamos no item anterior, se profere em relação a um dos pedidos cumulados o julgamento parcial do mérito (art. 356), se, sem julgar qualquer pedido, rejeita a alegação de decadência ou de prescrição. Em qualquer dessas hipóteses, a decisão pode ser impugnada de imediato por agravo de instrumento, nos termos do artigo 1.015, incisos I e II.

Deixando de lado a primeira hipótese, que, quanto à estabilidade, tem regime próprio já analisado, e concentrando-me nas duas outras, parece-me inafastável que, quanto a estas, não tendo a decisão de saneamento sido modificada pelo pedido de esclarecimento ou ajuste previsto no § 1°, por eventuais embargos declaratórios ou pelo agravo de instrumento, a decisão estará preclusa, tanto para o juiz de 1° grau, quanto para qualquer instância superior, por força do disposto no artigo 505, que restrito às questões de mérito, consagra o princípio de que, ao decidir questão de direito material, o juiz esgota a função jurisdicional somente podendo o Judiciário, por ele ou por outro órgão, voltar a pronunciar-se sobre ela, por meio de um instrumento legalmente previsto.

Mas há uma diferença substancial entre a segunda e a terceira hipótese, porque somente no julgamento antecipado parcial do mérito o juiz decide um pedido e somente a apreciação do pedido tem a aptidão de gerar a coisa julgada material. Daí resulta que nessa hipótese, a partir do trânsito em julgado, a decisão estará acobertada pela coisa julgada material, não podendo ser anulada ou revista nesse processo, mas apenas por meio do ataque à coisa julgada da ação rescisória, desde que apta a gerar esse grau de imutabilidade.

Se o juiz decretar a prescrição ou a decadência extinguirá o processo ou, se restrita a um dos pedidos, proferirá quanto a este julgamento antecipado parcial do mérito. Já se o juiz rejeitar a prescrição ou a decadência, não sendo mais a decisão impugnável por meio legalmente previsto, estará preclusa no curso do processo até o julgamento final, sofrendo o efeito preclusivo da coisa julgada que acobertará o pedido decidido na sentença final quando este transitar em julgado.

Não se pode excluir a possibilidade de que no saneamento o juiz venha a apreciar alguma outra questão de mérito, valendo aqui a lúcida lição de Moniz de Aragão[120], segundo a qual se o juiz solucionar alguma disputa integrante do mérito da causa antes da sentença final, visando a prepará-la, o assunto ficará precluso, e se incorporará à coisa julgada da decisão final sobre o mérito.

18. DEFICIÊNCIAS DO SANEADOR, NULIDADE, RESCISÓRIA E ERROS MATERIAIS

Nos limites deste estudo, não cabe mais do que um simples aceno sobre os mais comuns defeitos da decisão de saneamento, que em geral dizem respeito ou a vícios de forma, como a deficiência de fundamentação, ou a omissões explícitas ou implícitas ou à falta de audiência prévia das partes sobre alguma questão decidida. Mais ou menos graves, implicando ou não em violações à ordem pública processual, são em geral vícios sanáveis, já que o processo não

---

[120] ARAGÃO, E. D. Moniz de. Ob. cit. p. 176.

está findo, por um dos meios legalmente previstos, a saber o pedido de esclarecimentos ou ajuste, os embargos declaratórios, o agravo de instrumento ou a apelação contra a sentença final, se o defeito foi arguido como questão preliminar.

O dever de cooperação impõe à parte o ônus de alegar e provar o prejuízo na primeira oportunidade para falar nos autos. Se o defeito atinge apenas direito subjetivo da parte, trata-se de nulidade relativa que, não arguida oportunamente, fica sanada. É o que se dá com a ausência de audiência prévia da parte sobre questão apreciada na decisão. Apesar da violação ao contraditório, a parte pode se conformar com o desrespeito a essa garantia, estabelecida em seu benefício. Ou pode pelo pedido de esclarecimento ou outro recurso, ter a oportunidade de se manifestar a respeito da referida matéria. Qualquer arguição posterior de nulidade deverá comprovar prejuízo e ser alegada na primeira oportunidade.

Se a violação atinge norma de ordem pública, como a falta ou deficiência de fundamentação, o defeito não fica sanado se não alegado ou não corrigido pelos meios legalmente previstos. O vício perdura e pode ser reconhecido de ofício a qualquer tempo, mas o juiz que o reconhecer deve, preferencialmente, aproveitar os atos já praticados e, se possível, não repristinar o processo. Essa tendência ao aproveitamento e à correção de defeitos no curso do processo deve ser preponderante nos atos de organização, para não pôr a perder o conteúdo e a eficácia dos atos já praticados e para não frustrar expectativas legítimas das partes.

As decisões de mérito geradoras de coisa julgada ou do efeito preclusivo da coisa julgada ficarão sujeitas a ação rescisória, nos termos do artigo 966, cujo prazo normalmente será contado a partir do trânsito em julgado da última decisão no processo, nos termos do artigo 975, com as exceções dos artigos 975, §§ 2º e 3º, 525, § 15, e 535, § 8º, e ressalvado o trânsito em julgado anterior da apreciação de algum dos pedidos, seja pelo julgamento antecipado parcial de mérito (art. 356), seja pela impugnação recursal do julgamento de apenas algum dos pedidos decididos na decisão recorrida.

Erros materiais, como tal entendidos defeitos flagrantes na confecção material do ato sem nenhuma dúvida quanto ao seu conteúdo correto, são também emendáveis a qualquer tempo de ofício pelo juiz, com fundamento no artigo 494, inciso I.

19. CONSIDERAÇÕES FINAIS

A extensão da análise aqui procedida que, ainda assim, está longe ser completa, mostra como a atividade de saneamento é complexa, como é importante que ela seja levada muito a sério especialmente pelo juiz, mas, por outro lado, como é importante lhe assegurar flexibilidade. Inserida no protagonismo cotidiano da prática judiciária, é suscetível de muitas imperfeições, que devem encontrar remédios que não façam o ideal de justiça sucumbir no formalismo e na rigidez procedimental.

A cooperação mais intensa possível parece ser a regra de ouro para tirar o máximo proveito desse momento do processo e para que este nunca se desvie do seu fim último que é a busca da melhor decisão possível sobre o direito material das partes.

25

A DIFICULDADE EM VER QUE A COISA JULGADA PODE SER INVOCADA POR TERCEIROS

Luiz Guilherme Marinoni

Sumário: 1. Delimitação do problema. 2. A influência da ideia de coisa julgada enquanto tutela de um bem. 3. A regra de que a coisa julgada é restrita às partes e a consequente perspectiva de enfoque dos terceiros. 4. A percepção de que o interesse na coisa julgada não é apenas da parte e a superação da regra da mutualidade no *common law*. 5. Os diferentes modos de ver a relação entre a coisa julgada e os terceiros no *civil law* e no *common law*. 6. Reconstrução do conceito de coisa julgada: a possível invocação pelo terceiro contra o vencido.

1. DELIMITAÇÃO DO PROBLEMA

A possibilidade de a coisa julgada – sobre questão ou sobre o pedido – ser invocada por terceiro nunca despertou interesse no *civil law*. Isto convida para a busca das razões que levaram esta doutrina a negligenciar tão importante problema. Por ter sido sempre vinculada às partes, a coisa julgada nunca foi analisada além dos limites dos casos em que *excepcionalmente* poderia incidir sobre terceiros. Talvez por isto a doutrina tenha insistido numa estreita aproximação entre a relação substancial discutida entre as partes e aquela de titularidade do terceiro, dificultando a visualização dos terceiros que podem ser beneficiados pela coisa julgada.

Pretende-se aqui demonstrar que o encarceramento dos efeitos benéficos da coisa julgada na moldura das partes, nos termos do conceito romano de coisa julgada, suprimiu o oxigênio necessário para a doutrina pensar na coisa julgada como algo que realmente "vale perante todos", bem como evidenciar que a coisa julgada, para tutelar a autoridade do Estado, a coerência do direito e a segurança jurídica, necessita estar aberta aos terceiros que legitimamente podem invocá-la.

2. A INFLUÊNCIA DA IDEIA DE COISA JULGADA ENQUANTO TUTELA DE UM BEM

Chiovenda, ao refutar a doutrina que atribuiu força de coisa julgada à resolução incidental de questão, argumentou que esta doutrina esqueceu que a coisa julgada objetiva garantir a segura fruição de um bem da vida. Ao afirmar que a suposição de coisa julgada sobre questão nada mais é do que a supervalorização do elemento lógico do processo, Chiovenda enfaticamente advertiu que "cosa giudicata non vuol dire giudizio, vuol dire bene reconosciuto o negato"[1].

Embora se tenha admitido que, diante da evolução do direito romano, a frase *res judicata* deixou de indicar apenas a coisa ou o bem e passou a expressar também o juízo, deixou-se claro que o bem da vida nunca se desligou do juízo, da sentença e da sua autoridade. Tanto é assim que Chiovenda afirmou que a *res judicata* se refere justamente à sentença que se pronuncia "su questo bene, accogliendo o respingendo la domanda"[2].

A relação entre coisa julgada e tutela de um bem da vida implicitamente admite que a coisa julgada deve recair sobre as partes que disputaram o bem[3]. A ideia de tutela de um bem, ao tornar a coisa julgada indissociável da figura daqueles que disputaram a *res*, inviabilizou a sua análise enquanto valor que poderia ser invocado por terceiros. Aliás, quando a coisa julgada é limitada à solução do litígio e, portanto, despreza as questões prejudiciais, ela pouco tem a dizer aos terceiros[4].

3. A REGRA DE QUE A COISA JULGADA É RESTRITA ÀS PARTES E A CONSEQUENTE PERSPECTIVA DE ENFOQUE DOS TERCEIROS

Apesar do conceito de coisa julgada ter sido forjado para assegurar os litigantes, o direito romano já admitia exceções à sua restrição *inter partes*[5] e grande parte do trabalho da doutrina nos séculos XIX e XX foi direcionado a tentar explicar a relação da coisa julgada com os terceiros.

---

[1] Giuseppe Chiovenda, Cosa giudicata e preclusione, *Saggi di diritto processuale civile*, Milano: Giuffrè, 1993, v. 3, p. 238.

[2] Giuseppe Chiovenda, Cosa giudicata e preclusione, *Saggi di diritto processuale civile*, v. 3, p. 245.

[3] "La cosa giudicata non è altro che la res iudicata: questo apparente bisticcio vorrebbe mettere in evidenza, colla chiarezza della nostra lingua madre, quel sostantivo e quel participio di cui la frase si compone. La res iudicata non è infatti, a sua volta, che la res in iudicium deducta, dopo che fu *iudicata*; in altri termini è il bene della vita (proprietà, servitù, eredità, credito diritto alla divisione, alla separazione personale, all'annullamento di un atto giuridico ecc.) che è perseguito in giudizio, dopo che il giudicato lo ha riconosciuto o lo ha negato, e così è diventato incontestabile, *finem* controversiarum accepit" (Giuseppe Chiovenda, Cosa giudicata e preclusione, *Saggi di diritto processuale civile*, v. 3, p. 234-235).

[4] *Lembre-se que, para Chiovenda, a proibição de rediscussão de uma questão só tem sentido para impedir a negação ou a diminuição do bem da vida obtido mediante a sentença que produziu coisa julgada.* (*Giuseppe Chiovenda,* Principii di diritto processuale civile, *Napoli: Jovene, [1906] 1965, p. 916-917).*

[5] Giovanni Pugliese, Giudicato (storia), *Enciclopedia del Diritto*, XVIII, 1969, n. 5.

Porém, a preocupação com os terceiros *foi antes de tudo uma decorrência da premissa de que a coisa julgada não pode interferir sobre a relação jurídica de quem não participou do processo*. A coisa julgada jamais foi vista como valor que, por ter importância perante todos, deve poder ser usufruído por quem não participou do processo, mas sempre foi pensada como algo que, por dizer respeito às partes, *eventualmente pode recair sobre terceiros, vinculados à parte em razão de suas peculiares posições perante o direito substancial*.

Lembre-se de que a doutrina francesa do século XIX, atrelada à regra que foi delineada no art. 1.351 do Código Napoleão[6] – de que a coisa julgada reclama as mesmas partes –, disse que a identidade de partes deveria ser buscada na identidade jurídica e não na identidade física, desenvolvendo o que chamou de "representação imperfeita", que foi aplicada aos herdeiros, aos sucessores à título particular e a outras pessoas consideradas como "partes". Vale dizer que esta doutrina resolveu o problema dos terceiros mediante a ampliação do significado de parte.

A doutrina alemã do século XIX, vinculada às fontes romanas e, portanto, à regra geral de que a coisa julgada recai sobre as partes, influenciou a ZPO de 1877, que delineou exceções à regra de que a coisa julgada é restrita às partes (§§ 325-327, ZPO[7]). Mas o esforço desta doutrina, limitado à instituição e ao desenvolvimento de exceções à regra, não permitiu ir além dos resultados a que chegou a doutrina francesa. Em outras palavras, os terceiros continuaram a ser vistos como aqueles que, em virtude de suas particulares posições, poderiam ser atingidos pela coisa julgada.

A doutrina italiana dos séculos XIX e XX seguiu, nas linhas básicas, as doutrinas francesa e alemã, reafirmando a regra de que a coisa julgada é *inter partes*, embora comporte exceções. O Código Civil italiano de 1865[8], nos mesmos termos do Código Civil francês, exigiu para a configuração de coisa julgada a identidade dos três elementos da ação. O art. 2.909[9] do Código Civil italiano de 1942, por sua vez, limitou-se a dizer que a sentença passada em julgado produz efeitos entre as partes, os seus herdeiros e os denominados "aventi causa" (sujeitos equiparados às partes). Como é óbvio, esta norma não trouxe qualquer modificação à ideia central presente no código de 1865, já que a contemplação de exceções

---

[6] De acordo com o art. 1.351 do Código Civil francês, "l'autorité de la chose jugée n'a lieu qu'à l'égard de ce qui a fait l'objet du jugement. Il faut que la chose demandée soit la même; que la demande soit fondée sur la même cause; que la demande soit entre les mêmes parties, et formée par elles et contre elles en la même qualité". Ver Pothier, Robert, Traité des obligations, in *Oeuvres de Pothier*, v. I, Paris, 1830; Pothier, Robert, *Tratado das obrigações pessoaes e recíprocas nos pactos, contractos, convenções*, Lisboa: Antonio J. da Rocha, 1849.

[7] Friedrich Stein e Martin Jonas, *Kommentar zur Zivilprozessordnung*, Tübingen: Mohr Siebrek, 2015, § 325.

[8] O Código Civil italiano de 1865 reproduziu a norma do art. 1.351 do Código Civil francês, curiosamente sob o mesmo número 1.351: "l'autorità della cosa giudicata non ha luogo, se non relativamente a ciò che ha formato il soggetto della sentenza. È necessario che la cosa domandata sia la stessa; che la domanda sia fondata sulla medesima causa; *che la domanda sia fra le medesime parti*, e proposta da esse e contro di esse nelle medesime qualità".

[9] Art. 2.909, CC italiano: "l'accertamento contenuto nella sentenza passata in giudicato fa stato a ogni *effetto tra le parti, i loro eredi o aventi causa*".

ou a tentativa de alargamento do conceito de parte *apenas reafirma a regra geral e evidencia que os terceiros são aqueles que excepcionalmente, em vistas das suas situações jurídicas, podem ser afetados pela coisa julgada.*

Como está claro, a doutrina italiana sempre esteve sujeita à noção de que a coisa julgada existe para servir às partes[10]. *Como resultado disto, a preocupação dos intérpretes manteve-se restrita à situação específica de determinados terceiros, que não poderiam passar indiferentes à coisa julgada.* Esta doutrina, como é óbvio, não estava numa posição favorável para perceber que a coisa julgada deve servir a todos. Na verdade, a doutrina de *civil law* jamais conseguiu perceber que a coisa julgada tem um valor que transcende aquele que diz respeito às partes ou ao caso concreto.

O interessante é que a doutrina italiana, ao contrário daquela que resolveu o problema da limitação da coisa julgada às partes alargando o conceito de parte e valendo-se da ideia de representação, procurou distinguir o que incide sobre as partes daquilo que atinge terceiros, diferenciando a coisa julgada *inter partes* do fenômeno que abarca pessoas que não participaram do processo. Mais claramente, a doutrina italiana atribuiu ao caráter vinculante da sentença passada em julgado qualidades diversas, conforme relacionada às partes e aos terceiros[11].

Para ilustrar, lembre-se que Liebman, depois de precisar a diferença entre autoridade da coisa julgada e efeitos da sentença, concluiu com facilidade que a *coisa julgada* é restrita às *partes*, embora os *terceiros* possam ser atingidos pelos *efeitos da sentença*. É claro que esta distinção, apesar de seu importante valor conceitual, não poderia permitir olhar para outros terceiros. Na verdade, a doutrina de Liebman, no particular, por ter afirmado expressa e

---

[10] Giuseppe Chiovenda, *Principii di diritto processuale civile*, p. 906 e ss.; Emilio Betti, *Trattato dei limiti soggettivi della cosa giudicata in diritto romano*, Macerata: Bianchini, 1923, D. 42, I, 63; Emilio Betti, Cosa giudicata e ragione fatta valere in giudizio, *Rivista del diritto commerciale e del diritto generale delle obbligazioni*, 1929, I, p. 544 e ss; Francesco Carnelutti, Efficacia diretta e efficacia riflessa della cosa giudicata, *Rivista del diritto commerciale e del diritto generale delle obbligazioni*, 1923, I, p. 162 e ss, Francesco Carnelutti, *Sistema di diritto processuale civile*, v. 1, Padova: Cedam, 1936, p. 276 e ss; Francesco Carnelutti, *Diritto e processo*: Napoli: Morano, 1958, p. 254 e ss; Enrico Tullio Liebman, *Efficacia ed autorità della sentenza*, Milano: Giuffrè, 1935; Enrico Tullio Liebman, Ancora sulla sentenza e sulla cosa giudicata, *Rivista di diritto processuale civile*, 1936; Enrico Tullio Liebman, *Eficácia e autoridade da sentença*, Rio de Janeiro: Forense, 1981; Enrico Allorio, *La cosa giudicata rispetto ai terzi*, Milano: Giuffrè, 1935.

[11] "L'orientamento della dottrina italiana in questo secolo, seguito in massima dalla giurisprudenza, porta in generale ad ammettere che il giudicato possa in dati casi operare anche verso i terzi. Tuttavia l'idea dominante rimane, come nel secolo scorso, quella della limitazione alle parti dell'autorità del giudicato; soltanto che, mentre nell'Ottocento si cercava di far rientrare quei dati terzi nell'àmbito della nozione di parte, con l'ausilio per lo più di una fittizia rappresentanza, di recente si è cercato di raffigurare il carattere vincolante del giudicato per i terzi come qualcosa di diverso da quello fra le parti, in modo che solo il secondo fosse da qualificare come autorità del giudicato e risultasse di conseguenza soggetto ai limiti, prima, dell'art. 1351 c.c. 1865, poi dell'art. 2909 c.c. 1942" (Giovanni Pugliese, Giudicato (dir. civ.), *Enciclopedia del Diritto*, XVIII, 1969, n. 30, p. 881).

positivamente a regra de que a coisa julgada diz respeito às partes, *agravou a dificuldade de se ver a coisa julgada enquanto valor que pode ser usufruído por terceiros*[12].

Os ordenamentos de *civil law*, ao reafirmarem a vinculação da coisa julgada às partes, obstaculizaram a percepção de que a coisa julgada, para desempenhar o seu papel perante a sociedade, pode e deve servir a todos que podem dela usufruir, *não importando se foram partes ou se são titulares do direito tutelado ou de situação substancial dependente da coisa julgada*.

É difícil encontrar, no âmbito do *civil law*, escritos que tenham se libertado da regra que vincula a coisa julgada às partes[13]. O peso do tradicional conceito que vincula a coisa julgada aos três elementos da ação, especialmente às mesmas partes, ainda é sentido na grande maioria dos países de *civil law*, nos exatos termos do que acontecia no direito brasileiro anterior ao Código de Processo Civil de 2015. Aliás, a despeito da clareza das regras dos arts. 503 e 506 deste código, teme-se que esta carga ainda possa dificultar o descortinamento da *essência* da coisa julgada, em prejuízo da autoridade e da eficiência do Poder Judiciário e da idônea e eficiente distribuição de justiça aos brasileiros.

4. A PERCEPÇÃO DE QUE O INTERESSE NA COISA JULGADA NÃO É APENAS DA PARTE E A SUPERAÇÃO DA REGRA DA MUTUALIDADE NO *COMMON LAW*

Antes da década de quarenta do século passado, prevalecia nos Estados Unidos uma regra chamada de "mutualidade" (*mutuality*). Essa regra dizia que uma parte poderia invocar

---

[12] "A distinção entre eficácia da sentença e autoridade da coisa julgada pode ter, por fim, grande importância para a revisão da doutrina sobre fenômeno muito complexo, o da influência que uma sentença pode exercer relativamente a terceiros (...)" (Enrico Tullio Liebman, *Eficácia e autoridade da sentença*, p. 79).

[13] Uma amostra de sensibilidade ao valor de coisa julgada está presente nas doutrinas de Giovanni Pugliese e de Michele Taruffo. Pugliese, após aludir à admissibilidade da invocação da coisa julgada por aquele que não participou do processo nas Cortes estadunidenses, disse que esta tendência, *não obstante contrastante com os princípios do ordenamento italiano, deveria, num futuro próximo, constituir objeto de séria análise também na Itália* (Giovanni Pugliese, Giudicato (dir. civ.), *Enciclopedia del Diritto*, XVIII, 1969, n. 32). Por sua vez, Taruffo argumenta que o art. 2.909 do Código Civil de 1.942, ao contrário do art. 1.351 do Código de 1865, não exige a identidade entre os sujeitos do segundo e do primeiro processo, mas se limita a aludir àqueles que são atingidos pela coisa julgada. Assim, a correta interpretação da norma não seria a de que a coisa julgada torna a decisão imutável e indiscutível *entre* as partes, mas a de que torna a decisão imutável e indiscutível *para* as partes, *de modo que a parte vencida estaria proibida de relitigar o decidido também em face de terceiro*, especificamente quando o julgamento do pedido – na ação em que presente o terceiro – depende do que foi decidido na sentença entre as partes. Embora Taruffo raciocine com base na coisa julgada sobre o pedido – e não a partir da coisa julgada sobre questão decidida incidentemente –, *a sua interpretação, em meio das discussões travadas no direito italiano, tem o grande valor de colocar a coisa julgada no seu devido lugar*. Ver Michele Taruffo, Collateral estoppel e giudicato sulle questioni, *Rivista di Diritto Processuale*, n. II, 1972, p. 293 e ss.

collateral estoppel contra outra apenas quando ambas tivessem participado do processo em que o *collateral estoppel* se formou. X só poderia invocar coisa julgada sobre questão contra Y quando o último pudesse, em caso de decisão inversa, invocar a coisa julgada contra X. Ou seja, poderia invocar a coisa julgada em seu benefício aquele que pudesse suportar o seu prejuízo.

A regra, assim, baseada num critério de proporcionalidade, limitava a coisa julgada às partes, assemelhando-se à regra do *civil law*. Se o *collateral estoppel* só pode ser invocado contra aquele que também pode argui-lo, a coisa julgada é obviamente restrita às partes. Foi neste exato sentido que se decidiu em Triplett v. Lowell[14], gerando-se o famoso precedente que veio a ser revogado em Blonder-Tongue[15], quando a Suprema Corte dos Estados Unidos referendou o *nonmutual defensive collateral estoppel*, ou seja, a possibilidade de o réu, sem ter sido parte no processo em que o *collateral estoppel* foi formado, invocá-lo contra a parte vencida. Em Triplett, decidido em 1936, declarou-se que as regras do *common law* não poderiam proibir a relitigação da validade de uma patente por esta já ter sido declarada inválida em ação *contra um diferente réu*[16].

A regra da mutualidade foi encampada pelo *Restatement of Judgments*[17] de 1942, que disse que aquele que não foi parte na ação em que proferido o julgamento não pode ser prejudicado, mas também não pode reclamar os benefícios de qualquer decisão de questão proferida na ação[18].

Antes disso, porém, as Cortes já vinham se pronunciando em contrariedade à regra, estabelecendo exceções à mutualidade. Isto acontecia nos casos em que, depois de reconhecida a irresponsabilidade do condutor do automóvel, o autor vencido propunha nova ação contra

---

[14] Triplett v. Lowell, Supreme Court of the United States, 297 U.S. 638, 1936.
[15] Blonder-Tongue v. University of Illinois Foundation, 402 U.S. 313, 1971.
[16] "Neither reason nor authority supports the contention that an adjudication adverse to any or all the claims of a patent precludes another suit upon the same claims against a different defendant. While the earlier decision may by comity be given great weight in a later litigation and thus persuade the court to render a like decree, *it is not res adjudicate and may not be pleaded as a defense* (...) We conclude that *neither the rules of the common law* applicable to successive litigations concerning the same subject-matter, nor the disclaimer statute, *precludes relitigation of the validity of a patent claim previously held invalid in a suit against a different defendant*" (Triplett v. Lowell, Supreme Court of the United States, 297 U.S. 638, 1936).
[17] Ao contrário do que se poderia pensar, tanto o *Restatement (First) of Judgments* quanto o *Restatement (Second) of Judgments*, embora se aproximem de um Código de Processo Civil, não são oriundos do Poder Legislativo. São frutos de trabalho do *American Law Institute*, elaborados por juristas reconhecidos na Academia, na Advocacia e nas Cortes, empenhados no estudo de temas que importam para o desenvolvimento justo e eficiente do processo. De modo que as suas regras não se impõem, embora sejam altamente respeitadas pelos advogados e pelas Cortes. Ver Allan D. Vestal, The restatement (second) of judgments: a modest dissent, *Cornell Law Review*, v. 66, 1981, p. 464.
[18] "A person who is not a party or privy to a party to an action in which a valid judgment (...) is rendered (...) is not bound by *or entitled to claim the benefits* of an adjudication upon any matter decided in the action" (§ 93, Restatement of Judgments, 1942).

o proprietário do veículo. Nesta situação, reconhecida pela doutrina estadunidense como exemplar na história da superação da regra da mutualidade, concedeu-se ao proprietário, réu no segundo processo, a possibilidade de invocar *collateral estoppel* para obstar o autor de relitigar a questão da culpa, decidida no primeiro processo[19].

Entretanto, a primeira – e hoje célebre – decisão que questionou a validade da regra, sem pretender simplesmente estabelecer uma exceção, foi proferida pela Suprema Corte da Califórnia em 1942, quando do julgamento de Bernhard v. Bank of America[20]. Declarou-se que o problema estava em não se perceber que os critérios para admitir e proibir a invocação do *collateral estoppel* não podem ser equiparados. A ausência de percepção da distinção entre os critérios é que poderia justificar a proibição de a não parte invocar a coisa julgada em seu favor, pois *não haveria motivo lógico para exigir que aquele que pode se aproveitar da coisa julgada tenha sido parte no processo em que a decisão foi proferida*[21].

A Suprema Corte dos Estados Unidos declarou a validade da invocação do *collateral estoppel* por terceiro em duas ocasiões: em Blonder-Tongue v. University of Illinois Foundation[22], decidido em 1971, e em Parklane v. Shore[23], decidido em 1979. Embora a primeira decisão tenha afirmado o *nonmutual defensive collateral estoppel* e a segunda o *nonmutual offensive collateral estoppel*, o que importa é que, em ambos os casos, evidenciou-se a necessidade de os tribunais abandonarem a regra da mutualidade.

Em Blonder-Tongue, a Suprema Corte revogou parcialmente Triplett (o precedente que afirmou, em 1936, a possibilidade de a parte vencida voltar a afirmar a validade da patente contra outro adversário), *advertindo que a principal questão envolvida na discussão seria a da racionalidade de conceder mais de uma oportunidade para alguém discutir uma mesma questão, exigindo mais de uma decisão do Judiciário*. Declarou então que conceder múltiplas oportunidades para a discussão de uma mesma questão *constitui um atentado à lógica da administração pública e um descaso em relação aos males que a litigiosidade traz à economia e aos negócios privados*[24].

Em Parklane v. Shore, a Suprema Corte fez questão de delinear o motivo da regra da mutualidade para mostrá-lo superado. Assim, lembrou que, sob o fundamento de que seria injusto permitir a invocação da coisa julgada por alguém que a ela não é sujeito, permitia-se

---

[19] Note, Res judicata – mutuality of estoppel and privity rules in automobile negligence field, *New York University Law Quarterly Review*, n. 18, 1941, p. 565 e ss.

[20] Bernhard v. Bank of America Nat. Trust & Saving Association, Supreme Court of California, 19 Cal2d 807, 122 P2d 892, 1942.

[21] "(...) There is no compelling reason, however, for requiring that the party asserting the plea of res judicata must have been a party, or in privity with a party, to the earlier litigation" (Bernhard v. Bank of America Nat. Trust & Saving Association, Supreme Court of California, 19 Cal2d 807, 122 P2d 892, 1942). Ver Austin Scott, Collateral Estoppel by judgment, *Harvard Law Review*, v. 56, 1942; Brainerd Currie, Mutuality of Collateral Estoppel: Limits of the Bernherd doctrine, *Stanford Law Review*, v. 9, 1957.

[22] Blonder-Tongue v. University of Illinois Foundation, 402 U.S. 313, 1971.

[23] Parklane v. Shore, 439 U.S. 322, 1979.

[24] Blonder-Tongue v. University of Illinois Foundation, 402 U.S. 313, 1971.

à parte vencida relitigar a questão já decidida contra novos adversários. Mas logo depois observou que isto seria o resultado de uma confusão existente por detrás da concepção da regra da mutualidade, que dificultou ver a distinção entre a posição da parte que litigou e foi vencida e a posição da parte que não teve oportunidade de discutir. Não eliminar esta confusão, retirando de cena a regra da mutualidade, *implicaria em continuar a ver a decisão desfavorável à parte como uma "não decisão" ou como uma autorização para ela livremente discutir a questão quantas vezes achar conveniente*[25].

Como está claro, enquanto o direito estadunidense teve coragem para deixar de lado antigos princípios do *common law* e, assim, precisar o significado de coisa julgada, que se espraiou no dia a dia dos advogados, juízes e tribunais, o *civil law* ainda está submetido ao conceito romano de coisa julgada e, assim, não consegue ver que esta deve poder ser invocada por todos aqueles que são legítimos interessados na sua aplicação nos casos concretos.

Diante disto, interessa perguntar por que o direito estadunidense conseguiu ver e superar algo que na generalidade dos países de *civil law* é ainda é um dogma. O *civil law*, como visto, tem leis processuais que vinculam a coisa julgada às partes, o que enxuga o oxigênio da doutrina para pensar livre e adequadamente sobre o tema. Isto é verdade, porém não pode servir de desculpa a uma doutrina que tem consciência de que não pode ficar restrita a um dogmatismo despido de conexão com as necessidades da sociedade. De qualquer forma, o direito brasileiro é uma grata exceção no cenário do *civil law*, constituindo o Código de 2015 uma clara demonstração de como o abandono das regras legais que guardam conceitos doutrinários *tradicionais superados* é importante para a adequação e a evolução do direito.

Lembre-se, aliás, de que o direito estadunidense pôde se libertar do jugo da mutualidade ou da restrição da coisa julgada às partes em virtude do empenho de uma doutrina que percebeu o real significado da coisa julgada sobre questão (*collateral estoppel*) e de um Judiciário atento à necessidade de uma eficiente administração da justiça e da tutela – inclusive econômica – dos cidadãos, para quem a coerência do direito e a segurança jurídica são valores que não podem ser negociados na mesa de disputa entre os conceitos doutrinários.

5. OS DIFERENTES MODOS DE VER A RELAÇÃO ENTRE A COISA JULGADA E OS TERCEIROS NO *CIVIL LAW* E NO *COMMON LAW*

Pugliese, quando analisa a eficácia da coisa julgada perante terceiros, toma em conta a classificação de Allorio – que, entre todas, seria "la più felice"[26]. Nessa ocasião, Pugliese

---

[25] Parklane v. Shore, 439 U.S. 322, 1979. Sobre a regra da mutualidade e sua superação no direito estadunidense, ver David Shapiro, *Preclusion in civil actions*, New York: Foundation Press, 2001, p. 48; Samuel Issacharoff, *Civil Procedure*, New York: Foundation Press, 2009, p. 160; Jack Friedenthal, Arthur Miller, John Sexton e Helen Hershkoff, Civil Procedure – Cases and materials, St. Paul: West, 2009, p. 1310 e ss.

[26] Giovanni Pugliese, Giudicato (dir. civ.), *Enciclopedia del Diritto*, XVIII, 1969, n. 30, p. 883.

lembra três espécies de casos considerados por Allorio[27]. Os casos em que a situação decidida no primeiro processo é prejudicial à situação objeto do pedido do terceiro; os casos em que esta segunda situação é a mesma daquela objeto da sentença do primeiro processo – em que a parte, enquanto substituto processual ou colegitimado, tinha o poder para deduzir a situação de que o terceiro era o titular; e, enfim, os casos em que restou decidida situação afirmada por titular de uma relação com a mesma origem, o mesmo conteúdo e a mesma parte contrária de outras várias relações, de que são titulares inúmeros terceiros[28].

Após observar que os últimos casos são assimiláveis à *class action*, Pugliese afirma que, tanto nos casos em que o sujeito que não participa do processo é titular ou cotitular da situação decidida, quanto naqueles em que ele é titular de uma situação reputada coincidente com a decidida (*class action*), *o sujeito alheio ao processo é parte*. Como é evidente, a preocupação de Pugliese está centrada na demonstração de que a coisa julgada pode atingir tais sujeitos sem abalar a norma do art. 2.909 do Código Civil italiano, que restringe a coisa julgada às partes, aos seus herdeiros e aos "aventi causa"[29].

Quando se trilha a lógica da doutrina italiana que pensa em grupo de casos, obviamente não se questiona o conceito de coisa julgada; procura-se apenas, a partir do conceito romano de coisa julgada, explicar a sua incidência diante de situações particulares.

Nos Estados Unidos, entretanto, o raciocínio utilizado em torno da extensão da coisa julgada aos não partícipes do processo foi bastante diferente[30]. O problema da coisa julgada na *class action* tem íntima relação com o direito constitucional a um dia perante a Corte. Lembre-se que o famoso precedente firmado em Hansberry v. Lee, ao compatibilizar a *class action* com o devido processo legal, limitou-se a declarar a indispensabilidade da "representação adequada", definindo-a como requisito constitucional imprescindível para a decisão atingir pessoas que não participaram diretamente do processo.

Este precedente, é importante que se diga, foi fixado pela Suprema Corte dos Estados Unidos em 1940[31]. Assim, muito antes dos precedentes firmados em Blonder-Tongue v. University of Illinois Foundation (1971)[32] e em Parklane v. Shore (1979)[33], que declararam a validade do *collateral estoppel* em favor de terceiro ou a possibilidade de terceiro invocar coisa julgada[34] formada em processo de que não participou.

---

[27] Enrico Allorio, *La cosa giudicata rispetto ai terzi*, p. 65 e ss.
[28] Giovanni Pugliese, Giudicato (dir. civ.), *Enciclopedia del Diritto*, XVIII, 1969, n. 30, p. 883.
[29] Giovanni Pugliese, Giudicato (dir. civ.), *Enciclopedia del Diritto*, XVIII, 1969, n. 30, p. 883.
[30] Albrecht Zeuner e Harald Koch, Effects of judgments (res judicata), *International Encyclopedia of Comparative Law*, v. XVI, p. 58 e ss.
[31] Hansberry v. Lee, 311 U.S. 32, 61 S.Ct. 115, 1940.
[32] Blonder-Tongue v. University of Illinois Foundation, 402 U.S. 313, 1971.
[33] Parklane v. Shore, 439 U.S. 322, 1979.
[34] Fala-se em coisa julgada no lugar de *collateral estoppel*, embora este último constitua uma espécie da categoria *issue preclusion*, porque se tem claro que o que vale, na perspectiva comparatística, é a substância das coisas. Ver Mark Van Hoecke, Methodology of comparative legal research, *Law and Method*, 2015, p. 16

Tenha-se em conta que, na época de Hansberry, a regra da mutualidade – que proibia que aquele que não poderia ser prejudicado pudesse ser beneficiado pela coisa julgada –, embora já confrontada em alguns casos, sequer tinha recebido o impacto da decisão formulada pela Suprema Corte da Califórnia em Bernhard v. Bank of America[35]. Por esse motivo, a preocupação da Suprema Corte, em Hansberry, foi a de declarar que a exclusão de participação direta no processo depende de representação adequada.

Após as decisões que validaram a invocação da coisa julgada por terceiro que não participou do processo, quebrando de forma definitiva a regra da mutualidade, a Suprema Corte dos Estados Unidos foi chamada a julgar Richards v. Jefferson County para decidir se a coisa julgada, formada em processo em que se discutiu direito de uma classe de contribuintes, mas em que participaram três pessoas não dotadas de representação adequada, poderia prejudicar todos os contribuintes, impedindo-os de voltar a litigar a questão[36].

A Suprema Corte decidiu que a extensão da coisa julgada em prejuízo de todos os contribuintes constituiria violação do devido processo legal, garantido pela Décima Quarta Emenda. Mais precisamente, observou que a extensão dos efeitos prejudiciais àqueles que não foram adequadamente representados negaria Hansberry v. Lee, o precedente que inseriu a *class action* no quadro do *due process*[37].

Mas é importante tocar na ferida: caso a questão, na ação proposta pelos três contribuintes, fosse favorável a todos os membros do grupo, o *collateral estoppel* (ou a coisa julgada sobre questão) poderia ser invocado por qualquer um dos terceiros ou por qualquer um dos membros que ficaram alheios ao processo. Tratando-se de direitos individuais que dependem de uma mesma questão, a coisa julgada formada sobre a questão na ação individual de X sempre pode ser invocada por qualquer um dos membros do grupo, não interessando se nesta ação estava (ou não) presente um representante adequado. Os titulares de direitos cuja tutela jurisdicional depende de coisa julgada sobre questão sempre podem invocá-la em seu favor, pouco importando quem esteve à frente do processo em que a coisa julgada foi formada.

Na essência, não há grande diferença entre a decisão que produz *collateral estoppel* e a decisão proferida na *class action*, na medida em que ambas são decisões de questão que dizem respeito a pessoas que não participam diretamente do processo. A diferença é que, na *class action*, a coisa julgada pode beneficiar e prejudicar a todos[38], enquanto que o *collateral estoppel* pode apenas beneficiar.

Tanto a coisa julgada na *class action*, quanto o *collateral estoppel* em favor de terceiro, *exigiram apenas a percepção de que a coisa julgada constitui valor que deve poder ser usufruído por todos, especialmente pelos membros do grupo*. Realmente, a *class action* também parte da premissa de que a coisa julgada pode ser invocada por terceiros (os membros do grupo), embora a sua legitimidade, enquanto procedimento que pode beneficiar *e prejudicar*, esteja condicionada à representação adequada.

---

[35] Bernhard v. Bank of America Nat. Trust & Saving Association, Supreme Court of California, 19 Cal2d 807, 122 P2d 892, 1942.
[36] Richards v. Jefferson County, 517 U.S. 793, 1996.
[37] Richards v. Jefferson County, 517 U.S. 793, 1996.
[38] Robert H. Klonoff, *Class actions and other multy-party litigations*; Albrecht Zeuner e Harald Koch, Effects of judgments (res judicata), *International Encyclopedia of Comparative Law*, v. XVI, p. 62 e ss.

A aplicabilidade do *collateral estoppel* em favor de terceiro requer apenas o confronto entre o processo em que a decisão foi proferida e aquele em que se pretende vê-la valer. Basta constatar se a questão do segundo processo é idêntica à decidida, bem como analisar se a questão foi discutida, decidida e foi necessária ao julgamento do pedido. Entretanto, o principal indicativo da aplicabilidade do *collateral estoppel* é negativo, ou seja, é o de que o *collateral estoppel* não pode prejudicar quem não teve o seu dia perante a Corte. A regra, assim, é a de que a coisa julgada sempre pode ser invocada, inexistindo qualquer limite à sua extensão, desde que não traga prejuízo a quem não participou do processo.

Perceba-se que o raciocínio de Pugliese não foi além do agrupamento, entre os casos em que a coisa julgada pode atingir quem não participou diretamente do processo, daqueles em que se decidiu situação afirmada por titular de relação com a mesma origem, conteúdo e parte contrária de outras inúmeras relações, de titularidade de não partícipes diretos do processo.

Deste modo a doutrina de *civil law* pôde explicar a coisa julgada enquanto fenômeno da ação de classe, em que direitos titularizados por membros de um grupo são discutidos. Este raciocínio adequou a coisa julgada à tutela coletiva dos direitos individuais dos membros de um grupo. Porém, se a lógica do *civil law* sempre foi a de preservar a regra "coisa julgada-partes", realmente não era possível ver a coisa julgada como algo proibitivo da possibilidade de o vencido voltar a relitigar a questão contra um terceiro, alheio ao processo em que a decisão foi proferida.

A percepção da diferença entre o modo de visualizar a relação entre a coisa julgada e os terceiros, nos Estados Unidos e no *civil law,* permite enxergar o motivo pelo qual o *civil law* viu apenas alguns terceiros. A regra da mutualidade dizia que a coisa julgada deveria ser aplicada de modo recíproco, podendo ser invocada por uma parte contra a outra e não por um terceiro contra a parte. Essa regra foi quebrada quando se declarou que o terceiro, alheio ao processo em que formada a coisa julgada, pode invocá-la para impedir o vencido de rediscuti-la. Para tanto, evidentemente não foi preciso estabelecer qualquer identidade ou conexão entre as situações substanciais decididas e dos terceiros ou, mais claramente, não houve qualquer preocupação em manter intacta a regra de que a coisa julgada diz respeito às partes. Bem por isso, os terceiros do *common law* nada têm a ver com os terceiros do *civil law*. Os primeiros são aqueles que não participaram do processo em que a coisa julgada foi formada, mas têm interesse em invocá-la contra o vencido; os últimos são aqueles que estão atrelados à regra geral de que a coisa julgada é restrita às partes.

6. RECONSTRUÇÃO DO CONCEITO DE COISA JULGADA: A POSSÍVEL INVOCAÇÃO PELO TERCEIRO CONTRA O VENCIDO

Chiovenda disse que "a sentença entre A e B *vale em relação a todos* enquanto é sentença entre A e B"[39]. Essa frase, ao que tudo indica, deriva das doutrinas de Wach[40] – que

---

[39] "così la sentenza fra A e B vale rispetto a tutti, *in quanto è sentenza fra A e B*" (Giuseppe Chiovenda, Principii di diritto processuale civile, *p. 921*).

[40] Adolf Wach, *Handbuch des deutschen Civilprozess*, Leipzig: Duncker & Humblot, 1885, v. 2, p. 81 e ss.; Adolf Wach, *Manual de derecho procesal*, Buenos Aires: EJEA, 1977, v. 2, p. 415 e ss.

afirmou que, quando a sentença é proferida entre os legítimos contraditores, "a coisa julgada entre as partes se produz, enquanto tal, perante todos" – e de Mendelssohn Bartholdy[41], que apontaram para uma tendência de compreensão da coisa julgada unicamente a partir da sua eficácia *objetiva*[42].

É certo que a posição de Wach ou, mais claramente, a ideia de que a coisa julgada não tem limites subjetivos, não prevaleceu na Alemanha[43], que se manteve presa à regra de que a coisa julgada diz respeito às partes, podendo excepcionalmente atingir terceiros. De qualquer forma, a frase de Chiovenda não apenas tomou uma dimensão diferente daquela originariamente proposta na Alemanha; ela ficou presa às partes e àqueles que, titulares do direito discutido ou de direitos a ele conexos, poderiam ser afetados pela coisa julgada[44]. E isso não só porque a doutrina italiana sempre buscou compatibilizar o significado de coisa julgada com a regra *inter partes*, presente no art. 1.351 do Código Civil de 1865 e no art. 2.909 do Código Civil de 1942.

Em determinada perspectiva, seria possível dizer que a frase de Chiovenda era inadequada à leitura do fenômeno da coisa julgada. Ora, é indiscutível que a sentença do juiz, enquanto ato de positivação do poder estatal, deve ser respeitada por todos, independentemente da situação em que se encontram. O ato que resolve o litígio, assim como qualquer ato que expressa o poder do Estado, obviamente deve ser considerado por todos. Lida a frase neste sentido, em que a ênfase recai no respeito à sentença judicial, ela não ajudaria muito na análise do tema da coisa julgada.

Ademais, Chiovenda, ao falar que a sentença, embora valendo para todos enquanto sentença entre A e B, não prejudica juridicamente os terceiros, fez ver que o valor que pode atingir os terceiros não se confunde com a coisa julgada, restrita unicamente às partes[45]. Aliás, como antes já dito, Liebman mais tarde sustentou de modo enfático que, enquanto a autoridade da coisa julgada é restrita às partes, o que atinge todos os terceiros é algo diverso,

---

[41] Albrecht Mendelssohn Bartholdy, *Grenzen der Rechtskraft*, Leipzig: Duncker & Humblot, 1900, p. 505 e ss.

[42] Giovanni Pugliese, Giudicato (dir. civ.), *Enciclopedia del Diritto*, XVIII, 1969, n. 29, p. 877. Ver o importante livro de José Rogério Cruz e Tucci, *Limites subjetivos da eficácia da sentença e da coisa julgada civil* (São Paulo: RT, 2006), fruto da tese com que conquistou a cadeira de Professor Titular de Direito Processual Civil da Universidade de São Paulo.

[43] Segundo Liebman, a posição de Wach "logrou pouca repercussão e foi depois decididamente repelida de modo quase sumário por toda a doutrina tedesca posterior, *como contrária à tradição e ao direito positivo*" (Enrico Tullio Liebman, *Eficácia e autoridade da sentença*, p. 82).

[44] "Sebbene i risultati pratici possano non cambiare, l'impostazione del Chiovenda, influenzata dalla dottrina tedesca, risulta molto diversa da quella della dottrina italiana anteriore e dall'art. 1351 c.c. che la ispirava. Ma essa non giungeva fino a contraddire la regola della limitazione soggettiva del giudicato, rimanendo al di qua della conclusione del Mendelssohn Bartholdy e non approfondendo sufficientemente la spiegazione dell'oggetto del giudicato nei diversi casi e per le diverse categorie di terzi" (Giovanni Pugliese, Giudicato (dir. civ.), *Enciclopedia del Diritto*, XVIII, 1969, n. 29, p. 877).

[45] Giovanni Pugliese, Giudicato (dir. civ.), *Enciclopedia del Diritto*, XVIII, 1969, n. 29, p. 877 e ss.

ou seja, é a eficácia da sentença[46]. Se a primeira estaria irremediavelmente vinculada às partes, o problema dos terceiros seria outro, relacionado aos efeitos da sentença. O que poderia ter efeitos além das partes, portanto, não seria a coisa julgada.

Distinguir a autoridade da coisa julgada dos efeitos da sentença, para demonstrar que aquilo que pode valer para os terceiros é outra coisa, obviamente fica muito longe de poder resolver o problema do significado de "coisa julgada perante todos". Como é óbvio, distinguir conceitualmente a vinculação dos terceiros da vinculação das partes não tem importância quando se pretende deixar claro que os terceiros sempre podem se valer do valor que se expressa na invocação da imutabilidade e da indiscutibilidade de uma decisão.

A despeito de a maioria dos doutrinadores italianos do século XX não ter se escondido por detrás da diferença conceitual entre autoridade da coisa julgada e vinculação de terceiros, admitindo que o problema dos terceiros também está na coisa julgada, nunca foi bem explicado o que significaria dizer que uma decisão, que a princípio obviamente diz respeito às partes, *vale perante todos*[47].

Não há dúvida que a doutrina de *civil law* não pôde precisar o significado de coisa julgada perante todos em virtude de ter sempre ligado a essência da coisa julgada à sua eficácia subjetiva. A discussão não poderia ir além da pergunta sobre a eficácia da coisa julgada diante daqueles que são titulares ou cotitulares do direito decidido ou daqueles que são titulares de uma situação que depende do direito decidido ou da coisa julgada[48]. Mais

---

[46] Enrico Tullio Liebman, *Eficácia e autoridade da sentença*, p. 79 e ss.

[47] Carnelutti também trabalhou com a ideia de que a coisa julgada "vale per tutti". Ao tratar da eficácia da coisa julgada, disse que a opinião majoritária confundiria a eficácia e o objeto da coisa julgada. "O objeto, não a eficácia, é limitado. O juiz, porque julga em torno a uma lide, decide *entre* as partes, mas não *para* as partes. A sua decisão entre as partes vale para todos" (Francesco Carnelutti, *Diritto e Processo*, p. 275). O interessante é que Taruffo, para evidenciar a possibilidade de o terceiro se valer da coisa julgada, argumentou que a coisa julgada torna a decisão indiscutível *para as* partes (e não somente *entre* as partes), de forma que o vencido estaria proibido de relitigar o decidido perante terceiro (Michele Taruffo, "Collateral estoppel" e giudicato sulle questioni" n. II, *Rivista di Diritto Processuale*, 1972, p. 293 e ss.). De qualquer forma, Carnelutti quis enfatizar que a decisão, porque proferida entre as partes e não (apenas) para as partes, "vale per tutti".

[48] Lembre-se que Carnelutti, numa primeira fase, viu a eficácia reflexa como algo que não tinha a natureza da coisa julgada, distinguindo eficácia direta e eficácia reflexa: "Il vero è dunque che, se la cosa giudicata non si estende oltre la lite *in judicium deducta*, si espande abbondantemente al di là di questo limite. Si è per lungo tempo creduto e si continua a credere che tale espansione debba spiegarsi come una eccezione al principio della efficacia limitata del giudicato; e anche a questo proposito si parla di terzi rispetto ai quali avrebbe e di terzi rispetto ai quali non vale il giudicato. *Questa è, a mio avviso, una falsa strada*. (...) La teoria generale del diritto ha già chiarito un fenomeno così fatto in un campo più generale, che non sia quello della cosa giudicata, parlando di effetti giuridici riflessi. (...) Onde il compito della dottrina processuale *si limita a chiarire la natura di questa efficacia della sentenza oltre i confini della lite e a distinguerla da quella che propriamente si chiama la autorità della cosa giudicata; non più*" (Francesco Carnelutti, *Sistema di diritto processuale civile*, v. 1, p. 297, 299 e 300). Mais tarde, porém, unificou a natureza destas eficácias, incluindo na mesma categoria a eficácia *inter partes* e a eficácia contra terceiros: "Che

do que isto seria desnecessário a quem está atrelado a uma regra que diz que a coisa julgada recai sobre as partes ou sobre aqueles que podem ser equiparados à parte[49].

A coisa julgada, além de ter significado que vai muito além das partes, constitui técnica processual destinada a, sobretudo, tutelar a segurança jurídica[50], impedindo a modificação e a rediscussão do que o juiz decidiu. A coisa julgada não constitui algo que deriva exclusiva e necessariamente da sentença que julga o pedido nem diz respeito apenas às partes presentes no processo.

Compreender a coisa julgada como um atributo ou uma consequência necessária da sentença que resolve um litígio entre as partes é, antes de tudo, algo incompatível com a tutela dos novos direitos. Ora, dizer que a coisa julgada pode ser *erga omnes* ou *ultra partes* simplesmente porque alguém tem legitimidade para a tutela dos direitos difusos, coletivos e individuais homogêneos demonstra que a coisa julgada tutela a segurança nos termos em que o legislador supõe adequados e, assim, que a coisa julgada pode tutelar muitos ou em alguns casos todos, independentemente de quem participou diretamente do processo em que a coisa julgada se formou.

O art. 103 do Código de Defesa do Consumidor exclui a coisa julgada quando o pedido de tutela de direitos difusos ou de direitos coletivos é julgado improcedente por insuficiência de provas. Nestes casos, a norma afirma expressamente que outro legitimado à tutela dos direitos transindividuais "poderá intentar outra ação, com idêntico fundamento, valendo-se de nova prova" (art. 103, I, CDC). A técnica da coisa julgada foi livremente utilizada pelo legislador de forma ainda mais benéfica aos terceiros em caso de tutela de direitos individuais homogêneos. Nesta situação, só há coisa julgada quando o pedido é julgado procedente, inexistindo coisa julgada quando o pedido é julgado improcedente. A coisa julgada, assim, apenas pode favorecer, jamais prejudicar os terceiros que não participaram diretamente do

---

il giudicato, come qualsiasi altro fatto giuridico, spieghi i suoi effetti *erga omnes* non vuol dire che tutti ne sentano gli effetti allo stesso modo, cioè li subiscano con la medesima intensità. (...) Fu così che la scienza è dovuta passare attraverso la nota distinzione tra efficacia diretta e efficacia riflessa del giudicato, la quale è valsa, se è lecita una frase volgare, a salvare la faccia della massima tradizionale: i terzi sono bensì vulnerabili anch'essi, ma solo indirettamente, per riflesso o, se vogliamo dire, per ripercussione (...) *Sulla differenza tra efficacia diretta e efficacia riflessa, intorno alla quale ho ragione oggi di ricredermi, come è spiegato nel testo, ho particolarmente insistito nella polemica con Liebman*" (Francesco Carnelutti, Diritto e Processo, p. 275 e ss).

[49] A doutrina italiana sempre estudou o tema dos limites subjetivos da coisa julgada de forma incompleta ou parcial. "(...) da un lato, *si è fatto capo essenzialmente alla connessione sussistente tra il rapporto sostanziale dedotto in giudizio tra le parti e il rapporto sostanziale esistente tra una parte e un terzo, e non al rapporto tra il primo processo (tra le parte) e il secondo (tra una parte e il terzo)*. Dall'altro lato il tema degli effetti del giudicato nei confronti del terzo è sempre stato affrontato esclusivamente sotto il profilo delle conseguenze sfavorevoli che il giudicato formatosi tra le parti può produrre a carico del terzo, *e non sotto quello delle eventuali conseguenze favorevoli che al terzo possano derivare dall'accertamento vincolante del rapporto esistente tra le parti*" (Michele Taruffo, "Collateral estoppel" e giudicato sulle questioni, *Rivista di Diritto Processuale*, n. II, 1972, p. 293-294).

[50] Eduardo Talamini, *Coisa julgada e sua revisão*, São Paulo: Ed. RT, 2005, p. 61 e ss.

processo[51]. Como está claro, a coisa julgada é utilizada pelo legislador de acordo com as necessidades do processo justo e, por isto, não pode ser confundida com algo que decorre exclusiva e necessariamente da resolução de um litígio entre partes[52].

A ideia de que a coisa julgada é uma técnica à tutela da segurança fica ainda mais clara ao se observar o art. 16 da Lei da Ação Civil Pública, que diz que a sentença fará coisa julgada *erga omnes* nos limites da competência territorial do órgão prolator[53]. O art. 16 desvincula a coisa julgada dos terceiros que, titulares dos direitos tutelados em juízo pelo legitimado a tanto, potencialmente poderiam ser beneficiados pela coisa julgada. A coisa julgada, neste caso, fica muito longe do que foi resolvido pela sentença.

Isto tudo evidencia que a coisa julgada pode ser utilizada de modo variado. O legislador brasileiro reconheceu já há algum tempo que a coisa julgada é um atributo que lhe permite tutelar normativamente a segurança jurídica à luz da sua percepção de "processo justo"[54].

Mas o que realmente importa demonstrar é o significado de coisa julgada que "vale em relação a todos". É possível enumerar vários pontos para demonstrar como a coisa julgada se afastou desta noção. *Como pano de fundo, considere-se que, como a coisa julgada foi vista como uma espécie de escudo contra os que pretendem desconsiderar a sentença, imaginou-se que esta não precisaria tutelar mais ninguém do que as partes e alguns poucos terceiros a elas vinculados na dimensão do direito substancial. A doutrina italiana, assim como a brasileira, no mínimo analisou a eficácia subjetiva da coisa julgada sem a devida abrangência, desconsiderando a potencialidade do seu uso em favor de terceiros.*

Esqueceu-se, em primeiro lugar, que a coisa julgada é inerente ao Estado de Direito e, portanto, deve ser utilizada para obstar a rediscussão do que o Estado já decidiu, não importando se o vencido está diante da parte com quem litigou ou diante de um novo adversário. *Deixar o Estado exposto à relitigação, apenas porque o vencido está litigando com outro, é negar autoridade ao que já foi decidido*; é transformar a decisão estatal em uma opinião para o vencido, estimulando-o a litigar diante de outros adversários. Na verdade, é supor que a decisão judicial vale apenas para resolver o problema do vencedor, *o que retira a possibilidade de o discurso jurídico estatal, peculiar ao processo jurisdicional, assumir o seu*

---

[51] Esclarece-se ainda que, "em caso de improcedência do pedido, os interessados que não tiverem intervindo no processo como litisconsortes poderão propor ação de indenização a título individual" (art. 103, § 2º, CDC).

[52] Sobre a coisa julgada na ação declaratória de inconstitucionalidade, ver Luiz Guilherme Marinoni, *Curso de Direito Constitucional* (Sarlet, Marinoni e Mitidiero), 7. ed., São Paulo: Saraiva, 2018, p. 1.192-1.211; Luiz Guilherme Marinoni, Die Wirksamkeit der Entscheidung über die Verfassungsmäßigkeit – in welchen Fällen ist ihre gerichtliche Überprüfung möglich? ZZPInt – *Zeitschrift für Zivilprozes International Jahrbuch dês Internationalen Zivilprozessrechts*, v. 18, 2014, p. 393 e ss.

[53] Sobre o ponto, ver a relevante e correta crítica de Sérgio Cruz Arenhart, *A tutela coletiva de interesses individuais*, São Paulo: RT, 2013, p. 68 e ss., 301 e ss. e 364.

[54] Francisco Verbic, no direito argentino, realiza interessante análise da tutela coletiva do meio ambiente à luz do *collateral estoppel* estadunidense. Ver Francisco Verbic, La cosa juzgada en el proceso civil estadunidense y su influencia sobre el proyecto de reformas a la ley n. 25.675, *Revista de Processo*, v. 167, 2009.

devido valor perante a sociedade. Se as decisões estatais devem ser respeitadas e confiáveis, não há como aceitar que o processo civil possa ser estruturado de modo a dar ao juiz a possibilidade de decidir várias vezes uma mesma questão para a mesma parte. A menos que se pretenda desconsiderar aqueles que estão atentos às decisões sobre os seus direitos. Realmente, se uma decisão pode variar, depois de ter declarado algo que é fundamental para a proteção do direito de muitos, estes não podem ter qualquer expectativa legítima em relação aos órgãos estatais instituídos para tutelá-los. Ora, quando se admite a rediscussão do decidido pelo simples fato de o vencido estar debatendo com outro, simplesmente se declara que o Judiciário não responde à sociedade, mas àqueles que imaginam que podem litigar tantas vezes quantos forem os seus adversários. *Opta-se pela litigância desenfreada em detrimento da segurança jurídica e da tutela da confiança dos cidadãos nas decisões estatais*[55].

Além do mais, quando a coisa julgada vale apenas para as partes, *nega-se a devida sanção estatal ao vencido*. A coisa julgada não pode se limitar a impedir o vencido de voltar a discutir com quem litigou. A sanção que deve advir da coisa julgada *é a proibição de relitigação do decidido, seja com a antiga parte seja com qualquer outra pessoa*. É no mínimo curioso afirmar que o perdedor só não pode voltar a litigar com quem já discutiu. Esta afirmação teria fundamento se a lógica da distribuição estatal de justiça pudesse partir da premissa de que o vencido perde para o seu específico contendor e não porque é declarado judicialmente sem razão. *Quem é vencido num processo é declarado sem direito; não é simplesmente declarado um perdedor diante do vencedor*. Se a decisão, a despeito de ter sido proferida em processo entre A e B, declara que A não tem razão, ela obviamente deve valer em todos os processos em que A novamente alegar ter razão, pouco importando se diante de C, D ou outro qualquer.

Por fim, se uma decisão judicial revela o entendimento do Estado acerca de uma questão do interesse de muitos, não há razão para entender que este entendimento deva valer apenas no processo em que a decisão é proferida, como se fosse endereçado somente ao vencedor. A ideia de que a coisa julgada serve às partes e, especialmente, ao vencedor, encobriu os verdadeiros destinatários da coisa julgada. Inexiste motivo sério para supor que a coisa julgada, enquanto expressão da tutela da segurança jurídica, possa proteger unicamente às partes, como se todos aqueles que dependem da decisão para a tutela jurisdicional dos seus direitos devessem ser alheios ou indiferentes à coisa julgada que lhes beneficia[56].

---

[55] Luiz Guilherme Marinoni, *Cultura y previsibilidad del derecho – La justificación de un sistema de precedentes en clave histórica moderna*, México, Porrúa, 2016, p. 63 e ss.

[56] "Al riguardo, va subito precisato che il problema non riguarda soltanto l'efficacia del giudicato sulle questioni, bensì, da un punto di vista più generale, la possibilità per il terzo di valersi, contro una delle parti del primo processo, del giudicato formatosi su un punto deciso, in tale giudizio, in modo tale da produrre conseguenze giuridiche favorevoli al terzo medesimo. A differenza di quanto accade nell'ordinamento nordamericano, *dove dottrina e giurisprudenza hanno ampiamente affrontato il tema del giudicato nei confronti del terzo non solo dal punto di vista del vincolo che costui può subire per effetto del giudicato formatosi tra le parti, ma anche sotto il profilo della possibilità che il terzo si avvalga del giudicato a lui favorevole, un'elaborazione di questo secondo tema manca della nostra dottrina*" (Michele Taruffo, "Collateral estoppel" e giudicato sulle questioni, *Rivista di Diritto Processuale*, n. II, 1972, p. 293).

Note-se, por exemplo, que se a patente é declarada inválida na ação inibitória proposta por A contra B, não há racionalidade em permitir que A possa voltar a se basear na patente para propor ação inibitória contra C[57]. Como é óbvio, C também é destinatário da coisa julgada formada sobre a validade da patente, na medida em que A está a dizer que C infringiu a patente. Na verdade, a coisa julgada é tão importante àqueles que podem ser ditos infratores da patente quanto ao litigante cujos argumentos foram concretamente reconhecidos no processo em que a patente foi declarada nula. Note-se que, *ao se excluir os terceiros do âmbito de proteção da coisa julgada, opta-se por uma irracional e indevida restrição da tutela da segurança a B*. Só B, e ninguém mais, poderia obstaculizar A de voltar a litigar com base na patente já declarada inválida, deixando-se todos os demais concorrentes de A vulneráveis aos males de uma litigação sem freios.

Todos os concorrentes de A devem ser destinatários da coisa julgada que invalidou a patente *pelo simples fato de que a decisão de invalidade não interessa somente ao vencedor, mas diz respeito a todos*, neste caso especificamente àqueles que são concorrentes da parte

---

[57] De acordo com o Superior Tribunal de Justiça, a ação inibitória, fundada no registro de patente ou marca, é de competência da Justiça Federal, uma vez que a questão da validade do registro, prejudicial para a ordem de inibição do uso, não pode ser decidida incidentemente pela Justiça Estadual. Em sede de recurso repetitivo, a 2ª Seção, ao analisar se seria possível à Justiça Estadual impor ordem de abstenção de uso de marca com base na invalidade do seu registro perante o INPI, advertiu que, "*quanto ao pedido de abstenção (inibição) do uso da marca, dúvida não há quanto à competência da Justiça Federal*, até por decorrência expressa do artigo 173 da LPI, sendo a *abstenção de uso uma decorrência lógica da desconstituição do registro sob o fundamento de violação do direito de terceiros*", e ao final decidiu dar provimento ao recurso especial "para, em reconhecimento da *incompetência da Justiça Estadual*, afastar a *determinação de abstenção de uso* de suas próprias marcas registradas" (REsp 1.527.232/SP, Segunda Seção, Rel. Min. Luis Felipe Salomão, *DJe* 05.02.2018). Nesta ocasião, a 2ª Seção, para fundamentar sua decisão, invocou acórdão da 3ª Turma, que analisou hipótese de ação inibitória em que a invalidade do registro foi alegada em contestação. Neste caso, observou-se que, "ainda que a lei preveja, em seu art. 56, § 1º, *a possibilidade de alegação de nulidade da patente como matéria de defesa*, a melhor interpretação de tal dispositivo aponta no sentido de que ele deve estar inserido no contexto de uma ação autônoma, em que se discuta, na Justiça Federal, o próprio registro", uma vez que "*não faria sentido exigir que, para o reconhecimento da nulidade pela via principal, seja prevista uma regra especial de competência e a indispensável participação do INPI, mas para o mero reconhecimento incidental da invalidade do registro não se exija cautela alguma*. (...) A discussão sobre a validade de um *registro de marca, patente ou desenho industrial*, nos termos da LPI, tem de ser travada administrativamente ou, caso a parte opte por recorrer ao judiciário, *deve ser empreendida em ação proposta perante a Justiça Federal, com a participação do INPI na causa*". Com base nestes fundamentos, a 3ª Turma decidiu que a Justiça Estadual não tem competência para decidir sobre a questão da validade do registro de patente ou marca, nem mesmo incidentemente e sem força de coisa julgada (REsp 1.281.448/SP, 3ª Turma, Rel. Min. Nancy Andrighi, *DJe* 08.09.2014). Assim, no entendimento do Superior Tribunal de Justiça, a ação inibitória fundada em violação de registro de patente ou marca deve ser proposta perante a Justiça Federal. Portanto, como o juiz competente para a ação inibitória é também materialmente competente para a questão prejudicial que pode ser formada em virtude da alegação de invalidade do registro, a decisão da questão é apta a produzir coisa julgada, nos termos do art. 503, § 1º, III, do Código de Processo Civil.

que se diz titular da patente. Caso se entendesse pela restrição da coisa julgada a A e B, negando-se a sua invocação por terceiros, a justificativa deveria ser a de que apenas aquele que participou em contraditório, alegando e provando, pode se valer da coisa julgada, *vendo-se então a coisa julgada mais como uma conquista da parte do que como um mecanismo de tutela da previsibilidade e da confiança.*

Não há como não ver que a restrição da coisa julgada às partes obscureceu a sua própria razão de ser. Ora, a coisa julgada é, acima de tudo, requisito destinado a tutelar a autoridade do Estado, na medida em que uma decisão não constituiria positivação do poder estatal caso pudesse ser modificada ou rediscutida[58]. Por ser atributo destinado a conferir autoridade às decisões judiciais, a coisa julgada, além de imprescindível à configuração do Estado de Direito, pode ser invocada por todos aqueles que, num processo jurisdicional, tem legítimo interesse em proibir a rediscussão do já decidido.

Em outras palavras, embora a coisa julgada se forme em processo entre A e B, ela é invocável, contra aquele que discutiu e restou vencido, por qualquer um que legitimamente dela possa usufruir. É este, e não outro, o significado que se deve extrair do velho dito de que a coisa julgada, a despeito de firmada para a A e B, "vale perante todos". A coisa julgada não vale perante todos apenas porque deve ser respeitada por todos. Fosse assim, não haveria sequer motivo para se perder tempo elaborando esta ou aquela frase. *A coisa julgada "vale perante todos" porque pode ser afirmada por todos que legitimamente podem invocá-la em face daquele que foi declarado sem razão.*

A coisa julgada, a princípio, pode beneficiar a todos, embora nunca possa prejudicar quem não participou do processo. Mas se a eficácia prejudicial é vedada já em nível constitucional, na medida em que ninguém pode ser prejudicado por decisão proferida em processo em que não pôde participar em contraditório, a eficácia favorável pode ser limitada ou não ou mesmo pode ter a sua incidência concreta remetida ao juiz do caso pelo legislador, sempre conforme a sua opção de processo civil adequado à tutela dos direitos.

Melhor explicando: a coisa julgada, em abstrato ou potencialmente, sempre pode ser invocada por aqueles que legitimamente dela podem usufruir. Entretanto, como a coisa julgada é uma técnica a serviço de valores constitucionais, especialmente da segurança jurídica, o legislador pode, impressionado pela *liberdade de litigar*, restringir a coisa julgada às partes sem incidir em inconstitucionalidade. *Porém, esta não é, sem qualquer dúvida,*

---

[58] "O recrudescimento da decisão judicial, ápice do discurso jurídico, é imprescindível para que o próprio discurso tenha razão de ser e, assim, realmente exista enquanto discurso jurídico. A coisa julgada, portanto, não é uma regra preocupada com o conteúdo do discurso, mas sim uma condição para que o discurso seja um discurso institucional limitado no tempo e, destarte, um discurso jurídico propriamente dito. Na verdade, se a discussão jurídica não tiver um termo a partir do qual a decisão não possa ser questionada, não haverá sentido em falar em discurso jurídico nem muito menos em realizá-lo. Ora, um discurso jurídico incapaz de se estabilizar é uma contradição em termos, já que o poder, fundamento do discurso jurídico, imprescinde do recrudescimento. *É por isto que um discurso aberto à eterna discussão jamais será um discurso jurídico ou um discurso do poder estatal, mas tão somente um discurso prático-geral*" (Luiz Guilherme Marinoni, *A intangibilidade da coisa julgada diante da decisão de inconstitucionalidade*, São Paulo: Ed. RT, 2016, p. 47-48).

a melhor opção, já que não só desconsidera a tutela da confiança nas decisões estatais, mas sobretudo ignora a necessidade de coerência na distribuição do direito. De modo que a opção do Código de Processo Civil de 2015, ao deixar clara a coisa julgada sobre questão (art. 503, CPC) e ao abrir a possibilidade da sua invocação pelo terceiro (art. 506, CPC), coloca o sistema brasileiro em uma posição de nítida vantagem no âmbito do *civil law*. Note-se que o art. 506 do código de 2015 *eliminou* a condição negativa para a extensão dos efeitos benéficos da coisa julgada aos terceiros, *então presente no artigo 472 do Código de 1973*[59]. Isso constitui clara e insofismável prova da intenção do legislador de revestir a questão com coisa julgada e fazê-la invocável por terceiros.

Aliás, o momento é favorável para chamar a atenção para a norma que diz que, no caso de direitos individuais homogêneos, a coisa julgada somente produz efeitos para beneficiar os representados e para prejudicar a parte adversa (art. 103, III, CDC). Esta norma só tem sentido quando se pensa na ação coletiva enquanto modelo processual voltado ao fortalecimento da tutela dos direitos individuais homogêneos, ou melhor, quando se vê importância na junção das pretensões individuais para se ter um único palco para o debate e um legitimado diferenciado (art. 5o, LACP, e art. 81, CDC) à tutela dos direitos. Porém, *quando relacionada unicamente à eficácia da coisa julgada, a norma assume semblante estranho*. Se a coisa julgada não pode beneficiar o adversário do legitimado à tutela dos direitos individuais homogêneos, a conclusão é a de que o processo e a coisa julgada só têm razão de ser quando os terceiros podem ser beneficiados. Deixando-se de lado a discussão em torno de se é adequado expor aquele que já venceu a um sem número de ações coletivas e individuais, há uma evidência incontestável: a norma do art. 103, III, do Código de Defesa do Consumidor, perde racionalidade quando se tem presente que a coisa julgada, para beneficiar, não tem motivo para exigir um modelo procedimental específico ou um legitimado definido pela lei como adequado.

A verdade é que a coisa julgada, para beneficiar estranho ao processo, depende precisamente dos requisitos delineados no art. 503 do Código de 2015, nitidamente inspirado no § 27 do *Restatement (Second) of Judgments*. A circunstância de o Código de Processo Civil ter buscado inspiração no direito estadunidense justifica ainda mais um novo conceito de coisa julgada, desatrelado da sua eficácia subjetiva.

A coisa julgada sobre questão apenas não se forma e, assim, não pode ser transportada para outro processo, seja entre as mesmas partes, seja entre um terceiro e a parte vencida, quando a questão não foi discutida em razão de revelia (art. 503, § 1º, II, CPC), não pôde ser devidamente discutida em virtude de alguma restrição atinente ao contraditório (art. 503, § 2º, CPC), não foi (adequadamente) decidida (art. 503, § 1º, CPC), não constituía um pressuposto necessário ao julgamento do pedido (art. 503, § 1º, I, CPC) ou quando o juiz que a decidiu não era dotado de competência, em razão da matéria ou da pessoa, para resolvê-la como questão principal (art. 503, § 1º, III, CPC).

---

[59] CPC/1973: "Art. 472. A sentença faz coisa julgada às partes entre as quais é dada, *não beneficiando*, nem prejudicando terceiros. Nas causas relativas ao estado de pessoa, se houverem sido citados no processo, em litisconsórcio necessário, todos os interessados, a sentença produz coisa julgada em relação a terceiros".

Como deflui da própria dicção do art. 503, a compreensão da "nova" coisa julgada – que não mais se restringe ao pedido e não mais apenas objetiva vincular A e B – exige atenção ao fato de que a sua delimitação, depois de muito tempo, passou a depender do juiz do processo em que é invocada. Do absolutismo da regra que vinculava a coisa julgada às partes, preocupando-se apenas com determinados terceiros, chegou-se a normas que transferiram, em boa medida, a eficácia da coisa julgada – tanto objetiva quanto subjetiva – às mãos do juiz.

26

O (LIVRE) CONVENCIMENTO MOTIVADO E O INDISSOCIÁVEL DIREITO FUNDAMENTAL À PROVA – BASE PARA A LEGITIMIDADE DOS PROVIMENTOS

Maurício Ferreira Cunha

Sumário: 1. Introdução. 2. Cognição e (livre) convencimento motivado. 3. O processo a partir do Estado Democrático de Direito: necessária vinculação como decorrência da leitura do texto constitucional. 4. A argumentação discursiva pelo contraditório (evolução do conceito de processo) e o direito fundamental à prova. 5. Legitimidade dos provimentos e fundamentação racional. 5.1. Adequabilidade ao ordenamento pátrio e formato de construção do provimento. 5.2. A colaboração na atividade instrutória: processo cooperativo como premissa básica. 5.3. O texto positivamente constitucionalizado (princípios) alicerçando a racionalidade do provimento (legalidade estrita). 6. Conclusão.

1. INTRODUÇÃO

O flagrante desapreço pelo teor do ordenamento constitucional, há tempos, vem se caracterizando como algo aparentemente normal na comunidade jurídica, situação que somente reforça a desestabilização dos ideais da essência democrática. Desprezam-se conquistas históricas e relegam-se ao plano secundário a base principiológica de interpretação e de aplicação da lei, proliferando as sensações de comodismo e de aceitação dos padrões de ilegalidade e de insurgência, como se um direito fundamental pudesse ser desrespeitado impunemente, sem consequências nefastas à viabilidade das relações jurídicas.

Imprescindível se revela, portanto, a construção de um pensamento que esteja assentado, acima de tudo, no acatamento irrestrito da principiologia constitucional democrática.

O presente texto tem o escopo de trazer uma singela contribuição no sentido de demonstrar, mediante perspectiva essencialmente democrática, a fruição do direito fundamental constitucional à prova como verdadeira forma de participação das partes dentro de um contraditório efetivo e equilibrado, realizando plenamente a cognição processual (e afastando o protagonismo judicial), além de alcançar a almejada legitimidade dos provimentos.

O que se pretende expressar é o fato de que o Estado Democrático de Direito somente se consolida, quando do exercício da função jurisdicional, caso se confira amplo e geral respeito ao direito fundamental à prova (de importância crucial) e à possibilidade plena de participação (compartilhamento), a fim de que o desiderato do provimento final (devidamente fundamentado nos estritos limites legais) que se quer legitimar, em idêntico caráter, possa ser obtido de forma plena.

Diante de tal contexto, reforça-se o pensamento de que o trabalho cognitivo probatório, para que se realize de forma absoluta, demanda a colaboração dos sujeitos processuais nela envolvidos, é dizer, a participação concreta das partes no exercício do contraditório, bem como a participação do responsável pela prolação do provimento ao proporcionar que a postura argumentativa seja implementada, o que somente reforça a relevância do papel desempenhado pelo órgão jurisdicional.[1]

O direito fundamental à prova, é sabido, encontra-se arrimado nos princípios do devido processo legal, da ação, da ampla defesa e do contraditório, todos responsáveis por proporcionar o exercício dos direitos processuais adequados à solução dos conflitos trazidos em Juízo e por possibilitar resultados eficazes para todos aqueles que buscam a mediação da função jurisdicional.

O advento da Constituição Federal vigente contribuiu sobremaneira para que se alcançasse uma visão interpretativa do Direito totalmente apartada daquela prevalente quando da vigência do Estado Liberal e do Estado Social, não mais sendo possível compactuar com a ideia de aplicação do Direito sem a participação e fiscalização incessantes, intersubjetivas, consequência de incontestável retrocesso temporal e à própria ideia de democracia.

Afirma-se pela necessidade de implementação concreta do direito fundamental à prova (não somente em termos legislativos), reconhecido que é, dentro do contexto do Estado Democrático de Direito, como um instituto jurídico que, numa concepção sistemática, deve demonstrar a compreensão de que, resultante da lei escrita "são constituídos juízos lógicos compatíveis dentro dos quais há de se operar o raciocínio do intérprete do direito, como esquema de incidência e aplicação da lei" (LEAL, Rosemiro, 2009, p. 200).

Assim, como estruturadora do procedimento, a oportunidade probatória conferida quando da fixação dos fatos alegados pelas partes – ou, sob outra perspectiva, a apuração da "verdade material" ou fática – repercutirá, de forma incisiva, no momento processual de prolação do provimento, legitimando-o, desde que o órgão judicial guarde estrita obediência,

---

[1] Lúcio Antônio Chamon Júnior (*Teoria da argumentação jurídica: constitucionalismo e democracia e uma reconstrução das fontes do direito moderno*. Rio de Janeiro: Lumen Juris. 2008, p. 176) expõe que o juiz não pode ser considerado autoridade que não participa da construção do processo, motivo pelo qual, dentro da postura argumentativa que se quer, seu papel jamais pode ser taxado como "esvaziado".

insista-se, à linha principiológica constitucional (julgar a partir de princípios, e não a partir de políticas, pois as decisões não são fruto da consciência individual) e à legislação infraconstitucional estruturadora do procedimento, enfrentando todas as argumentações trazidas à baila pelas partes (sob pena de ausência de fundamentação, vide art. 489, § 1º, IV, do Código de Processo Civil), mesmo porque não se concebe o pensamento de que o papel do julgador estaria atrelado a uma hercúlea missão de buscar os valores compartilhados em sociedade e que estariam insculpidos no texto constitucional.

O protótipo jurídico-constitucional do Estado Democrático de Direito, a seu turno, deve ser moldado e entendido como a possibilidade (concreta) de que os jurisdicionados se reconheçam como coautores do provimento, tendo participado e fiscalizado (permanentemente) da construção deste último. Se assim se procedeu, inquestionável que o direito à prova restou confirmado como direito fundamental assegurado em bases constitucionais, reflexo democrático do devido processo constitucional. Se as garantias constitucionais não foram observadas, evidente que ainda não se solidificou a mudança de paradigma instaurada a partir da Constituição Brasileira de 1988.

2. COGNIÇÃO E (LIVRE) CONVENCIMENTO MOTIVADO

A acepção tradicional entende a atividade de cognição como exclusiva do juiz, sendo prevalentemente lógica, mas, também, com componentes de caráter não intelectual. Assim, cabe ao julgador, diante da demanda que lhe fora submetida, e valendo-se de sua intuição, convicção, vivência e *inúmeros outros fatores, como o psicológico, volitivo, sensitivo, vivencial, intuitivo, cultural e outros mais* (WATANABE, 2012, p. 69), analisar e avaliar as provas apresentadas pelas partes para, ao final, proferir a decisão concreta.[2]

Concentra-se, então, nas mãos do juiz, de forma até mesmo soberana (o que, evidentemente, não compactua com o raciocínio que ora se expõe), a atividade cognitiva voltada ao provimento final. É aquilo que se chamou, doutrinariamente, de *aplicação jurídica solitária e sensível pelo julgador* (NUNES, 2008, p. 98), consoante raciocínio de Oskar Von Büllow, estruturador da autonomia do Direito Processual, cujo entendimento apontava que a relação jurídica processual encontrava-se lastreada exclusivamente na figura do juiz, considerando as partes como meros colaboradores.

---

[2] Ao tratar da teoria geral da prova no processo penal, Aury Lopes Júnior, em posicionamento doutrinário de destaque, mesmo porque em conformidade constitucional como o próprio autor denomina seus estudos, opta por chamar de "atividade recognitiva" aquela desenvolvida quando do exame das provas, responsável por fazer com que o órgão judicial cumpra a "reconstrução (aproximativa) de um fato passado", destacando, também, que "o processo penal e a prova nele admitida, integram o que se poderia chamar de *modos de construção do convencimento* do julgador, que formará sua convicção e legitimará o poder contido na sentença" (*Direito Processual Penal e sua conformidade constitucional*. V. 1, 3ª edição. Rio de Janeiro: Lumen Juris, 2008, p. 490).

Seria o juiz, então, um verdadeiro mensageiro do sentimento jurídico de um povo, a autoridade (mito criado) que acalentaria os desígnios da coletividade, o que retrataria uma visão privilegiadamente solipsista e que o consideraria o único protagonista do processo.[3]

O pensamento idealizador do protagonismo judicial, apontando a figura do juiz como o único responsável pela solução dos problemas e mazelas do sistema, porém, sucumbiu à evolução da ciência jurídica ao longo dos anos, como se verá, em seguida, impondo-se, portanto, reconhecer a necessidade de revisitação.

A questão é simplória. A partir do momento em que o ideal democrático deve possibilitar a ampla participação do cidadão na formação do provimento, aceitar o pensamento de que o exercício da função jurisdicional pacifica as relações sociais, que o processo é meio de realização da justiça e que o juiz é o salvador exclusivo das relações conflituosas que lhe são submetidas, equivale a um retrocesso sem igual.

O conceito de cognição passa, portanto, pela necessidade inquestionável de participação das partes na formação e na legitimidade do provimento final (argumentação racional vinculando a atividade cognitiva).

Diferenciadas as atividades cognitivas, historicamente, nos períodos das *legis actiones*, *per formula* e da *cognitio extra ordinem*, temos que o direito romano, indubitavelmente, é aquele que melhor aborda o sentido e o significado da cognição, pois da conjugação dos três períodos é possível inferir que cada um deles apresentava características próprias, sempre tangenciadas a um maior ou a um menor formalismo.

Por óbvio, há que se ressaltar que a Era Média, a Era Moderna e a Era Contemporânea (esta como representatividade da transição do Estado Liberal para o Estado Social) também trouxeram como pano de fundo a necessidade do pensar e do repensar os fundamentos da melhor técnica cognitiva que se adaptasse ao pensamento vigente na época.

No que se refere às provas, em particular, vislumbrava-se, ainda que timidamente, que as partes tinham a possibilidade de exposição mais abrangente de suas pretensões, não sendo por outro motivo que se entende o aludido período histórico como aquele em que a garantia do contraditório teria dado seus primeiros passos. Fato é que a maior conquista advinda dessa mudança de visão se aperfeiçoou com a necessidade de que o julgador, antes de proferir sua decisão para o caso que lhe fosse submetido, efetivamente analisasse os argumentos e teses expostas pelas partes, deixando de ficar restrito às fórmulas indicadas no período anterior.

---

[3] Vem bem a calhar o pensamento de Flaviane de Magalhães Barros ao analisar a base reformista na instrumentalidade do processo, que traria embutida o "garantismo" que se pretendeu introduzir com a reforma processual penal lastreada pelas Leis nº 11.690/08 e 11.719/08, alteradoras, respectivamente, do capítulo referente às provas, às partes, aos atos de comunicação, à sentença e ao procedimento comum: "O problema é que se pretende uma legislação processual penal garantista, mas fundada em um juiz penal garantidor, nos termos do paradigma Social, e não em um processo que se funda na participação dos afetados (partes) com iguais possibilidades de influência, argumentação e construção participada da decisão, adequado, portanto, ao Estado Democrático de Direito ((*Re)forma do Processo Penal: comentários críticos dos artigos modificados pelas Leis nº 11.690/08 e nº 11.719/08*. Belo Horizonte: Del Rey, 2009, p. 8).

Ainda que as conquistas oriundas do direito romano pudessem servir, como de fato serviram, para amoldar o entendimento de cognição jurisdicional que hoje se quer no Estado Democrático de Direito, outras interpretações foram conquistadas nos períodos históricos que o sucederam até que se chegasse à inarredável conclusão, nos dias atuais, e dentro de uma crítica abalizada, de não aceitação do modelo ainda prevalente de autoritarismo decisional, e de consagração, por outro lado, da cognição compartilhada entre os sujeitos do processo.

Não se questiona que a ideologia que embasava os modelos passados se assentava no pensamento vigente na respectiva época, ostentando vícios e dificuldades de aplicação prática para o que hoje se almeja. Todavia, não se pode desprezar tudo aquilo que for aproveitável daquela temporalidade, dentro, é claro, do exercício de uma racionalidade crítica, de uma racionalidade que compreenda o aprendizado com os próprios erros pretéritos (POPPER, 1994, p. 72).

Os desafios a serem enfrentados no Direito Contemporâneo passam pela necessidade de reflexão sobre essas bases históricas, políticas e teóricas do Processo Civil, conformando-as com o novo paradigma que se quer, que se busca para uma prestação jurisdicional que reflita, de forma legitimada, a participação isonômica de todos, não mais o raciocínio antiquado e mais do que ultrapassado de uma separação de papéis na estrutura processual que tenha o juiz, de um lado, com maestria de comando, e as partes, do outro lado, verdadeiramente apartadas da dialética processual.

Com propriedade, Dierle José Coelho Nunes assevera que a estruturação processual, a partir da perspectiva democrática de Estado, somente se legitima através de técnicas que estejam de acordo com tal entendimento e esclarece:

> O processo ganha, nessa perspectiva, enorme dimensão ao se transformar em espaço onde todos os temas e contribuições devam ser instersubjetivamente discutidos, de modo preventivo ou sucessivo a todos os provimentos, assegurando técnicas de fomento ao debate que não descurem o fator tempo-espacial do seu desenvolvimento. (NUNES, 2008, p. 49).

Destarte, a importância do conhecimento da técnica cognitiva implica, via reflexa, no enorme interesse que o estudo do procedimento comum desperta nos doutrinadores[4], modelo que, por sua amplitude, possibilita que as partes discutam qualquer questão envolvida no conflito levado ao conhecimento do órgão jurisdicional, da mesma forma que, ainda que sob o já mencionado viés autoritário, autoriza que se proceda à realização de uma cognição exauriente, aprofundada, sobre as mesmas questões.

Após a conceituação e a perspectiva histórica sumamente delineada, tem-se que, no Direito Democrático, a cognição deve ser considerada como instituto jurídico umbilicalmente

---

[4] Por coerência mencionar DINAMARCO, Cândido Rangel. *Instituições de Direito Processual Civil.* 4ª edição. V. 3, 2004, p. 34; WATANABE, Kazuo. *Cognição no Processo Civil.* São Paulo: Saraiva, 2012, p. 44/45; DIDIER JÚNIOR. Fredie. *Objeto da cognição judicial.* Revista Forense. Rio de Janeiro: Forense. V. 373, maio/junho 2004, p. 85.

ligado ao exercício da função jurisdicional, mais diretamente aos sujeitos do processo, obediente aos princípios que regem o devido processo. Não se pode mais comungar dos pensamentos construídos ao longo do Estado Liberal e do Estado Social, vez que totalmente divorciados do entendimento que se deve conferir a uma cognição que precisa restar vigente no Estado Democrático de Direito.

Por outro lado, a fim de se permitir o controle efetivo da motivação dos provimentos, natural que sejam examinados os critérios que pautam a formação do convencimento daquele órgão judicial, seja sob a ótica da racionalidade que inclui uma maior ou menor probabilidade dos fatos juridicamente relevantes alegados pelas partes, seja sob a ótica das atividades de valoração e de valorização da prova.[5]

Inicialmente, porém, uma breve digressão sobre os 3 (três) sistemas de apreciação da prova deve ser realizada.

O primeiro dos sistemas que se conhece é o da prova legal (ou da certeza legal), característico do período medieval, mais evidenciado no processo bárbaro (AMARAL SANTOS, 1983, p. 391), e que se assentava na fixação, prévia, do valor de cada uma das provas apresentadas (constatação aritmética dos elementos probatórios). A ideia de tarifamento das provas, de forma rígida, impedia que o juiz se valesse de qualquer outro critério para decidir o caso que lhe fosse submetido, exercendo função meramente de aplicador da norma, evidenciando o formalismo presente à época. A convicção do juiz era manifestada, portanto, através de normas de caráter vinculativo, das quais deveria ser conhecedor.

---

[5] Interessante posicionamento sobre a "teoria da convicção", baseado em estudos acerca do Processo Penal brasileiro, é dado por Rui Cunha Martins. Ensina o jurista português: "Estar convicto não é etapa final de um trajecto epistemológico sem mácula. Aliás, permito-me sugerir que nem sequer é, em bom rigor, uma etapa. É este o argumento de que parto. Parece-me, com efeito, que, em sede de teoria da convicção, não está ainda suficientemente dita a dimensão de circularidade que estrutura todo o mecanismo e que obriga a considerar níveis de sobreposição e de complementaridade entre os vários elementos participantes do dispositivo decisório. É assim meu entendimento que, ao invés de um processo linear estendendo-se ao longo de dois pólos, a convicção corresponde a um processo de sucessivas tangências e sobreposições, complexo e denso, no âmbito do qual os diferentes componentes do percurso se inter-relacionam e se convocam mutuamente, contaminando a respectiva posição, o respectivo sentido e os respectivos efeitos. À imagem de um trajecto operando em sucessivas etapas, cada uma delas correspondendo a um estádio epistémico que, partindo da crença e passando pela dúvida, alcançaria sucessivamente o assentimento, a confiança, a aceitação e a própria convicção, para depois se prolongar na decisão e, por fim, na justificação, ambas situadas, nesta perspectiva, nos antípodas da crença originária, convirá contrapor a imagem de um circuito em que cada um destes estádios se disponibiliza a interagir e a contaminar os restantes – curto-circuitando, justamente, a demarcação ideal entre eles". E complementa: "Encarada nesta perspectiva, a convicção não equivale, como está bom de ver, a um processo de depuração; convirá mesmo ter em conta que ela é, pelo menos em potência, palco de insinuações de toda a ordem por parte do que atrás chamei as expressões dos regimes epistémicos da evidência – como se, na convicção, a permanente activação dos circuitos crentes seja o preço a pagar pelo seu potencial de absorção e pela sua circularidade constitutiva" (*O ponto cego do Direito*. 2ª edição. Rio de Janeiro: Lumen Juris. 2011, p. 21/22).

Como se percebe, o sistema buscava alcançar, tão-somente, a racionalidade na análise do fato, afastando qualquer possibilidade de arbitrariedade, vez que predominavam 3 (três) meios de prova: o juramento, o duelo e as ordálias (juízos divinos).

Interessante pensamento vigente naquele período histórico determinava que, caso não fosse possível produzir a prova com a utilização dos 2 (dois) primeiros meios, passava-se, então, ao juízo divino, tendo razão sempre aquela parte a quem Deus assim entendia de direito, mediante uma suposta comunicação, através da natureza (daí porque chamar o sistema de "legal", já que representava atributo da lei da natureza), entre o homem e Deus (direito e religião indissociáveis) (LEAL, 2002, p. 94).

Tais regras predominaram, aproximadamente, até o período da Revolução Francesa, tendo sido consideradas "base do processo inquisitório, em que o arbítrio, pela voz dos predestinados a governarem e conduzirem os povos, era o único comando de revelação de justiça e ratificação das intenções divinas" (LEAL, Rosemiro, 2008, p. 198/199).

O segundo sistema foi o da livre apreciação da prova (ou da livre convicção)[6], em sentido completamente oposto ao anterior, assentado nas ideias iluministas que carregavam consigo uma nova concepção de Estado (e do próprio homem).

Aqui, o juiz era soberano na formação da sua convicção a respeito dos fatos que lhe eram trazidos. Agora no processo dispositivo, o juiz poderia decidir de acordo com suas convicções, de acordo com suas impressões pessoais, com base na prova constante dos autos, fora dos autos, ou mesmo de forma contrária à prova dos autos (COUTURE, 1985, p. 273). As provas eram examinadas independentemente de qualquer regra legal (tal qual se passou, em parte, no processo romano clássico com o julgamento *secundum conscientiam*), bem representando o espírito de irracionalidade que vigia.

Por fim, o sistema da persuasão racional (ou do livre convencimento motivado) se caracteriza por não ter, em princípio, regra de natureza probatória. Aqui, o juiz aprecia a prova livremente, não de acordo com suas convicções pessoais, mas, sim, conforme a convicção das provas produzidas nos autos, sempre em obediência aos fatos consignados e às regras jurídicas.

A propósito, é preciso que se esclareça que, embora o art. 371, do Código de Processo Civil em vigência, tenha mantido o sistema da persuasão racional (mitigado ao longo do tempo, é bom que se diga, e, agora, sem a utilização da palavra "livremente"), tal qual se deu em relação aos arts. 131, do Código de Processo Civil de 1973, e 118, do Código de Processo Civil de 1939, e tal qual ocorre no Direito Português com a redação do art. 158º, do Código de Processo Civil[7], há regras legais de apreciação da prova elencadas tanto no Código Civil quanto no Código de Processo Civil.

---

[6] Alfredo de Araújo Lopes da Costa prefere a utilização da expressão "livre apreciação da prova" em lugar de "livre convicção", acrescentando ser um contrassenso a contraposição entre convicção livre e convicção forçada (*Direito Processual Civil Brasileiro*. 2ª edição. Tomo III, nº 240. Rio de Janeiro: Forense, 1959, p. 240).

[7] Discorrendo sobre a nomenclatura adotada em outros ordenamentos jurídicos, Francisco Rosito fala em "sana crítica" e a relaciona aos diplomas legislativos do Direito espanhol, argentino e uruguaio, bem como em "livre convicção" nos ordenamentos alemão, francês e italiano. ROSITO,

A crítica até mesmo acentuada que se faz em relação à adoção legislativa do sistema da persuasão racional, por variadas razões, sucumbe à vigência de alguns dispositivos legais que regulamentam a valoração da prova. A existência de tais dispositivos, porém, não impede que se aprecie, livremente, o conjunto de provas, apenas direciona tal comportamento do juiz, estabelecendo parâmetros para tanto.

A implantação do sistema da persuasão racional (ou do livre convencimento motivado) é, na verdade, decorrência da evolução historicamente constatada ao logo do tempo, desde a época do direito romano, mantendo-se sua prevalência, até hoje, na grande maioria dos ordenamentos jurídicos contemporâneos.

O que se buscava superar era a onipotência dos juízes, a supremacia decorrente do protagonismo judicial, haja vista a desconfiança que prevalecia neste aspecto, tudo respaldado por um sistema rígido em que havia sujeição a normas preestabelecidas para a constatação dos fatos, em nítido exercício de racionalidade. A obrigatoriedade de fundamentar os atos decisórios e a correspondente publicidade foram motivos suficientes para que houvesse uma mudança de mentalidade e fortalecesse o embasamento para a adoção do sistema da persuasão racional. Assevera, a propósito, Francisco Rosito:

> Ressurge, então, o princípio do livre convencimento, consistente em um tecido de princípios processuais de "garantia e de controle", que permitem tanto a salvaguarda para um possível reconhecimento da verdade como também uma garantia contra o abuso dessa liberdade por parte do juiz. (ROSITO, 2007, p. 45).

É importante, portanto, delimitar sua atuação e o seu alcance quanto à atividade probatória.

Neste sentido, até mesmo em razão dos aspectos históricos que contornam o conteúdo do sistema em estudo, não se pode afirmar que este último seja claro e definido, muito menos que apresenta característica variável e inconstante.

Em termos de valoração da prova, entendida como a percepção da existência do elemento de prova nos autos do procedimento (LEAL, Rosemiro, 2008, p. 207), é preciso que a mesma seja considerada como atividade prévia à formação do momento final, ou seja, à formação do convencimento do juiz, o que equivale dizer que a liberdade para que o juiz se convença dos argumentos expostos pelas partes não se dá em relação à sua formação, mas, sim, no ato em que se convence, efetivamente.

Num segundo momento, a valorização da prova reside em revelar o conteúdo de importância que determinada prova carrega para a formação do convencimento e "o teor significativo dos seus aspectos técnicos e lógico-jurídicos de inequivocidade material e formal" (LEAL, Rosemiro, 2008, p. 207).

Francisco. *Direito probatório: as máximas de experiência em juízo*. Porto Alegre: Livraria do Advogado, 2007, p. 44.

Em suma, não basta a percepção dos elementos de prova (valoração), sendo imprescindível que todos os elementos de prova sejam comparados para fins de formação de convicção, amparando-se, o juiz, naqueles que maior relevância e preferência produzam (valorização).

O objetivo, portanto, foi o de possibilitar que o juiz procedesse a uma livre apreciação da prova, num claro retorno à racionalidade, porém com a intenção de fazer com que não mais prevalecesse a formalidade na apreciação do conjunto probatório, com que não se retornasse ao sistema da prova legal.

Não se quer aqui dizer que a apreciação da prova se realiza de forma meramente subjetiva, pois é sabido que cabe ao juiz empreender a valorização que entender adequada, num exercício de racionalidade lógica, relativamente aos elementos de prova adquiridos consoante critérios devidamente determinados.

A partir do momento em que se sabe que a verdade absoluta não pode ser obtida no procedimento, os fundamentos para legitimar as compreensões do juiz acabam por representar o resultado de uma probabilidade dos fatos contrapostos pelas partes (probabilidade aqui entendida como critério para que se afira a verossimilhança das alegações sobre fatos que se considerem juridicamente relevantes). É através do encontro com tais fundamentos, perfilhado na identificação do elemento de prova constante dos autos (valoração) e no reconhecimento da importância do elemento preponderante para aquilo que buscam as partes (valorização), que se consegue alicerçar o ato decisório em motivação que, definitivamente, o legitime e contribua, de forma efetiva, na construção do Estado Democrático de Direito que tanto se espera no que diz respeito à obediência e respeito aos direitos e garantias fundamentais.

Por óbvio que o órgão judicial encontrará limitações para a formação do convencimento, até para que não reste evidenciado qualquer tipo de arbitrariedade insuperável. E dentro das restrições imagináveis, encontra-se aquela referente ao fato de o juiz estar jungido ao exame do que é, efetivamente, sustentado pelas partes acerca dos fatos controvertidos e dos demais elementos constantes dos autos; aquela que impõe a impossibilidade de o juiz se utilizar de conhecimento obtido fora dos autos para sustentar suas convicções; aquela que delimita os meios de prova em rol taxativo; aquela que impõe que os elementos de prova sejam considerados e analisados através de método lógico e racional dos fatos e provas produzidas; os limites decorrentes da utilização das regras máximas de experiência; e, por fim, a obrigatoriedade de motivação dos provimentos.

3. O PROCESSO A PARTIR DO ESTADO DEMOCRÁTICO DE DIREITO: NECESSÁRIA VINCULAÇÃO COMO DECORRÊNCIA DA LEITURA DO TEXTO CONSTITUCIONAL

Foi bastante extenso o caminho até que se chegasse à compreensão do processo a partir do Estado Democrático de Direito.

Passou-se, primeiramente, pelo liberalismo processual em que se entendia o juiz como um mero espectador do debate realizado entre as partes num processo caracterizado como instrumento particular de resolução de conflitos.

Num segundo momento, o socialismo (ou socialização) processual, invertendo o polo, foi construído sob a ideia (errônea) do protagonismo judicial e do influxo da relação jurídica processual büllowiana, o que incluía o privilégio cognitivo ao julgador em detrimento dos sujeitos processuais.

Já num terceiro período histórico, mais precisamente na segunda metade da década de oitenta do século passado, constata-se a proposta de um Estado Democrático de Direito que se encontra assentada na Constituição Federal de 1988, tendo o modelo por ela inaugurado contribuído para destacadas modificações relativas à interpretação do Direito como um todo, com nítida repercussão na legitimidade normativa processual.

Consequência lógica da referida evolução temporal, entende-se como inconcebível o apartamento que se faz entre Processo e Constituição, uma vez que esta última optou, em seu preâmbulo, pela instituição de um Estado Democrático de Direito como paradigma jurídico-institucional a vincular, efetivamente, toda atividade jurídica, legitimando, via de consequência, o exercício do poder. José Alfredo de Oliveira Baracho (2006, p. 11 e 18), enfatizando o modelo constitucional do processo civil, deixa claro que o Processo, como garantia constitucional, consolidou-se nos textos constitucionais do século XX, acrescentando que Constituição, Processo e Jurisdição são assuntos que se completam da mesma forma que, citando Eduardo J. Couture, a Constituição pressupõe a existência de um processo como garantia da pessoa humana.

Ronaldo Brêtas de Carvalho Dias, discorrendo a respeito, assim se expressou:

> Sendo assim, consideramos que a dimensão atual e marcante do Estado Constitucional Democrático de Direito resulta da articulação dos princípios do Estado Democrático e do Estado de Direito, cujo entrelaçamento técnico e harmonioso se dá pelas normas constitucionais. Para se chegar a essa conclusão, impõe-se perceber que a democracia, atualmente, mais do que forma de Estado e de governo, é um princípio consagrado nos modernos ordenamentos constitucionais como fonte de legitimação do exercício do poder, que tem origem no povo, daí o protótipo constitucional dos Estados Democráticos, ao se declarar que todo o poder emana do povo (por exemplo, parágrafo único, do art. 1°, da Constituição brasileira; arts. 3° e 10 da Constituição portuguesa; e art. 20 da Lei Fundamental de Bonn, como era conhecida a Constituição da República Federal da Alemanha). (DIAS, 2004, p. 102).

Tecidas tais simples, mas imprescindíveis considerações, tem-se que a vinculação ao Estado Democrático de Direito, entendida na sua gênese como princípio (DIAS, 2004, p. 131), decorre de imperativo do sistema constitucional e naturalmente se dirige ao exercício da função jurisdicional, consolidando a assertiva de que o processo somente se legitima se compreendido como instituição que encontra respaldo nos igualmente princípios, porém institutivos, do contraditório, da isonomia e da ampla defesa.

Rosemiro Pereira Leal, afirmando que a construção do processo, pela atividade das partes, é referência do processo constitucional e também uma garantia de que seu desenvolvimento se dará em lastros estritamente democráticos, complementa:

O processo, como instituição constitucionalizada, deflui de uma Comunidade Política consciente de um projeto constitucional arbitrado pela atividade legiferante e não por órgãos de representação integral de um povo ficticiamente considerado (povo icônico). A partir do momento histórico em que a Constituição se proclama condutora de uma Sociedade Jurídico-Política sob a denominação de Estado Democrático de Direito, como se lê no art. 1º da CR/88 do Brasil, é inarredável que, pouco importando o que seja o existir brasileiro, o mundo jurídico institucionalizado do Brasil é o contido no ordenamento constitucional e não mais das estruturas morais, éticas e econômicas do quotidiano nacional. (LEAL, Rosemiro, 2008, p. 87).

Não se deve olvidar que a Constituição Federal vigente instituiu o Estado Democrático de Direito com o fito de assegurar o pleno exercício dos direitos nela descritos. O papel do processo constitucional, verdadeiro garantidor dos direitos fundamentais, segundo José Alfredo de Oliveira Baracho (2006, p. 47), revela-se de enorme magnitude na medida em que, observados certos pressupostos essenciais, tutela, igualmente, a própria característica da supremacia constitucional.[8] A função do Estado Democrático de Direito, portanto, se reveste de suma importância, notadamente quando estabelece o processo como elemento garantidor nos moldes acima elencados, sendo possível, assim, compreendê-lo como paradigma da modernidade, e não como paradigma da contemporaneidade.

Jorge Miranda, jurista lusitano estudioso da Teoria do Estado e da Constituição, se posiciona, de forma categórica, quanto a uma pretendida dupla função do Estado, no que envolve a garantia do processo, da seguinte maneira:

> No primeiro sentido, a função traduz um determinado enlace entre a sociedade e o Estado, assim como um princípio (ou uma tentativa) de legitimação do exercício do poder. (...) No segundo sentido, a função – agora não tanto algo de pensado quanto algo de realizado – entronca nos actos e actividades que o Estado constantemente, repetida e repetivelmente, vai desenvolvendo, de harmonia com as regras que o condicionam e conformam; define-se através das estruturas e das formas desses actos e actividades; e revela-se indissociável da pluralidade de processos e procedimentos, de sujeitos e de resultados de toda a dinâmica jurídico-pública. (MIRANDA, 2002, p. 231).

Na mesma direção, a legitimidade dos provimentos passa pela sujeição, daqueles que atuam no exercício da função jurisdicional, a um outro princípio, qual seja, o da reserva

---

[8] Interessante e oportuna distinção aquela feita por Marcelo Andrade Cattoni de Oliveira, para quem o processo jurisdicional será sempre o garantidor dos direitos de participação e de condições procedimentais que possibilitam a geração legítima do provimento jurisdicional, mas nem sempre o garantidor de direitos materiais, pois também não é sempre que a jurisdição deverá tutelar ou atuar um direito (*Tutela jurisdicional e Estado Democrático de Direito: por uma compreensão constitucionalmente adequada ao mandado de injunção*. Belo Horizonte: Del Rey, 1998, p. 129 e seguintes).

legal (adequabilidade ao ordenamento jurídico), mesmo porque, sob hipótese alguma, o sistema normativo pode ser desrespeitado mediante a aplicação de normas que afrontem a supremacia da Constituição Brasileira.

Os provimentos jurisdicionais, em síntese, somente se legitimam a partir do momento em que vinculados ao Estado Democrático de Direito, motivo pelo qual, uma vez mais, se socorre das linhas de Ronaldo Brêtas de Carvalho Dias, para quem:

> [...] decisão jurisdicional que estiver totalmente desvinculada do princípio fundamental do Estado Democrático de Direito, hostilizando por completo o princípio da reserva legal, além de não se legitimar constitucionalmente, poderá configurar ato ilícito, passível de acarretar a responsabilidade do agente público decisor que a tiver proferido. (DIAS, 2004, p. 145).

O processo democrático não se ajusta pela rapidez na prolação dos seus atos decisórios, mas por uma estrutura normativa constitucionalizada devidamente dimensionada pelos princípios constitucionais, o que inclui a participação isonômica das partes na construção do provimento, compreendendo, na sua inteireza, a ampla produção probatória. Equivale dizer, portanto, que o simples reconhecimento de um direito fundamental, como o direito à prova, não se mostra suficiente se não respaldado pelas garantias que assegurem a efetividade do livre exercício de tal direito.

Questão que se coloca como tormentosa, assim, considerando o provimento como ato de caráter legitimamente imperativo, é a de deslocar, ao Estado-juiz, todas as consequências advindas da respectiva prolação decisional (que afetará diretamente os litigantes), sendo debitada a ele toda uma parcela de encargo sem que os diretamente interessados no mesmo provimento sequer tenham tido a oportunidade de construí-lo.

4. A ARGUMENTAÇÃO DISCURSIVA PELO CONTRADITÓRIO (EVOLUÇÃO DO CONCEITO DE PROCESSO) E O DIREITO FUNDAMENTAL À PROVA

O estudo do contraditório, entendido como fundamental garantia do cidadão, dentro da perspectiva de um Estado Democrático de Direito, se revela como de extrema utilidade e funcionalidade, posto que toda estrutura procedimental, por consequência lógica, deve ser constitucionalmente moldada. Em assim sendo, é possível conceber que a *ratio* do contraditório reside, justamente, na participação mais do que ativa de todos aqueles que buscam a atuação jurisdicional, desde a elaboração de um simples ato administrativo até que se chegue aos respectivos provimentos.

Em concentrada e respeitada abordagem acerca da importância do contraditório nos dias atuais, Dierle José Coelho Nunes assim se manifesta:

> Tal concepção significa que não se pode mais na atualidade, acreditar que o contraditório se circunscreva ao dizer e contradizer formal entre as partes, sem

que isso gere uma efetiva ressonância (contribuição) para a fundamentação do provimento, ou seja, afastando a idéia de que a participação das partes no processo pode ser meramente fictícia e mesmo desnecessária no plano substancial. (NUNES, 2007, p. 147).

Resta claro, portanto, que, há tempos, não se mostram como suficientes o simples "dizer" e o não menos simples "contradizer" dos litigantes, a fim de que seja entendida como garantida a aplicação do contraditório, compreendido na qualidade de princípio regente da democracia.

Em interessante artigo subscrito pelo jurista português Carlos Lopes do Rego acerca do princípio constitucional da proibição da indefesa, extrai-se o seguinte trecho manifestando posicionamento jurisprudencial do Tribunal Constitucional Lusitano:

> A regra do contraditório não envolve apenas o facultar-se a cada uma das partes o conhecimento – e a consequente oportunidade de defesa – relativamente às afirmações de facto ou de direito da contraparte, ou das provas por esta requeridas ou apresentadas em juízo, mas também – como decorrência do direito a um processo equitativo – a oportunidade para se pronunciar acerca do parecer que – como órgão de defesa da legalidade – o Ministério Público emita em processos de natureza não penal, desde que nele se mostre suscitada "*questão nova*", incidindo sobre matérias relativamente às quais a parte afectada desfavoravelmente não tenha tido ainda oportunidade de se pronunciar. (REGO, 2003, p. 836).

Neste sentido, aliás, e apenas exemplificando, andou muito mal o legislador pátrio por ocasião das últimas reformas processuais implementadas no CPC/73, notadamente quando, em busca da decantada celeridade processual e do não menos decantado desafogamento dos tribunais, inseriu no ordenamento processual civil pátrio, através de técnica legislativa viciada, o art. 285-A, cujo correspondente no ordenamento processual civil vigente é o art. 332, permitindo que o órgão judiciário emita provimento liminar em ações repetitivas, em flagrante desrespeito à garantia do que poderia ser chamada de prévia discussão para a decisão, no que se inclui, evidentemente, o direito fundamental à prova. Negou-se vigência ao diálogo e, consequentemente, à própria essência do modelo processual democrático.

A despeito das incoerências legislativas, e aqui se abordou somente uma dentre tantas outras reformas processuais que mais retrocedem do que avançam, curial mirar os olhos para o contraditório como elemento imprescindível de todo o procedimento que formará o provimento (vide arts. 9º e 10, do texto processual civil vigente, dentre outros), possibilitando, assim, a plena participação dos interessados, por meio de instrumentos constitucionalmente adequados, de forma que se estabeleça o diálogo democrático. Aliás, é o que deve ser sempre ambicionado, pois o seu exercício, propriamente dito, não pode ser reduzido à simplória discricionariedade do julgador, tampouco à insuficiente iniciativa dos litigantes.

Na realidade do Processo Civil contemporâneo, o alcance do princípio do contraditório acaba se concentrando nas garantias dos direitos dos sujeitos do processo à participação (cooperação) no debate processual (decorrente do caráter dialético do processo), do direito a um diálogo permanente entre os mesmos sujeitos processuais (a fim de que não sejam ofendidos valores fundamentais como a igualdade), do direito ao estabelecimento de uma mecânica de colaboração entre os sujeitos do processo (organização da participação das partes e do juiz) e do direito dos mesmos sujeitos, como já consignado, a não serem surpreendidos quando da prolação do ato decisório (a significar a imposição de limites na construção da decisão).

Questão igualmente importante a ser destacada no presente tópico, mesmo porque correlacionada ao direito fundamental à prova, diz respeito à evolução do conceito de processo no estudo do contraditório, pois se críticas surgiram quanto ao entendimento de que o processo, para Oskar Von Büllow, no século XIX, seria uma mera relação jurídica desenvolvida entre as partes, à disposição do Estado, objetivando atingir os chamados escopos metajurídicos, fato é que a ideia essencial do referido entendimento contribuiu sobremaneira para que o já mencionado Elio Fazzalari, posteriormente, quando da reelaboração do conceito daquilo que poderia ser entendido como procedimento (já que o pensamento anterior de Büllow demonstrava nítida confusão, na sua gênese, com o conceito de processo), disciplinasse que este mesmo processo mais se identificaria como uma espécie de procedimento e com a característica prevalente do contraditório, ou seja, se o procedimento se encontrava estruturado pelo contraditório, daí, então, ter-se-ia processo (LEAL, 2002, p. 84).

A respeito, tem-se que o raciocínio alinhavado a partir da teoria fazzalariana, mas robustecida com os argumentos teóricos formulados pela Teoria do Processo Constitucional de José Alfredo de Oliveira Baracho por si só, merece realce, posto amparada na discursividade democrática advinda da Constituição Brasileira de 1988, causando estranheza que, ainda hoje, num ambiente discursivo democrático, prevaleça a ideia da maioria dos doutrinadores brasileiros, não obstante sua elevada estatura, no sentido de visualização do processo como um mero instrumento a serviço da jurisdição e que visa, única e tão-somente, atingir escopos metajurídicos (DINAMARCO, p. 294/295), como antes consignado, posto não problematizados.

Em nosso sistema constitucional, com reflexos nos procedimentos civis, penais, trabalhistas e administrativos, não é possível exercitar-se o direito à ampla defesa sem o direito fundamental à prova, entendidos um e outro como o direito de qualquer cidadão de apresentar a argumentação discursiva e democrática de suas pretensões de fato e de direito, perante quaisquer órgãos estatais ou mesmo privados, já que o devido processo constitucionalizado, na dicção do inciso LV, do art. 5º, da Constituição Brasileira, não faz distinção sobre a possibilidade do exercício do direito à ampla defesa ser realizado em processo judicial ou administrativo, ou mesmo às situações dos "acusados em geral".

Nesta mesma linha de raciocínio, Gian Franco Ricci (1995, p. 326), referindo-se ao direito italiano, assevera que "o direito a prova constitui de fato um aspecto do direito de defesa previsto no artigo 24 da constituição, tanto que segundo o mais notável estudioso da matéria (Taruffo), isso o define como o direito de se defender provando"[9] (tradução nossa).

---

[9] Il diritto alla prova costituisce infatti um aspetto del diritto di difesa previsto dall'art. 24 Cost., tanto che secondo il più noto studioso della materia (Taruffo), esso va definito come *il diritto di difendersi provando* Gian Franco Ricci (1995, p. 326).

· E ainda com Michele Taruffo, destacando o fato de todos os sistemas modernos, geralmente, proverem um conjunto de garantias processuais aos litigantes, consubstanciadas em princípios constitucionais, entendendo a prova como direito fundamental, extrai-se:

> Geralmente definida como o direito de qualquer das partes para produzir todas as provas relevantes em sua posse, para a apresentação de provas relevantes que está em sua posse, para a apresentação de provas relevantes na posse de outras partes ou terceiro, e que todas as provas sejam devidamente consideradas pelo tribunal. O direito a um julgamento é um direito fundamental de ação e defesa: em verdade, seria um absurdo dizer que as partes podem exercer esses direitos, mas não é permitido por qualquer meio disponível para provar os fatos subjacentes as suas alegações, suas reivindicações e defesas (TARUFFO, 2009, p. 79, tradução nossa).[10]

De resto, não há dúvidas de que a Constituição Brasileira elevou ao *status* o direito fundamental à prova ao prescrever, expressamente, a admissibilidade das provas no processo, obtidas segundo os padrões de legalidade constitucional (inciso II, do art. 5º) e procedimental (os Códigos de Processo Civil e Penal, para se situar o tema apenas nestes) (TAVARES; CUNHA, 2011, p. 111/135).

5. LEGITIMIDADE DOS PROVIMENTOS E FUNDAMENTAÇÃO RACIONAL

O dever jurídico de motivação[11] dos atos decisórios é imposição que, naturalmente, objetiva o afastamento do arbítrio judicial, situação totalmente incompatível com os

---

[10] Usualmente se lo define como el derecho de toda parte para producir toda la prueba relevante que esté en su posesión, para obtener la presentación de prueba relevante que este en su posesión, para obtener la presentación de prueba relevante que esté en posesión de otras partes o de terceros, y que toda esta prueba sea debidamente considerada por el tribunal. El derecho a la prueba es un aspecto fundamental del derecho de acción y a la defensa : em realidad, sería um sinsentido decir que las partes pueden ejercer estos derechos pero que no se les permite probar por ningún medio disponible las asseveraciones fácticas que son la base de sus pretensiones y defensas. TARUFFO, Michele. *La prueba – Artículos y Conferencias.* Santiago de Chile: Metropolitana, 2009, p. 79.

[11] Michele Taruffo, discorrendo sobre a motivação do ato decisório e suas imbricações em relação ao ato de intelectualidade desempenhado, aponta o seguinte: "Antes de qualquer coisa, como qualquer texto (a mesma coisa valeria para um romance ou para uma poesia), a motivação não reproduz e não conta os procedimentos mentais, a sequência de pensamentos e de estados psicológicos que conduziram o autor a construí-lo. O texto é o produto de uma atividade que pode até ser bastante complexa, mas não é a descrição ou a reprodução dessa atividade. Do mesmo modo, a motivação – ao contrário do que muitos pensaram – não é um detalhamento do assim chamado *iter* lógico-psicológico que o juiz seguiu para chegar à formulação final de sua decisão. À parte o fato de que isso seria impossível (por razões óbvias), não interessa a dinâmica das sinapses

princípios que estruturam o Estado Democrático de Direito, já prevalecendo, até mesmo, em períodos anteriores à própria configuração política do Brasil como Estado independente.[12]

Neste sentido, não é por outra razão, ainda, ser possível apontar, na legislação comparada, várias situações que expressam tal obrigatoriedade quer no plano constitucional, quer no plano infraconstitucional.[13]

Em solo pátrio, atualmente a obrigatoriedade de motivação encontra amparo no art. 93, inc. IX, da Constituição Federal, ao dispor, expressamente, que todas as decisões dos órgãos judiciais serão devidamente fundamentadas.

No plano infraconstitucional, por sua vez, são os arts. 11 e 489, § 1º, do Código de Processo Civil, dentre outros, que incluem a fundamentação entre os requisitos de estrutura da sentença, enquanto que o art. 381, do Código de Processo Penal, também menciona que o ato decisório conterá a exposição sucinta da acusação e da defesa, além da indicação dos motivos de fato e de direito em que se fundar a decisão e a indicação dos artigos de lei aplicados.

O provimento emanado por intermédio do exercício processual da função jurisdicional tem o condão de findar a controvérsia litigiosa de forma imperativa (no sentido de acatamento à decisão porque construída discursiva e democraticamente pelas partes). Esta é uma situação que poderá gerar, junto aos afetados pelo conteúdo decisório, como corolário da democracia, insatisfações que serão (ou não) inarredavelmente questionadas em sede recursal. Assim, a observância do devido processo constitucional, no tramitar da demanda, se revela como imprescindível quando da suscitação de tal inconformismo.

---

ocorridas nos neurônios do juiz, e nem mesmo importam seus humores, sentimentos, e tudo mais que pode ter ocorrido *in interiore homine*. Para dar-se um só exemplo, entre os infinitos possíveis: não interessa saber se o juiz intuiu que certa testemunha era confiável às 4 da manhã saindo de um bar depois de abundantes libações. O que interessa verdadeiramente é o resultado de tudo isso: justamente um texto que narra os fatos da causa, ou seja, a versão dos fatos que o juiz considera correspondente à realidade dos eventos narrados, explicando as razões pelas quais considera tais fatos verdadeiros (por exemplo, sustentando ser confiável aquela testemunha). (*Uma simples verdade – o juiz e a construção dos fatos*. São Paulo: Marcial Pons, 2012, p. 271).

[12] As Ordenações Filipinas (promulgadas por Felipe II da Espanha e I de Portugal, em 1.603), em seu Livro III, Título LXVI, parágrafo 7º, primeira parte, já assentavam: "E para as partes saberem se lhes convém apelar, ou aggravar das sentenças diffinitivas, ou vir com embargos a ellas, e os Juízes da mór alçada entenderem melhor os fundamentos, por que os Juízes inferiores se movem a condenar, ou absolver, mandamos que todos nossos Desembargadroes, e quaisquer outros Julgadores, ora sejam Letrados, ora não o sejam, declarem specificamente em suas sentenças diffinitivas, assim na primeira instancia, como no caso da appellação, ou agravo ou revista, as causas, em que se fundaram a condenar, ou absolver, ou a confirmar, ou revogar".

[13] Discorrendo a respeito, Ronaldo Brêtas de Carvalho Dias ressalta o art. 111, da Constituição da Itália, apontada pela doutrina especializada como exemplo no assunto, bem como o art.132, do Código de Processo Civil daquele mesmo país; o art. 455, do Código de Processo Civil da França; o parágrafo 313, do Código de Processo Civil da Alemanha; os arts. 158º, 659º e 660º, todos do Código de Processo Civil de Portugal (*Processo constitucional*. Belo Horizonte: Del Rey, 2010, p. 126/127).

Mais ainda, é somente a partir da fundamentação (racional) dos atos decisórios que a atividade jurisdicional, como um todo, restará legitimada no Estado Democrático de Direito, possibilitando transparência, publicidade e a devida fiscalização que poderá ser exercida pelo povo numa verdadeira "prestação de contas" da atividade estatal.[14]

O controle dos atos decisórios emanados do órgão judicial constitui-se, assim, em comportamento ínsito à existência democrática, motivo pelo qual justifica-se que a pertinente motivação seja destacada como garantia constitucional.

Em suma, o alcance que se deve conferir à motivação dos provimentos passa, necessariamente, pelo exercício da jurisdição através do devido processo constitucional e, também, pela compreensão de que o procedimento deve se desenvolver de forma compartilhada entre os sujeitos processuais, tudo a justificar a atuação do órgão jurisdicional.

5.1. Adequabilidade ao ordenamento pátrio e formato de construção do provimento

Provimentos, segundo Enrico Tullio Liebman (1984, p. 238), são "as declarações de pensamento do juiz, expressas no exercício do poder (potestà) jurisdicional e pela forma determinada em lei: é justamente com a emissão dos provimentos que o juiz exerce o poder de que é investido".[15]

Aroldo Plínio Gonçalves, por sua vez, e de maneira bastante didática, ensina que:

> O provimento é um ato do Estado, de caráter imperativo, produzido pelos seus órgãos no âmbito de sua competência, seja um ato administrativo, um ato legislativo ou um ato jurisdicional. No exercício das funções administrativa, legislativa e jurisdicional, o Estado pratica vários atos que não se revestem de imperatividade e que são necessários na dinâmica de sua atuação. Mas quando o ato do Estado se destina a provocar efeitos na esfera dos direitos dos administrados, da sociedade, dos jurisdicionados, quando é um ato dotado de natureza imperativa, um ato de poder, tem-se o provimento que, para que seja emanado, válida e eficazmente, deve ser precedido da atividade preparatória, disciplinada no ordenamento jurídico. (GONÇALVES, 1992, p. 102/103).

---

[14] José Carlos Barbosa Moreira, de forma lapidar, resume o caráter justificador de que as decisões judiciais sejam fundamentadas: "No Estado de Direito, todos os poderes sujeitam-se à lei. Qualquer intromissão na esfera jurídica das pessoas deve, por isso mesmo, justificar-se, o que caracteriza o Estado de Direito como 'rechtsfertingender Staat', como 'Estado que se justifica'. Distingue a doutrina dois aspectos complementares dessa 'justificação': o material e o formal. A intromissão é materialmente justificada, quando para ela existe fundamento; é formalmente justificada, quando se expõe, se declara, se demonstra o fundamento" (A motivação das decisões judiciais como garantia inerente ao Estado de Direito. Temas de Direito Processual (segunda série). São Paulo: Saraiva, 1980, p. 89).

[15] Alicerçado sob a acepção büllowiana de processo como relação jurídica e, portanto, afastado da ideia de compartilhamento que tanto clamam as sociedades democráticas.

No direito brasileiro, a palavra "provimento", porém, tem sido utilizada apenas no sistema recursal, com o sentido de acolhimento das razões, evidentemente após o exame dos chamados pressupostos de admissibilidade (e, portanto, de reforma do ato jurisdicional objeto do recurso), ou ainda com o sentido de não conferir guarida às razões do inconformismo, mantendo-se a decisão recorrida (DIAS, 2004, p. 85/86).

Constata-se, assim, não haver uma preocupação mais acurada, do legislador brasileiro, com o uso das expressões, como o fez (e o faz), por exemplo, ao apropriar-se da palavra "sentença" para nomear o ato resolutório final do procedimento praticado única e exclusivamente pelo órgão judicial, esquecendo-se, por exemplo, das lições de Calamandrei (1999, p. 172), responsável por ter designado, o mesmo ato final, como "provimento", conferindo-lhe, assim, um sentido muito mais amplo.

Em nítida caracterização de enaltecimento da figura do protagonismo judicial, o processualista pátrio, adotando comportamento totalmente divorciado de qualquer balizamento teórico, aponta o Estado-juiz como o verdadeiro "fiel da balança", o ser "maior" que ampara o jurisdicionado nas mais difíceis missões do seu dia-a-dia, um ser superdotado, capacitado para declarar, por ocasião do ato decisório "sentença", aquilo que, efetivamente, "sentiu" (já que essa é a etimologia da palavra) diante dos argumentos que lhe foram trazidos pelos sujeitos processuais.

Todavia, o provimento estatal, numa sociedade pluralista e complexa como esta em que vivemos, deve estar permeado, acima de qualquer outra situação, pela liberdade de manifestação de todos que nele estarão diretamente envolvidos, pela comparticipação, jamais sendo assentado em convicções ideológicas solipsísticas que foram o marco do Estado Social, jamais tendo por objetivo uma suposta e pretensa "pacificação social" a ser alcançada por intermédio de escopos metajurídicos.

A despeito de tais imprescindíveis considerações, certamente, a legitimidade do provimento, no ambiente democrático, passa pela constatação de sua adequabilidade ao ordenamento, bem como por sua forma de construção. Não basta que, às partes, sejam conferidas iguais oportunidades, mas que os respectivos pronunciamentos sejam levados em consideração quando os provimentos forem emanados, haja vista que entendimento em sentido contrário conduz à certeza de total inaplicabilidade dos princípios constitucionais. Em resumo, nenhum provimento, sob a perspectiva de um Estado Democrático de Direito, pode desconsiderar, quando da sua fundamentação[16], todos os argumentos produzidos

---

[16] O processo que deve ser erguido com a participação dos afetados pelo provimento, como sustentamos, indica, claramente, a ainda prevalente necessidade do (re)pensar a "motivação", impossibilitando a manutenção do solidificado raciocínio de que um dos sujeitos processuais deve ter atuação preponderante sobre os demais. A constitucionalização do processo, consoante ensinamentos tão consistentes de José Alfredo de Oliveira Baracho, compreende não somente o "direito ao processo" ou à "tutela jurisdicional" como garantia consagrada em termos constitucionais, mas, também, que esse direito se complete com a decisão meritória da demanda, devidamente fundamentada após a plena observância do direito ao contraditório, este como exigência de coparticipação paritária dos sujeitos processuais em todo o procedimento de construção do provimento. (BARACHO, José Alfredo de Oliveira. *Direito processual constitucional: aspectos contemporâneos*. Belo Horizonte: Fórum, 2006, p. 17/18).

pelas partes durante o *iter* procedimental (e aqui fazemos referência à possibilidade de ampla produção probatória como decorrência do direito fundamental assim estabelecido), relevando-os em simétrica paridade, pena de ser prolatado provimento totalmente desamparado de constitucionalidade.

O ideal formato de construção de uma decisão judicial há que se amoldar, portanto, ao que reza o ordenamento através da sua base principiológica, pois sua legitimidade será aperfeiçoada, também, a partir do instante em que a motivação a ela inerente não esteja calcada em critérios subjetivos, pessoais, de sentimentos vagos de justiça[17], mas sim quando resultar da atividade procedimental que tenha sido desenvolvida mediante a apreciação de todas as questões discutidas e dos argumentos produzidos em contraditório pelos sujeitos processuais, até porque é sabido que estes últimos é que serão os afetados pelos respectivos efeitos oriundos do provimento.

5.2. A colaboração na atividade instrutória: processo cooperativo como premissa básica

Diante do que restou até aqui desenvolvido, nota-se a tendência de superação do modelo adotado no Estado Liberal, de total esvaziamento das funções desempenhadas pelo órgão judicial, bem como do modelo de autoritarismo impingido à conduta solitária do juiz, e que fora incorporado pelo Estado Social, por serem totalmente incompatíveis com a perspectiva democrática (NUNES, 2008, p. 212).

Neste sentido, a (re)construção dos fatos pelas partes[18] e a própria interpretação do Direito, desde que irmanadas no modelo democrático, afastam posturas outras que não coadunadas com a base principiológica constitucional, daí porque os fatos que devem ser levados em consideração são somente aqueles que passaram pelo crivo do contraditório, o que faz entender que o órgão judiciário deve se manter adstrito ao conjunto probatório encartado nos autos e devidamente compartilhado entre os litigantes.

É dizer, a jurisdição não pode mais ser inserida no centro do processo civil, mesmo porque, em assim procedendo, estar-se-ia ignorando o real papel do processo na construção

---

[17] É preciso que se elimine, definitivamente, a ideia de provimento como ato de inteligência, de superposição, de volição, que advenha da sensibilidade magnânima de quem julga, sob pena de manutenção do *status quo* do sistema jurídico e de conformação com o raciocínio de que não se faz necessário restaurar ou reconstruir o conceito de provimento em si, deslegitimando a própria essência do ato de decidir.

[18] A (re)construção dos fatos advém da possibilidade de exercício pleno do direito fundamental à prova, cuja efetiva tutela mantém clara interdependência e reciprocidade com o Estado Democrático de Direito constitucionalmente organizado, na visão de Álvaro Ricardo de Souza Cruz. "Os conceitos são indissociáveis desde o constitucionalismo do século XVIII, mas agora possui novas conotações extraídas de uma dogmática pós-moderna, que concebe uma nova função ao texto constitucional, qual seja, a de garantir/regulamentar canais de comunicação/argumentação racional dos diversos atores (públicos e privados) das relações sociais/jurídicas" (Processo Constitucional e a efetividade dos direitos fundamentais, *in Hermenêutica e Jurisdição Constitucional*. Belo Horizonte: Del Rey, 2001, p. 241).

do Estado Democrático de Direito (de espaço de diálogo e de exercício direto do poder pelo povo) e optando-se pela adoção de uma visão unilateral, consequentemente, incompatível com a dimensão democrática de participação, de efetiva influência que se conseguiu alcançar nos tempos modernos.

O processo cooperativo parte da premissa de que o Estado deve, primordialmente, propiciar condições para a organização de uma sociedade livre, justa e solidária, cujo esteio é, inquestionavelmente, a dignidade da pessoa humana. Busca-se conferir posições coordenadas que atinjam o indivíduo, a sociedade civil e o Estado, e que o diálogo deve ser uma constante na marcha procedimental.[19]

E aqui, mais uma vez, surge a garantia do contraditório como elemento de destaque para a correta viabilização do diálogo e da cooperação, a implicar, necessariamente, deveres inerentes aos sujeitos processuais, tais como de *esclarecimento*, de *consulta*, de *prevenção* e de *auxílio*.

Neste pormenor, aliás, diante da expressa previsão do Código de Processo Civil de Portugal (art. 266º), imprescindível consignar os entendimentos de dois dos principais processualistas lusitanos.

O primeiro deles é Miguel Teixeira de Sousa (1997, p. 64/65), o qual acena, inicialmente, com o posicionamento de que o dever de *esclarecimento* é aquele consistente no dever de o tribunal se esclarecer, com os sujeitos processuais, acerca das dúvidas que eventualmente tenha sobre as alegações levadas a juízo, evitando-se decisões assentadas em percepções equivocadas ou apressadas (art. 266º, 2 e 3).

Sobre o dever de *consulta*, o mesmo autor expõe que sua concepção implica reconhecer que o órgão judicial não pode proferir qualquer decisão (de fato ou de direito), mesmo que de ofício, sem que os sujeitos processuais sobre elas tenham tido a oportunidade de manifestação.[20] Percebe-se, nitidamente, a relação do dever de *consulta* ao princípio do contraditório, pois traz consigo o significado de garantia da influência na construção do provimento.

Relativamente ao dever de *prevenção*, Miguel Teixeira de Sousa (1997, p. 66) entende que o mesmo se aplica em todas as situações em que o êxito da ação em favor de qualquer

---

[19] MITIDIERO, Daniel. *Colaboração no Processo Civil: pressupostos sociais, lógicos e éticos*. 2ª edição. São Paulo: Revista dos Tribunais, 2011, p. 113/115. O referido autor gaúcho, fazendo uma abordagem sobre os modelos processuais, assume que cada um deles desenha, de forma diferente, o problema da divisão do trabalho entre as pessoas do juízo, acrescentando, ao modelo "cooperativo", os perfis dos modelos "isonômico" e "assimétrico". Afirma, assim, que o primeiro concebe-se a partir de uma verdadeira relação de paridade entre o indivíduo, a sociedade civil e o Estado, ao passo que o segundo, ao revés, configura-se pelo fato de o Estado ser compreendido como um sujeito que encontra-se acima do povo.

[20] O art. 3º, 3, do Código de Processo Civil de Portugal, traz a seguinte redação, bastante ilustrativa da *ratio* do dever de *consulta*: "O juiz deve observar e fazer cumprir, ao longo de todo o processo, o princípio do contraditório, não lhe sendo lícito, salvo caso de manifesta desnecessidade, decidir questões de direito ou de facto, mesmo de conhecimento oficioso, sem que as partes tenham tido a possibilidade de sobre ela se pronunciarem".

das partes possa vir a ser frustrado em razão do uso inadequado do processo[21], algo bastante semelhante com o que se tem na legislação processual civil pátria quando se determina, por exemplo, a emenda da inicial (art. 321, Código de Processo Civil brasileiro).

Por fim, quanto ao dever de *auxílio*, o processualista português explica que o mesmo se apoia no dever de o tribunal sempre auxiliar as partes na superação das eventuais dificuldades que impeçam o exercício de direitos ou faculdades ou o cumprimento de ônus ou deveres processuais, cabendo ao órgão judicial providenciar, sempre que possível, a remoção do obstáculo (arts. 266º, 4, 519º-A, 1, e 837º, C) (SOUZA, 1997, p. 66).

O segundo autor português que merece realce é José Lebre de Freitas (2009, p. 168), responsável pela abordagem da cooperação em seus aspectos *material* (arts. 519 e 266º, 2 e 3) e *formal* (arts. 266º, 4, 155 e 266º, B-3), ateve-se, em suas anotações, quase que literalmente, à redação integral do dispositivo legal. E assim se pronuncia:

> A progressiva afirmação do princípio da cooperação, considerado já uma trave mestra do processo civil moderno, leva frequentemente a falar duma comunidade de trabalho (*Arbeitsgemeinschaft*) entre as partes e o tribunal para a realização da função processual.
>
> Esta nova concepção do processo civil, bem afastada da velha ideia liberal duma luta arbitrada pelo juiz, revela bem a importância do princípio da cooperação. Embora se tenha revelado, na prática, difícil o período de adaptação a ela, a legislação portuguesa decorrente da previsão de 1995-1996 constitui um passo importante no sentido da sua imposição. (LEBRE DE FREITAS, 2009, p. 168).

Referido processualista dispõe, porém, no sentido de que, para o caso de desobediência ao princípio da cooperação, duas penalidades devem ser reconhecidas: a obrigação de indenizar e multa, independentemente da observância dos ônus processuais (LEBRE DE FREITAS, 2009, p. 163).

O que se depreende do acima exposto é que, não obstante a existência de dispositivo legal a respeito, a produção bibliográfica portuguesa ainda não aprofundou seus estudos nos aspectos constitucionais do direito processual, motivo pelo qual, mesmo diante de tamanho ganho legislativo, o princípio da cooperação ainda não tenha se incorporado definitivamente na prática judiciária lusitana.

Todavia, não pode passar despercebido o fato de que o princípio da cooperação, no que concerne à atividade probatória, desempenha relevantíssimo papel (notadamente no que se refere à necessidade de estabelecimento de um modelo de processo, como técnica de construção, que esteja compatibilizado com o princípio democrático em conformidade com a Constituição), uma vez que obriga que os sujeitos processuais colaborem com a construção do provimento, mesmo que, para tanto, tenham de ser estimulados por multas coercitivas e ameaças de sanções.

---

[21] Sobre as áreas de abrangência, o autor descreve a especificação dos pedidos que não sejam claros, as lacunas na exposição dos fatos relevantes, a necessidade de adequação do pedido à situação concreta e a sugestão de uma certa atuação pela parte (SOUZA, Miguel Teixeira de. *Estudos sobre o novo processo civil*. 2ª edição. Lisboa: Lex, 1997, p. 66).

5.3. O texto positivamente constitucionalizado (princípios) alicerçando a racionalidade do provimento (legalidade estrita)

Em estudo publicado em homenagem a António Castanheira Neves, a lição de Milagros Otero Parga está muito bem adequada ao que se deve entender por racionalidade do provimento:

> Parto da idéia de que é necessário reforçar a racionalidade jurídica do julgamento para proteger os cidadãos contra a arbitrariedade possível de quem decide, e também para garantir, tanto quanto possível, a igualdade dos cidadãos perante a lei, e na ausência de tratamento discriminatório. O princípio da segurança determina que todo cidadão deve saber as conseqüências adversas decorrentes da realização de seus atos em cada momento. Por isso, não só tem de conhecer as leis e assumi-las, pois lhe vinculam, mas também, conhecer de forma clara o resultado que seu descumprimento pode lhe acarretar. (OTERO PARGA, 2008, p. 804/805. Tradução nossa).[22]

A racionalidade do provimento, portanto, não pode ser amparada no subjetivismo que a vetusta teoria da relação jurídica processual ainda insiste em conferir ao julgador[23], pois o direito é uma permanente criação de homens e mulheres e, por isto mesmo, deve se fundar no princípio democrático.

Assim, racional será o ato calcado no texto positivamente constitucionalizado, é dizer, uma razão construída de forma compartilhada pelas partes, mediante obediência a processos legislativos e jurisdicionais fundados no ordenamento democraticamente instituído e garantidor da imparcialidade que deve permear a atuação do Estado-juiz.

---

[22] La idea de la que parto es la necesidad de afianzar la racionalidad legal de la sentencia para proteger al ciudadano de la posible arbitrariedad de quien decide, y para asegurar además, en la medida de lo posible, la igualdad de los ciudadanos ante la ley, y la ausencia de trato discriminatório. El principio de certeza determina que todo ciudadano debe saber las consecuencias perjudiciales para él que se derivan de la realización de sus actos en cada momento. Y por eso no sólo tiene que conocer las leyes y asurmilas puesto que le vinculan, sino también conocer de forma clara el resultado que su incumplimiento puede acarretarle. OTERO PARGA, Milagros. Sobre motivación, fundamentación, justificación y explicación de las sentencias judiciales. In: *Ars Ivdicandi: Estudos em homenagem ao Prof. Doutor António Castanheira Neves.* V. I: Filosofia, Teoria e Metodologia. Coimbra: Boletim da Faculdade de Direito da Universidade de Coimbra, 2008, p. 804/805.

[23] Aqui convém registrar o pensamento de Carlos Eduardo Araújo de Carvalho, para quem "o provimento não pode ser mais entendido como ato de inteligência ou volição, advindo da sensibilidade do julgador, na medida em que a não problematização, pela famosa eureka, o descobrir pelo descobri, não pode mais ganhar respaldo, sob pena de manter o que não pode ser mantido, colaborando desta forma para a destruição ou autodestruição do próprio sistema jurídico e do próprio homem" (*Legitimidade dos provimentos.* Curitiba: Juruá, 2009, p. 279).

A despeito dos vários posicionamentos doutrinários externados com propriedade e que criticam a "discricionariedade" do órgão judicial quando da prolação dos provimentos, é preciso, diante do aqui exposto, consignar que devem ser realimentadas (possibilitando, assim, uma permanente discussão acadêmica) as pertinentes críticas que se fazem a respeito, pois não se concebe, hodiernamente, a manutenção de um comportamento decisório totalmente alienado da racionalidade (consoante perspectiva habermasiana) e consequentemente deslegitimado.

A argumentação, dentro da ideia de respeito integral ao direito fundamental à prova como ora se defende, deve se dar com lastro na participação de todos os afetados, garantindo, assim, a racionalidade que se almeja e afastando, por completo, o subjetivismo daquele que julga.[24]

Percebe-se, com isso, os limites que envolvem a motivação dos provimentos (impedindo a adoção do subjetivismo e a consequente parcialidade), calcados, justamente, na impossibilidade de se extrapolar os argumentos jurídicos e, também, na obrigatoriedade de construção baseada na argumentação participativa dos sujeitos processuais, permitindo que consigam discutir o caso concreto.

Através dos tempos e, não se poderia entender de forma diversa, a institucionalização do processo efetivada pela Constituição Federal de 1.988 aponta que o provimento jurisdicional não pode ser vislumbrado como um simples instrumento à disposição do Estado para, única e exclusivamente, atingir escopos metajurídicos mediante atividade do órgão judiciário.

Vai muito mais além, passando, para fins de sua legitimação pelo processo, pela irrecusável obediência aos princípios constitucionais do contraditório, da ampla defesa e da isonomia, do acesso e exercício ao devido processo, à duração razoável dos procedimentos e à fundamentação das decisões[25], conforme acima exposto, em total consonância com o que sustenta a Teoria Geral do Processo Constitucional, preconizada no Brasil, desde os idos de 1984, por José Alfredo de Oliveira Baracho.

6. CONCLUSÃO

É notória a existência de pouca referência bibliográfica, específica, que aborde, no contexto democrático, o tema da prova como direito fundamental (e a necessidade de obediência

---

[24] A propósito, com imensa maestria, impõe-se a leitura do texto elaborado por MACHADO, Felipe Daniel Amorim e BARROS, Flaviane de Magalhães, intitulado *"Produção antecipada de provas no Processo Penal: uma análise da reforma do CPP a partir da compreensão do modelo constitucional de processo, a discussão a respeito das garantias do acusado versus eficiência da investigação"*, publicado nos XV Anais do CONPEDI realizado em Manaus, 2006.

[25] Enfatizando o papel do princípio "cooperativo" no que concerne à motivação das decisões judiciais, importante destacar, uma vez mais, Daniel Mitidiero, para quem: "O matriz cooperativo também se manifesta no processo no momento da decisão da causa, que não deve ser prolatada de maneira que possa surpreender as partes e que deve conter uma efetiva ponderação dos argumentos produzidos ao longo do processo a fim de convencer o órgão jurisdicional dessa ou daquela versão jurídica para as alegações do processo" (*Colaboração no Processo Civil: pressupostos sociais, lógicos e éticos*. 2ª edição. São Paulo: Revista dos Tribunais, 2011, p. 173).

irrestrita à possibilidade de sua ampla produção, sem limitações a serem impostas pelo órgão judicial) e como elemento indissociável da legitimação do (racional) provimento final.

Porquanto considerável parte da doutrina ainda opte pelo mais do que falível discurso que contempla o direito fundamental à prova nas ideias preconizadas pelo Estado Social (e que colocam o juiz como protagonista máximo e inatingível), visualizando esse mesmo direito com a possibilidade de que possa sofrer limitação incondicional por parte do órgão julgador (verdadeiro cerceamento de defesa), indiscutível se mostra que outros são os tempos em que vivemos e que não se pode apartá-lo da motivação do provimento (sua justificação racional e apartada de qualquer convicção pessoal e/ou política) e, consequentemente, da sua legitimidade.

Neste contexto, inegável que a teoria geral da prova, com os olhos voltados para o Processo Civil contemporâneo (há algum tempo), necessita de uma (re)construção que tenha suporte numa melhor estruturação da técnica cognitiva (mesmo porque encontra-se diretamente relacionada à atividade probatória e seus institutos correlatos) que compreenda a necessidade inquestionável de participação das partes na formação e na legitimidade do provimento final (argumentação racional vinculando a atividade cognitiva).

A pavimentação do caminho cognitivo, tecnicamente falando, deve se dar de forma a permitir que todos os envolvidos participem, de forma isonômica e em obediência aos princípios inerentes, na formação da decisão final, num constante exercício dialético, afastando-se, definitivamente, a ainda persistente ideia de autoritarismo e de protagonismo judicial.

Diante de tal contexto, da necessidade de resgate do papel da técnica processual, até mesmo como lastro da democratização processual, a adoção do chamado "livre convencimento motivado" (como forma de retorno à racionalidade, pois tinha a intenção de descaracterizar a formalidade na apreciação do conjunto probatório), de per si, não faz parte do Direito Democrático, pois não se concebe que o órgão judicial traga consigo aspectos de convencimento meramente subjetivos e baseados em ideologias próprias.

Há limitações que devem ser imperiosamente respeitadas, dentre elas a vinculação ao exame do que tiver sido sustentado pelas partes nos autos (as afirmações sobre os fatos); a que impõe a impossibilidade de o juiz se utilizar de conhecimento obtido fora dos autos para sustentar suas convicções; aquela que delimita os meios de prova em rol taxativo; a que impõe a racionalidade da análise dos elementos de prova; a obrigatoriedade de motivação dos provimentos.

Deve o órgão judicial, portanto, em exercício de racionalidade lógica, insista se, perfilhar a identificação do elemento de prova constante dos autos (valoração) e o reconhecimento da importância do elemento preponderante para aquilo que buscam as partes (valoração), a fim de sustentar o ato decisório em motivação legitimada, em bases de probabilidade, diante da inexistência de verdade absoluta.

Todavia, é fato que eventuais benefícios/prejuízos somente poderão ser melhor aquilatados após a efetiva aplicabilidade prática do ordenamento vigente, não podendo ser desconsiderado que o novel conteúdo se apresenta permeado de alguns bons argumentos e propósitos compatíveis com a ideia do "processo na construção do Estado Democrático de Direito" (como a questão principiológica de início insertada no texto e a concretização do "dever de consulta", manifestação do contraditório substancial, imposto ao órgão jurisdicional para que não profira qualquer provimento com base em questão a respeito da qual as partes não tiveram oportunidade de manifestação).

Diante do que acima se expôs, é na incidência das garantias principiológicas constitucionais que o processo se define e se estrutura, atuando como mecanismo legal de controle da atividade do órgão jurisdicional. Não há, portanto, lugar para o raciocínio de que seria um instrumento de controle, pelo juiz, para que sejam atingidos escopos metajurídicos de pacificação social.

As funções jurisdicionais somente são democraticamente exercidas com estrita vinculação aos direitos fundamentais da ampla defesa, contraditório, isonomia de partes, acesso ao direito e fundamentação das decisões estatais, tudo de forma compartilhada e em simétrica paridade.

Neste pormenor, é sabido que a trajetória do texto constitucional, desde sua promulgação, vem sendo delineada muito mais por pontos positivos do que negativos, principalmente no que diz respeito aos inúmeros desafios que enfrentou (e ainda enfrenta), até porque, é fato, constituiu-se, apropriando de expressão bastante utilizada, em evidente mudança de paradigma no cenário jurídico nacional.

Houve, por óbvio, um enorme salto qualitativo proporcionado pelo modelo de Estado constitucional então instituído, conquista democrática da história brasileira.

Todavia, não é de hoje que se observa certo comodismo da comunidade jurídica no sentido de insistir quanto ao descumprimento das normas oriundas daquele texto maior, situação que somente incrementa o enfraquecimento dos ideais democráticos.

Direitos fundamentais (notadamente o direito à prova) são desrespeitados e não se confere importância ao papel desempenhado pela Constituição Federal para a constitucionalização do processo, urgindo, portanto, a construção de uma nova ordem que esteja assentada, acima de tudo, no acatamento irrestrito da principiologia constitucional democrática.

O paradigma do Estado Democrático de Direito, consagrado desde a Constituição Federal de 1.988, representa uma total desvinculação à interpretação normativa que se impunha quando da prevalência do Estado Liberal e do Estado Social. Assim, por mais que se possa afirmar que algumas características daqueles tempos ainda remanesçam, fato é que não se pode pensar e interpretar o Direito com os olhos voltados para um passado nitidamente contextualizado pela autoridade, pela força do "império" da lei formulada em desacordo com o Devido Processo Legislativo.

O direito à prova, erigido à condição de direito fundamental no texto constitucional brasileiro, ainda se apresenta como reflexo do referido pensamento liberal (quando muito do Estado Social), pois parte da doutrina ainda se encontra atrelada às interpretações equivocadas do passado, não sendo reconhecido, portanto, como forma de legitimação da própria atuação estatal.

Pensa-se que não há argumento maior a sustentar a ideia de democracia dentro de um Estado Constitucional do que a necessidade de legitimação do próprio poder exercido, o que, por certo, implica na legitimidade dos direitos fundamentais então reconhecidos. E mais, implica na legitimidade dos provimentos emanados dos órgãos estatais, daqueles mesmos direitos fundamentais e dos princípios processuais constitucionalizados.

O direito fundamental à prova, encartado no contexto do processo devido, é que concretiza a participação e a fiscalização incessantes de todos os sujeitos do processo da vivência democrática, legitimando, assim, os atos decisórios e suas respectivas fundamentações.

PROCEDIMENTOS ESPECIAIS E PROCESSO COLETIVO

27

O REGIME DE COMPETÊNCIA NAS AÇÕES COLETIVAS E O CONTROLE JUDICIAL DA COMPETÊNCIA ADEQUADA NO DIREITO BRASILEIRO

ADRIANA MANDIM THEODORO DE MELLO[1]
NEMAN MANCILHA MURAD[2]

Sumário: Breve homenagem. 1. Introdução: 2. As normas de atribuição de competência no processo coletivo brasileiro. 2.1. O *Microssistema de Processo Coletivo:* o papel da Lei de Ação Civil Pública e do CDC no regramento da tutela coletiva de direitos. 2.2. A *regra geral:* competência absoluta do foro do local do dano. 2.3. A competência para os conflitos de caráter regional e nacional: art. 93, II do CDC. 3. Impactos negativos do modelo de foros concorrentes para a definição de competência das ações coletivas. 3.1. *Forum Shopping:* o exercício abusivo do direito de escolha de foro pelo autor coletivo. 3.2. A pulverização de demandas em diversos foros *potencialmente competentes*. 3.3. A solução trazida pelo *microssistema:* modificações de competência territorial absoluta e reunião dos processos no juízo prevento. 4. O controle judicial da competência adequada como instrumento para equacionar as consequências negativas do modelo de foros concorrentes. 4.1. O *forum non conveniens:* primeiras reflexões sobre o controle da competência adequada na doutrina nacional. 4.2. A aplicação do *forum non conveniens* no processo coletivo: o princípio da competência adequada. 5. Considerações Finais.

---

[1] Mestre em direito pela Universidade Federal de Minas Gerais – UFMG. Ex-Procuradora do Estado de Minas Gerais. Pós-Graduada em Direito da Economia e da Empresa pela Fundação Getúlio Vargas. Advogada.

[2] Bacharel em Direito pela Universidade Federal de Minas Gerais – UFMG. Advogado.

BREVE HOMENAGEM

A escolha do tema desenvolvido nesse artigo guarda relação estreita com as lições de vida do professor Humberto. Seja como homem ou como jurista, suas ideias resistem ao tempo, a despeito da velocidade astronômica das mudanças havidas nas relações sociais e, em especial, na atividade jurisdicional estatal das últimas décadas. Ao completar seus 80 anos, o professor continua a produzir ideias novas e alimentar debates doutrinários e jurisprudenciais próprios de um jovem. Enfrenta o direito com a mesma paixão de um aluno recém-ingressado nos bancos da faculdade. Não se cansa de refletir sobre as soluções antigas, questionar os dogmas, e reformular suas hipóteses, aceitar novas ideias, escutar novos juristas. Convive com novos tempos, novos problemas e sugere novas soluções, sempre com rigor científico e com muita ponderação e bom senso, próprios dos que muito viram, muito leram, muito estudaram e refletiram acerca do mundo que os cerca. Sabedoria reservada àqueles que aliaram o saber, a experiência e a humildade. A tutela dos interesses transindividuais e coletivos é um desses campos da ciência do direito que muito exigem reflexão e debate. É um mundo novo com múltiplas possibilidades. A discussão que hoje propomos decorre do enfrentamento concreto das dificuldades que essa nova realidade trouxe, em razão de um sistema normativo ainda incipiente. Busca-se, neste estudo, propor soluções ou apenas fomentar um debate rico sobre a definição do foro mais adequado dentre os diversos potencialmente competentes para o julgamento das ações coletivas pulverizadas. E propõe-se um modo conciliador de ler as velhas normas sobre a inspiração de novos princípios.

1. INTRODUÇÃO

A preocupação com a tutela de interesses *coletivos* ganhou força nas últimas décadas do século XX, impulsionada pela ineficiência dos instrumentos atinentes ao processo individual para promover a preservação do meio ambiente e a proteção ao consumidor[3]. A jurisdição individual, aos poucos, passou a conviver com o processo coletivo, em que as partes vão a juízo não mais defender o próprio interesse individual, mas na busca de tutela de interesses da coletividade, difusos, coletivos ou individuais homogêneos. Surgiram então processos e procedimentos adaptados a essa nova realidade. Passadas algumas décadas da edição da Lei de Ação Civil Pública e do Código de Defesa do Consumidor, a utilização de instrumentos processuais para tutela de direitos transindividuais já faz parte da cultura jurídica brasileira.

A existência de múltiplos legitimados contribuiu ativamente para a disseminação de demandas que promovem a repressão ou reparação de atos atentatórios aos direitos transindividuais e coletivos e tornou a tutela coletiva efetivamente mais democrática. Porém, sob a perspectiva do processo justo e da garantia da *máxima efetividade* às ações coletivas, um

---

[3] Segundo Teori Albino Zavascki, "Tomou-se consciência, à época, da quase absoluta inaptidão dos métodos processuais tradicionais para fazer frente aos novos conflitos e às novas configurações de velhos conflitos, especialmente pela particular circunstância de que os interesses atingidos ou ameaçados extrapolavam, em muitos casos, a esfera meramente individual, para atingir uma dimensão maior, de transindividualidade." (ZAVASCKI, Teori Albino. *Processo coletivo: tutela de direitos coletivos e tutela coletiva de direitos*. 7. ed. São Paulo: Revista dos Tribunais, 2017, p. 33).

dos principais desafios é o equacionamento das inúmeras incoerências que podem decorrer do regime geral de competência para essas demandas e do modelo de *foros concorrentes* nos conflitos de abrangência regional e nacional (art. 93, II do CDC).

Nesse contexto, o presente estudo busca traçar as linhas gerais do regime de competências nessas ações, apontar algumas situações concretas em que as normas do microssistema não resolvem adequadamente e tentar contribuir para uma importante discussão que tem ocupado a doutrina processual na atualidade: a possibilidade de haver o controle judicial da *adequação* do foro abstratamente fixado como competente com base na teoria do *forum non conveniens*.

2. AS NORMAS DE ATRIBUIÇÃO DE COMPETÊNCIA NO PROCESSO COLETIVO BRASILEIRO

2.1. O *Microssistema de Processo Coletivo:* o papel da Lei de Ação Civil Pública e do CDC no regramento da tutela coletiva de direitos

No ordenamento jurídico brasileiro, a ação popular foi o primeiro instrumento processual, criado para proteção de interesses transindividuais que legitimou o cidadão a pleitear a nulidade de atos lesivos ao patrimônio público[4]. Nas décadas seguintes, foi publicada a Lei nº 7.347/85 (Lei de Ação Civil Pública), que lançou as bases para a formação de um *sistema processual* para proteção de interesses difusos e coletivos[5].

Esse sistema se consolidou com a promulgação da Constituição da República de 1988 e da edição do Código de Defesa do Consumidor (Lei nº 8.078/90), que, em seu título III, estabeleceu as regras gerais para efetivação da tutela dos direitos *difusos, coletivos e individuais homogêneos* em juízo[6].

Diversas normas posteriores previram regras atinentes ao processo coletivo – a exemplo do estatuto da criança e do adolescente[7] – o que exige do intérprete um trabalho de inte-

---

[4] Lei n. 4.717/65: Art. 1º Qualquer cidadão será parte legítima para pleitear a anulação ou a declaração de nulidade de atos lesivos ao patrimônio da União, do Distrito Federal, dos Estados, dos Municípios, de entidades autárquicas, de sociedades de economia mista (Constituição, art. 141, § 38), de sociedades mútuas de seguro nas quais a União represente os segurados ausentes, de empresas públicas, de serviços sociais autônomos, de instituições ou fundações para cuja criação ou custeio o tesouro público haja concorrido ou concorra com mais de cinqüenta por cento do patrimônio ou da receita ânua, de empresas incorporadas ao patrimônio da União, do Distrito Federal, dos Estados e dos Municípios, e de quaisquer pessoas jurídicas ou entidades subvencionadas pelos cofres públicos.
[5] ZAVASCKI, Teori Albino. *Op. cit.,* p. 36.
[6] ZAVASCKI, Teori Albino. *Op cit.,* p. 36-37.
[7] O estatuto da Criança e do Adolescente (Lei nº 8.069/90) prevê, em capítulo próprio, a proteção de direitos difusos, coletivos e individuais homogêneos em juízo, trazendo normas de caráter processual. Destaca-se, neste ponto, o art. 224, que prevê a aplicação subsidiária da Lei nº 7.347/85 para as ações coletivas previstas na lei.

gração entre esses diplomas, definindo, a partir deles, o procedimento para determinada ação coletiva. Essa interpretação tem como fundamento o que a doutrina processual e a jurisprudência do STJ[8] definem como um *microssistema de processo coletivo*[9].

Fredie Didier Júnior e Hermes Zaneti Júnior propõem a seguinte *diretriz* para a identificação da regra aplicável à situação-problema de processo coletivo: (i) em primeiro lugar, a solução deve ser buscada no diploma específico para a ação coletiva (sendo uma ação popular, a Lei nº 4.717/65); (ii) caso a norma específica não dê solução ao problema, essa deve ser buscada *no núcleo do microssistema* (Lei de Ação Civil Pública e Título III do CDC); (iii) não havendo solução satisfatória, devem ser analisadas as demais normas de processo coletivo, em conjunto com as regras do processo individual, na medida em que não conflitem com a lógica do processo coletivo[10].

A par das regras que compõem o microssistema, os princípios constitucionais do *acesso à justiça, da boa-fé, cooperação e igualdade entre as partes e da eficiência da jurisdição*, consagrados nas *normas fundamentais* do Código de Processo Civil de 2015, assumem especial importância nas ações coletivas[11].

A efetivação da tutela coletiva de direitos depende – ainda mais do que a individual – de interpretação normativa voltada para os princípios formadores do Estado Democrático de Direito, com destaque para a *eficiência* da administração, para a *cooperação* das partes e para a *primazia da solução de mérito*. Fala-se, por isso em um *devido processo legal coletivo* – pautado na eficiência e na flexibilização procedimental[12], que segue um *regime diferenciado* decorrente da interpretação renovada de institutos como a competência, legitimidade, coisa julgada, entre outros[13].

---

[8] *"É pacífico o entendimento no Superior Tribunal de Justiça segundo o qual por força do princípio da integração, as Leis n. 4.717/65, 7.347/85, 8.078/90 e 8.429/92, dentre outras, compõem um microssistema processual coletivo, com o objetivo de propiciar uma adequada e efetiva tutela dos bens jurídicos por elas protegidos."* (Superior Tribunal de Justiça, AgInt no REsp 1521617/MG. Relatora Min. Regina Helena Costa, Primeira Turma. J. em 16/05/2017, Dje em DJe 22/05/2017).

[9] DIDIER Júnior, Fredie; ZANETI Júnior, Hermes. *Curso de direito processual civil*. 11. ed. Salvador: JusPodivm, 2017, v. 4, p. 56.

[10] DIDIER Júnior, Fredie; ZANETI Júnior, Hermes. *Op. cit.*, p. 58.

[11] Sobre o tema, veja-se: THEODORO JÚNIOR, Humberto. Normas Fundamentais. In: *Processo Civil Brasileiro*: novos rumos a partir do CPC/15. Humberto Theodoro Júnior (coord). Belo Horizonte: Del Rey, 2017, p. 19-36.

[12] Nesse sentido, a Lição de Rodolfo Camargo Mancuso: *"no plano da jurisdição coletiva, o devido processo legal não pode ser visto com a mesma rigidez e ortodoxia, a começar por conta das finalidades de largo espectro social que são ali perseguidas, como o meio ambiente, as relações de consumo, as ordens econômica e urbanística, o patrimônio cultural, objeto da ação civil pública da Lei 7.347/85 (art. 1º e incisos). Em tais casos, a utilidade prática (pedido mediato) do provimento jurisdicional não aproveita diretamente ao autor da ação, mas reverte em prol de uma coletividade, de um segmento social; (...). Não se pode, nesse ambiente diferenciado, raciocinar como nos conflitos intersubjetivos (Tício versus Caio), de onde resultam um ganhador e um perdedor, mas se cuida de mega conflitos que, bem manejados judicialmente, trazem proveito para a comunidade ou para um segmento dela. Caso contrário, todos são prejudicados."* (g.n.) (MANCUSO, Rodolfo de Camargo. *Jurisdição coletiva e coisa julgada*: teoria geral das ações coletivas. São Paulo: Revista dos Tribunais, 2006, p. 273).

[13] DIDIER Júnior, Fredie; ZANETI Júnior, Hermes. *Op. cit.*, p. 58.

Essa visão do sistema processual coletivo e do diálogo entre as normas processuais da legislação especial e as garantias constitucionais do processo terá grande importância na definição do *regime de competência* para as ações coletivas, como se verá a seguir.

2.2. A *regra geral*: competência absoluta do foro do local do dano

A definição no juízo competente é extremamente importante para a concretização das garantias do acesso à justiça – principalmente em uma das suas acepções que é o princípio do *juiz natural* – e do devido processo legal, consagrados constitucionalmente (CF/88 art. 5º, incisos XXXV e LIV)[14]. No sistema processual brasileiro, o juiz natural é entendido como juízo competente segundo critérios objetivos, anteriormente fixados pelo legislador[15]. As regras para fixação de competência – tanto no processo individual quanto no coletivo – encontram-se expressamente previstas na constituição e na lei[16].

Diante de uma situação concreta, a identificação do foro competente *se faz por meio de sucessivas etapas, cada uma representando um problema a ser resolvido*, conforme lecionam Araújo Cintra, Ada Grinover e Cândido Dinamarco[17]. A primeira dessas etapas é a definição da *justiça* competente[18], seguida da competência originária, de foro e de juízo[19].

A aplicação das normas constitucionais para justiça competente ao processo coletivo é unanimemente reconhecida pela doutrina[20]. Porém, no que concerne à competência de

---

[14] Sobre o conteúdo dos princípios do acesso à justiça e do devido processo legal, entendido como *processo justo*, veja-se: THEODORO JÚNIOR, Humberto. *Curso de direito processual civil*. 58. ed. Rio de Janeiro: Forense, 2017. v. 1, p. 74-75.

[15] THEODORO JÚNIOR, Humberto. *Op. cit.*, p. 74.

[16] É o que se infere do texto do art. Art. 44 do CPC/15: Obedecidos os limites estabelecidos pela Constituição Federal, a competência é determinada pelas normas previstas neste Código ou em legislação especial, pelas normas de organização judiciária e, ainda, no que couber, pelas constituições dos Estados.

[17] ARAÚJO Cintra, Antônio Carlos de Araújo; GRINOVER, Ada Pellegrini; DINAMARCO, Cândido Rangel. *Teoria geral do processo*, p. 196-197. Apud THEODORO JÚNIOR, Humberto. *Op. cit.*, p. 209.

[18] Essa operação é feita a partir da análise da competência das Justiças Especiais na Constituição da República, quais sejam: (i) a Justiça do Trabalho (arts. 111 e seguintes da CF); (ii) a Justiça Eleitoral (arts. 118 e seguintes da CF); e (iii) a Justiça Militar (art. 122 e seguintes da CF). Caso sejam excluídas todas essas Justiças especializadas, a competência será da justiça cível comum, que se divide em justiça Federal e Estadual. As causas de competência da Justiça Federal estão previstas na Constituição da República (arts. 107 e seguintes da CF), que prevê tanto critérios ligados aos sujeitos (*ratione personae*), quanto ligados à matéria envolvida nos litígios (*ratione materiae*). Todas as causas não atribuídas à Justiça Federal são de competência da Justiça Estadual, cuja competência é, igualmente, residual.

[19] Sobre os critérios para definição da competência, veja-se: THEODORO JÚNIOR, Humberto. *Op. cit.*, p. 209 e seguintes.

[20] MOREIRA, Egon Bockmann *et al. Comentários à lei de Ação Civil Pública*. São Paulo: Revista dos Tribunais, 2016, p. 205.

foro[21] e à competência de juízo[22], o microssistema de processos coletivos traz normas processuais próprias, que devem ser aplicadas em detrimento das regras do processo individual.

Mais relevante para o presente estudo, a competência de foro tem como regra geral o art. 2º da Lei nº 7.347/85, segundo o qual: *as ações previstas nesta Lei serão propostas no foro do local onde ocorrer o dano, cujo juízo terá competência funcional para processar e julgar a causa.*

A doutrina processual é unânime ao afirmar que a regra trata de competência *absoluta*[23], em razão do interesse público que permeia a regulação dessas ações e também em virtude da expressão *competência funcional*24 prevista na parte final do dispositivo[25].

O art. 93, inc. I do CDC reproduz a norma ao tratar dos danos de âmbito local[26] e o mesmo ocorre em outras leis do *microssistema*, como o art. 209 do Estatuto da Criança e do Adolescente[27], cuja redação, de forma mais clara, já aponta para o caráter absoluto da competência territorial ali fixada.

A partir da interpretação conjunta das normas acima apontadas, pode-se definir como *regra geral* para as ações coletivas a fixação de competência territorial absoluta para o local do ato ou evento danoso[28], dedutível a partir da Lei de Ação Civil Pública e no art. 93, I, do CDC, e aplicável a toda ação coletiva que não possuir, em seu regramento próprio, normas de atribuição de competência de foro, como ocorre com a Ação Popular[29].

---

[21] A competência territorial – ou competência de foro – é aquela atribuída aos diversos órgãos jurisdicionais levando em conta a divisão do território nacional em circunscrições judiciárias.

[22] A Lei de Ação Popular (Lei no 4.717/1965) traz em seu artigo 5º norma específica quanto à competência para processamento da demanda. Segundo o dispositivo, será competente para apreciação da demanda o juiz que, de acordo com a organização judiciária de cada Estado, o for para as causas que interessem à União, ao Distrito Federal, ao Estado ou ao Município.

[23] É absoluta a competência fixada em razão da própria organização da justiça, sendo fixada em atenção do interesse público. A norma que atribui competência absoluta é considerada *de ordem pública*, e o seu controle pode ser feito de ofício e a qualquer tempo.

[24] A competência em razão da função, ou competência funcional, é conceituada por Cândido Dinamarco como aquela "decorrente do prévio exercício da jurisdição por determinado órgão" e que deriva de forma automática do dispositivo legal (DINAMARCO. Cândido Rangel. *Instituições de direito processual civil*. 8. ed. São Paulo: Malheiros, 2016. v. 1, p. 618).

[25] Barbosa Moreira, em lição citada por Egon Bockmann Moreira e outros destacam que *"A 'competência funcional' de que trata a LACP diz respeito à 'estabelecida em razão do lugar, estabelecida tendo em vista a maior facilidade ou conveniência de aquele determinado órgão judicial exercer as suas funções com relação a determinado litígio."* (BARBOSA MOREIRA, José Carlos. Apud MOREIRA, Egon Bockmann *et al.. Op. cit.*, p. 208) .

[26] Art. 93. Ressalvada a competência da Justiça Federal, é competente para a causa a justiça local:
I - no foro do lugar onde ocorreu ou deva ocorrer o dano, quando de âmbito local;

[27] Lei nº 8.069/90. Art. 209. As ações previstas neste Capítulo serão propostas no foro do local onde ocorreu ou deva ocorrer a ação ou omissão, cujo juízo terá competência absoluta para processar a causa, ressalvadas a competência da Justiça Federal e a competência originária dos tribunais superiores.

[28] Nesse sentido, veja-se: DIDIER Júnior, Fredie; ZANETI Júnior, Hermes. *Op. cit.*, p. 133 e MOREIRA, Egon Bockmann *et al.. Op. cit.*, p. 207-208.

[29] Sobre a aplicação das regras da Lei de Ação Civil Pública à ação popular, veja-se a lição de Fredie Didier Júnior e Hermes Zaneti Junior: *"Embora a Lei de Ação Popular (Lei nº 4.717/65, art.*

O Superior Tribunal de Justiça e a doutrina processual[30] reconhecem que a escolha do foro do local do dano foi motivada por razões de *ordem pública*, como a proximidade com o evento danoso, a maior facilidade de produção probatória e a busca da *máxima efetividade para as ações coletivas* (1996, p. 50-51). De fato, há um interesse *social* na tramitação das ações coletivas, que justifica – dentro da ideia de um *devido processo legal coletivo* – a fixação de competência territorial absoluta[31].

A consequência desse caráter de ordem pública é o fato de que a competência territorial prevista nas normas de processo coletivo não admite, em regra, a prorrogação[32]. A transgressão da norma é questão que supera os direitos individuais em jogo, impõe a nulidade dos atos praticados por juízo incompetente e não se sujeita à preclusão[33].

2.3. A competência para os conflitos de caráter regional e nacional: art. 93, II do CDC

Um problema que decorre imediatamente da regra de determinação da competência nas ações coletivas, amplamente reconhecido pela doutrina, é identificar o foro competente quando a extensão do dano ultrapassa os limites de uma comarca/subseção judiciária[34].

5º), somente cuide da competência em razão do juízo, reputa-se aplicável a essa demanda a regra de competência territorial absoluta do foro do local do dano, exatamente em razão da premissa, defendida neste curso, de que existe um microssistema de tutela jurídica efetiva" (DIDIER Júnior, Fredie; ZANETI Júnior, Hermes. *Op. cit.*, p. 134).

[30] Em doutrina, vejam-se: MANCUSO, Rodolfo de Camargo. *Ação Civil Pública*. 4. ed. São Paulo: Revista dos Tribunais, 1996, p. 50-51; DIDIER Júnior, Fredie; ZANETI Júnior, Hermes. *Op. cit.*, p.141;

[31] Nesse sentido, o trecho do seguinte acórdão do STJ: *"Qualquer que seja o sentido que se queira dar à expressão competência funcional prevista no art. 2º da Lei 7.347/85, mister preservar a vocação pragmática do dispositivo: o foro do local do dano é uma regra de eficiência, eficácia e comodidade da prestação jurisdicional, que visa a facilitar e otimizar o acesso à justiça, sobretudo pela proximidade física entre juiz, vítima, bem jurídico afetado e prova."* (SUPERIOR TRIBUNAL DE JUSTIÇA, REsp 1.057.878/RS, Terceira Turma, Relator Min. Herman Benjamim, j. em 26/05/2009, DJe em 21/08/2009).

[32] A prorrogação ocorre quando há a ampliação da competência de um órgão jurisdicional para conhecimento de certas causas – tanto por força de lei (no caso da conexão ou continência) quanto em razão da vontade das partes, de maneira expressa (como no foro de eleição) ou tácita, quando o réu deixa de questionar a incompetência relativa em contestação. Veja-se, nesse sentido: THEODORO JÚNIOR, Humberto. *Op. cit.*, p. 236.

[33] Sobre as consequências da tramitação de ação coletiva em foro absolutamente incompetente, veja-se a lição, ainda atual, de Rodolfo Camargo Mancuso: *"Seja porque aí se seguiu a regra de competência territorial especial (CPC, art. 100, V, a); seja porque a própria letra da lei é no sentido de que o juiz 'terá competência funcional para processar e julgar a causa', não procede dúvida de que, no caso, se trata de competência absoluta, com as consequências daí decorrentes: não se prorroga, não depende de exceção para ser conhecida, pode ser declarada de ofício em qualquer tempo ou grau de jurisdição e mesmo em ação rescisória (CPC, art. 485, II).* (MANCUSO, Rodolfo de Camargo. *Op. cit.*, p. 49-50).

[34] MOREIRA, Egon Bockmann *et al.. Op. cit.*, p. 209.

A solução dada pelo legislador encontra-se no art. 93, do CDC, que prevê a competência: (a) do foro do lugar onde ocorreu ou deva ocorrer o dano, quando de âmbito local (inciso I); e (b) do foro da Capital do Estado ou no do Distrito Federal, para os danos de âmbito nacional ou regional, aplicando-se as regras do Código de Processo Civil aos casos de competência concorrente (inciso II). A aplicação dessa regra, nos danos de caráter regional ou nacional, possibilita a verificação de foros concorrentes para a apreciação da controvérsia[35].

Não obstante a tentativa do legislador, o emprego de conceitos indeterminados na redação do dispositivo e a dificuldade decorrente da identificação do âmbito de abrangência dos danos tornaram o art. 93 do CDC alvo de intensa divergência doutrinária e jurisprudencial[36].

Importante debate doutrinário, ainda não pacificado, diz respeito ao próprio enquadramento das situações jurídicas concretas nos conceitos de dano de abrangência regional ou nacional, o que impede a definição do foro competente no caso concreto[37].

Parte da doutrina procurou estabelecer parâmetros quantitativos para a identificação de um dano como *regional ou nacional*: a título de exemplo, o projeto de Código Brasileiro de Processos Coletivos identifica como dano de âmbito regional, a atrair a competência da Capital do Estado, aquele que abrangesse três ou mais municípios[38].

Essa posição foi severamente criticada por Fredie Didier Júnior e Hermes Zaneti Júnior, para os quais seria impossível estabelecer, de antemão, certo número de comarcas afetadas para que o dano seja considerado regional. A solução, segundo os autores, seria a apuração do *foro adequado* para o processamento da demanda, com base nas circunstâncias do caso concreto[39].

A crítica parece adequada, uma vez que o deslocamento da competência para a capital do estado com base em critério *a priori* pode distanciar o juiz do foco do dano e dos elementos para produção probatória: basta pensar na hipótese de um dano que abarca diversas comarcas de uma mesma região dentro do estado. Para essas ações, a atribuição de competência para um dos foros diretamente afetados – seguindo as regras de prevenção trazidas pelo microssistema – atende melhor aos postulados da eficiência, que motivaram a criação da regra de competência do foro do local do dano[40].

---

[35] Ocorre a competência concorrente – aqui entendida como contraponto à competência exclusiva – quando, a partir da análise dos critérios legais para definição de competência, há mais de um foro (potencialmente) competente para o processamento e julgamento do feito.

[36] Já foram superados, no âmbito da doutrina e do Superior Tribunal de Justiça, (i) a aplicação da norma do art. 93 do CDC em todas as ações para tutela de direitos coletivos, dentro da ideia de um microssistema de processos coletivos; e (ii) competência concorrente das Capitais dos Estados e do Distrito Federal para os conflitos de abrangência nacional. Sobre essas divergências em torno do dispositivo, veja-se: DIDIER Júnior, Fredie; ZANETI Júnior, Hermes. *Op. cit.*, p. 137; LENZA, Pedro. Competência na Ação Civil Pública: dano de âmbito local, regional e nacional – art. 93 do CDC. In. *Tutela Coletiva*: 20 anos da Lei de Ação Civil Pública e do fundo de defesa de direitos difusos, 15 anos do Código de Defesa do Consumidor. Paulo Henrique dos Santos Lucon (coord.) São Paulo: Atlas, 2006. p. 200-213; MOREIRA, Egon Bockmann *et al.. Op. cit.*, p. 210 e seguintes.

[37] MOREIRA, Egon Bockmann *et al.. Op. cit.*, p. 211-212.

[38] LENZA, Pedro. *Op. cit.*, p. 211.

[39] DIDIER Júnior, Fredie; ZANETI Júnior, Hermes. *Op. cit.*, p. 141.

[40] LENZA, Pedro. *Op. cit.*, p. 212-213.

O Superior Tribunal de Justiça, por sua vez, vem adotando abordagem casuística na aplicação do art. 93 do CDC. No Conflito de Competência n. 126.601/MG, por exemplo, a Primeira Seção daquela Corte Superior reconheceu a abrangência nacional de controvérsia debatida nas ações coletivas, que tratavam de reajuste tarifário aplicado pela ANEEL às concessionárias de energia elétrica. Como consequência, foi afirmada a competência da subseção judiciária do Distrito Federal, por ser o *juízo prevento* dentre as capitais potencialmente competentes[41].

Para os fins desse estudo, importa assentar que a solução encontrada pelo legislador para a definição de competência nos danos regionais e nacionais foi criação de um *sistema de foros concorrentes*, que visava a assegurar a prefixação dos critérios de competência no sistema processual brasileiro.

Ademais, o *microssistema* prevê regras de prevenção para as ações coletivas, tanto no 5º § 3º da Lei nº 4.717/1965[42] quanto no 2º, parágrafo único da Lei de Ação Civil Pública, adotando, como critério comum, *a distribuição da primeira ação*. A *escolha* desse modelo trouxe importantes consequências para a efetivação da tutela coletiva e concretização, nessas demandas, do princípio do processo justo, como será retomado a seguir.

3. IMPACTOS NEGATIVOS DO MODELO DE FOROS CONCORRENTES PARA A DEFINIÇÃO DE COMPETÊNCIA DAS AÇÕES COLETIVAS

3.1. *Forum Shopping*: o exercício abusivo do direito de escolha de foro pelo autor coletivo

O regime de competências desenvolvido no microssistema do processo coletivo, principalmente em razão do disposto no art. 93, II do CDC, possibilita a existência de mais de um foro *potencialmente competente* para a apreciação de demanda coletiva – configuração da competência concorrente. O número de comarcas/subseções judiciárias competentes varia conforme a extensão dos danos cuja reparação se busca: pode se limitar a algumas cidades; ou abarcar qualquer capital de Estado-Membro e o Distrito Federal, como ocorre nas ações coletivas de abrangência nacional[43].

Conforme a lição de Paula Sarno Braga, a previsão legislativa de Estados ou foros concorrentes para a apreciação de uma determinada controvérsia *confere ao autor da*

---

[41] SUPERIOR TRIBUNAL DE JUSTIÇA. CC 126.601/MG. Relator Ministro Mauro Campbell Marques. Primeira Seção, julgado em 27/11/2013, DJe 05/12/2013.

[42] Art. 5º Conforme a origem do ato impugnado, é competente para conhecer da ação, processá-la e julgá-la o juiz que, de acordo com a organização judiciária de cada Estado, o for para as causas que interessem à União, ao Distrito Federal, ao Estado ou ao Município.
(...)
§ 3º A propositura da ação prevenirá a jurisdição do juízo para todas as ações, que forem posteriormente intentadas contra as mesmas partes e sob os mesmos fundamentos.

[43] DIDIER JÚNIOR, Fredie. *Curso de direito processual civil*. 17. ed. Salvador: JusPodivm, 2015. v. 1, p. 206.

demanda o direito potestativo de escolha do Estado ou do foro de sua preferência, no exercício do chamado *forum shopping*[44].

A escolha, que é garantida pelo ordenamento, pode levar em consideração diversas razões: a proximidade com o fato gerador do dano, a maior facilidade para produção de provas, o menor custo para o ajuizamento e acompanhamento da ação e mesmo uma maior possibilidade de êxito da demanda, caso seja ajuizada perante aquele juízo[45].

Porém, o exercício *forum shopping* deve adotar como limites os deveres de boa fé e cooperação entre as partes e o juiz, consagrados nos arts. 5º e 6º do CPC/15[46]. A escolha do foro competente não pode, de forma alguma, prejudicar o direito de defesa dos réus ou a produção de provas no feito, situação em que se configura o abuso de direito, vedado pelo ordenamento. É relevante, nesse sentido, a lição de Fredie Didier Júnior:

> É compreensível que, havendo vários foros competentes, o autor escolha aquele que acredita ser o mais favorável aos seus interesses. É do jogo, sem dúvida. O problema é conciliar o exercício desse direito potestativo com a proteção da boa-fé. Essa escolha não pode ficar imune à vedação ao abuso do direito, que é exatamente o exercício do direito contrário à boa-fé[47].

Transpondo-se a discussão ao campo do processo coletivo, é ampla a possibilidade de exercício abusivo do *forum shopping* nessa espécie de litígio. A título de exemplo, pode-se pensar no ajuizamento de reparação de um dano de abrangência nacional em uma Capital de Estado distante dos fatos que ensejaram o dano; da sede/domicílio do requerido e/ou dos meios necessários para produção das provas.

O ajuizamento de demanda nestas circunstâncias, ainda que o foro seja potencialmente competente, representa um abuso do direito de escolha, que deve ser coibido em atenção aos princípios da boa fé e cooperação[48].

3.2. A pulverização de demandas em diversos foros *potencialmente competentes*

A ocorrência de incoerências dentro do modelo de foros concorrentes nem sempre depende de uma conduta dolosa por parte do autor, como no exercício abusivo do *forum*

---

[44] BRAGA, Paula Sarno. Competência adequada. In. *Revista de processo*. Nº 219. São Paulo: Revista dos Tribunais, maio de 2013, p. 20.

[45] Nesse sentido, veja-se: DIDIER JÚNIOR, Fredie. *Op. cit.*, 207 e BRAGA, Paula Sarno. *Op. cit.*, p. 22.

[46] Sobre a cláusula geral de boa-fé objetiva e sua aplicação ao direito processual civil, veja-se: THEODORO JÚNIOR, Humberto. *Op. cit.*, p. 78/82.

[47] DIDIER JÚNIOR, Fredie. *Op. cit.*, p. 207.

[48] Segundo Humberto Theodoro Júnior, a transgressão do dever de boa fé, justamente em razão do caráter aberto da norma fundamental, pode gerar consequências diversas, dentre as quais se destaca a nulidade do ato praticado, a preclusão de ato processual em razão da supressio, o dever de indenizar (no caso de dano), a imposição de sanções, entre outras. (THEODORO JÚNIOR, Humberto. *Op. cit.*, p. 81).

shopping. Ela pode decorrer da multiplicidade de interesses em jogo nos conflitos dessa espécie, e do próprio modelo de proteção de direitos difusos, coletivos e direitos individuais homogêneos.

Basta pensar numa situação de danos causados por um acidente de natureza ambiental. O mesmo fato, sem dúvidas, pode originar diversos danos distintos, afetar de forma diferente diversos grupos de pessoas e, consequentemente, dar origem a diversas demandas individuais e coletivas, ajuizadas por diferentes legitimados. Ao mesmo tempo: (a) um membro do Ministério Público pode ajuizar ação para promover a reparação de eventual dano ambiental (de caráter claramente difuso); (b) um cidadão pode ajuizar ação popular pleiteando reparação ao patrimônio público pelos mesmos fundamentos; e (c) uma associação pode requerer, em ação coletiva, indenização pelos prejuízos individuais de seus associados.

Isso ocorre porque o microssistema processual coletivo, com o intuito de tutelar os interesses transindividuais e individuais homogêneos de forma efetiva, previu diversos meios processuais para essa tutela, e atribuiu legitimação para agir a mais de um órgão, simultaneamente. É o que esclarecem Fredie Didier Júnior e Hermes Zaneti Júnior, ao afirmar que o *modelo representativo brasileiro é caracterizado pela legitimação concorrente e simultânea (i) do particular, por meio da ação popular, cujo manejo é garantido a qualquer cidadão; (ii) de pessoas jurídicas de direito privado (Associações, Sindicatos, Partidos Políticos, etc.); (iii) e a órgãos do Poder Público, como o Ministério Público e a própria administração direta*49.

Num conflito de grande repercussão – como a situação hipotética acima imaginada – a multiplicidade de (i) foros competentes, (ii) de legitimados ativos(iii) de medidas passíveis de ajuizamento e (iv) de danos/interesses a serem protegidos como consequência de um mesmo fato pode acarretar uma verdadeira pulverização de demandas por todo o território nacional.

Essa tramitação simultânea e dispersa de ações, por sua vez, importa em altos custos para o Poder Judiciário e dispêndio de recursos por todos os demandantes; viola a ideia de economia processual (como consequência da replicação de procedimentos/produção de provas em diversas ações); prejudica o direito de defesa das partes requeridas e gera o risco quase inevitável de prolação de decisões conflitantes, em prejuízo à isonomia e segurança jurídica.

É evidente a complexidade do problema ora apresentado, cabendo ao operador do direito formular o seguinte questionamento: será possível, em todas as situações, definir a solução para os conflitos de competência com base em regras abstratamente fixadas?

Para que se possa responder à essa pergunta, passa se a descrever os métodos positivados para equacionamento desses problemas.

3.3. A solução trazida pelo *microssistema*: modificações de competência territorial absoluta e reunião dos processos no juízo prevento

Segundo Rodolfo Camargo Mancuso, os meios para prevenir as incoerências decorrentes desse sistema de foros concorrentes e da consequente multiplicidade de ações sobre o mesmo fato seriam (i) a reunião das ações *assemelhadas* por conexão ou continência, para

---

49   DIDIER Júnior, Fredie; ZANETI Júnior, Hermes. *Op. cit.*, p.195-196.

julgamento conjunto; e/ou (ii) a extinção das ações *duplicadas,* no caso de identidade de causa de pedir e pedido (configurar-se-ia a litispendência)[50].

A reunião das ações deve ocorrer quando as demandas coletivas têm como base as mesmas circunstâncias fáticas, ainda que fossem formulados pedidos diversos (o que ocorre, por exemplo, quando duas demandas têm como objetivo a apuração de responsabilidade em razão de um mesmo fato gerador, mas uma delas formula pretensão de caráter difuso e outra pleiteia direito individual homogêneo). A conexão seria justificável por razões de economia processual e/ou para mitigar o risco de prolação de decisões conflitantes[51] e o critério adotado para fixação da competência foi o da prevenção[52].

O que se infere dos arts. 5º § 3º da Lei nº 4.717/1965[53] e 2º, parágrafo único da Lei de Ação Civil Pública[54], é que o foro em que for distribuída[55] a primeira demanda coletiva, dentre todos os potencialmente competentes, é que deverá processar e julgar todas as demandas posteriores a respeito da mesma causa de pedir ou objeto. Leva-se em consideração, portanto, apenas a ordem cronológica de distribuição das demandas para definição do foro competente.

Já a litispendência ocorreria sempre que as ações coletivas formulassem pretensão de mesma natureza e com base nos mesmos fatos (por exemplo, duas ações formuladas por diferentes legitimados para proteção de direito difuso, e com pedidos idênticos de danos

---

[50] Nesse sentido, veja-se a obra *Jurisdição coletiva e coisa julgada*: teoria geral das ações coletivas (MANCUSO. Rodolfo de Camargo. *Op. cit.*, p. 476).

[51] A doutrina nacional vem reconhecendo a possibilidade de conexão entre os foros *absolutamente competentes* para o processamento de ações coletivas, com a reunião dos processos no juízo prevento. (MOREIRA, Egon Bockmann *et al, Op. cit.*, p. 223). A partir da entrada em vigor do CPC/15, também vem sendo defendida a possibilidade de reunião de ações coletivas caso haja *risco de decisões conflitantes,* nos termos do art. 55, § 3º do Novo Código (DIDIER Júnior, Fredie; ZANETI Júnior, Hermes. *Op. cit.,* p.163).

[52] Humberto Theodoro Júnior, em seu *Curso de direito processual civil,* afirma que a prevenção pode ser definida como *"prefixação da competência, para todo o conjunto das diversas causas, do juiz a quem primeiro foi registrada ou distribuída a petição inicial de uma das lides coligadas por conexão ou continência"* (THEODORO JÚNIOR, Humberto. *Op. cit.*, p. 245).

[53] Art. 5º Conforme a origem do ato impugnado, é competente para conhecer da ação, processá-la e julgá-la o juiz que, de acordo com a organização judiciária de cada Estado, o for para as causas que interessem à União, ao Distrito Federal, ao Estado ou ao Município.
(...)
§ 3º A propositura da ação prevenirá a jurisdição do juízo para todas as ações, que forem posteriormente intentadas contra as mesmas partes e sob os mesmos fundamentos.

[54] Art. 2º As ações previstas nesta Lei serão propostas no foro do local onde ocorrer o dano, cujo juízo terá competência funcional para processar e julgar a causa.
Parágrafo único A propositura da ação prevenirá a jurisdição do juízo para todas as ações posteriormente intentadas que possuam a mesma causa de pedir ou o mesmo objeto.

[55] Após algum debate em torno da interpretação da expressão *propositura da ação* no art. 2º da Lei de Ação Civil Pública, o STJ fixou o entendimento de que o critério para fixação da competência do juízo é a primeira distribuição de ação coletiva (MOREIRA Egon Bockmann *et al, Op. cit.*, p. 223).

materiais/morais). Diante da identidade de causa de pedir e pedido, e da tutela de direitos de mesma titularidade (a coletividade, no caso dos direitos difusos do exemplo), ainda que por legitimados diversos, não haveria justificativa para a tramitação simultânea das demandas[56].

Parte da doutrina, entretanto, vem assentando que, ainda que configurada a identidade de causa de pedir e pedidos (aqui entendida como apta a ensejar a litispendência), a melhor solução seria a reunião das ações no juízo prevento, de modo a garantir a participação de todos os legitimados na construção do provimento jurisdicional[57]. Sem dúvida, esta solução é a que tem maior consonância com o modelo constitucional de processo e com a garantia do *processo justo*.

De toda forma, entendendo-se pela necessidade de reunião das ações, outra questão relevante deve ser respondida: dada a complexidade das relações jurídicas e dos interesses em jogo num conflito de grande abrangência, a definição do foro competente para processamento das ações reunidas deve ocorrer, necessariamente, no juízo em que foi distribuída a primeira demanda?

Para uma parte da doutrina, calcada na concepção tradicional do princípio do juiz natural, a resposta deve ser positiva, atribuindo-se a competência ao juízo prevento, com base nas regras do microssistema[58]. Essa posição vem sendo acolhida pela jurisprudência do STJ, que majoritariamente define como competente o foro em que foi distribuída a primeira ação[59].

Não se nega, no presente estudo, a importância de se reunir as ações coletivas que tenham a mesma base fática, para julgamento conjunto de todas as pretensões, de modo a evitar a prolação de decisões conflitantes. O que deve ser discutido pela doutrina – sendo esta uma pequena contribuição – é a pretensa suficiência de se adotar a ordem cronológica como único critério para definição da competência. Basta supor, por exemplo, que o juízo definido como prevento para resolução de um conflito de abrangência nacional seja uma Capital distante do foco do dano e tenha sido escolhido por motivos de conveniência pessoal do autor (*forum shopping*).

Ademais, ainda que haja abuso, a comarca que recebeu a primeira ação pode não ser a que reúne as melhores condições para análise das demandas coletivas, seja em razão da

---

[56] Mancuso, Rodolfo de Camargo. *Op. cit.*, p. 475.
[57] Nesse sentido, entendem Fredie Didier Jr. e Hermes Zaneti Jr. (DIDIER Júnior, Fredie; ZANETI Júnior, Hermes. *Op. cit.*, p. 169).
[58] Nesse sentido, a posição de Rodolfo de Camargo Mancuso, na obra *Ação Civil Pública*: "(...) na hipótese de um dano generalizado, um dano que abarque, suponhamos, uma extensão maior do que uma comarca, como por exemplo, o emprego de um defensivo agrícola nocivo, o emprego generalizado, qual o juízo competente para esta ação? *A meu ver o problema se resolve pela prevenção. Se efetivamente a extensão do dano abranger área superior a uma comarca, a ação poderá ser proposta em qualquer dos territórios afetados.*" (MANCUSO, Rodolfo de Camargo. *Op. cit.*, p. 55). No mesmo sentido: LENZA, Pedro. *Op. cit.*, p. 204-205.
[59] Corroborando esse entendimento, veja-se: SUPERIOR TRIBUNAL DE JUSTIÇA CC 126.601/MG, Rel. Ministro Mauro Campbell Marques. Primeira Seção, julgado em 27/11/2013, DJe 05/12/2013; SUPERIOR TRIBUNAL DE JUSTIÇA. CC 39590/RJ, Rel. Ministro Castro Meira. Primeira Seção, julgado em 27/08/2003, DJ 15/09/2003, p. 229.

distância dos fatos e dos meios de prova, pela dificuldade de citação e intimação das partes, ou em razão dos prejuízos que a reunião das ações naquele foro podem gerar à defesa dos réus e ao contraditório[60].

Sob a perspectiva do processo justo – cuja concretização depende não apenas da regularidade do procedimento adotado, mas da efetiva entrega do direito material em litígio ao seu titular – não pode o aplicador do direito limitar-se a aplicar as regras positivadas para a solução de conflitos de grande complexidade como os acima narrados, impondo-se, principalmente ao Poder Judiciário, uma avaliação quanto à adequação da solução trazida pelo ordenamento ao caso concreto, atuando de forma mais ativa na proteção dos bens jurídicos em discussão.

Essa compreensão do processo como instrumento, e da necessidade de interpretação das regras positivadas a partir das normas fundamentais do processo civil abre espaço para a discussão acerca do controle judicial da *competência adequada* no direito brasileiro.

4. O CONTROLE JUDICIAL DA COMPETÊNCIA ADEQUADA COMO INSTRUMENTO PARA EQUACIONAR AS CONSEQUÊNCIAS NEGATIVAS DO MODELO DE FOROS CONCORRENTES

4.1. O *forum non conveniens*: primeiras reflexões sobre o controle da competência adequada na doutrina nacional

A necessidade de mitigação das consequências do abuso no direito de escolha entre foros concorrentes (*forum shopping*) fez com que se desenvolvesse, no sistema da *common law*, a teoria do *forum non conveniens*, a partir da qual se atribui ao juiz dotado de competência concorrente – internacional ou interna – o poder de recusar-se a prestar a tutela jurisdicional, por entender que haveria outro foro – também potencialmente competente – mais adequado para a solução da controvérsia[61].

Sob a perspectiva do *forum non conveniens*, o juízo acionado deve fazer não apenas um controle abstrato da sua competência, mas um juízo acerca da *adequação* do foro escolhido para o processamento daquele feito. Este controle judicial leva em consideração critérios de conveniência à administração da justiça, facilitação do direito de defesa, economia processual, proximidade com a produção da prova, entre outros, definindo-se, a partir destes critérios, o *foro concretamente competente para apreciação da demanda*[62].

---

[60] DIDIER Júnior, Fredie; ZANETI Júnior, Hermes. *Op. cit.*, p. 131-133.
[61] BRAGA, Paula Sarno. *Op. cit.*, p. 23-24.
[62] Relevante a doutrina de Marco Gasparetti, citado por Paula Sarno Braga: "*Para Gasparetti, o forum non conveniens atua como um 'critério de exclusão de competência', permitindo que juízo originariamente escolhido declare sua incompetência por visualizar outro em melhor posição de conduzir o processo e isso se dá por: 'questões administrativas do processo, como dificuldade no acesso aos meios de prova (realização de perícia ou oitiva de testemunhas) ou intimação e citação das partes,*

A teoria surge, portanto, *como freio ao forum shopping*63, fornecendo ao aplicador do direito um instrumento para supressão do abuso de direito e quebra de boa-fé por parte do autor da demanda.

O debate acerca da recepção da teoria pelo direito ainda é incipiente tanto na doutrina quanto na jurisprudência dos Tribunais Superiores[64]. Destaca-se a posição de Fredie Didier Júnior, para quem a aplicação da teoria é plenamente compatível com o ordenamento jurídico, e decorre dos princípios constitucionais do devido processo legal (entendido como processo adequado e leal) e do dever de boa-fé entre as partes litigantes[65].

Um possível obstáculo a aplicação da teoria do *forum non conveniens* ao direito brasileiro – e como consequência, a possibilidade de controle judicial da competência adequada – esbarraria na concepção *clássica* do princípio do juiz natural, segundo o qual os critérios para distribuição de competência devem ser previamente fixados pela Constituição ou pela lei[66].

Entretanto, para Paula Sarno Braga, essa incompatibilidade é apenas aparente, uma vez que a aplicação da teoria não resulta na atribuição de competência a órgão que se encontra fora dos limites abstratamente previstos pelo ordenamento. Pelo contrário, o que se procura é definir, dentre os foros definidos como competentes concorrentemente aquele que melhor poderá dar solução à pretensão deduzida. Segundo a autora, definição do foro *concretamente competente*, a par de não violar o princípio do juiz natural, promove *a sua mais profunda concretização*67.

No Estado Democrático de Direito, marcado pela *constitucionalização da ordem jurídica* (inclusive do direito processual civil), o Estado-Juiz tem postura muito mais ativa na condução do procedimento, e age no sentido de suprimir desigualdades entre as partes, toma iniciativa na produção de provas, pode inverter o ônus da prova; tudo isto com o objetivo

---

como também questões jurídicas quanto à solução do litígio (...)". (GASPARETTI, Marco. Apud BRAGA, Paula Sarno. *Op. cit.*, p. 29).

[63] DIDIER Júnior, Fredie; ZANETI Júnior, Hermes. *Op. cit.*, p. 111-112.

[64] Em primeiro enfrentamento ao tema, o C. STJ não recepcionou a doutrina do *forum non conveniens* no direito processual civil brasileiro. Nesse sentido, o comentário tecido por Fredie Didier Júnior ao acórdão da MC 15.398-RJ: *"Há decisão da 3ª T do STJ, porém, em que se afirmou que 'apesar de sua coerente formulação em países estrangeiros', os 'princípios' do forum shopping e do forum non conveniens não encontram respaldo nas regras processuais brasileiras (MC n. 15398-RJ, rel. Mina. Nancy Andrighi, j. em 02.04.2009, publicado no DJe em 23.04.2009). O tema não foi examinado com a profundidade devida no mencionado acórdão. Há, inclusive, erro técnico: não se trata de princípios: Fórum shopping é um fato da vida; forum non conveniens é uma teoria. O princípio em questão é a boa-fé processual (ou, mais amplamente, o devido processo legal). Certamente o assunto voltará a ser examinado pelo STJ em outros termos."* (DIDIER Júnior, Fredie. *Op. cit.*, p. 209).

[65] DIDIER Júnior, Fredie. *Op. cit.*, p. 208-209.

[66] DIDIER Júnior, Fredie. *Op. cit.*, p. 182-183.

[67] BRAGA, Paula Sarno. *Op. cit.*, p. 28.

de promover a concretização da garantia do *processo justo*, consubstanciada na prestação jurisdicional efetiva e em tempo razoável[68].

Nesse contexto, não se pode sacrificar a efetividade e o acesso à justiça em defesa da segurança jurídica, mormente em razão de não haver, por parte do juiz, nenhuma criação de competência nova, mas apenas a constatação de que um dos foros potencialmente competentes é o que *concretamente* tem mais condições de dar solução justa à demanda em análise.

A definição do foro adequado resultaria da interpretação sistemática das diversas normas regedoras da matéria, em conformidade com os princípios fundamentais do processo civil moderno, pois, em nome da efetividade da tutela jurisdicional, destaca o professor Humberto Theodoro Junior, *"a prestação jurisdicional vai além da exegese isolado do enunciado da lei, para realizar, diante das particularidades do caso concreto, a compreensão e aplicação do preceito legal que seja conforme aos mandamentos e garantia da Constituição"*[69].

4.2. A aplicação do *forum non conveniens* no processo coletivo: o princípio da competência adequada

O regime jurídico de competência para as ações coletivas prevê como regra geral a competência de foro para o local do dano (art. 2º da Lei de Ação Civil Pública; art. 93, I do CDC). A escolha promovida pelo legislador tomou como base razões de ordem pública, e tem como motivação principal a garantia da efetividade do provimento nessas ações.

A teoria do *forum non conveniens* é integrada ao processo coletivo, segundo Fredie Didier Jr. e Hermes Zaneti Jr., a partir da compreensão do princípio da competência adequada – uma das facetas do devido processo legal coletivo.. O trecho abaixo sintetiza a posição dos autores:

> "Dentro deste contexto, há um princípio que deve ser inserido no processo coletivo nacional, pois tem finalidade prática urgente: o princípio da competência adequada.
>
> Trata-se de aplicar, no processo coletivo, a regra que permite ao juiz da causa (perante o qual a demanda foi proposta) controlar a competência adequada, valendo-se da teoria do forum non conveniens, **que nasceu como freio ao forum shopping.**
>
> Com a inserção desse princípio o próprio juiz da causa, dentro do controle da sua competência, utilizando a regra da kompetenzkompetenz (o juiz é competente para controlar a própria competência), já aceito pelo ordenamento nacional, evitaria julgar causas para as quais não fosse o juízo mais adequado, quer em razão do direito ou dos fatos debatidos (p. ex. extensão e proximidade com o ilícito), quer em razão das dificuldades de defesa do réu. Também seria evitado o uso da competência para obter vantagens processuais, trabalhando como limite para que a regra de competência por prevenção não se torne uma disputa pelo foro."[70] (g.n).

---

[68] Nesse sentido, a lição de Humberto Theodoro Júnior, em seu *Curso de direito processual civil* (THEODORO JÚNIOR, Humberto, Op. cit., p. 50-52).

[69] THEODORO JÚNIOR, Humberto, *Op. cit.*, p. 114.

[70] DIDIER Júnior, Fredie; ZANETI Júnior, Hermes. *Op. cit.*, p. 111.

No mesmo sentido, Paula Sarno Braga ressalta a necessária aplicação do princípio da competência adequada como forma de equacionamento dos problemas derivados do modelo de foros competentes para os danos de abrangência regional e nacional. O controle judicial da competência de foro – em consonância com a teoria do *forum non conveniens* – teria, para a autora, a função de impedir que a demanda coletiva prossiga em foro *muito distante do foco do dano*, ainda que abstratamente competente, nos termos do art. 93, II, do CDC[71].

A solução se coaduna com a lógica do devido processo legal coletivo e com as razões que levaram à fixação do sistema de competências no microssistema processual. Ora, diante do interesse público na tramitação da demanda coletiva em foro próximo do foco do dano, não se pode admitir que demandas tramitem – e, muito menos – sejam reunidas por prevenção em foro que, embora competente, é manifestamente inadequado para o exercício da jurisdição.

Os problemas decorrentes do modelo de foros concorrentes, principalmente nos conflitos de grande complexidade e abrangência (como as situações de multiplicidade de demandas citadas acima) demandam certa flexibilização do procedimento abstratamente fixado na legislação, por meio da interpretação dos instrumentos processuais a partir dos princípios da boa-fé, cooperação e eficiência, de modo a atingir solução justa e adequada ao conflito.

Não se pode pretender, entretanto, negar vigência aos mecanismos previstos pelo microssistema sob o fundamento de uma necessidade de flexibilização do procedimento. O controle judicial da *competência adequada* deve conviver com o critério de prevenção fixado pela legislação processual, afastando-se do critério legal apenas quando a sua aplicação conduzir a um resultado manifestamente repudiado pela ordem processual constitucional. Do contrário, estaria sendo colocado em risco o princípio do juiz natural, que tanto serviço presta à manutenção do Estado Democrático de Direito.

No modelo constitucional de processo, a garantia do *processo justo* se concretiza por meio da interpretação das normas positivadas à luz dos princípios constitucionais, *afastando-se a aplicação das regras do direito posto apenas quanto estas se mostrarem manifestamente desarrazoadas* ou desproporcionais. De tal sorte, os princípios constitucionais que regem o processo justo servem para otimizar as regras legais em sua concretização judicial[72].

Essa integração entre as normas positivadas e o princípio da competência adequada é sintetizada de modo preciso por Fredie Didier Júnior e Hermes Zaneti Júnior:

> O princípio da competência adequada poderia ser reduzido, pois, ao seguinte enunciado normativo: 'competência adequada: nas demandas coletivas, a competência territorial concorrente é absoluta **e será fixada pela prevenção**; nada obsta, entretanto, que em face de outro foro competente, seja modificada a competência quando este se revele mais adequado a atender aos interesses das partes ou às exigências da justiça em geral[73].

---

[71] BRAGA, Paula Sarno. *Op. cit.* p. 34-35.
[72] THEODORO JÚNIOR, Humberto, *Op. cit.*, p. 53-54.
[73] DIDIER Júnior, Fredie; ZANETI Júnior, Hermes. *Op. cit.*, p. 112.

Consequentemente, a definição, *in concreto*, do juízo competente a partir do princípio da competência adequada deve ocorrer apenas quando a reunião dos processos no juízo prevento ou o ajuizamento de ação em foro concorrentemente competente importar em abuso de direito ou violação aos princípios fundamentais do processo civil, como a boa-fé objetiva e cooperação, o contraditório, a imparcialidade do juiz, e a igualdade entre as partes. A ponderação dos princípios constitucionais servirá, em suma, como cimento que dará coesão a todo o sistema, de tal sorte que a interpretação da norma processual à luz desses princípios conduzirá à escolha do foro, dentre os potencialmente competentes, que seja capaz de concretizar, no caso específico, todas as garantias do processo justo.

5. CONSIDERAÇÕES FINAIS

O regime de competências previsto no microssistema de processos coletivos como elementos centrais (i) a competência absoluta do foro do local do dano; (ii) o modelo de foros concorrentes para os danos de abrangência regional e nacional; e (iii) a possibilidade de modificação da competência de foro, com a reunião de ações coletivas no juízo prevento.

As regras previstas no microssistema de processos coletivos, entretanto, não são suficientes para dar solução a diversos problemas decorrentes desse modelo de foros concorrentes, como o exercício abusivo do direito de escolha do foro competente, chamado de *forum shopping* e a multiplicação indiscriminada de demandas coletivas que compartilham a mesma base fática.

Nesse contexto, é fundamental a discussão e aplicação da teoria do *forum non conveniens* no direito brasileiro. Para que seja assegurado às partes um processo justo – que dá efetiva solução ao direito material submetido a análise – o julgador deve assumir postura mais ativa, e suprimir os abusos e incoerências que podem decorrer do sistema de competências previsto pelo legislador, afastando a regra de prevenção quando o juízo que recebeu a primeira ação seja manifestamente inadequado para a consecução dos escopos do processo.

Esse controle judicial da competência adequada, entretanto, deve ser utilizado apenas nos casos em que as regras previstas pelo microssistema de processo coletivo não trouxerem solução adequada para o conflito de competência ou quando, no caso concreto, a aplicação do regime geral possa provocar prejuízo às partes ou à administração da justiça.

28

A DISSOLUÇÃO PARCIAL DE SOCIEDADE NO CÓDIGO DE PROCESSO CIVIL DE 2015: PRETENSÕES VEICULÁVEIS, SOCIEDADES ALCANÇADAS E LEGITIMIDADE[1]

RODRIGO MAZZEI
TIAGO FIGUEIREDO GONÇALVES

Sumário: 1. Introdução. 2. Dissolução total e dissolução parcial de sociedade e procedimentos para o exercício das respectivas pretensões. 3. Das sociedades sujeitas à dissolução parcial. 3.1. Dissolução parcial de sociedade anônima de capital fechado pela quebra da "affectio societatis". 3.2. Dissolução parcial de sociedade anônima de capital fechado por não poder preencher o seu fim. 4. Pretensões cumuláveis na ação de dissolução parcial. 5. Legitimidade ativa. 5.1. Legitimidade ativa do espólio em caso de morte do sócio. 5.2. Legitimidade ativa do(s) sucessor(es) em caso de morte do sócio. 5.3. Legitimidade ativa da sociedade em caso de morte do sócio. 5.4. Legitimidade ativa do sócio retirante. 5.4.1. Exercício prévio do direito de retirada. 5.4.2. Não alteração contratual consensual. 5.5. Legitimidade ativa da sociedade no caso de exclusão do sócio. 5.6. Legitimidade ativa do sócio excluído. 5.7. Legitimidade ativa do cônjuge ou companheiro do sócio cujo casamento união estável ou convivência terminou. 6. Legitimidade passiva.

1. INTRODUÇÃO

No rol dos procedimentos especiais (de jurisdição contenciosa) codificados (arts. 539 a 718 do CPC/15), foram inseridos no atual diploma três novos procedimentos sem

---

[1] Texto escrito em homenagem ao Professor Humberto Theodoro Júnior, sem dúvida, um dos juristas que melhor conjugou o Direito Processual Civil com o Direito Material.

correspondentes no CPC/73. Entre eles está o procedimento da ação de dissolução parcial de sociedade, cuja regulamentação se encontra entre os arts. 599 e 609 do Código.[2]

O procedimento não tinha previsão no texto do "Anteprojeto do Novo Código de Processo Civil" elaborado por comissão de juristas presidida por Luiz Fux e constituída por ato do presidente do Senado Federal. Sua inserção se deu, ao longo do processo legislativo, por força de emenda legislativa ao Projeto de Lei do Senado (PLS) nº 166/2010, a partir de sugestão de Fábio Ulhoa Coelho e Marcelo Guedes Nunes, conforme noticiam em carta aberta de apoio à aprovação do Código de Processo.[3] De acordo com os signatários da missiva, a proposta de emenda "buscou regular o processo de conflito empresarial mais frequente e economicamente relevante do Poder Judiciário e colmatar uma lacuna que remonta ao Código de Processo Civil de 1939 (anterior ao atualmente em vigor), que ainda permanece vigente na parte em que trata da ação de dissolução de sociedade", tendo sido elaborada "com base em pesquisa empírica e estatística".[4]

Neste ensaio, faremos recorte de maneira a circunscrever nossa análise a alguns aspectos específicos relacionados à ação de dissolução parcial. Muito especialmente, buscaremos identificar: (i) as pretensões passíveis de serem veiculadas pelo procedimento especial de dissolução parcial, (ii) as sociedades empresárias que se sujeitam à dissolução parcial; (iii) quais são os legitimados ativos e passivos na ação de dissolução parcial.

2. DISSOLUÇÃO TOTAL E DISSOLUÇÃO PARCIAL DE SOCIEDADE E PROCEDIMENTOS PARA O EXERCÍCIO DAS RESPECTIVAS PRETENSÕES

A dissolução total da sociedade empresária ocorre quando a mesma deixa de existir, em vista da quebra de todos os vínculos entre os sócios, o que, por conseguinte, acarreta igualmente a necessidade de sua liquidação. A dissolução parcial, de seu turno, verifica-se

---

[2] Para um panorama geral sobre a regulamentação dos procedimentos especiais no CPC/15, confira-se: MAZZEI, Rodrigo; GONÇALVES, Tiago Figueiredo. Visão geral dos procedimentos especiais no novo código de processo civil. In: Cassio Sarpinella Bueno. (Org.). *PRODIREITO. Direito Processual Civil. Programa de atualização em Direito: Ciclo 1.* 1ed. Porto Alegre: Artmed Panamericana, 2015, v. 2, p. 97-128.

[3] COELHO, Fábio Ulhoa; NUNES, Marcelo Guedes. Carta de apoio ao novo CPC sugere procedimento especial para tratar da dissolução parcial de sociedade. São Paulo, 22 de novembro de 2012. Disponível em: http://www.migalhas.com.br/Quentes/17,MI168124,101048-Carta+-de+apoio+ao+novo+CPC+sugere+procedimento+especial+para+tratar

[4] Na doutrina, tem-se afirmado que se mostrou oportuna a criação e a tratativa do procedimento da dissolução parcial: THEODORO JÚNIOR Humberto. *Curso de direito processual civil – procedimentos especiais, vol. II.* 50. ed. rev., atual., e ampl. Rio de Janeiro: Forense, 2016, p. 218. CÂMARA, Helder Moroni. In: CABRAL, Antonio do Passo; CRAMER, Ronaldo. (orgs.). *Comentários ao Novo Código de Processo Civil.* 2. ed. Rio de Janeiro: Forense, 2016, p. 930. FERREIRA NETO, Ermiro. Notas sobre o procedimento de dissolução parcial de sociedade no novo Código de Processo Civil à luz do direito material. In: Fredie Didier Júnior; Marcos Ehrardt Júnior; Rodrigo Mazzei. (Org.). *Coleção Repercussões do Novo CPC.* 1ed. Salvador: Podivm, 2016, v. 14, p. 437-460, p. 439.

quando um ou alguns do(s) sócio(s) – seja em virtude de morte, exclusão, retirada (imotivada) ou recesso (retirada motivada) – não pode ou não quer mais integrar os quadros societários, havendo o desfazimento do vínculo societário no tocante a ele(s). A sociedade continua a existir, mas agora sem a presença daquele(s) sócio(s).[5]

O regramento material quanto à dissolução parcial da sociedade só veio a lume com a entrada em vigor do Código Civil de 2002, que passou a reger a matéria entre os arts. 1.028 a 1.032, sob o título de resolução da sociedade em relação a um sócio. Até então, a lei material, tanto o Código Comercial de 1850 (arts. 335 a 343) como o Código Civil de 1916 (arts. 1.399 a 1.409), cuidavam tão somente da dissolução total da sociedade. A despeito disto, tanto em doutrina[6] quanto em jurisprudência (STF, RE 89.464-SP), já se admitia a dissolução parcial, mesmo porque a realidade prática não podia sucumbir ao vácuo legislativo.

Com a entrada em vigor do CC/02, passa a existir, no plano do direito material, regramento atinente à dissolução parcial de sociedade. No ambiente processual, contudo, a ausência de regulamentação ainda se via presente. Isso porque o CPC/73, por seu art. 1.218, limitou-se a asseverar a ultratividade do CPC/39 naquilo em que ele dispunha, por seus arts. 655 a 674, sobre a dissolução e liquidação das sociedades, enquanto lei especial não viesse incorporando tal procedimento, o que não veio a acontecer.

Sucede que o CPC/39 regulava tão somente o procedimento da ação de dissolução total de sociedade, e, por tabela, o mesmo ocorreu com o CPC/73. Considerando que a dissolução parcial se tornou uma realidade prática incontornável, inclusive com regulação no plano do direito material a partir do CC/02, começou-se a empregar o procedimento do CPC/39 voltado para a ação de dissolução total também para as demandas de dissolução parcial. Agora o CPC/15 traz em seu bojo procedimento especial destinado exclusivamente à dissolução parcial de sociedade.

Se de um lado o CPC/15, com o regramento dos arts. 599 a 609, tentou solucionar o problema proveniente da ausência de procedimento judicial para a ação de dissolução parcial de sociedade, acabou por outro lado criando imbróglio no que diz ao procedimento para a ação de dissolução total. Com efeito, os arts. 599 a 609 são voltados exclusivamente para regulamentar o procedimento da ação de dissolução parcial de sociedade. Enquanto que o procedimento especial da ação de dissolução total previsto nos arts. 655 a 674 do CPC/39, que se encontrava em ultratividade em decorrência do art. 1.218 do CPC/73, agora restou

---

[5] Não se pode deixar de registrar a existência de dissenso na utilização da expressão "dissolução parcial", já que na perspectiva de uma parcela da doutrina se revelam contraditórias as ideias de dissolução e de permanência da sociedade. Invoca-se até mesmo a diferença de princípios em que se fundamentam "o afastamento do sócio e a dissolução da sociedade". Nesse sentido, toda dissolução seria total, de modo que, quando da ruptura do vínculo em relação a uma parcela dos sujeitos que o compõem, o cenário remeteria a uma ideia de desligamento de um ou alguns dos sócios, ou de resilição parcial do contrato. ESTRELLA, Hernani. *Apuração dos haveres de sócio*. 3. ed. atual. por Roberto Papini. Rio de Janeiro: Forense, 2001, p. 82. Consulte-se também: ALVES, Alexandre Ferreira de Assumpção; TURANO, Allan Nascimento. *Resolução da sociedade limitada em relação a um sócio e a ação de dissolução parcial*. Curitiba: Juruá, 2016, p. 41.

[6] Entre outros: ESTRELLA, Hernani. *Apuração dos haveres de sócio*. 3. ed. atual. por Roberto Papini. Rio de Janeiro: Forense, 2001.

substituído pelo procedimento comum, a teor do que dispõe o § 3º do art. 1.046 do CPC/15. Com isso, tem-se que, com a entrada em vigor do CPC/15, as ações de dissolução total de sociedade passam a observar as regras do procedimento comum.

Parece-nos, contudo, ser possível que o magistrado utilize por apoio, naquilo que for compatível e útil, o regramento da ação de dissolução parcial de sociedade (arts. 599 a 609 do CPC/15) para a ação de dissolução total, muito especialmente o regramento atinente à apuração de haveres (arts. 604 a 609 do CPC/15), na medida em que a dissolução total acarreta nada mais nada menos que a necessidade de liquidação da sociedade.[7]

Esta possibilidade, a nosso sentir, encontra fundamento no art. 327, § 2º, do CPC/15, cujo *telos* permite aplicá-lo independentemente de se ter na hipótese uma cumulação de pedidos, não obstante sua construção seja precipuamente voltada para situações em que a cumulação ocorra. Este aproveitamento ou encarte de regras do procedimento especial da ação de dissolução parcial no procedimento comum que passa a ser utilizado na ação de dissolução total se justifica diante de peculiaridades do direito material a ser tutelado, às quais a aplicação direta e simples do procedimento comum não oferece solução.[8]

3. DAS SOCIEDADES SUJEITAS À DISSOLUÇÃO PARCIAL

São tomadas por objeto material do pedido de dissolução parcial tanto a sociedade empresária contratual quanto a sociedade simples. Para a sociedade anônima e a comandita por ações fica, em princípio, excluída a hipótese de dissolução parcial, com a ressalva que o CPC/15 faz no § 2º do art. 599 quanto à sociedade anônima de capital fechado, e que é objeto de comentários em item próprio, *infra*.

Importante destacar que, partindo da premissa de Fábio Ulhoa Coelho de que a expressão "sociedade simples" é empregada pelo CPC/15 em seu sentido largo, equivalente ao de sociedade não empresária, as cooperativas também se sujeitariam à dissolução parcial em conformidade com o disposto no procedimento judicial dos arts. 599 a 609.[9] Veja que a Lei 5.764/71, que dispõe sobre a política nacional de cooperativismo, e que institui o regime

---

[7] No mesmo sentido: THEODORO JÚNIOR Humberto. *Curso de direito processual civil – procedimentos especiais, vol. II*. 50. ed. rev., atual., e ampl. Rio de Janeiro: Forense, 2016, p. 219.

[8] Interessante o entendimento sustentado por Ermiro Ferreira Netto, para quem, com fundamento no art. 599, III, do CPC/15, o procedimento da ação de dissolução parcial de sociedade se aplica também à dissolução total, na medida em que o objetivo da dissolução total é a apuração de haveres dos sócios. Afirma, verbo ad verbum: Nos termos do inciso III do art. 599, o procedimento de dissolução parcial deve ser aplicado também quando tiver por objeto somente a resolução ou a apuração de haveres. Posto nestes termos, não há aparentemente nenhum tipo de limite à aplicação do regulamento também às dissoluções totais, porquanto nestes casos estar-se-á tratando, justamente, apenas da apuração de haveres dos sócios. FERREIRA NETO, Ermiro. Notas sobre o procedimento de dissolução parcial de sociedade no novo Código de Processo Civil à luz do direito material. In: Fredie Didier Júnior; Marcos Ehrardt Júnior; Rodrigo Mazzei. (Org.). *Coleção Repercussões do Novo CPC*. 1ed. Salvador: Podivm, 2016, v. 14, p. 437-460, p. 453.

[9] COELHO, Fábio Ulhoa. A ação de dissolução parcial de sociedade. *Revista de Informação Legislativa*, Brasília, v. 48, n. 190, t. 1, p. 141-155, abr./jun. 2011, p. 150.

jurídico das sociedades cooperativas, prevê, por seus arts. 63 a 78, tão somente a dissolução extrajudicial total da cooperativa, de modo que a *dissolução parcial judicial* da cooperativa pode se dar então de acordo com o procedimento dos arts. 599 a 609 do CPC/15.

3.1. Dissolução parcial de sociedade anônima de capital fechado pela quebra da "affectio societatis"

As sociedades anônimas, identificadas por Fábio Ulhoa como sociedades institucionais, não possuem caráter *intuito personae*, como sói ocorrer com as sociedades contratuais; sim caráter *intuito pecuniae*. Em sua constituição, *comumente*, leva-se em consideração tão apenas o objetivo final, quer dizer, a exploração de objeto que propicie a geração de lucros, pouco importando quem sejam os acionistas que se associam. Diz-se *comumente*, pois pode acontecer excepcionalmente de a sociedade anônima de capital fechado ser constituída em caráter *intuito personae*, o que se verifica com certa frequência em empresas familiares. Levando-se em conta esta realidade fática, e tendo por base o princípio da preservação da empresa, o STJ firmou entendimento no sentido de admitir a dissolução parcial de sociedade anônima de capital fechado, quando configurada a quebra da *affectio societatis*,[10] o que, de resto, passou a ser reconhecido também pela doutrina,[11] a qual não deixa de chamar atenção, de outro turno, para a necessidade de que tal aconteça sempre com alguma medida de excepcionalidade, assim como também excepcional devem ser os casos de exercício de direito de retirada, de modo a não serem olvidados "outros princípios que norteiam a própria razão de ser das sociedades mercantis em geral (p. ex. princípio majoritário) ou a sua própria continuidade, sem prejuízo do exercício de sua função social."[12]

Quer-nos parecer que o CPC/15, por seu art. 599, § 2º, ao abrir ensejo à ação de dissolução parcial de sociedade anônima de capital fechado quando demonstrado que a mesma não pode preencher o seu fim, não coloca esta como a única hipótese em que a sociedade anônima de capital fechado pode ser objeto de dissolução parcial. Destaca, tão e só, que também neste caso (demonstração de que não pode preencher o seu fim) é possível a dissolução parcial, na linha do que já vinha decidindo o STJ, sem prejuízo da possibilidade da dissolução parcial de sociedade anônima quando verificada a quebra da *affectio societatis*, independentemente da demonstração de outros elementos como a ausência de lucros, ou a não distribuição de dividendos.

---

[10] STJ, EREsp 111.294/PR; STJ, REsp 1.303.284/PR; STJ, REsp 917.531/RS, STJ, AgRg no REsp 1.079.763/SP.

[11] CARVALHOSA, Modesto Souza Barros. *Comentários à lei de sociedades anônimas*, 4º vol., t. I (arts. 206 a 242). São Paulo: Saraiva, 2002, p. 62. RESTIFFE, Paulo Sérgio. *Dissolução de sociedades*. São Paulo: Saraiva, 2011, p. 185. CAMPINHO, Sérgio. *O direito de empresa à luz do código civil*. 13. ed. rev. e atual. Rio de Janeiro: Renovar, 2014, p. 412. MONTEIRO, André Luis. Dissolução parcial de sociedade anônima fechada pela quebra da *affectio societatis*. In: Luiz Guilherme Marinoni (Diretor). *Precedentes jurisprudenciais: direito societário*. São Paulo: RT, 2014, p. 549.

[12] LUCON, Paulo Henrique dos Santos; SILVA, João Paulo Hecker da. Dissolução parcial de sociedade anônima fechada. In: Flávio Luiz Yarshell e Guilherme Setoguti J. Pereira. (Coord.). *Processo societário*. São Paulo: Quartier Latin, 2012, p. 591-615, p. 609.

Ademais, na ação de dissolução parcial de sociedade anônima de capital fechado pela quebra da *affectio societatis* não se põe a exigência de que o(s) acionista(s) legitimado(s) ativo(s) represente(m) cinco por cento ou mais do capital social, tal como o Código coloca para quando a pretensão de dissolução parcial é fundada na impossibilidade de a sociedade preencher o seu fim.

3.2. Dissolução parcial de sociedade anônima de capital fechado por não poder preencher o seu fim

A dissolução judicial total da sociedade anônima, nos termos do art. 206, II, "b", da Lei 6.404/76, é autorizada quando demonstrado que a mesma não pode preencher seu fim, desde que proposta por acionistas que representem 5% (cinco por cento) ou mais do capital social. Com o mesmo fundamento (impossibilidade de preencher o seu fim), e condicionando a legitimidade a acionista(s) que represente(m) cinco por cento ou mais do capital social, vem agora o CPC/15, atento ao princípio da preservação da empresa, admitir a dissolução parcial da sociedade anônima de capital fechado.

Configurada a impossibilidade de a sociedade preencher o seu fim, a dissolução parcial, anota Lessa Neto, permite, em determinados casos, "a reestruturação do negócio com a entrada de um investidor, por exemplo."[13] O Código não exige número mínimo de acionistas para a propositura da ação, mas cria um litisconsórcio necessário ativo para os acionistas que não representem 5% (cinco por cento) ou mais do capital social. Em verdade, a condição não está na formação do litisconsórcio, mas sim na propositura de demanda por quem represente cinco por cento do capital social ou mais. Se apenas um acionista for detentor de cinco por cento ou mais do capital social, tem assegurada sua legitimidade para a propositura da ação, não havendo exigência de sua litisconsorciação com quem quer que seja. Por outro lado, aquele que possui menos de cinco por cento do capital social precisa, para propor a demanda, litisconsorciar-se com outros tantos acionistas que sejam para alcançar o mínimo de cinco por cento do capital social. Trata-se de fenômeno idêntico àquele do § 1º do art. 94, I, da Lei 11.101/05.

4. PRETENSÕES CUMULÁVEIS NA AÇÃO DE DISSOLUÇÃO PARCIAL

As pretensões que podem ser veiculadas pela ação de dissolução parcial de sociedade, nos termos do art. 599 do CPC/15, são de duas ordens, restando evidenciado do texto normativo que a cumulação de tais pedidos não é obrigatória. O autor pode pretender, em cumulação própria sucessiva[14], a resolução da sociedade e a apuração de haveres, mas

---

[13] LESSA NETO, João Luiz. Art. 599. In: STRECK, Lenio Luiz; NUNES, Dierle; CUNHA, Leonardo (orgs.). *Comentários ao Código de Processo Civil*. 2. ed. São Paulo: Saraiva, 2017, p. 859.

[14] Com análise das possibilidades de cumulação de pedidos, confira-se: MAZZEI, Rodrigo. Litisconsórcio sucessivo: breves considerações. In: Fredie Didier Jr. e Rodrigo Mazzei (Org.). Processo e Direito Material, Salvador: Juspodivm, 2009, p. 223-246.

pode pretender tão somente, ou a simples resolução parcial da sociedade, ou a apuração de haveres. Factível, por exemplo, acontecer de os sócios não divergirem quanto à resolução em relação a um ou alguns do(s) sócio(s), mas não existir consenso quanto àquilo a lhe(s) ser(em) pago pela participação que detém(êm) no capital social. Ou o contrário, isto é, os sócios estarem unânimes no que diz respeito à avaliação da sociedade, mas não chegarem a consenso quanto ao desfazimento ou não do vínculo. Em conformidade com o texto legal, então, é possível que em uma ação de dissolução parcial de sociedade não exista a formulação de pedido de dissolução parcial de sociedade.[15] Em quaisquer dos casos, para a ação de dissolução parcial, havendo ou não a cumulação de pedidos, o Código prevê a observância do procedimento especial dos arts. 599 a 609.

De resto, o procedimento da ação de dissolução parcial não se mostra apropriado para o sócio excluído exercer pretensão de retorno à sociedade. A legitimidade que lhe é conferida pelo Código (art. 600, VI) deve ser compreendida em sintonia com as espécies de pretensão que podem ser exercidas através de tal ação, em conformidade com o que o Código também dispõe a respeito (art. 599, I). Ademais, a redação do art. 599, I, ao contemplar como objeto da ação de dissolução parcial a *resolução da sociedade*, não dá margem à conclusão de que o procedimento especial é aplicável tanto para se exercer pretensão sobre o desfazimento quanto sobre o restabelecimento do vínculo societário. Não há nada que tangencie o pedido de restabelecimento do vínculo societário que justifique a observância de procedimento especial. O sócio excluído que pretenda em juízo decisão que determine seu retorno aos quadros da sociedade deve fazê-lo através de demanda que observe o procedimento comum.[16]

Nada impede, contudo, que o sócio excluído, em cumulação imprópria, formule o pedido de restabelecimento do vínculo societário com o de apuração de haveres, observando-se então o procedimento comum, sem prejuízo do emprego das técnicas processuais diferenciadas previstas no procedimento da dissolução parcial (art. 327, § 2º), muito especialmente a necessidade de a apuração de haveres observar o quanto disposto nos arts. 604 a 610 (art. 603, §2º).

5. LEGITIMIDADE ATIVA

Encontra-se no art. 600, em seus seis incisos e parágrafo único, rol de legitimados à propositura da ação de dissolução parcial de sociedade. Trata-se, naturalmente, de rol

---

[15] Enfatizando esta incongruência de se prever um procedimento para a dissolução parcial de sociedade em que não há a formulação de pedido de dissolução parcial: SCHMITZ, Leonard Ziesemer; BERTONCINI, Rodrigo Junqueira. A ação de dissolução parcial de sociedades no CPC/2015: aspectos destacados de direito material. *Revista de Direito Privado*, vol. 70/2016, p. 211–236, out/2016. São Paulo: RT, 2016, p. 215.

[16] Fábio Ulhoa Coelho, ainda durante o processo legislativo, chamava atenção para uma possível dubiedade na redação do art. 599, sugerindo o seu aclaramento, até mesmo porque, para ele, no caso de pretensão voltada ao restabelecimento do vínculo "o mais indicado fosse submeter a demanda ao procedimento ordinário". COELHO, Fábio Ulhoa. A ação de dissolução parcial de sociedade. *Revista de Informação Legislativa*, Brasília, v. 48, n. 190, t. 1, p. 141-155, abr./jun. 2011, p. 155.

exemplificativo, que se circunscreve à resolução e à apuração de haveres de sociedade empresária contratual ou simples, nos casos de retirada, exclusão, ou morte do sócio, não contemplando a legitimidade ativa para a ação de dissolução parcial de sociedade anônima de capital fechado, que se encontra disciplinada, no caso específico de dissolução parcial fundada na impossibilidade de preenchimento do fim da sociedade, no próprio § 2º do art. 599 do Código, e que, quando se trata de dissolução parcial com fundamento na quebra da *affectio societatis*, é de qualquer dos acionistas.

5.1. Legitimidade ativa do espólio em caso de morte do sócio

A morte de um dos sócios acarreta a liquidação de sua quota, salvo se os herdeiros, em consenso com os sócios remanescentes, acordarem quanto ao seu ingresso na sociedade (CC/02, art. 1.028, III), ou se o próprio contrato social dispuser de maneira diversa (CC/02, art. 1.028, I). O CPC/15, por seu art. 600, I, ao conferir legitimidade ao espólio do sócio falecido para pretender a liquidação "quando a totalidade dos sucessores não ingressar na sociedade" não descarta a possibilidade de ser admitido o ingresso de algum(ns) sucessor(es) do sócio falecido, e de outro(s) não.

Basta, então, que um dos sucessores não tenha interesse ou não seja admitido a ingressar na sociedade para abrir-se a via da dissolução parcial, com legitimidade do espólio para pretendê-la. Aliás, dentro da normalidade, a legitimidade do espólio vai se justificar quando um(ns) herdeiro(s) quer(em) e outro(s) não quer(em) ingressar na sociedade, ou quando a sociedade admite o ingresso de um(ns) e não de outro(s). Pois, se o ingresso de todos os herdeiros é admitido pelos demais sócios, não há que se falar em dissolução parcial da sociedade; como também não há de se falar em dissolução parcial se todos os herdeiros, com o assentimento dos sócios remanescentes, se dispuserem a ingressar na sociedade.

5.2. Legitimidade ativa do(s) sucessor(es) em caso de morte do sócio

Se já concluído o inventário (judicial ou extrajudicial) sem que tenha havido ainda a propositura da ação de dissolução parcial da sociedade, passa a ter legitimidade para propô-la o(s) herdeiro(s) cujo quinhão foi contemplado com as quotas ou com parcela das quotas do *de cujus*. Enquanto não aberto o inventário, o herdeiro necessário não possui legitimidade ativa para a propositura da ação, salvo se o fizer em defesa de interesse do espólio.[17] Se ao cônjuge sobrevivo tocar as quotas em partilha,[18] ou ainda se tais quotas compuserem a meação não partilhável, é legitimado ativo para promover a ação de dissolução parcial de sociedade.

Há de se observar que o CPC/15 deve ser interpretado em consonância com o disposto no Código Civil, já que há aparente conflito com o art. 1.027 da codificação de direito material. Isso porque a legislação codificada de 2002 prevê no citado dispositivo que *"Os herdeiros do cônjuge de sócio, ou o cônjuge do que se separou judicialmente, não podem exigir desde logo a parte que lhes couber na quota social, mas concorrer à divisão periódica dos lucros, até que*

---

[17] STJ, REsp 1.645.672/SP.
[18] O cônjuge que recebeu em partilha a metade das cotas sociais tem legitimidade ativa para apurar os seus haveres. (STJ, REsp 114.708/MG)

se liquide a sociedade". A simbiose das regras indica que o(s) herdeiro(s) terá(ão) (seja no ambiente do inventário ou após a partilha, observando a titularidade respectiva) o direito a concorrer(em) à divisão periódica dos lucros até a dissolução da pessoa jurídica. Tal fato não afasta o direito do(s) herdeiro(s) de postular(em) a apuração de haveres, para efeito de dissolução parcial da sociedade em relação às quotas do sócio falecido.

O disposto no art. 1.027 do Código Civil deve ser lido de forma restritiva, no sentido de que o(s) herdeiro(s) não pode(m) adjudicar as quotas para exercer, em substituição, a posição do sócio falecido, pois tal procedimento é contrário à noção de *affectio societatis*[19]. Todavia, não se deve efetuar interpretação que vede que o(s) herdeiro(s) postule(m) a apuração de haveres, visando à dissolução parcial. Tal postura criaria situação crítica para o(s) herdeiro(s), uma vez que sua participação na sociedade não é certa (por conta da *affectio societatis*) e deixaria esvaziado também – ao menos em grande monta – o poder de disposição acerca das quotas[20]. Assim, o art. 600, incs. I e II, do CPC/15 acaba por arejar o art. 1.027 do Código Civil, permitindo a melhor interpretação da legislação civil.

5.3. Legitimidade ativa da sociedade em caso de morte do sócio

Contempla-se ainda no dispositivo a legitimidade da sociedade, quando os sócios sobreviventes não admitirem o ingresso do espólio ou dos sucessores do falecido na sociedade, quando esse direito decorrer do contrato social. Tem-se então caso em que o(s) herdeiro(s) ou parcela deles intenta ingressar na sociedade, e esta não pretende admitir tal ingresso. O(s) herdeiro(s) do sócio falecido não tem interesse em propor a ação de dissolução parcial, mas a sociedade sim, do que exsurge sua legitimidade.

A legitimidade ativa não é do(s) sócio(s) remanescente(s), sim da sociedade, enquanto ente com personalidade jurídica própria, da qual é (são) integrante(s) o(s) sócio(s) remanescente(s), tal como o era o sócio falecido.[21] Neste caso, a legitimidade passiva para a ação de

---

[19] O raciocínio está afinado ao art. 1.028, inciso III, do Código Civil. Sem dúvida, fixou-se a idéia da *affectio societatis* como a pedra angular do art. 1.027 do Código Civil. No sentido, por todos: FIÚZA, Ricardo. *Novo Código Civil Comentado*. 4. ed. São Paulo: Saraiva. 2005, p. 947.

[20] Aplica-se, em adaptação, ao que já foi decidido no STJ, no sentido de que é "lídimo direito de sócio de sociedade limitada, por prazo indeterminado, o recesso, coibindo eventuais abusos da maioria e servindo de meio-termo entre o princípio da intangibilidade do pacto societário e a regra da sua modificabilidade" (STJ, REsp 1.332.766/SP). Note-se que antes mesmo da entrada em vigor do CPC/15, a literalidade do art. 1.027 do Código Civil já vinha sendo alvo de alguma crítica na doutrina, que apontava hipóteses para sua flexibilização. No sentido, Paulo R. Colombo Arnoldi afirmou, por exemplo, que mesmo diante do art. 1.027 do Código Civil, "se a sociedade não estiver auferindo lucro e persistir tal situação, poderá ser solicitada a sua liquidação parcial, para a apuração de haveres, haja vista que, de outra forma, estaria a lei postergando indefinidamente o exercício de um direito" [*Código Civil Interpretado*. Costa Machado (org.) e Silmara Juny Chinelato (coord). São Paulo: Manole, 2008, p. 729].

[21] Em sentido diverso, afirmando que neste caso a legitimidade ativa é dos sócios supérstites: COELHO, Fábio Ulhoa. A ação de dissolução parcial de sociedade. *Revista de Informação Legislativa*, Brasília, v. 48, n. 190, t. 1, p. 141-155, abr./jun. 2011, p. 151.

dissolução parcial é do espólio, enquanto não concluído o inventário, ou do(s) sucessor(es) a cujo(s) quinhão(ões) tocaram as quotas do sócio falecido.

Concordamos com Fabio Caldas de Araújo quando sustenta que, antes de só pretender a apuração de haveres das quotas devidas ao espólio ou aos sucessores do falecido, a sociedade deve formular também o pedido de dissolução, o qual pode eventualmente vir a ser impugnado pelo espólio ou pelos sucessores do sócio falecido, ante a insistência no direito de assumirem no quadro societário a posição antes ocupada pelo *de cujus*.[22] Por óbvio que tal dissolução parcial não diz respeito ao espólio ou aos sucessores propriamente, que sequer chegaram a ingressar nos quadros societários, sim em relação ao sócio falecido. Antes, a pretensão a ser deduzida é no sentido de que se declare que a morte do sócio implicou a dissolução parcial da sociedade, sem que ao espólio ou aos sucessores seja assegurado o direito de nela ingressarem.

Deve-se, ademais, exercer pretensão no sentido de que se proceda à apuração dos haveres em relação às quotas do sócio falecido. A sociedade se reconhece devedora, pretendendo então seja proferida decisão que declare o *quantum debeatur*. Conquanto não haja no caso decreto condenatório, a decisão que, depois de procedida à liquidação, determina a quantia devida forma título executivo em desfavor da sociedade autora (art. 515, I, do CPC/15). Não se pode, contudo, concluir que tal pretensão se identifique com a de depósito ou consignação em pagamento, embora não se negue a existência de pontos de aproximação. Um dos pressupostos concernentes ao direito material para se ter o pagamento em consignação é que a obrigação seja determinada,[23] enquanto o pressuposto quando se busca a apuração de haveres é exatamente o contrário, ou seja, como não se tem quantificado o valor das quotas da sociedade, deve-se proceder a atividade de liquidação para que se apure tal valor.[24] Não por outra razão, por mais que o autor da ação de dissolução parcial de sociedade apresente na inicial um valor que repute devido pelas quotas, sua pretensão estará sempre voltada a que se proceda à apuração.

5.4. Legitimidade ativa do sócio retirante

Nenhum sujeito que integra determinada sociedade na qualidade de sócio é obrigado a permanecer em sociedade indefinidamente. Quando entender que não existe mais motivo para continuar vinculado em sociedade com outras pessoas (demais sócios), pode

---

[22] ARAÚJO, Fabio Caldas de. Ação de dissolução parcial de sociedade no novo CPC. *Revista de Direito Recuperacional e Empresa*, vol. 5/2017, jul-set/2017. São Paulo: RT online, 2017.

[23] "Tratando-se de forma de adimplemento, é indispensável, para que o pagamento em consignação seja realizado, que a obrigação seja revestida dos atributos de certeza, de liquidez, e de exigibilidade. Para pagar o devedor precisa saber o que deve e quanto deve." GONÇALVES, Tiago Figueiredo. *Consignação em pagamento: aspectos de direito processual e material (com notas e remissões ao projeto de Novo Código de Processo Civil)*. Curitiba: Juruá, 2013, p. 42.

[24] Em sentido contrário: FRANÇA, Erasmo Valladão Azevedo e Novaes. O antiprojeto de CCom – A praga que se propaga no projeto de CPC. Disponível em: http://www.migalhas.com.br/dePeso/16,-MI177478,11049-O+Antiprojeto+de+CCom+A+praga+que+se+propaga+no+projeto+de+CPC. Acesso em: 04 jan. 2018.

exercer, assim querendo, seu direito de retirada. O direito de retirada permite ao sócio sua autodesvinculação da sociedade.

A retirada pode ser motivada ou imotivada. A retirada motivada ou recesso pode ocorrer tanto quando a sociedade é constituída por prazo indeterminado como quando constituída por prazo determinado. Seu fundamento está no art. 1.077 do Código Civil. Vai decorrer de um fato específico, configurador do que a lei denomina de justa causa, que de algum modo retira do sócio o interesse de permanecer vinculado em sociedade (desentendimento com outro sócio, por exemplo). Já a retirada imotivada, que como o nome diz não depende de um acontecimento especial para embasar a vontade do sócio, pode ocorrer desde que a sociedade tenha sido constituída por prazo indeterminado. Tendo sido constituída por prazo determinado, e não havendo motivo especial para sua retirada precoce, deve o sócio aguardar o decurso do tempo de duração da sociedade.

A redação do art. 1.029 do CC/02, que disciplina a matéria, induz a crer que enquanto o direito de retirada (motivada ou imotivada), em se tratando de sociedade por prazo indeterminado, pode ser exercido extrajudicialmente, através de notificação promovida pelo sócio retirante aos demais sócios; o direito de retirada (no caso, sempre motivada), em se tratando de sociedade por prazo determinado, teria que ser realizado necessariamente pela via judicial. É o que se extrai da parte final do *caput* do art. 1.029 ("se de prazo determinado, provando judicialmente justa causa"). Parece-nos, contudo, que mesmo quando se está diante de sociedade por prazo determinado, a retirada motivada pode ser exercida extrajudicialmente, se em relação a tanto houver consenso entre os sócios. Esta conclusão pode ser extraída da redação do inciso IV do art. 600 do CPC/15 que prevê a legitimidade do sócio retirante que já tenha exercido o direito de retirada ou *recesso*, sem especificar ou discriminar se o exercício de tal direito extrajudicialmente ocorreu em sociedade de prazo indeterminado ou determinado.

5.4.1. Exercício prévio do direito de retirada

Outro ponto sobre o qual se acende discussão diz respeito à imperiosidade ou não de o sócio retirante promover a notificação extrajudicial dos demais sócios, visando a exercer o direito de retirada, como condição para a propositura da ação de dissolução parcial fundada no mesmo direito.

Nos termos do art. 1.029 do CC/02, o direito de retirada da sociedade por prazo indeterminado se realiza mediante notificação extrajudicial dos demais sócios, com antecedência mínima de 60 (sessenta) dias. Trata-se de direito potestativo do sócio, não se sujeitando a concordância ou aceitação dos demais sócios que integram a sociedade.

O sócio retirante, portanto, não precisa propor demanda para esta finalidade. A redação do art. 600, IV, do CPC/15 leva a esta mesma conclusão, pois ao tratar da legitimidade do sócio retirante para a propositura da ação de dissolução parcial pressupõe que tenha havido o exercício prévio do direito de retirada no âmbito extrajudicial.

Agora, e se assim não o fizer? E se o sócio retirante, ao invés de exercer sua retirada através de notificação extrajudicial, propõe desde logo ação de dissolução parcial com este intuito? Muito embora não exista a configuração de interesse processual para a propositura de demanda com o fim de resolução da sociedade empresária, este interesse pode se manifestar presente em relação à apuração de haveres.[25] Não nos parece, então, seja o caso de automática prolação de decisão sem resolução de mérito (art. 485, VI, do CPC/15), sobretudo se considerando o princípio da primazia da decisão de mérito (art. 4º do CPC/15).

Os demais sócios, uma vez citados, não têm que discordar ou concordar expressamente com a dissolução parcial, pois esta, no caso de sociedade por prazo indeterminado, é direito potestativo do sócio, conforme já assinalado. Assim, o processo passa desde logo à fase de liquidação (art. 603, *caput*, parte final, do CPC/15), para a apuração dos haveres.

5.4.2. Não alteração contratual consensual

A rigor, considerando que o sócio pode exercer o direito de retirada imotivada extrajudicialmente, sua legitimidade para a propositura da ação de dissolução parcial sobressai de comportamento omissivo dos demais sócios de, uma vez notificados da resolução, não formalizarem o desligamento do sócio retirante dentro do prazo de 10 (dez) dias do exercício do direito.

5.5. Legitimidade ativa da sociedade no caso de exclusão do sócio

Além de a sociedade ter legitimidade para propor a ação de dissolução parcial quando, no caso de morte, os sócios sobreviventes não admitem o ingresso do espólio ou dos sucessores do falecido (inciso III), possui também legitimidade para pretender a exclusão de sócio, quando a lei não autoriza a exclusão extrajudicial.[26]

O art. 1.085 do CC/02 aponta para os requisitos necessários a que se proceda à exclusão extrajudicial: i. prática pelo sócio de ato inegavelmente grave que coloca em risco a continuidade da empresa; ii. realização de reunião ou assembleia dos sócios exclusivamente voltada para deliberar sobre a exclusão; iii. ciência do sócio cuja exclusão se pretende, em tempo hábil para permitir seu comparecimento e o exercício do direito de defesa; iv. manifestação favorável da maioria dos sócios, representativa de mais da metade do capital social; v. previsão expressa no contrato social quanto a possibilidade de exclusão extrajudicial.

---

[25] Tendo por base disposição normativa de direito material diversa da atualmente em vigor, o STJ, em caso específico de quebra da *affectio societatis*, concluiu pela dispensabilidade da notificação prévia:
– É dispensável a notificação premonitória como condição de procedibilidade da ação de dissolução parcial da sociedade comercial baseada na extinção da *affectio societatis*, inaplicando à espécie a norma do art. 15 do Dec. 3.708/19. (STJ, REsp 65.439/MG)
– Ainda que a sociedade tenha internamente feito a apuração, tem o sócio interesse de agir para ingressar em juízo com o pleito de apuração judicial de haveres. (STJ, REsp 43.896-9/SP)

[26] "O direito de excluir o sócio faltoso é da sociedade e não dos demais sócios, por isso que esta é a autora da ação de exclusão. Em função dessa titularidade do direito à exclusão, é necessário que a sociedade delibere o ajuizamento da ação. Para se decidir pelo ajuizamento da ação é necessária a concordância da maioria absoluta dos sócios, computados pela participação no capital social, conforme opinião majoritária." TOMAZETTE, Marlon. *Curso de direito empresarial: teoria geral e direito societário*, volume 1. 2. ed. São Paulo: Atlas, 2009, p. 317.

O não atendimento a um destes requisitos impõe que a exclusão do sócio ocorra judicialmente. Vê-se então que a exclusão pode ocorrer pela via extrajudicial ou judicialmente. O rigor nos requisitos legais para a exclusão extrajudicial revela, porém, que sua aplicação é excepcional.[27]

Enquanto na retirada o sócio exerce direito para sua autodesvinculação, na exclusão o que se tem é uma desvinculação do sócio dos quadros da sociedade por provocação de outrem. Deve estar lastreada em alguma causa relevante: falta grave no cumprimento de suas obrigações ou incapacidade superveniente (CC/02, art. 1.030, *caput*), declaração de falência do sócio (CC/02, art. 1.030, par. ún.) ou liquidação de suas quotas (CC/02, arts. 1.030, par. ún., e 1.026, par. ún.), não cumprimento das contribuições estabelecidas no contrato social (CC/02, art. 1.004, par. ún.).

5.6. Legitimidade ativa do sócio excluído

O art. 600, VI, confere legitimidade ao sócio excluído para a propositura da ação de dissolução parcial. Por óbvio, eis que já excluído da sociedade, a ação de dissolução parcial encetada pelo sócio excluído tem o objetivo tão somente de promover a apuração de haveres com o recebimento do valor correspondente a sua participação societária, nos termos do que dispuser a lei civil ou o contrato social.

5.7. Legitimidade ativa do cônjuge ou companheiro do sócio cujo casamento união estável ou convivência terminou

Se um dos sócios, que é casado ou que mantém vínculo de união estável, rompe o relacionamento, seu cônjuge ou companheiro tem legitimidade para pretender a apuração de seus haveres na sociedade.

Obviamente, a legitimidade estará atrelada à verificação de uma situação patrimonial do casamento ou da união estável, qual seja, o regime de bens e os seus efeitos em relação às quotas[28]. Com efeito, além do regime da separação convencional (art. 1.687 do Código Civil), é perfeitamente possível que seja fixado em pacto antenupcial (e, por aproximação, na convenção de união estável) que as quotas de pessoas jurídicas não se comunicarão, sendo, assim, de patrimônio exclusivo de uma parte. Especificamente quanto ao pacto antenupcial, a separação patrimonial ou inclusão das quotas na esfera patrimonial do casal ou dos cônjuges/companheiros, conforme a hipótese, não encontra restrição na legislação atual, nada se extraindo em sentido contrário da assertiva posta no trecho dos arts. 1.653-1.657 do Código Civil. Assim, o disposto no parágrafo único do art. 600 do CPC/15 se submete

---

[27] HENTZ, Luiz Antonio Soares; DIAS, Fabio Marques. Exclusão extrajudicial de sócio minoritário de sociedade limitada (Art. 1.085 do Código Civil). *Revista de Informação Legislativa*, Brasília, v. 50, n. 197, t. 1, p. 205-221, jan./mar. 2013, p. 206.

[28] Em sentido próximo: GONÇALVES NETO, Alfredo de Assis. *Direito de empresa (comentários aos arts. 966 a 1.1995 do Código Civil)*. 2. ed. São Paulo: Revista dos Tribunais, 2008, p. 243.

à análise de direito material acerca do regime de bens e da comunicação das quotas para o cônjuge ou companheiro[29].

---

[29] O direito acerca da participação ou não nas quotas pode levar ao exame de nuances acerca de determinados regimes de bens, como é o caso da aquisição das cotas como provento do trabalho pessoal de cada cônjuge (art. 1669, I, do Código Civil). Há, no sentido, jurisprudência entendendo pelo isolamento das quotas, não havendo direito de participação do outro cônjuge ou companheiro. No sentido: "Quando a atividade empresarial é o próprio trabalho do cônjuge, as quotas sociais têm caráter de provento do trabalho pessoal e não há direito de partilha pelo cônjuge não sócio. Diferente tratamento ocorre quando as quotas sociais não têm relação com a atividade laborativa do separando, caso em que a participação societária assume caráter de bem adquirido onerosamente na constância do casamento, e é lícita a partilha e a divisão periódica dos lucros antes da liquidação da sociedade" (TJRS, Ap. Civ. 70023524648, Oitava Câmara Cível, Relator Desembargador Rui Portanova, j. 25/09/2008). Extrai-se da fundamentação do voto do relator: "o art. 1.027 do CC, em que pese disciplinar tema referente à partilha de bens entre pessoas separadas judicialmente, está inserido dentro do Livro que trata do *Direito de Empresa* (art. 966 do CC). Logo, não devemos interpretá-lo isoladamente, mas sim, inserindo-o dentro do contexto do direito de família. E nesse rumo, entendo que nem sempre as cotas sociais da pessoa jurídica poderão se comunicar com o cônjuge não sócio da sociedade empresária. E adianto de pronto a distinção que passo a fazer. Na prática, há cotas que possuem natureza de *bem adquirido onerosamente na constância do casamento, ainda que só em nome de um dos cônjuges* (Art. 1.660, inciso I do CC) e outros casos em que as cotas têm natureza de *provento do trabalho pessoal de cada cônjuge* (art. 1.659, inciso VI do CC). E a conseqüência de um caso e outro é lógica. Na primeira situação haverá partilha das cotas e no segundo caso não haverá comunicação das cotas entre os cônjuges. Para justificar esse raciocínio, começo pelo art. 1.027 do CC: Art. 1.027. Os herdeiros do cônjuge de sócio, **ou o cônjuge do que se separou judicialmente**, não podem exigir desde logo **a parte que lhes couber na quota social**, mas concorrer à divisão periódica dos lucros, até que se liquide a sociedade. Note-se que, pela redação do normativo acima, para deferir a divisão periódica dos lucros da empresa, ao cônjuge não sócio, primeiro temos que admitir que esse cônjuge tem direito a partilhar as cotas que estão em nome do outro consorte, esse integrante do quadro societário da pessoa jurídica. E é exatamente esse o ponto central da controvérsia. Saber quando irá "caber" ao cônjuge separado, participar na "*quota social*" do outro companheiro e/ou cônjuge ou não. E é nesse ponto que a distinção anunciada antes tem razão de ser. Digo isso, pois há casos em que a empresa é próprio trabalho ou ferramenta de trabalho do separando. Vejamos dois exemplos: **Exemplo 1.** Imaginemos uma pessoa jurídica cujo objeto social é o transporte de cargas pesadas e o cônjuge sócio é motorista profissional de carretas de grande porte. Ele, ao mesmo tempo em que é sócio, trabalha diretamente na administração dessa empresa, gerenciando o envio de encomendas e, eventualmente, trabalhando pessoalmente no objeto empresarial, ou seja, ele mesmo transporta as cargas até porque possui a habilitação específica para conduzir veículos de grande porte. **Exemplo 2.** Agora, imaginemos que a mesma sociedade empresária, do exemplo anterior, é composta por 05 sócios. Cada um dos sócios tem 20% das cotas sociais da empresa. Ocorre que, um desses sócios é dentista e nada sabe sobre a prestação de serviços objeto da empresa. Ele somente adquiriu essas cotas como uma forma de investimento e recebe, periodicamente, a divisão dos lucros e dividendos proporcionais às cotas sociais que possui. Seu trabalho, propriamente dito, é como profissional da odontologia. Note-se que em ambos os casos nós poderemos ter um "cônjuge separado judicialmente" sócio de uma pessoa jurídica de natureza privada-empresarial. O que poderia dar ensejo à "divisão periódica dos lucros", com o outro cônjuge, em caso de aplicação automática e irrefletida do art. 1.027 do CC. Contudo, no primeiro exemplo,

Ultrapassada a questão da efetiva participação das quotas, certo é que sendo a resposta positiva a legitimidade para a propositura da ação não pode de maneira alguma ficar condicionada à já existência de partilha dos bens do casal, como se esta legitimidade decorresse de, ao cônjuge ou companheiro do sócio, ter tocado parte de suas quotas na sociedade. Se assim se procedeu, ou seja, se houve a partilha dos bens do casal de maneira a tocar ao cônjuge ou companheiro do sócio um percentual de suas quotas sociais, procede-se à dissolução parcial com a apuração dos haveres relativamente a estas cotas da "meação" (= participação) do cônjuge ou companheiro.

A análise acerca do alcance (e até objetivo) do parágrafo único do art. 600 do CPC/15 indica que não se trata tipicamente de uma ação de dissolução parcial, mas sim de ação que irá proteger a "meação" do cônjuge ou do companheiro, através da avaliação do valor correspondente. Com efeito, a apuração dos haveres permite dimensionar o quanto as quotas sociais do sócio representam em termos percentuais dentro do patrimônio comum do casal, fator que será fundamental para a partilha global. Assim, as postulações em sua grande maioria irão projetar o resultado da apuração de haveres (seguindo o rito dos arts. 599-609 do CPC/15) para a partilha global do casal, de modo a permitir compensações e/ou permutas com outros bens, na medida em que o cônjuge ou companheiro, cônscio do valor que as quotas representam no conjunto do patrimônio do casal, opte, na partilha, por concentrar sua "meação" (= *participação*) em outra parte dos bens.

A observação acima parece ser fundamental, pois o parágrafo único do art. 600 não transforma o cônjuge ou companheiro em sócio da sociedade. Mais ainda, a compreensão dos limites do parágrafo único do art. 600 do CPC/15 revela a competência judicial para propositura da respectiva ação, já que esta não se confunde como de natureza familiar.

---

as cotas sociais do sócio-empresário representam a essência do trabalho daquela pessoa. Somente ele possui aquele conhecimento e aquela habilidade, qual seja, o gerenciamento e a execução do transporte de cargas. Via de conseqüência, nesse caso, na essência, não estamos diante de uma pura e simples atividade empresarial, mas sim do próprio labor do cônjuge, cuja técnica decorre das suas características a habilidades pessoais. E, em decorrência, tem-se que os lucros e dividendos da sociedade empresária, na verdade, representa a contraprestação do seu trabalho. Logo, estamos diante do próprio *provento do seu trabalho*. E como tal, incomunicável com o outro cônjuge, por força do art. 1.659, inciso VI do Código Civil. Já no segundo caso, as cotas sociais assumem natureza de *bem adquirido pelo cônjuge* sócio da pessoa jurídica, pois suas cotas sociais têm natureza de um investimento desvinculado do seu trabalho. Tal qual ocorre, por exemplo, com as de *cadernetas de poupança, fundos de investimentos, bens móveis ou imóveis*. E, nesse caso, o cônjuge separado judicialmente poderá *concorrer à divisão periódica dos lucros* – aplicando-se o art. 1.027 do CC – porquanto a *quota social* se enquadra no conceito de *bem adquirido onerosamente na constância do casamento* – art. 1.660, inciso I do CC. Em resumo, retornando à análise do art. 1.027, agora em conjunto com a essência do regramento do direito de família, tem-se que no primeiro exemplo *não cabe* ao cônjuge separado participar na quota social, pois aqui estamos diante do provento do trabalho daquele cônjuge. O que não ocorre no segundo exemplo, onde *cabe* a partilha da quota social."

Utilizando o julgado supra como exemplo, pensamos que, havendo conflito acerca da participação ou não do cônjuge nas quotas empresariais, a questão há de ser resolvida pela vara especializada em direito de família, não cabendo ao juiz da dissolução deliberar acerca de tal ponto em conflito, que é mais afeto à relação patrimonial familiar e não ao direito de empresa.

Trata-se de competência cível comum, com objeto limitado (apuração de haveres), em que a dissolução será residual caso na partilha global as quotas não fiquem integralmente com o sócio que teve seu casamento ou união estável terminado. Tanto assim, que não caberá ao juiz cível dizer quanto do percentual das quotas do ex-cônjuge ou do ex-companheiro pertencerá a aquele que postula a apuração. No juízo cível haverá deliberação apenas quanto ao valor total das quotas pertencentes ao ex-cônjuge ou do ex-companheiro, mas a definição acerca do percentual de quotas que será destinado àquele que postula a "meação" será decidida na partilha global pelo juiz da Vara de Família, caso não ocorra partilha amigável entre os cônjuges ou companheiros.

Por fim, de forma semelhante ao que ocorre em relação aos incs. I e II do art. 600 (em relação aos herdeiros do sócio falecido[30]), o parágrafo único do mesmo dispositivo acaba por permitir uma melhor interpretação do art. 1.027 do Código Civil na hipótese de término de casamento ou união estável em que há "meação" (= participação) da contraparte. Numa resenha apertada, o cônjuge ou companheiro do sócio cujo casamento ou união estável se findou terá direito a concorrer à divisão periódica dos lucros e, caso não admitido na sociedade, poderá postular a apuração de haveres para a divisão na partilha global, adotando-se a dissolução propriamente dita somente de forma residual, consoante acima posto.

6. LEGITIMIDADE PASSIVA

O Superior Tribunal de Justiça, conquanto vacilante em seus julgados, muito especialmente em virtude de entendimento formado em sua Terceira Turma (igualmente adotado em alguns julgados da Quarta Turma) no sentido de afirmar a não existência de litisconsórcio passivo necessário entre os sócios remanescentes e a sociedade empresária,[31] sempre se mostrou mais propenso a entender pela obrigatoriedade da presença da sociedade empresária no pólo passivo de ação de dissolução parcial,[32] sem prejuízo de mitigar tal obrigatoriedade quando todos os sócios remanescentes são citados e não alegam o vício decorrente da ausência de citação da pessoa jurídica.[33]

A questão foi regulamentada no CPC/15 – art. 601 – de maneira a se buscar um meio termo entre os posicionamentos adotados pelo STJ. Ao mesmo tempo em que se prevê a citação dos sócios e da sociedade para figurarem no pólo passivo, dispensa-se a citação da sociedade se todos os sócios forem cientificados da existência do processo. O resultado não poderia ser pior. Naturalmente que o dispositivo, e a regra que dele se extrai, não têm aplicação quando a ação de dissolução é proposta pela própria sociedade. Neste caso, a legitimidade passiva é tão somente do sócio cuja exclusão se pretende (CPC/15, art. 600, V), ou do espólio ou dos sucessores do sócio falecido (CPC/15, art. 600, III).

---

[30] Confira-se no presente ensaio o tópico 5.2: *Legitimidade ativa do(s) sucessor(es) em caso de morte do sócio.*
[31] STJ, REsp 39.197-0/RJ; STJ, REsp 153.515/RJ; STJ, REsp 735.207/BA; STJ, REsp 1.121.530/RN.
[32] STJ, REsp 77.122/PR; STJ, REsp 44.132/SP; STJ, REsp 80.481/DF; STJ, AgRg no REsp 947.545/MG; STJ, REsp 1.371.843/SP.
[33] STJ, REsp 788.886/SP; STJ, EREsp 332.650/RJ.

Quando, contudo, a ação é proposta pelo espólio do sócio falecido (CPC/15, art. 600, I), pelos sucessores (CPC/15, art. 600, II), pelo sócio que exerceu o direito de retirada (CPC/15, art. 600, IV), pelo sócio excluído (CPC/15, art. 600, VI), ou pelo cônjuge ou companheiro do sócio cujo casamento ou união estável terminou (CPC/15, art. 600, par. ún.), aí sim, não apenas os sócios remanescentes quanto à sociedade empresária devem figurar no pólo passivo da relação processual. A única forma de conferir ares de constitucionalidade ao dispositivo em questão é, portanto, tal como sugerido por Daniel Amorim Neves, extraindo dele regra no sentido de que a dispensa da citação pressupõe que a sociedade já esteja no pólo passivo.[34] Mesmo porque, conforme destacado por Leonard Schmitz e Rodrigo Bertoncini, se a demanda é voltada à apuração de haveres, a condenação ao pagamento da quantia correspondente às quotas é imputável à sociedade e não aos sócios supérstites.[35] Ademais, os interesses dos sócios supérstites podem não coincidir com os da sociedade empresária, o que leva à obrigatoriedade de integrá-la à relação processual.[36]

A partir de tais considerações, pensamos que a melhor interpretação do art. 601 do CPC/15 implica compreender que a citação da pessoa jurídica não se dá para que esta exerça a posição de defesa, como se figurasse como ré. Na realidade, seguindo a linha do art. 238 da codificação, a citação deve ser vista como um ato de convocação para que a pessoa jurídica, na qualidade de *interessada*, tenha a faculdade de se posicionar acerca da postulação. No particular, afigura-se exemplo de *intervenção móvel*[37], na medida em que a pessoa jurídica poderá tanto aderir ao pedido do autor, como a ele resistir, sem prejuízo da possibilidade de se manter inerte (posição neutra), sem se manifestar de forma expressa acerca do polo a que está aderindo.

---

[34] NEVES, Daniel Amorim Assumpção. *Manual de direito processual civil – volume único*. 9. ed. Salvador: Juspodivm, 2017, p. 960.

[35] SCHMITZ, Leonard Ziesemer; BERTONCINI, Rodrigo Junqueira. A ação de dissolução parcial de sociedades no CPC/2015: aspectos destacados de direito material. *Revista de Direito Privado*, vol. 70/2016, p. 211-236, out/2016. São Paulo: RT, 2016, p. 220.

[36] PEDRON, Flávio Quinaud; CAZASSA, Luiza de Paula Santos. O procedimento especial de dissolução parcial de sociedade no Código de Processo Civil de 2015: primeiras impressões. *Revista Brasileira de Direito Processual – RBDPro*, Belo Horizonte, ano 25, n. 97, jan./mar. 2017. Disponível em: <http://www.bidforum.com.br/bid/PDI0006.aspx?pdiCntd=246977>. Acesso em: 19 dez. 2017.

[37] No sentido, é capital notar que o CPC/15 abandona a noção estática de citação da codificação revogada, em que esta tinha contorno restrito de *chamar* o *réu* para apresentar defesa (art. 213, CPC/73). Assim, convocando-se – por citação – a pessoa jurídica, a esta será permitida mais de uma postura, podendo se destacar: a) adira ao polo ativo; b) apresente resistência ao pedido (ainda que parcial – p. exemplo, não concordando com a estimativa das quotas apresentada pelo autor); c) fique inerte (ou seja, que não se manifeste inicialmente e, mais tarde, possa indicar o polo que deseja figurar). Pensamos que se trata de hipótese de *intervenção móvel*, admitindo inclusive a *retratação* (mudança de polo), aplicando-se – com adaptações – semelhante raciocínio ao que ocorre na ação popular (e na ação de improbidade administrativa), por força do artigo 6º, § 3º da LAP. No tema (com olhos no processo coletivo), confira-se: MAZZEI, Rodrigo. *A intervenção móvel da pessoa jurídica na ação popular e ação de improbidade administrativa* (artigos 6º, 3º da LAP e 17 3º da LIA). Revista Forense v. 400, p. 227-254, 2008. Confira-se, ainda (mais amplo): CABRAL, Antonio do Passo. *Despolarização do processo e "zonas de interesse": sobre a migração entre polos da demanda*. In Reconstruindo a Teoria Geral do Processo. Fredie Didier Jr. (org.). Salvador: Editora JusPodivm, 2012.

29

O MODELO DE TUTELA COLETIVA PROCESSUAL BRASILEIRO E O DESAFIO DA INCLUSÃO SOCIAL

Tereza Cristina Sorice Baracho Thibau

Thaís Costa Teixeira Viana

Sumário: 1. Introdução. 2. O modelo contemporâneo de democracia constitucional e seus discursos contramajoritários: o desafio da inclusão social. 2.1. Inclusão social e cidadania no Estado Democrático de Direito Brasileiro. 3. A consolidação do modelo jusprocessual de inclusão social e o sistema integrado de tutela aos direitos coletivos. 3.1. Os direitos coletivos em sentido *lato* e a proteção às minorias. 4. Os institutos do processo coletivo brasileiro na promoção da cidadania e da inclusão social. 5. Conclusão.

1. INTRODUÇÃO

Na atualidade, tem sido comum a formação de diferentes agrupamentos e conformações sociais, dentre os quais, não raro, grupos que se tornam marginalizados social, econômico e juridicamente, e que, portanto, passam a revelar flagrante posição de vulnerabilidade e, consequentemente, exclusão nos processos de tomada de decisão, sobretudo na esfera da administração pública. Referidos grupos, frequentemente, não lhes tem reconhecida identidade própria ou, sequer, são destinatários de adequadas políticas públicas voltadas à sua inclusão social e promoção de cidadania.

Os modelos de democracia tradicionais alicerçam-se em torno da premissa da predominância da vontade da maioria, conformação esta que reforça a marginalização das minorias. Face a este contexto, a filosofia política percebeu a necessidade de se combinar a este modelo democrático mecanismos de relativização da predominância do poder majoritariamente exercido, de forma a serem ouvidos também os discursos contramajoritários.

Idealizou-se assim, a noção de Estado Constitucional Democrático, no qual o texto constitucional se torna responsável por traduzir direitos fundamentais de inclusão social e promoção da cidadania, estabelecendo um espaço de igualdade jurídica entre as maiorias e as minorias.

No entanto, a despeito da eventual riqueza de arcabouço jurídico a conferir legitimidade e força às pretensões de grupos minoritários, é comum que, no plano fático, as sociedades pautadas pelo constitucionalismo democrático exibam realidades de notória exclusão social aos grupos vulneráveis. Como consequência passa-se a se vislumbrar como necessário que os ordenamentos jurídicos forneçam a estes grupos, não apenas instrumentos políticos de participação social como também mecanismos jurídico-processuais, eficazes a inibir ameaças de lesão e reparar lesões aos seus direitos – seja por condutas omissivas ou comissivas.

A partir da análise da democracia constitucional se pode identificar, no contexto do ordenamento jurídico brasileiro, a relevância do Sistema Integrado de Tutela Processual Coletiva à proteção dos interesses de grupos minoritários. No entanto, passa-se a questionar se, por outro lado, o modelo de processo coletivo instituído por este Sistema viabilizaria também o adequado acesso das *minorias* à justiça. Com o objetivo de se solucionar tal impasse, propõe-se averiguar, a partir de análise interdisciplinar e sob a vertente jurídico-dogmática, a pertinência dos específicos institutos do direito processual coletivo como instrumento na luta contra-hegemônica de minorias, em sua busca por reconhecimento, identidade e participação social.

2. O MODELO CONTEMPORÂNEO DE DEMOCRACIA CONSTITUCIONAL E SEUS DISCURSOS CONTRAMAJORITÁRIOS: O DESAFIO DA INCLUSÃO SOCIAL

A concepção moderna de *democracia*, como sendo uma forma de governo *do povo*, remonta ao século XVIII e se distancia do modelo encontrado na Grécia antiga, sobretudo no que concerne à extensão do conceito de *povo* – que, no modelo grego, acompanhava os estreitos limites atribuídos à própria ideia de *cidadão*, e que no século XVIII não poderia apresentar semelhantes restrições, mesmo porque a esta época se assistiria ao apogeu da burguesia sobre o poder político, antes concentrado nas mãos da monarquia e da nobreza[1]. Com fulcro em referida conceituação ampliativa de *povo*, a doutrina de Paulo Bonavides vai ainda mais longe, ao aderir à definição de *democracia* como sendo o "governo do povo, para o povo, pelo povo"[2].

Nesse sentido, Norberto Bobbio assinala que "segundo a concepção liberal do Estado não pode existir Democracia senão onde forem reconhecidos alguns direitos fundamentais de liberdade que tornam possível uma participação política guiada por uma determinação da vontade autônoma de cada indivíduo"[3]. Ao mesmo tempo, pontua que, consoante a

---

[1] DALLARI, Dalmo de Abreu. Elementos de Teoria Geral do Estado. 29.ed. São Paulo: Saraiva, 2010, p. 145-146.
[2] BONAVIDES, Paulo. Ciência Política. 17.ed. São Paulo: Malheiros Editores, 2010, p. 288.
[3] BOBBIO, Norberto. Democracia [verbete]. *In*: BOBBIO, Norberto; MATTEUCCI, Nicola; PASQUINO, Gianfranco. *Dicionário de Política*. V.1. Tradução de Carmen C. Varriale, Gaetano

teoria política contemporânea, integrariam as regras a definirem a Democracia, dentre outras, as seguintes:

> [...] 7) tanto para as eleições dos representantes como para as decisões do órgão político supremo vale o princípio da maioria numérica, se bem que podem ser estabelecidas várias formas de maioria segundo critérios de oportunidade não definidos de uma vez para sempre; 8) nenhuma decisão tomada por maioria deve limitar os direitos da minoria, de um modo especial o direito de tornar-se maioria, em paridade de condições [...][4].

Alicerça-se a compreensão do citado filósofo político, portanto, sobre a premissa de que, em um modelo de Estado Democrático, seriam as decisões tomadas a partir de manifestações de vontade majoritárias, devendo, contudo, serem resguardados os direitos de minorias (tomados estes termos, no referido contexto, conforme o critério quantitativo, numérico) – inclusive de forma a se viabilizar que, porventura, estas minorias venham a se tornar maiorias.

Por sua vez, na obra "Considerações sobre o Governo Representativo", John Stuart Mill pontuava que, sob a denominação *democracia*, poder-se-iam vislumbrar duas compreensões paradoxalmente distintas:

> A ideia pura de democracia, de acordo com a sua definição, é o governo do povo inteiro pelo povo inteiro, representado de maneira igual. A democracia, da maneira como é comumente concebida e até agora praticada, é o governo do povo inteiro por uma mera maioria, exclusivamente representada. A primeira ideia é sinônimo da igualdade de todos os cidadãos; a segunda, estranhamente confundida com a primeira, é um governo de privilégios, em nome da maioria numérica, que é praticamente a única a ter voz no Estado. Esta é a consequência inevitável da maneira pela qual se vota atualmente, com uma exclusão total das minorias[5].

Assevera, tão logo, que fundamentalmente, não teria sido idealizado o modelo democrático, para simplesmente se traduzir e concretizar apenas a vontade de grupos majoritários – ou, de forma ainda mais grave, da "maioria da maioria; que pode ser, e frequentemente é, uma minoria do todo"[6]. Pelo contrário, depreende-se das pontuações do doutrinador que não atenderia ao escopo do conceito de democracia, a condução do poder a partir dos desígnios de apenas uma parcela da população – ainda que seja esta, quantitativamente, majoritária. Ganha relevo, assim, a noção de que "todas as partes deveriam ser representadas,

---

Lo Mônaco, João Ferreira, Luís Guerreiro Pinto Cacais e Renzo Dini. Coordenação de tradução de João Ferreira. Revisão Geral de João Ferreira e Luís Guerreiro Pinto Cacais. 13.ed. Brasília: Editora Universidade de Brasília, 2009 (reimpressão), p. 324.

[4] *Ibid*, p. 327.

[5] MILL, John Stuart. Considerações sobre o Governo Representativo. Tradução de Manoel Innocêncio de Lacerda Santos Jr. Brasília: Editora Universidade de Brasília, 1981, p. 71.

[6] *Ibid*, p. 72.

não desproporcionalmente, mas sim proporcionalmente"[7], na medida em que "todos os cidadãos têm o direito de concorrer, pessoalmente ou por seus representantes, para a formação dessa vontade geral"[8].

Apesar das dissonâncias doutrinárias observadas entre os diversos filósofos políticos, em torno da noção de *democracia*, pode-se identificar como eixo comum entre eles, o reconhecimento de que buscaria a democracia, essencialmente, afirmar a soberania do povo no processo de tomada de decisões, como um direito inalienável e imprescritível[9].

Paralelamente, com fulcro nesta compreensão comum, passou-se a identificar entendimento no sentido da disparidade entre as noções de *democracia* e *constitucionalismo*, sob o fundamento de que este último atuaria no sentido de estabelecer limites a essa soberania, limites ao exercício do poder[10]:

> Se os democratas deram maior atenção à fonte do poder soberano, os constitucionalistas puseram mais em evidência sobretudo o problema dos limites e dos modos de exercício de tal poder, que não podemos adjetivar de 'soberano', justamente porque uma soberania limitada é quase uma contradição nos termos. [...] os constitucionalistas reivindicam para o indivíduo uma ampla esfera de liceidade, impondo consequentemente ao Estado o dever de não impedir o exercício desses direitos; os democratas, pelo contrário, querem a participação de toda a comunidade na formação da vontade do Estado, de sorte que esta coincida com a própria vontade do povo. Deste modo, obedecendo ao Estado, os cidadãos obedecem apenas a si mesmos [...][11].

---

[7] *Ibid*, p. 72.
[8] *Op. cit*. DALLARI, 2010, p. 150.
[9] MATTEUCCI, Nicola. Constitucionalismo [verbete]. *In*: BOBBIO, Norberto; MATTEUCCI, Nicola; PASQUINO, Gianfranco. *Dicionário de Política*. V.1. Tradução de Carmen C. Varriale, Gaetano Lo Mônaco, João Ferreira, Luís Guerreiro Pinto Cacais e Renzo Dini. Coordenação de tradução de João Ferreira. Revisão Geral de João Ferreira e Luís Guerreiro Pinto Cacais. 13.ed. Brasília: Editora Universidade de Brasília, 2009 (reimpressão), p. 256.
[10] "[...] as democracias tem como seu elemento constitutivo a ideia de que o povo, por ser o portador do poder soberano, detém o poder decisório do Estado. A democracia, como governo do povo, tão somente se legitimaria quando este povo fosse respeitado em suas designações e vontades. O que significa afirmar, em certo sentido, que a vontade do povo estaria acima de qualquer determinação política estatal. O povo é soberano e o Estado deve seguir a sua vontade. Por sua vez, a teoria do constitucionalismo, ao assumir a característica de que há algumas regras que nem o povo soberano pode alterar, impõe certos limites ao conceito de soberania popular. Certas regras constitucionais, mesmo que venham a desagradar o povo como um todo não poderiam ser modificadas. A constituição, portanto, é soberana, o que traz limites ao conceito soberano do povo" (FERRI, Caroline. O Dualismo entre Democracia e Constitucionalismo e as Decisões Contramajoritárias. *In*: *Revista Eletrônica Direito e Política*, v.8, n.1, Itajaí, 2013, p. 24. Disponível em: https://siaiap32.univali.br// seer/index.php/rdp/article/view/5490 – Acesso em 05.mai.2018).
[11] *Op. cit*. MATTEUCCI, 2009, p. 256-257.

No entanto, consoante acrescenta o mesmo doutrinador, apesar de *democracia* e *constitucionalismo* consubstanciarem conceitos distintos, não se poderia dizer tratar-se de concepções contraditórias, mesmo porque, na contemporaneidade, não se vislumbrariam modelos de Estado Democrático senão sob a forma constitucional:

> De fato, a liberdade positiva de participar na formação da vontade do Estado exige, como condição necessária, a liberdade negativa, isto é, que o Estado não tolha os direitos da liberdade de expressão, da liberdade de imprensa, de associação, de religião, etc.; aliás, diminuiriam as próprias condições de uma participação autônoma na formação dessa mesma vontade, como acontece nos regimes totalitários, onde os grupos que estão no poder organizam desde cima, sob lista única, a presença das massas no Estado. [...] Por conseguinte, hoje o Constitucionalismo não é outra coisa senão o modo concreto como se aplica e realiza o sistema democrático representativo[12].

Assim sendo, apesar de – como, inclusive, reconhece John Stuart Mill (em passagem já citada de sua obra "Considerações sobre o Governo Representativo") –, na prática, serem mais comuns as manifestações de Estado Democrático sob a forma de governo *da maioria*, e não sob a forma "pura" de "governo do povo inteiro pelo povo inteiro"[13], a combinação desta democracia com a forma constitucional[14] culmina por garantir que sejam também resguardadas as vozes não majoritárias[15], seja por intermédio da limitação do exercício do poder por parte dos governantes eleitos via sistema representativo, seja pela elevação ao patamar de fundamentalidade de direitos de igualdade e liberdade a todos.

---

[12] *Ibid*, p. 257.
[13] *Op. cit.* MILL, 1981, p. 71.
[14] A harmonia entre os conceitos de democracia e constitucionalismo, na garantia concomitante aos interesses de grupos majoritários e minoritários, torna-se ainda mais evidente na tese defendida por Peter Häberle, segundo a qual a hermenêutica constitucional deve se processar de forma essencialmente plural, no sentido de serem absorvidas as vozes dos cidadãos no processo interpretativo do texto constitucional: "'Povo' não é apenas um referencial quantitativo que se manifesta no dia da eleição e que, enquanto tal, confere legitimidade democrática ao processo de decisão. Povo é também um elemento pluralista para a interpretação que se faz presente de forma legitimadora no processo constitucional: como partido político, como opinião científica, como grupo de interesse, como cidadão. [...] A democracia do cidadão está muito próxima da ideia que concebe a democracia a partir dos direitos fundamentais e não a partir da concepção segundo a qual o Povo soberano limita-se apenas a assumir o lugar do monarca" (HÄBERLE, Peter. Hermenêutica Constitucional – a Sociedade Aberta dos Intérpretes da Constituição: Contribuição para a Interpretação Pluralista e "Procedimental" da Constituição. Tradução de Gilmar Ferreira Mendes. Porto Alegre: Sérgio Antonio Fabris Editor, 1997, p. 37-38).
[15] "[...] se a democracia é o Governo da maioria, poder-se-ia paradoxalmente afirmar que essa forma de Constitucionalismo torna efetivo o Governo da minoria" (MATTEUCCI, 2009, p. 257).

Consolida-se, assim, a ideia de *democracia constitucional*, na qual o texto constitucional, ao mesmo tempo em que garante o exercício de poder pelo povo, restringe esse poder, a partir de parâmetros ditados pelos direitos fundamentais:

> A teoria garantista, ao propor uma nova forma de se tratar os direitos fundamentais, define que a democracia é mais do que um regime político no qual se verificam regras que definem acerca de como devem ser tomadas decisões, mas um sistema onde essencialmente se definem os pressupostos acerca do que se pode decidir. Estes limites, dados pelos direitos fundamentais, constituem o fundamento daquilo que se chama democracia constitucional[16].

No modelo de *democracia constitucional*, pelo contrário, não se manifesta como irrestrito o poder decisório do povo soberano, na medida em que se encontra inequivocamente limitado por um núcleo indisponível de direitos fundamentais constitucionais[17], o que confere legitimidade a decisões contramajoritárias que garantam a observância destes direitos indisponíveis[18]. Em outras palavras, apesar de trazer a democracia, em sua essência, a valorização da vontade da maioria, o modelo constitucional em que esta se manifesta atua complementarmente, em legitimação a decisões contramajoritárias, que venham a garantir a incolumidade dos direitos individuais e coletivos fundamentais de todos os cidadãos.

Nesse contexto, passa-se a compreender a ponderação de Muniz Sodré, segundo a qual, "qualitativamente, democracia é um regime de minorias, porque só no processo democrático a minoria pode se fazer ouvir"[19]. Soma-se ao entendimento de Muniz Sodré, a doutrina de Hugo Nigro Mazzilli, que vislumbra, também, como elemento essencial às democracias, o respeito às minorias:

> A democracia legítima pressupõe, portanto, o respeito às minorias. Assim, uma democracia moderna é mais do que apenas uma vontade majoritária; é o governo que se faz de acordo com a vontade da maioria do povo, colhida de forma direta (plebiscito, eleições) ou de forma indireta (pelo sistema representativo), *mas* – e isso é fundamental – *desde que respeitados os direitos da minoria*. Não seria democrático que nem mesmo a maioria do povo promovesse intolerância religiosa ou de culto para proibir religiões ou de cultos, distinguisse etnias, culturas ou tendências políticas, ou vedasse comportamentos por nenhum outro fundamento senão a discriminação da maioria

---

[16] *Op. cit.* FERRI, 2013, p. 39.

[17] Consoante a interpretação de Georges Abboud, possuiriam os direitos fundamentais duas funções principais: "limitação do Poder Público e proteção contra formação de eventuais maiorias dispostas a suprimir ou mitigar algum direito fundamental" (ABBOUD, Georges. STF vs. Vontade da Maioria: As Razões pelas quais a Existência do STF somente se justifica se ele for Contramajoritário. *In*: Revista dos Tribunais. v.921, 2012, p. 3).

[18] *Op. cit.* FERRI, 2013, p. 42.

[19] SODRÉ, Muniz. Por um Conceito de Minoria. *In*: PAIVA, Raquel; BARBALHO, Alexandre [Orgs.]. *Comunicação e Cultura das Minorias*. São Paulo: Paulus, 2005, p. 11.

contra a minoria. Não fosse assim, e estaríamos diante não de uma democracia, e sim diante do despotismo. Numa democracia, entre os direitos básicos das minorias, está o de poderem existir, o de poderem dissentir e exprimir sua dissensão, o de verem-se representadas nas decisões que interessem a toda a sociedade, o direito de fiscalizarem de maneira efetiva a maioria, e o de, eventualmente, um dia tornarem-se maioria"[20].

Esclarece o sociólogo Muniz Sodré que o conceito de *minoria* se traduziria em voz qualitativa, na "possibilidade de terem voz ativa ou intervirem nas instâncias decisórias do Poder aqueles setores sociais ou frações de classe comprometidos com as diversas modalidades de luta assumidas pela questão social"[21]. Similarmente identificando no conceito de *minoria* viés predominantemente qualitativo (embora desprovido de influência no contexto de tomada de decisões), e não meramente numérico, tem-se o entendimento de Fredie Didier Jr. e Hermes Zaneti Jr.:

> [...] essas minorias não são quantitativas, não há interesses "minoritários", mas sim interesses e direitos "marginalizados", já que muitas vezes estes estão representados em número de pessoas infinitamente superior aos interesses ditos "majoritários" na sociedade, embora não tenham voz, nem vez[22].

Intrínseco ao conceito de *minoria* encontra-se o propósito de "transformação de uma identidade ou de uma relação de poder"[23]. O grupo minoritário, a partir da concepção sociológica de Muniz Sodré[24], apresentaria vulnerabilidade jurídico-social (perante a legitimidade institucional e as políticas públicas, por exemplo), identidade *"in statu nascendi"* (grupo em constante formação e renovação), além de atuar em luta contra-hegemônica, a partir de estratégias discursivas e ações demonstrativas. Nesse sentido, "a minoria aparece como conceito de um lugar onde se produz um fluxo de discursos e ações com o objetivo de transformar um determinado ordenamento fixado no nível de instituições e organizações"[25].

A marcante diversidade de grupos ou movimentos minoritários fez com que se convencionasse a adotar, predominantemente, o termo no plural, passando-se a se referir, assim, a *minorias*. De fato, como destaca Alexandre Barbalho[26], podem-se ter minorias étnicas,

---

[20] MAZZILLI, Hugo Nigro. *A Defesa dos Interesses Difusos em Juízo: meio ambiente, consumidor, patrimônio cultural, patrimônio público e outros interesses*. 25.ed.rev.ampl.e atual. São Paulo: Saraiva, 2012, p. 750.
[21] *Op. cit.* SODRÉ, 2005, p. 11-12.
[22] DIDIER JR., Fredie; ZANETI JR., Hermes. *Curso de Direito Processual Civil: Processo Coletivo*. 10.ed.rev.ampl.e atual. Salvador: JusPodivm, 2016, p. 35.
[23] *Op. cit.* SODRÉ, 2005, p. 12.
[24] *Ibid*, p. 13.
[25] *Ibid*, p. 14.
[26] BARBALHO, Alexandre. Cidadania, Minorias e Mídia: ou Algumas Questões Postas ao Liberalismo. *In*: PAIVA, Raquel; BARBALHO, Alexandre [Orgs.]. *Comunicação e Cultura das Minorias*.

sexuais, religiosas, com diferentes bandeiras político-culturais e que buscam, também, o reconhecimento do direito de exercer sua singularidade – que lhes confere identidade –, sem que isso acarrete, em seu desfavor, desigualdades. Referidas reivindicações se traduzem sob o termo "políticas de identidade", o que, consoante alerta Maria João Silveirinha[27], constituiria desafio enfrentado para se garantir a representação e participação de minorias em sociedades democráticas que exibam múltiplas identidades minoritárias[28]:

> O que é comum ao entendimento do termo [políticas de identidade], no entanto, é o pressuposto de um descentramento progressivo da política pensada para os grandes sujeitos históricos, como a nação e a classe, a favor de um crescente interesse em determinados tipos de diferença cultural, como o gênero, a raça, a etnicidade e a sexualidade[29].

A consciência acerca da existência, nas diversas sociedades, de inúmeros grupos minoritários, cada um com sua singularidade, passa a exigir, assim, dos modelos de Estados constitucionais democráticos um especial enfoque na consolidação de rol de direitos e garantias fundamentais a constituírem arcabouço jurídico legitimador de decisões contramajoritárias[30] – que imponham validamente restrições à condução da democracia com fulcro,

---

São Paulo: Paulus, 2005, p. 29-30.

[27] SILVEIRINHA, Maria João. Democracia e Reconhecimento: Repensar o Espaço Público. *In*: PAIVA, Raquel; BARBALHO, Alexandre [Orgs.]. *Comunicação e Cultura das Minorias*. São Paulo: Paulus, 2005, p. 42.

[28] Em alguns países latino-americanos, como a Bolívia e o Equador, passou-se a criticar a lógica homogeneizante e uniformizadora em torno da qual teriam sido erigidos os Estados nacionais modernos, com a criação de um novo modelo de constitucionalismo, denominado "Plurinacional": "Todo esse processo de '*culturicídio*' de grupos e etnias em detrimento do modelo homogêneo e uniformizador é questionado pelo *novo constitucionalismo da América Latina*, que visa o respeito a singularidades, grupos e etnias mediante uma ênfase na diversidade e no seu reconhecimento constitucional. Com isso, os vários *grupos* e *comunidades* são e devem ser *representados* no Poder Legislativo e Judiciário, tendo em vista uma *perspectiva plural de reconhecimento e assunção (inclusão) do outro* nos processos de formação da vontade política" (FERNANDES, Bernardo Gonçalves. A Teoria da Constituição à Luz dos Movimentos do Constitucionalismo (Moderno), do Neoconstitucionalismo (Contemporâneo), do Transconstitucionalismo e do Constitucionalismo (Latino-Americano) Plurinacional. *In*: MORAIS, José Luis Bolzan de; BARROS, Flaviane de Magalhães [Coords.]. *Novo Constitucionalismo Latino-Americano*: O Debate sobre Novos Sistemas de Justiça, Ativismo Judicial e Formação de Juízes. Belo Horizonte: Arraes Editores, 2014, p. 60).

[29] *Op. cit.* SILVEIRINHA, 2005, p. 42.

[30] "[...] as obrigações do Estado voltadas para a efetividade das normas constitucionais definidoras de direitos sociais são reflexo de experiências históricas de injustiças e falhas de reconhecimento, constituindo-se, pois, em resposta de determinada comunidade a essas demandas, de modo que não somente os legisladores são destinatários dessas normas, mas todos os envolvidos em realizar o sistema de direitos fundamentais. Senso de solidariedade é condição do processo democrático, uma vez que o poder legitimador do direito deriva da compreensão discursiva dos cidadãos acerca

exclusivamente, em interesses de maiorias. Como conceitua Júlia Ávila Franzoni, a noção de *cidadania* compreenderia o "conjunto de direitos fundamentais que possibilitam a inclusão social de pessoas e grupos"[31], de tal forma que "a cidadania relaciona-se com um processo de constitucionalização crescente de exigências fundamentais de integração jurídico-política na sociedade"[32]. Em outras palavras, a constitucionalização de direitos e garantias fundamentais voltados à integração social promove a cidadania e, consequentemente, a inclusão social, o reconhecimento da identidade e a proteção dos direitos de minorias. Como complementa a doutrina de Júlia Ávila Franzoni, somente há possibilidade de se "tratar a ideia de pluralidade na esfera pública e sua relação construtiva com a concretização constitucional, num contexto em que os diversos interesses podem, de fato, se generalizar e se fazer representar"[33].

2.1. Inclusão social e cidadania no Estado Democrático de Direito Brasileiro

Em consonância com a tendência que já se viria consolidando em nível internacional, no sentido da proteção dos direitos humanos, o modelo brasileiro de Estado Democrático de Direito introduzido pela Constituição da República de 1988 (CR/88) estabelece direitos, individuais e coletivos, de natureza fundamental, dentre os quais ocupam papel de destaque os direitos à liberdade e à igualdade, trazendo como um de seus traços mais característicos "a preocupação [...] em assegurar a dignidade e o bem-estar da pessoa humana, como um imperativo de justiça social"[34], em meio a um modelo democrático.

A consagração dos direitos à liberdade e à igualdade enquanto fundamentais e de titularidade, tanto de brasileiros, quanto de estrangeiros residentes no país, traduz uma preocupação do constituinte quanto à promoção da cidadania e da inclusão social, no sentido de proporcionar equânime acesso à Justiça – em suas dimensões processual e material – a todos os cidadãos. Além disso, reflete o apontamento, pelo próprio texto constitucional, da cidadania e da dignidade da pessoa humana, como fundamentos da República Federativa

---

das normas que regem sua vida em comum" (ROCHA, Heloisa Helena Nascimento; PINTO, Luciana Moraes Raso Sardinha. Poder Judiciário e Inclusão Social: Considerações Acerca do Papel do Controle Judicial das Políticas Públicas para a Efetividade dos Direitos Sociais. *In*: PEREIRA, Flávio Henrique Unes; DIAS, Maria Tereza Fonseca [Orgs.]. *Cidadania e Inclusão Social*: Estudos em Homenagem à Professora Miracy Barbosa de Sousa Gustin. Belo Horizonte: Fórum, 2008, p. 177).

[31] FRANZONI, Júlia Ávila. Concretização Constitucional e Legitimidade: Igualdade Jurídica entre as Condições de Fato e de Direito. *In*: CLÈVE, Clèmerson Merlin [Coord.]. *Constituição, Democracia e Justiça*: Aportes para um Constitucionalismo Igualitário. Belo Horizonte: Fórum, 2011, p. 85.

[32] *Ibid*, p. 85.

[33] *Ibid*, p. 85.

[34] PIOVESAN, Flávia. A Responsabilidade do Estado na Consolidação da Cidadania. *In*: PIOVESAN, Flávia. *Temas de Direitos Humanos*. Prefácio de Fábio Konder Comparato. 10.ed.rev.ampl.e atual. São Paulo: Saraiva, 2017b, p. 558.

do Brasil (artigo 1º, incisos II e III, da CR/88), bem como auxilia na concretização dos objetivos fundamentais elencados no artigo 3º, também da CR/88:

> [...] construir uma sociedade livre, justa e solidária, garantir o desenvolvimento nacional, erradicar a pobreza e a marginalização, reduzir as desigualdades sociais e regionais e promover o bem de todos, sem preconceitos de origem, raça, sexo, cor, idade e quaisquer outras formas de discriminação, constituem os objetivos fundamentais do Estado, consagrados no art.3º da Carta de 1988.[35]

Igualmente com vistas à concretização deste projeto de Estado Democrático de Direito, o texto constitucional elenca extenso rol de direitos sociais, assegurando a todos, no plano jurídico, o acesso à saúde, à moradia, à educação, à alimentação, à segurança, ao trabalho, além de se comprometer à assistência aos desamparados (artigo 6º, CR/88).

No que concerne ao âmbito jurídico, portanto, a CR/88 busca garantir não apenas o aspecto democrático dos processos de tomada de decisões e condução de políticas públicas, como também os direitos de grupos minoritários, aos quais são garantidos instrumentos de fiscalização dos representantes da maioria, o direito de vir a se tornar maioria, bem como seus direitos de liberdade, igualdade e cidadania – por intermédio da consolidação de rol de direitos sociais. Entretanto, analisando-se sob o aspecto prático, ainda se pode visualizar a notória marginalização social vivenciada por diversos grupos minoritários, no Brasil, além da violação reiterada a diversos de seus direitos – seja pelo próprio Estado, seja por particulares, ou mesmo por grupos majoritários. Nas palavras de Hugo Nigro Mazzilli:

> A grande maioria da população brasileira, de qualquer etnia, está sob autêntica exclusão sociocultural, tais os índices de miséria e pobreza, e por isso deixa de ter efetivo acesso ao trabalho (subemprego, salário-mínimo insuficiente, alarmante percentual de desempregados), à saúde (preço dos remédios, hospitais abandonados, falta de previdência), à alimentação (fome em alguns Estados), à educação (degradação do ensino fundamental) e à Justiça (acomodadamente distante, lenta e formalista).[36]

O que se percebe, portanto, no caso brasileiro, é a existência de certa disparidade entre o modelo de sociedade idealizado pelos diplomas jurídicos, e as circunstâncias fáticas vivenciadas pelos cidadãos:

> A experiência brasileira marca-se, assim, por formas de instrumentalização política, econômica e relacional de mecanismos jurídicos, apontando no sentido inverso à indisponibilidade e autonomia do direito. Há, por essa razão, forte tendência a desrespeitar os procedimentos constitucionalmente previstos, fato intimamente relacionado à persistência de privilégios e "exclusões" que obstaculizam a construção

---

[35] *Ibid*, p. 558.
[36] *Op. cit.* MAZZILLI, 2012, p. 753.

de uma esfera pública universalista como espaço de comunicação de cidadãos iguais. Esse processo de sobreposição da racionalidade política e econômica ao universo do direito ocasiona a fragilização do Estado que, perante as pressões de uma "sociedade" desestruturada pela insuficiente diferenciação funcional, não é capaz de desenvolver uma esfera pública pluralista, fundada na universalidade da cidadania.[37]

O contexto crítico brasileiro, no que concerne à inclusão social, portanto, deriva, em grande medida, não da carência de dispositivos legais e constitucionais que promovam direitos e garantias fundamentais, mas da ausência de institucionalização e de efetivação destes direitos previstos, o que culmina com o esvaziamento do escopo constitucional de cidadania, cujo núcleo é o princípio da igualdade[38]. A efetivação da cidadania encontra-se, assim, intrinsecamente vinculada à transposição ao plano fático dos direitos e garantias fundamentais de igualdade e inserção social previstos no plano jurídico, no bojo do texto constitucional. Por sua vez, como esclarece Júlia Ávila Franzoni, deve se manifestar o princípio da igualdade (núcleo da noção de cidadania), sob múltiplos enfoques:

> Esse princípio não deve se restringir à integração igualitária no sistema institucional, devendo ser relido a partir de perspectivas diversas e, entretanto, inseparáveis: (i) perspectiva interna: neutralização de desigualdades fáticas na consideração jurídico-política de pessoas e grupos e (ii) perspectiva externa: imprescindibilidade que na esfera pública pluralista tenha-se desenvolvido a ideia de que as diferenças sejam recíproca e simetricamente respeitadas.[39]

Como consequência, a fim de se garantir a inclusão social de grupos minoritários e, portanto, a cidadania, no contexto brasileiro, para além do projeto de sociedade equânime e com igual acesso a direitos e oportunidades por grupos majoritários e minoritários, idealizado pelo constituinte brasileiro, revela-se a necessidade da consolidação de instrumentos jurídicos aptos a garantir a concretização desse propósito – não apenas no âmbito formal, mas também concreto, com vistas a se reduzirem desigualdades fáticas que situem parcelas da população em lugar de vulnerabilidade socioeconômica, e a se promover o respeito mútuo às singularidades culturais, étnicas, de gênero, dentre outras, que caracterizem e confiram identidade aos diferentes grupos.

3. A CONSOLIDAÇÃO DO MODELO JUSPROCESSUAL DE INCLUSÃO SOCIAL E O SISTEMA INTEGRADO DE TUTELA AOS DIREITOS COLETIVOS

Na busca por se promover a efetivação, no plano concreto, dos direitos e garantias fundamentais de igualdade e inclusão social, já previstos no texto constitucional brasileiro,

---

[37] *Op. cit.* FRANZONI, 2011, p. 83-84.
[38] *Ibid*, p. 85.
[39] *Ibid*, p. 86.

e assim, se dar concretude aos propósitos de cidadania e de legitimação de discursos contramajoritários da CR/88, torna-se necessário buscar um "equilíbrio tênue entre ação direta do Estado (ideia de paternalismo fraco, como no caso das ações afirmativas) e inserção institucional progressiva das demandas sociais, numa constante reestruturação da esfera pública"[40], promovendo-se, assim, concomitantemente, o amadurecimento social e a adoção de políticas públicas pelo Estado em favor das *minorias*.

Não se pode excluir desse projeto, também, o relevante papel contramajoritário desempenhado pelo Poder Judiciário, na proteção dos direitos fundamentais de grupos minoritários e na promoção da inclusão social de forma ampla. Na medida em que há previsão constitucional, garantindo-se direitos fundamentais de igualdade e inclusão social a todos os cidadãos, ao Poder Judiciário incumbe aplica-los, no exercício de sua atividade judicante, face aos conflitos que lhe sejam submetidos, nos quais se verifique a violação a estes valores. Neste sentido, inclusive, a previsão do inciso XXXV do artigo 5º, da CR/88, segundo o qual, nenhuma lesão ou ameaça de lesão a direitos será excluída, pela lei, da apreciação do Poder Judiciário.

A análise do referido dispositivo constitucional traz a lume dois aspectos que não poderiam ser desconsiderados: (i) em primeiro lugar, coloca o acesso dos indivíduos e coletividades ao Poder Judiciário enquanto direito fundamental, de forma que sua concretização torna-se fator à promoção da cidadania; (ii) em segundo lugar, estabelece como suscetível à apreciação do Poder Judiciário quaisquer lesões ou ameaças a direitos – inclusive aos direitos de igualdade, inclusão social e cidadania.

No que concerne ao primeiro aspecto suscitado (i), vê-se que a preocupação com o acesso individual e coletivo à justiça tem sido temática a ocupar papel central nos fóruns de debate jurídico, nas últimas décadas. A noção de *acesso à justiça* recebeu ressignificação e deixou de traduzir um mero "direito *formal* do indivíduo agravado de propor ou contestar uma ação"[41], para compreender a efetiva e isonômica acessibilidade do sistema jurídico a todos, com o alcance de resoluções justas, efetivas e em suficiente lapso temporal aos conflitos. Nas palavras de Mauro Cappelletti e Bryant Garth, "o direito ao acesso efetivo tem sido progressivamente reconhecido como sendo de importância capital entre os novos direitos individuais e sociais, uma vez que a titularidade de direitos é destituída de sentido, na ausência de mecanismos para sua efetiva reivindicação"[42]. E nesse sentido, reconhecem que referido acesso se torna "o ponto central da moderna processualística"[43].

---

[40] *Ibid*, p. 86.
[41] CAPPELLETTI, Mauro; GARTH, Bryant. Acesso à Justiça. Tradução de Ellen Gracie Northfleet. Porto Alegre: Sérgio Antonio Fabris Editor, 1988, p. 9.
[42] *Ibid*, p. 11.
[43] *Ibid*, p. 13. Destaca-se o entendimento: "O Poder Judiciário [...] com sua força vinculante, um importante meio para fazer com que o Poder Executivo cumpra as obrigações constitucionais e internacionais às quais está adstrito. Contudo, este Poder só pode agir mediante provocação. O grande problema, nesta esfera, é a existência de sérios obstáculos ao acesso à justiça – causados muitas vezes pelo próprio Judiciário" (PIOVESAN, Flávia; SILVA, Beatriz Pereira da; CAMPOLI, Heloisa Borges Pedrosa. A Proteção dos Direitos das Pessoas com Deficiência no Brasil. *In*: PIOVESAN, Flávia. *Temas de Direitos Humanos*. Prefácio de Fábio Konder Comparato. 10.ed. rev.ampl.e atual. São Paulo: Saraiva, 2017a, p. 533).

Como consequência da consolidação de referida compreensão, passou a comunidade jurídica a compreender no processo judicial – enquanto um dos variados meios de solução de controvérsias – não apenas um ambiente para formalização do exercício do direito de ampla defesa, como também, e principalmente, um instrumento de reivindicações sociais, de luta para que se garanta a concretização de direitos *de todos* e para que se combatam práticas juridicamente abusivas e/ou ilícitas. Assim, sobretudo a partir do advento da CR/88, passou-se a valorizar um modelo mais instrumental de processo judicial, menos focalizado em se cultuar as formas, e mais centralizado em valores de efetividade[44], economia processual, celeridade e instrumentalidade. Nesta direção, a constatação de José Roberto dos Santos Bedaque, no sentido de que "desde que observado o contraditório e não sejam prejudiciais a qualquer das partes, adaptações do procedimento às necessidades do caso concreto atendem à ideia do processo justo"[45].

Tornou-se, assim, cada vez mais presente a compreensão de que não traduziria o processo judicial um fim em si mesmo, mas se consubstanciaria em mecanismo de concretização do projeto de Estado Democrático de Direito e de sociedade igualitária, idealizados pelo texto constitucional. Assim sendo, preconizando a CR/88 rol de direitos sociais, alicerçados nos propósitos de inclusão social, tratamento isonômico a todos, e cidadania (erigida esta última, inclusive, ao patamar de *fundamento* do Estado Democrático de Direito, segundo a redação do artigo 1º, CR/88), reveste-se o processo judicial da natureza de instrumento garantidor destes propósitos.

Por outro lado, no que concerne ao segundo aspecto (ii) que se pode inferir a partir da análise do inciso XXXV do artigo 5º da CR/88, a saber, a possibilidade de submissão ao crivo do Poder Judiciário de quaisquer lesões ou ameaças de lesão a direito – inclusive aos direitos de igualdade, inclusão social e cidadania –, a análise merece cautela. Dadas as incontáveis formas pelas quais se podem revestir as situações de violações a direitos fundamentais de reconhecimento e participação social de grupos minoritários, múltiplas também podem ser as feições dos respectivos conflitos submetidos à apreciação do Poder Judiciário. Resumidamente, tais conflitos podem compreender (a) a inércia do Poder Público em regulamentar e instituir políticas públicas, com vistas à concretização dos direitos sociais constitucionais; (b) a averiguação acerca do respeito, pela administração, à "exigência legal de participação popular em determinada política"[46]; (c) a prática de condutas lesivas, comissivas ou omissivas, por particulares ou pelo próprio Poder Público, contra o direito de indivíduos, relegando-os a posição de vulnerabilidade jurídico-social ou discriminando-os por ocuparem tal posição;

---

[44] "*Processo efetivo* é aquele que, observado o equilíbrio entre os valores *segurança* e *celeridade*, proporciona às partes o resultado desejado pelo direito material. Pretende-se aprimorar o instrumento estatal destinado a fornecer a tutela jurisdicional" (BEDAQUE, José Roberto dos Santos. Efetividade do Processo e Técnica Processual. 3.ed. São Paulo: Malheiros Editores, 2010, p. 49).

[45] Op. cit. BEDAQUE, 2010, p. 63.

[46] SILVEIRA, Jacqueline Passos da. Poder Judiciário e Instituições Participativas: Reflexões sobre Limites, Riscos e Potencialidades dessa Relação para a Efetividade dos Direitos Sociais no Brasil. *In*: PEREIRA, Flávio Henrique Unes; DIAS, Maria Tereza Fonseca [Orgs.]. *Cidadania e Inclusão Social*: Estudos em Homenagem à Professora Miracy Barbosa de Sousa Gustin. Belo Horizonte: Fórum, 2008, p. 188.

(d) a prática de condutas lesivas, comissivas ou omissivas, por particulares ou pelo próprio Poder Público, em violação a direitos de grupos minoritários, analisados enquanto tais[47].

A avaliação acerca da legitimidade do Poder Judiciário para apreciar lides envolvendo (a) *a inércia do Poder Público em regulamentar e instituir políticas públicas, com vistas à concretização dos direitos sociais constitucionais*, é controvertida na doutrina e na jurisprudência pátrias, verificando-se, em muitas hipóteses, certa relutância do Poder Judiciário em fazer o controle judicial de políticas públicas. Os principais argumentos a permear tal controvérsia, dizem respeito à observância do princípio constitucional da separação de poderes e da cláusula da reserva do possível (no que concerne à verba orçamentária indispensável à concretização de políticas públicas). A visão tradicional, como pontua Jacqueline Passos da Silveira, considera que "as normas constitucionais que estabelecem direitos sociais são vistas como as que estabelecem programas, metas a serem alcançadas, visando à realização dos fins sociais do Estado e, com base nessa razão, não se admite a intervenção do Judiciário"[48]. A seu turno, posicionamentos doutrinários mais recentes admitem uma postura mais ativa do Poder Judiciário, nesta seara, considerando que, ao assim proceder, este "não se torna corresponsável pelas políticas dos outros poderes, ou ainda, interventor e criador autônomo das soluções exigidas pelos fins e interesse sociais, uma vez que a decisão deve pautar-se em *argumentos de princípio* e não de política"[49]. No entanto, dada a complexidade da matéria, no que concerne à respectiva controvérsia, e considerando-se que não integra o objeto central da análise que ora se realiza, não se adentrará com maiores minúcias ao tema.

Por sua vez, no que concerne à (b) *averiguação acerca do respeito, pela administração pública, à exigência de participação popular na consecução de determinadas políticas*, vê-se uma atuação do Poder Judiciário, voltada à verificação da nulidade ou da anulabilidade dos atos praticados pelo Poder Público. Como expõe Jacqueline Passos da Silveira, "o Judiciário, no mais das vezes, limita-se a verificar se a conduta da administração está certa ou errada de acordo com a lei"[50]. Neste caso, fiscaliza o Poder Judiciário a atuação dos demais Poderes, no que concerne ao compromisso assumido por estes no sentido de promover a inclusão social também no processo de elaboração e consecução de políticas públicas – no bojo do qual, por vezes, é exigida a participação popular.

Por fim, nos casos de submissão de lides ao crivo do Poder Judiciário, em que se discutam a prática de condutas lesivas, comissivas ou omissivas, por particulares ou pelo próprio Poder Público, (c) *contra o direito de indivíduos, relegando-os a posição de vulnerabilidade jurídico-social ou discriminando-os por ocuparem tal posição*, ou (d) *em violação a direitos de grupos minoritários, analisados enquanto tais*, não estariam as Cortes brasileiras adentrando ao mérito da elaboração de políticas públicas pelos demais Poderes, mas julgando condutas

---

[47] "A efetividade dos direitos sociais pelo Poder Judiciário e sua articulação com as instâncias participativas apresentam grandes desafios no Brasil, diante da cultura jurídica nacional, por três razões principais: a) pelo fato de envolverem direitos coletivos, b) por desafiarem a revisão de entendimentos contra o controle dos atos do Poder Executivo, c) por se oporem à noção de ato administrativo unilateralmente imposto pela administração" (SILVEIRA, 2008, p. 191).
[48] *Ibid*, p. 189.
[49] *Op. cit.* ROCHA et al, 2008, p. 182.
[50] *Op. cit.* SILVEIRA, 2008, p. 188.

específicas praticadas por particulares ou pela administração pública em violação a direitos fundamentais de inclusão social e cidadania de indivíduos ou grupos.

No caso de atos praticados contra indivíduos, a questão se encerraria no âmbito da própria ação judicial, na medida em que, tratando-se de ação individual, teria seus efeitos limitados às próprias partes do processo (*inter partes*): caso reconhecida a violação de direitos, seriam cominadas, em desfavor da parte que praticou a ofensa, medidas reparatórias ou compensatórias, no sentido da reconstituição do direito do indivíduo lesionado.

Diferentemente, nas hipóteses de apreciação, pelo Poder Judiciário, de conflitos concernentes à violação a direitos titularizados pelos próprios grupos minoritários – com seus membros determináveis ou indetermináveis –, a questão não se encerraria *inter partes*, nos limites subjetivos da própria ação judicial. Pelo contrário, considerando-se a possibilidade de serem submetidos ao crivo do Poder Judiciário conflitos que envolvem coletividades de sujeitos de direito, os quais, nem sempre, podem ser precisamente determinados – como é o caso das minorias, cujo direito fundamental de reconhecimento e participação (e, portanto, de cidadania e inclusão social) possa ter sido violado –, concebeu o ordenamento jurídico sistema integrado de tutela a direitos coletivos, pautado por normas constitucionais e processuais específicas e pela aplicação subsidiária das normas processuais civis comuns.

Com a estruturação de referido sistema, composto, em seu núcleo, pela Lei n.º 7.347/1985, que regulamenta a ação civil pública (LACP/85), pelo Código de Defesa do Consumidor (CDC/90), pela Lei de Ação Popular (LAP/65) e pela CR/88, buscou-se idealizar modelo de processo judicial apto ao processamento e resolução de conflitos afetos a direitos de coletividades e que, portanto, trazem em si relevante interesse social. O próprio texto constitucional consagrou o viés fundamental desses direitos, ao inserir instrumentos voltados à sua proteção no rol de garantias fundamentais (artigo 5º), ao elencar exaustivamente direitos sociais, ao destinar capítulos especificamente à tutela da ordem econômica, do meio ambiente, da cultura, da educação, das crianças, adolescentes e idosos, e dos índios, bem como ao especificar como função institucional do Ministério Público a proteção de interesses difusos e coletivos pela via do inquérito civil e da ação civil pública.

3.1. Os direitos coletivos em sentido *lato* e a proteção às minorias

A doutrina de Ricardo de Barros Leonel[51] reconhece intensa conflituosidade aos direitos de coletividades, não apenas por comumente versarem acerca de valores de grande monta, como também por envolverem interesses que ao Direito são muito caros, haja vista que dotados de fundamentalidade. Como aponta o mesmo doutrinador, "tendo tais interesses fonte no próprio texto constitucional, não há como negar que o equacionamento dos conflitos a eles relativos implicará escolhas políticas"[52]. E acrescenta que "a evidência

---

[51] LEONEL, Ricardo de Barros. *Manual do Processo Coletivo*. 4.ed.rev.ampl.e atual. de acordo com o Código de Processo Civil/2015. São Paulo: Malheiros, 2017.

[52] *Ibid*, p. 104.

da conflituosidade dos interesses coletivos em sentido amplo acaba por demonstrar sua importância como fenômeno de participação social"[53].

Neste sentido, a constatação pela comunidade jurídica da existência de interesses juridicamente tuteláveis, titularizados por coletividades consideradas enquanto tais, deslocou a "finalidade clássica da jurisdição, [...] para o papel promocional de aquisição de uma consciência do coletivo e do social, com manifestação participativa por meio da Justiça"[54]. Em outras palavras, a percepção da necessidade de adequação do Direito – material e processual – à defesa de interesses titularizados por coletividades revelou a importância dos instrumentos jurídicos à promoção da participação social e à concretização do modelo de Estado Democrático de Direito idealizado pelo constituinte.

Em artigo científico originalmente publicado em edição da Revista de Processo de julho de 1985, contemporaneamente, portanto, à publicação da LACP/85, e republicado em obra coletiva de 2014, José Carlos Barbosa Moreira identifica tais direitos nos seguintes termos:

> Têm-se em vista, com efeito, de maneira precípua, interesses comuns a uma coletividade de pessoas *não* necessariamente ligadas por vínculo jurídico bem definido. Tal vínculo pode até inexistir, ou ser extremamente genérico, reduzindo-se eventualmente à pura e simples pertinência à mesma comunidade política; e os interesses de cuja proteção se cogita não surgem *em função dele*, mas antes se prendem a dados *de fato*, muitas vezes acidentais e mutáveis: existirão, por exemplo, para todos os habitantes de determinada região, para todos os consumidores de certo produto, para todos os que vivam sob tais ou quais condições socio-econômicas, ou se sujeitem às consequências deste ou daquele empreendimento público ou privado, e assim por diante. Por outro lado, o conjunto dos interessados apresenta contornos fluidos, móveis, esbatidos, a tornar impossível, ou quando menos sumamente difícil, a individualização exata de todos os componentes.[55]

Alguns anos mais tarde, com a edição do CDC/90, foi trasladada ao texto legislativo a especialização que já vinha se delineando doutrinariamente aos interesses afetos a coletividades (ou também chamados "coletivos em sentido *lato*"), enquanto difusos, coletivos em sentido *estrito* e individuais homogêneos.

À espécie de direitos difusos, enquadraram-se aqueles transindividuais, indivisíveis, cujos titulares seriam pessoas indeterminadas, ligadas por circunstâncias de fato. Em outras palavras, "compreendem grupos menos determinados de pessoas [...], entre as quais inexiste vínculo jurídico ou fático preciso"[36], alcançando, ainda, estes membros indetermináveis, de

---

[53] *Ibid*, p. 105.
[54] *Ibid*, p. 105.
[55] MOREIRA, José Carlos Barbosa. Tutela Jurisdicional dos Interesses Coletivos ou Difusos. In: GRINOVER, Ada Pellegrini; BENJAMIN, Antonio Herman; WAMBIER, Teresa Arruda Alvim; VIGORITI, Vincenzo [Orgs.]. Processo Coletivo: do Surgimento à Atualidade. São Paulo: Editora Revista dos Tribunais, 2014, p. 72.
[56] *Op. cit.* MAZZILLI, 2012, p. 53.

forma indivisível[57]. Com base nesta caracterização, aponta Luís Roberto Barroso que referidos direitos "confundem-se, muitas vezes, com o interesse da sociedade como um todo"[58]. A seu turno, consoante a doutrina de Ricardo de Barros Leonel, seriam bem definidos os interesses difusos como aqueles que:

> [...] não tendo atingido o grau de agregação e organização necessário à sua afetação institucional junto a certas entidades ou órgãos representativos dos interesses já socialmente definidos, restam em estado fluido, dispersos pela sociedade civil como um todo, podendo certas vezes concernir a certas coletividades de conteúdo numérico indefinido. Suas características essenciais são a indeterminação dos sujeitos, a indivisibilidade do objeto, a intensa litigiosidade interna (confronto entre interesses de massa, contrapondo entre si grupos antagônicos, contrariamente ao conflito tradicional entre indivíduo e autoridade, refletindo verdadeiras escolhas políticas) e, finalmente, a tendência à mutação no tempo e no espaço.[59]

Interesses coletivos em sentido estrito, por sua vez, são também transindividuais e indivisíveis, possuindo como titulares, contudo – diferentemente do que se tem com os direitos difusos –, grupo, categoria ou classe de pessoas ligadas entre si ou com a parte contrária por uma relação jurídica de base[60]. Assemelham-se, portanto, aos interesses difusos, no que concerne à sua essência transindividual e à indivisibilidade de seu objeto. Distanciam-se, contudo, no que concerne à determinabilidade dos sujeitos (titulares), que, no caso dos interesses coletivos em sentido estrito, não apresentam como característica sua dispersão e fluidez, mas, pelo contrário, sua vinculação – entre si ou com a parte contrária – por relação jurídica de base. Em outras palavras, interesses coletivos em sentido estrito possuem titulares determináveis ou determinados, os quais, como tal, constituem grupo, categoria ou classe.

---

[57] "Sendo indivisíveis, tornam-se insuscetíveis de apropriação exclusiva. Não é possível atribuir a um indivíduo fruição maior ou diferenciada com relação aos demais integrantes da mesma categoria de beneficiários, sendo, porém, prescindível a existência de um grupo de titulares devidamente organizado – salvo, evidentemente, a própria coletividade, na medida em que esta se organiza naturalmente" (LEONEL, 2017, p. 107).

[58] BARROSO, Luís Roberto. A Proteção Coletiva dos Direitos no Brasil e alguns aspectos da Class Action norte-americana. In: GRINOVER, Ada Pellegrini; BENJAMIN, Antonio Herman; WAMBIER, Teresa Arruda Alvim; VIGORITI, Vincenzo [Orgs.]. Processo Coletivo: do Surgimento à Atualidade. São Paulo: Editora Revista dos Tribunais, 2014, p. 212.

[59] Op. cit. LEONEL, 2017, p. 112-113.

[60] "Dentro do contexto da dimensão tripartite dos direitos ou interesses transindividuais, aponta a doutrina as suas principais características como sendo: [...] 2) as dos direitos ou interesses coletivos em sentido estrito – transindividualidade real ou essencialmente restrita ao grupo, categoria ou classe de pessoas; determinabilidade dos sujeitos; divisibilidade externa e indivisibilidade interna; disponibilidade coletiva e indisponibilidade individual; relação jurídica-base a unir os sujeitos; irrelevância da unanimidade social; organização ótima viável; reparabilidade indireta" (ALMEIDA, Gregório Assagra de. Objeto Material da Ação Civil Pública: Algumas Questões Polêmicas. In: MILARÉ, Édis [Coord.]. Ação Civil Pública Após 30 Anos. São Paulo: Editora Revista dos Tribunais, 2015, p. 325-326).

Por fim, interesses individuais homogêneos seriam sucintamente definidos pelo texto legal como sendo aqueles "decorrentes de origem comum" (CDC/90). A partir da análise comparativa entre esta definição e aquelas atribuídas aos interesses difusos e coletivos em sentido estrito, pode-se concluir pela ausência de natureza transindividual e indivisível aos interesses individuais homogêneos: pelo contrário, compreendem verdadeiramente direitos individuais (como o próprio nome já o revela) e, portanto, divisíveis, os quais admitem tutela pela via processual coletiva por mera escolha legislativa, contanto que preenchidos os requisitos de homogeneidade e origem comum, podendo esta última ser de fato ou de direito, e, ainda, próxima ou remota[61].

As duas primeiras espécies de direitos coletivos em sentido *lato* (difusos e coletivos em sentido *estrito*) encontrariam correspondência na categoria dos interesses *essencialmente* coletivos, idealizada por José Carlos Barbosa Moreira, na medida em que, a estes casos, "só é concebível um resultado *uniforme* para todos os interessados, fica o processo necessariamente sujeito a uma disciplina caracterizada pela *unitariedade*, com todas as consequências de rigor"[62]. Nas palavras de Ricardo de Barros Leonel, "se instaura entre os interessados uma união tão firme que a satisfação de um só implica a satisfação do todo, e a lesão de um só implica a lesão da inteira coletividade"[63]. Por sua vez, a espécie de interesses individuais homogêneos encontraria melhor enquadramento na categoria dos "interesses *acidentalmente* coletivos, uma vez que em princípio se tem de admitir a possibilidade de resultados desiguais para os diversos participantes, a disciplina unitária não deriva em absoluto de uma necessidade intrínseca"[64].

A partir das diferentes nuances das quais se podem revestir os direitos coletivos em sentido *lato*, bem como as próprias coletividades tuteladas, não é de difícil percepção o fato de que a ideia de *multiplicidade de sujeitos de direito*, determináveis ou não, que permeia o conceito de *coletividade*, não necessariamente se encontra vinculada à noção de *maioria*. Pelo contrário, não raras vezes, tais coletividades, cujos interesses se encontram sob a tutela do Direito, traduzem grupos que, ainda que porventura numerosos, se constituiriam enquanto minoritários.

Retomando-se a conceituação de *minoria* cunhada por Muniz Sodré, pode-se perceber que esta traduziria o *lugar* social ocupado por determinado setor ou fração de classe da sociedade, que, apesar de se apresentar como vulnerável jurídica e socialmente, manifestar-se-ia como voz ativa na luta contra-hegemônica, por intermédio de estratégias discursivas e de ações demonstrativas[65]. Por se tratarem os *grupos* minoritários de *setores* ou *frações de classe*, torna-se nítida a pluralidade de sujeitos envolvidos. Por sua vez, o propósito comum de luta

---

[61] GRINOVER, Ada Pellegrini. Da Class Action for Damages à Ação de Classe Brasileira: Os Requisitos de Admissibilidade. *In*: GRINOVER, Ada Pellegrini; BENJAMIN, Antonio Herman; WAMBIER, Teresa Arruda Alvim; VIGORITI, Vincenzo [Orgs.]. *Processo Coletivo*: do Surgimento à Atualidade. São Paulo: Editora Revista dos Tribunais, 2014, p. 180.

[62] *Op. cit.* MOREIRA, 2014, p. 74.

[63] *Op. cit.* LEONEL, 2017, p. 109.

[64] *Op. cit.* MOREIRA, 2014, p. 74.

[65] *Op. cit.* SODRÉ, 2005, p. 11-14.

contra-hegemônica, de conquista de voz ativa nas instâncias decisórias, e de reconhecimento de sua identidade, de sua singularidade, enquanto *grupo*, revela a *indivisibilidade* do direito por si buscado. Em outras palavras, assim como atitudes em desrespeito à identidade, ao direito de manifestação e ao direito de fiscalização do grupo minoritário afetariam prejudicialmente e integralmente a todos os seus membros (não se podendo, assim, mensurar *proporções* de prejuízos sofridos por cada um deles), também a conquista de reconhecimento de identidade social e de espaço de participação social e política, e a afirmação de direitos do grupo minoritário beneficiaria integralmente a todos os seus membros (sem se poder, novamente, cogitar *proporções* de benefícios a cada um deles).

Vê-se, portanto, com nitidez, ante esta constatada indivisibilidade, o viés *essencialmente coletivo* – seguindo-se a categorização de José Carlos Barbosa Moreira[66] – dos direitos pleiteados pelos grupos minoritários em sua luta contra-hegemônica, em sua busca por reconhecimento, por liberdade de manifestação de sua singularidade, por igualdade de direitos e de oportunidades.

No que concerne aos seus titulares, por sua vez, a própria essência de *grupo*, própria das minorias, bem como os traços identitários que as caracterizam, permitem visualizar a existência de relação jurídica de base entre seus membros, os quais seriam, portanto, a princípio, *determináveis*. Tal concepção, somada à constatada indivisibilidade dos direitos buscados pelos grupos minoritários em sua luta contra-hegemônica, permitem aproximá-los da categoria específica dos direitos coletivos em sentido estrito.

Por outro lado, no âmbito de determinada ação judicial coletiva, os contornos e a extensão do pedido porventura formulado em favor de *minorias* pode conduzir à conclusão no sentido da indeterminabilidade dos sujeitos interessados, o que permitiria o enquadramento do referido direito tutelado na categoria dos direitos difusos[67] – ou seja, quanto mais próximo se encontre o objeto da ação coletiva à esfera das políticas públicas, mais visível se torna a indeterminabilidade dos sujeitos por ela tutelados. Da mesma forma, a própria característica comum às *minorias*, consoante conceituação de Muniz Sodré, no sentido de

---

[66] *Op. cit.* MOREIRA, 2014.
[67] No que concerne aos interesses difusos, cuja amplitude da definição legal poderia conduzir a conclusões direcionadas a um possível viés majoritário destes, a doutrina de Hugo Nigro Mazzilli alerta quanto ao contrário, explicitando que, no que concerne às dimensões da coletividade atingida, poderiam possuir maior ou menor abrangência: "Há interesses difusos: a) tão abrangentes que chegam a coincidir com o interesse público (como o do meio ambiente como um todo); b) menos abrangentes que o interesse público, por dizerem respeito a um grupo disperso, mas que não chegam a confundir-se com o interesse geral da coletividade (como o dos consumidores de um produto); c) em conflito com o interesse da coletividade como um todo (como os interesses dos trabalhadores na indústria do tabaco); d) em conflito com o interesse do Estado, enquanto pessoa jurídica (como o interesse dos contribuintes); e) atinentes a grupos que mantêm conflitos entre si (interesses transindividuais reciprocamente conflitantes, como os dos que desfrutam do conforto dos aeroportos urbanos, ou da animação dos chamados trios elétricos carnavalescos, em oposição aos interesses dos que se sentem prejudicados pela correspondente poluição sonora)" (MAZZILLI, 2012, p. 53-54).

se encontrarem *in statu nascendi*, ou seja, em constante formação e transformação[68] – e com contornos, portanto, incertos, no que concerne aos seus limites subjetivos – conduz a semelhante conclusão no sentido de não ser viável determinar os seus membros (ou, no âmbito do processo judicial, os sujeitos de direito interessados).

Contudo, a despeito de se vislumbrar viés *essencialmente coletivo* na luta contra-hegemônica das *minorias*, não seria impossível cogitar-se, também, a propositura de ação judicial em defesa coletiva de interesses individuais, porém *homogêneos*, de diversos de seus membros. Nesse caso, não se estaria diante de ação judicial com o propósito de buscar o reconhecimento identitário da *minoria* enquanto grupo ou de garantir seu direito de voz e participação na luta contra-hegemônica. Diferentemente, estar-se-ia diante de contexto em que membros determinados do grupo minoritário teriam sofrido lesão em sua esfera de direitos individuais (por intermédio de conduta discriminatória, por exemplo), a partir de origem comum, e por intermédio de ação coletiva, se buscaria a reparação a estes direitos violados.

Independentemente da espécie de direito coletivo em sentido *lato* na qual se enquadrariam os interesses de grupos minoritários, dúvidas não restam, portanto, que tais direitos merecem tutela processual coletiva. De fato, a partir das características apresentadas pela sociologia à configuração de *minorias*, conclui Muniz Sodré que seriam "considerados minorias os negros, os homossexuais, as mulheres, os povos indígenas, os ambientalistas, os antineoliberalistas, etc."[69]. A seu turno, como já mencionado, Alexandre Barbalho acrescenta que poderiam as minorias se caracterizar por aspectos sexuais, religiosos ou étnicos[70]. Em outras palavras, não se torna difícil, inclusive, identificar os interesses defendidos por cada uma destas minorias, no rol exemplificativo de direitos tuteláveis coletivamente, apresentado pelo artigo 1º da LACP/85: meio ambiente, patrimônio público e social, honra e dignidade[71] de grupos raciais, étnicos e religiosos, além da cláusula aberta que permite a tutela processual coletiva a "qualquer outro interesse difuso ou coletivo" (LACP/85).

4. OS INSTITUTOS DO PROCESSO COLETIVO BRASILEIRO NA PROMOÇÃO DA CIDADANIA E DA INCLUSÃO SOCIAL

A partir da conceituação de *minoria* anteriormente apresentada neste trabalho, verifica-se como elemento essencial aos grupos minoritários sua vulnerabilidade jurídico-social,

---

[68] *Op. cit.* SODRÉ, 2005, p. 13.
[69] *Ibid*, p. 12.
[70] *Op. cit.* BARBALHO, 2005, p. 29.
[71] "[...] não obstante seja acanhada a dicção trazida pela Lei 12.966/2014, não só a *honra e a dignidade* desses citados grupos podem ser objeto de tutela coletiva, mas sim, por força da citada norma residual ou de extensão (LACP, art.1º, IV), *quaisquer* lesões a interesses ou direitos de grupos raciais, étnicos ou religiosos podem ser objeto de ação civil pública ou coletiva, e não somente os atentados à sua honra e dignidade" (MAZZILLI, Hugo Nigro. A Defesa Coletiva de Grupos Raciais, Étnicos e Religiosos. *In*: MILARÉ, Édis [Coord.]. *Ação Civil Pública após 30 Anos*. São Paulo: Editora Revista dos Tribunais, 2015, p. 377).

"diante da legitimidade institucional e diante das políticas públicas"[72]. Como consequência, em sua busca pela concretização de seus direitos e pelo reconhecimento de sua identidade singular, torna-se indispensável que o ordenamento jurídico lhes proporcione instrumentos, não apenas no cenário das instituições políticas, para sua participação ativa, como também perante as Cortes judiciais – exatamente para que possam pleitear medidas reparatórias, compensatórias, punitivas, de urgência, dentre outros, face a contextos de lesão ou ameaça de lesão aos seus direitos.

Consoante explanado, no que concerne à coesão de sua luta contra-hegemônica e de sua busca pelo reconhecimento de sua identidade, torna-se tranquila a identificação da natureza *essencialmente coletiva* aos interesses de minorias, do que decorre a adequabilidade de sua proteção processual pela via da sistemática de tutela processual coletiva, preconizada pela aplicação sistêmica das normas constantes da LACP/85, do CDC/90, da LAP/65 e da CR/88, sob a incidência subsidiária do CPC/15.

Resta averiguar, portanto, se os institutos processuais peculiares à tutela coletiva contribuiriam adequadamente à promoção dos direitos de cidadania e de inclusão social destes grupos jurídica e socialmente vulnerabilizados. Em outras palavras, o modelo de processo coletivo adotado no ordenamento jurídico brasileiro viabilizaria o acesso de *minorias* à justiça?

Basta uma análise perfunctória dos diplomas legais que integram o sistema de tutela processual coletiva, para se observar que trazem em si diversos instrumentos a proporcionarem o acesso de coletividades à justiça, de uma forma geral. Dentre estes instrumentos, inicialmente, ganha especial destaque a instituição da isenção do pagamento de custas processuais e de honorários advocatícios sucumbenciais, como regra, no âmbito das ações coletivas – excetuando-se apenas hipóteses de comprovada litigância de má-fé[73]. Nas palavras de Ricardo de Barros Leonel, "o mote da não antecipação destas despesas é o incentivo às demandas coletivas, impedindo que em função de ausência de recursos deixe a entidade legitimada de mover a ação. [...] qualquer que seja o autor entre os legitimados (pois a norma não discrimina), estará isento"[74]. Consequentemente, ainda que seja a coletividade minoritária, porventura, vulnerável com base em critérios de ordem econômica, isso não constitui óbice a que busque promover seus direitos judicialmente.

Igualmente relevante à promoção da efetividade na busca pela concretização da cidadania e da inclusão social destes grupos, pela via de ações coletivas, é a relativização da regra geral processual civil que preleciona a legitimação processual ordinária, para que sejam os interesses de coletividades pleiteados em juízo por meio da atuação de entes intermediários.

Sensível às particularidades que permeiam a natureza dos interesses coletivos em sentido *lato*, compreendeu o legislador brasileiro – seguindo, inclusive, tendência que já vinha sendo verificada em âmbito internacional, acerca da tutela processual coletiva – que a exigência de que, também em ações coletivas, os direitos fossem tutelados em juízo, diretamente, por seus titulares, poderia importar, facilmente, o esvaziamento do respectivo

---

[72] *Op. cit.* SODRÉ, 2005, p. 13.
[73] *Cf.* artigos 17 e 18, LACP/85; artigo 87, CDC/90; e artigo 5º, inciso LXXIII, CR/88.
[74] *Op. cit.* LEONEL, 2017, p. 528.

modelo processual. Ora, tomando-se a título de exemplificação os interesses de natureza difusa e coletiva em sentido estrito, segundo a lógica da legitimidade ordinária, a essência indivisível de seu objeto exigiria o comparecimento em conjunto, simultaneamente, no polo ativo da demanda, de todos os titulares do direito, e preferencialmente com vozes uníssonas, no que diz respeito à pretensão veiculada. Tratar-se-ia de contexto processual de provável litisconsórcio necessário e unitário. Entretanto, referido modelo importaria graves problemas, considerando-se as características das quais se revestem os direitos coletivos em sentido *lato*: em primeiro lugar, tem-se que, no caso de direitos difusos, a identificação dos sujeitos titulares torna-se inviável (haja vista sua indeterminabilidade), de forma que não haveria possibilidade de se trazer a juízo para ocupar o polo ativo sujeitos os quais não se poderia determinar; em segundo lugar, ainda que se trate de espécie de direito coletivo cujos titulares sejam determináveis, a provável elevada numerosidade destes constituiria obstáculo ao ajuizamento e ao regular processamento da demanda judicial.

Assim sendo, com vistas a se garantir a efetividade das ações coletivas, enquanto instrumento de tutela processual de direitos, e, com isso, proporcionar o acesso de coletividades à justiça, optou o legislador brasileiro por elencar no próprio texto legal rol *numerus clausus* de entes intermediários considerados adequados e legitimados à tutela em juízo de interesses afetos a coletividades. No que concerne a grupos minoritários, referida medida se reveste de especial importância, uma vez que eximiria os membros do respectivo grupo de se articularem para comparecerem conjuntamente em juízo – providência esta que, caso necessária, importaria elevados custos com a contratação de advogado, apesar da isenção no que concerne às custas e despesas processuais. Para além da vulnerabilidade econômica, impõe-se reconhecer também a possibilidade da existência de vulnerabilidade quanto ao conhecimento de seus direitos enquanto *grupo* minoritário, o que poderia constituir óbice à própria busca pelas ações coletivas como meio de acesso à justiça.

Similarmente, tem-se como positiva, no caso específico de minorias, a escolha prévia, pelo legislador, do rol de entes legitimados à atuação processual coletiva: caso se adotasse, no Brasil, modelo semelhante ao das *class actions* norte-americanas, alicerçado na premissa de representatividade adequada, seria imprescindível ao grupo minoritário encontrar sujeito interessado e escritório de advocacia com notória experiência, para a propositura da ação, os quais seriam julgados pela Corte quanto às suas condições financeiras, intelectuais e instrumentais para promover a adequada representação dos interesses coletivos. Ora, haja vista a vulnerabilidade jurídico-social que caracteriza as *minorias*, ser-lhes-ia extremamente gravosa a imposição do ônus de promoverem o preenchimento deste requisito, mesmo porque a contratação de escritório de advocacia que atendesse a estas condições seria presumivelmente dispendiosa.

Como consequência, a listagem por lei de entes intermediários, aos quais seria confiado o *múnus* de promover a tutela processual coletiva, eximiu os grupos minoritários (enquanto coletividades) desta gravidade, sem lhes ensejar prejuízos em contrapartida.

Não há dúvidas, inclusive, de que o rol legal de entes legitimados apresenta a diversidade necessária a se garantir os interesses dessas coletividades. A alteração da redação original do artigo 5º da LACP/85, com a inclusão da Defensoria Pública enquanto ente legitimado, é claro indício da preocupação do legislador em tornar as ações coletivas palco adequado à veiculação de interesses de grupos minoritários. Como já reiteradamente exposto, o conceito de *minoria* se encontra diretamente vinculado àquele de *vulnerabilidade*. Por sua vez, enquadram-se no conceito de grupos vulneráveis as "pessoas que, por razão da sua idade, gênero, estado físico ou mental, ou por circunstâncias sociais, econômicas, étnicas e/ou culturais, encontram especiais dificuldades em exercitar com plenitude perante o sistema de justiça os direitos reconhecidos pelo ordenamento jurídico"[75].

Ora, o texto constitucional, ao elencar as funções institucionais da Defensoria Pública, aponta a defesa "dos direitos individuais e coletivos, de forma integral e gratuita, aos *necessitados*" (artigo 134, CR/88). No entanto, como esclarece Carolina Brambila Bega, as terminologias "necessidade" e "insuficiência de recursos", utilizadas pelo constituinte no contexto em epígrafe, não se restringiriam a aspectos de ordem financeira, passando-se a verificar, em contrapartida, "a pluralização do fenômeno da carência, que inclui a ausência de recursos jurídicos, sociais, informacionais, técnicos e organizacionais"[76]. No mesmo sentido, compreende Alexandre Freitas Câmara, para o qual "incumbe à Defensoria advogar em juízo na defesa dos hipossuficientes *jurídicos*, sejam eles economicamente frágeis ou não"[77]. Em outras palavras, pode-se concluir, senão, que, na categoria dos *necessitados*, destinatários da função institucional típica da Defensoria Pública, se enquadrariam os *grupos vulneráveis* acima referidos e, em meio a estes, as *minorias*.

Como consequência, apesar de, ao ser inserida a Defensoria Pública no rol de entes legitimados à propositura de ações coletivas, não terem sido ressalvadas pelo legislador as características específicas das *coletividades* sujeitas à sua proteção (tornando-se, assim, legitimada à tutela de quaisquer coletividades – e não apenas aquelas *necessitadas*, conforme a conceituação tradicional do termo), não se pode negar que a mera escolha por incluí-la neste rol traduziu uma nítida preocupação da comunidade jurídica em consolidar a proteção de grupos vulneráveis pela via de ações coletivas. Como aponta Carolina Brambila Bega:

> As minorias, em razão da incapacidade para defender seus interesses eficazmente, devem ser objeto de proteção do Estado. De se reconhecer, dentro deste contexto de exclusões, que situações processuais específicas, em que haja afronta aos princípios constitucionais, podem levar à configuração da vulnerabilidade de determinado litigante. Constatada a possibilidade da existência de vulnerabilidades referentes à própria relação processual ou ao contexto em que o interessado está inserido, fica claro que devem ser buscados mecanismos para que o litigante suscetível possa exercer seus direitos com igualdade. Neste âmbito, a atuação da Defensoria Pública como ente legitimado para a propositura de ação civil pública

---

[75] XIV CONFERÊNCIA JUDICIAL IBERO-AMERICANA. Regras de Brasília sobre Acesso à Justiça das Pessoas em Condição de Vulnerabilidade. Brasília, 2008, p. 5. Disponível em: https://www.anadep.org.br/wtksite/100-Regras-de-Brasilia-versao-reduzida.pdf – Acesso em 07.mai.2018.

[76] BEGA, Carolina Brambila. A Consolidação da Atuação da Defensoria Pública em Processos Coletivos. *In*: MILARÉ, Édis [Coord.]. *Ação Civil Pública após 30 Anos*. São Paulo: Editora Revista dos Tribunais, 2015, p. 153.

[77] CÂMARA, Alexandre Freitas. Legitimidade da Defensoria Pública para ajuizar Ação Civil Pública: um Possível Primeiro Pequeno Passo em Direção a uma Grande Reforma. *In*: SOUSA, José Augusto Garcia de [Coord.]. *A Defensoria Pública e os Processos Coletivos*: Comemorando a Lei Federal 11.448, de 15 de janeiro de 2007. Rio de Janeiro: Editora Lumen Juris, 2008, p. 48.

também implica no reconhecimento da especial atenção do Estado para com estas situações, em que a parte está impossibilitada de defender autonomamente seus interesses no processo, diante de uma vulnerabilidade específica que pode variar de acordo com a situação concreta em que o sujeito esteja inserido[78].

No entanto, é válido ressaltar que, apesar da clareza da importância da atuação da Defensoria Pública, no âmbito das ações coletivas, em proteção às coletividades *vulneráveis* e, portanto, em promoção à cidadania e inclusão social, não se pode desconsiderar, também, o papel igualmente relevante desempenhado por demais entes legitimados na execução deste *múnus*. O próprio Ministério Público, em cujas funções institucionais constitucionais se encontra a proteção a interesses difusos e coletivos pela via de ações coletivas, tem por escopo a defesa dos interesses sociais (artigo 127, *caput*, CR/88) e, tão logo, a promoção da cidadania, do reconhecimento da identidade e do direito de participação de grupos minoritários. Nesse sentido, desempenha papel igualmente relevante na tutela aos direitos de grupos minoritários com as mais diversas características, uma vez que, assim como se dá com a Defensoria Pública, não lhe é exigida a demonstração de qualquer pertinência temática, pelo legislador, para a tutela processual coletiva.

Ademais, para além das características dos legitimados ativos, o modelo de tutela coletiva processual brasileiro apresenta inúmeros outros instrumentos a torna-lo palco adequado à proteção de interesses coletivos de cidadania e inclusão social de grupos minoritários. A própria irradiação dos efeitos da coisa julgada produzida, para além dos limites subjetivos da lide, afetando somente de forma benéfica a esfera de direitos privados dos interessados, combinada à possibilidade de execução coletiva das sentenças condenatórias (artigo 98, CDC/90) constitui instrumento de acesso à justiça – essencial, portanto, à efetivação dos direitos de coletividades em geral (dentre as quais, os *grupos vulneráveis* e, portanto, as *minorias*).

Igualmente, não se pode olvidar a importância da abertura do modelo processual coletivo brasileiro à atuação de *amici curiae* e à realização de audiências públicas, como importante instrumento à participação direta destes grupos minoritários no cenário processual, por intermédio do qual podem exercitar sua voz ativa, a fim de melhor demonstrar a extensão das discriminações por si sofridas, buscar reconhecimento de sua identidade e direito de participação e influência na tomada de decisões. Acrescenta-se que, no bojo do CPC/15 (aplicável subsidiariamente ao sistema integrado de tutela processual coletiva), elasteceu-se o conceito de *amicus curiae*, para fins de que este passasse a abranger pessoa natural ou jurídica, órgão ou entidade especializada (artigo 138, CPC/15), tornando-o, assim, instrumento de utilização mais acessível por grupos socialmente vulneráveis. Nas palavras de Jordão Violin, acerca do instituto do *amicus curiae* no âmbito de ações coletivas:

> [...] essa solução contribui para o exercício do contraditório ao fomentar uma discussão multilateral. Afinal, não apenas os membros dos grupos afetados po-

---

[78] *Op. cit.* BEGA, 2015, p. 153.

dem participar do debate na qualidade de *amici curiae*, mas qualquer pessoa que tenha um profundo interesse na resolução da causa[79].

Com relação às audiências públicas, por sua vez, tem-se que constituem importante instrumento em prol do exercício da cidadania e da inclusão social, uma vez que se consubstanciam em:

> [...] mecanismo de exercício direto da soberania popular, pois o cidadão, por si, ou por seus entes sociais representativos, é convidado a apresentar propostas, reivindicar direitos, exigir a observância de deveres constitucionais e infraconstitucionais, bem como a tomar ciência de fatos ou medidas adotadas ou a serem adotadas pelas autoridades públicas[80].

Como consequência, a partir destes e de outros instrumentos que compõem a sistemática processual coletiva brasileira, tal como concebida nos diplomas que delineiam o Sistema Integrado, pode-se percebê-la como espaço adequado à promoção da defesa dos interesses de coletividades jurídica e socialmente vulneráveis – como é o caso das *minorias* – na busca por sua inclusão social e efetivo acesso à cidadania, à justiça, à participação, ao reconhecimento e à influência no processo de tomada de decisões.

5. CONCLUSÃO

Partindo-se do entendimento da democracia *pura* enquanto forma de governo pautada por decisões provenientes do povo inteiro, e direcionadas aos interesses do povo inteiro, tornou-se evidente a necessidade de se garantir proporcional representação, na administração estatal, a todas as vozes – minoritárias e majoritárias – a comporem o corpo político-social. Somente desta forma, tornou-se possível conceber o modelo constitucional de democracia que cada vez mais vem se consolidando no cenário nacional e internacional – o qual, apesar de admitir processos de tomada de decisão com base em critérios majoritários, dedica especial atenção a garantir os direitos fundamentais de igualdade, participação e reconhecimento também a grupos minoritários, e, por consequência, a restringir o exercício do poder, por parte dos representantes da sociedade.

A sociologia cunhou o conceito de *minorias* a partir da noção de vozes qualitativas, protagonizadas por grupos vulneráveis jurídica e socialmente, e marcadas por ideais contra-hegemônicos, direcionados à busca jurídico-política pelo reconhecimento de sua

---

[79] VIOLIN, Jordão. O Contraditório no Processo Coletivo: Amicus Curiae e Princípio da Cooperação. *In*: ZANETI JR., Hermes [Coord.]. *Processo Coletivo*. Salvador: JusPodivm, 2016, p. 275.

[80] ALMEIDA, Gregório Assagra de; SOARES JUNIOR, Jarbas; GONÇALVES, Samuel Alvarenga. Audiência Pública: um Mecanismo Constitucional de Fortalecimento da Legitimação Social do Ministério Público. *In*: *MPMG Jurídico – CEAF*. Ano I, n.5, abr/jun.2006, p. 11. Disponível em: https://aplicacao.mpmg.mp.br/xmlui/ handle /123456789/959 – Acesso em 07.mai.2018.

singularidade (e, portanto, de sua identidade) e, principalmente, pela participação nos espaços de tomadas de decisão – correntemente monopolizados por grupos majoritários.

As minorias, enquanto grupos que revelam notória vulnerabilidade – seja sob o aspecto econômico, jurídico, político, social, informacional –, merecem, para a efetiva garantia de seus direitos de cidadania e inclusão social, adequado arcabouço processual, por intermédio do qual possam ter seus interesses defendidos, em face de lesões ou ameaças de lesão a seus direitos.

Neste contexto, torna-se evidente a relevância político-social do Sistema Integrado de Tutela Processual Coletiva brasileiro, como meio eficaz à garantia de acesso à justiça e promoção de direitos dos grupos vulneráveis, dentre os quais, as minorias. Assim, por intermédio da atuação dos entes legitimados às ações coletivas, com seus específicos institutos processuais, estabelece-se um veículo condutor das vozes das minorias, transformando suas pretensões em práticas socialmente inclusivas concretas.

EXECUÇÃO E CUMPRIMENTO DE SENTENÇA

30

FRAUDE À EXECUÇÃO FISCAL: ANÁLISE DOS PRECEDENTES DO SUPERIOR TRIBUNAL DE JUSTIÇA E DISTINÇÃO DA SITUAÇÃO DAS ALIENAÇÕES SUCESSIVAS

CAMILA CAMPOS BAUMGRATZ DELGADO

Sumário: 1. A regulamentação da fraude no ordenamento jurídico brasileiro. A fraude à execução fiscal – previsão legal e alterações legislativas. 2. Análise crítica do acórdão de julgamento do Recurso Especial 1.141.990 pelo Superior Tribunal de Justiça: entendimento anterior da mesma Corte e precedentes mencionados no acórdão. 3. A inaplicabilidade do entendimento do Recurso Especial 1.141.990 para os casos de alienações sucessivas de bens.

1. A REGULAMENTAÇÃO DA FRAUDE NO ORDENAMENTO JURÍDICO BRASILEIRO. A FRAUDE À EXECUÇÃO FISCAL – PREVISÃO LEGAL E ALTERAÇÕES LEGISLATIVAS

Diferentes atos normativos disciplinam e regulamentam a fraude. O Código Civil, em seus arts. 158 a 165, prevê a fraude contra credores que, de acordo com Caio Mário da Silva, citado por Yussef Said Cahali, caracteriza-se por ser "segundo os princípios assentados em nosso direito, em consonância com as ideias mais certas, a manobra engendrada com o fito de prejudicar terceiro".[1]

---

[1] CAHALI, Yussef Said. *Fraudes contra credores:* fraude contra credores, fraude à execução, ação revocatória falencial, fraude à execução fiscal, fraude à execução penal. 3. ed. rev. e atual. com o novo Código Civil. São Paulo: Revista dos Tribunais, 2002. p. 52.

A fraude à execução, por sua vez, possui previsão no Código de Processo Civil e consiste na alienação de bens pelo devedor quando já pendente ação em curso, nos termos do art. 792 da norma processual de 2015. Nas palavras de Rodolfo Amadeo, em obra coordenada pelo Professor Carlos Alberto Carmona,[2] o termo *fraude de execução* "foi escolhido para expressar a situação excepcional em que determinado negócio jurídico válido e, em princípio, totalmente eficaz, tornava-se inoponível em relação ao processo cuja atividade jurisdicional executiva seria frustrada se o negócio jurídico produzisse todos os seus efeitos".

Com o direito tributário não é diferente. O Código Tributário Nacional prevê em seu art. 185 quando restará configurada a fraude em matéria tributária. A redação do referido dispositivo sofreu alteração no ano de 2005, quando a Lei Complementar 118/2005 modificou o texto legal apenas para alterar o momento em que se passa a considerar verificada a fraude contra o Fisco. Antes da LC 118/2005, presumia-se fraudulenta a alienação ou oneração de bem ocorrida *após a citação do devedor tributário na ação de execução fiscal*. Posteriormente à inovação legal, passou-se a considerar fraudulenta a alienação ou oneração ocorrida *após a inscrição do débito em dívida ativa*. Ressalvado o marco temporal da configuração da fraude, que se modificou com a LC 118/005, manteve-se hígido o restante do artigo, como se verifica das transcrições do dispositivo antes e depois de sua modificação:

Redação do art. 185 do CTN anterior à LC/2005:

"Art. 185: Presume-se fraudulenta a alienação ou oneração de bens ou rendas, ou seu começo, por sujeito passivo em débito para com a Fazenda Pública por crédito tributário regularmente inscrito como dívida ativa *em fase de execução*." (grifamos).

Redação do art. 185 do CTN após a LC 118/2005:

"Art. 185: Presume-se fraudulenta a alienação ou oneração de bens ou rendas, ou seu começo, por sujeito passivo em débito para com a Fazenda Pública por crédito tributário regularmente inscrito como dívida ativa."

A análise da alteração redacional expressa que o intuito do legislador foi, unicamente, antecipar o marco temporal da configuração da fraude tributária, tendo em vista a mera supressão da expressão "em fase de execução", que estava expressa na redação anterior e foi eliminada pós LC 118/2005. Não houve, portanto, pretensão de modificação de outros requisitos que, doutrinária e jurisprudencialmente, corroboram para a identificação da existência da fraude ou para o seu afastamento diante do caso concreto.

Contudo, conforme se verá no tópico seguinte, a alteração legislativa acima noticiada, que se mostra pontual e objetiva, ocasionou uma mudança de interpretação pelo Superior Tribunal de Justiça (STJ) de outros elementos caracterizadores da fraude contra a Fazenda

---

[2] AMADEO, Rodolfo da Costa Manso Real. *Fraude de execução*. Coord. Carlos Aberto Carmona. São Paulo: Atlas, 2012. p. 9.

Pública, modificando interpretações chanceladas pelo próprio órgão julgador em diversos outros casos semelhantes e anteriores.

O presente artigo se presta, portanto, a analisar a nova interpretação dada pelo STJ à fraude tributária, fazendo digressão dos entendimentos do próprio órgão julgador antes do julgamento do Recurso Especial 1.141.990, apreciado em novembro de 2010 sob a sistemática dos recursos repetitivos (art. 543-C do CPC/1973, atual art. 1.036 do CPC/2015). Por fim, se pretenderá demonstrar a especificidade da situação das alienações sucessivas, evidenciando-se a inaplicabilidade do precedente para a referida situação jurídica.

2. ANÁLISE CRÍTICA DO ACÓRDÃO DE JULGAMENTO DO RECURSO ESPECIAL 1.141.990 PELO SUPERIOR TRIBUNAL DE JUSTIÇA: ENTENDIMENTO ANTERIOR DA MESMA CORTE E PRECEDENTES MENCIONADOS NO ACÓRDÃO

O Recurso Especial 1.141.990 foi julgado em 10.11.2010 pela Primeira Seção do STJ sob a relatoria do Ministro Luiz Fux. A questão submetida ao julgamento dizia respeito à "configuração ou não de fraude à execução fiscal diante da boa-fé do terceiro adquirente, em face da inexistência de registro de penhora do bem alienado (...)".[3]

O caso julgado no Recurso Especial dizia respeito à análise da boa-fé do terceiro adquirente de uma motocicleta que, à época da compra e venda, não possuía qualquer registro de constrição. Contudo, o alienante era devedor fiscal e já havia sido citado em execução para cobrança judicial do tributo. Diante do caso concreto, entendeu então a Corte Superior que a fraude de execução prevista no art. 185 do CTN encerra presunção *jure et de jure*. Em outras palavras, entendeu ser descabida qualquer prova da boa-fé do terceiro adquirente, mesmo sem a existência de qualquer indício de irregularidade no negócio jurídico firmado com o devedor tributário. De acordo com a interpretação firmada na decisão, para a configuração da fraude basta que a alienação ou oneração de bens tenha ocorrido após a inscrição em dívida ativa, sendo suficiente, portanto, a configuração deste requisito temporal.

A leitura das razões do voto condutor deixa claro que a Corte Superior conferiu interpretação inovadora da fraude fiscal considerando a redação dada pela LC 118/2005 ao art. 185 do CTN. Como visto linhas acima, a referida inovação legislativa apenas alterou o marco temporal da configuração da fraude. Nada mais. Contudo, para o STJ, tal alteração foi suficiente para reverter a interpretação até então majoritária, no sentido de que a presunção da fraude fiscal era presumida, mas em caráter relativo, ou seja, admitia prova em contrário da boa-fé do terceiro adquirente.

---

[3] Extrato de julgamento de recurso repetitivo extraído do site do STJ <http://www.stj.jus.br/repetitivos/temas_repetitivos/pesquisa.jsp?&l=10&i=1&tt=T>.

Os próprios precedentes mencionados pelo acórdão do Recurso Especial repetitivo, muitos deles advindos de julgamentos que verificam justamente a ocorrência da fraude em relação a débitos tributários, comprovam que, até então, o entendimento majoritário era pelo reconhecimento da presunção relativa da fraude. Eis as ementas de alguns dos precedentes que embasam o acórdão do Recurso Especial 1.141.990:

> "Processual civil e tributário. (...) Execução fiscal. Fraude em execução. Ausência de registro da penhora. Súmula 375/STJ. (...) 2. O acórdão embargado, considerando que não é possível aplicar a nova redação do art. 185 do CTN (LC 118/05) *à hipótese em apreço* (tempus regit actum*)*, *respaldou-se na interpretação da redação original desse dispositivo legal adotada pela jurisprudência do STJ*. Tal entendimento é no sentido de que, para resguardar o direito de terceiro de boa-fé, *a constatação de fraude em execução decorrente da alienação de imóvel exige, além do ajuizamento da ação e a citação do devedor, o registro da penhora no ofício de imóveis (para que a indisponibilidade do bem gere efeitos de eficácia* erga omnes*), salvo se evidenciada a má-fé dos particulares* (consilium fraudis*)*, o que, conforme consignado pela Corte de origem, não ficou demonstrado nos autos. 3. *A presunção de fraude de que trata o art. 185 do CTN depende do prévio registro da penhora do bem imóvel alienado, preservando-se, assim, os interesses dos adquirentes de boa-fé*. Essa é a inteligência da recente Súmula 375/STJ: "O reconhecimento da fraude à execução depende do registro da penhora do bem alienado ou da prova de má-fé do terceiro adquirente". (...) (EDcl no AgRg no Ag 1.019.882/PR, Rel. Min. Benedito Gonçalves, Primeira Turma, j. 01.12.2009, *DJe* 07.12.2009) – (grifamos).
>
> "Processual civil e tributário – Execução fiscal – Fraude à execução – Veículo automotor – Alienação posterior à citação do executado – Inexistência de registro da penhora junto ao DETRAN – Necessidade de comprovação do *consilium fraudis* – Precedentes. 1. A jurisprudência do STJ, interpretando o art. 185 do CTN, até o advento da LC 118/2005, pacificou-se, por entendimento da Primeira Seção (EREsp 40.224/SP), no sentido de só ser possível presumir-se em fraude à execução a alienação de bem de devedor já citado em execução fiscal. 2. Ficou superado o entendimento de que a alienação ou oneração patrimonial do devedor da Fazenda Pública após a distribuição da execução fiscal era o bastante para caracterizar fraude, em presunção jure et de jure. 3. Afastada a presunção, *cabe ao credor comprovar que houve conluio entre alienante e adquirente para fraudar a ação de cobrança*. 4. No caso alienação de veículos automotores, (...) o Código de Trânsito Brasileiro exige que todos os veículos sejam registrados perante os órgãos estaduais de trânsito. 6. Com base nessa exigência legal, a jurisprudência do STJ passou a adotar, em relação aos veículos automotores, entendimento semelhante ao adotado para os bens imóveis, no sentido de que *apenas a inscrição da penhora no DETRAN torna absoluta a assertiva de que a constrição é conhecida por terceiros e invalida a alegação de boa-fé do adquirente da propriedade, para efeito de demonstração de que as partes contratantes agiram em* consilium fraudis. Precedentes: REsp

944.250/RS (2ª Turma), AgRg no REsp 924.327/RS (1ª Turma), REsp 835.089/RS (1ª Turma), REsp 623.775/RS (3ª Turma). (...) (REsp 810.489/RS, Rel. Min. Eliana Calmon, Segunda Turma, j. 23.06.2009, *DJe* 06.08.2009).

A doutrina também acompanha o entendimento anterior do Superior Tribunal de Justiça que entendia pela presunção relativa da fraude. Leandro Paulsen consignou em sua obra que "a presunção a que se refere o art. 185 não é absoluta".[4] No mesmo sentido, Paulo de Barros de Carvalho:

> "A presunção de fraude também não é absoluta, segundo acreditamos. Uma série de razões pode ser levantada para demonstrar que independeu da vontade do devedor. Todavia, a prova haverá de ser rigorosa e contundente. Caso contrário, prevalecerá o aspecto de fraude presumida".[5]

Apesar de não ser esta a pretensão do presente artigo, algumas questões merecem apenas ser apontadas para reflexão no que tange ao entendimento consignado no Recurso Especial 1.141.990. Aqueles juristas e doutrinadores que defendem o acerto da decisão exarada pelo STJ afirmam que para evitar eventual reconhecimento de fraude, "cabe ao terceiro adquirente tomar as cautelas necessárias quando da realização do negócio jurídico, diligenciando nos registros da dívida ativa tributária. É o que se espera do homem médio".[6]

De acordo com este entendimento, portanto, cabe ao adquirente do bem obter certidões para garantir a inexistência de qualquer ônus que recaia tanto sobre o objeto do negócio jurídico quanto sobre o próprio vendedor/proprietário. Em superficial análise da situação, parece haver uma exigência descomunal que incide sobre o adquirente, principalmente tendo em vista a inexistência de um cadastro generalizado das Fazendas Públicas por meio do qual uma consulta segura e viável fosse realizada. Ao contrário, o que se verifica no panorama atual das dívidas tributárias é uma dificuldade de acesso às informações, acompanhada de uma burocratização à obtenção de dados de terceiros, aliada à uma pulverização desses dados, pois existem incontáveis Fazendas Públicas Municipais e tantas outras Estaduais.

Em resumo, a interpretação do julgado em análise leva à conclusão de que não basta a obtenção de certidão no local do bem ou de onde o negócio jurídico é realizado. Seria necessário obter certidões relativas ao objeto de negócio jurídico e de seu proprietário em cada município desse enorme país, de cada um dos seus Estados e da certidão de débitos federais, para que, só assim, o terceiro adquirente pudesse ser exonerado da surpresa de um reconhecimento tardio de fraude fiscal. O que fez o precedente, portanto, foi criar um ônus

---

[4] PAULSEN, Leandro. *Direito tributário*: Constituição e Código Tributário à luz da doutrina e da jurisprudência. 6. ed. rev. e atual. conforme EC 42/03. p. 1.221.
[5] CARVALHO, Paulo de Barros. *Curso de direito tributário*. São Paulo: Saraiva, 1996. p. 360.
[6] LIMA. Andrea Nery de Andrade. Monografia apresentada ao IBET – Instituto Brasileiro de Estudos Tributários. Disponível em: <http://www.ibet.com.br/wp-content/uploads/2017/07/Andrea-Nery-de-Andrade-Lima.pdf>.

que não está previsto em qualquer legislação e imputá-lo àquele que pretende a realização de um negócio jurídico. Tal postura acaba por gerar um efeito de insegurança na realização dos negócios jurídicos, uma burocratização desmedida incompatível, até mesmo, com os mais recentes normativos vigentes.

Nesta toada acerca da legislação sobre o tema, cumpre, igualmente, trazer alguns apontamentos que poderiam nos levar à conclusão pela necessidade de revisão do julgado em comento. No início do ano de 2015 (19 de janeiro de 2015) foi sancionada a Lei 13.097/2015 que, especificamente em seu art. 54, prevê que os negócios jurídicos que tenham por finalidade a transferência de direitos reais sobre imóveis *são eficazes em relação a atos jurídicos anteriores nas hipóteses em que não tenham sido registradas ou averbadas na matrícula qualquer impedimento relativo ao bem transferido*.[7]

A lei em comento consignou expressamente que se a matrícula estiver livre e desembaraçada, sem constar nenhum ônus ou gravame de restrição ao imóvel, a transação efetuada será plenamente eficaz, ainda que existam ações em curso, só podendo ser afastada mediante prova em contrário do conluio e da má-fé do adquirente.

A exposição de motivos da Medida Provisória 656/2014[8] (que deu origem à Lei 13.097/2015) é clara ao prever que as medidas ditadas pela nova norma pretendem aumentar

---

[7] "Art. 54. *Os negócios jurídicos que tenham por fim constituir, transferir ou modificar direitos reais sobre imóveis são eficazes em relação a atos jurídicos precedentes, nas hipóteses em que não tenham sido registradas ou averbadas na matrícula do imóvel as seguintes informações*:

I – registro de citação de ações reais ou pessoais reipersecutórias;

II – averbação, por solicitação do interessado, de constrição judicial, do ajuizamento de ação de execução ou de fase de cumprimento de sentença, procedendo-se nos termos previstos do art. 615-A da Lei nº 5.869, de 11 de janeiro de 1973 – Código de Processo Civil;

III – averbação de restrição administrativa ou convencional ao gozo de direitos registrados, de indisponibilidade ou de outros ônus quando previstos em lei; e

IV – averbação, mediante decisão judicial, da existência de outro tipo de ação cujos resultados ou responsabilidade patrimonial possam reduzir seu proprietário à insolvência, nos termos do inciso II do art. 593 da Lei nº 5.869, de 11 de janeiro de 1973 – Código de Processo Civil.

Parágrafo único. *Não poderão ser opostas situações jurídicas não constantes da matrícula no Registro de Imóveis, inclusive para fins de evicção, ao terceiro de boa-fé que adquirir ou receber em garantia direitos reais sobre o imóvel, ressalvados o disposto nos arts. 129 e 130 da Lei nº 11.101, de 9 de fevereiro de 2005, e as hipóteses de aquisição e extinção da propriedade que independam de registro de título de imóvel.*

[8] 58. O Projeto de Medida Provisória visa também *adotar o princípio da concentração de dados nas matrículas dos imóveis*, mantidas nos Serviços de Registro de Imóveis. 59. Atualmente, a operação de compra e venda de um imóvel é cercada de assimetria de informação. (...) 60. Os registros cartorários constituem-se em uma das mais importantes fontes de informação sobre a condição jurídica do imóvel, do vendedor e do comprador. Lamentavelmente, no Brasil, essa informação está dispersa em diversos tipos de cartórios e por toda a extensão do País. (...) 64. (...) A concentração dos atos na matrícula do imóvel pode ajudar na mitigação deste "vácuo informacional". 65. Trata-se de *procedimento que contribuirá decisivamente para aumento da segurança jurídica dos negócios*, assim como para desburocratização dos procedimentos dos negócios imobiliários,

a segurança jurídica dos negócios jurídicos que envolvem imóveis, desburocratizar os procedimentos dos negócios imobiliários e afastar o risco de ocorrência de atos de constrição advindos de ações que tramitem, por exemplo, em Comarcas distintas da situação do imóvel e do domicílio das partes.

O Código de Processo Civil de 2015 igualmente trouxe inovações no sentido de dar mais segurança jurídica aos negócios. O art. 792 da nova norma processual, já vigente, passou a prever de forma expressa que a fraude à execução restaria configurada apenas quando dela o terceiro pudesse ter ciência inequívoca, o que se dá nas seguintes situações: "desde que a pendência do processo tenha sido *averbada no respectivo registro público*, se houver" (inciso I); "quando tiver sido *averbada, no registro do bem*, a pendência de processo de execução (...)" (inciso II); "quando tiver sido *averbado, no registro do bem*, hipoteca judiciária ou outro ato de constrição judicial originário do processo onde foi arguida a fraude" (inciso III).

A própria Lei 6.830/1980, que dispõe sobre a cobrança judicial da dívida ativa da Fazenda Pública, prevê em seus arts. 7º, IV, e 14 situações de exigência de registro da penhora e do arresto de bens e "Esse registro, ora tomado obrigatório como ato da execução fiscal, nos termos do art. 14 da Lei 6.830, não mais se limita aos casos de bens imóveis, e será feito: i – *no registro imobiliário* (...); ii – *no Serviço de Trânsito*; iii – *na Junta Comercial, na Bolsa de Valores*, e na *Sociedade Comercial* (...)".[9]

As previsões nestes normativos expressam a preocupação na concessão de uma publicidade *erga omnes* dos atos que levem ao impedimento e oneração de um bem que pode ser posto como objeto de negócios jurídicos, o que parece estar na contramão da decisão proferida pelo STJ em sede no Recurso Especial 1.141.990.

Sempre pertinente aplicar os ensinamentos de Humberto Theodoro Júnior aos debates jurídicos. Ao analisar a presunção absoluta antes adotada pela doutrina na análise da fraude contra credores, assim ponderou o nobre jurista:

> "Esta constatação de identidade substancial entre as três figuras repressivas da fraude contra credores conduz à necessidade de aproveitar a evolução técnico-

---

[9] em geral, e da concessão de crédito, em particular, além de redução de custos e celeridade dos negócios, pois, num único instrumento (matrícula), o interessado terá acesso a todas as informações que possam atingir o imóvel, circunstância que dispensaria a busca e o exame de um sem número de certidões e, principalmente, afastaria o potencial risco de atos de constrição oriundos de ações que tramitem em comarcas distintas da situação do imóvel e do domicílio das partes. 66. Ademais, já existem mecanismos no Código de Processo Civil, tais como o art. 615-A e o § 4º do art. 659, que regulamentam a averbação premonitória nos Registros de Imóveis. *O próprio Superior Tribunal de Justiça já editou súmula, de nº 375, com base em reiterados julgados dos tribunais estaduais, que protege os direitos do terceiro adquirente de imóvel de boa-fé, se o vendedor deste imóvel possuísse contra si processo de execução*: "O reconhecimento da fraude de execução depende do registro da penhora do bem alienado ou da prova de má-fé do terceiro adquirente". (...) THEODORO JÚNIOR, Humberto. *Lei de Execução Fiscal*. 11. ed. São Paulo: Saraiva. p. 127.

-jurídica de cada um dos setores normativos do direito positivo a benefício de todo o sistema, e não apenas daquele em que a regra nova ou a visão atualizada se consolidou". (...)

(...) se nítida é a preocupação ética, no âmbito do direito civil e do direito comercial, de proteção à boa-fé dos que adquirem bens de insolvente, a título oneroso, razão não há para desprezar tal elemento no tratamento da fraude de execução, que nada mais é – repita-se – do que uma modalidade de fraude contra credores autorizadora da ação pauliana.

(...) as primeiras vozes a se rebelarem contra o tratamento puramente objetivo da fraude de execução foram as de *Alvino Lima* e *Mário Aguiar Moura*, que demonstram o equívoco da teoria de *Buzaid* e acentuaram que a sanção à fraude de execução, de acordo com as mais atualizadas concepções doutrinárias e jurisprudenciais, operaria de forma igual à da fraude contra credores. Dessa forma, devem ser vistos como requisitos comuns de ambas as variantes da fraude:

1) a fraude de alienação por parte do devedor; 2) a eventualidade de *consilium fraudis* pela ciência da fraude por parte do adquirente; e 3) o prejuízo do credor (*eventos damni*), por ter o devedor de reduzido à insolvência, ou ter alienado ou onerado bens, quando pendia contra ele demanda capaz de reduzi-lo à insolvência"[10]

De acordo com os ensinamentos do ilustre doutrinador, apesar de o instituto da fraude estar previsto em diversas legislações específicas, a sua análise pelos tribunais deve ser uniforme, aplicando-se um entendimento homogêneo com relação aos requisitos que levam à sua caracterização. O posicionamento é louvável e garante a segurança jurídica, a maior previsibilidade dos negócios e impede que terceiros sejam surpreendidos com alegações futuras de fraude mesmo quando tomados todos os cuidados exigidos pela lei para realização da transação.

3. A INAPLICABILIDADE DO ENTENDIMENTO DO RECURSO ESPECIAL 1.141.990 PARA OS CASOS DE ALIENAÇÕES SUCESSIVAS DE BENS

O precedente uniformizador do Recurso Especial 1.141.990 não analisou a questão da venda sucessiva do bem cuja alienação ou oneração foi considerada fraudulenta. O caso concreto objeto de exame pela Corte Superior tratava apenas do terceiro que firmou negócio jurídico diretamente com o devedor tributário. Surge então a necessidade de diferenciar o precedente dos casos em que o bem foi alienado a um quarto adquirente, situação esta que, a nosso sentir, não se enquadra no precedente repetitivo.

---

[10] THEODORO JÚNIOR, Humberto. *Fraude contra credores: a natureza da sentença pauliana*. 2. ed. rev., atual. e ampl. Belo Horizonte: Del Rey, 2001. p. 127 e 209-212.

O Decreto 93.240/86, que regulamenta a Lei 7.433/85, dispõe sobre as certidões e investigações que precisam ser observadas pelo adquirente de um bem quando da realização do negócio jurídico. Não consta da referida norma, e de nenhuma outra norma vigente no ordenamento jurídico brasileiro, que o adquirente precisa tomar os mesmos cuidados com relação a todos os antecedentes da cadeia de alienação do bem. Tal exigência chegaria, até mesmo, a dificultar e ou ainda inviabilizar a realização de transações jurídicas em bens cuja cadeia de proprietários anteriores seja muito extensa.

Como se expôs no tópico anterior deste artigo, questionável já é a presunção absoluta de fraude para o adquirente direto do bem, pois as certidões exigidas do comprador não são capazes de garantir a ele a segurança na transação que está sendo realizada. Por isso a evolução legislativa, como se viu, é no sentido de se exigir cada vez mais as averbações nos registros oficiais dos objetos jurídicos, para que seja dada publicidade *erga omnes* dos ônus, não havendo como se negar a ciência dos óbices incidentes sobre o bem.

Assim, não se mostra razoável e não possui amparo em qualquer legislação a exigência de certidões de proprietários pretéritos, motivo pelo qual se entende que a melhor interpretação do precedente repetitivo do Recurso Especial 1.141.990 é pela sua inaplicabilidade para os casos de alienações sucessivas. Nas palavras do Juiz Federal Guilherme Gehlen Walcher:

> "Cumpre observar que o art. 185 do CTN não é fundamento legal que autorize – mesmo se interpretado extensivamente – a conclusão de que o adquirente de um bem tem o dever de instituir certidões negativas em nome de seus anteriores proprietários remotos. Na dicção legal, é presumida como fraudulenta a "alienação ou oneração de bens por sujeito passivo em débito para com a Fazenda Pública", e não alienação de bens por sujeito que não é devedor da Fazenda Pública, mas que adquiriu o bem de outrem, que por sua vez era devedor de crédito inscrito em dívida ativa quando o alienou ao terceiro (alienante sucessivo). Não há fundamento legal para obrigar o adquirente a investigar a regularidade fiscal de todos os integrantes da cadeia de anteriores proprietários do bem. Não há também, a possibilidade fática de obtenção, pelo adquirente, retroativamente, de certidões de regularidade fiscal, contemporâneas à época das anteriores alienações. (...) Portanto, acolher a tese da automática ineficácia da alienação sucessiva perante o fisco *significaria admitir como exigível uma providência sem qualquer base legal – e em razão disso inexigível do terceiro, que não pode ser obrigado ou deixar de fazer senão em virtude de lei (CF/88, art. 5º) – e de impossível concretização na realidade mundana, com evidentes prejuízos à segurança jurídica negocial, à previsibilidade do direito objetivo, à boa-fé do terceiro e ao respeito deste pela legislação vigente, em uma desmesurada proteção do crédito fazendário (interesse público secundário), em detrimento da idoneidade do mercado de compra e venda de bens (interesse público primário)".*[11]

---

[11] WALCHER, Guilherme Gehlen. Fraude à execução fiscal: questões controvertidas à luz da jurisprudência pátria. *Revista Doutrina da 4ª Região*, Porto Alegre, n. 62, out. 2014. Disponível em <http://www.revistadoutrina.trf4.jus.br/artigos/edicao062/Guilherme_Walcher.html>.

Em nosso sentir, portanto, não caberia falar em presunção absoluta capaz de atingir negócio jurídico legitimamente firmado por uma quarta pessoa, que cumpriu para com todos os seus deveres legais e, sem qualquer segurança jurídica, pode sofrer futuramente pela perda do bem objeto da transação em razão de vício existente na cadeia de alienação, mas que não envolve o objeto do negócio jurídico nem o proprietário com quem fora ele realizado. Nem há que se falar que a evicção ou o direito a perdas e danos resolve de forma satisfatória a questão. Ora, trata-se de ônus demasiado a recair sobre sujeito de direito que cumpriu com todos os seus deveres na realização de uma transação jurídica, amparado nas previsões legais que lhe assistem e que regulam a questão.

A "solução" tida pelos defensores da tese da presunção absoluta e pela extensão deste entendimento às alienações sucessivas transfere para o particular todo o ônus de perquirir o reembolso pelos prejuízos advindos de uma ineficácia decretada sobre o negócio jurídico por ele firmado quando inexistiu qualquer irregularidade em sua constituição. Ao contrário de se manter com a Fazenda Pública, que dispõe de muito mais recursos para exigir o cumprimento de obrigações pecuniárias do real devedor do crédito tributário, o ônus de buscar a satisfação do crédito, transfere-se para um sujeito completamente alheio ao referido débito toda a carga de se ver ressarcido por um prejuízo que lhe foi causado quando ele sequer poderia ter conhecimento de sua existência.

O que parece existir é uma proteção impensada do crédito tributário capaz, até mesmo, de interferir e desconstituir negócios jurídicos perfeitos e acabados, já estabilizados na ordem fática e jurídica. Ao mesmo tempo, não se imputa e não se exige dos órgãos fazendários um cuidado mais apurado na publicização de suas medidas constritivas e de seus créditos tributários. Não se cobra do fisco uma postura mais ativa em fazer registros públicos dos ônus que recaem sobre qualquer bem de um devedor tributário; não se exige averbação da existência de dívida ativa; não existe um cadastro generalizado e seguro que garanta a acuidade das informações de débitos tributários existentes em nome de pessoas físicas e jurídicas ou que recaiam sobre bens, tanto em fase de execução administrativa quanto judicial.

Por todo o exposto no presente artigo, entende-se que peca o entendimento que considera a ineficácia automática das alienações sucessivas, infirmando pela impossibilidade da demonstração da boa-fé do terceiro (ou quarto ou tanto quantos forem os seguintes) adquirente. Não é por outra razão que doutrina e jurisprudência têm, em alguns casos, "externado sua preocupação – plenamente válida, por sinal – com a insegurança jurídica que se estará criando com o deferimento de pedidos como da espécie".[12]

Como mencionado por Rafael Santos de Barros e Silva,[13] alguns Tribunais Regionais Federais já vêm demonstrando preocupação na aplicação desmedida do precedente

---

[12] PINHEIRO, Luciano Douglas Cavalcanti. A fraude à execução prevista no art. 185 do Código Tributário Nacional no caso de alienações sucessivas. *Conteúdo Jurídico*, Brasília-DF: 8 abr. 2015. Disponível em: <http://www.conteudojuridico.com.br/?artigos&ver=2.53131&seo=1>. Acesso em: 16 abr. 2018.

[13] BARROS E SILVA, Rafael Santos. Fraude à execução tributária nas alienações sucessivas. Análise da jurisprudência do STJ e a necessidade de fornecer segurança aos adquirentes de boa-fé.

repetitivo do STJ, sem o devido afastamento e distinção do caso jurídico que lhe deu origem, que em nada analisa a questão das alienações sucessivas de bens. É o que se denota dos seguintes precedentes: Processo 00148289020064013600, Desembargadora Federal Maria do Carmo Cardoso, TRF1, Oitava Turma, *e-DJF1* 09.06.2017; TRF4, AC 5004044-09.2016.4.04.7003, Segunda Turma, Relatora Luciane Amaral Corrêa Münch, juntado aos autos em 28.06.2017; Processo 00002715620144058305, REO577221/PE, Desembargador Federal Gustavo de Paiva Gadelha (Convocado), Terceira Turma, julgamento: 15.01.2015.

Cabe, portanto, a aplicação de *distinguishing* para demonstração da inaplicabilidade do precedente repetitivo em casos de alienações sucessivas, pois, efetivamente, não foi sobre esta questão jurídica que o precedente se baseou. Ademais, cumpre ainda a sensibilização da jurisprudência para todas as questões que envolvem a consideração desmedida da presunção absoluta de fraude em qualquer negócio que possa vir a prejudicar a satisfação de um crédito tributário pois, como visto, tal posicionamento acaba por deturpar de maneira sólida e preocupante importantes institutos do ordenamento jurídico pátrio, como a segurança jurídica e o instituto da boa-fé.

Disponível em: <http://www.migalhas.com.br/MatrizTributaria/112,MI269273,41046-Fraude+a+execucao+tributaria+nas+alienacoes+sucessivas+Analise+da>. Publicado em 17.11.2017.

31

O USO DE DEPÓSITOS JUDICIAIS PELO PODER PÚBLICO: A INCONSTITUCIONALIDADE DA EMENDA CONSTITUCIONAL Nº 94 DE 2016

CAROLINA PAIM SILVA

Sumário: 1. Introdução. 2. A Ação Direta de Inconstitucionalidade nº 5.679/DF. 3. Análise crítica das questões levantadas na ADI nº 5.679/DF. 3.1. Argumentos pela inconstitucionalidade da Emenda Constitucional nº 94. 3.2. Argumentos pela constitucionalidade da Emenda Constitucional nº 94. 4. Conclusão.

1. INTRODUÇÃO

Em 15 de dezembro de 2016, foi publicada a Emenda Constitucional nº 94 que alterou o art. 100 da Constituição Federal e adicionou os arts. 101 a 105 ao Ato das Disposições Constitucionais Transitórias, autorizando, pelo introduzido art. 101, que o débito de precatórios dos Estados, do Distrito Federal e dos Municípios, que estiverem em mora, possa ser pago mediante uso de até 75% do montante dos depósitos judiciais e dos depósitos administrativos em dinheiro referentes a processos judiciais ou administrativos, tributários ou não tributários, nos quais o Estado, o Distrito Federal ou os Municípios, ou suas autarquias, fundações e empresas estatais dependentes, sejam parte e, ainda, com até 20% dos demais depósitos judiciais da localidade, sob jurisdição do respectivo Tribunal de Justiça. Excetuam-se os destinados à quitação de créditos de natureza alimentícia, mediante instituição de fundo garantidor composto pela parcela restante dos depósitos judiciais.

A referida autorização foi introduzida como forma de garantir o cumprimento do pagamento de precatórios no prazo de cinco anos – de 2015 a 2020 –, determinado pelo Supremo Tribunal Federal[1]. No julgamento conjunto das Ações Diretas de Inconstitucionalidade nº 4.357/DF e 4.425/DF[2], em 2013, foi declarado inconstitucional o regime especial de pagamento de precatórios previsto nos §§ 9º e 12, incluídos ao art. 100 da CF, e no art. 97, incluído ao ADCT, com redação pela EC nº 62/2009[3], cujos efeitos foram modulados prospectivamente em 2015, mantendo a vigência da norma pelos cinco exercícios financeiros seguintes. Na oportunidade, como consta da ementa do julgado[4], o Min. Luís Roberto Barroso sugeriu, como forma de cumprimento da decisão, a utilização compulsória dos recursos da conta dos depósitos judiciais tributários e não tributários para o pagamento dos precatórios[5], na forma

---

[1] É o que se depreende da redação conferida ao *caput* do art. 101 do ADCT: "Os Estados, o Distrito Federal e os Municípios que, em 25 de março de 2015, estiverem em mora com o pagamento de seus precatórios quitarão até 31 de dezembro de 2020 seus débitos vencidos e os que vencerão dentro desse período [...]".

[2] A ADI nº 4.357/DF foi ajuizada em 2009 pelo Conselho Federal da OAB, pela Associação dos Magistrados Brasileiros, pela Associação Nacional dos Membros do Ministério Público, pela Associação Nacional dos Servidores do Poder Judiciário, pela Confederação Nacional dos Servidores Públicos e pela Associação Nacional dos Procuradores do Trabalho, questionando as modificações trazidas pela EC nº 62/2009, sustentando violação aos seguintes dispositivos constitucionais: devido processo legislativo (art. 5º, LIV, e art. 60, § 2º), dignidade da pessoa humana (art. 1º, III), igualdade (art. 5º, *caput*), razoabilidade e proporcionalidade (art. 5º, *caput* e II), separação dos poderes (art. 2º), razoável duração do processo (art. 5º, LXXVIII), devido processo legal (art. 5º, LIV e LV), segurança jurídica (art. 5º, *caput*), a moralidade e a eficiência administrativas (art. 37, *caput*), a autonomia da vontade dos particulares e dos contribuintes para dispor sobre seu próprio patrimônio (art. 5º, *caput* e XXII), bem como a proteção da coisa julgada (art. 5º, XXXVI). Questionando a mesma matéria, a Confederação Nacional da Indústria, ajuizou, em 2010, a ADI nº 4.425/DF.

[3] A EC nº 62/2009 foi editada, conforme consta da sua exposição de motivos, diante do comprometimento de grande parte da receita dos entes federativos com o pagamento de precatórios e requisições de pequeno valor e no intuito de viabilizar "uma solução definitiva para a questão, equacionando os débitos existentes e ao mesmo tempo assegurando o pagamento de novos precatórios". O questionamento central envolvendo o regime especial de precatórios cingia-se à possibilidade de descumprimento das decisões judiciais pelos entes administrativos, que teriam o pagamento de seus débitos fracionados, além de transferir para a liberalidade dos gestores a escolha pelo adimplemento dos precatórios, opção legislativa que protegia a mora dos entes públicos à revelia do credor.

[4] "[...] Delega-se competência ao Conselho Nacional de Justiça para que considere a apresentação de proposta normativa que discipline (i) a utilização compulsória de 50% dos recursos da conta de depósitos judiciais tributários para o pagamento de precatórios [...]".

[5] Conforme voto do Min. Luís Roberto Barroso, "[...] eu estou propondo quatro determinações objetivas a serem seguidas ou suportadas pelos entes devedores, começando pela seguinte, a primeira: **utilização compulsória de recursos da conta de depósitos judiciais tributários para o pagamento de precatórios. [...] A determinação objetiva é a de que o dinheiro dos depósitos judiciais não tributários, pelo menos metade dele, seja o dinheiro utilizado obrigatoriamente para o pagamento de precatórios [...]"**.

feita pelo Governo do Estado do Rio de Janeiro, apesar de reconhecer que, à época, não havia qualquer previsão legal para o uso dos depósitos não tributários[6].

Essencial destacar que a EC nº 94/2016 não é o primeiro dispositivo a autorizar o uso de valores depositados pelo Poder Público no Brasil. A medida foi introduzida no ordenamento pátrio ainda no final da década de 90, com a lei nº 9.703/1998. Entretanto, antes do julgamento da questão de ordem nas ADIs 4.357/DF e 4.425/DF, os entes administrativos só poderiam fazer uso de valores referentes a tributos e contribuições de sua respectiva competência, ou ao menos, de depósitos relativos a processos em que figurassem como parte. Configurava-se uma espécie de execução provisória não caucionada em favor da Fazenda Pública. Veja-se:

Norma	Entes Autorizados	Escopo da Autorização
Lei nº 9.703/1998	União	Repasse automático de depósitos judiciais e extrajudiciais, em dinheiro, de valores referentes a tributos e contribuições federais para a Conta Única do Tesouro Nacional.
Lei nº 10.482/2002	Estados e Distrito Federal	Repasse autorizado dos depósitos judiciais e extrajudiciais de valores referentes a processos litigiosos ou administrativos em que a Fazenda dos Estados ou do Distrito Federal seja parte exclusivamente para pagamento dos precatórios judiciais relativos a créditos de natureza alimentar.
Lei nº 10.819/2003	Municípios	Repasse autorizado dos depósitos judiciais, em dinheiro, referentes a tributos e seus acessórios, de competência dos Municípios.
Lei nº 11.429/2006	Estados e Distrito Federal	Repasse autorizado dos depósitos judiciais em dinheiro referentes a tributos e seus acessórios, de competência dos Estados e do Distrito Federal, para pagamento exclusivo de precatórios judiciais de qualquer natureza e de dívida fundada do Estado ou do Distrito Federal.
Lei Complementar nº 151/2015	Estados, Distrito Federal e Municípios	Transferência automática de 70% do valor atualizado dos depósitos referentes a processos judiciais e administrativos, tributários e não tributários, nos quais o Estado, o Distrito Federal ou os Municípios sejam parte.

---

6   Conforme voto do Min. Luís Roberto Barroso, "O Estado do Rio de Janeiro resolveu esse problema. **É verdade que usando uma parcela dos depósitos judiciais não tributários.** [...] Agora, apenas para ficar claro, e terminar, Presidente: **existem depósitos judiciais não tributários; estes não têm destinação legal prevista.**".

Portanto, deve-se reconhecer a mudança substancial promovida pela emenda, que não tem impacto apenas teórico, mas prático, tendo em vista que afeta diretamente credores, depositantes e até os depositários dos valores usados pelo Poder Público[7]. Diante disso, é necessário analisar tanto a compatibilidade da EC nº 94/2016 com a natureza dos depósitos judiciais quanto se, sob a justificativa do interesse público em se realizar a quitação dos débitos referentes a precatórios, o Poder Público tem a prerrogativa de usar desses valores à revelia da vontade do depositante e do credor, o que se passa a fazer a seguir, a partir dos argumentos trazidos na Ação Direta de Inconstitucionalidade nº 5.679/DF.

2. A AÇÃO DIRETA DE INCONSTITUCIONALIDADE Nº 5.679/DF

Em 23 de março de 2017 foi ajuizada a ADI nº 5.679/DF[8] pela Procuradoria-Geral da República (PGR) questionando o art. 2º da EC nº 94/2016, na parte em que insere o art. 101, § 2º, I e II, no ADCT e, por arrastamento[9], as normas que dele decorram. Cautelar e liminarmente[10], requereu-se a suspensão da eficácia da emenda e, em definitivo, o reconhecimento

---

[7] Em Minas Gerais, por exemplo, antes sob autorização da suspensa Lei 21.720/2015 e, agora, com esteio no art. 101 do ADCT, o fundo que garantia o pagamento dos alvarás judiciais foi gasto, quase que em sua integralidade, para o pagamento de precatórios, não sendo recomposto de modo a garantir a solvabilidade do sistema. Desse modo, os credores não têm conseguido levantar as quantias depositadas, o que acabou por gerar grande desgaste entre o Estado e o Banco do Brasil, instituição financeira depositária dos valores.

[8] A ADI foi baseada em processo administrativo originado por representação do Banco do Brasil, que alertou a PGR, em 5/12/2016, quanto à PEC nº 233/2016 (posteriormente aprovada como EC nº 94/2016). O intuito do Banco do Brasil era alertar a PGR para o conteúdo da PEC que, uma vez aprovada, "importará em violação material de cláusulas pétreas garantidoras de direitos e garantias individuais [...]". Com a aprovação da PEC nº 233/2016, o Banco do Brasil oficiou novamente a PGR, relatando quanto à situação dos Estados de Minas Gerais, Rio de Janeiro e Roraima, cujos fundos de reserva foram exauridos, retirando a garantia de pagamento dos alvarás judiciais, o que demonstra *in concreto* a fragilidade do sistema criado pela EC nº 94/2016 e alertando que, em algumas decisões, vinha sendo transferida a responsabilidade de recomposição da liquidez do fundo de reserva para os bancos depositários, como, por exemplo, nos nº 0014821-51.2016.8.13.0441, da Vara Única de Muzambinho, MG, e nº 0010120-07.2017.8.19.0001, da 5ª Vara da Fazenda Pública da Comarca do Rio de Janeiro, RJ.

[9] Declaração de Inconstitucionalidade por arrastamento ocorre quando, nas palavras de Gilmar Ferreira Mendes, Inocêncio Mártires Coelho e Paulo Gustavo Gonet Branco (*Curso de direito constitucional* / Gilmar Ferreira Mendes, Inocêncio Mártires Coelho, Paulo Gustavo Gonet Branco. – 4. ed. rev. e atual. – São Paulo: Saraiva, 2009, p. 1.298-1.299) a "dependência ou interdependência normativa entre os dispositivos de uma lei pode justificar a extensão da declaração de inconstitucionalidade a dispositivos constitucionais mesmo nos casos em que estes não estejam incluídos no pedido inicial da ação".

[10] A configuração do *fumus boni iuris* nos precedentes do STF nas ações ajuizadas contra normas estaduais que autorizavam o uso dos depósitos, como as ADIs 5.409/BA, 5.353/MG, 5.365/PB e 5.392/PI. A título de *periculum in mora*, esclareceu-se que a suspensão da eficácia da EC nº 94/16 era necessária para proteger a liquidez das contas dos depósitos judiciais, evitando que fossem transferidos para os entes federativos montantes exorbitantes, principalmente diante da situação financeira crítica da maioria dos estados-membros e municípios.

de sua inconstitucionalidade[11]. Em análise do pedido cautelar, o relator, Min. Luís Roberto Barroso, o proveu parcialmente, determinando que a utilização dos depósitos administrativos e judiciais seguisse as três condições seguintes:

(i) prévia constituição do fundo garantidor, (ii) destinação exclusiva para quitação de precatórios em atraso até 25.3.2015, e (iii) exigência de que os pertinentes valores sejam transpostos das contas de depósito diretamente para contas vinculadas ao pagamento de precatórios, sob a administração do Tribunal competente, afastando-se o trânsito de tais recursos pelas contas dos Tesouros estaduais e municipais.

O relator negou o pedido liminar de suspensão dos dispositivos impugnados, sob o argumento de que não foi demonstrado que o fundo de reserva seria inapto a garantir a solvabilidade do sistema previsto pela emenda constitucional, de modo que não estaria afastada a presunção de constitucionalidade e legitimidade que reveste a norma. Não entendeu ter sido provada violação da separação dos Poderes, em se considerando que, nos termos da norma atacada, o Poder Judiciário seria o gestor das contas vinculadas ao pagamento dos precatórios. O ministro também explicou que a iniciativa do Congresso Nacional com a edição da emenda impugnada era atender às condições assinaladas pelo STF no julgamento das ADIs 4.357/DF e 4.425/DF, introduzindo no ordenamento uma "providência concreta para a quitação dos débitos decorrentes de decisões judiciais há muito transitadas em julgado", o que não poderia ser suspenso "com base em mera elucubração ou hipótese teórica de risco para o levantamento de depósitos pelos particulares".

Sinteticamente, os principais argumentos trazidos nos autos da ADI nº 5.679/DF:

Pela inconstitucionalidade da EC nº 94/2016	Pela constitucionalidade da EC nº 94/2016
(i) ofensa ao direito fundamental de propriedade dos titulares dos depósitos (art. 5º, *caput*, XXII e LIV, e art. 170, II, ambos da CF)[12], ante a incompatibilidade da natureza dos depósitos judiciais com as disposições da EC nº 94/2016;	(i) a eficácia do uso dos depósitos judiciais e administrativos para o pagamento dos precatórios no prazo estabelecido nas ADIs 4.425/DF e 4.357/DF;

---

[11] Ingressaram no feito como *amici curiae* pela constitucionalidade da norma, os Estados de São Paulo, Mato Grosso do Sul, Pará, Paraíba, Rio Grande do Sul, Pernambuco, Acre, Amazonas, Minas Gerais, Piauí, Santa Catarina, Sergipe, Maranhão, Goiás, Espírito Santo, Tocantins e o Distrito Federal, cujos argumentos trazidos serão analisados a seguir. Já pela inconstitucionalidade, manifestaram-se a Associação dos Advogados de São Paulo – AASP, o Banco do Brasil e o Banco Central.

[12] Dessa forma, argumentou-se que, além da violação direta ao direito de propriedade dos titulares dos depósitos, a Emenda Constitucional, ao promover a redução de garantia constituída como cláusula pétrea, ofendeu os limites constitucionalmente impostos ao Poder Constituinte Reformador, nos termos do art. 60, § 4º, IV, da CF/88.

(ii) "afronta à divisão de funções" (art. 2°, CF)[13], uma vez que restaria configurada lesão à independência do Poder Judiciário, com a limitação à garantia de que as prestações jurisdicionais seriam satisfeitas e de que as decisões judiciais seriam cumpridas; (iii) violação ao direito fundamental de acesso à justiça (art. 5°, XXXV, CF), da duração razoável do processo (art. 5°, LXXVIII, CF) e do devido processo legal, na medida em que a EC n° 94/2016 obstaria, ou ao menos retardaria substancialmente, a satisfação da tutela garantida em juízo, com consequente esvaziamento da tutela jurisdicional; (iv) uso de propriedade particular pelo ente público fora das hipóteses constitucionalmente enunciadas (art. 5°, XXV, CF), já que o uso dos depósitos judiciais, tal qual previsto pela EC n° 94/2016, não atende às duas condições para o uso de propriedade particular pelo ente público, conforme enuncia o referido dispositivo constitucional[14]; e (v) violação ao princípio da segurança jurídica e seus desdobramentos lógicos, moralidade e responsabilidade, porque expor os depósitos ao risco financeiro em que se encontram vários dos entes federativos contrariaria a confiança que o titular consigna às instituições oficiais depositárias[15], especialmente em se considerando que não foi apresentado qualquer estudo de viabilidade financeiro-econômica da medida, constituindo-se, portanto, de forma irresponsável, desarrazoada e arbitrária[16], contrariamente ao que é esperado da Administração Pública.	(ii) a inexistência de afronta à divisão dos Poderes, porque o Estado *lato sensu* seria o verdadeiro depositário e a instituição financeira, mera custodiante das quantias depositadas; (iii) a jurisprudência do STF pela constitucionalidade do uso dos depósitos judiciais pelo Poder Público[17]; e (iv) a natureza obrigacional – e não real – do direito ao precatório.

---

[13] Novamente, estar-se-ia diante de afronta do art. 60, § 4°, da CF, mas agora do seu inciso III, por haver ofensa à cláusula pétrea da separação dos três poderes.

[14] "Art. 5°. [...] XXV – no caso de iminente perigo público, a autoridade competente poderá usar de propriedade particular, assegurada ao proprietário indenização ulterior, se houver dano".

[15] A AASP lembrou que a situação se torna mais crítica quando se considera que, sob o argumento de que se estaria protegendo os depositantes, o STF, na ADI 3.578/DF, determinou que os depósitos só podem ser feitos em instituições financeiras oficiais – Bancos em que a participação majoritária seja do Poder Público.

[16] Também se questionou a arbitrariedade para a definição dos percentuais estabelecidos de 20% e 75%.

[17] ADI 1.933/DF, contra a lei n° 9.703/98; e ADI 2.214/MT, contra a lei mato-grossense n° 1.952/1999.

3. ANÁLISE CRÍTICA DAS QUESTÕES LEVANTADAS NA ADI Nº 5.679/DF

Diante de todo exposto, passa-se a analisar criticamente os argumentos aduzidos na ADI 5.679/DF, tanto pela inconstitucionalidade quanto pela constitucionalidade do uso dos valores depositados judicial e administrativamente pelos entes administrativos, na forma da EC nº 94/2016.

3.1. Argumentos pela inconstitucionalidade da Emenda Constitucional nº 94

Primeiramente, debruça-se sobre os fundamentos trazidos pela inconstitucionalidade do modelo previsto no art. 101 do ADCT. Apesar de abordar questões indispensáveis à arguição de inconstitucionalidade da EC nº 94/2016, percebe-se que a petição inicial da ADI 5.679/DF os explora superficialmente.

A incompatibilidade da natureza dos depósitos com qualquer autorização de que sejam usados pelo Poder Público (ou mesmo por qualquer terceiro), argumento fulcral sob o qual se verifica, por si só, a incongruência das previsões da EC nº 94/2016, foi abordada de maneira insuficiente nos autos, de modo que é fundamental desenvolvê-lo com maior profundidade.

Os depósitos judiciais são aqueles que se caracterizam pela vinculação de seu levantamento à disposição judicial, constituindo-se, dessa forma, como atos de natureza processual[18]. Portanto, estabelecem-se pela entrega de bem móvel, geralmente fungível, à instituição financeira, que figura como depositária dos bens depositados, conforme explicou o Min. Eros Grau, no julgamento da ADI 1.933/DF[19].

Dessa forma, apesar de não se confundirem perfeitamente com o contrato de depósito, tal qual como é previsto no Código Civil, os depósitos administrativos e judiciais regem-se pelos princípios e normas do depósito obrigatório[20]. Disso depreende-se que, tal qual qualquer outra relação de depósito, os depósitos judiciais e administrativos caracterizam-se,

---

[18] ANDRIGHI, Nancy; BENETI, Sidnei e ANDRIGHI, Vera. *Comentários ao Novo Código Civil*, Volume IX, Forense, 2008.

[19] "Os depósitos judiciais são depósitos '... à medida em que existe a entrega de bem móvel pelo contribuinte (depositante) à Caixa Econômica Federal (depositária) para guarda e restituição posterior nas condições previstas em lei' (fls. 60)".

[20] "Sempre que houver determinação do juiz no curso do processo, o depósito é judicial, cujos princípios se equiparam ao depósito legal. Desse modo, temos de entender que o depósito oriundo de atribuição judicial ou administrativa é legal, e é modalidade de depósito necessário. [...] **O depositário judicial, quando a estrutura administrativa o contempla, exerce funções de direito público, mas os princípios negociais são de direito privado.**" (VENOSA, Sílvio de Salvo. *Direito Civil*. Coleção Direito Civil: Contratos em espécie, vol. 3. 12. ed. São Paulo: Atlas, 2012, sem grifos no original)

precipuamente, pela atribuição ao depositário do dever de guarda do bem depositado, que não deve dele dispor livremente, sob pena de descaracterização da figura do depósito[21].

No julgamento da questão de ordem arguida na tribuna pelo Estado do Pará nas ADIs 4.357/DF e 4.425/DF, o próprio Min. Roberto Barroso concluiu que os valores, mesmo que depositados em instituições bancárias oficiais, não pertencem ao ente administrativo[22]. Ainda assim, sugeriu paradoxalmente que os valores fossem utilizados como forma de realizar os pagamentos dos precatórios, reconhecendo, na oportunidade, não haver qualquer planejamento quanto à devolução dos valores utilizados aos titulares dos depósitos:

> Eu acho que a única preocupação que se pode ter, mas isso não está em discussão, é pensar uma fórmula de o Estado, depois de sanar a inconstitucionalidade de não pagar os precatórios, **repor a conta dos depósitos no mesmo nível em que estava**. Mas essa é uma discussão que não é preciso fazer aqui.

Por conseguinte, é impossível reconhecer como constitucional um sistema que autoriza que o Estado faça uso de valor que manifestamente não é seu e, mais, sem qualquer garantia de restituição.

Cabe ainda comparar os depósitos judiciais e administrativos com os bancários[23]. A única diferença relevante é que aqueles dependem necessariamente de provimento judicial ou administrativo para que possam ser exigidos da instituição financeira, enquanto que nestes a exigibilidade depende tão somente da vontade do titular. Mas assemelham-se na medida em que, enquanto espécies de depósito, devem ser devolvidos imediatamente ao seu titular tão logo sejam exigíveis (seja pela expedição de alvará, no caso dos judiciais e administrativos, seja pela manifestação de vontade do depositante, no caso dos bancários), assim como se fundamentam no dever de guarda do bem depositado pela instituição depositária.

Destarte, autorizar o uso dos valores depositados administrativa e judicialmente seria análogo a reconhecer como possível que as instituições financeiras façam uso dos valores

---

[21] Está a *custodia rei*, entretanto, no próprio núcleo do depósito, constituindo tarefa única do contratante, o que distingue este contrato de outras espécies. Há de ser exercido o dever pelo depositante, isto é, pessoalmente, não se tolerando a transferência do encargo. Por isso, diz-se que o contrato é formado *intuito personae*, ou inspirado na confiança existente entre as partes, o que não impede que se confie a guarda para outra pessoa, como se verá adiante. Outrossim, não se concebe o uso da coisa pelo depositário, ou a dar em depósito para outra pessoa, sob pena de desfigurar-se a espécie e confundir-se com outra distinta. (RIZZARDO, Arnaldo. *Contratos*. 3. Ed. – Rio de Janeiro: Forense, 2004, p. 654)

[22] "Eu tive uma preocupação, porque esses depósitos judiciais, e observava o Ministro Marco Aurélio, **não são um dinheiro do Estado**, e nenhum de nós quereria criar um risco para a solvabilidade do sistema, que tem que prover esses dinheiros ao final de determinadas demandas".

[23] O depósito bancário constitui-se quando "o interessado ou depositante entrega somas em dinheiro ao banco, o qual, na qualidade de depositário, se obriga a devolver o valor correspondente ao depositante na mesma espécie, tão logo for exigido, com ou sem acréscimo de juros e correção monetária" (RIZZARDO, op. cit., p. 1.398).

a elas confiados em depósitos bancários para o pagamento de despesas próprias, como a remuneração de seus funcionários ou as faturas de água e luz. Em verdade, no caso dos depósitos administrativos e judiciais a situação é mais alarmante: ainda que pudesse ser admitido o uso pela instituição financeira dos valores, ela figura como parte do depósito, vez que ocupa a posição de depositária, enquanto que a União, os Estados, o Distrito Federal e os Municípios nem ao menos são partes da relação de depósito.

Dessa forma, se a natureza dos depósitos não compreende a sua utilização pelo Poder Público, conclui-se que o sistema introduzido pela EC nº 94/2016 é forma de intervenção do Estado na propriedade privada e, como tal, para que seja constitucional deve, impreterivelmente, (i) prestar à consecução de interesse público e (ii) ser submetida ao crivo do princípio da proporcionalidade. Isso porque se constituiria, em teoria, como choque de princípios constitucionais, a proteção da propriedade privada e a suposta concretização do interesse público, devendo ser analisada sob o fulcro dos três metaprincípios que compõem o imperativo da proporcionalidade *lato sensu*: (a) adequação, posto que a medida adotada deve efetivamente alcançar o seu fim; (b) necessidade, porquanto ela deve se constituir como a menos gravosa para alcançar aquele fim; e (c) proporcionalidade em sentido estrito[24].

À vista disso, percebe-se que, ainda que se destinasse ao interesse público, a EC nº 94/2016 não subsiste ao crivo dos metaprincípios da proporcionalidade: não é medida adequada, uma vez que não resolverá o inadimplemento estatal, mas, em verdade, quitará os débitos dos entes com a criação de novos débitos, sem qualquer previsão de que essa situação seja revertida; e não é medida necessária, já que não é o meio menos gravoso para reverter a situação de inadimplência dos entes federativos e suas autarquias[25].

Sobre a proporcionalidade e a ponderação entre princípios constitucionais, o Prof. Humberto Theodoro Júnior há muito já ensinava ser medida máxima das situações jurídicas:

> Por meio desse princípio [proporcionalidade] pode o juiz analisar a lei a partir de uma ótica que estabeleça a proporção em que os vários princípios constitucionais devem prevalecer no processo hermenêutico e com isso pode-se chegar até a inconstitucionalidade da norma ou a uma exegese que afaste o seu sentido incompatível com o princípio constitucional a prevalecer. A lei que, no todo ou em parte, não respeita o princípio da razoabilidade ou proporcionalidade, "é apontada como manifestação de excesso constitucionalmente vedado. Assim, o princípio da proporcionalidade fundamenta a possibilidade de censura judicial no âmbito da discricionariedade legislativa, permitindo a aferição da adequação e exigibilidade de atos oriundos do Legislativo" (Gilmar Mendes, Entrevista, *Rev Consulex*, n. 7, p. 7). O princípio da proporcionalidade é visto, no plano constitucional, como "o princípio dos princípios", porque visa impedir que ocorram "excessos" no exercício dos poderes constitucionais (Canotilho, ob. cit., p. 315).

---

[24] Nesse sentido ensina a Professora Maria Sylvia Di Pietro (DI PIETRO, Maria Sylvia Zanella. *Direito Administrativo*. 27. ed. São Paulo: Atlas, 2014, p. 73 e 81).

[25] Dispensável a análise da proporcionalidade stricto sensu de medida evidentemente inadequada e desnecessária.

Na conciliação entre os vários princípios, o intérprete realiza um **juízo de ponderação**, colocando "meios e fim em equação", para verificar se o ato legislativo "é ou não desproporcionado em relação ao fim". Trata-se, pois, de "uma questão de medida" ou "desmedida" para se alcançar um fim" (Canotilho, ob. cit., p. 316). Na interpretação, segundo o princípio da proporcionalidade, tem-se de evitar que "o excesso de obediência a um princípio" possa "destruir outro princípio". Com essa ponderação pode-se decidir, concretamente, "sobre **constitucionalidade** – ou **justiça** de alguma situação jurídica" (Willis Santiago Guerra Filho, Sobre Princípios Constitucionais Gerais: Isonomia e Proporcionalidade, *Revista dos Tribunais*, n. 719, p. 58). [26]

Cabe destacar, agora, da inadequação de se justificar medida manifestamente inconstitucional sob o pretenso argumento de que se destina à consecução de interesse público. O que se percebe, em verdade, é que o conceito de interesse público (primário) não se constitui necessariamente em conflito com os interesses particulares[27] nem se confunde com o interesse fazendário ou arrecadatório do ente administrativo (interesse público secundário). O interesse arrecadatório, com efeito, se submete ao interesse público primário, entendido aqui como os interesses genuínos da coletividade, não podendo jamais sobrepô-lo[28]. E o

---

[26] THEODORO JÚNIOR, Humberto. *Embargos à execução contra a Fazenda Pública – Extensão da matéria arguível – Princípios constitucionais em conflito – Proporcionalidade ou razoabilidade – Coisa julgada e justa indenização – Princípio de justiça e moralidade*, in Regularização Imobiliária de Áreas Protegidas, Doutrina e Jurisprudência, vol. II, Centro de Estudos da Procuradoria Geral do Estado de São Paulo, Set. 99, p. 131.

[27] Em verdade, o conceito de interesse público não pode ser concebido como alheio aos interesses de quem compõe a sociedade (CAVALCANTI, 2006, p. 63, apud BALTHAZAR, Ubaldo Cesar; ROSSINI, Guilherme de Mello. *Uma proposta de (re)leitura da noção de interesse público: os privilégios implícitos da fazenda pública em xeque*. Rev. Fac. Direito UFMG, Belo Horizonte, n. 69, pp. 657 – 686, jul./dez. 2016, p. 664). No mesmo sentido ensina o Professor Celso Antônio Bandeira de Mello (2005, p. 59): "Poderá haver um interesse público que seja discordante do interesse de cada um dos membros da sociedade? Evidentemente, não. Seria inconcebível um interesse do todo que fosse, ao mesmo tempo, contrário ao interesse de cada uma das partes que o compõem. Deveras, corresponderia ao mais cabal contra-senso que o bom para todos fosse o mal de cada um, isto é, que o interesse de todos fosse um anti-interesse de cada um."

[28] "Nessa linha, impõe dizer infalivelmente que o interesse fazendário não se confunde com o interesse público. E, mais, que os direitos fundamentais dos contribuintes não podem ser diminuídos em face da euforia pela maior arrecadação, à qual não se resume a realização do interesse público: 'Convém, neste ponto, afastarmos, de uma vez por todas, a superadíssima ideia de que o interesse fazendário (meramente arrecadatório) equivale ao interesse público. Em boa verdade científica, o interesse fazendário não se confunde nem muito menos sobrepaira o interesse público. Antes, subordina-se ao interesse público e, por isso, só poderá prevalecer quando em perfeita sintonia com ele (CARRAZZA, 2012, p. 559)'. O interesse público suplanta o mero interesse na arrecadação de receitas. É que o Estado gasta muito mais com sua própria manutenção estrutural do que com ações no interesse genuinamente social. Em termos estatísticos, apura-se que, no orçamento de 2013, 42% da receita pública estaria comprometida com pagamento dos rendimentos da Dívida

que se depreende claramente da análise do sistema criado pela EC nº 94/2016 é que ele não persegue a proteção de interesse da sociedade, mas manifestamente se constitui no intuito de reverter a desproporcional – e inconstitucional – situação de inadimplemento a que chegaram os entes federativos.

O Prof. Humberto Theodoro Júnior esclarece quanto à diferença entre interesse público primário e secundário:

> É preciso distinguir o *interesse público primário* e o *interesse da Administração Pública* (interesse público *secundário*). O interesse público primário, ligado aos *próprios fins políticos do Estado*, este é sempre indisponível. Já os interesses instrumentais ou acessórios do Poder Público (aumento de arrecadação, redução de despesas) correspondem a interesses que podem ser – e frequentemente são – "objeto de disposição por parte do Estado"[29]

Conclui-se, então, que a transferência dos valores depositados não atende aos limites da intervenção do Poder Público na propriedade privada, uma vez que não respeita o imperativo da proporcionalidade, nem tem como finalidade primeira a viabilização de interesse público primário. Ocorre, então, verdadeiro confisco de bens particulares, medida que não pode ser admitida em um Estado que se proponha como democrático e de Direito. Sobre o princípio do não-confisco, Antônio Albino Ramos de Oliveira explica que

> [...] o confisco não é apenas a toma injusta da propriedade, no sentido técnico do termo, abrangendo quaisquer bens de natureza patrimonial, inclusive direitos obrigacionais, como os créditos. **Ninguém negaria o caráter confiscatório de um ato pelo qual, por exemplo, fossem transferidos ao Estado, sem indenização, os créditos de particulares contra um banco oficial**. É certo que isso dificilmente se faria de forma direta, porque há consciência de que não é ilícito tal esbulho [...][30]

Ainda que o autor considerasse improvável a instituição de uma forma tão explícita de intervenção confiscatória do Poder Público, foi o que a emenda promoveu.

Conforme citado pela PGR, a Min. Carmen Lúcia, no julgamento de lei mato-grossense que dispunha quanto ao uso dos depósitos judiciais, ADI 2.855/MT, sumarizou com clareza a apreensão que permeia a análise da constitucionalidade da referida medida:

Pública (HUMANITAS – sítio eletrônico)" (BALTHAZAR e ROSSINI, op. cit., 2016, p. 664 e 665).

[29] THEODORO JÚNIOR, Humberto. *Curso de Direito Processual Civil* – vol. II. 52ª ed.. – Rio de Janeiro: Forense, 2018, p. 647.

[30] OLIVEIRA, Antônio Albino Ramos de. *O abuso do poder de tributar: reflexões sobre o "princípio do não-confisco"*. In: O abuso do poder do estado / Coordenador: MATTOS, Mauro Roberto Gomes de. – Rio de Janeiro: América Jurídica, 2005, p. 6 (sem grifos no original).

Estou enfatizando, Senhor Presidente, que este é um problema que precisa ser enfrentado, porque há um vício no sistema e o jurisdicionado brasileiro está pagando caro por ele. A fórmula, no entanto, não me parece que possa ser essa, porque esse valor a mais que o banco ganha vai para essa conta, e isso não tem embasamento, pelo menos ético, sequer jurídico, não é nem uma desapropriação, na verdade, é uma expropriação, é um quase confisco, porque estamos tirando aquilo que é obtido [com os depósitos judiciais] e entregando para o Poder Judiciário, que tem suas carências, possa usar. Primeiro: Perguntaram ao litigante? Perguntaram ao jurisdicionado? Segundo: O sistema comporta esse tipo de situação? Terceiro: O Estado pode criar este mecanismo de uso de um direito que não é seu? – e aí vamos ter várias condições em vários Estados; vi mesmo Municípios querendo fazer a mesma coisa, ou seja, quando ele fosse parte, poderia fazer isso. [...] E ainda há um outro problema que vi quando estudei a matéria: não se sabe em que momento, por exemplo, o Poder Judiciário vai determinar o levantamento e quanto se tem nessa conta, porque, na hora que se determina o levantamento, tem que ser de imediato. Ora, se o banco está emprestando e uma parte já reverteu para o próprio Judiciário, como ficam todos que estão nessa verdadeira ciranda?

3.2. Argumentos pela constitucionalidade da Emenda Constitucional nº 94

Fundamental, agora, examinar os argumentos levantados a favor do sistema instituído pela EC nº 94/2016: a eficácia da norma para a quitação do débito de precatórios, no prazo estabelecido; a inexistência de afronta à divisão dos Poderes; as decisões anteriores do STF pela constitucionalidade do sistema; e a natureza obrigacional do direito aos precatórios.

Parte dos argumentos levantados tem natureza eminentemente utilitarista: pretendem justificar a medida tomada pelos fins a que ela se propõe. São aqueles enunciam os méritos práticos trazidos pelo sistema de uso dos depósitos judiciais com o fim de arguir a constitucionalidade da medida, como a necessidade de reversão da situação de mora dos entes federativos, o não resgate de 25% dos depósitos pelos seus titulares e a pretensa solvabilidade do sistema. Ocorre que aludir a eficácia do instrumento como forma de apoio à quitação do débito fazendário dentro do prazo estabelecido não é suficiente para legitimar medida que se impõe à revelia dos direitos dos titulares dos depósitos, uma vez que não é possível que se admita uma lógica utilitarista em detrimento do exercício de garantias constitucionais.

Se, a princípio, a natureza dos depósitos não permite que eles sejam utilizados discricionária e livremente pelo Poder Público, apenas se sustentariam os argumentos que se destinam a desconstruir a incompatibilidade da autorização conferida pela EC nº 94/2016 com o próprio instituto dos depósitos judiciais e administrativos. Entretanto, o que se verifica é que os argumentos trazidos aos autos que suscitam a compatibilidade constitucional do sistema de uso dos depósitos têm como alicerce linhas de raciocínio falaciosas. É o que ocorre com as alegações de que o verdadeiro depositário dos valores é o Estado, em seu sentido amplo, e de que o direito ao precatório é direito de crédito e não de propriedade.

A primeira alegação não encontra respaldo no conceito de depósito. Nos depósitos, há relação jurídica envolvendo a parte depositante, a instituição financeira depositária, o juízo a que se vincula o depósito, e, eventualmente, o titular dos valores depositados. Isso porque, ainda que se admita a transferência do bem depositado para terceiro, o depositário permanece em sua condição: o que muda é tão somente a guarda material do bem[31].

Igualmente equivocada é a afirmativa de que o bem seria confiado ao Estado *lato sensu*. Ainda que o Estado brasileiro possa ser entendido como uno, enquanto instituição política, ele se subdivide internamente nos Poderes Executivo, Judiciário e Legislativo, cada qual com seus entes e órgãos e cada qual com suas competências constitucionalmente estabelecidas. A Administração Fazendária dos Estados e dos Municípios, no caso, até mesmo em preservação da divisão funcional dos Poderes, não pode ser confundida com o juízo que administra os depósitos nem com a instituição financeira oficial, que se constitui enquanto depositária. Mesmo que se caracterizem os depósitos como atos de natureza administrativa e não jurisdicional, eles estão inseridos dentro das funções administrativas conferidas ao Poder Judiciário[32].

Já quanto à caracterização do precatório como direito de natureza obrigacional e não de natureza real, é essencial relembrar, conforme bem pontuado por Antônio Albino Ramos de Oliveira (2005, op. cit., p. 6), que a Constituição, ao garantir como direito fundamental o direito de propriedade, não o fez de maneira estrita, resumindo-se aos direitos reais, mas pretendeu abranger todos os direitos de natureza patrimonial. A distinção entre direitos obrigacionais e direitos reais não pode utilizada para justificar a inadimplência do Poder Público em desfavor do particular. Ainda, a violação que se alega é em relação ao direito dos titulares dos depósitos e não diretamente dos credores dos precatórios. Isso porque, conforme reconhecido pelo STF[33], o estado de inconstitucionalidade configurado pela mora generalizada no pagamento dos precatórios e RPVs não é objeto da ADI nº 5.679/DF, mas das ADIs 4.357/DF e 4.425/DF.

Também é incabível fundamentar a constitucionalidade da autorização contida na EC nº 94/2016 nas decisões proferidas pelo STF em julgamento das autorizações legais anteriores. Isso ocorre, primeiramente, porque a emenda constitucional diferencia-se essencialmente das demais normas impugnadas, na medida em que permite o uso de valores referentes a processos em que o Poder Público nem ao menos figura como parte. Conforme apontado anteriormente, autorizar que se faça uso dos depósitos relativos a processos em que o ente administrativo figure como parte é medida que se aproxima de uma execução provisória, o que era adotado pelas legislações anteriores à emenda.

---

[31] "No cumprimento da guarda, a fim de evitar o perecimento ou a deterioração, permite-se que a confie a terceiro [...] A responsabilidade, porém, perante o depositante, permanece com o depositário. Percebe-se que a transferência é da guarda material, e não do depósito" (RIZZARDO, Arnaldo, op. cit., p. 666-667)

[32] Há que se relembrar que o Poder Judiciário exerce não só suas funções precípuas de natureza jurisdicional, mas também atribuições atípicas de caráter legislativo e administrativo.

[33] "O terceiro fundamento normativo, a meu ver, é a prolongada omissão estatal em que estão os precatórios, violando a Constituição e gerando um estado de inconstitucionalidade. [...] Não me refiro, é claro, apenas à controvérsia quanto à inconstitucionalidade de EC 62, em si, mas ao próprio enfrentamento do estado de inconstitucionalidade com que se deparou este Tribunal e que, como todos sabemos, consiste no inadimplemento contumaz das condenações judiciais por parte de Estados e Municípios".

Não se pretende afirmar aqui que as referidas medidas eram compatíveis com a ordem constitucional vigente. Primeiramente porque são instituídas em favor apenas dos entes fazendários, o que, conforme ensinamentos do Prof. Humberto Theodoro Júnior, só se admite excepcionalmente, ante a premente necessidade de proteção de interesse público, o que não é a hipótese *in casu*:

> Em matéria processual, conforme o melhor entendimento dos doutos, privilégios e prerrogativas a determinados litigantes só se toleram como *exceções*, quando os exigir indiscutível interesse público ou social [...]. Afastada, porém, a *ratio essendi* do tratamento privilegiado, qualquer norma processual que institua regime desigual para partes que deveriam litigar em igualdade de condições atrita com o preceito constitucional da isonomia, ao qual não pode se furtar o próprio Estado, quando se coloca numa situação em que por nenhum motivo especial determina ou justifica a usufruição de privilégios e prerrogativas negados ao outro litigante.[34]

De outro lado, ainda que se aproximassem de uma execução provisória apenas em favor da Fazenda, as autorizações foram instituídas sem qualquer garantia ou caução. Também nas palavras do Prof. Humberto Theodoro Júnior, via de regra, é inviável que se admita execução provisória sem idôneo caucionamento, não apenas diante das previsões legais quanto à matéria, mas principalmente em preservação dos princípios processuais constitucionais:

> Permitir a execução provisória sem acautelamento integral do risco de prejuízo para o executado equivale a ultrajar o devido processo legal e realizar um verdadeiro confisco de sua posse ou propriedade, ao arrepio das normas constitucionais que protegem tal direito.[35]

É evidente que, excepcionalmente, há a possibilidade de haver execução provisória não caucionada, conforme prevê o art. 521 do CPC[36]. Entretanto, o questionamento *in casu* refere-se à consideração implícita de que não há risco na medida implementada, sob o argumento de que, ao final, o Estado garantiria o cumprimento das ordens judiciais de levantamento, seja pela restituição do valor por ele utilizado, seja pela via da compensação. Ocorre que o CPC institui a necessidade da caução, mesmo nas hipóteses contidas no *caput*

---

[34] THEODORO JÚNIOR, Humberto. *Lei de execução fiscal: comentários e jurisprudência* – 13ª ed. – São Paulo: Saraiva, 2016, p. 29.

[35] THEODORO JÚNIOR, Humberto. *Curso de Direito Processual Civil* – vol. III. 50ª ed.. rev. atual. e ampl. – Rio de Janeiro: Forense, 2017, p. 123.

[36] "Art. 521. A caução prevista no inciso IV do art. 520 poderá ser dispensada nos casos em que: I – o crédito for de natureza alimentar, independentemente de sua origem; II – o credor demonstrar situação de necessidade; III – pender o agravo do art. 1.042; IV – a sentença a ser provisoriamente cumprida estiver em consonância com súmula da jurisprudência do Supremo Tribunal Federal ou do Superior Tribunal de Justiça ou em conformidade com acórdão proferido no julgamento de casos repetitivos".

do art. 521, quando a dispensa puder resultar em "manifesto risco de grave dano de difícil ou incerta reparação" (art. 521, parágrafo único, CPC) [37]. Dessa forma, indaga-se se, em eventual decisão desfavorável à Fazenda, o Estado pode assegurar, como pressuposto pela emenda constitucional, a reversão do crédito em favor da outra parte.

É de se destacar, ainda, que a emenda não se limita a dar *status* constitucional às autorizações legais anteriores. Nos termos do § 2º, II, do art. 101[38], do ADCT, com redação pela EC nº 94/2016, todos os depósitos judiciais serão, de alguma forma afetados, porque ou são prontamente utilizáveis pelo Poder Público, ou compõem o fundo garantidor. Nesse sentido, já não seria mais possível caracterizar a medida como execução provisória, uma vez que nos casos do inciso III, do § 2º, do art. 101, do ADCT, a Fazenda não é parte do processo a que o depósito diz respeito. Nessa hipótese, não se poderia nem ao menos cogitar que a constitucionalidade se garantiria pela comparação com o instituto da execução provisória. Trata-se verdadeira intervenção inconstitucional do Poder Público na propriedade privada: poderão ser usados 20% dos valores depositados em processos completamente alheios ao ente administrativo e, ainda, os 80% restantes serão destinados a composição do fundo garantidor da solvência do sistema temerário instituído pela emenda, colocando-se em risco direta e indiretamente todos os valores depositados em juízo.

Portanto, não se sustenta a decisão que indeferiu o pedido cautelar de suspensão da EC nº 94/2016, se limitando a determinar que o uso dos depósitos seguisse as previsões já dispostas na norma, sob o argumento de que só se justificaria o efeito suspensivo "caso não fosse efetivamente respeitada a sistemática implícita ou explicitamente prevista na própria EC 94/2016". Na oportunidade, o Min. Luís Roberto Barroso arguiu que a emenda constitucional se revestia de presunção de constitucionalidade e não poderia ser suspendida com base em "mera elucubração ou hipótese teórica".

Primeiramente, há que se destacar que é incompatível com o disposto nos autos da ação a afirmação de que o *fumus boni iuris* alegado se baseia apenas em pressuposições teóricas. Quando se trata de debate acerta da constitucionalidade de determinada disposição, não é possível ater-se tão somente aos aspectos práticos da norma questionada, mas é essencial que a discussão verifique sua compatibilidade *in abstrato* com a CF. Assim, não é possível afastar a contraposição da natureza dos depósitos judiciais – e, consequentemente, da garantia constitucional da propriedade privada e dos limites constitucionais à atuação do Poder Público frente ao particular – com as disposições da EC nº 94/2016 ao suposto argumento de que isso se trataria de uma discussão teórica esvaziada.

Ainda, constam dos autos as manifestações do Banco do Brasil e do Banco Central que demonstram o risco prático criado pela emenda. O quadro de instabilidade e insegurança

---

[37] "Art. 521. [...] Parágrafo único. A exigência de caução será mantida quando da dispensa possa resultar manifesto risco de grave dano de difícil ou incerta reparação".

[38] "Art. 101. [...] § 2º O débito de precatórios poderá ser pago mediante a utilização de recursos orçamentários próprios e dos seguintes instrumentos: II – até 20% (vinte por cento) dos **demais depósitos judiciais da localidade**, sob jurisdição do respectivo Tribunal de Justiça, excetuados os destinados à quitação de créditos de natureza alimentícia, mediante **instituição de fundo garantidor composto pela parcela restante dos depósitos judiciais**".

vivenciado em Minas Gerais, conforme alertado pelo Banco do Brasil, evidencia que a discussão ultrapassa em muito meras contraposições baseadas em contextos hipotéticos e atinge diretamente as instituições bancárias depositárias, bem como os credores dos depósitos.

Igualmente inviável sustentar a constitucionalidade da norma no número de tentativas legislativas em disciplinar a matéria, como feito na referida decisão[39]: ainda que se veja a EC nº 94/2016 como uma proposta de diálogo institucional entre o Congresso e o STF, não se pode usar desse fundamento para chancelar medida inconstitucional. O reconhecimento do estado de inconstitucionalidade gerado pela mora generalizada no pagamento dos precatórios e RPVs não é justificativa para que seja declarada como constitucional qualquer medida que se coloque como instrumento para reverter o quadro de inadimplência dos entes federativos.

Conclui-se, portanto, que os argumentos apresentados pela constitucionalidade do uso dos depósitos judiciais pelo Poder Público não prevalecem diante de uma análise atenta da lógica que os sustenta.

4. CONCLUSÃO

O presente artigo não se propõe a esgotar o estudo quanto ao tema, mas apenas se coloca como reflexão preliminar à luz dos argumentos já colocados para análise do Supremo Tribunal Federal. Em verdade, o assunto é atual e demanda aprofundamento, especialmente diante da recente aprovação de nova emenda constitucional sobre o tema, EC nº 99/2017, que, dentre outras alterações[40], dobrou o período de uso dos depósitos para pagamento dos precatórios, instituindo como prazo final 31/12/2024, e, ainda, aumentou o percentual à disposição do Poder Público: de 20% para 30% dos depósitos referentes a processos em que não há participação dos entes administrativos. Por fim, diante das informações coletadas, conclui-se ser inconstitucional o uso de depósitos judiciais e administrativos pelo Poder Público na forma da EC nº 94/2016, na medida em que o Estado não pode buscar a realização de seus interesses (fazendários) transferindo aos particulares os ônus do seu estado generalizado de mora.

---

[39] "[...] esta é a terceira tentativa do Poder Constituinte Derivado de tratar da mora do Poder Público no pagamento dos precatórios. As duas tentativas anteriores – EC 30/2000 e EC 62/2009 – foram rejeitadas pelo STF. Ao que tudo indica, no entanto, a presente iniciativa procurou justamente atender às considerações tecidas por esta Corte quando do julgamento da questão de ordem das ADIs 4357 e 4425, em que se assinalou a necessidade de que os precatórios atrasados fossem quitados no prazo de cinco exercícios financeiros (prazo da modulação dos efeitos da decisão)".

[40] A referida emenda ainda autorizou a utilização da totalidade dos depósitos em precatórios e RPVs, bem como instituiu repasse automático dos valores para a conta especial administrada pelo Tribunal de Justiça local.

32

PODER GERAL DE ADOÇÃO DE MEDIDAS COERCITIVAS E SUB-ROGATÓRIAS NAS DIFERENTES ESPÉCIES DE EXECUÇÃO

Eduardo Talamini

Sumário: 1. Introdução. 2. Tutela dos deveres de fazer e não fazer (execução fundada em "título judicial"). 2.1. Eficácia mandamental dos provimentos fundados no art. 497. 2.2. A regra específica autorizadora de medidas atípicas. 2.3. Medidas sub-rogatórias e medidas coercitivas atípicas. 2.4. Parâmetros para a definição das medidas atípicas. 2.5. Os limites da prisão civil. 2.6. Medidas sub-rogatórias atípicas. 2.7. A coexistência de mecanismos sub-rogatórios e coercitivos. 3. Execução de obrigação de fazer ou não fazer fundada em título extrajudicial. 3.1. Inexistência de provimento mandamental. 3.2. Disciplina própria para a multa coercitiva. 3.3. Medidas sub-rogatórias. 3.4. Não cabimento de medidas coercitivas atípicas. 3.5. Medidas atípicas na hipótese de concessão de tutela urgente na execução. 4. Tutela para entrega de coisa. 4.1. Irrelevância do art. 139, IV. 4.2. O caráter subsidiário da incidência da multa e das medidas atípicas. 4.3. Medidas sub-rogatórias atípicas – A medida atípica de intervenção judicial. 4.4. A eficácia mandamental e o emprego de meios coercitivos: limites. 4.5. A aplicação de multa e medidas sub-rogatórias e coercitivas atípicas na execução para a entrega de coisa fundada no título extrajudicial. 5. Execução por quantia certa (título judicial e extrajudicial). 5.1. A divergência doutrinária. 5.2. Os fundamentos para a diversidade de modelos de tutela. 5.3. Devedor sem patrimônio para responder pela dívida. 5.4. Devedor com dinheiro em espécie suficiente para responder pela dívida. 5.5. Devedor solvente, mas sem liquidez. 6. Medidas coercitivas típicas na execução por quantia certa. 7. Os juros (coerção pecuniária periódica) – O paradoxo da multa. 8. As modalidades expropriatórias executivas – Suficiência dos meios sub-rogatórios. 8.1. O campo de incidência das medidas atípicas: dever de colaboração e não obstrução da justiça; preservação patrimonial. 8.2. Ordem do juiz e medidas atípicas. 8.3. Tutela antecipada urgente na execução. 8.4. Execução de alimentos. 8.5. Breve nota comparativa. 9. Para não dizer que não falei das medidas indutivas. 10. Conclusão.

1. INTRODUÇÃO

Nos termos do art. 139, IV, do CPC/2015 cabe ao juiz "determinar todas as medidas indutivas, coercitivas, mandamentais ou sub-rogatórias necessárias para assegurar o cumprimento de ordem judicial, inclusive nas ações que tenham por objeto prestação pecuniária".

Essa disposição, incluída no capítulo dedicado aos "poderes, deveres e responsabilidade do juiz", aparentemente teria alcance ilimitado. Não há dúvidas de que ela atribui ao juiz um poder geral de adoção de medidas executivas. Isso significa inclusive o poder de emprego de providências atípicas, moldadas para o caso concreto. Mas o art. 139, IV, precisa ser interpretado sistematicamente.

Por um lado, é necessário compatibilizá-lo com a disciplina específica de cada uma das diferentes modalidades de execução. Se o mesmo Código que veicula o art. 139, IV, ocupou-se em estabelecer regramentos próprios e detalhados, tipificando as medidas executivas aplicáveis a cada espécie de execução (ou prevendo expressamente, nessas disciplinas específicas, as hipóteses em que se poderia utilizar medida atípica), não é possível simplesmente supor que o art. 139, IV, institui um modelo único, flexível, que equipara todas as situações que exigem tutela executiva permitindo indiscriminadamente o emprego de medidas atípicas. Isso significaria dizer que todo o regramento específico de cada modalidade executiva seria inútil, letra morta. Ou então, e quando muito, a disciplina específica de cada procedimento executivo seria uma mera "sugestão" de itinerário para o juiz – que usaria o *prêt-à-porter* quando não inspirado para criar um figurino executivo *taylor-made*. Essa alternativa também não parece razoável. Portanto, há de se encontrar termos de conjugação dos dois conjuntos de injunções normativas (poder geral de medidas atípicas *versus* disciplina específica, com predominante tipificação dos meios executivos).

Por outro lado, é preciso conformar a interpretação do art. 139, IV, com os princípios constitucionais – notadamente a proporcionalidade, a razoabilidade, a segurança jurídica, a liberdade, a integridade física e moral e a eficiência.

Obviamente as duas linhas investigativas não são estanques. Sobrepõem-se e interagem. Já me dediquei a ambas em diversas ocasiões.[1] Por isso, inclusive, vou aqui me valer de diversas remissões a textos meus anteriores.

O presente artigo vai ocupar-se precipuamente da primeira frente de investigação acima mencionada – ingressando na segunda delas quando necessário. Para tanto, serão consideradas separadamente as diferentes espécies de execução, conforme a natureza do dever cuja satisfação se persegue (fazer, não fazer, entregar coisa e pagar quantia – e, nesta, conforme o dever seja ou não de natureza alimentar) e, quando houver distinção relevante no direito positivo, a origem do título executivo (judicial ou extrajudicial).

---

[1] Desde minha obra sobre a *Tutela relativa aos deveres de fazer e não fazer* (São Paulo, RT, 1ª ed., 2000; 2ª ed., 2003). A segunda frente de análise acima referida foi objeto do meu ensaio "Medidas coercitivas e proporcionalidade: o caso WhatsApp", publicado em *Repercussões do novo CPC: processo penal*, Salvador, JusPodivm, 2016 e em *Medidas executivas atípicas* (coord. Talamini e Minami), Salvador, JusPodivm, 2018.

2. TUTELA DOS DEVERES DE FAZER E NÃO FAZER (EXECUÇÃO FUNDADA EM "TÍTULO JUDICIAL")

No âmbito das decisões ("títulos judiciais") que impõem o cumprimento de deveres de fazer e não fazer, a compreensão da incidência dessa regra não gera maiores dificuldades. Os mecanismos executivos relativos aos comandos judiciais com tais conteúdos contemplam o emprego de providências sub-rogatórias e coercitivas atípicas (CPC, arts. 536 e 537). Tais decisões, de resto, têm eficácia mandamental. A esse respeito, remeto ao que já escrevi em oportunidades anteriores.[2] O que segue é um resumo bastante simplificado.[3]

2.1. Eficácia mandamental dos provimentos fundados no art. 497[4]

A decisão antecipatória ou final impositiva de dever de fazer ou não fazer veicula verdadeira *ordem* para o demandado. Há direta determinação de que o réu cumpra o fazer ou não fazer, objeto do dever tido como plausível ou já reconhecido em cognição exauriente como devido.

O mandamento contido nesse ato é radicalmente diverso da comunicação do preceito executivo, estabelecida no procedimento da execução das obrigações de fazer e não fazer fundada em título extrajudicial (CPC, art. 814 e seguintes – v. n. 3, adiante).

No âmbito daquele processo executivo, cita-se o devedor a fim de satisfazer a prestação (arts. 815 e 822). Contudo, fica desde logo estabelecido que, não satisfeita a obrigação no prazo assinado pelo juiz, nada mais restará senão a via do cumprimento por terceiro à custa do devedor ou a da indenização por perdas e danos (arts. 816 e 823). A carga mandamental contida no preceito executivo é diminuta (mesmo se considerada a possibilidade de cominação de multa por período de atraso – art. 814). Prepondera a eficácia de preordenação de medidas sub-rogatórias. A assinação de prazo para que o executado cumpra não é mais do que última oportunidade que se lhe dá, antes de o Estado substituí-lo na consecução do bem jurídico visado ou de seu equivalente pecuniário (v. n. 3.1, adiante). Rigorosamente, equivale à citação do devedor no processo de execução por quantia certa (para pagar ou nomear bens à penhora, sob pena de ver bens seus penhorados que bastem para o pagamento – arts. 829 e 831). Nessa hipótese, tanto não há (prevalentemente) uma ordem para pagar que, se não houver pagamento, simplesmente serão afetados bens sobre os quais recairá a atividade jurisdicional sub-rogatória.

---

[2] Ver, entre outros textos de minha autoria: *Tutela relativa aos deveres de fazer e não fazer*, 2ª ed., São Paulo, RT, 2003; "Concretização jurisdicional de direitos fundamentais a prestações positivas do Estado", em *Instrumentos de coerção e outros temas de direito processual civil: estudos em homenagem aos 25 anos de docência do Prof. Dr. Araken de Assis* (coord. Milhoranza, Porto e Tesheiner), Rio de Janeiro, Forense, 2007; *Curso avançado de processo civil* (em coop. L. Wambier), 16ª ed., v. 3, São Paulo, RT, 2017, cap. 16; "Medidas coercitivas e proporcionalidade: o caso WhatsApp", cit.

[3] Que corresponde essencialmente ao que eu expus no *Curso avançado de processo civil*, v. 3, cit., n. 16.8 e 16.9.

[4] O exposto no presente tópico é uma das teses nucleares do meu livro *Tutela relativa aos deveres de fazer e não fazer*, já citado. Remeto especialmente ao que expus nos caps. 6 e 8, bem como às referências bibliográficas lá contidas.

Já no sistema instituído pelo art. 497, visa-se primordialmente ao exato resultado que se teria caso o demandado houvesse assumido a conduta devida. O art. 499 consagra em termos cogentes tal diretriz, tornando a conversão em perdas e danos hipótese excepcional ("somente será convertida..." por opção do autor ou impossibilidade de conseguimento específico). E, para tanto, o provimento concessivo da tutela, mais do que diretamente autorizar o emprego de meios substitutivos da conduta do réu (eficácia executiva *lato sensu*), há de ter força suficiente para mandar que ele mesmo adote o comportamento devido. A cientificação desse ato ao demandado não constituirá, então, mera oportunidade para cumprir. Veiculará ordem, revestida de autoridade estatal, para que cumpra.

A lei confere amplos poderes ao órgão jurisdicional para a consecução da tutela específica ou resultado correspondente, em relação a qualquer obrigação de fazer ou não fazer (art. 536, § 1.º). E "tutela específica", nos arts. 497 e 536, designa a obtenção do resultado originariamente visado, mediante conduta do próprio demandado. A larga concessão de poderes a fim de se obter a própria atuação do réu abrange – aliás, pressupõe – a emissão de ordem pelo juiz.

O não atendimento dessa ordem pelo réu caracteriza litigância de má-fé e crime de desobediência (CPC, arts. 77, IV, e 536, § 3.º; CP, art. 330). Poderá haver até prisão (penal) em flagrante do réu desobediente, observados os pressupostos constitucionais e processuais penais para tanto. Originar-se-á processo penal para apurar a ocorrência do crime, que não se confundirá com o processo civil em curso. Não se trata de prisão civil (que é em regra vedada para esse caso, como se vê adiante – n. 2.5).

2.2. A regra específica autorizadora de medidas atípicas

O § 1.º do art. 536 permite ao juiz, "entre outras medidas, a imposição de multa, a busca e apreensão, a remoção de pessoas e coisas, o desfazimento de obras e o impedimento de atividade nociva, podendo, caso necessário, requisitar o auxílio de força policial". A enumeração de medidas constantes desse dispositivo não é exaustiva – o que se depreende da expressão "entre outras medidas", que a antecede. Portanto, permite-se o emprego de providências outras, atípicas.

2.3. Medidas sub-rogatórias e medidas coercitivas atípicas

Essas providências poderão ser tomadas para a efetivação da "tutela específica" ou para a obtenção do "resultado prático equivalente".

A norma do art. 536, § 1.º, portanto, autoriza não só o emprego de mecanismos que substituam a conduta do demandado. Confere ao juiz, igualmente, poderes para a imposição de outros meios coercitivos (além da multa, expressamente prevista no art. 537), destinados a acompanhar a ordem judicial dirigida ao réu, para que ele cumpra o fazer ou não fazer.

2.4. Parâmetros para a definição das medidas atípicas

Contudo, não se trata de poder ilimitado que o juiz recebe.

Fica afastada a adoção de qualquer medida que o ordenamento proíba (a prisão civil – vedada na maioria dos casos – é examinada a seguir).

Depois, as providências adotadas devem guardar relação de utilidade, adequação e proporcionalidade com o fim perseguido, não podendo acarretar na esfera jurídica do réu sacrifício maior do que o necessário.

A definição de medidas sub-rogatórias tende a ser mais simples. Trata-se apenas de identificar mecanismos aptos a produzir diretamente o resultado almejado e que não gerem desarrazoados e excessivos "efeitos colaterais".

Mas a eleição concreta das medidas *coercitivas* atípicas, mediante a aplicação dos princípios da proporcionalidade e razoabilidade, tende a ser tarefa delicada. É da essência do instrumento coercitivo certa *desproporção* entre o bem atingido pela sanção e o bem tutelado.[5] Para ser eficaz, a medida de coerção terá de impor ao réu um sacrifício, sob certo aspecto, maior do que o que ele sofreria com o cumprimento do dever que lhe cabe. Daí a extrema dificuldade de estabelecer limites de sua legitimidade, sem destruir-lhe a essência: a medida coercitiva deve configurar efetiva *ameaça* ao réu, apta a demovê-lo da intenção de transgredir, e, simultaneamente, não afrontar os princípios acima mencionados. De resto, a medida coercitiva não pode ser incompatível com o fim visado, de modo a acabar impossibilitando o réu de cumprir a ordem (por exemplo, não se pode impor como medida coercitiva a proibição de que o réu desenvolva atividade produtiva se a solvabilidade dele é pressuposto prático relevante para o cumprimento da ordem).[6]

Há exemplos de relevantes medidas atípicas de coerção ou sub-rogação que, conforme o caso concreto, respeitam as balizas ora indicadas: (i) publicação, às custas do réu, de anúncio na imprensa de que ele está descumprindo uma ordem judicial, com a indicação dos resultados negativos que sua violação gera (contrapropaganda coercitiva); (ii) designação de interventor ou fiscal judicial, incumbido de administrar total ou parcialmente a empresa ou estrutura administrativa do réu ou de fiscalizá-la, no cumprimento da ordem judicial de fazer ou não fazer.[7]

---

[5] Já expressei esse entendimento antes em *Tutela relativa aos deveres de fazer...*, cit., n. 10.2, p. 271, e "Medidas coercitivas e proporcionalidade: o caso *WhatsApp*", cit., n. 5, p. 384. Leonardo Greco alude a essa minha concepção ("*Talamini admite... certa desproporção entre o bem atingido pela coação e o valor da prestação, caso contrário o meio coercitivo seria ineficaz*") mas me atribui também um limite adicional ("*mas não pode ser de tal monta que torne mais vantajosa para o exequente a fruição do resultado do meio coercitivo do que a da prestação legalmente devida*"), que eu jamais formulei. Greco expressa sua discordância ao que supostamente seria a minha opinião, mas ao que parece, pela fundamentação apresentada, ele discorda apenas da ideia que indevidamente me atribuiu (Leonardo Greco, "Coações indiretas na execução pecuniária", n. 4, em *Medidas executivas atípicas*, cit.).

[6] Para o aprofundamento teórico dessas diretrizes, remeto ao que expus no cap. 10 de *Tutela relativa aos deveres de fazer...*, cit. Uma aplicação prática delas pode ser vista no meu já referido ensaio "Medidas coercitivas e proporcionalidade: o caso *WhatsApp*", cit.

[7] Sobre a primeira medida, ver Eduardo Talamini, "Medidas coercitivas e proporcionalidade: o caso *WhatsApp*", cit., n. 13.3. Sobre a segunda providência, ver *Tutela relativa aos deveres de fazer e não fazer*, cit., n. 10.4, e "Efetivação judicial das decisões e compromissos do Conselho Administrativo de Defesa Econômica – CADE (Lei Federal n.º 8.884/94)", em *Procedimentos Especiais Cíveis – Legislação extravagante* (coord. Didier Jr. e Cristiano de Farias), São Paulo, Saraiva, 2003, n. 12.

2.5. Os limites da prisão civil

Como medida coercitiva atípica, a prisão civil é permitida apenas na estrita hipótese de não atendimento à ordem judicial de cumprimento de dever com natureza alimentar (art. 5.º, LXVII, da CF; STF, Súm. Vinculante 25).[8]

Mas isso não significa que a prisão civil apenas possa ser aplicada ao descumprimento das ordens de pagamento de alimentos do direito de família. Afinal, o conceito constitucional de alimentos (que é o parâmetro de admissibilidade da prisão civil) não se restringe aos alimentos ditos "legítimos" (i.e., os alimentos do direito de família). Abrange toda e qualquer prestação que seja na sua origem essencialmente destinada à subsistência digna do titular do direito (tanto é assim que o Estado, que não tem família, também responde por dívidas alimentares – CF, art. 100).[9] O conceito constitucional de alimentos abarca inclusive prestações remuneratórias do trabalho ou da prestação de serviços em caráter pessoal. Abrange igualmente indenizações destinadas à subsistência da vítima de condutas ilícitas ou de seus familiares.

Mais ainda (e eis o que especialmente interessa neste tópico): prestações estatais positivas atinentes a direitos fundamentais também podem revestir-se de natureza alimentar – tais como, o direito a medicamentos, tratamento médico, vagas em instituições hospitalares ou de ensino etc.

Nesse último campo, a prisão civil pode ser importante instrumento coercitivo a acompanhar ordens de cumprimento de deveres de fazer.[10]

2.6. Medidas sub-rogatórias atípicas[11]

Ao lado da eficácia mandamental (tendente à "tutela específica", na terminologia da lei), a decisão que impõe o dever de fazer ou não fazer contém eficácia executiva: autoriza a tomada de providências destinadas à "obtenção do resultado prático equivalente", independentemente da participação do réu.

Entre tais providências, enquadram-se a realização por terceiro de tarefa que o réu se obrigara a fazer; o desfazimento por terceiro de obra que não poderia ter sido feita; o

---

[8] Sobre o tema, remeto ao que expus em *Tutela relativa aos deveres de fazer e não fazer*, cit., n. 12.1, e em "Prisão civil e penal e 'execução indireta' (a garantia do art. 5º, LXVII, da Constituição Federal)", em *Revista de Processo*, v. 92, 1998, n. 7, e "Ainda sobre a prisão como 'execução indireta': a criminalização da desobediência a ordens judiciais", em *Processo de execução* (coord. T. Arruda Alvim e S. Shimura), v. 2, São Paulo, RT, 2001, n. 1.

[9] Sobre o tema, v. Eduardo Talamini, "Prisão civil e penal e 'execução indireta' (a garantia do art. 5º, LXVII, da Constituição Federal)", cit., n. 6, e "Ainda sobre a prisão como 'execução indireta': a criminalização da desobediência a ordens judiciais", cit., n. 1.

[10] Especificamente sobre esse aspecto, v. Eduardo Talamini, "Concretização jurisdicional de direitos fundamentais a prestações positivas do estado", cit., n. 6.

[11] Sobre o contido neste tópico, ver. esp. Eduardo Talamini, *Tutela relativa aos deveres de fazer e não fazer*, cap. 11.

lacre de equipamento poluente, diante da inércia do réu em instalar filtros; a intervenção de auxiliar do juízo na administração da empresa, a fim de adotar medidas que vinham sendo descumpridas, e assim por diante.

Em casos como esses, opera-se a substituição da conduta do demandado pela do próprio Estado, através de agentes seus, a fim de alcançar o mesmo resultado (ou o mais próximo disso) que se teria com o cumprimento voluntário. A sub-rogação é da via para a produção da situação final, e não do bem jurídico almejado. Não há, assim, a denominada sub-rogação da obrigação (ao contrário do que acontece na conversão em perdas e danos).

Para a obtenção do resultado prático equivalente o juiz, de ofício, adotará as medidas necessárias no próprio processo em que proferiu a decisão que antecipou tutela ou a concedeu em caráter final (art. 536, *caput* e § 1.º).

No mais das vezes, a atuação dos mecanismos sub-rogatórios importará em significativas despesas, que deverão ser desde logo compostas. O exemplo mais claro disso, ainda que não o único, tem-se com a realização por terceiro da tarefa a que o réu estava obrigado. A simples autorização para que se desenvolva a atividade sub-rogatória não basta. Obviamente, o terceiro a nada está obrigado. Realizará a obra na medida em que seja pago. E com esse pagamento arcará o réu.

Nos casos em que há antecipação de tutela fundada em urgência, seria contrassenso pretender-se que a obtenção do numerário junto ao réu para cobrir tais despesas seguisse o procedimento de execução por quantia certa (seja o cumprimento de sentença, seja o processo executivo do Livro II da Parte Especial). A concessão antecipada de tutela pressupõe urgência, e a execução por quantia certa em seus moldes tradicionais é avessa à urgência. Vai se aplicar, então, e mais uma vez, o § 1.º do art. 536, que, permitindo a adoção de quaisquer medidas necessárias à produção do resultado prático equivalente, autoriza, consequentemente, a obtenção do numerário que custeará tais medidas. Em casos gravíssimos será possível o bloqueio de valores depositados em bancos em nome do demandado; a apreensão de receitas por ele geradas, e assim por diante.

O parâmetro do juiz – o seu limite – na determinação dessas medidas atípicas será aquele já mencionado. Para cada medida que determinar, entre os valores envolvidos, terá de examinar qual o mais urgente e preponderante. Além disso – repita-se –, optará sempre pela via menos sacrificante para o réu. Se for o caso (vale dizer, se for proporcional e razoável), exigirá caução do autor.

E essa solução, em certos casos, também será aplicável ao conseguimento do "resultado prático equivalente" amparado em decisão final (de cognição exauriente) – mesmo que não tenha havido antecipação de tutela. A regra do art. 536, que prevê a atipicidade inclusive de providências sub-rogatórias, é aplicável, por excelência, às decisões interlocutórias de mérito e sentenças. Trata-se de norma inserida na disciplina do cumprimento de *sentença*.

Nem se diga que, ausente o elemento da urgência, impor-se-ia sempre o caminho do adiantamento do numerário pelo devedor, com o posterior reembolso mediante execução monetária. Há de se considerar a diretriz da preferência absoluta pelo resultado específico – que relega o mero ressarcimento à excepcionalidade (art. 499, CPC). Na doutrina estrangeira, já se constatou que a "execução de obrigação de fazer ou de não fazer" – desenvolvida mediante atividade de terceiro, arcada economicamente pelo credor, com o posterior reembolso junto ao devedor – tem, muitas vezes, caráter antes de *liquidação* e *ressarcimento* do dano, do que de verdadeira execução específica.[12] Portanto, se a produção do "resultado prático equivalente" seguisse tal forma de proceder (credor arcando com as despesas; reembolso através de execução monetária), estar-se-ia diante de mera tutela ressarcitória ("perdas e danos"). Não é essa, todavia, a função que a lei expressamente atribui ao atingimento do "resultado prático equivalente", quando o contrapõe à conversão em perdas e danos (art. 499).

De resto – e isto será tanto mais grave quanto mais essencial o bem envolvido –, muitas vezes o autor da ação nem sequer teria condições econômicas de arcar com os valores para apenas depois tentar obter o ressarcimento. Por exemplo, se o cidadão vai a juízo pedir que o Estado lhe providencie o tratamento médico que é indispensável à sua sobrevivência, é porque, na maioria das vezes, ele, autor, não tem condições de arcar com esse tratamento. Então, seria inócua – e até ofensiva à razoabilidade – supor que serviria de algo uma decisão judicial que "permitisse" a esse autor meramente adiantar, ele mesmo, as quantias necessárias ao tratamento (as quais, provavelmente não possui), com a promessa de que depois, talvez, seria ressarcido.[13]

Assim, se possível, adotar-se-ão medidas para desde logo se conseguir junto ao patrimônio do réu o dinheiro que custeará o desenvolvimento dos meios sub-rogatórios amparados em decisão antecipadora ou provimento final. Tal via só não será empregada, quando: a) não for encontrado dinheiro diretamente disponível no patrimônio do demandado; ou b) a apreensão do dinheiro existente no patrimônio do réu vier a lhe representar sacrifício excessivo e desproporcional. Exemplifique-se com o sério risco de quebra, em virtude da

---

[12] Na Itália: Satta, *L'esecuzione forzata nella tutela giurisdizionale dei diritti*, Nápoles, Jovene, 1949, n. 7, p. 19 e 20; Carnelutti, *Diritto e processo*, Nápoles, Morano, 1958, n. 199, p. 320; Montesano, *La tutela giurisdizionale dei diritti*, 2ª ed., Turim, Utet, 1994 (v. XIV, t. IV, do *Trattato di diritto civile italiano*, fundado por F. Vassali), n. 66, p. 181; Montesano e Arieta, *Diritto processuale civile*, Turim, Giappichelli, 1995, v. III, n. 49, p. 104-106. Não é de se concordar com esses autores, porém, quando afirmam que jamais seria admissível verdadeira execução específica de obrigações de fazer e de não fazer. A esse respeito, veja-se o item 1.1. Além disso, mesmo a prestação do fato por terceiro com o custeio adiantado pelo credor tem pelo menos um aspecto verdadeiramente executivo, quando a realização da obra ou serviço implica invasão da esfera jurídica do devedor: trata-se da imposição de que este tolere, em sua esfera, a prestação pelo terceiro (v. Denti, *L'esecuzione forzata in forma specifica*, Milão, Giuffrè, 1953, n. 58, p. 203-204). Carnelutti, aliás, chega a reconhecer esse aspecto (em *Diritto e processo*, cit., apenas relativamente à "execução da obrigação de não fazer": n. 199, p. 321; em *Instituciones del proceso civil* (trad. S. Sentís Melendo, da 5ª ed. italiana), Buenos Aires, El Foro, 1997. v. I, também para a "execução da obrigação de fazer": n. 84, p. 150). Em Portugal: Castro Mendes, *Direito processual civil*, Lisboa, AAFDL, 1989, v. III, n. 379, p. 525 (que alude a "execução de custeamento"); Lebre de Freiras, *Direito processual civil*, 2ª ed., Lisboa, Vega, s.d., v. II, parte II, n. V, p. 242. No direito português, a afirmação da falta de caráter executivo, na hipótese, é facilitada, ainda, pela circunstância de que a prestação por terceiro faz-se extrajudicialmente. Na Espanha: Montero Aroca, *El nuevo proceso civil (Ley 1/2000)*, Valência, Tirant lo Blanch, 2000, cap. 33 da obra de que também participam Gómez Colomer, Montón Redondo e Barona Vilar, p. 728.

[13] Bem por isso, o Superior Tribunal de Justiça já admitiu o bloqueio e apreensão de dinheiro em contas públicas para custear a realização de tratamento médico ou a aquisição de medicamentos. Ver, respectivamente, Ag 723.131, 2ª T., v.m., rel. Min. Castro Meira, j. 16.02.2006, e REsp 820.674, 2ª T., v.u., rel. Min. Eliana Calmon, j. 18.05.2006, *DJU* 14.06.2006.

afetação da totalidade ou da maior parte do capital de giro de uma empresa.[14] Eis mais um caso em que haverá necessidade da ponderação concreta dos valores e riscos envolvidos.

Nessas duas hipóteses ("a" e "b"), diante da necessidade da transformação de outros bens em pecúnia, através de expropriação executiva, haverá de se adotar o modelo procedimental da execução monetária, do Livro II da Parte Especial do CPC. Mas, em ambos os casos, existindo antecipação de tutela destinada a evitar o perigo de danos graves, será possível a flexibilização do procedimento expropriatório, mediante a adoção de instrumentos mais céleres e simplificados. Afinal, a concretização da tutela antecipada não se submete, necessariamente, aos parâmetros rígidos do processo executivo, sob pena de ser inócua. Nos termos do art. 297, *caput*, do CPC: "O juiz poderá determinar as medidas que considerar adequadas para efetivação da tutela provisória".[15]

2.7. A coexistência de mecanismos sub-rogatórios e coercitivos

Os mecanismos sub-rogatórios e coercitivos poderão ser utilizados simultaneamente. Aliás, e em face da absoluta preferência pelo *resultado específico*, a conjugação de ambos, sempre que viável, é uma imposição. Não se descarta que, além da ordem para que o réu cumpra, acompanhada da cominação de multa, o provimento antecipador desde logo determine a atuação de instrumentos que atinjam o resultado equivalente prescindindo da colaboração do demandado.

Indo além: nada obsta que, embora originariamente tendo sido adotado apenas um dos dois caminhos (só o mandamento ou só a atuação substitutiva da conduta do réu), o outro seja depois empregado. Uma vez outorgada a tutela relativa a dever de fazer ou não fazer, acompanha-a, ainda que não expressa no ato decisório, a determinação do emprego de todos os meios ali dispostos para a obtenção do *resultado específico*. Desde logo, portanto, o provimento terá eficácia executiva e mandamental. A decisão posterior que comine a multa ou defina a forma de atuação sub-rogatória apenas estará efetivando a decisão originária.

---

[14] Não por outra razão a lei estabelece limites, na execução por quantia certa, para a penhora de faturamento (CPC, art. 866).

[15] Sobre a flexibilidade da forma de efetivação da tutela antecipada, vede especialmente Marinoni, *A antecipação de tutela na reforma do processo civil*, São Paulo, Malheiros, 1995, n. 4.10.2, p. 87-90, e Bedaque, *Tutela cautelar e tutela antecipada: tutelas sumárias e de urgência (tentativa de sistematização)*, São Paulo, Malheiros, 1998, cap. VI, n. 33, p. 364-365. Na Itália, Montesano, tratando dos provimentos cautelares que antecipam pagamento de soma, afirma justificar-se teleologicamente que, sob a "discricionariedade" do juiz, sejam escolhidos os instrumentos expropriatórios mais rápidos e simples – respeitado o *par conditio creditorum*. Sustenta que assim deve ser interpretado o art. 669-*duodecies* do CPC italiano, no ponto em que se prevê que a atuação do provimento cautelar que verse sobre soma em dinheiro far-se-á na forma do art. 491 e seguintes (que tratam do processo executivo) "in quanto compatibili" (*La tutela*, cit., n. 114, p. 313). É bem verdade que, em obra especificamente voltada ao tema da execução dos provimentos cautelares, Enzo Vullo considera despida de maior relevância tal "reserva de compatibilidade", reputando aplicáveis à execução do provimento cautelar pecuniário a grande maioria das normas do processo executivo (*L'attuazione dei provvedimenti cautelari*, Turim, Giappichelli, 2001, cap. 3, s. 1, n. 4, p. 147-157).

3. EXECUÇÃO DE OBRIGAÇÃO DE FAZER OU NÃO FAZER FUNDADA EM TÍTULO EXTRAJUDICIAL

Há dois distintos regimes de tutela relativa a deveres de fazer e de não fazer: por um lado, o processo de conhecimento apto a gerar provimentos mandamentais e executivos, *ex* art. 497; por outro, o processo de execução do art. 814 e seguintes. A diversidade de regimes deriva da própria duplicidade de disciplinas.

E a constatação de que existem essas duas vias inconfundíveis deriva não apenas da interpretação literal de tais regras. É também justificável do ponto de vista teleológico. Reservou-se o regime mais rigoroso contra o devedor para aqueles casos em que há o direto e imediato comando judicial determinando a efetivação do direito (art. 497 c/c arts. 536 e 537). Vale dizer, nessa hipótese houve um controle significativamente maior: o juiz examinou o próprio mérito e pronunciou-se favoravelmente à pretensão do autor. Para os demais casos, em que a concretização da sanção funda-se em título extrajudicial, vigora o tradicional modelo executivo.

Por isso, não parece viável afirmar a direta e integral incidência das regras do art. 536 e 537 ao processo executivo de obrigações de fazer ou não fazer fundado no título extrajudicial.[16]

Poder-se-ia cogitar, no entanto, da aplicação subsidiária de algumas das normas do art. 536 e 537 e (ou) do art. 139, IV? A resposta deve ser dada mediante a análise dos diversos mecanismos e eficácias previstos nesse dispositivo.

3.1. Inexistência de provimento mandamental

Em primeiro lugar, descarta-se a emissão de provimentos mandamentais que constituam propriamente ordem de cumprimento da obrigação de fazer ou de não fazer, na execução do título extrajudicial.

Na execução do título extrajudicial, o juiz não profere decisão de mérito, reconhecendo a razão do credor e impondo o cumprimento da obrigação. Diante da constatação da presença do ato formal que permite executar (o título extrajudicial), o juiz limita-se a *autorizar a execução*. Não há nisso nenhuma ordem de cumprimento no sentido estrito do termo (v. n. 2.1, acima).[17]

Quem pretender *comando* direto à parte adversária deve optar pela via cognitiva do processo de conhecimento, como autoriza o art. 785 do CPC, para tentar obter sentença com a eficácia prevista no art. 497.

---

[16] Em sentido similar, Thereza A. Alvim, "A tutela específica do art. 461, do CPC", *Revista de Processo*, v. 80, 1995, n. III, p. 110.

[17] Bem por isso, no sistema do processo executivo tradicional, reputa-se não haver crime de desobediência no descumprimento do mandado executivo de obrigação de fazer (TRF-5R., Ag. 502.180, rel. Juiz Ridalvo Costa, j. 10.12.1992, *DOE-PE* 1903.1993, p. 8764).

3.2. Disciplina própria para a multa coercitiva

O instituto da multa, na execução de fazer ou não fazer fundada no título extrajudicial, apresenta disciplina própria e precisa (art. 814, CPC) – o que afasta a necessidade de qualquer aplicação subsidiária do art. 537 quanto a esse ponto.

3.3. Medidas sub-rogatórias

De maior utilidade para a execução fundada no título extrajudicial talvez se pudesse considerar o art. 536. Essa regra é tida como subsidiariamente aplicável ao processo executivo.[18] A maleabilidade e flexibilidade das medidas ali exemplificativamente previstas permitiriam, mediante a aplicação subsidiária do dispositivo ao processo de execução, que a "prestação de fato por terceiro", de que trata o art. 817, não se restringisse à mera realização ou desfazimento (CPC, art. 823) de obra material, estendendo-se a atividades difusas ou imateriais.

Mas, mesmo nesse ponto, a aplicação subsidiária do sistema previsto no art. 536, no máximo, teria mera função de reforço de uma solução que, independentemente de tal regra, já deveria ser adotada, mediante interpretação do art. 817 e seguintes que tomasse em conta o princípio da máxima utilidade da execução. Mesmo porque, em tais dispositivos, a previsão de prestação do fato por terceiro não está exclusivamente vinculada à realização ou desfazimento de obra material – diferentemente do que ocorre, por exemplo, no direito italiano (CPC ital., art. 612, segundo *comma*). O arts. 817 e 818 aludem a "prestação" genericamente – do que se extrai que o "trabalho" desenvolvido para a prestação do fato, passível de sub-rogação, não precisa conduzir a um substrato material.[19]

3.4. Não cabimento de medidas coercitivas atípicas

O mesmo não se pode dizer do emprego de medidas coercitivas atípicas, no processo executivo das obrigações de fazer e de não fazer fundado em título extrajudicial. Não há

---

[18] P. ex., no CPC/73: Dinamarco, *A reforma do CPC*, 2ª ed., São Paulo, Malheiros, 1995, n. 113, p. 155; Grinover, "Tutela jurisdicional nas obrigações de fazer e não fazer", *Revista de Processo*, v. 79, 1995, n. 7, p. 75-76; no CPC/2015: Marcelo Abelha, *Manual de direito processual civil*, 6ª ed., Rio de Janeiro, Forense, 2016, p. 1.033; Flávio Luiz Yarshell, "Da obrigação de fazer", em *Código de Processo Civil anotado* (coord. José Rogério Cruz e Tucci *et al*), 2ª ed., Rio de Janeiro, GZ, 2017, *passim*; Fredie Didier Jr., Leonardo Carneiro da Cunha, Paula Sarno Braga e Rafael Alexandria de Oliveira, *Curso de direito processual civil: execução*, 7ª ed., Salvador, JusPodivm, 2017, p. 1.039 e seguintes.

[19] Essa largueza já estava presente no CPC/73, mesmo em sua redação original. Mendonça Lima observava que o art. 632 do CPC/73 "usou de expressão mais ampla do que a anterior, que se referia a 'ato', 'objeto' e 'serviço', como os casos comuns de prestação. A palavra 'objeto' é, por si mesma, genérica, abrangendo as várias modalidades como a obrigação deva ser cumprida" (*Comentários ao CPC*, 6ª ed., Rio de Janeiro, Forense, 1991, v. VI, n. 1.646, p. 651). A amplitude do objeto estava espelhada na generalidade dos meios sub-rogatórios, como Mendonça Lima deixava claro (n. 1.695, p. 665, dos citados *Comentários*) – conclusão essa também aplicável ao ordenamento atual.

como sustentar, sob esse aspecto, a aplicação subsidiária do art. 536. Haveria a integral subversão do modelo executivo do art. 814 e seguintes. Aliás, a ampla maioria das medidas coercitivas atípicas de que se poderia cogitar pressupõe provimento com eficácia prevalentemente mandamental. Assim, a multa prevista nos art. 814 exaure a "execução indireta" admissível na execução das "obrigações de fazer e de não fazer" disciplinada no Livro II da Parte Especial do Código.

Pela mesma razão, não se pode invocar o art. 139, IV, para sustentar a incidência de medidas coercitivas atípicas na execução de obrigação de fazer ou não fazer fundada em título extrajudicial. Tal disposição autoriza o emprego de tais medidas para viabilizar o cumprimento de "*ordem* judicial" (decisão mandamental) – o que não se tem na hipótese.

3.5. Medidas atípicas na hipótese de concessão de tutela urgente na execução

A tutela antecipada pode ser concedida inclusive no processo executivo – nos casos em que houver urgência, que não permita seguir-se o procedimento executivo tipificado sem que haja grande risco de perecimento do direito cuja satisfação se persegue.

Nessa hipótese, estará autorizado o emprego de medidas coercitivas atípicas na execução da obrigação de fazer ou não fazer fundada no título extrajudicial, observados os critérios de razoabilidade e proporcionalidade, antes referidos. Aplica-se aqui a diretriz de atipicidade das formas de efetivação da tutela urgente (v., acima, n. 2.6 e nota de rodapé 15).

4. TUTELA PARA ENTREGA DE COISA

O art. 498, ao referir-se à "tutela específica", consagra inclusive a eficácia mandamental do pronunciamento que determina entrega de coisa. Vale aqui o exposto no n. 2.1, acima. Veicula-se verdadeira ordem de entrega para o réu.

Além disso, no regime do cumprimento dessa sentença (ou interlocutória de mérito), há expressa previsão de aplicação subsidiária das regras dos arts. 536 e 537 (art. 538, § 3º do CPC). Assim, estendem-se à tutela para entrega de coisa (fundada em "título judicial"), "no que couber": a possibilidade de cominação de multa periódicas e o emprego de "medidas de necessárias à satisfação do exequente" coercitivas e sub-rogatórias atípicas.

4.1. Irrelevância do art. 139, IV

Também aqui, e tal como na tutela relativa ao dever de fazer e não fazer, é desnecessário (e incabível) examinar a incidência da regra do art. 139, IV. Afinal, há norma especial consagrando a incidência subsidiária de meios atípicos, sub-rogatórios e coercitivos.

Nem se diga que o art. 538, § 3º, consagra apenas a aplicação subsidiária de medidas atípicas, ao passo que o art. 139, IV, afastaria o caráter subsidiário. Se fosse assim, não haveria razão para existir o art. 538, § 3º. Prevalece a disciplina especial, estabelecida nessa segunda disposição, que consagra a subsidiariedade da multa e das providências atípicas.

4.2. O caráter subsidiário da incidência da multa e das medidas atípicas

O dever de entregar coisa fungível ou infungível envolve prestação eminentemente fungível: há a possibilidade de que terceiros se substituam ao sujeito incumbido do dever e obtenham o bem devido. Assim, poder-se-ia supor que tais deveres já receberiam tutela adequada e suficiente através da estrutura tradicional *condenação* (posterior à violação do direito) seguida de processo autônomo de *execução* mediante providências sub-rogatórias típicas.

Ou seja, a entrega da coisa, em si, é atividade por excelência passível de sub-rogação. Isso em princípio poderia gerar alguma dúvida quanto à especial utilidade das técnicas coercitivas nesse campo. O princípio da economia processual, por um lado, e o do menor sacrifício, por outro, desaconselhariam o estabelecimento de meios de coerção.

Mas a essa primeira conclusão devem ser acrescentadas duas importantes ressalvas.

Primeiro, não se pode ignorar que, muitas vezes, a efetivação da tutela tendente à entrega da coisa (núcleo do dever), em princípio realizável por meios sub-rogatórios, pode ter sua eficácia comprometida pela inobservância, por parte do obrigado, de deveres instrumentais de colaboração (indicação de onde o bem se encontra, viabilização de acesso ao bem etc.). Os fins visados por alguns desses deveres acessórios também são perfeitamente atingíveis independentemente da vontade do devedor (assim, a negativa de acesso ao local em que o bem encontra-se é superada através do arrombamento e ingresso coativo). Outros, contudo, podem assumir caráter infungível. Tome-se como exemplo o dever de indicar onde está a coisa a ser apreendida. Esses deveres instrumentais implicam a prestação de um fato ou uma abstenção de cunho acessório.

Em segundo lugar, a multa ou medida coercitiva atípica pode ser instrumento de grande eficiência nas situações urgentes enfrentadas pela antecipação da tutela para entrega da coisa. A necessidade de pronta obtenção do bem, para afastar dano grave e de difícil reparação, muitas vezes, não será suprida pelo mero uso de meios sub-rogatórios (busca e apreensão, desocupação forçada). Nessas hipóteses, e sem prejuízo da simultânea autorização de atos sub-rogatórios, a ordem direta ao réu para que entregue ou desocupe o bem é providência adequada – e terá sua autoridade e eficiência reforçadas, se puder acompanhar-se da cominação de multa para o caso de desatendimento.

É à luz dessas balizas que se deve examinar a incidência dos diferentes mecanismos executivos na execução para entrega de coisa.

4.3. Medidas sub-rogatórias atípicas – A medida atípica de intervenção judicial

A imissão na posse e a busca e apreensão, a que alude o art. 538, *caput*, são providências sub-rogatórias flexíveis que podem assumir conformação ampla. Como escreve Araújo Cintra, a imissão na posse de imóvel e a busca e apreensão da coisa móvel são "os meios executivos adequados, por excelência, para assegurar a satisfação específica da obrigação de entregar coisa".[20] Desse modo, no mais das vezes nem mesmo parece que será necessário o emprego de outras medidas sub-rogatórias amparadas no art. 536, *caput* e § 1º.

---

[20] *Comentários ao CPC*, 2ª ed., v. IV, Rio de Janeiro, Forense, 2003, n. 252-C, p. 296.

Assim, a remoção de pessoas e coisas e a requisição de força policial, a que alude o § 1º do art. 536, são providências que já estariam de qualquer modo abrangidas pela determinação de emprego da busca e apreensão ou da imissão na posse, previstas expressamente na tutela para entrega de coisa (art. 538, *caput*). Afinal, a imissão na posse de imóvel pode exigir a remoção de pessoas e coisas e o emprego de força policial. A busca e apreensão de coisa móvel também implica a remoção do bem, além de eventualmente reclamar o concurso de força policial.

Do mesmo modo, o desfazimento de obras e o impedimento de atividade nociva, que também são mencionados a título exemplificativo no § 1º do art. 536, podem vir a ser de grande serventia para a tutela de entrega de coisa. Ambas as medidas estão pressupostas na sanção restituitória destinada a propiciar que o bem seja entregue ao autor no exato estado em que se deveria encontrar se não tivesse havido violação do direito nem a consequente necessidade de intervenção judicial. Nessa perspectiva, já seriam ínsitas às medidas previstas no art. 538, *caput*. De qualquer modo, a expressa previsão de que são aplicáveis as medidas *ex* art. 536 presta-se a afastar qualquer dúvida a respeito.

Mas não se pode descartar por completo o emprego de medidas sub-rogatórias verdadeiramente atípicas na tutela para entrega de coisa.

Considere-se, como exemplo, a intervenção judicial. Trata-se de medida *atípica* que também pode vir a ser adotada com base no art. 536, § 1º (v. n. , acima). Pense-se em casos em que o bem imóvel está ocupado por uma estrutura organizacional do réu com amplitude e complexidade tais que não é possível sua simples entrega imediata: é preciso retirar equipamentos de difícil desmonte e remoção ou matérias primas que envolvem riscos, remanejar pessoal que trabalha nessas instalações etc.

Em tais situações, o prazo para a entrega voluntária do bem (art. 498, CPC) precisará obviamente ser amplo. Não é discricionária a determinação do prazo para cumprimento. O lapso de tempo concedido ao réu não poderá ser curto em demasia, de modo que o impeça de cumprir a ordem tempestivamente, ainda que queira; nem longo a ponto de ser inócua a tutela que se concedeu ao autor. As circunstâncias concretas terão de ser consideradas. No entanto, há o risco de que o réu se aproveite amplitude do prazo que lhe é concedido para apenas ganhar tempo, não cumprindo o mandado de entrega.

Em um caso como esse, seria razoável que o juiz: (i) estabelecesse um calendário de desocupação, com etapas intermediárias; (ii) incumbisse alguém de fiscalizar a atuação do réu, atribuindo a tal auxiliar do juízo poderes suficientes para que pudesse verificar se o réu está efetivamente adotando medidas para a desocupação do imóvel.

Não é de descartar que, uma vez constatado que o réu não está tomando tais providências, o juiz nomeie um interventor apto a diretamente interferir na administração da estrutura interna do réu de modo a que a ocupação ocorra. Trata-se de medida drástica e excepcional, mas que pode ser imprescindível à prestação adequada da tutela jurisdicional.[21]

---

[21] Sobre o tema, remeto novamente ao meu *Tutela relativa aos deveres de fazer e não fazer*, cit., n. 10.4, p. 275-283.

4.4. A eficácia mandamental e o emprego de meios coercitivos: limites

Como já se indicou, também a eficácia mandamental dos provimentos e o emprego de medidas coercitivas (multa ou providências atípicas) estendem-se à tutela para entrega de coisa, por força dos arts. 498 e 538, § 3º, respectivamente. Mas não parece que tais aspectos da atual tutela para a entrega de coisa, diferentemente da eficácia executiva, possam ser usados generalizadamente, em todo e qualquer caso. Cabe seu emprego seletivo.

Afinal, quando for razoavelmente simples e rápida a busca e apreensão da coisa móvel ou a imissão do autor na posse do imóvel, não se justifica a imposição de medidas coercitivas ou o efetivo emprego da eficácia mandamental. A eficácia mandamental estará necessariamente presente nos provimentos *ex* art. 498, mas não será necessariamente concretizada em efeitos. Lembre-se que a coexistência de *eficácias* em um mesmo pronunciamento não implica que todos os respectivos efeitos venham a ser necessariamente produzidos. A eficácia consiste na potencialidade, aptidão, de produção de efeitos. Desse modo, é possível que, muito embora a decisão seja apta a produzir dados efeitos, tal não se faça necessário. O efetivo emprego de cada uma dessas eficácias – a transformação da *eficácia* em *efeitos* – dependerá das circunstâncias concretas.

Em termos simples: não faz sentido impor ordem de entrega e cominação de multa diária quando se sabe onde está a coisa devida (o jardim da casa do devedor); o lugar é facilmente acessível (não há correntes nem cadeados no portão e o devedor não tem cachorro) e a remoção ou desocupação do bem pode ser providenciada sem maiores dificuldades e sem a mínima colaboração do devedor. Nessa hipótese, o mais razoável é adotar-se a busca e apreensão ou a imissão na posse, conforme seja coisa móvel ou imóvel.

Os próprios termos do art. 538 indicam a ordem a ser normalmente seguida (ressalvadas as particularidades a seguir indicadas). Primeiro, concede-se prazo para entregar. Se a entrega voluntária não ocorre, promove-se, sempre que possível, a busca e apreensão ou a imissão na posse.

O emprego concreto de ordem acompanhada de multa ou mecanismos coercitivos atípicos deve ser reservado basicamente às situações antes cogitadas:
- na antecipação de tutela, quando houver extrema urgência na pronta obtenção do bem;
- em relação aos deveres instrumentais, como o de indicar onde a coisa móvel está, permitir-lhe acesso, fornecer informações necessárias para sua eventual desinstalação (deveres de *fazer*, na essência);
 nos casos em que a desocupação do bem imóvel ou a entrega do bem móvel reveste-se de peculiaridades tais que a tornam complexa a ponto de ser difícil realizá-la sem a ajuda do réu. Serve também aqui como exemplo aquele pouco acima utilizado ao se tratar da intervenção judicial;
- além disso, a regra do § 3.º do art. 538 também é bastante útil na medida em que elimina possíveis impasses na escolha dos meios, na tutela de situações cuja qualificação como dever de entregar ou de fazer é bastante difícil. Afinal, nem sempre é clara a distinção entre o dever de *fazer* e o de *dar*. Há casos em que em um mesmo dever reúnem-se a imposição de uma atividade (que não se confunde com a simples entrega de coisa) e a imposição de entrega ou transferência patrimonial de bem corpóreo. Incluem-se aí (a) os deveres que têm por objeto

uma prestação "mista", em que o fazer está indissociavelmente relacionado com a entrega de bens e (b) as hipóteses de "complexidade da obrigação simples". Esse último termo é utilizado pela doutrina civilista para se referir à série de "deveres acessórios de conduta" eventualmente contidos mesmo na relação obrigacional que não é "complexa" (ou seja, que não é constituída por várias obrigações, mas sim por uma única obrigação principal).[22] Exemplifique-se com o dever de entrega de equipamentos através de uma forma especial e particularizada de transporte, que seria propiciado pelo próprio vendedor. Quando havia essencial distinção entre os regimes da tutela relativa a deveres de fazer e não fazer e da tutela para entrega de coisa (i.e., antes da Lei 10.444/2002), era tormentoso definir o cabimento da multa e de medidas coercitivas atípicas nessa hipótese: discutia-se qual a obrigação preponderante, se a entrega dos bens ou o seu transporte (obrigação de fazer). Com a relativa unificação de regimes, não há dúvidas, aplicam-se as regras do art. 536 e 537, seja diretamente, seja pela determinação do art. 538, § 3º.

Quanto aos parâmetros de cabimento, critérios para fixação e alteração de valor, periodicidade, termo inicial e final, exigibilidade, modo de execução e os demais aspectos do regime jurídico da multa processual, e também quanto ao emprego de medidas coercitivas atípicas, remete-se ao exposto em oportunidade anterior.[23]

4.5. A aplicação de multa e medidas sub-rogatórias e coercitivas atípicas na execução para a entrega de coisa fundada no título extrajudicial

Em linhas gerais esses mesmos parâmetros devem ser considerados na aplicação da multa e de medidas sub-rogatórias atípicas na execução para entrega de coisa fundada no título extrajudicial (CPC, art. 806 e seguintes).

Cabe aqui a mesma ressalva já feita ao se tratar da execução do título extrajudicial que retrata obrigação de fazer ou não fazer. Não há um comando de entrega de coisa revestido de eficácia mandamental. Não há ordem. Mas simples determinação de entrega, depois da qual incidem mecanismos sub-rogatórios ou se tem a conversão em perdas e danos (v. n. 2.1 e n. 3.1, acima).

A exceção a essa ressalva é a mesma também já feita relativamente à execução do art. 814 e seguintes. Se houver, na execução do título extrajudicial para entrega de coisa, antecipação de tutela fundada em urgência, poder-se-á cogitar, a depender das circunstâncias concretas, do emprego de medidas coercitivas atípicas. A tutela de urgência, reitere-se, tem carga preponderante mandamental (v. n. 3.5, acima).

---

[22] Antunes Varela, *Das obrigações em geral*, 7ª ed., Coimbra, Almedina, 1991, v. I, n. 18, p. 62-64. Veja-se também Orlando Gomes (aludindo a "deveres secundários"), *Transformações gerais do direito das obrigações*, 2ª ed., São Paulo, RT, 1980, cap. XIII, p. 157-162. Sobre as repercussões processuais do tema, v. Talamini, *Tutela relativa aos deveres de fazer*, cit., n. 4.3, p. 132-134. A noção é extensível aos deveres não obrigacionais.

[23] Talamini, *Tutela relativa aos deveres de fazer*, cit., cap. 9 e 10.

5. EXECUÇÃO POR QUANTIA CERTA (TÍTULO JUDICIAL E EXTRAJUDICIAL)

Bem mais difícil é a compatibilização do art. 139, IV, com o sistema de execução por quantia certa. Essa via executiva peculiariza-se pela razoável tipicidade dos meios sub-rogatórios e coercitivos nela autorizados. Há todo um detalhamento normativo nos arts. 513 a 535 (título judicial) e 824 a 913 (título extrajudicial). E o modelo regrado passa ao largo da mera atribuição ao juiz de um poder geral de adoção de medidas sub-rogatórias e coercitivas atípicas. Há a previsão de diversas providências sub-rogatórias e, pontualmente, também de medidas coercitivas – mas todas elas razoavelmente tipificadas.

Some-se a isso o fato de que a proposta de criação de um modelo relativamente atípico de execução por quantia foi apresentada no processo legislativo do CPC/2015, mas foi rejeitada.

Logo, não há sentido em supor que o art. 139, IV, pura e simplesmente aniquilaria, tornaria inútil, faria *tabula rasa* daquele sistema detalhadamente disciplinado nas regras dedicadas à execução. É insustentável a ideia de que todas aquelas regras deveriam ser deixadas de lado, com o juiz estando liberado para adotar providências atípicas.[24]

---

[24] Nesse mesmo sentido, vejam-se as lúcidas observações de Didier Jr., Leonardo Cunha, Paula Braga e Rafael de Oliveira: "Isso se revela com alguma clareza quando se constata que o CPC cuidou de, em mais de 100 artigos, pormenorizar o procedimento da execução por quantia certa, numa clara opção pela tipicidade prima facie. O detalhamento legal da execução por quantia é resultado de séculos de consolidação de regras compreendidas como inerentes ao devido processo legal, desde aquelas que impedem a penhora de certos bens, passando por aquela que impõe a convocação pública de interessados à aquisição de bem penhorado. A tipicidade prima facie das medidas na execução por quantia certa é confirmada pelo disposto nos arts. 921, III, e 924, V, ambos do CPC. A ausência de bens penhoráveis acarreta a suspensão da execução durante um ano, findo o qual começa a correr o prazo de prescrição intercorrente, que constitui causa de extinção do processo executivo. Ora, se a atipicidade fosse a regra, a ausência de bens penhoráveis não deveria suspender a execução, bastando ao juiz determinar outras medidas necessárias e suficientes à satisfação do crédito. Como, porém, a penhora, a adjudicação e a alienação são as medidas típicas que se destinam à satisfação do crédito, a ausência de bens penhoráveis impede o prosseguimento da execução, não sendo possível, nesse caso, a adoção de medidas atípicas que lhes sirvam de sucedâneo para que se obtenha a satisfação do crédito do exequente. O inciso IV do art. 139 do CPC não poderia ser compreendido como um dispositivo que simplesmente tornaria opcional todo esse extenso regramento da execução por quantia. Essa interpretação retiraria o princípio do sistema do CPC e, por isso, violaria o postulado hermenêutico da integridade, previsto no art. 926, CPC. Não bastasse isso, essa interpretação é perigosa: a execução por quantia se desenvolveria simplesmente de acordo com o que pensa o órgão julgador, e não de acordo com o que o legislador fez questão de, exaustivamente, predeterminar" ("Diretrizes para a concretização das cláusulas gerais executivas dos arts. 139, IV, 297 e 536, § 1.º, CPC", *Revista de Processo*, v. 267, mai. 2017, n. 2.3, p. 236-237). Também André Vasconcelos Roque atenta para esse ponto, contrastando a ampla consagração da atipicidade na disciplina do cumprimento de sentenças que impõem fazer ou não fazer com a ausência de regra no mesmo sentido na execução por quantia ("Em busca dos limites para os meios executivos atípicos: até onde pode ir o art. 139, IV do CPC/2015?", n. 2, em *Medidas executivas atípicas*, cit.).

Mas, por outro lado, tampouco se pode apenas negar vigência ao art. 139, IV. Cabe identificar como as duas regras compatibilizam-se.

5.1. A divergência doutrinária

A doutrina ainda não chegou a pontos significativos de consenso sobre os limites de incidência do poder geral de medidas executivas atípicas sobre a execução por quantia certa.

Isso é claramente constatável pelo exame da produção doutrinária até aqui existente sobre o tema. Há autores:

- que negam peremptoriamente a incidência de medidas atípicas;[25]
- que, ainda que sem estabelecer uma negativa absoluta, rejeitam haver elementos que autorizem atribuir ao art. 139, IV, um papel que possa interferir significativamente sobre o procedimento tipificado para a execução por quantia certa;[26]
- que defendem incidência bastante limitada do art. 139, IV, na execução por quantia certa – destinando-a a casos em que haja indícios de ocultação ou blindagem patrimonial,[27] obstrução da justiça pelo devedor[28] ou violação a deveres processuais de colaboração com o juízo executivo;[29]
- que sustentam, ainda que em termos mais genéricos do que os referidos no item anterior, a "excepcionalidade" da medida[30] ou, de modo mais brando, a sua "subsidiariedade";[31]

---

[25] É o caso de Araken de Assis, (*Manual da execução*, 19ª ed., São Paulo, RT, 2017, n. 19, p. 194-195 e "Cabimento e adequação dos meios executórios atípicos", esp. nn. 4 e 5, em *Medidas executivas atípicas*, cit.

[26] Veja-se Edilson Vitorelli, "Atipicidade dos meios de execução no processo coletivo: em busca de resultados sociais significativos", n. 1, em *Medidas executivas atípicas*, cit.

[27] Luiz Henrique Volpe Camargo, "O art. 139, IV, do CPC e os instrumentos de defesa do executado", n. 3.2.1, em *Medidas executivas atípicas*, cit.

[28] Nesse sentido é o texto de Luiz Carlos Souza Vasconcelos, "A jurisdição sob o prisma da tutela efetiva dos direitos e sua relação com a atipicidade dos meios executivos", n. 4, em *Medidas executivas atípicas*, cit.

[29] Essa é uma importante diretriz, ainda que não a única, defendida por Fredie Didier Jr., Leonardo Carneiro da Cunha, Paula Sarno Braga e Rafael Alexandria de Oliveira, em "Diretrizes para a concretização das cláusulas gerais executivas dos arts. 139, IV, 297 e 536, § 1.º", cit., n. 2.11, p. 255.

[30] Ver, p. ex., o artigo de Nilsiton Rodrigues de Andrade Aragão: "A utilização da prisão civil como meio executório atípico", n. 5, em *Medidas executivas atípicas*, cit.

[31] Leonardo Greco, "Coações indiretas na execução pecuniária", n. 4; Hermes Zaneti Jr., "O controle intersubjetivo da decisão que adota meios atípicos: segurança no procedimento e a partir do caso concreto", n. 2; Andre Vasconcelos Roque, "Em busca dos limites para os meios executivos atípicos: até onde pode ir o art. 139, IV do CPC/2015?", n. 4; Marcelo Miranda Caetano, "A atipicidade dos meios executivos – coadjuvante com ares de estrela principal – o art. 139, IV, CPC e o resguardo ao escopo social do processo", *passim*; Thiago Rodovalho, "O necessário diálogo entre doutrina e jurisprudência na concretização do NCPC art. 139 inc. IV (atipicidade dos meios

- que se ocupam em estabelecer ressalvas e limites de incidência da regra fundamentalmente em relação ao Poder Público devedor;[32]
- que se ocupam em estabelecer ressalvas gerais concernentes à necessidade de respeito à proporcionalidade e de correlação entre a medida executiva atípica e a decisão que se deve cumprir (muitos indicando a impossibilidade de que a medida tenha caráter "pessoal") e, consequentemente, o precípuo caráter não punitivo da medida.[33]

---

executivos)", n. 2; Gabriela Expósito e Sara Imbassahy Levita, "A (im)possibilidade de suspensão de CNH como medida executiva atípica", n. 2.1; José Henrique Mouta Araújo, "Multa e medidas atípicas no mandado de segurança: um tema com variações", letra "C"; Trícia Navarro Xavier Cabral, "As novas tendências da atuação judicial", n. 4; Fernanda Pagotto Gomes Pitta, "Por uma teoria das medidas executivas atípicas: limites para a concessão", n. 4.2; Bruno Campos Silva, Diego Crevelin de Souza e Jorge Bheron Rocha, "Medidas indutivas inominadas: o cuidado com o fator *shylockiano* do art. 139, IV, CPC", *passim*; Leonardo Valverde Susart, "Atipicidade executiva e créditos trabalhistas: dessacralização do princípio dispositivo e instrumentos de gestão processual cooperativa", n. 4 e; Luciano Henrik Silveira Vieira, "Atipicidade dos meios executivos: da discricionariedade à violação de preceitos garantidores do Estado Democrático de Direito", n. 5, todos em *Medidas executivas atípicas*, cit., e Daniel Amorim Assumpção Neves, "Medidas executivas coercitivas atípicas na execução de obrigação de pagar quantia certa – art. 139, IV, do novo CPC", em *Revista de Processo*, v. 265, mar. 2017, n. 8.1, 125-128.

[32] Ver os textos de Marco Aurélio Ventura Peixoto, Patrícia de Almeida Montalvão Soares e Renata Cortez Vieira Peixoto ("Das medidas atípicas de coerção contra o Poder Público: aplicabilidade e limites") e de Janaina Soares Noleto Castelo Branco e Lara Dourado Mapurunga Pereira ("O interesse público seria limite à aplicabilidade do art. 139, IV, do CPC, às execuções em face da Fazenda Pública?"), ambos publicados em *Medidas executivas atípicas*, cit.

[33] Como dito a seguir, essa é uma nota comum a todos os textos acima referidos. Mas pode-se dizer que é o único conjunto de parâmetros de limitação apresentado por Marcelo Abelha Rodrigues ("O que fazer quando o executado é um cafajeste? Apreensão de passaporte? De carteira de motorista?"); Rodrigo Reis Mazzei e Marcelo da Rocha Rosado ("A cláusula geral de efetivação e as medidas indutivas no CPC/15"); Alexandre Freitas Câmara ("O princípio da patrimonialidade da execução e os meios executivos atípicos: lendo o art. 139, IV, do CPC"); Marcos Youji Minami ("Tradição jurídica e efetivação das decisões judiciais: repercussões da tradição *civil law* a efetivação das decisões no direito brasileiro"); Fábio Pereira Flores e Pedro Bentes Pinheiro Neto ("Medidas executivas atípicas: um breve diálogo com as *injuctions* na legislação dos Estados da Califórnia e Nova Iorque"); Leonardo de Faria Beraldo ("As medidas executivas atípicas contra o condômino inadimplente"); Guilherme Sarri Carreira e Vinicius Caldas da Gama e Abreu ("Dos poderes do juiz na execução por quantia certa: da utilização das medidas inominadas"); Rafael Caselli Pereira ("Execução de alimentos legítimos, indenizatórios e decorrentes de verba honorária sucumbencial, sob a perspectiva da atipicidade dos meios executivos (art. 139, inciso IV – CPC/2015) – uma proposta de sistematização"); Maria Gabriela Grings ("Medidas judiciais e ambiente digital") e; Vinícius Lemos ("A concessão de medidas atípicas de efetividade de ordem judicial e o necessário diálogo com as normas fundamentais do CPC/2015"), todos em *Medidas executivas atípicas*, cit., e, ainda, Edilton Meireles ("Medidas sub-rogatórias, coercitivas, mandamentais e indutivas no Código de Processo Civil de 2015"), na *Revista de Processo*, v. 247, set. 2015.

Se alguma convergência há, ela reside no último aspecto acima ressaltado. Praticamente todos os autores aludem, à parte outros pressupostos ou restrições, à necessidade de consideração da proporcionalidade e razoabilidade da medida e da sua eficiência para o resultado da execução.

Nos tópicos seguintes, procuro apresentar minha contribuição para esse debate.

5.2. Os fundamentos para a diversidade de modelos de tutela

O primeiro passo para isso está na constatação de que a adoção de diferentes modelos para a execução genérica (pagamento de quantia) e para a tutela específica (fazer, não fazer e entrega de coisa) não é aleatória.

Na tutela dos deveres de fazer e não fazer, a produção, mediante meios sub-rogatórios, do resultado que se teria com o cumprimento espontâneo pelo executado muitas vezes é impossível (nos deveres de não fazer e nos deveres de fazer infungíveis). Mas, mesmo quando possível, é muito onerosa e complexa. Daí a grande relevância das medidas coercitivas. Por outro lado, o conteúdo do dever de fazer é extremamente variado, assim como os resultados que ele produz – diferentemente do dever de entrega de coisa e do pagamento de quantia, cujo resultado é sempre a transferência do bem objeto da prestação. Diante dessa grande diversidade de conteúdos e resultados, a atipicidade dos meios sub-rogatórios e coercitivos constitui aspecto fundamental para a eficácia dessa modalidade de tutela.

Já a efetivação da tutela para entrega da coisa, em princípio realizável por meios sub-rogatórios, como vimos, pode ter sua eficácia comprometida pela inobservância, por parte do obrigado, de deveres instrumentais de colaboração (indicação de onde o bem se encontra, viabilização de acesso ao bem etc.) – muitos deles infungíveis ou de difícil execução por sub-rogação. Assim, na tutela para entrega de coisa, a incidência das medidas coercitivas e sub-rogatórias atípicas não é ilimitada. Nela, a regra do poder geral de medidas atípicas tem aplicação subsidiária (art. 538, § 3º – n. , acima).

Já na execução para pagamento de quantia, não há dúvidas de que o emprego da atividade sub-rogatória pode demandar tempo e ser custosa (ainda que significativamente menos do que na sub-rogação do dever de fazer, que tende a custar, no mínimo, valor igual ao do próprio dever). Mas o emprego generalizado de medidas coercitivas não é necessariamente a providência adequada.

Convém examinar destacadamente cada uma das hipóteses que podem se pôr na execução por quantia certa.

5.3. Devedor sem patrimônio para responder pela dívida

Se o devedor está insolvente (i.e., tem patrimônio em valor inferior ao da dívida), sem perspectiva de que a situação se altere, cabe declarar-se judicialmente essa situação, submetendo-o à execução concursal (falência ou insolvência civil) e extinguindo-se a execução individual, sem que nessa caiba medida coercitiva.

A cominação de multa ou outra medida coercitiva, nessa hipótese, seria desproposit ada, dada a impossibilidade de o devedor pagar.

5.4. Devedor com dinheiro em espécie suficiente para responder pela dívida

Se, por outro lado, o devedor dispõe de dinheiro em montante suficiente para satisfazer a dívida, em espécie e não ocultado (p. ex., em aplicações financeiras), a direta apreensão do numerário é o modo mais simples e eficiente de realizar-se a execução.

A penhora de dinheiro tem preferência absoluta sobre qualquer outra (CPC, art. 835, I e § 1º). E o ordenamento dispõe de mecanismo apto ao bloqueio do dinheiro ainda antes de o devedor ser citado, independentemente de comprovação adicional de *periculum in mora* (CPC, art. 854).[34]

Nesse caso, a medida coercitiva é desnecessária. Seu emprego constituiria desvio de finalidade.

5.5. Devedor solvente, mas sem liquidez

Mas há uma situação intermediária: o devedor é solvente (*i.e.*, tem patrimônio em valor superior ao da dívida), mas não tem liquidez. Ou seja, não tem dinheiro em espécie em montante suficiente para saldar o débito, de modo que seus bens precisariam antes ser transformados em dinheiro.

Poder-se-ia supor que esse é o campo adequado para o emprego das medidas atípicas do art. 139, IV. Mas não é exatamente assim.

6. MEDIDAS COERCITIVAS TÍPICAS NA EXECUÇÃO POR QUANTIA CERTA

Primeiro, porque na disciplina específica da execução por quantia, além do procedimento sub-rogatório de expropriação executiva, também já foram previstas medidas coercitivas típicas. Em princípio, serão elas as providências aplicáveis ao caso.

Assim, na execução contra devedor solvente fundada em título judicial, o executado responde por multa de dez por cento da condenação, ao não cumpri-la no prazo de quinze dias (CPC, art. 523, § 1º). Trata-se de medida de coerção típica. Se o legislador ocupou-se em estabelecê-la, prevendo-a em percentual único e inalterável, não há como, invocando-se o art. 139, IV, estabelecer-se outra multa, em percentual diverso, ou outras medidas coercitivas, atípicas.

É possível também o protesto do título executivo judicial (art. 517, CPC) – medida que igualmente tem marcante carga coercitiva.

Ainda, tanto na execução do título extrajudicial quanto na do título judicial, cabe a inclusão do nome do executado em cadastro de inadimplentes (CPC, art. 782, §§ 3º a 5º). Essa providência também se presta à coerção do devedor.

---

[34] Sobre o tema, remeto ao que expus em "'Penhora *online* no CPC/2015", em *Informativo Eletrônico JPOT*, n. 120, 2017, disponível em http://www.justen.com.br/pdfs/IE120/IE120-Eduardo-Penhora-online.pdf, e *Curso avançado...*, v. 3, cit., n. 8.6.1.3.

7. OS JUROS (COERÇÃO PECUNIÁRIA PERIÓDICA) – O PARADOXO DA MULTA

Ademais, em qualquer execução por quantia, o devedor também se submete a uma medida coercitiva de incidência periódica – de há muito adotada: o pagamento de juros, que, nos débitos cobrados em juízo, são superiores aos propiciados por qualquer aplicação financeira.

Aliás, a técnica da incidência da multa por dia de atraso no cumprimento de prestação pecuniária identifica-se, nesse campo, com a técnica da incidência de juros de mora. A cominação de multa processual diária equivaleria à imposição judicial de juros diários.[35] Sabe-se, no entanto, que os juros – ainda quando elevados (como são os praticados na economia brasileira) – dificilmente demovem o devedor de sua intenção de não pagar. Não há razões para apostar que, sob o nome de "multa periódica", os juros teriam maior sucesso.

Dificilmente a aplicação da multa teria eficácia prática, pois conduziria a um impasse lógico: recorrer-se-ia à multa porque a execução monetária tradicional é inefetiva, mas o crédito advindo da multa seria executável através daquele mesmo modelo inefetivo. Ou se cominaria uma nova multa para impor a cobrança do crédito derivado da multa anteriormente imposta – e depois outra e mais outra, em um moto perpétuo?

8. AS MODALIDADES EXPROPRIATÓRIAS EXECUTIVAS – SUFICIÊNCIA DOS MEIOS SUB-ROGATÓRIOS

Nesse contexto – em que o devedor não tem dinheiro, mas tem patrimônio suficiente para responder pela dívida –, não parece razoável a imposição de medidas coercitivas adicionais pelo fato de ele não transformar seu patrimônio em dinheiro para pagar a dívida. Se o que se busca é essa transformação, mais fácil é providenciá-la diretamente, mediante os vários meios executivos expropriatórios (adjudicação, alienação por iniciativa privada, alienação em leilão e apropriação de frutos e rendimentos).

Não há porque supor que, pressionando-o, com medidas de coerção, ele poderá providenciar a transformação desse patrimônio em dinheiro mais rapidamente do que se daria mediante os mecanismos expropriatórios executivos – que hoje são razoavelmente flexíveis e aptos a produzir resultados estáveis.

Alguém poderia cogitar, é bem verdade, do emprego de medidas sub-rogatórias atípicas, com base no art. 139, IV, para supostamente flexibilizar os mecanismos expropriatórios executivos, de modo a dar-lhes mais eficácia. Mas é difícil imaginar um papel verdadeiramente útil para a medida atípica nesses termos. Atualmente, com a alienação por iniciativa privada, a expropriação tornou-se dinâmica e livre de amarras formais. Ela já é flexível. Não parece haver nada que uma medida atípica possa acrescentar. De resto, a adoção de uma medida atípica não poderia servir de pretexto para o descumprimento dos pressupostos e requisitos

---

[35] Prova disso é que, em Portugal, a "sanção pecuniária compulsória" aplicada à tutela para pagamento de quantia apresenta-se sob a forma de "juros adicionais" (C. Civ. port., art. 829-A, n. 4).

das diferentes modalidades expropriatórias. Por exemplo, não serviria para dispensar os editais no leilão ou para autorizar a arrematação do bem por preço vil.

Então, não parece haver um campo útil e legítimo para o emprego da sub-rogação atípica em matéria de expropriação executiva.

8.1. O campo de incidência das medidas atípicas: dever de colaboração e não obstrução da justiça; preservação patrimonial

Agora, o grande problema reside nos casos em que o devedor oculta seu patrimônio, transfere-o fraudulentamente a terceiros, obstrui o acesso a tais bens ou não colabora minimamente para permitir que os agentes jurisdicionais os apreendam ou para viabilizar a transferência dos bens após a expropriação executiva.

Aí está o ponto sensível para o qual as medidas coercitivas atípicas são de fundamental importância na execução para pagamento de quantia.

Então, as providências que o art. 139, IV, do CPC/2015 autoriza a adotar "inclusive nas ações que tenham por objeto prestação pecuniária" não são utilizáveis contra o condenado diretamente para impor o próprio cumprimento da obrigação – o que dependeria de disciplina específica no cumprimento de sentença – mas sim para assegurar a própria prática dos atos executivos e para assegurar que o devedor cumpra as condutas elementares de boa-fé e cooperação perante o juízo executivo.

Nesse sentido, não cabe aplicar medida coercitiva atípica ao devedor, no cumprimento de sentença condenatória pecuniária, por falta de pagamento, mas essas medidas podem ser adotadas para se impor a apresentação de rol de bens penhoráveis, para se obter o acesso ao bem penhorado, para impedir o esvaziamento e a ocultação patrimonial, para permitir que o bem seja buscado e apreendido para ir a depósito ou para ser entregue ao adquirente – e assim por diante.

Os arts. 772 a 774 do CPC veiculam um leque de condutas exigidas do executado para que a execução possa desenvolver seus mecanismos sub-rogatórios adequadamente: comparecer em juízo, quando determinado; fornecer informações e documentos relativos ao objeto da execução, quando determinado; não fraudar a execução; não se opor maliciosamente à execução; não dificultar nem embaraçar a penhora; acatar ordens judiciais; quando determinado pelo juiz, indicar-lhe quais são, onde estão e quanto valem os bens penhoráveis; apresentar os documentos relativos a tais bens – e assim por diante. O rol não é exaustivo, pois a fórmula utilizada em determinadas hipóteses é ampla e indeterminada o suficiente para abranger quaisquer casos de obstrução ou não colaboração com a justiça ("opõe-se maliciosamente à execução"; "resiste injustificadamente às ordens judiciais").

Essas condutas são inconfundíveis com a obrigação (de pagar) objeto do mandado executivo. São deveres de fazer e não fazer, de caráter público (processual). Para assegurar sua observância, o juiz emite verdadeiras *ordens*, decisões com força *mandamental* – como também se extrai das regras acima referidas e ainda de outras, como as do art. 846 do CPC.

Nesses casos, na disciplina específica da execução, também já há expressa previsão de punições processuais (CPC, art. 774). Mas há também a ressalva de que a penalidade ali prevista incide "sem prejuízo de outras sanções de natureza processual ou material" (art. 774, par. ún.).

Em suma, nessas situações, as medidas atípicas a que alude o art. 139, IV, poderão ser amplamente adotadas.[36]

8.2. Ordem do juiz e medidas atípicas

Como antes ressaltado, o emprego das medidas atípicas, sobretudo as de coerção, está vinculado à existência de uma verdadeira *ordem* judicial. Elas se destinam a atribuir mais eficiência a comando que impõe diretamente uma conduta ao jurisdicionado. Tal aspecto, inerente ao próprio regime jurídico da eficácia das decisões judiciais, está explícito no próprio inc. IV do art. 139 ("... para assegurar o cumprimento de *ordem* judicial...").

É o que se tem nas hipóteses indicadas no item anterior.

Na condenação pecuniária seguida da execução (cumprimento de sentença) em regra não se tem uma ordem (pronunciamento mandamental) de pagamento.[37] Na execução (comum) por quantia certa, penhora, expropriação e satisfação do credor constituem um *iter* do qual o devedor não participa. Há sub-rogação por ocasião do desapossamento da coisa devida e da sua entrega ao credor, sem participação do devedor. Igualmente, a realização da obra por terceiro, às custas do devedor, quando este não cumpre a obrigação, é exemplo típico de utilização de medida sub-rogatória. Tudo isso se dá independentemente de qualquer ordem ao devedor. Mais ainda: nessa atividade executiva em sentido estrito, afirma-se a incidência de meios sub-rogatórios sobre o patrimônio do executado (e não sobre sua pessoa): é o princípio da "realidade da execução".[38] No âmbito da condenação e execução por quantia certa, permanece válida a observação de Liebman no sentido de que o juiz, quando profere sentença condenatória, não está dando nenhuma ordem ao condenado.[39] Com isso não se está a dizer que a tutela para pagamento de quantia não se possa fazer pela via mandamental – tanto pode que o próprio ordenamento brasileiro contempla hipóteses nesse sentido, como visto a seguir. A questão é que, no modelo geral de tutela pecuniária, optou-se pela execução mediante sub-rogação.

E isso não significa a adoção de um sistema menos eficiente de tutela ou condescendente com o devedor. Como se procurou demonstrar acima, o fundamental é poder apreender diretamente numerário, sempre que possível, e coibir atos que ocultem ou esvaziem o patrimônio ou que dificultem ou impeçam a expropriação de bens. Para isso, o juiz vale-se amplamente de ordens e de medidas coercitivas, atípicas inclusive, se for o caso.

---

[36] Em termos semelhantes: Fredie Didier Jr., Leonardo Carneiro da Cunha, Paula Sarno Braga e Rafael Alexandria de Oliveira, "Diretrizes para a concretização das cláusulas gerais executivas dos arts. 139, IV, 297 e 536, § 1.º, CPC", cit., n. 2.11, p. 254.

[37] Cabe desde já ressalvar a tutela de alimentos e a tutela antecipada urgente que determina pagamento de quantia – hipóteses em que se tem, propriamente, decisão mandamental de pagamento de quantia, conforme apontado adiante.

[38] Ver, entre outros: Liebman, *Processo de execução* (atualiz. por J. Munhoz de Mello), 4ª ed., São Paulo, Saraiva, 1980, n. 35, p. 85; Frederico Marques, *Instituições de direito processual civil*, 3ª ed., Rio de Janeiro, Forense, 1971, v. V, n. 1147-1148, p. 73-75; Theodoro Júnior, *Processo de execução*, 15ª ed., São Paulo, Leud, 1991, cap. I, n. 11, p. 22.

[39] *Processo de execução*, cit., n. 7, p. 16.

8.3. Tutela antecipada urgente na execução

De resto, e como já observado em relação às outras modalidades executivas (n. 2.6, n. e n. 4.5, acima), em casos de urgência (i.e., quando concedida tutela cautelar ou antecipada urgente), também poderá justificar-se o emprego da medida coercitiva atípica para a direta imposição do pagamento de quantia.

A atipicidade dos meios de execução está expressamente prevista na disciplina da tutela provisória (art. 297, *caput*: "O juiz poderá determinar as medidas que considerar adequadas para efetivação da tutela provisória").

8.4. Execução de alimentos

Por fim, quando a obrigação de pagar tem natureza alimentar (independentemente de sua origem, se do direito de família ou não – n. 2.5, acima), a essencialidade do bem jurídico a ser protegido (subsistência digna do credor) justifica inclusive o emprego da prisão civil (CF, art. 5º, LXVII).

A decisão que determina o pagamento de alimentos tem eficácia preponderantemente mandamental. Assim, tal *ordem* judicial pode fazer-se acompanhar de medidas atípicas outras, que não a prisão civil.

Evidentemente, o emprego do art. 139, IV, nessa hipótese não pode servir de pretexto para a atrofia da tutela ao alimentando, que goza de especial proteção constitucional. Mas se o próprio credor de alimentos sugere ou pleiteia providências coercitivas outras – ou se o juiz as adota sem prejuízo do emprego da prisão que foi requerida pelo credor – tais medidas poderão ser adotadas, desde que legítimas (inclusive sob o prisma de proporcionalidade e da razoabilidade) e aptas a incentivar o cumprimento da ordem.

Também é óbvio que o art. 139, IV, não poderá ser usado para subverter os parâmetros da prisão civil, agravando-a. Assim, seria descabido o juiz decretar uma "prisão atípica" que pudesse ultrapassar o limite temporal de três meses previsto no art. 528, § 3º.

Feitas essas ressalvas, a tutela alimentar talvez seja um dos raros campos em que seriam razoáveis e proporcionais muitas das medidas coercitivas atípicas recentemente noticiadas na imprensa, no mais das vezes bizarras no contexto em que foram aplicadas. Afinal, proibir o devedor de alimentos de dirigir ou apreender-lhe o passaporte é menos gravoso do que a sua prisão civil – e, conforme as circunstâncias concretas, pode ser mais eficiente.[40]

8.5. Breve nota comparativa

Tornou-se comum entre doutrinadores brasileiros reputar que a inefetividade da execução e a ineficácia das decisões judiciais seriam uma decorrência da timidez na previsão de medidas coercitivas em nosso sistema, quando comparado a outros ordenamentos. Tal

---

[40] Na mesma linha: Guilherme Sarri Carreira e Vinicius Caldas da Gama e Abreu, "Dos poderes do juiz na execução por quantia certa: da utilização das medidas inominadas", n. X.2, em *Medidas executivas atípicas*, cit.

imputação já foi justificável no passado.[41] Mas esse discurso de há muito perdeu sua validade.[42] Como se viu, o arcabouço de medidas de coerção disponíveis no direito brasileiro destaca-se por sua amplitude, no cotejo com o previsto em outros ordenamentos. E nem mesmo no terreno da execução para pagamento de quantia parece justo afirmar que o arsenal de coerção seria limitado ou empregado com timidez.

Como em qualquer outro tema processual, a comparação com o *common law* é bastante difícil – seja pela relativa fluidez das medidas ditadas com base na *equity*, seja por haver atualmente grande quantidade de variações de disciplina específica nas diferentes ordens positivas que integram aquele sistema. De todo modo, em linhas gerais, nota-se que as medidas de coerção não desempenham, na tutela pecuniária, papel marcantemente mais intenso do que aquele que têm entre nós. Por um lado, as *injunctions* e a *specific performance* – medidas configuradas no plano da *equity*, cuja inobservância configura *contempt of court* – operam precipuamente no âmbito da tutela específica (i.e., deveres de fazer, não fazer e entrega de coisa). Em relação às obrigações de pagamento de quantia, o uso de tais medidas tende a cingir-se a medidas de preservação patrimonial (p. ex., a *Mareva injunction*).[43] Por outro lado, o modelo de execução das obrigações de pagamento de quantia desenvolve-se fundamentalmente mediante medidas sub-rogatórias – às quais são incidentalmente acopladas providências destinadas à identificação e preservação do patrimônio.[44] Isso não

---

[41] Quando, p. ex., a formularam Barbosa Moreira ("Tutela sancionatória e tutela preventiva" e "A tutela específica do credor nas obrigações negativas", ambos publicados em *Temas de direito processual: segunda série*, 2ª ed., São Paulo, Saraiva, 1988) e Francisco Carlos Duarte ("Medidas coercitivas civis e efetividade da tutela jurisdicional", em *Revista de Processo*, vol. 70, 1993).

[42] O mantra, no entanto, permanece sendo repetido. No início de 2016, constituí um grupo de discussão no *Academia.edu* a respeito da medida judicial de bloqueio do *WhatsApp*, de que participaram, com brilho e dedicação, dezenas de ilustres estudiosos do processo e profissionais do direito. Impressionou-me o número de manifestações no sentido de que o problema do frequente desrespeito a pronunciamentos judiciais residiria na tibieza das medidas processuais coercitivas. V. o meu ensaio, já referido, "Medidas coercitivas e proporcionalidade: o caso WhatsApp", cit., n. 15, p. 402.

[43] A *Mareva injunction* (ou *freezing injunction*), normalmente concedida *ex parte*, tem por objeto o bloqueio de patrimônio do réu (ou futuro réu) para que ele não possa frustrar a tutela jurisdicional desfazendo-se de seus bens. Pode incidir sobre a totalidade do patrimônio (*general Mareva order*), sobre fração do patrimônio em valor que cubra ao máximo a pretensão do autor (*maximum sum order*) ou sobre bens específicos (*specific assets*). Guarda alguma equivalência com nossos sequestro e arresto. Cf. Ingman, *The English Legal Process*, 13ª ed., Nova York, Oxford Universty Press, 2011, n. 9.4.2.6, p. 345-350; Marsh e Andoh, *Civil remedies*, Aldershot, Dartmouth, 1997, cap. 9, p. 254-278; Osborne, *Civil litigation*, 9. ed., Londres Blackstone Press, 2001, n. 22.2.4 e 22.2.5, p. 297-298.

[44] Como escrevem Oakley e Amar: "Most civil judgments are not directly coercive; instead, they take the form of money judgments that merely authorize the winning party to take coercive steps if payment is not forthcoming" (*American Civil Procedure: A Guide to Civil Adjudication in US Courts*, Alphen aan den Rijn, Wolters Kluwer, 2009, p. 244). Sobre a Inglaterra, v. Neil Andrews, *O moderno processo civil* (rev. trad. Teresa Arruda Alvim), São Paulo, RT, 2010, n. 8.28 a 8.32, p. 202 a 206. Lá, o devedor pode ser obrigado, sob as penas do *contempt of court*, a fornecer ao

é substancialmente diferente do panorama identificado para a tutela para pagamento de quantia no direito brasileiro.

No *civil law* tampouco se identificam sistemas que adotem em termos amplos e generalizados medidas coercitivas diretamente para impor o cumprimento da prestação pecuniária.

No processo civil italiano, por exemplo, até recentemente nem havia a previsão de medida coercitiva de caráter geral. Seu emprego estava restrito a uns poucos procedimentos especiais, relativos a deveres de fazer e não fazer. A reforma de 2009 instituiu o emprego geral da multa, mas apenas nas execuções de fazer infungíveis e não fazer.[45] Nova reforma, em 2015, alterou o art. 614-*bis* do CPC italiano, para estender o uso da multa à execução das obrigações de fazer fungíveis e de entrega de coisa. Continuou não havendo previsão de medidas coercitivas na execução pecuniária do processo civil italiano.[46]

Na França e em Portugal, as *astreintes* e a sanção pecuniária compulsória podem ser empregadas inclusive relativamente ao pagamento de quantia. Mas, em Portugal, isso nada mais significa do que o acréscimo de até 5%, ao ano, aos juros devidos (C. Civil, art. 829º – A, n. 4) – solução até mais tímida do que a adotada no Brasil, no que concerne à correção monetária e juros moratórios dos débitos judiciais. Na França, as *astreintes* têm sua força intimidatória bastante reduzida, em termos práticos, quando fixadas em caráter "provisório" – o que é a regra. Nessa hipótese, elas podem depois ser revistas, e é nisso que comumente o devedor aposta.[47] Já as *astreintes* definitivas submetem-se a diversas condicionantes e limites, notadamente terem sido precedidas da tentativa do emprego das *astreintes provisoires* e poderem ser usadas apenas por um limite determinado de tempo – o que também mina sua eficácia.

Mas é o processo alemão o mais frequentemente lembrado, entre nós, pelo rigor com que trata o executado.[48] Todavia, quando se examina o regramento da execução das condenações a pagamento de quantia naquele ordenamento, vê-se que ele se pauta essencialmente no modelo sub-rogatório de expropriação de bens. Em regra, não se adota medida de coerção para impor o

---

tribunal a relação de seus bens e compromissos financeiros (CPR 71), assim como podem ser emitidas notificações de pagamento que impeçam transações envolvendo bens sujeitos à execução (CPR 73 – *charging orders, stop orders* e *stop notices*) etc.

[45] Cf. Bucci e Soldi, *Le nuove riforme del processo civile*, Pádua, Cedam, 2009, cap. 9, p. 222 e seguintes; Carpi e Taruffo, *Commentario breve al Codice di Procedura Civile*, 6ª ed., Pádua, Cedam, 2009, notas ao art. 614-*bis*, p. 1924-1926.

[46] Cf. Proto Pisani, "Quatro brevi lezioni sul processo civile", em *Rivista di Diritto Processuale*, vol. 4-5, 2016, n. 22, p. 955; Simonetta Vincre, "Le misure coercitive *ex* art. 614-*bis* CPC dopo la riforma del 2015", em *Rivista di Diritto Processuale*, v. 2, 2017, p. 368 e seguintes (no n. 7, p. 381-382, o autor relata que, também desde 2015, passou-se a prever o cabimento de medida coercitiva pecuniária no processo administrativo até mesmo quando o *giudizio di ottemperanza* tiver por objeto pagamento de quantia).

[47] Ver a respeito Starck, Roland e Boyer, *Obligations: t. 3*, n. 577, p. 245; H., L. e J. Mazeaud e F. Chabas, *Leçons de Droit Civil: t. II, v. 1 – Obligations: théorie générale*, 9ª ed., Paris, Montchrestien, 1998 (9ª ed. atualiz. por F. Chabas – 4ª e 5ª ed. atualiz. por Michel de Juglart), II-1, n. 945, p. 1.030.

[48] Vejam-se as referências nas notas 41 e 42, acima.

pagamento de quantia. As medidas coercitivas são utilizáveis, isso sim, para impor ao executado o cumprimento do dever acessório de apresentar em juízo o rol de seus bens e créditos e das operações de transferências de bens que realizou dentro de certos termos pretéritos (ZPO, § 807). O não cumprimento dessa ordem de arrolamento de bens e operações (*eidesstattliche Versicherung*) poderá submeter o executado a prisão civil (*Haftbefehl*, ZPO, § 901) e inclusão de seu nome em uma lista negra (*schwarze Liste*, ZPO, § 915).[49]

Ressalvada a impossibilidade de emprego da prisão civil, senão para o descumprimento de ordem de cumprimento de dever alimentar (n. 2.5 e 5.9, acima), esse conjunto de providências empregado no direito alemão é adotável, *de lege lata*, no direito brasileiro – e ele se põe estritamente dentro dos limites, preconizados neste ensaio, para o uso de medidas atípicas na execução pecuniária. Como se procurou até aqui destacar, este é o campo por excelência para o emprego de medidas coercitivas na tutela para pagamento de quantia: *a imposição do respeito a deveres processuais de identificação, permissão de acesso e preservação patrimonial*. Assegurado o respeito a tais deveres, a execução por sub-rogação é o caminho mais razoável e eficiente para a satisfação do crédito pecuniário não-alimentar, em qualquer sistema.[50]

9. PARA NÃO DIZER QUE NÃO FALEI DAS MEDIDAS INDUTIVAS

Merece ainda breve nota um ponto do art. 139, IV, que tem merecido menos atenção. Trata-se da autorização de emprego de "medidas indutivas".[51]

Medidas indutivas são aquelas destinadas a influenciar o sujeito a adotar determinada conduta. Isso pode fazer-se mediante a ameaça de um mal, caso ele não adote a conduta deseja (indução negativa) ou de uma vantagem, caso ele a adote (indução positiva). A indução negativa foi referida especificamente no art. 139, IV, como "medida coercitiva". Logo, a referência a "medidas indutivas" concerne à indução positiva: a oferta de prêmios, incentivos, para o cumprimento da decisão judicial.[52] Trata-se de *sanção premial* ou *positiva*.

---

[49] Cf. Peter Murray e Rolf Stürner, *German civil justice*, Durham, Carolina Academic Press, 2004, p. 455-456.

[50] Isso é claramente constatado pelos estudiosos de processo comparado: "The enforcement of money claims basically takes the following three stages *under any system*: First, the seizure of specific piece of property from which the debt can be paid, second, conversion of the seized property into cash, and third, satisfaction of the enforcing creditor" (Chase, Hershkoff, Silberman, Sorabji, Stürner, Taniguchi e Varano, *Civil Litigation in Comparative Context*, 2ª ed., St. Paul, West Academic Pub., 2017, cap. 10, n. IV, p. 607 – sem destaque no original).

[51] Vejam-se, p. ex., os artigos de Rodrigo Mazzei e Marcelo Rosado, "A cláusula geral de efetivação e as medidas indutivas no CPC/15"; e de Guilherme Sarri Carreira e Vinicius Caldas da Gama e Abreu, "Dos poderes do juiz na execução por quantia certa: da utilização das medidas inominadas", n. X.8, todos em *Medidas executivas atípicas*, cit.

[52] Tratei mais amplamente do tema em *Tutela relativa aos deveres de fazer e não fazer*, cit., nn. 5.1, 5.2.2 e 5. A distinção entre medidas coercitivas (indutivas negativas) e premiais (indutivas positivas) não foi originalmente concebida por mim. Provém da teoria geral do direito (v. a respeito as referências contidas em minha obra ora citada) – e não toma em conta esse ou aquele ordenamento positivo. Nesse sentido, trata-se de noções lógico-jurídicas – e não jurídico-positivas. Logo, não

A existência de sanções premiais é um dos fenômenos que evidencia a superação da tradicional ideia da sanção como *consequência negativa (imposição de um "mal") normativamente prevista para o caso de violação de uma norma*.[53] Afinal, a sanção: i) não é necessariamente medida posterior à conduta do sujeito sancionado, podendo ser preventiva; ii) não consiste necessariamente na "realização compulsória de um mal", uma vez que se pode apresentar sob a forma de um *prêmio* (concessão de um bem) a quem observa voluntariamente determinada norma jurídica; e, como consequência dos traços anteriores, iii) não é necessariamente reação a um ato ilícito, embora tenha em mira sempre a observância de normas jurídicas. Assim, sanção é *toda e qualquer medida estabelecida pelo ordenamento para reforçar a observância de suas normas ou remediar os efeitos da inobservância*.[54]

É nesse quadro que se inserem as medidas processuais de indução positiva. A referência a elas no art. 139, IV, não constitui novidade no sistema. De há muito, o processo civil brasileiro emprega também sanções premiais para incentivar o cumprimento de suas decisões. É o que se tem no art. 61 da Lei 8.245/1991 (exoneração de verbas de sucumbência em caso de desocupação tempestiva do imóvel locado), no art. 701, § 1º, do CPC (isenção de custas em caso de cumprimento voluntário do mandado monitório), no art. 827, § 1º, do CPC (redução pela metade dos honorários advocatícios em caso de pronto cumprimento do mandado executivo), no art. 916 do CPC (parcelamento do crédito objeto do título extrajudicial mediante renúncia aos embargos de executado e pagamento imediato de 30% da dívida), entre outras normas.

O grande problema da medida de indução positiva atípica é definir qual benefício pode ser ofertado a uma parte sem que isso represente uma supressão de direito da parte adversária.[55] O juiz não pode "fazer cortesia com o chapéu alheio". Não lhe é dado dispor

---

me parece correto afirmar, como fizeram Rodrigo Mazzei e Marcelo Rosado (em "A cláusula geral de efetivação e as medidas indutivas no CPC/15", n. 5, em *Medidas executivas atípicas*, cit.) que "a classificação proposta por Talamini sob a égide do texto normativo precedente, que identifica medidas indutivas como gênero que abrange os meios coercitivos (medidas indutivas negativas), parece não ser mais conveniente". A distinção continua existindo e sendo útil. Não será o art. 139, IV, de resto repleto de ambiguidades e impropriedades terminológicas, que "revogará" esse ponto da teoria geral do direito...

[53] A concepção tradicional, que vincula a sanção sempre a uma consequência negativa, é preconizada, entre outros, por Kelsen, *Teoria pura do direito*, 6ª ed. (trad. J. Baptista Machado, da 2ª ed. alemã de *Reine Rechtslehre*, de 1960), Coimbra, Armênio Amado, 1984, n. 27, p. 163 e seguintes; José Ascensão, *O Direito: introdução e teoria geral: uma perspectiva luso-brasileira*, 7ª ed., Coimbra, Almedina, 1993, n. 26, p. 52; Arruda Alvim, *Tratado de direito processual civil*, 2ª ed. refundida do *Código de Processo Civil comentado*, São Paulo, RT, 1990, v. I, n. 2.2, p. 51-53.

[54] Ver Miguel Reale, *Filosofia do direito*, 13ª ed., São Paulo, Saraiva, 1990, n. 239, p. 673; Norberto Bobbio, "Sanzione", em *Novissimo digesto italiano*, Turim, Utet, 1969, v. XVI, n. 1-2, p. 530-531. O conceito ora proposto, porém, é mais amplo do que o adotado por Bobbio (v. "Sanzione", cit., n. 12, p. 537).

[55] Aspecto também notado por Edilton Meireles, "Medidas sub-rogatórias, coercitivas, mandamentais e indutivas no Código de Processo Civil de 2015", cit., n. 6, p. 242; e Guilherme Sarri Carreira e Vinicius Caldas da Gama e Abreu, "Dos poderes do juiz na execução por quantia certa: da utilização das medidas inominadas", n. III, em *Medidas executivas atípicas*, cit.

de uma parte do direito do credor nem mesmo sob a perspectiva de que assim estará incentivando o cumprimento da parcela restante. Por exemplo, o juiz não pode ofertar ao executado um desconto no crédito exequendo em caso de pronto pagamento. Não pode, sem a concordância do credor, conceder ao devedor um parcelamento fora das hipóteses legalmente autorizadas – e assim por diante.

Nos exemplos antes mencionados, o benefício é previamente estabelecido em lei – e recai em regra sobre uma obrigação constituída no processo e que, portanto, pode ser modelada e remodelada pelas regras processuais (custas, honorários...). Na hipótese do parcelamento previsto no art. 916 do CPC, o ônus da vantagem concedida ao devedor é em tese "arcado" pelo credor (que se submete à suspensão da execução e ao diferimento do pagamento independentemente de sua vontade). Mas os termos e condições estabelecidos pela lei nessa hipótese (depósito inicial mínimo de 30% do crédito; parcelamento curto do saldo, de no máximo seis parcelas mensais; imposição de renúncia de embargos; multa, vencimento antecipado e retomada da execução em caso de inadimplemento de qualquer parcela...) evidenciam não haver em termos concretos prejuízo ao credor, que muito dificilmente conseguiria transformar bens do devedor em dinheiro nesse curto período.

Diante desse quadro, não parece possível negar por completo a incidência de medidas de indução positivas atípicas. Mas seu campo de emprego é muito limitado. O benefício processual terá de recair sobre uma posição jurídica não pertencente ao credor, mas à própria jurisdição. Por exemplo, o perdão ou redução de uma multa por ato atentatório à dignidade da justiça anteriormente imposta com base no art. 77, § 2º do CPC. Tal multa não é crédito da parte, mas do próprio Estado-jurisdição. Portanto, o juiz está autorizado utilizá-la nas sanções premiais.

10. CONCLUSÃO

Não parece ser o caso de se apresentar ao final um sumário analítico sobre o cabimento do poder geral de medidas atípicas nas diferentes modalidades executivas. O essencial é enfatizar que ele tem vez sempre que se estiver diante de verdadeira *ordem* do juiz (pronunciamento com conteúdo mandamental) e ele não pode ser invocado como artifício para desrespeitar-se os pressupostos e limites das medidas típicas. Engana-se quem supõe que o art. 139, IV, prevê aplicação de medidas atípicas para a execução de qualquer sentença de prestação de conduta. Ele incide apenas quando há "ordem judicial" – conforme expresso, aliás, no próprio dispositivo. O art. 139, IV institui um poder-dever de o juiz determinar medidas executivas atípicas para a realização das suas *ordens*. Mas não se extrai dessa disposição – nem de nenhuma outra –, minimamente, a transformação de todas as sentenças de prestação de conduta em sentenças que contenham uma *ordem*. Enfim, consagra-se um "poder geral de medidas executivas" para as ordens judiciais – mas não a generalização da mandamentalidade nas decisões judiciais.[56]

---

[56] Corretos nesse ponto Natascha Anchieta e Igor Raatz: "O art. 139, IV, do CPC, ao autorizar a utilização de medidas coercitivas para assegurar o cumprimento de ordem judicial nas ações que tenham por objeto prestação pecuniária, não transformou as sentenças condenatórias em

Assim, e muito sinteticamente, o poder geral em questão: (a) incide amplamente na tutela de deveres de fazer e não fazer (título judicial); (b) tem incidência mais limitada na tutela para entrega de coisa (título judicial) – terreno em que a aplicabilidade da medidas sub-rogatórias atípicas é mais larga, ao passo que são restritas (ainda que frequentes na prática) as hipóteses em que é necessário e adequado o emprego de medidas coercitivas; (c) não é diretamente aplicável ao mandado executivo da obrigação de fazer, não fazer ou de entrega de coisa, fundado em título extrajudicial, mas pode ser empregado para assegurar a observância de deveres processuais de colaboração e não obstrução da atuação executiva; (d) não se aplica diretamente ao mandado executivo de pagar quantia (não alimentar), seja fundado em título judicial ou extrajudicial, mas também nessa hipótese incide plenamente em relação aos deveres processuais de colaboração e não obstrução da atuação executiva; (e) é aplicável à tutela de alimentos, mas não pode ser exercido para suprimir a garantia do alimentando ao emprego da prisão civil nem para a desconsideração dos parâmetros normativos da prisão civil, de modo a agravá-la; (f) é aplicável aos comandos de cumprimento de tutela urgente, independentemente da natureza do dever envolvido.

Em todo e qualquer caso em que incida o poder geral em questão, será indispensável, no seu exercício, a consideração da proporcionalidade, razoabilidade e eficiência da medida.[57] A prisão civil fica restrita à tutela dos alimentos – que, todavia, não se limitam àqueles provenientes do direito de família, abrangendo toda e qualquer prestação que seja na sua origem ou função essencialmente destinada à subsistência digna do titular do direito.

Uma última consideração merece aqui ser feita. O poder de adoção de medidas atípicas é instrumento de efetivação das decisões ("... assegurar o cumprimento...", diz o art. 139, IV). Sua função é essencialmente executiva: propiciar a tutela a que o jurisdicionado tem direito, nos limites do devido processual legal formal e material. Não se trata de puro instrumento de afirmação da autoridade judicial nem de meio de punição à afronta a essa autoridade. Para isso, existem sanções específicas (p. ex. CPC, arts. 77, § 2º, 81 e 774, par. ún.).

Em muitas das medidas atípicas extravagantes cuja aplicação foi amplamente noticiada ou mesmo gerou repercussão nacional (bloqueio do WhatsApp, apreensão de passaporte, cancelamento de cartão de crédito, suspensão de CHN, corte de luz de repartição pública...),

---

mandamentais ou revogou as regras erigidas em favor da responsabilidade patrimonial do devedor" ("Da capacidade de invenção dos juristas brasileiros e o fenômeno da transformação das ações condenatórias em mandamentais: ou o que Pontes de Miranda e Ovídio Baptista da Silva diriam a respeito das leituras (equivocadas) do art. 139, IV, do CPC", em *Revista de Processo*, v. 276, 2018, n. 6, p. 176).

[57] Reitere-se que esse é o principal tema enfrentado em meu ensaio "Medidas coercitivas e proporcionalidade: o caso WhatsApp", cit. No momento da finalização deste ensaio, noticiou-se o ajuizamento de ação direta de inconstitucionalidade tendo por objeto o art. 139, IV (ADI 5.941). Mas a demanda proposta não contesta a legitimidade da previsão normativa com um todo. Pede apenas "para declarar inconstitucionais, como possíveis medidas coercitivas, indutivas ou sub-rogatórias oriundas da aplicação daquele dispositivo, a apreensão de carteira nacional de habilitação e/ou suspensão do direito de dirigir, a apreensão de passaporte, a proibição de participação em concurso público e a proibição de participação em licitação pública". Vale dizer, não se impugna a norma em si, mas sua aplicação desarrazoada e desproporcional.

muito mais do que verdadeiro escopo executivo, o que se constatou foi uma reação enérgica de juízes que se viram afrontados em sua autoridade.[58] Não é justificável desrespeitar a Jurisdição. Mas as sanções aplicáveis a quem a desrespeita, repita-se, são outras, que não as medidas atípicas do art. 139, IV.

Ao mesmo tempo em que episódios como esses se multiplicam, assiste-se também a uma relativa resistência judiciária na aplicação de mecanismos fundamentais para a identificação e preservação do patrimônio penhorável ou para a adequada incidência dos mecanismos expropriatórios. Alguns exemplos, entre muitos: (i) decisões que se negam a dar aplicação devida ao bloqueio de ativos previsto no art. 854 do CPC, pretendendo submetê-lo aos requisitos das medidas cautelares ou do arresto executivo;[59] (ii) decisões que recusam autorização para inscrever o devedor do título executivo extrajudicial no cadastro de inadimplentes (art. 782, § 3º, CPC), invocando para tanto o art. 783, § 5º, e ignorando o Livro do CPC em que a disposição está inserida (destinado precisamente à execução do título *extrajudicial*);[60] (iii) decisões que alargam indevidamente as hipóteses de impenhorabilidade.[61]

O risco é o de se estabelecer um sistema de tutela executiva esquizofrênico: cioso de sua autoridade, mas incapaz de produzir resultados concretos.

Mais ou menos como o mal juiz de futebol que é condescendente e nem falta marca quando o zagueiro tosco quebra a canela do meia hábil; mas se enfurece e logo saca do bolso o cartão vermelho quando o capitão do time vem reclamar-lhe com o ânimo exaltado...

---

[58] Vale aqui o relato de Leonardo Carneiro da Cunha, amparado na pesquisa jurisprudencial que fez para escrever, em coautoria com Didier Jr., Paula Braga e Rafael de Oliveira, o artigo "Diretrizes para a concretização das cláusulas gerais executivas dos arts. 139, IV, 297 e 536, § 1.º, CPC", cit.: o elemento em comum em todos os casos em que as medidas atípicas ora mencionadas foram aplicados era drástica reação de um juiz irritado com um devedor renitente ou ardiloso.

[59] TRF4, AI 5064340-20.2017.4.04.0000; 5046310-34.2017.4.04.0000; 5048583-83.2017.4.04.0000, entre outras.

[60] TRF4, AI 5022712-51.2017.404.0000; AI 5047451-25.2016.404.0000, entre outras.

[61] TRF4, AI 5067604-45.2017.4.04.0000, AI 0028699-03.2010.404.0000, entre outras, que afirmam haver presunção absoluta de que devolução de imposto de renda é impenhorável.

33

BREVE HISTÓRICO LEGISLATIVO E DOUTRINÁRIO DA DICOTOMIA COGNIÇÃO-EXECUÇÃO NO SISTEMA PROCESSUAL BRASILEIRO – AUTONOMIA OU SINCRETISMO?

Heitor Vitor Mendonça Sica

Sumário: 1. Introdução. 2. Premissas teóricas acerca da execução civil. 3. Dicotomia cognição-execução no direito romano e medieval e seu legado para os sistemas processuais contemporâneos. 4. Recíproca autonomia entre cognição e execução no sistema jurídico brasileiro: estruturação dogmática e legislativa. 5. (Segue) Paulatina desconstrução dogmática e pretoriana. 6. (Segue) Paulatina desconstrução legislativa. 7. Impactos da desconstrução legislativa da recíproca autonomia (breve síntese crítica). 8. Iniciativa ou impulso para a execução de título judicial produzido perante a jurisdição estatal civil brasileira. 9. Superação dos demais fundamentos pela autonomia do processo de execução de título judicial produzido pela jurisdição estatal civil brasileira. 10. Conclusão.

1. INTRODUÇÃO

O objetivo do presente texto[1] é traçar breve histórico legislativo e doutrinário acerca da dimensão da dicotomia cognição-execução.

---

[1] O presente texto foi elaborado com base em trechos da obra *Cognição do juiz na execução civil*, São Paulo: RT, 2017.

Para tanto, assentaremos algumas premissas sobre o tema da execução, partindo, na imediata sequência, para ao exame, ainda que sucinto, da evolução histórica dessa dicotomia no direito romano e no direito medieval.

Com base essa analise preambular, passamos a verificar como a recíproca autonomia entre cognição-execução foi construída do ponto de vista dogmático ainda na vigência do CPC de 1939, atingindo seu ponto culminante no CPC de 1973.

Contudo, demonstrar-se-á que a doutrina processual civil brasileira (a partir do fim da década de 1980) e as reformas legislativas (operadas a partir de meados de 1990) foram responsáveis por desconstruir essa recíproca autonomia, abraçando desbragadamente a ideia de "sincretismo" entre cognição e execução, traço marcante do CPC de 2015.

O exame aqui empreendido limita-se à relação entre cognição e execução no plano do processo, e não no plano da ação, que exigiria ampla incursão sobre o tema do objeto litigioso em sede executiva. Não há como nos desincumbirmos dessa tarefa nos limites deste artigo.

A escolha do tema constitui forma singelíssima de homenagear o Professor Humberto Theodoro Jr., que em 1987 dedicou ao tema sua tese de doutorado intitulada *A execução de sentença e o devido processo legal*[2].

2. PREMISSAS TEÓRICAS ACERCA DA EXECUÇÃO CIVIL

Como é curial, o sujeito que se reputa titular de uma situação passível de proteção jurisdicional, mas que não foi reconhecida e/ou satisfeita pelo outro sujeito integrante da mesma relação jurídica, deve instaurar processo para, por meio do exercício de atividade judicial cognitiva,[3-4] obter uma decisão que declare a existência da situação jurídica afirmada.

---

[2] A primeira versão comercial da tese foi publicada no mesmo ano sob o mesmo título, mas foi reeditada em 2006 sob o título *O cumprimento de sentença e a garantia do devido processo legal*.

[3] Usam-se propositalmente as expressões "atividade cognitiva" e "atividade executiva" por se mostrarem mais "neutras", a fim de evitar o uso de algumas expressões sobre as quais se farão reflexões adiante, tais como "ação" ou "tutela" cognitiva e executiva.

[4] Deve-se a Chiovenda uma das primeiras construções teóricas sobre o conceito de cognição, que o jurista romano assim expôs: "[a]ntes de decidir a demanda, realiza o juiz uma série de atividades intelectuais com o objetivo de se aparelhar para julgar se a demanda é fundada ou infundada e, pois, para declarar existente ou não existente a vontade concreta da lei, de que se cogita. Essas atividades intelectuais, instrumento de atuação da vontade da lei mediante verificação, constituem a cognição do juiz" (*Instituições de direito processual civil*. Trad. J. Guimarães Menegale. Notas de Enrico Tullio Liebman. São Paulo: Saraiva, 1942. v. 1, p. 233-234). Essa lição continua a ecoar na doutrina italiana contemporânea (*v.g.*, LUISO, Francesco Paolo. *Diritto processuale civile*: il processo executivo. 8. ed. Milano: Giuffrè, 2015, v. 1, p. 12-13). Na doutrina brasileira, constitui marco importante a obra de Kazuo Watanabe, de acordo com a qual a cognição redundaria em atos de "inteligência", de caráter "prevalentemente lógico", que recai sobre um trinômio de questões, composto de condições da ação, pressupostos processuais e mérito (*Cognição no processo civil*. 4. ed., São Paulo: Saraiva, 2012. p. 58-59, 71, 79 e ss.). Essa lição se acha acolhida (embora com variações) por vários outros doutrinadores, tais como, por exemplo, Humberto Theodoro Jr. (*Curso de direito processual civil*. 56. ed. rev., atual. e ampl. Rio de Janeiro: Forense, 2015. v. 1. p.

Cap. 33 • BREVE HISTÓRICO LEGISLATIVO E DOUTRINÁRIO DA DICOTOMIA COGNIÇÃO-EXECUÇÃO | 619

Algumas decisões, em razão da situação jurídica levada ao Estado-juiz pelo demandante e do pedido por ele formulado, são aptas a satisfazer de plano o interesse[5] perseguido em juízo, por operarem todos os efeitos pretendidos independentemente de qualquer postura ulterior do demandado vencido.[6] Mesmo quando a decisão não basta por si só para satisfação do demandante vencedor, o demandado vencido pode a ela se curvar e praticar os atos concretos necessários a cumpri-la sem necessidade de nenhuma outra atividade jurisdicional.[7]

---

137); Cassio Scarpinella Bueno (*Curso sistematizado de direito processual civil*. 8. ed. rev. e atual. São Paulo: Saraiva, 2014. v. 1, p. 316-320) e Fredie Didier Jr. (*Curso de direito processual civil*. 18. ed. Salvador: JusPodivm, 2016. v. 1. p. 439 ss.). Em resumo, pode-se afirmar que cognição judicial encerra um conjunto de atividades do juiz, por meio do qual ele aquilata fatos no plano do direito material ou processual, em face de provas ou algo que as substitua por desnecessárias, para o fim de aplicar normas jurídicas por meio de uma decisão.

[5] Aqui se acolhe a definição de interesse em seu sentido amplo, isto é, como "aspetattiva di un determinato bene della vita" (BETTI, Emilio. *Il concetto della obbligazione costruito dal punto di vista dell'azione*. *Diritto sostanziale e processo*. Milano: Giuffrè, 2006. p. 11). Em sentido similar, VIGORITTI, Vicenzo. *Interessi collettivi e processo*. Milano: Giuffrè, 1979. p. 17.

[6] Eis o principal critério distintivo entre, de um lado, as decisões de cunho declaratório e constitutivo (às quais se seguiriam, quando muito, medidas necessárias a tornar público o comando judicial, a chamada "execução imprópria") e, de outro, as decisões de caráter condenatório, conforme classificação que remonta ao final do século XIX (conforme BARBOSA MOREIRA, José Carlos. Questões velhas e novas em matéria de classificação de sentenças. *Temas de direito processual*: oitava série. São Paulo: Saraiva, 2004. p. 125-129). Cassio Scarpinella Bueno (*Curso sistematizado de direito processual civil*. 8. ed. rev. e atual. São Paulo: Saraiva, 2014. v. 1. p. 304-316) propõe divisão entre tutelas "executivas" ou "transitivas", e "não executivas" ou "intransitivas" (a depender da necessidade de atividades ulteriores ou não para satisfação do interesse do demandante vencedor).

[7] Daí a distinção entre execução voluntária e execução forçada, acolhida por doutrinadores de diversas origens e épocas. Na França, Claude Brenner (*Voies d'exécution*. 2. ed. Paris: Dalloz, 2001. p. 1); na Itália, Mandrioli e Carratta (*Diritto processuale civile*. 24. ed. riv. agg. Torino: G. Giappichelli, 2015, v. 4. p. 5) e Angelo Bonsignori (*L'esecuzione forzata*. 3. ed. Torino: G. Giapicchelli, 1996. p. 3); em Portugal, *v.g.*, J. P. Remédio Marques (*Curso de processo executivo comum à face do Código revisto*. Porto: SPB Editores, 1998. p. 12); no Uruguai, Eduardo J. Couture (*Fundamentos del derecho procesal civil*. 3. ed. Buenos Aires: Depalma, 1958. p. 437) e, no Brasil, *v.g.*, Marcelo Lima Guerra (*Execução forçada*: controle de admissibilidade. 2. ed. rev. e atual. São Paulo: RT, 1998. p. 52), Fredie Didier Jr., Leonardo Carneiro da Cunha, Paula Sarno Braga e Rafael Oliveira (*Curso de direito processual civil*. 4. ed. Salvador: JusPodivm, 2012. v. 5. p. 28) e Antonio Adonias Aguiar Bastos (*Teoria geral da execução*. Salvador: Faculdade Baiana de Direito, 2010. p. 57-60). De fato, sob o ponto de vista de satisfação do credor, a execução voluntária e execução forçada se equivalem (BONSIGNORI, Angelo. Aspetti processuali della tutela del credito. *La legge di riforma del Codice di Procedura Civile e la tutela del credito*: in memoria di Clemente Papi. Milano: Giuffrè, 1993. p. 225). Lopes da Costa (*Direito processual civil brasileiro*. 2. ed. rev., aum. e ampl. Rio de Janeiro: Forense, 1959. v. 4. p. 40) registra, com razão, que "[o] que ao credor interessa é ficar na posse do bem que a sentença lhe atribui. Na sentença condenatória, em ação de cobrança, receber a importância devida. Não lhe faz diferença recebê-la das mãos do devedor ou das mãos do depositário do dinheiro apurado na venda dos bens do condenado".

Quando as decisões não operam, por si próprias, todos os efeitos pretendidos pelo demandante vencedor e o demandado vencido não se dispõe a satisfazer o interesse reconhecido como carecedor de tutela, é necessário que entre em cena uma nova e diversa atividade estatal, destinada a realizar em concreto a decisão[8] não cumprida voluntariamente, isto é, a chamada atividade judicial executiva, cujo objetivo é a alteração da realidade fática[9] no plano do direito material, por meio de medidas de força,[10] aptas a satisfazer o interesse do demandante vencedor, substituindo a vontade do demandado vencido ou coagindo-a.

Quanto a esse aspecto, não se pode afirmar existir consenso doutrinário em definir o que se entende por "atividade executiva". Em progressão crescente de amplitude: (i) há quem entenda que ela seria exclusivamente a atividade destinada à expropriação de bens para satisfação de obrigação pecuniária[11]; (ii) quem a repute limitada às atividades de sub-rogação destinada a obter transferência de patrimônio, seja para satisfação de obrigação de pagar dinheiro ou de entregar coisa[12]; (iii) quem considere nela compreendidas todas as atividades sub-rogatórias para cumprimento de qualquer obrigação[13]; e, finalmente, (iv) quem defende

---

[8] Às decisões proferidas no processo civil equipararam-se outras decisões prolatadas pelo Estado-juiz fora do processo civil (sentença penal condenatória), por árbitro ou por órgão jurisdicional estrangeiro (nesse último caso, homologada judicialmente no Brasil), nos termos do art. 475-N, II, IV e VI, do CPC de 1973, equivalente ao art. 515, VI a IX, do CPC de 2015.

[9] Apenas a título ilustrativo, confira-se lista de autores que defendem essa concepção: na doutrina italiana, Vaccarella (Esecuzione forzata. *Rivista dell'Esecuzione Forzata*, n. 1, p. 1-19, 2007. p. 1); na doutrina argentina, Carlos A Ayarragaray (*Introducción a la ejecución de sentencia*. Buenos Aires: Valerio Abeledo, 1943. p. 14); na doutrina portuguesa: José Alberto dos Reis (*Processo de execução*. 3. ed. Reimpressão. Coimbra: Coimbra Editora, 1985, v. 1, p. 2-7) e Rui Pinto (*Manual da execução e despejo*. Coimbra: Coimbra Editora, 2013. p. 18-20) e, finalmente, na doutrina brasileira, José Frederico Marques (*Instituições de direito processual civil*. 3. ed. rev. Rio de Janeiro: Forense, 1971. v. 5. p. 23), Humberto Theodoro Júnior (*Processo de execução*. 19. ed. São Paulo: Leud, 1999. p. 43-45) e Marcelo Abelha (*Manual da execução civil*. 6. ed. rev. e atual. Rio de Janeiro: Forense, 2016. p. 37 e ss.).

[10] Apenas a título ilustrativo, confira-se, na doutrina brasileira, da mais antiga à mais recente, SOUZA, Orlando de. *Doutrina e prática das execuções de sentenças*. 2. ed. rev. e aum. São Paulo: Sugestões Literárias, 1966. p. 9; REZENDE FILHO, Gabriel José Rodrigues de. *Curso de direito processual civil*. 5. ed. anotada, corrigida e atualizada por Benvindo Aires. São Paulo: Saraiva, 1960. v. 3. p. 167-168; MARQUES, José Frederico. *Instituições de direito processual civil*. 3. ed. rev. Rio de Janeiro: Forense, 1971. v. 5. p. 33; ASSIS, Araken de. *Manual da execução*. 18. ed. rev., atual. e ampl. São Paulo: RT, 2016. p. 133-135 e FUX, Luiz. *O novo processo de execução* (cumprimento de sentença e execução extrajudicial). Rio de Janeiro: Forense, 2008. p. 3-8. O mesmo entendimento ecoa na doutrina estrangeira, valendo citar à guisa de exemplo: MONTERO AROCA, Juan; FLORS MATÍES, José. *Tratado de proceso de ejecución civil*. 2. ed. Valencia: Tirant lo Blanch, 2013, t. I. p. 33-35.

[11] Como SATTA, Salvatore. *L'esecuzione forzata*. Torino: UTET, 1950. p. 14-17.

[12] Como SILVA, Ovídio A. Baptista da. *Curso de processo civil*. 4. ed. rev. e atual. São Paulo: RT, 2000. v. 2. p. 25.

[13] *V.g.*, na doutrina italiana CARNELUTTI, Francesco. *Lezioni di diritto processuale civile*: processo di esecuzione. Padova: Cedam, 1929. v. 1. p. 7; e MONTELEONE, Girolamo. *Manuale di diritto processuale civile*. Padova: Cedam, 2012. v. 2. p. 63-64; na doutrina portuguesa, PINTO, Rui.

a solução mais ampliativa de todas, de modo que o conceito abarque também as atividades coercitivas[14]. Acolhemos a formulação mais ampliativa, por razões que ficarão mais claras ao longo da exposição, valendo destacar, por ora, apenas, a necessária coordenação entre coerção e sub-rogação, sobretudo num cenário de atipicidade dos meios executivos para todas as modalidades de execução (art. 139, IV, do CPC de 2015).

De outra parte, também por premissa, afirmamos acatar o entendimento de que haveria atividade tipicamente executiva para satisfação de "interesse" emergente do exercício de direito subjetivo, direito real, direito da personalidade ou direito potestativo, desde que haja a necessidade de realização de operações concretas no plano do direito material para entrega de uma prestação ao credor[15]. A título de exemplo, considerem-se quatro situações distintas: (a) na primeira, o demandante comprou um bem, que não lhe foi entregue e ele pretende ver essa obrigação de dar cumprida; (b) na segunda, o demandante pretende reaver bem do qual era proprietário ou possuidor e cuja posse foi esbulhada pelo demandado; (c) na terceira, o demandante vendeu um bem e o entregou ao comprador, mas, por não ter recebido o preço, quer que o objeto lhe seja restituído; e, finalmente, (d) na quarta, o demandante pretende sejam recolhidos determinados bens produzidos com violação de seu direito de imagem. Nos quatro casos, o Estado-juiz deverá intervir para proferir decisão reconhecendo ao demandante o direito de agredir a esfera jurídica do demandado, desapossando-o de bens. Caso o demandado não cumpra a decisão espontaneamente, impor-se-á a realização de atividades concretas que hão de ser consideradas executivas, na acepção mais ampla acolhida anteriormente, ou seja: em se tratando de bens móveis, haverá natural

---

[14] *Manual da execução e despejo*. Coimbra: Coimbra Editora, 2013. p. 20-21; na doutrina brasileira atual, CÂMARA, Alexandre Freitas. *A nova execução de sentença*. 5. ed. Rio de Janeiro: Lumen Juris, 2008. p. 93; e GOUVEIA FILHO, Roberto Pinheiro Campos. Subsídios para uma teoria da execução forçada: breve crítica analítica à expressão execução indireta. In: MACÊDO, Lucas Buril de; PEIXOTO, Ravi; FREIRE, Alexandre. *Execução*. Salvador: JusPodivm, 2015. (Coleção Novo CPC Doutrina Selecionada, v. 5.). p. 69-73, no qual o autor afirma ser "falsa" a execução indireta. Na doutrina estrangeira, MICHELI, Gian Antonio. Dell'unità del concetto di esecuzione forzata. *Rivista di Diritto Processuale*, Padova, v. 7, n. 2, 1952. p. 299; DENTI, Vittorio. *L'esecuzione forzata in forma specifica*. Milano: Giuffrè, 1953, *passim*; MANDRIOLI, Crisanto. Natura giurisdizionale e portata "sostitutiva" dell'esecuzione specifica. *Studi in memoria di Corrado Vocino*. Napoli: Jovene, 1996. p. 303-320; LUISO, Francesco Paolo. *Diritto processuale civile*: il processo executivo. 8. ed. Milano: Giuffrè, 2015. v. 3. p. 9-15; entre os autores brasileiros, SCARPINELLA BUENO, Cassio. Ensaio sobre o cumprimento das sentenças condenatórias. *Revista de Processo*, v. 29, n. 113, jan.-fev. 2004. p. 30-33, MARINONI, Luiz Guilherme; ARENHART, Sérgio Cruz; MITIDIERO, Daniel. *Novo curso de processo civil*, São Paulo: RT, 2015. v. 2. p. 719-720; e BASTOS, Antonio Adonias Aguiar. *Teoria geral da execução*. Salvador: Faculdade Baiana de Direito, 2010. p. 60-62.

[15] De certa forma, essa também foi a opção de Liebman (*Processo de execução*. São Paulo: Saraiva, 1946. p. 20) e é aceita por outros autores de vários países (SATTA, Salvatore. *L'esecuzione forzata*. Torino: UTET, 1950. p. 9-10, ORTELLAS RAMOS, Manuel. *La ejecución de condenas no dinerarias en la Ley de Enjuiciamiento Civil*. Madrid: La Ley, 2005. p. 68-69; FREITAS, José Lebre de. *A acção executiva depois da reforma da reforma*. 5. ed. Coimbra: Coimbra Editora, 2009. p. 12 e TALAMINI, Eduardo. *Tutela relativa aos deveres de fazer e de não fazer*: e sua extensão aos deveres de entrega de coisa (CPC, arts. 461 e 461-A do CPC, CDC, art. 84). 2. ed. rev., atual. e ampl. São Paulo: RT, 2003. p. 125-130).

preferência pela busca e apreensão (atividade sub-rogatória) ou, caso ela não funcione, ou seja, de execução excessivamente onerosa, caberiam medidas para compelir o demandado à satisfação do demandante (atividade coercitiva). Nesses limites, o sistema processual pode ou não impor formalidades distintas para invadir a esfera jurídica do demandado vencido, não se conseguindo visualizar uma imposição inexorável pelo direito material controvertido em cada um desses casos, conforme restará claro adiante, nos itens 2 e 3, *infra* e como resulta assente no direito italiano[16]. Por cautela, registre-se que não é o caso de discutir se o pedido de restituição do bem no exemplo "c" formulado deveria ser deduzido em caráter principal ou se poderia ser considerado decorrência lógica do pedido desconstitutivo[17].

Outro traço a caracterizar o conceito de "atividade executiva" para a maioria dos autores que se debruçou sobre o tema, isto é, ter por objetivo a satisfação de *direito material*. Nesse passo, restariam excluídas desse conceito quaisquer atividades que, embora tenham por objetivo a alteração da realidade fática, por meio de medidas de força, visam a produzir efeitos apenas no plano do direito processual, tais como a condução coercitiva de testemunha (art. 455, § 5º, do CPC de 2015) ou a busca e apreensão de autos (art. 234 do CPC de 2015), por exemplo. É exatamente nesse sentido a lição de Artur Anselmo de Castro[18] para quem não se poderia classificar como atividade executiva o cumprimento de ordens do juiz relativas a "medidas de instrução, provas, destruição de documentos declarados falsos", na medida em que "não se atua por meio deles uma sanção executiva ou não se trata de tutelar um direito de crédito violado"[19]. Contudo, Carnelutti[20] entende que se poderia incluir numa noção bem genérica de execução "tutte le forme di attività statale dirette a tradurre nella realtà il comando del giudice"[21]. Aderimos ao entendimento mais restritivo, que leva em conta a produção de efeitos no plano material concreto, por razões que também serão expostas no curso do presente trabalho.

Na mesma medida, se poderia reconhecer serem executivas as atividades que não digam respeito a qualquer bem corpóreo ou incorpóreo, mas sim a *pessoas*, tais como a busca e apreensão de menores em disputas que envolvem o direito de família, haja vista que produzem efeitos concretos para satisfação de interesse protegido pelo Direito, embora entre em cena elemento estranho às demais atividades executivas, que é a proteção dos interesses da pessoa sobre a qual recai a execução[22].

---

[16] *Vide* MANDRIOLI, Crisanto. Esecuzione per consigna o rilascio. *Novissimo digesto italiano*. 3. ed. Torino: UTET, 1957. v. 6. p. 702-703.

[17] Como sustenta, dentre outros, DIDIER JR., Fredie. Sentença constitutiva e execução forçada. *Revista de Processo*, São Paulo, v. 33, n. 159, maio 2008.

[18] *A acção executiva singular, comum e especial*. 3. ed. Coimbra: Coimbra Editora, 1977. p. 10.

[19] No mesmo sentido, na doutrina brasileira, DINAMARCO, Cândido Rangel. *Execução civil*. 8. ed. rev. e atual. São Paulo: Malheiros, 2002. p. 115-116 e ABELHA, Marcelo. *Manual da execução civil*. 6. ed. rev. e atual. Rio de Janeiro: Forense, 2016. p. 34-36.

[20] *Lezioni di diritto processuale civile*: processo di esecuzione. Padova: Cedam, 1929. v. 1. p. 9.

[21] Na doutrina brasileira, acata essa concepção mais ampla ASSIS, Araken de. *Manual da execução*. 18. ed. rev., atual. e ampl. São Paulo: RT, 2016. p. 133-135.

[22] O tema é recorrente na doutrina italiana: CARPI, Federico. Note in tema di techniche di attuazione dei diritti. *Studi in memoria di Corrado Vocino*. Napoli: Jovene, 1996. p. 80-82 e CAPPONI, Bruno. *Manuale dell'esecuzione civile*. Torino: G. Giappichelli, 2010. p. 3, embora ainda pouco

Por fim, há que se destacar mais um elemento a caracterizar o conceito de "atividade executiva" por nós aqui acatado, isto é, o fato de voltar-se contra o demandado ou contra sujeitos a ele equiparados (referimo-nos aqui, principalmente, às hipóteses de responsabilidade patrimonial secundária *ex vi* do art. 790 do CPC de 2015 e outros dispositivos da espécie). Nesse passo, excluem-se as atividades que, embora destinadas a operar no plano concreto e serem dotadas de imperatividade, direcionam-se em face de terceiros, sejam eles entes públicos (especialmente órgãos que contêm registros públicos), ou entes privados estranhos ao processo (como, por exemplo, os órgãos de proteção ao crédito, que usualmente recebem ordens judiciais para excluir sujeitos dos cadastros de "maus pagadores"). Nesses casos, têm-se medidas derivadas da eficácia da decisão favorável ao demandante e projetada sobre o demandado, a que a doutrina convencionou há tempos denominar "execução imprópria"[23]. Não se trata, pura e simplesmente, de dar "publicidade" à decisão judicial[24], pois as decisões são em geral públicas (salvo "segredo de justiça", *ex vi* do art. 189 do CPC de 2015) e, ademais, pode-se reconhecer a existência de *ordem* judicial a ser cumprida (sob pena de incidência da pena prevista no § 2º do art. 77 do CPC de 2015, aplicável a "todos aqueles que de qualquer forma participem do processo"). O fenômeno não é descrito pela ordem processual brasileira, mas encontra regulamentação expressa no art. 522 da LEC espanhola[25].

3. DICOTOMIA COGNIÇÃO-EXECUÇÃO NO DIREITO ROMANO E MEDIEVAL E SEU LEGADO PARA OS SISTEMAS PROCESSUAIS CONTEMPORÂNEOS

A precedência das atividades cognitivas em relação às executivas e a recíproca independência entre elas seriam fenômenos desconhecidos das sociedades primitivas marcadas pelo império da autotutela e deitariam suas raízes mais remotas no direito romano clássico. Naquele sistema é que se localiza com clareza o esquema, espelhado em ordenamentos contemporâneos, segundo o qual a satisfação dos interesses juridicamente tuteláveis havia que

---

versado na doutrina brasileira (a ele alude, p. ex., ASSIS, Araken de. *Comentários ao Código de Processo Civil*. Rio de Janeiro: Forense, 2000. v. 6. p. 26.

[23] Na doutrina estrangeira, SOUSA, Miguel Teixeira de. *Acção executiva singular*. Lisboa: Lex, 1998. p. 10 e MONTERO AROCA, Juan; FLORS MATÍES, José. *Tratado de proceso de ejecución civil*. 2. ed. Valencia: Tirant lo Blanch, 2013, t. I. p. 28; na doutrina nacional, confira-se, *v.g.*, DINAMARCO, Cândido Rangel. *Instituições de direito processual civil*. 3. ed. São Paulo: Malheiros, 2009. p. 34 ss. e WAMBIER, Luiz Rodrigues; TALAMINI, Eduardo. *Curso avançado de processo civil*. 15. ed. rev. e atual. São Paulo: RT, 2015, v. 2. p. 50.

[24] Como entende, *v.g.*, THEODORO JR., Humberto. *As novas reformas do Código de Processo Civil*. Rio de Janeiro: Forense, 2006. p. 154-155.

[25] "Artículo 522. Acatamiento y cumplimiento de las sentencias constitutivas. Solicitud de actuaciones judiciales necesarias. 1. Todas las personas y autoridades, especialmente las encargadas de los Registros públicos, deben acatar y cumplir lo que se disponga en las sentencias constitutivas y atenerse al estado o situación jurídicos que surja de ellas, salvo que existan obstáculos derivados del propio Registro conforme a su legislación específica. 2. Quienes hayan sido parte en el proceso o acrediten interés directo y legítimo podrán pedir al tribunal las actuaciones precisas para la eficacia de las sentencias constitutivas y para vencer eventuales resistencias a lo que dispongan".

percorrer, em regra, duas etapas, cada qual iniciada por uma *actio* do sujeito insatisfeito: a primeira destinada a gerar uma *sententia*[26] e a segunda cabível caso o litigante vencido não a cumprisse espontaneamente (a *actio iudicati*)[27].

Tal tradição não foi observada pelo direito europeu da Alta Idade Média, que, em sua experiência variadíssima, tanto do ponto de vista espacial quanto temporal,[28] tendia a "sincretizar" atividades cognitivas e executivas, não raro estabelecendo a precedência das segundas, realizadas em caráter privado, em face das primeiras.[29]

---

[26] O direito romano, em época clássica e pós-clássica, admitia que a *actio iudicati* não se baseasse apenas na *sententia*, mas igualmente na *confessio in iure*, isto é, confissão realizada perante o pretor (LONGO, Giovanni Elio Esecuzione forzata (diritto romano). *Novissimo digesto italiano*. 3. ed. Torino: UTET, 1957. v. 6. p. 718). Trata-se de reminiscência da Lei das XII Tábuas, que já equiparava sentença e confissão para fins de cabimento da vetusta *manus iniectio* (como lembra MORAES, José Rubens de. *Evolução histórica da execução civil no direito lusitano*. 2005. Dissertação (Mestrado) – Faculdade de Direito da Universidade de São Paulo, São Paulo. p. 120).

[27] A evolução do sistema processual romano, ao longo de seus muitos séculos de história, passou por dois movimentos claros: (a) transição da responsabilidade pessoal à patrimonial, com a proibição de que a execução recaísse sobre a pessoa do devedor; e (b) da publicização, passando-se gradativamente a exigir a intervenção do magistrado estatal. No direito romano arcaico e clássico, essa intervenção tinha por objetivo autorizar a prática de atos executivos privados. Já no direito romano pós-clássico e justinianeu a intervenção se dava para realizar os atos executivos, *ex autorcitate pincipis*. O primeiro movimento evolutivo foi marcado pela promulgação da *Lex Poetelia Papiria* (entre 326 e 331 a.C.), a qual proibiu uso de grilhões, morte e escravidão do executado, e legou aos estudiosos modernos o chamado "princípio da patrimonialidade", ressalvado apenas muito excepcionalmente (como no caso de prisão civil por dívida de alimentos, acolhida em diversos ordenamentos contemporâneos). Do segundo movimento evolutivo, que interessa mais diretamente para este trabalho, extrai-se a criação da *actio iudicati*, que se revelava meio pelo qual se exigia que o credor, a quem já se havia reconhecido razão por força de *actio* anterior, a retornar ao pretor antes de iniciar as medidas de caráter executivo, destinadas a satisfazer em concreto o direito anteriormente reconhecido, conforme lecionam, por exemplo, Leopold Wenger (*Actio iudicati*. Trad. Roberto Goldschmidt e José Julio Santa Pinter. Buenos Aires: EJEA, 1970, *passim*.); e José Rogério Cruz e Tucci e Luiz Carlos Azevedo (*Lições de história do processo civil romano*. 2. tiragem. São Paulo: RT, 2001. p. 131-135). Contudo, é de notar que a doutrina romanista diverge sobre o reconhecimento de verdadeiro caráter executivo à *actio iudicati*, ao menos em época clássica, haja vista que ela gerava exercício de atividades cognitivas e não abrigava qualquer atividade executiva, que era realizada de mão própria pelo credor, após a autorização do pretor. A propósito, confiram-se LA ROSA, Franca. *L'actio iudicati nel diritto romano clássico*. Milano: Giuffrè, 1963. p. 59-64 e AZEVEDO, Luiz Carlos de. *Da penhora*. São Paulo: Resenha Tributária, 1994, p. 29.

[28] Essa advertência para compreensão da execução no direito intermédio foi feita por José Rubens de Moraes (Cumprimento de sentença e execução – uma breve abordagem histórica. *Revista Jurídica*, Porto Alegre, v. 54, n. 345, jul. 2006, p. 40).

[29] Vide LIEBMAN, Enrico Tullio. *Embargos do executado*: oposições de mérito no processo de execução. Tradução de J. Guimarães Menegale. São Paulo: Saraiva, 1952. p. 38., ANDOLINA, Italo Augusto. "Accertamento" ed "esecuzione forzata" nel diritto italiano del tardo Medio Evo. *Il tempo e il processo*: Scritti scelti. Torino: G. Giapicchelli, 2009. p. 516-519 e AZEVEDO, Luiz Carlos de. *Da penhora*. São Paulo: Resenha Tributária, 1994. p. 57-70.

Já na Baixa Idade Média, retomada, ao menos por via de regra, a precedência da cognição em relação à execução, esta última passou a ser feita *per officium iudicis* (que se traduz como "execução a cargo do juiz"), que representava a superação tanto do regime de execução forçada privada[30] quanto da lógica da *actio iudicati*.[31]

Entendemos que a expressão "execução *per officium iudicis*" não remete à ideia de execução *ex officio* tampouco realizada na mesma relação processual. Tanto é verdade que se considera que esse modelo executivo se achava presente nas Ordenações do Reino Português[32], apesar de haver elementos a indicar execução feita apenas a requerimento do exequente e mediante citação do executado. De fato, as Ordenações Afonsinas (3.91.pr e 3.91.4) dispensavam qualquer provocação do exequente para exigir coisas infungíveis, mas a demandavam no caso de pagamento de quantia ou coisas fungíveis, bem como impunham a necessidade de citação do executado (3.91.5), ainda que sem necessidade de se aguardar qualquer prazo para cumprimento da obrigação imposta pela decisão exequenda (3.91.7). As Ordenações Manuelinas e Filipinas claramente reclamavam provocação do exequente (3.71.pr e 3.86). Já a citação passou a ser cabível apenas se não se encontrasse o executado no local em que se deveria realizar a execução. Em realidade, a contraposição entre execução por *actio iudicati* e execução *per officium iudicis* decorria muito mais da necessidade de nova e diferente cognição prévia à execução da sentença descumprida, (presente no primeiro modelo e ausente no segundo) e do caráter dos atos executivos (privados no primeiro caso e públicos no segundo[33]).

Contudo, mesmo quando não acatada a recíproca autonomia entre "processo de conhecimento" e "processo de execução" – de modo que atividades cognitivas e executivas convivessem numa mesma relação processual –, ainda assim a generalidade dos ordenamentos continuou a cultivar, ao menos em regra, a precedência da cognição em relação à execução.[34] Essa precedência foi mantida nos sistemas jurídicos de época contemporânea, atentos à necessidade de respeitar os direitos fundamentais ao contraditório e à ampla defesa

---

[30] Assim como o movimento de centralização de poder em torno dos monarcas implicou a criação dos meios de impugnação das decisões judiciais (como relata CRUZ E TUCCI, José Rogério. *Jurisdição e poder*: contribuição para a história dos recursos cíveis. São Paulo: Saraiva, 1987, *passim*), também implicou redução da autotutela privada, fruto do monopólio do uso da força. Conforme relata Luiz Carlos de Azevedo (*Da penhora*. São Paulo: Resenha Tributária, 1994. p. 80 e ss.), na tradição do direito luso-brasileiro, são marcantes a lei régia de 1211, recolhida no Livro de Leis e Posturas, que proibiu a execução privada, de modo a estabelecer a obrigatoriedade de realização de atos executivos por funcionários públicos, chamados de "porteiros" ou "sacadores", cujas atribuições foram descritas nas Ordenações (Ord. Af. 3.92 a 94; / Ord. Man. 3.72 e 73; e Ord. Fil. 3.89 e 3.90).

[31] Em época clássica, repita-se, a *actio iudicati* gerava novo e diferente procedimento de índole cognitiva, conforme relatado anteriormente.

[32] Conforme noticiam José Rogério Cruz e Tucci e Luiz Carlos de Azevedo (*Lições de história do processo civil lusitano*. São Paulo: RT, 2009, p. 136).

[33] A respeito desse ponto, confira-se LIEBMAN, Enrico Tullio. *Processo de execução*. São Paulo: Saraiva, 1946, p. 27-28.

[34] Confere bastante destaque a esse aspecto ALLORIO, Enrico. Esecuzione forzata (diritto processuale civile). *Novíssimo Digesto Italiano*. 3. ed. Torino: UTET, 1957. v. 6. p. 729-732.

do demandado. Assim, garantir-se-ia que a realização de medidas concretas de agressão à esfera jurídica do executado só teria ensejo após participação de ambos os litigantes na construção dialética de uma decisão que autorizasse o início de atividades executivas.[35]

Contudo, a precedência da cognição sobre a execução não reina absoluta, pois historicamente se consagraram casos em que essa ordem de fatores é invertida. Com efeito, remonta à Baixa Idade Média a criação de instrumentos orientados a atender à necessidade econômica de maior rapidez na circulação e recuperação de créditos,[36] os quais alteravam a ordem das atividades cognitivas e executivas. Eis o surgimento dos chamados títulos executivos extrajudiciais, os quais permitiam que a atividade executiva se realizasse diretamente, sem necessidade de prévio desenvolvimento de atividade cognitiva plena,[37] que teria lugar apenas em caráter eventual, por meio da técnica da "inversão do contraditório".

Com efeito, ao final da Idade Média, passou a se conceber que a confissão apta a ensejar execução poderia também ser feita mediante escritura pública, sem necessidade de intervenção judicial, conforme, *v.g.*, Tullio Ascarelli[38] e Michele de Palo[39], para quem as escrituras confessionárias permitiriam *extra iudicium et sine causae cognitione* uma ordem

---

[35] Trata-se de entendimento há muito assentado, tanto na doutrina estrangeira como na doutrina nacional, tanto antiga quanto mais recente (*v.g.*, LIEBMAN, Enrico Tullio. *Embargos do executado*: oposições de mérito no processo de execução. Tradução de J. Guimarães Menegale. São Paulo: Saraiva, 1952. p. 134; CALAMANDREI, Piero. Istituzioni di diritto processuale civile. *Opere giuridiche*. Napoli: Morano, 1970. v. 4. p. 66-71; CARRATTA, Antonio. Funzione e struttura nella tutela giurisdizionale somaria. *In*: ZUFELATO, Camilo; BONATO, Giovanni; SICA, Heitor Vitor Mendonça; CINTRA, Lia Carolina Batista. *I Colóquio Brasil-Itália de direito processual civil*. Salvador: JusPodivm, 2016. p. 217-218; CALMON DE PASSOS, José Joaquim. Teoria geral dos procedimentos especiais. *In*: DIDIER JR., Fredie; FARIA, Cristiano Chaves de. *Procedimentos especiais*: legislação extravagante. São Paulo: Saraiva, 2003. p. 1-10; e LUCON, Paulo Henrique dos Santos. *Eficácia das decisões e execução provisória*. São Paulo: RT, 2000, p. 144 ss.).

[36] Piero Rasi (Esecuzione forzata (diritto intermedio). *Enciclopedia del diritto*. Milano: Giuffrè, 1966. v. 15. p. 434) também entende que o sistema de *actio iudicati* (resgatada pelos glosadores e comentadores) já não mais atendia às necessidades do comércio. Leonardo Greco (A crise do processo de execução. *Estudos de direito processual*. Campos de Goytacazes: Editora Faculdade de Direito de Campos, 2005. p. 8-9) afirma na mesma linha que a criação de instrumentos extrajudiciais dotados de eficácia executiva se impôs por exigência econômica.

[37] Conforme relata Liebman (Execução e ação executiva. *Estudos sobre o processo civil brasileiro*. São Paulo: Bestbook, 2001, p. 27 e ss.), o processo italiano medieval desenvolveu o chamado *processus executivus*, embasado justamente em títulos extrajudiciais, que não se desenvolvia da mesma maneira que a execução de título judicial, pois abrigava de maneira mais intensa atividade cognitiva do juiz, embora não plena e exauriente. Tratava-se, pois, de procedimentos "mistos", conotados pela junção de cognição sumária e execução. Outros ordenamentos europeus (incluído o português) importaram e adaptaram esse modelo e o usaram até século XIX e início do século XX, quando foi superado em face da unificação do procedimento para execução de títulos judiciais e extrajudiciais, com drástica redução da cognição judicial exercida pelo juiz no segundo caso. Esse modelo, contudo, foi preservado nos ordenamentos de países da América Latina, incluído o Brasil, que somente o superou ao ensejo do CPC de 1973. Esse tema será retomado adiante.

[38] *Teoria geral dos títulos de crédito*. 2. ed. Trad. Nicolau Nazo. São Paulo: Saraiva, 1969. p. 32.

[39] *Teoria del titolo esecutivo*. Napoli: Detken e Rocholl, 1901. p. 33.

ex abrupto para que o devedor cumprisse a obrigação. Trata-se de decorrência da equiparação entre alguns atos judiciais e atos realizados por notários, cujas origens remontam ao século X da era cristã[40]. Entre os séculos XIII e XIV detecta-se o surgimento dos títulos de crédito (especialmente os de natureza cambial), com o objetivo primordial de assegurar a transferência de somas pecuniárias de modo mais ágil[41]. Originalmente, esses títulos não permitiam execução imediata e sequer seria algo ínsito à sua natureza[42]. Todavia, diversos países passaram a reconhecer o cabimento da execução realizada com base em títulos de crédito. Na Itália, a atribuição de força diretamente executiva às cambiais decorreu do Real Decreto 113, de 14.12.1882[43], ao passo que Portugal e França haviam atribuído exequibilidade das cambiais já no início do século XIX[44]. O Brasil contou, por décadas, com regulamentação sobre letras de câmbio (arts. 354 a 427 do Código Comercial de 1850), mas apenas em 1908 eles se tornaram passíveis de execução (art. 49 do Decreto 2.044) e, mesmo assim, por um procedimento com maior carga cognitiva que a atual execução de títulos extrajudiciais prevista na legislação vigente. A Espanha, até hoje, diferencia a *acción ejecutiva* (fundada no rol muito exíguo de hipóteses do art. 517 da LEC de 2000) do *proceso cambiario* (fundado na letra de câmbio, cheque ou *pagaré*, equivalente à nota promissória), que pode ser considerado um processo de conhecimento sumário (arts. 819 a 827).

Com base nessa experiência histórica, afirma-se que a maioria dos ordenamentos jurídicos modernos de raiz romano-germânica atribuiu, de maneira taxativa e excepcional, "eficácia abstrata" ou "incondicionada"[45] a determinados atos documentados constituídos

---

[40] Como relata SAVIOLI, Giuseppe. *Storia del diritto italiano*. Torino: UTET, 1921. p. 569.

[41] *V.g.* SARAIVA, José A. *A cambial*. Rio de Janeiro: Typografia do Jornal do Comércio. 1912. p. 21-24; e ASCARELLI, Tullio. *Panorama do direito comercial*. São Paulo: Saraiva, 1947. p. 94 e 99.

[42] Conforme, novamente, ASCARELLI, Tullio. *Teoria geral dos títulos de crédito*. 2. ed. Trad. Nicolau Nazo. São Paulo: Saraiva, 1969. p. 294-295, e, também, MARTORANO, Federico. *Lineamenti generali dei titoli di credito e titoli cambiari*. Napoli: Morano, 1979. p. 428-429.

[43] Conforme registram DE PALO, Michele. *Teoria del titolo esecutivo*. Napoli: Detken e Rocholl, 1901, p. 38 e VACCARELLA, Romano. *Titolo esecutivo, precetto, opposizioni*. Torino: UTET, 1983. p. 18-22.

[44] Conforme noticia José da Silva Lisboa, o célebre Visconde de Cayru (*Princípios de direito mercantil e leis da marinha*. Serviço de documentação do M.J.N.I., 1963. p. 472-473).

[45] Acolhendo a tese, confiram-se, apenas a título de exemplo, MONTERO AROCA, Juan; FLORS MATÍES, José. *Tratado de proceso de ejecución civil*. 2. ed. Valencia: Tirant lo Blanch, 2013, t. 1. p. 83-84), MANDRIOLI, Crisanto; CARRATTA, Antonio. *Diritto processuale civile*. 24. ed. riv. agg. Torino: G. Giappichelli, 2015, v. 4 (L'esecuzione forzata, i procedimenti sommari, cautelari e camerali), p. 23, MONTELEONE, Girolamo. *Manuale di diritto processuale civile*. Padova: Cedam, 2012. v. 2. p. 81-83, LIEBMAN, Enrico Tullio. *Processo de execução*. São Paulo: Saraiva, 1946. p. 316, MARQUES, José Frederico. *Manual de direito processual civil*. São Paulo: Saraiva, 1976. v. 4. p. 18-19, DINAMARCO, Cândido Rangel. *Execução civil*. 8. ed. rev. e atual. São Paulo: Malheiros, 2002, p. 471-473 e SHIMURA, Sérgio. *Título executivo*. São Paulo: Saraiva, 1997. p. 116-120), LUCON, Paulo Henrique dos Santos. Execução, condições da ação e embargos do executado. *In*: CRUZ E TUCCI, José Rogério (coord.). *Processo civil*: evolução (20 anos de vigência). São Paulo: Saraiva, 1995. p. 211.

no ambiente extrajudicial,[46] dos quais emergiria "presunção",[47] ou ao menos uma "elevada probabilidade",[48] de existência do direito do seu portador, de modo a aproximá-los da decisão judicial que impõe o cumprimento forçado de obrigação.

Conforme se demonstrará adiante, variam, de um país para outro e de uma época histórica para outra, os arranjos entre unificar ou separar a execução de título judicial e de título extrajudicial. O CPC brasileiro de 1939 rejeitou a unificação ao tratar separadamente a "ação executória" (fundada em decisão judicial) e a "ação executiva" (fundada em títulos extrajudiciais), o que foi duramente criticado por Enrico Tullio Liebman, que escreveu texto a esse respeito enquanto esteve em terras brasileiras[49]. O CPC de 1973 acolheu a solução diametralmente oposta, ao tratar conjuntamente em seu Livro II da execução de títulos judiciais e extrajudiciais, cuja disciplina variava apenas em razão da amplitude das defesas do executado (arts. 741 e 745). As reformas processuais empreendidas entre 1994 e 2005 reintroduziram, ao menos em parte, alguma diferenciação, o que foi mantido no CPC de 2015. Essa evolução será tratada nos itens seguintes.

4. RECÍPROCA AUTONOMIA ENTRE COGNIÇÃO E EXECUÇÃO NO SISTEMA JURÍDICO BRASILEIRO: ESTRUTURAÇÃO DOGMÁTICA E LEGISLATIVA

Se por um lado a doutrina que se debruçou sobre a execução civil se reúne, em linhas gerais, em torno do consenso a respeito das premissas enunciadas acima, por outro, há que reconhecer existir dissenso em relação a como se estruturaria a dicotomia cognição-execução.

Os estudiosos poderiam ser divididos entre "autonomistas" e "sincretistas", a julgar pela adesão à tese de que as atividades cognitivas e executivas deveriam ser desenvolvidas em processos reciprocamente autônomos ou na mesma relação processual. Os autonomistas

---

[46] Segundo Carnelutti (Titolo esecutivo. *Rivista di Diritto Processuale Civile*, Padova, v. 7, n. 1, 1931, p. 313-320) e Gonçalves Sampaio (*A acção executiva e a problemática das execuções injustas*. 2. ed. rev., actual. e ampl. Coimbra: Almedina, 2008. p. 38-39), trata-se essa de uma solução intermediária entre exigir *sempre* cognição exauriente prévia (como era previsto no sistema romano) e permitir *sempre* a execução direta (como era estruturado o sistema germânico).

[47] Nesse sentido, na doutrina estrangeira, *e.g.*, SILVA, Paula Costa e. As garantias do executado. *Themis – Revista da Faculdade de Direito da UNL*, v. 4, n. 7, 2003, p. 200. Na doutrina brasileira, *Tratado do processo de execução*. São Paulo: Sugestões Literárias, 1976, v. 1 p. 50 e BASTOS, Antonio Adonias Aguiar. *Teoria geral da execução*. Salvador: Faculdade Baiana de Direito, 2010, p. 105-106.

[48] Nesse sentido, na doutrina estrangeira, *e.g.*, MAZZARELLA, Ferdinando. *Contributo allo studio del titolo esecutivo*. Milano: Giuffrè, 1965. p. 14 e BALENA, Giampiero. *Istituzioni di diritto processuale civile*. 4. ed. Bari: Cacucci Editore, 2015. v. 3. p. 83-86; na processualística brasileira, GRECO, Leonardo. A crise do processo de execução. *Estudos de direito processual*. Campos de Goytacazes: Editora Faculdade de Direito de Campos, 2005. p. 8-9, SHIMURA, Sérgio. *Título executivo*. São Paulo: Saraiva, 1997, p. 136-138 e DINAMARCO, Cândido Rangel. *Instituições de direito processual civil*. 3. ed. São Paulo: Malheiros, 2009. p. 210-211.

[49] Execução e ação executiva. *Estudos sobre o processo civil brasileiro*. São Paulo: Bestbook, 2001, p. 26.

tendem a reconhecer, em maior ou menor grau, que "ação/processo de conhecimento" e "ação/processo de execução" seriam entidades distintas do ponto de vista estrutural, funcional e eficacial. Os "sincretistas", por outro lado, tendem a valorizar a complementaridade das atividades cognitivas e executivas, e a existência de uma multiplicidade de formas de combiná-las sem que seja possível identificar compartimentos estanques. É natural que entre esses dois extremos teóricos se construam diversas concepções intermediárias.[50] Ademais, são catalogados na mesma categoria autores que, embora convirjam sob o aspecto de defender a tese autonomista ou sincretista, chegam a tais conclusões com base em caminhos e referenciais teóricos distintos.

Anteriormente ao CPC de 1939, a doutrina brasileira em geral reconhecia a execução de sentença como simples fase complementar do processo destinado à obtenção de tutela condenatória. Nesse sentido, Paula Baptista, à luz das Ordenações Filipinas (que à época regiam as execuções nos processos civis) e do Regulamento 737 de 1850 (que, naquele tempo, se aplicava às execuções nos processos comerciais), afirmou, sem titubear, que "execução é *parte do processo* que contém os meios de reduzir o julgado a efeitos concretos"[51] (destacou-se).

Contudo, o CPC brasileiro de 1939, inspirado pela doutrina europeia-continental da época, aparentemente tentou alterar essa concepção, mas chegou a um resultado ambíguo, ora indicando o acolhimento da tese autonomista, ora dando elementos a indicar a opção pelo sincretismo.

A análise do CPC de 1939 e da doutrina sobre ele produzida, a qual será realizada adiante, mostra-se absolutamente relevante para o presente trabalho, sobretudo porque, à época, havia maior dissenso sobre a dicotomia "processo/ação de conhecimento" e "processo/ação de execução"[52], se comparada com a doutrina produzida em face do CPC de 1973, seja à luz da própria estrutura do procedimento ordinário, seja em razão das feições características

---

[50] Ao longo da exposição, os autores adeptos de cada corrente serão referidos. Contudo, por ora cabe destacar que a corrente "autonomista" angariou mais adeptos na Europa continental desde meados da primeira metade do século XX e, no Brasil, na segunda metade do século XX. Pode-se dizer que a corrente "sincretista" passou a ganhar terreno no Brasil a partir de meados da década de 1990 e influiu nas reformas legislativas aprovadas desde então.

[51] PAULA BAPTISTA, Francisco de. *Teoria e prática do processo civil e comercial*. Reimpressão. São Paulo: Saraiva, 1988. p. 140-141. Os passos das Ordenações Filipinas citados pelo autor foram os seguintes: 3.86, pr e 3.86.27. Já no tocante ao Regulamento 737, o autor apoiava seu entendimento nos arts. 47 e 722 daquele diploma.

[52] Admitindo que a demanda de conhecimento e a execução da decisão nela proferida fazem parte de uma única relação processual: SOUZA, Orlando de. *Doutrina e prática das execuções de sentenças*. 2. ed. rev. e aum. São Paulo: Sugestões Literárias, 1966. p. 11 e 23-24, MARTINS, Pedro Batista. *Comentários ao Código de Processo Civil*. Rio de Janeiro: Forense, 1942. v. 3, p. 299 e REZENDE FILHO, Gabriel José Rodrigues de. *Curso de direito processual civil*. 5. ed. anotada, corrigida e atualizada por Benvindo Aires. São Paulo: Saraiva, 1960. v. 3, p. 170. Reconhecendo haver duas ações e dois processos, LOPES DA COSTA, Alfredo de Araújo. *Direito processual civil brasileiro*. 2. ed. rev., aum. e ampl. Rio de Janeiro: Forense, 1959. v. 4. p. 38-39, AMARAL SANTOS, Moacyr. *Primeiras linhas de direito processual civil*. 3. ed. 2 tir. São Paulo: Saraiva, 1968. v. 3. p. 214-217 e MARQUES, José Frederico. *Instituições de direito processual civil*. 3. ed. rev. Rio de Janeiro: Forense, 1971. v. 5. p. 24, 37 e 41.

da "ação executiva" (arts. 298 a 301), que era enquadrada como "processo especial" e, ainda assim, deu origem à ação de execução de título extrajudicial tal qual estruturada nos CPCs de 1973 e 2015. Veja-se ainda que, por um lado, o art. 885, I, do CPC de 1939 dava a entender que a execução de sentença exigiria provocação do exequente, ao passo que o art. 165 do CPC de 1939 dispunha ser "necessária a citação, sob pena de nulidade, no começo da causa ou da execução". Já o art. 196 fornecia argumento contrário a essa concepção, ao dispor que "[a] instância começará pela citação inicial válida e terminará por sua absolvição ou cessação ou pela execução da sentença". Ou seja, o cotejo desses dispositivos indica dissonância[53]. Também causava perplexidade o fato de "ação executiva", fundada em títulos extrajudiciais nos termos dos arts. 298 a 301 do CPC de 1939, contar com duas fases, uma de execução e outra de conhecimento, reunidas em uma mesma relação processual[54].

Em seu período de estadia em terras brasileiras, Liebman publicou obra dedicada à execução civil à luz do CPC de 1939[55] cujas ideias exerceram forte influência sobre a doutrina pátria, máxime sobre seu discípulo Alfredo Buzaid, que nelas se baseou para construir o CPC de 1973.

Fazendo eco à doutrina europeia de seu tempo, Liebman sustentava que, havendo diferença funcional entre as atividades jurisdicionais cognitiva e executiva, seria "natural que a cognição e a execução" fossem "ordenadas em dois processos distintos, construídos sobre princípios e normas diferentes, para obtenção de finalidades muito diversas".[56] Desse modo, propugnava a unificação científica das execuções fundadas em títulos judiciais e extrajudiciais, ambas autônomas em relação ao "processo de conhecimento".

Com base em tal premissa, Liebman empreendeu incursão histórica e procedeu à construção de base teórica, para, à luz do ordenamento processual brasileiro da época, invocar sete razões principais para dar sustentação à teoria autonomista,[57-58] assim sintetizadas:

a) Esgotados os meios para as partes tentarem convencer o juiz de suas razões, por via de regra, produz-se sentença de mérito, passível de ser coberta pela coisa julgada material. De acordo com Liebman, seria natural que a criação dessa barreira

---

[53] Como bem notado por Antônio Carlos Costa e Silva (*Tratado do processo de execução*. São Paulo: Sugestões Literárias, 1976. v. 1. p. 128) já na vigência do CPC de 1973.
[54] Como reconhecia Buzaid (*Do concurso de credores no processo de execução*. São Paulo: Saraiva, 1952, p. 28).
[55] Referimo-nos a *Processo de execução* (publicada apenas no Brasil, originalmente em 1946). Essa monografia se achava plenamente alinhada ao pensamento que havia sido anteriormente externado na obra *Le opposizioni di merito nel processo d'esecuzione*, cuja primeira edição italiana data de 1931 (consultamos a segunda edição, de 1936) e cuja tradução brasileira, intitulada *Embargos do executado*, foi publicada em 1952.
[56] LIEBMAN, Enrico Tullio. *Processo de execução*. São Paulo: Saraiva, 1946. p. 31.
[57] LIEBMAN, Enrico Tullio. *Processo de execução*. São Paulo: Saraiva, 1946. p. 83-89, não necessariamente na ordem apresentada no texto e com os exatos mesmos termos.
[58] Dinamarco (*Execução civil*. 8. ed. rev. e atual. São Paulo: Malheiros, 2002. p. 125 e 137-138) acolhe a maioria delas.

preclusiva implicasse o término do "processo de conhecimento" para, a partir daí, iniciar novo e diverso processo.[59]

b) O art. 165 do CPC de 1939, vigente ao tempo da obra aqui referida, impunha a citação como requisito inicial para a execução, o que reforçaria se tratar de um novo processo.[60]

c) A execução de títulos extrajudiciais (à época pautada pelos arts. 298 a 301 do CPC de 1939) era feita por processo autônomo.

d) O sistema de então autorizava (como ainda autoriza o atual) que a(s) vítima(s) de crime executem civilmente a sentença penal condenatória transitada em julgado para obtenção de indenização, também por meio de processo de execução autônomo.

e) A pretensão veiculada por meio da ação de execução se sujeita a prescrição própria e diversa daquela que recai sobre a pretensão exercida por meio da ação de conhecimento.[61]

f) Há a possibilidade de "absolvição de instância" (*rectius*, extinção do processo sem exame de mérito) na execução,[62] reforçando-se tratar-se de um processo autônomo.

g) As partes do processo de execução podem ser diferentes das partes do "processo de conhecimento" que o antecedeu, evidenciando a recíproca autonomia entre as relações jurídicas processuais.

Essa lição doutrinária teve forte e inegável influência na construção do CPC brasileiro de 1973, o qual assentou claramente em seus Livros I e II a dicotomia "ação/processo de conhecimento" e "ação/processo de execução",[63] unificando-se, neste último, as execuções

---

[59] Seguindo a mesma linha, Dinamarco sintetiza o seu pensamento: "[s]e a ação é o poder de provocar o exercício da função jurisdicional, estimulando o órgão, passo a passo, até a prolação do provimento final, certamente extingue-se a ação cognitiva no momento em que passa em julgado a sentença condenatória; acolhida a demanda do autor com julgamento do mérito, diz o Código expressamente, o processo se extingue; findo o processo, acabam também os poderes de exigir a prática dos atos jurisdicionais do respectivo procedimento. Para que tenha vida outro processo, ainda que referente" (*Execução civil*. 8. ed. rev. e atual. São Paulo: Malheiros, 2002. p. 125).

[60] Em outro escrito (Execução e ação executiva. *Estudos sobre o processo civil brasileiro*. São Paulo: Bestbook, 2001. p. 36-37) Liebman deu ênfase a esse dispositivo em detrimento do art. 196, conforme já referido, empreendendo esforço para interpretar esse segundo dispositivo em consonância com sua proposição teórica.

[61] Essa concepção de Liebman foi, na década de 1960, acolhida e confirmada pelo STF quando da edição do Verbete 150 de sua Súmula, de redação não muito apurada tecnicamente: "Prescreve a execução no mesmo prazo de prescrição da ação".

[62] Registre-se, contudo, que em outro texto publicado originalmente no Brasil na década de 1940, (Execução e ação executiva. *Estudos sobre o processo civil brasileiro*. São Paulo: Bestbook, 2001, p. 37) o mesmo jurista afirmou que na execução de título judicial não poderia haver "absolvição de instância", sob o (errado) fundamento de que isso inutilizaria a sentença exequenda.

[63] No mesmo texto aludido na nota anterior (*Ibidem*, p. 26-27) sustentava que essa dicotomia representava uma construção teórica avançada, prestigiada pelos Códigos Processuais europeus da época, assim como a unificação da disciplina da execução fundada em títulos judiciais e extrajudiciais. Buzaid afirmou expressamente sua concordância com essa diretriz na Exposição de Motivos do Anteprojeto que veio a se converter no CPC de 1973 (Item 21). Pouco depois da

fundadas em títulos judiciais e extrajudiciais, iniciadas ambas por petição inicial e citação pessoal do executado.[64]

Ademais, a doutrina subsequente acrescentou outros elementos a corroborar a recíproca autonomia entre "ação/processo de conhecimento" e "ação/processo de execução", isto é:

a) O regime de disponibilidade do direito material se altera quando da passagem do "processo de conhecimento" para o "processo de execução" (art. 569 do CPC de 1973 e art. 775 do CPC de 2015), o que sinalizaria uma alteração da pretensão feita valer em juízo.[65]

b) Podem tramitar em paralelo o "processo de conhecimento" (em fase recursal) e a execução provisória da decisão nele proferida, de modo a confirmar que são processos distintos.[66]

c) Em alguns quadrantes do Poder Judiciário brasileiro[67] (assim como desde há muito ocorre em sistemas judiciários estrangeiros),[68] exclui-se a incidência da regra da *perpetuatio jurisdicionis*,[69] de modo a se confiar a execução forçada a juízo diverso daquele que proferiu a decisão exequenda, o que seria indicativo de haver duas diferentes ações e/ou processos.

---

promulgação daquele Código, Celso Neves sentenciou peremptoriamente que "[a] diferença entre conhecimento e execução é, hoje, tranquila, em teoria e no próprio direito positivo da maioria dos países de formação cultural europeia, tendo fundo romano ou germânico. Não há, portanto, nenhuma dúvida quanto à distinção entre cognição e execução" (Jurisdição e execução. *In*: PRADE, Péricles (coord.). *Estudos jurídicos em homenagem a Vicente Ráo*. São Paulo: Resenha Universitária, 1976. p. 320-321).

[64] Arts. 611, 614, 617, 618, II, 621, 629, 632 e 652 do CPC de 1973, em sua redação original.

[65] Argumento usado por Araken de Assis (*Cumprimento de sentença*. Rio de Janeiro: Forense, 2006, p. 173).

[66] Argumento usado por Lopes da Costa (*Direito processual civil brasileiro*. 2. ed. rev., aum. e ampl. Rio de Janeiro: Forense, 1959. v. 4. p. 44-45).

[67] É o que ocorre por força do art. 516, parágrafo único, do CPC de 2015 (similar àquela inserida por reforma no art. 475-P, parágrafo único, do CPC de 1973), em que se permite que a execução seja feita não perante o juízo que proferiu a decisão exequenda, mas sim diante do juízo do local em que se encontram os bens do executado a penhorar ou no local em que a obrigação de fazer ou não fazer tenha que ser executada. Também por força de normas locais têm-se criado juízos especializados em execução, por exemplo, o "Juiz Auxiliar em Execução", criado pelo TRT 2ª Região, com base no Provimento GP/CR 01/2009. Em sentido similar, o Provimento 894/2004 do Conselho Superior da Magistratura do Estado de São Paulo criou um "Setor de Execuções contra a Fazenda Pública, anexo às Varas da Fazenda Pública da Capital". A rigor, esses atos infralegais não teriam a aptidão de afastar a incidência do art. 475-P do CPC de 1973 e art. 516 do CPC de 2015, que prescrevem competência de juízo (e não de foro) de caráter absoluto (conforme já entendeu o STJ, *e.g.*, nos seguintes acórdãos: AgRg no CC 69.200/RJ, 2ª Seção, rel. Min. Humberto Gomes de Barros, j. 12.09.2007, *DJ* 24.09.2007, p. 241).

[68] *V.g.*, art. 484 do Código de Processo Civil italiano e art. 85.2 do Código de Processo Civil português. José Lebre de Freitas (Os paradigmas da ação executiva na Europa. *Revista de Processo*, São Paulo, v. 36, n. 201, nov. 2011. p. 136) destaca ser uma "tendência".

[69] Como observado por Ronnie Preuss Duarte, A natureza jurídica do "cumprimento de sentença", p. 265-266.

Como decorrência dessa divisão estanque entre "processo de conhecimento" e "processo de execução", reservou-se a alegação de toda a matéria de defesa do executado aos "embargos do devedor", considerados de maneira praticamente unânime como "processo de conhecimento incidente".[70] Sob esse prisma, o processo de execução não seria o palco adequado para abrigar atividades cognitivas (ao menos no tocante à relação jurídica de direito material subjacente ao título),[71] assim como o "processo de conhecimento" não poderia abrigar atividades executivas. Daí falar em autonomia recíproca.

Seguida essa trilha, toda e qualquer questão de mérito seria reservada a processos de conhecimento incidentais. O CPC de 1973 procurava prestigiar essa solução reservando, ao menos em princípio, *apenas*, dois instrumentos para a defesa do executado: (a) os embargos à execução (manejáveis logo após a garantia do juízo, representada pelo depósito da coisa objeto da execução de obrigação de dar ou pela penhora apta a cobrir toda a execução por quantia (art. 737), em que se alegavam defesa de mérito e defesa quanto aos atos processuais realizados desde então); e (b) os comumente denominados "embargos de segunda fase", que somente podiam ser manejados após a arrematação ou a adjudicação para alegar causas de

---

[70] É curioso notar ao tempo do CPC de 1939, mesmo não sendo uníssono o entendimento da recíproca autonomia entre processo de conhecimento e "processo de execução" (conforme resenha doutrinária realizada *supra*), era prevalecente o entendimento de que os embargos do devedor eram processo incidente (*v.g*, REZENDE FILHO, Gabriel José Rodrigues de. *Curso de direito processual civil*. 5. ed. anotada, corrigida e atualizada por Benvindo Aires. São Paulo: Saraiva, 1960. v. 3. p. 287; e LOPES DA COSTA, Alfredo de Araújo. *Direito processual civil brasileiro*. 2. ed. rev., aum. e ampl. Rio de Janeiro: Forense, 1959. v. 4. p. 47-62). Ao tempo do CPC de 1973, esse entendimento tornou-se praticamente pacífico (*v.g.*, FURTADO, Paulo. *Execução*. 2. ed. atual. e ampl. São Paulo: Saraiva, 1991. p. 296; LUCON, Paulo Henrique dos Santos. *Embargos à execução*. 2. ed. rev., atual. e ampl. São Paulo: Saraiva, 2001. p. 84 e 130-132; BELTRAME, José Alonso. *Dos embargos do devedor*: teoria e jurisprudência. 3. ed. rev., atual. e ampl. São Paulo: RT, 2002. p. 41; MARINONI, Luiz Guilherme; ARENHART, Sérgio Cruz. *Curso de processo civil*. São Paulo: RT, 2007. v. 3. (Execução), p. 446-447; ABELHA, Marcelo. *Manual da execução civil*. 6. ed. rev. e atual. Rio de Janeiro: Forense, 2016. p. 467-468). Destacam-se como opiniões parcialmente divergentes: Haroldo Pabst (*Natureza jurídica dos embargos do devedor*. 2. ed. com anexo de atualização. Rio de Janeiro: Forense, 2000. p. 149), para quem se trata de instrumento de defesa; Gelson Amaro de Souza, para quem se trata formalmente de ação, mas materialmente de defesa (*Efeitos da sentença que julga os embargos à execução*. São Paulo: MP Editora, 2007. p. 93); Sandro Gilbert Martins, para quem a natureza jurídica dos embargos seria "mista" (*A defesa do executado por meio de ações autônomas*: defesa heterotópica. 2. ed. rev., atual. e ampl. São Paulo: RT, 2005. p. 136), bem como Leonardo Greco (GRECO, Leonardo. *O processo de execução*. Rio de Janeiro: Renovar, 2001. v. 2. p. 587-596) e Wambier-Wambier-Medina (Os embargos à execução de título extrajudicial. *In*: SANTOS, Ernane Fidélis dos; WAMBIER, Luiz Rodrigues; NERY JR., Nelson; WAMBIER, Teresa Arruda Alvim (coord.). *Execução civil*: estudos em homenagem ao Professor Humberto Theodoro Júnior. São Paulo: RT, 2007. p. 641), para quem a natureza varia em função da matéria alegada.

[71] Liebman assim sintetizava esse pensamento: "a execução é, pois, estruturada pela lei como um procedimento fechado e perfeito em si mesmo, do qual se exclui qualquer indagação de mérito e que caminha inexoravelmente por sua estrada *como se* não houvesse qualquer incerteza sobre sua legitimidade" (*Manual de direito processual civil*. Trad. Cândido Rangel Dinamarco. 3. ed. São Paulo: Malheiros, 2005. v. 1. p. 270).

"nulidade da execução (...) desde que supervenientes à penhora" (art. 746). Sobrava pouco para o executado alegar em defesa diretamente no bojo da execução. Conforme assentamos em outra obra[72], o sistema foi assim estruturado com o objetivo de valorizar a eficácia do título executivo e limitar o contraditório endoexecutivo.

Há décadas essa estrutura tem recebido críticas doutrinárias (conforme será analisado adiante) e, por meio de reformas legislativas, foi completamente desconstruída no ordenamento jurídico nacional.

5. (SEGUE) PAULATINA DESCONSTRUÇÃO DOGMÁTICA E PRETORIANA

Desde as primeiras páginas das obras de Liebman dedicadas ao tema da execução forçada civil, resta claro que seu objetivo era revalorizar o estudo desse campo do direito processual.[73] O caminho encontrado para tanto foi proclamar a autonomia do processo de execução em relação ao "processo de conhecimento",[74] de modo a definir seus próprios princípios[75] e institutos fundamentais.[76]

---

[72] Comentários aos arts. 513 a 527, p. 813.
[73] Daí a menção à figura da "Cinderela" (*Processo de execução*. São Paulo: Saraiva, 1946. p. 8).
[74] A preocupação de não enxergar a execução civil como mero "apêndice" do estudo do processo civil mostra-se generalizada. Na doutrina portuguesa, José Ferreira de Almeida, autor de um sucinto, mas profundo, texto dedicado à natureza e à função do título executivo publicado há meio século (Algumas considerações sobre o problema da natureza e função do título executivo. *Revista da Faculdade de Direito da Universidade de Lisboa*, v. 19, 1966. p. 6) assentou como premissa ser "certo que já não mais se considera a execução como mera fase complementar do verdadeiro processo, apresentando interesse puramente prático e sem relações com a unidade do sistema. Pelo contrário, nota-se a preocupação de integrar a execução no sistema geral, mas, muitas vezes, de a integrar 'à força'. Frequentemente, com efeito, se nos deparam construções da teoria geral do processo que procuram adaptar aos quadros fundados predominantemente em função do processo declarativo as figuras e conceitos próprios da execução". Na doutrina processual contemporânea, externam essa mesma preocupação, *v.g.*, ASSIS, Araken de. Execução forçada e efetividade do processo. *Revista Síntese de Direito Civil e Processual Civil*, Porto Alegre, v. 1, n. 1, set.-out. 1999. p. 7-8, no qual denunciou o "ranço de tratar a execução como simples fase complementar", e MARTINS, Sandro Gilbert. *A defesa do executado por meio de ações autônomas: defesa heterotópica*. 2. ed. rev., atual. e ampl. São Paulo: RT, 2005. p. 40.
[75] Entre esses princípios próprios, destacam-se usualmente o da patrimonialidade, do título executivo, da disponibilidade, da adequação, da (a)tipicidade, da menor onerosidade e da responsabilidade (essa lista figura, por exemplo, de texto de ASSIS, Araken de. Teoria geral do processo de execução. *In*: WAMBIER, Teresa Arruda Alvim (coord.). *Processo de execução e assuntos afins*. São Paulo: RT, 1998. p. 41-45). Reconhecendo a autonomia científica da execução civil, em razão de seus princípios próprios, POLIDO, Jorge Miguel Pação. Ensaio sobre a autonomia do processo executivo. *In*: PINTO, Rui (coord.). *Colectânea de estudos de processo civil*. Coimbra: Almedina, 2013. p. 462-467.
[76] Entre os institutos típicos da execução civil se acham os seguintes: título executivo, fraude de execução, responsabilidade patrimonial (que, embora tenha surgido na civilística, foi apropriado pela doutrina processual).

Ao assim proceder, Liebman se valeu do mesmo método que havia sido anteriormente empregado pelos pioneiros da processualística entre o final do século XIX e o início do século XX, para proclamar a autonomia da relação jurídica processual em face da subjacente relação jurídica material. Naqueles tempos era fundamental valorizar o estudo da primeira, realçando seus princípios e institutos fundamentais próprios.[77-78]

Contudo, se por um lado esse método calcado na proclamação de autonomia mostrou-se extremamente profícuo para autoafirmação da ciência processual civil, por outro, não poderia funcionar tão bem para assentar a autonomia da execução em relação à cognição.[79] Afinal, a distância entre relação jurídica de direito material e relação jurídica processual desponta infinitamente mais intensa que aquela entre atividade judicial cognitiva e executiva. Nesse passo, o reconhecimento da recíproca autonomia entre a relação jurídica de direito material e a relação jurídica de direito processual se apresenta muito mais natural que a proclamação da recíproca autonomia entre "ação/processo de conhecimento" e "ação/processo de execução" que peca por cometer alguns excessos e incorrer em certo "artificialismo".[80]

---

[77] É possível cogitar também outra explicação: a de que a proclamação da autonomia científica da execução tenha sido um "eco" tardio da afirmação da autonomia da ciência processual civil como um todo. Esse alvitre é do português Fernando Amâncio Ferreira (*Curso do processo de execução*. 12. ed. Coimbra: Almedina, 2010. p. 19), para quem a recíproca autonomia representaria acolhimento de uma teoria publicista-processualista, ao passo que o monismo representaria acolhimento da tese privatista-civilista.

[78] O mesmo movimento de afirmação de autonomia, com o propósito de valorização dogmática, passou-se com o processo cautelar (*v.g.*, LIEBMAN, Enrico Tullio. Unità del processo cautelare. *Problemi del processo civile*. Napoli: Morano, 1962. p. 104-110; REIS, José Alberto dos. *A figura do processo cautelar*. Porto Alegre: Ajuris, 1985, *passim*; SILVA, Ovídio A. Baptista da. *Ação cautelar inominada no direito brasileiro*. Rio de Janeiro: Forense, 1979, *passim*; e LACERDA, Galeno. *Comentários ao Código de Processo Civil*. 8. ed. atual. Rio de Janeiro: Forense, 1999. v. 8. t. 1. p. 2-4). Tanto é que Buzaid a considerou expressamente na Exposição de Motivos do Anteprojeto que veio a se converter no CPC de 1973: "[o] processo cautelar foi regulado no Livro III, porque é um *tertium genus*, que contém a um tempo as funções do processo de conhecimento e de execução" (Item 11). As mesmas críticas que se dirigem à autonomia da execução de título judicial em relação ao processo de conhecimento são, *mutatis mutandis*, aplicáveis à autonomia da cautelar em relação ao processo principal, isto é, que se trata de construção artificial, que não decorre da natureza das coisas, mas sim de escolhas do legislador (é o que defendem, *v.g.*, BEDAQUE, José Roberto dos Santos. *Tutela cautelar e tutela antecipada*: tutelas sumárias e de urgência (tentativa de sistematização). 5. ed. São Paulo: Malheiros, 2009. p. 236-240; e YARSHELL, Flávio Luiz. *Curso de direito processual civil*. São Paulo: Marcial Pons, 2014. v. 1. p. 256). Nesse passo, não parece ser fruto do acaso que o mesmo movimento de "sincretização" que se passou no tocante às atividades cognitivas e executivas (por força das reformas de 1994, 2002 e 2005 e consagradas no CPC de 2015) tenha também atingido, na mesma época, as atividades provisórias e definitivas (o que se revela claro pela reforma de 1994 e 2002, mas culmina absolutamente evidente no CPC de 2015).

[79] Trata-se de constatação que foi feita também por Vaccarella (Esecuzione forzata. *Rivista dell'Esecuzione Forzata*, n. 1, 2007. p. 13).

[80] Esse é o pensamento de Humberto Theodoro Jr. (*O cumprimento de sentença e a garantia do devido processo legal*. 2. ed. Belo Horizonte: Mandamentos, 2006. p. 221-222), que será examinado em detalhes aqui.

A natural diferença entre as atividades cognitivas e executivas não impunha de maneira inexorável a recíproca autonomia entre relações processuais destinadas a realizá-las, até mesmo em razão de sua inquestionável complementaridade.[81] Tanto isso é verdade que o próprio texto do CPC de 1973 e a legislação processual extravagante vigente ao tempo de sua promulgação previam procedimentos, tais como o mandado de segurança,[82] as ações possessórias[83] e as ações de despejo,[84] nas quais não se podia vislumbrar com clareza a existência de dois processos (um de conhecimento e outro, subsequente, de execução).[85] A mesma conjugação da cognição e execução despontava clara no processo cautelar, estruturado de forma inédita no CPC de 1973.[86] Em todas essas hipóteses, uma vez autorizada (em caráter definitivo ou provisório) a deflagração de atividades executivas decorrentes da sentença de procedência do pedido do demandante, seguia-se, por impulso oficial e sem nova citação, a realização forçada de seu comando, como simples fase da mesma relação processual, sem se cogitar da instauração de um novo processo.

Em face de tais arranjos excepcionais de atividades cognitivas e executivas, vicejou extensa polêmica doutrinária ao longo de todo o tempo de vigência do CPC de 1973. Diversos autores viam nessas situações específicas de direito material, tratadas de forma diferenciada pelo ordenamento processual, prova da insuficiência da longamente acolhida classificação

---

[81] É exatamente nesse sentido a crítica assentada por Ovídio Baptista da Silva: "a construção do conceito [de processo de execução] deveu-se mais à necessidade teórica de dar fundamento ao princípio da unidade e autonomia dos instrumentos executórios do que a uma exigência lógica que tivesse em si mesma a sua justificação final" (*Curso de processo civil*. 4. ed. rev. e atual. São Paulo: RT, 2000. v. 2. p. 19-20).

[82] Entendimento haurido do art. 11 da Lei 1.533/1951: "Julgado procedente o pedido, *o juiz transmitirá* em ofício, por mão do oficial do juízo ou pelo correio, mediante registro com recibo de volta, ou por telegrama, radiograma ou telefonema, conforme o requerer o peticionário, o inteiro teor da sentença a autoridade coatora" (grifei). A mesma redação foi substancialmente reproduzida no art. 13 da Lei 12.016/2009.

[83] É o que se entende à luz do art. 929 do CPC de 1973 ("Julgada procedente a justificação, *o juiz fará logo expedir* mandado de manutenção ou de reintegração" – grifei). José Frederico Marques (*Instituições de direito processual civil*. 3. ed. rev. Rio de Janeiro: Forense, 1971. v. 5. p. 260) entende que a ação possessória permitia a execução imediata (*rectius*, "sincretizada") por tradição histórica e por decorrência lógica de o juiz poder expedir mandado liminar de reintegração ou manutenção de posse de força nova sem ouvir o réu, sendo natural que o fizesse também na execução da sentença. É de notar que essa norma não foi repetida pelo CPC de 2015.

[84] Por força do art. 63 da Lei 8.245/1991, que dispõe: "Julgada procedente a ação de despejo, o juiz *determinará* a expedição de mandado de despejo, que conterá o prazo de 30 (trinta) dias para a desocupação voluntária, ressalvado o disposto nos parágrafos seguintes" (grifamos).

[85] Dinamarco (*Execução civil*. 8. ed. rev. e atual. São Paulo: Malheiros, 2002. p. 138-139) destaca esses exemplos, justamente para afirmar que nesses casos não havia recíproca autonomia entre conhecimento e execução, mas sim "sincretismo".

[86] Reinava o consenso de que no processo cautelar conviviam atividades cognitivas e executivas (conforme pontuava, na doutrina estrangeira, Liebman, (Unità del processo cautelare. *Problemi del processo civile*. Napoli: Morano, 1962. p. 104) e, no Brasil, Ovídio Baptista da Silva (*Ação cautelar inominada no direito brasileiro*. Rio de Janeiro: Forense, 1979. p. 202 e ss.)).

"ternária" das ações, sentenças, eficácias ou tutelas[87] entre meramente declaratórias, constitutivas e condenatórias, de modo a sustentar a existência de outras duas categorias: *mandamentais* e *executivas* "lato sensu" (ou simplesmente *executivas*).

Destacam-se, aqui, particularmente dois autores: Pontes de Miranda e Ovídio Baptista da Silva, cujas ideias apresentavam mais pontos de convergência do que de divergência. Pontes de Miranda propunha a classificação das ações de acordo com suas eficácias preponderantes, que eram de cinco espécies[88]. Ovídio Baptista aderiu a essa construção teórica com algumas ressalvas[89]. Primeiramente, o jurista gaúcho sustentava que as ações executivas *lato sensu* e mandamentais não deveriam ser categorias do processo de conhecimento, e sim de execução[90], embora seu restrito conceito de "execução" não pudesse abrigar adequadamente a ação mandamental, fundada em técnicas essencialmente coercitivas[91]. Além disso, o autor acatava apenas a expressão "ação executiva", recusando o acréscimo *lato sensu* (de fato, Barbosa Moreira, após profunda leitura da obra de Pontes de Miranda, não tenha logrado localizar a expressão "ação executiva *lato sensu*"[92]). Ovídio Baptista da Silva ainda se destacava pela veemência e insistência com que correlacionava as características do direito material controvertido ao regime de execução[93]. Vários outros autores brasileiros acataram essa classificação[94]. A força dessa construção teórica se constata em textos legislativos. O art. 212, § 2º, da Lei 9.069/1990 (Estatuto da Criança e do Adolescente) usa a expressão "ação mandamental"[95]. Já o art. 14, V, do CPC de 1973, inserido pela Lei 10.358/2001, também

---

[87] Não é o caso de explorar esse aspecto aqui, mas apenas registrar que essas sensíveis diferenças terminológicas decorrem dos diferentes enfoques dados, respectivamente, sobre a demanda inicial, sobre a decisão que a aprecia, sobre os efeitos produzidos pela decisão ou sobre o que se pretende proteger com a atuação do Estado-juiz.

[88] A construção é erigida de forma profunda e sistemática no *Tratado das ações*. 2. ed. São Paulo: RT, t. 1, esp. p. 117-142, t. 6, p. 3-22, e t. 7, 3-14.

[89] *Curso de processo civil*, v. 1, p. 157-167, e v. 2, p. 19-25 e 183 ss.; e *Ação de imissão de posse*. 3. ed. rev. e atual. São Paulo: RT, 2001. p. 56-67.

[90] *Curso de processo civil*. 4. ed. rev. e atual. São Paulo: RT, 2000. v. 2. p. 21.

[91] *ibidem*, p. 27

[92] Questões velhas e novas em matéria de classificação de sentenças. *Temas de direito processual*: oitava série. São Paulo: Saraiva, 2004. p. 132.

[93] A título de exemplo, confira-se Reivindicação e sentença condenatória. *Revista de Processo*, São Paulo, v. 13, n. 51, jul.-set. 1988. p. 42-74.

[94] *V.g.*, WATANABE, Kazuo et al. *Código de Defesa do Consumidor comentado pelos autores do anteprojeto*. 8. ed. rev., atual. e ampl. Rio de Janeiro: Forense Universitária, 2005. p. 834-839, embora sem maior aprofundamento científico, MARINONI, Luiz Guilherme. *Tutela específica*: arts. 461 do CPC e 84, CDC. 2. ed. rev. São Paulo: RT, 2001. p. 31-64, embora com temperamentos em relação à doutrina de Pontes de Miranda e Ovídio Baptista da Silva, em especial por tratar essa quarta e quinta categorias como "técnicas de tutela", ASSIS, Araken de. *Cumulação de ações*. 3. ed. rev. e atual. São Paulo: RT, 1998. p. 95-98) e OLIVEIRA, Carlos Alberto Alvaro. O problema da eficácia da sentença. *Revista de Processo*, São Paulo, v. 28, n. 112, p. 9-22, out.-dez. 2003. p. 9-22, embora discordasse de Ovídio Baptista da Silva quanto à controvertida categoria da "ação de direito material".

[95] Como observa ASSIS, Araken de. Sobre a execução civil (réplica a Tesheiner). *Revista de Processo*, São Paulo. v. 26. n. 102. p. 9-23. abr.-jun. 2001. p. 13.

empregou a expressão "mandamental", assim como os arts. 139, IV, 380, parágrafo único, 400, parágrafo único, e 403, parágrafo único, embora não se possa afirmar que o tenha feito no sentido originalmente defendido pelos defensores da teoria quinária. Em grande medida, a teoria "quinária" foi construída sob enfoque histórico. A esse aspecto dedicou Ovídio Baptista da Silva alentada monografia[96], cujo ponto de partida é a afirmação de que a diferença entre sentença condenatória, de um lado, e mandamental e executiva, de outro, repousa no direito romano clássico: o *iudex* se encarregava da *iurisdictio*, que gerava *actio iudicati* privada, ao passo que o mesmo magistrado dispunha de *imperium*, gerando medidas mandamentais e executivas[97]. O mesmo autor afirmava também que essa dicotomia processo de conhecimento *versus* "processo de execução" foi incorporada pelo direito processual por razões ideológicas, que remontam ao liberalismo clássico[98]. Essa segunda ordem de ideias é retomada de forma mais ampla em outra obra[99].

Contudo, autorizadíssimas vozes se levantaram contra essa construção, que passou a ser chamada "teoria quinária", apontando graves e incontornáveis contradições.

Barbosa Moreira escreveu três textos para criticar essa construção. No primeiro[100], o aludido processualista destaca que a doutrina alemã. no início do século XX, cunhou a categoria "sentença mandamental" com referência específica àquela que continha ordem dirigida pelo juiz prolator a órgão estatal estranho ao processo (o que se costuma chamar de "execução imprópria", conforme anteriormente referido), mas progressivamente essa categoria foi abandonada pelos estudiosos daquele país. Ademais, Barbosa Moreira sugere que a doutrina se referiria a uma pluralidade heterogênea de situações sob o selo "sentença mandamental", sem muito rigor científico[101]. Quanto ao segundo texto[102], interessa destacar que Barbosa Moreira reconhece que a diferença entre sentença condenatória e executiva reside exclusivamente na forma de satisfazer em concreto o comando nela contido e não cumprido espontaneamente pelo vencido, e não no direito material controvertido[103]. Finalmente, fechando a trilogia[104], Barbosa Moreira pontua a irrelevância da distinção entre a execução realizada no mesmo processo ou em processo distinto, com ou sem ato de iniciativa oficial. Às críticas anteriormente desfiladas acrescente-se a de Bedaque, para quem a teoria quinária adota critérios classificatórios heterogêneos para reunir as categorias de ações, sentenças, eficácias ou tutelas[105]. Às críticas já apontadas acima acrescentamos as seguintes: Primeiramente, não se sabe se a caracterização das ações, sentenças, eficácias ou

---

[96] *Jurisdição e execução na tradição romano-canônica*. 2. ed. rev. São Paulo: RT, 1997, *passim*.
[97] *Ibidem*, p. 9 e ss.
[98] *Ibidem*, p. 146-147.
[99] *Processo e ideologia*: o paradigma racionalista. Rio de Janeiro: Forense, 2004. p. 131-164.
[100] A sentença mandamental – da Alemanha ao Brasil. *Temas de direito processual* – sétima série. São Paulo: Saraiva, 2001. p. 53-70.
[101] Críticas similares foram feitas por Botelho de Mesquita (A sentença mandamental – da Alemanha ao Brasil. *Temas de direito processual* – sétima série. São Paulo: Saraiva, 2001. p. 34-42).
[102] Questões velhas e novas em matéria de classificação de sentenças. *Temas de direito processual*: oitava série. São Paulo: Saraiva, 2004. p. 125-142.
[103] *Ibidem*, p. 131 e 138.
[104] Sentença executiva? *Temas de direito processual*: nona série. São Paulo: Saraiva, 2007. p. 179-198.
[105] *Efetividade do processo e técnica processual*. 3. ed. São Paulo: Malheiros, 2010. p. 519.

tutelas mandamentais e executivas decorreriam apenas do "sincretismo" entre cognição e execução, apenas em razão da possibilidade de o juiz dar início às atividades executivas *ex officio* ou a ambas. Não bastasse, o pensamento de Ovídio Baptista da Silva apresenta ao menos duas graves incoerências estruturais. Em primeiro lugar, o professor gaúcho questionava a metodologia empregada pelo legislador consistente em adotar a execução por quantia como paradigma para definição dos demais tipos de execução[106], mas, por outro lado, cultuava uma definição muito estrita de execução, que incluía apenas as medidas sub-rogatórias de transferência de patrimônio[107]. Em segundo lugar, o mesmo autor denunciou por décadas que a recíproca autonomia entre execução e cognição decorreria de um culto exagerado à "ordinariedade"[108], o que culminou na identificação errônea do processo de conhecimento ao "procedimento ordinário". Contudo, a despeito disso, o mesmo estudioso jamais abriu mão de considerar que o procedimento ordinário destinado à outorga de tutela condenatória seria absolutamente infenso à prática de qualquer ato executivo, pois sua sentença seria inapta à luz do direito material[109]. Ou seja, o autor aceitava, apenas, o sincretismo de "mão única". Essa contradição desponta ainda mais evidente à luz do fato de o mesmo processualista, após reforma de 1994, ter assentado que a antecipação dos efeitos da tutela impôs "inexoravelmente, que se renuncie à dicotomia *processo de conhecimento-processo de execução* consagrada no Código em favor das *ações sincréticas*"[110], mas, ainda assim, jamais renunciou à sua convicção de que "procedimento ordinário" e "execução" seriam universos completamente separados.

Tal discussão se mostrou relevante, no mínimo, para demonstrar que o legislador havia sido um tanto simplista ao proclamar a recíproca autonomia entre "ação/processo de conhecimento" e "ação/processo de execução",[111] tanto é que a excepcionava em determinadas situações, embora sem eleger um critério claro e objetivo que justificasse o acolhimento de diverso regime.

Humberto Theodoro Jr., em sua tese de doutorado defendida em 1987 e intitulada *A execução de sentença e o devido processo legal*,[112] depois de traçar amplo perfil histórico, denunciava que o legislador brasileiro havia se mantido exageradamente preso à tradição herdada do processo romano clássico quanto à dicotomia "ação/processo de conhecimento"

---

[106] *Curso de processo civil*. 4. ed. rev. e atual. São Paulo: RT, 2000. v. 2. p. 20.

[107] *Ibidem*, p. 25.

[108] O contraditório nas ações sumárias. *Revista da Escola Paulista da Magistratura*, v. 2, n. 2, jul.-dez. 2001. p. 205-242.

[109] A ação condenatória como categoria processual. *Da sentença liminar à nulidade da sentença*. Rio de Janeiro: Forense, 2002. p. 233-251.

[110] O processo civil e sua recente reforma: Os princípios do direito processual civil e as novas exigências, impostas pela reforma, no que diz respeito à tutela satisfativa de urgência dos arts. 273 e 461. *In*: WAMBIER, Teresa Arruda Alvim. *Aspectos polêmicos da antecipação de tutela*. São Paulo: RT, 1997. p. 419.

[111] Como notou, há mais de duas décadas, José Rogério Cruz e Tucci (Tutela processual do direito do executado. *Processo civil*: realidade e justiça (20 anos de vigência do CPC). São Paulo: Saraiva, 1994. p. 21).

[112] A primeira versão comercial da tese foi publicada no mesmo ano sob o mesmo título, mas foi reeditada em 2006 sob o título *O cumprimento de sentença e a garantia do devido processo legal*.

e "ação/processo de execução",[113] afastando-se da realidade do foro, em que as atividades se mostram claramente conjugadas, numa relação de absoluta complementaridade. Repugnava ao mencionado jurista a ideia de que a parte que saiu vencedora de um processo, mediante sentença de mérito, fosse obrigada a se sujeitar a um novo e diferente processo para executá-la.[114]

Outro destacado crítico da construção de corte autonomista foi Ovídio Baptista da Silva, para quem a recíproca autonomia entre "processo de conhecimento" e "processo de execução" decorria da generalização dos processos ordinários e plenários,[115] ignorando-se a existência de diversas outras configurações (em especial procedimentos especiais portadores de liminares).[116] O autor formulava uma lista de "processos sincréticos" muito mais extensa que os doutrinadores de seu tempo.[117] Contudo, não se consegue visualizar na obra desse processualista claramente a defesa da superação da recíproca autonomia de maneira genérica, para todo o sistema. Sua tônica sempre foi descritiva e classificatória.

Convém igualmente citar Barbosa Moreira,[118] o qual constatou que a divisão entre "processo de conhecimento" e "processo de execução" não poderia representar "separação em compartimentos estanques", haja vista que "nem todos os processos se apresentam de forma quimicamente pura".[119]

Na doutrina estrangeira, igualmente nota-se a opinião de autores que reconheceram o descabimento de uma divisão estanque entre "processo de conhecimento" e "processo de

---

[113] Eis uma síntese do pensamento desenvolvido profundamente ao longo do trabalho: "o romanismo do nosso sistema jurídico nos conduziu a uma dicotomia entre processo de conhecimento e processo de execução, em grande parte desnecessária e até mesmo perniciosa" (THEODORO JR., Humberto. *O cumprimento de sentença e a garantia do devido processo legal*. 2. ed. Belo Horizonte: Mandamentos, 2006. p. 207).

[114] Esse mesmo estranhamento é destacado pela doutrina de países cujos ordenamentos mantiveram a dicotomia, como o espanhol, por força dos arts. 540 a 544 e 549 da LEC. Nesse sentido, Jordi Nieva Fenoll (*Jurisdicción y proceso*. Madrid: Marcial Pons, 2009. p. 656) pontua que "Es plenamente acertado defender que el proceso de ejecución tiene una autonomía conceptual con respecto al proceso de declaración. Lo que ya no es tan acertado es pretender reflejar esa autonomía dogmática en la Ley, puesto que llevada al extremo lo que surge es una especie de nuevo proceso tras el proceso de declaración, incomprensible para quien ya ha obtenido su razón en este último proceso, y mas incomprensible todavía si pensamos que en la mayoría de las ocasiones, va a ser el mismo juez que dictó la sentencia, el que va a tener que decidir sobre si la resolución que él mismo dictó para que fuera ejecutable, es o no es en realdad ejecutable, lo que nos es sino una readaptación comprensible desde la pura teoría, pero inamisible por la practica".

[115] SILVA, Ovídio A. Baptista da. O contraditório nas ações sumárias. *Revista da Escola Paulista da Magistratura*, v. 2, n. 2, jul.-dez. 2001. p. 205-242.

[116] SILVA, Ovídio A. Baptista da. *Curso de processo civil*. 4. ed. rev. e atual. São Paulo: RT, 2000. v. 2. p. 155.

[117] *Ibidem*, p. 183 e ss.

[118] BARBOSA MOREIRA, José Carlos. A efetividade do processo de conhecimento. *Revista de Processo*, São Paulo, v. 19, n. 74, abr.-jun. 1994. p. 127.

[119] ZAVASCKI, Teori Albino. *Antecipação da tutela*. 3. ed. rev. e ampl. São Paulo: Sarava, 2000. p. 13.

execução" por força da unitariedade e universalidade do conceito de ação,[120] assim como em razão da possibilidade de rearranjar as atividades cognitivas e executivas de forma diversa.[121]

Essas críticas ganharam impulso em razão do movimento de constitucionalização do direito processual civil. Na doutrina brasileira, a partir de uma leitura ampliativa do art. 5º, XXXV, da Constituição Federal, passou a se conceber o direito de ação como garantia à efetiva proteção do direito material lesado, a qual se concretizaria com a sua adequada e tempestiva satisfação executiva, no plano concreto, após reconhecimento por meio da atividade cognitiva.[122] Sob essa perspectiva, o que se costumava chamar "ação de execução" nada mais seria do que aspecto do (único) direito constitucional de ação.

O "sincretismo" não representou para a doutrina brasileira uma ruptura tão radical quanto se mostraria aos estudiosos de outros países (como a Itália), pelo fato de a execução

---

[120] Além dos autores já referidos anteriormente, destaca-se aqui a clássica obra de Crisanto Mandrioli (*L'azione executiva*: contributo alla teoria unitaria dell'azione e del processo. Milano: Giuffrè, 1955. p. 1), que logo nas primeiras linhas se propõe ao seguinte: "queste mie ricerche costituiscono un tentativo di porre i lineamenti di una concezione unitaria dell'azione e del processo ricomponendo in essa il procedimento di cognizione e quello di esecuzione".

[121] É o que pregou, mais recentemente, Michele Fornaciari, que aponta que a existência de um processo autônomo de execução de sentença não se mostra imprescindível (*Esecuzione forzata e attività valutativa*: introduzione sistematica. Torino: G. Giappichelli, 2009. p. 31).

[122] Essa constatação não se apresenta inédita. Há décadas, Eduardo J. Couture, a propósito de definir o que se poderia entender, à luz das garantias constitucionais, por tutela jurisdicional efetiva, formulou pensamento que tem sido desde então seguidamente repetido: "Conocimiento y declaración sin ejecución es academia, no justicia" (*Estudios de derecho procesal*. 4. ed. Buenos Aires: Depalma, 2003. t. 1. p. 62). Ainda na doutrina estrangeira, confiram-se em sentido similar os ensinamentos de Gian Antonio Micheli (Dell'unità del concetto di esecuzione forzata. *Rivista de Diritto Processuale*, Padova, v. 7, n. 2, 1952. p. 298), Michele Taruffo (Note sul diritto alla condanna e all'esecuzione. *Revista de Processo*, v. 32, n. 144, fev. 2007. p. 58), Proto Pisani (*Lezioni di diritto processuale civile*. 6. ed. Napoli: Jovene, 2014. p. 692), Federico Carpi (Riflessioni sui rapporti fra l'art. 111 della costituzione ed il processo esecutivo. *Rivista Trimestrale di Diritto e Procedura Civile*, Milano, v. 56, n. 2, p. 381-407, 2002. p. 386), Mandrioli-Carratta (*Diritto processuale civile*. 24. ed. riv. agg. Torino: G. Giappichelli, 2015, v. 4 (L'esecuzione forzata, i procedimenti sommari, cautelari e camerali). p. 5), Manuel Cachón Cadenas (*La ejecución procesal civil*. Barcelona: Atelier, 2014. p. 19-22), Maria Consuelo Ruiz de La Fuente (El derecho constitucional a la ejecución de sentencias firmes. La ejecución civil: problemas actuales, Cachón Cadenas, M.; Picó Junoy, J., (coord.). Barcelona: Atelier, 2008. p. 21-36). Na doutrina pátria, convém referir a título exemplificativo Marinoni (*Tutela inibitória* (individual e coletiva). 2. ed. São Paulo: RT, 2000. p. 317-323) e Cassio Scarpinella Bueno (*Curso sistematizado de direito processual civil*. 7. ed. rev. e atual. São Paulo: Saraiva, 2014. v. 3. p. 44-49). Em nosso *O direito de defesa no processo civil brasileiro*, p. 38, assentamos que: "[c]omo consequência dessa proposição, torna-se inviável do ponto de vista constitucional continuar a estruturar o sistema processual à luz da dicotomia 'tutela de conhecimento' e 'tutela execução', pois seriam nada mais que poderes componentes do amplo feixe que constitui um *único e verdadeiro direito de ação*. Essa tomada de posição importa ruptura da dicotomia sobre a qual foi construída a estrutura do Código de Processo Civil de 1973 (o qual dedicou seus dois primeiros e mais importantes livros para cada uma dessas modalidades, nessa ordem)".

de decisão proferida pela jurisdição estatal civil brasileira ser feita nos mesmos autos e perante o mesmo juiz que a pronunciou (arts. 475-P e 576 do CPC de 1973, cujas normas foram, em linhas gerais, repetidas nos arts. 516 e 781 do CPC de 2015), bem como pelo fato de lhe incumbirem todos os poderes de direção da atividade executiva.

É mais difícil aceitar o sincretismo em sistemas em que: (a) o juiz encarregado das atividades cognitivas que antecedem as atividades executivas é diverso do juiz que depois se incumbe de realizá-las;[123] (b) em que as duas atividades cognitivas e executivas são mediadas por atos formais complexos;[124] e/ou, finalmente, (c) nos casos em que a condução de atividades executivas cabe a quem não é juiz.[125]

A desconstrução da rígida autonomia recíproca entre conhecimento e execução também atingiu o regime de defesas do executado, admitindo-se seu exercício endoexecutivo (sem instauração de "processo de conhecimento incidental" de embargos à execução).

Para se chegar a esse resultado, de início, a doutrina propôs uma superfetação dos pressupostos de admissibilidade do processo executivo, de modo a reconhecer cognoscíveis de ofício diversas questões que tocavam propriamente ao cerne da relação jurídica de direito material controvertida.[126] Eis o germe da chamada "exceção de pré-executividade", que foi rápida e generalizadamente acolhida pelos tribunais.[127]

---

[123] Como na Itália e na França, cujos sistemas já foram antes sucintamente descritos a esse respeito.

[124] Referimo-nos particularmente ao *precetto*, definido pelo art. 480 do CPC italiano nos seguintes termos: "Il precetto consiste nell'intimazione di adempiere l'obbligo risultante dal titolo esecutivo entro un termine non minore di dieci giorni, salva l'autorizzazione di cui all'articolo 482, con l'avvertimento che, in mancanza, si procederà a esecuzione forzata". Segundo Mandrioli e Carratta, esse instrumento teria a função de documentar solenemente a intenção do exequente em prosseguir com a execução (*Diritto processuale civile*. 24. ed. riv. agg. Torino: G. Giappichelli, 2015, v. 4 (L'esecuzione forzata, i procedimenti sommari, cautelari e camerali). p. 52).

[125] Fazemos alusão às figuras do agente de execução (art. 719 e ss. do Código de Processo Civil português), do *ufficiale giudiziario* (art. 59 do *Codice di Procedura Civile*), do *huissier de justice* (art. L122-2 do *Code des procédures civiles d'éxécution*) e dos *secretarios judiciales* (art. 545.4 da LEC espanhola, reformado em 2009). Ovídio Baptista da Silva aponta justamente a criação dos *huissier de justice* como uma das raízes da recíproca autonomia estanque entre cognição e execução (*Jurisdição e execução na tradição romano-canônica*. 2. ed. rev. São Paulo: RT, 1997. p. 149).

[126] Costuma-se atribuir a Pontes de Miranda a primeira proposição a respeito, em um parecer exarado em 1966 no célebre "caso Mannesmann" (Parecer 95, encartado na obra *Dez anos de pareceres*. Rio de Janeiro: Francisco Alves, 1975. v. 4. p. 125-139), embora ainda sem utilizar a denominação "exceção de pré-executividade", que aparece pela primeira vez, ao que consta, em texto de Galeno Lacerda (Execução de título extrajudicial e segurança do "juízo". *Estudos em homenagem ao professor José Frederico Marques no seu 70º aniversário*. São Paulo: Saraiva, 1982. p. 167-178) e foi duramente criticada por Barbosa Moreira (Exceção de pré-executividade, uma denominação infeliz. *Temas de direito processual*: sétima série. São Paulo: Saraiva, 2001. p. 119-121).

[127] É difícil (e, para os fins aqui colimados, inútil) identificar quais teriam sido as primeiras decisões a aceitarem a existência do instituto, mas se pode dizer que o STJ, desde o início de suas atividades, seguia esse entendimento, como se infere dos seguintes julgados: REsp 3.264/PR, Rel. Min. Eduardo Ribeiro, 3ª Turma, j. 28.06.1990, *DJ* 18.02.1991; REsp 3079/MG, Rel. Min. Cláudio Santos, 3ª Turma, j. 14.08.1990, *DJ* 10.09.1990).

Paulatinamente, julgados[128] e estudiosos[129] perderam o receio de correlacionar inexoravelmente matéria alegável fora dos embargos com os pressupostos de admissibilidade do processo executivo e passaram a defender o cabimento da veiculação de matérias tipicamente de mérito por meio da exceção de pré-executividade, desde que passíveis de comprovação por prova documental pré-constituída, a ser analisada sem dilações probatórias. Para tanto, partiu-se do pressuposto de que, em determinadas circunstâncias, seria exageradamente gravoso sujeitar o executado a aguardar a agressão à sua esfera jurídica representada pela garantia do juízo para somente depois se defender.[130] Na mesma linha, houve também o abrandamento da exigência de que nulidades supervenientes à penhora fossem alegadas apenas em embargos de segunda fase, admitindo-se simples petições para veiculação de defesas endoexecutivas.[131] Ou seja, a recíproca autonomia também passou a ser desconstruída pela doutrina e pelos tribunais sob o ponto de vista das defesas do executado.[132]

De todo modo, as críticas antes destacadas parecem ter sido levadas em conta pelo legislador brasileiro que passou a desconstruir a dicotomia autonomista erigida pelo CPC de 1973, movimento que ganhou força nas reformas legislativas de 1994, 2002 e 2005 e foi coroado pelo CPC de 2015.

6. (SEGUE) PAULATINA DESCONSTRUÇÃO LEGISLATIVA

Em 1994, a dicotomia de corte autonomista sofreu dois duros golpes por força da reforma do CPC de 1973 operada pela Lei 8.952: um direto e outro indireto.

---

[128] O mais importante julgado do STJ a respeito é o seguinte: EREsp 388000/RS, Corte Especial, Rel. Min. Ari Pargendler, Rel. p/ Acórdão Min. José Delgado, j. 16.03.2005, *DJ* 28.11.2005, p. 169.

[129] *V.g.*, MOREIRA, Alberto Camiña. *Defesa sem embargos do executado*. 3. ed. São Paulo: Saraiva, 2001. p 153-190, BATISTA JÚNIOR, Geraldo da Silva. *Exceção de pré-executividade*: alcance e limites. 2. ed. Rio de Janeiro: Lumen Juris, 2004. p. 39-46 e ASSIS, Araken de. *Manual da execução*. 18. ed. rev., atual. e ampl. São Paulo: RT, 2016. p. 1.524-1.528.

[130] Argumentos usados, por exemplo, por MARTINS, Sandro Gilbert. *A defesa do executado por meio de ações autônomas*: defesa heterotópica. 2. ed. rev., atual. e ampl. São Paulo: RT, 2005. p. 122 e TALAMINI, Eduardo. A objeção na execução (exceção de pré-executividade) e a reforma do Código de Processo Civil. *Revista de Processo*, v. 32, n. 153, p. 11-32, nov. 2007. p. 12-13.

[131] Na obra já referida (Comentários aos arts. 513 a 527 do CPC de 2015. *In*: CABRAL, Antonio do Passo; CRAMER, Ronaldo (coord.). *Comentários ao novo Código de Processo Civil*. Rio de Janeiro: Forense, 2015. p. 813), criticamos essa técnica estabelecida pelo art. 746 do CPC de 1973 por se mostrar "altamente contraproducente (para todas as partes)" ao "deixar que o executado só pudesse suscitar matérias de defesa após a arrematação e adjudicação" de modo a prejudicar "o executado de boa-fé, que ficava de 'mãos atadas' até que culminassem os atos de expropriação" e a beneficiar "o executado de má-fé, a quem se permitia aguardar até o último momento para arguir vícios por vezes ocorridos meses ou anos antes". Não sem razão, diversos julgados admitiam simples petições apresentadas no curso do processo para alegação de matérias, a rigor, abrangidas pelos embargos de segunda fase (*e.g.*, STJ, REsp 848.834/RS, Rel. Min. José Delgado, 1ª Turma, j. 05.10.2006, *DJ* 26.10.2006, p. 253; e STJ, REsp 324.567/MG, Rel. Min. Nancy Andrighi, 3ª Turma, j. 28.08.2001, *DJ* 24.09.2001, p. 299).

[132] Lucon alude ao fim do "mito dos embargos" (Objeção na execução (objeção e exceção de pré-executividade). *In*: SHIMURA, Sérgio; WAMBIER, Teresa Arruda Alvim (coord.). *Processo de execução*. São Paulo: RT, 1998. p. 570.

O primeiro golpe, direto, decorreu da nova redação do art. 461, o qual determinou que a cognição e a execução de obrigações de fazer e não fazer fossem realizadas num único processo, sem necessidade de nova citação do réu para início da execução da sentença de procedência, a exemplo do que já ocorria no mandado de segurança, nas ações possessórias e de despejo.

O segundo golpe, indireto e mais insidioso, foi representado pela generalização da antecipação de tutela (art. 273 do CPC de 1973), a qual determinou que, a partir de então, atividades executivas fossem realizadas no corpo do "processo de conhecimento", sem relação processual autônoma.[133]

Por ora, contudo, convém destacar que a conjugação de atividades cognitivas e executivas por força da generalização da tutela antecipada não foi digerida rapidamente, o que se revela pelas enormes discussões em torno da interpretação do art. 273, § 3º, do CPC de 1973, com redação dada pela Lei 8.952/1994. O dispositivo falava originalmente de "*execução da tutela antecipada*" e gerava enormes dúvidas na doutrina, especialmente quanto a três aspectos inter-relacionados: (a) se a decisão que antecipa tutela seria título executivo ou não; (b) se os procedimentos previstos no Livro II daquele Código haveriam de se aplicar à atuação concreta da decisão antecipatória de tutela (em especial as regras que à época previam a necessidade de citação pessoal do executado para satisfazer a obrigação ou garantir o juízo para posteriormente embargar); e (c) se os meios executivos previstos no Livro II deveriam ser integralmente observados (em especial na antecipação de tutela destinada ao pagamento de quantia, conotada por estrita tipicidade).

A doutrina logo se dividiu entre aqueles que procuravam afastar totalmente o regime da execução do regime de "atuação" concreta da execução forçada e aqueles que procuravam aproximar os institutos. Alinhando-se à primeira posição, cite-se, *e.g.*, Luiz Guilherme Marinoni[134], que sustentava que a antecipação da tutela quebrou o "mito" do princípio *nulla executio sine titulo* (por ter "natureza executiva intrínseca"), que sua efetivação concreta não gerava nova ação e poderia ser feita com muito maior liberdade do juiz em selecionar os meios executivos adequados. Em sentido similar, Humberto Theodoro Jr.[135], para quem o

---

[133] Marinoni-Arenhart (*Curso de processo civil*. São Paulo: RT, 2007. v. 3. (Execução). p. 54) aludem, a esse respeito, ao fenômeno de "infiltração da execução no processo de conhecimento". Na mesma toada, reconhecendo o impacto da alteração do art. 273 do CPC de 1973 no campo da execução, THEODORO JR., Humberto. *As novas reformas do Código de Processo Civil*. Rio de Janeiro: Forense, 2006. p. 105; SALLES, Carlos Alberto de. *Execução judicial em matéria ambiental*. São Paulo: RT, 1998. p. 238-239; YARSHELL, Flávio Luiz; BONÍCIO, Marcelo José Magalhães. *Execução civil*: novos perfis. São Paulo: RCS, 2006. p. 7-13 e WAMBIER, Teresa Arruda Alvim; WAMBIER, Luiz Rodrigues; MEDINA, José Miguel Garcia. *Breves comentários à nova sistemática processual civil*. São Paulo: RT, 2006, v. 2. p. 143. Ao assim proceder, o legislador claramente preferiu valorizar o direito a uma tutela jurisdicional tempestiva, ainda que produzindo como efeito colateral a criação de complicações pela cumulação de atividades heterogêneas em uma única relação processual (um dos argumentos usados por Liebman para sustentar a recíproca autonomia, como se infere do texto I pressuposti dell'esecuzione forzata. *Problemi del processo civile*. Napoli: Morano, 1962. p. 343).

[134] *Antecipação da tutela*. 7. ed. rev. e ampl. São Paulo: Malheiros, 2002. p. 133 e 238-240.

[135] Execução das medidas cautelares e antecipatórias. *In*: SHIMURA, Sérgio; WAMBIER, Teresa Arruda Alvim (coord.). *Processo de execução*. São Paulo: RT, 1998. p. 480.

juiz teria liberdade de ordenar a forma de cumprimento das tutelas urgentes, sem recorrer ao sistema de *actio iudicati* então vigente.

Já na trincheira oposta encontram-se, por exemplo, Araken de Assis[136], para quem a mudança de terminologia não simplifica em nada a tarefa de tornar a decisão concreta; Evaristo Aragão Santos[137], para quem as expressões "execução" e "efetivação" são sinônimas; e Flávio Luiz Yarshell[138], o qual sustentou que o modo de dar atuação prática ao provimento antecipatório "há que guardar coerência com o modo de dar atuação prática ao comando emergente do provimento final", sem se poder aceitar que o primeiro tenha muito mais eficácia que o segundo.

À primeira vista, a reforma do CPC de 1973 operada pela Lei 10.444/2002 parece ter acolhido a primeira corrente, ao alterar a redação do art. 273, § 3º, e substituir o termo "execução" pelo vocábulo "efetivação"[139]. O art. 297, parágrafo único, do CPC de 2015 também emprega a expressão "efetivação da tutela provisória".

Ponderados os argumentos de ambas as correntes, aderimos à segunda. As razões para tanto já eram suficientemente fortes ao tempo em que, promulgada a Lei 8.952/1994, não se alteraram à luz da Lei 10.444/2002 e se tornaram ainda mais fortes consideradas as modificações promovidas no sistema pela Lei 11.232/2005 e, sobretudo, o advento do CPC de 2015.

Primeiramente, não se pode fugir à realidade de que, para tornar concreto um comando judicial (seja ele antecipatório ou final), exige-se atividade executiva, ainda que haja diferenças específicas nos meios a serem empregados a depender das características da decisão respectiva e da configuração do direito material a ser satisfeito.

Ademais, ao abolir progressivamente a citação pessoal para a execução de sentença proferida em processo civil perante a jurisdição estatal brasileira (por meio das reformas de 1994, 2002 e 2005, consoante explicado no corpo do texto), o legislador minimizou o primeiro problema acima destacado (o CPC de 2015 manteve a mesma solução).

Veja-se, ainda, que a distinção entre "efetivação" de tutela antecipada e "execução" de provimentos finais baseada na atipicidade dos meios executivos tornou-se difícil de ser defendida em face de outra alteração promovida pela Lei 10.444/2002 no art. 273, § 3º, do CPC de 1973, pois restou claro que a "efetivação" das primeiras seria feita conforme a natureza da obrigação (isto é, se de pagamento de quantia, deveria ser efetivada com técnicas sub-rogatórias típicas do Livro II daquele Código). A lume do CPC de 2015, esse argumento também não mais subsiste considerando-se que se instituiu atipicidade também

---

[136] Execução da tutela antecipada. *In:* SHIMURA, Sérgio; WAMBIER, Teresa Arruda Alvim (coord.). *Processo de execução*. São Paulo: RT, 1998. p. 54.

[137] A sentença como título executivo. *In:* LOPES, João Batista; CUNHA, Leonardo José Carneiro da. *Execução civil* (aspectos polêmicos). São Paulo: Dialética, 2005. p. 139.

[138] "Efetivação" da tutela antecipada: uma nova execução civil. *In:* FUX, Luiz; NERY JR., Nelson; WAMBIER, Teresa Arruda Alvim (coord.). *Processo e Constituição*: estudos em homenagem ao Professor José Carlos Barbosa Moreira, São Paulo: RT, 2006. p. 330-331.

[139] Essa mesma solução foi acolhida pelo CPC italiano, cujo art. 669-*duodecies* foi reformado pela Lei 353/1990 justamente para substituir o termo "esecuzione" de provimentos cautelares por "attuazione" com o fim de diferenciar ambos os fenômenos (conforme ensinam VERDE, Giovanni; CAPPONI, Bruno. *Profili del processo civile*. Ristampa. Napoli: Jovene, 2006. v. 3. p. 358-359).

para a execução de provimentos finais (art. 139, IV). Contudo, para não chegar ao extremo de dizer que o termo "efetivação" não teria nada de diferente de "execução", poder-se-ia reconhecer a maior amplitude do primeiro[140], para reputar nela englobadas os atos que a doutrina tenderia a catalogar no campo da "execução imprópria", por exemplo, averbar em registro público a sustação ou o cancelamento de protesto determinados em sede de tutela provisória. O único problema que não convém aqui por ora enfrentar refere-se ao da catalogação da decisão concessiva de tutela antecipada como título executivo ou não.

Outra dúvida que logo após o advento da Lei 8.952/1994 tomou de assalto os estudiosos e os magistrados concernia à antecipação de tutela deferida na sentença. Houve quem defendesse[141] seu descabimento à luz do fato de que esse provimento já traria consigo tutela final. Contudo, logo se percebeu que o que se antecipa são os efeitos, passíveis de execução forçada, de modo que a sentença, por ineficaz em face do efeito suspensivo ao menos em regra emergente automaticamente da apelação, não seria apta a satisfazer o vencedor pela impossibilidade de fruição do bem da vida disputado[142]. Da mesma forma, se compreendida a antecipação de tutela como técnica destinada a protrair efeito prático para satisfação do requerente, desconforto algum causará a sua aplicação na execução, não apenas para superar o efeito suspensivo atribuído aos embargos à execução[143], mas igualmente para precipitar a realização de diversos atos, em favor do exequente e do executado, que só seriam realizados posteriormente seguindo-se o curso normal do procedimento[144].

Pois bem.

Nos anos que se seguiram à generalização da tutela antecipada, o legislador reformista efetivamente abraçou o conceito de "sincretismo" entre atividades cognitivas e executivas, combinando-as e alocando-as em simples fases da mesma relação jurídica processual.

Por meio da Lei 10.444/2002, alterou-se o art. 461-A do CPC de 1973, no tocante à execução de obrigação de dar coisa fundada em título judicial, para nela incorporar a mesma técnica implantada anos antes para a execução das obrigações de fazer e não fazer.

Ao cabo dessas duas reformas, ganhou força nos tribunais[145] e na doutrina[146] o entendimento de que a defesa do executado em face das execuções de obrigações de fazer, não

---

[140] Como sugere SCARPINELLA BUENO, Cassio. *Tutela antecipada*. São Paulo: Saraiva, 2004. p. 97.
[141] *E.g.*, MACHADO, Antônio Cláudio da Costa. *Tutela antecipada*. São Paulo: Oliveira Mendes, 1998. p. 43-45.
[142] Conforme, *v.g.*, Cassio Scarpinella Bueno (*Execução provisória e antecipação da tutela*: dinâmica do efeito suspensivo da apelação e da execução provisória: conserto para a efetividade do processo. São Paulo: Saraiva, 1999, *passim*, e *Tutela antecipada*. São Paulo: Saraiva, 2004. p. 71-73).
[143] Como propunha, bem antes das reformas de 2005-2006, GUERRA, Marcelo Lima. Antecipação de tutela no processo executivo. *Revista de Processo*, São Paulo, v. 22, n. 87, jul.-set. 1997. p. 22-31.
[144] Como propõe de forma muito mais abrangente TALAMINI, Eduardo. Tutela urgente na execução. *In*: ARMELIN, Donaldo (coord.). *Tutelas de urgência e cautelares*: estudos em homenagem a Ovídio A. Baptista da Silva. São Paulo: Saraiva, 2010. p. 389-413.
[145] Cite-se, apenas à guisa de exemplo, importante julgado do STJ a respeito: REsp 654583/BA, Rel. Min. Teori Albino Zavascki, 1ª Turma, j. 14.02.2006, *DJ* 06.03.2006, p. 177.
[146] Cf., *v.g.*, OLIVEIRA, Carlos Alberto Alvaro. Efetividade e tutela jurisdicional. *In*: MACHADO, Fábio Cardoso; AMARAL, Guilherme Rizzo. *Polêmica sobre a ação*: a tutela jurisdicional na perspectiva das relações entre direito e processo. Porto Alegre: Livraria do advogado, 2006. p. 53 e nota 9.

Cap. 33 • BREVE HISTÓRICO LEGISLATIVO E DOUTRINÁRIO DA DICOTOMIA COGNIÇÃO-EXECUÇÃO | 647

fazer e dar coisa fundadas em título judicial não mais se faria por meio de embargos, mas sim apenas por simples petição, analisada no bojo da própria execução.[147]

Posteriormente, fechando um ciclo,[148] a Lei 11.232/2005, inspirada nas reformas de 1994 e 2002, estendeu à execução de obrigações de pagar quantia fundadas em título judicial alguns aspectos que governavam a execução de obrigações de fazer, não fazer e dar coisa fundadas em título judicial (arts. 461 e 461-A do CPC de 1973), embora com diversas peculiaridades.[149]

Em todos os casos, a principal mudança consistiu na supressão do ato citatório pessoal ao ensejo do início da execução de título judicial, salvo para algumas determinadas espécies de títulos.[150] A questão do impulso processual também foi afetada, a qual será examinada adiante.

Movido por preocupações de manutenção de (ao menos alguma) coerência, o legislador entendeu necessário, por cautela, alterar outros aspectos do sistema, cuja espinha dorsal era calcada na divisão cognição-execução.

Em primeiro lugar, mudaram-se a definição de sentença plasmada no art. 162, § 1º, do CPC de 1973 e a redação dos arts. 269 e 463 do mesmo diploma, para que não mais se considerasse terminado o processo com a prolação da sentença de mérito, reconhecendo-se que ele prosseguiria com a realização da respectiva execução.

Em segundo lugar, o legislador houve por bem realizar, para o fim de evidenciar a desconstrução da unificação do regime da execução de títulos judiciais e extrajudiciais operada originalmente pelo CPC de 1973, uma alteração topológica, de modo que boa parte das regras (sobretudo as de cunho procedimental)[151] relativas à execução de títulos judiciais

---

[147] Ovídio Baptista da Silva (*Jurisdição e execução na tradição romano-canônica*. 2. ed. rev. São Paulo: RT, 1997. p. 11) identificou aqui uma vantagem da técnica executiva e mandamental sobre a condenatória, que era a inexistência de defesa por embargos dotados de efeito suspensivo.

[148] Conforme pontuou o autor do anteprojeto que veio a se converter na Lei 11.232/2005, Athos Gusmão Carneiro (*Cumprimento de sentença*. Rio de Janeiro: Forense, 2007. p. 22-23), seguido por outros processualistas, como Humberto Theodoro Jr. (*As novas reformas do Código de Processo Civil*. Rio de Janeiro: Forense, 2006. p. 120) e Carmona (Novidades sobre a execução civil: observações sobre a Lei n. 11.232/2005. In: RENAULT, Sérgio Rabello Tamm; BOTTINI, Pierpaolo Cruz (coord.). *A nova execução de títulos judiciais*: comentários à Lei n. 11.232/05. São Paulo: Saraiva, 2006. p. 55).

[149] Conforme destacou GRECO, Leonardo. Primeiros comentários sobre a reforma da execução oriunda da Lei n. 11.232/05. *Revista do Advogado*, São Paulo, v. 26, n. 85, mai. 2006. p. 100.

[150] Referimo-nos àqueles que não tenham sido formados em processos civis perante a jurisdição estatal brasileira, isto é, as sentenças penais condenatórias, sentenças estrangeiras homologadas pelo STJ e sentenças arbitrais, por força do art. 475-N, parágrafo único, do CPC de 1973, reproduzido no art. 515, § 1º, do CPC de 2015.

[151] Conforme assentamos em texto anterior (Comentários aos arts. 513 a 527 do CPC de 2015. In: CABRAL, Antonio do Passo; CRAMER, Ronaldo (coord.). *Comentários ao novo Código de Processo Civil*. Rio de Janeiro: Forense, 2015. p. 792-793), o CPC de 1973 reformado não se mostrou muito coerente e sistemático na distribuição de matérias atinentes à execução de título judicial. Por um lado, os arts. 475-A a 475-Q davam ênfase aos aspectos procedimentais da fase inicial da execução de obrigação de pagar quantia por título judicial e da respectiva defesa do executado, deixando a técnica executiva para o Livro II (que cuida da disciplina da penhora, avaliação, expropriação etc.). De outro lado, contudo, os arts. 461 e 461-A tratavam da técnica executiva para realização

foi transferida para o Livro I daquele diploma, antes dedicado exclusivamente ao "processo de conhecimento".[152] O Livro II continuou aplicável às execuções de título extrajudicial e, subsidiariamente, às execuções de título judicial (art. 475-R).

Em terceiro lugar, promoveu-se, com o mesmo objetivo, uma modificação terminológica, abandonando-se (embora não totalmente)[153] a expressão "execução de título judicial" em favor da expressão "cumprimento de sentença".[154] Eis mais uma tentativa de diferenciar fenômenos por meio das alterações de ordem terminológica.[155]

---

concreta das obrigações de fazer, não fazer e dar coisa fundada em título judicial (de tal sorte que havia necessidade escassa de invocar a aplicação subsidiária do Livro II). O Livro I deveria ter se ocupado apenas das regras procedimentais específicas para o cumprimento de sentença, deixando ao Livro II a estruturação das técnicas executivas, o que não ocorreu. No mesmo erro incorreu o CPC de 2015, embora a organização seja um pouco melhor.

[152] Em 1994 e 2002 já haviam sido inseridas as regras no Livro I do CPC de 1973 sobre execução de obrigações de fazer, não fazer e dar coisa fundadas em título judicial (arts. 461 e 461-A). Em 2005, foram enxertadas no mesmo Livro I as regras atinentes à liquidação e ao cumprimento de sentença que impunham obrigação de pagar quantia (arts. 475-A a 475-R).

[153] De fato, o art. 475-I do CPC de 1973 dispunha que "[o] cumprimento da sentença far-se-á conforme os arts. 461 e 461-A desta Lei ou, tratando-se de obrigação por quantia certa, *por execução*, nos termos dos demais artigos deste Capítulo". A redação era altamente criticável por dar a entender que as obrigações de fazer, não fazer e dar coisa não se sujeitariam a execução. Essa concepção não faria sentido nem mesmo para os estudiosos que cultuam um conceito mais restrito de execução, centrado na ideia de sub-rogação, excluída a execução indireta, por coerção (*vide* item 2, *supra*), haja vista que a execução de obrigações de fazer, não fazer e dar coisa também admite técnicas sub-rogatórias.

[154] Houve várias tentativas de explicar a diferença. Contudo, todas elas, pensamos, não conseguiram atingir o objetivo programado. Athos Gusmão Carneiro, grande artífice da reforma de 2005, defendia ferrenhamente a ideia de que o "cumprimento de sentença" seria substancialmente diverso da "execução de título judicial" pelo fato de haver sido abolida a necessidade de instauração de novo processo, inaugurado por nova citação e, em seu lugar, haver sido instituída simples fase processual, iniciada por mera intimação (*Cumprimento de sentença*. Rio de Janeiro: Forense, 2007. p. 7-19 e 43-58), mas em nenhum parecer ter atinado que as atividades concretas após os atos introdutórios (requerimento e intimação) em nada se alteram (tanto é que os arts. 475-A a 475-Q nada dispõem sobre técnica executiva, que continuou regrada pelo Livro II). Carlos Alberto Carmona, por sua vez, alvitra que executar e cumprir são métodos diferentes, pois no primeiro caso há iniciativa da parte e no segundo iniciativa do juiz (Novidades sobre a execução civil: observações sobre a Lei n. 11.232/2005. In: RENAULT, Sérgio Rabello Tamm; BOTTINI, Pierpaolo Cruz (coord.). *A nova execução de títulos judiciais*: comentários à Lei n. 11.232/05. São Paulo: Saraiva, 2006. p. 60). O equívoco de tal afirmação está no fato de que a necessidade de iniciativa de parte foi preservada pela reforma de 2005 (art. 475-J, § 5º, do CPC de 1973) e prestigiada pelo CPC de 2015 (art. 513, § 1º), conforme será mais bem explorado adiante.

[155] Tal como a Lei 10.444/2002 havia substituído o termo "execução" de decisão antecipatória de tutela por "efetivação" (art. 273, § 3º, do CPC de 1973), a Lei 11.232/2005 procurou substituir o termo "execução" por "cumprimento". Contudo, "execução", "efetivação" e "cumprimento" representam denominações para o mesmo fenômeno, todos eles aludindo, segundo entendemos, à realização concreta de um comando que impõe satisfação de uma obrigação de fazer, não fazer, dar coisa ou pagar, mediante técnicas sub-rogatórias ou coercitivas, na linha do quanto foi exposto

Por fim, um quarto aspecto considerado pelo legislador concerne ao regime de defesa à execução de título judicial. Entendeu-se por bem abandonar o antiquíssimo instituto dos "embargos à execução" em favor de "impugnação ao cumprimento de sentença".[156] A modificação tinha o declarado objetivo de transformar a defesa do executado de "processo incidental" em "simples incidente",[157] embora mantida inalterada a lista de matérias alegáveis (o que se infere do cotejo do art. 475-L, I a VI, com o art. 741, I a VI, do CPC de 1973 reformado).[158-159]

---

anteriormente. Sustentando a proximidade entre "cumprimento" e "execução", SCARPINELLA BUENO, Cassio. *A nova etapa da reforma do Código de Processo Civil*: comentários sistemáticos às Leis n. 11.187 de 19-10-2005 e 11.232 de 22.12.2005. 2. ed. rev., atual. e ampl. São Paulo: Saraiva, 2006. v. 1. p. 78-79, RODRIGUES, Marcelo Abelha; JORGE, Flávio Cheim; DIDIER Jr., Fredie. *A terceira etapa da reforma processual civil*: comentários às Leis n. 11.187/2005; 11.187/2005; 11.276/2006; 11.277/2006 e 11.280/2006. São Paulo: Saraiva, 2006. p. 115-116 e BARBOSA MOREIRA, José Carlos. "Cumprimento" e "execução" de sentença. Necessidade de esclarecimentos conceituais. *Temas de direito processual*: nona série. São Paulo: Saraiva, 2007. p. 315-332.

[156] A Lei 11.232/2005 não acolheu a mesma lógica que havia inspirado as Leis 8.952/1994 e 10.444/2002, as quais não previam um instrumento típico de defesa, o que recebeu críticas de Humberto Theodoro Jr. (As vias de execução do Código de Processo Civil brasileiro reformado. *In:* WAMBIER, Teresa Arruda Alvim (coord.). *Aspectos polêmicos da execução*. São Paulo: RT, 2006. p. 305).

[157] É o que consta do item 5.d da Exposição de Motivos ao Projeto de Lei, subscrito pelo então Ministro da Justiça Márcio Thomaz Bastos: "não haverá 'embargos do executado' na etapa de cumprimento da sentença, devendo qualquer objeção do réu ser veiculada mediante mero incidente de 'impugnação', a cuja decisão será oponível agravo de instrumento" (Disponível em: [www2.camara.leg.br/proposicoesWeb/fichadetramitacao?idProposicao=158523]. Acesso em: 05.01.2015).

[158] A novidade não foi bem digerida pela doutrina brasileira. Houve quem entendesse que o legislador atingiu seu objetivo de alterar a natureza jurídica do instrumento de defesa (*v.g.*, CARNEIRO, Athos Gusmão. Do "cumprimento de sentença" conforme a Lei n. 11.232/2005. Parcial retorno ao medievalismo? Por que não? *Revista do Advogado*, v. 26, n. 88, p. 13-35, nov. 2006. p. 24; e CARMONA, Carlos Alberto. Novidades sobre a execução civil: observações sobre a Lei n. 11.232/2005. *In:* RENAULT, Sérgio Rabello Tamm; BOTTINI, Pierpaolo Cruz (coord.). *A nova execução de títulos judiciais*: comentários à Lei n. 11.232/05. São Paulo: Saraiva, 2006. p. 70), quem entendeu que nada mudou (*v.g.*, DINAMARCO, Cândido Rangel. *Instituições de direito processual civil*. 3. ed. São Paulo: Malheiros, 2009. v. 4. p. 742; e BONÍCIO, Marcelo José Magalhães. Contornos da responsabilidade do legislador: incertezas, inseguranças e incoerências decorrentes das reformas do sistema de execução civil. *In:* BRUSCHI, Gilberto Gomes; SHIMURA, Sergio (coord.). *Execução civil e cumprimento da sentença 2*. São Paulo: Método, 2007. p. 363-378) e quem adotou solução intermediária, no sentido de que a natureza jurídica da impugnação variará em função de seu conteúdo (*v.g.*, GRECO, Leonardo. Ações na execução reformada. *In:* SANTOS, Ernane Fidélis dos; WAMBIER, Luiz Rodrigues; NERY JÚNIOR, Nelson; WAMBIER, Teresa Arruda Alvim (coord.). *Execução civil*: estudos em homenagem ao Professor Humberto Theodoro Júnior. São Paulo: RT, 2007. p. 851; e ARRUDA ALVIM NETO, José Manuel de. A natureza jurídica da impugnação prevista na Lei n. 11.232/2005 – impugnação do devedor instaura uma ação incidental, proporcionando o exercício do contraditório pelo credor; exige decisão, que ficará revestida pela autoridade de coisa julgada. *In:* WAMBIER, Teresa Arruda Alvim (coord.). *Aspectos polêmicos da execução*. São Paulo: RT, 2006. p. 44-50).

[159] No campo da execução de título extrajudicial, manteve-se a figura dos "embargos à execução", embora a Lei 11.382/2006 tenha alterado o termo *a quo* para contagem do prazo para sua oposição (art. 786), desvinculando-o da prévia penhora ou depósito.

O CPC de 2015 seguiu essa mesma trilha, ao intitular o Livro I da Parte Especial "Do Processo de Conhecimento e do Cumprimento de Sentença", e dedicar ao tema da execução dos títulos judiciais os arts. 513 a 538, disciplina separada daquela atinente ao "Processo de Execução", reservada primordialmente aos títulos extrajudiciais e, apenas subsidiariamente, ao cumprimento de sentença (art. 771).[160] Além disso, o novo diploma acolheu (embora com temperamentos) as demais soluções implementadas pelas reformas do diploma anterior no tocante à definição de sentença (arts. 203, § 1º, 485, *caput*, 487, *caput*, e 494),[161] ao regime de defesa no cumprimento de sentença (arts. 525 e 535[162]) e à execução de título extrajudicial (arts. 914 e ss.). Ademais, passou a se reconhecer textualmente o cabimento de defesas endoexecutivas por simples petição (arts. 518 e 525, § 11), minando ainda mais a aludida autonomia entre cognição e execução.

7. IMPACTOS DA DESCONSTRUÇÃO LEGISLATIVA DA RECÍPROCA AUTONOMIA (BREVE SÍNTESE CRÍTICA)

A partir dessas amplas alterações legislativas realizadas ao longo de mais de duas décadas, descortinou-se claro que seria plenamente possível ao legislador optar pela recíproca autonomia ou sincretismo,[163] não havendo, por parte do direito material controvertido ou

---

[160] A aplicação subsidiária do livro dedicado ao "Processo de Execução" em relação ao Livro dedicado ao "Processo de Conhecimento e Cumprimento de Sentença" se encontra no art. 513, *caput*, do CPC de 2015.

[161] É bem verdade que o conceito de sentença foi novamente alterado, mas sem comprometimento da concepção de processo sincrético, para reconhecer que se trata do ato que, além de ter conteúdo típico dos arts. 485 e 487, põe fim à fase de conhecimento. De outro lado, é curioso notar que os arts. 356, 502, 515, I, e 1.015, II, do CPC de 2015 deixam absolutamente claro que as decisões interlocutórias podem resolver ao menos parcelas do mérito, para serem cobertas pela coisa julgada material e imporem obrigações a serem exigidas por meio da execução forçada. Ainda assim, o CPC de 2015 usa a denominação "cumprimento de sentença" que, nesse contexto, torna-se anacrônica.

[162] Entre as alterações promovidas, destaca-se o reconhecimento do cabimento da impugnação em face do cumprimento de sentença que reconhece exigibilidade de obrigação de fazer, não fazer e dar (arts. 536, § 4º, e 538, § 3º) e a antecipação do momento de apresentação da impugnação (art. 525, *caput*). O legislador claramente não ouviu os cultores da "teoria quinária", para quem uma das vantagens da "técnica executiva" era a dispensa de instrumento típico de defesa do devedor (SILVA, Ovídio A. Baptista da. *Jurisdição e execução na tradição romano-canônica*. 2. ed. rev. São Paulo: RT, 1997. p. 11).

[163] Pode-se considerar prevalecente na doutrina brasileira de época contemporânea que se trata a adoção da recíproca autonomia ou do sincretismo é questão de opção legislativa. À guisa de exemplo, BARBOSA MOREIRA, José Carlos. Sentença executiva? *Temas de direito processual*: nona série. São Paulo: Saraiva, 2007. p. 179-198, BEDAQUE, José Roberto dos Santos. *Efetividade do processo e técnica processual*. 3. ed. São Paulo: Malheiros, 2010. p. 533, MARTINS, Sandro Gilbert. *A defesa do executado por meio de ações autônomas*: defesa heterotópica. 2. ed. rev., atual. e ampl. São Paulo: RT, 2005. p. 38, MEDINA, José Miguel Garcia. *Execução civil*: princípios fundamentais. São Paulo: RT, 2002. p. 207-208, e DIDIER JR., Fredie; CUNHA, Leonardo José Carneiro; BRAGA, Paula Sarno; OLIVEIRA, Rafael. *Curso de direito processual civil*. 4. ed. Salvador: JusPodivm, 2012. v. 5. p. 29.

do objeto da obrigação a ser executada, uma imposição forçosa acerca da configuração das atividades executivas (se em fase ou em novo processo, com ou sem nova citação pessoal do executado). Trata-se, pois, de escolha realizada no campo da técnica processual.[164]

Essa constatação é fruto do esforço de separar as características do instrumento processual que invariavelmente decorrem da natureza do direito material controvertido e aquelas que podem ser livremente manejadas pela técnica processual.[165] Há, pensamos, prevalência maciça das segundas e a prova disso é a frequência com que fracassam tentativas de se estabelecer uma relação inexorável e imutável entre a natureza do direito material e a técnica destinada a atuá-lo executivamente.[166] Afinal, o legislador efetivamente modifica

---

[164] A evolução legislativa de outros países revela variabilidade de critérios relativos à estruturação da execução de sentença em processo ou fase. Em Portugal, a execução do despejo era processo autônomo até Lei 31/2012 e, depois, virou simples fase (PINTO, Rui. *O novo regime processual do despejo*. 2. ed. Coimbra: Coimbra Editora, 2013. p. 16-17. No Uruguai, o *Código General de Proceso* ora se refere à execução de sentença como fase, ora como processo autônomo, como detecta Dante Barrios De Angelis (Sobre el así ilamado proceso de ejecución. *Revista Uruguaya de Derecho Procesal*, Montevideo, n. 2, p. 149-158, 2001. p. 149-158).

[165] Demonstramos essa afirmação com a comparação entre o regime de execução para entrega de coisa previsto no CPC de 1973 original, no CPC de 1973 reformado em 2002 e no CPC de 2015. Ao tempo de vigência do primeiro diploma, Carlos Alberto Alvaro de Oliveira (Efetividade e tutela jurisdicional. *In*: MACHADO, Fábio Cardoso; AMARAL, Guilherme Rizzo. *Polêmica sobre a ação*: a tutela jurisdicional na perspectiva das relações entre direito e processo. Porto Alegre: Livraria do advogado, 2006. p. 53) sustentava que a tutela executiva estava ligada à agressão do próprio patrimônio do exequente (indevidamente apoderado pelo executado), ao passo que a tutela condenatória representava agressão ao patrimônio do executado (que jamais fora do exequente), de modo que seria justificável que a amplitude de defesa fosse maior no segundo caso em relação ao primeiro. A correlação é questionável, como demonstrou Flavio Yarshell (Reflexões em torno da execução para entrega de coisa no direito brasileiro. *In*: CRUZ E TUCCI, José Rogério (coord.). *Processo civil*: evolução (20 anos de vigência). São Paulo: Saraiva, 1995. p. 131-139). De fato, a amplitude da defesa na execução de título judicial é imposta em razão da preclusão ou da coisa julgada que recobre a decisão exequenda (em caráter definitivo ou provisório, respectivamente). Ainda que se supere esse cômputo, o saudoso professor da UFRGS fez tal afirmação em um cenário em que havia meio típico de defesa à execução de pagamento de quantia, mas não havia quanto à execução de obrigação de dar (perante à omissão dos arts. 461 e 461-A do CPC de 1973 reformado, que levou o STJ a afirmar o cabimento de "simples petição" do executado, sem forma ou figura de juízo: REsp 654583/BA, Rel. Min. Teori Albino Zavascki, 1ª Turma, j. 14.02.2006, *DJ* 06.03.2006, p. 177). Contudo, o CPC de 2015 passou a prever o mesmo instrumento de defesa na execução de obrigação de pagar e de dar coisa (arts. 525, 536, § 4º, e 538, § 3º). Mais uma vez reforça-se a ideia de que não é o direito material que *impõe* uma forma específica de atividade executiva. Estava com a razão Barbosa Moreira quando, ao rebater Ovídio Baptista da Silva, afirmou que "todo o esforço aplicado na construção sob exame visa, no fundo, a encontrar uma explicação ou justificação no plano material para as características formais do modo pelo qual se busca dar efetividade à norma concreta formulada na sentença" (Sentença executiva? *Temas de direito processual*: nona série. São Paulo: Saraiva, 2007. p. 193).

[166] Retomando-se os exemplos referidos acima, pode-se pensar que o cumprimento de uma sentença civil para entrega de coisa seja feita exatamente da mesma maneira (sem citação e sem impulso oficial, como emerge dos arts. 513 a 519 e 538 do CPC de 2015) como decorrência da exigência

esse segundo elemento ainda que inalterado o primeiro.[167] Não se nega, com isso, o caráter instrumental do processo; ao contrário, valoriza-o, reconhecendo sua adaptabilidade e mutabilidade para melhor tutela do direito material.

É justamente nesse contexto que se impõe induvidoso que a classificação quinária não poderia jamais se apresentar universal e atemporal, sendo natural que sofra impactos decorrentes de mudanças no direito objetivo.[168] À medida que esse fenômeno

---

da prestação inadimplida em contrato de compra e venda, em virtude da resolução desse mesmo contrato diante da falta de pagamento do preço ou, finalmente, em razão de usurpação da posse. Se o bem for imóvel, tratar-se-á de imissão ou reintegração do exequente na posse; se o bem for móvel, o caso é de busca e apreensão. Para o regime da atividade executiva, mostra-se irrelevante a causa de pedir, de tal forma que o legislador teria uma margem mínima para criar formas diferentes de execução para cada uma dessas sentenças. Segundo Flávio Yarshell, todas elas "impõem uma prestação (...) e liberam a atuação jurisdicional para a prática de atos materiais de invasão da esfera jurídica do devedor" (Reflexões em torno da execução para entrega de coisa no direito brasileiro. *In:* CRUZ E TUCCI, José Rogério (coord.). *Processo civil:* evolução (20 anos de vigência). São Paulo: Saraiva, 1995. p. 129). No referido texto, Yarshell comparou, de um lado, a sentença de procedência do pedido nas ações reivindicatória, possessória e de despejo e, de outro, a sentença condenatória à entrega de coisa (que, à época, era executada nos termos dos arts. 621 a 631 do CPC de 1973). A lição persiste inteiramente válida.

[167] Outro sério abalo à utilidade da "teoria quinária" concerne à evolução da definição do título executivo judicial por excelência, isto é, a sentença proferida em processo civil perante a jurisdição estatal brasileira. O art. 584, I, do CPC de 1973 o definia como "a sentença condenatória", sugerindo, aos cultores da chamada "teoria quinária", em que as sentenças mandamental e executiva não seriam títulos executivos. Já o art. 475-N, I, do CPC de 1973 (com redação dada pela Lei 11.232/2005) e art. 515, I, do CPC de 2015 aludem expressamente às obrigações de fazer, não fazer e dar.

[168] É curioso notar que a partir dessa alteração legislativa, ainda assim não restou inteiramente superada a polêmica. Ao contrário, produziu-se um novo dissenso, dessa vez em torno da subsistência ou não da distinção entre sentenças condenatórias e sentenças executivas *lato sensu.* De fato, para alguns a sentença que impõe obrigação de pagar quantia passou a ser *executiva* (*v.g.,* GRINOVER, Ada Pellegrini. Cumprimento da sentença. *In:* CIANCI, Mirna; QUARTIERI, Rita de Cassia Rocha Conte (coord.). *Temas atuais da execução civil:* estudos em homenagem ao professor Donaldo Armelin. São Paulo: Saraiva, 2007. p. 5; BONÍCIO, Marcelo José Magalhães. Aspectos relevantes da tutela do executado na nova reforma do Código de Processo Civil. *In:* CIANCI, Mirna; QUARTIERI, Rita de Cassia Rocha Conte (coord.). *Temas atuais da execução civil:* estudos em homenagem ao professor Donaldo Armelin. São Paulo: Saraiva, 2007. p. 424-425; CRUZ, Luana Pedrosa de Figueiredo. As modificações no conceito de sentença à luz dos princípios do sincretismo e da *nulla executio sine titulo* – Alterações em face da Lei 11.232/2005. *In:* SANTOS, Ernane Fidélis dos; WAMBIER, Luiz Rodrigues; NERY JÚNIOR, Nelson; WAMBIER, Teresa Arruda Alvim (coord.). *Execução civil:* estudos em homenagem ao Professor Humberto Theodoro Júnior. São Paulo: RT, 2007. p. 192; e RIBEIRO, Leonardo Feres da Silva. Breves considerações acerca dos impactos da Lei 11.232/05 em tema da eficácia das sentenças. *In:* HOFFMAN, Paulo; RIBEIRO, Leonardo Feres da Silva (coord.). *Processo de execução civil:* modificações da Lei n. 11.232/05. São Paulo: Quartier Latin, 2006. p. 142-145). Há ainda quem defenda que teria se estabelecido uma hibridez entre eficácia condenatória e executiva *lato sensu* (*v.g.,* WAMBIER, Luiz Rodrigues. *Sentença civil:* liquidação e cumprimento. 3. ed. rev., atual. e ampl. São Paulo: RT, 2006. p. 395). Reúnem-se em torno de outra corrente os

ocorre, determinadas construções classificatórias podem se tornar, se não erradas,[169] ao menos inúteis.[170]

Assim, a autonomia do processo de execução somente seria impositiva quando tivesse por objeto decisões não proferidas em processo civil perante a jurisdição estatal brasileira[171] e títulos extrajudiciais,[172] conforme será analisado no capítulo 2, *infra*.

---

estudiosos que reputam que teria se mantido intacta a teoria quinária (e, consequentemente, a diferenciação entre sentenças condenatórias e executivas *lato sensu*) porque o início do cumprimento de sentença para pagamento de quantia continuou a depender, mesmo após as reformas de 2005, de requerimento do credor (*v.g.*, AMARAL, Guilherme Rizzo. Comentários ao art. 475-J. *In:* OLIVEIRA, Carlos Alberto Alvaro (coord.). *A nova execução* (comentários à Lei n. 11.232 de 22 de dezembro de 2005). Rio de Janeiro: Forense, 2006. p. 107) ou porque, superadas as distinções de ordem processual, restariam entre as hipóteses diferenças no tocante à "alteração da linha discriminatória das esferas jurídicas de credor e devedor" (SANT'ANNA, Paulo Afonso de Souza. Ensaio sobre as sentenças condenatórias, executivas e mandamentais. *In:* COSTA, Eduardo José Fonseca da; MOURÃO, Luiz Eduardo Ribeiro; NOGUEIRA, Pedro Henrique Pedrosa Nogueira. *Teoria quinária da ação*: estudos em homenagem a Pontes de Miranda nos 30 anos de seu falecimento. Salvador: JusPodivm, 2010. p. 483). Nenhum desses argumentos convence, como se mostrou no corpo do texto e ainda se demonstrará.

[169] Marinoni (Classificação das sentenças que dependem de execução. *In:* CIANCI, Mirna; QUARTIERI, Rita de Cassia Rocha Conte (coord.). *Temas atuais da execução civil*: estudos em homenagem ao professor Donaldo Armelin. São Paulo: Saraiva, 2007. p. 386) sintetizou essa questão com precisão: "[o]s doutrinadores do direito – e não apenas os processualistas – imaginam que a classificação elaborada por doutrina de prestígio é verdadeira, e, por essa razão, deve ser mantida inalterada para sempre. Acontece que, como já dito, não existe classificação verdadeira ou falsa, mas sim classificação capaz de agrupar vários fenômenos com particularidades comuns, de modo que nenhum deles perca identidade e significação. Ora, não é porque uma classificação, há várias décadas, constituía uma forma adequada para explicar as várias sentenças que, cem anos depois, diante de novas realidades, ela poderá explicar as novas técnicas de prestação de tutela jurisdicional dos direitos".

[170] Seguimos aqui a advertência sempre relembrada por Barbosa Moreira, segundo a qual não há classificações certas ou erradas, mas sim úteis ou inúteis (Questões velhas e novas em matéria de classificação de sentenças. *Temas de direito processual*: oitava série. São Paulo: Saraiva, 2004. p. 141-142).

[171] O art. 515, § 1º, do CPC de 2015 repetiu as mesmas situações referidas pelo art. 475-N, parágrafo único, do CPC de 1973 (sentença penal condenatória, sentença arbitral e sentença estrangeira homologada pelo STJ), acrescentando ainda a decisão interlocutória estrangeira após *exequatur* concedido pelo STJ à carta rogatória. Sérgio Shimura (A execução da sentença na reforma de 2005. *In:* WAMBIER, Teresa Arruda Alvim (coord.). *Aspectos polêmicos da execução*. São Paulo: RT, 2006. p. 560-561) lembra ainda de duas outras hipóteses de processo autônomo de execução previstas em legislação processual extravagante, isto é, a sentença genérica proferida no âmbito das ações coletivas de tutela de interesses individuais homogêneos (arts. 97 e 98 do CDC) e o pedido de falência lastreado na insolvência (art. 94 da Lei 11.101/2005).

[172] Em correta síntese, Alexandre Freitas Câmara aponta três modelos executivos: (a) fase de execução de sentença civil; (b) processo autônomo de execução de título judicial; e (c) processo autônomo de execução de título extrajudicial (*A nova execução de sentença*. 5. ed. Rio de Janeiro: Lumen Juris, 2008. p. 108).

8. INICIATIVA OU IMPULSO[173] PARA A EXECUÇÃO DE TÍTULO JUDICIAL PRODUZIDO PERANTE A JURISDIÇÃO ESTATAL CIVIL BRASILEIRA

Conforme evolução do sistema processual brasileiro, traçada nos itens antecedentes, chega-se à conclusão de que o legislador goza de liberdade para escolher se a execução de títulos judiciais produzidos perante a jurisdição estatal civil brasileira será feita por meio de diferente relação processual ou se encerrará mera fase da mesma relação processual em que o título foi constituído.

Resta agora analisar se existe alguma relação entre adoção da concepção autonomista e a exigência de iniciativa de parte para a execução, bem como se o acolhimento do sincretismo implicaria instituir a iniciativa *ex officio* para a execução.

A resposta a essa indagação é negativa.

Primeiramente, essa correlação é claramente desmentida pelo direito positivo. Basta verificar que, segundo os arts. 878 e 880 da CLT, a execução das decisões que impõem pagamento de quantia se faz *ex officio*, mas abriga a citação pessoal do executado.[174] Já no âmbito dos Juizados Especiais Cíveis a solução é diametralmente oposta, pois a execução da decisão que determina pagamento de dinheiro se faz por provocação do exequente, mas enseja simples intimação do executado, indicando se tratar de simples fase (art. 52, IV, da Lei 9.099/1995). Ou seja, pode-se reconhecer que na passagem de uma fase a outra do processo há impulso excepcionalmente da parte interessada,[175] ao passo que se pode admitir que um processo possa ser iniciado *ex officio* em alguns casos isolados.[176]

---

[173] Por ora, convém utilizar ambas as expressões, sem diferenciações, embora a primeira esteja mais afinada à concepção autonomista e a segunda à construção sincrética.

[174] Realidade para a qual atentou há tempos Barbosa Moreira (Sentença executiva? *Temas de direito processual*: nona série. São Paulo: Saraiva, 2007. p. 184).

[175] Sempre se reconheceu que a adoção do impulso oficial (arts. 2º e 262 do CPC de 1973 e art. 2º do CPC de 2015) não significaria eliminar por completo o impulso de parte, que ficaria reservado a situações residuais (como pontua a doutrina há décadas, valendo citar por todos CALAMANDREI, Piero. Istituzioni di diritto processuale civile. *Opere giuridiche*. Napoli: Morano, 1970, v. 4, p. 217-221, com nossa expressa adesão em *Preclusão processual civil*. 2. ed. rev. e atual. São Paulo: Atlas, 2008. p. 281-282). Não fosse assim, não haveria sentido para reconhecer a possibilidade de extinção do processo por abandono das partes (art. 267, II e III, do CPC de 1973 e art. 485, II e III, do CPC de 2015).

[176] Ou seja, não é porque há impulso oficial ao início da execução que se exclui necessária e peremptoriamente a existência de verdadeira e própria "ação de execução" (como propugna, por exemplo, MEDINA, José Miguel Garcia. *Execução*. São Paulo: RT, 2008. p. 241-242), pois é sabido que excepcionalmente o sistema pode prever a iniciativa *ex officio*, *v.g.*, no inventário (à luz do art. 989 do CPC de 1973, sem similar no diploma vigente) e no processo do trabalho, em que o juiz deve promover "a execução, de ofício, das contribuições sociais previstas no art. 195, I e II, e seus acréscimos legais, decorrentes das sentenças que proferir" (art. 114, VIII, da Constituição Federal).

Da mesma forma, não há como estabelecer relação inerente entre a natureza da obrigação objeto de execução e a iniciativa para o cumprimento de sentença (de ofício ou a requerimento de parte).[177]

De fato, estudiosos que acolheram a classificação pontiana de eficácia das sentenças tendiam a afirmar que algumas situações de direito material ensejariam, de maneira inevitável, a iniciativa oficial para início das atividades destinadas a obter em concreto a satisfação do direito reconhecido pela sentença. Anteriormente a 1994, tratava-se de casos isolados, tais como aqueles referidos acima, por exemplo, as ações de despejo, as ações possessórias e o mandado de segurança. Entretanto, após as reformas de 1994 e 2002, autores adeptos dessa mesma corrente doutrinária passaram a entender que todas as execuções de obrigações de fazer, não fazer e dar coisa fundadas em títulos judiciais produzidos pela jurisdição estatal civil brasileira deveriam ser necessariamente iniciadas *ex officio*[178] e, em razão disso, se diferenciariam da execução por quantia, instaurada a requerimento da parte.

Naquele tempo essa concepção já causava espécie. Afinal, submetia-se ao regime dos arts. 461 e 461-A do CPC de 1973 a execução de *quaisquer* obrigações de fazer, não fazer e dar coisa, não importando o direito material invocado, como demonstra de maneira alentada Eduardo Talamini, em importante monografia já referida.[179] Nesse passo, não havia qualquer razão que justificasse o estabelecimento de regras diferentes em termos de iniciativa (de ofício ou de parte) a depender da modalidade de obrigação.[180] Do ponto de vista do direito material, não existe diferença relevante entre obrigação de dar coisa e de dar dinheiro,[181] ademais de haver situações em que as obrigações de pagar são "travestidas" de obrigações de fazer.[182]

---

[177] De certo modo é o que se extrai do já referido texto de Barbosa Moreira (Sentença executiva? *Temas de direito processual*: nona série. São Paulo: Saraiva, 2007. p. 188).

[178] Nesse sentido, *v.g.*, CARMONA, Carlos Alberto. Novidades sobre a execução civil: observações sobre a Lei n. 11.232/2005. In: RENAULT, Sérgio Rabello Tamm; BOTTINI, Pierpaolo Cruz (coord.). *A nova execução de títulos judiciais*: comentários à Lei n. 11.232/05. São Paulo: Saraiva, 2006. p. 57). A tese já foi acolhida pelo STJ: REsp 1399859/AL, Rel. Min. Assusete Magalhães, 2. Turma, j. 05.11.2014, DJe 12.11.2014.

[179] TALAMINI, Eduardo. *Tutela relativa aos deveres de fazer e de não fazer*: e sua extensão aos deveres de entrega de coisa (CPC, arts. 461 e 461-A do CPC, CDC, art. 84). 2. ed. rev., atual. e ampl. São Paulo: RT, 2003. p. 125-130.

[180] Nesse sentido pronunciou-se Cândido Rangel Dinamarco (*Instituições de direito processual civil*. 3. ed. São Paulo: Malheiros, 2009. v. 4. p. 488-489), ainda sob a vigência do CPC de 1973, mas enunciando lição que persiste válida à luz do CPC de 2015.

[181] Conforme lembra SCARPINELLA BUENO, Cassio. Ensaio sobre o cumprimento das sentenças condenatórias. *Revista de Processo*, v. 29, n. 113, jan.-fev. 2004, *passim*, especialmente p. 30-33.

[182] Podem-se citar como exemplo as decisões que determinam pagamento de prestações vincendas, por meio da imposição de obrigação de fazer, isto é, a inclusão do litigante vencedor como beneficiário de determinado provento previdenciário ou a inclusão em folha de pagamento do beneficiário de alimentos fundados em ato ilícito ou em relações de família (nesse sentido, SCARPINELLA BUENO, Cassio. Ensaio sobre o cumprimento das sentenças condenatórias. *Revista de Processo*, v. 29, n. 113, jan.-fev. 2004. p. 49; e YARSHELL, Flávio Luiz. Tutela mandamental nas obrigações de pagamento de quantia. *Revista da Procuradoria-Geral do Estado de São Paulo*, edição especial, p. 269-279, jan.-dez. 2003. p. 269-279).

Não se mostra igualmente aceitável o argumento de que a decisão que reconhece exigibilidade de obrigação de fazer, não fazer e dar coisa imporia uma *ordem* ao litigante vencido, a qual não estaria presente na decisão relativa ao pagamento de quantia.[183] Seja em um cenário de recíproca autonomia entre cognição e execução, seja em um sistema que acolheu o sincretismo, a decisão que reconhece a necessidade de uma postura do executado para alteração da realidade concreta contém em si uma *ordem*, mesmo que para pagamento de quantia,[184-185] pouco importando as diferenças entre os modos de realizar as atividades necessárias para superar o inadimplemento,[186] seja sob o ponto de vista do impulso processual[187], seja da perspectiva das técnicas executivas (sub-rogatórias e/ou coercitivas).[188]

---

[183] Aliás, Liebman (*Embargos do executado*: oposições de mérito no processo de execução. Tradução de J. Guimarães Menegale. São Paulo: Saraiva, 1952. p. 137) chegava ao exagero de dizer que o título executivo não conteria ordem alguma, porque ela já estaria presente na lei. A concepção é fruto de um apego desmedido a um positivismo ultrapassado.

[184] Trata-se de constatação feita há tempos por dois destacados juristas de épocas distintas: Lopes da Costa (*Direito processual civil brasileiro*. 2. ed. rev., aum. e ampl. Rio de Janeiro: Forense, 1959. v. 4. p. 41) e Humberto Theodoro Jr., cuja lição merece transcrição: "Não me parece razoável, em boa lógica, que alguém, por obrigação de uma função, ordene alguma coisa e não se preocupe com o cumprimento ou não do seu comando. Se se ordena qualquer prestação é porque se quer pela própria natureza das coisas, que tal se cumpra" (*O cumprimento de sentença e a garantia do devido processo legal*. 2. ed. Belo Horizonte: Mandamentos, 2006. p. 230). No mesmo sentido, BEDAQUE, José Roberto dos Santos. *Efetividade do processo e técnica processual*. 3. ed. São Paulo: Malheiros, 2010. p. 534.

[185] Colhe-se de doutrina mais antiga a ideia de que a sentença jamais conteria uma ordem orientada ao cumprimento de um determinado comportamento, porque essa ordem já estaria presente no direito objetivo e, portanto, a decisão judicial teria o condão apenas de declará-la na situação concreta (assim entendia LIEBMAN, Enrico Tullio. *Embargos do executado*: oposições de mérito no processo de execução. Tradução de J. Guimarães Menegale. São Paulo: Saraiva, 1952. p. 117). Contudo, esse entendimento é de corte exageradamente positivista e ignora que a decisão judicial efetivamente altera a situação jurídica entre as partes, criando uma situação de sujeição do litigante vencido anteriormente não existente.

[186] Bedaque (*Efetividade do processo e técnica processual*. 3. ed. São Paulo: Malheiros, 2010. p. 531) reconhece, a nosso ver acertadamente, que "não se consegue identificar na doutrina, com a desejada precisão, a razão pela qual algumas sentenças contêm ordem e outras não".

[187] Não é porque se exige provocação do exequente para dar início às atividades executivas que se desnatura o comando dirigido ao executado.

[188] Muitos doutrinadores (dos quais invocamos, apenas a título exemplificativo, SILVA, Ovídio A. Baptista da. *Curso de processo civil*. 4. ed. rev. e atual. São Paulo: RT, 2000. v. 2. p. 247, e OLIVEIRA, Carlos Alberto Alvaro. Efetividade e tutela jurisdicional. In: MACHADO, Fábio Cardoso; AMARAL, Guilherme Rizzo. *Polêmica sobre a ação*: a tutela jurisdicional na perspectiva das relações entre direito e processo. Porto Alegre: Livraria do advogado, 2006. p. 54) sustentavam que "mandar" e "condenar" seriam coisas totalmente distintas, pois ao mandar o juiz atua sobre a vontade do condenado por meios coercitivos, ao passo que ao condenar abre-se ensejo para medidas sub-rogatórias. Contudo, atendendo a antigos reclamos doutrinários (*v.g.*, TARUFFO, Michele. L'attuazione essecutiva dei diritti: profili comparatistici. *Rivista Trimestrale di Diritto e Procedura Civile*, Milano, v. 42, n. 1, p. 142-178, 1988. p. 142-178; e TARZIA, Giuseppe. Presente e futuro delle misure coercitive civili. *Rivista Trimestrale di Diritto e Procedura Civile*, Milano,

A realidade acima descrita não se altera pelo reconhecimento de que se tornou possível executar as sentenças que, embora não sejam condenatórias em sentido estrito, declaram a existência de uma obrigação (nos termos do art. 475-N, I, do CPC de 1973) ou sua exigibilidade (para usar a expressão consagrada no art. 515, I, do CPC de 2015), pois mesmo nelas se vislumbra um comando imperativo.

Há tempos atormenta a doutrina a dificuldade de identificar com absoluta clareza em que consistiria a condenação e em que medida ela se diferenciaria da declaração ou da constituição. Liebman[189] explicava a condenação como uma dupla declaração: a da existência do direito e do cabimento da "sanção executiva", a ser aplicada ulteriormente à falta de submissão voluntária do vencido à sentença. Essa concepção sempre foi criticada à luz do fato de que muitas vezes a condenação se impunha sem ilícito, tornando inadequada a referência à sanção[190]. Bedaque[191] também critica a ideia de sanção por entender que não se aplica, por exemplo, à condenação para o futuro (sujeita a termo ou condição). No mais, v. 35, n. 3, p. 800-809, 1981. p. 803), o sistema processual brasileiro evoluiu para o fim de reconhecer a possibilidade de combinar atividades sub-rogatórias e coercitivas para obter a máxima efetividade possível nas atividades executivas, independentemente do tipo de obrigação. Os arts. 497, *caput*, 536 e 538, § 3º, do CPC de 2015 (que são repositórios de normas antes contidas nos arts. 461, *caput* e § 5º, e 461-A, § 3º, do CPC de 1973) acolhiam para execução das obrigações de fazer, não fazer e dar coisa a atipicidade dos meios, considerando-se a possibilidade de mesclar sub-rogação e coerção. A execução por quantia demorou a considerar essa mesma técnica (salvo no tocante à execução de alimentos fundados em matrimônio, união estável ou relação de parentesco, em que é da tradição do ordenamento pátrio a utilização da prisão civil como mecanismo coercitivo). Todavia, ao reformar as regras atinentes à execução por quantia, entre 2005 e 2006, introduziram-se ao menos dois meios claramente coercitivos. O primeiro, na linha do que lecionam Wambier-Wambier-Medina (*Breves comentários à nova sistemática processual civil 2*. São Paulo: RT, 2006. p. 143), é a multa de 10% pela falta de pagamento do valor da execução em quinze dias (art. 475-J, *caput*, do CPC de 1973, que inspirou o art. 523, § 1º, do CPC de 2015). O segundo é a multa pela falta de indicação de bens penhoráveis por parte do executado (arts. 600, IV, 601, 652, § 3º, e 656, § 1º, do CPC de 1973, que enunciam normas substancialmente equivalentes àquelas do art. 774, V e parágrafo único, do CPC de 2015). Essa evolução se completa com a extensão da atipicidade dos meios executivos (incluídos aqueles coercitivos) para as execuções por quantia (art. 139, IV, do CPC de 2015). Assim, desapareceu, por opção do legislador, mais um elemento processual que diferenciava as hipóteses. Apesar da ampliação das técnicas coercitivas, as sub-rogatórias continuam a ser mais eficazes, como reconheceram Tarzia (Presente e futuro delle misure coercitive civili. *Rivista Trimestrale di Diritto e Procedura Civile*, Milano, v. 35, n. 3, 1981. p. 800) e Araken de Assis (Reforma do processo executivo. *Revista de Processo*, São Paulo, v. 21, n. 81, jan.-mar. 1996. p. 9-23). Já Taruffo (A atuação executiva dos direitos: perfis comparativos. *Revista de Processo*, v. 15, n. 59, jul.-set. 1990. p. 72-97) depositava grandes esperanças na ampliação das técnicas coercitivas que, aliás, já não eram novidade no sistema processual italiano (conforme noticia a antiga monografia de FERRARA, Luigi. *L'esecuzione processuale indireta*. Napoli: Jovene, 1915. p. 275-286).

[189] *Processo de execução*. São Paulo: Saraiva, 1946. p. 9-17.
[190] Vide CALAMANDREI, Piero. La condanna. *Opere giuridiche*. Napoli: Morano, 1972. v. 5. p. 486 e BARBOSA MOREIRA, José Carlos. Reflexões críticas sobre uma teoria da condenação civil. *Temas de direito processual*: primeira série. São Paulo: Saraiva, 1977. p. 80.
[191] *Efetividade do processo e técnica processual*. 3. ed. São Paulo: Malheiros, 2010. p. 561.

desponta fundamental ainda o entendimento de que a condenação representa algo que já faz parte da lógica essencial de sua realização[192], sem que se possa reconhecer a condenação algo como a ela "agregado". Fato é que sempre se reconheceu certa zona cinzenta entre o que se poderia entender por, de um lado, simples declaração ou mera constituição e, de outro, efetiva condenação[193]. Afinal, representaria manifesto formalismo exigir que o julgador empregasse o termo "condenar" ou outro equivalente.

Note-se que o CPC de 1939, havia norma expressa impedindo a execução de sentença meramente declaratória (art. 290), o que, de certa forma, estabelecia uma moldura de interpretação da decisão judicial: na dúvida, entendia-se que se trataria de simples declaração[194]. O CPC de 1973 não repetiu essa fórmula, mas limitou a definição do título executivo "por excelência" à "sentença condenatória proferida no processo civil" (art. 584, I, do CPC de 1973[195]), sinalizando que prevaleceria a mesma lógica vigente ao tempo do diploma de 1939.

Contudo, esse entendimento passou a ser questionado por estudiosos e por decisões dos tribunais. O STJ contribuiu para essa polêmica ao reconhecer, de 1999 em diante, a possibilidade de execução de sentenças que, embora proferidas em demandas meramente declaratórias de compensação tributária, em realidade reconheciam a existência, validade, exigibilidade e liquidez de crédito em face do Fisco "feito valer" judicialmente pelo contribuinte, depois de constatado que o débito perante o Fisco, com o qual seria feita a compensação, havia sido extinto por outras razões[196]. Esses julgados foram considerados posteriormente na aprovação do verbete 461 da Súmula daquela Corte: ("O contribuinte pode optar por receber, por meio de precatório ou por compensação, o indébito tributário certificado por sentença declaratória transitada em julgado"). Em sede doutrinária, Teori Albino Zavascki analisou dogmaticamente a questão na mesma linha dos votos que vinha proferindo na condição de ministro do STJ[197].

---

[192] Conforme pontua com precisão Satta (*L'esecuzione forzata*. Torino: UTET, 1950. p. 9).

[193] Na doutrina estrangeira, REIS, José Alberto dos. *Processo de execução*. 3. ed. Reimpressão. Coimbra: Coimbra Editora, 1985. v. 1. p. 84-86; e NIEVA FENOLL, Jordi. *Jurisdicción y proceso*. Madrid: Marcial Pons, 2009. p. 43; na doutrina brasileira, BARBOSA MOREIRA, José Carlos. Execução sujeita a condição ou a termo no processo civil brasileiro. *Temas de direito processual*: sétima série. São Paulo: Saraiva, 2001. p. 116; ARENHART, Sérgio Cruz. Sentença condenatória para quê?. *In*: COSTA, Eduardo José Fonseca; MOURÃO, Luiz Eduardo Ribeiro; NOGUEIRA, Pedro Henrique Pedrosa. *Teoria quinária da ação*: estudos em homenagem a Pontes de Miranda nos 30 anos de seu falecimento. Salvador: JusPodivm, 2010. p. 615-624 e THEODORO JR., Humberto. A sentença declaratória e sua possível força executiva. *Revista Jurídica*, Porto Alegre, v. 56, n. 374, p. 11-27, dez. 2008. p. 11-27.

[194] É o que se dessume das observações de PONTES DE MIRANDA, Francisco Cavalcanti. *Comentários ao Código de Processo Civil*. 2. ed. Rio de Janeiro: Forense, 1959. t. 4. p. 132.

[195] Conforme sustentou DINAMARCO, Cândido Rangel. *Execução civil*. 8. ed. rev. e atual. São Paulo: Malheiros, 2002. p. 480.

[196] REsp 207.998/RS, Rel. Min. Humberto Gomes de Barros, 1ª Turma, j. 18.11.1999, *DJ* 21.02.2000, p. 95; REsp 544.189/MG, Rel. Min. Luiz Fux, 1ª Turma, j. 02.12.2003, *DJ* 28.04.2004, p. 234; e REsp 588.202/PR, Rel. Min. Teori Albino Zavascki, 1ª Turma, j. 10.02.2004, *DJ* 25.02.2004, p. 123.

[197] Sentenças declaratórias, sentenças condenatórias e eficácia executiva dos julgados. *Revista de Processo*, v. 17, n. 109, p. 45-56, mar. 2003. p. 45-56.

Esse entendimento restou consagrado pela Lei 11.232/2005, que passou a definir o título executivo judicial por excelência como "sentença proferida no processo civil que reconheça a existência de obrigação" (art. 475-N, I). Embora alguns autores tenham defendido a inexistência de qualquer novidade substancial[198], parece ter prevalecido a opinião contrária[199], que, ao final, restou acolhida pelo CPC de 2015, embora com alterações redacionais, em especial a substituição do termo "existência" por "exigibilidade" (pressupondo-se que uma obrigação declarada exigível seria, por óbvio, já reconhecida existente). Seja como for, tem-se amplitude predeterminada do objeto litigioso, segundo o qual "a própria lei fixa (=pré-fixa) a sua extensão", conforme descrito por Arruda Alvim[200].

Outra possível explicação que conduz ao mesmo resultado poderia ser o delineamento de uma nova "moldura de interpretação" das decisões, de modo que será possível executá-la sempre que reconhecer existência, validade, certeza e exigibilidade de obrigação, dando-se menos importância às palavras usadas pela demanda inicial e pelo provimento judicial e mais relevância à crise de direito material trazida à apreciação judicial[201]. Assim, haverá que se considerar que a decisão que admitir existência, validade, certeza e exigibilidade de obrigação passou a ser reconhecida sempre imperativa ao vencido[202]. Não se trata de falar em "condenação implícita", como se encontra defendido na obra de alguns processualistas portugueses analisando fenômenos similares[203]. Para auxiliar essa interpretação, pode-se

---

[198] *V.g.*, GRECO, Leonardo. Primeiros comentários sobre a reforma da execução oriunda da Lei n. 11.232/05. *Revista do Advogado*, São Paulo, v. 26, n. 85, p. 97-111, mai. 2006. p. 108; e TALAMINI, Eduardo. Sentença que reconhece obrigação como título executivo (art. 475-N, I, acrescido pela lei 11.232/2005). *Revista Jurídica*, v. 54, n. 344, jun. 2006. p. 19-43.

[199] *V.g.*, DIDIER JR., Fredie. A sentença meramente declaratória como título executivo – aspecto importante da reforma processual civil brasileira de 2005. *In*: CIANCI, Mirna; QUARTIERI, Rita de Cássia Rocha Conte (coord.). *Temas atuais da execução civil*: estudos em homenagem ao professor Donaldo Armelin. São Paulo: RT, 2007. p. 245-251; MEDINA, José Miguel Garcia. A sentença declaratória como título executivo – Considerações sobre o art. 475-N, inc. I, do CPC. *In*: HOFFMAN, Paulo; RIBEIRO, Leonardo Ferres da Silva (coord.). *Processo de execução civil*: modificações da Lei 11.232/05. São Paulo: Quartier Latin, 2006. p. 119-123; e MARINONI, Luiz Guilherme; ARENHART, Sérgio Cruz. *Curso de processo civil*. São Paulo: RT, 2007. v. 3. (Execução). p. 94-118.

[200] *Tratado de direito processual civil*. 2. ed. refundida do *Código de Processo Civil comentado*. São Paulo: RT, 1990. v. 1. p. 389.

[201] Reconhecendo a importância desse aspecto para análise dos problemas que gravitam em torno do objeto litigioso, destacam-se BEDAQUE, José Roberto dos Santos. *Efetividade do processo e técnica processual*. 3. ed. São Paulo: Malheiros, 2010. p. 537-539; TALAMINI, Eduardo. *Coisa julgada e sua revisão*. São Paulo: RT, 2005. p. 79 e 82 e SILVA, Rinaldo Mouzalas de Souza e. *Executividade da sentença de "improcedência" proferida no processo civil*. 2013. Dissertação (Mestrado) – Universidade Católica de Pernambuco, 2013. p. 39-52.

[202] Conforme pontuou IGLESIAS, André de Freitas. Condenação *versus* declaração – a polêmica do título executivo do inciso I do art. 475-N do CPC. *In*: CIANCI, Mirna; QUARTIERI, Rita de Cássia Rocha Conte (coord.). *Temas atuais da execução* civil: estudos em homenagem ao professor Donaldo Armelin. São Paulo: RT, 2007. p. 39-40.

[203] Tais como Eurico Lopes Cardoso (*Manual da acção executiva*. 2. ed. Reimpressão. Coimbra: Almedina, 1992. p. 27) e Antônio Santos Abrantes Geraldes (Títulos executivos. *Themis – Revista da Faculdade de Direito da UNL*, v. 4, n. 7, p. 35-66, 2003. p. 58-60).

lançar mão do art. 891, 2ª parte, do CPC de 1939, segundo o qual "[c]ompreender-se-á, todavia, como expresso o que virtualmente nela se contenha". Amílcar de Castro[204] entendia que esse dispositivo não colidia com a 1ª parte do mesmo dispositivo – segundo a qual "A sentença deverá ser executada fielmente, sem ampliação ou restrição do que nela estiver disposto" – porque se compreendia como implícito apenas "aquilo que não podia deixar de estar contido no expresso". De toda sorte, para encerrar, conviria dizer que se o demandante pediu expressamente apenas a declaração, não se poderá executar a sentença, sob pena de manifesta afronta à segurança jurídica e ao contraditório.

Deixando-se de lado a questão da exequibilidade da sentença meramente declaratória, há outros elementos a considerar para reconhecer que a sentença "condenatória" em sentido estrito efetivamente contenha uma ordem.

Não prospera que o demandado vencido não seria obrigado a saber do valor a ser exigido, o que justificaria que aguardasse pedido do exequente. Se a decisão exequenda reconheceu obrigação ilíquida, ele pode dar início à liquidação.[205] Se a condenação for líquida, ele poderá diretamente depositar a quantia respectiva.[206] Se não houvesse alguma carga imperativa para o executado, essas normas não teriam razão de existir.

Embora todas as decisões judiciais que imponham um ordenamento contenham, sim, ordem, há que se reconhecer que podem variar as consequências decorrentes do não atendimento dessa ordem, no campo civil e penal. No plano civil, o descumprimento de obrigações de fazer, não fazer e dar coisa, não passíveis de execução específica mediante técnica sub-rogatória, pode atrair a incidência de multa variável.[207] Essa técnica, ao menos em princípio, não se mostra adequada às obrigações de pagamento de quantia, cujo inadimplemento dá ensejo à aplicação de multa de 10%,[208] honorários advocatícios e juros moratórios.

Do ponto de vista penal, pode-se pensar que, em face do descumprimento de obrigações de fazer, não fazer e dar coisa, se poderiam configurar crimes de desobediência, prevaricação ou de responsabilidade, a depender da condição do executado e do elemento

---

[204] *Comentários ao Código de Processo Civil*. Rio de Janeiro: Forense, 1941. v. 10. p. 61.

[205] A interpretação que sempre se deu ao art. 603 do CPC de 1973 (antes da reforma da Lei 11.232/2005) e do art. 475-A, § 1º, do mesmo diploma (após a aludida reforma) sempre foi no sentido de que a liquidação poderia ser promovida pelo litigante condenado pela sentença genérica (*vide* ARRUDA, Antonio Carlos Matteis de. *Liquidação de sentença* (a lide de liquidação). São Paulo: RT, 1981. p. 63; e MAZZEI, Rodrigo; NEVES, Daniel Amorim Assumpção; RAMOS, Glauco Gumerato; FREIRE, Rodrigo Cunha Lima. *Reforma do CPC*. São Paulo: RT, 2006. p. 195-196). Agora, o art. 509, *caput*, do CPC de 2015 atribui inequivocamente a legitimidade ativa para a liquidação ao credor e ao devedor.

[206] Até a Lei 11.232/2005, havia previsão expressa do procedimento para que o litigante vencido se adiantasse ao pedido do litigante vencedor para cumprir a obrigação que lhe foi imposta (art. 570). Apesar da revogação (injustificada) do dispositivo, essa possibilidade continuou a se apresentar (MAZZEI, Rodrigo; NEVES, Daniel Amorim Assumpção; RAMOS, Glauco Gumerato; FREIRE, Rodrigo Cunha Lima. *Reforma do CPC*. São Paulo: RT, 2006. p. 195-196). O art. 526 do CPC de 2015 voltou a contemplar esse procedimento.

[207] Arts. 536 e 538, § 3º, do CPC de 2015.

[208] Art. 475-J do CPC de 1973, equivalente ao art. 523 do CPC de 2015.

subjetivo (particular, servidor público e agente político, respectivamente),[209] ao passo que essa mesma solução não poderia ser reproduzida de forma imediata para a execução por quantia (cujo descumprimento eventualmente decorre da inexistência de bens suficientes para satisfação da obrigação).[210] Outrossim, a legislação brasileira preceitua que a frustração da execução por quantia conduziria à decretação da falência ou insolvência (no caso de sociedades empresárias, de um lado, e sociedades não empresárias e pessoas físicas de outro, respectivamente)[211] ou intervenção (no caso dos entes da administração pública direta).[212] Contudo, nada impediria que a demonstração de que o devedor não adimpliu obrigação de quantia, mesmo que tivesse condições financeiras para tanto, ensejasse alguma punição mais gravosa, civil ou penal.[213]

Ou seja, nunca foi possível relacionar de maneira inexorável a natureza da obrigação com a iniciativa para a execução, de modo que se tratava (e continua a se tratar) de mera opção legislativa diferenciar a execução de obrigações de fazer, não fazer e dar coisa em relação à execução por quantia.[214]

---

[209] Para exame da questão, confira-se o nosso texto Notas sobre a efetividade da execução civil, *Execução civil e temas afins*, entre o CPC/73 e o novo CPC. Arruda Alvim, Eduardo Arruda Alvim, Gilberto Gomes Bruschi, Mara Larsen Chechi, Mônica Bonetti Couto (org.). São Paulo: RT, 2014, item 6.

[210] O fato de não haver algum tipo penal que se aplique a essa situação não significa que seria impossível cogitá-la. Apenas haveria a necessidade de separar a situação de efetivo vazio patrimonial penhorável (que não poderia ser punida na esfera penal) da sonegação dolosa quanto à informação de bens passíveis de constrição, para a qual se poderia criar um tipo penal, a ser configurado em face da ulterior descoberta de bens penhoráveis antes omitidos. No cenário normativo penal atual, não haveria como caracterizar o crime de desobediência apenas em função do não pagamento por parte do devedor solvente regularmente intimado, em face da existência de medidas sub-rogatórias aptas ao cumprimento da ordem, conforme destacamos, com apoio em reiteradas decisões dos tribunais, no nosso já referido texto Notas sobre a efetividade da execução civil, item 6.

[211] A legislação falimentar brasileira há tempos determina que o vazio patrimonial do devedor que desenvolve atividade empresarial, constatado em execução por quantia frustrada, é motivo bastante para decreto de quebra (art. 94, II, da Lei 11.101/2005). Para as pessoas físicas e jurídicas que não desenvolvem atividade empresarial e, portanto, não se sujeitam à legislação falimentar, o vazio patrimonial apurado na execução atrai a decretação de insolvência, nos termos dos arts. 748, 750, I, e 753, I, do CPC de 1973, mantidos em vigor pelo art. 1.052 do CPC de 2015.

[212] Arts. 34 e 35 da CF.

[213] Assim, a impressão que se tem é a de que o tratamento diferenciado da execução por quantia em relação à execução das obrigações de fazer, não fazer e dar coisa decorre muito mais de uma questão cultural do que jurídica. Marcelo Abelha pontua, com precisão, que "a expropriação judicial é, culturalmente, mais difícil de ser aceita" (*Manual da execução civil*. 2. ed. Rio de Janeiro: Forense Universitária, 2007. p. 517). Esse ranço cultural implicaria tratamento distinto dessa modalidade de obrigação em relação àquelas que têm por objeto fazer, não fazer e dar coisa.

[214] Da mesma forma, não se pode relacionar inteiramente a necessidade de provocação inicial do exequente com o impulso processual para as atividades subsequentes (aspecto destacado, *e.g.*, CIANCI, Mirna. Reflexões sobre a fase de cumprimento de sentença de obrigação pecuniária (Lei n. 11.232/2005 – CPC, art. 475-J). In: CIANCI, Mirna; QUARTIERI, Rita de Cassia Rocha Conte (coord.). *Temas atuais da execução civil*: estudos em homenagem ao professor Donaldo

E tanto isso é verdade que o anteprojeto que deu origem à Lei 11.232/2005 era movido pelo seu desejo de instituir o impulso oficial na passagem da fase de conhecimento para a fase de cumprimento definitivo[215] de sentença que impõe pagamento de quantia.[216]

Embora essa alteração não tenha sido acolhida no texto final – o art. 475-J, *caput* e § 5°, do CPC de 1973 deixou clara a necessidade de provocação do exequente para movimentar as atividades executivas atinentes a obrigação pecuniária[217] –, esse alvitre do legislador

---

Armelin. São Paulo: Saraiva, 2007. p. 565). Trata-se, igualmente, de escolha legislativa (conforme destacado, no direito português, por FARIA, Paulo Ramos de; LOUREIRO, Ana Luísa. *Primeiras notas ao novo Código de Processo Civil*. Coimbra: Almedina, 2014. v. 2. p. 182).

[215] O cumprimento provisório foi historicamente condicionado à provocação do exequente, haja vista a assunção de responsabilidade objetiva pelo ressarcimento de todos os danos causados ao executado em caso de anulação ou reforma da decisão exequenda.

[216] Veja-se o seguinte trecho da respectiva Exposição de Motivos: "[a] dicotomia atualmente existente, adverte a doutrina, importa a paralisação da prestação jurisdicional logo após a sentença e a complicada instauração de um novo procedimento, para que o vencedor possa finalmente tentar impor ao vencido o comando soberano contido no decisório judicial. Há, destarte, um longo intervalo entre a definição do direito subjetivo lesado e sua necessária restauração, isso por pura imposição do sistema procedimental, sem nenhuma justificativa, quer de ordem lógica, quer teórica, quer de ordem prática". Disponível em: [www.bmfbovespa.com.br/pdf/entrevista210907_04.pdf]. Acesso em: 01.11.2015.

[217] *Vide* CARMONA, Carlos Alberto. Novidades sobre a execução civil: observações sobre a Lei n. 11.232/2005. *In*: RENAULT, Sérgio Rabello Tamm; BOTTINI, Pierpaolo Cruz (coord.). *A nova execução de títulos judiciais*: comentários à Lei n. 11.232/05. São Paulo: Saraiva, 2006. p. 55 e FUX, Luiz. *O novo processo de execução* (cumprimento de sentença e execução extrajudicial). Rio de Janeiro: Forense, 2008. p. 15. O segundo autor referido sustenta que as condenações por quantia certa passaram a ter "caráter autoexecutável". A afirmação ignora que a provocação do exequente continuou a ser necessária após a reforma de 2005 (como destacou com precisão LUCON, Paulo Henrique dos Santos. Títulos executivos e multa de 10%. *In*: SANTOS, Ernane Fidélis dos; WAMBIER, Luiz Rodrigues; NERY JÚNIOR, Nelson; WAMBIER, Teresa Arruda Alvim (coord.). *Execução civil*: estudos em homenagem ao Professor Humberto Theodoro Júnior. São Paulo: RT, 2007. p. 987). No mesmo erro incorreram CARNEIRO, Athos Gusmão. Do "cumprimento de sentença" conforme a Lei n. 11.232/2005. Parcial retorno ao medievalismo? Por que não? *Revista do Advogado*, v. 26, n. 88, p. 13-35, nov. 2006. p. 13-35 e THEODORO JR., Humberto. As vias de execução do Código de Processo Civil brasileiro reformado. *In*: WAMBIER, Teresa Arruda Alvim (coord.). *Aspectos polêmicos da execução*. São Paulo: RT, 2006. p. 316. Ademais, a declaração de Luiz Fux supratranscrita passa a falsa impressão de que deixaram de ser primordiais quaisquer atividades a produzir efeitos concretos impostos pela decisão. O mesmo equívoco não foi percebido, mesmo à luz do CPC de 2015, por Lucas Buril de Macêdo (Procedimento para cumprimento de decisão judicial e diferenciação baseada na eficácia. *Revista de Processo*, São Paulo, v. 40, n. 250, p. 149-163, dez. 2015. p. 157), ao afirmar que, quanto às obrigações de fazer, não fazer e dar coisa, "não se pode falar em fase de cumprimento" porque "o cumprimento inicia-se imediatamente com sua prolação, já que a satisfação do direito advém diretamente da eficácia da sentença". A sentença de procedência que reconhece exigibilidade de obrigação de fazer, não fazer ou dar coisa não satisfaz por si só: ou o demandado vencido a cumpre espontaneamente ou haverá a necessidade de atividades concretas, sub-rogatórias ou coercitivas, sendo errôneo não denominar o momento processual destinado a essa realização de fase de cumprimento, que é, aliás, a terminologia usada pelo próprio CPC de 2015.

acabou por apresentar uma solução que, embora não tenha vingado, não seria incompatível com o sistema.

O último episódio dessa evolução está no CPC de 2015, do qual emerge com algum esforço interpretativo a unificação do regime de iniciativa para a execução de título judicial produzido em processo civil perante a justiça brasileira.

O exame dessa questão há de partir do art. 513, § 1º, segundo o qual depende de requerimento do exequente o cumprimento definitivo da sentença que reconhece obrigação de pagamento de quantia.

À primeira vista, poder-se-ia entender que o cumprimento de sentença relativa às obrigações de fazer, não fazer e dar coisa não dependeria de iniciativa do exequente, tal como propugnavam muitos doutrinadores na vigência do CPC de 1973 após as reformas de 1994 e 2002. Entretanto, essa impressão se dissipa em face de uma análise mais profunda.[218]

A correta interpretação do dispositivo deve começar pelo reconhecimento de que o cumprimento *provisório* de sentença, mesmo que imponha obrigação de fazer, não fazer e dar coisa, depende sempre de iniciativa do exequente, por força de norma expressa do art. 520, I. Aqui se revela que a interpretação *a contrario sensu* extraída do art. 513, § 1º, não se mostraria adequada.

Igualmente não se pode falar em iniciativa oficial de processo autônomo de execução de título judicial produzido fora de processo civil perante a jurisdição estatal brasileira, cuja inércia precisa ser rompida por petição inicial, da qual o executado será citado (art. 515, VI a IX e § 1º).

Mesmo que se trate de cumprimento definitivo de decisão proferida em processo civil perante a jurisdição estatal brasileira, ainda assim não haveria razão alguma para diferenciar o regime de impulso processual cuidando-se de obrigação de pagar quantia em relação aos casos de obrigação de fazer, não fazer e dar coisa.

Consideramos que a fase de cumprimento de sentença sempre deve ser iniciada por provocação do interessado, por força de uma interpretação sistemática de todo o CPC de 2015, não apenas levando-se em conta o texto isolado do art. 513, § 1º, mas igualmente do art. 528 (que é claro a respeito) e do art. 534 (no qual essa diretriz aparece ao menos implícita), apesar do silêncio dos arts. 536 a 538. São várias as razões para esse entendimento.

Primeiramente, convém lembrar a possibilidade de cumprimento de sentença que reconhece existência de obrigação de fazer, não fazer e dar coisa sujeita a termo ou condição, desde que o exequente prove o seu implemento, nos termos do art. 514 do CPC de 2015. Esse dispositivo reforça, ainda que de modo implícito, a necessidade da provocação do exequente, não passível de ser suprida *ex officio*.

Ademais, toda obrigação de fazer, não fazer e dar coisa objeto de execução pode ser convertida em obrigação de pagar quantia, o que pode ocorrer por vontade do exequente (art. 499). Seria estranhíssimo que o juiz desse início à execução específica *ex officio* sem saber se o exequente quer ou não se valer dessa conversão ou se ela é necessária em face da impossibilidade da execução *in natura*. E se conversão houvesse, o juiz precisaria suspender a execução para aguardar a iniciativa do exequente para pedir o cumprimento da obrigação de pagamento de quantia.

---

[218] Conforme tivemos ensejo de observar em outra obra (Comentários aos arts. 513 a 527 do CPC de 2015. *In*: CABRAL, Antonio do Passo; CRAMER, Ronaldo (coord.). *Comentários ao novo Código de Processo Civil*. Rio de Janeiro: Forense, 2015. p. 797).

Por fim, convém invocar Araken de Assis[219] que, a propósito de sustentar a necessidade de iniciativa do exequente para instaurar fase de cumprimento de sentença de obrigação de quantia, enuncia dois bons argumentos que se aplicam também às demais modalidades de obrigação:

> "Esta peculiaridade repousa na natureza disponível do crédito[220] e do direito outorgado ao vitorioso, nas expectativas concretas de êxito – não interessa executar créditos pecuniários se o vencido não dispõe de patrimônio suficiente para arcar com a dívida (art. 391 do CC de 2002)[221] –, nos riscos suportados pelo exequente (art. 574 [do CPC de 1973])."

Assim, resulta do exposto que se trata de mera escolha do legislador atribuir ao juiz ou à parte interessada a iniciativa da execução de título judicial produzido perante a jurisdição estatal civil brasileira, não havendo relação entre esse regime e o objeto da obrigação ou o acolhimento da autonomia ou do sincretismo.

Nesse passo, reitere-se que se deve extrair de uma interpretação sistemática do CPC de 2015 que restou adotado o regime de iniciativa da parte para início de toda e qualquer execução (definitiva e provisória) de título judicial.[222-223]

9. SUPERAÇÃO DOS DEMAIS FUNDAMENTOS PELA AUTONOMIA DO PROCESSO DE EXECUÇÃO DE TÍTULO JUDICIAL PRODUZIDO PELA JURISDIÇÃO ESTATAL CIVIL BRASILEIRA

Neste ponto da exposição, resta ainda examinar as outras razões suscitadas pela doutrina e anteriormente enunciadas para afirmar a autonomia do processo de execução:

---

[219] ASSIS, Araken de. *Cumprimento de sentença*. Rio de Janeiro: Forense, 2006. p. 173.
[220] O caráter disponível do direito exequendo se acha previsto no art. 775 do CPC de 2015, o qual não se restringe ao crédito pecuniário.
[221] Essa razão se aplica igualmente às obrigações de dar, fazer e não fazer, seja porque elas também podem ser frustradas, seja porque elas podem se converter em obrigação pecuniária, a atrair a incidência do mesmo problema detectado pelo aludido professor gaúcho.
[222] Não se podem ignorar, contudo, os argumentos contrários, como aqueles há décadas suscitados por Humberto Theodoro Jr., que reconhecia inútil a provocação do litigante vencedor para dar início à execução da sentença civil (*O cumprimento de sentença e a garantia do devido processo legal*. 2. ed. Belo Horizonte: Mandamentos, 2006, *passim*), da qual partilham outros autores (citamos à guisa de exemplo CRUZ, Luana Pedrosa de Figueiredo. As modificações no conceito de sentença à luz dos princípios do sincretismo e da *nulla executio sine titulo* – Alterações em face da Lei 11.232/2005. In: SANTOS, Ernane Fidélis dos; WAMBIER, Luiz Rodrigues; NERY JÚNIOR, Nelson; WAMBIER, Teresa Arruda Alvim (coord.). *Execução civil*: estudos em homenagem ao Professor Humberto Theodoro Júnior. São Paulo: RT, 2007. p. 197).
[223] A interpretação aqui proposta não se mostra incompatível com o *caput* do art. 536. Esse dispositivo atribuiu ao juiz poderes para, "de ofício ou a requerimento (...) determinar as *medidas* necessárias à satisfação do exequente". O dispositivo concerne apenas aos meios de apoio necessários à execução, após o exequente haver provocado o início da etapa cognitiva.

Cap. 33 • BREVE HISTÓRICO LEGISLATIVO E DOUTRINÁRIO DA DICOTOMIA COGNIÇÃO-EXECUÇÃO | 665

a) O sistema mudou radicalmente o conceito de sentença,[224] abandonou a concentração do julgamento de mérito,[225] de modo a reconhecer expressamente decisões interlocutórias de mérito,[226] passíveis de serem cobertas pela coisa julgada material.[227] Nesse cenário, não há mais sentido, portanto, em compartimentalizar de modo estanque cognição e execução, pois essas atividades se mesclam, se combinam e se completam de variadas formas (por exemplo, por força da concessão de tutelas provisórias, que deflagram atividades executivas em paralelo à continuidade do exercício de atividades cognitivas).[228]
b) A existência de processos de execução autônomos, por assim dizer, *atávicos* – como aqueles fundados em sentença penal condenatória, arbitral, estrangeira[229] ou em títulos extrajudiciais – não determina necessariamente que a execução fundada em decisões proferidas no processo civil estatal brasileiro também o seja, pois há, repita-se, margem do legislador para dispor de modo diverso.[230]
c) A eventual discrepância entre as partes na fase de conhecimento e na fase de execução também não indicaria necessariamente a autonomia dos processos, já que em qualquer momento da relação jurídica processual é possível haver alterações subjetivas, seja por ato voluntário (arts. 109, 778 e 779), seja em razão de diversos outros fenômenos.[231]
d) À medida que o processo avança de uma fase a outra, mudam alguns dos seus pressupostos de constituição e desenvolvimento. Isso vale tanto na passagem da fase de conhecimento em 1º grau de jurisdição para a fase recursal quanto para a fase de execução. Veja-se, por exemplo, que, se o autor não ostentar a tríplice

---

[224] Art. 203, § 1º, do CPC de 2015.
[225] Art. 356 do CPC de 2015.
[226] Art. 1.015, II, do CPC de 2015.
[227] O art. 502 do CPC de 2015 define o fenômeno da coisa julgada como "autoridade que torna imutável e indiscutível a *decisão* de mérito não mais sujeita a recurso", ao passo que o art. 467 do CPC de 1973 falava em "sentença de mérito".
[228] Salvo a hipótese de estabilização da tutela sumária provisória de urgência antecipada requerida em caráter antecedente (arts. 304 e 305).
[229] À luz do art. 515, § 1º, do CPC de 2015 se costuma entender que as execuções de sentenças penal condenatória, arbitral e estrangeira seriam, necessariamente, realizadas por processos autônomos, mas conforme reflexões lançadas nos itens 2.8 e 2.9, *infra*, poder-se-ia cogitar de soluções distintas relativamente às duas últimas.
[230] Oportuno referir à perspicaz observação de Marcelo Lima Guerra, para quem a caracterização de um processo autônomo está "associada a fatores puramente formais, a saber: a existência de uma petição inicial e de uma citação da parte passiva", o que poderia levar à existência de "processo em sentido formal", apenas (*Direitos fundamentais e a proteção do credor na execução civil*. São Paulo: RT, 2003. p. 31).
[231] Podem ocorrer diversos fenômenos de alteração subjetiva do processo tanto na fase de conhecimento (assistência, denunciação da lide, chamamento ao processo, inclusão de novo réu indicado pelo réu original *ex vi* dos arts. 339 a 340 do CPC de 2015) quanto na fase de execução (em razão de concurso particular de credores, intervenção de titular de terceiro com garantia real, intervenção de terceiro para prática de atos de expropriação etc.).

capacidade[232] na fase de conhecimento, o juiz deverá lhe dar a oportunidade de corrigir o vício, sob pena de extinção do processo sem resolução de mérito (art. 76, § 1º, I); se o mesmo fenômeno ocorrer ulteriormente, na fase recursal, o resultado será outro, isto é, o não conhecimento do recurso ou das contrarrazões (art. 76, § 2º). Outrossim, na passagem da fase de conhecimento para a recursal algumas matérias ficam cobertas pela preclusão.[233] Algo similar encontra-se na passagem da fase de conhecimento para a fase de execução. Para utilizar os mesmos exemplos, as consequências decorrentes do vício de capacidade são diversas e há também uma barreira preclusiva (nesse caso, de maior intensidade) para que questões atinentes à fase de conhecimento possam ser analisadas na fase de execução.[234] Há que se pensar, em suma, em pressupostos processuais *ad actum*, na linha proposta por Antonio do Passo Cabral.[235]

e) Não é porque o regime de disponibilidade do direito material se modificou na passagem da fase de conhecimento para a de execução que necessariamente se trata de um novo processo (conotado por nova pretensão, veiculada por uma nova demanda). Afinal, o regime de disponibilidade pode se alterar no curso de um processo em face, por exemplo, da cessação da incapacidade da pessoa natural ou da incidência de norma superveniente que estabeleça a disponibilidade de posição jurídica titularizada por ente público.[236]

f) A regra da *perpetuatio jurisdicionis* já encontra diversas exceções, previstas no próprio texto dos arts. 43 e 45 do CPC de 2015.

---

[232] Isto é, capacidade de ser parte, de estar em juízo e postulatória.

[233] Salvo aquelas cognoscíveis *ex officio* e que seriam transferidas forçosamente ao tribunal pela dimensão vertical do efeito devolutivo (ou, a depender da terminologia adotada, em razão do efeito translativo).

[234] A fixação do rol das matérias que sobrevivem até mesmo ao trânsito em julgado também depende fundamentalmente de escolhas feitas pelo legislador, com uma dose considerável de liberdade. O processo civil brasileiro, historicamente, limitava-se a aceitar o reconhecimento da nulidade ou falta de citação para a fase de conhecimento que tramitou à revelia (arts. 475-N, I, e 741, I, do CPC de 1973; arts. 525, § 1º, I, e 535, I, do CPC de 2015) e apenas recentemente incluiu a inexigibilidade superveniente da obrigação por declaração de inconstitucionalidade de ato normativo em que se baseou o título judicial (arts. 475-N, § 1º, e 741, parágrafo único, do CPC de 1973 e, com sensíveis variações, arts. 515, §§ 12 a 15, e 525, §§ 5º a 8º, do CPC de 2015). Em tese, o legislador poderia ter reforçado o caráter rescindente da defesa do executado em face do cumprimento de sentença, incluindo matérias que rendem ensejo à ação rescisória. É o que se colhe, por exemplo, do art. 814.1.f do CPC português de 2013, que permite ao executado alegar, em sede de "oposição à execução", a existência de "caso julgado anterior à sentença que se executa", matéria que o CPC brasileiro de 2015 reserva para a ação rescisória (art. 966, IV), a exemplo do que já fazia o diploma que o antecedeu (art. 485, IV, do CPC de 1973).

[235] CABRAL, Antonio do Passo. Despolarização do processo e "zonas de interesse": sobre a migração entre polos da demanda. *Revista Forense*, Rio de Janeiro, v. 105, n. 404, p. 3-42, jul.-ago. 2009. p. 3-42.

[236] Veja-se, por exemplo, que a Lei 13.140/2015 ampliou a possibilidade de autocomposição envolvendo entes públicos, sobretudo os da esfera federal.

10. CONCLUSÃO

À guisa de conclusão, podemos afirmar que cognição e execução são atividades judiciais distintas que se completam e se combinam de variadíssimas formas com o fim de outorgar tutela jurisdicional.

Embora o legislador possa optar pela divisão das atividades cognitivas e executivas em processos distintos – "processo de conhecimento" e "processo de execução" –, como já o fez no passado, trata-se de solução conotada por elevada dose de artificialismo, que foi denunciada pelo Professor Humberto Theodoro Jr. há mais de três décadas. Sua lição, que permanece atualíssima, exerceu enorme influência sobre a doutrina brasileira e sobre as reformas legislativas operadas no último quarto de século, tendo como ponto culminante o CPC de 2015.

PROCESSOS NOS TRIBUNAIS E DOS MEIOS DE IMPUGNAÇÃO DAS DECISÕES JUDICIAIS

34

O INCIDENTE DE RESOLUÇÃO DE DEMANDAS REPETITIVAS COMO INSTRUMENTO DE CONSOLIDAÇÃO DOS PRECEDENTES NO CÓDIGO DE PROCESSO CIVIL DE 2015

Alexandre Quintino Santiago
Tatiana Rocha Robortella

Sumário: 1. Introdução. 2. Aspectos gerais. 3. Natureza jurídica. 4. Requisitos. 5. Legitimidade. 6. Competência para processamento e julgamento. 6.1. Regimento Interno do TJMG. 6.2. IRDR sobre matéria de competência dos Juizados Especiais Cíveis e da Fazenda Pública. 7. Procedimento. 8. Aplicação da tese jurídica. 9. Recursos cabíveis. 10. Conclusão.

1. INTRODUÇÃO

A Lei nº 13.105, que entrou em vigor em 18 de março de 2016 e instituiu o Novo Código de Processo Civil, inseriu novos instrumentos processuais em nossa legislação, dentre os quais se destaca o incidente de resolução de demandas repetitivas.

A exposição de motivos do Novo Diploma Processual revela a intenção dos legisladores de criar figuras jurídicas para evitar a dispersão excessiva da jurisprudência, atenuando o assoberbamento de processos de litigiosidade massiva no Poder Judiciário, sem comprometer a qualidade na prestação da atividade jurisdicional.

Dentre as inovações apresentadas, algumas nasceram da preocupação com a segurança jurídica, a economia e a celeridade processual, revelando a firme intenção de consolidar os precedentes e sua força vinculante no Direito Brasileiro.

Neste contexto, criou-se o citado incidente, com inspiração no Direito Alemão, visando criar teses a serem aplicadas a processos reiterados, que contenham a mesma questão de direito.

Advogados e julgadores precisam perder o medo do novo e enfrentar o IRDR, com a força que lhe foi atribuída pelo CPC/15, pois se trata de um instrumento que, se utilizado de forma correta, será eficaz para apaziguar a jurisprudência no tratamento de demandas repetitivas.

O receio dos advogados baseia-se na possibilidade da redução do campo de trabalho, com a limitação de propositura de demandas em massa e consequente diminuição dos ganhos de honorários.

Já a resistência apresentada pelos julgadores ocorre por temerem que o incidente enfraqueça seu poder decisório.

Tais preocupações não se justificam, eis que a finalidade do incidente é padronizar o julgamento, com a criação de teses abstratas, sendo que as demandas individuais continuarão sendo apreciadas de forma pormenorizada pelos operadores do direito.

2. ASPECTOS GERAIS

Embora nosso sistema jurídico seja baseado principalmente na *Civil Law,* assim como os demais países cujo Direito tem origem romano-germânica, possuindo a lei como fonte primária do ordenamento, o novo Diploma Processual Brasileiro revela a intenção dos legisladores de inserir, cada vez mais, alguns fundamentos do *Common Law,* também conhecido como sistema anglo-saxão, em nosso dia-a-dia processual.

O *Common Law* baseia-se, primordialmente, nos costumes e em decisões judiciais, que criam os precedentes a serem adotados em julgamentos que tenham como pano de fundo uma situação fática semelhante.

É certo que os precedentes também estão presentes no sistema do *Civil Law,* mas com função diversa, visando, tão somente, orientar o julgador na interpretação e aplicação das leis. Não possuem, contudo, força vinculante, o que, muitas vezes, pode provocar insegurança jurídica, eis que um mesmo texto legal pode ser interpretado de diversas maneiras, em razão do princípio do livre convencimento motivado, aplicado no nosso ordenamento jurídico.

Por meio do novo sistema de precedentes, tão presente no CPC/15, busca-se oferecer soluções semelhantes a casos que possuem o mesmo fundamento jurídico, evitando-se, com isso, a utilização excessiva de recursos e o aumento desmotivado da quantidade de demandas.

Acerca da formação dos precedentes, o ilustre doutrinador Elpídio Donizetti esclarece que somente os fundamentos que sustentam os pilares do julgado podem ser invocados em julgamentos posteriores.

> É importante esclarecer que o que forma o precedente é apenas a razão de decidir do julgado, a sua *ratio decidendi*. Em outras palavras, os fundamentos que sustentam os pilares de uma decisão é que podem ser invocados em julgamentos posteriores. As circunstâncias de fato que deram embasamento à controvérsia e que fazem

parte do julgado não têm o condão de tornar obrigatória ou persuasiva a norma criada para o caso concreto. Além disso, os argumentos acessórios elaborados para o deslinde da causa (*obter dictum*) não podem ser utilizados com força vinculativa por não terem sido determinantes para a decisão. (DONIZETTI, 2018, p.1238)

A partir da consolidação da teoria dos precedentes no ordenamento jurídico brasileiro, adotou-se com mais força o instituto do *stare decisi,* entendido como um precedente obrigatório que, em razão do *status* do órgão que o criou, deve ser respeitado pelo próprio órgão e pelas instâncias inferiores, como ensina Elpídio Donizetti.

No Brasil, embora de forma mitigada, o *stare decisi* já se encontrava presente em nosso cotidiano judiciário, por exemplo, na aplicação dos resultados dos julgamentos das ADIs, ADCs, ADPFs, e, também, nos institutos de repercussão geral, no julgamento dos recursos extraordinários e especiais repetitivos, artigos 543-B e 543-C, do CPC revogado, bem como nas súmulas vinculantes.

O CPC/15 apresentou uma série de inovações visando ao aperfeiçoamento de mecanismos do sistema de precedentes judiciais, com o objetivo de privilegiar a busca pela uniformização e estabilização da jurisprudência, conforme estabeleceu em seu artigo 926.

> **Art. 926.** Os tribunais devem uniformizar sua jurisprudência e mantê-la estável, íntegra e coerente.
>
> § 1º Na forma estabelecida e segundo os pressupostos fixados no regimento interno, os tribunais editarão enunciados de súmula correspondentes a sua jurisprudência dominante.
>
> § 2º Ao editar enunciados de súmula, os tribunais devem ater-se às circunstâncias fáticas dos precedentes que motivaram sua criação.

Com tal providência, o legislador buscou garantir maior efetividade, segurança e, também, razoável duração ao processo, seguindo o que preceitua o inciso LXXVIII, do artigo 5º da Constituição Federal, ali introduzido pela Emenda Constitucional 45/2004, reafirmado no artigo 4º, do CPC/15.

Dentre estas inovações legislativas, verifica-se o § 1º, V e VI, do artigo 489, que impõe ao magistrado uma mudança de atitude ao proferir suas decisões, ao introduzir o dever de identificar, de forma clara e inequívoca, os fundamentos relevantes a justificar que o caso posto em julgamento assemelha-se ao do precedente ou súmula utilizados, bem como que demonstre a existência de distinção na situação fática analisada a motivar a não adoção de enunciado, súmula, jurisprudência ou precedente invocado pela parte.

> **Art. 489.** São elementos essenciais da sentença:
>
> (...)
>
> § 1º Não se considera fundamentada qualquer decisão judicial, seja ela interlocutória, sentença ou acórdão, que:
>
> (...)

V – se limitar a invocar precedente ou enunciado de súmula, sem identificar seus fundamentos determinantes nem demonstrar que o caso sob julgamento se ajusta àqueles fundamentos;

VI – deixar de seguir enunciado de súmula, jurisprudência ou precedente invocado pela parte, sem demonstrar a existência de distinção no caso em julgamento ou a superação do entendimento.

Já no artigo 927, o Novo Estatuto Processual disciplina que os juízes e tribunais, ao proferirem suas decisões, devem observar os precedentes vinculantes já formados:

Art. 927. Os juízes e os tribunais observarão:

I – as decisões do Supremo Tribunal Federal em controle concentrado de constitucionalidade;

II – os enunciados de súmula vinculante;

III – os acórdãos em incidente de assunção de competência ou de resolução de demandas repetitivas e em julgamento de recursos extraordinário e especial repetitivos;

IV – os enunciados das súmulas do Supremo Tribunal Federal em matéria constitucional e do Superior Tribunal de Justiça em matéria infraconstitucional;

V – a orientação do plenário ou do órgão especial aos quais estiverem vinculados.

O artigo 928 do CPC/15 dispõe, ainda, que para fins de julgamentos repetitivos, consideram-se decisões proferidas em incidentes de resolução de demandas repetitivas e em recursos especiais e extraordinários repetitivos.

Em decorrência da força dos precedentes no CPC/15, o Novo Diploma Processual ampliou os princípios constitucionais do contraditório e da ampla defesa (art. 9º), ao estabelecer, por exemplo, a vedação de utilização de fundamento a respeito do qual as partes não tiveram a oportunidade de se manifestar, consolidando o princípio da não surpresa (art. 10), ou mesmo ao substituir a contagem de prazos processuais de dias corridos para dias úteis (art. 219).

Apesar da existência de diversos desdobramentos da adoção da teoria de precedentes na Nova Legislação Processual, não há dúvidas de que uma das maiores inovações do CPC/15 foi a criação do incidente de resolução de demandas repetitivas, que visa estabelecer uma tese aplicável a todas as causas em que se debate a mesma questão de direito, uniformizando o tratamento judicial para ações decorrentes de uma mesma situação jurídica, com força obrigatória em casos semelhantes.

O incidente de resolução de demandas repetitivas encontra-se regulamentado entre os artigos 976 a 987 do CPC/15, constituindo procedimento a ser adotado quanto for identificada uma multiplicidade de ações acerca da mesma questão de direito, capaz de provocar insegurança jurídica e ofensa à isonomia.

O eminente Mestre Humberto Theodoro Júnior, em seu festejado Curso de Direito Processual Civil, apresenta os objetivos a serem buscados através da instauração e do julgamento do IRDR:

Diante da multiplicação de demandas individuais iguais, o incidente em questão persegue dois objetivos:

a) Abreviar e simplificar a prestação jurisdicional, cumprindo os desígnios de duração razoável dos processos e de observância dos princípios de economia e efetividade da prestação jurisdicional, já que, uma vez resolvida pelo tribunal a questão de direito presente em todos os múltiplos processos individuais, a solução destes se simplifica, podendo, rapidamente, ser definida.

b) Uniformizar a jurisprudência, de modo a garantir a isonomia e proporcionar efetividade à segurança jurídica, tornando previsível a postura judicial diante da interpretação e aplicação da norma questionada. (THEODORO JÚNIOR, 2018, p. 963)

Nada mais é do que uma técnica para auxiliar no dimensionamento da litigiosidade em massa, mediante uma cisão da cognição por meio do *"procedimento-modelo"* ou *"procedimento-piloto"*.

Por meio deste incidente, o órgão julgador aprecia questões coincidentes relacionadas a processos que provoquem litigiosidade repetitiva, sendo que, após julgado o incidente, em cada caso concreto, a decisão será proferida pelo juízo da demanda originária, aplicando ou não, de forma fundamentada, a tese fixada pelo Tribunal.

Fredie Didier Jr. e Leonardo Carneiro da Cunha esclarecem a diferença entre os dois tipos de causas repetitivas:

O objetivo do IRDR e dos recursos repetitivos é conferir tratamento prioritário, adequado e racional às questões repetitivas. Tais instrumentos destinam-se, em outras palavras, a gerir e decidir os casos repetitivos. (...) Há dois sistemas de resolução de causas repetitivas: a) o da causa piloto e b) o da causa-modelo. No sistema da causa-piloto, o órgão jurisdicional seleciona um caso para julgar, fixando a tese a ser seguida nos demais. Já na causa-modelo, instaura-se um incidente apenas para fixar a tese a ser seguida, não havendo a escolha de uma causa a ser julgada. (DIDIER e CUNHA, 2017, p. 673)

Concluem os eminentes doutrinadores que o legislador brasileiro adotou apenas o sistema de *causa-piloto*:

Já se percebe que o tribunal, no IRDR, julga a causa e fixa o entendimento a ser aplicável aos demais casos repetitivos. Trata-se, então, também, de uma causa--piloto, e não de uma causa-modelo. (DIDIER e CUNHA, 2017, p. 677)

Em que pese respeitarmos os fundamentos expostos por grande parte da doutrina na defesa de tal tese, ousamos não concordar com referida conclusão, por acreditarmos que o ordenamento jurídico brasileiro adotou tanto o sistema de *causa-piloto* quanto o de *causa-modelo*.

Em primeiro lugar, consideramos que, a partir do momento em que o legislador atribuiu ao juiz, no artigo 977, I, do CPC/15, legitimidade para arguir o incidente, não seria lógico supor que o magistrado de primeiro grau deveria, após proferir a sentença, aguardar a interposição de recurso pelas partes para, só então, ver consolidada a possibilidade de iniciar o procedimento.

Exigir que o juiz se subordine à vontade dos litigantes em recorrer de suas decisões, uma vez que recurso é um ato processual voluntário, e aguarde a manifestação de divergências de posicionamento sobre o tema no tribunal para instaurar o incidente, seria o mesmo que esvaziar o instituto do IRDR, no que se refere à litigiosidade repetitiva na primeira instância.

Segundo, porque, acolher o entendimento de existência no Direito Processual Brasileiro apenas da *causa-piloto*, tornaria a solução das demandas repetitivas bem mais demorada, vez que aumentaria seu percurso até a definição da tese jurídica aplicável.

Além do mais, nunca é demais relembrar que o sistema do CPC/15 prestigia a eficácia, a segurança jurídica e, também, a razoável duração do processo.

Temos, ainda, que revisitar o texto da exposição de motivos do CPC/15, subscrita pela Comissão de Juristas que elaborou o anteprojeto, que diz:

> Criou-se, com inspiração no direito alemão, o já referido incidente de Resolução de Demandas Repetitivas, que consiste na identificação de processos que contenham a mesma questão de direito, que estejam ainda no primeiro grau de jurisdição, para decisão conjunta.
>
> O incidente de resolução de demandas repetitivas é admissível quando identificada, e primeiro grau, controvérsia com potencial de gerar multiplicação expressiva de demandas e o correlato risco da coexistência de decisões conflitantes. (Exposição de Motivos do CPC/15)

Anote-se que em primeiro grau de jurisdição é eminente, também, a possibilidade de decisões conflitantes acerca de uma mesma matéria. Nestas hipóteses, a segurança jurídica conferida aos litigantes é ainda maior, pois, desde logo, garante que sentenças uniformes sejam proferidas em casos semelhantes.

Sobre o tema, a jurisprudência vem, segundo lembra Elpidio Donizetti, encaminhando no seguinte sentido:

> Debrucei-me sobre a questão. Verifiquei que a jurisprudência já iniciou sua marcha no sentido da adoção do procedimento ou causa modelo, Os acórdãos proferidos no IRDR nº 0804575-80.2016.4.05.0000 – TRF-5ª Região e no IRDR nº 0023205-97.2016.8.19.0000 – TJRJ, para citar apenas dois julgados mais ilustrativos. Na linha adotada, a instauração não pressupõe a existência da causa no tribunal. Mediante ofício do juiz ou petição das partes, do MP ou da DP, preenchidos os demais requisitos, **pode-se instaurar o IRDR com o simples objetivo de definir o modelo a ser seguido** nas causas que servirem para demonstrar a repetição e nas que eventualmente forem intentadas na área de jurisdição do tribunal. (destaques do autor – DONIZETTI, 2018. P.1327).

Os magistrados brasileiros, com a condução da ENFAM – Escola Nacional de Formação e Aperfeiçoamento de Magistrados, durante o *"Seminário – O Poder Judiciário e o Novo Código de Processo Civil, na busca de interpretar o Código"*, criando caminhos iniciais para a sua aplicação pelo Poder Judiciário, editaram enunciado que merece ser lembrado:

> A instauração do IRDR não pressupõe a existência de processo pendente no respectivo tribunal. (Enunciado 22, ENFAM)

Consideramos, portanto, que o incidente também pode ser instaurado de forma preventiva, ou seja, antes da interposição de um recurso.

3. NATUREZA JURÍDICA

A própria nomenclatura que foi atribuída ao novo instituto revela sua natureza jurídica, que é de incidente processual, possuindo como objetivo buscar a consolidação de teses jurídicas e uniformização da jurisprudência dos tribunais.

Não pode ser considerado um recurso, por ausência de taxatividade; por não julgar apenas um caso concreto; por não serem legitimados para a sua propositura apenas as partes, o Ministério Público ou os terceiros interessados; e por não se tratar de meio de impugnação às decisões judiciais.

Incorreta, também, a tentativa de classificação do IRDR como ação, eis que um dos pressupostos exigidos à sua interposição é, exatamente, a existência de diversas demandas acerca da mesma matéria.

Acerca da classificação deste instituto, Humberto Theodoro Júnior discorre:

> O incidente autorizado pelo art. 976 do NCPC é um instrumento processual destinado a produzir eficácia pacificadora de múltiplos litígios, mediante estabelecimento de tese aplicável a todas as causas em que se debata a mesma questão de direito. Com tal mecanismo se intenta implantar uniformidade de tratamento judicial a todos os possíveis litigantes colocados em situação igual àquela disputada no caso padrão. Cumpre-se, por seu intermédio, duplo objetivo: a par de racionalizar o tratamento judicial das causas repetitivas, o incidente visa formar precedente de observância obrigatória.
>
> Trata-se, portanto, de remédio processual de inconteste caráter coletivo. Não se confunde, entretanto, com as conhecidas ações coletivas, que reúnem num mesmo processo várias ações propostas por um único substituto processual em busca de um provimento de mérito único que tutele os direitos subjetivos individuais homogêneos de todos os interessados substituídos. O incidente de resolução de demandas repetitivas não reúne ações singulares já propostas ou por propor. Seu objetivo é apenas estabelecer a tese de direito a ser aplicada em outros processos, cuja existência não desaparece, visto que apenas se suspendem temporariamente e, após, haverão de sujeitar-se a sentenças, caso a caso, pelos diferentes juízes que detêm a competência para pronunciá-las. (THEODORO JÚNIOR, 2018, p. 958)

4. REQUISITOS

O IRDR presta-se à busca da isonomia no tratamento entre os jurisdicionados, ou seja, segurança jurídica, previsibilidade e economia processual, sendo que os requisitos para sua instauração encontram-se presentes no artigo 976 do CPC/15.

> Art. 976. É cabível a instauração do incidente de resolução de demandas repetitivas quando houver, simultaneamente:
>
> I – efetiva repetição de processos que contenham controvérsia sobre a mesma questão unicamente de direito;
>
> II – risco de ofensa à isonomia e à segurança jurídica.

Não se poderá instaurar o incidente antes da demonstração de efetiva repetição de ações, para a qual uma relevante indicação será a multiplicidade de processos pendentes de apreciação em primeira instância ou recursos no tribunal.

A identificação da divergência demonstrada a partir de julgamentos ocorridos em causas envolvendo pretensões isomórficas, seja em primeira ou em segunda instância, poderá ser utilizada como segundo critério, mas nunca como fundamento para o indeferimento do incidente, pois estará o Tribunal negando vigência à norma processual contida nos artigos 976 e 977, do CPC/15.

O Desembargador Renato Luís Dresh, em coautoria com Pedro Augusto Silveira Freitas, no retro mencionado artigo *"O incidente de resolução de demandas repetitivas e a possível solução das crises jurídicas contemporâneas"*, defendem, também, que não há necessidade de que a multiplicidade de demandas seja presente apenas nos tribunais, sendo que a litigiosidade em massa a justificar a interposição do incidente pode ocorrer na instância de origem.

Ao dissertarem acerca da importância do incidente, esclarecem:

> O incidente de resolução de demandas repetitivas (IRDR) foi introduzido no ordenamento jurídico brasileiro pelo CPC/15 para coletivizar o resultado da prestação jurisdicional, impedindo o tratamento jurisdicional desigual. O mencionado incidente é destinado a fixar, em discussão colegiada qualificada, com a multilateralização do contraditório, o exame de todos os argumentos jurídicos determinantes, para fixar a tese jurídica sobre determinada controvérsia de direito material ou processual cujo resultado se estenderá, em caráter vinculante, sobre as causas individuais pendentes que possuam objeto jurídico similar, podendo ser aplicado ao recurso remessa necessária ou a qualquer processo de competência originária de tribunal, sem prejuízo da sua provocação, quando constatada a repetitividade que ainda estiver somente em primeiro grau. (DRESH e FREITAS, Pedro Augusto Silveira. *O incidente de resolução de demandas repetitivas e a possível solução das crises jurídicas contemporâneas*)

Já doutrinadores como Daniel Amorim Assumpção Neves e Fredie Didier defendem a tese contrária, no sentido de que a existência de pelo menos um processo em trâmite em grau recursal seria imprescindível à instauração do incidente.

> Prefiro a corrente doutrinária que defende a necessidade de ao menos um processo em trâmite no tribunal, justamente o processo no qual deverá ser instaurado o IRDR. Esse requisito não escrito decorre da opção do legislador de prever, no art. 978, parágrafo único, do novo CPC, a competência do mesmo órgão para fixar a tese jurídica, decidindo o IRDR, e julgar o recurso, a remessa necessária ou o processo de competência originária de onde se originou o incidente. Caso só existam processos em trâmite no primeiro grau e seja instaurado o IRDR, necessariamente, o processo de onde se originou o incidente será um processo de primeiro grau, o que impossibilitará o cumprimento pleno do art. 978, parágrafo único, do novo CPC. (NEVES, 2016, p. 1.595)

Em que pese respeitarmos tais posicionamentos, consideramos, como já afirmado, que exigir a existência de processos em trâmite no tribunal não seria correto, além de colocar em cheque o instituto, como veículo de prevenção da litigiosidade excessiva e de uniformização de tratamento das ações idênticas.

Há necessidade, ainda, de a matéria versar, nos vários processos repetidos, acerca de questão unicamente de direito, pois questões fáticas dependem do exame de elementos probatórios, próprios de cada uma das ações em trâmite.

Também não é menos importante esclarecer que não se cogita na lei brasileira um número mínimo de processos repetitivos para se autorizar o uso do incidente, mas isto não significa que um número irrisório de casos permita a sua instauração.

A existência de uma multiplicidade de ações interpostas versando sobre o mesmo fato jurídico impõe a necessidade da instauração do IRDR, mesmo que de forma preventiva, a fim de, desde logo, firmar a tese a ser replicada nas demandas.

Ao estabelecer como requisito para instauração do incidente o risco à isonomia e à segurança jurídica, o legislador reforça sua força como instrumento pacificador da jurisprudência, a fim de evitar que sejam dados tratamentos distintos para situações jurídicas semelhantes, ou, porque não dizer, até mesmo idênticas.

A norma processual estabelece como requisito limitador ao IRDR a existência de afetação da questão de direito material ou processual repetitiva por parte dos Tribunais Superiores.

> Art. 976. (...)
> § 4º. É incabível o incidente de resolução de demandas repetitivas quando um dos tribunais superiores, no âmbito de sua respectiva competência, já tiver afetado recurso para definição de tese sobre questão de direito material ou processual repetitiva.

Se não houvesse a vedação legal, acabar-se-ia por obstar a segurança jurídica que levou à criação do microssistema de demandas repetitivas.

5. LEGITIMIDADE

O artigo 977 do CPC/15 estabelece os legitimados para instaurar o incidente: o juiz, o relator, as partes, o Ministério Público e a Defensoria Pública.

> **Art. 977.** O pedido de instauração do incidente será dirigido ao presidente de tribunal:
> I – pelo juiz ou relator, por ofício;
> II – pelas partes, por petição;
> III – pelo Ministério Público ou pela Defensoria Pública, por petição.
> **Parágrafo único.** O ofício ou a petição será instruído com os documentos necessários à demonstração do preenchimento dos pressupostos para a instauração do incidente.

Conforme já nos manifestamos anteriormente, o fato de o juiz figurar como legitimado nos permite concluir que a multiplicidade de processos pode ocorrer em primeiro grau, não sendo necessária a interposição de recurso como pressuposto de admissibilidade do incidente.

6. COMPETÊNCIA PARA PROCESSAMENTO E JULGAMENTO

O CPC/15 disciplina que o processamento e o julgamento do IRDR cabe aos Tribunais de Justiça e Tribunais Regionais Federais, por meio de um órgão, pleno ou fracionário, indicado pelo regimento interno do tribunal dentre aqueles responsáveis pela uniformização de jurisprudência do tribunal.

> **Art. 978.** O julgamento do incidente caberá ao órgão indicado pelo regimento interno dentre aqueles responsáveis pela uniformização de jurisprudência do tribunal.
> **Parágrafo único.** O órgão colegiado incumbido de julgar o incidente e de fixar a tese jurídica julgará igualmente o recurso, a remessa necessária ou o processo de competência originária de onde se originou o incidente.

Anote-se que entendemos que os Tribunais Superiores não possuem competência para o julgamento de IRDR's, posto que aqueles sodalícios já dispõem, dentro do micro sistema que trata do julgamento dos litígios repetitivos, dos recursos repetitivos, tratados nos artigos 1.036 a 1.041, do CPC/15.

6.1. Regimento Interno do TJMG

O Tribunal de Justiça do Estado de Minas Gerais, na reforma de seu Regimento Interno, com a finalidade de adequá-lo aos comandos da Nova Legislação Processual, criou as Seções

Cíveis (art. 9º, IV), outorgando-lhe a missão de processar e julgar o incidente em comento, conforme conjugação dos artigos 35, II e 36, do RITJ.

Art. 9º O Tribunal de Justiça organiza-se e funciona pelos seguintes órgãos, sob a direção do Presidente:

(...)

IV – Seções cíveis, presididas pelo Primeiro Vice-Presidente e integradas:

a) a Primeira Seção Cível, por oito desembargadores, representantes da Primeira à Oitava Câmara Cíveis, cada um deles escolhido pela respectiva câmara entre seus componentes efetivos, com investidura de dois anos, permitida a recondução;

b) a Segunda Seção Cível, por dez desembargadores, representantes da Nona à Décima Oitava Câmara Cíveis, cada um deles escolhido pela respectiva câmara entre seus componentes efetivos, com investidura de dois anos, permitida a recondução.

(...)

Art. 35. Compete às seções cíveis processar e julgar, observada a competência das câmaras cíveis nelas representadas:

(...)

II – o incidente de resolução de demandas repetitivas;

(...)

Art. 36. Ressalvada a competência do Órgão Especial, os feitos cíveis serão julgados:

I – nas Primeira à Oitava Câmaras Cíveis nos casos de:

a) ação cível em que for autor, réu, assistente ou oponente o Estado, o município e respectivas entidades da administração indireta;

b) decisão proferida por juiz da infância e da juventude;

c) causa relativa a família, sucessões, estado e capacidade das pessoas;

d) causa relativa a registro público;

e) causa relativa a falência e recuperação de empresa;

f) causa relativa a matéria fiscal;

g) causa relativa a proteção do meio ambiente e do patrimônio público, histórico, cultural, artístico, turístico e paisagístico, inclusive a de improbidade administrativa;

h) decisão sobre habeas corpus proferida por juiz de direito e relacionada com causa de sua competência recursal;

II – nas Nona à Décima Oitava Câmaras Cíveis nos casos não especificados no inciso I deste artigo.

Conforme se pode verificar, o RITJMG atribuiu tal competência somente às Seções Cíveis, não fazendo qualquer tipo de distinção acerca de o processo ser ou não originário do Juizado Especial.

6.2. IRDR sobre matéria de competência dos Juizados Especiais Cíveis e da Fazenda Pública

Os magistrados mineiros, ao analisarem o CPC/15 capitaneados pela EJEF – Escola Judicial Desembargador Edésio Fernandes, editaram o Enunciado nº 45 da EJEF, aprovado pelos Grupos de Trabalho do Fórum de Debates e Enunciados sobre o novo Código de Processo Civil, e também em sessão plenária, realizada no dia 26 de fevereiro de 2016, admitindo a possibilidade de instauração do IRDR com base em demandas repetitivas em curso nos Juizados Especiais.

> Enunciado 45 – (art. 976) O incidente de resolução de demandas repetitivas poderá ser suscitado com base em demandas repetitivas em curso nos Juizados Especiais. (EJEF)

A partir da conclusão do referido enunciado, passou-se a questionar a competência para o julgamento de IRDRs instaurados com base em demandas originárias dos Juizados Especiais.

Analisando os comandos contidos nas normas processuais que criaram o IRDR, mais especificamente aquele do artigo 978, o Tribunal de Justiça reservou para si o processamento e julgamento do incidente instaurado, mesmo que verse sobre matéria de competência dos Juizados Especiais.

Devemos lembrar que o Juizado Especial é órgão do Poder Judiciário Estadual. E, se é órgão do Poder Judiciário Estadual, ele se submete, sim, à jurisprudência e a determinações do Tribunal de Justiça.

> A competência para julgar o IRDR é sempre de um tribunal. Dentro do Tribunal, caberá ao órgão indicado pelo regimento interno a fixação da competência, devendo sempre recair sobre o órgão responsável pela uniformização da jurisprudência na esfera do tribunal. (MARINONI, ARENHART e MITIDIERO, 2017, p. 1054)

Verifica-se que o RITJMG disciplinou a respeito da Turma de Uniformização de Jurisprudência dos Juizados, dando-lhe diversas competências, mas o Tribunal Pleno não pretendeu que aquele órgão tivesse competência para o julgamento deste novo instituto, conforme se pode verificar pela leitura de seu art. 42:

> Art. 42. Compete à Turma de Uniformização de Jurisprudência uniformizar jurisprudência em caso de divergência de tese entre duas ou mais turmas recursais do Estado, nos termos da legislação pertinente.

Parágrafo único. Será aplicável, no que couber, o procedimento previsto nos artigos 368-O e 368-P.

Ademais, a competência destas Seções para conhecerem e julgarem os IRDRs que versarem sobre demandas em curso nos Juizados Especiais, restou discutida e decidida no Tribunal, em mais de uma oportunidade.

No Incidente de nº 1.0105.16.000562-2/001, de relatoria do Eminente Desembargador Amauri Pinto Ferreira, julgado em 03/05/2017, pela Segunda Seção, assim se concluiu:

> IRDR. DEMANDAS ORIGINÁRIAS DO JUIZADO ESPECIAL. SUSCITAÇÃO POSSÍVEL. ADMISSIBILIDADE. REQUISITOS PRESENTES. SUSPENSÃO DAS DEMANDAS AFETADAS.
>
> Para que o incidente de resolução de demandas repetitivas seja admitido, devem ser atendidos os requisitos elencados no Código de Processo Civil, art. 976 e ss. **A efetiva repetição de processos que contenham controvérsia sobre a mesma questão unicamente de direito e que represente risco de ofensa à isonomia e à segurança jurídica, mesmo que em trâmite no Juizado Especial, pode ensejar a instauração do IRDR.**
>
> A admissão do incidente de resolução de demandas repetitivas importa na suspensão dos processos pendentes, individuais ou coletivos, que tramitem no Estado e que versem sobre a matéria objeto da tese a ser fixada. (Tribunal de Justiça de Minas Gerais – IRDR 1.0105.16.000562-2/001, Relator: Des. Amauri Pinto Ferreira, 2ª Seção Cível. Julgamento em 03/05/2017) – grifei

A Primeira Seção, também, quando da apreciação do processo nº 1.0056.16.003389-2, de Relatoria do Ilustre Desembargador Renato Dresh, também firmou precedente no mesmo sentido de que *"as Seções de julgamento do TJMG tem competência para julgar o IRDR originário de processo do Juizado Especial"*.

> PROCESSO CIVIL – PEDIDO DE INSTAURAÇÃO DE INCIDENTE DE RESOLUÇÃO DE DEMANDAS REPETITIVAS – JUIZADO ESPECIAL – FIXAÇÃO TESE JURÍDICA – JUÍZO DE ADMISSIBILIDADE – INCIDENTE REJEITADO – ENCERRADO O JULGAMENTO DO RECURSO PELA TURMA RECURSAL.
>
> **1 – As Seções de julgamento do TJMG tem competência para julgar o IRDR originário de processo do Juizado Especial;**
>
> 2 – Encerrado o julgamento do recurso, preclui o direito de suscitar o IRDR. (Tribunal de Justiça de Minas Gerais – IRDR nº 1.0056.16.003389-2/001, Relator: Des. Renato Dresch, 1ª Seção Cível. Julgamento em 16/08/2017) – grifei

Portanto, no Estado de Minas Gerais, não restam dúvidas de que a competência para julgamento de IRDR's é do Tribunal de Justiça e devem ser apreciados pelas 1ª e 2ª Seções Cíveis, observada a competência de cada um dos órgãos fracionários.

7. PROCEDIMENTO

Quanto à forma de arguição do incidente, teremos duas maneiras de fazê-la, a depender de quem a suscita:

I – Quando o pedido de instauração do IRDR for formulado pelo juiz ou pelo relator, este deve ser formulado por ofício.

II – Nos demais casos, ou seja, se suscitado o incidente pelas partes, pelo Ministério Público ou pela Defensoria, a instauração ocorre por meio de petição.

Em todos os casos, o pedido de instauração do IRDR deverá ser instruído com demonstração do preenchimento dos requisitos necessários, enumerados no capítulo 4, retro.

Recebido o pedido de instauração do IRDR, deve ser providenciada a sua distribuição para um dos julgadores que componham o órgão competente para a sua apreciação, que será o relator do incidente.

O Relator deverá submeter o incidente ao colegiado, para fins de inadmissão, quando estiverem ausentes os requisitos imprescindíveis à sua instauração, ou admissão, o que acarreta os efeitos mencionados no artigo 982 do CPC/15:

a) suspensão dos processos pendentes, individuais ou coletivos, que tramitam no Estado ou na região, conforme o caso;
b) requisição de informações a órgãos em cujo juízo tramita processo no qual se discute o objeto do incidente, que as prestarão no prazo de 15 (quinze) dias, caso seja necessário;
c) intimação do Ministério Público para, querendo, manifestar-se no prazo de 15 (quinze) dias.

Após a admissão do incidente, a suspensão do processo, se determinada, deverá ser comunicada aos órgãos jurisdicionais daquele Estado ou região, para as providencias cabíveis.

Frise-se que a suspensão das demandas repetitivas não impede a concessão de medidas urgentes, pleiteadas naquelas ações, pelos respectivos juízos onde tramitam os processos suspensos.

Dando sequência ao andamento processual, seguindo o que determina o artigo 983 do CPC/15, o relator deverá ouvir as partes e os demais interessados, inclusive pessoas, órgãos e entidades com interesse na controvérsia, que, no prazo comum de 15 (quinze) dias, poderão requerer a juntada de documentos, bem como as diligências necessárias para a elucidação da questão de direito controvertida. Em seguida, deve conceder o mesmo prazo ao Ministério Público para se manifestar.

Não se pode esquecer que o IRDR, como instrumento de definição de precedentes, de utilização obrigatória, no âmbito do tribunal que o analisar, deve ser conduzido com a maior publicidade possível, dando-se oportunidade para todos os interessados se manifestarem no processo, inclusive intervindo como *amicus curiae*, e, também, com realização de audiência pública, para melhor instruir o procedimento.

Concluídas as diligências, o incidente deve ser levado a julgamento, sendo que o conteúdo do acórdão deve abranger a análise de todos os fundamentos suscitados concernentes à formação da tese jurídica discutida, sejam favoráveis ou contrários.

8. APLICAÇÃO DA TESE JURÍDICA

Após o julgamento do incidente, a tese jurídica firmada deve ser aplicada a todos os processos individuais ou coletivos que versem sobre idêntica questão de direito e que tramitem na área de jurisdição do respectivo tribunal, inclusive àqueles que tramitem nos juizados especiais do respectivo Estado ou região, bem como aos casos futuros que tratem sobre idêntica questão de direito e que venham a tramitar no território de competência do tribunal, salvo se a tese for revista.

Acerca da aplicação da tese jurídica consolidada por meio de IRDR, Elpídio Donizetti esclarece:

> A decisão proferida no IRDR, tal como ocorre com a tese definitiva em julgamento de recursos repetitivos, servirá como parâmetro para o julgamento de recursos presentes e futuros, individuais ou coletivos – que versem sobre idêntica questão de direito e que tramitem ou venham a tramitar na área de jurisdição do respectivo tribunal, ou seja, vinculará os órgãos de primeiro grau e o próprio tribunal. O acórdão passa a ser "lei" que regerá os processos em trâmite e que venham a ser instaurado sobre a mesma questão jurídica. Ao julgador caberá fazer a substituição dos fatos a essa norma jurídica editada pelo tribunal. (DONIZETTI, 2017, p. 823)

O acórdão proferido pelo tribunal não faz coisa julgada material, mas possui força normativa *erga omnes*.

Na obra *"Processo Civil Brasileiro – Novos Rumos a partir do CPC/15"*, coordenada pelo professor Humberto Theodoro Júnior, Victor Barbosa Dutra, no artigo intitulado *"o Incidente de Resolução de Demandas Repetitivas (IRDR) e o Incidente de Assunção de Competência (IAC)"*, lembra:

> Sem dúvida, uma das principais conquistas da sistemática é a obrigatoriedade de que o conteúdo do acórdão abranja a análise de todos os fundamentos suscitados e concernentes à tese jurídica discutida, sejam favoráveis ou contrários, conforme dispõe o art. 984, §2º do CPC. Isso impõe uma argumentação qualificada por parte do órgão julgador e facilitará a compreensão do jurisdicionado, que poderá avaliar se detêm argumentação nova capaz de dar ensejo à revisão da tese (art. 986).
>
> A decisão proferida no IRDR é cogente e ampla. A tese jurídica será aplicada a todos os processos individuais ou coletivos que versem sobre idêntica questão de direito e que tramitem na área de jurisdição do respectivo tribunal, inclusive àquelas que tramitem nos juizados especiais do respectivo Estado ou região, bem como aos casos futuros que versem idêntica questão de direito e que venham a tramitar no território de competência do tribunal, salvo revisão na forma do art. 986. (DUTRA, 2016, p. 214)

A força normativa do incidente é tão grande que, nas causas que dispensem instrução probatória, o juiz deve julgar liminarmente improcedente o pleito contrário à tese firmada, conforme determina o artigo 332, III, do CPC/15.

Nos termos do artigo 932, IV, *c*, V, *c*, do mesmo Diploma Processual, incumbe ao relator, monocraticamente, dar ou negar provimento a recurso, se a decisão proferida estiver em conformidade ou não com o que decidiu o incidente.

Nas palavras do professor Humberto Theodoro Júnior:

> Embora o enunciado paradigmático seja de observação obrigatória nos diversos processos individuais simulares, não se pode cogitar de força executiva na espécie. É que nele não se procedeu à certificação da existência do direito ou da obrigação de ninguém. No incidente, enfim "o que vincula é o próprio precedente que dali se origina. A projeção era erga omnes não é dos efeitos da coisa julgada, mas da *ratio dacidendi*". (THEODORO JÚNIOR, 2018, p. 959)

Frise-se, por fim, que apesar da força vinculante da tese firmada no julgamento do IRDR, pode o tribunal ou o juiz não aplicá-la a um processo, fazendo-o fundamentadamente, esclarecendo as razões da inaplicabilidade do precedente ao caso concreto em análise, o que se conhece na doutrina como *distinguishing* (ou *distinguish*).

O precedente fixado no julgamento do IRDR pode ser modificado, nos termos do artigo 986 do CPC/15, mas sua superação deve observar os mesmos cuidados, e somente poderá ser realizada pelo próprio tribunal que a assentou.

> **Art. 986.** A revisão da tese jurídica firmada no incidente far-se-á pelo mesmo tribunal, de ofício ou mediante requerimento dos legitimados mencionados no art. 977, inciso III.

Os mesmos legitimados para propor o incidente podem requerer sua revisão, ressaltando-se que, no caso de o pedido de superação ser formalizado pelas partes, não quer dizer que tenham que ser as mesmas da causa piloto, ou seja, aquelas que figuravam na demanda de origem, mas sim as partes envolvidas no novo processo no qual se busca a modificação do precedente e a nova decisão.

Acerca da superação do incidente, Humberto Theodoro Júnior, Dierle Nunes, Alexandre Melo Franco Bahia e Flávio Quinaud Pedron ensinam:

> Sobre a alteração de entendimento (*overruling*), é importante analisar as formas pelas quais pode se dar a "modificação do precedente" (na linguagem do Novo CPC): há adoção entre nós de instituto de *common law* conhecido como *overruling* (superação, modificação), que pode ser reconhecido tanto para as súmulas quando para os precedentes. (THEODORO JÚNIOR, NUNES, BAHIA e PEDRON, 2015, p. 359)

Desta forma, conclui-se que, da mesma maneira com que possibilidade de aplicação deste novo instituto garante segurança jurídica e maior celeridade aos processos, a previsão da não aplicação, de forma fundamentada, pelos magistrados e o procedimento de superação do precedente deveriam ser suficientes para afastar o medo dos operadores do Direito de utilizar o IRDR.

9. RECURSOS CABÍVEIS

Em face do acórdão que julgar o mérito do IRDR é cabível recurso especial ou extraordinário, a depender da existência de violação à lei federal ou de violação direta à Constituição Federal.

Referidos recursos possuem efeito suspensivo, presumindo-se a repercussão geral de questão constitucional eventualmente discutida.

Em caso de apreciação do mérito do incidente pelo Supremo Tribunal Federal ou pelo Superior Tribunal de Justiça, a tese adotada deve ser aplicada no território nacional a todos os processos individuais ou coletivos que versem sobre idêntica questão de direito.

10. CONCLUSÃO

A busca do Judiciário deve ser sempre pela Justiça, de forma plena e igualitária. Desta forma, casos semelhantes devem ser julgados de maneira similar, sob pena de insegurança jurídica e enfraquecimento do Poder Judiciário.

Elpídio Donizetti registra a importância do incidente para atender aos anseios de uniformização do entendimento jurisprudencial e conferir maior celeridade ao trâmite processual:

> A inovação trazida pelo incidente de resolução de demandas repetitivas busca atender a anseios de uniformização do entendimento jurisprudencial e conferir maior celeridade ao trâmite processual, garantindo a entrega ao jurisdicionado de um processo com tempo razoável de duração e segurança jurídica na prestação jurisdicional. Trata-se de um instituto que, se bem manejado, poderá ser bastante eficaz à efetividade processual, mormente em um país como o nosso, cujo Judiciário é marcado por um expressivo número de demandas de massa. (DONIZETTI, 2017, p. 827)

Conforme já mencionamos ao introduzir o tema, os operadores do Direito não podem temer a aplicação deste novo instrumento jurídico, atribuindo-lhe a força desejada pelos legisladores do Novo Diploma Processual.

Humberto Theodoro Júnior, Dierle Nunes, Alexandre Melo Franco Bahia e Flávio Quinaud Pedron lembram:

> É evidente que o IRDR deverá ser levado a sério pelos tribunais de justiça e tribunais regionais federais de modo que a nova técnica auxilie na melhoria quantitativa e, especialmente, qualitativa de seus julgamentos, uma vez que o CPC/15 cria pressupostos normativos interpretativos que imporão, em definitivo, a necessidade do respeito a uma teoria normativa da compartipação (cooperação) tendo o contraditório como influência e não surpresa como base. (THEODORO JÚNIOR, NUNES, BAHIA e PEDRON, 2015, p. 386, 387)

Fixar teses abstratas acerca de matérias determinadas impede a fabricação de inúmeras demandas temerárias por meio das quais as partes se aproveitariam do atual cenário de notória crise nacional para obter o enriquecimento indevido.

Tal fato enseja no chamado uso predatório da jurisdição, o que é caracterizado como abuso do direito de acesso à jurisdição, implicando em um excesso injustificado de processos e em consequente morosidade processual, o que acaba prejudicando o tratamento das demais ações.

Neste contexto, o IRDR revela-se como uma das principais inovações do CPC/15, a fim de dar maior efetividade ao processo como instrumento de pacificação social, cabendo aos tribunais utilizarem o instituto para uniformizar sua jurisprudência e garantir tratamento isonômico a mesmas situações fáticas, que dependam apenas da aplicação do direito.

REFERÊNCIAS BIBLIOGRÁFICAS

DIDIER JR, Fredie; CUNHA, Leonardo Carneiro. *Curso de Direito Processual Civil: o Processo Civil nos Tribunais*. 14 ed. Salvador: Ed Jus Podivm, 2017.

DONIZETTI, Elpídio. *Curso Didático de Direito Processual Civil*. 21 ed. São Paulo: Atlas, 2018.

_____. *Novo Código de Processo Civil Comentado*. 2 ed. São Paulo: Atlas, 2017.

_____. *A força dos precedentes no Novo Código de Processo Civil*. Disponível em: <https://elpidiodonizetti.jusbrasil.com.br/artigos/155178268/a-forca-dos-precedentes-do-novo-codigo-de-processo-civil> Acesso em: 23 abril 2018.

DRESCH, Renato; FREITAS, Pedro Augusto Silveira. *O incidente de resolução de demandas repetitivas e a possível solução das crises jurídicas contemporâneas*. Disponível em: <https://bd.tjmg.jus.br:80/jspui/handle/tjmg/8625> Acesso em: 25 abril 2018.

DUTRA, Victor Barbosa. *Processo Civil Brasileiro: Novos Rumos a partir do CPC/15*. Coordenação Humberto Theodoro Junior. Belo Horizonte: Del Rey, 2016, p. 214.

MARINONI, Luiz Guilherme; ARENHART, Sérgio Cruz; MITIDIERO, Daniel. *Novo Código de Processo Civil Comentado*, 3 ed. São Paulo: RT, 2017.

_____. *Novo Processo Civil*, 1 ed. São Paulo: RT, 2015.

NEVES, Daniel Assumpção Amorim. *Novo Código de Processo Civil Comentado*. Salvador: Juspodivm, 2016.

SANTIAGO, Alexandre Quintino; BORDONI, Elaine Cristina Ramalho. *Primeiras reflexões sobre normas fundamentais do Processo Civil*. Disponível em: <https://bd.tjmg.jus.br/jspui/handle/tjmg/8405> Acesso em 01 maio 2018.

THEODORO JUNIOR, Humberto. *Curso de Direito Processual Civil*. 51 ed. Rio de Janeiro: Forense, 2018, v. III.

_____; NUNES, Dierle; BAHIA, Alexandre Melo; PEDRON, Flávio Quinaud. *Novo CPC - Fundamentos e Sistematização*. 2 ed. Rio de Janeiro: Forense, 2015.

WAMBIER, Luiz Rodrigues; WAMBIER, Teresa Arruda Alvim. *Temas Essenciais do Novo CPC*. São Paulo: RT, 2016.

35

OS DESAFIOS DA APELAÇÃO NO CÓDIGO DE PROCESSO CIVIL DE 2015

ARRUDA ALVIM

Sumário: Introdução. 1. O julgamento das causas maduras em sede de apelação. 2. Sobre o cabimento da apelação contra as decisões interlocutórias que resolvem múltiplas questões. 3. A apelação contra as decisões interlocutórias e o recurso subordinado do vencedor. Considerações finais.

INTRODUÇÃO[1]

A apelação, tradicionalmente conhecida como o recurso cabível contra o principal provimento jurisdicional da fase cognitiva de primeiro grau – a saber, a sentença –[2],[3],

---

[1] Escrito em homenagem ao prof. Humberto Theodoro Jr.
[2] Sobre o conceito de sentença, cf. o que foi dito em nosso *Novo Contencioso Cível no CPC de 2015*. São Paulo: RT, 2016, capítulo 9, p. 279 e em nosso *Manual de direito processual civil*. 17. ed. São Paulo: RT, 2017, capítulo 27, p. 974 e s. Trata-se do pronunciamento judicial que tem por *finalidade* extinguir a fase cognitiva do procedimento comum, bem como extinguir a execução, com fundamento nos arts. 485 e 487 do CPC/2015 Adotou o legislador um critério misto de definição, há muito preconizado pela doutrina; a finalidade e o conteúdo do pronunciamento foram levados em consideração.
[3] Ressalte-se que não é absoluta a regra geral segundo a qual contra a sentença é cabível apelação. Hipóteses há em que a legislação prevê recurso diverso, como é o caso das sentenças proferidas nos Juizados Especiais Cíveis, impugnáveis por recurso inominado (art. 41 da Lei 9.099/1995), bem como daquelas proferidas em execução fiscal de valor inferior a 41 ORTN (Obrigações Reajustáveis do Tesouro Nacional), passíveis dos embargos infringentes de alçada, previstos no art. 34 da Lei 6.830/1980 (Lei de Execução Fiscal).

teve as hipóteses de cabimento estendidas no Código de Processo Civil de 2015 para as decisões interlocutórias contra as quais não haja previsão de agravo de instrumento (art. 1.009, § 1º, do CPC/2015).

A ampliação do rol de decisões passíveis de apelação,[4] bem como outras inovações esparsas no Código – de que são exemplos a positivação expressa da possibilidade de julgamento antecipado parcial de mérito (art. 356 do CPC/2015) e a ampliação das hipóteses de julgamento de mérito das causas maduras em sede de apelação (art. 1.013, § 3º, do CPC/2015), geram novos desafios a serem enfrentados no contexto da vigência desse Novo Código de Processo Civil. Algumas dessas questões já vêm sendo alvo, aqui e ali, de enfrentamento jurisprudencial e doutrinário, sem que tenha havido, porém, um posicionamento uníssono.

Diante desse panorama, afigura-se relevante trazer à tona algumas das principais questões a serem solucionadas pelos profissionais do direito no âmbito do sistema recursal brasileiro, a fim de propiciar o debate sobre pontos que não podem permanecer em aberto, sob pena de uma indefinição altamente prejudicial à segurança jurídica e ao aprimoramento das decisões judiciais.

Nessa perspectiva, o objetivo deste artigo é, tão somente, de revelar algumas situações que carecem de definição doutrinário-jurisprudencial, a fim de se imprimir maior coerência ao sistema recursal. Muitas delas são provenientes de indefinições já existentes na vigência do CPC/1973 e, por algum motivo, potencializadas no novo diploma; outras decorrem mesmo das inovações legislativas e da necessidade de interpretação uniforme.

1. O JULGAMENTO DAS CAUSAS MADURAS EM SEDE DE APELAÇÃO

Questão que há muito instiga questionamentos doutrinários e jurisprudenciais diz respeito ao fato de vir o órgão *ad quem* a julgar, em sede de apelação e *pela vez primeira*, o mérito da causa. Fala-se, aqui, da controvérsia já suscitada com a inserção do § 3º ao art. 515 do – revogado – Código de Processo Civil de 1973.[5]

O dispositivo citado autorizava a utilização da técnica de julgamento antecipado do mérito em segundo grau de jurisdição quando, em sede de apelação interposta contra

---

[4] "No sistema do CPC/1973, havia perfeita correlação entre a natureza do ato judicial recorrível e o recurso cabível contra ele, correlação essa que foi parcialmente mantida no atual CPC: a) da sentença (art. 203 § 1º e 482 e 484) cabe apelação (art. 1.009); b) da decisão interlocutória (art. 203 §2º) cabe agravo desde que a hipótese de fato faça parte do rol do CPC 1.015, do contrário, a impugnação deverá ser feita em razões ou contrarrazões de apelação (art. 1.009 §§ 1º a 3º); c) o despacho (CPC 203 §3º) é irrecorrível (art. 1.001). A apelação é o recurso por excelência, de cognição ampla, que possibilita pedir-se ao tribunal ad quem que corrija os *errores in iudicando* e também os *errores in procedendo* eventualmente existentes na sentença. Esta ampla cognição permite que se impugne a inconstitucionalidade, a ilegalidade ou a injustiça da sentença, bem como propicia o reexame de toda a prova produzida no processo." (NERY JR., Nelson e NERY, Rosa Maria de Andrade. *Código de processo civil comentado*. 16. ed. São Paulo: RT, 2016, p. 2203).

[5] Cuida-se de acréscimo implementado pela Lei 10.352/2001.

sentença terminativa, o órgão recursal verificasse a nulidade da sentença apelada e, após reconhecer a presença dos pressupostos à resolução de mérito, constatasse a desnecessidade de produção de prova ou da prática de outros atos em primeiro grau de jurisdição ("*teoria das causas maduras*").

De forma semelhante e ainda mais ampla, dispõe o § 3º do art. 1.013 do Código de Processo Civil de 2015 que, "se o processo estiver em condições de imediato julgamento", poderá o tribunal julgar o mérito da causa quando: a) reformar a sentença fundada no art. 485 (de natureza terminativa); b) decretar a nulidade de sentença que não observe a necessidade de congruência com os pedidos e causas de pedir deduzidos; c) constatar omissão no exame de um dos pedidos, hipótese em que deverá julgá-lo; e d) decretar a nulidade da sentença, por falta de fundamentação.

Observa-se, pois, das hipóteses mencionadas nas letras *b* e *c* (correspondentes, respectivamente, aos incisos II e III do § 3º do art. 1.013 do CPC/2015), que o legislador ampliou consideravelmente os casos em que o tribunal julgará a causa pela primeira vez, a despeito de o juízo de primeiro grau não tê-lo feito. Nos casos mencionados, de inobservância do princípio da congruência[6] e omissão quanto a um dos pedidos, a necessidade de julgamento da causa advirá justamente da ausência de julgamento *dos pedidos e causas de pedir corretos*. Desse modo, rigorosamente, o mérito *da causa* não terá sido julgado em primeiro grau de jurisdição, pois não terão sido analisados – ou não o terão sido integralmente – os pedidos e as causas de pedir deduzidos pelo autor; logo, ao sanar os vícios de julgamento *extra* e *citra petita*, o Tribunal estará, de fato, proferindo o primeiro juízo sobre o mérito *da causa*.

Como já dissemos em outra ocasião, o art. 1.013, § 3º, inciso I, do CPC/2015 – bem como os incisos II e III, pelas razões que acabamos de expor – constituem exceções ao duplo grau de jurisdição, eis que permitem o julgamento do mérito no juízo recursal em sede de apelação, sem que tenha havido prévia solução sobre matéria em primeiro grau de jurisdição. Não é cabível, contra o acórdão proferido pelo tribunal, um recurso ordinário de devolutividade ampla, que permita a reapreciação das questões de fato e de direito nos mesmos moldes da apelação. Apenas serão cabíveis, eventualmente, recursos de direito estrito (recurso especial ou extraordinário), que não permitem a revisão de matéria fática e se limitam à discussão respeitante à correta aplicação da lei federal.[7]

Em todas as hipóteses de julgamento de causas maduras, um ponto que sempre suscitou dissonância consiste em saber se a resolução de mérito depende ou não de pedido do recorrente e, ainda, se tal julgamento pode ocasionar uma reforma em prejuízo do apelante.

Quanto ao primeiro ponto – dúvida sobre a possibilidade de o tribunal resolver a causa madura independentemente de pedido de reforma ou de nova decisão pelo apelante – o texto do art. 515, § 3º, do CPC/1973 era menos incisivo do que o do art. 1.013, § 3º, do CPC/2015:

---

[6] O que se afirma não se aplicar, apenas, à situação de julgamento *ultra petita*, pela simples razão de que, embora se trate de caso de inobservância ao princípio da congruência, em tal hipótese, o vício não ocasionará *novo* julgamento, mas, tão somente, a nulidade do julgamento no ponto em que haja extrapolado os limites do pedido.

[7] ARRUDA ALVIM, *Novo contencioso Cível no CPC/2015 cit.*, p. 488.

enquanto aquele estabelecia que "o tribunal *pode* julgar desde logo a lide", o dispositivo vigente estabelece o *dever* do tribunal de apelação de proceder a tal julgamento de mérito.

Todavia, se, sob a égide do Código revogado, havia posicionamentos em ambos o sentidos – da necessidade[8] ou dispensa[9] de requerimento do apelante quanto à resolução de mérito –, o novo texto legal não amenizou a discussão o quanto se supunha, havendo quem ainda sustente a imprescindibilidade de expresso pedido de nova decisão, pelo apelante.[10]

A peculiaridade dos casos previstos nos incisos II e III do art. 1.013, § 3º, do CPC/2015, consiste, todavia, no fato de que, ao contrário do que ocorre com a apelação interposta contra a sentença terminativa (art. 1.013, § 3º, I, CPC/2015), nas hipóteses de julgamento discrepante do pedido, mesmo que o mérito *da causa* não tenha sido apreciado na integralidade, *algum* julgamento de mérito terá havido – ainda que incongruente com o pedido ou incompleto.

Em sede jurisprudencial, uma questão que gera insegurança diz respeito à correção *ex officio* dos julgamentos *extra* ou *citra petita* (art. 1.013, § 3º, incisos II e III), quando não esteja clara, na apelação, a intenção do recorrente de proceder à sanação da sentença. Assim, por exemplo, em julgamento exarado pelo Tribunal de Justiça do Estado de São Paulo, a parte ré, apelante, impugnou a condenação que lhe fora impingida a título de lucros cessantes, por se tratar de julgamento *extra petita*. Tratava-se a ação originária de pedido de restituição de valores indevidamente pagos em decorrência de contrato de compromisso de compra e

---

[8] Assim: "O julgamento da apelação terá de ser no sentido de acolher ou não o pedido do recorrente. Não poderá, portanto, o acórdão, fora do pedido, decidir outras questões que não sejam pressupostos da solução a ser dada ao pedido do apelante. Nisso consiste a *extensão* do efeito devolutivo do recurso, terreno em que prevalece a vontade da parte. (...) Ampliar o julgamento do recurso para questões não suscitadas e, por isso mesmo, não debatidas entre as partes, resulta em violação não apenas dos limites legais da jurisdição, mas sobretudo, da garantia do contraditório. (...) Dessas premissas, podem-se extrair as seguintes conclusões: a) o novo art. 515, § 3º [do CPC/73] não criou simples faculdade para o tribunal, que tem o dever de enfrentar o mérito da causa, quando configurados os requisitos legais para tanto; b) o julgamento de mérito, no entanto, deverá ser pleiteado pelo recorrente, para que se torne objeto de devolução operada pela apelação ao tribunal *ad quem*. O tema pertence à extensão da devolução e não à sua *profundidade*" (THEODORO JR., *Curso de direito processual civil*, Vol. I. 53. ed. Rio de Janeiro: Gen-Forense, 2012, p. 626 – entendimento mantido mesmo à luz do CPC/2015 em *id., Curso de direito processual civil*. Vol. III. 47. ed. Rio de Janeiro: Gen-Forense, 2016, n. 736). No mesmo sentido: JORGE, Flávio Cheim. *A nova reforma processual*. São Paulo: Saraiva, 2003, p. 146-148 (entendimento modificado diante da redação do novo Código, conforme se verifica em *Id., Teoria geral dos recursos*, 7 ed. São Paulo: RT, 2015 p. 367-368, em que pese a crítica do autor ao disposto no art. 1.013, § 3º); APRIGLIANO, Ricardo de Carvalho, *A apelação e seus efeitos*. São Paulo: Atlas, 2003, p. 158-159

[9] BEDAQUE, José Roberto dos Santos. Apelação: questões sobre admissibilidade e efeitos. In: NERY JR., Nelson. ARRUDA ALVIM, Teresa. *Aspectos polêmicos e atuais dos recursos cíveis e outros meios de impugnação às decisões judiciais*. São Paulo: RT, 2003, v. 7, p. 452-453; BARIONI, Rodrigo. A proibição da *reformatio in pejus* e o § 3º do art. 515 do CPC. In: NERY JR., Nelson. ARRUDA ALVIM, Teresa. *Aspectos polêmicos e atuais dos recursos cíveis e outros meios de impugnação às decisões judiciais*. São Paulo: RT, 2005, v. 8, p. 714-715.

[10] DIDIER JR., Fredie Didier e CUNHA, Leonardo Carneiro da. *Curso de Direito Processual Civil*. Vol. 3. 14. ed. Salvador: Jus Podivm, 2017, p. 226-227.

venda, acrescidos de multa proveniente do atraso na entrega do imóvel. Como na petição inicial o autor não formulara propriamente um pedido de lucros cessantes, mas, sim, um pedido de aplicação de multa contratual, o TJSP entendeu por bem decretar a nulidade da sentença, na parte em que violava o princípio da congruência. Não se pronunciou, porém, sobre o pedido de multa, visto que não havia sido objeto de recurso pela parte autora, de modo que, no entender do relator, "eventual acolhimento do pedido importaria em violação ao princípio da proibição da *reformatio in pejus,* o que não é admitido."[11]

Veja-se que, embora plenamente compreensíveis, do ponto de vista lógico, as razões do acórdão em não se pronunciar sobre a omissão, aparentemente, o disposto no art. 1.013, § 3º, do CPC/2015 se prestaria a ampliar de forma excepcional a abrangência da devolução do recurso de apelação. Dizemos "de forma excepcional" porque, a princípio, conforme preceitua o *caput* do próprio art. 1.013, o efeito devolutivo está vinculado ao princípio dispositivo e, portanto, à extensão da matéria impugnada. Embora nem sempre tenha sido assim,[12] trata-se de tradição incorporada ao direito brasileiro desde o Código de Processo Civil de 1939, com raríssimas exceções. A apelação com o *"beneficium commune"* foi abolida do sistema e, nessa esteira, advieram noções amplamente aceitas como a da coisa julgada gradual (relativa à parte ou capítulo não impugnado da sentença) e a proibição da *reformatio in pejus.*

Veja-se que o próprio Código de Processo Civil de 2015 acolhe claramente a tese da coisa julgada gradual ao dispor, no art. 356, § 3º, que a execução da decisão interlocutória de mérito transitada em julgado terá natureza definitiva.

Sob a ótica trazida pelo TJSP no acórdão comentado, o art. 1.013, § 3º, do CPC/2015 não teria o condão de ampliar os limites do julgamento da apelação para além da matéria

---

[11] "Apelação. Compromisso de compra e venda. Nulidade. Alegação de julgamento *extra petita*. Ocorrência. Inexistência de pedido de lucros cessantes. Violação do princípio da adstrição ou congruência. Ausência, ademais, de apreciação do pleito de aplicação de multa contratual formulado na petição inicial. Sentença que é omissa neste ponto (*citra petita*). Questão, todavia, que não fora devolvida a esta E. Turma julgadora. Interposição de recurso apenas pela parte ré. Proibição da reformatio in pejus. Hipótese em que, ainda que a causa esteja apta para julgamento (Teoria da Causa Madura), impõe-se a anulação do r. decisum e o retorno dos autos à primeira instância, para a prolação de uma nova sentença. Precedentes do C. STJ e desta E. Corte. Recurso prejudicado. (TJSP, Apelação 0014/86-74.2015.8.26.0008, rel. Des. Rosangela Telles, 2ª Câmara de Direito Privado, j. 04.04.2017).

[12] Sobre o benefício comum e sua relação com o efeito devolutivo, confira-se o item 10 de artigo de nossa autoria (ARRUDA ALVIM, José Manoel de. Anotações sobre a teoria geral dos recursos. In: WAMBIER, Teresa Arruda Alvim; NERY JR., Nelson (org.). *Aspectos Polêmicos e Atuais dos Recursos Cíveis de acordo com a Lei 9.756/98.* São Paulo: RT, 1999, pp. 52-95. Vide, ainda, BARBOSA MOREIRA, José Carlos. Reformatio in pejus. Direito processual civil (ensaios e pareceres). Rio de Janeiro: Borsoi, 1974, p. 2; GUEDES, Clarissa Diniz. O efeito devolutivo e outros efeitos. *Revista Eletrônica de Direito Processual – REDP.* Volume XII, p. 91-92. E, no direito italiano: BONSIGNORI, L'effeto devolutivo dell'apello. *Rivista Trimmestrale di Diritto e Procedura Civile.* Vol. XXXVIII. Milão: Giuffrè, 1974, pp. 1326-1370. Em sentido divergente, vinculando o efeito devolutivo ao âmbito de dispositividade do recurso: LIMA, Alcides de Mendonça. *Introdução aos Recursos cíveis.* 2ª. Ed. São Paulo: RT, 1976, p. 286.

impugnada.[13] Diante disso, poder-se-ia, até mesmo, cogitar da formação da coisa julgada quanto à omissão do juízo de primeiro grau em apreciar o pedido de multa. Logo, a rigor, estaria incorreta solução imposta, aparentemente, pelo acórdão, ao determinar o retorno dos autos à origem (com o fim de, aparentemente, "sanar" a omissão quanto ao pedido de multa).

Por outro lado, todavia, a redação do art. 1.013, § 3º, II, conduz à conclusão de que, justamente quando há confusão indevida entre o pedido e o objeto do julgamento de primeiro grau é que o tribunal deve corrigir o equívoco e julgar corretamente o mérito.[14] Ressalte-se que, de forma geral, quando a parte prejudicada invoca a existência de julgamento *extra petita*, fá-lo ao argumento de que o pedido verdadeiramente apreciado em primeiro grau inexiste e que, portanto, a decisão é nula; dificilmente o réu, condenado indevidamente a adimplir determinada prestação, dirá que deveria ter sido submetido a outra espécie de condenação ou sujeição.

Nossa intenção, com tais apontamentos, é de demonstrar a insegurança e a imprevisibilidade do julgamento da apelação contra sentença omissa ou discrepante com o pedido.

---

[13] Seguindo idêntica linha de raciocínio, embora sob a vigência do CPC/1973: ""Apelação. (...) Sentença citra e extra petita. Nulidade parcial reconhecida de ofício. Impossibilidade de julgamento segundo a teoria da causa madura, ante a ausência de recurso da parte autora e a possibilidade de reformatio in pejus. Conformismo do autor com a sentença. Nulidade parcial da sentença declarada de ofício. Recurso do réu parcialmente provido. (...)". (TJSP, Apelação 1006826-73.2015.8.26.0010, rel. Des. Flávio Cunha da Silva, 38ª Câmara de Direito Privado, j. 24.8.2016). Trecho do voto do relator: "Como se observa, tratou a sentença de duas tarifas não previstas no contrato e não impugnadas na inicial (TAC e TEC), deixando de analisar o pleito do autor referente ao IOF e às tarifas de avaliação e gravame. Portanto, a decisão revela-se parcialmente infra e extra petita, pois, por um lado, deixou de analisar a integralidade do pedido do autor e, por outro, tratou de questões nem mesmo aventadas na peça vestibular. O princípio da congruência, insculpido no artigo 128, do mesmo diploma legal, prevê que a tutela jurisdicional deve ser prestada na exata medida em que foi postulada, sendo imprescindível a correlação entre o pedido, a causa de pedir e a sentença. Portanto, necessário reconhecer de ofício a nulidade parcial da r. decisão, que carrega uma parte infra e outra extra petita. (...) Menciona-se, quanto às tarifas não analisadas pela r. sentença, que não é caso de aplicação da teoria da causa madura, à qual poderia levar à reformatio in pejus, visto que o autor se conformou com o decisum e não interpôs recurso."

[14] Assim, em sentido diametralmente oposto aos acórdãos precedentemente citados, ainda sob a vigência do CPC/1973, que sequer previa a correção, pelo tribunal, dos vícios referentes ao julgamento *infra* e *extra* petita: "Embargos de declaração. Obscuridade e contradição Vícios caracterizados Acórdão embargado que, ao apreciar apelo interposto pelo plano de saúde, impôs a ele o dever de arcar com o montante de R$ 12.340,00, relativo a cheques emitidos e não compensados pelo consumidor em favor da Santa Casa. Sentença em que expressamente se reconheceu que o valor já pago a título de reembolso pelo plano de saúde não era suficiente para quitação dos cheques pendentes, deixando, no entanto, de deliberar a esse respeito Reconhecimento, de ofício, da parcial nulidade da sentença, por se tratar de decisão 'infra petita'. Vício suprido diretamente por esta Superior Instância com base no artigo 515, parágrafo 3º, do Código de Processo Civil. Ausência de 'reformatio in pejus' na hipótese, em face da nulidade reconhecida. Embargos acolhidos, com efeitos infringentes." (TJSP, Embargos de Declaração 0345791-07.2009.8.26.0000, rel. Des. Christine Santini, 1ª Câmara de Direito Privado, j. 15.10.2013).

Tanto para o apelante quanto para o apelado, sobressaem dúvidas sobre os limites da argumentação a ser expendida, a partir do momento em que não se tem como certos os limites do julgamento em segundo grau de jurisdição.

Logo, a questão que se impõe, cuja definição se faz imprescindível – preferencialmente, por meio de um padrão decisório vinculante –, é a de saber em que medida o dispositivo em comento (art. 1.013, § 3º, II e III, do CPC/2015) amplia os limites da devolutividade do recurso e, com isso, em que proporção afeta a formação gradativa da coisa julgada.

Observe-se, por fim, que o ponto nevrálgico dessas hipóteses não reside, ao contrário do que possa parecer, no problema atinente ao tribunal proceder julgamento do mérito da causa *em segundo grau de jurisdição*. Em verdade, a cerne da questão está em refletir sobre as possibilidades de o tribunal sanar um vício de omissão não suscitado – ou não suscitado diretamente – pelo apelante. Ao invocar a existência de julgamento *extra petita*, ou mesmo ao impugnar parcela de uma sentença de mérito que, noutro ponto, haja sido omissa, o apelante define os contornos do que será objeto de reexame de mérito, sendo certo que as partes ou capítulos não impugnados transitam em julgado.

Assim, diversamente do que ocorre com a apelação contra a sentença terminativa, que propicia a cassação de provimento concernente a *todo o processo*, viabilizando a resolução de *todo* o mérito da causa, a apelação contra as sentenças incongruentes com o pedido pode vir a afetar, além do efeito devolutivo em sua extensão (efeito devolutivo horizontal),[15] a própria ideia de coisa julgada.

---

[15] "De acordo com a sistematização doutrinária, é possível distinguir o efeito devolutivo em sua extensão (plano horizontal, referente à amplitude do recurso, ou seja, aos limites do pedido de reforma ou invalidação formulado pelo apelante) do efeito devolutivo em sua profundidade (plano vertical, referente ao material (questões e fundamentos) utilizado pelo órgão recursal para decidir o recurso). Isso quer dizer que todas as questões impugnadas pelo apelante, sejam elas de fato ou de direito, podem ser revistas pelo tribunal. De outro lado, tanto as questões formais (*errores in procedendo*), como os vícios de justiça (*errores in judicando*) podem ser suscitados pelo apelante. Garante-se, desta forma, que nada escape à possibilidade de reapreciação do órgão recursal, sendo amplíssimo o âmbito de cognição deste órgão. Ainda, opera-se o efeito devolutivo em sua profundidade, para determinar que, quando da apreciação do pedido de reforma ou invalidação da decisão (ou de parte dela) formulado pelo apelante, possa o tribunal reanalisar todas as questões e fundamentos aptos a influenciar na solução do recurso, ainda que não solucionados na sentença. Assim dispõem os §§1º e 2º do art. 1013 do NCPC: "§ 1º Serão, porém, objeto de apreciação e julgamento pelo tribunal todas as questões suscitadas e discutidas no processo, ainda que não tenham sido solucionadas, desde que relativas ao capítulo impugnado"; "§ 2º Quando o pedido ou a defesa tiver mais de um fundamento e o juiz acolher apenas um deles, a apelação devolverá ao tribunal o conhecimento dos demais." Querem esses dispositivos significar que, juntamente com a pretensão recursal, transferem-se todas as questões e fundamentos já suscitados no processo, passíveis de influenciar na solução do recurso. (...) Esclareça-se, porém, que tais questões e fundamentos somente podem ser analisados com o fim de julgar o recurso nos limites da pretensão recursal. É dizer: o efeito devolutivo, em sua extensão, há que ser respeitado. Assim, ressalvadas as questões de ordem pública, nada além do pedido do apelante pode ser conhecido pelo Tribunal, sob pena de violação do princípio dispositivo e de ampliação do efeito devolutivo em sua extensão. Logo, se a apelação for parcial, referindo-se a apenas um capítulo da sentença,

É necessário atentar, pois, para o potencial deletério da divergência preexistente[16] sobre a necessidade ou não de formulação de pedido, pelo apelante, quanto à resolução do mérito no julgamento de causas maduras. Trata-se de controvérsia que parece não ter sido solucionada pelo texto da lei – e dificilmente o será – cuja solução se afigura essencial à segurança jurídica no sistema recursal.

2. SOBRE O CABIMENTO DA APELAÇÃO CONTRA AS DECISÕES INTERLOCUTÓRIAS QUE RESOLVEM MÚLTIPLAS QUESTÕES

Outro desafio trazido pela sistemática da apelação no Código de Processo Civil de 2015 consiste em definir o(s) recurso(s) cabível(is) contra decisão interlocutória que resolva, ao mesmo tempo, questões passíveis de agravo de instrumento (por expressa disposição do art. 1.015, incisos I a XIII, do CPC/2015 ou de legislação esparsa) e outras questões, impugnáveis pela via geral da apelação (art. 1.009, § 1º). São situações em que, possivelmente, poderá haver dúvida objetiva sobre os recursos cabíveis – e, se não houver, deverá a jurisprudência defini-los muito precisamente, estabelecendo o exato momento das preclusões e do trânsito em julgado das questões decididas.

Pode ocorrer, na fase de saneamento e organização do processo, de o juiz rejeitar uma das preliminares suscitadas na defesa do réu, procedendo, na sequência, à fixação das questões fático-jurídicas controvertidas, bem como à inversão do ônus da prova (art. 357 do CPC/2015). Versasse a decisão interlocutória apenas a resolução das preliminares e a fixação da controvérsia, não haveria dúvidas sobre o cabimento único e exclusivo da apelação. Por outro lado, fosse a decisão apenas relativa à redistribuição do ônus da prova, aplicar-se-ia o disposto no art. 1.015, XI, do CPC/2015, sob pena de preclusão.

Todavia, a questão que se apresenta é: uma vez interposto o agravo de instrumento contra a decisão que redistribui o ônus da prova, é viável o aproveitamento do recurso para fim de, também, impugnar a resolução das demais questões, atinentes à preliminar de ilegitimidade e à fixação da controvérsia? Em princípio, a cisão do conteúdo decisório parece mais consentânea com os objetivos do Código. Dessa forma, apenas seria recorrível de

---

os fundamentos da pretensão ou defesa que o juiz poderá apreciar de ofício somente poderão se referir ao capítulo impugnado." (ARRUDA ALVIM, *Novo contencioso Cível no CPC/2015*, cit., 2016, p. 486).

[16] "Servidor público de autarquia municipal. Sentença 'citra petita'. Apreciado apenas um dos pedidos e ignorados os demais. Causa de nulidade absoluta, que pode ser conhecida de ofício pelo tribunal. Divergência no âmbito do Superior Tribunal de Justiça quanto à possibilidade, diante da causa madura, do tribunal conhecer diretamente dos pedidos ignorados em primeira instância, providência que se deixa de adotar para evitar futura anulação em virtude da possibilidade de 'reformatio in pejus'. Provido o reexame necessário, para anular a sentença e determinar que outra seja proferida, com apreciação de todos os pedidos, prejudicado o recurso da autarquia-ré." (TJSP, Apelação 0047741-59.2012.8.26.0602, rel. Des. Edson Ferreira, 12ª Câmara de Direito Público, j. 17.3.2016).

imediato, pela via do agravo de instrumento, o capítulo da decisão atinente à redistribuição do ônus da prova. Ainda assim, alguém poderia argumentar pela incidência do princípio da unirrecorribilidade, que determina o cabimento de apenas um recurso contra cada decisão. Desse modo, aconselhável seria o aproveitamento do agravo de instrumento para todas as finalidades, sob pena de se prejudicar a resolução imediata do recurso atinente à redistribuição do ônus da prova. Eis uma questão que necessita ser enfrentada num futuro próximo.

Mais complexo ainda é o exemplo da decisão interlocutória que contenha um capítulo impugnável por apelação (*v.g.* rejeição de preliminar de ilegitimidade) e outro por agravo, quando este último contiver o julgamento parcial do mérito da causa (art. 356, II, do CPC/2015). Em tal caso, poderá ocorrer de a decisão sobre a preliminar ter o potencial de ocasionar a resolução de *todo o mérito da causa*, o que, certamente, tornaria inócuo o recurso de apelação quanto à parcela do mérito julgada antecipadamente. Estar-se-ia, aqui, diante de uma incongruência: no momento do recurso de apelação, cabível contra a rejeição preliminar de ilegitimidade, a decisão parcial de mérito já teria, provavelmente, transitado em julgado e produzido coisa julgada material (art. 356, § 3º). Diante disso, parece-nos, em princípio, inevitável admitir o aproveitamento do agravo de instrumento, interposto com a finalidade de impugnar a decisão parcial de mérito, para o fim de, também, impugnar previamente a solução relativa à ilegitimidade.

A questão apresenta outros desdobramentos, como o de saber se o recorrente poderia, eventualmente, deixar para a apelação a impugnação de todos os capítulos de uma decisão que contenha apenas um ou alguns capítulos impugnáveis por esta via. Noutras palavras: no exemplo *retro* citado, de decisão que rejeita preliminar e procede à resolução parcial de mérito, seria admissível aguardar o término da fase cognitiva para, em sede de apelação, impugnar o provimento judicial que contenha ambas as decisões? Nesse, por força do disposto no art. 356, §§ 3º e 5º do CPC/2015, parece que terá ocorrido a coisa julgada. Ainda assim, a se admitir a dúvida objetiva sobre o recurso cabível, haverá quem conceba o deslocamento da coisa julgada para o momento do trânsito em julgado da decisão final do processo, em decorrência do cabimento da apelação.[17]

Será ainda mais tormentosa a solução do problema caso o capítulo da decisão interlocutória impugnável por agravo de instrumento contiver matéria considerada de ordem pública – insuscetível de preclusão –, como parece ser o caso da redistribuição do ônus da prova que venha a acarretar cerceamento do direito à prova de uma das partes, com a consequente nulidade da sentença.[18] É certo que a natureza não preclusiva dessas matérias não

---

[17] Esta é uma das hipóteses aventadas por Fredie Didier Jr. e Leonardo José Carneiro da Cunha (*op. cit.*, p. 267), embora admitam não ser a melhor opção.

[18] "Processual civil. Administrativo. Ação civil pública. Cerceamento de defesa por falta de realização de prova pericial. Matéria de ordem pública. Preclusão. Impossibilidade. Realização de perícia. Improbidade administrativa que deixa vestígios materiais. Cabimento. 1. Hipótese em que o Tribunal local deu provimento à Apelação ao entender que houve cerceamento de defesa e determinou que fosse realizada a perícia de engenharia requerida uma vez que seria 'necessária a produção de prova pericial para aquilatação da veracidade dos fatos, pois meros depoimentos não são suficientes para desconstituir as alegações do apelante de que estas obras foram realizadas de forma satisfatória, questão técnica que demanda prova pericial de engenharia oportuna, em

é pacífica e muitas vezes está relacionada à natureza do bem jurídico em jogo na causa;[19]-[20] de qualquer modo, o entendimento dos tribunais sobre esse aspecto também merecerá a devida atenção, para o fim de uniformização da jurisprudência.

A questão central consiste em saber se a distribuição do ônus da prova[21] – cuja decisão é suscetível de agravo de instrumento – pode ser alvo de preclusão e, se não for, se a questão

---

respeito ao amplo contraditório'. 2. Esta Corte Superior possui entendimento consolidado de que as matérias de ordem pública decididas por ocasião do despacho saneador não precluem, podendo ser suscitadas na Apelação, ainda que a parte não tenha interposto o recurso de agravo. 3. Cabe ressaltar que a perícia não é imprescindível à comprovação de improbidade administrativa, bastando a prova testemunhal ou outros elementos de prova. Contudo, na hipótese dos autos, não parece desarrazoado a determinação do Tribunal de origem de realizar perícia da improbidade administrativa que deixa vestígios materiais (construção inexistente ou deficitária de boxes e não construção de casas populares). 4. Recurso Especial não provido." (STJ, REsp 1483180/PE, rel. Min. Herman Benjamin, 2ª T., j. 23.10.2014, DJe 27.11.2014).

[19] No julgado citado na nota de rodapé retro, o bem jurídico em jogo (probidade administrativa) era indisponível. Julgados há, no entanto, do próprio STJ, que consideram *o próprio direito à prova* como matéria de ordem pública. Assim, exemplificativamente: "Processo civil. Prova. Pedido. Apreciação. Momento. Processo civil. Prova. Pedido. Apreciação. Momento. Oitiva por carta rogatória requerida antes do saneamento. Suspensão do Processo. Condições. 1. A prova testemunhal por precatória ou rogatória requerida nos moldes do art. 338 do CPC não impede o Juiz de julgar a ação, muito menos o obriga a suspender o processo, devendo fazê-lo apenas quando considerar essa prova imprescindível, assim entendida aquela sem a qual seria inviável o julgamento de mérito. A prova meramente útil, esclarecedora ou complementar, não deve obstar o processo de seguir seu curso regularmente. 2. Nos termos do art. 130 do CPC, não há preclusão absoluta em matéria de prova, até por se tratar de questão de ordem pública. Mesmo proferido o despacho saneador, o juiz pode, mais tarde, determinar a realização de outras provas, caso entenda que essa providência é necessária à instrução do processo. 3. Recurso especial não provido." (STJ, REsp 1132818/SP, rel. Min. Nancy Andrighi, 3ª T., j. 3.5.2012, DJe 10.5.2012).

[20] No sentido contrário ao das notas precedentes, sob o argumento de que o direito à prova está no âmbito da dispositividade das partes e que, portanto, preclui diante da inércia: "(...) 4. Não há que se falar em cerceamento de defesa quando a parte fica inerte quanto à determinação do juízo para especificação das provas.(...)." (STJ, AgInt no AREsp 820.846/MA, rel. Min. Raul Araújo, 4ª T., j. 12.9.2017, DJe 2.10.2017); "Processual Civil. Agravo Interno no recurso especial. Prova pericial. Intimação. Inércia da parte. Preclusão. Cerceamento de defesa. Não ocorrência. 1. O entendimento adotado pelo Tribunal de origem não destoa da jurisprudência desta Corte Superior de Justiça, segundo a qual, ainda que a parte, na inicial ou na contestação, apresente requerimento de futura produção das provas em direito permitidas, caso fique silente e não as especifique após o respectivo juízo intimá-la devidamente a tanto, opera-se a preclusão do direito de produzi-las. 2. Agravo interno a que se nega provimento." (STJ, AgInt no AREsp 458.264/RS, rel. Min. Og Fernandes, 2ª T., j. 28.11.2017, DJe 05.12.2017).

[21] "Extinção do processo. Petição Inicial. Indeferimento. Pretensão de reforma da sentença que indeferiu petição inicial, em razão do descumprimento de determinação para apresentar cópia do contrato de abertura de conta corrente (CPC, art. 284, § único). Cabimento. Hipótese em que o autor requereu a inversão do ônus da prova desde a inicial para que o apelado fornecesse cópia do contrato. Relação de consumo existente entre as partes, sendo possível a inversão do ônus da

a respeito poderá ser suscitada no recurso de apelação. Não se trata, em absoluto, de uma possibilidade inovadora, visto que, sob a vigência do Código de Processo Civil de 1973, a decisão pertinente às questões processuais de ordem pública, por contaminar a sentença, poderia ser alvo de impugnação na própria apelação, a despeito da preexistência ou não de agravo de instrumento sobre a matéria. Esse entendimento – ao qual sempre nos filiamos, no tocante às preliminares[22] – era praticamente uníssono na jurisprudência à luz do Código de 1973.[23] Não se trata, aqui, de impugnar a decisão interlocutória por via de apelação e sim de invocar a nulidade da sentença ocasionada pela dita decisão interlocutória, que será atingida pelo efeito expansivo do recurso de apelação.[24]

Estes são, apenas, alguns dos exemplos de situações intrincadas que deverão ser solucionadas pela jurisprudência, a ilustrar a necessidade de enfrentamento de questões como a possível aplicação da fungibilidade entre apelação e agravo de instrumento (mormente nas decisões saneadoras) e a preclusão das matérias suscetíveis de agravo de instrumento. Tais considerações, em reforço ao quanto já foi dito no tópico precedente, fortalecem a necessidade de observância, pelos tribunais, dos desígnios legais de uniformização, integridade e coerência da jurisprudência (art. 926 do CPC/2015).

---

prova com base no Código de Defesa do Consumidor, a fim de que o recorrido forneça o quanto requerido pelo autor. Matéria de ordem pública que não se sujeita aos efeitos da preclusão e que pode ser reconhecida de ofício. Sentença anulada. Recurso Provido." (TJSP, Apelação 9266178-13.2008.8.26.0000, Rel. Cesar Mecchi Morales, 24ª Câmara de Direito Privado, j. 10.5.2012). No mesmo sentido: TJSP, Apelação 0007042-91.2012.8.26.0063, Rel. Sergio Gomes, 37ª Câmara de Direito Privado, j. 25.3.2014).

[22] *Cf.* nosso *Manual de direito processual civil, cit.*, p 163, onde afirmamos que o juízo de admissibilidade da ação, feito no curso do processo, "não cria preclusão para o juiz; vale enquanto ele não decidir o mérito da causa. Poderá, outrossim, ser examinada em outro grau de jurisdição."

[23] "Processual civil. Agravo regimental nos embargos de declaração em recurso especial. Ilegitimidade passiva. Matéria de ordem pública cognoscível a qualquer tempo nas instâncias ordinárias. (...) 1. A ausência de legitimidade ativa, por se tratar de uma das condições da ação, é matéria de ordem pública cognoscível a qualquer tempo e grau, sendo insuscetível de preclusão nas instâncias ordinárias. 2. Em se tratando de matéria de ordem pública, pode ser alegada na instância ordinária, a qualquer tempo, como se verifica no caso em apreço em que foi ventilada nas razões dos aclaratórios.(...)" (STJ, AgRg nos EDcl no AREsp 604.385/DF, rel. Min. Moura Ribeiro, 3ª T., j. 1.3.2016, DJe 7.3.2016). No mesmo sentido: REsp 175.664/SP, 2.ª T., j. 3.2.2005, rel. Min. João Otávio de Noronha, DJ 09.5.2005, REsp 218.689/RS, 4.ª T., J. 24.8.2004, rel. Min. Fernando Gonçalves DJ 20.6.2005; REsp 426.273/SP, 4.ª T., j. 11.06.2002, rel. Min. Sálvio de Figueiredo Teixeira, DJ 01.7.2005.

[24] "Em decorrência do efeito expansivo, reputam-se sem efeito os atos ou decisões ou capítulos da decisão dependentes da decisão recorrida, naquilo que forem incompatíveis com o julgamento do recurso. O efeito expansivo é decorrência do princípio da causalidade, da concatenação, ou da interdependência dos atos processuais, que é aquele segundo o qual, como os atos processuais existem uns em função dos outros, dependem uns dos outros, a reforma ou cassação de uma decisão afeta todo o seguimento processual posterior, naquilo que depender da decisão reformada ou anulada" (ARRUDA ALVIM, Teresa. Os Agravos no CPC Brasileiro. 4ª ed. São Paulo: RT, 2006, p. 401-402).

3. A APELAÇÃO CONTRA AS DECISÕES INTERLOCUTÓRIAS E O RECURSO SUBORDINADO DO VENCEDOR

A já referida ampliação das decisões suscetíveis de apelação para as decisões interlocutórias fez surgir uma hipótese – de relativa complexidade – que vem sendo denominada apelação *subordinada* do vencedor, teoricamente interposta na peça de contrarrazões sempre que o vencedor da causa tenha interesse *eventual* na impugnação de decisão interlocutória.

Com efeito, de acordo com a redação do art. 1.009. § 1º, excetuadas as hipóteses para as quais a lei preveja expressamente o agravo de instrumento, as decisões interlocutórias serão passíveis de apelação, a ser interposta: a) em preliminar de apelação, eventualmente interposta contra a decisão final, ou b) nas contrarrazões da apelação interposta pela parte contrária ao interessado (art. 1.009, §1º, do CPC/2015).

Aparentemente, só haverá interesse do vencedor da causa em impugnar uma decisão interlocutória pela via da apelação se, a partir de um raciocínio hipotético, puder se cogitar do provimento da apelação interposta pelo vencido contra a sentença. O raciocínio adotado parece ser o de que, tendo obtido completo êxito na sentença, não teria o vencedor interesse em recorrer das decisões interlocutórias, ressalvada a perspectiva de um interesse *eventual* decorrente da possível sucumbência no recurso de apelação. Daí, provavelmente, a exclusão de apelação independente e autônoma das decisões interlocutórias pelo vencedor, independentemente da apelação da contraparte.

Haverá, todavia, situações em que o interesse em recorrer de decisão interlocutória subsistirá, de forma autônoma, para a parte, ainda esta que não venha a ser sucumbente na causa. Assim, por exemplo, se o juiz condenar uma das partes ao pagamento de multa pelo não comparecimento à audiência de conciliação ou mediação, hipótese em que, independentemente do conteúdo da sentença, subsistirá o interesse da parte em interpor o recurso de apelação contra a decisão interlocutória em referência.[25]

Outra situação em que subsiste o interesse na apelação de decisão interlocutória diz respeito à decisão que rejeita, no curso do processo, da preliminar de incorreção do valor da causa (art. 337, III, do CPC/2015). Nesse caso, ainda que a sentença venha a ser integralmente favorável ao réu, a manutenção do valor da causa repercutirá sobre o valor absoluto da

---

[25] Cf. LIBARDONI, Caroline Uzeda. Apelação exclusivamente contra decisão interlocutória: a ausência injustificada à audiência de conciliação ou mediação e o recurso contra multa arbitrada. Disponível em https://www.academia.edu/11593379/Apela%C3%A7%C3%A3o_exclusivamente_contra_decis%C3%A3o_interlocut%C3%B3ria. Há quem argumente, como Fredie Didier Jr. e Leonardo Carneiro da Cunha (*op. cit.*, p. 200) tratar-se de decisão interlocutória de mérito, passível de agravo de instrumento (art. 1.015, II, do CPC/2015). Tal posicionamento, todavia, diverge do entendimento tradicional, que identifica o mérito da causa com o pedido e a causa de pedir expressamente formulados pelo autor, razão por que, ainda que se concorde com a tese proposta, estaria justificada a dúvida objetiva, fazendo incidir o princípio da fungibilidade recursal.

condenação em custas e honorários.[26] Em tal hipótese, não se nos afigura correto entender, como fazem Fredie Didier Jr. e Leonardo Carneiro da Cunha,[27] que a impugnação dever-se-ia dirigir ao capítulo da sentença concernente à verba sucumbencial, pois a sentença nada diz sobre o valor da causa em si, e é possível que os percentuais fixados satisfaçam plenamente o réu. Lembre-se que, diversamente do que ocorre com as questões de ordem pública, referidas no tópico anterior, o recurso interponível contra a sentença *não renova a discussão sobre o valor da causa, quando esta já tenha sido decidida no curso processo*. Naquele caso – referente às questões de ordem pública –, a renovação da discussão, em sede de apelação contra a própria sentença, é justificável pela natureza não preclusiva da matéria; já o valor da causa é questão que, a despeito de ser cognoscível de ofício (art. 337, § 5º, do CPC/2015), constitui alvo de preclusão se não for alegado oportunamente (art. 293 do CPC/2015).

Observe-se, por fim, que, ao considerar admissível o recurso de apelação independente e autônomo, exclusivamente para o fim de impugnar decisões interlocutórias, não se modificam as hipóteses de cabimento da apelação. Apenas se ajusta a forma de interposição, o que, apesar de gerar consequências relevantes – a principal delas é a de que a apelação deixa de ser subordinada e dependente, como ocorreria com a interposição nas contrarrazões –, não acarreta inobservância ao pressuposto recursal de cabimento. Não se trata, portanto, de hipóteses de incidência do princípio da fungibilidade recursal, mas, quando muito, da aplicação do princípio da instrumentalidade das formas, plenamente admissível em sede recursal, conforme se extrai, *v.g.*, do disposto no art. 932, parágrafo único, do CPC/2015.

Em síntese, parece-nos de todo recomendável que a jurisprudência defina estabeleça admissibilidade da apelação exclusiva e autonomamente dirigida às decisões interlocutórias, bem como as respectivas hipóteses.

CONSIDERAÇÕES FINAIS

Toda inovação legislativa carrega consigo um desafio, consistente na uniformidade e coerência de sua aplicação. Em matéria recursal essa uniformização é, sem dúvida, essencial à segurança jurídica.

Ao suprimir o agravo retido e restringir consideravelmente as hipóteses de agravo de instrumento, nova sistemática recursal, estabelecida pelo Código de Processo Civil de 2015, imprime maior simplicidade à normativa processual. Pretende-se, com isso, descartar uma "processualidade excessiva", desvinculada dos objetivos de fazer atuar o direito material.

---

[26] Em conformidade com o texto: "Nesses casos, deve-se admitir que o recurso de apelação seja dirigido exclusivamente contra a decisão interlocutória. A parte não pode ser privada de alcançar situação jurídica mais favorável por falta de veículo próprio para a impugnação da decisão interlocutória que padece de vício. Daí ser necessário interpretar o art. 1.009, caput, em conjunto com o § 1.º do CPC/2015, de maneira a não vedar a utilização da apelação quando o interesse jurídico do recorrente disser respeito exclusivamente à impugnação de eventual decisão interlocutória." (BARIONI, Rodrigo. Preclusão diferida, o fim do agravo retido e a ampliação do objeto da apelação no Novo Código de Processo Civil. *Revista de processo*, v. 243, mai-2015, p. 276).

[27] *Op. cit.*, p. 200.

Nesse panorama simplificado, célere e apto a atender as exigências do direito material, surgem, correlatamente, alguns desafios na aplicação das normas pertinentes ao recurso de apelação.

A consecução do equilíbrio entre o aprimoramento das decisões e a existência de um sistema recursal simplificado e célere depende, em grande medida, da uniformização da jurisprudência sobre temas centrais atinentes ao cabimento, forma de interposição e processamento do recurso de apelação.

Além das questões citadas neste ensaio, outras há, que merecerão atenção redobrada dos tribunais, como é o caso, *v.g.*, da problemática da eficácia das decisões de mérito, disciplinada de forma diversa nos arts. 356, § 2º e 1.012, *caput,* do CPC/2015.

Muitas das questões suscitadas não serão – nem poderiam ser – solucionadas por eventuais alterações legislativas, seja porque a estabilidade do sistema não as comporta em demasia, seja porque toda nova lei traz consigo outros desafios. Muitas vezes, aliás, as alterações legislativas não têm o condão de modificar a *práxis* jurisprudencial, o que se atribui a uma questão de índole cultural. A dificuldade de se admitir o julgamento *ex officio* das causas maduras em sede de apelação, mencionada no item 1 do texto, é uma ilustração clara do que se afirma: nem sempre a alteração do texto legal conduzirá à unidade de entendimento sobre determinado ponto.

Diante disso, sobressai a importância da conscientização, no âmbito de nossos tribunais, do valor da jurisprudência por eles fixada. Sob essa luz, nenhuma contribuição legislativa parece ser mais relevante no Código de Processo Civil de 2015 que as normas que enfatizam o papel extremamente relevante da estabilização da jurisprudência.

36

PRECEDENTES VINCULANTES NO CPC/2015 COMO INSTRUMENTO DE EFETIVAÇÃO DE UM PROCESSO ESTRUTURAL

BERNARDO RIBEIRO CÂMARA
IGOR DE OLIVEIRA MANSUR

Sumário: 1. Introdução. 2. Diferenciação entre precedente (pelo CPC/15), jurisprudência e súmula. 3. Considerações iniciais sobre a estrutura normativa do sistema de precedentes no CPC/15. 3.1. Artigo 926 do CPC/15 – uma norma principiológica. 3.1.1. Dever de estabilidade. 3.1.2. Dever de integridade. 3.1.3. Dever de coerência. 3.2. Artigo 927 do CPC/15 – da existência de precedentes vinculantes. 4. Vantagens para adoção de um sistema de precedentes vinculantes. 4.1. Segurança jurídica. 4.2. Isonomia. 4.3. Duração razoável do processo. 5. Decisões estruturantes. 5.1. Conceito. 5.2. Exemplo do potencial uso do precedente vinculante como instrumento capaz de criar decisões estruturais. 6. Conclusão.

1. INTRODUÇÃO

Em 18 de março de 2016 entrou em vigor, sob grande expectativa dos operadores do direito, o Novo CPC, com inúmeras inovações no sistema processual civil brasileiro.

Dentre as mudanças implementadas, podemos citar o novo paradigma principiológico na busca da prestação jurisdicional mais efetiva; a relativização da jurisprudência defensiva com sobreposição da primazia do mérito; o rompimento do protagonismo judicial em substituição de uma atuação policêntrica e comparticipativa[1]; com o contraditório sob a perspectiva de influência; entre outras.

---

[1] CÂMARA, Bernardo Ribeiro; GÁRCIA DE LIMA; Rogério Medeiros. *Mediação no Novo CPC:* O fortalecimento procedimental das técnicas alternativas de resolução de conflito no CPC/2015 como instrumento validador dos novos princípios da novel legislação processual.

Ainda dentro desse panorama de modificações processuais e, para fins deste estudo, devemos destacar como uma das grandes novidades trazidas pelo CPC/15, a positivação de um microssistema normativo de formação de precedentes[2], vinculantes e persuasivos, com a previsão de novas técnicas de julgamento destinadas a sua formação, como é o caso do Incidente de Resolução de Demandas Repetitivas e a Assunção de Competência.

O CPC/15 representa um marco para o sistema processual civil brasileiro, pois reafirma uma tendência crescente em nosso ordenamento jurídico, que consiste na valorização do uso de precedentes como forma de resolução de conflitos[3].

Não é segredo para nenhum operador do direito, que o judiciário brasileiro enfrenta inúmeros problemas institucionais, tais como a morosidade para o julgamento de causas e a dispersão jurisprudencial, os quais afetam diretamente a vida do jurisdicionado.

Neste particular, a partir da leitura da exposição dos motivos do CPC/15[4], é possível constatar que a intenção do legislador de implantar um sistema vocacionado à utilização de precedentes é exatamente para consagrar preceitos fundamentais para o nosso ordenamento jurídico, tais como a segurança jurídica[5] e isonomia[6].

---

[2] Dierle Nunes emprega em seu livro o termo microssistema de litigiosidade repetitiva, que é composto pelos institutos previstos no artigo 928 do CPC/15, isto é, o incidente de resolução de demandas repetitivas e recursos especial e extraordinário repetitivos. (JÚNIOR, Humberto Theodoro. NUNES, Dierle. BAHIA, Alexandre Melo Franco Bahia. PEDRON, Flávio Quinaud *Novo CPC fundamentos e sistematização*– 2 ed. rev., atual. e ampl. – Rio de Janeiro: Forense, 2015 p. 327).

Ademais, a expressão microssistema de formação de precedentes empregada neste artigo pode ser vislumbrada nos enunciados 459 e 460 do FPPC (Fórum Permanente de Processualistas Civis). A título exemplificativo, vejamos o enunciado 459: (arts. 927, §1º, 489, §1º, V e VI, e 10) As normas sobre fundamentação adequada quanto à distinção e superação e sobre a observância somente dos argumentos submetidos ao contraditório são aplicáveis a todo **o microssistema de formação dos precedentes**. (Grupo: Precedentes, IRDR, Recursos Repetitivos e Assunção de competência) (grifos nossos).

[3] Dierle Nunes ressalta em seu livro que "Há algum tempo vivenciamos no Brasil um fortalecimento do uso das decisões passadas dos Tribunais (especialmente superiores) como fundamento para decisões judiciais, conduzindo a um peculiar movimento de convergência entre nosso civil law com o commow law, e seu uso de precedentes. (JÚNIOR, Humberto Theodoro. NUNES, Dierle. BAHIA, Alexandre Melo Franco Bahia. PEDRON, Flávio Quinaud *Novo CPC fundamentos e sistematização*– 2 ed. rev., atual. e ampl. – Rio de Janeiro: Forense, 2015. Pg. 345).

[4] Disponível em: https://www2.senado.leg.br/bdsf/bitstream/handle/id/512422/001041135.pdf?sequence=1.

[5] Neste sentido, Dierle Nunes e Aureliano Viana destacam que " em nome da segurança jurídica e da efetividade, na exposição de motivos do CPC/2015 é revelada a profunda preocupação com a indesejada fragmentação do sistema, algo que poderia ocorrer em decorrência da oscilação jurisprudencial. VIANA, Antônio Aurélio de Souza; NUNES, Dierle. *Precedentes: a mutação do ônus argumentativo* – Rio de Janeiro: Forense, 2018. Pg.201.

[6] Bruno Dantas, antes da entrada em vigor do CPC/15, já alertava que: " O desafio que se apresenta hoje, no Brasil, é o de estabelecer regras que, por um lado, criem mecanismos hábeis a concretizar no direito processual o princípio da igualdade e, por outro demonstrem com clareza aos nossos magistrados que quando casos idênticos são decididos de maneira discrepante, para além da agressão qualificada à isonomia, a crença na justiça sofre abalo considerável. " DANTAS, Bruno.

Certamente, a ideia de decidir com base em precedentes propaga a expectativa de maior coesão decisória por parte dos julgadores, evitando-se, assim, que casos idênticos sejam decididos de maneira diametralmente opostas, o que não se coaduna com a ideal de segurança jurídica e isonomia que se espera da atividade judicial[7].

Com isso, ao estatuir um sistema de precedentes vinculantes, aumenta a responsabilidade dos Tribunais na interpretação do direito e produção de julgados[8], uma vez que as decisões extraídas a partir das técnicas reconhecidas pelo novo estatuto processual como criadoras de precedentes vinculantes com observância obrigatória aos órgãos inferiores.

Ou seja, não estamos mais diante de uma decisão que solucionará o conflito de interesses existente apenas entre os sujeitos da demanda, mas produzirá efeitos panprocessuais, ditando a resolução de casos futuros semelhantes e, consequentemente afetando terceiros estranhos a aquela relação processual que originou a decisão.

Mais que isso, conforme se passará a demonstrar, os efeitos vinculantes provenientes dos precedentes formados nestas novas técnicas de julgamento podem servir como instrumento de efetivação de um processo estrutural uma vez que torna efetiva e obrigatória a vinculação do jurisdicionado (pessoa física ou jurídica, de direito público ou privado) pela criação de um modelo decisório que deverá ser adotado por todos os julgadores quando do julgamento de casos futuros que envolvam questão semelhante de direito, e cujas decisões podem implementar políticas públicas que deverão ser obrigatoriamente observadas e aplicadas em razão do conteúdo do precedente proferido e vinculado ao resultado jurisdicional produzido.

2. DIFERENCIAÇÃO ENTRE PRECEDENTE (PELO CPC/15), JURISPRUDÊNCIA E SÚMULA

Inicialmente, para fins didáticos e para a melhor compreensão do tema que será desenvolvido neste estudo, torna-se necessário realizar uma distinção, ainda que superficial, sobre a ideia de *precedente*, *jurisprudência* e *súmula*, conceitos que muitas vezes são tratados como idênticos, o que não corresponde à realidade.

Teoria dos recursos repetitivos: tutela pluri-individual nos recursos dirigidos ao STF e STJ (art. 543-b e 543-c do CPC) – São Paulo: Editora Revistas dos Tribunais, 2015.Pg.51.

[7] De acordo com Marcus Vinícius Rios Gonçalves " O CPC reiterou a adesão predominante ao sistema da civil law, mas manifestou grande preocupação com a uniformidade e a estabilidade da jurisprudência, já que a proliferação de decisões judiciais divergente a respeito do da mesma questão jurídica pode prejudicar a isonomia e segurança jurídica. ". GONÇALVES, Marcus Vinícius Rios. *Direito processual civil esquematizado* – 8. ed. – São Paulo: Saraiva, 2017. Pg. 861.

[8] Neste sentido José Miguel Gárcia Medina leciona que "um modelo precedentalista depende, sobretudo, da mudança de atitude dos juízes, não no sentido de se dever obediência ao precedente, mas, especialmente, no sentido de se produzir julgados modelares, que sirvam de referência, que gerem confiança dos cidadãos. Esse é o ponto de partida: decisões fundamentadas. " MEDINA, José Miguel Gárcia. *Direito processual civil moderno*. – São Paulo: Editora Revista dos Tribunais, 2017. 6 Mb; PDF. Pg. 898.

Neste sentido, Lênio Streck e Georges Abboud[9] afirmam categoricamente que:

> Obviamente que precedente não é súmula, súmula não é jurisprudência e jurisprudência não é precedente. Contudo, no Brasil, parte considerável da doutrina não tem pensado desse modo. Se tudo fosse igual, não haveria razão para se estudar o *stare decisis*, a diferença entre o sistema inglês e dos EUA e a diferença em relação ao modelo brasileiro vigente e ao modelo a ser instituído pelo CPC.

Conforme se observa, *precedente*, *jurisprudência* e *súmula* não são sinônimos, configurando atecnia jurídica sua equiparação conceitual.

De acordo com Daniel Amorim Assumpção Neves[10], *precedente*[11] define-se como:

> [...] qualquer julgamento que venha a ser utilizado como fundamento de um outro julgamento que venha a ser posteriormente proferido. Dessa forma, sempre que um órgão jurisdicional se valer de uma decisão previamente proferida para fundamentar sua decisão, empregando-a como base de tal julgamento, a decisão anteriormente prolatada será considerada um precedente.

Ainda sobre o tema, o doutrinador[12] faz um alerta de que:

> [...] nem toda decisão, ainda que proferida pelo tribunal é um precedente. Uma decisão que não transcender o caso concreto nunca será utilizada como razão de decidir de outro julgamento de forma que não é considerada um precedente. Por outro lado, uma decisão que se vale de um precedente como razão de decidir naturalmente, não pode ser considerada um precedente. Por outro lado, algumas decisões nem tem potencial para serem considerados precedentes, como aquelas que se limitar a aplicar a lei.

---

[9] STRECK, Lenio Luiz. Art. 489. In: 927; NUNES, Dierle; CUNHA, Leonardo (orgs.). *Comentários ao Código de Processo Civil*. São Paulo: Saraiva, 2016. Pg. 1197.

[10] NEVES, Daniel Amorim Assumpção. *Manual de direito processual civil* – Volume único. 9ed. – Salvador: Ed. JusPodvm, 2017. Pg. 1388.

[11] Para fins deste estudo, é importante ressaltar que os precedentes podem ser classificados conforme sua eficácia, sendo divididos em precedentes vinculante e persuasivos. Para Ronaldo Cramer (2016, p.116) " Persuasivo é o precedente que não vincula os demais casos, mas apenas é utilizado como reforço de argumentação seja pela parte, seja pelo magistrado, para demonstrar o acerto do discurso jurídico. Ainda para o doutrinador, precedente vinculante é "aquele vincula os julgamentos futuros, não dando alternativa ao julgador senão aplicá-lo. "Diante de um precedente vinculante, o julgado pode não o seguir, se houver distinção entre o caso concreto e o caso do precedente, ou se o precedente tiver sido superado por outro precedente. " (CRAMER, Ronaldo. *Precedentes judiciais: teoria e dinâmica* – 1 ed. - Rio de Janeiro: Forense, 2016. Pg. 116).

[12] NEVES, Daniel Amorim Assumpção. *Manual de direito processual civil* – Volume único. 9ed. – Salvador: Ed. JusPodvm, 2017.

É notório que o conceito de precedente está intimamente associado com a capacidade daquele julgado de produzir efeitos panprocessuais, ou seja, para além do processo, servindo como substrato jurídico para outras decisões[13].

Em relação ao termo *jurisprudência*, Daniel Amorim Assumpção Neves[14] ensina:

> [...] resultado de um conjunto de decisões judiciais no mesmo sentido sobre uma mesma matéria proferida pelos tribunais. É formada por precedentes, vinculantes e persuasivos desde que venham sendo utilizados como razões do decidir em outros processos e meras decisões.

Em outro trecho de sua obra, o doutrinador realiza uma distinção entre precedente e jurisprudência asseverando que:

> [...] o precedente é objetivo, já que se trata de uma decisão específica que venha a ser utilizada como fundamento do decidir em outros processos. Ainda mais o precedente brasileiro, já que no sistema instituído pelo Novo Código de Processo, diferente do que ocorre com o precedente do direito anglo-saxão, o julgamento já nasce predestinado a se tornar um precedente vinculante. A jurisprudência, por sua vez, é abstrata, porque não vem materializada de forma objetiva em nenhum enunciado ou julgamento, sendo extraída do entendimento majoritário do tribunal na interpretação e aplicação de uma mesma questão jurídica.

Pode-se afirmar que a principal diferença entre precedentes e jurisprudência reside na seara quantitativa, sobretudo, porque sob o prisma do CPC/15, a formação dos precedentes se dá muitas vezes a partir do julgamento de apenas um caso[15], o que se difere da jurisprudência, que pressupõe uma sequência histórica de decisões, ou seja, é exatamente por meio da reprodução reiterada de um entendimento pelo Tribunal que surge a figura da jurisprudência[16].

---

[13] Fredie Didier, afirma que precedente " é a decisão judicial tomada à luz de um caso concreto, cujo elemento normativo pode servir como diretriz para o julgamento posterior de casos análogos. (DIDIER JR, Fredie. BRAGA, Paula Sarno. OLIVEIRA, Rafael Alexandria. *Curso de direito processual civil: teoria da prova, direito probatório, ações probatórias, decisão, precedente, coisa julgada e antecipação dos efeitos da tutela* 10 ed. Salvador: Ed. Jus Podvivm, 2015.pg. 441)

[14] NEVES, Daniel Amorim Assumpção. Manual de direito processual civil – Volume único. 9ed. – Salvador: Ed. JusPodvm, 2017. Pg.1390

[15] Ao analisar o precedente brasileiro e o formado na matriz teórica da *commow law*, Alexandre Freitas Câmara afirma que " no direito processual civil a situação é diferente. É que a lei já estipula, com antecedência, quais são as decisões judiciais que terá eficácia de precedente vinculantes. " (CÂMARA, Alexandre Freitas. *O novo processo civil brasileiro* – São Paulo: Atlas, 2015. Pg. 439)

[16] De acordo com Alexandre Freitas Câmara " há uma diferença quantitativa fundamental entre precedente e jurisprudência. É que falar sobre precedente é falar de uma decisão judicial, proferida em determinado caso concreto (e que servirá de base para a prolação de futuras decisões judiciais). Já falar de jurisprudência é falar de um grande número de decisões judiciais, que estabelecem uma

Derradeiramente, no que diz respeito à *súmula*, Daniel Amorim Assumpção Neves[17] afirma que esta figura representa:

> [...] uma consolidação objetiva da jurisprudência, ou seja, é a materialização objetiva da jurisprudência. O Tribunal, reconhecendo já ter formado um entendimento majoritário a respeito de determinada questão jurídica tem o dever o dever de formalizar esse entendimento por meio de um enunciado, dando notícia de forma objetiva sobre qual é a jurisprudência presente naquele tribunal a respeito da matéria.

Ou seja, as súmulas são verbetes editados pelos Tribunais que expressam o entendimento predominante naquele órgão, servindo como um importante instrumento de orientação para o exercício da atividade jurisdicional[18].

Diante de tais considerações, verifica-se que o conceito de *precedente, jurisprudência* e *súmula* não são sinônimos, sendo fundamental a compreensão conceitual dessas figuras para a análise do sistema de precedentes implantado pelo CPC/15.

3. CONSIDERAÇÕES INICIAIS SOBRE A ESTRUTURA NORMATIVA DO SISTEMA DE PRECEDENTES NO CPC/15

O CPC/15 dispensa atenção especial no que se refere a regulamentação legal do sistema de precedentes vinculantes, editando inúmeros comandos normativos a respeito da matéria. Dentro desse contexto, cumpre destacar que os artigos 926 e 927 desempenham papel fundamental para consolidar um modelo precedencialista[19] em nosso ordenamento jurídico.

---

linha constante de decisões a respeito de certa matéria, permitindo que se compreenda o modo com os tribunais interpretam determinada norma jurídica. " (CÂMARA, Alexandre Freitas. *O novo processo civil brasileiro* – São Paulo: Atlas, 2015. Pg. 426).

[17] NEVES, Daniel Amorim Assumpção. *Manual de direito processual civil* – Volume único. 9ed. – Salvador: Ed. JusPodvm, 2017. Pg.1390.

[18] Alexandre Freitas Câmara explica que " Uma vez identificada uma linha de jurisprudência firme, constante, a respeito de algum tema, caberá ao tribunal que a tenha firmado editar um enunciado de súmula (art. 926, 1º). A súmula de jurisprudência dominante é um resumo da jurisprudência dominante de um tribunal. Tal resumo é formado por verbetes ou enunciado, os quais indicam o modo como aquele tribunal decide certas matérias" (CÂMARA, Alexandre Freitas. *O novo processo civil brasileiro* – São Paulo: Atlas, 2015. Pg. 429).

[19] Dierle Nunes e Aureliano Viana afirmam que "no Brasil, não existe, de fato, o precedente judicial, pelo menos ao modo como é considerado no direito inglês ou norte-americano. Nada obstante, a vasta bagagem de uso do direito jurisprudencial, somada à ruptura paradigmática do CPC/15, parece permitir a rotulação do nosso modelo, como, agora, composto por precedentes judiciais, em virtude da estruturação normativa trazida pelo novo sistema processual. (VIANA, Antônio Aurélio de Souza; NUNES, Dierle. *Precedentes: a mutação do ônus argumentativo* – Rio de Janeiro: Forense, 2018. Pg.224.)

Por esta razão, apresenta-se algumas questões pontuais a respeito dos referidos comandos legais, analisando sua importância para o sistema de precedentes do CPC/15.

3.1. Artigo 926 do CPC/15 – uma norma principiológica

O CPC/15, demonstrando sua preocupação com a instabilidade decisória dos Tribunais, determina em seu artigo 926, que os Tribunais uniformizem sua jurisprudência e a mantenham estável, íntegra e coerente.

Nas palavras de Humberto Theodoro Júnior[20]:

> O novo CPC dispensou grande atenção ao fenômeno jurisprudencial, por reconhecer a relevante influência político-institucional que a interpretação e aplicação do direito positivo pelos órgãos judiciais exercem sobre a garantia fundamental de segurança jurídica, em termos de uniformização e previsibilidade daquilo que vem a ser o efetivo ordenamento jurídico vigente no país.
>
> Entretanto, para que essa função seja efetivamente desempenhada, a primeira condição exigível é que os tribunais velem pela coerência interna de seus pronunciamentos. Por isso, o novo CPC dedica tratamento especial ao problema da valorização da jurisprudência, dispondo, em primeiro lugar que "os tribunais devem uniformizar sua jurisprudência e mantê-la estável, íntegra e coerente (art. 926, *caput*).

Elpídio Donizetti[21] explica que "esse dever decorre da adoção do sistema de precedentes e demonstra a necessidade de compatibilizar essas decisões proferidas pelos tribunais e o princípio constitucional da segurança jurídica."

Obviamente, o sucesso de um sistema processual pautado pela utilização de precedentes judiciais perpassa, sem sombra de dúvidas, pela estabilidade das decisões proferidas pelos tribunais e, é com base nisso, que o legislador edita o artigo 926, do CPC/15.

No entanto, por mais que pareça óbvio, os conceitos de estabilidade, integridade e coerência não se equivalem, tornando-se fundamental traçar uma distinção entre esses três deveres impostos pelo CPC/15 aos Tribunais.

---

[20] THEODORO, Humberto. *Curso de Direito Processual Civil – Execução forçada, processo nos tribunais, recursos e direito intertemporal – vol. III / 49.* Ed. Ver., atual. e amp. – Rio de Janeiro: Forense, 2016. Pg. 795.

[21] DONIZETTI, Elpídio. Curso Didático de direito processual civil – 19. ed. Revisada e completamente reformulada conforme o NOVO CPC – Lei 13.105, de 16 de março de 2015 e atualizada de acordo com a Lei 13.256, de 04 de fevereiro de 2016 – São Paulo: Atlas, 2016. Pg. 1312

3.1.1. Dever de estabilidade

Daniel Amorim Assumpção Neves[22] ensina que:

> A estabilidade da jurisprudência impede que os tribunais simplesmente abandonem ou modifiquem sem qualquer justificativa plausível (por vezes até mesmo sem justificativa) seus entendimentos consolidados. Não pode o tribunal sob pena de violar o princípio da isonomia jurídica, e, principalmente, da segurança jurídica, simplesmente deixar de aplicar um entendimento consolidado sem justificativa séria, palatável e devidamente exposta.

Nessa linha, vale ressaltar que o Fórum Permanente de Processualistas Civis (FPPC) já se manifestou sobre o tema, através do enunciado n. 453[23], que possui a seguinte redação:

> 453. (arts. 926 e 1.022, parágrafo único I) A estabilidade a que se refere o *Caput* do art. 926 consiste no dever de os tribunais observarem os próprios precedentes. (Grupo: Precedentes, IRDR, Recursos Repetitivos e Assunção de competência).

A partir das considerações acima, é possível concluir que as decisões proferidas pelos Tribunais geram expectativa no jurisdicionado, por isso o dever da estabilidade, que impõe aos Tribunais a obrigação de manterem seus posicionamentos, salvo a apresentação de justo motivo, já que estabilidade não significa, de maneira alguma, engessamento do direito.

3.1.2. Dever de integridade

Em relação ao dever de integridade, Daniel Amorim Assumpção Neves[24] preleciona:

> Jurisprudência íntegra é aquela construída levando-se em consideração o histórico de decisões proferidas pelo tribunal a respeito da mesma matéria jurídica, ou seja, para se formar uma jurisprudência íntegra devem ser considerados os fundamentos rejeitados e acolhidos nos julgamentos que versam sobre a mesma matéria.

A respeito do dever de integridade, e com objetivo de auxiliar o operador do direito a compreender sua dimensão, o Fórum Permanente de Processualistas Civis (FPPC) editou os enunciados ns. 456 e 457:

> 456. (art. 926) Uma das dimensões do dever de integridade consiste em os tribunais decidirem em conformidade com a unidade do ordenamento jurídico. (Grupo: Precedentes, IRDR, Recursos Repetitivos e Assunção de competência)

---

[22] NEVES, Daniel Amorim Assumpção. *Manual de direito processual civil* – Volume único. 9ed. – Salvador: Ed. JusPodvm, 2017. Pg.1394

[23] Disponível em: https://www.novocpcbrasileiro.com.br/enunciados-interpretativos-sobre-o-novo-cpc-do-fppc/.

[24] NEVES, Daniel Amorim Assumpção. *Manual de direito processual civil* – Volume único. 9ed. – Salvador: Ed. JusPodvm, 2017. Pg.1394.

457. (art. 926) Uma das dimensões do dever de integridade previsto no caput do art. 926 consiste na observância das técnicas de distinção e superação dos precedentes, sempre que necessário para adequar esse entendimento à interpretação contemporânea do ordenamento jurídico. (Grupo: Precedentes, IRDR, Recursos Repetitivos e Assunção de competência.

Ainda sobre o tema, Lenio Streck[25] traz importantes lições:

> A integridade exige que os juízes construam seus argumentos de forma integrada ao conjunto do Direito, constituindo uma garantia contra arbitrariedades interpretativas; coloca efetivos freios, por meio dessas *comunidades de princípios*, às atitudes solipsistas-voluntaristas. A integridade é antitética ao voluntarismo, do ativismo e da discricionariedade.

Diante de disso, podemos afirmar que o dever de integridade impõe aos tribunais a obrigação de julgar observando suas decisões anteriores, bem como de forma integrada ao direto, evitando, assim, decisões discricionárias dos julgadores e incompatíveis com aquelas anteriormente prolatadas.

3.1.3. Dever de coerência

Derradeiramente, no que tange ao dever de coerência dos Tribunais, Daniel Amorim Assumpção Neves[26] explica que:

> A coerência exigida pelo art. 926, *caput,* do Novo CPC, é da própria essência da ideia de uniformização de jurisprudência, porque assegura uma aplicação isonômica do entendimento consolidado em casos semelhante, ou seja, que versem sobre a mesma questão jurídica. Cria um dever ao tribunal de decidir casos análogos com a mesma interpretação da questão jurídica comum a todos eles.

Em outro trecho, o doutrinador conclui:

> [...] Uma jurisprudência coerente impede que os sujeitos envolvidos em situações análogas sejam tratados de forma diferente, o que preserva o princípio da isonomia substancial, impedindo decisões construídas de forma solipsista pelo juiz, formadas a partir de seus entendimentos e valores pessoais ("cada cabeça

---

[25] STRECK, Lênio Luiz. *Jurisdição, fundamentação e dever de coerência e integridade no novo CPC.* Disponível em: https://www.conjur.com.br/2016-abr-23/observatorio-constitucional-jurisdicao--fundamentacao-dever-coerencia-integridade-cpc. Acessado em: 10 de outubro de 2017.

[26] NEVES, Daniel Amorim Assumpção. *Manual de direito processual civil* – Volume único. 9ed. – Salvador: Ed. JusPodvm, 2017. Pg.1394.

uma sentença"), postura conhecida como voluntarismo judicial, que na verdade esconde argumentações arbitrárias. [...].

Ainda sobre o tema, cumpre destacar que o Fórum Permanente de Processualistas Civis (FPPC) possui dois enunciados sobre a matéria, que possuem a seguinte redação:

> 454. (arts. 926 e 1.022, parágrafo único, I) Uma das dimensões da coerência a que se refere o caput do art. 926 consiste em os tribunais não ignorarem seus próprios precedentes (dever de autorreferência). (Grupo: Precedentes, IRDR, Recursos Repetitivos e Assunção de competência).
>
> 455.(art. 926) Uma das dimensões do dever de coerência significa o dever de não-contradição, ou seja, o dever de os tribunais não decidirem casos análogos contrariamente às decisões anteriores, salvo distinção ou superação. (Grupo: Precedentes, IRDR, Recursos Repetitivos e Assunção de competência).

Nessa linha, Lenio Streck[27] preleciona que:

> A *coerência* assegura a igualdade, isto é, que os diversos casos terão a igual consideração por parte do Poder Judiciário. Isso somente pode ser alcançado por meio de um holismo interpretativo, constituído a partir de uma circularidade hermenêutica. Coerência significa igualdade de apreciação do caso e igualdade de tratamento. Coerência também quer dizer "jogo limpo".

Conforme se observa, o dever de coerência estabelece a obrigação de os Tribunais julgarem casos semelhantes da mesma forma, o que significa que estes devem ser solucionados através dos mesmos fundamentos[28].

Portanto, considerando todos os apontamentos supra, pode-se concluir que os deveres de *estabilidade, integridade* e *coerência* estipulados pelo CPC/15, constituem ferramentas indispensáveis para a consolidação de um sistema de precedentes.

---

[27] STRECK, Lênio Luiz. *Jurisdição, fundamentação e dever de coerência e integridade no novo CPC*. Disponível em: https://www.conjur.com.br/2016-abr-23/observatorio-constitucional-jurisdicao--fundamentacao-dever-coerencia-integridade-cpc. Acessado em: 10 de outubro de 2017.

[28] Segundo lições de Alexandre Freitas Câmara "A ideia central de um ordenamento íntegro e coerente é a concretização da isonomia substancial, impedindo-se deste modo decisões construídas de forma solipsista pelo juiz, a partir de seus próprio e pessoais valores (decidindo conforme sua consciência). A decisão deve ser a respeito daquela mesma matéria (integridade), de forma a assegurar que em casos análogos se apliquem os mesmos princípios (coerência). Só assim se terá observado de forma plena a exigência, constante do caput do art. 926, de que a jurisprudência, além de estável, seja íntegra e coerente. (CÂMARA, Alexandre Freitas. *O novo processo civil brasileiro* – São Paulo: Atlas, 2015.pg. 433).

3.2. Artigo 927 do CPC/15 – da existência de precedentes vinculantes

O CPC/15 estabelece, em seu artigo 927, uma série de provimentos judiciais que devem ser observados pelos Tribunais e Juízes quando do julgamento das ações e recursos:

> **Art. 927.** Os juízes e os tribunais observarão:
>
> I – as decisões do Supremo Tribunal Federal em controle concentrado de constitucionalidade;
>
> II – os enunciados de súmula vinculante;
>
> III – os acórdãos em incidente de assunção de competência ou de resolução de demandas repetitivas e em julgamento de recursos extraordinário e especial repetitivos;
>
> IV – os enunciados das súmulas do Supremo Tribunal Federal em matéria constitucional e do Superior Tribunal de Justiça em matéria infraconstitucional;
>
> V – a orientação do plenário ou do órgão especial aos quais estiverem vinculados.

Para muitos doutrinadores, o artigo 927 do CPC/15 constitui um dos pilares do sistema de precedentes instituídos pela nova legislação processual, na medida em que é responsável por estabelecer um rol de precedentes vinculantes[29], que devem ser observados por todos os Juízes e Tribunais quando do julgamento de ações e recursos.

Porém, este posicionamento representa apenas uma das correntes doutrinárias que discorrem sobre o artigo 927, do CPC/15. Só para se ter ideia da amplitude da discussão, Ronaldo Cramer[30] relata existir pelo menos 5 correntes[31] que debatem sobre a força dos institutos elencados no rol do artigo 927, do CPC/15 (vinculante ou persuasivos), com algumas, inclusive, defendendo até mesmo a inconstitucionalidade do referido dispositivo legal.

Em que pese os inúmeros entendimentos acerca da matéria, para efeitos deste estudo, optamos por nos filiar ao posicionamento adotado por Alexandre Freitas Câmara, que defende que o rol do artigo 927 do CPC/15, contém tanto precedentes de eficácia vinculante como persuasiva. De acordo com Alexandre Freitas Câmara[32]:

---

[29] Para Fredie Didier "No Brasil, há precedentes com força vinculante – é dizer em que a *ratio decidendi* contida na fundamentação de um julgado tem força vinculante. Estão eles enumerados no art. 927, CPC. (DIDIER JR, Fredie. BRAGA, Paula Sarno. OLIVEIRA, Rafael Alexandria. Curso de direito processual civil: teoria da prova, direito probatório, ações probatórias, decisão, precedente, coisa julgada e antecipação dos efeitos da tutela – 10 ed. – Salvador: Ed. Jus Podvivm, 2015.pg. 455).

[30] CRAMER, Ronaldo. Precedentes judiciais: teoria e dinâmica – 1 ed. – Rio de Janeiro: Forense, 2016. Pg. 183.

[31] Para Ronaldo Cramer "o art. 927 do NCPC abriga uma relação de precedentes vinculantes." (CRAMER, Ronaldo. Precedentes judiciais: teoria e dinâmica – 1 ed. – Rio de Janeiro: Forense, 2016.pg. 191).

[32] CÂMARA, Alexandre Freitas. *O novo processo civil brasileiro* – São Paulo: Atlas, 2015. Pg. 434

A exigência, contida no *caput do art. 927*, de que os órgãos jurisdicionais observarão o que ali está elencado indica, tão somente, a exigência de que tais decisões ou enunciados sumulares sejam levados em conta pelos juízes e tribunais em suas decisões. Em outras palavras, o art. 927 cria, para os juízes e tribunais, um dever *jurídico*: o de levar em consideração, em suas decisões, os pronunciamentos ou enunciados sumulares indicados nos incisos do art. 927. Daí não resulta, porém, qualquer eficácia vinculante. Esta, quando, existente, resultará de outra norma, resultante da interpretação de outro dispositivo legal (e que atribua expressamente tal eficácia)

Na concepção do referido doutrinador, somente serão precedentes vinculantes aqueles cuja eficácia esteja prevista no próprio regime legal, não sendo o artigo 927 do CPC/15 capaz de emprestar, por si só, eficácia vinculante ao provimento.

Neste particular, reforçando seu posicionamento, Alexandre Freitas Câmara[33] apresenta, ainda, outro argumento, dessa vez em estudo que foi objeto de sua tese de doutoramento:

É preciso, então, ter claro este ponto: nem tudo o que está enumerado no art. 927 do CPC de 2015 tem eficácia vinculante. Há ali, também, o que tenha eficácia meramente argumentativa (ou, como se costuma dizer, persuasiva). E o que legitima a distinção entre precedentes (ou enunciados de súmula) dotados de eficácia vinculante e precedentes (ou enunciados de súmula) dotados de eficácia meramente argumentativa ou persuasiva é a amplitude do contraditório, capaz de assegurar uma comparticipação qualificada em sua formação.

Diante disso, entendemos que somente possui eficácia vinculante, por força do próprio regime legal, os institutos previstos nos incisos I, II e III do art. 927 do CPC/15, dentre os quais, o Incidente de Resolução de Demandas Repetitivas e o Incidente de Assunção de Competência estão inseridos. Os demais institutos previstos nos incisos IV e V do referido comando legal devem ser vistos como precedentes meramente persuasivos[34].

Nessa linha de entendimento, ressaltamos que a eficácia vinculante do Incidente de Assunção de Competência e do Incidente de Demandas Repetitivas são atribuídas por força dos artigos 947, § 3º e 985 do CPC/15.

---

[33] CÂMARA. Alexandre Antonio Franco Freitas. POR UM MODELO DELIBERATIVO DE FORMAÇÃO E APLICAÇÃO DE PADRÕES DECISÓRIOS VINCULANTES: análise da formação e aplicação dos padrões decisórios vinculantes a partir do conceito de contraditório como princípio da não-surpresa e da exigência de deliberação qualificada pelos tribunais. 4 de setembro de 2017. pgs. 373. Tese (Doutorado). PUC MINAS. Pg. 182/183.

[34] Para Fredie Didier O precedente persuasivo (persuasive precedem) não tem eficácia vinculante; possui apenas força persuasiva (persuasive authority), na medida em que constitui "indício de uma solução racional e socialmente adequada"• Nenhum magistrado está obrigado a segui-lo; "se o segue, é por estar convencido de sua correção".(DIDIER JR, Fredie. BRAGA, Paula Sarno. OLIVEIRA, Rafael Alexandria. *Curso de direito processual civil: teoria da prova, direito probatório, ações probatórias, decisão, precedente, coisa julgada e antecipação dos efeitos da tutela* – 10 ed. – Salvador: Ed. Jus Podvivm, 2015.pg. 456).

4. VANTAGENS PARA ADOÇÃO DE UM SISTEMA DE PRECEDENTES VINCULANTES

Após realizar uma distinção conceitual entre precedente, jurisprudência e súmula, bem como discorrer a respeito dos artigos 926 e 927 do CPC/15, oportunidade em que foi destacada a opção por adotar a teoria defendida por Alexandre Freitas Câmara, torna-se necessário analisar as justificativas/fundamentos para a implantação de um sistema vocacionado a utilização de precedentes.

Neste particular, vale ressaltar que a opção do legislador em adotar um sistema de precedentes vinculantes também foi motivo de grande preocupação por parte de alguns doutrinadores, que se mostraram receosos quanto a aplicação e eficácia prática dos precedentes no atual cenário do Judiciário.

Entretanto, apesar do sistema de precedentes ainda ser visto com cautela, até mesmo em razão de encontrar-se em fase embrionária, fato é que a sua adoção possui aptidão para trazer inúmeros benefícios para a figura do jurisdicionado.

4.1. Segurança jurídica

A respeito da segurança jurídica, Ronaldo Cramer (2016, pg. 54)[35] explica que:

> A segurança jurídica constitui um valor inerente ao Estado Democrático de Direito. Para concretizar o convívio social conforme a ordem jurídica, o Estado precisa que essa ordem seja capaz de demonstram aos indivíduos as consequências jurídicas de seus atos.
>
> O indivíduo precisa ter certeza do que é a ordem jurídica, ter a confiança de que o Estado e os demais indivíduos atuarão conforme essa ordem e saber os reflexos jurídicos de seus atos, a fim de poder conformar a sua conduta.

Todavia, há muitos anos a instabilidade decisória vem despontando como um dos maiores problemas da atividade judicial no Brasil. É extremamente corriqueiro na prática forense deparar-se com situações em que casos idênticos são solucionados de forma completamente distintas pelos julgadores.

Não se pode negar que este tipo de situação gera um enorme desconforto entre os operadores do direito, trazendo uma sensação de intranquilidade e de enorme falta de previsibilidade para os jurisdicionados.

Neste particular, Luiz Guilherme Marinoni[36] ao justificar a adoção de um sistema de precedentes, destaca a importância da previsibilidade da seguinte forma:

---

[35] CRAMER, Ronaldo. *Precedentes judiciais: teoria e dinâmica* – 1 ed. – Rio de Janeiro: Forense, 2016.Pg 54.
[36] MARINONI, Luiz Guilherme. *A ética dos precedentes: justificativa do novo CPC*. 2 ed. rev, atual e ampl. São Paulo: Editora Revista dos Tribunais, 2016.Pg 110.

A previsibilidade é essencial ao Estado de Direito. É preciso que o sujeito saiba o significado das condutas que pode praticar para viver com liberdade e se desenvolver.

A previsibilidade efetivamente importa quando se percebe que de um mesmo texto legal podem ser extraídas várias interpretações ou normas jurídica. A mera publicação da lei, como garante da previsibilidade, deixa de ter qualquer importância ao se saber que de um texto legal pode ser retirada uma pluralidade de significados. Nessa dimensão, bem vistas às coisas, o conhecimento do direito legislado chega a não ter relevância.

Conforme se observa, a ausência de previsibilidade das decisões judiciais enfraquece a segurança jurídica, contribuindo para a sensação de intranquilidade dos jurisdicionados, que muitas vezes ficam a mercê de posicionamentos aleatórios de Tribunais e Juízes.

É por esta razão que a ideia de decidir com base em precedentes vinculantes ganha força na nova codificação processual, já que contribui para a consolidação da segurança jurídica ao gerar o dever de observância obrigatória por parte dos julgadores – tanto de hierarquia horizontal como vertical – criando, assim, previsibilidade.

Ronaldo Cramer[37] assevera ainda que:

> [...] o fortalecimento dos precedentes favorece a segurança jurídica, na medida em que cria um estado de previsibilidade, gerando mais segurança para os indivíduos agirem. Logo, evita que o Judiciário seja visto como uma casa de apostas, em que cada órgão julgador pode ter um posicionamento distinto sobre o mesmo caso concreto, independentemente das decisões já proferidas em casos idênticos.

Diante de tais esclarecimentos, é inegável que a implantação de um sistema legal voltado ao uso dos precedentes como forma de resolução de conflitos contribui para a consolidação da segurança jurídica, preceito fundamental do ordenamento jurídico brasileiro.

4.2. Isonomia

Na hipótese de julgamento de causas idênticas, sempre espera-se que o judiciário forneça a ambos os conflitos de interesse a mesma resolução. Porém, na prática, lamentavelmente não é incomum nos depararmos com o oposto, com inúmeras decisões divergentes.

Inclusive, a questão demonstra-se tão grave na atividade jurisdicional que se costuma dizer na prática forense que a distribuição de uma ação equivale a uma aposta na loteria (sorte), na qual o êxito da demanda dependeria, indubitavelmente, da Vara que o feito seria distribuído, já que em muitas vezes, os Magistrados adotam entendimentos distintos sobre a mesma matéria.

---

[37] CRAMER, Ronaldo. *Precedentes judiciais: teoria e dinâmica* – 1 ed. – Rio de Janeiro: Forense, 2016.Pg 55.

A respeito do assunto, Fredie Didier[38] faz um alerta:

> Não se pode admitir como isonômica a postura de um órgão do Estado que, diante de uma situação concreta, chega a um determinado resultado e, diante de outra situação concreta, em tudo semelhante à primeira, chega a solução distinta.

Por certo, este tipo situação se contrapõe ao ideal de igualdade que se espera da atividade judicial, enfraquecendo até mesmo a credibilidade do Poder Judiciário perante o jurisdicionado, que jamais espera ser tratado de maneira desigual na apreciação de sua demanda que envolve a mesma questão de direito. Nas palavras de Ronaldo Cramer[39] "quando ocorre o julgamento diferente de casos idênticos, a sociedade tem dificuldade de compreender esse resultado, e o Judiciário, por consequência, tem sua credibilidade afetada."

Sob a perspectiva de um sistema vocacionado a utilização de precedentes vinculantes, este tipo de percalço tende a diminuir, já que em razão do caráter vinculante da decisão tida como precedente, os Tribunais e Juízes estariam obrigados a aplicar ao caso o entendimento firmado, evitando-se, assim, o tratamento diferenciado de situações idênticas.

A partir disso, pode-se concluir que a ideia de decidir com base em precedentes auxilia na consagração da ideia de isonomia, porquanto garante o mesmo tratamento as partes que estejam em situações jurídicas idênticas, proferindo decisões com coerência.

4.3. Duração razoável do processo

Outra contribuição importante trazida pela implantação de um sistema de precedentes reside no aspecto da celeridade processual. Alexandre Freire[40] destaca que:

> [...] o respeito a precedentes judiciais funciona perfeitamente como mais um mecanismo para efetivar esse direito, já que o réu ou o autor não precisará percorrer todo o – às vezes, dramático – percurso processual para obter uma resposta quando os tribunais já tiverem decidido questão jurídica semelhante no passado e quando não for uma situação particularizada por hipótese fática distinta a impor solução jurídica diversa.

De fato, através de uma análise da estrutura normativa do CPC/15, é possível observar que o legislador, em diversos dispositivos legais, conclama o precedente como mecanismo capaz de assegurar maior celeridade processual.

---

[38] DIDIER JR, Fredie. BRAGA, Paula Sarno. OLIVEIRA, Rafael Alexandria. *Curso de direito processual civil: teoria da prova, direito probatório, ações probatórias, decisão, precedente, coisa julgada e antecipação dos efeitos da tutela* – 10 ed. – Salvador: Ed. Jus Podvivm, 2015.Pg 468.
[39] CRAMER, Ronaldo. *Precedentes judiciais: teoria e dinâmica* – 1 ed. – Rio de Janeiro: Forense, 2016.Pg 63.
[40] CÂMARA, Alexandre Freitas. *O novo processo civil brasileiro* – São Paulo: Atlas, 2015. Pg. 61.

Para isso, basta considerar a possibilidade de concessão liminar de tutela de evidência na hipótese de existência de tese firmada no julgamento de casos repetitivos ou súmula vinculante (art. 311, inc. II), bem como sobre a possibilidade de improcedência liminar do pedido, independente da citação do réu, quando o objeto da causa envolver tema já decidido em sede de Incidente de Resolução de Demandas Repetitivas, Incidente de Assunção de Competência, entre outros.

Não obstante os evidentes benefícios trazidos pelo uso dos precedentes no campo da celeridade processual, é importante ressaltar que isso não pode ocorrer em detrimento de determinadas garantias processuais, como o princípio do contraditório. Para Ronaldo Cramer[41]:

> [...] a celeridade gerada pela aplicação do precedente deve se dar com respeito às garantias processuais, principalmente o princípio do contraditório e o princípio da motivação das decisões. Daí porque não se pode falar simplesmente celeridade processual, mas em duração razoável do processo, que significa rapidez com respeito aos princípios processuais.

Diante disso, resta claro que uso de precedentes no cenário jurídico brasileiro possui o condão de proporcionar maior celeridade para a resolução das demandas entregues a prestação jurisdicional, o que não significa que em nome da celeridade processual permita-se o aviltamento de princípios e garantias processuais.

5. DECISÕES ESTRUTURANTES

5.1. Conceito

Há no direito brasileiro uma corrente doutrinária que estuda as chamadas decisões estruturantes. Fredie Didier[42,43] define decisões estruturantes da seguinte forma:

---

[41] CRAMER, Ronaldo. Precedentes judiciais: teoria e dinâmica – 1 ed. – Rio de Janeiro: Forense, 2016.Pg 54.

[42] DIDIER JR., Fredie; ZANETI JR., Hermes. OLIVEIRA, Rafael Alexandria. *Notas sobre as decisões estruturantes*. Civil Procedure Reviewv. Disponível em: https://classactionsargentina.files.wordpress.com/2017/08/zaneti-didier-cpr-2017_notas-sobre-ad-decisoes-estruturantes.pdf. Acessado em: 10 de outubro de 2017.

[43] Prosseguindo seus ensinamentos, o professor enumera alguns exemplos de decisões estruturantes: "Como exemplos, podemos citar a decisão que, visando à concretização do direito de locomoção das pessoas portadores de necessidades especiais, estabelece um plano de adequação e acessibilidade das vias dos logradouros, dos prédios e dos equipamentos públicos de uma determinada localidade. A decisão que visando assegurar o direito à saúde e considerando o crescimento do número de casos de microcefalia numa determinada região e da sua possível relação com o zika vírus, estabelece impositivamente um plano de combate ao mosquito aedes aegypti, prescrevendo uma série de condutas para autoridades municipais. Ou ainda a decisão que, buscando salvaguardar direitos de minorias, impõe a inclusão, na estrutura curricular do ensino público, de disciplinas ou temas relacionados. A história dos povos africanos ou dos povos indígenas"

[...] decisão estrutural é, pois, aquela que busca implantar uma reforma estrutural (*structural reform*) em um ente, organização ou instituição, com o objetivo de concretizar um direito fundamental, realizar uma determinada política pública ou resolver litígios complexos. Por isso, o processo em que ela se constrói é chamado de processo estrutural. Parte-se da premissa de que a ameaça ou a lesão que as organizações burocráticas representam para a efetividade das normas constitucionais não pode ser eliminada sem que tais organizações sejam reconstruídas.

Diante de tais ensinamentos, podemos conceituar processo estrutural como aqueles processos cujo resultado final, de consequência transcendente, produzirá um provimento judicial (decisão estrutural), com aptidão para modificar uma situação fática concreta existente no contexto social[44], com a finalidade de consagrar direitos fundamentais, políticas públicas, etc.

A partir da definição conceitual de decisões estruturais, é possível observar que a ideia de um sistema voltado a utilização de precedentes vinculantes pode contribuir para a consolidação de decisões estruturais no ordenamento jurídico pátrio e sua efetividade.

Isso porque, não se pode olvidar a possibilidade de um precedente vinculante carregar conteúdo estrutural, criando um modelo decisório que deverá ser adotado por todos os julgadores quando do julgamento de casos futuros que envolvam questão idêntica de direito. E, mais que isso, implementando políticas públicas que deverão ser obrigatoriamente observadas e aplicadas em razão do conteúdo da decisão proferida, não só para o cidadão comum, mas, também, para o ente público vinculado ao resultado jurisdicional produzido uma vez que poderá permitir ao jurisdicionado, por exemplo, a obtenção de uma tutela provisória de evidência[45] que lhe assegure a antecipada efetivação do entendimento jurídico adotado no precedente justificador do pedido formulado em inversão do ônus temporal do processo.

Ou, também, a imediata decisão de improcedência liminar do pedido nos termos do art. 332 do CPC/15, ou mesmo, em casos de processos em curso, a abreviação do procedimento em grau recursal com a não exigência de remessa necessária (art. 496, §4º, do CPC/15), a autorização de um julgamento singular do relator, confirmando ou reformando decisão contrária ao precedente formado, conforme o caso (art. 932, IV e V, do CPC/15); ou a não remessa dos recursos extremos (Recurso Especial e Extraordinário) aos Tribunais Superiores (art. 1.030, I, "a" e "b", do CPC/15), ou a possibilidade de dispensa de caução

---

[44] Sergio Arenhart afirma que "Nesses processos, objetiva-se decisões que almejam a alteração substancial, para o futuro, de determinada prática ou instituição. As questões típicas de litígios estruturais envolvem valores amplos da sociedade, no sentido não apenas de que há vários interesses concorrentes em jogo, mas também de que a esfera jurídica de vários terceiros pode ser afetada pela decisão judicial". ARENHART, Sérgio. *Processos Estruturais no direito Brasileiro: reflexões a partir do caso da ACP do carvão*. Disponível em: http://revistadeprocessocomparado.com.br. Acessado em: 03 de fevereiro de 2018. Pg. 07.

[45] Segundo o art. 311 do CPC/15 "a tutela de evidência será concedida, independentemente da demonstração de perigo de dano ou de risco ao resultado útil do processo, quando" (...) "as alegações de fato puderem ser comprovadas apenas documentalmente e houver tese firmada em julgamento de casos repetitivos ou em súmula vinculante".

no cumprimento de sentença provisório quando a decisão estiver em consonância com súmula da jurisprudência do STF ou do STJ ou em conformidade com acórdão proferido no julgamento de casos repetitivos (art. 521, inc. IV do CPC/15).

5.2. Exemplo do potencial uso do precedente vinculante como instrumento capaz de criar decisões estruturais

A título ilustrativo, podemos citar um recente caso julgado pelo Superior Tribunal de Justiça, em julgamento de Recurso Especial afetado pelo regime de litigiosidade repetitiva, Resp Repetitivo n. 1.657.156/RJ, no qual se discutiu a "obrigatoriedade de fornecimento de medicamentos não contemplados em lista do SUS".

Este recurso foi recentemente julgado pelo Superior Tribunal de Justiça e teve seu acórdão publicado no dia 04/05/2018. Na oportunidade, restou assentada a tese de que é possível o fornecimento de medicamentos não previstos na lista do sistema único de saúde, desde que preenchidos alguns requisitos[46]: Veja-se a ementa do julgado que fixou a tese:

> ADMINISTRATIVO. RECURSO ESPECIAL REPRESENTATIVO DE CONTROVÉRSIA. TEMA 106. JULGAMENTO SOB O RITO DO ART. 1.036 DO CPC/2015. FORNECIMENTO DE MEDICAMENTOS NÃO CONSTANTES DOS ATOS NORMATIVOS DO SUS. POSSIBILIDADE. CARÁTER EXCEPCIONAL. REQUISITOS CUMULATIVOS PARA O FORNECIMENTO. (...) 4. **TESE PARA FINS DO ART. 1.036 DO CPC/2015 A concessão dos medicamentos não incorporados em atos normativos do SUS exige a presença cumulativa dos seguintes requisitos: (i) Comprovação, por meio de laudo médico fundamentado e circunstanciado expedido por médico que assiste o paciente, da imprescindibilidade ou necessidade do medicamento, assim como da ineficácia, para o tratamento da moléstia, dos fármacos fornecidos pelo SUS; (ii) incapacidade financeira de arcar com o custo do medicamento prescrito; (iii) existência de registro na ANVISA do medicamento.** 5. Recurso especial do Estado do Rio de Janeiro não provido. Acórdão submetido à sistemática do art. 1.036 do CPC/2015. (REsp 1657156/RJ, Rel. Min. BENEDITO GONÇALVES, PRIMEIRA SEÇÃO, julgado em 25/04/2018, DJe 04/05/2018).

Através do referido precedente, o Superior Tribunal de Justiça ainda determinou que os órgãos responsáveis por cuidar da saúde pública no Brasil sejam comunicados após o trânsito em julgado de cada processo que envolva a mesma matéria, para que verifiquem a possibilidade de inclusão do fármaco na lista do Sistema Único de Saúde.

---

[46] Informação extraída do site: http://www.stj.jus.br/sites/STJ/default/pt_BR/Comunica%C3%A7%-C3%A3o/noticias/Not%C3%ADcias/Primeira-Se%C3%A7%C3%A3o-define-requisitos-para--fornecimento-de-rem%C3%A9dios-fora-da-lista-do-SUS Acessado em: 27 de abril de 2018.

Definitivamente, a decisão produzida a partir do julgamento do referido recurso especial carrega uma forte natureza estrutural, tendo, inclusive, a capacidade de trazer modificações e inovações no campo da política de saúde pública do País[47].

Diante disso, torna-se claro que a figura do processo estrutural ganha força com o advento do CPC/15, principalmente em razão da adoção do sistema de precedentes vinculantes, que é capaz de gerar um provimento jurisdicional obrigatório de natureza estrutural.

6. CONCLUSÃO

O CPC/15 valoriza, sobremaneira, o uso dos precedentes como uma importante ferramenta de resolução de conflitos.

Inclusive, visando consagrar o uso dos precedentes em nosso sistema judicial, o CPC/15 estabelece comandos normativos dirigidos aos Tribunais, para que mantenham sua jurisprudência estável, íntegra e coerente (art. 926 do CPC/15), para que, fundados em determinadas decisões (precedentes), sejam observados pelos Juízes e Tribunais, de forma persuasiva ou até mesmo obrigatória (vinculante), nos termos em que se determina o art. 927 do CPC/15.

A respeito da eficácia vinculante de alguns julgados previstos no artigo 927 do CPC/15 (incisos I, II e III), que possuem rito especial para sua formação, caracterizado pela ampla divulgação da matéria submetida a julgamento e pela possibilidade de efetiva participação de terceiros interessados no julgamento do caso, e com consequências que extrapolam os interesses das partes em litígio, percebe-se a instalação de um sistema de precedentes vinculantes que contribuirá, dentre outras questões processuais, para a efetivação de um processo estrutural.

---

[47] Paulo Henrique dos Santos Lucon adverte que:
[...] Processos de natureza estrutural exigem a par de observarem todas essas considerações de natureza geral sobre o dever de motivação, decisões de caráter programático em que o juiz possa projetar sua decisão para o futuro. Em outras palavras, não basta que a decisão judicial simplesmente imponha uma ordem de pagamento ou uma obrigação de fazer responsável pela violação a um direito coletivo. Comandos dessa natureza tendem a ser ineficazes, pois o direito material em questão não se realiza em um único ato. De nada adianta impor a um poluidor, por exemplo, a obrigação de pagar uma determinada indenização é possível indicar na sentença de modo preciso a extensão dos danos.
[...] Como se pode constatar, em ambos esses casos, substitui-se, portanto, na parte dispositiva da decisão uma simples ordem por um modo de cumprimento. Pode-se afirmar, portanto, que em sede de processos estruturais, o princípio da correlação entre a demanda e a sentença deve levar em consideração a efetiva tutela do direito coletivo violado. Será observado tal princípio, se referido direito for tutelado, independentemente dos meios empregados para tanto. (LUCON; Paulo Henrique dos Santos. *Fundamentos do Processo Estrutural*. In: JAYME; Fernando Gonzaga. MAIA; Renata C. Vieira. REZENDE; Ester Camila Gomes Norato; FIGUEIREDO; Helena Lanna (Coord). *Inovações e modificações do código de processo civil: avanços, desafios e perspectivas*. Belo Horizonte. Del Rey. 2017.)

Em outras palavras, a eficácia vinculante provocada pelo precedente formado nos casos dos incisos I, II e III do art. 927 do CPC/15, não apenas permitirá tornar efetiva a regra processual de uma decisão íntegra, coerente e estável (art. 926 do CPC/15), mas, também poderá servir como instrumento de processos estruturais e como mecanismos de pacificação social, segurança jurídica e políticas públicas.

Mais que isso, as técnicas formadoras de precedentes vinculantes que integram o CPC/15, constituem uma importante ferramenta para o Judiciário, no exercício da sua função judicante, produzir provimento jurisdicional de conteúdo estrutural, criando um modelo decisório que deverá ser adotado por todos os julgadores quando do julgamento de casos futuros que envolvam questão idêntica de direito, implementando políticas públicas que deverão ser obrigatoriamente observadas e aplicadas em razão do conteúdo da decisão proferida, não só para o cidadão comum, mas, também, para o ente público vinculado ao resultado jurisdicional produzido.

Diante disso, torna-se claro que a figura do processo estrutural ganha força com o advento do CPC/15, principalmente em razão da adoção do sistema de precedentes vinculantes, que é capaz de tornar efetivo um provimento jurisdicional obrigatório de natureza estrutural.

37

RECURSO DO VENCEDOR NO IRDR: HOMENAGEM A HUMBERTO THEODORO JÚNIOR

Carolina Uzeda

Sumário: 1. Introdução. 2. O recurso do vencedor no IRDR. Com a palavra: Humberto Theodoro Júnior. 3. O recurso do vencedor no IRDR. 4. Cabimento de Recurso Especial para formação de precedente de abrangência nacional. 5. Conclusão.

1. INTRODUÇÃO

Convenço-me, cada dia mais profundamente, de que o importante não é conhecer o Direito, mas conscientizar-se de que é impossível dominá-lo inteiramente e, por isso, a imperiosidade, para o homem que o toma como meta, de se transformar num estudante perpétuo, num pesquisador perene e insaciável.

Só assim, com modéstia e consciência da própria pequenez diante da imensidão do Direito, se aprimora aquele que se devota a labutar pelo bem e pelo justo, desiderato último da ordem jurídica no seio de todas as comunidades realmente civilizadas.[1]

---

[1] THEODORO JÚNIOR, Humberto. Discurso como Patrono dos Bacharéis em Direito da FDU-FMG apud FARIA, Juliana Cordeiro de. Homenagem ao Professor Dr. Humberto Theodoro Júnior. Disponível em file:///C:/Users/maquina%20334/Downloads/115-227-1-SM.pdf, acesso em 01.06.2018.

As palavras do homenageado não poderiam ser mais corretas. O Direito é imenso e é justamente por isso que Humberto Theodoro Júnior seguirá, como sempre foi, desde o meu primeiro contato com o direito processual civil, um eterno e brilhante professor.

Muito me honra escrever em homenagem a Humberto Theodoro Júnior. Não apenas pela história que tenho com sua obra, mas, principalmente, porque ao escrever a dissertação de mestrado, me encantei, outra vez, com sua genialidade e com a maneira com que diz coisas absolutamente profundas, de forma inteligente e simples.

As minhas conclusões foram antes e melhor desenvolvidas por ele. Os meus argumentos são pautados no diálogo com sua produção mais recente. Embora discordemos no meio, o fim é o mesmo: garantir à parte que vence o IRDR o direito constitucional ao recurso e à obtenção do máximo benefício possível de ser alcançado com a tutela jurisdicional.

2. O RECURSO DO VENCEDOR NO IRDR. COM A PALAVRA: HUMBERTO THEODORO JÚNIOR

Humberto Theodoro Júnior defende que a eficácia da decisão que julga o IRDR apenas se dá de *forma plena* quando o tema é levado ao STF e ao STJ. Por isso ressalta a importância de não se criar embaraços à admissibilidade dos recursos extraordinários e especiais interpostos contra a decisão que julga o incidente[2], evitando-se, assim, que a uniformização da interpretação e aplicação da ordem jurídica fique "incompleta e imperfeita no resguardo da isonomia e da segurança jurídica"[3].

Em seu entendimento, a própria limitação ao acesso ao STF e ao STJ resultaria em violação à Constituição Federal e à isonomia prevista igualmente no CPC, pelas normas que implementam o sistema de precedentes vinculantes. Impedir uma decisão de abrangência nacional, limitando os efeitos do IRDR ao estado no qual prolatada a decisão, seria infringir todos os objetivos traçados pelo legislador. Permaneceríamos na situação de incerteza e de tratamento desigual dos jurisdicionados que, a depender da unidade da federação, teriam uma ou outra tese jurídica aplicada ao caso[4].

Pensemos em um IRDR proposto para que determinada incorporadora deixe de realizar a cobrança, contratualmente prevista, de comissão de corretagem. O exemplo já foi objeto de

---

[2] Sobre o IRDR, vide: TEMER, Sofia. *Incidente de resolução de demandas repetitivas*. 3. ed. Salvador: Editora Juspodivm, 2018.

[3] *Curso de Direito Processual Civil – vol III.*. 51 ed. rev., atual. e ampl. – Rio de Janeiro: Forense, 2018, p. 978.

[4] A situação beira o absurdo, especialmente se considerarmos o IRDR, como faz Humberto Theodoro Júnior, como "um instrumento processual destinado a produzir eficácia pacificadora de múltiplos litígios, mediante estabelecimento de tese aplicável a todas as causas em que se debata a mesma questão de direito. Com tal mecanismo se intenta implantar uniformidade de tratamento judicial a todos os possíveis litigantes colocados em situação igual àquela disputada no caso padrão." (*Curso de Direito Processual Civil – vol III.*. 51 ed. rev., atual. e ampl. – Rio de Janeiro: Forense, 2018, p. 958).

julgamento em recurso repetitivo, no qual consignou-se a validade da cobrança. Pensemos, ainda, que o IRDR seja julgado improcedente, com o tribunal de justiça reconhecendo a validade da cláusula que transfere ao consumidor o dever de arcar com o pagamento de comissão de corretagem. A empresa incorporadora foi vencedora no IRDR, ou seja, teve sua tese acolhida e poderá manter as cláusulas em seus contratos e prosseguir com a cobrança.

Ocorre que em outros estados, nos quais o entendimento não está pacificado, a mesma incorporadora, parte no IRDR, vem sendo condenada a restituir os valores cobrados aos consumidores. A tese fixada no IRDR apenas é eficaz perante aquele estado no qual a decisão foi prolatada, não abrangendo os demais que insistem na afirmação de ilegalidade da cobrança.

A incorporadora, para evitar a condenação reiterada, teria que preparar dois modelos de contrato. Para os consumidores do estado no qual foi fixada a tese, haverá transferência da comissão de corretagem. Para os demais, ou se submeterá ao risco de condenações ou arcará com as despesas, sem transferi-las ao consumidor.

Esta situação certamente traz desconforto, o que levou à conclusão do professor Humberto Theodoro Júnior, no sentido da possibilidade de o vencedor recorrer contra a decisão do IRDR, ainda que seja vencedor, uma vez que

> [...] o recurso no caso do art. 987 do NCPC não depende de ter sido improcedente o incidente. Mesmo sendo acolhido o pedido de uniformização da tese jurídica, maltratada terá sido a norma constitucional ou infraconstitucional interpretada, por não ter o tribunal como observar a garantia completa da isonomia e da segurança jurídica para todo o território nacional, e como assegurar a autoridade e a uniformidade da aplicação da lei federal, também para todo o território nacional. O recurso extraordinário ou o especial permitirá ao tribunal superior sanar o vício da incompletude – além de ensejar a correção de eventual erro na definição da tese afirmada no incidente – indesejável do decisório local, que, por impotência institucional do órgão julgador, acabou por criar precedente discriminatório, se sua eficácia permanecer restritiva ao território do tribunal local.[5]

Veja-se que a tese defendida pelo professor Humberto Theodoro Júnior, embora apta a solucionar o problema, ao que nos parece, mais pode ensejar a declaração de inconstitucionalidade parcial do CPC (ou uma interpretação conforme) do que, propriamente, vencer os requisitos de cabimento dos recursos especial e extraordinário.

Não há qualquer violação na decisão que julga o IRDR, uma vez que o tribunal cumpre regularmente o previsto no CPC. Partir da premissa de que a falta de isonomia e segurança jurídica que decorrem de toda e qualquer decisão de mérito prolatada em IRDR surgem com a decisão em si, é dar ao efeito o valor que deve ser atribuído à causa. As decisões são prolatadas de acordo com a lei e se há infringência aos próprios fundamentos que levaram à

---

[5] *Curso de Direito Processual Civil – vol III.*.51 ed. rev., atual. e ampl. – Rio de Janeiro: Forense, 2018, p. 978.

criação do IRDR, esta está, não nas decisões, mas no próprio CPC, que deixou de implementar um sistema de revisão mais adequado para os precedentes firmados no âmbito dos estados.

Justamente por isso, em que pese seja possível defender o interesse recursal do vencedor para recorrer da decisão que julga o IRDR, para nós, o argumento é outro: a admissão de que a decisão é correta, não viola qualquer dispositivo legal e, ainda assim, é passível de recurso especial para que lhe seja atribuída a abrangência nacional que garante a isonomia e a segurança jurídica.

3. O RECURSO DO VENCEDOR NO IRDR

Como já manifestamos em outra oportunidade, compreendemos o recurso como o meio a ser utilizado pela parte para obtenção do melhor resultado prático possível de ser obtido com a tutela jurisdicional. Ao mesmo tempo que ele serve de vacina e remédio contra a arbitrariedade e o erro, também se presta a buscar o aperfeiçoamento do processo, viabilizando a obtenção da tutela jurisdicional efetiva e, por consequência, a consagração da sua finalidade pública[6].

Por isso é plenamente possível recorrer contra decisões nulas, ainda que a parte aparentemente seja considerada vencedora. Uma sentença nula não corresponde à entrega de tutela jurisdicional efetiva, dado que, conforme o caso, poderá ser questionada futuramente em ação rescisória. O estado de incerteza causado por essa vitória pírrica levam à existência de interesse recursal para ver a decisão corrigida, evitando-se, assim, uma futura rescisão.

O que se deve ter em mente é que o recurso, mais do que obter o melhor resultado possível da decisão, constitui meio para realização do melhor resultado possível da tutela jurisdicional, tirando dela tudo aquilo que ela pode entregar à parte, para viabilizar a paz social.

E é com esse escopo, de obtenção do melhor resultado, que em se tratando de IRDR, tanto o Ministério Público, quanto o *amicus curiae* têm legitimidade para interpor recurso especial e extraordinário. Isto porque, sua intervenção decorre do interesse público presente na formação do precedente vinculante. O recurso, no caso, pode buscar tanto a modificação da tese fixada, quanto a mera alteração de abrangência dos seus efeitos, para atribuir-lhe alcance nacional.

O recurso interposto contra o acórdão prolatado em IRDR busca não apenas a correção da decisão, mas, também, viabilizar que seja garantida a mesma interpretação da lei ou da Constituição Federal, entre os entes federativos, garantindo a isonomia defendida por Humberto Theodoro Júnior.

O problema que se põe é o fato de este recurso ser voltado à confirmação do acórdão, com a única finalidade de ampliar sua abrangência, como se a decisão da corte superior apenas se prestasse a ampliar a abrangência da tese. Tal circunstância retiraria do recurso sua função histórica, de meio para revisão da decisão impugnada.

---

[6] *Interesse recursal*. Salvador: Editora Juspodivm, 2018.

A situação é semelhante no tocante à parte vencedora que, igualmente, poderá interpor recurso com o mesmo objetivo, desde que demonstre interesse recursal para tanto, ou seja, desde que afirme a existência de algum proveito prático a ser obtido com a substituição do acórdão.

Isto porque, diferente do Ministério Público e do *amicus curiae*, a parte não tem legitimidade para defender interesse público. Não basta que alegue a existência de divergência e da necessidade de estabelecimento de entendimento uniforme em todo território nacional. Tal objetivo não lhe compete, razão pela qual não será admissível o recurso da parte vencedora, quando os fundamentos para tanto se restrinjam a critérios gerais, voltados à função do STJ e do sistema de precedentes vinculantes.

Ocorre que é possível que a parte vencedora do IRDR obtenha proveito prático, caso a decisão seja levada à apreciação pelo STJ. Pensemos no mesmo exemplo da incorporadora que pretende ver declarada válida a cláusula que transfere ao consumidor a comissão de corretagem. Vamos supor que o julgamento do IRDR fixe tese no sentido da validade da cláusula e que pendam, em outros tribunais, processos nos quais a mesma cláusula é discutida. Caso o STJ se manifeste no sentido da validade da cláusula, a decisão alcançará os demais processos pendentes em que a incorporadora figura como parte, fazendo com que todos os processos em nível nacional possam ser solucionados uniformemente.

O proveito prático possível de ser obtido com o julgamento do recurso é evidente, palpável e atual, eis que o recorrente demonstra ser parte em outros processos não alcançados pelo julgamento do IRDR, distribuídos em tribunais distintos.

O recurso deve ser admitido, então, não em decorrência do interesse público tutelado, mas sim, do interesse privado e do efetivo proveito prático a ser obtido, de tal forma que a tutela jurisdicional entregue à incorporadora tudo que é possível ser entregue, esgotando, na íntegra, sua atividade.

No ponto, tem-se, verdadeiramente, um recurso do vencedor, tido como aquele que obteve da decisão tudo o que dela era possível esperar. A este sujeito é admitido recorrer para que possa receber, não da decisão, mas da tutela jurisdicional, todo o proveito prático possível de ser obtido através dela.

Especificamente neste caso, há uma dissintonia entre o proveito possível de ser obtido com a decisão impugnada e aquele possível de ser alcançado mediante o julgamento do recurso. Tal anomalia, presente no sistema brasileiro, permite-nos dar ampla aplicação à ótica prospectiva do interesse recursal e autoriza a interposição do recurso por aquele que, em que pese concordando com o conteúdo da decisão, pretende alterar seus efeitos.

4. CABIMENTO DE RECURSO ESPECIAL PARA FORMAÇÃO DE PRECEDENTE DE ABRANGÊNCIA NACIONAL

Apesar da divergência da doutrina quanto ao cabimento do recurso com o fundamento exclusivo da necessidade de formação de precedente, majoritariamente, admite-se sua interposição para corrigi-la, formando precedente adequado à melhor interpretação da lei e da Constituição Federal.

No que tange à interposição do recurso com a única finalidade de substituir o acórdão prolatado em IAC ou IRDR por outro de abrangência em todo território nacional, a questão do cabimento se mostra mais complexa.

A Constituição Federal estabelece que caberá recurso extraordinário quando a parte afirmar que a decisão recorrida (a) contraria dispositivo da Constituição Federal; (b) declara inconstitucional tratado ou lei federal; (c) julga válida lei ou ato de governo local contestado em face da Constituição Federal; e (d) julga válida lei local contestada em face de lei federal. Tais requisitos, assim como os previstos para cabimento de REsp, expressamente previstos na Constituição Federal, não sofreram qualquer alteração e devem ser respeitados[7].

Ora, no caso, considerando que o recorrente parte da premissa que a decisão é correta e não pretende seja alterada em sua substância, não poderá afirmar existir qualquer das hipóteses de cabimento do recurso extraordinário. Assim, inviável a interposição do respectivo recurso, por óbice constitucional. Veja-se que aqui surge nossa discordância com o professor Humberto Theodoro Júnior, que enxerga em toda e qualquer decisão de IRDR uma violação oculta à isonomia e à segurança jurídica. Tal violação, porém, como já dito, é da lei e não da decisão recorrida.

Já quanto ao recurso especial, é possível cogitar o seu cabimento. Isto porque o art. 105, III, "c", da Constituição Federal, admite seja interposto quando a parte afirmar que a decisão recorrida deu "a lei federal interpretação divergente da que lhe haja atribuído outro tribunal".

Muito embora a jurisprudência do STJ tenha firmado posição no sentido de não ser possível a interposição do REsp apenas pela alínea "c"[8]-[9], tal entendimento não nos parece mais adequado, especialmente considerando que, na vigência do CPC/15 é recomendável que o STJ se manifeste o quanto antes, através de decisão com força vinculante, sobre a divergência[10]. A medida atenderá ao interesse público e permitirá que o STJ exerça de

---

[7] "O dispositivo em estudo não faz surgir outra hipótese de cabimento dos recursos direcionados ao STF e ao STF, mas somente possibilita que tais cortes analisem o julgamento da questão de direito debatida no IRDR. Por isso a necessidade de que o recorrente demonstre as hipóteses previstas nos arts. 102, III, e 105, III, da CF/1988." (ALVIM, Teresa Arruda; DANTAS, Bruno. *Recurso especial, recurso extraordinário e a nova função dos tribunais superiores no direito brasileiro.* 4. ed. rev., atual. e ampl. – São Paulo: Editora Revista dos Tribunais, 2017, p. 555).

[8] Rodrigo Otávio Barioni afirma que "A rigor, o permissivo da alínea c está abrangido pela hipótese mais ampla da alínea a. Na interposição do recurso especial fundado no dissídio jurisprudencial, o recorrente afirma que a interpretação conferida à norma infraconstitucional federal pelo órgão a quo não é adequada." (BARIONI, Rodrigo Otávio. *Ação rescisória e recursos para os Tribunais Superiores.* 2. ed. São Paulo: Editora Revista dos Tribunais, 2013, p. 215.). Cassio Scarpinella Bueno, no mesmo sentido, afirma que a interposição do recurso especial pela alínea "c" "não deixa de ser um reforço" para a hipótese prevista na alínea "a", do artigo 105, III, da Constituição Federal. (*Curso sistematizado de direito processual civil, vol. 5: recursos, processos e incidentes nos tribunais, sucedâneos recursais: técnicas de controle das decisões jurisdicionais.* 5 ed. rev. e atual. – São Paulo: Saraiva, 2014, p. 271).

[9] AgRg nos EREsp 382.756/SC, Rel. Ministra Laurita Vaz, Corte Especial, DJe 17.12.09.

[10] No mesmo sentido, Fredie Didier Jr. e Leonardo Carneiro da Cunha afirmam que "O segundo entendimento esvazia o conteúdo do comando constitucional previsto na letra "c", ignorando,

forma ampla suas funções uniformizadora e nomofilática. Assim, cabível o REsp sempre que preenchido o requisito previsto na alínea "c" do art. 105, III, da Constituição Federal, independentemente de alegação de violação à lei federal.

5. CONCLUSÃO

Em 2014, o Min. João Otávio de Noronha, ao julgar o REsp 1.114.035/PR, afirmou que:

> O simples fato de a causa ter sido submetida à apreciação do STJ, por meio de recurso especial, não tem a aptidão para conferir alcance nacional à sentença proferida em ação civil pública. Isso porque o efeito substitutivo do art. 512 do CPC, decorrente do exame meritório do recurso especial, não tem o condão de modificar os limites subjetivos da causa. Caso se entendesse de modo contrário, estar-se-ia criando um novo interesse recursal, o que levaria a parte vencedora na sentença civil a recorrer até o STJ apenas para alcançar abrangência nacional.[11]

É o que se dá na vigência do CPC/2015. Temos a possibilidade de um recurso especial ter a aptidão para conferir alcance nacional ao acórdão e, por este motivo, surge interesse recursal que autoriza o Ministério Público, o *amicus curiae* e a parte vencedora a recorrerem até o STJ apenas para alcançar abrangência nacional.

Tal interesse é inafastável e está demonstrado nas lições do professor Humberto Theodoro Júnior, que ressaltam a necessidade de se garantir isonomia e segurança jurídica aos jurisdicionados, viabilizando que a decisão prolatada no IRDR receba a abrangência que o legislador pretendeu outorgar ao incidente, em seu grau máximo.

Assim, seja pelo fundamento do próprio acórdão violar a Constituição e a lei federal, seja pela mera divergência, fato é que se exige que o STJ (e o STF, para nosso homenageado) tenha as portas abertas para outorgar a máxima efetividade ao IRDR, pacificando nacionalmente o conflito e realizando de forma plena suas funções constitucionais.

---

exatamente, que o objetivo do texto normativo é o de permitir que o Superior Tribunal de Justiça uniformize a interpretação da lei federal e, com isso, forneça paradigmas que tornem mais previsíveis as decisões judiciais, diminuindo a insegurança jurídica. Toda interpretação que favoreça a uniformização da jurisprudência deve ser prestigiada. O sistema jurídico brasileiro é estruturado partindo-se dessa premissa (arts. 926-927, CPC). Ademais, é preciso lembrar que o inciso III do art. 105 da CF/1988 consagra um direito de acesso aos tribunais superiores, cuja interpretação não pode ser restritiva." (*Curso de direito processual civil: o processo civil nos tribunais, recursos, ações de competência originária de tribunal e querela nullitatis, incidentes de competência originária de tribunal*. 14. ed. reform. – Salvador: Editora Juspodivm, 2017, p. 401).

[11] (Rel. originário Min. Sidnei Beneti, Rel. para acórdão Min. João Otávio de Noronha, julgado em 7/10/2014)

38

TEORIA BRASILEIRA DOS PRECEDENTES JUDICIAIS E O ARGUMENTO NOVO, NÃO CONSIDERADO NA FORMAÇÃO DA TESE JURÍDICA

DÉLIO MOTA DE OLIVEIRA JÚNIOR

Sumário: 1. Introdução. 2. A distinção (*distinguishing*) e a superação (*overruling*): uma análise interpretativa. 2.1. A técnica da distinção (*distinguishing*); 2.2. A técnica da superação (*overruling*); 3. A formação dos precedentes judiciais. 4. Análise acerca da não aplicação da tese jurídica em razão de argumento novo, não abordado na fundamentação do precedente judicial. 5. Conclusão.

1. INTRODUÇÃO

A teoria brasileira dos precedentes judiciais dimensionada pelo Código de Processo Civil de 2015 institui procedimentos para a padronização decisória, estabelecendo força vinculante à determinadas decisões (art. 927)[1-2], de modo a garantir que casos análogos

---

[1] Neste sentido: Enunciado 170 do FPPC: "As decisões e precedentes previstos nos incisos do caput do art. 927 são vinculantes aos órgãos jurisdicionais a eles submetidos". Concordando com este entendimento: DIDIER JR., Fredie; BRAGA, Paula Sarno; OLIVEIRA, Rafael Alexandria de. *Curso de Direito Processual Civil*. Vol 2. 11ª ed., Salvador: Editora JusPodivm, 2016, p. 469; THEODORO JÚNIOR, Humberto. *Curso de Direito Processual Civil*. Vol. III, 47ª ed, Rio de Janeiro: Forense, 2016, p. 797-799; ZANETI JR., Hermes. Comentários aos arts. 926 a 928. In: CABRAL, Antonio do Passo; CRAMER, Ronaldo. *Comentários ao novo Código de Processo Civil*. Rio de Janeiro: Forense, p. 1.323; MACÊDO, Lucas Buril de. *Precedentes judiciais e o direito processual civil*. Salvador: Juspodivm, 2015, p. 447-448.

[2] Em sentido contrário: Nelson Nery Jr. e Rosa Maria de Andrade Nery afirmam que, "como o juiz não é a boca da lei, pois interpreta, analisa os fins sociais a que ela se destina para aplica-la ao caso

sejam julgados da mesma forma, em observância, notadamente, aos princípios da segurança jurídica e da isonomia.

Contudo, é necessário que essa teoria brasileira dos precedentes judiciais assegure mecanismos que possibilitem os sujeitos do processo discutirem a distinção entre o caso concreto e o precedente paradigma, permitindo que processos com circunstâncias fáticas e argumentativas distintas possam ser julgados de forma diferente. Além disso, também é essencial que sejam assegurados meios para a superação da tese jurídica, possibilitando a evolução do direito, de modo a alinhá-lo com as modificações sociais, econômicas, políticas ou jurídicas que a sociedade vier a passar.

Neste sentido, uma das premissas essenciais para o desenvolvimento da sistemática dos precedentes judiciais é o "delineamento de técnicas processuais idôneas de distinção (*distinguishing*) e superação (*overruling*) do padrão decisório: A ideia de se padronizar entendimentos não se presta tão só ao fim de promover um modo eficiente e rápido de julgar casos, para se gerar uma profusão numérica de julgamentos. Nestes termos, a cada precedente formado (padrão decisório) devem ser criados modos idôneos de se demonstrar que o caso em que se aplicaria um precedente é diferente daquele padrão, mesmo que aparentemente seja semelhante, e de proceder à superação de seu conteúdo pela inexorável mudança social – como ordinariamente ocorre em países de *common law*".[3]

---

concreto, culminando com a sentença de mérito que é a norma jurídica que faz lei entre as partes, o juiz também não é a boca dos tribunais, pois deve aplicar a súmula vinculante e o resultado de procedência da ADIn ao caso concreto (CF 102, §2º, e 103-A; CPC 927 I e II), e, nas demais situações (CPC 927 III a V), aplicar livremente os preceitos abstratos e gerais (leis, lato sensu) constantes das súmulas simples dos tribunais, orientações do plenário ou do órgão especial do TRF e TJ, justificando a aplicação ou não do dispositivo oriundo do tribunal. Só existe hierarquia jurisdicional do tribunal sobre o juiz no caso de competência recursal, vale dizer, quando o tribunal, qualquer que seja ele, julga matéria de sua competência Recursal. Aqui pode o tribunal cassar e reformar a decisão recorrida, em acórdão que vincula e vale apenas para o caso concreto. Nisso reside a hierarquia prevista no sistema constitucional brasileiro. Vinculação a preceitos abstratos, gerais, vale dizer, com características de lei, só mediante autorização da Carta Política, que até agora não existe. STF e STJ, segundo a CF 102 e 105, são tribunais que decidem mediante casos concretos, que resolvem lides objetivas (e.g. ADIn) e subjetivas (e.g. RE, REsp). Não legislam para todos com elaboração de preceitos abstratos: salvo quanto à súmula vinculante (STF, CF 103-A), não são tribunais de teses. Fazer valer e dar eficácia ao CPC 927 III a V é deixar de observar o *due process of law*, o texto e o espírito da Constituição ( ) À exceção das hipóteses enunciadas no CPC 927 I e II, os demais casos arrolados no dispositivo comentado (927 III a V) não podem vincular tribunal ou juiz, por lhes faltar autorização constitucional para tanto, isto é, por não haver prévia e imprescindível previsão constitucional autorizando a vinculação fora dos casos da CF 103-A (súmula vinculante do STF) e 102, §2º (sentença de mérito transitada em julgado proferida pelo STF em ADIn e ADC). O legislador ordinário – do CPC – não tem competência para conceder ao Poder Judiciário delegação para legislar." (NERY JÚNIOR, Nelson; NERY, Rosa Maria de Andrade. *Comentários ao Código de Processo Civil*. 1ª ed., São Paulo: Revista dos Tribunais, 2015, p. 1836-1840).

[3] NUNES, Dierle. Processualismo constitucional democrático e o dimensionamento de técnicas para a litigiosidade repetitiva. A litigância de interesse público e as tendências "não compreendidas" de padronização decisória. *Revista de Processo*. Vol. 199, ano 36, São Paulo: Ed. RT, set. 2011, p. 69.

Assim, na aplicação do precedente, é necessário que o órgão julgador realize comparações para verificar se os fatos determinantes para a construção da tese jurídica encontram-se, de forma análoga, no caso concreto. A decisão de aplicar o precedente ao caso concreto é "presidida e informada por uma ponderação de princípios, que se encontra na base do processo de comparação de casos por meio de analogias e contra-analogias".[4]

A observância às garantias do contraditório comparticipativo e da fundamentação racional são essenciais para o desenvolvimento da teoria brasileira dos precedentes judiciais, na medida em que a correta aplicação da tese jurídica somente é possível a partir do devido processo argumentativo.

A comparação entre o precedente judicial e o caso concreto, com a finalidade de verificar se os fatos determinantes para a construção da tese jurídica estão presentes no caso *sub judice*, depende da análise interpretativa dos sujeitos do processo, que a partir do exercício do contraditório substancial, apresentarão os argumentos favoráveis ou contrários à aplicação do precedente.

Assim, considerando a contribuição das partes do processo na construção do provimento jurisdicional, o órgão julgador, ao aplicar ou afastar determinado precedente suscitado na lide, terá o dever de considerar os discursos argumentativos das partes, justificando as razões para a incidência ou não da tese jurídica no caso concreto.

Da mesma forma, esse discurso argumentativo desenvolvido pelos sujeitos do processo também é necessário para a adequada e precisa identificação da *ratio decidendi* do precedente judicial, de modo a evitar que argumentos jurídicos acessórios e secundários, expostos apenas de passagem na decisão (*obter dictum*) sejam tidos, indevidamente, como vinculantes.

Portanto, assegurar o efetivo exercício do contraditório e da fundamentação coerente na aplicação do precedente judicial é essencial para que a parte possa suscitar a distinção e/ou a superação da tese jurídica.

Constata-se, portanto, que, diante da teoria brasileira dos precedentes judiciais, estabelecida pelo Código de Processo Civil, há a necessidade de os operadores do direito adequarem sua cultura para a constitucional e correta formação e aplicação da tese jurídica decorrente do direito jurisprudencial.

No atual sistema jurídico brasileiro, o discurso argumentativo para a construção do provimento jurisdicional deve considerar e observar a eventual existência de precedente judicial que verse sobre a mesma questão de direito em situação fática semelhante, bem como é necessário analisar se há elementos para a distinção ou superação da tese jurídica.

---

[4] DERZI, Misabel de Abreu Machado. BUSTAMATE. Thomas da Rosa de. O efeito vinculante e o princípio da motivação das decisões judiciais: em que sentido pode haver precedentes vinculantes no direito brasileiro? In: *Novas Tendências do Processo Civil – Estudos sobre o projeto do novo Código de Processo Civil*. Vol. I, Salvador: Editora JusPodivm, 2013, p. 353.

2. A DISTINÇÃO (*DISTINGUISHING*) E A SUPERAÇÃO (*OVERRULING*): UMA ANÁLISE INTERPRETATIVA

2.1. A técnica da distinção (*distinguishing*)

O precedente judicial é um texto a ser interpretado pelo juiz do caso concreto posterior. O aplicador do direito, além de interpretar o precedente judicial para identificar a sua *ratio decidendi*, deve analisá-lo para verificar se as circunstâncias fáticas entre a decisão paradigma e caso concreto são semelhantes a ponto de justificar a aplicação da tese jurídica formada no precedente judicial.

O direito jurisprudencial dá grande relevo aos fatos do caso, seja quando da elaboração do precedente, seja quando da análise e aplicação da tese jurídica formada nos precedentes. É necessário que o juiz analise os elementos fáticos do precedente judicial, de modo a verificar se há semelhança com o caso sob julgamento.

A diferenciação dos elementos fáticos do precedente e do caso concreto ocorre mediante a técnica do *distinguishing*. Trata-se da técnica de confronto e diferenciação entre os fatos relevantes de dois casos, de modo a garantir que cada processo receba a solução adequada, sem que a tese jurídica do precedente judicial seja aplicada de forma automática e em dissintonia com as circunstâncias fáticas.

Contudo, para que se aplique determinado precedente judicial a um outro caso subsequente, não é necessário que as demandas sejam absolutamente idênticas, sob pena de enfraquecer e relativizar a teoria do *stare decisis*.[5]

Para a utilização da técnica do *distinguishing* é necessário, como antecedente lógico, que o aplicador do direito identifique a *ratio decidendi* do precedente judicial, na medida em que é preciso apurar quais foram os fatos que foram tomados em consideração para a fixação da tese jurídica. Somente a partir da identificação desses fatos fundamentais e relevantes para a formação da *ratio decidendi* que se poderá verificar se tais circunstâncias fáticas também se repetem no caso concreto.

A utilização da técnica do *distinguishing* exige prudência e critérios, posto que não pode significar válvula de escape para que os juízes deixem de seguir o precedente obrigatório, sob a alegação de que há circunstância fáticas distintas entre os casos[6]. O juiz deve se ater aos fatos fundamentais para a formação da tese jurídica, pouco importando se há fatos imateriais distintos.

O juiz, ao deixar de aplicar determinado precedente judicial, deve fundamentar sua decisão, identificando quais são os fatos materiais que não se encontram presentes no caso concreto, tendo em vista que não é qualquer distinção fática que justifica a aplicação da técnica do *distinguishing*. Deste modo, "a complexa atividade lógica de interpretação do precedente

---

[5] SCHAUER, Frederick. Precedents. *Stanford Law Review*. Stanford, 1987, v. 39, p. 577.
[6] MARINONI, Luiz Guilherme. *Precedentes Obrigatórios*. São Paulo: Revista dos Tribunais, 2011, p. 327.

judicial vale-se, assim, do método de confronto, denominado *distinguishing*, pelo qual o juiz verifica se o caso em julgamento pode ou não ser considerado análogo ao paradigma".[7]

Quando as distinções fáticas do caso concreto são imateriais, de modo que não justificam o afastamento da tese jurídica do precedente, caso o juiz do caso concreto promova a fuga ilegítima da *ratio decidendi*, cometerá *error in judicando*. Essa utilização falha da técnica de distinção, por meio de fatos e argumentos que não são capazes de justificar o afastamento da tese jurídica, é denominada distinção inconsistente (*inconsistent distinguishing*).[8]

Neil Duxbury ressalta que os advogados e os juízes têm controle sobre eventual utilização indevida e reiterada da técnica de distinção dos precedentes, ao fundamento que "o juiz que tenta 'distinguir' casos com base em fatos materialmente irrelevantes está propenso a ser facilmente descoberto. Advogados e outros juízes que têm razões para controlar sua atividade provavelmente não terão dificuldade em evidenciar a sua atividade como de alguém descuidado ou desonesto, e, então, sua reputação será desgastada e sua decisão questionada. O fato de os juízes terem o poder de 'distinguir' não significa que eles podem negar os precedentes quando lhes for conveniente".[9]

Em regra, a adoção do *distinguishing* não retira qualquer autoridade do precedente judicial, muito menos está a questionar a sua validade, eficácia, legitimidade ou a hierarquia. O uso da técnica do *distinguishing* apenas revela que o caso concreto não apresenta os fatos fundamentais que foram considerados na formação da *ratio decidendi* do precedente[10].

Contudo, o uso reiterado e indiscriminado da técnica de distinção em relação à determinado precedente pode ensejar o enfraquecimento, revelando que esta decisão judicial está perdendo a sua credibilidade[11].

Neste sentido, René David destaca que o uso das técnicas do *distinguishing* deve ser utilizado com cautela, na medida em que "o uso indiscriminado do poder de distinguir

---

[7] TUCCI, José Rogério Cruz e. Parâmetros de eficácia e critérios de interpretação do precedente judicial. In: WAMBIER, Teresa Arruda Alvim (coord). *Direito Jurisprudencial*. Vol I. São Paulo: RT, 2012, p. 560

[8] EISENBERG, Melvin Aron. *The Nature of the Common Law*. Cambridge, MA: Harvard University Press, 1988, p. 115.

[9] Tradução: Luiz Guilherme Marinoni. No original: "The judge who tries to distinguish cases on the basis of materially irrelevant facts is likely to be easily found out. Lawyers and other judges who have reason to scrutinize his effort will probably have no trouble showing it to be the initiative of someone who is careless or dishonest, and so his reputation might be damaged and his decision appealed. That judges have the power to distinguish does not mean they can flout precedent whenever it suits them." (DUXBURY, Neil. The nature and authority of precedent. New York: Cambridge, University Press, 2008, p. 114. *Apud*: MARINONI, Luiz Guilherme. *Precedentes Obrigatórios*. 2ª ed. – São Paulo: Editora Revista dos Tribunais, 2011, p. 328).

[10] NUNES, Dierle; HORTA, André Frederico. Aplicação de Precedentes e Distinguishing no CPC/2015: Uma breve introdução. In: DIDIER JR., Fredie, et al. *Precedentes*. Salvador: Juspodivm, 2015, p. 313.

[11] MARINONI, Luiz Guilherme. *Precedentes Obrigatórios*. 2ª ed. – São Paulo: Editora Revista dos Tribunais, 2011, p. 328

pode levar a se duvidar, de modo geral, da real vinculação aos precedentes obrigatórios e, consequentemente, levar à falência do sistema, o que, com certeza, não é desejado"[12].

Assim, constatando-se que os fatos relevantes do precedente judicial são distintos do caso sob julgamento, o juiz pode: (I) dar à *ratio decidendi* uma interpretação restritiva, em razão do caso concreto possuir peculiaridades que não possibilitam a aplicação da mesma tese jurídica outrora firmada (*restrictive distinguishing*), situação em que julgará o processo livremente, sem qualquer vinculação ao precedente; ou (II) estender ao caso *sub judice* a mesma solução conferida no precedente judicial, por entender que, apesar das peculiaridades concretas, aquela tese jurídica ainda lhe é aplicável (*ampliative distinguishing*).[13]

Na distinção ampliativa (*ampliative distinguishing*), a hipótese fática da *ratio decidendi* torna-se mais ampla, tendo em vista que a tese jurídica passa a ser aplicada para outras circunstâncias fáticas que não estavam previstas no precedente originário. Ocorre a expansão silenciosa do precedente originário[14]. Por outro lado, na distinção restritiva (*restrictive distinguishing*), a contribuição do julgador é justamente em delimitar melhor a hipótese fática de aplicação do precedente originário, indicando que tal tese jurídica não se aplica a determinados fatos subsequentes, diante da divergência de fatos relevantes e fundamentais.

Verifica-se, portanto, que, a medida que o precedente judicial passa a ser aplicado a casos subsequentes, os fatos materiais e fundamentais e a *ratio decidendi* do precedente originário tornam-se, ainda mais, precisos e claros, tendo em vista que as novas decisões vão delimitando e especificando as hipóteses de aplicação do precedente originário.

Portanto, a utilização da técnica do *distinguishing* decorre do processo argumentativo, que deve ser realizado em contraditório comparticipativo, no qual os operadores do direito demonstrarão a pertinência ou não da aplicação de determinado precedente ao caso concreto.[15] O uso da técnica do *distinguishing* pressupõe e exige análise interpretativa do precedente originário e do caso concreto, de modo a verificar se os fatos determinantes para a construção da tese jurídica do primeiro julgado também se apresentam, de forma análoga, no caso subsequente a ponto de justificar a não aplicação da *ratio decidendi*.

2.2. A técnica da superação (*overruling*)

A adoção da teoria do *stare decisis* não pode implicar no engessamento do direito. A alteração do contexto social, econômico, político ou jurídico podem acarretar a necessidade de mudança do entendimento anteriormente fixado no precedente judicial, sob pena de serem cometidas injustiças.

---

[12] DAVID, René. *Os grandes sistemas do direito contemporâneo*. Tradução Hermínio A. Carvalho. 3. ed. São Paulo: Martins Fontes, 1996, p. 352.

[13] DIDIER JR., Fredie; BRAGA, Paula Sarno; OLIVEIRA, Rafael Alexandria de. *Curso de Direito Processual Civil*. Vol 2. 11ª ed., Salvador: Editora JusPodivm, 2016, p. 505.

[14] JACOB, Marc. Precedents and Case-Based Reasoning in the European Court of Justice: Unfinished Business. New York: Cambridge University Press, 2014, p. 129.

[15] MACÊDO, Lucas Buril de. *Precedentes judiciais e o direito processual civil*. Salvador: Juspodivm, 2015, p. 354.

A teoria do *stare decisis* visa à garantir a segurança jurídica para as relações sociais; contudo, não se pretende um direito estático, avesso às mudanças sociais, econômicas, políticas e jurídicas. O direito deve evoluir se adequando às realidades sociais.[16]

Na tradição do *common law*, a técnica da superação do precedente judicial (*overruling*) garante dinamismo na aplicação do direito jurisprudencial, de modo a alinhá-lo às alterações das concepções da sociedade.

Deste modo, os juízes do *common law* utilizam-se a técnica do *overruling* para justificar a necessidade de vigência de uma nova norma jurídica, a despeito da existência de outra anterior e que lhe seja contrária. Essa alteração pode se impor por uma série de razões, que vão desde a injustiça do precedente anterior até a modificação das condições sociais, econômicas, políticas ou jurídicas.[17]

Neste sentido, "o que justifica a própria autoridade da jurisprudência é a racionalização do Direito positivo, sua sintonia com as ideias de correção, justiça, imparcialidade. Portanto, ainda que se reconheça a existência de razões de autoridade que militam a favor da vinculação ao precedente judicial – visualizando o precedente como uma fonte normativa que encontra sustentação tanto nessas razões de autoridade quanto em argumentos puramente racionais, sendo que em caso de conflito entre esses dois tipos de justificação é necessária uma ponderação entre eles – essas razões não podem ter força absoluta: o poder de estabelecer o *case law* deve englobar também o de revisá-lo, aperfeiçoá-lo, viabilizar sua evolução, ainda que sob certos limites"[18].

Assim, apesar de os fatos relevantes do precedente judicial serem semelhantes ao caso *sob judice*, é possível que o órgão julgador queira decidir de outra maneira, por entender que a valoração das circunstâncias sociais, econômicas, políticas ou jurídicas mudou[19]. A força vinculante do precedente não impede que uma determinada tese jurídica (*ratio decidendi*), ainda que pacificada, possa ser superada, passando-se a um novo processo de normatização. "A mutação progressiva de paradigmas de um determinado episódio da vida, dotado de relevância jurídica, sempre veio imposta pela historicidade da realidade social, constituindo mesmo uma exigência de justiça"[20].

A possibilidade de superação do precedente, ao contrário do que possa parecer, garante racionalidade ao *stare decisis*, deixando de enfraquecer a teoria da vinculação obrigatória

---

[16] SUMMERS, Robert S. Precedent in the United States (New York State). *In*: MACCORMICK, Neil; SUMMERS, Robert S. (ed.) *Interpreting precedents: a comparative study*. Aldershot: Ashgate, 1997, p. 374.

[17] LIMA, Tiago Asfor Rocha. *Precedentes Judiciais Civis no Brasil*. São Paulo: Saraiva, 2013, p. 206.

[18] BUSTAMANTE, Thomas da Rosa de. *Teoria do Precedente Judicial. A justificação e a aplicação das regras jurisprudenciais*. São Paulo: Noeses, 2012, p. 395.

[19] ALEXY, Robert. *Teoria da argumentação jurídica. A teoria do discurso racional como técnica da fundamentação jurídica*. Trad. Zilda Hutchinson Schild Silva. Revisão técnica da tradução e introdução à edição brasileira: Cláudia Toledo. 2ª ed. São Paulo: Landy, 2005, p. 265

[20] TUCCI, José Rogério Cruz e. *Precedente judicial como fonte do direito*. São Paulo: RT, 2004, p. 180.

dos precedentes judiciais, na medida em que possibilita a evolução do direito, caso utilizada com o devido cuidado.[21]

Com a superação do precedente judicial, há a substituição do entendimento anterior pela nova tese jurídica, que passa a deter a eficácia vinculante para os casos subsequentes, mantendo-se a teoria do *stare decisis*.[22]

Destaca-se que apenas a Corte que formou o precedente ou a Corte hierarquicamente superior a ela em termos de matéria têm competência para superar o precedente judicial.[23] Tal imposição decorre do fato de que se com a superação do precedente judicial, há a substituição da norma jurídica, com a vinculação do novo entendimento, tal alteração somente pode ocorrer através da Corte que possui competência para estabelecer essa força vinculante.

Deste modo, na tradição do *common law*, as Cortes inferiores não possuem competência para questionar o mérito dos precedentes das Cortes superiores e, muito menos, para superá-lo[24]. Caso a Corte inferior deixe de aplicar o precedente, em situação fática na qual ele deveria ser aplicado, incorre em *error in judicando*.

A superação do precedente deve ocorrer, sempre que possível, mediante critérios que garantam a segurança jurídica dos jurisdicionados. A prática do *overruling* pelas Cortes pode ocorrer de forma expressa, quando o órgão julgador faz menção direta à tese jurídica anterior que está sendo superada; ou implícita, quando o órgão julgador altera o entendimento sem fazer referência expressa à existência da tese jurídica anterior, formada em outro precedente.[25]

A superação implícita acarreta problemas na prática jurídica, na medida em que promove a insegurança acerca de real superação ou não do precedente anterior. Deste modo, a doutrina é clara no sentido de repudiar as superações implícitas, exigindo que o *overruling* se dê após a devida justificação, considerando o dever de autorreferência do tribunal.[26]

---

[21] PEIXOTO, Ravi. *Superação do precedente e segurança jurídica*. Salvador: Juspodivm, 2015, p. 197.
[22] BENDITT, Theodore M. The rule of precedent. *In*: GOLDSTEIN, Laurence (ed.). *Precedent in law*. Oxford: Claredon Press, 1987, p. 101.
[23] Neste sentido: SUMMERS, Robert; ENG, Svein. Departures from precedent. *In*: MACCORMICK, Neil; SUMMERS, Robert S. (ed). *Interpreting Precedents*. Aldershot: Ashgate, 1997, p. 524; CROSS, Rupert; HARRIS, J. W.. *Precedent in english law*. Oxford: Clarendon Press, 4. ed., 2004, p. 127; BUSTAMANTE, Thomas da Rosa de. *Teoria do Precedente Judicial. A justificação e a aplicação das regras jurisprudenciais*. São Paulo: Noeses, 2012, p. 388; PEIXOTO, Ravi. *Superação do precedente e segurança jurídica*. Salvador: Juspodivm, 2015, p. 198; RISOTO, Francisco. *Teoria dos precedentes judiciais: racionalidade da tutela jurisdicional*. Curitiba: Juruá, 2012, p. 307.
[24] LAMOND, Grant. Precedent. *Philosophy Compass*. Vol. 2, 2007, p. 700.
[25] A superação implícita também pode ser denominada de transformação (*transformation*). Neste sentido: EISENBERG, Melvin Aron. *The Nature of the Common Law*. Cambridge, MA: Harvard University Press, 1988, p. 55-56; PETERS, Christopher J. Under the table overruling. *Wayne Law Review*. n. 54, 2008, p. 1067-1073.
[26] SUMMERS, Robert S.; ENG, Svein. Departures from precedent. *In*: MACCORMICK, Neil; SUMMERS, Robert S. (ed). *Interpreting Precedents*. Aldershot: Ashgate, 1997, p. 522; BUSTAMANTE, Thomas da Rosa de. *Teoria do Precedente Judicial. A justificação e a aplicação das regras jurisprudenciais*. São Paulo: Noeses, 2012, p. 387-388

A decisão que promover o *overruling* exige fundamentação idônea e precisa, suscitando argumentos ainda não analisados, bem como apresentando uma justificação complementar acerca da necessidade de superação do precedente (dever de levar em consideração o precedente, com fundamento no princípio da universalidade e da imparcialidade na atividade judiciária).[27]

Portanto, constata-se que o *overruling* é uma técnica excepcional, que se compatibiliza com a força vinculante em sentido forte do precedente judicial; tanto que, para superar o *case law*, é necessário um discurso de justificação normativa.

3. A FORMAÇÃO DOS PRECEDENTES JUDICIAIS

O sistema jurídico brasileiro, principalmente a partir do Código de Processo Civil de 2015, estabeleceu uma teoria própria acerca da formação dos precedentes judiciais.

O modelo constitucional do devido processo legal impõe que a formação do precedente judicial no ordenamento jurídico brasileiro deve ocorrer mediante a possibilidade de participação de todos os interessados e a necessidade do esgotamento discursivo de todas as questões jurídicas relevantes para a fixação da tese jurídica.

Observe que, já no final do século XX, com a promulgação da Lei nº 9.868/1999, que versa sobre as ações de controle concentrado da constitucionalidade, passou-se a permitir que o relator admita a manifestação de outros órgãos ou entidades, em razão da relevância da matéria e a representatividade dos postulantes (art. 7º, § 2º). Consagrou-se, portanto, a intervenção da figura do *amicus curiae* ou "amigo da corte", cuja função principal é apresentar ao tribunal parecer com informações relevantes sobre a matéria de direito objeto da ação, bem como acerca dos reflexos que o julgamento da demanda pode acarretar.

A intervenção do *amicus curiae* nos processos de controle concentrado de constitucionalidade decorre da concepção de democracia deliberativa e participativa e da transcendência dos efeitos do julgamento dessas ações.[28] Desta forma, a intervenção do *amicus curiae* visa a possibilitar que o tribunal tenha pleno conhecimento das posições jurídicas e dos reflexos diretos e indiretos relacionados ao objeto das ações de controle concentrado de constitucionalidade, de modo a proporcionar o exaurimento discursivo de todas as questões jurídicas relevantes para a fixação da tese jurídica.[29]

---

[27] Claro exemplo de decisão devidamente fundamentada, que implicou *overruling* (precedente superado: HC 72.131/RJ – STF), é o voto do eminente Ministro Celso de Mello, no julgamento do Recurso Extraordinário nº 466.343-1/SP, que versa sobre a questão da prisão civil do depositário infiel.

[28] CABRAL, Antonio do Passo. Pelas asas de Hermes: a intervenção do *amicus curiae*, um terceiro especial. *Revista de Processo*, n. 117, set-out, 2004, p. 13.

[29] Dierle Nunes destaca que "somente não podemos vislumbrar o *amicus* como um figura, por essência, imparcial e neutra, uma vez que sua intervenção pode se dar com um cunho estratégico, especialmente pela percepção que parcela dos litigantes habituais (*repeat players*) vêm usando da litigância estratégica, de modo a impactar a aplicação do direito e construir padrões decisórios benéficos a seus interesses. Isto torna os *amici* uma figura essencial que merece ter seus

Ressalta-se, inclusive, que o caráter pluralista e democrático do *amicus curiae*, possibilitando uma cognição mais completa e adequada do órgão julgador, torna mais legitimado o procedimento de aplicação do precedente a casos futuros.[30][31]

Também nesse viés do contraditório substancial, em relação ao rito dos recursos repetitivos ou do Incidente de Resolução de Demandas Repetitivas (IRDR), o Código de Processo Civil estabelece a possibilidade da admissão da intervenção de *amici curiae* (pessoas, órgãos ou entidades com interesse na controvérsia) e da designação de audiências públicas, ocasião em que pessoas com experiência e conhecimento na matéria se manifestarão com a finalidade de instruir o procedimento.[32]

Ressalta-se que, como a participação do *amicus curiae* e a realização de audiências públicas tem o propósito de qualificar o debate com o aporte de entendimentos técnicos

---

argumentos analisados, mas que pode, atendendo o requisito da representatividade adequada (interesse institucional), estar defendendo o interesse de alguma das partes." (NUNES, Dierle. Do Julgamento dos recursos extraordinário e especial repetitivos. *In:* Teresa Arruda Alvim Wambier, Fredie Didier Jr., Eduardo Talamini e Bruno Dantas. (Org.). *Breves comentários ao Novo código de processo civil*. 1ª ed. São Paulo: Revista dos Tribunais, 2015, v. 1, p. 2321-2342).

[30] Neste sentido: MACIEL, Adhemar Ferreira. *Amicus curiae:* um instituto democrático. *Revista de Processo*, vol. 106, abr-jun, 2002, p. 281; CABRAL, Antonio do Passo. Comentários ao artigo 138. In: *Comentários ao Código de Processo Civil*. Org: Lênio Luiz Streck; Dierle Nunes; Leonardo Carneiro da Cunha. Coord: Alexandre Freire. São Paulo: Saraiva, 2016, p. 210-211.

[31] Prevalece o entendimento de que "uma vez iniciado o julgamento, não há mais espaço para o ingresso de *amicus curiae*. De fato, já não há utilidade prática de sua intervenção, pois nesse momento processual não cabe mais sustentação oral, nem apresentação de manifestação escrita, como franqueia a Resolução 8/2008 do STJ, e, segundo assevera remansosa jurisprudência, o *amicus curiae* não tem legitimidade recursal, inviabilizando-se a pretensão de intervenção posterior ao julgamento (EDcl no REsp 1.261.020-CE, Primeira Seção, DJe 2/4/2013). O STJ tem entendido que, segundo o § 4º do art. 543-C do CPC, bem como o art. 3º da Resolução 8/2008 do STJ, admite-se a intervenção de *amicus curiae* nos recursos submetidos ao rito dos recursos repetitivos somente antes do julgamento pelo órgão colegiado e a critério do relator (EDcl no REsp 1.120.295-SP, Primeira Seção, DJe 24/4/2013). Ademais, o STF já decidiu que *o amicus curiae* pode pedir sua participação no processo até a liberação do processo para pauta (ADI 4.071 AgR, Tribunal Pleno, DJe 16/10/2009)". (BRASIL, STJ. QO no REsp 1.152.218-RS, Rel. Min. Luis Felipe Salomão, julgado em 7/5/2014).

[32] Marcelo Veiga Franco destaca que, "quando está desenvolvida a formação de precedentes com aptidão persuasiva ou vinculante, é necessário que a participação dialética não se restrinja às partes do processo. A ampliação do contraditório se projeta também para todos aqueles que, direta ou indiretamente, tenham relação com a tese jurídica em debate, seja através da figura do *amicus curiae* ou seja por meio da realização de audiências públicas. Daí resulta a necessidade de respeito ao contraditório nas técnicas de julgamento das demandas repetitivas. Ainda que o precedente tenha sido devidamente fundamentado, é possível que o caso concreto guarde particularidades que impeçam a aplicação da tese jurídica adotada como paradigma". (FRANCO, Marcelo Veiga. A teoria dos precedentes judiciais no novo Código de Processo Civil. *Precedentes*. Coord: Fredie Didier Jr; Leonardo Carneiro da Cunha; Jaldemiro Rodrigues de Ataíde Jr.; Lucas Buril de Macêdo. Salvador: JusPodivm, 2015, p. 527)

ou científicos, as informações decorrentes dessas intervenções devem ser necessariamente consideradas no momento do julgamento[33].

Promove-se, portanto, com a participação desses interessados o esgotamento e o amadurecimento da temática, permitindo que, na formação do precedente judicial, o órgão julgador decida acerca da pertinência ou não de todas as argumentações suscitadas, fixando a tese jurídica de forma completa.[34]

Portanto, uma das premissas essenciais para o adequado funcionamento da teoria dos precedentes judiciais é o esgotamento prévio da temática antes de sua utilização como um padrão decisório (precedente).[35]

Em observância às garantias de contraditório substancial e fundamentação racional, o Código de Processo Civil estabelece que, no âmbito do rito dos recursos repetitivos, devem ser selecionados como recursos representativos da controvérsia aqueles que possuam abrangente argumentação e discussão a respeito da questão a ser decidida (art. 1.036, § 6º). Com esse critério, acredita-se assegurar, no julgamento amplo debate, propiciando ao tribunal conhecer, analisar, responder todas as teses suscitadas e encerrar a controvérsia jurídica.[36]

Destaca-se, inclusive, que esta era a orientação administrativa do STJ, antes mesmo da vigência do Código de Processo Civil de 2015. É que a Resolução nº 08/2008 do STJ estabelecia, em seu art. 1º, § 1º, que, no rito dos recursos repetitivos, "serão selecionados pelo

---

[33] Analisando a formação dos precedentes judiciais nos recursos repetitivos, a pesquisa "A força normativa do direito judicial: uma análise da aplicação prática do precedente no direito brasileiro e dos seus desafios para a legitimação da autoridade do Poder Judiciário", realizada pela Faculdade de Direito da UFMG e subsidiada pelo CNJ, constatou que "o Superior Tribunal de Justiça raramente utiliza os argumentos aduzidos por terceiros para fundamentar suas decisões. Nos 50 acórdãos analisados, somente observaram-se duas menções claras aos argumentos trazidos ao processo por terceiros interessados. Dessa forma, com referência ao universo de análise considerado, a conclusão à qual se chega é a de que, apesar de provocados a apresentar seus argumentos no processo, a participação de terceiros parece ter pouca influência sobre a formação do precedente jurisprudencial da Corte". (BRASIL, Conselho Nacional de Justiça. *A força normativa do direito judicial: uma análise da aplicação prática do precedente no direito brasileiro e dos seus desafios para a legitimação da autoridade do Poder Judiciário.* Coord. Thomas da Rosa de Bustamante.. [et al.]; Alice Gontijo Santos Teixeira... [et al.]; colab. Gláucio Ferreira Maciel Gonçalves... [et al.]. -- Brasília: Conselho Nacional de Justiça, 2015, p. 90)

[34] JAYME, Fernando Gonzaga; OLIVEIRA JÚNIOR, Délio Mota de. Recursos Extraordinário e Especial repetitivos. *Processo Civil Brasileiro: Novos rumos a partir do CPC/2015.* Belo Horizonte: Del Rey, 2016, p. 264.

[35] NUNES, Dierle. Processualismo constitucional democrático e o dimensionamento de técnicas para a litigiosidade repetitiva. A litigância de interesse público e as tendências "não compreendidas" de padronização decisória. *Revista de Processo.* Vol. 199, ano 36, São Paulo: Ed. RT, set. 2011, p. 66.

[36] JAYME, Fernando Gonzaga; OLIVEIRA JÚNIOR, Délio Mota de. Recursos Extraordinário e Especial repetitivos. *Processo Civil Brasileiro: Novos rumos a partir do CPC/2015.* Belo Horizonte: Del Rey, 2016, p. 256.

menos um processo de cada Relator e, dentre esses, os que contiverem maior diversidade de fundamentos no acórdão e de argumentos no recurso especial"[37].

Em razão da transcendência dos efeitos do julgamento dos incidentes ou dos recursos repetitivos, que formam precedentes de observância obrigatória (art. 927), nesses casos, o relator passa a assumir enorme responsabilidade na seleção desses recursos. O zelo em afetar como representativos da controvérsia aqueles recursos com ampla discussão da questão jurídica é essencial para o adequado funcionamento da sistemática dos recursos repetitivos e salvaguardar a legitimidade da decisão proferida pela Corte. Só assim estará assegurado que todos os argumentos suscitados pelos interessados, relevantes para o deslinde da causa, sejam considerados no momento da decisão[38], prestigiando-se, assim, o princípio do contraditório como influência e não surpresa (art. 10).[39]

Recomenda-se, inclusive, que "sejam selecionados processos que busquem a vitória de teses opostas, a fim de equilibrar a forma com que os argumentos são envergados".[40] [41]

---

[37] Disponível em http://bdjur.stj.jus.br/jspui/bitstream/2011/17559/Res_8_2008_PRE.pdf

[38] THEODORO JÚNIOR, Humberto; NUNES, Dierle; BAHIA, Alexandre. "Litigiosidade em massa e repercussão geral no recurso extraordinário". Revista de Processo. Ano 34. N. 177, nov/2009, p. 23.

[39] JAYME, Fernando Gonzaga; OLIVEIRA JÚNIOR, Délio Mota de. Recursos Extraordinário e Especial repetitivos. Processo Civil Brasileiro: Novos rumos a partir do CPC/2015. Belo Horizonte: Del Rey, 2016, p. 256-257.

[40] CABRAL, Antonio do Passo. A escolha da causa-piloto nos incidentes de resolução de processos repetitivos. Revista de Processo, v. 231, 2014, p. 206.

[41] Ressalta-se a correta advertência do Ministro Herman Benjamin sobre a gravidade de não se observar o contraditório substancial no julgamento dos recursos repetitivos: "Difícil negar que, no âmbito do STJ, a demanda não estava madura para, de cara, prolatar-se decisão unificadora e uniformizadora a orientar a Seção, suas duas Turmas e todos os Tribunais e juízos do Brasil. Em litígios dessa envergadura, que envolvem milhões de jurisdicionados, é indispensável a preservação do espaço técnico-retórico para exposição ampla, investigação criteriosa e dissecação minuciosa dos temas ora levantados ou que venham a ser levantados. Do contrário, restringir-se-á o salutar debate e tolher-se-á o contraditório, tão necessários ao embasamento de uma boa e segura decisão do Colegiado dos Dez. É bem verdade que o Regimento Interno prevê a "afetação" de processos à Seção "em razão da relevância da questão jurídica, ou da necessidade de prevenir divergências entre as Turmas" (art. 127). (...) Finalmente, elegeu-se exatamente a demanda de uma consumidora pobre e negra (como dissemos acima, triplamente vulnerável), destituída de recursos financeiros para se fazer presente fisicamente no STJ, por meio de apresentação de memoriais, audiências com os Ministros e sustentação oral. Como juiz, mas também como cidadão, não posso deixar de lamentar que, na argumentação(?) oral perante a Seção e também em visitas aos Gabinetes, verdadeiro monólogo dos maiores e melhores escritórios de advocacia do País, a voz dos consumidores não se tenha feito ouvir. Não lastimo somente o silêncio de D. Camila Mendes Soares, mas sobretudo a ausência, em sustentação oral, de representantes dos interesses dos litigantes-sombra, todos aqueles que serão diretamente afetados pela decisão desta demanda, uma gigantesca multidão de brasileiros (mais de 30 milhões de assinantes) que, por bem ou por mal, pagam a conta bilionária da assinatura-básica. (...) Em síntese, a vitória das empresas de telefonia, que hoje se prenuncia, não é exclusivamente de mérito; é, antes de tudo, o sucesso de

A escolha de recursos representativos da controvérsia em que há desproporção de representatividade do cidadão em relação aos grandes litigantes retira a legitimidade do julgamento dos incidentes ou dos recursos repetitivos, diante da violação ao contraditório em razão da evidente disparidade de armas entre os litigantes.

Neste sentido, Antonio do Passo Cabral propõe "dois vetores básicos para guiar a escolha da causa-piloto. Sempre que houver restrições ao contraditório, seja no procedimento do processo originário, seja quando a escolha da causa puder limitar o contraditório no próprio incidente, deve-se rever ou corrigir a seleção do processo-teste. O segundo vetor de interpretação para a escolha da causa-piloto é a *pluralidade e representatividade* dos sujeitos do processo originário. Isso porque, de acordo com o desenho estrutural dos procedimentos, muitas vezes o papel das partes do processo originário é maior no âmbito do incidente. Assim, o próprio contraditório no incidente pode ser impactado se dele participar litigante mal preparado ou inexperiente, por exemplo. Conjugando ambas as ideias, vemos que, em um processo originário em que tenha havido uma ampla participação, com audiências públicas, intervenção de *amicus curiae*, vários sujeitos debatendo e controvertendo as argumentações uns dos outros, é evidente que o contraditório mais operoso apresentará ao Tribunal julgador do incidente um material mais qualificado para decisão, reduzindo ainda as necessidades de mecanismos para mitigar o déficit de contraditório no curso do próprio incidente."[42]

Observe, ainda, que o dever de fundamentação coerente e legítima, com ampla análise de todas as argumentações suscitadas pelas partes e interessados, torna-se ainda mais rigoroso nos julgamentos dos incidentes ou recursos representativos da controvérsia, que formam precedentes de observância obrigatória, estabelecendo-se tese jurídica sobre determinada questão de direito.

Nesses incidentes ou recursos representativos da controvérsia, o precedente não pode ignorar os argumentos favoráveis e, muito menos, os contrários à tese jurídica, sob pena de fragilizar a formação da *ratio decidendi* e prejudicar a sua aplicação aos demais casos futuros. É que, se o tribunal não enfrentar e refutar todas as argumentações (favoráveis e contrárias à tese jurídica), haverá espaço para o questionamento da real extensão do precedente.[43]

Deste modo, de forma ainda mais precisa, os acórdãos dos precedentes que fixam as teses jurídicas, cuja observância é obrigatória, devem abranger necessariamente a análise de

---

uma estratégia judicial, legal na forma, mas que, na substância, arranha o precioso princípio do acesso à justiça, uma vez que, intencionalmente ou não, inviabiliza o debate judicial e o efetivo contraditório, rasgando a *ratio essendi* do sistema de processo civil coletivo em vigor (Lei 7347/85 e CDC)." (BRASIL, Superior Tribunal de Justiça. REsp 911.802/RS, Rel. Ministro José Delgado, Primeira Seção, julgado em 24/10/2007, DJe 01/09/2008).

[42] CABRAL, Antonio do Passo. A escolha da causa-piloto nos incidentes de resolução de processos repetitivos. Revista de Processo, v. 231, 2014, p. 210.

[43] BARCELLOS, Ana Paula de. Voltando ao Básico. Precedentes, uniformidade, coerência e isonomia. Algumas reflexões sobre o dever de motivação. Coord: MENDES, Aluisio Gonçalves de Castro; MARINONI, Luiz Guilherme; WAMBIER, Teresa Arruda Alvim. *Direito Jurisprudencial*. Vol. II, São Paulo: RT, 2014, p. 154-155.

todos os fundamentos relevantes da tese jurídica discutida, sob pena de negativa de jurisdição e ofensa às garantias fundamentais do contraditório e da fundamentação.[44]

Os argumentos que devem ser necessariamente analisados pelo tribunal não se limitam apenas àqueles deduzidos pelas partes dos incidentes ou dos recursos representativos da controvérsia, mas também as teses suscitadas pelos *amici curiae* e pelos interessados nas audiências públicas.

A legitimidade e aceitação da tese jurídica formada no precedente depende necessariamente de sua fundamentação, pois, somente mediante o convencimento pelos argumentos é que a sociedade sentir-se-á juridicamente segura.[45]

Na formação do precedente judicial, o órgão julgador deve ter a consciência de que devem ser criados dois discursos a partir da decisão judicial: um, relativo a solução do caso concreto; e o outro, com a finalidade de promover a unidade do direito, que é voltado para a sociedade em geral.[46]

4. ANÁLISE ACERCA DA NÃO APLICAÇÃO DA TESE JURÍDICA EM RAZÃO DE ARGUMENTO NOVO, NÃO ABORDADO NA FUNDAMENTAÇÃO DO PRECEDENTE JUDICIAL

Na formação do precedente judicial, o dever de fundamentação coerente e legítima deve ser mais rigoroso, com ampla análise de todas as argumentações suscitadas pelas partes e interessados (arts. 984, § 2º e 1.038, § 3º). Recorde-se, inclusive, que os argumentos que devem ser necessariamente analisados pelo tribunal não se limitam apenas àqueles deduzidos pelas partes do incidente ou dos recursos representativos da controvérsia, mas também as teses suscitadas pelos *amici curiae* e pelos interessados nas audiências públicas.

A legitimidade e aceitação da tese jurídica formada no precedente depende necessariamente da análise de todos os fundamentos relevantes acerca da tese jurídica objeto da controvérsia.

Se, na formação do precedente judicial, o órgão julgador não enfrentar e refutar todas as argumentações (favoráveis e contrárias à tese jurídica), haverá espaço para o questionamento da real extensão da tese jurídica, acarretando no enfraquecimento da sua força vinculante.[47]

---

[44] FRANCO, Marcelo Veiga. A teoria dos precedentes judiciais no novo Código de Processo Civil. *Precedentes*. Coord: Fredie Didier Jr; Leonardo Carneiro da Cunha; Jaldemiro Rodrigues de Ataíde Jr.; Lucas Buril de Macêdo. Salvador: JusPodivm, 2015, p. 531.

[45] JAYME, Fernando Gonzaga; OLIVEIRA JÚNIOR, Délio Mota de. Recursos Extraordinário e Especial repetitivos. *Processo Civil Brasileiro: Novos rumos a partir do CPC/2015*. Belo Horizonte: Del Rey, 2016, p. 265.

[46] MITIDIERO, Daniel. Fundamentação e precedente – dois discursos a partir da decisão judicial. *Revista de Processo*. São Paulo: Revista dos Tribunais, 2012, n. 206, p. 62-75.

[47] BARCELLOS, Ana Paula de. Voltando ao Básico. Precedentes, uniformidade, coerência e isonomia. Algumas reflexões sobre o dever de motivação. Coord: MENDES, Aluisio Gonçalves de Castro;

É que, em observância às garantias do contraditório e da fundamentação, somente há coerência na imposição da vinculação das partes e do órgão jurisdicional à tese jurídica em caso análogo, se todos os argumentos suscitados pelos jurisdicionados no caso concreto já foram considerados e enfrentados na formada no precedente judicial.

Ressalta-se, inclusive, que o órgão julgador, ao aplicar a tese jurídica, não está obrigado a enfrentar os fundamentos jurídicos deduzidos no processo que já foram enfrentados na formação da decisão paradigma (exceção à regra imposta pelo art. 489, inciso I).[48] Nesta situação, o órgão julgador deve dedicar a sua fundamentação na correta demonstração da correlação fática e jurídica entre o caso concreto e o precedente judicial.

Contudo, se, no caso concreto, as partes apresentaram argumento novo, capaz de infirmar a tese jurídica formada, que não foi considerado e enfrentado na formação do precedente judicial, o órgão deve necessariamente analisar essa argumentação nova, sob pena de violar o contraditório comparticipativo.

O precedente judicial é formado pelos fatos determinantes, pela tese jurídica e pela argumentação jurídica utilizada na construção do provimento jurisdicional. Deste modo, caso o órgão julgador entenda que a argumentação nova é capaz de infirmar a tese jurídica, ele pode afastar a aplicação do precedente judicial, em razão do acolhimento desse fundamento que não foi analisado na formação do precedente judicial.

Portanto, nesta hipótese, o órgão julgador pode deixar de se vincular ao precedente judicial, em razão de distinção entre a argumentação jurídica do caso concreto e a do precedente judicial, sem que isso configure qualquer violação a teoria do *stare decisis* prevista nos art. 926 e 927 do Código de Processo Civil.

Essa possibilidade do afastamento da tese jurídica em virtude da distinção entre a argumentação jurídica do precedente judicial e do caso concreto se justifica com base nas garantias do contraditório comparticipativo e da fundamentação racional, que impõem o direito do jurisdicionado de contribuir para a construção do provimento jurisdicional e o dever do órgão julgador de analisar todos os argumentos suscitados pelas partes, principalmente aqueles que não foram abordados na formação do precedente judicial.

Destaca-se a que a possibilidade de o órgão julgador deixar de aplicar a tese jurídica em razão de argumento novo suscitado pela parte, que não foi abordado na formação do precedente judicial, impede o engessamento do direito. Evita-se, portanto, o risco de ocorrer a consolidação de determinado entendimento a partir do julgamento de poucos casos, sem que se permita o necessário amadurecimento da tese jurídica.

A preocupação com a celeridade processual e com a imediata redução dos recursos submetidos aos tribunais superiores não pode cercear o legítimo processo de construção em contraditório do entendimento jurisprudencial, que zela pela evolução qualitativa das decisões judiciais.

MARINONI, Luiz Guilherme; WAMBIER, Teresa Arruda Alvim. *Direito Jurisprudencial*. Vol. II, São Paulo: RT, 2014, p. 154-155.

[48] Enunciado nº 524 do FPPC: "O art. 489, §1º, IV, não obriga o órgão julgador a enfrentar os fundamentos jurídicos deduzidos no processo e já enfrentados na formação da decisão paradigma, sendo necessário demonstrar a correlação fática e jurídica entre o caso concreto e aquele já apreciado".

A utilização do direito jurisprudencial não deve ter finalidade de prevenir o debate acerca de determinada questão jurídica, com o intuito de evitar a profusão das demandas. A Constituição da República de 1988 outorga aos tribunais superiores o papel de uniformizar as decisões judiciais, com o esgotamento das razões jurídicas, através do devido processo legal; e não o de evitar o debate, pacificando precocemente o entendimento jurisprudencial[49].

Ressalta-se, por fim, que a análise do argumento novo, não apreciado na formação da tese jurídica do precedente vinculante, pelo juiz hierarquicamente inferior não seria caso de aplicação da técnica de superação, na medida em que apenas a Corte que formou o precedente ou a Corte hierarquicamente superior a ela em termos de matéria têm competência para superar o precedente judicial[50].

5. CONCLUSÃO

A teoria brasileira dos precedentes judiciais é dimensionada no Código de Processo Civil de 2015 a partir do modelo constitucional do devido processo legal. Deste modo, na formação e aplicação dos precedentes judiciais, devem ser asseguradas as garantias do contraditório substancial e da fundamentação coerente e legítima.

Portanto, na aplicação da tese jurídica ao caso concreto, o órgão julgador deve analisar se, além da similitude dos elementos fáticos considerados no julgamento do precedente vinculante, também há identidade entre os argumentos enfrentados no procedimento de formação da *ratio decidendi*. Desconsiderar o argumento novo suscitado no caso concreto, que poderia ser capaz de infirmar a tese jurídica formada no precedente vinculante, violaria a garantia constitucional do contraditório compartipativo.

---

[49] Neste sentido, Dierle Nunes destaca que "a atual sistemática do código reformado e do Projeto de novo CPC viabilizam a utilização de julgados com a finalidade preventiva toda vez que se perceber a possibilidade de profusão de demandas. Nestes termos, ao receber uma das primeiras demandas ou recursos, o Judiciário afetaria como repetitivo e o julgaria com parcos argumentos, antes mesmo da ocorrência do salutar dissenso argumentativo. (...) Padrões decisórios não podem empobrecer o discurso jurídico, nem tampouco serem formados sem o prévio dissenso argumentativo e um contraditório dinâmico, que imporia ao seu prolator buscar o esgotamento momentâneo dos argumentos potencialmente aplicáveis à espécie. Não se trata de mais um julgado, mas de uma decisão que deve implementar uma interpretação idônea e panorâmica da temática ali discutida. Seu papel deve ser o de uniformizar e não o de prevenir um debate." (NUNES, Dierle. "Precedentes, Padronização decisória preventiva e Coletivização – Paradoxos do sistema jurídico brasileiro: Uma abordagem Constitucional Democrática". *Direito Jurisprudencial*. Coord: Tereza Arruda Alvim Wambier. São Paulo: RT, 2012, p. 245-276)

[50] Neste sentido: SUMMERS, Robert; ENG, Svein. Departures from precedent. *In*: MACCORMICK, Neil; SUMMERS, Robert S. (ed). *Interpreting Precedents*. Aldershot: Ashgate, 1997, p. 524; CROSS, Rupert; HARRIS, J. W.. *Precedent in english law*. Oxford: Clarendon Press, 4. ed., 2004, p. 127; BUSTAMANTE, Thomas da Rosa de. *Teoria do Precedente Judicial. A justificação e a aplicação das regras jurisprudenciais*. São Paulo: Noeses, 2012, p. 388; PEIXOTO, Ravi. *Superação do precedente e segurança jurídica*. Salvador: Juspodivm, 2015, p. 198; RISOTO, Francisco. *Teoria dos precedentes judiciais: racionalidade da tutela jurisdicional*. Curitiba: Juruá, 2012, p. 307.

# 39

A PRÁTICA DO SISTEMA DE PRECEDENTES JUDICIAIS OBRIGATÓRIOS: ENTRE FANTASMAS E POTENCIAIS

Edilson Vitorelli

Sumário: 1. Proposta. 2. O que é um precedente?. 3. Uma não revolução: o sistema de precedentes judiciais obrigatórios não é novo. 4. O Brasil precisa de um sistema de precedentes?. 5. O sistema de precedentes mudará a Justiça brasileira?. 6. O sistema de precedentes é inconstitucional?. 7. O sistema de precedentes e o direito comparado: dois mitos. 8. Em quais ocasiões o sistema de precedentes do CPC poderá funcionar bem?. 9. Em quais situações o sistema de precedentes do CPC poderá funcionar mal?. 9.1. Casos com variantes fáticas complexas. 9.2. Precedentes à brasileira. 9.3. O processo coletivo. 10. Considerações finais.

1. PROPOSTA

A proposta deste trabalho é demonstrar que o alargamento do sistema de precedentes judiciais obrigatórios, promovido pelo Código de Processo Civil de 2015, embora contenha alguns (substanciais) problemas de desenho, tem méritos que podem contribuir para a melhoria do cenário processual brasileiro.

Pretende-se demonstrar, ainda, que as principais objeções apresentadas pela doutrina, relativamente à ideia de precedentes obrigatórios, são pouco coerentes e, acima de tudo, se fundam em obstáculos hipotéticos, ilusórios, que não encontram respaldo na realidade da atividade jurisdicional nem no estado atual do Poder Judiciário brasileiro. Alerta, contudo, para a necessidade de compatibilização entre o sistema de precedentes e o microssistema processual coletivo, de modo a evitar prejuízos para a sociedade.

A hipótese do trabalho é a de que os incisos do art. 927 são apenas procedimentos para a qualificação de um precedente judicial como obrigatório. Ao contrário dos Estados Unidos, onde qualquer decisão judicial de um tribunal é obrigatória para os juízes que lhe são subordinados, o CPC optou por permitir que os tribunais construam precedentes persuasivos ou obrigatórios, de acordo com o procedimento adotado para sua formação. Em outras palavras, se um tribunal considera que o debate sobre uma questão jurídica está madura o bastante para ser resolvido de modo vinculante, adotará uma das técnicas de precedentes previstas no art. 927. Se, por outro lado, julgar que o assunto merece debate mais acurado, poderá não utilizar esses métodos e formar apenas precedentes persuasivos, permitindo que o debate prossiga nos juízos inferiores.

De todo modo, as fontes de decisões judiciais obrigatórias, previstas no CPC devem ser lidas como fontes de precedentes judiciais, não como teses abstratas. A leitura literal do art. 927 tem potencial para fazê-lo inconstitucional, mas esses problemas não são incontornáveis. É preciso compreender como se configuram os precedentes e de que forma o dispositivo legal pode ser compreendido à luz da teoria.

2. O QUE É UM PRECEDENTE?

O primeiro problema conceitual, amplamente debatido pela doutrina nacional e estrangeira, é o conceito de precedente. O CPC, embora utilize a palavra em algumas ocasiões, não a conceitua e as divergências doutrinárias passaram, com isso, a se avolumar.

Para se evitar qualquer questionamento quanto a tradução, colhe-se, no original, o conceito do Black's Law Dictionary, o mais prestigiado dicionário jurídico dos Estados Unidos: um precedente é "a decided case that furnishes a basis for determining later cases involving similar facts or issues"[1]. Em sentido similar, William Lille apresenta, em vetusta obra de cunho elementar, para estudantes de direito do início do século passado, a seguinte definição[2]:

> In law a precedent is an adjudged case or decision of a court of justice, considered as furnishing a rule or authority for the determination of an identical or similar case afterwards arising, or of a similar question of law. The only theory on which it is possible for one decision to be an authority for another is that the facts are alike, or, if the facts are different, that the principle which governed the first case is applicable to the variant facts.

Assim, de modo geral, um precedente é a norma jurídica que se extrai de uma decisão judicial. Da mesma forma que da interpretação do texto da lei se extrai uma norma jurídica, da interpretação de uma decisão judicial é possível se extrair uma norma jurídica. Essa norma decorre de uma premissa bastante singela: casos similares devem ser tratados da mesma forma. Se algum outro caso futuro for

---

[1] GARNER, Bryan A. Black's Law Dictionary. 9th. ed. St. Paulo: West, 2009, p. 1295.
[2] LILE, William M. et. al. Brief Making and the Use of Law Books. 3. ed. St. Paul: West, 1914, p. 288.

suficientemente similar àquele que gerou o precedente, as noções básicas de justiça, a ideia de que o direito deve ser isonômico e de que distinções arbitrárias são reprováveis, todas conduzem à conclusão de que casos similares devem se tratados da mesma forma que os casos anteriores, que o precederam. Daí, precedentes.

É claro que há inúmeras sutilezas teóricas quanto ao modo como se extrai da decisão a norma jurídica. Não é de se estranhar. Também há inúmeras sutilezas quanto ao modo de se extrair da lei a norma jurídica. Essas operações não são dessemelhantes em essência, embora o sejam em metodologia.

Todavia, é preciso perceber que a ideia que alimenta a noção de que as decisões judiciais anteriores devem vincular as decisões posteriores é, em tudo, semelhante à ideia que anima a própria existência da lei: a necessidade de que pessoas que estão na mesma situação sejam tratadas igualmente.

No Brasil, o apelo dessa ideia é ainda mais profundo. Ela foi eleita para, dentre todos os direitos fundamentais, ocupar o tópico frasal do *caput* do artigo 5º da Constituição, à frente mesmo do direito à vida e à liberdade. Não se pode, por isso, desprezar o valor da isonomia em nosso sistema.

É bom perceber que, em momento algum, a Constituição indique que a igualdade perante a lei se aplique apenas perante a lei abstratamente concebida, independentemente do modo como ela seja aplicada. Pelo contrário, como diz Canotilho, interpretando o art. 13 da Constituição portuguesa, a tradicional afirmação da igualdade perante a lei significa, em realidade, igualdade perante o direito. E arremata que "ela assume particular relevância no âmbito da aplicação igual da lei (do direito) pelos órgãos da administração e pelos tribunais"[3].

3. UMA NÃO REVOLUÇÃO: O SISTEMA DE PRECEDENTES JUDICIAIS OBRIGATÓRIOS NÃO É NOVO

Apesar de todo o frisson gerado em torno do sistema de precedentes do CPC de 2015, a ideia de obrigar os juízes a obedecer às decisões dos tribunais não é, de modo algum, nova. Ela se inicia em 1993, com a Emenda Constitucional nº 3, que introduz a figura da Ação Declaratória de Constitucionalidade e acresce ao art. 102, §2º, para determinar que as decisões de mérito do Supremo Tribunal Federal, adotadas nesse procedimento "produzirão eficácia contra todos e efeito vinculante, relativamente aos demais órgãos do Poder Judiciário e ao Poder Executivo".

Assim, pelo menos desde 1993, um juiz não é livre para interpretar o direito como quiser, em todos os casos. Ele precisava obedecer, pelo menos, a essa limitação.

Posteriormente, em 2004, a Emenda Constitucional 45 deu novo impulso à noção de decisões vinculantes pelo Supremo Tribunal Federal, ao alterar a redação desse mesmo

---

[3] CANOTILHO, JJ Gomes. Direito Constitucional e teoria da Constituição. 7. Ed. Coimbra: Almedina, 2003, p. 426.

§ 2º do art. 102 e incluir sob o efeito vinculante todas as decisões adotadas em ação direta de inconstitucionalidade.

Além disso, a Emenda Constitucional 45 criou a possibilidade de que o Supremo Tribunal Federal, que já editava súmulas indicativas de sua jurisprudência desde a década de 1960, por proposta do Ministro Victor Nunes Leal, elevasse essas súmulas ao status de vinculantes para os juízes e a Administração Pública.

Cabe frisar a abrangência desses dois instrumentos. Os requisitos para a adoção de súmulas vinculantes são de tal maneira brandos que o Supremo Tribunal Federal editou sua última súmula não vinculante em 26 de novembro de 2003. De lá para cá, todas as súmulas editadas pelo STF são vinculantes e já atingem o número de 56 enunciados. Na prática, todas as súmulas do STF, desde 2004, são vinculantes.

Nada muito diferente pode se dizer quanto ao controle de constitucionalidade. A amplitude do rol de legitimados do art. 103 da Constituição faz com que seja relativamente fácil ingressar com uma ADI. Até o dia 17 de fevereiro de 2018, o STF já havia recebido exatas 5.897 ADIs. Isso demonstra que, entre controle de constitucionalidade e súmulas, o STF já vinha produzindo muitas decisões vinculantes para os demais juízes.

Finalmente, a mesma Emenda Constitucional 45 introduziu o regime de repercussão geral do Recurso Extraordinário que, posteriormente, inspirou o regime de recursos repetitivos do Superior Tribunal de Justiça. Embora esses regimes não tenham a mesma força obrigatória dos instrumentos anteriores (ações de controle abstrato de inconstitucionalidade e súmulas vinculantes), o modo como eles foram regulamentados pelos arts. 543-A a 543-C do CPC/1973 criou, senão de direito, pelo menos de fato, um sistema de vinculação. Firmada a tese, em repercussão geral ou em repetitivo, ela passaria a ser aplicada compulsoriamente a todos os recursos sobre a mesma questão, que ainda aguardassem admissibilidade nos tribunais. O CPC de 2015 apenas absorveu a ideia geral já contida nas normas que disciplinavam tais instrumentos.

Como se pode perceber desse breve histórico, o art. 927 do CPC só é inovador no que tange à abrangência da ideia, não à concepção. O CPC expandiu o sistema de precedentes às súmulas do STJ e às cortes de justiça (TJs e TRFs), na via do incidente de resolução de demandas repetitivas (IRDR) e do incidente de assunção de competência (IAC). O primeiro, copiado da dinâmica do REsp repetitivo, que já existia, e o segundo, adaptado do antigo incidente de uniformização de jurisprudência.

Em conclusão, há muito menos revolução no CPC do que se poderia imaginar. Há apenas mais uma onda de um movimento que se iniciou há mais de vinte anos.

4. O BRASIL PRECISA DE UM SISTEMA DE PRECEDENTES?

Definir se há necessidade de um sistema de precedentes depende de definir qual é o problema que ele se propõe a solucionar. É improvável que esse sistema sirva para eliminar todas as controvérsias jurídicas ou para facilitar o trabalho dos juízes. Pelo contrário, como afirmam Marinoni, Arenhart e Mitidiero, a aplicação de precedentes não dispensa a interpretação do significado, nem das razões empregadas para sua solução, "o que exige juízes sensíveis e atentos às particularidades dos casos e capazes de empreender sofisticados processos de apreensão e universalização de razões e comparação entre casos"[4].

Apesar disso, dizer que o sistema de precedentes não resolve tudo não implica dizer que ele nada resolva. A incerteza na aplicação do Direito é um fator que acarreta significativo comprometimento da integridade do ordenamento jurídico no Brasil e, se for possível avançar para que esse fator se reduza, há ganho social que não pode ser desconsiderado.

Acontece que a formulação clássica dos sistemas de Civil Law pressupunha que a literalidade da lei era suficiente para dar conta de produzir normas jurídicas unívocas, ao ponto de o Código Civil francês vedar a interpretação judicial. Com o giro linguístico e a compreensão de que toda forma de linguagem demanda interpretação, o direito puramente legislado se viu em uma encruzilhada: a intepretação das leis pode permanecer eternamente incerta, o que implica que o direito, tal como aplicado pelos juízes, permanece aberto a novas interpretações dos juízes, não importa o quanto o legislador se esforce para esclarecê-lo. Ao contrário do que acreditavam os franceses, leitura do texto da lei é insuficiente para orientar o cidadão sobre a conduta devida.

Na pós-modernidade, a tendência neoconstitucional de agregar princípios de caráter fortemente abstrato ao ordenamento jurídico reforçou esse problema. Se já seria difícil estabelecer a interpretação adequada de uma regra, pelo caráter equívoco da linguagem, muito mais difícil é determinar o significado de um princípio. Todo ordenamento jurídico tenta estabelecer um equilíbrio entre justiça e segurança. Os princípios são bons provedores de justiça, porque são adaptáveis às necessidades do caso, mas maus provedores de segurança, pela abstração de seu conteúdo. As regras, ao contrário, são boas provedoras de segurança e más provedoras de justiça.

O sistema de precedentes obrigatórios pode ser compreendido, portanto, com um contrapeso ao aumento da presença de normas principiológicas no ordenamento. Enquanto estas contribuem para a ampliação de possibilidades de que o juiz produza uma decisão aderente às necessidades do caso, o sistema de precedentes evita que se derive para um casuísmo puro, que permitiria que qualquer interpretação da lei valesse apenas para o caso em que é aplicada, sem que o cidadão tivesse certeza de que um caso futuro seria tratado do mesmo modo.

Logo, tanto do ponto de vista teórico, quanto do ponto de vista prático, o sistema de precedentes 1) contribui positivamente para o cumprimento da função do ordenamento jurídico, ao ampliar a segurança jurídica; 2) eleva a possibilidade do cidadão antecipar de que forma um caso no qual se envolva será tratado futuramente e 3) garante ao cidadão que o direito não será aplicado de modos diferentes a pessoas que se encontram na mesma situação, por motivos reprováveis, tais como favoritismos, posição social etc.

5. O SISTEMA DE PRECEDENTES MUDARÁ A JUSTIÇA BRASILEIRA?

Por muito que os defensores e os críticos da adoção do sistema de precedentes vinculantes pretendam maximizar o seu impacto, seja para reforçar o seu potencial, ou para

---

[4] MARINONI, Luiz Guilherme; ARENHART, Sérgio Cruz; MITIDIERO, Daniel. Novo Curso de Processo Civil. Vol. 2. 3. ed. São Paulo: RT, 2017, item 13.4.

ressaltar os riscos, é improvável que ele acarrete alteração significativa na forma como o Poder Judiciário resolve os conflitos.

Isso decorre do fato de que, como aponta Alexander[5], os precedentes só importam realmente quando o juiz do caso subsequente entende que a decisão precedente é equivocada e, mesmo assim, está obrigado a aplicá-la. Em outras palavras, se o juiz do caso concorda com o teor do precedente, e decidiria a situação que lhe é submetida da mesma maneira, ainda que ausente o precedente, a sua existência não acarreta mudança significativa. O precedente pode até permitir um reforço argumentativo ou facilitar a justificação da decisão, mas não altera o seu resultado.

Nesse sentido, a análise estatística sugere que os juízes brasileiros não se opõem, cotidianamente, às decisões dos tribunais. Embora não esteja disponível em todos os casos, a reclamação é o instrumento processual que poderia ser utilizado em situações em que uma das partes entende que um precedente obrigatório deixou de ser aplicado pelo juiz. Os dados divulgados pelo STF e pelo STJ demonstram que o número de reclamações é elevado[6], mas elas raramente são providas. No STJ, apenas 16% das reclamações foram providas em 2017, o que sugere que, mesmo nas hipóteses em que as partes consideram que foi descumprido um precedente vinculante, ao ponto de apresentar a reclamação, o Tribunal Superior discorda dessa análise e nega o pedido[7].

Seguramente há situações que engano, em que o juiz tem desacordo razoável sobre o alcance ou o modo de interpretar o precedente e isso gere a reforma da sua decisão pelo tribunal. Também há situações em que o juiz ativamente discorda do entendimento do tribunal e insiste em proferir decisões contrárias ao precedente. Recentemente, o Ministro Marco Aurélio disse, publicamente, que continuaria a conceder liminares contra precedente vinculante do STF, com o qual não concordava.

Porém, o que os dados demonstram é que, na maioria dos casos, o juiz brasileiro é um fiel aplicador dos precedentes firmados pelos tribunais, em virtude da própria estrutura recursal, que permite a reforma da decisão. É provável que o caráter obrigatório do precedente pouco impacto tenha sobre esse comportamento.

Talvez a mudança mais significativa esteja na outra ponta da equação. Ao ampliar as fontes de precedentes vinculantes, o CPC induzirá os tribunais a uniformizarem seus entendimentos e isso fomente a aplicação dos precedentes pelos juízes. Conforme se perceberá da análise subsequente, os maiores problemas quantitativos da justiça brasileira não se apresentam em

---

[5] ALEXANDER, Larry. Constrained by precedent. In: Southern California Law Review, vol. 63, n. 1, 1989, p. 3-64.

[6] Por exemplo, o STF julgou, colegiada ou monocraticamente, 5.109 reclamações em 2017, sendo 701 julgamentos colegiados e 4.408 monocráticas. Não há informações públicas sobre o índice de provimento dos pedidos. Embora elevado em números absolutos, as reclamações são pouco significativas, em termos proporcionais. Em um universo de 126.524 decisões proferidas em 2017, as reclamações representam apenas 4% da movimentação processual do STF. Dados disponíveis em http://www.stf.jus.br/portal/cms/vertexto.asp?servico=estatistica. Acesso em 4.5.2018.

[7] Dados disponíveis em http://www.stj.jus.br/webstj/Processo/Boletim/?vPortalAreaPai=183&vPortalArea=584. Acesso em 4.5.2018.

decorrência do descumprimento de precedentes pelos juízes, mas pela falta de definição dos precedentes, pelos tribunais. Aí sim, reina a incerteza e a divergência. Depois que o precedente existe, todos os indicadores apontam para o fato de que os juízes os aplicam, espontaneamente.

A percepção dos operadores do direito, no sentido de que os juízes frequentemente descumprem as decisões dos tribunais, decorre, possivelmente, de um viés cognitivo na heurística de disponibilidade. Como as decisões divergentes chamam a atenção, são divulgadas, debatidas e referidas em eventos e trabalhos acadêmicos, sua existência é mais saliente à memória. Como já demonstraram diversos estudos, as pessoas têm a tendência de considerar que eventos mais notórios e memoráveis ocorrem frequentemente, mesmo que isso não seja realidade[8]. Ninguém escreve textos sobre uma decisão judicial que apenas aplica um precedente, mas sempre há debates sobre aquelas que não os aplicam.

6. O SISTEMA DE PRECEDENTES É INCONSTITUCIONAL?

Nelson Nery Jr. e Georges Abboud afirmam que o sistema de precedentes seria inconstitucional porque, mesmo em países de *Common Law*, a existência da lei faz cessar a interferência da jurisprudência. Não seria possível a criação de um precedente para uma situação em que já houvesse lei. No sistema brasileiro, a prevalência da lei impediria um sistema de precedentes obrigatórios. Por isso, a criação de uma decisão vinculante deveria derivar de emenda constitucional, como ocorreu com as súmulas vinculantes[9].

O argumento diz mais do que os autores gostariam. Se a criação de decisões judiciais obrigatórias constituiu uma indevida intromissão do Poder Judiciário sobre as atribuições do Legislativo, então ela não poderia ser introduzida, nem mesmo por emenda constitucional. Em outras palavras, se o sistema constitucional brasileiro só admite que direito novo (normas gerais, abstratas, obrigatórias e inovadoras) derive da lei em sentido material, ou seja, daquelas normas às quais a Constituição atribui força de lei, então qualquer alteração constitucional que criasse novas fontes do Direito, não derivadas do Poder Legislativo[10], deveria ser reputada inconstitucional, mesmo que introduzida por emenda. Afinal, essa emenda atentaria contra um dos princípios constitucionais sensíveis, que é a separação de Poderes (art. 60, § 4º, III).

O mesmo problema contamina o argumento de quem afirma a inconstitucionalidade do CPC em razão de atentar contra a autonomia dos juízes de primeiro grau. Se a autonomia no exercício da função jurisdicional significa que a decisão de um juiz deve ser tomada

---

[8] Ver, dentre outros, KAHNEMAN, Daniel; SLOVIC, Paul; TVERSKY, Amos (eds.) Judgment under uncertainty: heuristics and biases. Cambridge: Cambridge University Press, 1999.

[9] Ver entrevista concedida ao portal Jota, "Núcleo duro do novo CPC é inconstitucional", diz jurista". Disponível em https://www.jota.info/justica/nucleo-duro-novo-cpc-e-inconstitucional-diz-jurista-21122016. Acesso em 18.2.2018. Ver também STRECK, Lenio; ABBOUD, Georges. O Que É Isto – o Precedente Judicial e As Súmulas Vinculantes? 3. ed. Porto Alegre: Livraria do Advogado, 2015.

[10] Observe-se que a medida provisória, norma com força de lei derivada do Poder Executivo, já existia no texto original da Constituição, de modo que não compromete o raciocínio realizado no texto.

sem qualquer interferência dos entendimentos pretéritos dos tribunais superiores, então as súmulas vinculantes também devem ser consideradas inconstitucionais, ainda que introduzidas por emenda constitucional, já que a autonomia no exercício da função jurisdicional também é cláusula pétrea.

Assim, não existe o caminho do meio pretendido pelos autores, que visa a salvar as súmulas vinculantes e condenar o CPC, em razão da distinção de hierarquia normativa dos institutos que as introduziram. Ou se compreende a separação de poderes e a autonomia jurisdicional como normas que admitem algum tipo de compromisso, em favor de outros valores, tais como a segurança jurídica e a previsibilidade das decisões judiciais, ou é preciso descartar tanto o CPC, quanto o art. 103-A da Constituição. Se um sistema de decisões obrigatórias não pode ser introduzido por lei, também não pode ser introduzido por Emenda Constitucional.

7. O SISTEMA DE PRECEDENTES E O DIREITO COMPARADO: DOIS MITOS

Também não são verdadeiros dois argumentos, apresentados por Abboud e Nery, no que se refere ao direito norte-americano: 1) o de que um precedente, nos Estados Unidos, se impõe pela qualidade de seus argumentos, por força de sua consistência e conteúdo, e não por um pedigree prévio, e 2) o de que na presença de lei, não há espaço para precedentes.

Todas as decisões da Suprema Corte dos Estados Unidos são obrigatórias para todos os juízes norte-americanos, salvo manifestação em contrário da própria Corte. Não interessa sua coerência, consistência ou qualidade de seus argumentos. No mesmo sentido, todas as decisões dos tribunais estaduais são obrigatórias para os juízes daquele estado, não importa o quão bem (ou mal) construídas sejam.

O precedente se impõe autoritativamente, não argumentativamente. Todos os casos que ostentarem as mesmas circunstâncias fáticas e jurídicas, bem como todos os casos que ostentarem circunstâncias análogas, mas cuja norma jurídica decorrente do precedente seja também aplicável às variantes fáticas, deverão, necessariamente, ser resolvidos da mesma forma. Não há possibilidade de que o juiz simplesmente discorde da interpretação do tribunal e resolva estabelecer outra. Assim expressou a Suprema Corte da Califórnia[11]:

---

[11] "Under the doctrine of stare decisis, all tribunals exercising inferior jurisdiction are required to follow decisions of courts exercising superior jurisdiction. Otherwise, the doctrine of stare decisis makes no sense. The decisions of this court are binding upon and must be followed by all the state courts of California. Decisions of every division of the District Courts of Appeal are binding upon all the justice and municipal courts and upon all the superior courts of this state, and this is so whether or not the superior court is acting as a trial or appellate court. Courts exercising inferior jurisdiction must accept the law declared by courts of superior jurisdiction. It is not their function to attempt to overrule decisions of a higher court". Auto Equity Sales, Inc. v. Superior Court (1962) 57 C2d 450.

De acordo com a sistemática do *stare decisis*, todos os tribunais exercendo jurisdição inferior devem seguir as decisões das cortes que exercem jurisdição superior. Se assim não for, o *stare decisis* não faz sentido. As decisões desta corte são obrigatórias e devem ser seguidas por todos os tribunais da Califórnia. As decisões de todas as câmaras do Tribunal de Apelações são vinculantes para todos os juízes e cortes superiores deste Estado e isso se aplica independentemente do Tribunal estar atuando em função recursal ou em julgamentos originários. Os juízes exercendo jurisdição inferior devem aceitar o direito declarado pelas cortes de jurisdição superior. Não é sua função tentar alterar decisões de uma corte superior.

É translúcido, portanto, que um precedente, nos Estados Unidos, não se torna vinculante pela interpretação que a ele atribuem os julgadores subsequentes, em razão da qualidade da sua argumentação. Um precedente nasce obrigatório para todos os juízes subordinados à corte que o produziu.

O que pode ocorrer é que, em casos análogos, os juízes subsequentes discordem quanto à relevância das variantes fáticas e jurídicas, quando o caso é comparado ao precedente, para gerar a sua aplicação. Ou seja, discordem quanto a interpretação e ao modo de seguir o precedente. Aí sim, o precedente poderá ter mais amplitude de aplicação (e não mais autoridade) quando suas razões forem mais substanciosas. Mas isso não significa que, reconhecida a similaridade das circunstâncias, o juiz do segundo caso possa questionar o precedente apenas por dele discordar, ou apenas porque seus argumentos não são adequados ou fundamentados de uma maneira que esse juiz considere devida.

Um exemplo singelo. Em Miranda v. Arizona, a Suprema Corte definiu que as declarações do preso não podem ser utilizadas contra ele, a menos que a promotoria possa demonstrar que foram resguardadas suas salvaguardas processuais relativas ao direito de não-autoincriminação[12]. Não existe margem para que esse precedente seja desconsiderado, em qualquer juízo do país, por exemplo, por um juiz que argumente que o direito de não-autoincriminação é de conhecimento notório, eis que constitucional, e, portanto, dispensa advertências expressas. Não é a qualidade da argumentação da Suprema Corte, mas a autoridade da norma jurídica expressamente contida no precedente que se impõe sobre o juiz.

Também não é verdadeiro que a existência de leis em sentido formal, no sistema americano, exclua a incidência dos precedentes. É claro que, ressalvado o controle de constitucionalidade, os tribunais não podem, simplesmente, decidir *contra legem*, mas isso não significa que não possam continuar produzindo precedentes que criem direito a partir da interpretação da lei. Esse exercício é chamado de *statutory interpretation* e os precedentes dele derivados, *statutory precedents*.

---

[12] Miranda v. Arizona, 384 U.S. 436 (1966). "The prosecution may not use statements, whether exculpatory or inculpatory, stemming from questioning initiated by law enforcement officers after a person has been taken into custody or otherwise deprived of his freedom of action in any significant way, unless it demonstrates the use of procedural safeguards effective to secure the Fifth Amendment's privilege against self-incrimination".

Os *statutory precedents* têm sido comuns no Direito do Trabalho, que ganhou ampla regulação legislativa nas últimas décadas. Da mesma forma, o *Civil Rights Act* de 1964, uma das leis mais importantes aprovadas pelo Congresso Norte-Americano em todo o século XX, não impediu a produção de dezenas de precedentes obrigatórios sobre discriminação, ações afirmativas, entre outros. Apenas no ano de 1987, William Eskridge Jr. aponta nove casos em que a Suprema Corte criou precedentes obrigatórios a partir da interpretação da lei, superando ou não precedentes por ela mesma produzidos, anteriormente. A lei não é, portanto, um impedimento para o sistema de precedentes[13].

Nesse contexto, os defeitos que se pode apontar ao desenho do sistema, tal como apresentado no CPC, não se relacionam, pelo menos não nesses aspectos, com uma apreensão distorcida do direito comparado. É possível combinar precedentes e leis, bem como é possível que a decisão precedente se imponha sobre os juízes subsequentes, independentemente da qualidade de seus argumentos.

8. EM QUAIS OCASIÕES O SISTEMA DE PRECEDENTES DO CPC PODERÁ FUNCIONAR BEM?

O sistema de precedentes obrigatórios tem potencial para funcionar bem em controvérsias cujo problema central seja unicamente a interpretação do direito e as variantes fáticas entre os casos sejam de baixa relevância. Isso significa que causas que envolvam o cidadão contra o Estado, no Direito Tributário, Previdenciário ou Administrativo, têm bom potencial para a aplicação dos precedentes. O mesmo vale, entre particulares, para causas relacionadas ao Direito do Consumidor, ao Direito Bancário e outras relações fortemente padronizadas.

---

[13] ESKRIDGE JR., William. Overruling Statutory Precedents. In: The Georgetown Law Journal, vol. 76, 1988, p. 1361-1349. A decisão mais polêmica do ano de 1987, na visão do autor, foi Johnson v. Transportation Agency, Santa Clara County, 107 S. Ct. 1442 (1987), relativa aos limites da discriminação de gênero e as ações afirmativas, com base no Civil Rights Act. Além disso, o autor menciona: "Welch v. State Dep't of Highways & Public Transp., 107 S. Ct. 2941 (1987) (overruling Parden v. Terminal Ry., 377 U.S. 184 (1964), but refusing to overrule Hans v. Louisiana, 134 U.S. 1 (1890), Ex Parte New York, No. 1,256 U.S. 490 (1921), and cases relying on them); Puerto Rico v. Branstad, 107 S. Ct. 2802 (1987) (overruling Kentucky v. Dennison, 65 U.S. (24 How.) 66 (1861)); United States v. Johnson, 107 S. Ct. 2063 (1987) (declining to overrule Feres v. United States, 340 U.S. 135 (1950), and applying it to bar suits by military personnel based on injuries received in the course of military duty but caused by the negligence of civilians); see also Crawford Fitting Co. v. J.T. Gibbons, Inc., 107 S.Ct. 2494,2498 (1987) (disapproving "classic obiter" in Farmer v. Arabian Am. Oil Co., 379 U.S. 227, 235 (1964)); Shearson/American Express, Inc. v. McMahon, 107 S. Ct. 2333, 2340-41 (1987) (disapproving reasoning of Wilko v. Swan, 346 U.S. 427 (1953), and refusing to extend it, but not directly overruling precedent); NLRB v. International Bhd. of Elec. Workers, Local 340, 107 S. Ct. 2002, 2013 & n.15 (1987) (disavowing "dicta" in ABC v. Writers Guild, 437 U.S. 411 (1987)); North Carolina Dep't of Transp. v. Crest St. Community Council, Inc., 107 S. Ct. 336, 341 (1987) (rejecting "dicta" in New York Gaslight Club, Inc. v. Carey, 447 U.S. 54 (1980))".

Um exemplo bem o demonstra. Recentemente, o Poder Judiciário brasileiro se digladiou, em milhares de processos, para definir se a aposentadoria é um direito renunciável, o que permitiria ao segurado da previdência social se desaposentar. Ao contrário do que possa parecer, não é que os aposentados brasileiros estejam ansiosos por se ver livres de seus benefícios e retornar ao mercado de trabalho. O objetivo da renúncia era apenas a obtenção sucessiva de um novo benefício, em condições mais vantajosas.

A polêmica entre os tribunais regionais federais, que não conseguiram pacificar o entendimento sobre a tese, fomentou a reprodução em massa das ações. No momento em que o Supremo Tribunal Federal decidiu pela inconstitucionalidade da desaposentação, havia 101.319 ações suspensas[14], aguardando apenas a definição desse entendimento, que permanecia altamente controverso nos juízos inferiores. A definição da controvérsia, com a fixação de um precedente obrigatório, estancou, imediatamente, a propositura de novas ações e o dispêndio de energia do Poder Judiciário.

A rigor, todos os dez temas mapeados pelo Conselho Nacional de Justiça como geradores do maior número de processos no aguardo de definição pelo STF são bons candidatos a um sistema de precedentes obrigatórios. Observe-se:

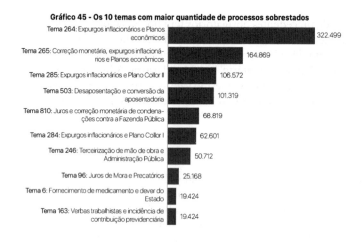

Figura 1: Os 10 temas com maior quantidade de processos sobrestados.
Fonte: CONSELHO NACIONAL DE JUSTIÇA. Supremo Em Ação: ano-base 2016. Brasília: CNJ, 2017, p. 77

Por muito que se queira argumentar em favor de um hipotético Poder Judiciário que produz decisões perfeitamente talhadas para as peculiaridades de cada caso, há que se reconhecer que todos esses temas tangem apenas à adequada interpretação do direito e muitos deles, como é o caso dos expurgos inflacionários dos planos econômicos, assombram

---

[14] CONSELHO NACIONAL DE JUSTIÇA. Supremo Em Ação: ano-base 2016. Brasília: CNJ, 2017.

o cidadão brasileiro e os juízes há décadas. A definição do direito, nesses casos, prescinde de maiores considerações fáticas.

O apego acadêmico a uma noção de formação do direito em cada caso, além de impor ao Poder Judiciário uma atividade desnecessária, se esquece de que, enquanto não houver concordância, não haverá pacificação social. E, enquanto não houver pacificação, todas as pessoas que estejam incluídas em alguma dessas teses – que queiram, por exemplo, se desaposentar – serão estimuladas a propor mais e mais ações, em um país onde as custas processuais e os serviços advocatícios são relativamente baratos. No longo prazo, isso significa que, quanto mais tempo a interpretação do direito levar para se formar, mais processos existirão.

A existência de mais processos contribui para aquele que é, na perspectiva do cidadão, o maior problema da justiça brasileira: a morosidade. A situação, dita em poucas palavras, é que o Poder Judiciário custou ao cidadão, em 2016, mais de R$ 84 bilhões (o que não inclui o Ministério Público, a Defensoria Pública e a Advocacia Pública), com 18.011 magistrados e mais de 279 mil servidores, mas levou, em média, 4 anos para tramitar um processo de conhecimento e 7 anos para uma execução na justiça estadual enquanto, na justiça federal, essas mesmas médias sobem para 6 anos e quase 10 anos, respectivamente, sempre considerando o tempo total, em 1º e 2º graus[15].

Parece desproposidado pretender, nesse cenário, que os juízes percam tempo com o reprocessamento de causas repetitivas, quando o problema é apenas estabelecer a adequada interpretação do direito. Ainda de acordo com o CNJ, o Brasil encerrou o ano de 2016 com 79,7 milhões de processos em andamento, dos quais 13,1 milhões estavam suspensos, aguardando alguma definição jurídica futura, via de regra, uma tese repetitiva.

Chega a ser risível imaginar que cada um desses processos será resolvido, individualmente e pormenorizadamente, por 18 mil juízes. Ainda que o Poder Judiciário deixasse de receber novos processos, cada um deles teria que analisar mais de 4.400 casos. Se cada um dos juízes resolvesse um caso por dia, o estoque seria zerado em 12 anos[16]. Essa fábula do absurdo só não é levada em consideração porque os teóricos do processo insistem em permanecer na teoria, fechando os olhos à realidade: a reprodução massificada de decisões por assessores, as quais são assinadas pelos juízes em confiança, quase às cegas.

Não se pode pretender fechar os olhos a essa realidade para defender, de modo abstrato, que as alterações são inconstitucionais por motivos que estão longe de interessar ao cidadão comum. Os processualistas tendem a supervalorizar a importância de institutos que, efetivamente, não interessam ao cidadão comum. Como lembrou o *chief justice* Warren Burger, parafraseando Abraham Lincoln, os sentimentos que as partes mais experimentam ao participar de um processo, no mundo real, fora dos estudos controlados, são de ansiedade, stress, desperdício de tempo e de dinheiro. A visão de que alguem se sente empoderado e participante da democracia por estar envolvido em um processo judicial e uma idealização

---

[15] CONSELHO NACIONAL DE JUSTIÇA. Justiça em números: ano-base 2016. Brasília: CNJ, 2017.
[16] Os dados estão em CONSELHO NACIONAL DE JUSTIÇA. Justiça em números: ano-base 2016. Brasília: CNJ, 2017.

que existe apenas na mente dos juristas. A maioria das pessoas comuns "tem horror a processos judiciais acima de qualquer outra coisa menos grave que a doença ou a morte"[17].

Ou, como diz Doug Rendleman, os famintos querem comida, não querem devido processo. O locatario empobrecido, que sofre uma ação de despejo, aprecia ser notificado previamente, para que possa recolher seus pertences. Mas o que ele queria mesmo e não ser despejado. A legitimação do Poder Judiciario so podera ser encontrada na realização de direitos materiais, não nos meios que utiliza para tanto[18].

9. EM QUAIS SITUAÇÕES O SISTEMA DE PRECEDENTES DO CPC PODERÁ FUNCIONAR MAL?

9.1. Casos com variantes fáticas complexas

Um sistema de precedentes obrigatórios não é um tipo de panaceia contra todos os males. Em primeiro lugar, porque ele não se dispõe a isso. Em 1976, os Estados Unidos já realizavam conferências para determinar "as causas da insatisfação popular com a justiça" e concluíam que elas eram variadas[19] e, de modo geral, não relacionadas à existência ou inexistência de precedentes vinculantes.

Casos faticamente complexos, como os litígios de família, entre empresas e, de modo geral, entre particulares, têm pouco potencial para a resolução pela via dos precedentes. Nessas situações, o investimento deve estar nos mecanismos alternativos de solução de disputas, naquilo que Frank Sander batizou de "justiça multiportas". A incorporação da noção de que acesso à justiça, a uma solução justa para o conflito, não implica, necessariamente, acesso ao Poder Judiciário.

Esse problema decorre do fato de que a identificação da *ratio decidendi* é uma ciência pouco exata[20]. Quando se pretende que ela seja aplicada a um caso idêntico ou muito similar ao caso precedente, essas dificuldades se reduzem. Por outro lado, quando a pretensão é aplicar o precedente a casos distintos, quanto mais dissimilares eles forem, faticamente, mais difícil será definir seus limites de aplicabilidade. Salvo raras situações, um julgado não delimita a quais casos análogos sua *ratio decidendi* pode ser aplicada. O que se deve levar em conta quando se faz essa aproximação é o quão afastado o segundo caso pode estar do precedente e, mesmo assim, ser determinado por ele. Tudo isso fica para o intérprete do caso subsequente, que deverá construir argumentativamente essas relações. Assim, precedentes

---

[17] BURGER, Warren E. Isn't There A Better Way? In: American Bar Association, vol. 68, 1982, p. 274-76. A frase transcrita e uma citação, feita pelo autor, de Learned Hand.

[18] RENDLEMAN, Doug. The new due process: rights and remedies. In: Kentucky Law Journal, vol. 63, 1975, p. 531-674.

[19] Por exemplo, a National conference on the causes of popular dissatisfaction with the administration of justice, realizada entre os dias 7 e 9 de abril de 1976, em St. Paul, Minnesota.

[20] Entre muitas sobre sobre o assunto, ver HORTY, John F. Rules and reasons in the theory of precedent. In: Legal Theory, vol. 17, 2011, p. 1-33.

tendem a funcionar bem para resolver causas relativamente similares, mas esse potencial se reduz progressivamente, quando os fatos se tornam mais dessemelhantes.

Um bom exemplo desse equívoco é a decisão do Tribunal de Justiça do Espírito Santo, que, nos autos do IRDR 40/2016 decidiu fixar em R$ 1 mil as indenizações por danos morais decorrentes da falta de água que resultou da ruptura de uma barragem de rejeitos de mineração em Mariana/MG. Ora, é evidente que a falta de água afeta as pessoas de modos distintos, de acordo com suas circunstâncias pessoais (idade, necessidades específicas, condição de saúde), econômicas (os pobres sofrem mais que os ricos) e geográficas (o próprio tribunal reconheceu que o número de dias que os diferentes locais estiveram sem água foi diferente). Pretender nivelar tudo isso a um denominador comum é, além de muito injusto, um péssimo uso do sistema proposto pelo CPC[21]. Pior ainda: o valor fixado é pouco maior do que o que já vinha sendo oferecido, extrajudicialmente, pela ré (um salário mínimo), o que induz a suspeita de que a pauta oculta desse suposto precedente fosse desestimular o ajuizamento de novas ações de indenização.

O que o TJES fez, de fato, foi conferir autoridade de coisa julgada *erga omnes* a uma tese jurídica que será aplicada a quem não foi parte do processo, nem teve oportunidade de

---

[21] Incidente De Resolução De Demandas Repetitivas – IRDR Nº 040/2016, RI. Nº 0017173-74.2015.8.08.0014. O acórdão foi assim ementado: "INCIDENTE DE RESOLUÇÃO DE DEMANDAS REPETITIVAS – 040/2016. SUSCITANTES MAGISTRADOS COMPONENTES DA TURMA RECURSAL REGIÃO NORTE. INTERRUPÇÃO ABASTECIMENTO DE ÁGUA POTÁVEL. ROMPIMENTO DA BARRAGEM DE REJEITOS DE FUNDÃO NO ESTADO DE MINAS GERAIS. POLUIÇÃO DO RIO DOCE. DECISÕES CONFLITANTES. RISCO DE OFENSA À ISONOMIA E À SEGURANÇA JURÍDICA. RESPONSABILIDADE OBJETIVA DA SAMARCO MINERAÇÃO S/A. RESPONSABILIDADE OBJETIVA POR DANOS A TERCEIROS. DANO MORAL CONFIGURADO. FIXAÇÃO DANO MORAL EM R$ 1.000,00 (UM MIL REAIS) PARA TODAS AS AÇÕES. REPARAÇÃO PELOS DANOS MORAIS INDIVIDUALMENTE. NECESSIDADE APRESENTAÇÃO CONTA ABASTECIMENTO DE ÁGUA – Incidente de Resolução de Demandas Repetitivas, autuado sob o nº 040/2016, deflagrado pelos MAGISTRADOS COMPONENTES DA TURMA RECURSAL REGIÃO NORTE, apontando dissensões nas decisões das inúmeras ações protocolizadas junto aos Juizados Especiais Cíveis, sendo conflitante o reconhecimento do dano, bem como valores lançados em sentenças totalmente divergentes. Ações visam à reparação civil decorrente de ato ilícito praticado pela empresa SAMARCO MINERAÇÃO S/A, tendo como causa de pedir os danos advindos da falha na prestação de serviços, que resultou no rompimento de barragens de rejeitos de Fundão no Estado de Minas Gerais, interrompendo o abastecimento de água potável nas cidades banhadas pelo Rio Doce, bem como na Vila de Regência, município de Linhares. Adoção da Teoria do Risco Integral para os casos de dano ambiental, responsabilidade objetiva da Samarco Mineração S/A. Responsabilidade objetiva por danos a terceiros. Dano Ambiental Individual, também chamado de dano ricochete ou reflexo. Cada munícipe lesado tem o direito constitucional de ser integralmente reparado na sua esfera individual pelos danos sofridos, desde que morador da área afetada. Danos Morais fixados pela falta de abastecimento de água em R$ 1.000,00 (um mil reais), na forma individual, para todas as ações ajuizadas. Necessária apresentação conta de abastecimento de água comprovando o domicilio do postulante se residente na área afetada. Colégio Recursal dos Juizados Especiais".

apresentar seus argumentos. Não se trata, portanto, de precedente, mas da solução agrupada de casos, em detrimento do contraditório[22].

Assim, não se pode admitir a utilização dos precedentes em situações em que haja diversidade fática relevante nos casos subjacentes, ou dissenso científico razoável quanto a interpretação desses fatos. Isso poderia ensejar a criação espúria de falsos precedentes, cujo objetivo seria apenas o de bloquear a discussão dos fatos.

9.2. Precedentes à brasileira

Em segundo, o sistema tende a funcionar mal se prevalecer a ideia de que o Brasil deve ignorar a experiência dos países de *Common Law* e criar um modelo exclusivamente nacional, baseado na sua própria história com as súmulas e a jurisprudência. A literalidade do texto do Código, lamentavelmente, contribui para isso. Ao afirmar que as súmulas, vinculantes ou não, constituem precedentes (art. 927, II e IV), o CPC induz a noção de que uma súmula é um texto que existe por si só e que, uma vez aprovado, se desprende dos julgados que lhe originaram. Essa é, inclusive, a posição de Humberto Theodoro Júnior, que afirma que "O NCPC, a inserir o sistema de precedentes em nosso direito processual civil, o fez a partir do mecanismo da identificação da tese e não do caso"[23].

Se isso for verdade, o sistema de precedentes perderá totalmente a utilidade. Os precedentes existem para contribuir para a uniformidade e a segurança jurídica do ordenamento que, povoado por leis abstratas e, naturalmente, abertas a interpretação, geram dúvidas que produzem processos. Se o precedente é apenas a tese, incorporada ao texto de uma súmula, ela passa a apresentar um perfil linguístico similar ao da lei: um postulado textual abstrato, aberto a interpretação. Se essa interpretação puder ser feita apenas a partir do texto, e não dos casos que lhe originaram, serão necessárias, no futuro, súmulas que interpretem as súmulas. O sistema entraria em uma circularidade improdutiva e, sobretudo, antidemocrática, porque se admitiria que o Poder Judiciário editasse enunciados normativamente válidos em abstrato, função que não lhe é reconhecida.

Aceita a ideia de que os precedentes são teses, restará perpetuada a situação, atualmente já verificada em relação às súmulas vinculantes do STF, de teses que se desgarram do caso, e passam a conter elementos completamente distintos dos fatos que lhes originaram, como é o caso das Súmulas Vinculantes 11 e 13. Ainda que essa conduta seja vedada expressamente pelo CPC (art. 926, § 2º), aceitar a vinculação simplesmente pela tese abrirá caminho para que a cultura de súmulas e de ementas permaneça.

Súmula, é bom lembrar, significa resumo. Ela não pode se desgarrar do caso de que se origina. Afirmar que o precedente não é uma tese não significa apenas incorporar elementos da *Common Law*. É apenas recuperar algo que o STF já sabe, há décadas. No RE 74.355,

---

[22] MARINONI, Luiz Guilherme. O "problema" do incidente de resolução de demandas repetitivas e dos recursos extraordinário e especial repetitivos. In: Revista de Processo. vol. 249. 2015, edição eletrônica.

[23] THEODORO JÚNIOR, Humberto. Jurisprudência e precedentes vinculantes no novo código de processo civil. In: Revista de Processo, vol. 255, 2016, p. 359-372.

rel. Min. Bilac Pinto, j. 6.12.73, o Supremo Tribunal julgou o caso de um médico que foi impedido de ingressar no serviço público do estado do Rio de Janeiro por ter ultrapassado a idade de 35 anos, limite estabelecido em atendimento ao Decreto-Lei estadual 344, de 1941 que, tal como a Lei 6.880/80, delegou ao Poder Executivo a definição dos parâmetros etários de admissão. No exercício dessa delegação, o Governador definiu a idade mínima de 21 e máxima de 35 anos para ingresso no serviço público estadual.

O Ministro Bilac Pinto, relator, defendeu que o ato do Governador seria formalmente administrativo, mas materialmente legislativo, "dado que contém regras gerais, abstratas e impessoais", definidas "em decorrência de delegação legislativa que reputo legítima". O Ministro Rodrigues Alckmin acompanhou o relator, mas foi aberta divergência, pelo Min. Xavier de Albuquerque, para aplicar a Súmula 14 do STF, cujo enunciado teria decorrido do julgamento de inconstitucionalidade de lei paulista em tudo superior à norma fluminense em julgamento.

Ocorre que, em seu voto-vista, o Ministro Thompson Flores indagou se a maioria que vinha se formando propunha a revogação da súmula 14, dado que, como apontado pelo Ministro Xavier de Albuquerque, ela havia sido estabelecida com base em um caso idêntico. Esclarecido que não era essa a intenção do Ministro, o próprio Thompson Flores propôs a revisão da súmula, ao argumento de que "aceitar que os limites de idade para cada concurso público devem, por conveniência da Administração, ser fixados em Instruções normativas, é da tradição do nosso Direito Administrativo, nada obstando que assim se proceda, pois nem a Constituição, nem as leis o impedem". E concluiu: "se a lei adviera e deixou em branco os limites de idade, atribuindo-se, como aqui sucede, às instruções, penso que teriam elas toda valia".

Nesse sentido, o Ministro Thompson Flores sugeriu que a redação da súmula passasse a enunciar: "É admissível, através de decreto ou instrução, desde que autorizados em lei, a fixação do limite de idade na inscrição para provimento de cargos públicos". Os Ministros começaram, então, a discutir se o mais adequado era cancelar a súmula e editar outra, ou se seria possível apenas alterar o teor do verbete. Nesse ponto, o debate merece transcrição:

"O Sr. Ministro Xavier de Albuquerque: – Antes que seja sustado o julgamento, quero destacar que, para bem precisar os termos em que está formulando sua proposta o Sr. Ministro Thompson Flores, indaguei a S. Exa. se propunha o cancelamento da súmula. Mas, se o Tribunal cuida é de redigir outra vez a súmula...

O Sr. Ministro Eloy da Rocha (Presidente): – Cuida-se de alterá-la, fundamentalmente...

O Sr. Ministro Xavier de Albuquerque: – Alterá-la fundamentalmente? Pior ainda. Fazendo com que ela enuncie regra diversa da que encerra? Data venia, a súmula não é regra legislativa. Ela expressa o resultado de várias decisões que se hajam tomado, sintetiza a ideia desses julgados. Certa ocasião, aqui revimos a Súmula 359, e eu aderi à supressão de sua cláusula final porque o Tribunal, repetidamente, a despeito da súmula, vinha decidindo que não era preciso a apresentação do requerimento de aposentadoria para caracterizar-se o direito adquirido.

O Sr. Ministro Aliomar Baleeiro: – Permite V. Exa. Desde que há uma decisão, e talvez ela seja até unânime, partiremos da aplicação da Súmula 286, que nos permite até arquivar um recurso, se por acaso existir já pronunciamento do Pleno do Supremo tribunal no sentido da decisão recorrida. Em muitos casos, o pronunciamento do Supremo tribunal é por diferença de apenas um ou dois votos. Quando o Estado do Paraná criou um empréstimo compulsório, há 10 anos, a União, que estava com vontade de fazer o mesmo, encorajou-o, e foi decidido que não tinha caráter tributário, contra o voto do Ministro Luiz Gallotti, acompanhado dos Ministros Victor Nunes Leal e, creio, Hahnemann Guimarães e outro. Esse acórdão foi tremendamente criticado, porque ia de encontro a duzentos anos de doutrina sobre a matéria e, entretanto, passou a ser súmula, havendo uma diferença de três ou quatro votos dos juízes mais prestigiosos contra ela. (...)

O Sr. Ministro Xavier de Albuquerque: – A minha concepção do processo de revisão de súmula difere substancialmente da que vejo estar prevalecendo. Não me parece que possamos mudar uma súmula como o legislador muda um preceito normativo, trocar-lhe o enunciado para que ela dite regra inteiramente diferente, substancialmente diversa da que rezava.

O Sr. Ministro Antonio Neder: – A súmula resulta dos acórdãos que a suportam. Se o Tribunal passar a decidir contra as súmulas, ou se este Plenário decidir hoje contra a súmula e entender que com essa decisão se modifica sua jurisprudência, estarei de acordo. Mas a súmula será cancelada e não redigida outra vez para dizer coisa que os acórdãos que a suportam não dizem. (...)

O Sr. Ministro Eloy da Rocha (Presidente): – Considere-se, também, que, às vezes, o enunciado não coincide inteiramente, com os julgados referidos na súmula.

O Sr. Ministro Xavier de Albuquerque: – Então, tais súmulas deveriam ser canceladas por falta de base. A meu ver, a súmula só é súmula quando retrata os acórdãos que a formam". (...) Estou em completo desacordo (...) Reescrever a súmula, com abstração dos acórdãos que a fundaram, não me parece certo. Se já não traduz o pensamento do Tribunal, cancele-se a Súmula e, depois, aprove-se outra, com base em novos acórdãos".

Percebe-se, assim, em 1973, uma atualíssima discussão do Supremo Tribunal Federal: é possível se reescrever súmulas, sem julgar casos? Xavier de Albuquerque pensava que não, ainda nos primórdios da ideia de súmulas. Não parece que agora, com toda a compreensão doutrinária sobre precedentes, se possa sustentar algo diverso. No fim, ressalte-se, a Súmula 14 não foi cancelada até o presente, pelo STF.

Em resumo, não se pode pretender que súmulas como textos normativos abstratos, correspondam a precedentes, apesar da literalidade algo canhestra do texto do CPC. Precedentes são os casos que originaram as súmulas. Estas, como o próprio nome diz, são apenas um mecanismo de facilitação do conhecimento do que consta desses precedentes. São uma ferramenta didática, não normativa. O que vincula o juiz são os precedentes, com a sua riqueza de nuances.

9.3. O processo coletivo

O Código de Processo Civil também contém uma redação infeliz no que tange ao alcance do sistema de precedentes sobre o processo coletivo. Lido literalmente, o CPC parece pretender que a eficácia do IRDR, do RE e do REsp repetitivos se estende, indistintamente, a processos individuais e coletivos. Assim, prevê a suspensão de ambas as espécies para aguardar a formação do precedente e a aplicação da tese, depois de formada, a todos os casos.

Essa leitura literal é inconstitucional. Não se pode pretender que, ao definir uma tese apenas com base em casos individuais, o juiz possa abarcar também os processos coletivos. Abrir-se-ia a possibilidade de que a sociedade fosse prejudicada pelo resultado de um processo em que não foi adequadamente representada. Ainda que os autores individuais possam sustentar a tese, cada um deles o faz apenas nos limites de seus próprios interesses, não no interesse coletivo. Racionalmente, não se pode esperar que uma pessoa invista em um processo mais do que ela mesma tem a ganhar com a causa. Então, é desproposital pretender que as partes dos casos afetados atuem com um vigor superior ao que têm a perder ou a ganhar para si próprios, apenas porque seus casos serão utilizados para formar precedentes que serão aplicados a outros indivíduos.

Ocorre que o réu tem estímulos para litigar muito mais vigorosamente que os autores, uma vez que, se for derrotado, perderá todos os casos. Isso desequilibra sobremaneira o contraditório: enquanto o autor da causa afetada litiga um valor irrisório, o réu tem a ganhar aquele valor vezes o número de pessoas afetadas pelo litígio como um todo, ou seja, todas aquelas que já propuseram ações e as que ainda possam vir a fazê-lo, no futuro.

Essa é uma questão recorrentemente esquecida pelos estudos processuais no Brasil. O Código de Processo Civil, ao mencionar o dever judicial de zelar pelo efetivo contraditório (art. 7º), se refere não apenas ao contraditório formal, mas à paridade de armas, que inclui o equilíbrio entre os estímulos racionais que as partes têm para investir no processo. Não se poderá obter uma decisão justa se uma das partes tem estímulos para investir elevadas quantias na instrução do processo, enquanto a outra, tendo pouco a ganhar, não atribua ao processo o mesmo grau de prioridade. Quem busca o processo para obter quantia reduzida nunca se interessará, por exemplo, em adiantar elevada soma de honorários periciais, ainda que vislumbre grande possibilidade de vitória[24]. Que dirá investir em pareceres jurídicos ou advogados renomados. Logo, será impossível que as partes atuem em situação paritária, por mais esforços que o juiz faça para igualá-las.

---

[24] Sobre a questão dos estímulos econômicos e seu papel no processo, ver POSNER, Richard A. *Economic analysis of law*. 9th ed. Austin: Wolters Kluwer, 2014 e também POLINSKY, A. Mitchell: Na introduction to law and economics. New York: Wolters Kluwer, 2011. Em apertada síntese, o estímulo racional para se investir em determinado negócio é função do grau de aversão a risco do indivíduo, do valor da vantagem em jogo e da possibilidade de obtê-la. Assim, um sujeito racional e neutro em relação ao risco valorizará da mesma forma a certeza de obter R$ 60 mil e 10% de chances de obter R$ 600 mil. Assim, se esse sujeito estiver envolvido em um processo no qual tenha 10% de chances de obter R$ 600 mil (ou evitar perder o mesmo valor), ele teria estímulos racionais para investir até R$ 60 mil no processo. Assim, se os demais fatores forem mantidos constantes, o aumento do valor em jogo aumentará os estímulos para investir no processo, favorecendo uma das partes em detrimento da outra.

O problema foi bem apontado pelo Ministro Herman Benjamim, ainda que sem recorrer aos aportes teóricos da análise econômica do direito[25]:

> "...escolheu-se exatamente uma ação individual, de uma contratante do Rio Grande do Sul, triplamente vulneravel na acepção do modelo constitucional welfarista de 1988 – consumidora, pobre e negra –, para se fixar o precedente uniformizador, mesmo sabendo-se da existência de varias ações civis publicas, sobre a mesma materia, que tramitam pelo Pais afora. (...)
>
> Finalmente, elegeu-se exatamente a demanda de uma consumidora pobre e negra (como dissemos acima, triplamente vulneravel), destituida de recursos financeiros para se fazer presente fisicamente no STJ, por meio de apresentação de memoriais, audiências com os Ministros e sustentação oral. (...)
>
> Como juiz, mas tambem como cidadão, não posso deixar de lamentar que, na argumentação(?) oral perante a Seção e tambem em visitas aos Gabinetes, verdadeiro monologo dos maiores e melhores escritorios de advocacia do Pais, a voz dos consumidores não se tenha feito ouvir. (...)
>
> Em sintese, a vitoria das empresas de telefonia, que hoje se prenuncia, não e exclusivamente de merito; e, antes de tudo, o sucesso de uma estrategia judicial, legal na forma, mas que, na substância, arranha o precioso principio do acesso à justiça, uma vez que, intencionalmente ou não, inviabiliza o debate judicial e o efetivo contraditorio, rasgando a ratio essendi do sistema de processo civil coletivo em vigor (Lei 7347/85 e CDC)".

É certo que um consumidor, em uma demanda em que pretende a restituição de um pequeno valor, decorrente de uma cobrança de assinatura básica de telefonia, jamais litigará em igualdade com uma empresa para a qual a vitória de sua tese vale bilhões de reais. Pretender o contrário é fechar os olhos à realidade. E o Ministro Herman percebeu, no mesmo caso, que a solução preconizada pelo CPC, que é a intervenção de *amici curiae*, está longe de ser capaz de reequilibrar a equação. Afinal, esses sujeitos atuam voluntariamente, quando querem e sem interesses pessoais em jogo. Asseverou o Ministro:

> Não lastimo somente o silêncio de D. Camila Mendes Soares, mas sobretudo a ausência, em sustentação oral, de representantes dos interesses dos litigantes-sombra, todos aqueles que serão diretamente afetados pela decisão desta demanda, uma gigantesca multidão de brasileiros (mais de 30 milhões de assinantes) que, por bem ou por mal, pagam a conta bilionaria da assinatura-basica (lembro que so a recorrente, Brasil Telecom, arrecada, anualmente, cerca de três bilhões e meio de reais com a cobrança dessa tarifa – cfr. www.agenciabrasil.gov.br, noticia publicada em 8.6.2007). (...)

Desse modo, não se pode compreender literalmente o CPC, nesse particular. Casos individuais são inerentemente distintos do litígio coletivo dos quais se originam, de modo

---

[25] REsp 911.802, rel. Min. José Delgado, j. 24.10.2007.

que o precedente formado a partir de casos unicamente individuais nunca pode ser aplicado ao processo coletivo. Apenas se um dos casos afetados e efetivamente julgados for coletivo se poderá visualizar a esperada similaridade fática entre precedente e caso em julgamento, que permitirá a aplicação do entendimento anteriormente firmado a um processo coletivo subsequente. Como já se demonstrou, anteriormente, o devido processo legal coletivo não pode significar apenas a exclusão do grupo representado da lide, por medida de conveniência do processo. É preciso que ele implique a efetiva representação do grupo ausente, feita por um legitimado e em um processo que levem em consideração as características do litígio coletivo empiricamente verificado[26].

Em síntese, parece certo que, havendo ação coletiva pendente perante o tribunal, seu caráter representativo da controvérsia deve ser presumido e ela deve figurar entre os casos afetados. Por outro lado, se a ação coletiva estiver pendente apenas em grau inferior, o tribunal não deverá formar o precedente com base nos casos individuais. Deverá aguardar a sua tramitação, para que ali se tenham elementos quanto ao alcance total do litígio coletivo e, no futuro, se possa formar o precedente tendo o processo coletivo como base. A resolução coletiva do litígio deve sempre ter precedência sobre a resolução individual.

10. CONSIDERAÇÕES FINAIS

O sistema de precedente é um ganho para a resolução de causas individuais repetitivas e de litígios coletivos no Brasil. Ele não é apto a resolver todos os graves problemas com os quais convive o Poder Judiciário nacional, mas constitui um passo adiante. Passo este que, na ausência de outras sugestões concretas, deve ser elogiado. Fazer algo, ainda que com risco de erro, é melhor que não fazer nada. Precedentes proporcionam um ganho de segurança jurídica em um sistema que, nos últimos anos, vem se tornando cada vez mais inseguro e em relação ao qual não foram apresentadas outras sugestões melhores.

Não se deve, todavia, perder de vista que litígios distintos têm necessidades diferentes e, por isso, nem sempre a utilização dos precedentes será adequada para o caso. Assim, precedentes são tão bons quanto mais assemelhados forem os casos a serem julgados tomando-os como base. Perderão a sua eficácia, por outro lado, quando o contexto fático e jurídico dos casos se segmenta. Nessa situação, a controvérsia relativa à aplicação ou não aplicação do precedente reduzirá a quase zero a sua utilidade de agregar segurança jurídica.

Também é preciso perceber que o sistema de precedentes só é vantajoso se ele não for reduzido a teses sumuladas, a ementas ou a resumos de julgados. A riqueza desse sistema está em produzir normas jurídicas a partir de contextos fáticos concretos, que possam ser comparados a outros casos. Produzir apenas mais textos abstratos significa criar um problema novo, o de um Judiciário que, efetivamente, legisla, sem resolver o problema anterior, que é a incerteza da interpretação da lei enquanto texto, dificuldade esta que não depende de quem a produziu.

---

[26] VITORELLI, Edilson. O devido processo legal coletivo: dos direitos aos litígios coletivos. São Paulo: RT, 2016.

Finalmente, é preciso reconhecer que um precedente formado em casos individuais não pode, em hipótese alguma, se estender a processos coletivos. A sociedade seria francamente prejudicada se se permitisse que teses discutidas por pessoas que não tinham interesse suficiente em defender o grupo como um todo sejam a ele estendidas. Ter-se-ia uma decisão que afeta a sociedade como um todo e os indivíduos que a compõem sem que nem o grupo social, nem os indivíduos, tenham a oportunidade de participar do processo ou de serem adequadamente representados. Isso feriria, frontalmente, as mais comezinhas noções de devido processo legal coletivo.

40

PERSPECTIVAS DOS HONORÁRIOS ADVOCATÍCIOS RECURSAIS PELA JURISPRUDÊNCIA DO STF E STJ[1]

GUILHERME COSTA LEROY

Sumário: 1. A sistemática dos honorários advocatícios recursais. 2. Panorama jurisprudencial do STF e STJ. 2.1. Função dos honorários advocatícios recursais: remuneração e/ou punição?. 2.2. Honorários advocatícios recursais frente ao direito intertemporal. 3. Considerações finais.

1. A SISTEMÁTICA DOS HONORÁRIOS ADVOCATÍCIOS RECURSAIS

Publicado no Diário Oficial da União de 17/03/2015, o Código de Processo Civil de 2015 (CPC/2015) foi incorporou ao ordenamento jurídico nacional trazendo diversas alterações na tentativa de melhorar a prestação jurisdicional. Dentre as mudanças, destaca-se o tema dos honorários advocatícios que, por mais que esteja sempre em debate por impactar diretamente o trabalho dos profissionais do Direito[2], está cercado de teses e possibilidades que surgem da infinidade de situações vivenciadas no Poder Judiciário brasileiro.

---

[1] O presente texto é versão atualizada do texto publicado pelo mesmo autor no livro *Inovações e modificações do Código de Processo Civil – Avanços, desafios e perspectivas*. (JAYME, Fernando Gonzaga; MAIA, Renata Christiana Vieira; REZENDE, Ester Camila Gomes Norato; LANNA, Helena [Coord.]. Belo Horizonte: Del Rey, 2017, p. 255-274).

[2] PEREIRA FILHO, Benedito Cerezzo. Os honorários advocatícios no novo Código de Processo Civil e a valorização do advogado enquanto profissional indispensável à administração da

O instituto dos honorários advocatícios (destrinchado pelo artigo 85[3] do CPC/2015 e seus parágrafos) foi remodelado principalmente em relação à indicação expressa de sua natureza alimentar e a vedação da compensação no caso de sucumbência recíproca (§14[4], afastando a aplicação da Súmula 306 do STJ[5]), às causas em que Fazenda Pública for parte (§§ 3º a 6º)[6], à possibilidade de ajuizamento de ação autônoma para definição e cobrança de honorários quando existir omissão em ação com trânsito em julgado (§ 18)[7] e quanto à possibilidade de condenação em honorários advocatícios na fase recursal.

A previsão de majoração dos honorários em fase recursal alterou significativamente a estrutura das despesas processuais em relação à interposição de recursos ao determinar que os Tribunais aumentem a condenação em honorários já definida na(s) instância(s) anterior(es). Agora, no momento de interposição de recursos, as partes e seus advogados deverão levar em consideração não apenas as possibilidades de condenação em multas[8], mas também eventual aumento da verba honorária em caso de insucesso. O dispositivo do artigo 85, § 11 do CPC/2015 se restringiu a prever o dever de fixação de honorários recursais, sem indicar outras balizas ou limites além do teto da fixação:

> § 11. O tribunal, ao julgar recurso, majorará os honorários fixados anteriormente levando em conta o trabalho adicional realizado em grau recursal, observando, conforme o caso, o disposto nos §§ 2º a 6º, sendo vedado ao tribunal, no cômputo geral da fixação de honorários devidos ao advogado do vencedor, ultrapassar os respectivos limites estabelecidos nos §§ 2º e 3º para a fase de conhecimento.

Por isso, a sistemática de majoração de honorários na fase recursal ainda precisa de amadurecimento para que seja possível estabelecer a forma em que será aplicada diante das mais diversas situações que são produzidas pela sociedade.

---

justiça (art. 133, CF) *In:* DIDIER, Fredie (coord.). *Novo CPC doutrina selecionada, v. 1: parte geral*. Salvador: Juspodivm, 2016, p. 898-904.

[3] "Art. 85. A sentença condenará o vencido a pagar honorários ao advogado do vencedor."

[4] "§ 14. Os honorários constituem direito do advogado e têm natureza alimentar, com os mesmos privilégios dos créditos oriundos da legislação do trabalho, sendo vedada a compensação em caso de sucumbência parcial."

[5] "Os honorários advocatícios devem ser compensados quando houver sucumbência recíproca, assegurado o direito autônomo do advogado à execução do saldo sem excluir a legitimidade da própria parte".

[6] Dentre os parágrafos indicados, ressaltam-se o 3º e o 5º: "§ 3º Nas causas em que a Fazenda Pública for parte, a fixação dos honorários observará os critérios estabelecidos nos incisos I a IV do § 2º e os seguintes percentuais: (...); § 5º Quando, conforme o caso, a condenação contra a Fazenda Pública ou o benefício econômico obtido pelo vencedor ou o valor da causa for superior ao valor previsto no inciso I do § 3º, a fixação do percentual de honorários deve observar a faixa inicial e, naquilo que a exceder, a faixa subsequente, e assim sucessivamente."

[7] "§ 18. Caso a decisão transitada em julgado seja omissa quanto ao direito aos honorários ou ao seu valor, é cabível ação autônoma para sua definição e cobrança."

[8] No CPC/2015, além das hipóteses gerais de litigância de má-fé e ato atentatório à dignidade da justiça, existem multas específicas para Embargos de Declaração (art. 1.026, §§ 2º e 3º) e Agravo Interno (art. 1.021, §4º) que possuam finalidade protelatória, por exemplo.

Há, no entanto, diversos questionamentos que não foram enfrentados na redação do novo Código de Processo Civil, como, por exemplo: a majoração dos honorários deve ocorrer apenas no julgamento de recursos contra decisões definitivas de mérito (apelação, recurso especial, recurso ordinário e extraordinário) ou deve ocorrer também no julgamento de recursos contra decisões interlocutórias (agravos)? Em se tratando de recurso contra sentença terminativa, sem resolução de mérito, e determinando o Tribunal apenas o retorno do feito à origem para julgamento, como ficarão os honorários?[9]

É necessário contínuo estudo do tema ao longo desses primeiros anos de vigência da nova regra para que se procure estruturar a sua aplicação com segurança jurídica e em conformidade com as demais disposições do ordenamento jurídico brasileiro.

A observação do comportamento do Supremo Tribunal Federal e do Superior Tribunal de Justiça revela-se essencial para entender como a Justiça brasileira está trabalhando o instituto. Além de serem as instâncias finais de julgamento das causas, também se fortaleceram com a inserção da teoria dos precedentes judiciais pelo CPC/2015, aumentando a necessidade dos demais julgadores espalhados pelo país observarem as suas decisões.

Almeja-se, neste estudo, analisar como os julgados do STF e do STJ trataram da possibilidade de fixação de honorários advocatícios recursais para que se extraia o que parece estar estabelecido, eventuais perspectivas já sinalizadas e os desafios que permanecem. Porém, primeiro é preciso entender o que já foi apontado pela doutrina brasileira, mesmo antes da entrada em vigor do CPC/2015, para que seja possível comparar o que foi pensado com aquilo que se viu na prática nos anos de 2016 e 2017.

Partindo dos enunciados elaborados por grupos de acadêmicos, magistrados, advogados e demais profissionais do Direito, podemos destacar três produções que ganharam destaque nacional: os enunciados administrativos produzidos pelo Superior Tribunal de Justiça – STJ[10], os enunciados do Fórum Permanente de Processualistas Civis – FPPC[11] – e os enunciados da Escola Nacional de Formação e Aperfeiçoamento de Magistrados – ENFAM[12].

---

[9] CÂNDIDO JÚNIOR, Raimundo; CÂNDIDO, Felipe Fagundes. Multas, Despesas e Honorários Advocatícios. *In*: THEODORO JÚNIOR, Humberto (coord.). *Processo civil brasileiro*. Belo Horizonte: Del Rey, 2016, p. 299.

[10] O Superior Tribunal de Justiça aprovou, por unanimidade, 07 (sete) enunciados administrativos sobre o CPC/2015 na Sessão do Plenário do dia 02 de março de 2016. Maiores informações no site: http://www.stj.jus.br/sites/STJ/default/pt_BR/Institucional/Enunciados-administrativos.

[11] O Fórum Permanente de Processualistas Civis – FPPC é um evento que reúne os estudiosos do Processo Civil, de todas as carreiras, para discutir e aprovar enunciados que reflitam posições pacíficas de interpretação da lei processual. Os encontros são realizados em diversas cidades do país e os enunciados são aprovados por unanimidade dos presentes na plenária. Maiores informações no site: http://fpprocessualistascivis.blogspot.com.br/.

[12] Durante o Seminário *O Poder Judiciário e o novo CPC*, realizado entre 26 e 28 de agosto de 2015, foram aprovados 62 enunciados sobre o Novo Código de Processo Civil com a intenção de nortear os magistrados país afora. Participaram do evento cerca de 500 magistrados. Maiores informações no site: http://www.enfam.jus.br/o-novo-cpc/.

O Superior Tribunal de Justiça tratou dos honorários recursais para tentar resolver dificuldades relacionadas ao início aplicação da nova lei processual – direito intertemporal – tópico que será destrinchado adiante.

Por sua vez, os enunciados do FPPC procuraram estabelecer interpretações ampliativas das possibilidades de condenação em honorários recursais ou mesmo impedir eventual tese restritiva que pudesse surgir. Dentre os três enunciados aprovados no evento sediado em Belo Horizonte, entre 05 e 07 de dezembro de 2014, o primeiro sustenta entendimento que decorre logicamente do texto legal: os honorários recursais serão somados aos honorários já fixados em primeiro grau[13]. A palavra "majorará", constante do art. 85, §11 do CPC/2015, deixa explícito o sentido de aumento do valor dos honorários, afastando a possibilidade de substituição do que já foi fixado em primeiro grau.

No mesmo sentido, o Enunciado 243[14] tenta esclarecer que mesmo no caso de alteração da sucumbência deverão ser fixados honorários exclusivos para a fase recursal. Isto é, em caso de provimento da apelação, por exemplo, não basta inverter a condenação de honorários para favorecer o Apelante, é necessário acrescer o montante de parte correspondente aos honorários recursais.

Já o Enunciado 242 do FPPC[15] parece partir da expressão "ao julgar recurso" para afirmar que tanto em decisão unipessoal/monocrática, como em decisão colegiada, será necessário que o magistrado arbitre os honorários recursais. No entanto, a decisão deverá resolver o recurso, gerando sucumbência de uma ou ambas as partes, não sendo possível a condenação de honorários em decisões interlocutórias em recursos (como as que concedem ou não efeito suspensivo).

Por outro lado, dessa linha de pensamento é possível aduzir o cabimento de condenação de honorários advocatícios em Embargos de Declaração. Os Embargos de Declaração são classificados como recursos pelo CPC/2015, tecnicamente preenchendo o requisito legal que embasou o Enunciado 242 do FPPC, mas possuem função distinta (integração da decisão) dos demais recursos (modificação da decisão), o que em tese não deveria afetar a sucumbência.

Não se discute aqui a necessidade de readequar a condenação em honorários quando a sucumbência é afetada por efeitos modificativos dos Embargos de Declaração. O que pode gerar dúvida é a necessidade de majoração dos honorários pela simples interposição do recurso de Embargos de Declaração – tese defensável se considerados o texto legal e o Enunciado 242 do FPPC.

De toda forma, parece seguro afastar a majoração de honorários nos casos de Embargos de Declaração em 1ª instância, já que o artigo concede apenas aos tribunais tal poder/dever.

---

[13] "Enunciado 241. Os honorários de sucumbência recursal serão somados aos honorários pela sucumbência em primeiro grau, observados os limites legais."

[14] "Enunciado 243. No caso de provimento do recurso de apelação, o tribunal redistribuirá os honorários fixados em primeiro grau e arbitrará os honorários de sucumbência recursal."

[15] Enunciado 242. Os honorários de sucumbência recursal são devidos em decisão unipessoal ou colegiada.

Por fim, dentre os enunciados da Escola Nacional de Formação e Aperfeiçoamento de Magistrados – ENFAM – apenas um deles envolve o tema dos honorários recursais: "Enunciado 16. Não é possível majorar os honorários na hipótese de interposição de recurso no mesmo grau de jurisdição (art. 85, § 11, do CPC/2015)."

O conteúdo do enunciado aprovado pela ENFAM restringe consideravelmente as hipóteses de cabimento de honorários recursais, já que apenas em 3 (três) oportunidades será necessária a majoração: (a) quando da interposição de recurso para o Tribunal local ou regional; (b) quando da interposição de recurso para Tribunal Superior; (c) quando da interposição de recurso para o Supremo Tribunal Federal. Já fica excluída, segundo o enunciado, qualquer majoração de honorários quando da interposição de Agravos Internos e Agravos em Recurso Especial ou Extraordinário.

Também por ser recurso direcionado para mesma instância, é possível afastar a majoração de honorários pela interposição de Embargos de Declaração, entendimento diferente do inferido a partir do Enunciado 242 do FPPC. É importante frisar, de toda forma, que os Embargos de Declaração podem ser interpostos para suprir omissão de majoração em honorários em recurso anterior.

Assim, cabe analisar pela perspectiva de julgados do STF e do STJ se os entendimentos encontrados nos enunciados refletem o que está sendo decidido pelos dois principais tribunais brasileiros. Por mais que existam diversas outras questões envolvendo os honorários advocatícios recursais, esses foram os entendimentos que receberam respaldo e difusão de significativa parcela de juristas e, portanto, estão consolidados para confrontamento com as decisões produzidas pelo STF e STJ nos anos de 2016 e 2017.

2. PANORAMA JURISPRUDENCIAL DO STF E STJ

No ano de 2016, foram encontrados, a partir de pesquisa no repositório de jurisprudência constante do website dos dois Tribunais, 152 acórdãos do STF e 70 acórdãos do STJ cuja ementa faz referência ao tema dos honorários advocatícios recursais[16]. Já no ano de 2017, foram encontrados 473 acórdãos do STF e 306 acórdãos do STJ – aumento considerável devido ao maior número de casos em que se entendeu pela aplicação do CPC/2015.

É possível perceber que nenhum dos dois tem feito distinção entre decisão monocrática ou colegiada para a majoração dos honorários, seguindo o disposto no Enunciado 242 do FPPC, já que ambos possuem também decisões monocráticas que tratam sobre o tema. Também não foram encontradas decisões contrárias aos Enunciados 241 e 243 do FPPC, sendo respeitada a necessidade de majoração – e não redefinição dos honorários, mesmo em caso de inversão da sucumbência.

Em relação ao Enunciado 16 da ENFAM, o STJ tem adotado expressamente o seu entendimento em diversas decisões como se fosse entendimento pacificado e incontestável[17].

---

[16] Foram pesquisados os termos "honorários advocatícios recursais" e "honorários recursais".
[17] 103 acórdãos e 185 decisões monocráticas foram encontrados indicando expressamente o enunciado da ENFAM em 2016 e 2017. Destaca-se: "3. Já em relação ao pedido de arbitramento/

A decisão utilizada como *leading case* é a proferida no AgInt no AgRg no REsp 1.200.271/RS, relatada pelo Ministro Marco Buzzi, publicada no DJe de 17/05/2016[18]. Porém, sequer é possível considerar que o entendimento está consolidado dentro do STJ, uma vez que existem condenações em honorários recursais em sede de Agravo Interno, por exemplo:

> AGRAVO INTERNO NO AGRAVO EM RECURSO ESPECIAL. AÇÃO RENOVATÓRIA. (...) 5. AGRAVO IMPROVIDO. MAJORAÇÃO DOS HONORÁRIOS ADVOCATÍCIOS. ART. 85, § 11, DO CPC/2015.
> (...)
> 5. Agravo interno a que se nega provimento, com majoração dos honorários advocatícios, na forma do art. 85, § 11, do CPC/2015.
> (AgInt no AREsp 660.292/RJ, Rel. Ministro MARCO AURÉLIO BELLIZZE, TERCEIRA TURMA, julgado em 04/10/2016, DJe 10/10/2016, grifo nosso)

Por outro lado, o Supremo Tribunal Federal não fez referência ao enunciado ora analisado em nenhum dos seus julgados e já decidiu pelo cabimento da majoração dos honorários em sede de Agravo Interno[19]. Dessa forma, percebe-se que a tese do Enunciado 16 da ENFAM não é entendida como pacífica na jurisprudência.

Outro ponto essencial a ambos os Tribunais é partir de características aplicadas à fixação dos honorários advocatícios em 1ª instância para definir os contornos da majoração em fase recursal. Desde 2016, o STJ[20] já entendia que não haverá aumento dos honorários

---

majoração da verba honorária de sucumbência no Agravo Interno, formulado pela embargante, ele deve ser rejeitado, em razão do entendimento da Escola Nacional de Formação e Aperfeiçoamento de Magistrados Ministro Sálvio de Figueiredo Teixeira – Enfam, adotado no seminário 'O Poder Judiciário e o Novo CPC', no qual se editou o enunciado 16, com o seguinte teor: "Não é possível majorar os honorários na hipótese de interposição de recurso no mesmo grau de jurisdição (art. 85, § 11, do CPC/2015)'." (EDcl no AgInt no REsp 1586743/SP, Rel. Ministro HERMAN BENJAMIN, SEGUNDA TURMA, julgado em 06/12/2016, DJe 19/12/2016)

[18] AGRAVO INTERNO NO AGRAVO REGIMENTAL NO RECURSO ESPECIAL – AÇÃO DE PRESTAÇÃO DE CONTAS – DECISÃO MONOCRÁTICA QUE RECONSIDEROU O ANTERIOR DECISUM SINGULAR PARA NEGAR PROVIMENTO AO APELO NOBRE. IRRESIGNAÇÃO DO AUTOR. (...) 4. Deixa-se de aplicar honorários sucumbenciais recursais nos termos do enunciado 16 da ENFAM: "Não é possível majorar os honorários na hipótese de interposição de recurso no mesmo grau de jurisdição (art. 85, § 11, do CPC/2015)". 5. Agravo interno desprovido. (AgInt no AgRg no REsp 1200271/RS, Rel. Ministro MARCO BUZZI, QUARTA TURMA, julgado em 10/05/2016, DJe 17/05/2016)

[19] A título de exemplo, ver ARE 972.175 AgR, Relator Min. MARCO AURÉLIO, Primeira Turma, julgado em 13/09/2016, DJe de 25/10/2016.

[20] EMBARGOS DE DECLARAÇÃO NO AGRAVO INTERNO NO RECURSO ESPECIAL. ALEGAÇÃO DE OMISSÃO. INEXISTÊNCIA. FIXAÇÃO DE HONORÁRIOS ADVOCATÍCIOS RECURSAIS EM SEDE DE AGRAVO INTERNO. NÃO CABIMENTO. INEXISTÊNCIA DE CARÁTER AUTÔNOMO. (...) 2. Não cabe a majoração dos honorários advocatícios, nos termos

fixados quando se tratar de recurso oriundo de decisão interlocutória que não envolve o mérito[21]. O STF caminhou nesse sentido ao apontar a impossibilidade de condenação em honorários advocatícios recursais quando não existe condenação em instâncias anteriores:

> Agravo regimental no recurso extraordinário com agravo. Processual Civil. Advogado subscritor das peças recursais. Ausência de procuração. Código de Processo Civil de 1973. Recurso inexistente. Precedentes. 1. É pacífico o entendimento do Supremo Tribunal Federal em considerar inexistente o recurso interposto por advogado sem o instrumento de mandato outorgado pela parte. 2. Agravo regimental não provido. 3. **Inaplicável o art. 85, § 11, do CPC, pois não houve fixação prévia de honorários advocatícios na causa.**
> (ARE 962151 AgR, Relator(a): Min. DIAS TOFFOLI, Segunda Turma, julgado em 11/11/2016, PROCESSO ELETRÔNICO DJe-252 DIVULG 25-11-2016 PUBLIC 28-11-2016, grifo nosso)

Outro entendimento firmado é o da impossibilidade de condenação em honorários recursais quando a ação originária não enseja condenação em instâncias anteriores – como em ações mandamentais. A intenção é manter o benefício na fase recursal e garantir o acesso à justiça também por meio dos tribunais. Ambos os Tribunais decidiram de maneira específica pela impossibilidade de fixação de honorários em recurso oriundo de Mandado de Segurança[22], sendo que o STJ noticiou o julgado no Informativo de Jurisprudência 0592:

> Pesou considerar que o recurso se orientou pela nova codificação processual, considerando que a publicação do acórdão da origem foi posterior a 18/3/2016, atraindo a aplicação do Enunciado Administrativo n. 3 do STJ. Isso imporia como consequência, na hipótese do seu desprovimento, a condenação da recorrente em honorários recursais, a teor do disposto no art. 85, § 11, do CPC/2015. **No**

---

do § 11 do art. 85 do CPC/2015, quando o recurso é oriundo de decisão interlocutória sem a prévia fixação de honorários. 3. O agravo interno não possui caráter de recurso independente ou autônomo, capaz de possibilitar a abertura de nova instância recursal. 4. EMBARGOS DE DECLARAÇÃO REJEITADOS. (EDcl no AgInt no REsp 1456140/SP, Rel. Ministro PAULO DE TARSO SANSEVERINO, TERCEIRA TURMA, julgado em 04/10/2016, DJe 14/10/2016)

[21] Nesse sentido: "Isso porque não é toda decisão ao longo do trâmite processual que enseja a condenação em honorários de sucumbência. Logo apenas decisões aptas a prever esse tipo de condenação (v.g. sentença ou acórdão) viabilizarão a fixação de honorários no tribunal ad quem;" *In*: NUNES, Dierle; DUTRA, Victor Barbos; OLIVEIRA JÚNIOR, Délio Mota de. Honorários no recurso de apelação e questões correlatas. In: DIDIER, Fredie (coord.). Honorários advocatícios. 2. Ed. Salvador: Jus Podivm, 2016, p. 641.

[22] "RECURSO EXTRAORDINÁRIO (...) RECURSO – HONORÁRIOS ADVOCATÍCIOS. Descabe a fixação de honorários recursais, preconizados no artigo 85, § 11 do Código de Processo Civil de 2015, quando tratar-se de extraordinário formalizado no curso de processo cujo rito os exclua. (ARE 948578 AgR, Relator(a): Min. MARCO AURÉLIO, Primeira Turma, julgado em 21/06/2016, PROCESSO ELETRÔNICO DJe-163 DIVULG 03-08-2016 PUBLIC 04-08-2016)"

entanto, não é adequada a incidência desse regime ao feito tendo em conta o disposto no art. 25 da Lei n. 12.016/2009. A interpretação desse preceito sempre pontuou o julgamento da ação de mandado de segurança, isso sob um regime em que inexistia a conjectura dos honorários recursais. Tratando-se o recurso de um desdobramento da tramitação processual que se inicia com a petição inicial, não há lógica em que no processamento da ação propriamente dita inexista condenação em honorários, mas na fase recursal consequente isso seja possível. Além disso, o texto do art. 25 da Lei n. 12.016/2009 é claro ao estabelecer que os honorários advocatícios não cabem no processo mandamental, expressão que reúne a ideia de ação e do procedimento subjacente, com a petição inicial, as informações da autoridade coatora, a intervenção do Ministério Público, a prolação de provimento judicial e, ainda, os recursos. (RMS 52.024-RJ, Rel. Min. Mauro Campbell Marques, por unanimidade, julgado em 6/10/2016, DJe 14/10/2016, grifo nosso)

É preciso, no entanto, diferenciar inexistência de condenação em honorários da compensação dos honorários em caso de sucumbência recíproca. Por mais que o CPC/2015 tenha vedado a compensação de honorários, alguns recursos alcançaram os Tribunais com a compensação determinada sob a vigência do CPC/73. Nesses casos, há efetiva condenação em honorários de ambas as partes, conforme a sucumbência parcial de cada uma no processo. Dessa forma, deve existir majoração dos honorários para a parte que obteve sucesso no pleito recursal – podendo inclusive aumentar para ambas as partes, já que sucumbentes parcialmente.

A Segunda Turma do STJ, no entanto, não percebeu a diferença entre as situações e acabou decidindo pelo afastamento da condenação em honorários recursais quando existir sucumbência recíproca nas instâncias anteriores:

PROCESSUAL CIVIL. AGRAVO INTERNO NO RECURSO ESPECIAL. (...) AGRAVO INTERNO IMPROVIDO. (...)
VII. Não procede o pedido formulado, pela parte agravada – com fundamento no art. 85, § 11, do CPC/2015 e no Enunciado Administrativo 7/STJ –, para que haja condenação da agravante em honorários advocatícios recursais, porquanto aquele dispositivo legal prevê que "o tribunal, ao julgar recurso, majorará os honorários fixados anteriormente". **Porém, nos presentes autos, não foram anteriormente fixados honorários de advogado, em face da sucumbência recíproca, seja na decisão de 1º Grau, seja no acórdão recorrido.**
VIII. Agravo interno improvido.
(AgInt no REsp 1517815/SP, Rel. Ministra ASSUSETE MAGALHÃES, SEGUNDA TURMA, julgado em 18/08/2016, DJe 01/09/2016, grifo nosso)

Estender o entendimento de que não cabe majoração de honorários em caso de sucumbência recíproca desvirtua a intenção do instituto e apenas demonstra que o tema ainda está sendo recebido com muito receio por alguns julgadores, que acabam por restringir o direito expressamente garantido pelo CPC/2015.

Mais recentemente, já no ano de 2017, o STJ ampliou os requisitos para que fosse possível a majoração dos honorários, indicando como referência o julgamento dos EDcl no AgInt no REsp 1573573/RJ, relatado pelo Ministro Marco Aurélio Bellizze[23]. Entendeu-se que é necessário o preenchimento cumulativo dos seguintes requisitos, além dos já indicados acima e dos extraídos da literalidade do artigo 85 do CPC: (I) o julgamento integral do recurso; (II) não é exigível a comprovação de trabalho adicional do advogado do recorrido no grau recursal, tratando-se apenas de critério de quantificação da verba; (III) impossibilidade de majoração de honorários no julgamento de agravo interno e de embargos de declaração oferecidos pela parte que teve seu recurso não conhecido integralmente ou não provido. Também é necessário analisar a questão de direito intertemporal, tratada em item específico adiante.

Como se vê, os honorários só serão majorados quando o julgamento do recurso se der em sua integralidade (I), seja para não conhecer do recurso ou não dar provimento, deixando a análise do tópico para o final do julgamento, no sentido do que já é feito. Isso evita dupla majoração no caso de suspensão e retorno da análise de mesmo recurso. Além disso, desvinculou a necessidade de demonstração do trabalho do advogado na fase recursal analisada (II), evidenciando que o instituto vai além do intuito remuneratório aos advogados.

Por fim, sobre o cabimento em Agravo Interno e Embargos de Declaração foi feita observação específica sobre o caso de interposição de tais recursos por partes que tiveram seus recursos anteriores não conhecidos integralmente ou improvidos. Isso porque a majoração de honorários nesses casos dificultaria o acesso da parte ao colegiado e a integração da decisão[24].

Em relação às demais hipóteses de Agravo Interno e Embargos de Declaração, como já visto, a maioria dos Ministros do Superior Tribunal de Justiça adotam o Enunciado 16 da ENFAM automaticamente e também afastam a majoração dos honorários em sede de Embargos de Declaração[25], mas existem divergências[26].

O STF, por sua vez e no mesmo sentido do aplicado aos Agravos Internos, tem decidido sobre o cabimento da fixação de honorários recursais em Embargos de Declaração:

---

[23]   TERCEIRA TURMA, julgado em 04/04/2017, DJe 08/05/2017.
[24]   Nesse sentido também entende Fredie Didier Jr (Curso de Direito Processual Civil: o processo civil nos tribunais, recursos, ações de competência originária de tribunal e *querela nullitatis*, incidentes de competência originária de tribunal, Vol. 3, 13ª ed. reform. Salvador: JusPodivm, 2016, p. 158).
[25]   EMBARGOS DE DECLARAÇÃO NO AGRAVO INTERNO NO RECURSO ESPECIAL. ALEGAÇÃO DE OMISSÃO. INEXISTÊNCIA. FIXAÇÃO DE HONORÁRIOS ADVOCATÍCIOS RECURSAIS EM SEDE DE AGRAVO INTERNO. NÃO CABIMENTO. INEXISTÊNCIA DE CARÁTER AUTÔNOMO. 1. Inexistência do vício tipificado no art. 1.022, inciso II, do Código de Processo Civil, a inquinar a decisão embargada. 2. Não cabe a majoração dos honorários advocatícios, nos termos do § 11 do art. 85 do CPC/2015, quando o recurso é oriundo de decisão interlocutória sem a prévia fixação de honorários. 3. O agravo interno não possui caráter de recurso independente ou autônomo, capaz de possibilitar a abertura de nova instância recursal. 4. EMBARGOS DE DECLARAÇÃO REJEITADOS. (EDcl no AgInt no REsp 1456140/SP, Rel. Ministro PAULO DE TARSO SANSEVERINO, TERCEIRA TURMA, julgado em 04/10/2016, DJe 14/10/2016)
[26]   A título de exemplo, ver EDcl no AgInt no AREsp 829903/SC, Rel. Min. Moura Ribeiro, DJe de 06/10/2016.

EMBARGOS DECLARATÓRIOS EM EMBARGOS DECLARATÓRIOS NO AGRAVO REGIMENTAL NO RECURSO EXTRAORDINÁRIO COM AGRAVO. RECURSO INTERPOSTO APÓS O NOVO CÓDIGO DE PROCESSO CIVIL. (...) MAJORAÇÃO DE HONORÁRIOS ADVOCATÍCIOS EM 1/4 (UM QUARTO). ARTIGO 85, §11, CÓDIGO DE PROCESSO CIVIL. EMBARGOS DECLARATÓRIOS. NATUREZA RECURSAL. MEDIDA DE DESESTÍMULO À LITIGÂNCIA PROCRASTINATÓRIA. CABIMENTO. VENCIDO O RELATOR ORIGINÁRIO, NO PONTO.
(ARE 908102 AgR-ED-ED, Relator(a): Min. MARCO AURÉLIO, Relator(a) p/ Acórdão: Min. EDSON FACHIN, Primeira Turma, julgado em 11/10/2016, PROCESSO ELETRÔNICO DJe-252 DIVULG 25-11-2016 PUBLIC 28-11-2016)

O Ministro Marco Aurélio, no entanto, está divergindo em seus votos por entender que os Embargos de Declaração possuem finalidade diversa dos demais recursos e, portanto, não desafia o aumento da verba honorária[27]. O Ministro Marco Aurélio também diverge de seus colegas para afastar a aplicação de honorários recursais quando a parte favorecida não apresentou contrarrazões ao recurso[28]. De toda forma, esta posição é minoritária dentro do STF e não há decisão parecida no STJ.

Por fim, outras duas questões de grande relevância para perceber os caminhos que estão sendo traçados para os honorários advocatícios recursais, são o reconhecimento ou não pelos Tribunais de caráter sancionatório no instituto e a sua aplicação frente às disposições de direito intertemporal.

2.1. Função dos honorários advocatícios recursais: remuneração e/ou punição?

A inserção do caráter punitivo dos honorários advocatícios recursais na literalidade do texto legal foi intensamente debatida durante o trâmite do CPC/2015 no Congresso

---

[27] EMBARGOS DECLARATÓRIOS – INEXISTÊNCIA DE VÍCIO – DESPROVIMENTO. Uma vez voltados os embargos declaratórios ao simples rejulgamento de certa matéria, inexistindo, no acórdão proferido, qualquer dos vícios que os respaldam – omissão, contradição e obscuridade –, impõe-se o desprovimento. EMBARGOS DECLARATÓRIOS – RECURSO – HONORÁRIOS ADVOCATÍCIOS. Descabe a fixação de honorários recursais previstos no artigo 85, § 11, do Código de Processo Civil de 2015, em sede de declaratórios, considerada a finalidade destes – aperfeiçoamento da prestação jurisdicional. (ARE 895770 AgR-ED, Relator(a): Min. MARCO AURÉLIO, Primeira Turma, julgado em 21/06/2016, PROCESSO ELETRÔNICO DJe-163 DIVULG 03-08-2016 PUBLIC 04-08-2016).

[28] Em seu voto afirma que: "Os honorários acrescidos, ante recurso interposto, pressupõem a atividade desenvolvida pela parte contrária. Se esta não apresenta contraminuta ao agravo, descabe a fixação de honorários. No caso, divirjo do Relator para excluí-los." (RE 761096 AgR, Relator(a): Min. LUIZ FUX, Primeira Turma, julgado em 18/11/2016, PROCESSO ELETRÔNICO DJe-257 DIVULG 01-12-2016 PUBLIC 02-12-2016)

Nacional Brasileiro. A redação do Projeto de Lei nº 166 de 2010[29], que tramitou no Senado Federal, restringia as hipóteses de aplicação dos honorários recursais, permitia que a soma total da condenação da parte em honorários advocatícios alcançasse 25% do valor da condenação e deixava evidente que possuíam a intenção de desestimular a interposição de recursos protelatórios:

> O texto também exigia, para cabimento da condenação adicional da verba honorária, que o recurso não fosse conhecido ou não fosse provido, ou seja, que o pronunciamento da instância anterior fosse mantido, o que, também a contrario sensu, significa que a verba honorária adicional seria indevida, por falta de amparo legal, quando ocorresse reforma da sentença ou acórdão. Tratou-se, portanto, de mecanismo criado para desestimular – e, com isso, reduzir – a interposição de recursos infundados, para, juntamente com outras iniciativas, assegurar a celeridade processual, que é um dos escopos centrais do novo Código de Processo Civil.[30]

Como se vê, o pressuposto dos honorários advocatícios recursais na versão do Senado não era apenas remuneratório, já que não envolvia a quantidade de trabalho despendida pelos procuradores da parte contrária, mas sim a qualidade do recurso interposto. Apenas no caso de decisão totalmente desfavorável e unânime deveriam ser fixados honorários recursais.

A mudança do texto do Senado foi justificada exatamente para retirar o explícito objetivo de honorários recursais como sanção[31]. Alexandre Freire e Leonardo Albuquerque Marques[32] afirmaram que a mudança legislativa esvaziou significativamente o instituto:

> Daí, entendemos que o CPC, neste particular, perdeu uma oportunidade histórica para estabelecer mecanismos de desincentivos à utilização dos recursos judiciais, especialmente quando a finalidade almejada for de cunho especificamente protelatório. A nosso ver, o instituto resta praticamente esvaziado.

No mesmo sentido, Dierle Nunes, Victor Dutra e Delio Mota afirmam que eventual desestimulo para interposição de recurso pelo peso econômico do instituto seria mero efeito colateral[33].

---

[29] "Art. 73. (...) §6º. Quando o acórdão proferido pelo tribunal não admitir ou negar, por unanimidade, provimento a recurso interposto contra sentença ou acórdão, a instância recursal, de ofício ou a requerimento da parte, fixará nova verba honorária advocatícia, observando-se o disposto no §2º e o limite de vinte e cinco por cento."

[30] CAMARGO, Luiz Henrique Volpe. Os honorários advocatícios pela sucumbência recursal no CPC/2015. In: DIDIER, Fredie (coord.). Novo CPC doutrina selecionada, v. 1: parte geral. Salvador: Juspodivm, 2016, p. 921.

[31] Idem, p. 922.

[32] Os honorários de sucumbência no Novo CPC. In: DIDIER, Fredie (coord.). Novo CPC doutrina selecionada, v. 1: parte geral. Salvador: Juspodivm, 2016, p. 913.

[33] Honorários no recurso de apelação e questões correlatas. In: DIDIER, Fredie (coord.). Honorários advocatícios. 2. Ed. Salvador: Jus Podivm, 2016, p. 640.

Entretanto, resquícios permaneceram no texto em vigor e demonstram que a intenção punitiva dos honorários ainda continua mesclada com o objetivo remuneratório: o CPC/2015 afirma que é possível a sua cumulação com multas e outras sanções processuais.[34] Ora, se não existisse caráter sancionatório na condenação em honorários advocatícios, a sua função jamais se confundiria com a das multas e inexistiriam dúvidas de que é possível a sua cumulação.

Se foi preciso deixar explícito no texto legal a possibilidade de cumulação dos institutos no julgamento de recursos é porque o próprio legislador sinalizou o viés sancionatório carregado pelos honorários advocatícios recursais. Por mais que não seja tão evidente quanto a redação do Senado, a escolha política do legislador foi manter os honorários advocatícios recursais como mais uma forma de desestímulo à interposição de recursos.

A discussão do caráter punitivo dos honorários recursais está tão em evidência que, dentre os entendimentos já proferidos sobre o tema, é possível supor que o enunciado 16 da ENFAM tentou limitá-lo. Como já exposto, a restrição da majoração dos honorários apenas para os recursos que inauguram nova instância prestigia unicamente o trabalho do advogado da parte contrária de atuar em outro Tribunal, sem levar em conta quantidade ou qualidade dos recursos interpostos. Dessa forma, por mais que o recurso seja protelatório ou manifestamente inadmissível, não haverá condenação de honorários caso seja interposto perante a mesma instância da decisão a ser combatida.

Assim, a limitação feita pelo enunciado da ENFAM retira grande parte do peso econômico que a majoração de honorários pode representar quando existir intenção de recorrer, já que não são as mudanças de instâncias que favorecem a protelação do feito por meio de recursos infundados, mas sim as inúmeras possibilidades de interposição de recursos, principalmente em mesma instância. São os agravos internos, agravos em REsp e RE, embargos de divergência e principalmente os embargos de declaração que se multiplicam a cada decisão tomada nos Tribunais. Dessa forma, a restrição proposta pelo enunciado 16 da ENFAM em nada colabora com a melhoria dos índices de litigiosidade excessiva que presenciam os Tribunais na atualidade.

No âmbito do STF, as decisões são explícitas ao afirmar que os a condenação em verba honorária na fase recursal tem a intenção de desestimular a interposição de recursos protelatórios:

> EMBARGOS DECLARATÓRIOS EM EMBARGOS DECLARATÓRIOS NO AGRAVO REGIMENTAL NO RECURSO EXTRAORDINÁRIO COM AGRAVO. RECURSO INTERPOSTO APÓS O NOVO CÓDIGO DE PROCESSO CIVIL. (...) MAJORAÇÃO DE HONORÁRIOS ADVOCATÍCIOS EM 1/4 (UM QUARTO). ARTIGO 85, §11, CÓDIGO DE PROCESSO CIVIL. EMBARGOS DECLARATÓRIOS. NATUREZA RECURSAL. MEDIDA DE DESESTÍMULO À

---

[34] CAMARGO, Luiz Henrique Volpe. Os honorários advocatícios pela sucumbência recursal no CPC/2015. In: DIDIER, Fredie (coord.). *Novo CPC doutrina selecionada, v. 1: parte geral*. Salvador: Juspodivm, 2016, p. 922.

> LITIGÂNCIA PROCRASTINATÓRIA. CABIMENTO. VENCIDO O RELATOR ORIGINÁRIO, NO PONTO.
> (ARE 908102 AgR-ED-ED, Relator(a): Min. MARCO AURÉLIO, Relator(a) p/ Acórdão: Min. EDSON FACHIN, Primeira Turma, julgado em 11/10/2016, PROCESSO ELETRÔNICO DJe-252 DIVULG 25-11-2016 PUBLIC 28-11-2016)

Inclusive, a questão dos honorários advocatícios recursais tem sido tratada em conjunto com o tema da aplicação da multa decorrente de manifesta inadmissibilidade ou improcedência do recurso. Dentre as 152 decisões encontradas, 98 trataram tanto da majoração de honorários advocatícios como da aplicação de multa, sendo que em 88 decisões a multa foi aplicada. Percebe-se que há uma clara tentativa de impor ônus à parte que interpôs recurso com o intuito de protelação. Até o montante de aumento dos honorários evidencia isso: a maior parte das decisões do STF tem majorado os honorários advocatícios para o teto legal.

Já na prática do STJ, por mais que a aplicação dos honorários seja menor e o enunciado 16 da ENFAM esteja sendo utilizado para impedir a majoração de honorários em diversos casos, alguns Ministros sinalizaram que o instituto representará dificuldades para as partes. Notadamente, durante o julgamento dos EDcl no AgInt no REsp 1573573/RJ[35], usado como referência sobre os requisitos para majoração dos honorários, o Ministro Relator Marco Aurélio Bellizze afirmou:

> Com base nessas considerações, **concluo que o escopo principal dos honorários advocatícios recursais é desestimular a interposição de recurso pela parte vencida, inibindo o exercício abusivo do direito de recorrer e, com isso, fortalecendo as decisões judiciais.** (grifo nosso)

Inclusive, essa é a fundamentação que leva ao entendimento pela desnecessidade de efetivo trabalho adicional do advogado para que exista a majoração dos honorários. Não apenas se afirmou que o escopo principal é o desestímulo à interposição de recursos, como foram realizadas intepretações para reforçar tal efeito.

No mesmo sentido, o Ministro Moura Ribeiro está constando o seguinte trecho em todas as decisões por ele relatadas ou proferidas:

> Advirta-se que eventual recurso interposto contra esta decisão estará sujeito às normas do NCPC, inclusive no que tange ao cabimento de multa (arts. 1.021, § 4º e 1.026, § 2º) e honorários recursais (art. 85, § 11).

Mais uma vez aproximando a figura dos honorários recursais às multas por intuito protelatório de recursos, a advertência do Ministro tem expresso intuito de desincentivar a interposição de novos recursos. A função remuneratória dos honorários parece inclusive

---

[35] TERCEIRA TURMA, julgado em 04/04/2017, DJe 08/05/2017.

ficar em segundo plano, devido à forma incisiva do aviso que o Ministro já fez constar de 1.784 decisões[36] por ele relatadas ou proferidas monocraticamente em 2016.

Ainda no mesmo sentido, o Ministro Paulo de Tarso Sanseverino também constou advertência em 261 de suas decisões proferidas em 2016[37], mas sem explicitar a hipótese de condenação em honorários advocatícios: "Advirta-se que eventual recurso interposto contra esta decisão estará sujeito às normas do CPC/2015."

Dessa forma, pelo que é possível verificar das decisões do STF e do STJ, o caráter punitivo ainda está presente na utilização dos honorários advocatícios recursais, mesmo com a mudança de redação durante o trâmite do projeto de lei. O ônus criado está sendo efetivamente utilizado para desestimular a interposição de recursos, seja expressamente pelo STF, seja de forma pontual pelo STJ.

2.2. Honorários advocatícios recursais frente ao direito intertemporal

Por ser norma que aumenta as despesas processuais para as partes, impondo novo ônus na sistemática recursal, é preciso definir muito bem a aplicação do direito intertemporal ao instituto para que não existam decisões que surpreendam os riscos que as partes visualizaram no momento de interposição dos recursos.

Em breve síntese, a teoria de isolamento dos atos é a técnica utilizada para a análise do direito intertemporal no processo civil:

> Como corolário da garantia da irretroatividade e tutela ao direito processual adquirido, tem-se a adoção, no plano do processo, da teoria do isolamento dos atos processuais, ou *tempus regit actum*. Nas lições de Cândido Dinamarco e considerando-se a dinâmica do processo, a cada ato processual (ação ou omissão) surgem direitos processuais adquiridos por uma das partes que não podem ser afetados pela lei nova.[38]

Nesse sentido, busca-se o ato que deu origem à pretensão a ser exercida, verificando o momento em que ele foi produzido: se o ato originário foi produzido na lei antiga, criou-se expectativa procedimental que não pode ser modificada pela vigência da lei nova. Então, se a decisão foi publicada perante o CPC/73, o recurso deverá seguir os requisitos nele determinados. Já o procedimento de trâmite do recurso dependerá do momento da sua interposição: se o recurso foi interposto perante a lei nova (CPC/2015), será processado conforme as novas regras, mesmo que seu cabimento tenha que estar conforme a lei antiga.

---

[36] Esse é o número de decisões encontradas quando se realiza pesquisa constando exatamente o trecho indicado em todas as decisões do Ministro Moura Ribeiro.

[37] Esse é o número de decisões encontradas quando se realiza pesquisa de decisões proferidas em 2016 constando exatamente o trecho indicado.

[38] FARIA, Juliana Cordeiro de. Direito Intertemporal. *In*: THEODORO JÚNIOR, Humberto (Coord.). *Processo civil brasileiro*. Belo Horizonte: Del Rey, 2016, p. 344.

Em resposta, tem-se que 'o cabimento do recurso, ai incluídas as respectivas condições de admissibilidade, regula-se pela lei do tempo em que proferida a decisão. As regras procedimentais, entretanto, serão as da lei nova, pois a modificação não atinge direitos adquiridos'.[39]

Verifica-se, então, que para majoração ou não dos honorários advocatícios conforme o CPC/2015 deve ser isolado o ato que deu origem à pretensão de recebimento ou condenação em honorários recursais. Pela sistemática introduzida, basta a interposição do recurso para que exista o dever de majoração da verba honorária – o ato isolado que gera a incidência do instituto dos honorários advocatícios recursais é a interposição do recurso[40].

Este é o entendimento encontrado nas decisões proferidas pelo STF:

> AGRAVO INTERNO NO RECURSO EXTRAORDINÁRIO COM AGRAVO. TRIBUTÁRIO. AÇÃO ORDINÁRIA. (...) RECURSO INTERPOSTO SOB A ÉGIDE DO NOVO CÓDIGO DE PROCESSO CIVIL. APLICAÇÃO DE NOVA SUCUMBÊNCIA. AGRAVO INTERNO DESPROVIDO. (ARE 956666 AgR, Relator(a): Min. LUIZ FUX, Primeira Turma, julgado em 07/06/2016, PROCESSO ELETRÔNICO DJe-171 DIVULG 15-08-2016 PUBLIC 16-08-2016)

O STJ, por outro lado, entende que só deverão ser fixados honorários recursais quando o recurso combateu decisão publicada a partir da data de entrada em vigor do CPC/2015, conforme Enunciado Administrativo nº 7 do STJ: "Somente nos recursos interpostos contra decisão publicada a partir de 18 de março de 2016, será possível o arbitramento de honorários sucumbenciais recursais, na forma do art. 85, § 11, do novo CPC."

O objetivo da redação do enunciado foi trazer segurança jurídica, resguardando as partes de serem surpreendidas por despesas processuais que não esperavam. Todavia, desvinculou-se o ato da interposição do recurso ou do julgamento do recurso como base para determinar a aplicação do CPC/2015. E essa tem sido a interpretação seguida pelo Tribunal[41].

Neste caminho, a aplicação dos honorários recursais foi restringida mais uma vez pelo STJ, ampliando o período de inaplicabilidade do instituto para além do que a teoria do isolamento dos atos determina.

Mesmo sendo disposição temporária – que deixará de ser aplicada tão logo inexistirem recursos contra decisões publicadas antes da entrada em vigor do CPC/2015 – já são inúmeros os casos em que o direito do advogado de receber honorários recursais foi negado.

---

[39] STJ, REsp 115.183/GO, Rel. Ministro NILSON NAVES, Rel. p/ Acórdão Ministro Eduardo Ribeiro, TERCEIRA TURMA, julgado em 29/06/1998, DJ 08/03/1999, p. 217, *Apud idem*, p. 345.

[40] Nesse sentido: NUNES, Dierle; DUTRA, Victor Barbos; OLIVEIRA JÚNIOR, Délio Mota de. Honorários no recurso de apelação e questões correlatas. *In*: DIDIER, Fredie (coord.). *Honorários advocatícios*. 2. Ed. Salvador: Jus Podivm, 2016, p. 643.

[41] Esse foi o entendimento estampado no julgado que tem sido utilizado como referência EDcl no AgInt no REsp 1573573/RJ, Rel. Ministro MARCO AURÉLIO BELLIZZE, TERCEIRA TURMA, julgado em 04/04/2017, DJe 08/05/2017.

Ressalta-se, contudo, que a aplicação do enunciado administrativo nº 7 ainda não é unânime, impedindo a plena consolidação do entendimento. Nesse sentido:

> PROCESSUAL CIVIL. EMBARGOS DE DECLARAÇÃO EM EMBARGOS DE DECLARAÇÃO EM AGRAVO REGIMENTAL EM AGRAVO EM RECURSO ESPECIAL. JUÍZO DE RETRATAÇÃO. FIXAÇÃO DE HONORÁRIOS RECURSAIS (ART. 85, § 11, DO NOVO CPC). RECURSO INTERPOSTO ANTES DE 18/03/2016. DESCABIMENTO. OMISSÃO INEXISTENTE.
>
> 1. Analisando a aplicação, no tempo, da nova regra trazida pelo art. 85, §§ 1º e 11, do novo CPC, o Plenário desta Corte, em sessão realizada dia 9/3/2016 (ata publicada em 11/3/2016), elaborou o Enunciado Administrativo n. 7 que esclarece que "somente nos recursos interpostos contra decisão publicada a partir de 18 de março de 2016, será possível o arbitramento de honorários sucumbenciais recursais, na forma do art. 85, § 11, do novo CPC".
>
> **2. Se o(s) recurso(s) oposto(s) pela embargante e providos em sede de juízo de retratação foram protocolados antes da entrada em vigor no novo Código de Processo Civil, não faz ela jus à fixação de honorários recursais, não sendo possível, por consequência, imputar nenhuma omissão ao acórdão embargado, no ponto.**
>
> 3. Embargos de declaração rejeitados.
>
> (EDcl nos EDcl no AgRg no Ag 1153498/GO, Rel. Ministro REYNALDO SOARES DA FONSECA, QUINTA TURMA, julgado em 17/11/2016, DJe 28/11/2016, grifo nosso)

Percebe-se que mais uma vez o STF e o STJ têm proferido decisões completamente diferentes sobre o mesmo tema, principalmente considerando os limites colocados pelo STJ para aplicação do instituto analisado.

3. CONSIDERAÇÕES FINAIS

Conforme destrinchado no presente estudo, o instituto dos honorários advocatícios recursais ainda está longe de ser consolidado. Nesse sentido, percebe-se que ainda há muito o que avançar na definição das balizas do instituto dos honorários advocatícios recursais no âmbito do STF e STJ. Por mais que já existam decisões que auxiliem a doutrina na estruturação do alcance e dos limites da majoração da verba honorária, as perspectivas sinalizadas por cada Tribunal são bem divergentes, mesmo em se tratando da mesma questão.

Enquanto as decisões do STF são mais incisivas com o instituto dos honorários advocatícios recursais, aplicando-os de forma mais ampla e em montantes mais altos, as decisões tomadas pelo STJ perante CPC/2015 são mais restritivas e algumas ainda refletem o pensamento específico do Ministro, mesmo com esforço de estabilização da jurisprudência em torno do tema.

No âmbito do STF, o instituto está sendo aplicado com reforço do seu caráter punitivo e sem imposição de restrições que vão além das já existentes para a condenação de honorários advocatícios em primeira instância, excetuando-se as divergências do Ministro Marco Aurélio. É importante ainda observar que a majoração dos honorários tem alcançado o teto legal no STF e ainda são cumuladas com multa por intuito protelatório.

Já o STJ, além de valer-se do Enunciado 16 da ENFAM, que restringe a aplicação apenas a três situações de interposição de recursos, e do Enunciado Administrativo nº 07 do STJ que afastou o CPC/2015 para hipóteses em que a lei nova já deveria incidir, o STJ possui decisões que negam a majoração de honorários em caso de sucumbência recíproca.

Ambos, no entanto, parecem concordar que a majoração só pode ocorrer quando existiu condenação em instâncias anteriores, afastando a aplicação do instituto em ações mandamentais e quando o recurso é oriundo de decisão interlocutória.

Por outro lado, ainda são inúmeras as questões que necessitam ser resolvidas sobre o tema e sobre as quais não é possível encontrar julgados do STF ou STJ. O caso de sentença terminativa que deverá retornar à primeira instância para julgamento do mérito permanece sem diretrizes do STF e STJ, por exemplo.

Obviamente, o pouco tempo de vigência, as diversas possibilidades e a grande quantidade de recursos e de temas que também necessitam de unificação de entendimentos dificultam o trabalho dos Tribunais, mas o impacto dos honorários recursais pode ser muito grande para todos os envolvidos. Dessa forma, cabe aos Tribunais e à doutrina continuarem se esforçando para delimitar o alcance da majoração dos honorários em fase recursal e aos pesquisadores continuar registrando os resultados obtidos para que exista plena segurança jurídica aos jurisdicionados e profissionais do Direito.

41

O AGRAVO DE INSTRUMENTO EM PERSPECTIVA: REFLEXÕES EM TORNO DA NATUREZA DO ROL DO ART. 1.015 DO CPC

Juliana Cordeiro de Faria
Edgard Audomar Marx Neto
Marcelo Andrade Féres

Sumário: 1. Introdução: dois anos de vigência do CPC/2015 e as polêmicas em torno do agravo de instrumento. 2. Breve panorama da história evolutiva do agravo de instrumento e os modelos de recorribilidade das interlocutórias. 3. Decisão interlocutória e sua (ir)recorribilidade imediata e em separado: a ruptura do sistema de preclusão no CPC/2015. 4. Nova sistemática de recorribilidade e o resgate de uma anacrônica solução: o mandado de segurança contra decisões interlocutórias não incluídas no rol do art. 1.015. 5. A tentativa de se combater o anacronismo: possíveis soluções?. 5.1. A natureza do rol: exemplificativo ou taxativo?. 5.2. Taxatividade e interpretação extensiva: um paradoxo?. 6. Conclusão: resistir à tentação é preciso.

1. INTRODUÇÃO: DOIS ANOS DE VIGÊNCIA DO CPC/2015 E AS POLÊMICAS EM TORNO DO AGRAVO DE INSTRUMENTO

O presente texto é escrito para obra destinada a homenagear o Professor Humberto Theodoro Júnior, um dos maiores juristas brasileiros e de quem temos a honra e a alegria não apenas de manter uma interlocução acadêmica e profissional, mas também pessoal. A contribuição de suas lições para a construção do Direito e, em especial, para a edificação das bases do moderno Processo Civil é notável.

A entrada em vigor de um novo Código de Processo Civil e os problemas teórico-práticos que o acompanham são, certamente, uma oportunidade para revisitação da obra doutrinária do Professor Humberto Theodoro Júnior em busca de luzes para sua solução.

A escolha do tema do agravo de instrumento se fez porquanto, passados dois anos da vigência do CPC/2015, várias são as questões polêmicas que o regime introduzido pela *novel* codificação tem suscitado. Para seu enfrentamento, exige-se do intérprete um esforço exegético para extrair do sistema a sua maior eficiência ao mesmo tempo em que se busca preservar as garantias fundamentais do processo, pilar do Estado de Direito. Muitos são os desafios presentes em torno do agravo de instrumento e que, com o auxílio das lições do homenageado, se pretende superar, desenhando-se os novos rumos do processo.

O CPC/2015, de modo geral, compromete-se com a efetividade do processo e com a sua razoável duração, tendo simplificado, redimensionado e reestruturado diversos atos e fases procedimentais, a partir de diretrizes e normas fundamentais que integram a sua Parte Geral. O processo torna-se assim um método de resolução de conflitos comprometido com a realização de valores constitucionais.

Nesse ambiente, por óbvio, o sistema recursal do novo *codex* traz diversas novidades e, entre elas, merece destaque a disciplina do agravo de instrumento que sofreu um grande impacto tendo em vista a ruptura de paradigma operada entre o sistema da recorribilidade das interlocutórias do CPC/1973 e aquele introduzido pelo CPC/2015.

Migra-se de um modelo cujo pilar fundamental para a recorribilidade das decisões interlocutórias era estruturado a partir da preclusão e, por conseguinte, da sua impugnabilidade autônoma e imediata pela via do agravo (retido ou de instrumento) para um modelo diverso em que a preclusão deixa de ser a regra para se tornar a exceção. No modelo adotado pelo CPC/2015, o vetor axiológico é o da recorribilidade diferida das interlocutórias (art. 1.009, § 1º[1]) e, portanto, a ausência de imediata preclusão é a regra geral.

No CPC/2015, as questões resolvidas pela via de decisões interlocutórias não estão, em regra, sujeitas à preclusão e "devem ser suscitadas em preliminar de apelação, eventualmente interposta contra a decisão final, ou nas contrarrazões". A regra geral da recorribilidade diferida, no entanto, comporta exceção também nos precisos termos do disposto no art. 1.009, § 1º): a ela não se submetem as decisões interlocutórias impugnáveis pela via do agravo de instrumento cujo rol é contemplado no art. 1.015 do CPC.

Não há como se negar que o mencionado recurso e as feições que o novo Código lhe imprime são responsáveis por parte significativa das discussões doutrinárias e jurisprudenciais que emergem, desde então, com opiniões divergentes e decisões conflitantes nos Tribunais. A principal delas gravita em torno do rol do art. 1.015 do CPC em que estão listadas as decisões interlocutórias cujo conteúdo ensejaria o cabimento do agravo de instrumento: seria ele taxativo ou exemplificativo? Admitiria interpretação extensiva para acomodar outras hipóteses nele não previstas? Haveria a possibilidade de impetração de mandado de segurança em face das interlocutórias não agraváveis diante da demonstração

---

1 § 1º As questões resolvidas na fase de conhecimento, se a decisão a seu respeito não comportar agravo de instrumento, não são cobertas pela preclusão e devem ser suscitadas em preliminar de apelação, eventualmente interposta contra a decisão final, ou nas contrarrazões.

de prejuízo? Essas são algumas das questões que têm sido objeto de amplo debate e, ainda, não lograram obter o consenso.

A resposta aos questionamentos é de fundamental importância tendo em vista que interfere diretamente no dia-a-dia da prática forense, impactando na segurança da escolha dos meios impugnativos pelos seus operadores e, por conseguinte, na própria tutela dos direitos fundamentais do jurisdicionado. As regras processuais, principalmente no que tange ao regime dos recursos, devem ser claras e previsíveis, pois do contrário o processo, de instrumento de garantia da tutela de direitos fundamentais, se transforma no seu mais perverso algoz.

A previsibilidade e a isonomia de entendimento são uma exigência do processo justo assegurado pelo Estado de Direito, porquanto é através dos recursos que o contraditório democrático se realiza e os provimentos judiciais se legitimam na tutela dos direitos.

A questão ganha maior relevo quando se observa que o Superior Tribunal de Justiça, em recente decisão, acolheu proposta de afetação visando a "definir a natureza do rol do artigo 1.015 do CPC/15 e verificar a possibilidade de sua interpretação extensiva, para se admitir a interposição de agravo de instrumento contra decisão interlocutória que verse sobre hipóteses não expressamente versadas nos incisos de referido dispositivo do novo CPC"[2].

O objeto do presente estudo é justamente delinear algumas primeiras impressões sobre o agravo de instrumento, nesses dois anos de vigência, partindo da evolução do instituto até chegar ao exame das questões concernentes ao seu cabimento, no intuito de trazer algumas reflexões como um contributo à solução de tão controverso tema afetado pelo Superior Tribunal de Justiça.

2. BREVE PANORAMA DA HISTÓRIA EVOLUTIVA DO AGRAVO DE INSTRUMENTO E OS MODELOS DE RECORRIBILIDADE DAS INTERLOCUTÓRIAS

A despeito de controvérsias, predomina entre os estudiosos que, no direito romano, inexistia o agravo. Era cabível apenas a apelação contra as sentenças definitivas.[3]

Nos moldes em que o agravo foi concebido no Brasil, especialmente no sistema do Código de Processo Civil de 1973, parece ser no direito lusitano que se encontram suas raízes, as quais, a propósito, são de difícil precisão.[4]

---

[2] ProAfR no REsp 1696396/MT, Rel. Ministra NANCY ANDRIGHI, CORTE ESPECIAL, julgado em 20/02/2018, DJe 28/02/2018.

[3] Nesse sentido: THEODORO JÚNIOR, Humberto. Decisão interlocutória: o problema da recorribilidade das interlocutórias no processo civil brasileiro. In: *Revista síntese de direito civil e processual civil*, n. 27. Jan-fev/2004, p. 22; e WAMBIER, Teresa Arruda. O Novo Regime do Agravo – 2ª edição. São Paulo: RT – Revista dos Tribunais, 1996, p. 25.

[4] WAMBIER, Teresa Arruda. O Novo Regime do Agravo – 2ª edição. São Paulo: RT – Revista dos Tribunais, 1996, p. 26

Não obstante, Humberto Theodoro Júnior afirma que o *nomen iuris* "agravo" surgiu quando Afonso IV, em razão de excessos, proibiu a apelação contra interlocutórias em Portugal, onde era admitida havia séculos. *"É que, não podendo apelar para que o processo subisse à instância superior, as partes reclamavam, fora dos autos, ao rei, a quem pediam a cassação das interlocutórias que lhes causavam* agravo *(i.e., prejuízo). Com o tempo, o nome* agravo, *de representativo do objeto da impugnação, passou a designar o instrumento utilizado para veicular a própria impugnação."*[5]

No Brasil, embora haja registros mais remotos, dadas as limitações deste texto, deve-se partir da análise do Código de Processo Civil de 1939. O CPC/1939 contemplava, quanto à recorribilidade das decisões que seriam, na atual sistemática, qualificadas como interlocutórias: (i) o agravo de instrumento que, em seus arts. 842 e 843,[6] delineava uma sistemática de seu cabimento restrito às hipóteses taxativas do art. 842. A recorribilidade era imediata, assim como a remessa para o seu julgamento pelo Tribunal caso não houvesse retratação; (ii) o agravo nos autos que era cabível em hipóteses também previstas taxativamente no art. 851[7]. A diferença para o agravo de instrumento consistia em que, embora interposto

---

[5] THEODORO JÚNIOR, Humberto. Decisão interlocutória: o problema da recorribilidade das interlocutórias no processo civil brasileiro. In: *Revista síntese de direito civil e processual civil*, n. 27. Jan-fev/2004, p. 23.

[6] O Código de Processo Civil de 1939 previa: *"Art. 842 – Além dos casos em que a lei expressamente o permite, dar-se-á agravo de instrumento das decisões: I – que não admitirem a intervenção de terceiro na causa; II – que julgarem a exceção de incompetência; III – que denegarem ou concederem medidas requeridas como preparatórias de ação; IV – que não concederem vista para embargos de terceiro, ou que os julgarem; V – que denegarem ou revogarem o benefício de gratuidade; VI – que ordenarem a prisão; VII – que nomearem ou destituírem inventariante, tutor, curador, testamenteiro ou liquidante; VIII – que arbitrarem, ou deixarem de arbitrar, a remuneração dos liquidantes ou a vintena dos testamenteiros; IX – que denegarem a apelação, inclusive a de terceiro prejudicado, a julgarem deserta, ou a relevarem da deserção; X – que decidirem a respeito de erro de conta; XI – que concederem, ou não, a adjudicação ou a remissão de bens; XII – que anularem a arrematação, adjudicação ou remissão cujos efeitos legais já se tenham produzido; XIII – que admitirem, ou não, o concurso de credores, ou ordenarem a inclusão ou exclusão de créditos; XIV – que julgarem, ou não, prestadas as contas; XV – que julgarem os processos de que tratam os títulos XV e XXII do Livro V, ou os respectivos incidentes, ressalvadas as exceções expressas; XVI – que negarem alimentos provisionais; XVII – que, sem caução idônea, ou independentemente de sentença anterior, autorizarem a entrega de dinheiro ou quaisquer outros bens, ou a alienação, hipoteca, permuta, subrogação ou arrendamento de bens.*
Art. 843 – O agravo de instrumento não suspenderá o processo.
§ 1º – O recurso interposto do despacho referido no n.º V do artigo anterior suspenderá apenas a obrigação do pagamento das custas.
§ 2º – Nos casos previstos nos ns. VI, XI e XVII, o juiz suspenderá o processo, se não puder suspender apenas a execução da ordem".

[7] Art. 851. Caberá agravo no auto do processo das decisões: I – que julgarem improcedentes as exceções de litispendência e coisa julgada; II – que não admitirem a prova requerida ou cercearem, de qualquer forma, a defesa do interessado; III – que concederem, na pendência da lide, medidas preventivas; IV – que considerarem, ou não, saneado o processo, ressalvando-se, quanto à última hipótese o disposto no art. 846.

imediatamente, o seu julgamento pelo Tribunal era diferido e somente se daria como preliminar do julgamento da apelação.

Interessante notar que, no regime do CPC/1939, adotou-se a sistemática de elaboração de um rol taxativo das hipóteses de cabimento de agravo de instrumento (art. 842) e de agravo no auto do processo (art. 851) contra decisões proferidas antes da sentença. A opção legislativa foi objeto de muitas críticas, visto que inúmeras hipóteses deixaram de figurar nos róis e, por sua vez, não se enquadravam em qualquer outra de admissibilidade de apelação ou agravo de petição, ensejando à época discussões em torno de sua recorribilidade e dos meios adequados para sua impugnação.

Eduardo Henrique de Oliveira Yoshikawa[8] assinala que "a existência de decisões interlocutórias não abrangidas quer nas hipóteses de agravo de instrumento, quer nas de agravo no auto do processo, suscitava a utilização de sucedâneos recursais como a correição parcial, a reclamação e o mandado de segurança, ocasionando 'verdadeira balbúrdia no sistema processual por conta da irrecorribilidade de parte considerável das interlocutórias' (NERY JÚNIOR, Nelson; NERY, Rosa Maria de Andrade. *Código de Processo Civil Comentado*. 16. ed. São Paulo: RT, 2016, p. 2.232)."

O CPC/1939 revelou o inconveniente de se tentar estabelecer uma casuística de decisões agraváveis diante da impossibilidade de se antever todas as hipóteses de decisões impugnáveis no curso da tramitação processual em primeira instância, mormente à vista da variedade e complexidade das demandas submetidas ao processo de conhecimento. A solução preponderante foi a de admitir o cabimento do mandado de segurança como via para impugnação daquelas decisões que não se encontravam nos róis taxativos para o agravo de instrumento ou no auto do processo.

Como se vê, a técnica legislativa de se elaborar um rol casuístico e taxativo ensejou uma deformação do sistema, diante da necessidade de utilização de meios impugnativos fora da tipicidade recursal.

A seu turno, no *"Código de Processo Civil, de 1973,"* – consoante assinala Athos Gusmão Carneiro – "a proposta inicial de Buzaid tendia à mantença apenas do agravo de instrumento. No entanto, durante a tramitação legislativa, oportuna emenda restaurou o antigo agravo no auto do processo para aqueles casos em que, não tendo o litigante interesse maior na imediata reforma da decisão interlocutória que lhe fora desfavorável, entende todavia prudente interpor, a fim de evitar a preclusão, um recurso com eficácia diferida, ou seja, para ser conhecido e julgado apenas se alguma das partes vier a manifestar apelação e se o agravante requerer expressamente, nas respectivas razões (se for ele o apelante) ou nas contra-razões (se for apelado), a apreciação do agravo pelo tribunal."[9]

O *codex* de 1973 consagrou um regime de ampla recorribilidade imediata e em separado das interlocutórias, cabendo ao agravante optar entre as formas retida ou de instrumento. O agravo retido tornou-se o principal meio impugnativo das decisões interlocutórias,

---

[8] Prometeu (Re)Acorrentado: A recorribilidade em separado das decisões interlocutórias do CPC/39 ao CPC?2015. In: NERY JÚNIOR, Nelson; ALVIM, Teresa Arruda. *Aspectos Polêmicos dos Recursos Cíveis*. V. 13. São Paulo: RT, 2017, p. 169.

[9] CARNEIRO, Athos Gusmão. *O novo recurso de agravo*. 4. Ed. Rio de Janeiro: Forense, 1998, p. 11.

reservando-se o agravo de instrumento para aquelas suscetíveis "de causar à parte lesão grave e de difícil reparação"[10].

Igualmente eliminou o inconveniente do CPC/1939 da adoção de um rol taxativo das decisões agraváveis, que se mostrou incapaz de contemplar e exaurir a totalidade dos casos na praxe forense. O CPC/1973 optou por um enunciado mais aberto quanto ao cabimento do agravo (art. 522), apto a abranger quaisquer decisões de natureza interlocutória.

A tônica do CPC/1973 foi a recorribilidade autônoma e imediata das decisões interlocutórias, erigindo a preclusão como seu pilar, a exemplo do CPC/1939. Desde a primeira codificação processual nacional, o sistema de recorribilidade das interlocutórias teve na preclusão a sua principal diretriz, razão pela qual a impugnabilidade imediata e autônoma das decisões tornou-se uma nota característica, havendo a possibilidade de se diferir, em alguns casos, apenas o julgamento do recurso contra elas interposto[11].

A principal distinção entre as codificações, como se pode observar, cingiu-se à técnica legislativa para delimitação das decisões agraváveis de imediato: enquanto o CPC/1939 adotou uma casuística das hipóteses que autorizariam a interposição de agravo, a partir da elaboração de um rol taxativo de decisões impugnáveis; o CPC/1973 optou por eliminar a casuística e elaborar um sistema aberto tendo por vetor a natureza da decisão, de modo que, todos os atos decisórios qualificados como interlocutórias na primeira instância passaram a ser impugnadas por agravo (de instrumento ou retido).

O sistema de recorribilidade das interlocutórias introduzido pelo CPC/1973 mostrou-se muito superior àquele anterior visto que: (i) ao abandonar o rol taxativo, corrigiu o inconveniente da existência de um feixe de decisões que se tornaram irrecorríveis; (ii) como consequência, praticamente aboliu o uso do mandado de segurança contra decisões interlocutórias na primeira instância, anomalia gestada em grande parte no CPC/1939 para corrigir a gravidade advinda da irrecorribilidade de inúmeras decisões capazes de causar prejuízo aos litigantes; (iii) por sua vez, equilibrou os anseios da duração razoável do processo e da efetividade ao adotar o critério da potencialidade de causar à parte prejuízo grave e de difícil reparação para definir o cabimento do agravo na modalidade de instrumento[12], estipulando o agravo retido como regra para as demais hipóteses.

Em linhas gerais, esses são os dados evolutivos do regime de recorribilidade das interlocutórias via agravo de instrumento, necessários à sua compreensão, sobremaneira para se entenderem os contornos que lhe imprime o Código de Processo Civil de 2015.

---

[10] Art. 522 com a redação da Lei n. 11.187/2005. A essa hipótese se amoldam também as decisões de inadmissão da apelação e as relativas aos efeitos em que é recebida (art. 523).

[11] Era o caso do agravo retido. A parte deveria interpô-lo tão logo intimado da decisão, sob pena de preclusão. Apenas o seu julgamento ficava diferido e deveria se dar como preliminar do julgamento da apelação.

[12] O critério do potencial de causar prejuízo à parte também é observado como a *ratio* na hipótese do art. 523 que contempla o cabimento de agravo de instrumento das decisões proferidas após a apelação.

3. DECISÃO INTERLOCUTÓRIA E SUA (IR)RECORRIBILIDADE IMEDIATA E EM SEPARADO: A RUPTURA DO SISTEMA DE PRECLUSÃO NO CPC/2015

Até o advento do CPC/2015, o legislador brasileiro, no que tange à recorribilidade das decisões qualificadas como interlocutórias, sempre teve como vetor o sistema de preclusões e sua importância para assegurar uma melhor efetividade e eficiência ao processo como método de resolução adequada de conflitos.

Nesse sentido, o ponto de partida para se conceber o modelo de recorribilidade das decisões interlocutórias nas codificações anteriores sempre foi a técnica da preclusão, segundo a qual, a ausência de imediata interposição do adequado recurso conduzia à sua cristalização na relação processual em curso. Logo, as questões já decididas e contra as quais não mais se admitiria recurso se consolidavam, ficando vedada às partes a sua rediscussão nos próprios autos e ao juiz decidi-las novamente.

Como consectário natural de um modelo ancorado na preclusão, tem-se que a recorribilidade imediata e em separado das decisões interlocutórias sempre foi uma nota característica do sistema brasileiro codificado.

A tradição, todavia, foi rompida pelo CPC/2015 que introduziu um modelo até então inexistente de recorribilidade das interlocutórias. A partir do anseio de tentar solucionar a intolerável lentidão da justiça e erigindo o sistema recursal como um de seus vilões – a despeito de não corresponder à realidade judiciária – o legislador introduziu profundas modificações na sistemática de recorribilidade das interlocutórias:

a) eliminou o agravo retido do rol de recursos cíveis. Como consequência da sua supressão, inaugurou um modelo novo em que as decisões interlocutórias não mais se submetem, em regra, à preclusão imediata, ficando a sua recorribilidade diferida para o momento da apelação ou das contrarrazões (art. 1.009, § 1º). Aqui não se trata do diferimento do julgamento do recurso, a exemplo do que se operava no passado, mas do próprio direito de recorrer que tem o seu exercício suspenso até o momento da prolação da sentença. As decisões judiciais têm, nesse modelo, eficácia imediata produzindo seus efeitos sobre a relação processual. Nesse novo modelo, a recorribilidade dessas interlocutórias não mais se dá em separado, mas como preliminar do recurso contra a sentença (apelação) ou suas respectivas contrarrazões. O regime adotado pela nova codificação se assemelha àquele vigente nos juizados especiais cíveis em que todas as decisões interlocutórias serão objeto de impugnação em preliminar do recurso inominado contra a sentença, inexistindo a prévia preclusão;

b) o agravo de instrumento ficou reservado para impugnação das interlocutórias enumeradas no rol taxativo do art. 1.015. Nesse passo, o legislador estabeleceu uma casuística em que a recorribilidade seria imediata e em separado, excepcionando a regra geral da ausência de preclusão. Para as decisões interlocutórias que integram o rol, haverá preclusão se a parte não interpuser, de imediato, o agravo de instrumento.

Humberto Theodoro Júnior[13] esclarece que a nova sistemática "afasta a necessidade de interposição imediata de recurso, para impedir a preclusão. Agora, se a matéria incidental decidida pelo magistrado *a quo* não constar do rol taxativo do art. 1.015, que autoriza a interposição de agravo de instrumento, a parte prejudicada deverá aguardar a prolação da sentença para, em preliminar de apelação ou nas contrarrazões, requerer a sua reforma (art. 1.009, § 1º). Vale dizer, a preclusão sobre a matéria somente ocorrerá se não for posteriormente impugnada em preliminar de apelação ou nas contrarrazões".

O esquema abaixo ilustra o modelo adotado pelo CPC/2015:

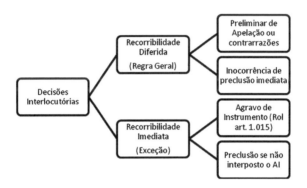

Houve, pois, uma inequívoca opção legislativa de romper com a sistemática do CPC/1973 no que tange à recorribilidade das interlocutórias e à preclusão. A regra geral da *novel* codificação, portanto, passa a ser a ausência de preclusão imediata e, pois, a recorribilidade diferida e concentrada das interlocutórias. A recorribilidade imediata e em separado se dá apenas para as hipóteses constantes do rol do art. 1.015, e, por conseguinte, a preclusão é estatuída como uma exceção.

A despeito de o legislador reintroduzir a opção de elaborar uma casuística das hipóteses que ensejam a interposição de agravo de instrumento, não repetiu o equívoco do CPC/1939 em que havia um limbo de interlocutórias irrecorríveis. Isto porque, no CPC/2015, se a interlocutória não se insere entre as exceções arroladas no art. 1.015 que admitem o agravo de instrumento, será submetida à sistemática geral de diferimento e concentração da impugnação, qual seja, por meio da apelação ou contrarrazões.

Consoante esclarece Humberto Theodoro Júnior[14], na nova codificação "todas as interlocutórias são passíveis de impugnação recursal. O que há são decisões interlocutórias imediatamente atacáveis por agravo de instrumento (NCPC, art. 1.015) e outras que se sujeitam, mais remotamente, ao recurso de apelação".

Nesse ambiente, o CPC/2015 trilhou claramente o caminho do predomínio da irrecorribilidade imediata e autônoma dos decisórios interlocutórios, ao prever um elenco taxativo

---

[13] THEODORO JÚNIOR, Humberto. *Curso de Direito Processual Civil*. V. 3, Rio de Janeiro: Forense, 2017, p. 1.022.
[14] *Curso cit.*, p. 1.049.

dos casos de cabimento do agravo de instrumento em seu art. 1.015, associado à ausência de preclusão das demais interlocutórias exaradas no curso do processo, nos termos do § 1º de seu art. 1.009.

Da leitura conjunta das normas referidas, emerge a inequívoca intenção do legislador de tornar exceção o recurso autônomo (agravo de instrumento) contra decisões interlocutórias. Nitidamente, a nova legislação pretende que o processo se desenvolva num único leito, sem abertura de afluentes, admitindo-se que as soluções de questões incidentais, em regra, não se submetam à imediata preclusão, na tentativa de que, na normalidade dos casos, haja um único recurso ao final do desenvolvimento do processo, o de apelação, apto a devolver à instância superior todas as questões decididas, seja na sentença, seja antes desta.

Passados dois anos de vigência do CPC/2015, o que se pode dizer do novo modelo de recorribilidade das interlocutórias? Tem ele se mostrado mais eficiente que o anterior? A resposta é negativa. A opção legislativa revelou-se, a nosso juízo, infeliz tendo em vista sua manifesta insuficiência para garantir a efetividade e eficiência indispensáveis ao justo processo. Os frutos colhidos, até o momento, são a insegurança e a retomada do velho debate quanto ao cabimento do mandado de segurança para impugnar decisões interlocutórias que, a despeito de não figurarem no rol casuístico do art. 1.015, criam potencial prejuízo às partes.

4. NOVA SISTEMÁTICA DE RECORRIBILIDADE E O RESGATE DE UMA ANACRÔNICA SOLUÇÃO: O MANDADO DE SEGURANÇA CONTRA DECISÕES INTERLOCUTÓRIAS NÃO INCLUÍDAS NO ROL DO ART. 1.015

A praxe forense tem revelado que a sistemática de recorribilidade das interlocutórias instituída pelo CPC/2015 deixou um feixe significativo de decisões capazes de causar prejuízo à parte e à efetividade do processo sem a possibilidade de impugnação recursal imediata, uma vez que não integram o rol casuístico do art. 1.015 para fins de agravo de instrumento. É a hipótese, por exemplo, das decisões acerca da competência (relativa ou absoluta) do juízo, valor da causa, arbitramento de honorários do perito, entre outras tantas que a riqueza e a complexidade das demandas são capazes de criar e qualquer tentativa casuística de prevê-las e esgotá-las será uma vã ilusão.

Diante da realidade judiciária, ressurge a questão, análoga àquela dos tempos de vigência do CPC/1939: uma vez que o agravo de instrumento não é cabível contra todas as decisões interlocutórias, qual seria a via adequada para a impugnação das interlocutórias que, embora não figurem no rol taxativo do art. 1.015, causam prejuízos imediatos à parte?

Em resposta à indagação, corroboramos o entendimento de Humberto Theodoro Júnior, no sentido do cabimento do mandado de segurança a teor do disposto no art. 5º, inc. II, da Lei n. 12.016/2009. Suas ponderações a respeito do tema são precisas e valem a transcrição:

> "Surgiu novo problema: o agravo de instrumento não é mais admissível perante todas as decisões interlocutórias, já que o regimento do NCPC é o do casuísmo, em *numerus clausus*. Fora das hipóteses expressamente enumeradas pela lei, as

decisões interlocutórias não são impugnáveis, senão depois da sentença, através de preliminar ou contrarrazões da apelação. Não há, pois, nesses casos, recurso capaz de atacar, de imediato, a ilegalidade ou o abuso de poder praticado em decisão interlocutória.

Uma vez que a Lei n. 12.016/2009 permite a impetração de mandado de segurança contra ato judicial em face do qual não caiba recurso com efeito suspensivo (art. 5º, II), parece irrecusável o enquadramento das decisões não agraváveis nesse permissivo da lei especial. De fato, se o recurso manejável (a apelação) é remoto e problemático, a conclusão é de que o decisório, na verdade, não se apresenta como passível de suspensão imediata pela via recursal. Logo, estando demonstrada a lesão de direito líquido e certo da parte, causada pela decisão interlocutória não agravável, o remédio com que o lesado pode contar será mesmo o mandado de segurança, nos termos do art. 5º, II da Lei n. 12.016/2009. Não será admissível, dentro do processo justo e efetivo, garantido pela ordem constitucional, deixar desamparado o titular de direito líquido e certo ofendido por ato judicial abusivo ou ilegal. Daí o cabimento do *mandamus* nos termos do direito fundamental assegurado pelo art. 5º, LXIX, da Constituição"[15].

Como não poderia deixar de ser, está-se assistindo, em plena codificação do século XXI, o retorno do fantasma do mandado de segurança como meio de impugnação de decisões interlocutórias, solução anacrônica e que o CPC/1973 teve o mérito de combater. O problema e a sua solução já seriam previsíveis porquanto a opção de se adotar um rol taxativo para o agravo de instrumento, no passado, foi responsável pela deformação do sistema com o uso do mandado de segurança contra decisões judiciais. Quando não se aprendem as lições do passado, tendemos a repetir os mesmos erros no futuro. O nosso presente é, pois, resultado de lições não aprendidas ou esquecidas.

5. A TENTATIVA DE SE COMBATER O ANACRONISMO: POSSÍVEIS SOLUÇÕES?

5.1. A natureza do rol: exemplificativo ou taxativo?

Na tentativa de se combater o anacronismo decorrente do modelo de recorribilidade das interlocutórias que restaurou o mandado de segurança contra ato judicial, um dos antídotos que tem sido sugerido é o de se ampliar o espectro de cabimento do agravo de instrumento para admiti-lo em hipóteses para além do rol do art. 1.015.

A lógica estratégica parece clara: ao se ampliar o rol das decisões impugnáveis por agravo de instrumento, eliminar-se-ia a possibilidade do manejo do mandado de segurança e solucionado estaria o problema.

---

[15] *Curso cit.*, p. 1.051-1.052.

Para se alcançar o objetivo e extirpar, de vez, a deformidade criada pelo novo sistema seria necessário, no entanto, reconhecer a recorribilidade ampla de todas as interlocutórias cujo conteúdo possa trazer à parte risco de prejuízo grave ou de difícil reparação, a exemplo do que se dava no regime do CPC/1973. Qualquer outro caminho trilhado no sentido de se restringir o espectro do cabimento do agravo de instrumento conduzirá ao mesmo destino: a subsistência da via do mandado de segurança, pois sempre haverá o risco de existirem decisões não contempladas e que sejam prejudiciais, exigindo seu pronto ataque.

O esforço exegético, portanto, deveria se concentrar em extrair do sistema a adoção de um modelo de normatização aberta para as hipóteses de recorribilidade das interlocutórias pela via do agravo de instrumento, o que significaria, em outras palavras, reconhecer que o rol do art. 1.015 seria *numerus apertus*.

Para se chegar a esse resultado, seria preciso sustentar que o legislador ao estabelecer a casuística do art. 1.015 o fez a partir de uma *ratio* maior, comum a todas as hipóteses nele elencadas. As hipóteses seriam, pois, exemplos ilustrativos dessa *ratio* geral que criaria um elo comum entre elas. E qual seria essa *ratio* capaz de conectar todas as interlocutórias constantes do rol? O potencial prejuízo à parte e à efetividade do processo.

Se examinados os incisos que compõem o rol do art. 1.015, observa-se que em todos se identifica o potencial prejuízo decorrente do esvaziamento do interesse recursal se fosse respeitado o comando da recorribilidade diferida e, por conseguinte, da própria utilidade do superveniente julgamento em sede de preliminar de apelação. Apenas para ilustrar: se a decisão que rejeitasse a alegação de convenção de arbitragem, apenas fosse impugnável em sede de apelação e, portanto, após a prolação da sentença, ter-se-ia já consumado o prejuízo com a prática justamente dos atos que se desejava evitar: o judiciário teria exercido a jurisdição acerca do conflito, quando lhe era vedado. Remanesceria à parte apenas pugnar pela nulidade do processo e requerer a sua consequente extinção. Observa-se a gravidade das consequências que adviriam de se excepcionar a decisão da regra da recorribilidade imediata: prática de atos inúteis e comprometimento da própria garantia da duração razoável dos métodos de resolução de conflito. A mesma lógica se aplica para todas as demais hipóteses.

Embora seja tentadora a opção de se reconhecer que o rol do art. 1.015 é meramente exemplificativo e que dele emerge uma norma aberta segundo a qual todas as decisões interlocutórias com potencial de causar prejuízo à parte e à efetividade do processo são agraváveis, preciso é rejeitá-la para que não se comprometa as exigências do próprio Estado Democrático de Direito.

Como já advertia Carlos Maximiliano[16], "não pode o intérprete alimentar a pretensão de melhorar a lei com desobedecer às suas prescrições explícitas. Deve ter o intuito de cumprir a regra positiva, e, tanto quanto a letra o permita, fazê-la consentânea com as exigências da atualidade". Nesse sentido, ao judiciário não é dado construir novos textos valendo-se do subterfúgio de interpretá-lo, pois ao assim agir estará substituindo-se ao poder legislativo e ignorando a estrutura democrática.

Atribuir-se ao rol do art. 1.015 a natureza exemplificativa seria, sem dúvida, olvidar o espírito da reforma empreendida pelo CPC/2015 que teve, claramente, a limitação das

---

[16] *Hermenêutica e Aplicação do Direito*, p. 344-345.

hipóteses de cabimento do agravo de instrumento como diretriz para o modelo de recorribilidade das interlocutórias,. A recorribilidade imediata e autônoma é, no novo sistema, excepcional. A regra geral, consoante já se destacou no presente trabalho, é a de recorribilidade diferida e da concentração da impugnação em um momento único: o da apelação ou contrarrazões.

Ao se reconhecer que o rol é exemplificativo e que haveria uma *ratio* geral, em verdade, estar-se-ia, a um só tempo, esvaziando a utilidade da própria casuística e reconhecendo que a sistemática do agravo de instrumento remanesceria idêntica à do CPC/1973. Ou seja, seria restaurar a vigência do art. 522 do antigo Código, admitindo-se o agravo de instrumento sempre que "se tratar de decisão suscetível de causar à parte lesão grave e de difícil reparação". Estar-se-ia, assim, rompendo com a teleologia da nova codificação, transformando-se uma medida que deveria ser excepcional (agravo de instrumento) em regra para todos os casos em que houvesse alegação de prejuízo. A proposta no sentido de se reputar que a casuística do art. 1.015 é meramente exemplificativa não resiste ao próprio modelo do CPC/2015.

Não há como negar, respeitando-se o modelo introduzido pelo CPC/2015, que o rol do art. 1.015 é taxativo. As hipóteses de recorribilidade imediata por agravo de instrumento são *numerus clausus*, por mais desastrosa que tenha sido a opção legislativa.

5.2. Taxatividade e interpretação extensiva: um paradoxo?

Visando minimizar os impactos da infeliz escolha legislativa, vozes têm se levantado no sentido de se adotar a interpretação extensiva para o rol do art. 1.015, mitigando a força da taxatividade da lista a partir da busca de um perfil temático para cada um dos incisos que seria capaz de abranger outras hipóteses que com ele se assemelhassem.

A definição acerca da possibilidade de interpretação extensiva do art. 1.015, para se admitir a interposição de agravo de instrumento contra decisão interlocutória que verse sobre hipóteses não expressamente listadas, encontra-se afetada pelo Superior Tribunal de Justiça e é objeto do tema repetitivo 988, ainda pendente de julgamento.

Acerca da questão, primeiramente é preciso se delimitar qual o sentido a ser adotado para a interpretação extensiva. A partir do critério da expressão do efeito conseguido, do resultado a que chegará o investigador empenhado em atingir o conteúdo integral da norma, haverá exegese extensiva quando se "extrair do texto mais do que as palavras parecem indicar"[17]. Esse efeito de ampliação do alcance da norma pode ser, por sua vez, alcançado a partir de duas técnicas distintas: a interpretação extensiva propriamente dita (técnica interpretativa) e a analogia (técnica integrativa). Em ambas haverá sempre um elemento de conexão entre um fato e outro a partir de um critério de semelhança. Distinguem-se, todavia, nos limites possíveis para a atividade do intérprete e para a expansão da norma.

A dissociação entre a analogia e a interpretação ampliativa é ressaltada por Luciano Amaro[18] nos seguintes termos:

---

[17] MAXIMILIANO, Carlos. *Hermenêutica e Aplicação do Direito*. p. 250.
[18] AMARO, Luciano. *Direito tributário brasileiro*. 14. ed. São Paulo: Saraiva, 2008. p. 212.

"A diferença estaria em que, na analogia, a lei não terá levado em consideração a hipótese, mas, se o tivesse feito, supõe-se que lhe teria dado idêntica disciplina; já na interpretação extensiva, a lei teria querido abranger a hipótese, mas, em razão de má formulação do texto, deixou a situação fora do alcance expresso da norma, tornando com isso necessário que o aplicador da lei reconstitua o seu alcance."

Tem-se que a analogia somente é adequada quando se identifica espaços vazios no direito positivo (lacuna); a interpretação extensiva, diante de espaços cheios no ordenamento, pois se destina a desvendar o sentido e alcance do texto, das expressões contidas na norma. A interpretação extensiva propriamente dita tem o objetivo de identificar o verdadeiro conteúdo e alcance da lei que não foi suficientemente expresso na norma e sempre a partir de seu texto.

Diversamente da extensão analógica, na interpretação extensiva a ampliação acontece com base no próprio texto legislativo e expressões empregadas que são redefinidos para se extrair o seu verdadeiro sentido semântico. É, pois, naturalmente mais limitada que a analogia. A analogia cria norma nova a partir da extração de uma *ratio* maior identificável no texto para que seja aplicada a uma situação não regulada (espaço vazio). Já na interpretação extensiva, segundo lições de Carlos Maximiliano[19] "não se trata de acrescentar coisa alguma e, sim, atribuir à letra o significado que lhe compete" de modo que a técnica "não faz avançar as raias do preceito". Ou em outras palavras, a interpretação extensiva não cria uma regra nova, mas a ampliação do alcance da norma posta é o resultado da redefinição do termo empregado. "A norma aplicada é sempre a mesma"[20].

O intérprete, portanto, não pode se valer da interpretação extensiva para criar algo novo, diverso do texto da norma. Ao assim proceder, o exegeta estará se valendo da técnica da analogia e cujo pressuposto deve sempre ser a existência de um vazio legislativo (lacuna) e jamais poderá conduzir a um resultado *contra legem*. A interpretação extensiva, portanto, entendida no seu sentido mais restritivo como uma técnica interpretativa, produzirá o efeito de expandir a norma, porém jamais a casos não previstos por ela.

A título de ilustração do que sejam os limites da interpretação extensiva, tem-se, quanto ao próprio rol do art. 1.015, CPC/2015, duas recentes decisões do Superior Tribunal de Justiça:

a) A primeira[21] reconheceu a possibilidade de adoção da interpretação extensiva para se admitir o cabimento de agravo de instrumento contra decisão que afasta prescrição e decadência, porquanto estaria a hipótese incluída no seu inciso II (versa sobre o mérito). Consignou-se, na oportunidade, que "a decisão sobre prescrição e decadência é, consoante o art. 487, II, de mérito, não havendo razão para somente permitir a interposição de Agravo de Instrumento da decisão que reconhece os dois institutos". Nesse sentido, definiu-se que a expressão definidora da hipótese de

---

[19] Ob. cit., p. 250.
[20] BOBBIO, Norberto. *Teoria geral do direito*. São Paulo: Martins Fontes, 2008. p. 295
[21] REsp 1695936/MG, Rel. Ministro HERMAN BENJAMIN, SEGUNDA TURMA, julgado em 21/11/2017, DJe 19/12/2017.

incidência normativa – "versa sobre o mérito" – compreenderia tanto as decisões que acolhem como aquelas que rejeitam as questões de natureza meritória. Ou seja, o cabimento do agravo seria definido pela natureza da decisão (mérito) e não pelo resultado da resposta (se de procedência ou improcedência. Não se criou norma nova, mas se aplicou a mesma norma, agora revelada em seu alcance semântico.

b) A segunda[22] entendeu que deveria "ser dada interpretação extensiva ao comando contido no inciso X do art. 1.015 do CPC/2015, para que se reconheça a possibilidade de interposição de Agravo de Instrumento nos casos de decisão que indefere o pedido de efeito suspensivo aos Embargos à Execução". Aqui igualmente o intérprete se ateve aos limites da interpretação extensiva, revelando o conteúdo da hipótese de incidência sem que fosse criada nova norma. A divergência ateve-se à definição do alcance semântico da expressão adotada no próprio texto, qual seja, "concessão" do efeito suspensivo aos embargos à execução: a concessão compreenderia apenas as hipóteses em que fosse atribuído o efeito suspensivo (literalidade do significado) ou estaria revelando qualquer decisão sobre a análise da concessão de efeito suspensiva, contemplando, assim, também as deliberações que, após o exame, negassem o efeito suspensivo? A opção foi, entre duas significações possíveis para o mesmo texto, pela adoção daquele mais amplo porquanto seria o mais compatível com a vontade legislativa.

A importância da distinção das técnicas para a ampliação de uma norma é relevante para solução da questão afetada ao Superior Tribunal de Justiça: está-se diante de um rol taxativo que excepciona o regime geral de recorribilidade diferida das interlocutórias do CPC/2015. Nesse cenário há que primeiro se responder à seguinte indagação: é possível a expansão da casuística adotando-se tanto a analogia como a interpretação extensiva? A resposta apenas pode ser negativa e o Superior Tribunal de Justiça deverá ter muito cuidado para não adotar exegese que conduza a uma equiparação entre analogia e interpretação extensiva, sob pena de criar um insuperável paradoxo: um rol tão elástico que não poderá, na prática, ser mais qualificado como taxativo e sim exemplificativo.

Se a interpretação ampliativa, observados os seus estritos limites, tem sido admitida para o rol do art. 1.015 consoante se viu das duas recentes decisões do STJ, mostrando-se compatível com a taxatividade do rol, o mesmo não é possível quando se trata de expandir a norma pela técnica da analogia.

Não se pode jamais descurar que a qualidade "taxativa" de um rol reforça exatamente a condição estrita da exegese: a casuística é aquela prevista no texto legal (art. 1.015, CPC/2015). Optando o legislador por elaborar uma listagem taxativa de hipóteses de incidência do comando normativo, excepcionadas da regra geral, revela claramente o escopo de restringir o seu espectro de aplicação aos casos expressamente previstos. Logo, a taxatividade torna-se incompatível com a analogia[23]. Um rol taxativo não pode ser expandido por técnica inte-

---

[22] REsp 1694667/PR, Rel. Ministro HERMAN BENJAMIN, SEGUNDA TURMA, julgado em 05/12/2017, DJe 18/12/2017.

[23] No campo tributário, a jurisprudência avançou no sentido de não tolerar a interpretação analógica propriamente dita da lista de incidência de ISS que é reconhecida como taxativa. Extremamente

grativa: os espaços vazios não podem ser preenchidos por normas vocacionadas desde a sua origem a ter aplicação para as hipóteses por ela reguladas.

A vedação à adoção da analogia quando se está diante de um rol taxativo, cuja essência é exatamente a de criar regra de exceção, resulta da máxima clássica de que "interpretam-se restritivamente as disposições derrogatórias do direito comum". Vale dizer: "O recurso à analogia tem cabimento quanto a prescrições de direito comum; não do excepcional, nem do penal. No campo desses dois a lei só se aplica aos casos que especifica"[24].

O fundamento da vedação à adoção da analogia para listas taxativas, que contemplam exceções a uma regra geral, é explicado por Carlos Maximiliano[25]:

> "o processo analógico transporta a disposição formulada para uma espécie jurídica a outra hipótese não contemplada no texto; ora quando este só encerra exceções, os casos não incluídos entre elas consideram-se como sujeitos à regra geral. (...) Quando o texto contém uma enumeração de casos, cumpre distinguir: se ela é taxativa, não há lugar para o processo analógico; se exemplificativa apenas, dá--se o contrário, não se presume restringida a faculdade do aplicador do Direito".

Na exegese do art. 1.015, CPC/2015 que contempla um rol taxativo das hipóteses excepcionadas e que autorizam a recorribilidade, por agravo de instrumento, das interlocutórias ali contempladas, não há espaço para ampliar-se o seu alcance por meio da analogia para nele incluir decisões que não tenham sido cogitadas pela regra legal.

O risco de que se cogita no presente trabalho, qual seja, o de não se distinguir entre analogia e interpretação extensiva pode ser vislumbrado no seguinte julgamento do STJ:

---

[24] elucidativo é o ERESP 887.360, de relatoria do Ministro Mauro Campbell Marques em que se *rechaçou a possibilidade do emprego da interpretação extensiva/analógica* para sujeitar à incidência do ISS *serviço não arrolado na lista, mas semelhante/análogo a um serviço nela incluído*, afastando, no caso, a tributação do serviço de rebocagem de embarcações com fundamento na referência ao serviço de atracação, constante no item 87 da antiga lista anexa ao Decreto-lei 406/68, com a redação dada pela LC 56/87. Admitiu-se apenas a possibilidade de interpretação extensiva restrita, ou seja, intra-muros, no interior de cada um de seus itens, a partir de uma redefinição semântica. Na mesma linha tem sido a orientação do STJ no Direito Processual Penal: "As hipóteses de cabimento do recurso em sentido estrito, elencadas no art. 581 do Código de Processo Penal, são taxativas, admitindo-se, quanto a tais hipóteses, interpretação extensiva, *mas não interpretação analógica*. 2. Por não estar elencada entre as situações que admitem o recurso em sentido estrito nem com elas possuindo relação que admita interpretação extensiva, é descabido o manejo deste recurso contra a decisão do Juízo de primeiro grau que indeferiu a produção de prova requerida pelo Parquet (REsp 1.078.175/RO, Rel. Ministro SEBASTIÃO REIS JÚNIOR, Sexta Turma, DJe 26/4/2013). 3. Agravo regimental improvido". (AgRg no REsp 1630121/RN, Rel. Ministro NEFI CORDEIRO, SEXTA TURMA, julgado em 19/04/2018, DJe 02/05/2018).

[24] MAXIMILIANO, ob. cit., p. 265.

[25] MAXIMILIANO, ob. cit., p. 266.

"Apesar de não previsto expressamente no rol do art. 1.015 do CPC/2015, a decisão interlocutória relacionada à definição de competência continua desafiando recurso de agravo de instrumento, por uma interpretação analógica ou extensiva da norma contida no inciso III do art. 1.015 do CPC/2015, já que ambas possuem a mesma *ratio* –, qual seja, afastar o juízo incompetente para a causa, permitindo que o juízo natural e adequado julgue a demanda"[26].

A solução proposta no julgamento supra merece, a nosso juízo, uma melhor reflexão, visto que:

a) o precedente não faz a diferenciação necessária entre analogia e interpretação extensiva, admitindo-se o emprego indistinto de ambas. Não enfrentou a questão, portanto, sob a ótica da impossibilidade de adoção da analogia em se tratando de um rol taxativo e, portanto, que estabelece exceções à regra geral de recorribilidade diferida (art. 1.009, § 1º, CPC/2015);

b) não atentou para o fato de que a solução resultou claramente do emprego da técnica da analogia – incompatível com a taxatividade do rol. Criou-se uma nova hipótese de admissibilidade do agravo de instrumento a partir de uma *ratio* temática que poderia ser inferida do inciso III do art. 1.015 do CPC/2015: afastar o juízo incompetente.

c) há que se ponderar e reavaliar a *ratio* primária do texto, uma vez que a adoção da analogia não prescinde de se identificar uma semelhança entre a hipótese não regulada com a *ratio* primária da hipótese regulada. Nesse sentido, a norma do inciso III não cuida, a nosso juízo, propriamente de competência (cujo pressuposto é a existência de jurisdição estatal), mas de ausência da própria jurisdição estatal o que é diverso e muito mais grave. Consoante já decidido pelo próprio STJ, "o substrato da arbitragem está na autonomia de vontade das partes, que de modo consciente e voluntário, renunciam à jurisdição estatal"[27]. Havendo convenção de arbitragem, portanto, o que se dá é uma arguição não propriamente de incompetência, mas de derrogação da jurisdição estatal, razão pela qual o efeito de seu reconhecimento seria a extinção do processo e a impossibilidade de qualquer pronunciamento da jurisdição estatal sobre o conflito. Existe assim uma diferença de essência e de efeitos entre a hipótese do inciso III do art. 1.015 e a arguição de incompetência processual por ofensa aos critérios de repartição da jurisdição estatal entre os órgãos que a compõem. A diferença de *ratio* primária afasta a possibilidade de analogia.

d) o debate não abordou todos os aspectos relevantes, uma vez que não foram objeto de devolução ao STJ. Não se debateu, no caso em julgamento, o problema sob a ótica da impossibilidade da analogia não apenas por sua incompatibilidade com a taxatividade do rol, mas também pela inexistência de lacuna. Com efeito, inexiste um vazio jurídico para a decisão sobre a arguição de incompetência (relativa

---

[26] REsp 1679909/RS, Rel. Ministro LUIS FELIPE SALOMÃO, QUARTA TURMA, julgado em 14/11/2017, DJe 01/02/2018

[27] REsp 1698730/SP, Rel. Min. Marco Aurélio Bellizze, 3a. T., DJE 21/05/2018.

ou absoluta) por desrespeito aos critérios de organização da jurisdição estatal. A hipótese se submete à regra geral de recorribilidade diferida. Logo a *ratio* foi aplicada para hipótese não contemplada, embora inexistente um vazio;

e) a hipótese de incompetência (relativa ou absoluta) não é um vazio não cogitado pelo legislador, como destacado, mas cuida-se de situação que integrava o rol inicial e foi, durante o processo legislativo, dele expressamente excluída. Assim, a pretexto de estar-se interpretando a norma, o que se fará, a prevalecer o entendimento, é reintroduzir no rol uma hipótese dele retirada porquanto se entendeu incompatível com o escopo restritivo das exceções à vista do novo modelo de recorribilidade diferida das interlocutórias que se almejou criar.

O resultado da ampliação, via analogia se admitido, criará um verdadeiro paradoxo diante do resultado a que conduz: a desfiguração da taxatividade do rol, exatamente a premissa de que se parte para justificar a necessidade de interpretação. Assim, espera-se que o reconhecimento da possibilidade de ampliação do dispositivo fique adstrito aos limites da interpretação extensiva na sua acepção restrita, que veda a criação de nova hipótese não cogitada como exceção para o cabimento do agravo de instrumento.

6. CONCLUSÃO: RESISTIR À TENTAÇÃO É PRECISO

Há, sem dúvida, no meio jurídico uma insatisfação generalizada com o modelo de recorribilidade das interlocutórias adotado pelo CPC/2015 que é o responsável por reintroduzir o mandado de segurança como via de impugnação de decisões não agraváveis, diante do risco de prejuízo às partes e à efetividade do processo.

Diante da insatisfação, torna-se tentador seguir as veredas que, por vias aparentemente retas, conduzem ao resultado de combater o inimigo que, esquecido, retorna ao cenário: o mandado de segurança. O espírito do utilitarismo é sempre sedutor e vocifera: os fins justificam os meios. Oculta, todavia, os efeitos devastadores que os meios representam para a garantia de um justo processo e para a segurança jurídica.

Não se vê que, ao buscar eliminar o inimigo comum, está-se a criar um outro muito maior: a insegurança jurídica e, com ela, a multiplicação de agravos de instrumentos. É que, diante da incerteza de a hipótese ter ou não aderência a uma *ratio* gestada e ampliada casuisticamente para cada um dos incisos do art. 1.015 e para se evitar o risco de futura arguição de preclusão, caminho outro não restará às partes que o de interpor agravo de instrumento contra toda e qualquer decisão interlocutória. Frustrado estará, assim, o objetivo e o modelo de recorribilidade das interlocutórias do CPC/2015. Por vias transversas, corre-se o risco de desfigurar a taxatividade do rol do art. 1.015, elastecendo-o a ponto de, na prática, restaurar o regime revogado do agravo de instrumento.

Sem dúvida que, ao ouvir-se a voz sedutora que, sob o disfarce de uma interpretação extensiva da casuística do art. 1.015, estimula a inclusão de novas hipóteses, mediante a atribuição de sentidos inexistentes ou extrapolando significados semânticos, estar-se-á conferindo natureza exemplificativa ao rol.

Os inimigos da lei argumentam sempre com a sua imperfeição. Mas, ruim com elas, pior sem elas. O reino das leis não é angelical, é humano. A imperfeição delas não pode ser pretexto para desprezá-las e anulá-las sob o discurso de interpretá-las. Criação do homem, as leis padecem das próprias mazelas e imperfeições de seu criador[28].

A sobriedade impõe ao aplicador do direito a consciência daquilo que os constitucionalistas chamam de autolimitação. Não se pode, no exercício do poder de interpretar, substituir-se ao legislador. O aplicador da lei não é um super-homem a manejar um super-direito, de sorte que sua não-submissão à vontade expressa do legislador o transformaria, logo, no instrumento de uma ditadura do judiciário.

Uma outra voz clama: resistir à tentação é preciso. É exatamente o que se espera do Superior Tribunal de Justiça no julgamento do tema Repetitivo 988. A modificação do modelo de recorribilidade das interlocutórias não pode se fazer senão por um único caminho que está em sintonia com a concepção de Estado Democrático de Direito: o processo legislativo para reforma do CPC.

---

[28] JEAN CARBONIER, *Essais sur les lois*, 2. ed., Paris, Rép. du Notoriat Defrénois, 1995, p. 334.

# 42

AÇÃO RESCISÓRIA NO CÓDIGO DE PROCESSO CIVIL DE 2015

Paulo Henrique dos Santos Lucon

Sumário: 1. Introdução. 2. Prevaricação, concussão ou corrupção do juiz. 3. Juiz impedido ou absolutamente incompetente. 4. Dolo da parte vencedora e colusão entre as partes. 5. Ofensa à coisa julgada. 6. Violação à norma jurídica. 7. Prova falsa. 8. Prova nova e documento novo. 9. Erro de fato. 10. Prazo decadencial. 11. Encerramento.

1. INTRODUÇÃO

A ação rescisória visa à desconstituição de decisão de mérito transitada em julgado, se presentes uma das hipóteses previstas no art. 966 do Código de Processo Civil, e, eventualmente, à prolação de um novo julgamento sobre a matéria decidida na ação originária. Tal remédio visa a conciliar a segurança jurídica propiciada pela coisa julgada com a necessidade de que o teor das decisões não seja fruto de mero arbítrio do julgador, mas prime pela correta aplicação do direito positivo.

Nesse contexto, a ação rescisória tem lugar como instrumento para desconstituir, após o encerramento da relação jurídica processual, a decisão eivada de vícios graves, chamados também de nulidades absolutas, que não se convalidam com a formação da coisa julgada material. A ação rescisória, portanto, é medida excepcional, que tem cabimento restrito às hipóteses taxativamente indicadas nos incisos do art. 966 do Código. Trata-se de ação autônoma de impugnação, não se confundindo com os recursos, porquanto estes se processam nos mesmos autos do processo em que proferida a decisão impugnada e são interpostos até o trânsito em julgado. A ação rescisória, por outro lado, é o poder de exigir do Estado providência jurisdicional após a formação da *res iudicata* e provoca a instauração de nova relação jurídica processual.

A ação rescisória tem por objeto a decisão de mérito transitada em julgado, o que abrange as sentenças, os acórdãos e, eventualmente, as decisões interlocutórias, desde que tenham conteúdo meritório nos moldes do art. 356 do Código de Processo Civil de 2015.

Ao exigir que o ato rescindível seja de mérito, o legislador faz alusão às decisões capazes de adquirir a qualidade da coisa julgada material. Isso porque, do contrário, a decisão não produzirá efeitos extraprocessuais e a demanda inicial poderá ser reproposta pelo autor, afastando qualquer interesse na desconstituição buscada por meio da rescisória. Assim, em suma, são rescindíveis as *decisões* que tenham por conteúdo uma das hipóteses do art. 487 do Código de Processo Civil de 2015.

Ademais, para aferição da rescindibilidade, é irrelevante a qualificação feita pelo julgador. Deve-se apurar, por outro lado, o conteúdo do ato.[1] Desse modo, há algumas sentenças que, muito embora sejam proferidas sob o rótulo de terminativas, como as que reconhecem carência de ação, equiparam-se à improcedência do pedido inicial, especialmente nos casos de legitimidade *ad causam*. As condições da ação, como se sabe, muito embora sejam pressupostos para o julgamento de mérito, são analisadas à luz do direito material reclamado em juízo. Por esse motivo, em algumas hipóteses, conforme a profundidade da cognição empreendida pelo magistrado pode-se estar diante de uma verdadeira sentença de improcedência. Assim, a despeito do rótulo atribuído ao pronunciamento jurisdicional, seu conteúdo é que determinará sua rescindibilidade.

Em síntese, o critério determinante para se aferir a rescindibilidade de determinada decisão é a sua possibilidade de produzir efeitos para fora do processo em que proferida, impedindo a repropositura da ação. Nesse caso, a sentença poderá ser atacada por rescisória, pois não terá efeitos meramente processuais.

As hipóteses de desconstituição da sentença transitada em julgado previstas no art. 966 do Código de Processo Civil são taxativas, não se admitindo qualquer interpretação extensiva quanto a esse aspecto. Os pressupostos de cabimento correspondem à causa de pedir da ação rescisória e, desse modo, sua indicação na inicial é imprescindível. Destaque--se, outrossim, que tais pressupostos podem ser cumulados em uma mesma ação, ou seja, a parte pode alegar, em uma mesma petição inicial, diversas causas para rescisão de uma mesma sentença, como, por exemplo, afirmar que ela foi proferida por juiz impedido e que a solução dada viola literal disposição de lei. Tal é a cumulação de fundamentos autônomos e por isso, capazes de individualmente rescindir o *decisum*.

À luz dessas considerações, portanto, neste ensaio, procura-se analisar os principais aspectos da dinâmica da ação rescisória, segundo o Código de Processo Civil de 2015.

2. PREVARICAÇÃO, CONCUSSÃO OU CORRUPÇÃO DO JUIZ

É rescindível a sentença proferida em processo marcado por prevaricação, concussão e corrupção do juiz, nos termos do art. 966, inc. I do Código de Processo Civil. Estes são

---

[1] Ver: Flávio Luiz Yarshell. *Ação rescisória: juízo rescindente e juízo rescisório*, São Paulo: Malheiros, 2005, p. 158 a 164.

tipos criminais, previstos, respectivamente, nos arts. 319, 316 e 317 do Código Penal. O agente dessas condutas é funcionário público, incluindo-se nesse conceito o magistrado.

Prevaricação é "retardar ou deixar de praticar, indevidamente, ato de ofício, ou praticá-lo contra disposição expressa de lei, para satisfazer interesse ou sentimento pessoal". Concussão corresponde à conduta de "exigir, para si ou para outrem, direta ou indiretamente, ainda que fora da função ou antes de assumi-la, mas em razão dela, vantagem indevida". Corrupção, por seu turno, é definida como "solicitar ou receber, para si ou para outrem, direta ou indiretamente, ainda que fora da função ou antes de assumi-la, mas em razão dela, vantagem indevida, ou aceitar promessa de tal vantagem".

A doutrina processual é unânime em dispensar a prévia condenação do magistrado no juízo penal para rescisão da sentença. Assim, a prova das condutas descritas nos tipos penais supramencionados pode ser feita nos próprios autos da ação rescisória. Esta tem completa autonomia em relação a eventual ação penal e sua procedência imprescinde do julgamento desta.[2] E assim, aliás, não poderia ser diferente, dada a diversa natureza da tutela jurisdicional concedida em cada caso. Se para a imposição de uma sanção penal o *standard* de convencimento judicial deve ser mais elevado, para fins de rescisão de uma decisão de natureza civil basta a presença de indícios conformes e suficientes a atestar a prática de algumas dessas condutas descritas no art. 966, inc. I, do Código de Processo Civil.

3. JUIZ IMPEDIDO OU ABSOLUTAMENTE INCOMPETENTE

A ação rescisória também pode ter como causa de pedir o impedimento ou a incompetência absoluta do juiz que proferiu a decisão rescindenda nos termos do art. 966, inc. II, do Código de Processo Civil.

Para se definir claramente as hipóteses indicadas, é importante distinguir o impedimento da suspeição, pois só o primeiro autoriza a desconstituição do julgado. Da mesma forma, apenas a incompetência absoluta – e não a relativa – constitui causa de rescindibilidade. Isso porque a incompetência relativa pode ser derrogada por acordo entre as partes ou por prorrogação, caso não seja aviada alegação de incompetência no prazo legal, tornando-se competente o magistrado que, inicialmente, não era.

O requisito da imparcialidade é corrente em todas as tentativas de conceituação do justo processo.[3] O único interesse de qualquer julgador, juiz estatal ou árbitro, não pode ser outro que não a justa aplicação do direito. Demonstrações de parcialidade revelam um tratamento privilegiado a uma das partes e com isso estão comprometidos todos os demais valores que o processo visa a resguardar. Um julgador parcial, por exemplo, não é capaz de

---

[2] Ver: Cássio Scarpinella Bueno, *Código de Processo Civil Interpretado* (Coord.: Antônio Carlos Marcato), 2ª ed., São Paulo: Atlas, 2005, p. 1525; Eduardo Talamini, *Coisa julgada e sua revisão*, São Paulo: Revista dos Tribunais, 2005, p. 143 e 144; Flávio Luiz Yarshell; *Ação rescisória: juízo rescindente e juízo rescisório*, São Paulo: Malheiros, 2005.

[3] Ver: Isabel Trujillo, *Imparcialidad*, Ciudad de México: Universidad Nacional Autónoma de México, 2007, pp. 12 e 295); Ada Pellegrini Grinover, "O princípio do Juiz Natural e sua Dupla Garantia". Revista de Processo. Repro 29/11, jan/mar-1983.

realizar qualquer atividade de valoração da prova, pois o fará apenas em parte, privilegiando aquelas que lhe convém em detrimento das demais.[4]

Como se sabe, o Código de Processo Civil estabelece hipóteses de impedimento (CPC/2015, art. 144) e de suspeição (CPC/2015, art. 145) que visam a afastar do processo juízes que deem mostras de parcialidade. Embora essas sejam as hipóteses mais costumeiras, elas não esgotam todas as possíveis situações de parcialidade do julgador. Sinais exteriores de parcialidade podem se manifestar independente dessas previsões normativas.[5] Não obstante a isso, de acordo com a jurisprudência do Superior Tribunal de Justiça, as hipóteses de impedimento são taxativas, não sendo admissíveis interpretações extensivas e analógicas.[6]

Portanto, as hipóteses de cabimento da ação rescisória por violação à imparcialidade são muito restritas, limitando-se às hipóteses de impedimento previstas no Código. Dada, no entanto, a importância desse princípio como norma estruturante do direito processual – afinal não há processo sem um terceiro imparcial que aplique o direito -, deveriam ser admitidas outras hipóteses de rescindibilidade em caso de evidente violação à imparcialidade judicial.

4. DOLO DA PARTE VENCEDORA E COLUSÃO ENTRE AS PARTES

Segundo o art. 966, inc. III do Código de Processo Civil, a decisão de mérito, transitada em julgado, pode ser rescindida quando "resultar de dolo ou coação da parte vencedora em detrimento da parte vencida ou, ainda, de simulação ou colusão entre as partes, a fim de fraudar a lei".

A primeira hipótese diz respeito ao caso em que a parte vencedora age voluntariamente, faltando com os deveres de lealdade e boa-fé, com o intuito de prejudicar a atuação processual do adversário, levando o juiz a erro sobre a verdade dos fatos. Trata-se, em outras palavras, de uma atitude maliciosa da parte, com a intenção deliberada de obter vantagem indevida por meio do processo. Além do elemento volitivo dolo, é necessário o nexo causal entre a conduta do vencedor e o pronunciamento do órgão judicial. Nas palavras de Barbosa Moreira, "o resultado do processo precisa ter sido o que foi em razão do comportamento doloso. Em outras palavras, exige-se que, sem este, a decisão houvesse de ser diversa".[7]

Outrossim, nos termos da segunda hipótese mencionada no inciso, é admissível a rescisória em face de decisão proferida em processo marcado pelo conluio das partes com o intuito de obter benefício ilegal. Se no curso da lide, o juiz se convencer que autor e réu

---

[4] Ver: Jordi Nieva Fenoll, *La valoración de la prueba*, Madrid: Marcial Pons, 2010, pp. 165-178, esp. p.175 e 177.
[5] Ver, em defesa de uma interpretação mais ampla para as hipóteses de afastamento do juiz: Rui Portanova, *Motivações ideológicas da sentença*, 2ª. ed., Porto Alegre: Livraria do advogado, 1994, pp. 40-43.
[6] Por todos, STJ, Exceção de impedimento n. 20, DF, 2017/0067881-4, rel. Min. Napoleão Nunes Maia Filho, publicação DJ 9.5.2017.
[7] Ver: José Carlos Barbosa Moreira, *Comentários ao Código de Processo Civil*, vol. V, 16ª ed., Rio de Janeiro: Forense, 2012, p. 124.

se serviram do processo para praticar ato simulado ou conseguir fim proibido por lei, deve proferir sentença que obste aos objetivos das partes. Todavia, se, durante a tramitação do feito, o conluio não puder ser constatado, a coisa julgada poderá ser desconstituída ulteriormente pelos prejudicados. Como exemplo dessa situação, mencione-se a ação movida pela concubina contra o concubinário casado para obter a transferência de um bem móvel valioso que este deseja doar-lhe com infração ao art. 550 do Código Civil. O feito será deixado à revelia propositalmente e o juiz não terá como deixar de julgar o pedido inicial procedente. Nesse caso, há típica hipótese de conluio para fraudar a lei.[8]

5. OFENSA À COISA JULGADA

A coisa julgada material impede não só a propositura de ação idêntica à que já foi solucionada, mas também obsta que questões já decididas em sentença não mais sujeita a recurso sejam rejulgadas. Em ambas as hipóteses, caso uma decisão reaprecie matéria já acobertada pela *res iudicata*, será rescindível, pois o magistrado estava impedido de proferi-la. É irrelevante, para o cabimento da rescisória, que tenha sido apresentada exceção de coisa julgada nos autos do processo em que proferida a segunda decisão. Ainda que tal questão tenha sido suscitada e rejeitada, é possível ajuizar a ação rescisória. Ressalte-se, por fim, que, sempre que a rescisória for proposta com base nesse fundamento, o julgamento conterá apenas o *iudicium rescindens*. O Tribunal não poderá proferir o *iudicium rescissorium* em seguida, sob pena de incidir em nova ofensa à coisa julgada.

6. VIOLAÇÃO À NORMA JURÍDICA

De acordo com o art. 966, inc. V do Código de Processo Civil, a decisão de mérito, transitada em julgado, pode ser rescindida quando "violar manifestamente norma jurídica". Trata-se, provavelmente, da hipótese mais comum para o ajuizamento de ação rescisória, tendo em vista as diversas espécies que derivam do gênero "norma jurídica". Praticamente todo e qualquer dispositivo legal pode ser invocado como alvejado, constituindo, assim, causa de pedir da ação rescisória. O vocábulo compreende também a Constituição, leis federais, estaduais e municipais, leis complementares, ordinárias ou delegadas, medidas provisórias, decretos legislativos, resoluções, decretos emanados do Executivo, e atos normativos baixados por órgão do Poder Judiciário, como, por exemplo, os regimentos internos dos Tribunais.[9]

---

[8] Ver: Humberto Theodoro Júnior, *Curso de Direito Processual Civil*, vol. I, 49ª ed., Rio de Janeiro: Forense, 2008, p. 712.

[9] Ver: José Carlos Barbosa Moreira, *Comentários ao Código de Processo Civil*, vol. V, 14ª ed., Rio de Janeiro: Forense, 2008, p. 131; Bernardo Pimentel Souza, *Introdução aos recursos cíveis e à ação rescisória*, 8ª ed., São Paulo: Saraiva, 2011, p. 840; Teresa Arruda Alvim Wambier. *Recurso especial, recurso extraordinário e ação rescisória*, 2ª ed., São Paulo: Revista dos Tribunais, 2009, p. 501; Eduardo Talamini, *Coisa julgada e sua revisão*, São Paulo: Revista dos Tribunais, 2005, p. 158 e 159; Francisco Cavalcanti Pontes De Miranda, *Comentários ao Código de Processo Civil*, tomo VI, Rio de Janeiro: Forense, 1975, p. 296 a 302; Humberto Theodoro Júnior, *Ação rescisória*. In: Marcelo Andrade Féres;

Igualmente, a ofensa a direito estrangeiro, desde que aplicável ao caso concreto, pode dar ensejo à propositura de ação rescisória com espeque nesse fundamento. Também não se cogita a distinção entre normas de direito processual e direito material para efeitos de cabimento do remédio. A demanda em questão é admissível para sanar tanto *error in iudicando*, como *error in procedendo*.

Com relação ao vocábulo "manifestamente" que substitui a expressão "literal" presente no Código anterior, tem prevalecido o entendimento de que deve ser interpretado no sentido de que não é qualquer violação à norma que autoriza a rescindibilidade do julgado. Por outro lado, para cabimento de ação rescisória, a violação à norma imprescinde de afronta direta e inequívoca ao preceito nela insculpido. Conforme explica Humberto Theodoro Júnior, é necessário, para o cabimento da demanda, que "a interpretação dada pelo *decisum rescindendo* seja de tal modo aberrante que viole o dispositivo legal em sua literalidade",[10] ou então, segundo Flávio Luiz Yarshell, "é correto concluir que a lei, nessa hipótese, exige que tenham sido frontal e diretamente violados o sentido e o propósito da norma".[11]

Tal entendimento levou à construção da doutrina da tolerância da interpretação razoável, segundo a qual, quando o texto legal der ensejo a mais de uma interpretação, sendo todas razoáveis, não seria cabível a rescisão do julgado por ofensa à norma. Para incidência desse inciso, o decisório rescindendo deveria violar interpretação pacífica da lei, sob pena de não se configurar a afronta aviltante, estridente ou absurda, exigida para a procedência da demanda.[12].

A tese da tolerância da interpretação razoável foi acolhida pelo Supremo Tribunal Federal e pelo Superior Tribunal de Justiça por meio da edição e aplicação do enunciado sumular 343 do STF, *verbis*: "Não cabe ação rescisória por ofensa a literal disposição de lei, quando a decisão rescindenda se tiver baseado em texto legal de interpretação controvertida nos tribunais". A incidência da referida súmula é excepcionada apenas quanto à divergência na interpretação e aplicação de normas constitucionais. Nessas hipóteses, os Tribunais Superiores posicionam-se no sentido de que o enunciado 343/STF não pode obstacularizar a admissibilidade da rescisória que tenha por causa de pedir ofensa a dispositivo constitucional.

Em se tratando de cabimento de ação rescisória por violação à norma jurídica, o Código de Processo Civil de 2015 traz importante inovação em seu art. 966, § 5º. De acordo com esse dispositivo, "cabe ação rescisória, com fundamento no inciso V do caput deste artigo, contra decisão baseada em enunciado de súmula ou acórdão proferido em julgamento de casos

---

Paulo Gustavo M. Carvalho (coords). *Processo nos Tribunais Superiores*, São Paulo: Saraiva, 2006, p. 163; Cássio Scarpinella Bueno, *Comentários ao art. 485 do CPC*, In: Antônio Carlos Marcato (coord.). *Código de Processo Civil Interpretado*, 2ª ed., São Paulo: Atlas, 2005, p. 1528)

[10] Ver: Humberto Theodoro Júnior. *Ação rescisória*. In: Marcelo Andrade Féres; Paulo Gustavo M. Carvalho (coords). *Processo nos Tribunais Superiores*, São Paulo: Saraiva, 2006, p. 162).

[11] Ver: Flávio Luiz Yarshell, *Ação rescisória: juízos rescindente e rescisório*, São Paulo: Malheiros, 2005, p. 323.

[12] Ver: José Ignácio Botelho de Mesquita et al. *Da redução do alcance da Súmula STF 343: O balanço de uma polêmica*. In: Milton Paulo de Carvalho; Daniel Penteado de Castro (coords.). *Direito Processual Civil*, vol. II, São Paulo: Quartier Latin, 2011, p. 344.

repetitivos que não tenha considerado a existência de distinção entre a questão discutida no processo e o padrão decisório que lhe deu fundamento". Nesses casos, de acordo com o § 6º desse mesmo artigo "caberá ao autor, sob pena de inépcia, demonstrar, fundamentadamente, tratar-se de situação particularizada por hipótese fática distinta ou de questão jurídica não examinada, a impor outra solução jurídica".

Essa hipótese de cabimento da ação rescisória é consentânea com a diretiva do Código de privilegiar a orientação dos Tribunais Superiores e determinar a obrigatoriedade de serem respeitados seus precedentes.[13]

De acordo com o art. 926 do Código, "os tribunais devem uniformizar sua jurisprudência e mantê-la estável, íntegra e coerente". Esse dispositivo consiste em uma norma fundamental para a nova configuração que se pretende atribuir à administração da justiça em nosso País, cujos pilares se assentam na promoção da segurança jurídica e da igualdade. O artigo em questão, em outras palavras, impõe aos magistrados o dever de respeitar seus próprios precedentes. Essa é a chamada eficácia horizontal dos precedentes. Resultaria em tratamento discriminatório e em fonte de imprevisibilidade a dispensa de tratamentos distintos para situações análogas.

Em complementação a esse artigo, o art. 927 impõe aos juízes o dever de respeitar as manifestações judiciais oriundas dos tribunais que lhes são superiores. Por certo, um magistrado não tem o direito de não respeitar a orientação de um tribunal superior, sob o argumento, por exemplo, de que é livre para formar seu convencimento, porque isso acarreta uma série de prejuízos para o sistema: além de violar a igualdade, a não observância dos

---

[13] Ver, nesse sentido, proposta de Luiz Guilherme Marinoni ainda sob a ótica do Código anterior: Ver: "Considerando-se que o STJ, diante da sua função de colaboração para o desenvolvimento do direito, edita e revoga precedentes para orientar a sociedade e guiar as decisões dos tribunais inferiores, há de se pensar sobre a possibilidade de rescisão de decisão judicial que viola norma jurídica expressa pela Suprema Corte. Não há qualquer dúvida que o STJ expressa normas jurídicas. Na verdade, toda decisão judicial assim o faz. Realmente importante é o fato de que o STJ tem a atribuição de definir as normas jurídicas que expressam o sentido das leis federais. O STJ, ao elaborar um precedente, define a 'verdadeira' norma jurídica que deflui de um texto legal federal, atribuindo-lhe o único sentido admissível no território nacional, que, assim, orienta a sociedade e se impõe sobre todos os juízes e tribunais. Tal norma jurídica nada mais é do que o direito ao qual o jurisdicionado devota confiança justificada e também o direito que deve ser aplicado pelos juízes e tribunais. De modo que uma decisão que viola norma jurídica expressa em precedente do STJ conspira contra a coerência do direito, além de agredir a igualdade e a previsibilidade, constituindo indisfarçável negação do Estado de Direito (...) É claro que a aferição da violação de norma contida em precedente não é algo mecânico. É preciso ver se o contexto fático do caso que deu origem à decisão rescindenda não reclamava interpretação distinta ou, em outros termos, exigia a aplicação da norma consolidada no precedente. Ou seja, se o caso admitia *distinguishing* não havia porque aplicar o precedente e, portanto, não havia violação da norma jurídica. A ação rescisória em face de decisão que negou norma jurídica expressa em precedente do STJ pode ser proposta com base na regra processual que diz caber ação rescisória contra violação de literal disposição de lei. É que essa regra abre oportunidade para a rescisão de decisão *contra ius*; e sua alusão à disposição de lei deve ser vista como uma exemplificação infeliz" (Luiz Guilherme Marinoni, *O STJ enquanto corte de precedentes*, São Paulo: RT, 2013, pp. 253-254).

precedentes resulta em violação a economia processual, já que a parte prejudicada terá o ônus de se valer das vias adequadas para fazer valer a norma jurisprudencial. O magistrado que discorda de uma norma jurisprudencial deve ressalvar seu entendimento em sentido contrário, pois ele pode afinal contribuir para uma eventual modificação e evolução jurisprudencial, mas ele deve decidir de acordo com a orientação dos tribunais a que ele está vinculado. Nesse sentido, observar o teor de um precedente judicial é tão necessário para a justiça de uma decisão quanto a aplicação adequada de uma norma legal.

Os precedentes asseguram a promoção da igualdade em seus aspectos mais particulares, por isso o necessário recurso ao raciocínio analógico. Diante de fatos semelhantes e idênticas razões só há uma decisão a se tomar: aplicar o precedente como fundamento da nova decisão. Ao se fazer menção ao dever de observar um precedente o que se está a referir é que os magistrados devem na motivação justificar a aplicação ou não de um precedente. Nesse sentido, pode-se afirmar que a parte que se considera prejudicada pela aplicação de um precedente tem direito à distinção. Se demonstrada essa distinção, justificada, portanto, passa a ser a não aplicação do precedente.

O dever de observar o teor de uma determinada decisão judicial, portanto, consubstancia-se no dever de motivação, disciplinado pelo art. 489, § 1º do Código de Processo Civil. Observar o precedente judicial significa, pois, que o magistrado deve justificar as semelhanças que permitem sua aplicação ou as distinções que não a autorizam. Os arts. 926 e 927 do novo Código exigem, pois, uma interpretação lógico-sistemática com a Constituição Federal e com o art. 489, § 1º, do Código, que exige motivação para a aplicação ou não de um precedente. Por isso o acerto do art. 966, § 5º do Código que prevê como último instrumento cabível para controle de adequada aplicação de precedente, o ajuizamento de ação rescisória, tendo como fundamento para rescindibilidade da decisão a aplicação de um precedente não adequado ao caso concreto.

7. PROVA FALSA

A sentença de mérito transitada em julgado também é rescindível sempre que se basear em prova falsa, "cuja falsidade tenha sido apurada em processo criminal, ou seja, provada na própria ação rescisória", segundo o art. 966, inc. VI do Código de Processo Civil. Ressalte-se, entretanto, que é necessário, para a desconstituição da *res iudicata*, que a prova falsa tenha levado o juiz a admitir a existência de um fato que embasou a conclusão da sentença. Ela deve ter sido o elemento primordial a suportar o resultado do julgamento, pois, se houver outras provas capazes de fundamentar a decisão, a rescisão não ocorrerá.

A falsidade da prova pode ser apurada no bojo da própria rescisória ou fora dela. Se houver sentença criminal a respeito com as mesmas partes, a questão não poderá mais ser discutida. Destaque-se, ademais, que a lei não distingue, para efeitos de cabimento da ação rescisória, entre falsidade material e ideológica; ela pode ser de qualquer natureza.[14]

---

[14] Ver: José Carlos Barbosa Moreira, *Comentários ao Código de Processo Civil*, vol. V, 16ª ed., Rio de Janeiro: Forense, 2012, p. 132.

8. PROVA NOVA E DOCUMENTO NOVO

Nos termos do art. 485, inc. VII, do Código de Processo Civil de 1973, uma das hipóteses de cabimento da ação rescisória era a obtenção de "documento novo" pela parte, após o trânsito em julgado da ação, cuja existência ignorava.

Ressalte-se que, nesse caso, a despeito de o artigo mencionar "documento novo", o adjetivo referia-se ao momento em que tal prova poderia ser utilizada em juízo e não à sua formação, pois a admissibilidade da rescisória dependeria de que o documento já existisse ao tempo em que proferida a decisão atacada, contudo, à época, a parte não pôde utilizá-lo, pois ignorava sua existência ou dele não lhe era permitido fazer uso, por motivo alheio à sua vontade. A impossibilidade de uso da prova não poderia decorrer de culpa da parte, mas deveria estar ligada a fato de terceiro, como, por exemplo, se o documento lhe foi furtado, ou se estava inacessível.[15] Em outras palavras, no código anterior exigia-se "que o desconhecimento da existência ou a impossibilidade de uso do documento no processo anterior" não derivasse "da mera desídia, falha ou ignorância inescusáveis da parte sucumbente".[16] Ademais, o documento deveria ser suficiente para, por si só, motivar a prolação de decisão diversa no caso, a qual favoreça aquele que restou vencido de início.

Pela relevância da matéria, os Tribunais Superiores já admitiam o exame de DNA realizado após o trânsito em julgado da ação de paternidade como prova nova apta a alterar o resultado da demanda, caso evidenciasse resultado distinto daquele reconhecido na decisão primitiva. Sendo assim, o exame de DNA figurava como exceção de prova não documental e que poderia ser produzida após o trânsito em julgado da ação.

Nesse sentido, o Código de Processo Civil de 2015 substituiu a palavra "documento" por "prova", de modo que o art. 966, inc. VII, do Código ampliou essa causa de pedir para admitir a ação rescisória não só quando se tratar de prova documental, mas também de qualquer outro meio probatório admitido no processo. Por consequência, a prova não deve ser necessariamente pré-existente ao trânsito em julgado da decisão, caso contrário, regrediríamos ao cenário estabelecido no código anterior, na medida em que todas as provas já produzidas e pré-existentes são registradas em documentos escritos. O próprio exemplo do exame de DNA ilustra a questão de prova pericial que não pôde ser produzida antes do trânsito em julgado, devido à inexistência da tecnologia à época do julgamento, sendo necessária sua produção em momento subsequente, no âmbito da rescisória. No entanto, sendo a prova pré-existente ou não, é importante ressaltar que a parte interessada não pôde ter tido acesso ou conhecer sua existência, em tempo hábil para produzi-la ou utilizá-la, por motivos alheios a sua vontade. Frise-se que a prova superveniente também deve ser capaz de, por si só, motivar a prolação de decisão diversa no caso, favorecendo a parte interessada.

9. ERRO DE FATO

Nos termos do art. 966, inc. VIII, do Código de Processo Civil, a decisão de mérito, transitada em julgado, pode ser rescindida quando "for fundada em erro de fato verificável

---

[15] Ver: José Carlos Barbosa Moreira, *Comentários ao Código de Processo Civil*, vol. V, 16ª ed., Rio de Janeiro: Forense, 2012, p. 137.
[16] Ver: Eduardo Talamini, *Coisa julgada e sua revisão*, São Paulo: Revista dos Tribunais, 2005, p. 179

do exame dos autos". O erro de fato que autoriza a desconstituição da *res iudicata* é aquele suscetível de ser verificado diretamente, a vista dos autos do processo e dos documentos dele constantes. Trata-se de equívoco manifesto, inconteste.[17].

Não se admite a produção de provas na rescisória para apuração do erro de fato. Nos termos do § 1º do art. 966, "há erro de fato quando a decisão rescindenda admitir fato inexistente ou quando considerar inexistente fato efetivamente ocorrido, sendo indispensável, em ambos os casos, que o fato não represente ponto controvertido sobre o qual o juiz deveria ter se pronunciado".

Desse modo, trata-se de erro na consideração de elemento fático decorrente de um descuido do magistrado. Este, ao apreciar os autos, considera como existente o fato X, por exemplo, quando determinada prova, de modo claro, atesta sua inexistência ou vice-versa. Porém, é imprescindível que sobre esse fato não tenha havido controvérsia entre as partes. Além disso, a decisão rescindenda tampouco pode ter se pronunciado sobre o fato, pois se o juiz enfrentou diretamente a questão, assumindo uma ou outra posição quanto ao acertamento da base fática, não é cabível a ação rescisória. Ainda que sua sentença tenha sido equivocada, tenha apreciado mal as provas dos autos, não se terá a hipótese do inciso em questão, mas mero pronunciamento jurisdicional injusto.[18]

A caracterização do erro de fato, em síntese, pressupõe que o juiz tenha afirmado a existência de um fato inexistente ou o contrário, mas sem controvérsia ou pronunciamento expresso. Por exemplo, se determinado documento dos autos retratava "não-A" e o juiz, de passagem, sem menção às provas, apenas consigna a existência de A, estaremos diante do erro de fato.[19] Por fim, para caracterização do erro de fato, a sentença dele estar baseada nele, ou seja, sem o equívoco, a conclusão jurídica presente na decisão seria distinta.

10. PRAZO DECADENCIAL

O Código de Processo Civil de 2015, nos termos do art. 975, estabelece que o ajuizamento da ação rescisória, em regra, está subordinado ao prazo decadencial de dois anos. O interregno é decadencial porquanto a pretensão contida na demanda é a desconstituição da coisa julgada; ou seja, refere-se a um direito potestativo de invalidar determinado ato judicial se presente alguma das hipóteses indicadas no art. 966 do Código. Logo, não se suspende ou interrompe. Esse prazo decadencial é contado do trânsito em julgado da última decisão proferida no processo. Assim, mesmo nos casos em que o recurso interposto em face da decisão não for conhecido, o prazo para a propositura da demanda desconstitutiva só começará a fluir do trânsito em julgado do decisório que não conhecer do meio de impugnação, salvo nos casos de intempestividade. Quanto a esse pressuposto recursal, entende-se, em

---

[17] Ver: Eduardo Talamini. *Coisa julgada e sua revisão*, São Paulo: Revista dos Tribunais, 2005, p. 189; e José Carlos Barbosa Moreira. *Comentários ao Código de Processo Civil*, vol. V, 16ª ed., Rio de Janeiro: Forense, 2012, p. 146.

[18] Ver: Eduardo Talamini, *Coisa julgada e sua revisão*, São Paulo: Revista dos Tribunais, 2005, p. 190.

[19] Ver: Eduardo Talamini, *Coisa julgada e sua revisão*, São Paulo: Revista dos Tribunais, 2005, p. 190.

regra, que o trânsito em julgado e, em última análise, o *dies a quo* do prazo da rescisória, coincide com o transcurso do prazo para impugnar o ato decisório.

No entanto, nem sempre foi assim. O Código de Processo Civil de 1973 determinava que o prazo para interposição da rescisória seria contado do "trânsito em julgado da decisão", de modo a possibilitar interpretação no sentido de que se tratava do trânsito em julgado da decisão na qual era constatada a ocorrência da irregularidade que daria ensejo à ação rescisória. Todavia, muitos acreditavam que a interposição da rescisória antes do fim do processo poderia ensejar tumultos no seu andamento, defendendo que seu cabimento deveria ocorrer somente após o trânsito em julgado da última decisão nele proferida. Assim, desde 2009 o Superior Tribunal de Justiça consolidou o seguinte entendimento por meio da Súmula 401, *in verbis*: "O prazo decadencial da ação rescisória só se inicial quando não for cabível qualquer recurso do último pronunciamento judicial". De acordo com o referido entendimento sumular, os dois anos passaram a ser contados do momento no qual não é cabível mais qualquer recurso nos autos do processo em que proferida a decisão rescindenda.

Esse posicionamento, apesar de ter sido acolhido pelo Código de Processo Civil de 2015, é muito criticado principalmente por desconsiderar a teoria dos capítulos da decisão (ou da sentença) e a própria técnica processual, uma vez que a parcela da decisão não impugnada por recurso se torna imutável por meio da coisa julgada. Com base nessa teoria, por muito tempo defendeu-se que, em se tratando de rescisão de capítulos da decisão, o interregno teria início com o trânsito em julgado do capítulo estabilizado pela não interposição de recurso e, desse modo, correriam em separado os prazos para rescisão dos diversos capítulos quando a coisa julgada tiver se formado progressivamente na demanda primitiva.

Essa interpretação parece mais adequada, na medida em que é mais coerente com a sistemática processual, bem como assegura maior celeridade e economia. Isso porque, com o trânsito em julgado do capítulo já se aplicam a ele os efeitos da coisa julgada, o que abrange, inclusive, a possibilidade de execução do seu conteúdo. E, considerando a velocidade com que os recursos tramitam nas instâncias superiores, o risco de dano é ainda maior, já que a possibilidade de ingresso de demanda rescisória será muito posterior à execução. Desse modo, a existência de prazo diferido para atacar capítulo transitado em julgado por meio de ação rescisória pode significar o desfazimento de diversos atos e procedimentos em sentido contrário, que puderam ser realizados justamente pelo reconhecimento parcial contido no ordenamento quanto à natureza progressiva da formação da coisa julgada.

Não obstante tais considerações, Código de Processo Civil de 2015 inova em relação à legislação anterior ao incluir termos iniciais diferenciados para a contagem do prazo decadencial nas hipóteses fundadas na existência de prova nova e nos casos de simulação ou de colusão das partes.

Para a primeira hipótese, o art. 975, § 2°, do Código de Processo Civil de 2015 estabelece como termo inicial para a contagem do prazo decadencial a data da descoberta da prova nova, respeitando-se o prazo máximo de cinco anos. O adiamento do termo inicial, nesse caso, é relevante na medida em que vícios em relação aos fatos são graves e podem comprometer a busca pela verdade no âmbito do processo. Todavia, a busca pela verdade não deve ser ilimitada. Sendo assim, a restrição do prazo decadencial ao período de cinco anos contados do trânsito em julgado da última decisão é necessária, caso contrário a segurança jurídica seria desproporcionalmente abalada, tendo-se em vista, por exemplo, a constante evolução das tecnologias que podem influir na atividade probatória.

No que tange ao segundo caso, o § 3º do art. 975 dispõe que o termo inicial para a contagem do prazo decadencial, para o terceiro prejudicado e para o Ministério Público, que não interveio no processo, é a data da ciência da simulação ou colusão entre as partes. A inclusão dessa previsão é louvável, na medida em que os vícios que ela visa combater são de difícil detecção, pois tratam-se de atos ilícitos, naturalmente escamoteados pelos envolvidos e externos ao processo em que proferida a decisão rescindenda. Desse modo, eles podem vir a ser descobertos pela parte depois de escoado o biênio para ajuizamento da ação. Ademais, diferentemente do caso da prova nova, os vícios abordados na hipótese em questão são tão graves que a ela não foi atribuído limite máximo para a propositura da rescisória, podendo o termo inicial do prazo decadencial ser contado a partir da descoberta independentemente do momento em que ela ocorra.

Entretanto, essas justificativas que sustentam a previsão do § 3º do art. 975 também podem ser aplicadas a outros ilícitos capazes de ensejar a propositura de ação rescisória, quais sejam os casos de prevaricação, concussão ou corrupção do juiz e prova falsa, previstos nos incisos I e VI do art. 966. Dessa maneira, de *lege ferenda* o Código deveria evoluir para determinar que nessas hipóteses o termo inicial para a contagem do prazo decadencial igualmente deve se dar no momento da descoberta dos referidos ilícitos. Ademais, o diferimento do termo inicial para a contagem do prazo decadencial, nessas hipóteses, deveria ser concedido não somente ao terceiro interessado e ao Ministério Público, mas também às partes. Uma decisão decorrente da corrupção do magistrado, por exemplo, é completamente nula e jamais deve prevalecer, ainda que transcorrido o biênio para ajuizamento da ação rescisória.

11. ENCERRAMENTO

Procurou-se delinear até aqui alguns dos principais elementos que caracterizam a dinâmica da ação rescisória segundo o Código de Processo Civil. Nesse sentido, merecem ser destacados alguns avanços nessa matéria, como a previsão de cabimento da rescisória para casos de inobservância de precedentes e a ampliação do espectro de cabimento da rescisória para os casos de prova nova. No entanto, de *lege ferenda*, deveria o Código ter ampliado também as hipóteses de cabimento da rescisória em caso de ilícitos que afetam a imparcialidade judicial.

Não obstante, criticou-se a inclusão do conteúdo da Súmula 401 do STJ à redação do art. 975 do Código de Processo Civil de 2015, pois tal opção do legislador contraria a teoria dos capítulos da sentença e viola os princípios da economia processual e da celeridade.

Por fim, procurou-se demonstrar que, apesar de louvável a inclusão de previsão determinando a inclusão de termo inicial do prazo decadencial diferido para a ação rescisória fundada em prova nova ou em colusão ou simulação entre as partes, tem-se que de *lege ferenda* a legislação processual ainda deveria evoluir, principalmente no tocante ao termo inicial da contagem do prazo decadencial para a rescisória fundada em ilícitos que afetam a imparcialidade judicial, e o exercício da atividade probatória (previstos nos incisos I e VI do art. 966) estabelecendo termos iniciais também diferidos para esses vícios graves que tendem a ser revelados supervenientemente ao prazo decadencial de dois anos após o trânsito em julgado da decisão rescindenda.

43

O SUPERIOR TRIBUNAL DE JUSTIÇA E A INTERPRETAÇÃO DE DISPOSITIVOS DO CÓDIGO DE PROCESSO CIVIL

RICARDO DE CARVALHO APRIGLIANO

Sumário: 1. Homenagem ao professor Humberto Theodoro Júnior. 2. Introdução. 3. Função constitucional do Superior Tribunal de Justiça. 4. Feriado local e a tempestividade do recurso especial. Exigência no ato da interposição e a possibilidade de sua comprovação posterior. 5. A ampliação do rol de hipóteses do artigo 1.015. Em particular, o Agravo de Instrumento sobre decisões que versem sobre competência. 6. O papel do Superior Tribunal de Justiça na formulação dos precedentes no direito brasileiro. 7. Conclusões.

1. HOMENAGEM AO PROFESSOR HUMBERTO THEODORO JÚNIOR

Este artigo é fruto de conferências que fiz, recentemente, com o objetivo de examinar como determinados temas processuais vêm sendo interpretados pelos Tribunais. Valho-me das anotações de tais palestras para produzir este ensaio, com o objetivo de integrar obra coletiva em homenagem ao Professor Humberto Theodoro Júnior. É comum que se produzam livros em homenagens a grandes juristas. Mas poucas pessoas são tão merecedoras desta homenagem como o querido professor Humberto Theodoro Júnior.

Homem de cultura jurídica ímpar, estudioso, autor versado em diversos temas, escritor profícuo. O professor Humberto é um exemplo de disponibilidade, de gentileza, sempre simpático com todos, inclusive com uma certa legião de verdadeiros fãs, que o abordam ao final de conferências para tirar fotos, autografar algumas de suas obras, em especial o seu Curso de Direito Processual, obra de referência para alunos, profissionais e estudiosos do direito processual. Mas acima de tudo, Humberto Theodoro Júnior merece todas as homenagens por sua humildade, sua humanidade. Por nos ensinar, para além das questões de direito processual, civil ou constitucional, que devemos nos manter humildes e generosos sempre, todos os dias, não importando a cultura, fama, reconhecimento ou títulos. Sinto-me verdadeiramente honrado por tomar parte desta merecida homenagem, por ocasião das Jornadas de Direito Processual do IBDP, que se realizam também em homenagem ao grande professor de todos nós.

2. INTRODUÇÃO

Passados pouco mais de dois anos de vigência do CPC/15, é possível formular algumas considerações acerca da forma como os Tribunais brasileiros, em especial o Superior Tribunal de Justiça, vêm desempenhando suas funções, como formuladores de precedentes e responsáveis por dar cumprimento ao comando segundo o qual os Tribunais devem manter sua jurisprudência firme, estável e coerente.

O Código de Processo Civil de 2015, entre muitas outras modificações de caráter mais pontual, contém, na minha visão, duas grandes apostas. A primeira diz respeito com o estímulo aos meios consensuais de solução dos conflitos. Estabeleceu-se uma verdadeira política pública no país, já a partir da Resolução 125/2010 do Conselho Nacional de Justiça, mas muito reforçada pelas disposições do CPC/15, para que pessoas físicas e jurídicas tomem para si a resolução de seus próprios problemas, que encontrem uma forma de dirimir seus conflitos, com a participação do Estado, mas não por decisão do Estado[1].

Nosso ordenamento jurídico propõe, atualmente, uma mudança importante de paradigma, estabelecendo múltiplas opções e propondo técnicas – o que requer o treinamento e a capacitação adequada dos profissionais do direito – para que os litígios sejam resolvidos antes mesmo de ser judicializados, ou que sejam concluídos mediante transação, ou ainda, que outros métodos heterocompositivos sejam utilizados. Sem negar um certo otimismo, e talvez até alguma ingenuidade, entendo que tais disposições, no longo prazo, poderão mudar efetivamente o nosso paradigma e conduzir a uma reposicionamento de nossa sociedade, seja em seus níveis de litigância, seja na dependência excessiva do Estado.

A segunda grande aposta, que diz respeito mais diretamente com esse ensaio, está atrelada ao reforço do papel dos tribunais na formulação de precedentes, no respeito e na estabilidade das decisões e na aplicação uniforme de entendimentos a relações jurídicas repetidas. Uma sociedade massificada exige que as decisões sejam uniformes. Não há outra forma de administrar Justiça.

Esta é evidentemente uma questão complexa, à qual vêm se dedicando inúmeros estudiosos. Não é o objetivo deste estudo o enfrentamento de todos os aspectos desta multifacetada realidade. O que se pretende é examinar como o Superior Tribunal de Justiça vem

---

[1] Faleck, Diego. Código de Processo Civil Anotado, AASP / OAB-PR, Coord. José Rogério Cruz e Tucci et al, 2016, GZ Editora, p. 255.

aplicando as técnicas de julgamento que o CPC/15 propõe, especificamente na fixação de interpretação acerca de dispositivos do próprio CPC.

Ainda nestas considerações introdutórias, importante consignar que o STJ possui uma realidade própria, como Corte Superior em um país com as características políticas e culturais como o Brasil. Possui vasta competência constitucional e precisa adaptar a sua realidade quotidiana para enfrentar todos esses desafios.

Nenhuma visão isolada é capaz de compreender e explicar o funcionamento daquela Corte Superior. Nem a dela própria, nem a de operadores específicos do direito – como a advocacia ou a magistratura – nem a de grupos de interesse. A realidade é multifacetada, assim deve ser compreendida e assim devem ser trabalhadas as soluções para os relevantes problemas que a Corte é chamada a dirimir.

É com esse espírito que passo a expor as ideias a seguir, procurando fornecer uma perspectiva externa, que é uma mistura das visões de um advogado militante, de um estudioso de direito processual e, simultaneamente, de um dirigente de duas importantes instituições brasileiras, as quais tenho a honra de pertencer, quais sejam, a Associação dos Advogados de São Paulo e o Instituto Brasileiro de Direito Processual. Ao final, espero ter contribuído para a reflexão de alguns temas e sobretudo para o aprimoramento do nosso sistema de Justiça, do qual dependem tantas pessoas.

Para tanto, enfrentarei dois temas específicos, objeto de decisões muito recentes do Superior Tribunal de Justiça: a necessidade de comprovação do feriado local no ato de interposição do recurso especial, sem possibilidade de comprovação posterior, e a admissibilidade de agravo de instrumento para atacar decisões acerca da competência.

3. FUNÇÃO CONSTITUCIONAL DO SUPERIOR TRIBUNAL DE JUSTIÇA

A função constitucional do Superior Tribunal de Justiça de interpretar a legislação federal e uniformizar o entendimento acerca da sua aplicação, positivada no artigo 105 da Constituição Federal, o coloca em posição de absoluto protagonismo em relação a um enorme conjunto de temas. Entre elas, o de interpretar as disposições do Código de Processo Civil de 2015.

Nos quarenta anos de vigência do CPC/73, em nenhum momento deixou de existir a necessidade de se proceder à interpretação, atualização de questões processuais, inclusive acerca de institutos clássicos. Mesmo no sistema anterior e com a estabilidade própria de um diploma legal vigente há décadas, sempre foi necessária a atividade integradora própria da jurisprudência. Um fator decisivo para este relevante papel do STJ é o entendimento de que, não obstante a previsão constitucional das garantias processuais e dos institutos mais relevantes, a jurisprudência do STF definiu-se pela inadmissibilidade de veicular recurso extraordinário sobre temas processuais, se regras específicas acerca daquelas garantias estiverem previstas na legislação infraconstitucional. O que se denominou violação reflexa da Constituição Federal.

Assim, no mais das vezes, o Superior Tribunal de Justiça funciona como a última instância para a interpretação da matéria processual, circunstância que aumenta a importância daquela Corte. Fato é que se o diploma anterior permaneceu gerando polêmicas e ensejando a necessidade de atuação do STJ durante todo o tempo de sua vigência, o que então dizer do CPC/15, um novo e extenso diploma, com novas propostas e novos institutos? A função do Superior Tribunal de Justiça é relevantíssima. E será mais bem desempenhada quanto mais aquele Tribunal tiver consciência da sua missão constitucional.

Ao me referir às funções constitucionais do Superior Tribunal de Justiça, quero aludir à função uniformizadora, produtora de jurisprudência que sirva para casos iguais. Quero me referir ao papel verdadeiramente republicano de um Tribunal de cúpula, que fixa o entendimento que deve ser aplicado a todas as pessoas em igual condição.

Em termos ainda mais técnicos, poderia também lembrar que essa função é realizada a partir do exame de questões jurídicas, da fixação de teses, com observância do requisito constitucional do prequestionamento. Sem espaço, portanto, para o exame de situações particulares, para o julgamento de casos como uma Corte de Apelação, interessada na solução de cada caso concreto, mas como a guardiã do direito objetivo, que apenas em via indireta pode servir para justiça no caso concreto[2].

Essa função, presente desde sempre, é realçada no plano infraconstitucional, na medida em que o CPC/15 propõe, com todo acerto, que os Tribunais deverão fazer e manter sua jurisprudência firme, estável e coerente. Um dos valores da nossa Constituição, reforçado e concretizado pelo CPC/15, é a previsibilidade das relações jurídicas. Isso se obtém mediante julgamentos que confiram às normas positivas interpretação completa, uniforme e que seja aplicada a todas as situações iguais.

Apresenta-se diante da comunidade jurídica em geral, e do STJ em especial, um enorme desafio futuro: conferir aos dispositivos do CPC/15 a interpretação mais adequada, solucionando as lacunas da lei, resolvendo suas perplexidades. E assim criando, gradativamente, a jurisprudência íntegra, estável e coerente, cuja observância é uma das funções precípuas dos próprios Tribunais (art. 926), que para tanto, devem respeitar seus próprios precedentes, sem cair na tentação de rever suas posições a cada novo caso ou a cada modificação de sua composição.

O gigantismo brasileiro, que afeta também a administração da Justiça, só pode ser resolvido com soluções no atacado, e a formação adequada dos precedentes é a grande e a melhor aposta que a sociedade fez por meio do CPC/15. Este é o desafio que se coloca ao Superior Tribunal de Justiça. Desafio que não é novo, mas que agora pode ser enfrentado com novas ferramentas e, sobretudo, com uma maior consciência desse seu verdadeiro papel.

Para ilustrar esse estado de coisas, passo a enfrentar os dois temas acima propostos. Primeiro, a questão acerca da demonstração do feriado local para aferição da tempestividade do recurso especial. Em seguida, sobre a ampliação do rol de hipóteses do agravo de instrumento.

---

[2] Aprigliano, Ricardo de Carvalho. Presente e Futuro do Recurso Especial, in *Garantismo processual: garantias constitucionais aplicadas ao processo*, Coord. José Roberto Bedaque et al, São Paulo, Gazeta Jurídica, 2016, p. 263-264.

4. FERIADO LOCAL E A TEMPESTIVIDADE DO RECURSO ESPECIAL. EXIGÊNCIA NO ATO DA INTERPOSIÇÃO E A POSSIBILIDADE DE SUA COMPROVAÇÃO POSTERIOR

Em 20.11.2017 o STJ proferiu julgamento no âmbito da Corte Especial acerca desse tema. A questão submetida à análise dizia respeito à possibilidade de comprovação posterior da ocorrência de feriado local, para demonstrar a tempestividade do recurso especial.

A esse respeito, há a previsão do artigo 1.003, segundo o qual o recorrente comprovará a ocorrência de feriado local no ato de interposição do recurso. De outro lado, na linha do combate explícito às formalidades e do princípio mais geral da primazia do julgamento de mérito, o mesmo diploma contempla disposições gerais sobre a correção de vícios e a oportunidade de permitir a regularização de aspectos formais, que se somam às disposições na parte geral dos recursos (art. 932, parágrafo único) e, em especial, à previsão específica – e inédita – que determina a correção de vícios formais no âmbito do recurso especial (art. 1.029)[3].

O Superior Tribunal de Justiça enfrentou o tema algumas vezes nos últimos meses. De um lado, passou a entender que a tempestividade do recurso especial precisa ser comprovada desde logo. Não obstante a distinção que se faz no plano doutrinário entre a tempestividade do recurso e a sua respectiva prova, o STJ adotou a construção de que o recurso só é tempestivo se a prova da ocorrência do feriado local for feita no ato da interposição. Isso, a partir da interpretação literal do artigo 1.003, § 6º. Proferiu julgamentos nesse sentido na Primeira[4], Segunda[5] e Terceira Turmas[6][7].

---

[3] Daniel Neves entende que, não obstante a literalidade do § 6º do artigo 1.003, tal regra não escapa da aplicação do art. 932, parágrafo único, exigindo a oportunidade de regularização antes de se inadmitir o recurso. Novo Código de Processo Civil comentado artigo por artigo, Salvador, Editora Juspodivm, 2016, p. 1655

[4] "*O novo Código de Processo Civil não possibilita tal mitigação ao conhecimento do recurso intempestivo. De fato, nos casos em que a decisão agravada tenha sido publicada já na vigência do novo CPC, descaberia a aplicação da regra do art. 932, parágrafo único, do CPC/2015, para permitir a correção do vício, com a comprovação posterior da tempestividade do recurso. Isso porque o CPC/2015 acabou por exclui-la (intempestividade) do rol dos vícios sanáveis, conforme se extrai do seu art. 1.003, § 6º ("o recorrente comprovara a ocorrência de feriado local no ato de interposição do recurso") e do seu art. 1.029, § 3º ("o Supremo Tribunal Federal ou o Superior Tribunal de Justiça poderá desconsiderar vício formal de recurso tempestivo ou determinar sua correção, desde que não o repute grave*").AgInt no AREsp 1041706/DF, Rel. Ministra ASSUSETE MAGALHÃES, SEGUNDA TURMA, julgado em 20/04/2017, DJe 02/05/2017.

[5] AgInt no AREsp 932.244/SP, Rel. Ministro GURGEL DE FARIA, PRIMEIRA TURMA, julgado em 15/09/2016, DJe 19/10/2016.

[6] Agravo interno não provido" (STJ, AgInt no REsp 1.626.179/MT, Rel. Ministro RICARDO VILLAS BÔAS CUEVA, TERCEIRA TURMA, DJe de 23/03/2017.

[7] AgInt no REsp 1626179/MT, Rel. Ministro RICARDO VILLAS BÔAS CUEVA, TERCEIRA TURMA, julgado em 07/03/2017, DJe 23/03/2017

A interpretação que passou a ser adotada privilegiou a leitura da regra específica, entendendo que ela prevalece sobre as normas gerais acima apontadas. Dos julgados, extrai-se que "Não obstante o princípio da primazia do mérito, o próprio Código de Processo Civil de 2015 estabeleceu expressa obrigatoriedade de comprovação de feriado local ou suspensão do expediente, regra específica que prevalece sobre a regra geral (*exspecialis derrogat lex generalis*)."[8] [9]

O STJ chegou a proferir decisões no sentido inverso, na linha do que defenderam as manifestações divergentes dos Ministros Raul Araújo e João Otavio de Noronha, admitindo que, não obstante a lei exija a demonstração do feriado local no ato de interposição, o eventual descumprimento desta regra admitiria a sua regularização posterior, porque para fins da tempestividade do recurso, importa quando o ato foi efetivamente praticado, e não a comprovação desta mesma tempestividade. Aliás, corretíssimos Eduardo Talamini e Felipe Wladeck quando afirmam que essa exigência de comprovação do feriado local "não concerne à tempestividade do recurso, mas à sua regularidade formal"[10].

Acredito que, no plano teórico, a questão é mais bem ilustrada quando se examinam os pressupostos de admissibilidade dos recursos sob a classificação proposta pelo saudoso professor José Carlos Barbosa Moreira, o autor da obra sobre recursos de maior relevância no plano doutrinário brasileiro[11]. Os pressupostos de admissibilidade são divididos em intrínsecos e extrínsecos. Os primeiros dizem respeito à existência do direito de recorrer, como o cabimento, a legitimidade, o interesse recursal e a inexistência de fato impeditivo ou extintivo. São modalidades que não permitem a regularização de vícios. Se o recorrente não é legítimo, ou se não há interesse recursal, não se pode cogitar da prática de algum ato que contorne esse aspecto. Os requisitos extrínsecos são atrelados ao exercício do direito de recorrer, como a regularidade formal, o preparo e a tempestividade. Aqui há amplo espaço para as atividades saneadoras contempladas expressamente pela lei.

A procuração que deixou de ser juntada, a assinatura que não foi aposta, a cópia que se revelou ilegível, são todas modalidades de erros que podem ser corrigidas, sendo que permitir tal atividade em nada desnatura a atividade jurisdicional, não importa tratamento desigual, nada. Trata-se pura e simplesmente de aplicação concreta das tradicionais normas de sobredireito acerca da instrumentalidade das formas, preservadas e reforçadas no âmbito do CPC/15[12].

---

[8] AgInt no AREsp 991.944/GO, Rel. Ministro LUIS FELIPE SALOMÃO, QUARTA TURMA, julgado em 20/04/2017, DJe 05/05/2017.

[9] AgInt no REsp 1638816/PE, Rel. Ministra ASSUSETE MAGALHÃES, SEGUNDA TURMA, julgado em 21/03/2017, DJe 06/04/2017.

[10] Cassio Scarpinella Bueno, coord. Comentários ao CPC, vol. IV. São Paulo, Saraiva, 2017, p. 376.

[11] Barbosa Moreira, José Carlos. *Comentários ao Código de Processo Civil*, vol. V, Ed. Forense.

[12] Humberto Theodoro Júnior nos traz esse mesmo ensinamento, aplicado ao tema específico da comprovação do feriado local, ponderando que não obstante o teor do artigo 1.003, " desde que não haja má-fé do recorrente, nada impedirá que a falha seja suprida na instância superior, como, aliás, se dá com as omissões sanáveis em geral (art. 352) e até mesmo com o recurso, no tocante à falta ou insuficiência do preparo (art. 1.007). *Curso de Direito Processual Civil*, vol. I. 56ª edição, Rio de Janeiro, Forense, 2015.

Esta distinção, que não foi feita pelo STJ nos julgamentos acima mencionados, explica o critério legal que deveria ser adotado para se interpretar os vícios que podem ou não ser reputados graves, na dicção do artigo 1.029. Vícios relativos aos pressupostos extrínsecos admitem, regra geral, a sua regularização. É este o espírito da lei, é esta a interpretação que decorre de uma leitura sistemática da lei, como, aliás, fez o Ministro Raul Araújo em seu voto vencido. A leitura da Exposição de Motivos apenas reforça essa percepção.

Não obstante, o julgamento mais recente e mais relevante, proferido pela Corte Especial, justamente com o objetivo de fixar o entendimento do Tribunal sobre a questão (AResp 957821/MS), acabou por tomar partido em prol da interpretação mais rigorosa. O relator do processo, ministro Raul Araújo, votou pela possibilidade da correção do vício, sendo acompanhado pelo Ministro João Otávio de Noronha. Para ele, o novo CPC prestigia a resolução de mérito do processo e, dessa forma, nos casos de falta de comprovação de feriado local, deveria ser dada à parte a oportunidade de corrigir o vício formal posteriormente, por aplicação do artigo 932, parágrafo único, do CPC/2015. A divergência foi inaugurada pela ministra Nancy Andrighi, para quem, diferentemente do CPC/73, o novo CPC exige, de forma expressa, que a comprovação da ocorrência de feriado local seja feita no ato da interposição do recurso (artigo 1.003, § 6º). Tal interpretação foi proposta a partir de julgado em mesmo sentido proferido pela Primeira Turma do Supremo Tribunal Federal (ARE 978277 AgR), de 09/08/2016. Do voto da Ministra Andrighi, extrai-se que:

> "Nessa toada, a interpretação conjugada dos mencionados dispositivos legais revela que a intempestividade é tida pelo novo Código de Processo Civil como vício grave e, portanto, insanável. Daí porque não se aplica à espécie o disposto no parágrafo único do art. 932 do CPC/15, reservado às hipóteses de vícios sanáveis. Sob essa ótica, é possível concluir que a ausência de previsão específica de intimação da parte para comprovar, em um segundo momento, o feriado local, como sói acontecer no art. 1.007, § 4º, do CPC/15 com o recolhimento do preparo, representa, em verdade, um silêncio eloquente do legislador, que não autoriza a desejada interpretação extensiva", defendeu a ministra.

A partir desse julgado, creio que podem ser feitas rápidas considerações.

Primeiro, que ao assim decidir, o STJ cumpre a sua função uniformizadora, de conferir uma interpretação à legislação infraconstitucional, aplicável em todo o país e que deve ser observada nos casos subsequentes, que veiculem situações idênticas. Para fins de segurança jurídica e previsibilidade, uma decisão dessa natureza apresenta vantagens e méritos. Desde então, toda a comunidade jurídica saberá – ou deverá saber – que a única forma de superar o requisito da tempestividade, quando o prazo de interposição do recurso especial for influenciado pela ocorrência de feriados locais, é a de fazer tal demonstração no ato da interposição. Que as advogadas, os advogados e operadores do direito se preparem adequadamente para cumprir essa regra do jogo.

Segundo, que a formação de precedentes exige um trabalho próprio, técnicas adequadas, e que o próprio STJ tem a responsabilidade, nos termos da lei, de manter sua jurisprudência firme, estável e coerente. Por maior que seja a grita da doutrina – porque particularmente a posição adotada não é a mais adequada nem a que se coaduna com a melhor interpretação sistemática do Código – o STJ tem a responsabilidade de adotar o seu próprio entendimento, aplicando-o às demais situações[13].

Cada vez que o Tribunal, por meio de outros órgãos fracionários, opta por desrespeitar seus próprios Precedentes, o recado que transmite à sociedade é muito ruim[14]. Como advogado, encarregado da melhor defesa do interesse dos meus clientes, como posso aceitar uma certa posição, se a "Turma vizinha" não a adota, ou se para um outro caso foi adotada posição diferente? É minha atribuição seguir recorrendo, para que aquele outro entendimento, mais favorável, seja também adotado para o caso do meu cliente. E porque todos pensarão assim, a oscilação da jurisprudência trará sempre o efeito de amplificar os recursos, gerar ainda mais movimento a assoberbar aquele mesmo Tribunal Superior.

Terceiro, que o dever de observar os precedentes e manter "a jurisprudência" firme e estável se aplica tanto aos bons como aos maus precedentes. Esse, especificamente, precisará ser respeitado. Ainda que ele não decorra da melhor interpretação da lei, ainda que contrarie a visão que a legislação propõe acerca da prevalência do mérito sobre tais questões meramente formais. Ainda que tenha tomado posição diametralmente oposta ao Enunciado 66, aprovado na I Jornada de Direito Processual Civil realizada pelo Conselho da Justiça Federal em agosto de 2017[15].

Deve-se invocar, uma vez mais, a responsabilidade dos Tribunais na formação de sua jurisprudência, porque os qualificativos de íntegra, estável e coerente devem ser idealmente aplicados a julgados adequados, feitos a partir dos elementos corretos, fruto de debates, seleção adequada de casos paradigmas e do conjunto de técnicas que o próprio Código põe à disposição do julgador para a formação destes mesmos precedentes.

Com a máxima vênia, penso que ainda nos cabe refletir se os Tribunais Superiores – notadamente o Superior Tribunal de Justiça – efetivamente compreendem este aspecto da sua realidade e se estão preparados para tais funções. Basta pensar que o Superior Tribunal de Justiça houve por bem afetar a questão para a Corte Especial, o que é digno de elogios. De outro lado, não proferiu esse julgamento sob a técnica dos recursos repetitivos, não selecionou outros casos idênticos, que pudessem melhor representar a controvérsia, nem permitiu a participação de outras partes interessadas, ou mesmo convocou e/ou admitiu a participação de *Amicus Curiae*.

Pela relevância do tema, melhor teria sido se valer de todo esse conjunto poderoso de técnicas, para chegar a uma posição mais amadurecida, o que certamente contribuiria

---

[13] A esse fenômeno, José Rogério Cruz e Tucci refere como autoprecedente, o qual também se impõe, *interna corporis*, como medida de coerência. *Comentários ao Código de Processo Civil*, vol. 4, coord. Cássio Scarpinella Bueno, Saraiva, 2017, p. 28

[14] No STF, o exemplo mais atual e emblemático diz respeito à decretação da pena de prisão após o julgamento em segundo grau de jurisdição. Os Ministros que restaram vencidos no julgamento do Pleno ignoram a orientação da maioria e preservam sua posição original. Independentemente do mérito dos votos e do acerto do voto minoritário, é fato que a função das Cortes Supremas e Superiores não se compatibiliza com essas oscilações.

[15] "Admite-se a correção da falta de comprovação do feriado local ou da suspensão do expediente forense, posteriormente à interposição do recurso, com fundamento no art. 932, parágrafo único, do CPC."

para cumprir a exigência da lei sobre o dever de uniformizar sua jurisprudência, para em seguida mantê-la íntegra, estável e coerente.

Ao se examinar o acórdão, observa-se, por fim, que nas razões de decidir o voto vencedor fez expressa distinção entre a comprovação da tempestividade e do preparo, porque quanto a este, há disposição expressa que o autoriza. Segundo as técnicas de formulação de precedentes, e para adotar a terminologia que nos é trazida do *Common Law*, essa seria a *ratio decidendi*, o fundamento determinante para se obter aquela conclusão: a literalidade da lei impede a regularização posterior da prova do feriado local, mas permite quanto ao preparo. Se assim é, um possível desdobramento deste precedente é o de que ele também servirá para autorizar a regularização de preparos, porventura não feitos ou incompletos. Não haverá espaço para a formulação de uma nova interpretação, também defensiva, para por exemplo considerar que no âmbito do recurso especial a não juntada da guia de preparo é reputada vício grave, a afastar a incidência do artigo 1.029, § 3º.

Pessoalmente sou da opinião de que os dois requisitos possuem igual regime jurídico e idêntica finalidade. Ambos versam sobre aspectos da regularidade formal do recurso. A exemplo da tempestividade, o preparo também pode ser diferenciado da sua respectiva comprovação. E também aqui há previsão legal expressa determinando a juntada no ato da interposição.

A diferença entre as situações é a que as regras sobre a possibilidade de regularização do preparo, seja para complementar o valor, apresentar a guia já recolhida ou mesmo efetuar o pagamento, vêm previstas no mesmo dispositivo legal, inserido nas disposições gerais sobre os recursos. Já no que diz respeito à tempestividade, não há um dispositivo específico que fale na comprovação posterior da ocorrência do feriado local, mas as normas gerais se aplicam, o que deveria igualmente permitir a sua regularização[16].

Apesar de substancialmente iguais, as figuras passam doravante a receber tratamento separado. Uma não permite regularização, outra permite. É um dos preços a pagar caso queiramos implementar um sistema de precedentes, com formulação de jurisprudência íntegra e estável. Neste primeiro exemplo, fiquemos com estes predicados, porque não creio possamos considerá-la coerente.

5. A AMPLIAÇÃO DO ROL DE HIPÓTESES DO ARTIGO 1.015. EM PARTICULAR, O AGRAVO DE INSTRUMENTO SOBRE DECISÕES QUE VERSEM SOBRE COMPETÊNCIA

O segundo tema selecionado para este estudo versa sobre a admissão do agravo de instrumento para atacar decisões sobre a competência relativa ou absoluta do juízo. Em

---

[16] Aprigliano, Ricardo de Carvalho. "Não se quer dizer, porém, que a falta de tal comprovação não possa ser suprida posteriormente. Os arts. 139, inciso IX, e 932, parágrafo único, são bastante eloquentes quanto a essa possibilidade. Em reforço, até mesmo a ausência de peças obrigatórias do agravo de instrumento (art. 1.017, § 3º) ou do preparo do recurso (art. 1.007, §4º) configura mera irregularidade, passível de regularização". *CPC Anotado AASP / OAB-PR*, p. 1366.

termos mais amplos, se o artigo 1.015 do CPC comporta uma interpretação extensiva, para admitir a interposição de agravos de instrumento para hipóteses não expressamente previstas, ou se, ao contrário, o rol é efetivamente taxativo e nenhuma outra hipótese pode justificar a interposição imediata de recurso.

O tema já foi objeto de algumas decisões pelos tribunais brasileiros, algumas decisões monocráticas no âmbito do Superior Tribunal de Justiça e de um acórdão no Recurso Especial 1.679.909/RS, da 4ª Turma, julgado em 14/11/2017, relatado pelo Ministro Luis Felipe Salomão, que concluiu pela admissibilidade do agravo contra decisões que versem sobre competência. Mais recentemente, em 20/02/2018, a Corte Especial decidiu afetar ao regime de recurso repetitivo o Recurso Especial 1.704.520/MT, para examinar a questão que foi assim definida pelo Tribunal: "Definir a natureza do rol do art. 1.015 do CPC/15 e verificar possibilidade de sua interpretação extensiva, para se admitir a interposição de agravo de instrumento contra decisão interlocutória que verse sobre hipóteses não expressamente versadas nos incisos de referido dispositivo do Novo CPC".

Teremos, portanto, um posicionamento do Superior Tribunal de Justiça acerca da interpretação deste importante dispositivo do CPC, valendo-se das técnicas processuais que o novo diploma legal coloca à disposição do julgador, na importante tarefa de fixação dos precedentes.

No âmbito doutrinário essa discussão foi desde logo identificada como relevante, pois diz respeito à escolha do modelo recursal do ordenamento brasileiro. Como se sabe, o legislador tem feito inúmeras modificações no regime do agravo ao longo das últimas décadas, e no contexto do CPC/15, optou por um modelo novo. Eliminou o agravo retido, estabeleceu hipóteses específicas de recorribilidade imediata, pela via do agravo de instrumento, e relegou todas as demais hipóteses para um regime jurídico novo. Sobre estas outras questões não se opera a preclusão no curso do processo, e elas podem ser trazidas como matéria preliminar nas razões ou contrarrazões de apelação.

Esta aposta do legislador foi criticada, por ter deixado de fora do rol taxativo do artigo 1.015 um certo número de situações que justificariam sua inclusão[17]. Sobretudo, porque o controle posterior de certas decisões pode tornar inútil esse mesmo controle, ou conduzir a anulações do processo como um todo, impondo retrocessos desnecessários.

A crítica é reforçada pela consideração de que apenas à fase de conhecimento do procedimento comum foram impostas tais restrições, sendo amplamente recorríveis as decisões do cumprimento de sentença e do processo de execuçao de título extrajudicial[18].

Os exemplos mais comumente lembrados são as decisões acerca da admissibilidade das provas e da competência do juízo. Porque inadmita uma prova, veicular a questão apenas no contexto da apelação fará com que, se acolhida a alegação, o processo possivelmente tenha que ser anulado, para realização da prova e nova prolação de decisão. Ou, a contrário

---

[17] *Curso de Processo Civil completo*, Eduardo Cambi et al, Curitiba, Revista dos Tribunais, 2017, p. 1553.

[18] Aprigliano, Agravo de Instrumento e Agravo Interno, in PRODIREITO: Direito Processual Civil. Programa de Atualização em direito, Ciclo 2, volume 1. Coord. Cássio Scarpinella Bueno., 2016, SECAD, p. 109.

senso, essa circunstância pode acabar motivando o julgador a manter o indeferimento da prova, sob um argumento pragmático de que esta solução importa menos trabalho e menor tempo para o desfecho da causa.

Quanto à competência, a rejeição da preliminar importará na tramitação da causa perante juiz incompetente, com potencial efeito de anular todos os atos decisórios. A doutrina procurou estabelecer analogia entre a hipótese do artigo 1.015, III (rejeição da alegação de convenção de arbitragem) com a decisão sobre competência, por entender que no caso da arbitragem, discute-se em alguma medida a competência do juiz togado para processar causas em que tenha havido a celebração da convenção de arbitragem[19].

Na decisão do Recurso Especial 1.679.909 – RS, o Ministro Relator entendeu que "nessa ordem de ideias, apesar de não previsto expressamente no rol do art. 1.015, penso que a decisão interlocutória relacionada à definição de competência continua desafiando recurso de agravo de instrumento, por uma interpretação analógica ou extensiva da norma. Deveras, a possibilidade de imediata recorribilidade da decisão advém de exegese lógico-sistemática do diploma, inclusive porque é o próprio Código que determina que "o juiz decidirá imediatamente a alegação de incompetência" (§ 3º do art. 64).[20]

Trata-se de um acórdão com voto extenso e bem fundamentado, mas proferido no âmbito de um Recurso Especial 'simples', sem afetação ao regime dos repetitivos, sem participação de terceiros. Como resultado, considerando as diferentes técnicas existentes e a gradação entre os diferentes precedentes que podem ser formados, podemos considerar que se trata de precedente persuasivo. A esse respeito, farei outros comentários em seguida. Antes, porém, convém deduzir algumas considerações sobre o mérito da questão.

O tema da ampliação do rol de hipóteses do agravo de instrumento é muito rico. Sob uma perspectiva estritamente técnica, deve-se concordar com as conclusões do julgado, amparadas na doutrina, acerca do erro do legislador ao excluir determinadas hipóteses da recorribilidade imediata. Não existem razões que verdadeiramente expliquem porque é agravável a decisão acerca da inversão do ônus da prova, mas não é a decisão que inadmita um meio de prova.

Creio até que os fundamentos principais que explicam a crítica à irrecorribilidade da decisão sobre competência não são os que veem identidade com a hipótese da convenção de

---

[19] Ver Fredie Didier, Curso de Direito Processual civil, v. 1, p. 237-238, citado no próprio acórdão aqui comentado.

[20] A decisão complementa a sua fundamentação, elencando os danos decorrentes da irrecorribilidade da decisão sobre competência: "Evita-se, por essa perspectiva: a) as inarredáveis consequências de um processo que tramite perante um juízo incompetente (passível até de rescisória – art. 966, II, CPC); b) o risco de se ter que invalidar ou substituir decisões (art. 64, § 4º, primeira parte); c) malfere-se o princípio da celeridade ao se exigir que a parte aguarde todo o trâmite em primeira instância para ver sua irresignação decidida tão somente quando do julgamento da apelação; d) tornar inócua a discussão sobre a (in)competência, já que os efeitos da decisão proferida poderão ser conservados pelo outro juízo, inclusive deixando de anular os atos praticados pelo juízo incompetente, havendo, por via transversa, indevida "perpetuação" da competência; e) a angústia da parte em ver seu processo dirimido por juízo que, talvez, não é o natural da causa".

arbitragem, porque nesta a questão que se põe versa sobre a ausência de jurisdição do juiz togado para examinar a causa, o que se revela mais grave do que um mero problema de competência. Seja como for, a possibilidade de uma causa tramitar perante juízo absolutamente incompetente e só ensejar correção na apelação revela uma escolha infeliz do legislador.

Assim, uma forma de enfrentar esse problema, de procurar identificar uma coerência sistemática do diploma legal, é justamente aquela proposta pelo acórdão ora analisado. Situações semelhantes merecem tratamento semelhante, o que explica a decisão judicial, de passar a admitir o agravo de instrumento para uma hipótese que não foi contemplada pelo legislador.

Mas é preciso complementar essa análise, com duas outras ponderações. Primeiro, a de que a lei implementou um modelo "conjugado", no qual por não caber o agravo de instrumento, a decisão interlocutória não fica sujeita à preclusão e, em via de consequência, a parte está dispensada de apresentar o respectivo recurso. Essa circunstância é potencialmente aplicada pelo julgamento aqui comentado. Afinal, terá o Superior Tribunal de Justiça dito que todas as decisões acerca da competência admitem agravo de instrumento e, nesta condição, o não manejo do recurso enseja a preclusão da matéria? Porque há um recurso especial repetitivo afetado, para conferir a interpretação acerca da natureza do rol das hipóteses agraváveis, esta questão deverá ser enfrentada pelo STJ, de forma expressa.

Na formulação do precedente, o Tribunal deverá levar em consideração as nuances fáticas que permeiam a discussão (art. 926, § 2º), e entre elas, deverá disciplinar com muito cuidado as consequências da eventual interpretação extensiva do rol à dinâmica da não preclusão das matérias não agraváveis.

Outro ponto relevante, que deve idealmente ser respondido pelo Tribunal, mas que não foi enfrentado no acórdão acima mencionado é, por assim dizer, de ordem intertemporal. Será preciso definir se esse eventual entendimento pode ser aplicado para as decisões que tenham rejeitado a alegação de incompetência proferidas antes do julgamento. Quanto a estas, dada a ausência de previsão legal, o comportamento esperado das partes era o de não recorrer. Poderão ser consideradas preclusas tais oportunidades, em vista da superveniência do entendimento do Superior Tribunal de Justiça?

Outra possível interpretação é a de que a Parte tem a faculdade de agravar, mas não está a isso obrigada. Neste modelo intermediário, o comportamento possível será duplo, de forma que tanto poderá agravar, como aguardar para trazer tal argumentação por ocasião do recurso de apelação (ou resposta). Neste modelo interpretativo, não se pode considerar preclusa a via do recurso posterior.

Diante destas dúvidas, o que se espera do Superior Tribunal de Justiça é que complemente o seu papel interpretativo, para responder a este conjunto derivado de questões e de problemas práticos. Creio ser possível, e até necessário, que se estabeleça a modulação dos efeitos da decisão para que o STJ esclareça o regime a que estarão sujeitos os processos nos quais não houve a interposição de agravos contra decisões sobre competência. Entendo que o pior dos cenários, verdadeiramente ilegal, é considerar que, diante da ampliação do rol, estarão preclusas as decisões que não tenham sido recorridas.

Ainda que a praxe forense muitas vezes nos demonstre o contrário, é necessário afirmar e reafirmar que o processo não pode ser fonte de surpresa, que o conjunto de regras acerca da relação jurídica processual e do procedimento que se desenvolve devem ser, permanentemente, fator de segurança e previsibilidade. A parte que deixa de recorrer porque a lei determina que certa hipótese só pode ser submetida ao conhecimento do Tribunal por ocasião do julgamento da apelação está, apenas e tão somente, cumprindo a lei, jogando segunda as regras do jogo.

Não pode ser prejudicada por uma modificação da interpretação acerca das regras desse mesmo jogo. A proteção da confiança, como subproduto indispensável da segurança jurídica, exige que não seja imposto qualquer prejuízo à parte, caso seja implementada uma nova interpretação acerca do dispositivo legal, que passe a admitir agravos para além das hipóteses expressamente previstas na legislação.

Ainda a respeito deste tema, apesar de o recurso de origem propor a discussão restrita à admissibilidade do agravo para atacar decisões sobre competência do juízo, a afetação levada a efeito pela Corte Especial determina um exame mais amplo: deverá o Superior Tribunal de Justiça definir se o rol do artigo 1.015 do CPC/15 é todo ele exemplificativo, isto é, se devem ser admitidos agravos para todas as demais hipóteses que não estão ali contempladas, ou se a interpretação adequada é aquela que apenas autoriza a sua utilização para atacar decisões sobre competência do juízo.

Em suma, na medida em que a afetação pretende examinar a questão em termos bem amplos – definir a natureza do rol do art. 1.015 e verificar possibilidade de sua interpretação extensiva, para se admitir agravos contra quaisquer decisões não expressamente versadas nos incisos do referido dispositivo – a decisão que fixar o precedente terá que ser particularmente atenta e cuidadosa, fixando o substrato fático e jurídico das questões tidas como principais, além de distinguir os pontos que devem ser tidos por razões de decidir daqueles que constituem meramente argumentos adicionais da fundamentação – *obiter dictum*.

A questão assume enorme relevo prático. Porque uma interpretação ampla demais implica a virtual revogação do modelo proposto pelo legislador, de restrição à recorribilidade imediata e de inexistência de preclusão para as matérias irrecorríveis. Quando se examina o julgado relatado pelo Ministro Luis Felipe Salomão, observa-se que não foi este o objetivo da 4ª Turma. Isso não preveniu a Corte Especial de propor uma afetação em termos mais amplos. Mas é oportuno ponderar que a função dos Tribunais Superiores não é a de se substituir à sociedade, ou ao legislador, para retirar do modelo legal escolhas legítimas, com as quais os julgadores porventura não concordem.

Creio que o papel uniformizador, homogeneizador, que é próprio e típico dos Tribunais Superiores, aliado ao papel integrador que os Tribunais pelo mundo vem sendo chamados a desempenhar, por força da técnica legislativa aberta, de adoção de modelos jurídicos com conceitos indeterminados e da evolução das relações sociais, econômicas e jurídicas, não pode ensejar uma confusão tal, a ponto de se atribuir aos Tribunais o poder de revogar leis inconvenientes, ou implementar novos modelos legais, contrários ao que desejou o legislador.

No caso específico do agravo e do modelo de recorribilidade do sistema jurídico brasileiro, estou a falar de dois planos. O primeiro, possivelmente admissível, mas não isento de críticas, é o de adicionar uma hipótese (ou mais) ao rol do art. 1015, por interpretação analógica da hipótese da convenção de arbitragem. O segundo plano, que eu reputo inadmissível, é o de propor verdadeira revogação tácita ao modelo adotado, ampliando-se genericamente as hipóteses de agravo e rompendo com todas as restrições implementadas pelo CPC/15.

Esta escolha compete à sociedade, que pode adotá-la por meio de modificação legislativa. Este é o desafio que se coloca ao Superior Tribunal de Justiça. A Corte deve interpretar a legislação, promover sua integração, de forma a implementar um modelo igualitário, republicano, que se aplique a todos os jurisdicionados em igual situação. Mas não pode revogar ou modificar parâmetros legais estabelecidos pelo legislador, caso os repute impróprios ou não concorde com as escolhas feitas.

6. O PAPEL DO SUPERIOR TRIBUNAL DE JUSTIÇA NA FORMULAÇÃO DOS PRECEDENTES NO DIREITO BRASILEIRO

A partir do confronto entre os julgados e situações acima narradas, podemos avançar quanto ao tema aqui proposto, para formular algumas reflexões acerca do papel do STJ na formulação de precedentes quanto à legislação infraconstitucional brasileira.

Pouco mais de dois anos após o início da vigência do CPC/15[21], é preciso reconhecer que são poucos os avanços no método pelo qual se estabelece a interpretação do direito em nosso ordenamento. Não obstante as diversas técnicas e a própria ideologia que permeou a reforma legislativa, observa-se que, de um modo geral, os Tribunais continuam julgando da mesma forma, formulando suas decisões segundo os mesmos métodos. É preciso aprimorar estes modelos, porque o verdadeiro sistema de precedentes exige o exame das questões com o enfrentamento de todas as suas nuances fáticas, com uma preocupação com as razões de decidir, e não propriamente com a obtenção de uma súmula final, com um resumo da conclusão do tribunal.

A técnica de se obter uma súmula, um resumo da tese decidida, que ainda hoje ilustra a forma como são realizados os julgamentos nos recursos repetitivos, é indicativa de uma tradição que deve ser superada. As questões jurídicas submetidas ao Tribunal não podem, no mais das vezes, ser resumidas a um parágrafo, a um conjunto de frases, que exponham a súmula do entendimento daquela Corte Superior.

O novo diploma legal trabalha com parâmetros diferentes, e esta realidade parece não ter sido ainda percebida pelos Tribunais Superiores. A julgar pelas teses fixadas em recursos repetitivos, é possível supor que, caso entenda pela ampliação do rol, o STJ deverá editar um enunciado que diga mais ou menos que "cabe agravo de instrumento em face de decisões sobre competência" ou que "decisões interlocutórias acerca da competência do juízo equiparam-se às decisões sobre a convenção de arbitragem e admitem a interposição de agrado de instrumento", como se o Tribunal tivesse que editar textos legais enxutos, pontuais, disposições que poderiam se amoldar a um código ou texto normativo[22].

---

[21] Este artigo foi escrito em maio de 2018.
[22] Apenas para citar exemplos recentes, veja-se o tema 976 fixado em julgamento de recurso especial repetitivo, julgado em 13.12.2017: "A competência para processar e julgar demandas cíveis com pedidos ilíquidos contra massa falida, quando em litisconsórcio passivo com pessoa jurídica de direito público, é do juízo cível no qual for proposta a ação de conhecimento, competente para julgar ações contra a Fazenda Pública, de acordo as respectivas normas de organização

Esta tem sido historicamente a técnica de formulação das súmulas, que se estendeu para as súmulas vinculantes, e agora se aplica também aos recursos repetitivos. Mas para os fins pretendidos pela legislação, os Tribunais Superiores devem estabelecer seus precedentes de forma mais ampla, fornecendo subsídios interpretativos aos jurisdicionais, ao invés de propor novas normas com parâmetros gerais e abstratos que, por sua vez, ensejam novas dúvidas interpretativas.

Apenas para exemplificar, o Superior Tribunal de Justiça deve explicar se a admissão de agravos se aplica às hipóteses de competência absoluta e/ou relativa, se no universo das decisões sobre provas ele deve ser também admitido (na produção antecipada e autônoma, no indeferimento de meios de prova), se cabe agravo em decisões acerca do efeito suspensivo aos embargos do devedor, se cabe agravo contra decisões que afastam alegação de prescrição ou decadência, enfim, se o recurso é cabível nas diversas hipóteses concretas. E também deve decidir se em termos ainda mais genéricos, admitir-se-á agravo em todas as situações nas quais o eventual enfrentamento posterior da questão torne inútil a decisão do tribunal, posto que o objeto específico do que se queria tutelar terá perecido.

O Tribunal deve ainda explicitar se, na hipótese de entender pela inadmissibilidade do agravo, é cabível o manejo do mandado de segurança, e se há parâmetros para a sua utilização.

Observe-se que no primeiro dos casos aqui examinados, acerca da comprovação da tempestividade do recurso em caso de feriado local, o Superior Tribunal de Justiça decidiu a questão no âmbito da sua Corte Especial, o que certamente foi feito com o intuito de pacificar o entendimento das Turmas. O tema do agravo ficou inicialmente adstrito à Turma, mas foi posteriormente afetado à Corte Especial. De se notar que o Ministério Público Federal opinou contrariamente à afetação, sob uma consideração de que ocorreu pouco debate no âmbito dos tribunais inferiores. E aqui observamos outro aspecto importante sobre o papel das Cortes Superiores.

Há situações e situações, e sem dúvida algumas delas exigem que as questões sejam amadurecidas, sejam debatidas no âmbito das cortes inferiores. Mas a forma como se realizam os julgamentos no Brasil acaba por impor grave insegurança jurídica, pois persiste uma cultura de pouco respeito a precedentes. Sob essa perspectiva, é muito saudável que o STJ estabeleça, desde logo, como deve ser interpretado o dispositivo do CPC acerca do agravo de instrumento, ou do feriado local. Estamos a falar de regras processuais, cuja indefinição é, por si, fonte de grave insegurança. É alvissareira a postura do Tribunal, de procurar pacificar os temas desde logo. Tanto mais se, no processo decisório, requerem a

---

judiciária". Ou ainda o tema 941, julgado em 22.03.2017: Nos planos de benefícios de previdência complementar administrados por entidade fechada, a previsão regulamentar de reajuste, com base nos mesmos índices adotados pelo Regime Geral de Previdência Social, não inclui a parte correspondente a aumentos reais". As teses são fixadas praticamente como se fossem um artigo de lei, com um elevado grau de abstração da regra fixada pelo Tribunal. Do seu exame, não se extraem as razões determinantes, ou algum princípio jurídico que tenha sido adotado, ou mesmo qual o texto legal que justificou semelhante entendimento. A fixação das teses em repetitivos, da forma como é hoje realizada, não dispensa as partes de investigar o acórdão e extrair dele qual é efetivamente o precedente fixado.

intervenção de institutos científicos, como foi o caso da intervenção do Instituto Brasileiro de Direito Processual, como *amicus curiae*.

É cedo para se comparar o método interpretativo dos dois casos, porque um já foi julgado pela Corte Especial, enquanto outro foi inicialmente julgado pela 4ª Turma do Tribunal. Mas analisando estas duas decisões, é também relevante constatar que, apesar de buscarem interpretar dispositivos do mesmo CPC, no mesmo Tribunal, cada julgamento se pautou por critérios interpretativos distintos. E os resultados foram opostos.

No julgamento sobre o feriado local, prevaleceu uma interpretação literal, que conduziu a um resultado rigoroso, que impôs uma restrição à recorribilidade no âmbito do STJ. O julgamento do Recurso Especial relatado pelo Ministro Luis Felipe Salomão vai em sentido oposto, ultrapassando o sentido literal da norma e estabelecendo uma ampliação a partir de interpretação sistemática do ordenamento processual. De concreto, tais julgados nos permitem constatar – ou almejar – a evolução do Superior Tribunal de Justiça no desempenho desse importante papel de formulador dos precedentes no sistema jurídico brasileiro, em particular nas disposições sobre o Código de Processo Civil.

7. CONCLUSÕES

As situações concretas acima examinadas foram selecionadas porque dizem respeito a importantes disposições do CPC, entre tantas normas que suscitam dúvidas e debates. Servem, portanto, para ilustrar bem o papel que o Superior Tribunal de Justiça é chamado a enfrentar, em seu papel histórico de intérprete da legislação infraconstitucional, com o reforço das técnicas introduzidas e explicitadas pelo CPC/15.

Há muito o que avançar, contudo. Um país cujo sistema de justiça seja tal que toda e qualquer demanda possa receber pelo menos três decisões de mérito, examinadas individualmente em diferentes graus de jurisdição, está fadado ao fracasso. Ou bem se modificam os paradigmas de produção de decisões judiciais no país, ou teremos, permanentemente, um sistema falho, inapto a dar soluções minimamente satisfatórias ao jurisdicionado.

Não defendo, com isso, que os Tribunais de cúpula se recusem a dar solução aos casos, ou que adotem como método de trabalho o uso da jurisprudência defensiva. Nem são essas as soluções que decorrem de nossa legislação. Ao contrário. A solução passa pela formulação adequada de precedentes, pelo estabelecimento de métodos de trabalho que permitam que os entendimentos fixados pelos Tribunais possam ser replicados para as demais causas com substrato fático e jurídico semelhante. Sem que o próprio Tribunal Superior tenha que renovar tais decisões em cada caso isoladamente considerado.

Esta é a forma como os Tribunais brasileiros trabalham ainda hoje. Mas que deve ser superada, em prol de um sistema mais eficiente e efetivo. O aprimoramento do sistema de justiça, para o qual tanto contribuiu e segue contribuindo o professor Humberto Theodoro Júnior, passa necessariamente pela compreensão do efetivo papel do Superior Tribunal de Justiça, cuja missão constitucional foi em larga medida aprimorada e reforçada com a edição do CPC/15.

44

PANORAMA CONTEMPORÂNEO DA RECORRIBILIDADE DE DECISÕES INTERLOCUTÓRIAS

RONALDO VASCONCELOS

Sumário: 1. Introdução. 2. O Código de Processo Civil de 2015. 3. Desdobramentos do novo sistema processual. 3.1. Aparente colisão entre os binômios rapidez-probabilidade X segurança-certeza. 3.2. Presunção de acerto das determinações *a quo* e o *case management*. 4. Ainda a aparente colisão dos binômios rapidez-probabilidade X segurança-certeza: impossibilidade da atribuição de efeito suspensivo ao agravo interposto contra decisão parcial de mérito. 5. Conclusões.

1. INTRODUÇÃO

Dentre as inovações do Código de Processo Civil de 2015 (CPC/2015) que mais trouxeram incertezas ao cotidiano forense reside a disciplina do agravo de instrumento. O sistema recursal brasileiro foi sensivelmente reformulado (prazos, efeitos, hipóteses de cabimento *etc.*) para se tornar mais condizente com os ideais contemporâneos do direito processual.

Diante disso, a proposta deste singelo artigo em obra de justa homenagem ao grande Professor Humberto Theodoro Júnior é a de interpretar o recurso de agravo de instrumento diante dos paradigmas contemporâneos do direito processual.[1]

---

[1] Este texto é fruto da reunião das ideias expostas em outros dois artigos, a saber: VASCONCELOS, Ronaldo; GULIM, Marcello de Oliveira. Sistema recursal brasileiro e o vetor da não recorribilidade. *In:* NERY JÚNIOR, Nelson; ARRUDA ALVIM, Teresa (coord.). *Aspectos polêmicos dos recursos cíveis*, vol. 13. São Paulo: Revista dos Tribunais, 2017 e VASCONCELOS, Ronaldo; CARNAÚBA, César Augusto Martins. Efeito suspensivo do agravo de instrumento contra decisão parcial de mérito (no prelo 2018).

2. O CÓDIGO DE PROCESSO CIVIL DE 2015

Os pronunciamentos do juiz ao longo do processo possuem classificação legalmente prevista e dividem-se entre sentença, decisão interlocutória e despacho.

Na vigência do CPC/1973, sentença era toda decisão que resolvesse o mérito ou extinguisse o processo sem resolvê-lo (artigo 162, c/c. artigos 267 e 269). O CPC/2015, todavia, traz um dado a mais no conceito por meio de seu art. 203, § 1º, e conceitua como sentença toda aquela decisão que, além de resolver o mérito (ou extinguir o processo sem resolvê-lo), põe fim à fase cognitiva do procedimento comum ou extingue a execução. Sentença passa a ser definida pelo requisito substancial (a apreciação do mérito), mas aliado ao requisito temporal (terminar a fase cognitiva ou extinguir a execução).

Assim é que, por via reversa, toda decisão que – conquanto aprecie o mérito – não puser fim à fase cognitiva ou extinguir a execução, não será sentença. Tratar-se-á, por exclusão, de decisão interlocutória – qualquer pronunciamento judicial de natureza decisória que não se enquadre como sentença (CPC/15, art. 203, § 2º).

A distinção entre "decisão que aprecia o mérito" e "decisão que aprecia o mérito pondo fim à fase processual" existe e se fundamenta na teoria dos capítulos de sentença.[2] Ora, se o pedido deduzido na petição inicial é decomponível em diversos pedidos (e um ou alguns puderem ser julgados antes dos demais), é bastante razoável que se permita esse julgamento parcial. É medida que preza pela celeridade do processo e pela efetividade da tutela jurisdicional.

Vislumbra-se, portanto, a coexistência no direito processual de decisões que resolvem o mérito ao final da fase processual (sentenças) e decisões que resolvem o mérito no interregno entre o início e o fim da fase processual (decisões interlocutórias). Até então, nada de extremamente inovador trazido pelo CPC/2015, mas as distinções aparecem quando se passa a analisar o novo regramento dos meios de impugnação às decisões judiciais.

O Código é peremptório ao dispor que o recurso cabível contra sentença é a apelação (art. 1.009),[3] ao passo que o meio de impugnação de decisão interlocutória é o agravo de instrumento (art. 1.015).[4]

---

[2] Sobre o tema: DINAMARCO, Cândido Rangel. *Capítulos de sentença*. São Paulo: Malheiros, 2002, especialmente p. 31-49.

[3] "O CPC/15 contém relevante modificação relativamente ao sistema de recorribilidade das decisões interlocutórias, o que culmina por afetar a amplitude do recurso de apelação, alargando-a. com efeito, ao contrário do que sucede no CPC/1973, as decisões interlocutórias não mais serão, em regra, passíveis de recurso de agravo (no CPC/2015, agravo de instrumento): serão objeto de impugnação (i) ou no bojo da apelação, em capítulo preliminar próprio, ou (ii) nas contrarrazões de apelação. O CPC/2015, portanto, torna absolutamente excepcionais as hipóteses de interposição de recurso em separado (agravo de instrumento) em face de decisões interlocutórias, determinando que sua impugnação se dê, em regra, no recurso de apelação ou nas contrarrazões a este apresentadas" (WAMBIER, Teresa Arruda Alvim *et. alii*. Breves comentários ao novo Código de Processo Civil. 2. ed. rev. e atual. São Paulo: Revista dos Tribunais, 2016, p. 2336-2337).

[4] "O CPC/2015, não só altera as hipóteses de cabimento para o agravo de instrumento, como também extingue a figura do agravo retido. Releva apenas ressaltar que, contra as decisões que

O art. 1.015, todavia, apresentou um rol de hipóteses de cabimento do agravo em seus incisos e parágrafo, donde surgiu complexa celeuma na doutrina. Tratou-se, então, de discutir o que fazer diante de decisão interlocutória não prevista como impugnável por agravo de instrumento.

O tema é controverso e deveras interessante, tendo defensores de interpretação ampliativa e restritiva do rol exposto no art. 1.015. Contudo, o Superior Tribunal de Justiça, no julgamento do REsp nº 1.704.520-MT (3ª Turma, rel. Min. Nancy Andrighi) recentemente passou a apreciar o artigo 1.015 e *"verificar possibilidade de sua interpretação extensiva, para se admitir a interposição de agravo de instrumento contra decisão interlocutória que verse sobre hipóteses não expressamente versadas nos incisos de referido dispositivo no novo CPC"* (conforme trecho da ementa). A depender da decisão da Corte, poderá o jurista insatisfeito lutar por uma nova alteração, quiçá legislativa; não obstante, por ora parece mais prudente aguardar o posicionamento jurisprudencial antes de tornar a tratar do caso.[5]

3. DESDOBRAMENTOS DO NOVO SISTEMA PROCESSUAL

É necessário interpretar o recurso do agravo de instrumento – suas hipóteses de cabimento, seus efeitos, sua ritualística – em consonância com os nortes interpretativos de todo o sistema processual civil. Quando há a promulgação de um novo Código forçoso se torna revisitar os fundamentos dos institutos e dos mecanismos nele regulados.

Nesse cenário, o agravo de instrumento deve ser compreendido a partir de ideais trazidos pelo CPC/15, como a colaboração processual, a ausência de nulidades se delas não resultar prejuízo, a concretização do contraditório e outros. A seguir, portanto, passa-se a abordar dois desdobramentos dessa nova principiologia, aptos a informarem a melhor compreensão sobre os novos contornos do agravo de instrumento.

---

[5] não ensejam o agravo na forma instrumentada, não ocorrerá a preclusão, podendo a parte, sem qualquer outro ato anterior, atacá-las na apelação ou em contrarrazões. O rol previsto nos incisos e parágrafo único do art. 1.015 do CPC/2015 aparentemente é taxativo. Se assim for, não poderá ser utilizado tal recurso em uma hipótese não prevista em lei" (WAMBIER et. alii, Breves comentários, p. 2351).

Sem deixar de fazer votos para que a Corte de vértice conclua pela impossibilidade da interpretação extensiva. Ademais, vislumbra-se um vetor axiológico no novo processo civil, direcionado à não recorribilidade das decisões interlocutórias, vez que a "nova dinâmica do sistema recursal brasileiro sugere que o descrédito na eficiência e qualidade da decisão do julgador de primeira instância não pode ser considerado a regra, mas sim exceção, visto que o magistrado *a quo* está mais familiarizado com as especificidades do caso concreto, sendo mais coerente, por conseguinte, conferir mais efetividade, veracidade e presunção de acerto ao que por ele for determinado durante a fase de conhecimento" (VASCONCELOS, Ronaldo; GULIM, Marcello de Oliveira. Sistema recursal brasileiro e o vetor da não recorribilidade. *In:* NERY JÚNIOR, Nelson; ARRUDA ALVIM, Teresa (coord.). *Aspectos polêmicos dos recursos cíveis*, vol. 13. São Paulo: Revista dos Tribunais, 2017, p. 503-523).

3.1. Aparente colisão entre os binômios rapidez-probabilidade X segurança-certeza

O primeiro possível desdobramento a ser averiguado à luz do novo sistema recursal brasileiro versa sobre o rompimento de paradigmas em atribuir maior certeza e cognoscibilidade às determinações proferidas pelos julgadores de primeiro grau. Por determinações, entenda-se decisões interlocutórias, as quais podem ser definidas, como acima trabalhado, como "*o pronunciamento judicial com conteúdo decisório que não põe fim à fase de conhecimento em primeira instância*".[6]

A nova baliza do CPC/2015 pretende combater o pensamento contaminado de ser o juízo de valor de primeira instância comumente eivado de inadequações e imprecisões, o que justificaria, em certa medida, a manutenção da previsão de recursos irrestritos contra atos judiciais, a fim de possibilitar o acesso à segunda instância para sanar as incoerências realizadas por julgadores durante a instrução processual.

Para tanto, o diploma processual institui a premissa, na fase de conhecimento, da presunção de acerto dos atos judiciais interlocutórios que estejam em consonância com as garantias processuais elementares, em especial o contraditório, o devido processo legal e o dever de fundamentação das decisões judiciais.

Assim, sujeita-se à recorribilidade imediata apenas as decisões interlocutórias que possuam um aspecto mais crítico, urgente, capaz de produzir prejuízos severos ao processo em razão de posterior nulidade.

Disso, depreende-se que a escolha legislativa por enquadrar, ou não determinada hipótese no rol taxativo de agravo reside na análise do potencial de a matéria macular o trâmite processual, sendo elencados, a partir desse exame, os incisos do art. 1.015 e os demais esparsos pelo diploma processual, não incidindo sobre eles interpretação extensiva, mas tão somente restritiva.[7]

Como derradeiro, origina-se a falácia de que o CPC/2015, ao diminuir a possibilidade de agravos contra decisões interlocutórias, reforça o binômio *rapidez-probabilidade*, enfraquecendo o *segurança-certeza*.

De fato, pode-se inferir, em um primeiro momento, que o binômio *rapidez-probabilidade* se associa de forma mais contundente ao novo regime recursal do CPC/2015. Com um rol taxativo para interposição de agravo de instrumento contra decisões interlocutórias,

---

[6] LEMOS, Vinícius Silva. A não preclusão das decisões interlocutórias e a liberdade decisória do juízo de primeiro grau. *Revista de Processo*, São Paulo, Revista dos Tribunais, v. 237, a. 41, jul. 2016, p. 237-254.

[7] Ver: TJSP, Agravo de Instrumento 2089329-33.2016.8.26.0000, 10ª Câmara de Direito Privado, rel. Des. Elcio Trujillo, j. 07.06.2016. Entretanto, é de rigor deixar claro que a natureza do rol do art. 1.015 ainda está longe de consenso na doutrina e na jurisprudência. O Superior Tribunal de Justiça, por exemplo, já permitiu a interposição do agravo de instrumento contra alegações de incompetência (STJ, REsp 1.679.909, rel. Min. Luís Felipe Salomão) e recentemente decidiu julgar o REsp 1.704.520 como repetitivo, para firmar entendimento sobre a interpretação extensiva das decisões agraváveis.

aparenta ser lógico o raciocínio de que, existindo menos hipóteses para se recorrer, menos recursos tramitam em segunda instância; como desdobramento, potencializa-se a celeridade no julgamento dos demais recursos, em segunda instância, assim como se fomenta a velocidade na tramitação de causas em que as decisões não se sujeitam, como regra, ao regime de agravo.

Contudo, em um segundo momento, constata-se que o CPC/2015, em verdade, também reforça o binômio *segurança-certeza* com a consolidação do vetor da não recorribilidade imediata das interlocutórias, sendo imperiosos, nessa senda, alguns comentários a fim de compreender a dimensão dessa assertiva.

A uma, não soa adequado presumir a imprecisão da decisão interlocutória referente a determinado litígio.

Em realidade, o julgador incumbido de zelar pelo caso concreto encontra-se a par das especificidades aí vislumbradas, sendo, portanto, a autoridade mais adequada para compreender a forma pertinente para o correto desenrolar da lide.

Nessas circunstâncias, evidencia-se o motivo de conferir maior margem de certeza ao provimento interlocutório, desde que nele se comprove o devido exame das nuances e peculiaridades do imbróglio, o enfrentamento dos aspectos controvertidos coligidos em contraditório, além da adequada fundamentação sopesando argumentos e provas relevantes,[8] visto que "motivação é da essência do ato, requisito indispensável de sua validade".[9]

A duas, os princípios da celeridade e da efetividade da prestação jurisdicional, concatenados, reforçam a legitimidade do vetor axiológico da não recorribilidade como regra. Partindo do pressuposto de que o julgador *a quo* instrui o processo examinando suas peculiaridades, sempre balizados pelos argumentos colacionados em contraditório, tem-se, como consequência, que seus atos se revestem de legitimidade, justificando-se a redução das hipóteses de recursos contra suas decisões, fato que contribui, significativamente e de forma não arbitrária, para a dinamicidade dos provimentos jurisdicionais (celeridade e efetividade).

A três, ao fixar como regra a irrecorribilidade imediata das decisões interlocutórias, diminui o exorbitante número de agravos em segunda instância, facilitando à instância superior o desempenho de seu papel de corrigir eventual interpretação de mérito que verse sobre o provimento final do caso. Essa é a oportunidade (sentença), inclusive, na qual a parte descontente pode interpor recurso de apelação, ilidindo, em preliminar de apelação, os pontos considerados controvertidos não passíveis de agravo de instrumento.

Assim, novamente cotejando os binômios *rapidez-probabilidade* e *segurança-certeza*, percebe-se que o CPC/2015, a bem da verdade, tenta conciliá-los conforme as especificidades e peculiaridades do sistema recursal pátrio, combatendo a sobrecarga de recursos que

---

[8] Não há razões para se impor óbices ao processo desde que presente a "respectiva *motivação*, quer no plano jurídico, quer no fático" (CRUZ E TUCCI, José Rogério. *A motivação da sentença no Processo Civil*. Tese apresentada ao concurso para Professor Livre-Docente do Departamento de Direito Processual da Faculdade de Direito da Universidade de São Paulo. São Paulo, 1987).

[9] BANDEIRA DE MELLO, Celso Antônio. *Discricionariedade e controle jurisdicional*. 2. ed. São Paulo: Malheiros, 1996, p. 104-105.

tramitam nos Tribunais de segunda instância, sem se esquecer dos possíveis prejuízos que possam recair sobre os jurisdicionados.[10]

A partir desse raciocínio, pode-se compreender a razão pela qual o binômio *segurança-certeza* foi prestigiado, também, pela taxatividade de hipótese de agravos: confere-se maior *rapidez-probabilidade* aos atos proferidos pelos magistrados *a quo*, dando-lhes presunção de acerto em seus provimentos interlocutórios, desde que observadas as garantias processuais, para, após, tornar o juízo de mérito mais seguro e certo (segurança-certeza). Por conseguinte, havendo interposição de apelação, o juízo *ad quem* terá mais facilidade para analisar a matéria da causa corretamente instruída.

Contudo, uma observação pertinente deve ser feita a título de ressalva. Não se considera, nada obstante o exposto, que o juízo *a quo* possa estar equivocado em suas determinações, ou melhor, que suas decisões interlocutórias insuscetíveis de agravo possam não apontar para o melhor sentido do direito. O fato é que o legislador federal, a despeito disso, demonstra ter privilegiado outros valores no que concerne ao cabimento desse recurso.

Para tanto, o novo diploma processual, a fim de viabilizar essa forma de tramitação processual, impôs uma plêiade de *ônus* e *deveres* aos julgadores, diretrizes rígidas que devem ser seguidas e observadas para revestir os atos judiciais interlocutórios de autoridade, legitimidade e segurança-certeza. Respeitadas essas rígidas diretrizes, justifica-se a utilização do vetor da não recorribilidade das interlocutórias.

A nova dinâmica do sistema recursal brasileiro sugere que o descrédito na eficiência e qualidade da decisão do julgador de primeira instância não pode ser considerado a regra, mas sim exceção, visto que o magistrado *a quo* está mais familiarizado com as especificidades do caso concreto, sendo mais coerente, por conseguinte, conferir mais efetividade, veracidade e presunção de acerto ao que por ele for determinado durante a fase de conhecimento.

3.2. Presunção de acerto das determinações *a quo* e o *case management*

Examinando a diretriz de que às Cortes superiores recai a análise de questões de direito, pois dedicam seus esforços principalmente à manutenção da higidez e cognoscibilidade do direito,[11] parece ser adequado atribuir às inferiores o dever de instruir adequadamente o processo, cuidando de questões de fato de forma contumaz, a fim de obter o correto provimento. Para esse fim, ao juiz *a quo* se inflige a obrigação de coligir o maior número de elementos de convicção, mediante despachos e decisões interlocutórias, para que sua decisão de mérito, a sentença, seja da mais alta qualidade, dando maior certeza e cognoscibilidade aos seus articulados.

---

[10] A doutrina já elucidava que *"o direito brasileiro continua buscando uma solução para o abarrotamento dos Tribunais e as alternativas apresentadas evidenciam sempre a tendência de restrição da recorribilidade das decisões interlocutórias"* (LUCON, Paulo Henrique dos Santos. Evolução do agravo no sistema jurídico brasileiro das ordenações lusitanas ao novo CPC. In: SILVA, José Anchieta da (org.). *O novo processo civil*. São Paulo: Lex Magister, 2015, v. 1, p. 591-655).

[11] Ver: MITIDIERO, Daniel. *Cortes Superiores e Cortes Supremas*: do controle à interpretação, da jurisprudência ao precedente. 2. ed. São Paulo: Revista dos Tribunais, 2014.

Ocorre que o julgador, para que possa exercer sua função de *coligir o maior número de elementos de convicção*, precisa gozar de atributo que extrapola a mera independência e autonomia no desempenho de sua atividade cognitiva, sob o risco de, assim não ocorrendo, se inviabilizar o bom andamento processual da causa com interposição de inúmeros recursos, os quais muito bem podem ser interpostos em oportunidade mais adequada (apelação).

O juiz da causa, diante das novas diretrizes processuais, funciona como verdadeiro gerenciador de litígios, necessitando estar atento para combater atos procrastinatórios,[12] assim como para estimular o contraditório de maneira pertinente, sem, destaque-se, agir de forma arbitrária, haja vista lhe serem impostos deveres decorrentes da observância do devido processo legal.[13]

Como corolários do devido processo, além do "direito à cognição adequada à natureza da controvérsia",[14] pode-se coligir: (i) o dever de não surpreender as partes com decisões-surpresa; (ii) o dever de prevenção; (iii) o dever de informação; (iv) o dever de fundamentação; (v) o dever de esclarecimento; (vi) o dever de observar o contraditório; (vii) o dever de imparcialidade, e (viii) o dever de ser ativo na instrução processual, requisitando audiência de instrução, conciliação, saneamento, bem como produção de provas, dentre outros.

Tantos deveres impedem, com mais segurança, que o julgador da causa tenha espaço para agir com discricionariedades, sendo arbitrário em seus provimentos, tendo em vista que seu objetivo é pacificar a celeuma à luz das especificidades do caso, dos argumentos e articulados das partes, sem desconsiderar precedentes vinculantes e jurisprudência majoritária.

Ou seja, os inúmeros deveres consolidam uma gama de mecanismos que garantem a probidade dos atos judiciais, diminuindo a possibilidade de o magistrado decidir no curso do processo sem "assegurar às partes igualdade de tratamento",[15] mostrando-se, assim, não ser absurda, mas sim coerente, a opção legislativa pelo reforço do vetor axiológico da não recorribilidade imediata das decisões interlocutórias, desde que respeitados os referidos deveres.

Os motivos suscitados apontam para uma nova forma de se pensar o processo civil, em especial no que tange à sua instrução, pois, em homenagem aos princípios da celeridade e efetividade processuais, se prestigia a condução do processo pelo juiz de primeira instância, a fim de que, a partir disso, se obtenha uma instrução e prestação jurisdicional eficientes. Decorrem daí as duas facetas do vetor da não recorribilidade que foram reforçadas pelo CPC/2015: a presunção de acerto das determinações *a quo* e a valorização do *case management*.

---

[12] Não há como atribuir exclusivamente ao Judiciário a culpa pela demora da resolução nos casos, porquanto, *"em determinadas hipóteses, o comportamento das partes (e/ou de seus advogados) contribui de modo nada desprezível para a excessiva duração do processo"*, sendo imperioso o combate desses atos procrastinatórios pelo juiz (BARBOSA MOREIRA, José Carlos. *Temas de direito processual*, 9. série. São Paulo: Saraiva, 2007, p. 372).

[13] SUNDFELD, Carlos Ari. *Fundamentos de direito público*. 2. ed. São Paulo: Malheiros, 1996, p. 166-169.

[14] WATANABE, Kazuo. *Da cognição no processo civil*. São Paulo: Malheiros, 1987, p. 93.

[15] BARBOSA MOREIRA, José Carlos. *Temas de direito processual*, 7. série. São Paulo: Saraiva, 2001, p. 29.

À medida que o processo civil visa à pacificação do litígio equilibrando os binômios *rapidez-probabilidade* e *segurança-certeza*, também se deve promover o equilíbrio, como desdobramento da harmonia anterior, entre os deveres e a autonomia do julgador para condução do caso em comento, com intenção de facilitar o alcance da finalidade do processo de forma mais célere, efetiva e justa.

Assim, a harmonia entre deveres e autonomia do juiz *a quo*, para o desempenho de sua função, é reforçada pelo CPC/2015 com intuito de potencializar o alcance da pacificação social do litígio. Para tanto, impõe-se ao julgador um plexo de deveres, atrelados ao binômio *segurança-certeza*, atribuindo-lhe, de forma balanceada, a presunção de acerto de suas determinações, atrelada ao binômio *rapidez-probabilidade*, dando-lhe condições de desenvolver o processo de acordo com suas especificidades fáticas (*case management*), gerindo-o imparcialmente.

O juiz tem sua autonomia funcional reforçada pela presunção de acerto de suas decisões interlocutórias, sendo elas limitadas, contudo, pelos inúmeros deveres e balizas já mencionados com objetivo de conter discricionariedades e arbitrariedades estatais.

Assim, há valorização da não recorribilidade; todavia, isso não implica necessariamente prejuízo à resolução do caso, ou mesmo ao jurisdicionado, porquanto é exigida a observância de um rol de deveres, os quais funcionam como verdadeiras garantias contra o arbítrio estatal, para que a decisão fique, enfim, envernizada pelo binômio segurança-certeza.

A partir dessa premissa, tem-se, reflexamente, o reforço da ideia de *case management*, uma vez que a atividade judicante *a quo* se torna mais fluida, mais dinâmica, facilitando a instrução da causa pelo julgador de acordo com as demandas do próprio caso concreto.

Em outros termos, ressalvadas as hipóteses taxativas de recorribilidade de suas decisões interlocutórias, permite-se ao órgão decisório de primeira instância a realização de um gerenciamento do processo com mais qualidade, sendo requisito essencial o respeito aos ônus que revestem os atos judiciais interlocutórios com presunção de acerto.

Por fim, imperioso que se faça ressalva sobre eventuais alegações de ofensa ao acesso à justiça, pois, em que pese a não recorribilidade aparentar ofendê-lo, não se nega, aqui, que o acesso ao Judiciário seja "encarado como o requisito fundamental – o mais básico dos direitos humanos – de um sistema jurídico moderno e igualitário que pretenda garantir, e não apenas proclamar os direitos de todos".[16]

O vetor da não recorribilidade, no que tange ao acesso à justiça, apenas inflige obstáculos recursais às decisões interlocutórias não contempladas pelo rol taxativo do CPC/2015, não implicando, portanto, impedimento ao ajuizamento de demanda. Reitere-se, como já mencionado, que a decisão não recorrível por agravo, a bem da verdade, submete-se a outro tipo de recurso, a apelação, a qual pode ser interposta após sentença.

---

[16] CAPPELLETTI, Mauro; GARTH, Bryant. *Acesso à justiça*, trad. Ellen Gracie Northfleet. Porto Alegre: Sergio Antonio Fabris, 1988, p. 11-12.

4. AINDA A APARENTE COLISÃO DOS BINÔMIOS RAPIDEZ-PROBABILIDADE X SEGURANÇA-CERTEZA: IMPOSSIBILIDADE DA ATRIBUIÇÃO DE EFEITO SUSPENSIVO AO AGRAVO INTERPOSTO CONTRA DECISÃO PARCIAL DE MÉRITO

À parte da natureza do rol do art. 1.015 acima mencionada, as diferenças trazidas pelo CPC/15 se afiguram também no que tange aos efeitos do agravo de instrumento. A regra extraível do art. 995 do CPC/2015 é a de que os recursos não têm efeito suspensivo *ope legis*, bem como que as decisões, em geral, produzem efeito de imediato.

Permite-se, todavia, a concessão *ope judicis* do referido efeito, se cumpridos os requisitos *(i)* risco de dano grave, de difícil ou impossível reparação (comumente denominado na praxe forense como *periculum in mora*) e *(ii)* a probabilidade de provimento do recurso, demonstrada por meio de esforço argumentativo do recorrente acerca da plausibilidade de suas alegações.

O regramento do efeito suspensivo dos recursos no CPC/2015 poderia ter sido interrompido neste ponto, fixando apenas a regra geral: recursos não têm efeito suspensivo automático, mas ele pode ser concedido pelo julgador se preenchidos os requisitos acima apontados. Não foi o que aconteceu, infelizmente!

O art. 1.012, disciplinando o recurso de apelação, concedeu-lhe *ope legis* o efeito suspensivo automático (exceto nas hipóteses ressalvadas em seu § 1º), sustando os efeitos que a decisão recorrida poderia ter desde sua publicação.

Em primeiro, não se trata de inovação, mas sim de manutenção do regime jurídico da apelação outrora instituído pelo CPC/1973. Em segundo, configura norma totalmente contrária à regra geral e, como se pontuará ao longo do presente texto, contrária a todos os vetores axiológicos do direito processual hodierno.[17]

---

[17] Adiantando alguns argumentos, cabe apontar que Cassio Scarpinella Bueno também critica a regra do efeito suspensivo automático com a interposição da apelação, uma vez que "[a] preservação dessa regra representa, na minha opinião – e com o devido respeito do entendimento contrário –, um dos grandes retrocessos do CPC de 2015, máxime porque conflita frontalmente com o que, a este respeito, propuseram o Anteprojeto e o Projeto do Senado. Infelizmente, o Senado, na derradeira fase do processo legislativo, não recuperou a sua própria proposta (art. 968 do Projeto do Senado), mantendo, em última análise, a regra de que a apelação, no direito processual civil brasileiro, tem (e continua a ter) efeito suspensivo" (BUENO, Cassio Scarpinella. *Manual de direito processual civil*. 2. ed. rev., atual. e ampl. São Paulo: Saraiva, 2016, p. 686). Igualmente nessa corrente, Pedro Miranda de Oliveira enxerga a manutenção do efeito suspensivo da apelação como "a grande decepção do novíssimo sistema recursal implementado pelo CPC/2015 (art. 1.012). No ordenamento jurídico anterior, a interposição da apelação prolongava o estado de ineficácia da sentença. Sem dúvida, era uma das incoerências do nosso sistema processual, haja vista as decisões interlocutórias (com cognição sumária) produzirem efeitos de imediato, enquanto as sentenças (com cognição exauriente), em regra, não produzirem efeito algum" (OLIVEIRA, Pedro Miranda de. *Novíssimo sistema recursal conforme o CPC/2015*. 2. ed. rev., ampl. e atual. Florianópolis: Empório do Direito, 2016, p. 77).

A partir disso se instaura o imbróglio. De um lado, tem-se uma decisão final de mérito que, impugnada mediante apelação, não poderá surtir efeito algum em caráter imediato. De outro, uma decisão de mérito que não dê fim à fase cognitiva ou extinga a execução, agravável por instrumento, produzirá efeitos assim que publicada, permitindo inclusive o cumprimento de sentença e a concretização da tutela jurisdicional satisfativa.

E mais: a decisão interlocutória que aprecia o mérito em sede de julgamento antecipado, por força do art. 356, § 5º do NCPC, também é recorrível por agravo de instrumento e, outrossim, produz seus efeitos desde logo.

É nesse cenário que a doutrina, assumindo o efeito suspensivo automático da apelação mantido pelo legislador processual, passa a tratar dos casos de concessão de efeito suspensivo ao agravo de instrumento.

Em que pese a diretriz de não recorribilidade acima exposta, não é raro encontrar quem defenda tese contrária, pugnando pela ampliação das hipóteses de decisões agraváveis ou pela concessão de efeito suspensivo ao agravo contra decisão parcial de mérito, para que ele produza os mesmos efeitos que a apelação.

Assim é que, por exemplo, o Centro de Estudos Avançados de Processo (CEAPRO) já publicou enunciado segundo o qual *"o efeito suspensivo automático do art. 1.012, aplica-se ao agravo de instrumento interposto contra a decisão parcial de mérito".*[18] Essa diretriz, além de representar a posição da entidade, reflete-se na doutrina.

Rogério Mollica e Elias Marques de Medeiros Neto adotam essa concepção, entendendo que, se a apelação *"deve ser recebida com o duplo efeito, nos termos do artigo 1012 do NCPC, razoável seria afirmar que o agravo de instrumento, para a hipótese de ser interposto contra a decisão parcial de mérito do artigo 356 do NCPC, também deveria ser recebido com o duplo efeito".*[19]

Daniel Amorim Assumpção Neves igualmente se filia a essa corrente e defende não haver justificativa lógica ou jurídica plausível à distinção feita (decisão que resolva o mérito e seja recorrível por apelação e decisão que julga antecipadamente parcela do mérito) *"porque trata julgamentos de mérito de maneira distinta quanto à sua ineficácia imediata sem nada que justifique o tratamento desigual, em nítida ofensa ao princípio da isonomia".*[20]

Com a devida vênia às respeitadas vozes acima transcritas e a outras que lhes fazem eco, não comungamos a tese que advoga pela concessão automática de efeito suspensivo ao agravo de instrumento formulado contra decisão parcial de mérito.

---

[18] Enunciado nº 21 do CEAPRO sobre o novo CPC. Disponível em: <http://www.ceapro.org.br/enunciados.html>, acesso em 06.03.2018.

[19] MOLLICA, Rogério; MEDEIROS NETO, Elias Marques de. Afinal: o agravo de instrumento interposto contra a decisão parcial de mérito do artigo 356 do novo CPC deve ser admitido com o efeito suspensivo do artigo 1.012 do novo CPC? *Migalhas*, 31.08.2017. Disponível em: <http://www.migalhas.com.br/CPCnaPratica/116,MI264632,71043-Afinal+o+agravo+de+instrumento+interposto+contra+a+decisao+parcial+de>, acesso em 06.03.2018.

[20] NEVES, Daniel Amorim Assumpção. *Novo Código de Processo Civil comentado artigo por artigo*. 2. ed. rev. e atual. Salvador: Juspodivm, 2017, p. 648.

É possível observar nos excertos colacionados idêntico fundamento para a tese: o agravo de instrumento contra decisão de mérito deve receber efeito suspensivo porque a apelação, que também é formulada contra decisão de mérito, produz o efeito suspensivo de maneira automática. O tratamento diverso entre dois recursos que impugnam decisão de mérito aparenta ser comportamento contraditório na legislação processual.

À primeira vista, o argumento é atraente. Com efeito, se a apelação recebe efeito suspensivo automático, o agravo de instrumento contra decisão de mérito também deveria recebê-lo. Por que, afinal, o legislador permitiria que a parte vencedora procedesse imediatamente à execução de decisão parcial, mas devesse esperar o julgamento do recurso no caso de sentença? Seria a decisão parcial de mérito, portanto, mais forte, dotada de uma carga eficacial mais intensa? Pergunta-se, na ponta: o agravo de instrumento contra decisão de mérito deveria produzir efeito suspensivo automaticamente, tal como na apelação?

A resposta é negativa, e três são as razões para tanto.

A uma, como dito acima, a *mens legis* do novo legislador processual caminha pelo vetor axiológico da não recorribilidade das decisões interlocutórias, como corolário dos princípios da celeridade e da efetividade da prestação jurisdicional. Mais do que isso: o direito processual é elaborado e interpretado "para que se obtenha, em tempo razoável, decisão de mérito justa e efetiva" (CPC, art. 6º). Trata-se de primazia da decisão de mérito porque nela está "incluída a atividade satisfativa" (CPC, art. 4º) e o processo deve estar voltado à efetividade da tutela jurisdicional.[21]

Não é recente a ideia de que o processo não é um fim em si mesmo, e que possui um escopo de caráter social. Atribui-se ao processo o escopo de pacificar o conflito submetido à apreciação pelo órgão jurisdicional, mas pacificar com justiça e efetividade.[22] A concretude

---

[21] A esse respeito, a síntese bem colocada de Dinamarco e Lopes: "Consiste esse postulado na consciência de que o valor de todo o sistema processual reside na capacidade, que tenha, de propiciar ao sujeito que tiver razão uma situação melhor do que aquela em que se encontrava antes do processo. Não basta o belo enunciado de uma sentença bem estruturada e portadora de afirmações inteiramente favoráveis ao sujeito quando o que ela dispõe não se projetar utilmente na vida deste, eliminando a insatisfação que o levou a litigar ou a resistir a uma pretensão de outro sujeito e propiciando-lhe sensações felizes pela obtenção da coisa ou da situação postulada. Na medida do que for praticamente possível, o processo deve propiciar a quem tem um direito tudo aquilo e precisamente aquilo que ele tem o direito de obter, sob pena de carecer de utilidade e, portanto, de legitimidade social" (DINAMARCO, Cândido Rangel; LOPES, Bruno Vasconcelos Carrilho. *Teoria geral do novo processo civil*. 2. ed. rev. e atual. São Paulo: Malheiros, 2017, p. 22).

[22] "O acesso à justiça – por si só, um princípio constitucional – não se perfaz apenas pelo acesso aos tribunais, mas sim pelo acesso à ordem jurídica justa, englobando uma série de requisitos acima enunciados. Nesse amplo conceito, o acesso à justiça é regido pelos subprincípios da *universalidade* e da *adequação* dos instrumentos utilizados para atingir a solução dos conflitos. A principal meta do acesso à ordem jurídica justa é a *pacificação*, que será maior ou menor de acordo com os métodos processuais utilizados. Assim, *o acesso à justiça concretiza-se pela jurisdição e o elemento essencial da jurisdição é o acesso à justiça*. Fecha-se o círculo entre acesso à justiça e jurisdição, tendo ambos como *objetivo a pacificação com justiça*" (GRINOVER, Ada Pellegrini. *Ensaio sobre a processualidade*: fundamentos para uma nova teoria geral do processo. Brasília: Gazeta Jurídica, 2016., p. 83-84).

dessa efetividade passa outrossim pelo atendimento, de maneira ampla, ao devido processo legal – novamente, ideia que já existia desde as conformações originais do *due process of law*.[23]

É essencial destacar que a efetividade do processo – e, consequentemente, o acesso à ordem jurídica justa – não passa apenas por um Judiciário que atue concretamente apenas ao fim do processo. A interferência jurisdicional durante o processo é, em certas vezes, permitida; em outras, esperada; noutras ainda, inexorável. No entanto, mais do que tudo, ela não infirma a busca pelo justo processo para ambas as partes.[24] Não é por outra razão que a ambas as partes, vencida e vencedor, será concedida a tutela jurisdicional ao proferir a decisão final.[25]

Preocupado, portanto, com a tutela jurisdicional satisfativa e com a efetividade do processo, o efeito suspensivo deve ser encarado em cenário amplo como *exceção*, não como *regra*.[26]

---

[23] "In its English origin the guarantee of due process (or the law of the land) was a restraint on the sovereign: before King John or his royal officers could take action against a person, certain procedures had to be followed, procedures designed to ensure fairness. Fair procedures are still at the heart of due process today; in modern parlance they are often expressed by the somewhat different fase, "the rule of law". Although a number of elements constitute the role of an accessible, impartial, and effective decision maker or, to put it simply, a good judge" (ORTH, John. *Due process of law*: a brief history. Lawrence: University Press of Kansas, 2003, p. 8-9).

[24] Como bem salienta William Santos Ferreira: "Assim, quando no Poder Judiciário nega-se uma medida, não se pode ver apenas a 'não interferência' como sendo algo positivo. 'Não conceder uma medida" é conceder tutela jurisdicional a uma das partes, do mesmo modo que 'conceder', desloca-se apenas o beneficiário. Quando um juiz nega uma tutela imediata, rigorosamente concede tutela (de não invasividade imediata) à parte contrária. Portanto, não há rigorosamente a figura da 'não interferência. Realizado um pedido, concedido ou denegado, há interferência. O que pode não corre é a *alteração da fruição de uma titulação jurídica*, no caso de denegação" (O equivocado tratamento discriminatório da antecipação da tutela recursal em relação ao efeito suspensivo – perspectiva dinâmica do devido processo legal e a razoável duração do processo. *In*: OLIVEIRA, Bruno Silveira de *et. alii. Recursos e a duração razoável do processo*. Brasília: Gazeta Jurídica, 2013, p. 535-552).

[25] Nesse sentido: "A superação do direito de ação como mero direito ao processo (independentemente do seu resultado) e sua conceituação como direito à *tutela jurisdicional*, outorgada pela sentença de mérito (ideia que já era defendida por Liebman), representa outro golpe na separação entre essas garantias (ação e defesa). Segundo essa concepção [...] a tutela jurisdicional é outorgada pela sentença de mérito, que pode ser favorável tanto ao autor quanto ao réu, de tal sorte que não faz sentido limitar o exercício do direito de ação ao primeiro. Ao réu é dada a mesma chance de influir na decisão do juiz, para que ela lhe seja favorável. Sob essa perspectiva, a contestação também haveria de ser considerada como exercício do direito de ação, pois também por intermédio dela o réu reclama do Estado o proferimento de sentença que reconheça ter ele, réu, razão" (SICA, Heitor Vitor Mendonça. *O direito de defesa no processo civil brasileiro*: um estudo sobre a posição do réu. São Paulo: Atlas, 2011, p. 45-46).

[26] Cândido Rangel Dinamarco destaca que o efeito suspensivo se relaciona intimamente com as sentenças condenatórias, uma vez que o pensamento se volta à admissibilidade da execução provisória. Assim disserta o mestre: "Existe uma boa razão sistemática para tanto, uma vez que as outras sentenças, a saber, a constitutiva e a meramente declaratória, não são capazes de produzir antes do trânsito em julgado os efeitos programados; nem há a possibilidade de utilizá-las como

Disso decorre que a interpretação de normas afetas à teoria dos recursos deve ser feita com vistas a *diminuir* as hipóteses de concessão de efeito suspensivo, e não *alargá-las*. Não é outra a orientação, por exemplo, do Código de Processo Civil italiano, cujo artigo 282 prevê a possibilidade de execução provisória da sentença de primeiro grau desde logo.[27]

Dessa forma, não se nega a necessidade de uma relação de pertinência lógica entre a apelação e o agravo de instrumento contra decisão parcial de mérito, visto que, se ambos impugnam decisão de mérito, ambos deveriam produzir efeitos semelhantes.

Seria mais interessante, e por certo mais condizente com as expectativas do processo civil contemporâneo, que, para aproximar os efeitos dos dois recursos em tela, seja *restringida* a concessão de efeito suspensivo nas apelações, ao contrário de ampliar a sua concessão nos recursos interlocutórios.[28]

Não por acaso, essa era a dicção do Anteprojeto e do Projeto do Senado relativos ao Código de Processo Civil, que não previam efeito suspensivo automático à apelação.[29] A ulterior alteração do texto legal constituiu não apenas um retrocesso do direito processual brasileiro, mas um retrocesso que não guardava qualquer relação com o restante da novel disciplina dos recursos.

A *duas*, muito se fala sobre a ausência de certeza e segurança jurídica nas decisões interlocutórias, se comparadas às decisões finais apeláveis. Muito se fala, mas nada se diz, uma vez que os pretensos argumentos não prosperam.

Ocorre que as hipóteses de julgamento antecipado parcial de mérito não foram criadas de forma leviana pelo legislador. A decisão ser proferida antes do saneamento e da audiência de instrução não implica descaso do juiz com o contraditório ou com a segurança jurídica das partes, tampouco significa cognição sumária (típica das tutelas provisórias).

A decisão parcial de mérito, nos termos dos incisos do art. 356 do CPC/15 (lido em conjunto com os arts. 354 e 355), tem cabimento quando um ou mais dos pedidos ou parcela deles *(i)* mostrar-se incontroverso; *(ii)* não houver necessidade de produção de outras provas; *(iii)* o réu sofrer os efeitos da revelia e não houver requerimento de prova; *(iv)* for caso de extinção sem julgamento de mérito; *(v)* tratar da ocorrência de decadência ou prescrição; *(vi)* referir-se à homologação de transação, renúncia ou reconhecimento da procedência.

---

título para qualquer execução, provisória ou mesmo definitiva, pela simples razão de que só a condenatória tem a eficácia de título executivo (art. 584, inc. I)" (*A nova era do processo civil*. São Paulo: Malheiros, 2003, p. 139).

[27] Na redação original: "*La sentenza di primo grado è provvisoriamente esecutiva tra le parti*".

[28] Daniel Amorim Assumpção Neves, por exemplo, também defende que seria mais correto se a apelação não contivesse efeito suspensivo automático (*Op. cit.*, p. 648).

[29] Anteprojeto Senado Federal, art. 908: "*Os recursos, salvo disposição legal em sentido diverso, não impedem a eficácia da decisão. § 1º. A eficácia da sentença poderá ser suspensa pelo relator se demonstrada probabilidade de provimento do recurso. § 2º. O pedido de efeito suspensivo durante o processamento do recurso em primeiro grau será dirigido ao tribunal, em petição autônoma, que terá prioridade na distribuição e tornará prevento o relator*". No mesmo sentido: Anteprojeto Senado Federal, art. 928: "*Atribuído efeito suspensivo à apelação, o juiz não poderá inovar no processo; recebida sem efeito suspensivo, o apelado poderá promover, desde logo, a execução provisória da sentença*".

Como se pode ver, as hipóteses são verdadeiramente *heterogêneas*. Com vistas à estruturação mais didática do trabalho, cabe trazer primeiro a tese para, a seguir, demonstrar como ela se aplica aos casos acima.

O argumento, portanto, é o seguinte: a preocupação com a segurança jurídica dos jurisdicionados não sustenta a tese de que o agravo de instrumento deveria receber efeito suspensivo, porque as decisões parciais de mérito foram *excepcionalmente* determinadas pelo legislador para casos em que já existe *alto grau de certeza* sobre o provimento jurisdicional. A preocupação com a segurança jurídica apareceu já no rol de hipóteses que ensejam a decisão parcial do mérito, momento anterior à eventual interposição do recurso.

Ora, por que haveria o sistema de direito processual de evitar a produção de efeitos imediatos de uma decisão que aprecia o mérito de pedido incontroverso?

Não existe razão lógica para postergar uma tutela satisfativa contra a qual o réu nem ao menos se insurgiu – isso seria contrassenso num ambiente voltado à busca por resultados. Afinal, se o réu não contesta um pedido, ele certamente não poderá ansiar por um provimento jurisdicional favorável, donde decorre não subsistir o argumento da segurança jurídica ou da certeza do julgamento.

Mesmo raciocínio vale para o caso (ii), em que se prescinde da produção de provas. Se já houve manifestação de autor e réu, e não há prova a ser produzida (em caso que decida questão meramente de direito, por exemplo), não há ofensa há segurança jurídica uma decisão judicial a respeito. Errôneo seria se o pedido, já em condições de ser julgado, fosse deixado de lado pelo julgador, até o momento em que pudesse julgar todos em um único ato.

A desnecessidade de provas, aliada à revelia do réu, é o caso (iii), cujo fundamento é o mesmo do anterior. Se se operam os efeitos da revelia, presumem-se verdadeiras as alegações do réu. Isso não configura ofensa à segurança jurídica, mas tão somente norma processual que permite o prosseguimento da demanda em casos excepcionais. Do contrário, o juiz jamais poderia julgar contra um réu em local incerto e não sabido, em clara negação de acesso à Justiça ao autor.

Sobre a extinção parcial sem julgamento de mérito, valem os mesmos fundamentos, acrescidos do fato de que, conforme o art. 486, não se obsta a nova propositura da demanda – afinal, prima-se pelo julgamento de mérito sempre que possível.

A ocorrência de prescrição ou decadência é questão que, se não necessitar de produção de provas, recairá na mesma situação do caso (ii), valendo, dessa forma, os mesmos argumentos.

Por fim, as hipóteses de transação, renúncia e reconhecimento da procedência são similares ao caso (i), mormente porque não há narrativas conflitantes entre as partes. Nesse caso, porém, vai-se além: está-se diante de soluções consensuais ou autocompositivas do conflito, situação das mais estimadas pela ciência processual, e cuja promoção é positivada no art. 3º, § 2º do CPC.

Em síntese: as excepcionais hipóteses de julgamento parcial do mérito não ofendem a segurança jurídica do jurisdicionado *justamente porque são excepcionais*, e apenas dão azo à decisão antecipada porque já apresentam o desejado grau de certeza e cognoscibilidade aptos a informarem o convencimento do juiz, tal qual na decisão final recorrível por apelação.

Afinal "*decide-se porque não há mais o que ser feito; porque tudo o que era necessário para a resolução do mérito já está nos autos*".[30]

O convencimento do juiz na decisão parcial de mérito, saliente-se, não será diferente da decisão final, porque as hipóteses de decisão parcial não impõem limites à cognição do juiz, sejam eles horizontais ou verticais.[31] Elas não guardam relação alguma com a cognição desenvolvida para apreciar um pedido de tutela provisória, e tampouco guardam relação com os limites da cognição parcial de matérias que possam ser alegadas em juízo.[32]

A três, importa lembrar detalhe simples, mas de grande relevância prática: o Código de Processo Civil *não previu efeito suspensivo automático ao agravo*.

Não equivale a dizer que não se pode criticar a letra da lei e, eventualmente, lutar por sua alteração, mas igualmente incorreto seria prever um efeito automático do agravo de instrumento de forma totalmente contrária às disposições legais, e entender hígida essa aplicação desde logo.

Ao cabo, importa ressaltar que a argumentação acima não se destina a eliminar o efeito suspensivo por completo do regramento do agravo de instrumento. A tese é desenvolvida apenas para discordar da tentativa de concessão automática, quiçá *ope legis*, do referido efeito.

A ausência do efeito suspensivo aos recursos é a regra, mas que deve comportar exceções. As exceções, como já aduzido, devem passar *in casu* pelo atendimento de dois requisitos muito específicos, expostos no art. 995 do CPC: o *periculum in mora* e a plausibilidade das alegações que conduzam a um juízo de probabilidade de provimento do pleito recursal.

Se a decisão parcial de mérito, por exemplo, apresenta risco de dano irreparável à parte vencida, nada mais justo que a concessão do efeito suspensivo *ope judicis* para salvaguardar o *status quo* do caso em apreço.

5. CONCLUSÕES

O CPC/2015 rompe paradigmas ao instituir, como premissa de seu sistema recursal, o vetor axiológico da não recorribilidade das decisões interlocutórias. Para tanto, impõe ao julgador um plexo de exigências, as quais devem ser consideradas, para que a determinação não agravável goze de legitimidade e autoridade.

---

[30] WAMBIER, Luiz Rodrigues; TALAMINI, Eduardo. *Curso avançado de processo civil*, vol. 2. 16. ed. São Paulo: Revista dos Tribunais, 2016, p. 205.

[31] WATANABE, Kazuo. *Da cognição no processo civil*. 3. ed. rev. e atual. São Paulo: Perfil, 2005, p. 127-144.

[32] Certamente não se olvida a hipótese de julgamento parcial de mérito formulado no bojo de embargos de terceiro (exemplo por excelência de cognição parcial do juiz, uma vez que o artigo 680 do NCPC estipula rol taxativa de alegações possíveis pelo embargado). Nada obstante, a restrição horizontal é típica dos embargos, e não do julgamento antecipado. Exemplarmente, o embargado pode alegar que outra foi a coisa dada em garantia (artigo 680, III), em situação que não dependerá de instrução probatória posterior. Estar-se-á diante do caso (ii) acima tratado, que permite a decisão antecipada do *meritum causae*.

O juiz da causa, diante das novas diretrizes processuais, funciona como verdadeiro gerenciador de conflitos, necessitando estar atento para combater atos procrastinatórios, assim como para estimular o contraditório (diálogo) de maneira pertinente e à luz do devido processo legal. Assim é que, além do direito à cognição adequada, impõem-se deveres como o de não prolatar com decisões surpresa, dever de prevenção, dever de informação, dever de fundamentação, dever de imparcialidade, dever de ser ativo na instrução processual, dentre outros.

Tantos deveres impedem, com mais segurança, que o magistrado tenha espaço para agir com discricionariedades, à luz das especificidades do caso, dos argumentos e articulados das partes, sem desconsiderar precedentes vinculantes e jurisprudência majoritária. Ou seja, os inúmeros deveres consolidam uma gama de mecanismos que garantem a probidade dos atos judiciais, diminuindo a possibilidade de o magistrado decidir no curso do processo sem assegurar a isonomia formal e substancial.

Não por outro motivo que se mostra coerente a opção legislativa pelo reforço do vetor axiológico da não recorribilidade imediata das decisões interlocutórias, desde que respeitados os referidos deveres. De mais a mais, o vetor da não recorribilidade, no que tange ao acesso à justiça, apenas inflige obstáculos recursais às decisões interlocutórias não contempladas pelo rol taxativo do CPC/2015, não implicando, portanto, impedimento ao ajuizamento de demanda. Reitere-se, como já mencionado, que a decisão não recorrível por agravo, a bem da verdade, submete-se a outro tipo de recurso, a apelação, a qual pode ser interposta após sentença.

Ocorre, em que pese aos articulados, que a taxatividade das hipóteses de agravo deixou de prever situações de extrema relevância ao deslinde dos casos concretos, aparentando, nesse aspecto, não ter o legislador tomado o devido cuidado. Isso se constata, por exemplo, na eficácia diferenciada das decisões parciais de mérito, porquanto produzem efeitos imediatos, ao passo que as sentenças se sujeitam obrigatoriamente ao efeito suspensivo.

Apesar da premissa da não recorribilidade imediata das decisões interlocutórias, há doutrina que defende a aplicação de efeito suspensivo automático ao agravo de instrumento contra decisão de mérito, visando à aproximação de seus efeitos aos da apelação – ambos, afinal, atacam decisões que apreciam o mérito da causa.

Todavia, essa tese não pode prosperar. De um lado, pela preocupação dada à efetividade do processo já mencionada no parágrafo anterior, que torna o efeito suspensivo automático um contrassenso *per se* no direito processual atual. De outro, porque as hipóteses de julgamento antecipado parcial de mérito já foram pensadas como *casos excepcionais*, em que pouca dúvida há acerca da decisão a ser tomada; sem pertinência lógica, por conseguinte, vedar o cumprimento de sentença provisório se a sentença já tem elevado grau de segurança, certeza e cognoscibilidade.

Além disso, não é demais ressaltar que se a intenção é lutar pela aproximação dos efeitos do agravo de instrumento contra decisão de mérito e da apelação – e tal intenção é integralmente louvável –, seria mais condizente com as atuais diretrizes do direito processual lutar pelo fim do efeito suspensivo automático da apelação (e não pela sua extensão também ao agravo).

45

TEMAS COMUNS E SOLUÇÕES DIVERSAS NO STJ E NO STF

Sérgio Luíz Kukina

Sumário: 1. Introdução. 2. Da aparição do STJ e de sua convivência com o STF. 3. Perspectivas frente ao CPC/2015. 4. Arranjos possíveis para a superação do *imbroglio*. 5. Conclusão.

1. INTRODUÇÃO

Tem se revelado frequente o julgamento de temas idênticos pelo Superior Tribunal de Justiça (em repetitivo) e pelo Supremo Tribunal Federal (com repercussão geral), mas com resultados diametralmente opostos, gerando indesejável insegurança jurídica, não apenas no âmbito do labor jurisdicional, como também no que respeita às expectativas dos litigantes e de seus patronos, com perturbadores reflexos, enfim, no cotidiano da sociedade brasileira como um todo.

Para ilustrar esse preocupante fenômeno, pode-se, exemplificativamente, indicar alguns poucos casos, relativamente recentes, que bem se prestam a evidenciar a referida dissonância exegética entre aquelas duas cortes superiores, no trato de assuntos visivelmente assemelhados: 1º) enquanto o STJ consolidou compreensão no sentido de ser possível a desaposentação no âmbito do regime geral da previdência social (REsp 1.334.488/SC, Rel. Ministro Herman Benjamin, Primeira Seção, DJe 14/05/2013), o STF orientou seu entendimento em desfavor da desaposentação (RE 661.256/SC, Rel. Ministro Roberto Barroso, Pleno, DJe 27/09/2017); 2º) enquanto o STJ proclamou a não incidência do IPI na importação de veículo por particular para uso próprio (REsp 1.396.488/SC, Rel. Ministro Humberto Martins, Primeira Seção, DJe 17/03/2015), o STF, na mão inversa, decidiu pela incidência daquela exação (RE 723.651/PR, Rel. Ministro Marco Aurélio, DJe 05/08/2016); 3º) enquanto o STJ assentou diretriz pela inclusão do ICMS na base de cálculo do PIS/COFINS (REsp 1.144.469/PR, Rel. Ministro Mauro Campbell Marques, Primeira Seção, DJe 02/12/2016), o STF, contrariamente, deliberou pela sua não inclusão (RE 574.706, Rel. Ministra Cármen Lúcia, Pleno, DJe 02/110/2017).

Tal desalinho jurisprudencial, por sua relevância, convida a que se examine, e mesmo repense, a funcionalidade e os papeis reservados a esses dois tribunais de vértice, já agora sob os influxos do novo CPC de 2015.

2. DA APARIÇÃO DO STJ E DE SUA CONVIVÊNCIA COM O STF

A histórica crise do Supremo Tribunal Federal, decorrente de seu caudaloso estoque de processos, alavancou a criação, pela Constituição de 1988, do Superior Tribunal de Justiça, que herdou do STF a relevante missão de dar a última e unificadora palavra sobre alegada lesão a lei federal infraconstitucional, fazendo-o por intermédio do recurso especial (art. 105, III). Por sua vez, conservou a Suprema Corte a tarefa de, em recurso extraordinário, zelar pela autoridade e unidade interpretativa da letra constitucional (art. 102, III).

Com campos de atuação visivelmente distintos, seria lícito imaginar que essas duas instâncias revisoras não encontrassem zonas de atrito no exercício de suas competências recursais extraordinárias. A realidade prática, no entanto, vem se empenhando em demonstrar o contrário.

De fato, num sistema normativo em que vasto número de institutos jurídicos contam com simultânea disciplina constitucional e infraconstitucional, não surpreende que os vinte e sete tribunais de justiça e as cinco cortes regionais federais atualmente existentes no país fundamentem suas decisões, sobre um mesmo tema, ora em dispositivos constitucionais ora em regramentos federais infraconstitucionais, ou mesmo com lastro em ambos, levando a que a parte sucumbente tenha de manejar, conforme o caso, o recurso especial ou o extraordinário, ou ambos em simultaneidade.

É, pois, nesse enevoado contexto que irrompem condições para que, não raro dentro de um mesmo processo, possam brotar, de parte do STJ e do STF, decisões desiguais em torno de uma mesma contenda.

Em tal cenário, não se revela salutar para a engrenagem da justiça que aqueles dois tribunais de ponta, um sob o viés constitucional (STF) e o outro sob a perspectiva infraconstitucional (STJ), acabem expressando sua "última palavra" hermenêutica, a respeito de uma mesma questão de direito, entregando, no entanto, soluções díspares.

A praxe forense, com o aval da doutrina, reconhece a existência de dificuldades na qualificação normativa de certas espécies litigiosas: se de índole constitucional ou infraconstitucional. Quanto a isso, HUMBERTO THEODORO JÚNIOR admite que, "muitas vezes, a questão discutida no acórdão recorrido pode ser analisada sob a ótica constitucional e infraconstitucional. Ocorre que nem sempre é fácil verificar claramente a distinção entre uma e outra"[1].

---

[1] Curso e direito processual civil. 51. ed. Rio de Janeiro: Forense, 2018, vol. III, p. 1.198.

Já na percepção de TERESA ARRUDA ALVIM WAMBIER [*et al.*], "A separação estanque entre questões constitucionais e questões infraconstitucionais (= relativas ao direito federal) vem se revelando cada vez mais difícil de se fazer. Expressiva quantidade de questões jurídicas têm um viés constitucional e um viés legal. De rigor, dificilmente se configura, na prática, uma questão jurídica que possa ser qualificada de questão constitucional 'pura', ou de direito federal, exclusivamente [...] Esta situação acaba por criar hipóteses em que ambos os Tribunais Superiores apreciam a mesma questão, vista sob dois ângulos diferentes"[2].

Também JOSÉ MIGUEL GARCIA MEDINA sinaliza para o "crescente número de situações em que, no dia a dia, não se consegue discernir se o tema é de direito constitucional ou federal infraconstitucional"[3].

Como decorrência dessas incertezas, ao longo da vigência do Código Buzaid (1974 a 2016), frequentes eram os desfechos embaraçosos impostos às partes recorrentes que, mesmo lançando mão simultaneamente dos recursos especial e extraordinário (por ter o acórdão recorrido se utilizado de fundamentação constitucional e infraconstitucional – cf. Súmulas 283 do STF e 126 do STJ), terminavam, ainda assim, privadas de jurisdição recursal, como consequência de o STJ não vislumbrar conotação infraconstitucional no tema e o STF concluir que a alegada ofensa constitucional, acaso existente, seria não mais que reflexa.

Todavia, com a incorporação da técnica da fungibilidade entre os recursos especial e extraordinário, como prevista no CPC/15 (arts. 1.032 e 1.033), o referido vácuo de jurisdição deverá, naturalmente, perder espaço.

Pode-se, mesmo assim, detectar hipóteses que, com maior ou menor intensidade, podem depor contra uma melhor coexistência entre os recursos extraordinário e especial, como se discorrerá no tópico a seguir.

3. PERSPECTIVAS FRENTE AO CPC/2015

Ninguém há de duvidar que o STF e o STJ, enquanto estruturas de serviço público, do ponto de vista orçamentário, custam caro para a nação, sendo, por isso, lícito esperar que o produto final de seu labor jurisdicional seja entregue segundo adequados padrões de eficiência, como reclamam os arts. 37 da CF e art. 8º do CPC/15. Partindo-se dessa premissa, não se mostra aceitável, conforme exemplificado com os dissonantes precedentes referidos no primeiro tópico deste ensaio, que as duas mais relevantes Cortes da República, no trato e na resolução de tantas e tão importantes questões jurídicas, vacilem com tanta frequência no reconhecimento da delimitação de suas corretas competências recursais.

Mais sentidamente após o advento da EC 45/2004, quando se passou a contar, nos domínios do recurso extraordinário, com o filtro da repercussão geral (art. 102, § 3º, da CF) e, pouco depois, com a técnica do repetitivo (Lei nº 11.672/08), é notório que as decisões recursais proferidas pelo STF e pelo STJ, sob o manto dessas inovações, passaram a ter uma importância superlativa, sobretudo por ultrapassarem o estrito interesse dos atores

---

[2] *Primeiros comentários ao novo Código de Processo Civil*. 2. Ed. São Paulo: RT, 2016, nota ao art. 1.032, p. 1.663.

[3] *Novo Código de Processo Civil comentado*. 5. ed. São Paulo: RT, 2017, nota ao art. 1.032, p. 1.586.

processuais envolvidos no caso concreto, em ordem a também balizar e orientar as condutas sócio-econômico-políticas mesmo do corpo social não litigante. A eficácia natural de tais decisões resulta enormemente potencializada, pois que pessoas e entidades (públicas e privadas) tendem a confiar, a se programar e a se conduzir em conformidade com as decisões editadas sob as novas grifes jurídicas da repercussão geral e da matriz repetitiva.

Cria-se, nesse viés, um auspicioso ambiente no qual os destinatários da lei passam a nutrir a justa expectativa de que, na sua interpretação, as Cortes superiores passem a fornecer *standards* jurídicos estáveis, íntegros e coerentes (na linguagem do art. 926 do CPC/2015).

Por isso que, como bem realçado por HUMBERTO THEODORO JÚNIOR, "O novo CPC dispensou grande atenção ao fenômeno jurisprudencial, por reconhecer a relevante influência político-institucional que a interpretação e aplicação do direito positivo pelos órgãos judiciais exercem sobre a garantia fundamental da segurança jurídica, em termos de uniformização e previsibilidade daquilo que vem a ser o efetivo ordenamento jurídico vigente no país".[4]

Nesse mesmo sentido, SIDNEI BENETI destaca ser "necessário que os tribunais superiores definam a jurisprudência, para que os tribunais intermediários e os juízes de primeiro grau a sigam. E mais que isso, é necessário definir, quer dizer, definitivar, o sentido da interpretação da lei via jurisprudência, para que a própria sociedade venha a se orientar pelo sentido da lei interpretada pelos tribunais"[5].

Tal expectativa, no entanto, cai por terra quando, em exemplo costumeiramente empregado por estudiosos, o agente econômico programa seu planejamento tributário segundo decisão produzida em recurso especial repetitivo pelo STJ, confiando na estabilidade desse qualificado julgado, sendo, no entanto, pouco tempo depois surpreendido por abrupta mudança de interpretação a respeito do mesmo tributo, já agora em decisão proferida pelo STF, em regime de repercussão geral.

A imediata conclusão a que se pode chegar, no caso assim exemplificado (mas bastante real no cotidiano do STJ e do STF), é que, do ponto de vista prático-funcional, algo está fora de ordem no sistema recursal extraordinário formatado na Constituição de 1988. De fato, como se admitir que o STF e o STJ pretendam ou possam decidir o mesmo temário quando, por disposição constitucional, são destinados a atuar em domínios visivelmente distintos?

Essa patológica concomitância de atuação de ambos os tribunais, máxime quando isso implique na entrega de soluções jurídicas discrepantes para um mesmo tema, acaba, inevitavelmente, por desorganizar os interesses e expectativas de todos quantos, em juízo ou fora dele, deixarão de contar com uma diretriz jurisprudencial segura e confiável sobre a mesma *quaestio iuris*.

Presente essa danosa consequência, oportuno que se discutam possíveis soluções capazes de eliminar ou, quando menos, minimizar os efeitos decorrentes da aludida zona de

---

[4] *Ob. cit.*, p. 821-822.

[5] Unidade de jurisdição e filtros de temas nacionais nos tribunais superiores. In: ZUFELATO, Camilo e YARSHELL, Flávio Luiz (organizadores). *40 anos da teoria geral do processo no Brasil*. São Paulo: Malheiros, 2013, p. 708.

atrito que, amiúde, vem permeando as atividades daquelas duas Cortes centrais, sobretudo na perspectiva de que, como afirma LUIZ GUILHERME MARINONI, "A multiplicidade de entendimentos judiciais a respeito de uma questão de direito minimiza a segurança que deve presidir as relações entre o particular e o Estado, dificultando contratos e investimentos".[6]

4. ARRANJOS POSSÍVEIS PARA A SUPERAÇÃO DO *IMBROGLIO*

Como corretamente pondera DANIEL MITIDIERO, "A última palavra a respeito do sentido da Constituição deve ser dada pelo Supremo Tribunal Federal, ao passo que a última palavra a respeito do sentido da legislação infraconstitucional federal deve ser dada pelo Superior Tribunal de Justiça. Isso quer dizer duas coisas: a primeira, que *o Supremo Tribunal Federal deve acatar a interpretação dada à legislação infraconstitucional federal pelo Superior Tribunal de Justiça, ressalvadas as hipóteses em que a legislação infraconstitucional federal se encontre sob controle de constitucionalidade* [...] A segunda, é que *o Superior Tribunal de Justiça deve não só acatar a interpretação dada à Constituição pelo Supremo Tribunal Federal, mas também não deve realizar controle de constitucionalidade da legislação*"[7].

Partindo-se, pois, dessas irrecusáveis premissas, grave desinteligência se instala sempre que o STJ e o STF, nos âmbitos, respectivamente, do especial e do extraordinário, fazem proclamar, cada um a seu modo, a última, porém "divergente", fórmula exegética para a solução de uma mesma questão jurídica a eles submetida.

Ao mote nuclear do presente estudo, o qual tem em mira o fenômeno relativo a casos idênticos que acabam sendo decididos de modos diferentes pelo STJ e pelo STF (cf. exemplos mencionados no item 1, supra), não importa definir se alguma delas invadiu a competência recursal da outra, ou mesmo se suas conclusões conflitantes tiveram como ponto de partida bases normativas distintas. O que aqui interessa, antes, é considerar, de per si, em que medida esses resultados divergentes contribuem para desorganizar o sistema de justiça e, paralelamente a isso, identificar meios capazes de evitar esse tipo de ocorrência, debelando os malefícios daí resultantes.

Como antes visto, é certo e mesmo corriqueiro que um mesmo acórdão proferido por tribunal de justiça, ou regional federal, possa radicar em dupla fundamentação (constitucional e federal), criando para a parte desejosa de reavivar a questão, em sede recursal excepcional, o ônus da dupla impugnação. A tal propósito, esclarecedora é a Súmula 126 do STJ: "É inadmissível recurso especial, quando o acórdão recorrido assenta em fundamentos constitucional e infraconstitucional, qualquer deles suficiente, por si só, para mantê-lo, e a parte vencida não manifesta recurso extraordinário". Tal verbete, indubitavelmente, encontrou inspiração na antiga Súmula 283 do STF, editada antes do surgimento do STJ, ou seja, época em que o STF ainda acumulava, no âmbito do recurso extraordinário, a missão de também dar a última palavra sobre direito infraconstitucional. Eis a respectiva redação: "É inadmissível o recurso extraordinário, quando a decisão recorrida assenta em mais de um fundamento suficiente e o recurso não abrange todos êles".

---

[6] *A ética dos precedentes*. São Paulo: RT, 2014, p. 108.
[7] *Cortes superiores e cortes supremas*. São Paulo: RT, 2013, p. 91-92.

Compreende-se, então, a real possibilidade de que o STJ e o STF, dentro de um mesmo processo, possam ter de se pronunciar sobre o mesmo assunto. Da mesma sorte, não há negar, tal enfrentamento poderá também aflorar do exame de processos autônomos e separados, nos quais os tribunais de origem tenham se louvado exclusivamente em fundamento constitucional, ou apenas em fundamento infraconstitucional. Por várias circunstâncias, portanto, poderão o STJ e o STF vir a se pronunciar sobre um mesmo tema jurídico e sobre ele expressar compreensões dissonantes entre si.

Não é aceitável, entretanto, que, presente o mesmo ambiente fático, sobrevenham prestações jurisdicionais díspares quanto à sua consequência jurídica.

Por isso mesmo, grande é a perplexidade quando se assiste o Poder Judiciário, por seus órgãos hierarquicamente superiores, conforme algumas situações concretas já referenciados na abertura deste trabalho, ora dizer aos litigantes ser possível a desaposentação no regime geral da previdência (STJ), ora dizer que não (STF); ora assentar que o ICMS compõe a base de cálculo para a incidência do PIS e da COFINS (STJ), ora proclamar que a exação estadual não integra essa mesma base de cálculo (STF); ora dizer que não incide IPI na importação de veículo por pessoa física para uso próprio (STJ), ora decidir pela incidência desse mesmo tributo federal (STF).

Frente a esse conturbado pano de fundo, erige-se em tarefa das mais árduas a busca de soluções viáveis para se extinguir tal quadro de instabilidade, que opera negativamente contra a funcionalidade e organicidade do aparelho judicial e que se traduz, mais, em indisfarçável desrespeito ao princípio administrativo da eficiência (art. 37 da CF), a que também se acha subordinado o Poder Judiciário.

Nada obstante, na autorizada doutrina, revelando seu comprometimento com a perscrutação de alternativas para estancar esse mal, pode-se destacar a respeitável sugestão externada por JOSÉ MIGUEL GARCIA MEDINA, reconhecido especialista na área dos recursos de natureza extraordinária, para quem "a competência do STF deveria se restringir ao controle abstrato de constitucionalidade etc., e, em relação ao STJ, deveria se propor o cabimento de recurso especial quando houvesse violação às normas federais *lato sensu* (aí inserida a norma constitucional). Uma alteração constitucional que seguisse esse rumo poderia resolver dois dos grandes problemas que dizem respeito à atual conformação desses dois tribunais superiores: de um lado, poderia transformar o Supremo Tribunal Federal em algo próximo a uma corte constitucional; além disso, eliminaria a dicotomia recurso extraordinário/recurso especial, a que ora nos referimos, e que tanta confusão causa, no dia a dia forense"[8].

Já no sentir deste subscritor, duas outras possibilidades poderiam ser também levadas em estima, quanto a se inibir a mácula do indesejado e divergente posicionamento recursal extraordinário do STJ e do STF sobre temas que se lhes tornem comuns.

Num primeiro momento, descortinar-se-ia de bom alvitre a modificação/inversão das regras contidas no art. 1.031 e § 1º do CPC/15, segundo as quais, "Na hipótese se interposição conjunta do recurso extraordinário e recurso especial, os autos serão remetidos ao Superior Tribunal de Justiça", seguindo-se que, "Concluído o julgamento do recurso especial, os autos serão remetidos ao Supremo Tribunal Federal para apreciação do recurso extraordinário, se este não estiver prejudicado".

---

[8] *Ob. cit.*, p. 1.587.

Por essa sugestão, mais adequado seria que, presente a hipótese de duplo recurso acerca do mesmo tema jurídico, os autos fossem primeiramente enviados ao Supremo Tribunal Federal, cuja Corte, entendendo pelo viés prevalentemente constitucional da questão, de logo decidiria o extraordinário, quedando prejudicado o especial. Com isso, evitar-se-ia inócua atuação do STJ, que, no modelo invertido que ora se sugere, teria a certeza de estar decidindo, em recurso especial, tema cuja prevalência constitucional já estaria previamente rechaçada pelo STF. Ademais, não se criaria indevida expectativa com a divulgação, para o mundo jurídico, de um julgamento (o do STJ) cuja eficácia, a rigor, acaba se subordinando a verdadeira e inusitada condição resolutiva, consubstanciada em que o STF entenda prejudicado o extraordinário em virtude do julgamento do especial. Por evidente, no modelo assim proposto, o STF receberia uma sobrecarga em sua distribuição e, de consequência, em seu trabalho de triagem, mas os litigantes contariam com um maior grau de certeza quanto aos esperados pronunciamentos finais do STJ e do STF.

Como segunda sugestão, tendente a obviar o problema da dispersão da jurisprudência entre o STJ e o STF, parece ao autor deste trabalho que se poderia melhor refletir acerca da possibilidade de se acabar com a dicotomia recurso especial/recurso extraordinário e se fundirem o STF e o STJ numa só Corte, retornando-se, por essa opção, ao modelo anterior à Carta de 1988, em que apenas um tribunal de vértice (o STF) dava a palavra final acerca da exegese do dos direitos constitucional e infraconstitucional positivados. Guardadas as proporções, poder-se-ia proceder nos mesmos moldes que levaram à extinção dos Tribunais de Alçada até então existentes em cinco unidades da federação (SP, RJ, MG, RS e PR), com a incorporação, pelos respectivos Tribunais de Justiça, das atribuições e quadros das Cortes extintas, consoante previsão da Emenda Constitucional 45/2004. Quanto ao jurisdicionado, é bem de ver, pouco faz quem, por último, decida seu recurso, mas sim que o recurso seja decidido, preferencialmente com qualidade, eficiência e em tempo razoável.

Outras e mais qualificadas sugestões de *experts*, por certo, advirão, tendo por horizonte a resolução da tão sensível questão que veio de se examinar.

5. CONCLUSÃO

Como relatado, é realidade contemporânea e inegável, em nosso vigente sistema recursal extraordinário, a existência de frequentes julgamentos, pelo STJ e pelo STF, sobre um mesmo tema jurídico mas com soluções francamente opostas, desorganizando, com isso, as expectativas e estratégias de litigantes e da sociedade em geral, bem como das demais instâncias judiciais, no que aguardam posicionamentos uniformes, estáveis e coerentes daquelas assim alcunhadas Cortes de vértice. Tal fenômeno, por sua negatividade, implica em grave prejuízo à própria funcionalidade e organicidade do Poder Judiciário como um todo. Necessário, por isso, sejam encontradas soluções, quer no âmbito procedimental quer no âmbito funcional-institucional, capazes de conduzir, com a maior densidade possível, a um ambiente que possibilite vivenciar o postulado da segurança jurídica, indutor da previsibilidade da prestação jurisdicional e de consequentes respostas igualitárias para aquelas partes que estejam a reivindicar provimentos judiciais com base em situações concretas similares. A tal desiderato, algumas poucas sugestões foram levantadas no item anterior.

46

A LEI 13.655/2018, A MUDANÇA DA JURISPRUDÊNCIA E NORMAS DE DIREITO INTERTEMPORAL[1]

TERESA ARRUDA ALVIM

Sumário: 1. Palavras ao homenageado. 2. A necessidade de que situações idênticas sejam decididas da mesma forma – A Súmula 343. 3. Sobre a necessidade de preservação de certas situações. 4. Alteração da jurisprudência. 5. Preservação de outros valores. 6. Princípio da confiança. 7. Lei 13.655/2018 (alterações na LINDB).

1. PALAVRAS AO HOMENAGEADO

É um prazer, uma honra e uma alegria participar de mais esta homenagem a Humberto Theodoro Júnior. Jurista de primeira grandeza, ser humano raro, ético e generoso, de cuja amizade tenho o privilégio de desfrutar, Humberto Theodoro Júnior merece todas as homenagens do mundo!

2. A NECESSIDADE DE QUE SITUAÇÕES IDÊNTICAS SEJAM DECIDIDAS DA MESMA FORMA – A SÚMULA 343

Segundo a Súmula 343 do STF, por nós sempre ampla e insistentemente criticada, não é cabível ação rescisória com base no art. 966, V, do CPC, quando, à época da prolação da decisão que se pretende rescindir, a jurisprudência era controvertida.

---

[1] A versão reduzida deste trabalho foi publicada no Conjur (Disponível em: https://www.conjur.com.br/2018-mai-02/teresa-arruda-alvim-modulacao-olhar-partir-lei-13655. Acesso em: 02 mai. 2018).

Com a habitual clareza, descrevia Teori Albino Zavascki o *sentido e a razão de ser da Súmula 343* à luz do que dispunha o CPC de 1973. Asseverava que esta súmula dava parâmetros objetivos para que se entendesse o sentido da expressão "literal", constante do art. 485, V, do CPC.

Dizia ele que não se poderia enxergar *verdadeira* ofensa à lei *se*, à época em que a decisão rescindenda tinha sido proferida, a interpretação do dispositivo era controvertida, ou seja, não se sabia qual era, realmente, a interpretação correta. Portanto, sentido não teria falar-se em *ilegalidade*. É a mesma "lógica" da Súmula 400 do STF: interpretação razoável da lei não deve ser corrigida pelos Tribunais Superiores, já que não configura, propriamente ilegalidade.[2]

Esta era, de fato, a nosso ver, a razão de ser da Súmula 343, que, entretanto, a nós nunca pareceu justificável, à luz da Constituição Federal. Trata-se de enunciado próximo ao da Súmula 400 do STF, que, aliás, sempre foi alvo de severas críticas (e, antes da Constituição Federal de 1988, só se entendia dever incidir a Súmula 400 se se tratasse de infração à lei federal e não de infração a dispositivo constitucional). A nosso ver, contudo, ambas desrespeitam princípios constitucionais fundamentais.

Vejamos porquê: estabelece o art. 5.º, II, da CF: "Ninguém será obrigado a fazer ou deixar de fazer alguma coisa senão em virtude de lei". Trata-se, como se sabe, da formulação, adotada pelo legislador constituinte brasileiro, para o princípio da legalidade.

O princípio da isonomia, por sua vez, encontra-se no *caput* do mesmo art. 5.º: "Todos são iguais perante a lei, sem distinção de qualquer natureza, garantindo-se aos brasileiros e aos estrangeiros residentes no País a inviolabilidade do direito à vida, à liberdade, à igualdade, à segurança e à propriedade, nos termos seguintes (...)".

Os princípios acima mencionados foram transcritos *em ordem diferente daquela em que se encontram tratados no texto constitucional*, propositadamente, porque é esta a ordem que possibilitou a composição dos argumentos a seguir expostos.

Observe-se que, na Constituição vigente, se demonstrou extrema preocupação com a *igualdade*. Basta dizer que, no *caput* do art. 5.º, o constituinte ainda inclui, entre os direitos invioláveis, o próprio direito à igualdade.[3]

A Súmula 343, a nosso ver, compromete os princípios da legalidade e o da isonomia, do mesmo modo que ocorria com a Súmula 400 do Supremo Tribunal Federal, que vem sendo, felizmente, cada vez menos invocada pelos nossos Tribunais Superiores.[4]

---

[2] Teori Zavascki. Ação rescisória em matéria constitucional, in Nelson Nery Junior e Teresa Arruda Alvim Wambier (coords.), *Aspectos polêmicos e atuais dos recursos cíveis e de outras formas de impugnação às decisões judiciais* – 4.ª Série, São Paulo, RT, 2001, p. 1.041-1.067.

[3] Manoel Gonçalves Ferreira Filho, *Comentários à Constituição brasileira de 1988*. São Paulo: Saraiva, 1990, v. 1, p. 26.

[4] Há trecho interessante, em voto de autoria do Ministro Eduardo Ribeiro, sobre a Súmula 343, que merece ser transcrito: "Embora já tenha invocado a Súmula 343 do Supremo Tribunal Federal, assim como a de n. 134 do Tribunal Federal de Recursos, sempre encarei com reservas aqueles enunciados, que me parecem tentativa pouco feliz de fixar um critério objetivo para decidir

O princípio da legalidade consubstancia-se na regra segundo a qual ninguém é obrigado a fazer ou a deixar de fazer a não ser em função de previsão legal.

O princípio da isonomia constitui-se na ideia de que todos são iguais perante a lei,[5] o que significa que a lei deve tratar a todos de modo uniforme e que, correlatamente, as decisões dos tribunais *não podem aplicar a mesma lei de forma diferente a casos absolutamente idênticos, num mesmo momento histórico*.[6] Por que todos são iguais, na verdade, perante o direito.

---

quanto ao cabimento da rescisória, com fundamento no item V do art. 485 do CPC. A expressão utilizada – interpretação controvertida – está a significar que existiam julgados em um e em outro sentido. Observe-se, de logo, que, a toda evidência, não é isso que se revela. Entender-se-ia que se quisesse justificar a inviabilidade da rescisória com o fato de os tribunais se pronunciarem no mesmo sentido do acórdão rescindendo. Não que exista controvérsia, ou seja, que, se além daqueles, outros possam apontar, contrariando a tese nele consagrada, o que só poderia servir de amparo à procedência da ação. Hão de entender-se as proposições em exame como significando não caber rescisória quando, amparando o sustentado pelo acórdão, existam outros pronunciamentos dos tribunais. Ocorre que o fato de isso verificar-se não pode servir de motivo para que o órgão, a quem caiba julgar o pedido de rescisão, se demita da responsabilidade de examinar a concorrência do pressuposto colocado pela lei. Se houve a reclamada violação literal, isso haverá de ser reconhecido e proclamado, nada importando que no mesmo erro tenham incidido outras Cortes de Justiça (...) Assim como no direito anterior, exige o Código que o aresto rescindendo haja desatendido a literal disposição de lei. Expressão análoga foi empregada, em sucessivos textos, para definir o cabimento do recurso extraordinário até que, em 1967, passou-se a exigir a negativa de vigência de lei para fazê-lo admissível, modificação que, entretanto, em nada alterou o entendimento que já se tinha firmado. Com a instituição do recurso especial é que se adotou fórmula ampliativa, sendo cabível desde que a lei seja contrariada, não necessariamente violada em sua expressão literal. Vigentes as normas anteriores a 1988, o Supremo Tribunal Federal fixara interpretação traduzida na Súmula 400. Esta, apesar das críticas que recebeu, era adequada aos parâmetros que então estabelecia a Constituição. Referindo-se a decisão contra a letra da lei, claro estava o propósito restritivo. Não seria qualquer descompasso como sentido da lei que propiciaria o recurso, mas apenas o equívoco clamoroso, ainda que pudesse resultar de interpretação. Há de entender-se como tendo ocorrido violação da letra da lei quando a ela se empresta interpretação que, razoavelmente, não possa ter. Se era isso exato para o recurso extraordinário, com maior razão há de ser para a ação rescisória". Embora neste acórdão se tenha propendido pela aplicação da Súmula 343, na sempre lúcida manifestação do Ministro Eduardo Ribeiro, já se faz entender certa dose de restrição à aplicação indiscriminada da mesma Súmula, com o objetivo de impedir ações rescisórias de sentenças de mérito que tenham dado interpretação errada à lei (AR 208/RJ, rel. Min. Nilson Naves, j. 11.03.1992, v.u., *RSTJ* a. 4 (40), p. 15-30, dez./1992).

[5] O princípio da igualdade tem como destinatários os aplicadores das normas, administrador e juiz, e o legislador. Evidente, os atos do legislativo têm um alcance maior, o que implicaria o esvaziamento quase que integral do princípio caso não fosse o legislador um daqueles a quem o princípio é endereçado (Miguel de Seabra Fagundes, O princípio constitucional da igualdade perante a lei e o Poder Legislativo, *RT* 235/3-15).

Entendimento diferente remonta às épocas em que se presumia que, sendo o Legislativo formado por representantes do povo, dificilmente poderiam "feri-lo com desigualdades iníquas" (idem, p. 3).

[6] Exatamente nesse sentido, assevera Manoel Gonçalves Ferreira Filho que "o princípio da igualdade, que, como se viu, se impõe ao próprio legislador, *a fortiori* obriga o Judiciário e a Administração na

O direito, como há muito tempo sustentando, é a norma que se extrai: da lei + jurisprudência + doutrina. É a lei, tal como compreendida pelos tribunais, à luz da doutrina.

Diz-se que o princípio da igualdade consiste em se tratar igualmente os iguais e desigualmente os desiguais.[7]

A isonomia liga-se à ideia de equilíbrio. Não raras vezes a aplicação do princípio "tem por pressuposto a existência de situações diferentes (não idênticas), às quais, no entanto, deve ser assegurado um tratamento equilibrado, não discriminatório".[8] É o caso de uma norma que disponha deverem empregos ou vagas em universidades ser assegurados a deficientes visuais.

Na verdade, a principal função do princípio da igualdade é a de evitar "previsões discriminatórias injustificadas".[9] Assim, discriminar o consumidor ou o trabalhador, para protegê-lo, não é desrespeitar regra que diz que ambos devem receber tratamento isonômico, já que estão sendo "favorecidos" porque são, presumivelmente, a parte "mais fraca".

Uma das consequências inafastáveis da incidência deste princípio é a de que, em face de casos *rigorosamente idênticos*, deve o Judiciário decidir, aplicando a mesma regra de direito *interpretada da mesma forma.*

De fato, de nada adiantaria a existência de comando constitucional *dirigido ao legislador* se o Poder Judiciário não tivesse de seguir idêntica orientação, podendo decidir, com base na mesma lei, no mesmo momento histórico (ou seja, sem que se possa afirmar que fatores históricos hajam influído no sentido que se deva dar à lei), em face de idênticos casos concretos, de modos diferentes.

Esses princípios têm, portanto, aplicação, por assim dizer, "engrenada", funcionando ambos como pilares fundamentais da concepção moderna de *Estado de Direito*.

É digna de nota a preocupação também do legislador de 2015, expressa no NCPC, com a disciplina dos regimes de julgamento de ações idênticas: criou-se, por exemplo, o IRDR e se aprimorou o regime, já existente, de julgamento de recursos repetitivos (especial e extraordinário).

Na verdade, o princípio da isonomia é aquele segundo o qual a lei deve atingir a todos, e, quando isso não ocorrer, a *discriminação não pode ser feita arbitrariamente*, sendo vantajosa ou desvantajosa para os atingidos.

---

aplicação que dão à lei". Observa em seguida que "a igualdade perante a lei não exclui a desigualdade de tratamento indispensável em face da particularidade de situações". No caso em tela não existe particularidade alguma a justificar a permanência da disparidade de interpretações (*op. cit.*, p. 27).

[7] Observa Luiz Alberto David Araújo, oportunamente, que o texto constitucional, que tem redação distinta do anterior no que pertine à igualdade, veio colocá-lo na cabeça do artigo, fixando-a como princípio constitucional, regra de aplicação para a integração, deixando de incluí-la como um dos direitos individuais, mas erigindo a igualdade como pressuposto do entendimento de todos os demais. A igualdade, portanto, teve alteração topográfica em relação ao texto anterior, tendo essa mudança significado de grande importância na interpretação do texto. Assim, deixou a igualdade de ser fixada apenas com um dispositivo e passou a constar com regra matriz (*A proteção constitucional das pessoas portadoras de deficiência*, Brasília, CORDE, 1994, p. 84).

[8] Marco Aurélio Greco, *Contribuições – Uma figura sui generis*. São Paulo: Dialética, 2000, p. 115.

[9] Idem, ibidem, destaques no original.

Deve haver, portanto, possibilidade de se *justificar racionalmente* o porquê da discriminação. Deve existir uma *correlação racional* entre os discriminados, tipo de discriminação e a razão de esta ter sido feita.

Por isso é que, em nossa opinião, não tem sentido diferenciar situações a partir do "acaso", ou de quaisquer outros critérios que não justificam tal discriminação. É este o defeito da Súmula 343 do STF: baseia-se num "critério" que não é racional. Assim, se A foi prejudicado por certa decisão que encampou certa posição da jurisprudência, tendo-se, *em seguida*, pacificado a jurisprudência em sentido contrário, deve ter direito ao uso da ação rescisória. *O fato de haver jurisprudência conflitante à época da prolação da decisão não é critério racional para privar A da possibilidade do uso da ação rescisória.*

Aqui cabe formular novamente a questão: que sentido tem tratar diferentemente alguém afetado por decisão desfavorável, considerando incabível a rescisória, se o entendimento adotado restou alterado, única e exclusivamente porque, *à época em que foi prolatada a decisão*, haveria, a respeito do entendimento da norma, "jurisprudência conflitante? A nosso ver, este critério não *justifica a distinção feita pela súmula*.[10]

A vinculação da constatação da existência da correlação racional entre o fator escolhido pela regra (no caso, a Súmula 343) como discriminante, e a própria discriminação, deve ser

---

[10] Com clareza explica Celso Antonio:
"O ponto nodular para exame da correção de uma regra em face do princípio isonômico reside na existência ou não de correlação lógica entre o fator erigido em critério de discrímen e a discriminação legal decidida em função dele.
"(...)
"Tem-se, pois, que é o vínculo de conexão lógica entre os elementos diferenciais colecionados e a disparidade das disciplinas estabelecidas em vista deles o *quid* determinante da validade ou invalidade de uma regra perante a isonomia.
"Segue-se que o problema das diferenciações que não podem ser feitas sem quebra da igualdade não se adscreve aos elementos escolhidos como fatores de desigualação, pois resulta da conjunção deles com a disparidade estabelecida nos tratamentos jurídicos dispensados.
"Esclarecendo melhor: tem-se que investigar, de um lado, aquilo que é erigido em critério discriminatório e, de outro lado, se há justificativa racional para, à vista do traço desigualador adotado, atribuir o específico tratamento jurídico construído em função da desigualdade afirmada.
"(...)
"'Então, no que atina ao ponto central da matéria abordada, procede afirmar: é agredida a igualdade quando o fator diferencial adotado para qualificar os atingidos pela regra não guarda relação de pertinência lógica com a inclusão ou exclusão no benefício deferido ou com a inserção ou arredamento do gravame imposto.
"Cabe, por isso mesmo, quanto a este aspecto, concluir: o critério especificador escolhido pela lei, a fim de circunscrever os atingidos por uma situação jurídica – a dizer: o fator de discriminação – pode ser qualquer elemento radicado neles; todavia, necessita, inarredavelmente, guardar relação de pertinência lógica com a diferenciação que dele resulta. Em outras palavras: a discriminação não pode ser gratuita ou fortuita. Impende que exista uma adequação racional entre o tratamento diferenciado construído e a razão diferencial que lhe serviu de supedâneo. Segue-se que, se o fator diferencial não guardar conexão lógica com a disparidade de tratamentos jurídicos dispensados, a distinção estabelecida afronta o princípio da isonomia" (Celso Antonio Bandeira de Mello, *Conteúdo jurídico do princípio da igualdade*, 3. ed., 8. tir., São Paulo, Malheiros, 2000, p. 37-39).

feita segundo valores, notadamente aqueles sob a forma de princípios constitucionais. Por isso é que é constitucional a reserva de vagas para negros em universidades, mas é inconstitucional a existência de um clube recreativo só para negros. Mas não se harmoniza com a Constituição Federal a Súmula 343.

Assim, admitir que sobreviva decisão que consagrou interpretação que veio a ser posteriormente considerada, pacificamente, *incorreta* pelo Judiciário, por que, havia jurisprudência conflitante, à época da prolação da decisão, é prestigiar o *acaso*. Explicamos: isto significa dizer que serão beneficiados com a decisão que lhes favorece, ainda que posteriormente seja considerada incorreta, aqueles que tiveram a "sorte" de participar de determinada ação, no polo passivo ou ativo, num momento em que havia, ainda, divergência nos tribunais, quanto a qual seria a interpretação acertada da lei, a solução correta a ser dada àquele caso.

Dizer que: a lei é uma só (necessariamente vocacionada para comportar um só e único entendimento, no mesmo momento histórico e nunca mais de um entendimento simultaneamente válido), mas as decisões podem ser diferentes, porque os tribunais podem decidir diferentemente, não tem sentido. Seria esta circunstância imune ao controle da parte pela via da ação rescisória?! Pode haver duas ou mais decisões, completamente diferentes, a respeito do mesmo (mesmíssimo!!) texto, aplicáveis a casos concretos idênticos, ambas consideradas aceitáveis pelo sistema, e ainda que já se tenha estabelecido qual seria a[11] decisão correta?

A Súmula 343 do STF, como se disse, é parente da Súmula 400 do mesmo Tribunal. A Súmula 400 diz que não cabe ao STF corrigir interpretações dadas ao direito objetivo pelos tribunais inferiores, se estas forem razoáveis. Trata-se de Súmula que, pura e simplesmente, autorizava o STF a abrir mão da sua função: dizer a última palavra a respeito da Constituição Federal e do direito federal (antes da Constituição Federal de 1988).

A Súmula 343 deve ter o mesmo destino que acabou por ter a Súmula 400, hoje muito mais raramente invocada pelos membros dos tribunais superiores.

Em conformidade com a linha de argumentação até agora desenvolvida, é evidente que, para nós a regra do não cabimento da rescisória como decorrência do critério trazido pela Súmula 343 não tem sentido.

3. SOBRE A NECESSIDADE DE PRESERVAÇÃO DE CERTAS SITUAÇÕES

Diferentemente pode ocorrer se se decidir pela *preservação* da decisão que se pretende rescindir *em função* de *outras razões*, de outros critérios, que afastem a necessidade de respeito à isonomia. A base devem ser outros fundamentos, *diferentes* da mera circunstância de a jurisprudência não ser uníssona na época da prolação da decisão que se pretende rescindir. Esses outros valores, que justificam racionalmente a necessidade de preservação de algumas situações, ligam-se ao princípio da confiança e à necessidade de que o direito proporcione previsibilidade.

---

[11] O Judiciário já se tenha posicionado de forma clara a respeito da interpretação correta da norma.

Compreende-se, portanto, o raciocínio que se desenvolveu no caso, como a retratada no RExtr. 590.809/RS – 2014.[12] Trata-se de extenso acórdão em que se pretendeu rescindir acórdão que acompanhou jurisprudência do próprio STF (portanto, *pauta de conduta confiável*, à época), e se disse ter-se, para isso, usado a Súmula 343, quando, na verdade, *não foram os fundamentos desta súmula os adotados na conclusão do acórdão*.

Neste acórdão, abordam-se valores que apontariam para o não cabimento da ação rescisória, mencionando-se, para isso, a Súmula 343. Não foram, entretanto, como se observou, os pressupostos de incidência da Súmula 343 que levaram à sua aplicação! Ao contrário, já que aqui, tratava-se de decisão proferida com base em *entendimento pacificado do STF*, que, ao depois, se quis rescindir, porque alterada a posição do STF. Ou seja, a *jurisprudência não era controvertida* à época em que foi proferida a decisão.

Mais acertado teria sido fazer-se a *modulação* dos efeitos da mudança, quando da mudança, e não o recurso à infeliz Súmula 343, mesmo antes de haver previsão expressa deste instituto no CPC de 2015. A este tópico voltaremos no final deste artigo.

4. ALTERAÇÃO DA JURISPRUDÊNCIA

O que significa, social e juridicamente, a *mudança da jurisprudência*? O que significa a alteração do entendimento dos tribunais a respeito do sentido do direito posto?

Não nos parece, como já afirmamos, que a esta situação deva-se dar, exatamente, o mesmo tratamento que se dá à alteração da lei. Não se deve afirmar que a alteração da jurisprudência, pura e simplesmente, nenhum efeito teria sobre as situações que foram decididas anteriormente.

Uma das razões de ser de o sistema permitir a oscilação da jurisprudência, ou seja, permitir que haja decisões diferentes, de tribunais diferentes, e que os próprios tribunais *alterem posição que já haviam firmado*, só pode ser dar chance para o *aprimoramento do sistema*. A mudança da jurisprudência só se pode justificar se for entendida como um avanço, como uma "melhora". Afinal, uma das duas (ou das diversas) posições deve ser tida como correta, e, para que se justifique a possibilidade existente no sistema no sentido de os Tribunais alterarem suas posições, só tem sentido considerar-se correta a última posição. Pois o Tribunal muda seu entendimento "até acertar".

Portanto, sempre pensamos que aqueles que foram atingidos por decisão judicial proferida em certo período de tempo em que o entendimento jurisprudencial era *X*, podem ter sua situação alterada, pela via da ação rescisória, quando este entendimento (a respeito da mesma regra posta) tenha-se alterado para *Y*.

Isto porque, quando a jurisprudência muda, é como se os Tribunais dissessem: "tal é o entendimento que se deve ter, por ser o correto, a respeito de certa regra de direito". Se tal entendimento é considerado *correto, hoje*, que sentido tem a manutenção de situações que foram decididas segundo entendimento que, seria, então, "equivocado"?

---

[12] Rel. Min. Marco Aurélio, j. em 22/out/2014.

A jurisprudência também se altera para adaptar o direito às novas concepções e necessidades sociais. O que se disse acima não se aplica às situações em que a jurisprudência muda por estas razões. Há hipóteses em que o labor dos juízes é fortemente influente, até mesmo responsável, pela *evolução do direito*, como ocorre, por exemplo, nas questões ligadas ao direito de família. Não se trata, pois, de *mudança de opinião*: trata-se, isto sim, de *alteração do entendimento do sentido da regra com o fito de adaptá-la às novas necessidades sociais*. É necessário observar-se que estas mudanças não ocorrem em dias ou meses, mas em dez, vinte, cinquenta anos. Às vezes em séculos.

Para ilustrar este fenômeno, basta que nos lembremos da evolução do trato da figura da concubina, hoje companheira, cuja evolução se deu principalmente no âmbito da jurisprudência, não é disso de que aqui se pretende tratar.

Quando a lei muda, quer-se que certas situações, às quais a lei diz respeito, sejam resolvidas diferentemente. Mas quando se altera a interpretação que se deva a certo texto de lei, o que se pode dizer é que se terá, finalmente, "acertado".

Lei mal interpretada é lei ofendida, não cumprida, desrespeitada. Por isso é que sustentamos, em casos como este, ser possível o manejo da ação rescisória, com base no art. 966, V do CPC.

Admitir, como regra geral, a não rescindibilidade das decisões tidas por equivocadas pela nova posição firmada por um Tribunal Superior, porque há excessivas oscilações, seria *cometer um erro, para corrigir outro*.[13]

Mas esta regra não é absoluta. Nem sempre. Como se verá subsequentemente, casos há em que outros valores, tais como os protegidos pelo *princípio da confiança* e a necessidade de que o direito não surpreenda as partes, proporcionando previsibilidade, recomendem seja mantida a decisão proferida à luz do entendimento jurisprudencial superado. É o de que trataremos no n.º 5, abaixo.

5. PRESERVAÇÃO DE OUTROS VALORES

A nós nos parece, como procuramos demonstrar, que alterada a posição dominante dos Tribunais Superiores, havendo mudança da tese adotada antes em recurso repetitivo especial ou extraordinário e em tantas outras situações semelhantes, pode a parte valer-se de ação rescisória para impugnar decisão anterior transitada em julgado que a prejudicou.

---

[13] Leonardo Greco nos ensina que: "Alguns tribunais constitucionais, como o da Alemanha e o da Espanha, já assentaram como essencial à eficácia do direito fundamental à igualdade a homogeneidade e a continuidade das decisões de cada tribunal, que não deve adotar mudanças repentinas e infundadas em sua jurisprudência, para não ocasionar desigualdade de tratamento na aplicação da lei (v. Robert Alexy e Ralf Dreier, Precedent in the Federal Republic of Germany, e Alfonso Ruiz Miguel, Precedent in Spain, in D. Neil MacCormick e Robert S. Summers, *Interpreting precedents*, Ashgate Publishing Limited, Hants, 1997, pp. 17-64 e 259-292)" [Coisa julgada, constitucionalidade e legalidade em matéria tributária, in Hugo de Brito Machado (coord.), *Coisa julgada, constitucionalidade e legalidade em matéria tributária*, São Paulo, Dialética; Fortaleza, Instituto Cearense de Estudos Tributários, 2006, p. 294-307, especialmente p. 297].

Em alguns casos, todavia, pode parecer aos Tribunais mais correto preservar a decisão rescindenda, em nome de outros valores.

Para preservar a situação daqueles que foram afetados por decisão com base em posição jurisprudencial já superada, hoje a lei traz a solução da *modulação* (art. 927, § 3.º).

Trata-se de instituto que se traduz na possibilidade de os tribunais decidirem expressamente, quando alteram a orientação antes seguida, a respeito de aspectos temporais, territoriais etc... ligados à "eficácia" da decisão. Com isso quer-se dizer que os Tribunais podem, por exemplo, dizer que só vão decidir com base no novo entendimento a partir do ano seguinte, ou a partir daquele momento etc...

Se se quer, realmente, prestigiar o princípio da confiança e da segurança jurídica, a modulação é instrumento que se presta a fazê-lo de forma extremamente satisfatória.

Explicamos: se os tribunais entendem que há *razões para preservar as decisões, transitadas em julgado*, que foram tomadas à luz da posição que anteriormente era considerada a correta, podem, com base na modulação, que terá sido feita na decisão em que se alterou posição anterior, *não admitir a ação rescisória*.

A modulação, então, pode gerar consequência idêntica à da aplicação da Sumula 343: o não cabimento da ação rescisória. *Porém, com apoio em fundamentos diversos, harmônicos com o direito contemporâneo.*

Com a modulação, entretanto, pode-se fazer mais. Não se trata de instituto cuja função é, apenas, a de **evitar rescisórias**. A modulação é porta aberta para que se estabeleça que a alteração de posição adotada por certo tribunal venha a atingir APENAS os processos derivados de *fatos que ocorreram já à luz do novo entendimento.*

Assim, se evita o indesejável efeito retroativo da mudança da jurisprudência, *nos casos em que haja valores que recomendem que a situação anterior seja mantida.*

Explicamos: se A deixa de recolher certo tributo, porque o STF entende que o tal tributo não incide na atividade que A realiza e, de repente, este mesmo tribunal passa a entender que o tal tributo INCIDE, à luz do MESMO TEXTO DE LEI, deve usar este novo entendimento apenas para decidir processos oriundos de casos fáticos POSTERIORES à alteração de posição. Caso contrário, A será julgado com base num padrão normativo que não existia quando praticou sua conduta: praticou sua conduta em conformidade COM O DIREITO.

6. PRINCÍPIO DA CONFIANÇA

Hoje se reconhece, abertamente, que o Judiciário, em alguma medida, exerce *função normativa*. Portanto, deve haver regras de *direito intertemporal* para alterações de posição dos Tribunais, principalmente, Superiores. Estas regras podem e devem ser construídas a partir do instituto da *modulação*.

Muito se tem escrito sobre a função normativa do Poder Judiciário. Hoje, é comum que se tenha consciência no sentido de que o juiz, em diversas medidas, *cria* direito. Portanto, é ator coadjuvante na formação das normas jurídicas: nas *pautas de conduta*.

Sob esta ótica, não se podem fazer vistas grossas à imperiosidade de que, por vezes, aquele que agiu de acordo com certa pauta de conduta (norma jurídica) seja poupado: por isso é que o legislador de 2015, sensível a essa realidade, criou o art. 927, § 3.º, *in verbis*: "*§ 3º Na hipótese de alteração de jurisprudência dominante do Supremo Tribunal Federal e dos tribunais superiores ou daquela oriunda de julgamento de casos repetitivos, pode haver modulação dos efeitos da alteração no interesse social e no da segurança jurídica*".

Vê-se, pois, a necessidade, sentida pelo legislador de, em face de (i) alteração de jurisprudência dominante do STF e de Tribunais Superiores (ii) mudança de entendimento firmado em julgamento de IRDR e de recursos (especial ou extraordinário) repetitivos MODULAR os efeitos da nova decisão, à luz do interesse social e da segurança jurídica.

Que *efeitos* são esses?

São tanto os efeitos que da decisão emanam em relação às próprias partes, quanto os efeitos irradiados *para fora* do processo, para além do universo das partes. *São os efeitos que se reconhecem a uma decisão quando nela se vê um precedente.*

Então, a *modulação* significa a possibilidade de se situarem estes efeitos da decisão no tempo e no espaço, de acordo com ambos os valores acima referidos: interesse social e segurança jurídica.

A modulação não deve servir única e exclusivamente para evitar ações rescisórias. É instituto muito mais eficiente do que a Súmula 343 e tem potencial para preservar a situação não só daquele que já foi afetado por decisão judicial transitada em julgado, com base em orientação jurisprudencial superada, mas também aquele que AGIU com base naquilo que, à época, era o *direito*: a lei, interpretada pelos Tribunais Superiores, à luz da doutrina.

Voltando ao exemplo: se A não recolheu certo tributo à luz da orientação pacificada à época, e, repentinamente, a jurisprudência se altera, muito provavelmente o Fisco começará a cobrar A pelos tributos não pagos. Nesta alteração, deve ser feita a modulação, de molde a que, quando o conflito entre A e o Fisco chegue ao Judiciário, não seja decidido à luz da nova posição, mas daquela que havia *na época da conduta de A*, por causa do princípio da confiança. *Para isso*, deve ser usada a modulação, fundamentalmente.

Deu-se, propositadamente, um exemplo de Direito Tributário, porque este é um ramo do direito em que muito frequentemente a modulação deve ser feita, quando da alteração de posicionamento dos Tribunais Superiores.

Já nos manifestamos no sentido de que os princípios que criam segurança jurídica no Direito Tributário devem ser respeitados pela jurisprudência que, de rigor, não deve se alterar. Se isto acontecer, a modulação, no formato proposto, é imperiosa.

Nossa posição, é, portanto, pelo cabimento de rescisória, desde que não haja modulação.

Se modulação houver, esta não pode ter o condão, apenas, de evitar a rescisória. Entendemos, que esta deve ser feita de molde a evitar que a nova posição adotada afete NÃO SÓ SITUAÇÕES em que tenha havido processos e trânsito em julgado, mas também aqueles em que o indivíduo *agiu* de boa-fé, em absoluta conformidade com o direito "em vigor", com a pauta de conduta tida por correta,

A modulação não pode desempenhar única e exclusivamente papel de "jurisprudência defensiva".

Vê-se, pois que a modulação substitui com vantagens a súmula 343. Primeiro, seus *fundamentos* são razoáveis: preservação de segurança jurídica, resposta adequada ao princípio da confiança. Não é, como se quer com a Súmula 343, querer-se fazer crer que a decisão estaria "correta" só porque teria sido proferida num momento histórico em que ainda se discutia qual deveria ser a tese jurídica adotada, a partir do sentido da norma se viesse a adotar. A Súmula 343 elege critério não jurídico e tampouco razoável para sujeitar a decisão à rescindibilidade: o "acaso" de a discussão existir, ou não, quando da prolação da decisão.

Aliás, de rigor, *o contrário* é que deve gerar a *não rescindibilidade*: a decisão rescindenda estar em absoluta consonância com a jurisprudência pacificada de um Tribunal Superior.

A *modulação* é instituto concebido expressamente para concretizar, nos casos em que se entende adequado prevalecer o princípio da confiança (= segurança jurídica), regras de direito intertemporal para a alteração da jurisprudência: e pode, portanto, gerar o não cabimento de ação rescisória.

Entretanto, **a *modulação* permite, como se viu, que se faça muito mais do que isso. Pode-se até julgar certo caso x, de acordo com entendimento jurisprudencial que havia à época em que ocorreu o caso x, mesmo que este entendimento já esteja superado no STJ ou no STF.**

Assim, pois, que a *modulação* é instituto versátil, flexível, que se presta, de modo muito mais completo, a realizar concretamente a segurança jurídica.

7. LEI 13.655/2018 (ALTERAÇÕES NA LINDB)

A Lei 13.655, recentemente aprovada, trata também deste tema.

A redação dos seus dispositivos não é das mais claras. É, exageradamente, permeada de conceitos vagos, apresentando, portanto, a potencialidade de gerar profundas discrepâncias interpretativas.

Entretanto, nos arts. 23 e 24 da LINDB, alterados pela nova lei, notamos algo de extrema relevância quanto à alteração de posição da jurisprudência. O art. 23 estabelece que a decisão, a respeito do tema x, que adota orientação diferente daquela que vinha sendo adotada pelas decisões anteriores do mesmo órgão, deve conter, em si mesma, **regime de transição** quanto à incidência dos efeitos que dela decorrem, quando isto for indispensável para concretização do princípio da confiança e da segurança jurídica.

O art. 23,[14] cujo conteúdo foi resumido acima, usa expressões ambíguas e não usuais, ao menos, na linguagem dos processualistas. Faz, também, uma distinção que seria dispensável: diz que a regra se aplica quando a nova interpretação recair sobre norma de "conteúdo indeterminado". Provavelmente, o que o legislador quis dizer, é que as normas que ensejam alterações interpretativas, cujos efeitos devem ser modulados, seriam apenas aquelas que contêm conceitos vagos. Todavia, sabe-se que a indeterminação dos conceitos envolve graus:

---

[14] "Art. 23. A decisão administrativa, controladora ou judicial que estabelecer interpretação ou orientação nova sobre norma de conteúdo indeterminado, impondo novo dever ou novo condicionamento de direito, deverá prever regime de transição quando indispensável para que o novo dever ou condicionamento de direito seja cumprido de modo proporcional, equânime e eficiente e sem prejuízo aos interesses gerais".

quase todos os conceitos têm certa dose de *vaguedad*. Basta-se pensar na palavra "mãe", que pode abranger a mãe natural, a mãe adotiva, a mãe biológica e etc., dependendo do contexto em que se encontre. A nova regra, óbvia e evidentemente, não se aplica, "apenas", aos casos em que as normas, cuja interpretação foi alterada, contenham conceitos vagos. O legislador, portanto, disse menos do que queria.

O art. 24,[15] por sua vez, tem o alcance que, a nosso ver, deve ser, efetivamente, atribuído ao instituto da modulação. Diz que, quando o Judiciário revê certo ato, contrato, ajuste etc., que tenha se completado à luz de "orientações gerais da época", para se verificar da sua validade, devem-se levar em conta, como parâmetro, exatamente as orientações vigentes à época da ocorrência do ato, contato etc. e não aquelas decorrentes de mudança de posicionamento posterior.

No parágrafo único desse mesmo dispositivo, consta que estas "orientações gerais" compreendem a "jurisprudência judicial". Parece-nos, portanto, que este dispositivo significa que, aquele que agiu reiteradamente com base em orientação pacificada dos tribunais, a respeito do sentido de certa norma jurídica, quando têm seus atos avaliados pelo Judiciário, quanto à sua validade, faz jus à apreciação de seu caso à luz dos parâmetros existentes à época em que a conduta se realizou, ainda que a orientação deste mesmo tribunal tenha sido alterada.

Portanto, apesar dos sérios problemas de redação apresentados por esta Lei, inclusive nos dois dispositivos aqui mencionados, a nosso ver, duas relevantes dimensões do instituto da modulação foram abarcadas por esses arts. 23 e 24: (i) tanto a possibilidade de que não se rescinda sentença proferida com base em orientação jurisprudencial superada, quando era esta a predominante na época da prática do ato ou da conduta *sub judice*, (ii) quanto a necessidade de que a regularidade dos atos ou das condutas das partes sejam avaliadas em conformidade com as normas jurídicas existentes à época em que praticados. Quando nos referimos, aqui, à norma jurídica, queremos significar a lei interpretada pelos tribunais, de acordo com a doutrina.

Assim, exatamente no sentido das observações feitas nos itens anteriores, a modulação serve para que aquele que pagou certo tributo, durante um tempo x, por que a orientação dos tribunais, ao interpretar a lei, era a de que o tributo era realmente devido, uma vez alterada a posição dos tribunais, não pode intentar ação contra o fisco repetindo o indébito. Do mesmo modo, não pode o Fisco cobrar de quem não pagou certo tributo, reconhecido como não devido, conforme jurisprudência pacificada.

Os dispositivos legais aqui constados contêm permissão para que o julgador exerça juízo de valor quanto à necessidade de se modular.[16] Todos os argumentos, de que acima se

---

[15] "*Art. 24. A revisão, nas esferas administrativa, controladora ou judicial, quanto à validade de ato, contrato, ajuste, processo ou norma administrativa cuja produção já se houver completado levará em conta as orientações gerais da época, sendo vedado que, com base em mudança posterior de orientação geral, se declarem inválidas situações plenamente constituídas.*
Parágrafo único. Consideram-se orientações gerais as interpretações e especificações contidas em atos públicos de caráter geral ou em jurisprudência judicial ou administrativa majoritária, e ainda as adotadas por prática administrativa reiterada e de amplo conhecimento público".

[16] Também o art. 927, § 3.º, se utiliza da expressão "pode" (pode haver modulação).

tratou, nada têm a ver com a situação de certo recurso individual ser julgado do modo X, sobre certo tema, e de, na semana seguinte, haver um repetitivo, do mesmo tribunal, sobre o mesmo tema, decidindo do modo Y. A nosso ver, em casos como este, a situação do recurso individual deve ser corrigida, ou pela via dos embargos de declaração, se houver tempo, ou pela rescisória.[17] Em casos como estes, prevalece o princípio da isonomia, não o da confiança.

---

[17] Não é esse, contudo, o posicionamento do STJ, conforme se vê dos acórdãos proferidos no REsp 736.650/MT, Rel. Min. Antonio Carlos Ferreira, DJe 01.09.2014 e nos EDcl no EDcl nos EDcl no AgRg nos Embargos de Divergência em REsp n.º 1.019.717/RS, Dj em 27.11.2017, Rel. p/ acórdão Min. Nancy Andrighi.

MÉTODOS ALTERNATIVOS DE SOLUÇÕES DE CONFLITOS

47

A VIOLAÇÃO AO CONTRADITÓRIO EFETIVO E A CONSEQUENTE NULIDADE DA SENTENÇA ARBITRAL

FERNANDA THEODORO GOMES

Sumário: 1. O procedimento arbitral no Brasil e a sua natureza jurisdicional. 2. O contraditório no procedimento arbitral. 3. O ônus da prova no procedimento arbitral. 4. A sentença arbitral e as hipóteses de nulidade.

1. O PROCEDIMENTO ARBITRAL NO BRASIL E A SUA NATUREZA JURISDICIONAL

A partir da segunda metade do século XX, o alto custo e a morosidade dos processos judicial, dentre outros fatores relativos a ineficiência da justiça estatal, levaram ao incremento dos debates acerca da necessidade de implementação de meios alternativos de solução de conflitos[1]. Era necessário encontrar solução que contribuísse para suplantar a demora na entrega da prestação jurisdicional, e o acúmulo de alto número de demandas judiciais, resultado da excessiva litigiosidade, característica enraizada na cultura brasileira, e supostamente respaldada pela garantia constitucional de acesso à justiça (art. 5º, XXXV, da CR).

Foi neste cenário que a Lei nº 9.307, de 23 de setembro de 1996, instituiu a arbitragem no Brasil, como meio privado de composição de litígios relativos a direitos patrimoniais.

---

[1] FARIA, Marcela Kohlbach. *Ação anulatória da sentença arbitral. Aspectos e limites.* Brasília: Gazeta Jurídica, 2014. 1ª Ed. p. 10.

Através da convenção de arbitragem, as partes submetem suas lides a deliberação de árbitros eleitos, imparciais e independentes, cuja sentença terá a mesma eficácia de uma decisão judicial.

Embora a doutrina não seja pacífica em reconhecer o caráter jurisdicional da arbitragem, Humberto Theodoro Júnior pondera que o "procedimento arbitral, uma vez instaurado, em tudo se equipara à jurisdição oficial, já que nem mesmo o compromisso depende necessariamente da intervenção judicial, nem tampouco a sentença arbitral tem sua eficácia subordinada a qualquer crivo de aprovação em juízo".[2]

Ademais, destaca DIDIER, "se o objetivo da jurisdição tradicional é a pacificação social e extirpação dos conflitos por meio substancialmente adequado (ou seja, por meio justo), e se a arbitragem possui esses mesmos objetivos, todos os passos estão sendo firmemente dados no sentido de reconhecimento definitivo do caráter jurisdicional da arbitragem."[3]

Não discrepa desse entendimento Tereza Arruda Alvim Wambier, que defende o caráter jurisdicional da arbitragem caso se considere "a *jurisdição* não pura e simplesmente como a aplicação da lei ao caso concreto, mas como a função de dirimir litígios".[4]

Portanto, ainda que se trate de órgão privado, e não estatal, formado por árbitros, e não por juízes togados, o procedimento arbitral é equiparado à jurisdição estatal[5] porque as partes esperam, ao submeter sua controvérsia ao procedimento arbitral, justamente obter uma solução célere e sigilosa de seus conflitos, por profissionais imparciais e que sejam especialistas na matéria posta em exame. Desse modo, a natureza privada do órgão julgador não parece ser suficiente para desqualificar a arbitragem como jurisdição. E assim o é especialmente porque estão presentes as características de independência e imparcialidade dos julgadores, bem como a estrita necessidade de observância ao devido processo constitucional.

2. O CONTRADITÓRIO NO PROCEDIMENTO ARBITRAL.

Os princípios constitucionais tiveram sua aplicação expressamente assegurada aos procedimentos arbitrais, através do art. 21, § 2º, da Lei de Arbitragem, que determina de forma cogente: "serão, sempre, respeitados no procedimento arbitral *os princípios do contraditório, da igualdade das partes*, da imparcialidade do árbitro e de seu livre convencimento".

---

[2] THEODORO JR, Humberto. In: *Arbitragem: 15 anos da Lei n. 9.307/96*, Coord. GAIO JÚNIOR, Antônio Pereira e MAGALHÃES, Rodrigo Almeida. Belo Horizonte, Ed. Del Rey, 2012, p. 72

[3] DIDIER JÚNIOR, Fredie; ARAGÃO, Leandro. Sentença Arbitral – Princípios constitucionais do processo – Inobservância do contraditório, da igualdade entre as partes e da ampla defesa – Regra da congruência objetiva – Árbitro que não cumpre os deveres de diligência e competência. (Parecer). In. *Revista Brasileira de Direito Processual – RBDPro*. Ano 20, n. 80. Belo Horizonte: Fórum, outubro/dezembro 2012, p. 209.

[4] ALVIM WAMBIER, Tereza Arruda. *Nulidade do processo e da sentença*. São Paulo: Ed. Revista dos Tribunais, 2014. 7ª ed. p. 124.

[5] Conferir também a esse respeito da jurisdição conferida a órgão privado imparcial, FARIA, Marcela Kohlbach. *Ação anulatória da sentença arbitral. Aspectos e limites*. Brasília: Gazeta Jurídica, 2014. 1ª Ed. p. 10.

Assim, ainda que a Arbitragem se dê em um ambiente privado e decorra da vontade das partes, dúvidas não há de que se trata de procedimento induvidosamente sujeito ao devido processo constitucional, e, portanto, deverá ser pautada, sobretudo, no ideal de contraditório substancial e democrático, para que se tenha um *processo justo,* inclusive quanto ao dever de fundamentação das decisões[6].

O conceito do contraditório evoluiu dentro da concepção democrática do processo justo idealizado pelo constitucionalismo configurador do Estado Democrático de Direito. Para que o acesso à justiça (CF, art. 5º, XXXV) seja pleno e efetivo, indispensável que o litigante não só tenha assegurado o direito de ser ouvido em juízo, mas há de lhe ser reconhecido e garantido também o direito de participar ativamente da formação do provimento com que seu pedido de tutela jurisdicional será solucionado[7].

Assim, ao "binômia informação-reação acrescenta-se a ideia de participação dos sujeitos processuais no desenvolvimento do processo e de não ser surpreendido por decisão surpresa, com o conteúdo do núcleo essencial do princípio do contraditório[8]".

Neste sentido, nenhuma decisão judicial poderá, em princípio, ser pronunciada sem que antes as partes tenham tido oportunidade de manifestar sobre a questão a ser solucionada pelo juiz. Ademais, o contraditório deve ser prévio, e assim incumbe ao julgador o dever de primeiro consultar as partes para então formar seu convencimento e, somente depois decidir sobre o ponto controvertido[9].

Destarte, no *processo justo* o contraditório vai além da bilateralidade e da igualdade de oportunidades proporcionadas aos litigantes, para instaurar um verdadeiro *diálogo entre o juiz e as partes,* garantindo ao processo "uma atividade verdadeiramente dialética", em proporções que possam redundar em um *procedimento justo,* bem como em uma *decisão justa,* quanto possível[10].

Ademais, é importante se ter em mente que o contraditório é constante e deverá ser assegurado ao longo de toda a marcha processual, sendo certo que as partes, bem como o

---

[6] Tem-se sustentado, acertadamente, que o dever de fundamentação das decisões consiste na última manifestação do contraditório, porquanto a motivação garante às partes a possibilidade de constatar terem sido ouvidas. (MITIDIERO, Daniel. *Colaboração no processo civil.* 3 ed. São Paulo: Revista dos Tribunais, 2015, p. 148).

[7] TROCKER, Nicolò. *Proceso civile e costituzione: problemi di diritto tedesco e italiano.* Milano: Giuffrè, 1974, p. 371.

[8] SANTOS, Welder Queiroz dos. *Princípio do contraditório e a vedação de decisão surpresa.* Rio de Janeiro: Forense, 2018. 1ª Ed. p. 73.

[9] "Se, por negligência da parte, ela não comparecer a juízo, em hipótese alguma fica violado o dito princípio, pois o contraditório se estabelece pela oportunidade da defesa e não pela defesa em si" (RIBEIRO, Darci Guimarães. A dimensão constitucional do contraditório e seus reflexos no projeto do novo CPC. *Revista de Processo,* n. 232, p. 19, jun. 2014).

[10] CUNHA, Leonardo Carneiro da. O princípio do contraditório e a cooperação no processo. *Revista Brasileira de Direito Processual,* Belo Horizonte, n. 79, jul./set. 2012, p. 159.

juiz, são os sujeitos desta garantia constitucional e, portanto, possuem deveres que decorrem do subprincípio da cooperação[11].

Todas a preocupação com a garantia do contraditório no processo judicial estatal se transporta também para o juízo arbitral, feitas as devidas adaptações à relativa flexibilidade de formas que marca esse procedimento alternativo de composição dos litígios. Mas, destaque-se, há, em qualquer procedimento de solução de conflitos, um núcleo mínimo em que se assegura às partes o contraditório cuja falta conduz à invalidade do ato de natureza jurisdicional.

Carlos Alberto Carmona ressalta que, dentre os princípios gerais do processo, o legislador cuidou de selecionar "aqueles capazes de prestar às partes razoável garantia de um julgamento justo. Exigiu, assim, que fosse respeitado, seja qual for o procedimento que as partes (ou o árbitro) criarem ou escolherem, o princípio do **contraditório, o da igualdade, o da imparcialidade do árbitro e o do livre convencimento**"[12].

Considerando a maior flexibilidade e simplificação peculiares do procedimento arbitral, é preciso ter especial atenção à garantia constitucional do contraditório, de modo que se configure um processo efetivamente justo, e evitem-se as nulidades. Ora, a característica de flexibilidade deste procedimento, feita para amoldá-lo às características de cada conflito de interesses, não poderá resultar em restrição ao direito das partes de participar no processo, seja participar da formação do pedido, participar da produção da prova dos fatos controvertidos, ou participar ativamente do convencimento dos julgadores, através dos fundamentos e argumentos com que se defende ou que sustentam suas postulações (pedir, provar e alegar). "Será maculado de inconstitucionalidade o que for feito com prejuízo dessa tríplice participação e da efetividade da ciência dos atos dos outros sujeitos".[13]

Desse modo, para garantir o "efetivo contraditório", o arbitro deverá (i) garantir que as partes tenham tratamento paritário (CPC, art. 7º); bem como (ii) que qualquer decisão que contrarie uma parte, não será tomada sem que ela seja previamente ouvida (CPC, art. 9º), pois as decisões não podem surpreender a parte que terá de suportar suas consequências, já que na concepção moderna do contraditório é garantido aos sujeitos do processo não apenas o direito de participar da preparação do provimento judicial, mas também o direito de influir na sua formulação e no resultado final; ademais, (iii) ainda que determinada *questão* tenha sido debatida amplamente, não poderá o arbitro decidi-la baseando-se em *fundamento* ainda não submetido à manifestação das partes (CPC, art. 10).

---

[11] SANTOS, Welder Queiroz dos. *Princípio do contraditório e a vedação de decisão surpresa*. Rio de Janeiro: Forense, 2018. 1ª Ed. p. 73

[12] CARMONA, Carlos Alberto. *Arbitragem e processo*. 3. ed. São Paulo: Atlas, 2008., p. 293. Continua o autor explicando que o contraditório se dá em "dois momentos – informação e possibilidade de reação – permite que, durante todo o arco do processo arbitral, as partes possam produzir suas provas, aduzir suas razões e agir em prol de seus direitos, fazendo com que suas razões sejam levadas em conta pelo julgador ao decidir".

[13] DINAMARCO. Cândido Rangel. *A arbitragem na teoria geral do processo*. São Paulo: Malheiros, 2013, p. 26.

Nesta linha de ideias, para que o acesso à justiça seja pleno e efetivo, indispensável é que os litigantes tenham assegurado não apenas o direito de serem ouvidos em juízo, mas também o direito de participar, ativa e concretamente[14], da formação do provimento com que seu pedido de tutela jurisdicional será solucionado (CPC, art. 6º).

Portanto, estão interditadas também no âmbito da arbitragem as decisões surpresa, sem contraditório prévio, tanto as que versão sobre questões novas, como as que apreciam novos fundamentos, diversos daqueles com que as questões velhas foram previamente discutidas no processo.[15]

Como destaca Carlos Alberto Carmona caberá "**às partes ou ao árbitro estabelecer (ou adotar) um procedimento que possa garantir plenamente a recíproca manifestação dos contendentes a respeito das provas e das razões do adversário, o que significa, também, contemplar formas efetivas de comunicação dos atos processuais** (...). Mas não é só isso: a feição moderna do princípio do contraditório exige que o julgador – seja ele juiz togado, seja ele árbitro – não tome decisões acerca de pontos fundamentais do litígio sem provocar debate a respeito, pois somente assim será assegurada às partes a efetiva possibilidade de influir no resultado do julgamento".[16]

Outrossim, considerando que o legislador brasileiro não se preocupou com a forma dos atos no procedimento arbitral, "**caberá aos Tribunais estatais, em sua tarefa interpretativa, controlar as escolhas das partes (e dos árbitros), detectando caso a caso os excessos cometidos (que levarão à anulação da sentença arbitral), nos termos do art. 32, VIII, combinado com o art. 33, § 2º, I da Lei**".[17]

É a inobservância da garantia fundamental do contraditório que justifica, por exemplo, a decretação de nulidade da decisão proferida fora ou além do pedido. A maleabilidade das formas procedimentais própria do juízo arbitral não franqueia aos árbitros decidir fora dos limites da lide, justamente porque o princípio dispositivo marca, o limite da jurisdição arbitral. E, por outro lado, a decisão fora do pedido não garante aos jurisdicionados a observância de um processo devido e justo. Nesse contexto, as decisões *ultra petita* e *extra petita* são nulas, na medida em que, inexistindo controvérsia sobre o ponto decidido, não se estabeleceu sequer o contraditório sobre o tema. As partes, surpreendidas pela decisão de

---

[14] Nesse sentido Welder Queiroz dos Santos esclarece que "participar do processo significa, durante todo o procedimento, possibilitar aos sujeitos da relação jurídico-processual o direito de influir no resultado das decisões judiciais, de ter os argumentos apresentados considerados de forma motivada e fundamentada e, ainda, de não ser surpreendido por decisão que contenha questão de fato ou de direito que não tenha sido debatida, ou ao menos oportunizado o debate, entre os sujeitos da relação jurídica processual". (*Princípio do contraditório e a vedação de decisão surpresa*. Rio de Janeiro: Forense, 2018. 1ª Ed. p. 79).

[15] Ver vários precedentes dos tribunais estrangeiros e nacionais sobre a garantia de não surpresa em MALLET, Estêvão. Notas sobre o problema da chamada "decisão-surpresa". *Revista de Processo*, n. 233, p. 57-61, São Paulo, jul. 2014.

[16] CARMONA, Carlos Alberto. *Arbitragem e processo: um comentário à lei 9.307/96*. 3. ed. São Paulo: Atlas, 2009, p. 295.

[17] CARMONA, Carlos Alberto. *Arbitragem e processo: um comentário à lei 9.307/96*. 3. ed. São Paulo: Atlas, 2009, p. 295.

questão inédita (pedido não formulado, fundamento ou causa de pedir não apresentado), por certo, deixaram de apresentaram defesa, objeção, exceção, prova ou contraprova que poderiam influir diretamente no convencimento do julgador.

Como esclarece Tereza Arruda Alvim Wambier, há uma tradicional ligação entre o "princípio da congruência – *petitum/decisum* – e princípio dispositivo. Pode-se acrescentar a este fundamento a garantia da ampla defesa e a do contraditório, ambas tão intimamente ligadas que quase se confundem. Trata-se de garantias hoje previstas pela própria Constituição Federal (art. 5º, LV)[18]", e também no o § 2º do artigo 21 da Lei de Arbitragem. Como pontua a autora, as partes precisam contar com certa dose de previsibilidade, para que possam se defender.

Portanto, existindo ofensa ao princípio do contraditório, a consequência será a nulidade da sentença arbitral (art. 32, da Lei nº 9.307/1996), apurada e decretada judicialmente, sendo certo que o contraditório deve ser assegurado em sua acepção mais moderna e ampla, ao longo de todo o procedimento arbitral.

3. O ÔNUS DA PROVA NO PROCEDIMENTO ARBITRAL

Dentre as ofensas ao contraditório que conduzem à invalidade da sentença (seja judicial ou arbitral) figura a violação às regras da prova que asseguram a isonomia aos litigantes e a ampla defesa de seus direitos. O procedimento arbitral deverá asseguras o acesso das partes aos meios de prova e a efetiva participação na sua produção. Vale ressaltar que o princípio do livre convencimento jamais poderá ser invocado para encobrir o mero arbítrio do juiz, em detrimento das provas produzidas, ou da falta delas.

O ônus da prova está atrelado à atividade processual de busca pela verdade acerca dos fatos alegados, e que servirão de base para o julgamento da causa. Aquele a quem a lei atribui o encargo de provar certo fato, se não exercitar a atividade que lhe foi atribuída, sofrerá o prejuízo de sua alegação não ser acolhida na decisão judicial[19].

A Lei de Arbitragem conta com poucos artigos sobre a instrução da causa o que se dá, como bem pontua DINAMARCO, em razão do "espírito de grande liberdade formal e adaptabilidade do procedimento às realidades de cada conflito (*supra*, nn. 14-15). Entre os raríssimos textos alusivos ao tema da instrução e da prova ocupa posição central seu art. 22, *caput*, segundo o qual 'poderá o árbitro ou o tribunal arbitral tomar depoimento das partes, ouvir testemunhas e determinar a realização de perícias ou outras provas que julgar necessárias, mediante requerimento das partes ou de ofício'."[20]

Assim, dada a escassez de normas na Lei de Arbitragem que disciplinem as questões relativas à prova, "devem ter-se por importadas ao processo arbitral, ainda que *cum grano salis*, certas disposições, exigências e ressalvas presentes na disciplina do processo civil

---

[18] ALVIM WAMBIER, Tereza Arruda. *Nulidade do processo e da sentença*. São Paulo: Ed. Revista dos Tribunais, 2014. 7ª ed. p. 302.

[19] THEODORO JÚNIOR, Humberto. *Curso de direito processual civil*, cit., n. 655, p. 893.

[20] DINAMARCO, Cândido Rangel. *A Arbitragem na Teoria Geral do Processo*. São Paulo: Editora Malheiros, 2013. p. 158.

comum, as quais, como normas gerais de processo, são de aplicação subsidiária ao processo arbitral regido pela lei brasileira. Essa é também uma consequência natural da inserção do microssistema da arbitragem no sistema do processo civil comum (supra, n. 2)."[21]

O ônus, no direito processual, corresponde a "uma atitude positiva de um sujeito, a fim de evitar que sobre esse possa recair qualquer prejuízo de ordem processual".[22] É, portanto, "uma conveniência de o sujeito agir de determinada maneira no intuito de não se expor às consequências desfavoráveis que poderiam surgir com sua omissão".[23]

No entanto, a sanção pertinente à atitude omissiva da parte não poderá ser aplicada antes de se constatar a inércia diante da conduta processual facultada por lei. Assim, se não houver um encargo atribuído à parte, não tem cabimento aplicar-lhe qualquer sanção a título de ônus descumprido.

Conforme estabelecido pelo art. 373[24], do CPC/2015, o ônus da prova é repartido entre os litigantes da seguinte maneira: (i) o autor deverá provar os fatos constitutivos do seu direito; e (ii) o réu, por sua vez, cabe provar os fatos impeditivos, modificativos ou extintivos do direito do autor.

Destarte, cada parte terá o ônus de provar os pressupostos fáticos do direito que pretenda seja aplicado pelo árbitro na solução do litígio. Portanto, se o requerido contestar apenas negando o fato em que se baseia a pretensão do requerente, todo o ônus probatório recairá sobre este (i.e., o requerente). Nesse caso, mesmo sem nenhuma iniciativa de prova, o requerido ganhará a causa, se o autor não demonstrar a veracidade do fato constitutivo do seu pretenso direito. *Actore non probante absolvi turreus*.[25]

No entanto, se o requerido se defender invocando fatos capazes de alterar ou eliminar as consequências jurídicas daquele outro fato invocado pelo requerente, a prova passará a ser encargo do réu, a quem incumbirá comprovar a veracidade dos fatos impeditivos ou modificativos por ele alegados.

Como ressalta Cândido Rangel Dinamarco, ainda que o processo arbitral ofereça "um clima mais propício que o processo judicial para os ajustes a serem eventualmente celebrados entre as partes para a *inversão convencional do ônus da prova* (CPC, art. 333[26], par.), dada a necessária disponibilidade dos direitos ali postos em disputa (LA, art. 1º – CPC, par., inc. I) e dado o menor apego desse processo à rigidez das normas de direito positivo[27]", a inversão do ônus da prova não poderá ocorrer de modo a surpreender a parte que não esperava tal responsabilidade.

---

[21] DINAMARCO, Cândido Rangel. *A Arbitragem na Teoria Geral do Processo*. São Paulo: Editora Malheiros, 2013. p. 158.

[22] MELLO, Felipe Viana de. O reconhecimento da aplicabilidade da teoria do ônus dinâmico no processo civil brasileiro. *Revista Dialética de Direito Processual*, São Paulo, n. 139, p. 33, out/2014.

[23] ARAZI, Roland. *La prueba en el processo civil*. 3. ed. Santa Fé: Rubinzal-Culzoni, 2008, p. 67.

[24] CPC/1973, art. 333.

[25] STJ, 3ª T., REsp 696.816/RJ, Rel. Min. Sidnei Beneti, ac. 06.10.2009, *DJe* 29.10.2009.

[26] Correspondente ao art. 373, do CPC/2015.

[27] DINAMARCO, Cândido Rangel. *A Arbitragem na Teoria Geral do Processo*. São Paulo: Editora Malheiros, 2013. p. 161.

Assim, é necessário observar, com rigor, alguns requisitos para que a inversão do ônus ocorra de forma compatível com o novo CPC e sem ferir a garantia constitucional do direito ao contraditório efetivo e à ampla defesa, são elas:

(i) Com o redirecionamento a parte não terá de provar o fato constitutivo do direito do adversário, sendo *sua missão apenas a de esclarecer o fato controvertido apontado pelo juiz/árbitro*;

(ii) *A prova redirecionada deve ser possível*. O novo encarregado deve ter condições efetivas de esclarecer o ponto controvertido da apuração da verdade real (art. 373, § 2º);[28] se isso não for possível, o ônus da prova continuará regido pela regra legal estática, isto é, pelo art. 373, *caput*;

(iii) *A redistribuição deve ser prévia e não pode representar surpresa para a parte*;

(iv) O NCPC é expresso ao dizer que "a aplicação da técnica da distribuição dinâmica do ônus da prova *não deve ser aplicada, tão somente, na sentença*. Cabe ao magistrado, quando da fixação dos pontos controvertidos e da especificação das provas, na audiência preliminar ou na decisão saneadora, deixar claro que a causa não será julgada pela técnica da distribuição estática do ônus da prova (art. 333 do CPC/73) [NCPC, art. 373], esclarecendo o que deve ser provado pela parte onerada pela distribuição dinâmica do ônus probatório[29]".

(v) O NCPC não deixa lugar à dúvida: "o juiz deverá dar à parte a oportunidade de se desincumbir do ônus que lhe foi atribuído" (art. 373, § 1º, *in fine*)[30].

Importante frisar que o juiz não poderá determinar a redistribuição do encargo se houver *impossibilidade* ou *excessiva dificuldade* em cumprir o ônus da prova pela parte a que este ordinariamente toque, se a desincumbência dele pelo novo destinatário também for "impossível ou excessivamente difícil" (CPC, art. 373, § 2º). Nessas situações a afetar ambas as partes, a única saída prevista pelo direito positivo seria a improcedência do pedido da requerente, já que sendo ela a encarregada da prova não teria se desincumbido do *onus probandi: "actore non probante, reus absolvitur"*.

Fácil concluir, portanto, que o descumprimento das normas de distribuição do ônus da prova, assim como sua inversão no ato sentencial, são violações que viciam a sentença arbitral, pois atingem os mais relevantes mecanismos de cumprimento do contraditório e da segurança jurídica, impedindo ao jurisdicionado conhecer e reagir de forma eficaz e eficiente às pretensões da contraparte.

4. A SENTENÇA ARBITRAL E AS HIPÓTESES DE NULIDADE

Como é cediço, a sentença arbitral marca o fim da arbitragem, inexistindo instância revisora. Será possível, no entanto, solicitar ao árbitro ou ao tribunal arbitral que (i) corrija erro material havido na sentença arbitral; (ii) "esclareça alguma obscuridade, dúvida ou

---

[28] CPC/1973, sem correspondência.

[29] CAMBI, Eduardo; HOFFMANN. Caráter probatório da conduta [processual] das partes. *Revista de Processo*, n. 201, nov. 2011. p. 97.

[30] THEODORO JÚNIOR, Humberto. *Op. cit*, n. 662, p. 905-906.

contradição da sentença arbitral, ou se pronuncie sobre ponto omitido a respeito do qual devia manifestar-se a decisão[31]".

Destarte, a sentença proferida pelo juízo arbitral produzirá entre *"as partes e seus sucessores, os mesmos efeitos da sentença proferida pelos órgãos do Poder Judiciário e, sendo condenatória, constitui título executivo"* (art. 31 da Lei de Arbitragem).

Embora não se admita que o Poder Judiciário julgue novamente o mérito já decidido no procedimento arbitral, a jurisdição estatal é responsável por processar e julgar as ações que visam a declaração de nulidade de sentença arbitral.

Assim, as partes poderão pleitear perante aos juízes togados a declaração de nulidade da sentença de acordo com o art. 32 da Lei nº 9.307/1996, quando: (i) for nula a convenção de arbitragem; (ii) emanada por quem não poderia ser árbitro; (iii) não contiver os requisitos do art. 26 da Lei de Arbitragem; (iv) for proferida fora dos limites da convenção de arbitragem; (v) comprovado que foi proferida por prevaricação, concussão ou corrupção passiva; (vi) proferida fora do prazo, respeitado o disposto no art. 12, inciso III, da Lei de Arbitragem; e (vii) forem desrespeitados os princípios de que trata o art. 21, § 2º, da Lei 9.307/96.

Por sua vez, o § 2º do art. 21, da Lei de Arbitragem, mencionado acima, disciplina que *"serão, sempre, respeitados no procedimento arbitral* **os princípios do contraditório***, da igualdade das partes, da imparcialidade do árbitro e de seu livre convencimento"*.

A respeito do tema, CÂNDIDO RANGEL DINAMARCO esclarece que referida previsão veio *a explicitar a consciência que teve o legislador de que o processo arbitral, sendo um processo, se* **sujeita aos ditames do direito processual constitucional***, no qual reside o comando supremo do exercício da jurisdição e da realização de todo processo, jurisdicional ou não*[32].

Destarte, tem-se que os casos examináveis na ação de nulidade são poucos e excepcionais, conforme previsões taxativas do art. 32, da Lei de Arbitragem, e, em síntese, retratam ofensas às garantias constitucionais do devido processo legal e aos princípios gerais dele decorrentes que estruturam a teoria geral do processo civil, bem como às regras particulares ao próprio sistema legal da arbitragem.

Ademais, embora o procedimento arbitral seja menos rígido e formal do que o processo judicial, tais características não podem servir de escudo para blindar decisões proferidas em violação ao devido processo constitucional. Outrossim, ainda que se admita a desnecessidade de certas formalidades, ou a alteração e flexibilização de alguns procedimentos, as partes precisam sempre ser comunicadas com antecedência, evitando assim a prolação de decisão surpresa, assegurando o contraditório e a ampla defesa, sob pena de nulidade.

Portanto, as hipóteses de nulidade da sentença arbitral são *numerus clausus*, de maneira que não é dado ao intérprete ampliá-las por critérios exegéticos extensivos. Mas dentre elas, consta expressamente a necessidade de se observar o contraditório ao longo de todo procedimento da arbitragem.

---

[31] Há inclusive previsão expressa contida no art. 30 da Lei de Arbitragem.
[32] DINAMARCO, Cândido Rangel. A arbitragem na teoria geral do processo. Malheiros Editores, 2013, p. 17.

O princípio constitucional do contraditório está intimamente ligado a outras garantias, positivadas em diversas normas infraconstitucional, tais como aquelas que vedam as sentenças *extra petita* e *ultra petita*, que decidem questões não discutidas pelas partes, e que, portanto, não foram objeto de defesa, em ofensa ao contraditório. Daí porque uma decisão proferida fora dos limites da convenção de arbitragem é nula nos termos do inc. IV do art. 32, da Lei de Arbitragem, mas também porque ofende a garantia do contraditório efetivo (art. 32, inciso VII, da Lei de Arbitragem).

Conclui-se, desta forma, que o contraditório deve ser interpretado em sua acepção mais ampla e, uma vez desrespeitado, outro remédio não haverá, se não a declaração judicial de nulidade da decisão proferida pelo juízo arbitral. Os árbitros precisam estar imbuídos não apenas em buscar a solução rápida para o conflito, é necessário se preocupar também com os aspectos qualitativos das decisões, garantindo que a prestação jurisdicional seja justa, efetiva e constitucional, e que as partes possam influenciar diretamente na solução do litígio, afastando as decisões surpresa.

48

UMA QUESTÃO POLÊMICA: O ÁRBITRO É OBRIGADO A OBSERVAR OS PRECEDENTES JUDICIAIS?

Luiza Gonzaga Drumond Cenachi

Sumário: 1. Introdução. 2. Uma premissa necessária: arbitragem é jurisdição e se insere no modelo constitucional de processo. 3. Correntes. 3.1. Fundamentos contrários à vinculação do árbitro aos precedentes judiciais. 3.2. Fundamentos favoráveis à vinculação do árbitro aos precedentes judiciais. 4. Notas conclusivas.

1. INTRODUÇÃO

A arbitragem tem crescido cada vez mais no Brasil, tendo o número de litígios e dos valores envolvidos em disputas arbitrais aumentado significativamente nos últimos anos[1]. A cada dia que passa, empresas de grande porte optam por solucionar seus conflitos nesse ambiente extrajudicial, atraídas, sobretudo, pelo *slogan* da celeridade, flexibilidade, especialidade e confidencialidade do procedimento.

Nesse cenário, a segurança jurídica é imprescindível à confiabilidade e fortalecimento desse método de resolução de conflitos (assim como de qualquer outro mecanismo de pacificação social). Destarte, ponto sensível são as discussões que envolvem a possibilidade

---

[1] Cf. LEMES, Selma Maria Ferreira. Análise da pesquisa arbitragens em números 2010 a 2015. **Selma Lemes Advogados,** jul. 2016. Disponível em: http://selmalemes.adv.br/noticias/An%-C3%A1lise%20da%20pesquisa%20arbitragens%20em%20n%C3%BAmeros%202010%20a%20 2015.pdf. Acesso em 09 out. 2017.

de revisão do laudo arbitral pelo Poder Judiciário que, em tese, contrariaria a natureza e razão de ser do instituto e esvaziara os incentivos à escolha dessa via.

O dever ou não de observância pelos árbitros dos precedentes judiciais é uma das mais novas problemáticas envolvendo o assunto, sendo indiscutível a falta de consenso acerca da matéria até o momento, que tem dividido estudiosos em argumentos contrários e favoráveis à questão. A polêmica ultrapassa, inclusive, os limites do território nacional e ecoa em países de tradição do *common law,* em que tanto a cultura dos precedentes judiciais, como da arbitragem, encontram bases mais sólidas que as brasileiras, a demonstrar a relevância do estudo.

As indefinições, até o momento, são muitas, não havendo respostas e nem sistematização suficiente que definam *(i)* se os árbitros estariam ou não sujeitos aos precedentes judiciais; *(ii)* em que medida se daria essa sujeição; bem como *(iii)* se haveria consequências para o descumprimento desse suposto imperativo. Apesar das relevantes contribuições já dadas pela doutrina, o tema é ainda muito novo, faltando estudos específicos e aprofundados que precisem os parâmetros legais, efeitos e limites do controle estatal sobre essa questão.

Nesse cenário ainda de incertezas, o presente artigo tem como objetivo contribuir para a sistematização dos fundamentos que podem ser divididos em duas correntes – uma favorável e outra contrária ao questionamento central objeto de exame. Além disso, procurar-se-á traçar em linhas gerais o caminho mais adequado, a nosso ver, a ser percorrido para o desenvolvimento desse debate, sem a pretensão de esgotar a matéria ou de apresentar uma resposta categórica, que indiscutivelmente demanda amadurecimento e um estudo aprofundado próprio.

2. UMA PREMISSA NECESSÁRIA: ARBITRAGEM É JURISDIÇÃO E SE INSERE NO MODELO CONSTITUCIONAL DE PROCESSO

A Lei de Arbitragem (LArb)[2] tem provocado agitação na doutrina brasileira, desde o seu nascedouro até os dias de hoje. Passadas mais de duas décadas da sua promulgação e superada a questão afeta à sua constitucionalidade nos idos de 2001[3], ainda não existe consenso absoluto sequer a respeito da natureza jurídica da atividade exercida pelo árbitro.

Como é cediço, a arbitragem foi instituída no ordenamento jurídico brasileiro como método alternativo[4] de resolução de conflitos, por meio da Lei nº. 9.307, de 23 de setembro

---

[2] BRASIL. Lei nº 9.307, de 23 de setembro de 1996. Dispõe sobre a arbitragem. **Diário Oficial da União,** Brasília, 24.9.1996.

[3] Por maioria de votos, o Plenário do Supremo Tribunal Federal julgou em 12/12/2001 o recurso em processo de homologação de Sentença Estrangeira nº 5206, declarando constitucional a Lei de Arbitragem (Lei 9307/96).

[4] "Ser uma via alternativa significa que constitui um desvio autorizado às partes, com renúncia ao caminho ordinário representado pelo recurso à jurisdição estatal". (DINAMARCO, Cândido Rangel. **A arbitragem na teoria geral do processo**. São Paulo: Malheiros Editores, 2013, p. 31)

de 1996, como um instituto de origem contratual[5]. Por seu intermédio, as partes elegem, por vontade própria, um terceiro imparcial não integrante dos quadros do Poder Judiciário, a quem competirá resolver o litígio relativo a direito patrimonial disponível entre elas instaurado, fora da jurisdição estatal[6].

Tratando-se, pois, de instrumento de origem convencional, tem como traços distintivos a prevalência da autonomia privada e flexibilidade procedimental, que refletem desde a escolha de quem será o julgador da lide, até a possibilidade de se determinar quais serão as regras de julgamento do litígio (se por equidade, ou se por direito), *ex vi* do art. 2º da LArb[7]. Dentro desse espírito, a arbitragem surgiu como um mecanismo de "justiça privada"[8], destinado a coexistir ao lado da jurisdição estatal clássica, de forma paralela e sem qualquer vínculo de subordinação. Essas características do procedimento são reforçadas ao longo de todo o diploma legal[9] que, diante da sua especialidade, não está *a priori* submetido diretamente aos regramentos do processo judicial previstos no Código de Processo Civil brasileiro.

Atenta a essas particularidades, parcela considerável da doutrina começou a questionar se a atividade exercida pelo árbitro seria meramente privada e regrada apenas pela vontade das partes, ou se poderia ser qualificada, verdadeiramente, como jurisdição, tipicamente exercida pelo Estado. Para além da importância de se compreender a natureza jurídica do procedimento, trata-se de definição relevante que repercute, sobretudo, nos limites de interferência e controle do poder estatal, o que justificou a atenção de muitos estudiosos acerca do assunto.

---

[5] Sobre a natureza jurídica da arbitragem, confira Selma Lemes: "Com efeito, analisando a natureza jurídica do negócio firmado entre o árbitro e as partes, verifica-se que a relação entabulada é contratual. [...] concluímos ser um tipo de contrato especial, que não pode ser classificado de acordo com as formas preestabelecidas". (LEMES, Selma Maria Ferreira. **Árbitro**: princípios da independência e da imparcialidade: abordagem no direito internacional, nacional e comparado. Jurisprudência (Lei n. 9.307/96). São Paulo: Revista dos Tribunais, 2001, p. 48)

[6] Nas palavras de Carlos Alberto Carmona: "Pode-se definir confortavelmente arbitragem como um meio alternativo de solução de controvérsias através do qual as partes em litígio envolvendo direito disponível escolhem um juiz privado para decidir a controvérsia de forma autoritativa, ou seja, vinculativa para os litigantes". (CARMONA, Carlos Alberto. Árbitros e juízes: guerra ou paz? In: MARTINS, Pedro A. Batista; LEMES, Selma M. Ferreira, CARMONA, Carlos Alberto. **Aspectos fundamentais da lei de arbitragem**. Rio de Janeiro: Forense, 1999, p. 421)

[7] Art. 2º A arbitragem poderá ser de direito ou de equidade, a critério das partes.

§ 1º Poderão as partes escolher, livremente, as regras de direito que serão aplicadas na arbitragem, desde que não haja violação aos bons costumes e à ordem pública.

§ 2º Poderão, também, as partes convencionar que a arbitragem se realize com base nos princípios gerais de direito, nos usos e costumes e nas regras internacionais de comércio.

[8] CARMONA, Carlos Alberto. **Arbitragem e processo**: um comentário à Lei 9.307/96. 2ª ed. rev., atual. e ampl. São Paulo: Altas, 2004, p. 329.

[9] Cite-se, como exemplo, o art. 21 da LArb, que atribui autonomia às partes para escolherem os parâmetros materiais e processuais para a resolução dos conflitos por essa via extrajudicial.

Após intenso debate sobre a matéria[10], prevaleceu[11], a nosso ver corretamente, a conclusão de que "a arbitragem, apesar de consistir em atividade privada convencionada pelas partes, tem natureza jurisdicional. Com efeito, o fato de a arbitragem ser de origem contratual não desnatura sua força jurisdicional como instrumento de resolução de conflitos e pacificação social"[12].

Desse modo, partindo-se da premissa de que a arbitragem é processo jurisdicional, consequente lógico é que a arbitragem não se desenvolve apenas em bases privadas. Na realidade, "[...] ela estrutura-se em duas etapas uma privada e outra pública. [...] a primeira etapa seria com o compromisso arbitral, que é negócio jurídico privado; já a segunda consistiria na relação de direito público subjacente entre o Estado e os árbitros"[13].

---

[10] Para os que defendem que arbitragem não é jurisdição, a exemplo de Luiz Guilherme Marinoni e Sérgio Cruz Arenhart, as peculiaridades do procedimento não o enquadrariam em nenhuma das três definições clássicas de jurisdição dadas por Allorio, Carnelutti e Chiovenda, sobretudo porque o provimento arbitral não seria fruto da atividade estatal e lhe faleceria aptidão para formar coisa julgada material. (MARINONI, Luiz Guilherme; ARENHART, Sérgio Cruz. **Procedimentos especiais**. São Paulo: Revista dos Tribunais, 2009, v. 5). Em sentido contrário, aqueles que sustentam que atividade do árbitro teria sim natureza jurisdicional o fazem, principalmente, aos fundamentos de que: (i) o Legislador equiparou a decisão final dos árbitros, em todos os seus efeitos, à sentença estatal, prevendo no art. 31 da LArb que o provimento final constitui título executivo. Reforçando esse entendimento, o art. 515, VII do CPC/15 dispõe que "são títulos executivos judiciais, [...] a sentença arbitral"; (ii) a par desses normativos, prevê, ainda, o art. 18 da LArb que o árbitro é juiz de fato e de direito, ficando sua decisão dispensada de homologação pelo Poder Judiciário; e, por fim, (iii) a função do procedimento arbitral é precipuamente a mesma do judicial, qual seja: pacificar conflitos, mediante a realização de justiça, característica inerente à atividade jurisdicional, seja ela privada ou estatal.

[11] Nesse sentido: José Rogério Cruz e Tucci, Carlos Alberto Carmona, Cândido Rangel Dinamarco, Georges Abboud, Fredie Didier Júnior, Paulo Henrique dos Santos Lucon, Selma Maria Ferreira Lemes e outros. Também confira-se o entendimento do Superior Tribunal de Justiça: "O art. 31 da LArb, que equipara a sentença arbitral à sentença judicial, e o art. 23, I, que fixa o prazo decadencial de 90 dias para que se formule pedido de declaração de nulidade dessa sentença em juízo, estariam a demonstrar que a decisão proferida em arbitragem tem, potencialmente, aptidão para produzir efeitos análogos aos da coisa julgada. Por outro lado, a sentença arbitral tenderia à justa composição de uma lide, à medida que o procedimento se desenvolve com base numa pretensão resistida, a ser decidida por terceiro imparcial. E, por fim, na arbitragem também haveria a atuação da vontade concreta da lei, em substituição à vontade das partes (a vontade só atua na fixação da convenção de arbitragem). [...] Assim, os argumentos da doutrina favoráveis à jurisdicionalidade do procedimento arbitral revestem-se de coerência e racionalidade. Não há motivos para que se afaste o caráter jurisdicional dessa atividade". (BRASIL, Superior Tribunal de Justiça. Conflito de Competência nº 113.260/SP, Rel. Ministra Nancy Andrighi, Rel. p/ Acórdão Ministro João Otávio de Noronha, Segunda Seção, julgado em 08/09/2010, DJe 07/04/2011).

[12] ABBOUD, Georges. Jurisdição constitucional vs. arbitragem: os reflexos do efeito vinculante nas atividades do árbitro. **Revista de Processo**: RePro, v. 37, n. 214, dez. 2012, p. 271.

[13] ABBOUD, *op.cit.*

Isso significa que, não obstante marcado por flexibilidade e autonomia, o procedimento arbitral é processo e, como tal, não pode passar ao largo do controle estatal e dos princípios basilares que regem o devido processo legal brasileiro. Não foi por outra razão, a nosso ver[14], que o Legislador previu expressamente, no § 2º do art. 21 da Lei de Arbitragem, que "serão, sempre, respeitados no procedimento arbitral os princípios do contraditório, da igualdade das partes, da imparcialidade do árbitro e de seu livre convencimento", o que, aliás, nem poderia ser diferente, na medida em que, em se tratando de método instituído por legislação infraconstitucional, está necessariamente sujeito aos imperativos do estado democrático de direito e à matriz constitucional[15].

Com base nessas premissas, entende-se que toda problemática envolvendo a jurisdição arbitral deve ser analisada à luz da teoria geral do processo, na linha do que adverte Cândido Rangel Dinamarco[16]. Semelhante conclusão é a de Fredie Didier Júnior, para quem "todos os instrumentos de defesa e garantia postos no texto constitucional para serem aplicados à técnica jurisdicional tradicional de solução dos conflitos conhecida como processo (estatal) são igualmente aplicáveis à arbitragem"[17].

---

[14] Nesse sentido: "A nova lei abre largo espaço para a autonomia da vontade, seja com relação à lei material que deve ser aplicada pelo árbitro, seja com relação ao procedimento que regerá a arbitragem. Trata, porém de garantir – apesar da grande liberdade concedida às partes – o devido processo legal, de tal sorte que o art. 21 do diploma legal, em seu §2º, determina que sejam sempre respeitados os princípios do contraditório, da igualdade das partes, da imparcialidade do árbitro e de seu livre convencimento". (BEDAQUE, José Roberto dos Santos; CARMONA, Carlos Alberto. A posição do juiz: tendências atuais. **Revista Forense**, v. 96, n. 349, jan./mar., 2000, p. 99)

[15] "Ao incentivar a utilização da justiça privada, ampliando o Estado o próprio conceito de jurisdição, o legislador não pretendeu abrir mão de um certo controle sobre a arbitragem. [...]. Eis aí a limitação à autonomia concedida aos litigantes, que não poderão exercer as raias do interesse que o Estado quer preservar, já que a garantia da igualdade, da legalidade, da supremacia da constituição são inerentes à democracia moderna". (CARMONA, 2004, p. 329)

[16] Nesse sentido, conclui o doutrinador que: "o modelo institucional do processo arbitral é pois representado pelo conjunto de características emergentes das garantias constitucionais, das normas gerais de processo que a ele se aplicam e, finalmente, dos preceitos aderentes às suas peculiaridades". (DINAMARCO, 2013, p. 25).

[17] Conforme prossegue Freddie Didier Júnior: "Se a arbitragem tem de ser vista, portanto, sob a mesma lupa da tutela constitucional do processo, parece óbvio que todas as normas processuais constitucionais fundamentais têm ampla aplicabilidade na arbitragem. Garantias elementares como ampla defesa, contraditório, tempestividade, devido processo legal, adequação, dentre outras presentes ou decorrentes do texto constitucional, são prontamente incidentes sobre a arbitragem. Mais que isso: **toda a lapidação teórica desenvolvida de há muito para os elementos, condutas e estruturas atreladas à natureza jurisdicional do processo civil estatal poderão ser repassados para arbitragem.** [...]. Se a arbitragem é jurisdição e se todas as normas processuais constitucionais fundamentais são aplicadas à arbitragem, então **é fácil concluir que os mecanismos de solução das controvérsias no campo judicial-estatal e no campo arbitral são semelhantes. As estruturas do processo jurisdicional estatal e da arbitragem possuem o mesmo ajuste, já que, por serem jurisdição, elas têm de respeitar as mesmas regras relativas ao correto e adequado e avançar sobre o caminho procedimental existente entre a apresentação do pedido**

3. CORRENTES

Assentada a premissa de que arbitragem é processo jurisdicional, sujeita ao modelo constitucional de processo, cumpre retornar ao tema central objeto do presente artigo: afinal, seria o árbitro obrigado a observar os precedentes judiciais?

Não obstante a novidade da temática e, por conseguinte, a existência de poucos estudos específicos sobre o assunto, é possível notar que parte da doutrina já expõe argumentos que podem ser sistematizados em uma corrente favorável e outra desfavorável ao questionamento central deste trabalho, a revelar a importância de se aprofundar no estudo da matéria.

3.1. Fundamentos contrários à vinculação do árbitro aos precedentes judiciais

Dentro da linha de fundamentos contrários à vinculação do árbitro aos precedentes judiciais, destaque-se como o primeiro deles o argumento trazido por André Vasconcelos Roque e Fernando da Fonseca Gajardoni, de que "as partes, quando celebram convenção de arbitragem, querem justamente evitar o Judiciário e a possibilidade de rediscussão da controvérsia perante o juiz togado"[18]. Desse modo, tendo em vista que a arbitragem se trata de método alternativo de resolução de conflitos e independente do Poder Judiciário, não haveria como obrigar o árbitro a seguir um provimento de origem estatal, pois isso iria contra a própria razão de ser e natureza do instituto, em que vigem os princípios da autonomia privada e da independência funcional do árbitro.

Por outro lado, para alguns estudiosos, a vinculação dos árbitros aos precedentes judiciais esvaziaria ainda uma das maiores vantagens da arbitragem, que é a possibilidade de as partes conferirem jurisdição a julgadores técnicos com formação específica na área objeto de discussão (não necessariamente jurídica), elevando o grau de especialização do debate[19]. Isso porque, para essa vertente, tornar-se-ia inócuo nomear um *expert* como

---

e seu julgamento". (DIDIER JÚNIOR, Fredie. Sentença arbitral. Princípios constitucionais do processo. Inobservância do contraditório, da igualdade das partes e da ampla defesa. Regra da congruência objetiva. Árbitro que não cumpre os deveres de diligência e competência. **Revista Brasileira de Direito Processual**, Belo Horizonte, v. 20, n. 80, out./dez. 2012, p. 210-211 – grifo nosso)

[18] ROQUE, Andre Vasconcelos; GAJARDONI, Fernando da Fonseca. A sentença arbitral deve seguir o precedente judicial do novo CPC? **Jota**, 07 nov. 2016. Disponível em: <https://jota.info/colunas/novo-cpc/sentenca-arbitral-deve-seguir-o-precedente-judicial-novo-cpc-07112016> Acesso em 25 set. 2017.

[19] Acerca dessa vantagem do procedimento arbitral, pontua Cândido Rangel Dinamarco que: "A busca da tutela adequada, ou seja, substancialmente justa, é favorecida por vários modos no processo arbitral, inclusive mediante a eleição de árbitros profissionalmente preparados para melhor entender questões e apreciar fatos inerentes ao seu conhecimento específico – o que não sucede no processo judicial, em que a presença de questões técnicas leva os juízes a louvar-se em peritos, deixando de ter contato direto com a realidade do litígio e sem ter, ele próprio, familiaridade com a matéria". (DINAMARCO, Cândido Rangel. Limites da sentença arbitral e

árbitro caso se impusesse a esses julgadores a necessidade de seguirem comando emanado do Poder Judiciário, oriundo de Magistrado que em grande parte das vezes não detém qualificação técnica para julgar, por si só, matérias discutidas em sede arbitral, o que revelaria a incompatibilidade entre o sistema de precedentes vinculantes e o instituto da arbitragem[20].

Nesse aspecto, sobreleva importância, ainda, o argumento de que o árbitro não teria poderes para realizar *overruling*[21], o que, dentro dessa perspectiva, poderia significar o engessamento da jurisdição arbitral, que originariamente foi idealizada como autônoma e independente da estatal. Além disso, e considerando que o árbitro não é parte integrante do Poder Judiciário, há quem defenda que ele não poderia ficar subordinado a qualquer órgão estatal criador do precedente a ser observado e nem pode ser punido por não seguir determinada orientação, sendo sua decisão insuscetível de reclamação[22], diferentemente do que ocorre com as sentenças judiciais.

Por fim, há ainda o argumento de que o Código de Processo Civil de 2015, que consagrou o sistema de precedentes judiciais vinculantes brasileiro, não se aplicaria ao procedimento arbitral, o qual por sua especialidade é regido por regramento próprio – Lei 9.307/96 – e pela vontade soberana das partes externada na convenção arbitral[23]. Não se pode olvidar, ainda, dos argumentos contrários à própria constitucionalidade do sistema de

---

de seu controle jurisdicional. In: MARTINS, Pedro A. Batista; ROSSANI GARCEZ, Jose Maria (Org.). **Reflexões sobre arbitragem**: *in memoriam* do desembargador Claudio Vianna de Lima. São Paulo: Ltr, 2002, p.330)

[20] Cite-se, nesse sentido, o entendimento de Marcela Kohlbach de Faria, para quem: "[...] a lógica do sistema de precedentes na forma adotada pelo sistema brasileiro não se aplica aos casos que usualmente são decididos por arbitragem. Principalmente pelo seu alto custo, a arbitragem é comumente utilizada para casos complexos, de alto valor e que demandam uma análise acurada e individualizada, distinguindo-se, assim, dos casos em que usualmente se aplicam os precedentes (teses) vinculantes". (KOHLBACH DE FARIA, Marcela. Vinculação do árbitro aos precedentes judiciais após a vigência do CPC/2015. **Jusbrasil**, Processualistas, 05 dez. 2016. Disponível em: <https://processualistas.jusbrasil.com.br/artigos/412259718/vinculacao-do-arbitro-aos-precedentes-judiciais-apos-a-vigencia-do-cpc-2015>. Acesso em 03 set. 2017)

[21] Sobre a legitimidade para realizar *overruling*, pondera Daniel Mitidiero que: "No que tange à competência para superação do precedente, é evidente que apenas a corte que é responsável pela formação do precedente pode dele se afastar legitimamente. Vale dizer: apenas o Supremo Tribunal Federal pode se afastar dos seus precedentes constitucionais e o Superior Tribunal de Justiça de seus precedentes federais. As cortes de justiça e os juízes de primeiro grau a ela ligados não podem deixar de aplicar um precedente apenas por que não concordam com a solução nele formulada, isto é, com o seu conteúdo". (MITIDIERO, Daniel. **Precedentes**: da persuasão à vinculação. 2ª ed. rev., atual. e ampl. São Paulo: Revista dos Tribunais, 2017, p. 104)

[22] Acerca do descabimento da reclamação: "[...] diferentemente do juiz estatal, contra o árbitro não será possível manejar o uso da reclamação, com o intuito de preservar a competência do STF (art. 102 1 da CF), justamente porque o árbitro não integra o organograma do Poder Judiciário, de modo que o STF não possui nenhuma ascendência hierárquica sobre ele". (ABBOUD, Georges. **Processo constitucional brasileiro**. São Paulo: Revista dos Tribunais, 2016, p. 625)

[23] KOHLBACH DE FARIA, 2016.

precedentes criado pelo legislador brasileiro, tema tormentoso, que mereceria abordagem em sede própria.

Para além dos fundamentos já expostos relacionados às características do instituto da arbitragem que revelariam sua incompatibilidade com o sistema de precedentes vinculantes, importa ter em vista, também, aquele segundo o qual não haveria mecanismos de controle legalmente previstos para impor aos árbitros a observância do precedente judicial, o que esvaziaria um posicionamento favorável à vinculação, à míngua de consequências jurídicas para o seu descumprimento.

Com efeito, seguindo uma interpretação restritiva do art. 32 da Lei de Arbitragem, conclui parte da doutrina que não haveria nenhuma hipótese legal de desconstituição da decisão arbitral por inobservância de precedente judicial. Quanto a esse ponto, destaque-se ainda a ponderação de Marcela Kohlbach de Faria[24], para quem o exame acerca da aplicação ou não de precedente judicial em sentença arbitral envolveria revisão de mérito da sentença arbitral pelo Poder Judiciário, o que não se poderia admitir[25].

Com base, então, nesses principais argumentos, é possível sistematizar uma primeira corrente segundo a qual o árbitro não estaria obrigado a observar os precedentes judiciais[26], dada a incompatibilidade entre o sistema de precedentes vinculantes e a arbitragem, e em razão também da ausência de consequências legalmente previstas em caso de violação desse suposto dever.

3.2. Fundamentos favoráveis à vinculação do árbitro aos precedentes judiciais

Por outro lado, como já destacado, igualmente existem argumentos capazes de subsidiar uma resposta afirmativa ao questionamento objeto de análise, a revelar uma intensa controvérsia sobre o assunto.

O primeiro e, a nosso ver, principal deles é de que, segundo a nova sistemática legal, os precedentes judiciais integrariam o Direito brasileiro[27], pelo que o árbitro estaria obrigado

---

[24] KOHLBACH DE FARIA, 2016.

[25] Quanto à impossibilidade de reexame do mérito da sentença arbitral, pondera Cândido Rangel Dinamarco que: "No sistema arbitral constituído pela Lei de Arbitragem decorre que jamais um juiz togado tem o poder de redecidir sobre o mérito de uma causa posta sob arbitragem, ainda que em parte mínima e por mais graves que possam ser os *errores in judicando* eventualmente cometidos pelo árbitro". (DINAMARCO, 2013, p. 212)

[26] Cite-se, ainda, o entendimento de Júlia Dinamarco, para quem os árbitros não estariam sujeitos sequer às súmulas vinculantes do STF. (DINAMARCO, Júlia. O árbitro e as normas criadas judicialmente: notas sobre a sujeição do árbitro à súmula vinculante e ao precedente. In: CARMONA, Carlos Alberto; LEMES, Selma Ferreira; MARTINSTS, Pedro Batista (Coord). **Arbitragem:** estudos em homenagem ao Prof. Guido Fernando da Silva. São Paulo: Atlas, 2007).

[27] Nesse sentido: "Após toda essa evolução e agora a obrigatoriedade da observância desses precedentes judiciais, na ordem jurídico-positiva brasileira da atualidade **a jurisprudência é uma fonte de direito.** Mas ressalva-se que a jurisprudência dotada desse poder de impor não é toda e

a observá-los, sempre quando a arbitragem for de direito e tiver de ser julgada segundo a legislação pátria. Desse modo, o árbitro estaria sim obrigado a observar os precedentes judiciais, a não ser nos casos em que a arbitragem for por equidade[28] ou tiver que ser decidida com base em legislação estrangeira.

Nesse sentido, destaque-se o argumento de que, não obstante a arbitragem ser método alternativo e independente do Poder Judiciário, trata-se de instituto inserido no ordenamento jurídico constitucional que, como tal, deve observar os fundamentos basilares do sistema. Dentro desse raciocínio, o árbitro, assim como o juiz togado, não poderia se afastar dos precedentes judiciais a seu bel prazer, até porque, em se tratando de equivalente jurisdicional, "não tem sentido algum admitir que, de um lado, o juiz estatal encontre-se sujeito à incidência do precedente e, de outro, o árbitro esteja livre para afastar a sua observância. Quando nada, maculado estaria o princípio da isonomia, a desacreditar o juízo arbitral"[29].

Para Rogério Cruz e Tucci, o dever de observância dos precedentes judiciais traduzir-se-ia, ao menos, no dever de fundamentação do árbitro, que não necessariamente estaria vinculado ao provimento estatal, mas necessariamente deveria analisar o precedente judicial em sua decisão em razão da sua eficácia persuasiva, seja para segui-lo, seja para afastá-lo[30]. Do contrário, a sentença arbitral careceria de fundamentação e poderia ser objeto de ação anulatória *ex vi* do art. 32, III da Lei de Arbitragem, entendimento esse que também parece ser compartilhado por Flávio Luiz Yarshell[31] e Paulo Henrique dos

---

qualquer linha de julgamentos, de qualquer tribunal e muito menos dos juízes de primeiro grau de jurisdição". (DINAMARCO, Cândido Rangel; LOPES, Bruno Vasconcelos Carrilho. **Teoria geral do novo processo civil**. 2ª ed. rev. e atual. São Paulo: Malheiros, 2017, p. 44 – grifo nosso)

[28] Sobre a possibilidade de o julgamento se dar por equidade: "A excepcionalidade dessa ampla liberdade deixada ao árbitro é por óbvio fundamento da exigência de autorização expressa das partes, sem a qual ele não poderá exercê-la. Sem essa autorização o árbitro ou os árbitros decidirão segundo as normas jurídicas pertinentes, a saber, exercerão uma jurisdição de direito e não de equidade". (DINAMARCO, 2013, p. 43)

[29] CRUZ E TUCCI, José Rogério. O árbitro e a observância do precedente judicial. **Consultor Jurídico**: Conjur, 01 nov. 2016. Disponível em: <http://www.conjur.com.br/2016-nov-01/paradoxo-corte-arbitro-observancia-precedente-judicial>. Acesso em 23 ago. 2017.

[30] CRUZ E TUCCI, *op cit*.

[31] Senão confira-se: "Finalmente, para concluir, parece lícito dizer que o tema pode ganhar maior relevo diante dos novos contornos dados ao dever de motivar, pelo art. 489 do CPC, aplicável aos processos arbitrais: a motivação é elemento integrante do conceito de devido processo legal e, como não poderia deixar de ser, é requisito de validade da sentença arbitral (artigos 26 e 32, III da Lei de Arbitragem). Mas, o conteúdo do dever, que primeiramente está estabelecido na Constituição Federal (art. 93, IX), é dado pela lei processual 'geral'. Assim, afora ressalva que eventualmente se possa fazer nos casos em que as partes autorizarem o julgamento por equidade, parece lícito dizer que ao árbitro se aplicam inclusive as disposições constantes dos incisos V e VI do §1º do art. 489 acima lembrado. Isso tem potenciais desdobramentos relevantes; se a sentença arbitral se limitar a invocar precedente ou enunciado de súmula, sem identificar seus fundamentos determinantes e a relação deles com o caso sob julgamento; ou se a sentença deixar de aplicar 'súmula, jurisprudência ou precedente invocado pela parte, sem demonstrar a existência de distinção no caso em julgamento ou superação do entendimento', a lei considera que o dever

Santos Lucon[32], segundo os quais o árbitro estaria sujeito ao dever de fundamentação disciplinado no art. 489 do CPC/2015.

Na mesma linha, em que se pese concluir pela inexistência de vinculação direta do árbitro aos precedentes judiciais[33], alerta Georges Abboud para o dever do árbitro, e de todos os juízes e tribunais, de levar em conta toda a principiologia e a cadeia de precedentes do sistema jurídico, não só como corolário do dever constitucional de fundamentação, como também em razão da perspectiva de direito como integralidade ensinada por Ronald Dworkin[34], em prol da segurança jurídica e do princípio constitucional da isonomia[35]. Ainda nesse espírito, sempre pertinente trazer a lição de Humberto Theodoro Júnior a respeito

---

de motivar não foi adequadamente cumprido. Logo, nesses casos, está-se diante de típico *erro in procedendo*, passível de controle pela jurisdição estatal". (YARSHELL, Flávio Luiz. Ainda sobre o caráter subsidiário do controle jurisdicional estatal da sentença arbitral. In: LUCON, Paulo Henrique dos Santos (Org.). **Processo em Jornadas**. XI Jornadas Brasileiras de Direito Processual, XXV Jornadas Ibero-Americanas de Direito Processual. Salvador: JusPodivm, 2016, p. 317)

[32] Para o referido autor: "Não obstante, a flexibilidade encontra limites legítimos ligados ao devido processo legal e mais particularmente aos princípios do contraditório, da imparcialidade e do livre convencimento motivado do julgador, consoante o art. 21, § 2º da Lei de Arbitragem. Muitos desses princípios, de nítida origem constitucional, vêm agora consagrados no Novo Código de Processo Civil, que acabam por desdobrar certos princípios em regras bem elucidativas e que delimitam o comportamento das partes e dos julgadores. Nesse prisma, os princípios invocados pela Lei de Arbitragem são regras claras na nova legislação processual, o que reforça a ideia de que desrespeitá-los é violar frontalmente regras postas na legislação infraconstitucional brasileira. Eleita a lei brasileira para dirimir o conflito, devem as partes a ela se submeter". (LUCON, Paulo Henrique dos Santos; BARIONI, Rodrigo; MEDEIROS NETO, Elias Marques de. A causa de pedir das ações anulatórias de sentença arbitral. **Revista de Arbitragem e Mediação**: RArb, São Paulo, v. 12, n. 46, p. 265-276, jul./set. 2015, p. 270-271)

[33] Para o autor, apenas a decisão de total rechaço proferida pelo STF em ADIn vincularia diretamente o árbitro. (ABBOUD, 2016, p. 625)

[34] "[...] diante da concepção dworkiana do direito como integralidade, existe mais do que uma obrigação moral de o árbitro orientar-se por precedentes e pelos princípios constitucionais. Isso se deve ao fato de que a fundamentação suficiente e adequada da solução da lide apenas estará assegurada se o juiz e o árbitro formularem uma resposta que esteja em coerência com o conjunto de princípios constitucionais e com a cadeia de decisões proferidas pelos tribunais superiores, em especial àquelas oriundas da Jurisdição Constitucional, porquanto a matéria nelas versadas, em regra, se desatendida, poderá culminar na nulidade da própria sentença arbitral". (ABBOUD, 2016, p. 633)

[35] A esse respeito, pertinente a consideração de Cândido Rangel Dinamarco, segundo o qual, do contrário "o árbitro ficaria livre para, em confronto com a garantia constitucional do *due process*, proferir decisões diferentes do modo como todos os demais órgãos jurisdicionais são obrigados a decidir. Para os litigantes sujeitos à jurisdição estatal o direito seria um, e para aqueles que optassem pela arbitragem poderia ser outro. [...] Não se trata tanto, pois, de uma regência das atividades do árbitro em confronto com a deste, mas dos direitos dos litigantes. Haveria o risco de um juiz decidir determinada questão jurídica com observância desses precedentes e um árbitro de modo diferente – ficando pois comprometida a unidade do direito constitucional nacional". (DINAMARCO, 2013, p. 213-214)

da função nomofilácica atribuída aos Tribunais Superiores pela Constituição Federal, que garante a unidade do direito pátrio e justifica a força conferida aos precedentes judicias no nosso atual sistema jurídico:

> "[...] não é o filtro da 'repercussão geral' que confere a **força de precedente ao decidido pelo STF nos recursos extraordinários repetitivos; é, isto sim, a função institucional, que a Constituição confere àquela Corte, de guardião da Constituição,** da qual decorre a competência para julgar, mediante recurso extraordinário, as causas que em decisão de última ou única instância tenham contrariado dispositivo da Carta Magna (CF, art. 102, III). **Essa missão fundamental vai além da mera correção do decisório recorrido, e se destina – no enfrentamento das questões de direito (não de fato) que lhe são submetidas –, a tutelar a Constituição, interpretando-a e dando sentido às suas normas, em palavra final.** [...] **O STJ, por via do recurso especial, desempenha, na esfera do direito infraconstitucional, missão igual a do STF**, qual seja a de tutelar a lei federal e garantir a unidade do direito positivo, ou, mais modernamente, a função de 'atribuir sentido ao direito e de desenvolvê-lo', como adverte MARINONI"[36].

Guilherme Rizzo Amaral vai além, em recente publicação, entendendo que, em se tratando de arbitragem de direito, e ressalvados os casos de *distinguishing*, o árbitro não poderia deixar de aplicar precedente judicial por mera discordância quanto ao seu conteúdo, pois isso equivaleria a um julgamento por equidade (= conforme seu senso de justiça), o que somente seria admissível se expressamente autorizado pelas partes na convenção arbitral[37].

Cumpre destacar, no entanto, que mesmo entre os defensores do dever de observância dos precedentes judiciais na arbitragem ainda não existe consenso se haveria – e quais seriam – as consequências e os mecanismos legais de controle e correção da sentença arbitral que eventualmente deixasse de cumprir esse mister.

---

[36] THEODORO JÚNIOR, Humberto. Common law e civil law. Aproximação. Papel da jurisprudência e precedentes vinculantes no novo Código de Processo Civil. Demandas repetitivas. In: LUCON, Paulo Henrique dos Santos (Org.). **Processo em Jornadas**. XI Jornadas Brasileiras de Direito Processual, XXV Jornadas Ibero-Americanas de Direito Processual. Salvador: JusPodivm, 2016, p. 461 – grifo nosso.

[37] Confira-se: "[...] se o árbitro reconhecer o precedente mas fizer o *distinguishing* equivocadamente, sua sentença não será passível de anulação. Se, por outro lado, o árbitro reconhecer o precedente mas decidir julgar contrariamente a ele por entender estar errada a corte de precedentes, a sentença arbitral será passível de anulação na medida em que o árbitro estará julgando exclusivamente conforme seu senso de justiça. É dizer, estará julgando por equidade, contrariando a vontade das partes que escolheram arbitragem de direito. Se, por fim, o árbitro for provocado a se manifestar sobre o precedente e deixar de fazê-lo, a sentença será passível de anulação por falta de fundamentação (LArb – artigo 32, III, combinado com 26, II)". (AMARAL, Guilherme Rizzo. Vinculação dos árbitros aos precedentes judiciais. **Consultor Jurídico**: Conjur, 03 out. 2017. Disponível em: http://www.conjur.com.br/2017-out-03/guilherme-amaral-vinculacao-arbitros-aos-precedentes-judiciais. Acesso em 03 out. 2017).

Para Rogério Cruz e Tucci, fora os casos de não apreciação do precedente judicial na decisão, não haveria sanção para o árbitro que deixasse de aplicar o precedente de modo fundamentado, pois isso configuraria *error in iudicando*, que não é passível de discussão nos estreitos limites da ação anulatória de sentença arbitral[38].

Diferente é o entendimento de Guilherme Rizzo Amaral (2017), para quem a sentença arbitral que conscientemente contrariar um precedente judicial equivaleria a um julgamento por equidade, que, se não autorizado pelas partes, poderia ser objeto de ação anulatória por configurar julgamento fora dos limites da convenção de arbitragem (art. 32, IV, da LArb)[39].

Ainda sobre a possibilidade de controle da sentença arbitral que não observa o precedente judicial, relevante é argumento trazido por Cândido Rangel Dinamarco, segundo o qual as hipóteses previstas no art. 32 da LArb não seriam exaustivas e a revisão do laudo arbitral seria também possível quando violada qualquer garantia constitucional[40]. Nessa linha, Paulo Henrique dos Santos Lucon vai além para dizer que os fundamentos rescisórios, previstos no CPC/2015, também autorizariam a anulação da sentença arbitral[41], na medida em que, sendo ela equiparada à sentença judicial, não haveria razões para existir hipóteses distintas para a relativização de provimentos que possuem o mesmo *status* jurídico.

Destaque-se, por fim, a existência de reflexões sobre a possibilidade de utilização de outros mecanismos de impugnação da decisão judicial para o caso de inobservância de precedente judicial vinculante, como por exemplo, reclamação, impugnação ao cumprimento de sentença arbitral ou exceção de pré-executividade.

4. NOTAS CONCLUSIVAS

Como se pode perceber, a matéria objeto do presente trabalho é rica em discussões, não havendo ainda resposta legislativa aos inúmeros questionamentos que inquietam toda a doutrina, tanto de processualistas, como de arbitralistas. Não obstante, a nosso sentir, o

---

[38] "Seja como for, é também importante ter presente que, se o árbitro *tout court* não observar o precedente judicial, configura-se *error in iudicando* e, nesse caso, não cabe ação anulatória da sentença, porque vedado ao Judiciário o controle intrínseco da justiça ou injustiça do julgamento do processo arbitral". (CRUZ E TUCCI, 2017).

[39] A respeito da nulidade da sentença arbitral proferida por árbitro que julga por equidade sem estar autorizado a fazê-lo: "Julgar por equidade sem estar autorizado significaria transgredir o disposto no art. 2, *caput* da Lei de Arbitragem, deixando a sentença exposta a uma nulidade que pode ser controlada pelo Poder Judiciário (art. 32, inc. IV)". (DINAMARCO, 2013, p. 43).

[40] Nas palavras do autor: "Nessa linha, por via interpretativa chega-se ao ponto de reputarem-se incluídas entre as nulidades arroladas no art. 32 da Lei de Arbitragem todas as infrações cometidas pela sentença arbitral e qualquer das garantias constitucionais do processo, ainda quando indiretas ou reflexas e mesmo que não estejam indicados em tal dispositivo. Pela aplicação do método da interpretação integrativa chega-se também à nulidade da sentença arbitral fundada em lei declarada inconstitucional pelo Supremo Tribunal Federal em controle concentrado (Const., art. 102, §2º) ou proferida em contraste com súmula vinculante (art. 103-B)". (DINAMARCO, 2013, p. 243)

[41] LUCON; BARIONI; MEDEIROS NETO, 2015, p. 272.

principal ponto a ser definido em primeiro plano é se, no atual ordenamento jurídico, os precedentes judiciais seriam ou não fonte normativa de Direito.

Isso porque, em sendo os precedentes judicias fonte normativa de Direito é consectário lógico que os árbitros deverão observá-los, assim como devem observar a lei, sempre quando a arbitragem tiver que ser julgada segundo o Direito brasileiro. A questão afeta à existência ou não de mecanismos de controle dos laudos arbitrais fica relegada a um segundo plano, não se mostrando legítimo, a nosso ver, definir o dever ou não de observância dos precedentes judiciais com base na presença ou na ausência de consequências legais em caso de violação a esse suposto impositivo legal.

Em outras palavras, em se concluindo pelo dever de observância pelos árbitros, o descumprimento desse mister, por si só, já seria uma patologia, sendo certo que a (in)existência de remédios para combatê-la diz respeito a um segundo plano de análise, cuja eventual omissão legislativa poderia ser facilmente resolvida de *lege ferenda*. Assim, em nosso entender, somente após a compreensão do papel dos precedentes judiciais no nosso atual ordenamento jurídico é que se tem condições de responder ao questionamento central do presente artigo.

Não há dúvidas de que o enquadramento dos precedentes judiciais brasileiros[42] como fonte normativa de Direito é um assunto igualmente polêmico, que mereceria exposição em trabalho próprio, ante a diversidade de posicionamentos, notadamente a respeito da extensão e constitucionalidade do art. 927 do CPC/2015. Não obstante, a título de nota conclusiva, fazemos alusão ao respeitável posicionamento de Humberto Theodoro Júnior, para quem o CPC/2015 conferiu à jurisprudência o *status* de fonte normativa de Direito, dando um grande passo na técnica dos precedentes judiciais e de valorização das decisões judiciais em nosso ordenamento jurídico. Como bem destacado pelo insigne jurista, a força normativa dos precedentes não foi consagrada no Código de Processo Civil de 2015 por simples vontade do legislador processual, tendo origem, antes disso, em raízes constitucionais, donde se extraem os princípios da igualdade, segurança jurídica e direito à integridade, que inspiraram a reforma legislativa processual. Essa foi, portanto, a *mens legis* da alteração legislativa, que dotou a jurisprudência de força vinculante no atual ordenamento jurídico:

> Não se trata, portanto, de uma força vinculante criada pela pura vontade do legislador processual, mas de algo cujas raízes se encontram nas matrizes constitucionais dos recursos extraordinário e especial. É da imperiosa necessidade de velar pela autoridade da Constituição e de garantir a uniformidade da inteligência e aplicação do direito positivo infraconstitucional, que o NCPC extraiu a inspiração para conferir, de forma expressa, a força vinculante da jurisprudência estabelecida no âmbito dos recursos extraordinário e especial repetitivos. **São, enfim, as garantias representadas pelos princípios constitucionais da segurança jurídica, da confiança e da isonomia, cuja efetividade é atribuída à**

---

[42] Aqui, utiliza-se a expressão "precedentes judiciais brasileiros" para diferenciá-los do sistema de precedentes tradicionalmente oriundo da cultura do *common law*, diante da evidente particularidade do modelo criado pelo CPC/2015.

função jurisdicional, o fundamento da vinculação aos precedentes imposta pelo art. 927, do NCPC.[43]

Dentro dessa perspectiva, e reafirmando-se o posicionamento segundo o qual a arbitragem é processo jurisdicional, inserida no modelo constitucional de processo, entende-se que o principal ponto de partida para se chegar a uma resposta sólida com relação à obrigatoriedade ou não de observância pelos árbitros dos precedentes judiciais perpassa, necessariamente, pelo reexame das fontes do Direito em nosso ordenamento jurídico brasileiro e pela compreensão do sistema de precedentes positivado pelo nosso legislador processual. Somente após a definição clara da função dos precedentes judiciais em nossa codificação é que se tem condições de avaliar de modo coerente as interferências desse modelo na seara arbitral.

---

[43] THEODORO JÚNIOR, 2016, p. 462 – grifo nosso. Confira-se também: "Essa evolução normativa, aliada à relevância espontaneamente conferida à jurisprudência na prática judiciária da atualidade, preparou o terreno para a imposição, agora no novo Código de Processo Civil, da **obrigatória observância de determinados precedentes, decisões e linhas jurisprudenciais pelos juízes de todos os níveis – o que, em consequência, os qualifica como verdadeiras fontes do direito.** Vários dispositivos desse estatuto convergem a essa imposição, o que, em última análise, constitui manifestação de um dos propósitos básicos do legislador de 2015, expressos em sua Exposição de Motivos – a saber, o propósito de "imprimir maior grau de organicidade ao sistema, dando-lhe maior coesão". (DINAMARCO; LOPES, 2017, p. 43 – grifo nosso)

49

ASPECTOS CONTEMPORÂNEOS DA EXECUÇÃO DE SENTENÇA ARBITRAL: UMA ANÁLISE EM TORNO DA CERTEZA, LIQUIDEZ E EXIGIBILIDADE DO TÍTULO

Suzana Santi Cremasco
Bruno Giannetti Viana

Sumário: 1. Considerações iniciais. 2. Certeza, liquidez e exigibilidade da sentença arbitral. 2.1. O prazo para propor ação declaratória de nulidade da sentença arbitral. 2.2. A liquidação da sentença arbitral. 2.3. A eficácia executiva da sentença arbitral contrária a precedente judicial. 3. Conclusões.

1. CONSIDERAÇÕES INICIAIS

Desde a entrada em vigor da Lei Federal n.º 9.307/1996 ("Lei de Arbitragem"), em dezembro de 1996, o ordenamento jurídico brasileiro passou a equiparar, em todos os seus termos, a sentença arbitral à sentença proferida pelo juiz togado, no âmbito do Poder Judiciário[1], atribuindo-lhe, por conseguinte e a partir da sua publicação, força cogente e executiva, e estabelecendo, como regra, que o seu mérito não está sujeito à revisão judicial[2].

---

[1] A propósito, cf. Artigos 18 e 31 da Lei de Arbitragem.
[2] Por todos, cf.: STJ, SEC 9.412/EX, Rel. Min. Felix Fischer. Corte Especial; Rel. p/ Acórdão Min. João Otávio de Noronha, Corte Especial, j. 19/04/2017, DJe 30/05/2017; e STJ, AgRg na Rcl 14.005/SP. Corte Especial; Rel. Min. João Otávio de Noronha, Corte Especial, j. 16/09/2015, DJe 05/10/2015.

Trata-se, com efeito, de uma das mais significativas alterações introduzidas pela legislação específica na disciplina da arbitragem nacional, tendo em vista que a sistemática anterior – encampada no rol de Procedimentos Especiais na redação originária do Código de Processo Civil de 1973 – previa expressamente a necessidade de homologação do laudo arbitral perante o Poder Judiciário para que ele pudesse produzir os seus regulares e jurídicos efeitos entre as partes[3]. Essa exigência, não raras vezes, culminava por desestimular e inibir a utilização da arbitragem no Brasil, tendo em vista que, a despeito de se reconhecer a possibilidade de utilização deste método de solução extrajudicial de conflitos, a eficácia das decisões dele emanadas estava inexoravelmente submetida ao crivo do Poder Judiciário, com todos os entraves daí decorrentes[4].

A partir do regramento estabelecido com a edição e entrada em vigor da Lei de Arbitragem, a sentença arbitral foi incluída no rol dos títulos executivos judiciais[5] e, como tal, a sua execução passou a se sujeitar às regras da execução de sentença judicial. Ato contínuo e não sem o amparo do reconhecimento da constitucionalidade da arbitragem pelo Supremo Tribunal Federal, em 2001[6], o cumprimento forçado das decisões proferidas pelos tribunais arbitrais passou a encontrar amplo apoio das Cortes nacionais – inclusive no âmbito do Superior Tribunal de Justiça[7] – sendo poucos os casos de êxito em ações declaratórias de nulidade e em contestação de pedidos de homologação de sentença arbitral estrangeira.

---

[3] Nesse sentido, o art. 1.097 do Código de Processo Civil de 1973, na sua redação primitiva, previa que: "O laudo arbitral, depois de homologado, produz entre as partes e seus sucessores os mesmos efeitos da sentença judiciária; contento condenação da parte, a homologação lhe confere eficácia de título executivo (artigo 584, número III)".

[4] Inclusive, mas não exclusivamente, a demora na obtenção de uma decisão final, a análise da questão por um julgador sem especialização na matéria posta em discussão, a publicidade dos temas inerentes ao conflito, que se pretendia evitar por meio da escolha da arbitragem como instrumento de composição da controvérsia existente entre as partes.

[5] Inicialmente, conforme previsão do art. 584, III, do Código de Processo Civil de 1973 e, posteriormente à reforma da Lei n.º 11.232/2005, que instituiu entre nós o cumprimento de sentença, conforme previsão do art. 475-N, IV, também daquele Código de Ritos. Atualmente e após a entrada em vigor do Código de Processo Civil de 2015, nos termos do art. 515, VII.

[6] O que se deu no julgamento da SE 5206/AgR, pelo Tribunal Pleno do Supremo Tribunal Federal, em 12 de dezembro de 2001, que teve como Relator o Ministro Sepúlveda Pertence, conforme acórdão publicado no Diário de Justiça de 30 de abril de 2004.

[7] "A jurisprudência do Superior Tribunal de Justiça é amplamente favorável à arbitragem. As decisões tendem a manter a autonomia do Juízo Arbitral, ressaltando a impossibilidade de se recorrer ao Judiciário para resolver conflitos antes da instauração do tribunal arbitral, quando há compromisso arbitral. Reconhecem também a competência do Tribunal Arbitral para proferir decisões cautelares, o que poderia ser feito apenas excepcionalmente diante do Poder Judiciário. Ademais, parece haver, em tais decisões, uma preocupação institucional, no sentido de preservar a arbitragem como método alternativo de solução de conflitos, evitando os tribunais, de modo geral, a rever o mérito de uma decisão arbitral." [EIZERIK, Nelson. *Arbitragem e Direito Societário*. In: ROSSETTI, Maristela Alba (Coord.); PITTA, Andre Grunspun (Coord.). *Governança Corporativa: Avanços e retrocessos*. São Paulo: Quartier Latin, 2017. p. 758]

Não por outro motivo, o Brasil é considerado hoje, na comunidade internacional, como um país *arbitration friendly*[8].

Contudo, o uso contínuo da arbitragem no Brasil desde 1996, aliado ao seu crescimento expressivo nos últimos anos[9] e à entrada em vigor do Código de Processo Civil de 2015 e da Lei Federal n.º 13.129/2015 foram responsáveis por apresentar temas e desafios novos, em relação aos quais nem a doutrina, nem tampouco a jurisprudência conseguiram, ainda, se conciliar. É o que acontece com as três questões que se traz à discussão neste trabalho, quais sejam: *(i)* a existência de um ou dois prazos decadenciais para a propositura da ação declaratória de nulidade da sentença arbitral; *(ii)* os mecanismos admissíveis para liquidação da sentença arbitral; e *(iii)* a exequibilidade das sentenças arbitrais contrárias aos precedentes vinculantes judiciais, que constituem três dos grandes problemas que se tem em matéria de execução de sentença arbitral na atualidade.

Destarte, o que se propõe neste ensaio é o debate e uma proposta de encaminhamento de solução para três perguntas fundamentais: *(i)* se o transcurso do prazo de 90 (noventa) dias para propositura da ação declaratória de nulidade da sentença arbitral impede que sua invalidade seja arguida em sede de impugnação ao cumprimento de sentença; *(ii)* se o árbitro tem autonomia para declarar líquida a sua própria sentença; e *(iii)* se o Poder Judiciário pode se negar a conferir força executiva às sentenças arbitrais contrária aos precedentes vinculantes judiciais.

---

[8] International Bar Association – IBA Arbitration Committee. *Arbitration Guide of 2013: Brazil.* GONÇALVES, Eduardo Damião (Org.); BARBOSA, Flávio Spaccaquerche (Org.). Disponível para download em: <https://www.ibanet.org/Document/Default.aspx?DocumentUid=AEEB-3749-CCF8-4191-A1FB-0DE0D818028E>, acesso em 29/04/2018. p. 1.

[9] De acordo com o ranking divulgado pela Corte de Arbitragem da Câmara de Comércio Internacional, em Paris, em 18 de janeiro de 2017 [INTERNATIONAL CHAMBER OF COMMERCE – ICC. *ICC Reveals Record Number of New Arbitration Cases Filed in 2016.* 2017. Disponível em: <https://www.iccwbo.be/icc-reveals-record-number-of-new-arbitration-cases-filed-in-2016/>, Acesso em 06/05/2018], o Brasil ocupa, atualmente, a terceira posição entre os 137 países com maior número de novas arbitragens em 2016 perante aquela instituição que é, talvez, a mais tradicional e importante instituição de arbitragem de todo o mundo. Esse cenário, que também indica um crescimento de 15% de demandas arbitrais na América Latina no último ano, quando aliado a dados levantados em pesquisas nacionais recentemente publicadas – e que dao conta de um aumento de 73% das soluções em arbitragem no Brasil apenas ente 2010 e 2016 – não deixa dúvidas acerca do crescimento da utilização da arbitragem como método de solução de conflitos no país [GRILLO, Brenno. *Soluções em Arbitragem Crescem 73% em Seis Anos, Mostra Pesquisa.* Conjur. 15 de julho de 2016. Disponível em: <https://www.conjur.com.br/2016-jul-15/solucoes-arbitragem-crescem-73-seis-anos-mostra-pesquisa>. Acesso em 06/05/2018].

"Segundo levantamentos recentes, os litígios envolvendo à arbitragem têm apresentado um crescimento exponencial. No começo da década eram 128 procedimentos, que somavam R$2,8 bilhões. Já em 2014 foram registrados 218 novos casos cuja quantia ultrapassou os R$ 11,7 bilhões. Em 2015 houve aumento no número de procedimentos novos, que foram de 222, mas os valores envolvidos ficaram um pouco abaixo do ano anterior, totalizando R$10,7 bilhões." [EIZERIK, Nelson. *Arbitragem e Direito Societário.* In: ROSSETTI, Maristela Alba (Coord.); PITTA, Andre Grunspun (Coord.). *Governança Corporativa: Avanços e retrocessos.* São Paulo: Quartier Latin, 2017. p. 758]"

2. CERTEZA, LIQUIDEZ E EXIGIBILIDADE DA SENTENÇA ARBITRAL

A arbitragem é um método extrajudicial autônomo de solução de conflitos, regido, como cediço, por lei específica e que, como tal, não encontra dependência ou limite no regramento do Código de Processo Civil[10]. De fato, o Código de Processo Civil não se aplica à arbitragem – nem mesmo de forma supletiva ou subsidiária[11] –, a não ser em relação àquilo a que a Lei 9.307/96 faz referência expressa a ele ou então em virtude da existência de manifestação de vontade das partes nesse sentido, quando elas elegem as regras do CPC como aplicáveis ao seu procedimento, ao firmarem a sua respectiva convenção arbitral.

Tanto é assim que, de um lado, o art. 3º, § 1º do Código de Processo Civil de 2015 reconhece expressamente o uso da arbitragem "na forma da lei" – lei esta que outra não é senão a Lei n.º 9.307/96, com as alterações que lhe foram introduzidas pela Lei 13.129/2015 – e, de outro, o art. 14 da Lei de Arbitragem, remete as partes às causas de impedimento e de suspeição de juízes e aos seus deveres e responsabilidades trazidos no CPC.

Nesse sentido, é a Lei 9.307/96 que, na sua essência, rege a arbitragem no Brasil, sendo certo que as regras e princípios previstos no Código de Processo Civil não vinculam ou limitam, em absoluto, a atuação do juízo arbitral no exercício da sua jurisdição que, é preciso reconhecer, está essencialmente adstrita à atividade de conhecimento e solução do conflito de interesses submetido à apreciação do árbitro.

Com efeito, embora a Lei n.º 9.307/96 contemple algumas poucas normas sobre a execução da sentença arbitral, esse não é, nem de longe, o escopo da sua disciplina. Tal ocorre porque, a partir do momento em que as sentenças arbitrais foram alçadas ao *status* de títulos executivos judiciais, a sua execução rege-se pelas regras e disposições aplicáveis aos demais títulos judiciais que, por sua vez, vêm previstas no Código de Processo Civil[12].

Isso significa dizer, de um lado, que embora a arbitragem não seja regida pelas regras do CPC, a execução da sentença arbitral o é. Enquanto tal, para que seja considerada apta a embasar uma execução, toda e qualquer sentença arbitral deve reunir, obrigatoriamente, três requisitos cumulativos, vale dizer, a sentença arbitral precisa ser, a um só tempo, *certa*, *líquida* e *exigível*. Disso decorre que não se pode executar uma sentença arbitral que não

---

[10] Não obstante, enquanto processo que é, na sua essência, a arbitragem se sujeita às diretrizes constitucionais que disciplinam o processo e o procedimento – como é o caso, por exemplo, dos princípios do contraditório, da igualdade das partes e da imparcialidade, que vêm inclusive expressamente contemplado no art. 21, §2º da Lei de Arbitragem.

[11] Veja-se que, nem o art. 21 da Lei de Arbitragem, nem o art. 15 do Código de Processo Civil, preveem a aplicação supletiva ou subsidiária das normas processuais contidas na Lei 13.105/2015 à arbitragem.

[12] Inclusive, em razão de compromissos internacionais assumidos pelo Brasil ao tornar-se signatário da Convenção de Nova York sobre a homologação de sentenças arbitrais, incorporado pelo Decreto nº 4.311/2002, o país assumiu a obrigação de reconhecer a autoridade de sentenças arbitrais, sendo vedada a imposição de quaisquer condições sensivelmente mais rigorosas que aquelas exigidas das sentenças judiciais (art. 3º).

contemple o reconhecimento da existência de um direito. Da mesma forma, não se pode executar uma sentença arbitral cuja obrigação não tenha sido delimitada precisamente pelo árbitro quanto a sua extensão e objeto. E, ainda, não se pode executar uma sentença arbitral que contemple uma obrigação juridicamente inexigível.

Para viabilizar a execução da sentença arbitral, na modalidade de cumprimento de sentença, é, portanto, indispensável que ela reúna esses três requisitos. E é aqui que os temas propostos neste estudo tomam papel central no *enforcement* da decisão do árbitro.

2.1. O prazo para propor ação declaratória de nulidade da sentença arbitral

O primeiro aspecto a ser considerado no exame da sentença arbitral enquanto título executivo judicial diz respeito à certeza da obrigação nele consubstanciada. Por meio da ação declaratória de nulidade da sentença arbitral, uma das partes tenta desconstituir a força jurisdicional da sentença exarada pelo juízo arbitral, de modo a afastar do título executivo a sua certeza e, assim, permitir a rediscussão da matéria de fundo objeto da arbitragem – seja através da realização de um novo procedimento arbitral, seja na via judicial, quando eventualmente reconhecido vício na convenção de arbitragem ou a inarbitrabilidade subjetiva ou objetiva do conflito existente entre as partes.

Pelo disposto no art. 33 da Lei 9.307/1996, a desconstituição da sentença arbitral pode ser buscada pela parte interessada valendo-se para tanto de dois mecanismos: *(i)* com a propositura de ação declaratória autônoma de nulidade da sentença arbitral ou *(ii)* com a apresentação de impugnação ao cumprimento de sentença. Este modelo dúplice, em princípio, seria algo de simples operacionalização, na medida em que a parte vencida poderia ativamente tentar a anulação da sentença de imediato, valendo-se de ação autônoma para tanto, ou aguardar o início do cumprimento de sentença para, então, se opor a ele. Isso se não fosse pelo fato de o art. 33, § 1º da Lei de Arbitragem ter previsto um prazo decadencial para a propositura da ação declaratória de nulidade da sentença arbitral, prazo esse de 90 dias a contar do recebimento da notificação da respectiva sentença ou da decisão do pedido de esclarecimentos que vier a ser apresentado pelas partes em relação a ela. Por conta disso, surge uma questão de primeira ordem a ser enfrentada: qual o alcance desse prazo decadencial?

Para a resposta a esse questionamento, surgiram na doutrina duas correntes de interpretação: a *Teoria Ampliativa* e a *Teoria Restritiva*.

A primeira, encabeçada por Carlos Alberto Carmona, defende que o art. 33, § 1º da Lei de Arbitragem contém um prazo geral para que a parte interessada ataque a higidez da sentença arbitral. Vale dizer, um prazo uno de noventa dias, após o qual eventuais nulidades porventura existentes na convenção, no procedimento ou na sentença arbitral restariam convalescidas, não mais sendo possível de se questionar a validade da sentença, seja por ação autônoma, seja por meio da impugnação ao cumprimento de sentença[13].

---

[13] "Na segunda situação (ou seja, a impugnação é manejada depois de decorrido o prazo decadencial para a propositura da ação anulatória), o legislador reservou ao impugnante a possibilidade de alegar todas as matérias relativas ao ataque dos títulos executivos judiciais, nada mais: terá o impugnante, em tal hipótese, perdido, por inércia, o direito de levar ao conhecimento do juiz

A segunda, defendida por Felipe Scripes Wladeck[14], sustenta que a Lei 9.307/1996 optou por conceder à parte duas oportunidades para atacar a decisão do árbitro: a primeira, mediante ação autônoma proposta dentro do prazo de noventa dias; a segunda, quando a sentença fosse eventualmente levada à execução[15]. Dessa forma, o prazo decadencial de noventa dias previsto no art. 33, § 1º da Lei de Arbitragem ficaria limitado à ação declaratória de nulidade da sentença arbitral.

Essa dualidade de posições em relação à questão não dividiu apenas a doutrina, mas também os tribunais brasileiros, com o Tribunal de Justiça do Estado de São Paulo se posicionando de acordo com a Teoria Restritiva[16] e o Tribunal de Justiça de Minas Gerais se filiando à Teoria Ampliativa[17].

---

togado qualquer uma das matérias enumeradas no art. 32 da Lei. Enfrentará o impugnante as mesmas limitações impostas ao executado que ataca a sentença judicial condenatória" [CARMONA, Carlos Alberto. *Arbitragem e Processo: Um comentário à Lei nº 9.307/96*. São Paulo: Atlas, 2009. p. 430 a 431]

[14] WLADECK, Felipe Scripes. *Impugnação da Sentença Arbitral*. Salvador: Editora JusPodivm, 2014.

[15] "A ação de anulação deve ser ajuizada no prazo de noventa dias após o recebimento da notificação da sentença arbitral ou de seu aditamento, de acordo com o disposto no § 1º do art. 33. Após esse prazo, a nulidade da sentença não poderá mais ser alegada perante o Judiciário – ressalvada a possibilidade de formulação de embargos à execução ou impugnação ao cumprimento de sentença arbitral condenatória, na forma do § 3º do art. 33, como se verá adiante." [WLADECK, Felipe Scripes. *Impugnação da Sentença Arbitral*. Salvador: Editora JusPodivm, 2014, p. 293]

[16] "A sentença arbitral pode ser invalidada por ação direta, cuja propositura deve ocorrer 'no prazo de até noventa dias após o recebimento de notificação de sentença arbitral ou seu aditamento.' (artigo 33, §1º, da Lei nº 9.307/96) ou pela via dos embargos do devedor, agora substituídos pelo pedido de cumprimento de sentença (artigo 33, §3º). No caso, a agravante alega que a arbitragem correu à sua revelia, portanto, a via de que dispõe para arrestá-la é a impugnação do cumprimento de sentença e, para isso, não está sujeita ao prazo de noventa (90) dias, que se aplica à ação direta e só começa da notificação da sentença arbitral. Assim, o decaimento para a impugnação não encontra previsão legal e, por isso, as nulidades do procedimento arbitral podem ser nesta sede arguidas." [TJSP; Agravo de instrumento nº 0170442-82.2012.8.26.0000. 34ª Câmara de Direito Privado; Relator: Desembargador Nelson Duarte. Data de julgamento: 25/03/2013]

"Além da ação específica, prevista no §1º do mencionado artigo 33, a rescisão da sentença arbitral pode, também, ser postulada por meio de impugnação a seu cumprimento, não havendo, nesta segunda hipótese, um regime estrito quanto ao prazo (Araken de Assis, Manual da Execução, 16ª ed, RT, São Paulo, 2013, p.192). Resulta, então, que não pode ser reconhecida, no caso concreto, a extinção de direito de titularidade da ré-impugnante."

[TJSP; Agravo de Instrumento nº 2060557-31.2014.8.26.0000. 1ª Câmara Reservada de Direito Empresarial; Relator: Desembargador Fortes Barbosa. Data de julgamento: 17/07/2014]

[17] "Como bem apontou o magistrado primevo, o prazo de 90 dias fixado no dispositivo retrotranscrito deve ser aplicado no âmbito da impugnação ao cumprimento de sentença, "porquanto o legislador utilizou o termo 'demanda' enquanto gênero, sem fixar previsões em contrário para este rito". (doc. eletrônico nº 90, fl. 3)

No mesmo sentido é o que ensina a doutrina de Leonardo de Faria Beraldo, em sua obra Curso de arbitragem: nos termos da Lei nº 9.307/96:

A favor da Teoria Ampliativa, levantam-se os argumentos de que o § 3º do art. 33 não pode ser interpretado de forma isolada, devendo-se levar em conta o objetivo do legislador em estabelecer um prazo peremptório ao ataque da sentença arbitral[18]. Dessa forma, o termo genérico "demanda" empregado pelo art. 33, § 1º da Lei de Arbitragem deveria ser lido como um limitador temporal para toda discussão acerca da validade da sentença arbitral.

Em contrapartida, a doutrina filiada à Teoria Restritiva sustenta que: *(i)* se o legislador quisesse aplicar o prazo do § 1º à hipótese do § 3º, não teria cuidado de utilizar o termo "a demanda para a decretação de nulidade"; ao usar essa expressão, quis vincular o prazo decadencial previsto no dispositivo a uma ação autônoma por procedimento comum, e não a uma defesa no cumprimento de sentença[19]; *(ii)* se o art. 33 pretendesse sujeitar a impugnação ao cumprimento de sentença ao prazo do §1º, não haveria qualquer necessidade para inclusão da hipótese do § 3º de forma autônoma, bastando a existência do parágrafo anterior[20]; e *(iii)* a interpretação sistemática da Lei de Arbitragem não autoriza concluir que o § 1º se aplique ao § 3º[21].

Em que pese a qualidade lógica dos argumentos trazidos por ambas as correntes, é a vertente Restritiva quem se apresenta mais consistente em seus fundamentos, especialmente à luz da boa técnica legislativa.

A estruturação das normas jurídicas no Direito brasileiro se encontra regulada pelos preceitos da Lei Complementar n.º 95/1998. Nela, são disciplinadas as normas fundamentais para a estruturação de uma lei, contendo desde seus elementos básicos até o papel de cada um de seus desdobramentos. Nesse contexto, seu art. 10 dispõe que a unidade básica de articulação é o "artigo", responsável por conter a norma jurídica primária, que terá suas disposições complementadas pelas subestruturas normativas dos parágrafos, incisos, alíneas e itens – cada qual com sua própria função.

Dessas subestruturas estabelecidas pelo art. 10 da Lei Complementar 95/1998, é o *parágrafo*, cujo papel na estrutura normativa das leis brasileiras é o de complementar a norma geral do *artigo*, que se mostra relevante ao caso.

O que não se pode, repita-se, é pretender arguir a nulidade da sentença arbitral, com base em um dos incisos do art. 32 da LA, em sede de impugnação, fora do prazo de 90 dias. E mais. Tentar se valer do inciso II do art. 475-L (inexigibilidade do título), como via oblíqua de atacar os vícios formais da sentença tardiamente é, a nosso ver, inadmissível. (São Paulo – Ed. Atlas, 2014 pg. 526) Assim, pelo que se infere do exposto acima, não restam dúvidas de que o prazo de 90 (noventa) dias também se aplica a arguição de nulidade da sentença arbitral em sede de impugnação de sentença." [TJMG; Agravo de Instrumento-Cv 1.0000.16.049435-7/004. 15ª Câmara Cível; Relator: Desembargador José Américo Martins da Costa]. Data de julgamento: 28/06/2017]

[18] CARMONA, Carlos Alberto. *Arbitragem e Processo: Um comentário à Lei nº 9.307/96*. São Paulo: Atlas, 2009. p. 430

[19] WLADECK, Felipe Scripes. *Impugnação da Sentença Arbitral*. Salvador: Editora JusPodivm, 2014, p. 431

[20] WLADECK, Felipe Scripes. *Impugnação da Sentença Arbitral*. Salvador: Editora JusPodivm, 2014, p. 431

[21] WLADECK, Felipe Scripes. *Impugnação da Sentença Arbitral*. Salvador: Editora JusPodivm, 2014, p. 432

Conforme apontado pela Consultoria Legislativa do Senado Federal, "[o] parágrafo é o complemento aditivo ou restritivo do *caput* do artigo[22]". O parágrafo, assim, é um instrumento acessório ao artigo, que serve para adicionar uma regra específica à regra geral do *caput*, ou então para criar exceções ao *caput*, mas sua atuação é sempre a mesma: criar algo novo, mas ainda correlato à norma principal. É nesse contexto que a Teoria Restritiva ganha vantagem sobre sua contraparte, pois cada parágrafo tem a sua função.

A regra geral contida no *caput* do art. 33 é: "a sentença arbitral pode ser impugnada, nos casos da lei". Em seguida, vem a primeira exceção (art. 33, § 1º): "quem quiser atacar a sentença via ação autônoma deve fazê-lo em 90 (noventa) dias". Ou seja, a primeira exceção é direcionada à ação declaratória de nulidade da sentença arbitral, uma vez que estabelece um limite ao direito de pretender arguir a invalidade da sentença arbitral por via autônoma.

Em seguida, a Lei de Arbitragem traz outra exceção (art. 33, § 3º): "se houver execução judicial, cabe ao perdedor contestar a sentença dentro da impugnação ao cumprimento de sentença". Aqui, a Lei 9.307/96 coloca em xeque a forma de impugnação da sentença, pois, como se sabe, cabe ao interessado alegar a nulidade dentro dos 15 (quinze) dias previstos no artigo 525 do Código de Processo Civil para que a impugnação ao cumprimento de sentença seja apresentada. É uma limitação, portanto, ao direito de arguir nulidades a qualquer tempo; um limite temporal à apreciação das teses conhecíveis a qualquer tempo.

Não se trata de uma "regra maior" e uma "regra menor", mas de duas disposições autônomas e distintas, como muito bem aponta Felipe Scripes Wladeck:

> "Se fosse para sujeitar os embargos do executado (ou impugnação) ao prazo do §1º do art. 33, a Lei de Arbitragem nem sequer os teria previsto em, ao lado da ação de impugnação de sentença arbitral. Seria suficiente, *tout court*, ter instituído essa última. Mas não foi o que se fez. O legislador escolheu disponibilizar duas vias para pleitear a anulação da sentença condenatória – cada qual com suas regras e disciplinas próprias[23]."

Da mesma forma, Luis Fernando Guerrero, analisando a questão ainda sob a vigência do Código de Processo Civil de 1973, já apontava que "[a] decretação de nulidade da sentença arbitral, embora prevista no art. 33 da Lei de Arbitragem e a ação ali prevista possui prazo decadencial para ser intentada, poderá ser obtida pela via dos embargos à execução e estes serão oponíveis no prazo de 15 (quinze) dias dado por aplicação analógica do artigo

---

[22] PENNA, Sérgio F. P. de O. *Técnica legislativa: Orientação para a padronização de trabalhos*. Brasília: Senado Federal, Secretaria Especial de Editoração e Publicações, 2002. p. 11. Disponível em: <https://www12.senado.leg.br/institucional/documentos/institucional/SF/OAS/CONLEG/arquivos/manuais/tecnica-legislativa>, acesso em 29/04/2018.

[23] WLADECK, Felipe Scripes. *Impugnação da Sentença Arbitral*. Salvador: Editora JusPodivm, 2014. p. 431.

475-J, § 1º, do CPC, mesmo que o termo inicial deste prazo seja posterior ao término do prazo decadencial da ação de nulidade[24]".

Inclusive, tal entendimento fica muito claro quando se analisa a letra do art. 33, §1º da Lei de Arbitragem. Isso porque o referido dispositivo prevê que a demanda deverá ser pleiteada em até noventa dias e seguirá o procedimento comum. Ocorre que as impugnações ao cumprimento de sentença não seguem o procedimento comum, mas o rito especial previsto no artigo 525, para o qual o rito do procedimento comum tem aplicação apenas subsidiária. Como, então, poderia se pretender aplicar o art. 33, §1º à hipótese do §3º, se eles nem mesmo terão procedimentos compatíveis?

Mais que os argumentos em si, a Teoria Restritiva leva vantagem sob a Teoria Ampliativa pela compatibilidade que tem com as regras brasileiras de construção de uma regra legal. Enquanto a Teoria Ampliativa cria duas exceções virtualmente equivalentes, a Teoria Restritiva faz com que os §§ 1º e 3º do art. 33 cumpram ambos com o papel legal que o *parágrafo* deve exercer na técnica legislativa, criando duas exceções autônomas ao *caput*.

2.2. A liquidação da sentença arbitral

O segundo ponto trazido à discussão neste estudo está relacionado ao preenchimento do requisito de liquidez pela sentença arbitral.

E, aqui, o ponto de partida da discussão aqui é a situação hipotética na qual um árbitro decide que a parte sucumbente na arbitragem deverá indenizar a parte vencedora pelos gastos que teve durante o procedimento, mas ao invés de abrir uma fase de liquidação dentro da arbitragem que está em curso para apurar este valor – como seria usual – estabelece um teto para a indenização e determina que a parte vencedora apresente diretamente à parte vencida os comprovantes de despesas. Ao ser questionado acerca da iliquidez do título, o árbitro declara a sua sentença como sendo líquida, remetendo eventuais questionamentos a este respeito para a fase de execução. Outra situação hipotética similar, seria aquela em que um árbitro – responsável por decidir pela responsabilidade de uma parte perante outra, em razão de falhas estruturais numa grande construção, que desmorona em decorrência de um erro de projeto – determina que o perito que atuou na arbitragem prepare um laudo técnico futuro, declarando que a sentença será líquida tão logo o referido documento esteja pronto.

Poderia o árbitro proceder desta forma?

Antes de mais nada, é preciso dizer que a liquidação do título executivo é reconhecidamente uma parte da fase de cognição do processo, de modo que compete ao árbitro promover a liquidação de sua própria sentença[25]. E mais que isso, a análise de liquidação é

---

[24] GUERRERO, Luis Fernando. Cumprimento da Sentença Arbitral e a Lei 11.232/2005. In: WALD, Arnoldo (Org.). *Doutrinas Essenciais de Arbitragem e Mediação*, Volume III: Processo Arbitral. São Paulo: Thompson Reuters, 2011.

[25] Em que pese o Código de Processo Civil não se aplicar à arbitragem, certo é que a parte que submete seu conflito à arbitragem deseja obter uma solução *final, vinculante* e *exequível*, de modo que o conflito seja materialmente encerrado entre as partes. Dessa forma, ainda quando a liquidação do montante devido não constar expressamente do termo de arbitragem ou das alegações iniciais das partes, ele integrará um conjunto de pedidos tácitos presumíveis, da mesma forma que os juros.

uma questão fundamentalmente cognitiva, de modo que o Poder Judiciário não tem competência para revisar os valores e a forma de liquidação estabelecida pelo árbitro.

Contudo, a liquidez do título executivo não é uma questão de direito, mas de fato, que não pode ser suprida pela afirmativa do juiz ou do árbitro de que a sua sentença é líquida. Se não houver uma expressa e clara delimitação da obrigação, através de uma definição sobre a quantidade e qualidade da obrigação imposta, a sentença não será líquida; uma sentença que condena a parte a "danos morais" não é líquida mesmo que o árbitro diga que ela é líquida. Por essa ótica, o árbitro não tem o poder de declarar líquida a sua própria sentença.

Mas isso não quer dizer que as situações hipotéticas retratadas acima contenham sentenças ilíquidas, necessariamente. Muito antes pelo contrário. Como dito, a liquidez do título é uma questão de fato, mas a determinação da forma de sua liquidação é uma questão de direito. Explica-se. Dentro do Poder Judiciário, a liquidação do título judicial pode ser feita por três mecanismos distintos, expressamente previstos no Código de Processo Civil: *(i)* por arbitramento (art. 509, I do CPC); *(ii)* por artigos (art. 509, II do CPC); ou *(iii)* por simples cálculos aritméticos (art. 509, § 2º do CPC)[26]. No primeiro caso, as partes apresentam documentos elucidativos dos valores ao juiz, que tem a opção de determinar o montante da condenação ele mesmo ou nomear perito para fazê-lo. No segundo, a quantificação da condenação depende de procedimento mais complexo para sua apuração, sendo criado então um pequeno procedimento comum para fixar seu valor, com petição inicial, contestação e produção de provas. No terceiro, as partes tão somente apresentam cálculos matemáticos simples e a sentença estará, por conseguinte, liquidada.

Esses são os mecanismos aos quais o Poder Judiciário está vinculado para quantificar as suas condenações. Mas acontece que esses são os mecanismos aos quais *apenas* o Poder Judiciário está vinculado a utilizar; os procedimentos arbitrais, como cediço, são flexíveis e se regem pela convenção de arbitragem e pelo procedimento estabelecido pelas partes. O árbitro não está vinculado aos procedimentos, ritos e formas do Poder Judiciário ou do Código de Processo Civil, como já se apontou. O árbitro tem poder e autonomia para fixar seus próprios procedimentos e atos, desde que o faça em respeito à vontade das partes, e por isso não precisa se valer dos procedimentos de liquidação por arbitramento, por artigos ou por cálculos aritméticos. Se eleger outro rito, e este estiver dentro dos limites de seus poderes, sua ordem será igualmente vinculante para as partes.

É dizer: como a liquidação da sentença arbitral integra o conteúdo da atividade cognitiva e jurisdicional do árbitro, embora ele não tenha o poder de declarar líquida a sua própria sentença – até porque este exame será feito em sede de cumprimento de sentença, no Poder Judiciário, pelo juiz – ele tem o poder para prefixar a forma como a liquidação deverá ocorrer, ainda que esta *per se* não corra sob sua supervisão direta.

Nesse sentido, o árbitro não pode condenar A a indenizar B por suas despesas no âmbito de um procedimento arbitral e, pura e simplesmente, declarar líquido o título. Mas pode condenar A a indenizar B por suas despesas na arbitragem e determinar que a sentença

---

[26] Pela regra legal, os meros cálculos aritméticos dispensam a fase de liquidação, com as contas matemáticas de cada parte suprindo um procedimento de liquidação. Nesse sentido, em que pese os cálculos aritméticos liquidem o título, em suma, eles dispensam o procedimento de liquidação.

será líquida após a apresentação das notas fiscais e demais comprovantes respectivos, criando uma liquidação por cálculos aritméticos cumulada com produção de documentos[27]. Igualmente, o árbitro não pode condenar C a reparar os prejuízos de D e dizer que sua sentença já é exequível de imediato, mas pode condenar C a indenizar os prejuízos que o perito diz terem sido sofridos por D.

É de se destacar que compete ao árbitro – e apenas ao árbitro – apreciar a conveniência e oportunidade da criação desses procedimentos alternativos de liquidação; decidido e cumprido o procedimento, não cabe ao juiz estatal revê-lo, nem em seu aspecto material (acerto ou desacerto do valor), nem em seu aspecto processual (acerto ou desacerto do procedimento eleito).

2.3. A eficácia executiva da sentença arbitral contrária a precedente judicial

O último aspecto a ser tratado se refere à exigibilidade da sentença arbitral, especificamente à luz de uma das mais controvertidas questões em matéria de arbitragem hoje que é, justamente, a submissão (ou não) do árbitro ao sistema de precedentes vinculantes surgidos no âmbito do Poder Judiciário e as consequências daí decorrentes.

E para que se possa contextualizar o debate existente, é preciso apontar que a discussão surge, inicialmente, em virtude da redação do art. 2º da Lei 9.307/96 que prevê que quando as partes firmam a sua convenção de arbitragem – seja na modalidade cláusula compromissória, seja na modalidade compromisso arbitral – elas têm a possibilidade de escolher se no âmbito do seu procedimento será possível que se faça o julgamento por equidade ou se se permitirá apenas o julgamento de direito, com a estrita observância das regras de direito positivo existentes na legislação e de todas as fontes a ela associadas.

Somado a essa previsão, o art. 18 e o art. 31 da Lei de Arbitragem pontuam, respectivamente, que "o árbitro é juiz de fato e de direito" e que "a sentença arbitral produz, entre as partes e seus sucessores, os mesmos efeitos da sentença proferida pelos órgãos do Poder Judiciário", sendo, inclusive – e como já se assentou –, título executivo judicial.

---

[27] Nesse sentido, cumpre apontar entendimento esposado pelo professor Humberto Theodoro Júnior, em que aponta inexistirem óbices à complementação da liquidez do título por meio de outros documentos, desde que seja possível identificar os limites da obrigação por meio dessa prova documental complementar.

"Em suma, diante da exigência legal de que o título executivo demonstre obrigação sempre certa, líquida e exigível, um de seus requisitos substanciais é "o de ser completo", tanto objetiva como subjetivamente. Isso, porém, não impede que se agregue ao documento originário outros posteriormente obtidos para se realizar o aperfeiçoamento do título em seus requisitos de certeza, liquidez e exigibilidade. O importante é que estes requisitos emanem de prova documental inequívoca e não estejam ainda a reclamar apuração e acertamento em juízo por diligências complexas e de resultado incerto (cf., por exemplo, a regra do art. 798, I, "d", que autoriza o credor a executar obrigação derivada de contrato bilateral, mediante prova de já ter adimplido a contraprestação a seu cargo). [THEODORO JÚNIOR, Humberto. *Curso de Processo Civil, volume III: Execução Forçada, Processos nos Tribunais, Recursos e Direito Intertemporal*. 47ª Edição. Rio de Janeiro: Forense, 2015. p. 370 (Livro Eletrônico)]

Em que pese todos esses dispositivos já estivessem em vigor – e já convivessem com a dinâmica das súmulas vinculantes previstas na Constituição Federal e, ainda sob a vigência do Código de Processo Civil de 1973, com a disciplina dos recursos repetitivos – e não se visse ou ouvisse qualquer *frisson* em relação ao impacto dessas decisões na arbitragem[28], certo é que a entrada em vigor do Código de Processo Civil de 2015 e a tentativa de criação daquilo que se pretendeu ser um amplo sistema de precedentes vinculantes, trouxe para a doutrina o debate[29] acerca da vinculação ou não do árbitro a esses precedentes.

Se diz, aqui, "uma tentativa de criação de um sistema de precedentes", porque a nosso ver o que o art. 927 do Código de Processo Civil propõe é bastante diverso da criação de um modelo clássico de precedentes, nos moldes em que se conhece dos sistemas de *common law*. O que se faz no âmbito do art. 927 é a criação de um sistema de gestão de casos repetitivos, vale dizer, de objetivação das decisões judiciais. Tem-se, na verdade, a criação de um sistema de precedentes *à brasileira*, no qual se estabelece muito mais uma técnica de julgamento e, repita-se, de gestão de casos repetitivos, do que qualquer outra coisa.

A despeito disso, o que tem prevalecido na doutrina até então é que o árbitro estaria vinculado ao precedente judicial[30] e que esta vinculação decorreria do fato de que a *ratio decidendi* integraria o direito positivo e, nessa condição, uma arbitragem que se pretende de direito não poderia deixar de aplicá-la ao caso concreto, sob pena de se estar diante de um sistema de julgamento por equidade[31] que, por sua vez, precisa ser expressamente autorizado pelas partes, para que possa ser permitido. A partir daí, toda a discussão passa por saber qual seria a consequência para a sentença arbitral que porventura deixasse de aplicar o precedente, notadamente se esta sentença poderia vir a ser executada ou se, porventura, teria a sua eficácia comprometida, por qualquer razão.

Para que se possa responder a essa questão, é preciso ter em conta, de antemão, que ao pretender criar um sistema de precedentes, o Código de Processo Civil de 2015 estabeleceu uma série de técnicas e efeitos a ele correlacionadas, que impactam toda a tramitação processual, entre a petição inicial e o trânsito em julgado do processo judicial.

Pense-se, por exemplo, no art. 332 do Código de Ritos, que estabelece que o juiz julgará liminarmente improcedente o pedido que contrariar decisões emanadas do sistema de precedentes. Tomando-se em conta essa previsão, a primeira pergunta que se coloca é: a partir do momento em que o árbitro está vinculado ao sistema de precedentes judiciais, ele deveria julgar liminarmente improcedente o pedido formulado na arbitragem?

---

[28] Talvez porque, como anota o Prof. Guilherme Rizzo Amaral, esses instrumentos não contemplassem a decisão de questões que usualmente se aborda em matéria de arbitragem.

[29] Provavelmente em virtude da extensão do rol de decisões incluídas como precedentes vinculantes em potencial, à luz dos incisos do art. 927 do Código de Processo Civil, e especialmente das súmulas do Superior Tribunal de Justiça.

[30] Por todos, cf.: CRUZ E TUCCI, José Rogério. *O árbitro e a observância do precedente judicial*. Consultor Jurídico, 1º de novembro de 2016. Disponível em http://www.conjur.com.br/2016-nov-01/paradoxo-corte-arbitro-observancia-precedente-judicial. Acesso em 30 de abril de 2018.

[31] Nesse sentido, AMARAL, Guilherme Rizzo. Vinculação dos árbitros aos precedentes judiciais. Consultor Jurídico, 03 de outubro de 2017. Disponível em https://www.conjur.com.br/2017-out-03/guilherme-amaral-vinculacao-arbitros-aos-precedentes-judiciais. Acesso em 30 de abril de 2018.

Mais do que isso, que improcedência liminar do pedido seria essa, considerando que no processo civil a improcedência liminar se dá independentemente de citação do réu, tão logo o juiz recebe a petição inicial, e na arbitragem, apenas para haver tribunal arbitral constituído e, por conseguinte, jurisdição iniciada, a ordem natural das coisas é que a parte requerida já tenha sido chamada a integrar a arbitragem? Por outro lado, o que porventura justificaria que as partes passassem por todo o procedimento arbitral, do requerimento de arbitragem ao transito em julgado – especialmente considerando todos os custos a ele associados – se já se soubesse, de antemão, que o árbitro estaria estritamente vinculado à decisão judicial na sua deliberação? Há aqui, destarte, uma incompatibilidade entre os dois sistemas capaz de justificar a pretendida vinculação.

Além disso, o art. 311, II, do Código de Processo Civil prevê a possibilidade de concessão de tutela provisória de evidência, quando as alegações de fato puderem ser comprovadas apenas documentalmente e houver tese firmada em julgamento de casos repetitivos ou em súmula vinculante. Nesse sentido, a questão que se coloca é: a partir do momento em que a prova documental constante na arbitragem é farta o suficiente para comprovar as alegações de fato e a questão de direito controvertida tiver sido objeto de julgamento de casos repetitivos ou súmula vinculante, o árbitro estaria autorizado a conceder a tutela de evidência? Igualmente nos parece que não, a não ser que haja convenção das partes nesse sentido, considerando que não há previsão da Lei de Arbitragem (e no regulamento das principais instituições de arbitragem) em relação a esse aspecto, que disciplina apenas a hipótese de concessão de tutela de urgência, nos termos do art. 22-C.

De outro lado, uma das hipóteses de formação de precedentes insertas no art. 927 do Código de Processo Civil diz respeito à decisões decorrentes de incidente de resolução de demandas repetitivas (IRDR) ou de incidente de assunção de competência (IAC), que, como se sabe, são decisões que tecnicamente se formam no âmbito dos tribunais de 2ª instância. Enquanto tal, em princípio, elas vinculam os juízes que estão vinculados a estes tribunais o que, traz consigo uma limitação de natureza territorial, que apresenta outro questionamento importante, a saber: qual é o critério a ser utilizado para determinação da vinculação de um árbitro a uma decisão de IRDR ou IAC? A sede da arbitragem? O local da sentença? O domicílio das partes? Ou algum outro?

Mas não é só.

No âmbito da tramitação do IRDR e dos recursos repetitivos, a primeira consequência da sua admissão pelo relator é a suspensão de todos os processos que versem sobre matéria relacionada à questão de direito controvertida. Nesse cenário, questiona-se: essa suspensão deveria afetar, também, os procedimentos arbitrais de mesma temática que porventura estivessem em curso? Em caso positivo, como ficaria a questão da celeridade da arbitragem que é, de forma uníssona na doutrina, indicada como um dos maiores propulsores da sua utilização, como uma das suas maiores vantagens? Em caso negativo e, portanto, em se sustentando a impossibilidade de suspensão dos procedimentos arbitrais, como lidar com o risco de decisões contraditórias?

Ainda – e agora fora da sistemática de precedentes trazida pelo CPC – como é sabido, normalmente existe um lapso temporal entre a formação da convenção de arbitragem e o surgimento de conflitos. Imagine-se que quando a convenção de arbitragem foi firmada não havia precedente acerca daquela temática ou sequer indicativo de que poderia haver essa formação. E que no curso do desenvolvimento do contrato, o precedente surgiu. É possível dizer que, nessa situação, haveria vontade/consciência das partes sobre aplicação dos precedentes ou a aplicação do precedente culminaria por violar a convenção e a vontade das partes? Quanto a esse aspecto, é preciso que se distinga entre o precedente de direito processual – que não se aplica à arbitragem porque, como já se disse, ela não é regida e não está vinculada, como regra, aos preceitos do Código de Processo Civil – e os precedentes relativos ao direito material – porque nesse caso, como disciplina de direito material, o preceito aplicável é o *tempus regit actum* e, portanto, apenas os precedentes vinculantes existentes no momento em que a convenção de arbitragem foi firmada poderiam ser tomados em consideração para a decisão.

Mas a par de tudo isso, o que ocorreria naquelas situações em que o árbitro não aplicou conscientemente o precedente, por não concordar com o entendimento nele posto pelo Poder Judiciário. Isso seria, por si só, causa de ausência de fundamentação a dar ensejo à nulidade da sentença ou de retirar-lhe eficácia de modo a impedir a sua execução? Ou, ainda, isso violaria a convenção de arbitragem firmada entre as partes porque elas teriam convencionado que a arbitragem seria de direito e a não aplicação do sistema de precedente afasta essa ideia? Nesse último caso, seria então possível afirmar que toda vez que um árbitro deixasse de aplicar regra de direito positivo ou a aplicasse de forma inadequada isso daria ensejo à revisão da sentença arbitral pelo Poder Judiciário[32]? E, ainda, haveria a possibilidade de afastamento da aplicação do sistema de precedentes na arbitragem? Ou essa convenção seria nula?

A verdade é que esses são questionamentos que precisam ser enfrentados quando se tem uma tentativa clara de aplicar à arbitragem algo que lhe é absolutamente estranho, que não foi feito, nem pensado para ser utilizado por ela e nem para ela.

---

[32] Tal questão chegou a ser enfrentada por André Vasconcelos Roque e Fernando da Fonseca Gajardoni, em texto por eles elaborado para o site Jota, em resposta à argumentação de José Rogério Cruz e Tucci. Nele, os autores apontam que o artigo 32, II da Lei de Arbitragem não deve ser lido na extensão atribuída por Cruz e Tucci, eis que acabaria por permitir verdadeira revisão judicial da justiça da decisão proferida pelo árbitro, pontuando ainda que nem mesmo se admitiria o manejo da ação anulatória em casos de violação frontal de disposição de lei [ROQUE, André Vasconcelos; GAJARDONI, Fernando da Fonseca. A sentença arbitral deve seguir o precedente judicial do novo CPC?, 07 de novembro de 2016. Disponível em: https://jota.info/colunas/novo-cpc/sentenca-arbitral-deve-seguir-o-precedente-judicial-novo-cpc-07112016. Acesso em 30/04/2018.].
No mesmo sentido, é a lição de Marcela Kohlbach de Faria: *"Veja que, se o árbitro deixar de aplicar ou aplicar incorretamente a lei brasileira, ressalvada a existência de outros vícios, a sentença não será passível de anulação, pois a interpretação da lei e a análise sobre a sua aplicação ao caso concreto faz parte da atividade julgadora. Portanto, o ajuizamento de ação anulatória por erro (ou ausência) de aplicação da lei constitui verdadeira tentativa de reforma do mérito da sentença arbitral, o que não se admite, por força do art. 33 da Lei de Arbitragem, que autoriza tão somente a declaração de nulidade da sentença arbitral, nas restritas hipóteses do artigo 32 da mesma lei."* [FARIA, Marcela Kolbach. Vinculação do árbitro aos precedentes judiciais após a vigência do CPC/2015, 05 de dezembro de 2016. Disponível em: https://processualistas.jusbrasil.com.br/artigos/412259718/vinculacao-do-arbitro-aos-precedentes-judiciais-apos-a-vigencia-do-cpc-2015. Acesso em 30/04/2018.]

Para que se possa discutir a questão adequadamente e para que se responda ao questionamento da perda de eficácia de forma precisa, é necessário que se assente três premissas fundamentais: a primeira é que os preceitos do Código de Processo Civil não se aplicam à arbitragem, sequer subsidiariamente, como já se apontou, e o que se pretende fazer invocando a aplicação dos arts. 489, 927 e de todos os outros dispositivos do CPC que vêm sendo invocados na doutrina para tanto, subverte isso por completo; a segunda premissa é que dizer que o árbitro não está vinculado ao precedente judicial não significa dizer que ele julgará necessariamente em sentido contrário ao precedente, mas que ele será livre para enfrentar a questão jurídica trazida a partir dos elementos de direito que ele julgar mais adequados e aplicáveis ao caso concreto, valendo-se para tanto do princípio do livre convencimento, que está expressamente garantido pelo art. 21, § 2º da Lei de Arbitragem; e a terceira e última premissa é a definição do que se entende por vinculação – porque a vinculação pode se referir à obrigatoriedade de que o árbitro "enquanto juiz de fato e de direito" teria de seguir necessariamente a decisão constante no precedente judicial, salvo eventual distinção ou superação ou à obrigatoriedade de que o árbitro tenha o ônus argumentativo de, uma vez suscitado pelas partes, enfrentar o precedente na fundamentação da sua decisão. E talvez seja dessa última vinculação – que não é propriamente uma vinculação – que se deva, de fato, se falar.

Sob qualquer aspecto, porém, é preciso que se tenha em conta que as pessoas escolhem a arbitragem porque acreditam que encontrarão ali um julgamento que é diferenciado em relação ao Poder Judiciário. E diferenciado porque mais rápido, mais eficiente, mais técnico. Para isso se valem da sua autonomia da vontade e fazem uma escolha por meio da qual retiram a solução do seu conflito do império da solução estatal.

Sustentar uma vinculação irrestrita, uma obrigatoriedade de observância do resultado do precedente judicial quando não há entre árbitros e Poder Judiciário hierarquia ou subordinação, quando se trata de sistemas que são autônomos, é sustentar o fim da própria arbitragem. E é preciso que se questione – e questione de forma franca – se isso é aquilo que se quer para um país que se apresenta no cenário mundial como terceiro *player* em matéria de utilização da arbitragem, com uma utilização crescente, dentro de um sistema que tem funcionado extremamente bem.

Não há, sob a nossa perspectiva, vinculação da decisão do árbitro ao resultado do precedente judicial e, justamente por isso, a existência de eventual disparidade não retira, em absoluto, a eficácia executiva da sentença arbitral, notadamente sem que exista liminar concedida em eventual ação declaratória de nulidade ou em impugnação ao cumprimento de sentença para tanto.

3. CONCLUSÕES

Diante de tudo o que se expos, são conclusões necessárias deste artigo:

(i) O transcurso do prazo de 90 (noventa) dias para propositura da ação declaratória de nulidade da sentença arbitral não impede que a sua invalidade seja arguida em sede de impugnação ao cumprimento de sentença, na medida em que o referido prazo é estabelecido apenas na hipótese do § 1º do art. 33 da Lei de Arbitragem, para a ação autônoma, não sendo extensível à defesa na execução, que tem disciplina própria, prevista no § 3º do mesmo dispositivo.

(ii) O árbitro não tem autonomia para declarar líquida a sua própria sentença, tendo em vista que este requisito será objeto de aferição em sede de cumprimento de sentença, mas não está adstrito aos mecanismos de liquidação de sentença previstos no Código de Processo Civil, podendo, como tal, estabelecer os meios que julgar mais adequados para que a liquidação se dê.

(iii) O Poder Judiciário não pode se negar a conferir força executiva às sentenças arbitrais contrária aos precedentes judiciais previstos no art. 927 do Código de Processo Civil, tendo em vista que o árbitro não está vinculado – sob a perspectiva de dever seguir o entendimento fixado no Poder Judiciário – às decisões judiciais.

50

PRESENTE E FUTURO DA MEDIAÇÃO: DESAFIOS E PERSPECTIVAS PARA OS PRÓXIMOS 10 ANOS

TRÍCIA NAVARRO XAVIER CABRAL

Sumário: 1. Introdução. 2. A evolução legislativa da mediação. 3. Justiça Multiportas. 4. Aspectos relevantes da Lei de Mediação. 5. A mediação no Código de Processo Civil. 6. Desafios e perspectivas da mediação no Brasil.

1. INTRODUÇÃO

O Poder Judiciário brasileiro sofreu grande impacto com o reconhecimento de inúmeros direitos pela Constituição da República de 1988. O seu art. 5º, inciso XXXV, assegurou o amplo acesso à justiça, permite a postulação de tutela jurisdicional, preventiva ou reparatória, versando sobre direitos individuais ou coletivos, e ainda previu, no inciso LXXIV do mesmo dispositivo, a assistência judiciária integral e gratuita aos que comprovarem insuficiência de recursos. Esses fatores – especialmente o relativo ao custo do processo – fizeram com que os conflitos antes reprimidos pela sociedade passassem a ser judicializados com maior frequência.

Assim, existe hoje cerca de 76,7 milhões de **processos em tramitação**, e um crescimento do estoque acumulado de 31,2% nos últimos 07 anos, conforme diagnóstico formulado na edição de 2017 do relatório Justiça em Números do Conselho Nacional de Justiça (CNJ)[1].

---

[1] Dados disponíveis em: http://www.cnj.jus.br/files/conteudo/arquivo/2017/12/b60a659e5d5cb-79337945c1dd137496c.pdf. Acesso em 01/05/2018.

Com isso, fez-se necessário pensar em um novo modelo de Justiça, capaz de proporcionar ao jurisdicionado novas formas de resolução de suas controvérsias.

Por sua vez, a forma de tratamento dos conflitos também começou a passar por relevante mutação, na medida em que voltou a atenção e os estudos para a correta identificação dos tipos e os contornos dos conflitos, não mais focando a energia em preocupações satélites, como os aspectos formais e processuais que em nada contribuíam para o alcance da pacificação social.

Não obstante, houve a atualização do conceito de acesso à justiça, tradicionalmente vinculado à ideia de imposição de uma sentença pelo juiz, para se permitir que outras formas de resolução dos conflitos fossem oferecidas às partes.

Nesse contexto, o estudo e a utilização da mediação de conflitos têm evoluído muito no Brasil, tanto na parte legislativa, quanto na parte prática[2], e, embora ainda seja comumente confundida com a conciliação, trata-se de instituto mais complexo e completo na solução de conflitos envolvendo relações continuadas, pois se preocupa em identificar o pano de fundo da disputa, resolvendo a controvérsia e restaurando as relações sociais entre os envolvidos. Por essa razão, a mediação demanda a intervenção de um terceiro mais capacitado para facilitar a comunicação entre as partes.[3]

Sendo assim, a mediação possui finalidades e formalidades próprias, que visam, primordialmente, restabelecer vínculos afetivos ou de convivência, ao contrário da conciliação, em que o conflito é tratado de maneira mais superficial, objetivando primordialmente o encerramento da disputa, sem se voltar para as questões emocionais que envolvem a controvérsia.

2. A EVOLUÇÃO LEGISLATIVA DA MEDIAÇÃO[4]

A conciliação, ao contrário da mediação, possui uma estrutura legal já consolidada no CPC/73 e em outras leis especiais, demonstrando a existência de grande disparidade entre as fontes legislativas que tratavam da conciliação e da mediação, tendo em vista que esta última ainda não havia sido regulamentada.

Por isso, fez-se necessário a devida normatização da mediação para que o instituto fosse definitivamente sacramentado em nosso ordenamento jurídico, auxiliando na busca por uma Justiça de mais qualidade e por uma sociedade mais pacífica.

---

[2] PINHO, Humberto Dalla Bernardina de. Mediação – a redescoberta de um velho aliado na solução de conflito. In: PRADO, Geraldo (Org.). *Acesso à justiça*: efetividade do processo. Rio de Janeiro: Lumen Juris, 2005.

[3] GALVÃO FILHO, Mauricio Vasconcelos; WEBER, Ana Carolina. Disposições gerais sobre a mediação civil. In: PINHO, Humberto Dalla Bernardina de (Org.). *Teoria geral da mediação à luz do projeto de lei e do direito comparado*, Rio de Janeiro: Lumen Juris, p. 03-58, 2008.

[4] Esse tópico foi originalmente abordado no texto: CABRAL, Trícia Navarro Xavier. Análise comparativa entre a Lei de Mediação e o CPC/15. In: ZANETI JR., Hermes; CABRAL, Trícia Navarro Xavier. *Justiça Multiportas*: mediação, conciliação, arbitragem e outros meios de solução adequada de conflitos. (Coleção Grandes Temas do Novo CPC – vol. 9). Salvador: JusPODIVM, 2017, p. 463-484.

A mediação já foi legalmente introduzida em diversos ordenamentos jurídicos como na Argentina[5], no Uruguai, no Japão[6], na Austrália, na Itália[7], na Espanha, na França[8], entre outros. O Conselho da União Europeia, inclusive, emitiu a Diretiva n° 52, de 21 de maio de 2008, definindo a mediação como um processo estruturado no qual duas ou mais partes em litígio tentam, voluntariamente, alcançar por si mesmas um acordo sobre a resolução de seu litígio, com a ajuda de um mediador. Assim, há uma forte tendência mundial[9] de se resolver os conflitos de interesses por outras vias que não a imposição de um provimento judicial.

No Brasil, a autorização e o incentivo aos mecanismos adequados de solução de controvérsias podem ser extraídos de diversos preceitos legais, a começar pelo preâmbulo da Constituição Federal de 1988[10], indicando que o Judiciário e os demais Poderes (Executivo e Legislativo) são igualmente responsáveis pela harmonia social. O texto constitucional ainda institui no art. 4°, inciso VII[11], a solução pacífica dos conflitos como um princípio que rege as suas relações internacionais.

Além disso, a conciliação e a mediação se inserem entre os mecanismos legítimos de acesso à justiça, previsto no art. 5°, XXXV, da Constituição Federal do Brasil, na medida

---

[5] Cf.: ABREVAYA, Sergio Fernando. *Mediação prejudicial.* 1ª ed. Buenos Aires: Historica Emilio J. Perrot, 2008. (ColecciónVisión Compartida).

[6] Sobre o tema: TANIGUCHI, Yasuhei. How much does japonese civil procedure belong to the civil law and to the common law. In: CHASE, Oscar G.; WALKER, Janet. *Common law, civil law, and the future of categories.* Toronto: Lexis Nexis, p. 111-224, 2010, p. 210-211.

[7] Ver: TROCKER, Nicolò. Processo e strumenti alternativi di composizione delle liti nella giurisprudenza dela Corte constituzionale. *Diritto processuale civile e Corte Constituzionale.* Roma: Edizioni Scientifiche Italiane, p. 439-487, 2006.

[8] FERRAND, Frédérique. *La conception du procès civil hors de France.* De la commémoration d´um code à l´autre: 200 ans de procédure civile en France. Paris: Lexis Nexis SA, 2006.

[9] Nos Estados Unidos, o assunto é tratado por: MOORE, Christopher W. *The Mediation Process – Practical Strategies for Resolving Conflict.* 3rd Edition. San Francisco: Jossey-Bass, 2003. Ver ainda: CHASE, Oscar G. I metodi alternativi di soluzione dele controversie e la cultura del processo: il caso degli Stati Uniti D'America. In: VARANO, Vincenzo (Org.). *L'altragiustizia*: il metodi alternativi di soluzione dele controversie nel diritto comparato. Milano: Dott. A. Giuffrè Editore, p. 129-156, 2007.

[10] "Nós, representantes do povo brasileiro, reunidos em Assembleia Nacional Constituinte para instituir um Estado Democrático, destinado a assegurar o exercício dos direitos sociais e individuais, a liberdade, a segurança, o bem-estar, o desenvolvimento, a igualdade **e a justiça como valores supremos de uma sociedade fraterna, pluralista e sem preconceitos, fundada na harmonia social e comprometida, na ordem interna e internacional, com a solução pacífica das controvérsias**, promulgamos, sob a proteção de Deus, a seguinte CONSTITUIÇÃO DA REPÚBLICA FEDERATIVA DO BRASIL." (grifei).

[11] Art. 4° A República Federativa do Brasil rege-se nas suas relações internacionais pelos seguintes princípios: I – independência nacional; II – prevalência dos direitos humanos; III – autodeterminação dos povos; IV – não-intervenção; V – igualdade entre os Estados; VI – defesa da paz; **VII – solução pacífica dos conflitos**; VIII – repúdio ao terrorismo e ao racismo; IX – cooperação entre os povos para o progresso da humanidade; X – concessão de asilo político.

em que resolvem a controvérsia de maneira adequada e, portanto, mais justa. São, portanto, instrumentos capazes de solucionar conflitos de modo apropriado, que ajudam a reduzir o número de processos judiciais, e ainda combatem o desvirtuamento da função judicial do Estado, conferindo uma leitura contemporânea do acesso à justiça.

A mediação e a conciliação também foram objeto do II Pacto Republicano, assinado em 13.04.2009 pelos três Poderes da Federação, em que, dentre os compromissos assumidos, constava o de "[...] Fortalecer a mediação e a conciliação, estimulando a resolução de conflitos por meios autocompositivos, voltados a maior pacificação social e menor judicialização [...]".

Por sua vez, o Conselho Nacional de Justiça, atento à necessidade de implementação de mecanismos adequados de solução de conflitos como forma de melhorar a justiça brasileira, vem tomando diversas iniciativas para fomentar o assunto, como o Projeto "Movimento pela Conciliação" liderado pelo CNJ e coordenado por Lorenzo Lorenzoni e Germana Moraes, o qual ensejou, em 29.11.2010, a edição da Resolução nº 125/10, posteriormente complementada pela Recomendação nº 50/2014, que aborda a Política Judiciária Nacional de tratamento adequado dos conflitos de interesses no âmbito do Poder Judiciário e dá outras providências, e que, dentre as questões abordadas, estabelece a criação de Juízos de resolução alternativa de conflitos, verdadeiros órgãos judiciais especializados na matéria.

Denota-se, pois, que mesmo antes da existência de legislação específica sobre a mediação, o tema já vinha sendo amplamente difundido no âmbito acadêmico, sendo que a sua prática também vinha sendo percebida dentro dos órgãos do Poder Judiciário. Como antes mencionado, a técnica se funda na livre manifestação de vontade das partes e na escolha por um instrumento mais profundo de solução do conflito.

No âmbito infraconstitucional, a primeira proposta de regulamentação da mediação no Brasil surgiu com o Projeto de Lei nº 4.827/1998, apresentado à Câmara dos Deputados pela Deputada Federal Zulaiê Cobra, objetivando institucionalizá-la como método de prevenção e solução consensual de conflitos. Registre-se que o referido Projeto foi apresentado em 10.11.88, ou seja, praticamente um mês após a promulgação da Constituição da República, ocorrida em 05.11.1988.

Com a aprovação pela Câmara dos Deputados, o Projeto foi enviado ao Senado Federal, onde sofreu fusão com o Projeto de Lei de uma comissão específica criada pelo Instituto Brasileiro de Direito Processual (IBDP), coordenada pela Professora Ada Pellegrini Grinover. O Projeto Substitutivo (PLC 94/2002) foi apresentado pelo Senador Pedro Simon, tendo o plenário do Senado Federal confirmado o texto substitutivo oriundo da Comissão de Constituição e Justiça, em 11.07.2006. O Projeto aguardava a sua aprovação final desde então, mas foi devolvido "sem manifestação" à Comissão de Constituição e Justiça e da Cidadania no dia 16.12.2010 – um dia após a aprovação pelo Senado Federal do Projeto de Lei para o novo Código de Processo Civil.

Em 12.07.2011 houve a apresentação do Parecer do Relator Deputado Arthur Oliveira Maia, aprovado em 19.6.2013 e encaminhado à publicação em 04.07.13, tendo sido esta a última movimentação legislativa.[12]

---

[12] Disponível em: http://www.camara.gov.br/proposicoesWeb/fichadetramitacao?idProposicao=21158. Acesso em: 07.06.2015.

Não obstante, em 2011 foi apresentado no Senado Federal o PLS 517/11, de iniciativa do Senador Ricardo Ferraço do Espírito Santo, objetivando regular de modo abrangente a mediação, suprindo a lacuna existente em nossa legislação. O Projeto, após ser consolidado pelas propostas apresentadas pela Comissão de Juristas instituída pelo Ministério da Justiça e presidida pelo Ministro do Superior Tribunal de Justiça (STJ) Luiz Felipe Salomão, teve o texto aprovado e encaminhado à Câmara dos Deputados como Projeto de Lei nº 7169/2014.

Em seguida houve a apresentação e análise de Emendas e, em 07.04.2015, o texto foi aprovado pela Comissão de Constituição e de Justiça e de Cidadania da Câmera, retornando ao Senado para a votação final do marco legal da mediação.

Ao final, o texto foi colocado em pauta do Plenário do Senado em caráter de urgência e aprovado no dia 02.06.2015, seguindo para a sanção Presidencial, que ocorreu em 26.06.2015, dando ensejo à publicação da Lei nº 13.140/15, em 29.06.2015.

Já a reforma do Código de Processo Civil teve o início dos trabalhos legislativos em 2009, quando o presidente do Senado Federal instituiu uma Comissão de Juristas presidida pelo Ministro Luiz Fux para a formatação de um novo Código de Processo Civil. O Anteprojeto foi apresentado ao Senado em 08.06.2010, e convertido no Projeto de Lei do Senado n. 166/2010, o qual, aprovado, seguiu para a Câmara dos Deputados e tramitou como Projeto de Lei n. 8.046/10, tendo ocorrido diversas modificações, com a inclusão de outras técnicas processuais inovadoras. Aprovado em 26.03.2014, o Projeto retornou ao Senado, onde foram acolhidas algumas Emendas dos parlamentares, as quais suprimiram ou corrigiram materialmente os dispositivos constantes do Projeto da Câmara, chegando-se a uma versão final, aprovada em 17.12.2014. Após revisão e sanção presidencial, o novo Código de Processo Civil foi publicado no DOU em 17 de março de 2015, e entrou em vigor em 18 de março de 2016.

Saliente-se, por fim, que o CPC/15 menciona a conciliação, a mediação e a arbitragem em diversas passagens, deixando clara a intenção do legislador de fomentar a utilização de variados métodos de resolução de controvérsias.

3. JUSTIÇA MULTIPORTAS

As transformações sociais, jurídicas e legislativas já mencionadas deram ensejo à formação no Brasil da Justiça Multiportas, que oferece ao jurisdicionado diversas opções de resolução de suas controvérsias, compatibilizando-as com o tipo de conflito em jogo, a fim de que esta adequação garanta uma solução que seja efetivamente satisfatória para os consumidores da justiça.

Nesse contexto, o acesso à justiça passa a ser concebido como acesso à ordem jurídica justa, capaz de garantir às partes não só diversas maneiras de se ingressar ao Poder Judiciário, mas também diversos caminhos de evitá-lo ou dele sair com dignidade.

A expressão, originalmente concebida como "Tribunal Multiportas", foi fruto da conferência "Variedades de processamento de conflitos", proferida em 1976, em St. Paul, Minessota, na *Pound Conference*, pelo Professor de Harvard Frank E. A. Sander, que propôs que as Cortes fossem transformadas em "Centros de Resolução de Disputas", onde o interessado primeiro seria atendido por um funcionário encarregado da triagem dos conflitos, que depois faria o encaminhamento dele ao método de resolução de controvérsia mais apropriado às particularidades do caso (conciliação, mediação, arbitragem, entre outras formas)[13]. Essa concepção, contudo, foi divulgada por uma das revistas da ABA (*American Bar Association*) como "Tribunal Multiportas", e assim ficou mundialmente conhecida.[14]

Segundo o Professor Sander seriam inúmeros os benefícios desse sistema, tornando a justiça mais acessível, barata, rápida, informal e compreensível, que possibilita o uso de técnicas que permitem às partes desenharem a própria solução para o conflito, eliminando muitas vezes a intimidação do processo litigioso, e conferindo mais satisfação e menos animosidade do que o processo adversarial.[15]

Conforme já mencionado, no Brasil, a concepção de Justiça Multiportas[16] foi introduzida em nosso sistema pelo Conselho Nacional de Justiça, que, atento à necessidade de implementação de mecanismos adequados de resolução de disputas como forma de melhorar a justiça brasileira, editou em 29.11.2010 a Resolução nº 125/10, que trata da Política Judiciária Nacional de Tratamento Adequado de Conflitos de Interesses no âmbito do Poder Judiciário e dá outras providências.

Por essa Política buscou-se assegurar a todos o direito à solução dos conflitos por mecanismos adequados à sua natureza e complexidade, com vista à boa qualidade dos serviços judiciários e à disseminação da cultura da pacificação social, por meio da criação de uma estrutura física e pessoal própria, capaz de gerir as controvérsias de forma racional e profissional.

Essa estrutura idealizada é composta pelo Conselho Nacional de Justiça, que fica responsável, no âmbito nacional, por implementar o programa com a participação de rede constituída por todos os órgãos do Poder Judiciário e por entidades públicas e privadas parceiras, inclusive universidades e instituições de ensino, pelos Núcleos Permanentes de Métodos Consensuais de Solução de Conflitos (NUPEMECs), que tratam dessa Política Judiciária no âmbito dos Tribunais Estaduais e Federais, e pelos Centros Judiciários de Solução de Conflitos e Cidadania (CEJUSCs), responsáveis pela execução da Política Judiciária de tratamento adequado dos conflitos.

Nesse contexto, os Centros assumem a função de verdadeiros "Tribunais Multiportas", na medida em que são os responsáveis por oferecer as diversas opções de meios adequados

---

[13] WATANABE, Kazuo. "Juizados Especiais" e política judiciária nacional de tratamento adequado dos conflitos de interesses. CEJUSC e Tribunal Multiportas. In: BACELLAR, Roberto Portugal; LAGRASTA, Valeria Ferioli (Coords.). *Conciliação e mediação*: ensino em construção. 1. Edição. São Paulo: IPAM/ENFAM, 2016, p. 122-123.

[14] MENDES, Gardenia M. L. Tribunal multiportas e sua adequação no Brasil. Disponível em: https://jus.com.br/artigos/36758/tribunal-multiportas. Acesso em: 13.02.2018.

[15] Gladys Kessler & Linda J. Finkelstein, The Evolution of a Multi-Door Courthouse, 37 Cath. U. L. Rev. 577 (1988). Available at: http://scholarship.law.edu/lawreview/vol37/iss3/2. Acesso em: 13.02.2018.

[16] ZANETI JR., Hermes; CABRAL, Trícia Navarro Xavier. *Justiça Multiportas*: mediação, conciliação, arbitragem e outros meios de solução adequada de conflitos. (Coleção Grandes Temas do Novo CPC – vol. 9). Salvador: JusPODIVM, 2017.

de resolução dos conflitos, e ainda prestam serviços de orientação e informação ao cidadão. Assim, o interessado pode se dirigir ao Centro para a solução pré-processual do conflito, por meio da realização de sessões de conciliação ou de mediação, conforme o caso, ou para tentar resolver consensualmente conflitos já judicializados, bem como para obter serviços de cidadania. Trata-se, pois, de órgão do Poder Judiciário criado para efetuar a triagem, o tratamento, e a resolução adequada dos conflitos de interesses.

Além disso, uma vez existindo o processo judicial, o juiz assume papel de suma importância nessa Política Judiciária, competindo-lhe efetuar a triagem dos casos, podendo designar audiência de conciliação ou mediação para tentar a autocomposição, analisar a alegação de existência de convenção de arbitragem, atender ao pedido das partes de suspensão do feito para a tentativa de acordo extrajudicial, ou, se for a hipótese, julgar o litígio com ou sem resolução do mérito.

Como se observa, saímos de um modelo de justiça em que só se oferecia ao jurisdicionado a solução judicial e adjudicada do conflito, para um formado em que são disponibilizados variados métodos de resolução de disputa, cada qual usando técnicas que sejam mais apropriadas para atender às peculiaridades do caso concreto.

Desse modo, o Poder Judiciário passa efetivamente a servir ao consumidor da justiça, e não o contrário. Muda-se a perspectiva única de decisão imposta pelo juiz, abrindo-se para a possibilidade de decisão construída pelos litigantes, por meio do seu empoderamento.

Por conseguinte, busca-se mais qualidade, com menor custo, complexidade e tempo na resolução da controvérsia. E como resultado, a solução do conflito ganha mais legitimidade e, via reflexa, enseja menos risco de descumprimento.

4. ASPECTOS RELEVANTES DA LEI DE MEDIAÇÃO

O marco legal da mediação no Brasil, a Lei de Mediação, teve grande inspiração na Lei de Mediação e Conciliação Argentina[17], embora lá tenha sido estabelecido o caráter obrigatoriedade de mediação prévia a processos judiciais, o que, por circunstâncias jurídicas, políticas e culturais preferiu-se não adotar em nosso ordenamento.

De qualquer modo, o tempo de maturação e desenvolvimento da Lei n. 13.140/15 foi essencial para que o novo regramento fosse efetivamente completo e capaz de alcançar diferentes formas de conflitos e contemplar no campo processual e material as questões essenciais para a aplicação da mediação no Brasil.

A primeira grande conquista está estabelecida logo no primeiro artigo, permitindo a incidência da mediação como meio de solução de controvérsias entre particulares e também em conflitos no âmbito da Administração Pública. Trata-se de importante quebra de paradigma, já que admite expressamente a categoria dos direitos indisponíveis, mas transigíveis, eliminando as discussões doutrinárias sobre o tema.

---

[17] Disponível em: https://www.colegio-escribanos.org.ar/noticias/2010_ley_26589.pdf. Acesso em: 03.05.2018.

O conceito de mediação está previsto no parágrafo único do art. 1º, sendo relevante ressaltar que a lei preferiu utilizar a expressão "atividade técnica", fugindo da controvérsia sobre a natureza jurídica do instituto, se processo, procedimento, contrato, negociação assistida, equivalente jurisdicional, jurisdição, entre outras destacadas na doutrina.

O artigo 2º indica os princípios aplicáveis à mediação, que são: imparcialidade, isonomia, oralidade, informalidade, autonomia de vontade, busca do consenso, confidencialidade e boa-fé.

Outro destaque na Lei foi o estabelecimento dos requisitos dos mediadores extrajudiciais (artigo 9º), bem como a necessidade de se suspender a reunião de mediação caso uma parte esteja assistida por advogado e a outra não, a fim de que esta última constitua um defensor.

Em relação ao procedimento, a Lei traz três subseções (artigos 14 a 29): as disposições comuns, o procedimento extrajudicial e o procedimento judicial.

Na primeira, destaca-se a previsão no artigo 20, parágrafo único, de que o acordo celebrado no procedimento de mediação constitui título executivo extrajudicial e, se homologado pelo juiz, título executivo judicial. Trata-se de importante conquista, já que confere à mediação efeitos processuais capazes de garantir o cumprimento do acordo celebrado entre as partes, estimulando a utilização do mecanismo.

No procedimento extrajudicial, a Lei previu um detalhamento que dará segurança jurídica para o uso da mediação fora do Poder Judiciário, o que, a médio prazo, poderá significar uma redução de demandas judiciais.

Já os artigos 30 e 31 tratam da confidencialidade de forma extensiva, abrangendo todas as informações e todos os participantes do ato, impedindo, inclusive, que os dados sejam utilizados como prova em processo de arbitragem ou judicial, excetuando, apenas, as informações de ordem tributária.

Por sua vez, nos artigos 32 a 40, a nova legislação regulamenta a mediação em conflitos envolvendo a Administração Pública, destacando-se o parágrafo único do artigo 33 que autoria a Advocacia Pública a instaurar mediação coletiva. Este dispositivo é de suma importância, uma vez que permitirá a utilização da mediação em conflitos de grande expressão social, financeira, política ou religiosa, resolvendo de modo uniforme o conflito e de forma mais apropriada.

A título de curiosidade sobre as potencialidades de utilização da mediação no âmbito da Administração Pública para solucionar controvérsias de relevância coletiva, insta registrar o trabalho realizado pelo mediador e escritor William Ury, cofundador do Programa de Harvard em Negociação e um dos principais especialistas do mundo em negociação e mediação. Entre suas conquistas como mediador na área pública estão o fim da guerra da Indonésia e o impedimento de uma na Venezuela, além de resolução de questões climáticas, religiosas, étnicas e empresariais, demonstrando a imensa possibilidade de aplicação da mediação no campo da Administração Pública.[18]

---

[18] Sobre o ilustre mediador cf.: http://www.williamury.com/. Acesso em 20.06.2015.

Nas disposições finais da Lei, o artigo 42 prevê o uso da mediação a outras formas de solução de conflitos, como mediações comunitárias, escolares e serventias extrajudiciais, excluindo, apenas, as relações de trabalho, que deverão ser reguladas por lei própria.

Por fim, o artigo 46 autoriza o uso da mediação pela internet ou outro meio de comunicação que permita a transação à distância, o que, nos dias atuais, pode representar um intercâmbio prático e eficaz entre os mecanismos de solução de disputas.

5. A MEDIAÇÃO NO CÓDIGO DE PROCESSO CIVIL

O instituto da mediação foi bastante prestigiado na Lei nº 13.105/2015, que instituiu o novo Código de Processo Civil, cuja reforma entrou em vigor em 18 de março de 2016 e reconheceu a mediação como um mecanismo hábil à pacificação social.

A nova codificação estabelece como um de seus principais objetivos o incentivo à utilização das técnicas adequadas de solução consensual de controvérsias, conforme se vê do artigo 3º, § 3º, inserido no capítulo inicial que trata das normas fundamentais do processo civil.

Além disso, o novo Código trata dos mediadores e conciliadores judiciais, atribuindo-lhes a qualidade de auxiliares da justiça (art. 149), estando sujeitos, inclusive, aos motivos de impedimento e suspeição (art. 148, II).

Ademais, o CPC/2015 destinou a Seção V, do Capítulo III, para regulamentar as atividades dos conciliadores e mediadores judiciais e entre outras matérias, previu: a) a criação de Centros Judiciários de Solução Consensual de Conflitos pelos Tribunais, destinados à realização de audiências e pelo desenvolvimento de programas para auxiliar, orientar e estimular a autocomposição (art. 165); b) os princípios que informam a conciliação e a mediação (art. 166); c) o cadastro e a capacitação de conciliadores e mediadores (art. 167); d) a possibilidade de as partes escolherem, de comum acordo, o conciliador ou mediador (art. 168); e) as formas de remuneração dos conciliadores e mediadores (art. 169); f) os casos de impedimento (art. 170); g) a impossibilidade temporária do exercício da função (art. 171); g) o prazo de impedimento de um ano para o conciliador e mediador assessorar, representar ou patrocinar as partes (art. 172); h) as hipóteses de exclusão do cadastro (art. 173); i) a criação de câmaras de mediação e conciliação para a solução de controvérsias no âmbito da administração pública (art. 174); j) a possibilidade de outras formas de conciliação e mediação extrajudiciais (art. 175).

Entre outras questões de ordem prática, a Comissão de Juristas do Senado Federal entendeu ser oportuna a fixação de disciplina a respeito, e assim fez constar da Exposição de Motivos do Projeto de Lei nº 166/2010: "Como regra, deve realizar-se audiência em que, ainda antes de ser apresentada contestação, se tentará fazer com que autor e réu cheguem a acordo. Dessa audiência, poderão participar conciliador e mediador e o réu deve comparecer, sob pena de se qualificar sua ausência injustificada como ato atentatório à dignidade da justiça. Não se chegando a acordo, terá início o prazo para a contestação.".

Dessa forma, após relevante alteração de texto realizada pela comissão técnica designada para elaborar o relatório-geral do Senador Valter Pereira, o CPC/15 estabeleceu como regra a audiência de conciliação ou mediação no início do procedimento, e ainda tratou dos mediadores e dos conciliadores, representando um grande avanço para o reconhecimento das referidas técnicas de autocomposição.

Deixe-se assente que a conciliação e a arbitragem, ao contrário da mediação, já possuíam previsão legal no Código de Processo Civil de 1973 e em algumas legislações especiais, de modo que o reconhecimento e a inclusão da mediação como método adequado de resolução de disputas se mostrou atual e importante para complementar o conjunto de instrumentos aptos a atender ao jurisdicionado em seus conflitos.

Portanto, competirá agora ao Poder Judiciário investir em mudanças estruturais e utilizar adequadamente essas ferramentas em prol dos jurisdicionados.

6. DESAFIOS E PERSPECTIVAS DA MEDIAÇÃO NO BRASIL

Nos últimos dez anos, os avanços da mediação no Brasil foram notáveis, na medida em que passou de uma atividade meramente empírica, muitas vezes relacionada a um "psicologismo", para se transformar em uma atividade técnica, científica, capaz de realizar verdadeiras transformações sociais.

A principal responsável por essa mudança de perspectiva foi, sem dúvida, a evolução legislativa, que teve como origem o movimento iniciado pelo Conselho Nacional de Justiça, em 2010, ao cumprir uma importante missão de chamar para o Poder Judiciário a responsabilidade pela transformação do modelo de Justiça existente no Brasil, abrindo a discussão e sobre os métodos adequados de tratamento dos conflitos.

Essa relevante iniciativa, embora não tenha, em um primeiro momento, entusiasmado os órgãos do Poder Judiciário diante da grandiosidade estrutural demandada, desencadeou outras propostas legislativas que culminaram na formação de um microssistema de mecanismos adequados de resolução de disputas no Brasil, o que ainda está sendo assimilado pela comunidade jurídica.

Com efeito, além da abertura para a consensualidade inserida em variadas Leis especiais, tivemos a reforma da Lei de Arbitragem (Lei nº 13.129/15), em vigor desde 27/07/2015, a Lei de Mediação (Lei nº 13.140/15), cuja vigência iniciou em 26/12/15, e a reforma do CPC (Lei nº 13.105/15), vigente desde 18/03/2016.

A doutrina, por sua vez, passou a se preocupar com eventuais incompatibilidades entre as referidas leis, enquanto que os profissionais do direito ficaram aflitos para entender melhor como essas técnicas de solução de controvérsias seriam aplicadas na prática forense.

O maior desafio era vencer a barreira cultural, eliminando resistências que, em muitos casos, não se justificavam. E apesar de todos os receios, podemos dizer que o Brasil hoje conta com um efetivo aparato de métodos adequados de resolução de conflitos, que vem se aperfeiçoando ao longo do tempo e conseguindo cada vez mais adeptos.

No Poder Judiciário, a dificuldade maior era adequar a estrutura – material e pessoal – para implantar a audiência inaugural do art. 334, do CPC, que teve o mérito de trazer para o início do processo o primeiro contato entre os litigantes, antes mesmo da apresentação da defesa.

Contudo, em razão dos obstáculos estruturais, a maioria das unidades judiciárias passou a dispensar o ato, retirando dos jurisdicionados a oportunidade de autocomposição, ou, ao menos, de tentar compreender o contexto conflituoso em que se encontravam.

Entretanto, importa ressaltar que as Varas que apostaram na audiência, especialmente as de família, alcançaram elevados índices de acordo. Não obstante, observou-se que a ideia da autocomposição judicial foi ficando cada vez mais palatável aos juízes, advogados, partes e Ministério Público, embora os tribunais ainda se encontrem em fase de implementação da Política Nacional de Tratamento Adequado dos Conflitos instituída pela Resolução nº 125/2010, do CNJ.

Reconhece-se que ainda há muito que se avançar na esfera judicial. Os atores no Poder Judiciário precisam de mais engajamento na priorização da solução consensual dos conflitos, capacitando mediadores e conciliadores, criando CEJUSCS, regulamentando a remuneração dos facilitadores, entre outras iniciativas, a fim de que se ofereça aos litigantes mecanismos legítimos de resolução de disputas, com resultados justos e satisfatórios para todos.

Verifica-se, ainda, na prática forense, que os jurisdicionados e muitos advogados não conhecem possibilidades disponibilizadas pelo CEJUSCs, como, por exemplo, a homologação de acordos para transformar avenças em título executivos judiciais. Hoje os interessados se valem de jurisdição voluntária com o fim específico de se alcançar a homologação judicial de acordo, o que seria perfeitamente possível pela via do Centro.

No âmbito extrajudicial as conquistas foram maiores. Os mediadores privados, que já atuavam antes mesmo da edição das referidas Leis, ampliaram seu negócios profissionais, com a criação de diversas câmeras de mediação, conciliação e arbitragem.

Também cresceu de forma impressionante a procura por cursos de capacitação, nos moldes do CNJ, para fins de cadastro no referido órgão e também perante os tribunais, surgindo um novo mercado de trabalho.

Com isso, em São Paulo, os mediadores e conciliadores já contam com sindicato próprio, como o SIMEC, e também comemoram o Dia dos Mediadores e Conciliadores Judiciais e Extrajudiciais, no dia 23 de setembro, cuja data foi oficialmente instituída pelo PL 626/2016. Já o dia 20 de outubro foi designado pela Associação para Resolução de Conflitos (ACR) como sendo o Dia Mundial de Resolução de Conflitos.

Outro movimento interessante foi a criação de plataformas *on-line* para a solução consensual dos conflitos, cujos resultados têm sido exitosos, com mais agilidade, menos custo e imediato encerramento da disputa, embora o seu controle e fiscalização ainda careçam de aperfeiçoamento.

Além da criação das câmaras de mediação, conciliação e arbitragem, e de plataformas *on-line*, as empresas têm feito mutirões para solucionar amigavelmente os conflitos, e também têm procurado modificar por completo a sua política interna, visando diminuir a incidência de problemas que desaguem em processos judiciais. Essas iniciativas têm servido, inclusive, como fator de marketing e de tentativa melhora da imagem dessas empesas perante a sociedade.

Registre-se que o campo da tecnologia tem tido de grande utilidade para os métodos adequados de resolução de conflitos, pois, por meio de ferramentas do cotidiano como o *WhatsApp*, tem aproximado os cidadãos do contato com formas simples e rápidas de solução de controvérsias.

Em outra perspectiva, a potencialidade do uso de métodos adequados de resolução de conflitos vai para além das relações simples de consumo. O rompimento da barragem de Fundão, ocorrido em 2015, é um exemplo de utilização da modalidade extrajudicial de autocomposição. A Fundação Renova, responsável por gerir os impactos da tragédia, implementou o Programa de Indenização Mediada (PIM), visando ressarcir danos sem custos e sem tramitação de ação judicial. Assim, os escritórios chamados de Centros de Indenização Mediada promovem atendimento à comunidade impactada, por meio da realização de sessões de mediação e, em caso de acordo, o pagamento da indenização é feito via depósito ou cartão-benefício, no prazo de 90 (noventa) dias a partir da celebração do termo de acordo. Tudo é resolvido de forma desburocratizada e isonômica.

Ademais, outra via de se atingir o consenso é por meio da negociação direta ou resolução colaborativa de disputas, em que as partes buscam um diálogo sem a presença de um terceiro facilitador.

No campo extrajudicial, mais um tópico merece destaque: a realização de sessões de mediação e conciliação pelas serventias extrajudiciais. A novidade mais recente foi o Provimento nº 67, de 26 de março de 2018, editado pelo Corregedor Nacional da Justiça, Ministro João Otávio de Noronha, dispondo sobre os procedimentos de conciliação e de mediação nos serviços notariais e de registro do Brasil. Trata-se de uma antiga reivindicação dos notários, que já vinham se estruturando para o oferecimento dos referidos serviços. Com 42 artigos, verifica-se que o Provimento nº 67/2018 tentou compatibilizar suas disposições com a Resolução nº 125/2010 do CNJ, com o Código de Processo Civil e com a Lei de Mediação (Lei nº 13.140/2015).

O Provimento nº 67/2018 representa o atendimento às reivindicações dos serviços notariais e de registros, que já vinham apostando no oferecimento da conciliação e da mediação à sociedade. Trata-se de iniciativa louvável, não só por propiciar a padronização e a fiscalização das atividades pelos órgãos competentes, mas também por oferecer ao cidadão um ambiente seguro para a solução de seus conflitos, especialmente nas localidades em que os CEJUSCS ainda não foram instalados. Isso porque as serventias extrajudiciais, dotadas de fé pública, tem todo o potencial de garantir a prestação de serviços de conciliação e de mediação adequadamente, servindo de importante fonte de disseminação da política pública permanente de incentivo e aperfeiçoamento dos mecanismos consensuais de solução de litígios e da pacificação social.

Como se observa, a desjudicialização dos conflitos está sendo cada vez mais estimulada, por meio da disponibilização de alternativas concretas ao cidadão que, até então só conhecia o modelo de resolução de controvérsias apresentado pelo Poder Judiciário.

E não por outra razão tramita no Senado a Proposta de Emenda à Constituição nº 108, de 2015, que: "Inclui entre os direitos e deveres individuais e coletivos o estímulo pelo Estado à adoção de métodos extrajudiciais de solução de conflitos." A proposta acrescenta inciso LXXIX ao art. 5º da Constituição Federal, para estabelecer o emprego de meios extrajudiciais de solução de conflitos como um direito fundamental. A última movimentação de sua tramitação ocorreu em 13/07/2017, estando pronta a proposta para pauta na Comissão de Constituição, Justiça e Cidadania do Senado.

No âmbito da Administração Pública, os avanços foram tímidos, mas, nem por isso, despercebidos. Na realidade, como já mencionado, a abertura para a consensualidade tem permeado diversos ramos do Direito, inclusive os que envolvem elevado grau de interesse público, como o Direito Administrativo e o Direito Penal.

A grande dificuldade é que esses temas dependem de edição de lei autorizativa, sendo que os órgãos públicos não têm tido a exigida agilidade em criar critérios objetivos para a realização de acordos, o que causa insegurança jurídica nos agentes públicos que temem sofrer procedimentos administrativos. Isso porque, embora a Lei de Mediação e o Código de Processo Civil tenham disciplinado o assunto com regras gerais, é necessário que os órgãos públicos regulamentem parâmetros prévios, por meio de normas legais ou administrativas, e com a devida publicidade.

Com efeito, sabendo-se que o Poder Público é o maior litigante do País, revela-se promissor o uso de métodos consensuais de solução de conflitos que envolvam a Administração Pública, como se vê dos mutirões e programas destinados a resolver causas do INSS, da CEF, além de execuções fiscais e da mediação coletiva, entre outras possibilidades.

Sobre o Poder Público, vale mencionar, ainda, o Projeto de Lei da Câmara nº 8.058/2014[19], que institui o processo especial para o controle e intervenção em políticas públicas pelo Poder Judiciário e dá outras providências, que possui um capítulo dedicado aos "meios alternativos de solução de controvérsias".

O ensino jurídico também tem se transformado, com a modificação da grade curricular para incluir matérias e disciplinas que abordam os métodos adequados de resolução de disputas, o que, certamente, refletirá na qualidade dos profissionais do futuro.

Diante desse cenário otimista e promissor, constata-se que, apesar do pouco tempo de vigência da Lei de Mediação, Lei de Arbitragem e do novo Código de Processo Civil, houve uma rápida absorção do modelo de Justiça Multiportas pelo nosso ordenamento jurídico, restando doravante, aperfeiçoar-se a consolidação prática dessas novidades, cujas vantagens são inegáveis e revelam perfeita sintonia com as tendências dos sistemas jurídicos mais modernos da atualidade.

Assim, com a formação adequada e cada vez maior dessa teia de ofertas de serviços de conciliação e de mediação, espera-se que, a médio prazo, possamos ter uma realidade completamente diferente em relação à aceitação desses métodos de solução de controvérsias pelo cidadão e pelos profissionais do direito, especialmente os advogados, os quais terão papel decisivo no fomento e na implementação dessa relevante política pública. E como resultado de todos esses esforços, teremos a consolidação, em definitivo, da justiça multiportas no Brasil.

---

[19] Disponível em: http://www.camara.gov.br/sileg/integras/1284947.pdf. Acesso em: 03.05.2018.

ROTAPLAN
GRÁFICA E EDITORA LTDA

Rua Álvaro Seixas, 165
Engenho Novo - Rio de Janeiro
Tels.: (21) 2201-2089 / 8898
E-mail: rotaplanrio@gmail.com

HUMBERTO TH